우리소리로 읽는 영어 어원 VOCA

김인선, 정용순

북트리

우리소리로 읽는 영어 어원 VOCA

초판 1쇄 인쇄 2023년 12월 26일
초판 1쇄 발행 2024년 01월 19일

지은이 김인선, 정용순

디자인 조혜원, 채하림
펴낸이 김지홍
펴낸곳 도서출판 북트리
주소 서울시 금천구 서부샛길 606 30층
등록 2016년 10월 24일 제2016-000071호
전화 0505-300-3158 | 팩스 0303-3445-3158
이메일 booktree11@naver.com
홈페이지 http://blog.naver.com/booktree77

값 30,000원
ISBN 979-11-6467-150-2(13740)

우리소리로 읽는 영어 어원 VOCA

김인선, 정용순

북트리

1장. C/K/G 시작 어근[ㄱ, ㅋ] 21

1 껍질에 싸인 갑(겹) (cap/cav/cov) (상자, 모자, 갑옷, 머리, 굴, 굽 등) 21
capsule **cap**a es**cape** **equip**; **cap**e **cap**tain de**cap**itate; con**cave** **cav**ity; **cav**alry; **cov**ert

2 겹하다(cap)↔잡다(cept; ceive)= 가지다, 인식하다 27
capture **cap**tive **cap**able; ex**cept** inter**cept** re**ceive** per**ceive** con**cept** sus**cept**ible

3 끼우다(ga, ca, co, cu --): 갖다, 꼬인 관계, 붙다, 꼬리, 몸에 끼다(옷, 습관) 32
gather **ca**tch; ex**cu**se ac**cu**se; **ga**in en**ga**ge ac**cu**mulate; **co**ward **co**met; **co**stume ac**cu**stom

4 둘러 끼다(co, cu, cas, qua, gu) [가리다, 궤(사각형), 울타리, 가(가장자리)] 38
obs**cu**re oc**cu**lt; **qu**ay **cas**k **cas**tle **co**ttage; s**qu**are **qu**arter; **gu**arantee dis**gui**se

5 콸콸 걸리다[clud, clot, claus)]: 걸어 잠그다(구분함) **clot**he con**clud**e ex**clud**e **claus**trophobia 44

6 꼴(cor/car): 골, 몸/살, 심장 **cor**e **cor**porate **cor**pse **car**nivorous; **cor**dial ac**cor**d 45

7 꼬인다(count, cont): 붙다, 상대 count account encounter counterpart contrast contradict 48

8 꺼지다[ca(s)] (가다, 내리다), 끄다(que, qui), 가라앉다 50
cast broad**cas**t; de**ca**y **cas**cade; **que**nch **que**ll tran**quil**

9 꽥(cock) 울음, 끼익(quake) 마찰 소리: cuckoo quack quake kick quick 53

10 콰아(cu, ca, qu, gu) 켜다(깨다), 부딪히다: **cha**sm **sca**tter dis**cu**ss s**qu**eeze **gu**sh res**cu**e 55

11 끼릭[cl(cr)_k], 콸(c_l, c_r) 갈리다: 마찰, 상처, 비방 57
cra**ck** **cr**ea**k**; **curt**ail s**car** s**car**ce; **cal**umny sco**ld**

12 콸/콰르[cul] 갈리다, (시비를) 가리다(cr_t), 가름(crim)하다 60
cultivate **cul**ture; dis**cre**te **cri**terion s**cru**tinize; **cri**me dis**cri**minate

13 콰르르(cr, gr) 칼칼(cl) 외침: 꾸르르(불만), 깔깔(기쁨), 하소연 62
cry s**cr**eam; **gr**ate **gr**owl **gr**umble; **gr**ateful **gra**cious **gr**in; **cl**aim ex**cl**aim

14 꿀꿀대며 꾸다/꾀하다(car, cur, qui, que, qua): 갖고/알고 싶은 욕구(근심, 호기심) 67
care s**car**e **cur**ious se**cur**e ac**qui**re re**que**st **que**st in**qui**re

15 콸콸/골골[c_r, g_r(l)] 굽이치다, 게걸대다: **cur**l **cur**b **coar**se **gul**f **gor**geous; **gl**utton **gr**eed 72

16 콸콸(cur, car) 흐름(발생), 길, 나르다: **cur**rent, dis**cour**se **car**eer **cour**ier; in**cur** oc**cur** con**cur** 75

17 쏴- 설설(cir, ser) 돌다, 쿨렁(chron) 흐르는 시간 77
circuit **cir**cumstance re**search**; **chron**ic syn**chron**ize

18 꼬르르 구르다(-grad/-gress)(걸음): pro**gress** con**gress** **grad**e **grad**uate 80

19 꼬르르(gr/cr, col) (흘러) 기르다(길다, 자라다): **gr**ow ac**cr**ue re**cr**uit in**cr**ease; **gr**oss **col**ossal 81

20 (콸콸) **꿀린(clin), 결림(cl/gl)**(뭉침): in**cli**ne de**cli**ne **cl**ing **cl**inch; **cl**oy **cl**uster con**gl**omerate 83

21 콸콸[c_l(r), gl] 긁다, **켠다(can)** (빛, 밝다): **coal** s**cor**ch **cl**arify **can**did **can**dle **gl**itter **gl**aze **gl**oom 87

22 종(種)(gene-): 씨(종류), 키우다, 좋은 가문(관대한) 91
genre en**gen**der **gen**ome **gen**erate; **gen**erous **gen**ial

2장. 모음(w, h, l, r 포함) 시작 어근[0] 98

1 우-(wo, wa, aud --) 운다(근심, 소리, 물) woo woe awe; audible audience ode water 98

2 웅(win, wan, un) 부는 바람(흔들림), 물: wind swindle wander wane inundate 100

3 웅 퍼진 움[모음+m(b)], 함(hom, hem), 품(fam): 주위 공간, 여며 합하다(일체감) ambush womb ambience amble ambiguous embassy; amiable homogeneous 102

4 낭랑(r_ng)거리며 엉기다[ang(c)/-ing(k)]: 꼬임, 응그림, 엉긴 구역 angle anchor; anger anguish; wrong wrinkle entangle ring; range arrange 108

5 인다/안다(int/hind-/ant-): 인접한 안쪽, 뒤, 과거, 미래, 상대 internal intrinsic; hinder antique anterior; anticipate; antagonist 112

6 -에다(ad, ed, ut, h_d 등 모음+d/t): 더하다, 에우다(속박), 웃(위)에 이다 add with withstand lid; hide eddy oath pledge; hood utter audacity authority 119

7 외다, 날카로워 에다(aut, het, ed --): auto odd widow; edge whet edit edible 125

2-1 장. 훨훨, 왈왈(모음+r/l) 대는 파동[0, ㅎ] 129

1 훨 회오리(whirly) 치는 파동(w_l, h_r, ar --)(바람, 물, 공기 흐름) whirl hurl hurry well dwell weld aroma aura oar 129

2 왈왈 울다(모음+ l), 아뢰다(or, ㅂ): yell howl wail; word oral adore 132

3 쉬 웅/울/휘(sw-): s+w(wing, weep, whirl, word, wear --) 휘날리는 파동 135

4 얼얼(w_r)함(혼란, 아리다), 얼어(hor)버리다, 울어(war)대며 알려하다 worry weary; horror abhor; aware wary 137

5 울어[w_r] 굽다, 울게(arc, urg, erc)하여 얼싸다(엮이다): weird inward arch urge coerce 140

6 훨[(h/w)__l/r] 휘감은 울[방, 혈(穴), 껍질, 둘레]: wall ward hollow hull horizon orbit urban 142

7 훨(w/h_r, hon, orn) 날리는 올(wool): 털, 어르어 입다, 상을 입혀 주다 hair harsh yarn; wear adorn ornament; honor reward 146

8 훨 휘말려 얼다(arm, art, ord): 붙다, 뭉치다, 엮다, 열을 짓다 harmony armor army; artificial article; disorder ordinary subordinate 148

9 훌[h_l(r), h_n, ear] 낚아 끌다, 훑다(잡다), 얼다(her)(뭉침) haul harvest harass; handle hold halt apprehend; cohere inherent herd 152

10 훨(or/al/ol) 일어나 오르다, 자라다: orient altitude exalt; adolescent abolish alimentary 158

11 훨(ult/al) 넘다(초월, 다른, 바뀌다): ultra ultimate alien alibi alter 160

12 훨훨[h_l(r), w_l(r)] 나는 마음(환호, 좋아짐) hilarious hurrah hail overwhelm welfare farewell wealth 162

13 일으켜(_rg(k), arch) 생기다, 처음: work organ archaeology archaic architecture 164

2-2장. 휙/욱[모음+ k(g, c, q, x)] 관련 어근[0, ㄹ] 167

1 휙/욱[모음+k(g, c, q)] 꺽이다, 흔들다 hook hawk awkward oblique; wag swagger wake agitate 167

2 욱(ac/ug) 솟다: 날카롭다(억셈), 위, 더하다
acute acupuncture acrophobia; haughty augment auxiliary 171

3 왝/락[(l/r)+q(k, g, c)] 쏟는 물, 빛: aquatic liquid irrigate brook; ignite lux lucid 174

4 락[l/r/n +c(k, g)](落) 떨어짐(충격, 낡음, 스침): wreck knock reluctant innocent; sneak sleek 177

5 왝(loq/lec/log/leg/lang) 얘기하다, 읽다: lecture intellect eloquent colloquial allege legible 179

6 왝[l+c(g)] 낚여 붙다[덩어리, 하나로 엮이다(equ)], 낚아채다, 질질 끌다
lock legacy league collect oblige; equity equivocal; delegate select; lag sluggish 183

7 낚아채다: 요구(rog), 느껴(lec, rec) interrogate abrogate surrogate; recollect reckon reckless 187

8 낚(엮)여(rig/rec/reg/leg) 짜임: 똑바름, 잣대, 왕, 법
rigor right straight rectify directory; regal regime; legal legitimate 190

2-3장. '랍' 나부대는 형태[모음+p(v, b, f)] [0, ㄹ] 194

1 업혀(up, op, ov) 올리다, 휩[h_p(v, b)] 오르다 upset over above opt adopt; hop hobble heave 194

2 업다(apt/op)(부합, 앞), 합(hav, hab)(붙어 살다), 휩(hib)싸여 잡히다
apt adapt opposite; habit inhabit; prohibit, inhibit 197

3 읍(泣) 우는, 휘이(휩) 대는 파동[w/h+p(v, f)](휩쓸다, 파도, 흔들, 갑자기)
weep ape; whip sweep wipe; wave haven; waver weave; perhaps hapzard 200

4 얍/랍 [l/r+p(v, b)] 나부대는 마찰, 걸음, 기어감
leap flap slap clap flabby rubbish; rove creep cripple trip 205

5 갈아 나부끼다[g/c+(rub/rav/rib --)](갈다, 그립다, 괴롭다) grave groove scrupulous scrub inscribe 211

6 나부 [l/r+p(v, b, f)]대는 물결, 흐름, 떨림, 몸부림
ripple lavatory; derive drift; catastrophe; strive constrive labor 214

7 나불(풀)거리는 잎(입다, 덮다, 끈): leaf; drape lap wrap envelop; rope stripe strap 216

8 얍/랍[r_p(v, b), priv, prop] 납치하다: 낚아채다, 자기 것으로 만들다
reap snap; rob ravage rapture deprive; private privilege proper 219

9 끌어 입다[gr/cr(l)+p/b]: 뭉침, 그러모아 잡다 club globe; grip grab grope crop craft 221

10 얍 내비다(lev, liv, lib, riv --), 비우다 leave alleviate oblivious, frivolous deliver 224

11 냅다(rupt/lip/lap/lev --), 벌어지다: 갑자기, 갈라짐, 미끄러짐, 높임
rift disrupt corrupt erupt; brief abbreviate; loft lift leaven levy 226

3장. r/l/n 시작 어근[ㄹ, ㄴ] 232

1 늘어진 줄(lin/lon/lan) linear lineage delineate lane prolong belong normal 232

2 늘어지다[l_n, lim, lum(p)]: 흐물함, 기울다, 어슬렁 걷다
linger languid lenient lean slant slim; limp slump 234

3 너울(roll, rawl) 나돌다, 낭랑(ran, lun, ram) 놀다(휘젓고 다니다)
scroll stroll scrawl crawl random launch roam ramble rampant 236

4 루루, 랄랄(snar, snor --) 울림(시끄럼, 노함), 낭랑(noun, nom) 부름(알림)
roar snarl snore sonorous; renown announce renounce 240

5 나다: 나와 발생(ris), 새로 나다(nov), 나타나 알다(not), 낳다(nat), 깨나다(gn, kn)
rise; innovation novice; notify notorious notable; native innate; acknowledge diagnosis 242

6 나다(lat): 옆으로 나다, 나와 늘어져 늦다 lateral latitude collateral dilate; late dilatory 246

7 나뜨다 [n/r+t/d]: 나돌다[나댐, 노(끈), 로(路)], 뻗어나다(뿌리/막대, 광선)
rotary riot; knot knit; routine rite; eradicate radical rod; radiate ray 249

8 누다(rud, rid, lud, lut, nut): 누출로 떠다니다(거친 날 것, 나대다, 놀리다, 흐르다)
rude crude; delude deride ridiculous allude; dilute nutrition nautical 254

9 너덜 나대다[r(l)+t(d), not): 조각 내다, 썩다, 새기다, 내치다(raz)
rattle riddle; collide rid allot; rot corrode erode; literal denote; raze eraze graze 256

10 내지다/내주다(les, los, lic, lyz): 놓치다, 낮다, 느슨, 늦다, 놔주다
less lest lose; loosen leisure release; illicit license lethal paralyze lease 259

11 으스스 내치는 소리(his, ash/ush --): whistle lash flash flush slash crush crash crucial 262

12 놓다(놔 두다, 배치, 뉘여 놓다)(lay, loc, lat): lay allay; locate allocate; latent 266

13 이어진다(rea, rat, lia, ly --): 연결, 관계, 추리, 낚임
reach reason rational rate ratify liable rely ally allure 269

4장. d/t 시작 어근[ㄷ, ㅌ] 275

1 떼(de/di), 털어(tail) 내다: distance detain deal detail retail tailor 275

2 띄우다(de/di, ty), 뜰(tal, til)(뛰어남, 신, 수증기), 뜨다[해, 붕뜨다[d_z](멍함)]
install; dear tyranny; demon divine; distill, dawn dazzle dizzy 277

3 뜸(t_m, dom, dem)(오르다, 공간): stem tumor dome domestic domain dominate epidemic 281

4 띄워(tow, do, dur, tar)냄: 떠내다, 버팀, 느림 tow bestow donor; stout endure durable; retard 283

5 탱탱하다: 튄다(ten, den) (당기다, 향하다, 긴장), 태운다(tain, tin)(달라붙다)
extend tend tense dense; sustain attain pertinent continue 286

6 텁텁 치다(터벅, 막대, 고집, 풍덩), 탑(끝, 가파름), 답답 [t(d)+p(f/b)]
tap step; stab staple stubborn; dip dive; top steep; stuff stifle 289

7 뚝/툭/퉁[t(d)+c(g, k)] 치다(타격, 터벅), 닿다(붙다, 쌓다)
dig attack; stick stack contagious dock; vestige investigate 292

8 떡/덕지(tec, tex, dec, tas) 붙다(덮다), 딱(dex/dig) 맞다(덕)
text deck pretext protect decorate; dignity dexterous 296

9 뚝(d_c, tec) 당김(끌다, 가리킴, 가르침), 떽떽거림:
tug abduct; indicate induce docile technical doctrine; dictate predict 299

10 퉁/둥[d_n, t_n] 치는 소리, 튕기다(tinc, ting)(자극, 물들임, 드러냄)
ding dental detonation astonish stun sting tinge distinct extinct 303

11 땡/퉁[t(d)_m] 치다: 손상, 텀벙대다, 틈내다(시간, 조건, 끝)
damage condemn; tumult stumble; temporary term determine 307

12 탈탈[t_r] (돌다, 떨림, 탈남, 타다): turn detour; terror tremor perturb; toil torture; attire torch 311

13 떠렁(tran, tr(dr)_n) 따르다, 흐름: transient transfer; torrent stream drown drain drench 316

14 따르르(tr) 굴러 다니다(tr_d), 떠나 저버리다, 따라(tra) 이어지는 선
tread stride intrude stray; traitor betray; trace trail draw straw stratum 320

15 다락[tr(dr)+g(c)], 덜렁[tring, train], 따라[tru, trea] 끌다(붙다)
drag trigger; intricate attract struggle obstruct restrain; construe treaty 325

5장. m 시작 어근 [ㅁ] 333

1 매다[m_t(d)]: 모다, 맞추다[맞다, 마디(중간), 재다, 치료]
mate meddle; moderate modest; amid mediate; diameter remedy 333

2 맺어(m_s, maz) 뭉치다(혼합, 엉망, 멍한, 얽매인), 맺다(mat)[모(母), 물질]
mess amass miscellaneous smash; amaze maze muse; matrix material 337

3 손에 맨(man-): 만져 다룸, 매이다(잡혀 구속함, 고정)
manage manuscript manipulate; mandatory demand; permanent maintain 340

4 모다(mot) 미다[mit(s), mut, mun]: 몰아/밀어 움직이다(보내다, 주고받다, 의무)
promote transmit omit dismiss; commute community; remunerate immune 343

5 모은(moun, mon)(쌓아 올림, 뭉침, 하나), 몰려(mil, mul) 많음
mount surmount among monarch monopoly; military multi 346

6 민다(min/men), 몬다(mon): 밀어냄(튀어남, 치미는 생각, 불러냄), 드러냄(말, 알림)
eminent prominent amenable; mean reminiscent; summon admonish demonstrate 348

7 막/마구(m_g), 무지[maj(s)]: mega magnify mighty maximum majesty major 351

8 물, 물러지다[m_r(l), min]: 몰(歿)하다, 악화하다, 무느다, 갈다, 물어 뜯다
marine submerge immerse mild; mortal malice dismal; demolish mill undermine molar 353

6장. S 시작 어근 [ㅅ, ㅈ] 361

1 쌈(s_m): 싸서 합하다, 한쌍, 싸잡다(쓰다, 점하다, 점치다)
sum same assembly assimilate resemble symmetry; consummate consume assume 361

2 씌다[sh_t(d)], 씰[sh_l, c_l]: 가리다. 그림자, 덮개, 껴안고 말하다, 신경 쓴다(sen)
shut shade shell shield ceiling conceal; counsel reconcile; sentiment consent 364

3 서다/지다(st, sid, sit, sis, ses): 세우다, 자리함(있다, 버팀, 위치, 장악)
stand establish stable exist substitute distant insist situate preside possess obsess 368

4 쉬다(머무름), 지다 [s_t(d)], 자다(잘) (sua, s_l) : 가라앉다, 잠재우다
reside residue settle hesitate soothe persuade console solace 374

5 지다(ced, cid): 가다(之), 떨어지다(생기다)
cede precede accede exceed; deciduous incident occident 378

6 쩍[s_c(k, q)] 붙어 속하다, 쩍 쪼개다, 쪼여(su) 따라붙다
seek sequence consecutive prosecute ransack; insect section; sue pursue suit 382

7 쩍[j/s/ch+k] 벌어짐, 쩍(jec) 쫓다(붙다, 보내다)
jerk shake whisk choke juxtapose object eject inject 388

8 쏴 쏘다: 물소리, 씨뿌리다, 솟다, 쓰리다(s_r)
sewer sea shed; sow season; soar surge; sorrow sore serious 391

9 쏴- 솟다(튀다, 쏘아대다), 살랑(s_l, cel) 대는 물, 쨍(s_n) 소리(성하다)
salient accelerate insult assail insular isolate: sound consonant sane sanitary 397

10 졸졸[s_l(r)] 흘러 꼬이는 실, 졸리다(잡힘)(serv): silk seal series; servant conserve preserve 400

11 쓰르르(sl, shr, thr) 지르다, 찌름, 주르르 지남 shriek shrill; slay shrewd; thorough thrust throw 403

12 썰다(cer, sh_r)(구분짓다, 자르다), 쪼다: concern discern certify share shear 406

13 쏠려(sol) 몰리다(전체), 홀로 되다: solid solicit solemn; sole solitary desolate 409

14 쩝[s(ch)_p(v)] 치다, 접하다(즙, 맛, 느끼다) chop shove shave; soup savor; sapient philosophy 411

15 쩝(sup/suf/sub) 접한 위, 아래: superior sublime sufficient; submit suppose 414

7장. b/p/f/v 시작 어근[ㅂ, ㅍ] 418

1 뻥/붕/펑[p(f, b, v)_n] 치다(터짐, 패다, 추방, 고통)
bang punch punish compound defend invincible avenge; ban abandon; pain punish penitent 418

2 풍/붕[f(p, v)_n] 불다(핑 돌다, 휘어짐), 펑펑(foun) 솟다(원천), 뿜다(vom/fum)
fan ventilate pant; spin spinster; fountain profound; vomit perfume 424

3 붕(pin, bun) 떠 솟다(봉, 뾰쪽함, 가리킴): pin pinnacle spine bounce bunch point appoint 428

4 펑/붕(f_n, phan, bon, ben) 부푼 마음(환상, 부(富) · 관대함), 불려 나타내다:
fancy fond fanatic; phantom feign defunct; bonus benefit, benign 430

5 붕(b_n) 불어쳐 휘말림(봉함), 팽팽(pen, pon)히 매달림[긴장, 책임, 저울질(지급, 고민)]
bind bond bundle pawn pendant suspend responsible compensate ponder 434

6 붕[b(p, v)_n] 퍼진 방, 변(fin): boundary expand span; final affinity define confine 438

7 붕/빙빙/뱅뱅(ven) 이리저리 떠다니다: vein convene covenant avenue advent 441

8 퍽 박다[p_c(k, g)](찌름, 뾰족함, 붙임), 부치다(fast):
peck poke spike peak; affix propagate pack compact; fasten steadfast 444

9 벅벅[v(b)_g] 버그러지며 흔들다: 파도, 터벅거림, 신호, 불꽃, 활력
beg vex vogue vague vagrant; vagabond; beacon; bake; vigor vigil 448

10 뻑(voc, vok) 소리내다: 부름(말소리, 자극, 요청) vocal revoke provoke invoke advocate 451

11 부스스(bus, vas, f_s): 부산함, 부수다, 붓다
buzz fuss festival bustle; devastate fissure vice; confuse diffuse 453

12 붓어(vas, bos, fis) 오름, 보시기(주머니): vast boost boast bosom; vase fiscal confiscate 457

13 펴서(pos) 배치함, 입장: position impose expose deposit depose post 459

14 폽[p(b, f, v)+p(b, f, v)] 튀다(부풀린, 거품, 사람들, 날숨, 마시기), 비비다(삶)
pop phobia; population republic; puff buffoonery; beverage; vibrate vivid survive 462

15 푸/부(fess, fa, phe, vo) 펴는 말, 버버(b_b)거림: profess confess vow devote barbarian babble 465

16 바드드 베다/패다(bit, bat, p_t(d), vid --)(조각냄, 때리다, 싸움, 논쟁)
bit bite divide pat patch petty abate; battle combat debate refute 468

17 부드드 패서 자극, 비다(pet), 패대는(pat, pas) 아픔(동병상련, 열정), 한 패(fid)(믿음)
impetus appetite petition; patience pathology sympathy passion; fidelity confidence 473

18 뽀드득(f_t, ped, vad) 뻗다(발걸음, 가다), 푸스스(pas) 펴가다(길, 퍼지다)
foot fetter; pedestrian expedite perpetual invade evade; surpass impasse 478

19 부우(voy, via, vio) 떠다니다, 비우다/푸다(void, vit, vac --)(박하다, 약함, 사라짐)
voyage convoy deviate obvious; void avoid evacuate vacant; fade futile 482

20 뻗어[b(p, f) _t, ped, bud] 펴다[아이, 부(父), 힘], 붇다[그릇, 밭(가장자리)]
botany fetus pediatrician; patron despot potent; pottery pod bottom 486

21 펴/벌여(ve, vir) 나와 보이다(사실, 증명): view survey verify virtue; prove approve 489

22 비치다, 보이다(vis, face, vid): 생김새/면, 알려줌
vision revise surface deface evidence provident improvise 491

23 퍽(f_c, fig) 펴나와 빚어짐(생기다, 생김새, 특징), 보이다(spec)[살펴보다, 관점]
expect suspect specific speculate aspect; defect infect factor figure efficient 494

8장. 펄(벌) [f/b/v/p+l/r] 발하다(發) 어근[ㅂ, ㅍ] 502

1 펄펄(par, per)(發) 피어 보이다(생기다, 벌여 놓다), 폼(form, firm)[생김새, 명확히 보임]
apparition transparent repair prepare imperial; perform affirm confirm 502

2 펄(發)[f(b, v, p)__r] 불려 기르다(열매, 자식): breed brood frugal fertile burgeon embryo 505

3 펄(for) 나와 앞에, 벗어나다(제외): forth forward former afford; forbear forbid forgo foreign 507

4 벌여(fro, per, par, br)서 앞(옆)에 두름(가장자리): front confront perimeter peripheral brink brow 511

5 벌여 빼다, 파(派)로 나누다(bar, par, por): bare spare sparse depart particle portion partake 514

6 벌여(var, ver) 나뉨(전환, 거꾸로): vary versatile vertigo divorce diverse; revert convert adverse 517

7 펄펄(fal, fil, vil pol) 날려 떨어짐: 뻘짓, 악, 오염 fall falter fault; devil vile; filth defile 521

8 펄펄(por, per, fer)(發) 퍼 나르다(통로, 주다, 지나온 일)
porch opportune portable import ferry offer confer experiment 523

9 펄펄[p_l(r)] 뛰다, 치다: 파동, 자극(강요), 쫓다, 패다(발라내다)
pulse palpable applaud dispel impel repel plow pilliage 527

10 벌렁/펄렁[pl(bl, fl)_n] 거리다: 버둥대다, 물튀다, 깜박임(빛바랜), 휘말림, 흐릿함
planet flounder fling blunder; sprinkle blink splendid blank; blend bland blind 530

11 펄펄(flu, flo, blo, pl --) 날다(가루, 공기, 번성), 흘림/풀림(물, 피, 쏟다, 꽃 피다)
flight flutter flour flourish; bloom; float fluid influence blood 535

12 펄럭/펄레 파동[fl_c(g, x)](휘다), 휘말리다[plic-, plex-, ply, ploy](복잡, 겹침)
fluctuate flag flexible reflect; complicate perplex imply deploy 538

13 펄럭 [flic; p(b, f)+ric, luc 등] 부딪힘: 치다, 부러짐, 손상 541
prick **pluc**k **frag**ment **fract**ure **freak fric**tion con**flic**t af**flic**t

14 불려(ple, pli, ply) 많다(채움, 완수), 불거짐[p(v, b)__g(k)][많음, 부푼 것(배, 산, 밝힘)] 544
plenty com**ple**ment accom**pli**sh com**pli**ant sup**ply**; **vulg**ar ice**berg spark** em**bark**

15 벌벌/부르르(br) 떨며 발(bar)을 엮다[가림막(v_l)] 모발(髮) 549
bar barrister em**bar**rass; **bar**ber **br**istle; **veil** re**veal**

16 펄펄(pil, par, fil) 피어 뻗은 뿔, 발: 막대, 발을 엮다, 한 쌍 552
pillar s**pear pil**e pro**fil**e **par**ity com**par**e **par**allel

17 불어(bl, br, vol) 치다(바람, 바램), 펄(spir) 불어 쉬는 숨(호흡, 숨 불어 넣다) 554
blow **bl**ast **br**eathe **vol**atile; **spir**it con**spir**acy re**spir**e in**spir**e

18 펄펄 빌다(ple, peal), 부름(par, pel)(말), 펄렁[plain, plore, fr_n] 불러 외침 556
plea **ple**ad ap**peal**; **par**liament ap**pell**ation s**pell**; com**plain plain**tiff **fren**zy im**plore** de**plore**

19 풀어(fra, fla, pla)진 마음, 풀려(pla) 펼쳐지다(벌판, 평면) 560
frank **fla**tter **pla**cebo **pla**cid; re**pla**ce **fla**t **pla**teau **pla**te **pla**in

20 펴내(Pro) 앞으로, 빠르게(pre-, pri, pr_m) (먼저), 바로(appro) 대다 565
proffer **pre**fer **pri**ncipal **pri**nciple **prim**e **prim**itive **promp**t; **appro**ach

21 불은 가치(prec, prais), 불려 밀다(press): **prec**ious ap**preci**ate **prais**e ap**prais**e op**press** de**press** 567

22 팔팔(fort, fer)한 힘(요새, 거친), 불어(val) 힘찬 마음, 가치 571
ef**fort fort**ify **fort**ress **fier**ce **fer**ocious; **val**iant **val**id pre**vail**

23 펄펄(br, bl, fl, fr) 불이 타다, 끓다**: bur**n **boil br**ew **bl**aze **fir**e **fur**nace **fer**vor **fl**are **fl**ame 574

24 벌벌 떨다[두려움(f_r, pal --), 회전(vol)]: **fear fr**ight **pal**lid ap**pal**l; re**vol**ve re**vol**t e**vol**ve 577

25 볼록하게 **불다(b_l, p_r)**(볼 모양)**: ball bul**let **bul**b **bowl pearl por**celain 580

* 상기 단어들은 본문에서 일부만 발췌한 예시들로 구성됨

이 책에 나온 단어들의 색인(페이지 찾기)은 우리소리 영어어원 : 네이버 카페 (naver.com)

https://cafe.naver.com/megatrender 게시하였으므로 참조하세요

표

〈표〉 [갑 (cap) 관련 어휘 정리] 21

〈표〉 [c/g+r/l 어휘 정리] 90

〈표〉 ‘임(모음+m)하다’ 관련 어근 쓰임 정리 107

〈표〉 [어근은 붙거나 깨지는 소리 및 모양이 있다] 109

〈표〉 [모음+n(d) 어휘 정리] 118

〈표〉 자주 쓰이는 접두사, 접미사 등 정리 128

〈표〉 읊다 [모음+l/r+b(f/p/v)] 형태 정리 [ulb, ulp, ulf, olv, wav] 145

〈표〉 <모음+c(g, k, q) (‘욱’) 형태[-ag, -ac 등] 정리> 182

〈표〉 Up 관련 어휘 정리 204

〈표〉 [‘얍/랍’ 표현 정리 r(l)+b(f, p, v)] 230

〈표〉 [‘나오다’ 표현 정리] 273

〈표〉 [멍하여 둔하거나 어리석음 어휘 정리] 280

〈표〉 [나무/막대/토막 어휘 정리] 290

〈표〉 [tag형, tap형, lap형, ride형, rake형 유사성 비교] 296

〈표〉 [이어짐을 표현하는 어휘 정리] 331

〈표〉 <펑(붕), 퉁 소리 비교> 435

〈표〉 [펑(붕) 터지는 소리] 443

〈표〉 [드러내 말하는 표현(어휘) 정리] 468

〈표〉 [‘가다’/‘길’ 어휘 정리] 482

〈표〉 [부드득 부딪히는 소리 또는 뻗어 나가는 표현(어휘) 정리] 500

〈표〉 [펄 벌여(發) 나가는 표현(어휘) 정리] 582

◆ 들어가면서 ◆

현재까지 어원 책은 라틴어, 그리스어 위주로 간단한 어근들을 소개하는데 그쳤다. 그런 어원들이 단어를 이해하는데 조금 도움이 될 수 있지만 여전히 우리말과 거리감이 있다. 여러 언어들의 낱말 사이에 규칙적인 말소리를 비교언어학적 방법으로 분석한 결과 낱말 자체는 어족 분류를 뛰어 넘어 전세계적인 공통 소리를 담고 있음을 확인하였다.

왝왝거리는 소리에서 왜가리가, 끼룩끼룩 소리에서 기러기가 나온 것처럼 동물을 나타내는 단어는 의성어인 경우가 많다.

cock는 꼬꼬댁거리는 꼬꼬(구구), 한 글자로 하면 꽥이고, 꽥 우는 quack(오리)과 같은 말이다. 꼬꼬는 구구거리는[**鳩**(비둘기 구)] goose와 통한다. 꾀꼬리는 꽥 우는 소리에서 나왔고[Late Latin **quaccola** (“quail”), Proto-West Germanic *kwattulā '까투리'], 개구리는 꽥 우는 꽤구리/깨구리[‘개구리’의 방언]에서 나온 것으로 개구리는 꾀꼬리의 다른 말이다. 꽥 우는 개굴개굴 소리는 영어에서 cackle(The cry of a hen or goose)와 연결된다. 기러기가 끼룩/꾸륵거리는 소리처럼, 영어에서 croak(The call of a frog), crackle, crack, creak, screak 및 꾸륵대는 파동인 creek, crooked 와 연결된다. * 끼룩대다: 기러기나 갈매기 따위의 새가 우는 소리가 자꾸 나다.

뻐꾸기는 영어에서 cuckoo, 구구(꼬꼬) 우는 소리다. cock에서 구개음화 등으로 chick(짹짹)로 바뀌고, 우리말에서도 꽥이 찍, 짹짹이 된다. chick는 어린 새(A young bird)를 뜻한다. 참새 짹짹, 오리는 꽥꽥하는 어린이들의 노래가 원시시대부터 이어졌다고 하겠다. 한자 **雀**(참새 작)은 짹짹 소리다. 공작(**孔雀**)새(peacock)는 꿩과의 새로 공작의 **雀**(참새 작)은 cock [**角**(뿔 각, 꿩 우는 소리 곡)]과 통한다. peacock은 뻐꾹 소리라 할 수 있다. 퍼걱(삐걱)거리는 파동과 관련된다. earthquake에서 quake는 (땅이) 끼익 꺽이는 소리다. cog는 꺽인 모양으로 **角**(뿔 각, 꿩 우는 소리 곡), **꼭**지를 뜻한다.

* (어원) Middle English *quacken (“to croak like a frog; make a noise like a duck, goose, or quail”)

chuck은 chick과 같이 닭이 짹짹하는 소리다. 또한 ‘쩍(jag) 치다’와 쩍 (**斥** 물리칠 척) ‘내쫓다’는 의미도 있다. 쩍 ‘내쫓다’의 의미는 어근 ‘-ject’와 통한다. eject, project, reject, inject 등이 있다. 저지하다는 뜻의 check와 관련된다. 또한 쩍/슥 갈라지다를 뜻하는 어근 ‘-sect’과 통한다. intersect, section, sector, dissect 등이 있다.

gull은 골골/깔깔대는 갈매기다. quail은 골골대는 매추리이다. 꿀꿀/골골/콸콸 소리는 물소리, 삼키는 소리, 물이 흐르는 목, 골짜기 등 굴 모양의 통로 등을 나타낸다. (시시)콜콜 외쳐대는 call, **cur**se, 골골거리는 소리 **gar**gle, 꿀꺽 마시는 소리 **gul**p가 있다. 골이 져 굴 같은 목구멍/협곡 **gull**et, **col**, 굴과 같은 지하 배수로 **cul**vert 가 되고, **gor**ge는 꿀꿀 흐르는 **골짜**기이면서 실컷 먹는 소리를 뜻하게 된다. **gor**geous는 꿀꿀거리는 목구멍을 뻗뻗이 세우고 뽐내는 것이다. 콸콸 물 흐르는 **cur**rent, **gul**f, **gory**, 콸콸 굽이치는 모양에서 **cur**l, **cur**ve, **cur**b, **coil, cour**se, **cour**ier가 있고, 콸콸 솟아 일이 생기는 것을 뜻하는 in**cur**, oc**cur**, re**cur**, con**cur,** ac**crue** 등이 있다.

* (어원) Latin gurges ("eddy, whirlpool; gulf; sea"), French gorger ("to eat greedily; to gorge")), from gorge ("throat"). French cours (stream of water, river)

cancan은 쿵쿵대는 캉캉 춤이다. 컹컹/깽깽(犬 개 견) 우는 개는 canine이 된다. can은 빈 공간이 있어 컹컹 울리는 소리가 나는 칸(깡통)이면서, 칸에 담을 수 있는 능력을 나타낸다고 하겠다(管 대롱 관, 포용하다, 알다) [capacity가 담는 cup, cap에서 유래한 것과 같은 맥락이다]. canteen(깡통), cane, canal, cannon, canyon 은 속에 빈 칸이 있어 유래가 같다고 하겠다.

* (어원) Ancient Greek καναχέω (kanakhéō, "ring, clash, clang"), Old English canne ("glass, container, cup, can"). Latin canō ("I sing, sound")

crane은 카랑카랑 우는 학이고, 이는 컬렁거리는 소리 clank, clang, 그렁대는 groan, grunt와 관련된다.

crow는 꾸르르 우는 새다[몽골, 중앙아시아에서 케레이는 까마귀, 십자가(cross)를 나타낸다]. 이는 고래고래 갈리는 소리로 외치는 cry, scream, grate, growl, claim과 관련된다.

초끈이론은 우주의 구성요소가 고유의 진동 패턴을 갖는 '끈'이라는 가정에서 출발한다. 입자들은 서로 다른 주파수로 진동하는 끈이다. 전자부터 별까지 우리를 둘러싼 모든 것이 파동으로 이뤄져 있다.

소리가 곧 파동이므로 말소리는 파동으로 되어 있음을 이 책에서 보여주고 있다.

그 중 벌벌(b/f/v+ r/l) 떠는 파동을 예시하면 부르르/펄펄 끓는 불(**br**oil, **br**ew, **br**oth, **pyro**mania; boil, **bur**n, **fir**e **fur**nace **fer**vor **fer**vid, **fl**are **fl**ame **bl**aze), 부르르 휘말림 (brawl, braid, embroider, bride, bridle), 벌벌/파르르 떠는 두려움, 추위, 회전[fear, re**ver**e, **pal**e, **pall**id, ap**pall**, fright, fret; freeze, frigid; sphere, -**vol**-(involve, revolve, revolt), -**ver**-(in**ver**se in**ver**t re**ver**se con**ver**t contro**ver**t ad**ver**t a**ver**t)].

또한 인도유럽어에서 *drā, tre 는 걷거나 **달리**는 소리, **떨**림을 나타낸다[Proto-Indo-European *dr**ā**- ("to walk, step, **run**"), *tre- ("to shake")]. 여기서 dr-, tr- 로 시작하는 영어 단어들은 우리말에서 따르르/드르르(湥 흐를 돌) 굴러가는 소리와 관련이 있음을 알 수 있다. 또르르/드르르 (跿 밟을 달) 구르는 발걸음 소리에서 travel, trip, tread, trace, stride, trudge, stroll, trample 등이 있고, 따라 가는 길로 trail, track, street. 물 따르는 소리에서 drip, drop, drink, torrent, stream, drain, dry. 드르륵 끄는 소리에서 drive, draw, drag, train, draft. 드르르 떨리는 소리(두려움, 怡 두려울 돌)에서 dread, tremble, tremor, drum, trouble 등이 있다.

장자는 꿈 속에서 나비의 나부끼는 날갯짓을 보고 자유를 느꼈다. 장자는 나비의 날갯짓에 올라타면서 나비와 하나된 것이다. 나풀/나불거리는 파동 소리나 모양은 영어에서 많은 단어를 구성하고 있다. 나풀/나부대는 물결(瀱 물소리 렵)(**ripple**, **riffle**, **riv**er, **lav**a, **lav**atory, **lavi**sh, de**riv**e, d**rif**t), 천의 주름 (楪 너풀거릴 엽) (ruffle), 나불대는 천(label), 나불대며 얽힌 실타래(ravel), 나불대는 지껄임(吶 떠들 납, 讘 말 많을 렵) (revel, rave, raven, rabble, rap), 나불대는 추의 균형을 맞춤(level) 등이 있다.

'나부대다'는 표현은 얍/랍(邋 나부낄 랍)으로 축약될 수도 있다. 형태는 l(r)+ b/p/f/v로 되어 있다. 그 예로 닢(leaf), (야불거려) 나부대는 입 (𣝞 입 놀리는 모양 업) (lips, lap), 쪼아대며 얍얍(䶛 씹는 소리 랍, 䶘 씹는 소리 립(입))(nip, nib, nibble), 나부끼는 마찰 (抐 두드릴 납) (**rub rub**bish sc**rub** c**lap** s**lap** f**lap** f**lip** f**lab**by st**riv**e st**rif**e), 나부대는 마찰로 새김(sc**rip**t insc**rib**e desc**rib**e insc**rib**e asc**rib**e presc**rib**e g**rap**h g**rav**e eng**rav**e), 발로 땅을 치며 누비다[躐밟을 렵,뛰다; 衲 갈 납] (**rov**e t**rip** t**rav**el t**rap**), 흔들리며 기어가는 모양(䝱 기어갈 렵) (c**reep** c**rab rep**tile c**ripple**) 등에 나타난다.

또한 얍/랍 잡아채는 충격으로 납치(納 들일 납, 擸 가질 렵(엽), 搚 칠 납)(rob, **rap**e, dep**riv**e, **reap**, **riv**e, s**nap,** g**rab**, g**rip**, c**lip**, c**rop**), 냅다 벌어짐 (磖 깨지는 소리 랍, 鬣 끊을 렵(엽)) (**rif**t, **leav**e, **reav**e, **rip**, be**reav**e, k**nif**e), 얍/랍 (㺉날 랍) 날렵/얍삽하게 높이 뛰 (leap, gal**lop**, **lif**t, **lof**t, **lop**e, e**lev**ate, **lev**er), 날렵한 가벼움(偞 가벼울 엽, 懕 경박할 렵) (**lev**ity, al**levi**ate, **leav**en, **rap**id, ab**rup**t) 등을 뜻한다.

* (어원) Middle Low German ruffelen ("to wrinkle, curl"). Latin lavare ("to wash"). Old French raviner ("flow with force; sweep down; pillage, cascade"), or ravine ("robbery; violent rush of water, waterfall, avalanche; impetuosity, spirit"), Latin rapiō(I snatch, grab, carry off, abduct, rape, steal), German schnappen ("to grab"), German kneifen ("to pinch, cut off, nip"), Middle English raven ("to wander"), German laufen ("to run; to walk"), Proto-Indo-European *klewb- ("to spring, stumble"), Middle English rablen ("to ramble; rave; speak in a confused manner"), German nippen ("to sip; taste")

낚는 것은 엮어 꼬이게 한다. 왝 낚아 챔은 부딪히는 소리(落 떨어질 락)를 수반하고, 끌어내는 행위이면서 군락을 이뤄 뭉치게 한다. 엮여 잘 짜여진다면 맥락(脈絡)을 알 수 있어 우리는 그것을 올바르다고 할 수 있다. 낚아 채는 것은 영어 어근으로 **[l(r) + c(g)]** (絡 얽을 락)으로 표현할 수 있고, 이는 수많은 단어에서 찾아 볼 수 있다. '낚다'는 한자로 **絡** (얽을 락)으로 표현되고, **絡**은 잇다, 띠, 줄, 맥락(**脈絡**)있음을 뜻한다.

왝 낚는 소리는 엮다/낚다(연결) [**loc**k, **rac**k, **leg**acy, **leag**ue, col**leag**ue, col**lec**t, ob**lig**e, c**log**, st**ric**t, cons**tric**t, rest**ric**t, att**rac**t, cont**rac**t, prot**rac**t], 낚아 짜인 줄(**lig**ament, st**reak**, t**rac**k, t**rac**e, **lac**e), 엮여 잘 짜여 맥락(**脈絡**)있고 똑바름(di**rec**t, st**raig**ht, **rig**ht, cor**rect**, **rec**tify, **rec**tangle, **rec**kless, **reg**ular, **leg**al, **leg**itimate, **reg**imen)과 관련되고, 엮어 뭉친 덩어리, 집단[b**loc**k, f**loc**k, dist**ric**t, **reg**iment, **reg**ion, **leg**ion**],** 낚아 챔[**rak**e, se**lec**t, e**lec**t, ext**rac**t, d**rag**, **lug**gage]을 나타내기도 한다.

또한 이 소리는 부딪히면서 탈락(落)되는 소리(충격)[c**rac**k, c**lic**k, b**reak**, b**reac**h, f**rag**ment, w**reck,** k**noc**k, conf**lict,** re**luc**tant, in**noc**ent, **roc**k]도 의미한다

* (어원) Latin rēctus(led straight along, drawn in a straight line, straight, upright. right, correct), legō ("gather, pick out, extract, select"), Middle English rake (pass, path, track), Middle High German knochen ("to hit"), Proto-Germanic *krakōną ("to crack, shriek")

인도유럽어에서 *plewk-은 펄럭거리며 날기, 흐르기, 철썩 물소리, 손뼉치기(to fly, flow, to splash, to flap with hand)를 뜻한다. 이는 한국어 '펄럭' '버럭' 소리와 정확히 일치한다. 이 소리는 하나의 어근처럼 수많은 관련 영어단어를 파생시켰다. 펄럭 휘날림(flag, **fluc**tuate, **flex**ible, archi**pelago**, re**flect**), 펄럭대며 휘말림(per**plex**. com**plex**, com**plic**ate, im**plic**ate, ex**plic**it), 버럭 치며 깨지는 소리(con**flic**t, af**flic**t, break, prick, **frag**ment, **frac**ture, **frag**ile) 등이다

대수학은 수 대신에 문자를 대신 쓰는 것으로 미지수를 x, y 등으로 간명하게 나타내는 것이다. 이는 기하학 공간이나 추상적인 것을 눈에 보이게 하여 더 쉽게 인식할 수 있게 한다. flag, flex-, fluc-, flict-, plic-, plex- 등의 어원이 휘날리거나 부딪히는 '펄럭' 소리라는 것을 알고, 관련 단어에 펄럭 소리를 부여하는 순간 우리말처럼 이해되는 것이다. 이처럼 각 어근들의 소리를 찾아주고 그로부터 파생되는 수많은 단어들이 우리 눈앞에 확 드러나 만져 보고 느낄 수 있다.

타밀어는 드라비다어족에 속하는 인도의 언어로, 인도 타밀나두 주, 연방직할령 푸두체리에서 공용어로 사용되며, 인도 이외의 지역에서는 스리랑카와 싱가포르에서 각각 공용어의 하나로 지정되어 있다. 언어학자 강길운(**姜吉云**)은 '고대사의 비교언어학적 연구'(1990)에서 인도 드라비다족이 한반도에 이주하여 고대 가야에서 지배층이 쓰던 말들은 거의 드라비다어이고, 드라비다어와 우리말이 1800여개 어휘가 같다고 했다. 그 중에서 일부 보여 주고자 한다.

타밀어는 드라비다 어족에 속해 스리랑카 공용어의 하나로, 인도 동남부의 첸나이 및 스리랑카 동북부에서 주로 쓴다.

<table>
<tr><th colspan="3">우리말-타밀어-영어</th></tr>
<tr>
<td>꼬꼬-kokku- cock, cuckoo;
엄마(어미)-amma- amiable;

아빠(아비)-aba- abbot, abbey

맘마- mammu- mammal; 보리-vari-barley:

꼬투리-kotu- cotton, cottage;

겹(거북)- kavve- cape, (hand)cuff;

발(줄)-var-bar; 파리- pari- fly

올가미(옭다, 오그리다)-oggu-hook, awkward: 옷(웃)-utu-utilize, utmost, hat;

오두막- ottu- hut;

잃(다)-il-ill;

아름(답다)- aram- harmony;

얻(다)- ade- add;</td>
<td>안다- anai- inter, and; 빨래- vari-valley;

삼다- samai- seem, same; 더깨(덮개)-tukku-protect, detect,deck;
달다(달아오르다)- tal- thermal;

가르치다- kalusu- criticize;

뚫어- tura- through; 그리다- kuri-greed, crave;

보다(뵈다)- ve- view, video, provident, peer;

돌다- dollu- troll, stroll; 바래다-baral- blanch, bleach;

편다(반반)- panpan- pan, span, pandemic;</td>
<td>노닥거리다- notikka- ridiculous, ludicrous; 낳다(나타나, 나토다)-nata- natal, notice, nature, notorious;

뿜어- punmu- vomit, pump;
갈다- gar- grind;

밭- pattu- bottom;

맞춤(마땅)- mattam- match; 많이-man- many, main; 묻어- mutu-mute;

몰라- mora- moron, sophomore;

망치다- manti- (under)mine;
몽땅- mottam- mountain; 말-mal- mare, marshal; 자꾸(쭉)-sagu- sequence, consecutive</td>
</tr>
</table>

이처럼 타밀어와 우리말이 같다는 것은 공통 소리가 세계로 널리 퍼져 있다는 말로 영어에도 당연히 적용되는 것이다.

산스크리트어는 인도 유럽언어의 근원으로 인식된다[Sanscrit(san=**聖**, crit=그리다, 글); 성스러운 글].

한글학자 강상원 박사는 책[조선 고어 실담어 주석사전, 강상원, 2016.7.25, 1370p]에서 우리말(사투리 포함)이 산스크리트어와 수천단어 이상 일치함을 보여주고, 한자와 산스크리트어는 밀접한 관계가 있다고 한다. 국어학자는 반드시 산스크리트어와 라틴어를 알아야 한다는 그의 주장이 가슴에 와 닿는다.

예로 들면 쓸다, 쓸리다, 썰다, 쓰리다, 쓰러지다, 썰매(써레), 사르다, 사라지다는 우리말은 모두 스르르 쓸리는 소리를 나타내는데 산스크리트어와 영어에서 모두 나타난다.

(어원) Sanscrit sira'써레'(sleigh, sled→ slide), sri'쓸려"쓰러짐'(lean, decline), sra'쓰려'(painful → sore, sorry); sra 사르다(burn); sra'쓸어'(sweep), sira'썰어'(sharpen, cut off→ sly, slaughter, slay), sru'스르르'(flow, issue forth, be dissolved, disappear→ solute, solve)

또 다른 예시로 **啄**(쫄 탁)은 산스크리트어의 tak, dighi(부리로 쪼다)와 일치한다고 했다. 이는 영어로 dig, tag, ticktock, **dag**ger 등과 연결된다. **dag**ger는 뚝뚝 치는 도끼라 할 수 있다 [Old Armenian դակու (daku, " axe")].

자연의 소리를 닮은 영어와 우리 소리 그리고 한자와의 상관관계는 쉽게 찾아볼 수 있다. 보다 다양하고 자세한 내용은 본문을 참조하세요.

소리	한자	관련 단어 예시	어원
낚(엮)이다	絡얽을 락	lock block flock league colleague collect rake drag	Latin: ligō ("to tie, bind")
탁탁 치다, 닦다 (부딪다)	椓 칠 탁 琢 다듬을 탁 啄 쫄 탁	dig tag dagger tackle tack attack contact stick s**take** instigate stigma	Proto-Indo-European *(s)teyg- ("to pierce, prick, be sharp"). Sanskrit: तिक्त (tiktá)(bitter), तिग्म (tigmá) (sharp, pointed)
퍽퍽 박다	拍 칠 박, 搏 두드릴 박	peck poke spike pike peg impact fight repugnant pugnacious impugn	Latin fīgō ("pierce, pin, fasten, fix") Latin pugnō ("I fight"),
찝 잡다	執 잡을 집, 拾 주울 습	-cept(accept intercept) -ceive(receive achieve)	Old French chevoir (to contain, to hold)
찝찝/습습	啃/囓 입 다시는 소리 습,	sip sap supper soup sapient	Proto-Indo-European *sap- ("to taste")
팽팽히 당기다	絣 묶을 팽/붕. 이을 병, 켕긴 줄 팽	-pen- (pendant impend suspend depend append,)	Latin pendere ("to hang, to be suspended").
뻥 치다, 핑 도는 아픔, 병	碰 부딪칠 팽 恲 배 아플 팽, 번민할 병	bang pound punch; pang pain punish penitent repent	Low German bangen("to strike, beat"), Latin puniō ("I inflict punishment upon"),
펄펄 피다, 벌이다	發 필 발 勃 일어날 발	par- (parent apparent apparition) burgeon virgin	Latin parere ("to breed, bring forth"), pāreō ("be visible, appear).

펄펄 끓다 날다, 흐르다	炦 불꽃 발 鷩 샘솟는 모양 필 翩 나부낄 편 幡 날 번, 깃발 번	fervor fire fury pyromania burn boil; flow float fluid flood; fly flea flee	Latin fervor (“a boiling or raging heat”), from fervere (“to boil, be hot”) Proto-Indo-European *plew- (“to fly, flow, run”).
벌벌 (떨어) 벌이다	別나눌 별 發 필 발	-var- -ver- (vary, versatile diverse divert avert reverse)	Latin varius (diverse, different, various)

인류 최초의 문명인 수메르(Sumer)는 메소포타미아 지역에 존재했던 고대 문명으로, 수메르어와 우리말이 많은 것이 일치한다. 중국어와 수메르어 비교 책(C. J. Ball. Chinese and Sumerian. London: oxford university, 1913)에서 나온 예를 들자면

C. J. Ball		추가 설명		C. J. Ball		추가 설명	
Sumerian	english	english	korean	Sumerian	english	english	korean
bad	distant, remove	di**vid**e	빼다	shu	hand		수 手
dag	stone add knock	tact, tag att**ac**k	독, 돌 떡 똑똑	shuku	eat, food	suck	식 食 쪽쪽 빨다
dingir	god, king		당골래(무당)	sig	split	section	삭, 削깎을 삭 쪽
dug	jar talk	dictate	독 떽떽, 讀 독	sig	form		식 式 법 식
gin	reed, stem	cane	간(幹 줄기 간), 관	sun	old, before		선 先
ka	mouth		口 입 구	shun	pure		순 純순수할 순
ge	ear		귀	san	reckoning		산, 算 셈 산
gun	lord		군 君, 간	she	grain	seed	씨
gug	country		국 國	ten	cold		동 凍 얼 동
gin	establish		건 建 세울 건	tug	get	take	택, 득
gin	look		간 看 볼 간	tum	move	at**tem**pt	동 動
kud	cut	cut	켜다	umu eme	mother	amiable womb	엄마,孕 아이 밸 잉, 姙 임신할 임
man	full	many	많 滿 찰 만	zag	side		쪽
mu	not		무 無	zun	all		전 全온전할 전
mun	people		민 民				
nun	lady	nun	년				

C. J. Ball은 수메르어 ‘bal’은 1 ‘to draw or pull up’, 2 ‘pour water’ , 3 ‘to break into’, 4 ‘to speak’, 5 ‘anger’ 등으로 분류하면서 이에 대응하여 중국어는 pa, po, fa, 한국어는 ‘pal’이라고 하였다. 이는 ‘발하다’ (發 필 발)로서 그 쓰임새는 수메르어와 일치한다. 1. 벌여 빼다(拔 뽑을 발) 2 발사하다(潑 물 뿌릴 발) 3 벌여 나누다 4 발화, 불러 대며

부르짖다 5 노발대발(怒發大發) (勃 일어날 발/노할 발)

제레드 다이아몬드는 그의 책 '총, 균, 쇠'에서 유라시아 대륙이 다른 대륙에 비해 동서로 길게 뻗어 농경, 유목, 수레바퀴 기술이 쉽게 전파될 수 있는 유리한 환경을 지니고 있다고 했다. 과거 유라시아 대륙에 수렵, 채집 생활을 하면서 원시 자연 언어를 같이 쓰던 사람들이 신석기 시대에 농경생활로 정착하고 민족, 문명이 형성되면서 점차 언어가 갈라진 것으로 보인다.

유럽인들과 달리 한국인이 영어를 배운다는 것은 새로운 소리와 언어체계를 습득해야 하는 어려움이 있다. 이 책에서는 라틴어, 그리스어 이외에도 다양한 어원을 조사해 소리의 근원을 밝힘으로써 영어에 남아있는 소리와 우리 소리를 접목하였다. 과거 우리 백성이 한자로 학습하는데 어려움이 있었지만 한글을 발명함으로써 많은 사람들이 깨우침을 얻었다. 이처럼 외국어라는 한계 때문에 배우기 꺼려했던 이들이 이 책을 통해 같은 소리를 발견하고, 언어 동질감을 느낌으로써 더 이상 억지로 외우는 영어가 아니라 쉽고 재미있게 배울 수 있다는 점이 이 책의 가장 큰 장점이다.

1 장

1장. C/K/G 시작 어근[ㄱ, ㅋ]

cover는 겹해 감싸는 것이다. 갑(상자, 모자, 옷)은 한 갑의 담배, 갑옷처럼 어떤 것 위에 끼우는 기능을 한다. 갑은 겹하다에서 나왔다. cap은 빈 공간이 있어 뭔가를 끼우거나 담기에 적합하며(capable), cup이나 cube도 갑(cap)처럼 빈 공간으로 물 등을 담는 데 사용한다. cave나 gap 또한 빈 공간이 있는 상자와 같다고 할 수 있다. 그리고 손에 끼는 수갑(handcuff)이나 땅의 끝을 끼고 있는 곶(cape)도 끼우다는 의미에서 일맥상통한다고 할 수 있다.

<표> [갑(cap) 관련 어휘 정리]

어휘	어근의 뜻	한자	관련
cap	감싸는 것	帢모자 갑, 겹	Up **over heap**
Capsule **cave** con**cave cav**ity **Cup**	상자, 빈 공간이 있는 것. 감싸는 것	匣상자 갑(겹)	hive
Captain **cap**ital de**capi**tate	머리. 끼워져 위에 있다	甲갑옷 갑, 껍질, 첫째	**top tip**
hand**cuff**	장갑. 신체에 끼우기	甲갑옷 갑, 껍질, 첫째	
Cape	곶, 망토. 끼워져 위에 있다	岬곶 갑 袙옷깃 갑(저고리)	
Capa es**cape equip**	저고리. 신체에 끼우기	袙옷깃 갑(저고리)	robe

1 껍질에 싸인 갑(겹) (cap/cav/cov) (상자, 모자, 갑옷, 머리, 굴, 굽 등)

capsule **cap**a es**cape** e**quip; cape cap**tain de**capi**tate; con**cave cav**ity; **cav**alry; **cov**ert

갑은 끼우는 용도로서 장갑, 수갑, 껍질, 두껍다, 두꺼비, 겹치다 등에서 쓰인다. 이는 겉에서 본 모습을 1차원적으로 표현한 것이다. 반면 3차원 관점에서 보면 쓰거나 담을 수 있게 속이 빈 상자, 굽 (cap, cape, cup, cave)의 모습이다. 상자를 세는 단위는 갑이다(한 갑, 두 갑).

Cap은 '겹', '겹하다', '위에 쓰다'는 의미에서 모자를 뜻하게 되었다. 갑(상자)은 구개음화 등으로 집(shop)이라고 할 수 있다.

cap [kæp] 모자 뚜껑 (말소리) 갑

〈cap〉 갑(상자匣, 모자帢)은 머리통 등 신체 위에 겹쳐 쓰다(To lie over or on top of something). [다른 풀이] '겹'은 겹쳐 쓰다. 겹쳐 잡는 것(capture)과 연관됨.

· 어원) Latin cappa("cape, sleeveless coat"), caput(The head, top) [국어] 갑(匣): 물건을 담는 작은 상자. [한자] 帢모자 갑, 겹 匣상자 갑(겹)

cape [keip] 1망토 2곶 (말소리) 갑 (岬곶 갑)
capa [kάpaː] 어깨망토 갑 (甲갑옷 갑)

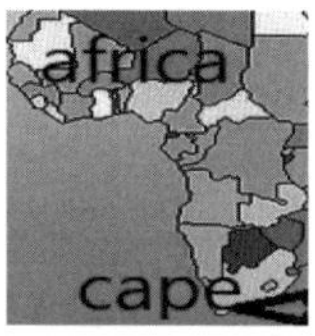

〈cape〉 '갑'은 여러 가지 의미를 갖는다. '모자, 상자, 첫째(겉에 끼고 튀어 나온 곳), 곶(peninsula, point), 갑옷'으로 모두들 씌우거나 끼우다는 의미가 있다. 곶(cape=cap)은 모자처럼 가장자리를 끼고 있다. **〈capa〉** '갑'은 갑옷, 모자처럼 쓰다는 뜻 [다른 풀이] '겹해' 겹해 쓰다

· 어원) 〈cape〉 Latin caput ("head"). Late Latin cappa ("cape"). 〈capa〉 English coping ("top layer of a brick wall"). [국어] 곶: [같은 말] 갑(岬)(바다 쪽으로, 부리 모양으로 뾰족하게 뻗은 육지). [한자] 帢모자 갑 匣상자 갑(겹) 岬곶 갑 袷옷깃 갑, 저고리

escape [iskéip] 탈출하다 벗어나다 (말소리) 윗에겹

〈escape〉 '윗에겹' 갑(옷)[cape=capa 甲갑옷/수갑]으로 겹쳐진 상태에서 윗(es=ex, 外地)에 가다, 끼고 있는 옷에서 벗어나 풀리다.

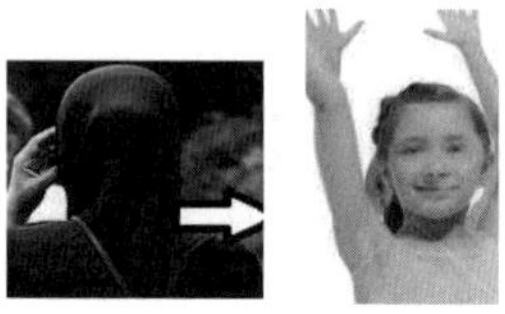

· 어원) **〈escape〉** Latin ex- ("out")+cappa ("cape (cover), cloak"). 帢모자 갑 袷옷깃 갑, 저고리.

capsule [kǽpsəl] 캡슐 (말소리) 갑쓸

〈capsule〉 '갑쓸'은 껍질이나 상자(갑 cap), 모자를 쓰고 있는 것처럼 겹쳐 있거나 덮개로 싸임 [다른 풀이] '겹칠'

· 어원) Latin capsa ("box"). 겹: 물체의 면과 면 또는 선과 선이 포개진 상태. 匣상자 갑(겹)

handcuff [hændkəf] 수갑 구속하다 (말소리) 훑다겹

〈handcuff〉 '훑다겹(갑)'은 훌 채어 잡는 손(hand 훑다, 腕팔 완)에 (장)갑(cuff=cap, 甲)을 씌우다(겹치다)는 뜻. cuff는 cap, cup과 같이 끼우는 껍질이나 갑 (모자, 장갑). ☞ 수갑(手匣)=hand(수)+ cuff(갑) [참고] Cuff(갑)은 장갑(glove)을 뜻하면서도 겹치며 부딪히는 것(scuff, scuffle, scoff)을 나타낸다.

· 어원) **〈handcuff〉** hand+cops, cosp ("fetter, chains"). Old English cuffie ("hood, cap") [국어] **겹**: 물체의 면과 면 또는 선과 선이 포개진 상태. 또는 그러한 상태로 된 것. **훑다**: 떼기 위하여 다른 물건의 틈에 끼워 죽 잡아당기다. [한자] 甲갑옷 갑, 껍질

coffin [kɔ́fin] 관(棺) ~을 봉해 넣다 (말소리) 가방

〈coffin〉 '가방'은 가방처럼 여닫는 관을 뜻함. Coff(=cuff, cap 匣 상자 갑) [다른 풀이] '갑인'은 상자인 갑(coff=cuff, cap 匣-상자)이라는 뜻.

· 어원) **〈coffin〉** Old Northern French cofin ("sarcophagus", earlier "basket, coffer"). [국어] 갑(匣): 물건을 담는 작은 상자. [한자] 匣 상자 갑

갑(甲)은 갑옷, 껍질을 의미하면서 첫째를 뜻한다는 점에서 cap 쓰임과 같다. cap-은 머리에 쓰고 있어 머리, 위를 나타낸다

capital [kǽpətl] 1 수도(首都) 2 자산 (말소리) 갑이될
capitol [kæpɪtl] 미국 국회 의사당 갑이될

〈capital〉 '갑이될'은 갑은 모자, 상자 등 위나 가에 껍질로 있는 것으로 끝에 위치한다. 그래서 위를 뜻한다. 1 머리(cap=갑)가 되다는 뜻으로 최고는 머리에 위치(수도首都 : 首 머리 수) 2 머리(cap=갑, 값)가 되는 가치나 능력을 나타냄. 예전에 소 머리 수가 재산 측정의 기준(expensive transaction involved trading heads of cattle). 몇 '마리'에서 마리는 머리를 뜻하며, 머리 수로 숫자를 센다[ex) 200 head of sheep]. **〈capitol〉** 갑 (cap=chief), 우두머리 가 있는 장소, 미국 국회의사당

· 어원) **〈capital〉** Latin capitālis ("of the head") (in sense "head of cattle"), from caput ("head") (English cap). **〈capitol〉** Latin caput ("head") **갑**(甲): 차례나 등급을 매길 때 첫째를 이르는 말. **잡다**: 실마리, 요점 따위를 찾아내거나 알아내다(recapitulate). 권한 따위를 차지하다(captain). 기울거나 굽거나 잘못된 것을 바르게 만들다. 어림하거나 짐작하여 헤아리다(concept). **어떤 수나 가치 따위를 기준으로 세우다(capital). 머리: 사물의 앞이나 위를 비유적으로 이르는 말.** 한쪽 옆이나 가장자리. 일의 시작이나 처음을 비유적으로 이르는 말. [한자] 甲 갑옷 갑, 첫째. 㕛클겁. 頭머리 두(꼭대기, 물건을 셀 때의 단위, 마리)

모자(cap)는 신체 맨 위에 쓰는 물건이고 captain은 갑의 위치, 으뜸을 의미한다. 그러면 '갑'이 'captain'이 되는 경우를 알아보자.

captain [kǽptən]	선장 지도자	(말소리)	갑된
caption [kǽpʃən]	표제 자막		갑쓴

〈captain〉 '갑된'은 갑(첫째, 우두머리)이 된 사람. 갑이 머리가 된 것은 cap/cup 처럼 담거나 쓰는 상자(갑 匣)로서 겹쳐 위를 싸다에서 나옴(Indo-Iranian: *kapâlas ("head, skull; bowl")) 껍질은 겹으로 싸고 있다. 잡을 때 감싼다는 점에서 잡다(-cept)와 겹하다(kept, capture)는 서로 통한다[chief=cap]. **〈caption〉** 갑(모자, 상자)을 쓴 것으로 위에 있는 제목으로 쓰다는 뜻 [연관] chapter '집다' 집은 상자나 모자처럼 덮어 씌는 것으로 지붕은 위에 위치→제목(chap=cap)

· 어원) **〈captain〉** Latin caput ("head"). **〈caption〉** capiō ("I take, I seize").[국어] 갑(甲): 차례나 등급을 매길 때 첫째를 이르는 말. 갓: 불빛의 반사 등을 조절하기 위해서 전등이나 남포등 같은 것의 윗부분에 씌운 물건. 갓: 어른이 된 남자가 머리에 쓰던 의관의 하나. [한자] 甲갑옷 갑, 껍질, 첫째 匣 작은 상자 갑, 궤(櫃)에 담다

decapitate [dikǽpitèit]	~의 목을 베다, 해고하다	(말소리)	떼갑이되다
recapitulate [rìːkəpítʃulèit] **[고급]**	요약하다		누갑에둘리다

〈decapitate〉 '떼갑이되다'는 갑(cap 모자=머리)을 떼어(de)낸다는 뜻. 머리는 몸 위에 모자처럼 겹쳐 씌워져 있다. **〈recapitulate〉** '누갑에둘리다'는 누누이(re) 갑 (cap 모자=머리)을 따와 두다. 머릿글을 모아 집대성하여 다시 정리하다는 뜻. 요점을 잡다. [참고] summary 쌈(sum)하여 모으는 것으로 요약하다

· 어원) **〈decapitate〉**de-+caput(Latin caput ("head")). **〈recapitulate〉** Latin re-("again") +capitulum ("a head, main part, chapter"), recapitulare ("to go over the main points of a thing again") [국어] 떼다: 붙어 있거나 잇닿은 것을 떨어지게 하다.

겹쳐 덮다는 지붕으로 가려진 집, 동굴을 의미한다.

갑은 상자를 가리킨다. 상자는 본디 비어있어 그 안에 무엇을 담을 수 있다. 이는 cap이나 cup[굽(말굽) 모양]과 같이 겹쳐 싼 둘레를 가리고 있다는 점에서 cover와 같다. 또한 갑(상자)이 비어있다는 점에 착안하여 동굴이나 충치 등 구멍과 관련된 단어들에도 쓰이는 것을 알 수 있다. [갑/겹(cap/cave)→ 집(shop, ship)]

cave [keiv] 동굴 (말소리) 갑
cavern [kǽvərn] 큰 동굴 갑인
cavity [kǽvəti] 구멍 충치 갑이다

〈cave/cavern〉 갑(상자 匣)처럼 속이 비어있다는 뜻. 겹(cover)으로 둘러져 생긴 공간이 있다.
〈cavity〉 '갑이다'는 충치로 갑(상자 匣)처럼 구멍이 생기고, 이빨에 생긴 동굴이다

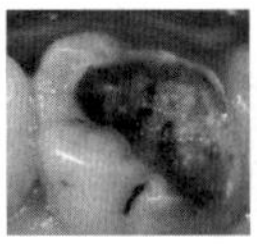

· 어원) **〈cave〉**Latin cava ("cavity"), from cavus ("hollow"), cavō("make a hole, dig")
〈cavern/cavity〉 Latin cavus ("hollow"). [국어] 갑(匣): 물건을 담는 작은 상자. [한자] 匣 작은 상자 갑 匧 덮 갑, **동굴**, 무너지다

concave [kankéiv] 오목한 오목면 (말소리) 꼰갑

〈concave〉 '꼰갑'은 굽(cave=cup)이 꼰(con 꼬다) 것으로 갑(상자 속 구멍, 껍질에 싸인 공간)이 생긴다는 뜻, 굽어 있다.

· 어원) **〈concave〉** con-+cavus("hollow"). 匣 작은 상자 갑 匧 덮갑, 동굴, 무너지다

excavate [ékskəvèit] 발굴하다 삽으로 파다 (말소리) 윗서갑이다

〈excavate〉 '윗서갑이다'는 위(ex)쪽으로 캐내 갑(cave 상자, 껍질, 껍질에 싸인 공간)이 생기다. ☞ cav-는 겹치면서 부딪히는 소리로 켜(캐)다와 관련 [연관] shovel 삽, 어원상 hov(盒 그릇 합)는 cuf(굽, 컵)에서 변형됨(Old English scūfan) scoop 굽으로 뜨는 국자 scoff 캐고 겁주면서 모욕

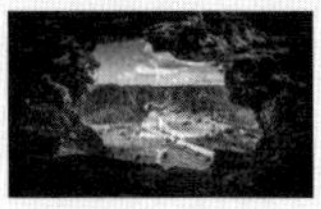

· 어원) **〈excavate〉**ex ("out")+cavō ("make a hole, perforate, pierce"), from cavus ("cave, hole"). [한자] 匣 작은 상자 갑 匧 덮갑, 동굴, 무너지다 甲 갑옷 갑

말은 발굽이 있는 동물이다. 굽은 컵이나 갑(상자, 모자)처럼 발을 감싼다.

cavalry [kǽvəlri] 기병대 (말소리) 굽일래
cavalier [kævəlíər] 기사 굽일리오

〈cavalry / cavalier〉 굽(cav=cup, cube)이 있는 동물인 말을 타는 자 [다른 풀이] '까불어' 까불어 날뛰는 말 [참고] cab '굽' 굽이 있는 염소에서 유래, 택시

· 어원) **〈cavalry〉** Latin caballus ("horse"). latin caper(a male goat) Proto-Indo-European *ḱapros ("male hooved(합 盍 덮을 합,盒그릇합) animal") **〈cavalier〉** Middle French cavalier ("horseman"). **굽**: 말, 소, 양 따위 짐승의 발 끝에 있는 두껍고 단단한 발톱. 그릇 따위의 밑바닥에 붙은 나지막한 받침. '그루터기'의 방언 (제주)

chivalry [ʃívəlri] 기사도 (말소리) 집올려

〈chivalry〉 '집올려'는 굽에서 발음 변화로 집이 되었고, 발의 집(굽)이 있는 말을 타는 기사가 됨 (cavalry=chivalry; c →ch 변화) ☞ 갑/겹(cap/cave)→ 집(shop, ship)

· 어원) **〈chivalry〉** Old French chevalerie ("knighthood, chivalry, nobility, cavalry"), chevaler ("knight, horseman").

incubation [ìŋkjubéiʃən] 부화 배양 (말소리) 안굽히어진
cub [kʌb] 새끼 상자 갑

〈incubation〉 '안굽히어진'은 안에 컵/굽(cub=cup, cube)에 싸여 (겹쳐) 굽어진 상태로 알을 품고 있음 **〈cub〉** 컵/굽(cub=cup, cube)에 겹쳐(To shut up or confine) 싸서 보호되는 새끼

· 어원) 〈incubation〉Latin in+cubō ("I lie down, recline, I sleep."). 〈cub〉 Icelandic kobbi ("seal") Ancient Greek κύβρς (kúbos) (cube). Indo-Iranian: *kapālas ("head, skull; bowl") Proto-Indo-European *keu(b)- 'to bend, to turn' **굽**: 말, 소, 양 따위 짐승의 발 끝에 있는 두껍고 단단한 발톱. 그릇 따위의 밑바닥에 붙은 나지막한 받침. '그루터기'의 방언 (제주)

집은 집어 모으는 것(集모을 집. 執잡을 집), 어원상 '겹'(cup)과 같은 말이다. 겹쳐 두른 것[Shop(물건을 파는 집: 가게), ship(담을 수 있게 부푼 집)]을 뜻한다.

ship [ʃip] 배 (말소리) 집
shop [ʃap] 가게 상점 집

〈**ship**〉 '집'은 씌워 두른 것으로 '배'는 볼록한 배처럼 컵모양이다(艓 작은 배 접, 杯잔 배). 따라서 ship는 용기(utensil), 컵(cup, cap 匣 상자 갑)의 뜻도 있다. [연관] vessel 배, 용기 〈**shop**〉 '집'은 집과 같이 둘러 씌운 건물을 뜻함 [연관] Shape 어원상 겹하여 이룬 집합체, 형체를 나타낸다. 集모을 집

☞ 〈**ship**〉 컵/겹(skup)에서 집[ship; s+hip≒ heap, hive(벌집, 盒 그릇 합)]으로 변화(k→h). 여기서hip 어원은 부푼 공간, 갑이 있는 엉덩이[Ancient Greek κύβος (kúbos, "hollow in the hips")] [연관] scoop 떠 담는 국자 〈**shop**〉 컵/겹(scop)에서 집(shop; s+hop 뛰어 부푼, 盒 그릇 합)으로 변화(k→h), ship(집) 모양으로 담을 수 있게 굽어 있다. 한자로 갑과 합은 같이 쓰임 (峆 두를 갑, 두를 합. 敆 두드릴 갑, 합, 闔 문 닫을 합, 문 닫을 갑)

· 어원) 〈**ship**〉Ancient Greek σκύφος (skúphos): cup, goblet. Proto-Germanic *skipą ("boat, ship, hollow object"). 〈**shop**〉 Old English scoppa ("shed; booth; stall; shop"), from Proto-Germanic *skup- ("barn, shed"). **[국어] 집: 칼, 벼루, 총 따위를 끼거나 담아 둘 수 있게 만든 것. 물건을 팔거나 영업을하는 가게를 나타내는 말. [한자] 艓 작은 배 접 集모을 집**

chapel [ʧǽpəl] 예배당 채플 (말소리) 집일

〈**chapel**〉 '집일'은 집(상자), 컵(cup, cap 匣 상자 갑)과 같이 씌워 생기는 공간. 예배하는 집(a place of worship. a funeral home)을 뜻함. 겹해 입는 망토(cape)와도 통한다. ☞ cap에서 chap로 변화

· 어원) 〈**chapel**〉 Late Latin cappa(cape, sleeveless coat). Old French chapel(hat).

gape [geip] 입을 크게 벌이기 하품 (말소리) 갑
gap [gæp] 간격 차이 갑

〈**gape**〉 '갑'은 갑(gap=cave 상자) 모양(to display a gap)이 되게 입 벌리다.〈**gap**〉 '갑'은 갑(cave 상자)의 상자처럼 빈 공간이나 틈이 생긴다는 뜻

· 어원) 〈**gap**〉 Old Norse gap ("an empty space, gap, chasm"). **[한자] 嵅 덜갑, 동굴, 무너지다 匣 작은 상자 갑 開열 개**

까부는 것은 행동이 방정맞고 조심성이 없는 경우를 말한다. 그래서 '까불다'는 말이나 염소처럼 날뛰거나 이리저리 돌아다니는 동물을 나타내는 단어이기도 하다. 그리고 까부르며 상대를 까내린다는 뜻을 가지기도 한다. caper는 까불거리며 뛰다(A playful leap or jump).

quiver [kwívər] 떨다 (말소리) 까불
caprice [kəprí:s] 변덕, 예측불허의 변화 까부르지

〈**quiver**〉 끼익, 까불거리며 흔들림. [연관] waver(야불) shiver(자발) Qu(크)에서 발음이 약화되면 w-, sh-로 변형될 수 있다. 〈**caprice**〉 '까부르지'는 까불거리며 흔드는 것을 말하는데 까부는 것과 같다 [다른 풀이] 어원상 표현은 갑(cap 머리)을 놀리며 '갑이노지' 라고 할 수 있다.

· 어원) 〈**quiver**〉Old English cwifer, cwic ("alive, quick"). 〈**caprice**〉 Italian caporiccio ("fright, sudden start"): capo '갑' ("head"), Latin caput+riccio ("curly"). Proto-Indo-European *kápros ("buck, he-goat") **까불다: 가볍고 방정맞게 행동하다 까부르다: 키에 담아 키 끝을 위아래로 흔들어 안에 든 곡식의 쭉정이나 검불 따위를 바람에 날리다**

scoop [skuːp]	1 주걱, (큰 숟갈로) 뜨다 2 특종	(말소리) 주걱
scoff [skɔːf]	비웃다 조롱하다	시껍
skip [skip]	뛰다	지겁

〈**scoop**〉 1 주걱 모양(Any cup- or bowl-shaped tool). 2 주걱으로 뚝 떠서 뉴스를 잡아내다. 쩝 소리 내며 푸는 삽(shovel)과 같은 어원이다. [다른 풀이] 1 '지겁' 지겁은 삽과 비슷한 가래의 방언이다. 2 '스굽' 속 굽으로 뜨다. 'coop' 단어는 'cup'과 같이 '굽'/'갑'으로 구부러져 담을 수 있게 만들어진 것(A basket, enclosure)을 나타낸다. [연관] scabbard '지갑이다' shovel 집어서 담을 수 있게 끝이 굽은 삽 〈**scoff**〉 '시껍' 쩍, 겹(coff)쳐 부딪히는 소리로 시껍하게 (겁먹게) 놀리다. 깝치며 차갑게 대하다. Cuff(갑)은 장갑(glove)을 뜻하면서도 겹치며 부딪히는 것(scuff, handcuff)을 나타낸다. 〈**skip**〉 **속** 깝치며 허겁**지겁** 뛰어다니다

· 어원) 〈**scoop**〉Middle Low German schōpe ("scoop, shovel"). Latin cūpa("cask") Proto-Indo-European *(s)kep- ("to cut, to scrape, to hack"). 〈**scoff**〉 Old English *scafan* ("to scrape, shave"), Latin scabere ("to scratch"), English shabby. [국어] **주걱**: 음식을 저어 섞는 데 쓰는 도구를 통틀어 이르는 말. **저걱**: 조금 큰 걸음으로 무게 있게 걷는 소리. 또는 그 모양. **찍다**: 1. 날이 있는 연장 따위로 내리치다. 2. 끝이 뾰족한 것으로 찌르다. **지겁**: '가래(흙을 파서 갈아엎는 기구.)'의 방언(전남). **굽**: 그릇 따위의 밑바닥에 붙은 나지막한 받침. **시껍하다(식겁 食怯)**: '혼나다(魂--)'의 방언(경북). **깝치다**: 자기 분수에 맞지 않게 자꾸 까불거나 잘난 체하다. [한자] 剿잘게 썰 속 斮벨 착

겹하다(cover): 껍질 씌우다

cover와 관련한 단어들은 대개 덮다, 씌우다, 은폐하다, 끼우다는 뜻이 있다. 천이나 사물 등을 겹해 끼우는 것이다.

cover [kʌvər]	덮다 가리다 표지	(말소리) 겹해
covert [kóuvərt]	비밀의 은밀한	겹이다

〈**cover**〉 |'겹해'는 겹(cov=cap)하여 (껍질로) 가리다는 뜻(To be over or upon) 〈**covert**〉 '겹이다'는 겹쳐 덮어 보이지 않게 하다는 뜻. ☞ cover =c'껴'+over'업어' 껴업다. Over와 같은 의미다

· 어원) 〈**cover**〉Latin cooperiō ("I cover completely"), from co-'껴'+operiō '업으리오'("I close, cover"). 〈**covert**〉 Latin coopertus ("to cover").[국어] **겹: 물체의 면과 면 또는 선과 선이 포개진 상태. 또는 그러한 상태로 된 것.** [한자] 甲갑옷 갑, 껍질

discover [diskʌvər]	발견하다 찾다	(말소리) 떼서겹해

〈**discover**〉 '떼서겹해'는 겹(cov=cap)하여 씌워진 껍질을 떼어(de) 벗겨낸다는 뜻.

어원) 〈**discover**〉 dis-+cooperiō(From co- '껴'("together, with")+operiō '업으리오' ("cover").

equip [ikwíp] 갖추다 설비하다 (말소리) 위겹
occupy [ákjupài] 점유하다 에겹하여

〈equip〉 '위겹'은 -위(e) 겹(quip=cap, cover)해 덮다는 말로 장비 등을 해당 부위에 겹쳐 (껴서) 착용하다는 뜻. 裝備[장비]에서 裝(꾸밀 장)은 옷차림을 의미. ☞ E(위)+qu(껴)+ip(입; up 업어) **〈occupy〉** -에(o) 겹(cup=cap, cup, capture)해 씐 것으로 점유하#다(To fill or hold) [연관] occupation 끼어(잡혀) 있어 (속박되어) 해야 하는 일

· 어원) **〈equip〉** French équiper ("to supply, fit out"). Proto-Germanic *skipōną'쓰겹하네'("to ship, sail, embark"); 겹쳐 두른 배, 상자에서 유래. Gothic SKIΠ(skip, "ship"). **〈occupy〉** ob-+capiō ("capture, seize") [한자] 甲갑옷 갑, 껍질

'겹하다', '곱하다'는 몇 배로 불어나다는 뜻을 갖는다. 겹쳐지거나 곱해져서 거듭 (거푸) 생산되거나 이어짐으로써 양이 늘어나는 것이다.

copy [kápi] 복사하다 사본 (말소리) 거푸
copious [kóupiəs] 풍부한 많은 곱이어서

〈copy〉 '거푸'는 겹해 (cop 거푸) 쌓이게 하여 같은 것이 생기다. [다른 풀이] '곱해' 곱(배)이 되어 불어나다는 뜻 **〈copious〉** '곱이어서'는 곱해 불어나다는 뜻. ☞ 껴(co)+업어(op=up, over 업어 올리다) [다른 풀이] '겁이어서' 겁나 많다. 厞클겁

· 어원) **〈copy〉** Medieval Latin copia("reproduction, transcript"), Latin cōpia("plenty, abundance"). co-("together")+ops("wealth, riches. up"). **〈copious〉** Latin co-+ops'업지' ("wealth"). co+apo=cover, copy [국어] **거푸**: 잇따라 거듭. **곱**: 같은 수량이나 분량을 몇 번이고 거듭 합치는 일. **겹**: 면과 면, 선과 선이 거듭하여 포개진 상태. **겁(劫)**: 어떤 시간의 단위로도 계산할 수 없는 무한히 긴 시간.

couple [kʌpl] 부부 커플 (말소리) 꺼풀

〈couple〉 꺼풀은 껍질, 겹이라는 말로 겹쳐져 쌍으로 되어 있다. ☞ 껴(co)+업어(up=up, apt 업어 올리다) [다른 풀이] '겹할'은 겹하여 합친다는 뜻

· 어원) **〈couple〉** Latin co-'껴' ("together")+apō '업어'("I join"). co+apo=cover, copy [국어] **꺼풀**: 여러 겹으로 된 껍질이나 껍데기의 층. '껍질'의 방언(경기).

2 겹하다(cap)↔잡다(cept; ceive)= 가지다, 인식하다

capture **cap**tive **cap**able; ex**cept** inter**cept** re**ceive** per**ceive** con**cept** sus**cept**ible

겹치는 것은 감싸는 것이고, 손에 겹치면 잡다는 말이 된다. 겹쳐 잡는 것은 인식한다는 의미가 있다.

capture [kǽptʃər] 붙잡다 담다 (말소리) 겹쳐
captive [kǽptiv] 감금된 포로 겹쳐봐

〈capture〉 '겹쳐'는 겹쳐 (capt=cept 잡다) 사물이나 현상을 담는다는 의미. 상자 갑(cap)처럼 감싸다 [연관] accept receipt **〈captive〉** '겹쳐봐'는 겹쳐 (capt=cept 잡아) 놓지 않고 잡아 두다

· 어원) **〈capture〉** Latin capiō (cēpī); capture, seize, take in, understand. **〈captive〉** Latin captus ("to capture") [국어] 겹치다: 서로 포개지거나 덧놓이다. **잡다: 손으로 움키고 놓지 않다.** 권한 따위를 차지하다(captain). 실마리, 요점, 단점 따위를 찾아내거나 알아내다(recapitulate). 기울거나 굽거나 잘못된 것을 바르게 만들다. 어림하거나 짐작하여 헤아리다(concept). 어떤 수나 가치 따위를 기준으로 세우다(capital).

capable [kéipəbl] 가능성있는 능력있는 (말소리) 겹해볼
capacity [kəpǽsəti] 능력 용량 겹해지다

〈capable〉 '겹해볼'은 겹해 (cap=keep, capture 겹다=잡다) 넣을 수 있다는 말로 잡고 통제할 수 있다는 뜻 [연관] capture
〈capacity〉 '겹해지다'는 겹해 (cap= keep) 씌우다. 담을 수 있는 정도를 나타냄 [다른 풀이] '갑에쓰다' 갑(cap 상자)에 넣어 가지다

· 어원) **〈capable〉** Latin capiō ("to hold, to contain, to take, to understand")+-ābilis ("-able"). **〈capacity〉** Latin capācitās, from capax ("able to hold much"). **잡다: 붙들어 손에 넣다. 권한 따위를 차지하다**(captain). 실마리, 요점, 단점 따위를 찾아내거나 알아내다(recapitulate). **돈이나 재물을 얻어 가지다.**

recuperate [rikjúːpərèit] 회복하다 (말소리) 누겹이리다
recover [rikʌvər] 회복하다 복구하다 누겹해

〈recuperate〉 '누겹이리다'는 누누이(re) 겹쳐(cup=capture) 잡는 것으로 정신을 다잡아 회복하다는 뜻 ☞ recupe=receive
〈recover〉 '누겹해'는 누누이(re) 겹쳐(cov=capture) 갖는 것으로 도로 가져간다는 뜻

· 어원) **〈recuperate〉** reciperō ("to get again, recover"). **〈recover〉** Latin **recuperō**- re+capiō. **잡다**: 권한 따위를 차지하다. 돈이나 재물을 얻어 가지다. 실마리, 요점, 단점 따위를 찾아내거나 알아내다. 어떤 상태를 유지하다. **기울거나 굽거나 잘못된 것을 바르게 만들다. 다잡다**: 들뜨거나 어지러운 마음을 가라앉혀 바로잡다. 단단히 다스리거나 잡도리하다.

keep에는 겹쳐 (잡아) 넣다, 겹해서 (접하게 되어) 보다(To watch over, look after)는 뜻이 있다.

keep [kiːp] 유지하다, 넣다[보관하다] (말소리) 겹
cope [koup] 대응하다 겹
scope [skoup] 범위 영역 쓰겹

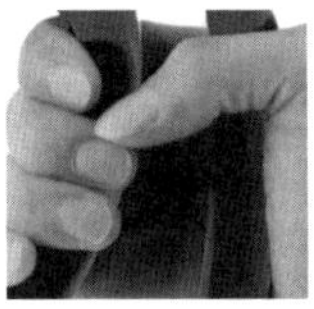

〈keep〉 '겹'은 겹쳐 꼭 잡고 가지고 있어 그 상태가 유지되다. 겹다(kept, capture)=잡다/접하다(cept; accept)
〈cope〉 쿱(coup d'état) 치면서 겹해(cop=cover) (접하는) 것으로 어떤 일에 접해 대응하다. [연관] scoff 깝치며 시껍게 대하다 coup d'état 쿠데타 **〈scope〉** '쓰겹' -cope는 겹쳐(capture) 접하는 공간. 접하여 인식하다. [연관] telescope 떨어(tele)진 곳을 겹쳐 (잡아) 인식하다. microscope

· 어원) **〈keep〉** Old English cēpan("to seize, hold, observe"). Middle English kepen ("to keep, guard, look after, watch"). **〈cope〉** Old French couper("to strike). French coup("blow, strike") **〈scope〉** Ancient Greek σκοπέω • (skopéō)(I look, look at, behold) **잡다**: 손으로 움키고 놓지 않다. 권한 따위를 차지하다(captain). 실마리, 요점, 단점 따위를 찾아내거나 알아내다(recapitulate). 어림하거나 짐작하여 헤아리다(concept). **어떤 상태를 유지하다.**

겹치다(kept, capture)에서 구개음화로 접하다, 잡다/집다(cept: accept)로 변한 경우이다.

'-cept', '-ceive'는 집다는 의미다. 한자로 집(執잡을 집) 습(拾 주울 습, 모으다)이다. '집다'에서 執이 된 것처럼 우리말이 한자의 근원임을 알 수 있다. zipper는 집어 주어 모으는 도구(집개, 緝모을 집. 꿰매다)

except [iksépt] 제외하다 (말소리) 윗집다

〈except〉 '윗집다'는 윗(ex) 쪽에 집다(cept). 위로 집어내(take out) 빼다.

· 어원) latin excipiō ("remove; take out"). ex+capiō. [한자] 執잡을집 拾주울습

accept [æksépt]　　받아들이다 수용하다　　(말소리) 에집다

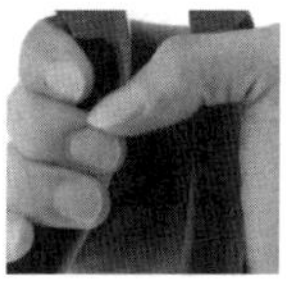

〈accept〉 '에집다'는 ~에(a) 집다(cept). -에게 잡혀 가지다.

· 어원) Latin acceptō ("receive"), ad-+capiō ("to take"). [국어] **집다**: 손가락이나 발가락으로 물건을 잡아서 들다. [한자] 執잡을집 拾주울습 持가질 지 摯잡을 지

intercept [ìntərsépt]　　방해하다　　(말소리) 인다집다

〈intercept〉 '인다집다'는 인다/안다(inter=onto, under, and 위에 인다, 얹다, 인접하다)와 집다(cept)가 결합. 안고 있거나 인접한 것들 사이에서 집어내는 것으로 중간에 잡아채다

· 어원) latin inter-+capiō ("to take").. Intercipiō(rob) [국어] **이다**: 물건을 머리 위에 얹다. 둘 이상의 사물을 같은 자격으로 이어 주는 접속 조사. 씌우거나 이어 놓다. 얹어서 잇다.

achieve [ətʃíːv]　　성취하다　　(말소리) 에집어
receive [risíːv]　　얻다　　누집어

〈achieve〉 '에집어'는 ~에(a) 집어(cheive=cept) 갖는다(To obtain, or gain)는 말로 accept와 통한다. **〈receive〉** 누차 집어(ceive=cept) 가지다

· 어원) **〈achieve〉** ad ("to")+capiō ("to take"). Old French chief ("head"). **〈receive〉** Latin recipiō, receptus ("to take back, get back, regain) [국어] **집다**: 손가락이나 발가락으로 물건을 잡아서 들다.

susceptible [səséptəbl]　　영향을 받기 쉬운, 민감한　　(말소리) 써집다볼

〈susceptible〉 '써집다볼'은 씌워(su=sub 접한 아래) 집다(cept)로서 아래 잡혀서 영향하에 놓인다는 뜻

· 어원) **〈susceptible〉** Latin suscipiō ("undertake; beget"). [국어] **쓰다**: 모자 따위를 머리에 얹어 덮다. **집다**: 손가락이나 발가락으로 물건을 잡아서 들다. **잡다**: 실마리, 요점, 단점 따위를 찾아내거나 알아내다. 어떤 순간적인 장면이나 모습을 확인하거나 찍다. **어림하거나 짐작하여 헤아리다.**

severe [sivíər]　　심각한 가차없는　　(말소리) 집요
persevere [pəːrsəvíər]　　인내하다 이겨내다　　펄집요

〈severe〉 '집요'는 잡혀(sev=ceive, cept) 있어 집요하다는 뜻 [다른 풀이] '잡혀'는 잡혀서 흔들리지 않는다는 뜻 **〈persevere〉** '펄집요'는 펄(per 푹) 집다(sev=ceive, cept)는 말로 푹 집요함을 의미함
☞ sev=cept/kept(keep): 겹쳐 잡고 유지되다. hold는 손에 잡고 유지하다

· 어원) **〈severe〉**Latin severus ("severe, serious, grave in demeanor"). Proto-Indo-European *seǵʰ- ("to hold").**〈persevere〉** Latin perseverare ("to continue steadfastly, persist, persevere"), from perseverus ("very strict or earnest"), from per ("through")+severus ("strict, earnest"). [국어] **집요(執拗)하다**: 몹시 고집스럽고 끈질기다. [한자] 執잡을 집/다스리다

'집다'에서 공간인 집은 겹쳐 두른 '갑(상자, 모자)/겹'과 연관된다. 영어에서 cap의 다른 형태는 chief (captain=chieftain) 이다.

Cap, captain　chief. Capture/keep → cept, ceive.

chief [tʃiːf]　　최고의 주요한　　(말소리) 집
chef [ʃef]　　주방장　　집

〈chief〉 지붕이 모자(cap)처럼 둘러싼 집(shop, ship)으로서 위에 있다는 뜻도 있다. ☞ cap의 변형된 형태(갑→집). ☞ Chief의 라틴어 caput 어원은 머리다. 머리는 모자(cap)처럼 겉 위를 덮는 것으로 우두머리로 쓰인다. cap에서 captain이 된 것과 같다. captain이나 chef는 그에 걸맞는 모자가 있다. 휘어잡아 주도권이 있다. **〈chef〉** chief와 같은 어원으로 집의 지붕처럼 우뚝 선 우두머리로 수석 요리사(head cook)를 지칭

· 어원) Old French chief ("leader"), from Vulgar Latin *capum (from which also captain, chieftain), Latin caput ("head"). [국어] **싸잡다**: **한꺼번에 어떤 범위 속에 포함되게 하다. 손 따위로 움켜잡다. 집**:'크기' 또는 '부피'의 뜻을 더하는 접미사(몸집) [한자] 執잡을 집/다스리다 攝다스릴 섭

handkerchief [hǽŋkərʧif] 손수건 (말소리) 훑다꼬집

〈handkerchief〉 '훑다꼬집'은 집/갑(chief=cap 머리통)을 걸어(ker=cover, cord) 훑다(hand 훑어 잡는 손). 머리통을 끼는(덮는) 천을 손에 지니다는 뜻

· 어원) **〈handkerchief〉** Old French couvrechief, from couvrir ("to cover")+chief ("head"). Kerchief : A piece of cloth used to cover the head [국어] **싸잡다**: **한꺼번에 어떤 범위 속에 포함되게 하다. 손 따위로 움켜잡다.**

mischief [místʃif] 장난 악영향 (말소리) 마사집

〈mischief〉 '마사집'은 마사(mis= mess 혼잡한) 뜨려 집어/짚어(chief=sapient, perceive 짚다) 주다. 잘못 (머리에) 짚은 생각을 뜻함

· 어원) **〈mischief〉** Old French meschief, from mes- ("badly")+chever ("happen; **come to a head**"). [국어] **잡다**: 실마리, 요점, 단점 따위를 찾아내거나 알아내다. 어떤 순간적인 장면이나 모습을 확인하거나 찍다. **어림하거나 짐작하여 헤아리다. 마사뜨리다: 〈북한어〉** 부서지게 하다.

겹다/잡다(cept): 인식하다

Capture/keep → cept, ceive.

'집다'나 '짚다'는 여럿 중에 골라 선택하는 것을 말한다. 특히나 '짚이다'는 그럴 것으로 짐작되는 것을 생각하여 보는 것이다. 생각이나 인식과 같은 것도 머릿속에 떠오르는 여러 가지 이미지나 개념 등을 골라 정리해 결과를 도출하는 과정이라고 할 수 있다. '감을 잡다'는 말도 머릿속에 떠오르는 여러 생각들 중에서 어느 한 가지를 잡아 생각을 정리한 것이라고 볼 수 있다.

concept [kάnsept] 개념 생각 (말소리) 끈짚다
conceive [kənsíːv] 생각하다 끈짚어

〈concept〉 '끈짚다'는 끌어(con 끈) 짚다(cept=capture)로서 짚이는 생각을 끌어 모아 정리한 개념을 뜻함 **〈conceive〉** '끈짚어'는 끌어(con 끈) 짚어(ceive=cept). 짚어 보고 생각한다는 뜻

· 어원) **〈concept〉**Latin conceptus ("a thought, purpose, also a conceiving, etc."), from concipiō ("to take in, conceive"). **〈conceive〉** Latin concipiō("to take"), from con- ("together")+capiō ("to take, I comprehend, I understand"). [국어] **짚다**: **여럿 중에 하나를 꼭 집어 가리키다. 상황을 헤아려 어떠할 것으로 짐작하다.** [한자] 習익힐 습

perceive [pərsíːv] 인지하다 인식하다 (말소리) 펄짚어

〈perceive〉 '펄짚어'는 펄(per 푹) 짚다(ceive=cept, capture)는 말로 푹 짚어 인식한다는 뜻. 잡다는 접하다와 통하며 sapient는 쩝, 접하다는 말에서 나옴

· 어원) **〈perceive〉**Latin perceptus ("take hold of, obtain, receive, observe"), from per ("by, through")+capiō ("to take, I comprehend, I understand"). [국어] **짚다**: 상황을 헤아려 어떠할 것으로 짐작하다. **잡다**: 손으로 움키고 놓지 않다. 권한 따위를 차지하다(captain). 실마리, 요점, 단점 따위를 찾아내거나 알아내다(recapitulate). **어림하거나 짐작하여 헤아리다(concept).** 어떤 상태를 유지하다. [한자] 習익힐 습

disciple [disáipl] 제자 (말소리) 떼짚을
discipline [dísəplin] 학문 규율 떼짚을련

〈disciple〉 '떼짚을'은 떼어(dis) (가려) 짚어(cip=ceive, capture) 주다. (짚어 알아보고) 배우다는 뜻 **〈discipline〉** '떼짚을련'은 떼어 가려 짚는 것을 터득하다는 뜻

· 어원) **〈disciple / discipline〉**Latin discipulus ("a pupil, learner"), from discere ("to learn"). dis-+Proto-Italic *kapelos ("one who takes"), from *kapiō ("take"). Latin capiō ("to take, I comprehend, I understand"). [국어] **짚다**: 여럿 중에 하나를 꼭 집어 가리키다. 상황을 헤아려 어떠할 것으로 짐작하다. [한자] 習익힐 습

deceive [disíːv] 속이다 기만하다 (말소리) 디집어

〈deceive〉 '디집어'는 디(de 디다: 떨어지다) 집어(ceive) 지다. 잘못 짚게 하여 속인다는 뜻

· 어원 **〈deceive〉**Latin dēcipiō ("to deceive; beguile; entrap"), from dē- ("from")+capiō ("to seize"). Latin capiō ("to take, I comprehend, I understand"). **디다**: 지다. 이울다. '떨어지다'의 옛말. [한자] 執잡을 집/다스리다

skeptical [sképtikəl] 회의적인 의심하는 (말소리) 쓰겹치길

〈skeptical〉 '쓰겹치길'은 싸서 겹쳐(kept=scope, capture) 잡다. 잡는 것은 인식하는 것을 뜻함. ☞ s**kept**ical에서 '-kept-'는 keep의 과거와 같은 형태이며, cept(ceive)로 변형되어 con**cept**에서처럼 잡다, 인식하다로 쓰인다. [연관] telescope

· 어원) **〈skeptical〉** Ancient Greek σκέπτομαι (sképtomai, "I consider"). Ancient Greek σκήπτω(sképtō, "to prop; to hurl, shoot") Middle English kepen ("to **keep**, guard, look after, **watch**"). **겹다**: '접다'의 방언 (함북)

욕망이나 정서적인 갈망으로 인한 고픔은 배가 고플 때 느끼는 고통처럼 괴로운 것이라고 말할 수 있다. '고프다'는 무언가를 할 수 없음에도 계속해서 요구하는 경우 쓰인다.

covetous [kʌvitəs] **[고급]** 갈망하는 탐욕스러운 (말소리) 고프다지
cupid [kjúːpid] 큐피드 그리스 신화의 Eros에 해당함 고프다

〈covetous〉 '고프다지'는 욕망하는 것을 이루기 위해 정서적으로 고픈 상태를 뜻함. [다른 풀이] '겹해대지' 겹해(cov=capture) 잡으려고 하다. **〈cupid〉** '고프다'는 사랑에 목말라 고프다는 뜻

· 어원) **〈covetous〉**Latin cupiditas ("desire"). **Latin** cupio ("I desire, crave") **〈cupid〉** cupidus ("eager, greedy, passionate"). [국어] 고프다: 배 속이 비어 음식을 먹고 싶다. -고프다: '-고 싶다'가 줄어든 말. 잡다: 싶다. (전라 방언).

<심화>

Top, cup(醘술그릇 갑), cap, cave, cover, hive(柙우리 합, 盒그릇 합) -> 모두 어미가 up/over(op, av, iv 등)로서 업혀 덮다는 의미가 있고, 덮개로 싼 것을 나타낸다.

cov-, cap-, cop-는 껴(co)에 over(op-, ap-, 업다 , 잡다)가 합해 형성되었다. 이는 덮다에서도 나타난다. adapt는 ad에 apt(입다 업다)가 결합해 '입어 적응하다'가 되었다. Adeft는 ad와 eft(입다 업다)가 결합해 '입어 접함'으로써 '적당하다'가 된 것이다. top, tip 은 덮여 위나 끝에 있다는 말이다(top=cap; tip=cape 곶). 첫 글자 c 나 t 에 상관없이 op, ap 이 up의 의미를 강화시켜 끝, 위를 뜻한다. Couple 과 double 이 같은 형태, 의미로 둘이 업어 겹쳐지거나 덮인 것을 나타내는 것이다.

〈cap 쓰임 변화〉

1 꼭지 cap 구개음화: 갑에서 집으로 변화(c→ch)

Cap, captain → chief.
〈chief〉 cap의 변형된 형태(갑→집).
〈mischief〉 잘못 (머리에) 집어/짚어(chief=sapient, perceive 짚다) 주다.
〈achieve〉 집어 들어 잡다

2 상자(갑) cap 변화: 갑에서 합/집으로 변화(c→h)

Cap, cup, skiff → hoof, ship, shop scoop(굽 있는 국자) → shovel(합(그릇) 모양 삽)
갑 (상자)의 다른 말로 합(그릇), 집 등을 써서 담는 용기를 나타낸다.
ship는 담는 잔이 어원이다(hip=hive, hoof). 합(hip) 앞에 s가 붙어 집(대접)으로 쓸 수도 있다.

3 겹쳐 잡다 capture 변화: 갑에서 합으로 변화(c→h)

capture → have : 겹하다는 합하다와 연결된다.
cover, equip, cape → habit, inhibit
겹하여 몸에 끼우는 행위는 합하여 몸에 입는 습관, 몸을 정착시켜 거주하다는 의미가 된다.

3 끼우다(ga, ca, co, cu --): 갖다, 꼬인 관계, 붙다, 꼬리, 몸에 끼다(옷, 습관)

gather **ca**tch; ex**cu**se ac**cu**se; **ga**in en**ga**ge ac**cu**mulate; **co**ward **co**met; **co**stume ac**cu**stom

'꿰다/끼다'는 (손에) 끼워 갖는다는 뜻이다. 그래서 '함께'나 '갖다'의 의미를 지닌다고 할 수 있다.

get [get] 1 얻다 2 되게 하다 (말소리) 끼다
together [təgéðər] 함께 같이 다끼다

〈get〉 '끼다' 1 끼(꿰)어 (걸어) 가지다. 2 끼여 연루되도록 하다(To cause; get+형용사). (영향을 끼쳐) 되게 하다(get one to do) [다른 풀이] '갖다' 가져오게 하여 어떤 상태가 되다 **〈together〉** '다끼다'는 다 끼어 모이게 연결한다는 뜻. To+get

· 어원) **〈get / together〉** Proto-Indo-European *g^hed- ("to seize"). [국어] **갖다**(가지다): 손이나 몸 따위에 있게 하다. 관계를 맺다. 앞말이 뜻하는 행동의 결과나 상태가 그대로 유지되거나, 또는 그럼으로써 뒷말의 행동이나 상태가 유발되거나 가능하게 됨을 나타내는 말. 아이나 새끼, 알을 배 속에 지니다. [한자] 加더할 가

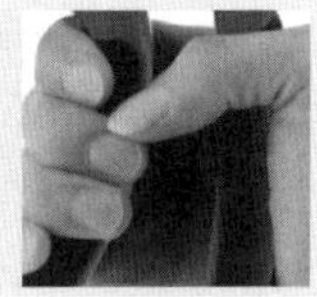

gather [gǽðər] 모이다 받다 (말소리) 거둬
catch [kætʃ] 잡다 걸리다 꿰차

〈gather〉 '거둬'는 거둬(gat=get)들여 모으다는 뜻 [다른 풀이] 1 '꾀다' 여럿을 한 군데로 꿰어 모으다 2 '갖다' **〈catch〉** '꿰차' 꿰차고 손에 걸다. [다른 풀이] '가져'는 갖고(cat=get) 손에 지니다

· 어원) **〈gather〉** Proto-Germanic *gadurōną ("to bring together, unite, gather"). **〈catch〉** latin capiō("take, capture") [국어] **거두다**: 흩어져 있는 물건 따위를 한데 모으다. 열매 따위를 따서 담거나 한데 모으다. **꿰다**: 어떤 물체를 꼬챙이 따위에 맞뚫려 꽂히게 하다. **꿰차다:** 자기 것으로 만들어 가지다. **끼다**: 다른 것을 덧붙이거나 겹치다. 무엇에 걸려 있도록 꿰거나 꽂다. [한자] 俱함께 구, 갖출 구

cause [kɔːz] 원인, 초래하다 (말소리) 켜서
because [bikɔ́ːz] ~때문에 비켜서

〈cause〉 '켜서'는 콰 치면서 일으키는 원인이 되다 [다른 풀이] 1 '끼쳐' 영향을 끼치다. 끼여 연결된 관계로 시킴을 의미하는 get과 같다(get one to do). 2 '가져' 가져오게 하여 끼치다. **〈because〉** '비켜서'는 콰 치면서 일으키는 원인이 되다

· 어원) **〈cause〉** Old French cause ("a cause, a thing"). Proto-Indo-European *$kewh_2$- ("to cut, strike") **〈because〉** Middle English bi ("by")+cause [국어] **꼬이다**: 그럴듯한 말이나 행동으로 남을 속이거나 부추겨서 자기 생각대로 끌다. 꼬치: 무엇을 꿰거나 쑤시거나 하는 데 쓰는 가늘고 뾰족한 물건. 낱낱이 따지고 캐어묻는 모양. **가져오다**: 불러일으키거나 생기게 하다. **끼치다**: 입거나 당하게 하다. 생겨 나타난다. 꺼지다: 원래 있던 곳에서 사라져 다른 곳으로 가다. **끼이다**: 어떤 일에 관여하다

excuse [ikskjúːz] 변명 핑계 (말소리) 윗서켜서
accuse [əkjúːz] 비난하다 고소하다 에켜서

〈excuse〉 '윗서켜서'는 콰 (치며) 켜서(cuse=cause) 일으키게 하는 관련자로서 그에 대한 책임에서 윗(ex 외) 쪽으로 벗어나다(release from any obligation). **〈accuse〉** '에켜서'는 -에(a) 콰 (치며) 켜서(cuse=cause) 일으키게 하는 상대를 꼬치고치 캐묻고 꾸짖다는 뜻 [참고] discuss 콰 (치며) 켜서(cuse=cut) 싸우는 논쟁

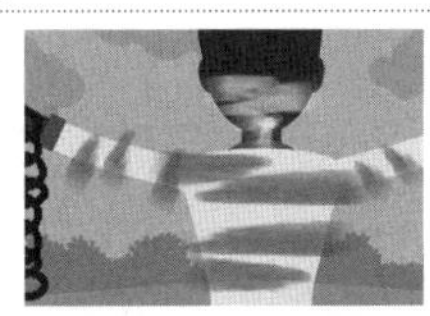

· 어원) **〈excuse〉**Latin excūsō("to excuse, allege in excuse, literally, free from a charge"), from ex ("out")+causa ("a charge"). **〈accuse〉** Latin accūsō ("to call to account, accuse"), from ad ("to")+causa ("cause, lawsuit, reason").

gain [gein] 얻다 증가하다 (말소리) 끼운
again [əgén] 다시 또 에끼운

⟨gain⟩ '끼운'은 (위에) 끼워 가지다(To have or receive advantage or profit; to acquire gain) **⟨again⟩** '에끼운'은 ~에 끼워 쌓는 것으로 층층이 반복되다는 뜻

· 어원) **⟨gain⟩**Proto-Germanic *gagana ("back, **against**, in return"), Proto-Germanic *ga- ("with, together") Latin cum ("with"). Middle English geinen ("to be of use, profit, avail"), Middle English gein ("straight, direct, short, fit, good"). **⟨again⟩** a+gain ("against"). Proto-Germanic *ga- ("with, together") (국어) **끼다**: 다른 것을 덧붙이거나 겹치다. 무엇에 걸려 있도록 꿰거나 꽂다. [한자] 加더할 가, 입다

상대와 껴서(서로 안기어) 마주보는 상태가 되면 상대와 나를 비교할 수 있다.

against [əgénst] ~에 대한, 반대의 (말소리) 에낀지다

⟨against⟩ ~에 끼인(gain)다는 말로 마주하다. [연관] gain again [다른 풀이] '에견주다' (서로 끼어) 견주며 마주하거나 등을 대다

· 어원) **⟨against⟩**Middle English againes ("in opposition to"). [국어] **견주다**: 둘 이상의 사물을 질(質)이나 양(量) 따위에서 어떠한 차이가 있는지 알기 위하여 서로 대어 보다.

accumulate [əkjúːmjulèit] 쌓이다 모으다 (말소리) 에껴몰리다

⟨accumulate⟩ '에껴몰리다'는 ~에(a) 낌(cum=com 兼 겸할 겸)이다. 끼어 쌓이다는 뜻. ☞ ad ("to, towards, at")+cumulō 껴몰아

· 어원) Latin accumulō ("amass, pile up"). ad ("to, towards, at")+cumulō ("heap"), from cumulus ("a heap") Latin cum ("with") Proto-Indo-European *ku-m-olo, from *ḱewh₁- ("to swell") [국어] **끼다**: 다른 것을 덧붙이거나 겹치다. 무엇에 걸려 있도록 꿰거나 꽂다

engage [ingéidʒ] 고용하다 약속하다 (말소리) 인끼이지
mortgage [mɔ́ːrgidʒ] 주택담보대출 융자 몰다끼지

⟨engage⟩ '인끼이지'는 인(in, im, en, on" 인(隣)=인접)한 곳에 끼어지다(gage=wager). 끼는 것은 계약 등으로 맺어져 고용되거나 약속하다는 뜻. 약혼식에서 반지를 끼우는 것도 일종의 약속의 표시다. [다른 풀이] '안겨오지' 안겨 (끼워) 부둥켜안음으로써 일체가 되고, 서로에게 충실하게 된다. **⟨mortgage⟩** '몰다끼지'는 끼어져(gage=get) 몰(mor=mortal, 歿죽을 몰)하다. 몰해 죽는 조건에 끼워지다. 끼워지는 것은 계약으로 맺어지는 것으로 담보, 보증을 의미한다. 목숨을 담보하다는 뜻. 과거에는 신체를 담보로 맡기고 돈을 빌렸다*(베니스의 상인: 샤일록은 돈을 기한 내에 갚을 수 없을 때에 안토니오의 살들 중 심장에 가까운 살 1파운드를 받겠다는 계약을 한다.)*

· 어원) **⟨engage⟩** en+gage(To bind by pledge). Old English weddian("to engage, covenant, undertake") **⟨mortgage⟩** Old French mort gage ("death pledge"). [국어] **끼다**: 다른 것을 덧붙이거나 겹치다. 무엇에 걸려 있도록 꿰거나 꽂다. **몰하다(歿)**: 생명이 끊어지다 [한자] 歿죽을 몰

incumbent [ɪnkʌmbənt] **[고급]** 재직중인, 의무인, 덮쳐 누르는 (말소리) 인낌번다
encumber [ɪnkʌmbə(r)] **[고급]** 방해하다 인낌벌

⟨incumbent ⟩ '인낌번다'는 인(en=in)한 곳에 (이끼처럼) 끼다. 낌(cum=com)으로써 위에 깔려앉다. 앉아 자리하여 위치를 차지하다(throne, preside)는 뜻 **⟨encumber⟩** 인(en=in)한 곳에 끼여 나가지 못하게 방해한다.

· 어원) 〈incumbent 〉 Medieval Latin incumbēns ("holder of a church position"), from Latin incumbō (I lie down upon, fall upon). Latin cum ("with") 〈encumber〉 Old French encombrer, from en-+combrer ("to hinder") [국어] **꾀다**: '꼬이다'의 준말. **끼다**: (이끼나 녹 따위가) 물체를 덮다. 다른 것을 덧붙이거나 겹치다. 무엇에 걸려 있도록 꿰거나 꽂다.

끼다/꼬다(co): 꼬여 달린 것

꼬리는 콸콸 꼬여 있는 털(tail), 줄(cord), 머리카락이라고 할 수 있다.

queue [kjuː] 줄을 서다 (말소리) 껴

〈**queue**〉 '껴'는 꼬여(que=co) 이은 고리, 꼬리, 줄을 뜻함 [연관] cord

· 어원) French queue ("tail"). Old French coe ("tail") Latin cauda(tail) [국어] **끼다**: 다른 것을 덧붙이거나 겹치다. 무엇에 걸려 있도록 꿰거나 꽂다

개의 경우 겁을 먹거나 두려운 상황이 되면 꼬리를 다리 사이로 집어넣고 꼬아 만 것을 볼 수 있다.

coward [káuərd] 겁쟁이 비겁한 사람 (말소리) 꽈울다

〈**coward**〉 '꽈울다'는 (몸에) 꼬여(co=queue, cord) (달린) 꼬리가 울다(ward= in**ward**, whirl). 울어지게 굽히거나 (공포로) 얼어 붙다는 뜻으로 겁이나서 꼬리가 울어지는 개에서 유래되었다(an animal "turning tail", or having its tail between its legs).

· 어원) 〈**coward**〉 coue ("tail"), coe+ard (hard). Old French coe ("tail") **끼다**: 다른 것을 덧붙이거나 겹치다. 무엇에 걸려 있도록 꿰거나 꽂다. **울다**: 발라 놓거나 바느질한 것 따위가 반반하지 못하고 우글쭈글해지다.

comet [kάmit] 혜성 (말소리) 꼼이다

〈**comet**〉 '꼼이다'는 꼬여 낌(com 兼 겸할 겸)으로써 꼬리로 달려 있다. (머리에) 달린 머리카락처럼 꼬리를 길게 늘어뜨리는 혜성

· 어원) 〈**comet**〉Ancient Greek κρμήτης (komḗtēs, "longhaired"). Latin cum ("with") [국어] **꼬다**: 가는 줄 따위의 여러 가닥을 비비면서 엇감아 한 줄로 만들다. **꾀다**: '꼬이다'의 준말. **끼다**: 다른 것을 덧붙이거나 겹치다. 무엇에 걸려 있도록 꿰거나 꽂다

콰르르 소용돌이 치며 꼬임으로써 끈, 고리, 둥근 형태를 이룬다(globe, circus). 이는 꼬이면서 공(콩) 모양이 되는 coin과 같다.

chorus [kɔ́ːrəs] 합창 코러스 (말소리) 고리지
choir [kwaiər] 합창하다 성가대 꽈

〈**chorus / choir**〉 콰르르 꼬여(꽈서) 고리(꽈리)를 형성하다는 뜻

· 어원) 〈**chorus / choir**〉 Ancient Greek χροός • (khorós) (dance ring, round dance). χόοτρς • (khórtos)(feeding place for animals, barn) [국어] **고리**: 긴 쇠붙이나 줄, 끈 따위를 구부리고 양 끝을 맞붙여 둥글거나 모나게 만든 물건. **꽈리**: 줄 따위로 물건을 묶을 때, 고리처럼 고를 내어 놓은 것

'꼬다'는 '새끼를 꼬다'에서처럼 여러 가닥을 비벼 한 줄로 만든다는 뜻이 있다.

cord [kɔːrd] 코드 줄 (말소리) 꼬다

〈cord〉 '꼬다'는 콸콸(꽈르르) 소용돌이처럼 꼬여 이은 줄, 꽈리. [다른 풀이] '걸다' 걸려 연결된 줄. C(껴)+ord(얼다; order)= 걸다
[참고] herd 얼어진 무리

· 어원) **〈cord〉** Doric Ancient Greek χορδά (khordá, "string of gut, the string of a lyre") [국어] **꼬다**: 가는 줄 따위의 여러 가닥을 비비면서 엇감아 한 줄로 만들다. **얼다/어르다**: '어우르다(여럿을 모아 한 덩어리나 한판이 크게 되게 하다)'의 준말.

chain [ʧein] 체인 사슬 (말소리) 짜인

〈chain〉 '짜인'은 짜서 묶는다는 뜻 [다른 풀이] '꿰인'는 꿰어 엮다는 뜻. 'Ch'가 뒤에 오는 모음에 따라 'ㄱ'에서 'ㅈ'으로 발음이 변화

· 어원) **〈chain〉** Proto-Indo-European *kat- ("to braid, twist; hut, shed"). [국어] 죄이다: 느슨하거나 헐거운 것이 단단하거나 팽팽하게 되다. 꿰이다: '꿰다(실이나 끈 따위를 구멍이나 틈의 한쪽에 넣어 다른 쪽으로 내다)'의 피동사.

꼬아/끼어 걸치다(옷, 습관)

외투나 티셔츠, 모자 등의 옷이나 장신구는 몸에 끼워 착용한다. '입는다'는 것은 끼워 몸에 걸치는 행위라고 할 수 있다. 또한 끼우는 옷은 cape, cover 등 겹하다로 표현하였다.

coat [kout] 외투 칠하다 (말소리) 꼬다
gown [gaun] 드레스 가운 꽈온

〈coat〉 '꼬다'는 (몸에) 꽂아 끼워 입는 외투를 뜻함 [연관] cot cottage 가를 끼워 두른 집 **〈gown〉** '꽈온'은 꼬아서 몸에 두르다는 뜻. Own은 에운다, 겹친다는 뜻으로 crown, own, town, down, drown과 연관된다. [연관] cot '곳' 끼워 덮은 지붕이 있는 곳간

· 어원) **〈coat〉** Old French cote ("outer garment with sleeves"). **〈gown〉** Anglo-Norman goune ("fur-trimmed coat"). [국어] **끼다**: 다른 것을 덧붙이거나 겹치다. 무엇에 걸려 있도록 꿰거나 꽂다. [한자] 加더할 가, 입다 介낄개

때로는 겹하여 끼워지거나 씌운 것은 가짜를 나타내기도 한다. 덮여 가려 보이지 않기 때문에 진실이 감추어졌다고 볼 수 있다.

guise [gaiz] 옷차림 복장 가장(假裝) (말소리) 끼어서

〈guise〉 꽈서(끼어) 가에 두른(cover, cloak). 겉에 드러나는 모양. [다른 풀이] '가새'는 가새(갓, 가)에 끼어 두르다

· 어원) **〈guise〉** Old French guise ("guise, manner, way") [국어] **거죽**: 겉으로 드러나 보이는 물체의 모양. **가**: 경계에 가까운 바깥쪽 부분. **가새**(갓): '가'의 방언(경상, 전남).

disguise [disgáiz] 위장 변장 (말소리) 떠서끼어서

〈disguise〉 '떠서끼어서'는 끼어 있어 겉에 드러나는 모양을 떼서(dis) 흐트리다. 겉(가)을 흐트려 외양을 바꾸다(alter one's visual appearance in order to hide)

· 어원) **〈disguise〉** des- ("dis-")"+guise ("guise"). [국어] 가: 경계에 가까운 바깥쪽 부분. 가새(갓): '가'의 방언(경상, 전남).

garment [gάːrmənt] 의류 옷 (말소리) 꽈맨다

girdle [gə́ːrdl] 두르는 것 껴들

〈garment〉 '꽈맨다'는 (몸에) 꽈서 입다는 뜻. ☞ 어원적으로 껴(g)+얾(arm=armor; ar=wear). 몸에 어르어 걸머지다. **〈girdle〉** '껴들'은 꼴꼴 꽈서 몸에 두르는 것을 나타냄 [다른 풀이] '걸될' 걸치어 둘

· 어원) **〈garment〉** Old French garnement, from garnir ("to garnish, adorn, fortify"). **〈girdle〉** Proto-Germanic *gurdilaz ("girdle, belt") [국어] **걸치다**: 옷이나 착용구 또는 이불 따위를 아무렇게나 입거나 덮다. **걸다**: 벽이나 못 따위에 어떤 물체를 떨어지지 않도록 매달아 올려놓다. **걸머지다**: 짐바에 걸거나 하여 등에 걸치어 들다. 介낄개

옷은 몸에 껴입는 것으로 그 나라나 민족의 관습이나 풍습을 가장 잘 나타내 준다고 할 수 있다. 그래서 민족마다 차별화되는 전통 의상을 가지고 있는 것을 볼 수 있다. 그 뿐만 아니라 옷은 익숙함의 표현이기도 하다. 옷을 껴입는다는 것은 몸에 맞춘다는 의미가 있고 이는 익숙해져 계속 그 상태를 쭉 이어간다는 것을 의미하기도 한다. 습관(習慣)에서 習(익힐 습)은 겹친다는 의미가 있다.

costume [kάstjuːm] 의상 복장 (말소리) 껴서둠

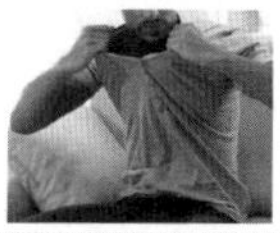

〈costume〉 '껴서둠'은 옷이나 장신구 등을 끼워(co) 쓰다. 몸에 걸쳐 입다는 뜻.

· 어원) **〈costume〉** con("with") +suēscō("become used or accustomed; accustom, train"). latin ūsus ("use, habit, **custom**"). [국어] **끼다**: 몸에 덧붙이거나 겹치다. **끼이다**: 틈새에 박히다.

custom [kʌstəm] 관습 풍습 (말소리) 껴서듬

〈custom〉 '껴서듬'은 몸에 껴입는 옷(costume)이 일정해 늘 하는 습관이 된다. ☞ Cus=껴(c)서 웃에 (us=use 웃 쪽에) 쓰다. [연관] usual '웃쓰일' 위에 써 걸치는 옷처럼 습관이 되고 일상적인

· 어원) **〈custom〉** con- ("with")+suēscō ("become used or accustomed"). latin ūsus ("use, habit, custom"). [국어] **끼다**: 몸에 덧붙이거나 겹치다. **끼이다**: 틈새에 박히다. **갖추다**: 일정하게 차리다.

accustom [əkʌstəm] 익숙해지다 적응되다 (말소리) 에껴서둠

〈accustom〉 '에껴서듬'은 -에(a) 껴(cu)서 쓰다. 몸에 껴입는 옷(costume)이 습관처럼 일정해 하는 일에 익숙하다는 뜻 ☞ cus= 껴(c)서 웃에 (us=use 웃 쪽에) 쓰다.

· 어원) **〈accustom〉** a ("to, toward")+custom [국어] **끼다**: 몸에 덧붙이거나 겹치다. **끼이다**: 틈새에 박히다.

customer [kʌstəmər] 고객 단골 (말소리) 껴서듬이

〈customer〉 '껴서듬이'는 껴(cu)서 웃에(us=use 웃 쪽에) 쓰다. 끼어 쓰는 옷처럼 습관으로 자주 방문하는 이

· 어원) **〈customer〉** con- ("with")+suēscō ("become used or accustomed"). 끼다: 몸에 덧붙이거나 겹치다. **곁에 두거나 가까이 하다.** 끼이다: 틈새에 박히다.

custody [kʌstədi] 보호 보관 (말소리) 껴서두다

'껴서두다' 껴(cu=co) 두다. 끼워 둘러 에워싸다

· 어원) Latin custos ("a keeper, watchman, guard"). Ancient Greek κεύθω (keúthō, "to conceal") [국어] **끼다**: 몸에 덧붙이거나 겹치다. **끼이다**: 틈새에 박히다.

charge [ʧaːrdʒ] 1부담, 청구하다 2 비난하다 3 채우다 (말소리) 찰지
cargo [káːrgou] 짐 굴기

〈charge〉 '찰지'는 차르르 (콰르르 char= car, chariot, current) 물처럼 흐르는 차는 짐을 싣는 게 목적이다. 1 차에 짐을 싣듯 부담하다, 책임지다는 뜻. 부담을 지우기 위해 청구하다. 2 책임을 지고, 그에 따른 책임을 비난하다. 3 짐을 채우다는 의미가 있다. 'car'(굴)에서 'char'(찰)로 발음 변화. **〈cargo〉** 콰르르(car=current) 물처럼 흐르는 차 車(운송수단)는 굴러간다. 차(car=cart, carrier 車 수레 거)는 운송수단으로 짐이 필수다. 굴러가는 구르마처럼, 수레는 스르르 흐르며 물건을 실어간다. 쓸려 가는 썰매(sledge, sleigh, sled, slide)와 관련된다.

· 어원) **〈Charge〉** Medieval Latin carricāre '걸리기'("to load"), from Latin carrus ("a car, wagon") **〈Cargo〉** Spanish cargo ("load, burden"), from cargar ("to load"). **[국어] 차다**: 물건을 몸의 한 부분에 달아매거나 끼워서 지니다. 가득하게 되다. 발을 힘껏 뻗어 사람을 치다. **걸치다**: 옷이나 착용구 또는 이불 따위를 아무렇게나 입거나 덮다. **걸다**: 벽이나 못 따위에 어떤 물체를 떨어지지 않도록 매달아 올려놓다.

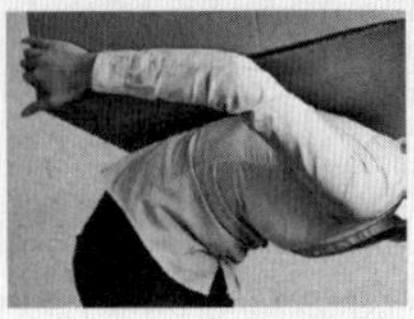

4 둘러 끼다(co, cu, cas, qua, gu) [가리다, 궤(사각형), 울타리, 가(가장자리)]

obs**cu**re oc**cu**lt; **qua**y **cas**k **cas**tle **co**ttage; s**qua**re **qua**rter; **gu**arantee dis**gui**se

◆ 끼워 가리다

덮다는 '끼다'로 나타낼 수 있다. 이끼가 위를 덮는 것처럼 끼다는 덮고 가리다는 의미가 있다. 우리 몸을 감싸고 있는 피부(skin)나 가죽을 가리킨다.

sky [skai] 하늘 천체 (말소리) 쓰개
skin [skin] 피부 쓰낀

〈sky〉 '쓰개'는 끼어 있어 덮다. 이 세상을 둘러싸고 있다는 뜻. 蓋(덮을 개)는 하늘의 뜻이 있다 〈skin〉 '쓰낀' 싸서 끼고 있는 겉 가죽을 의미

· 어원) 〈sky〉 Sanskrit स्कुनाति (skunāti, "he covers"). Ancient Greek σκιά (skiá, "shade, shadow") 〈skin〉 Old Norse skinn ("animal hide"). Latin scindere ("to split, divide") [국어] **싸개**: 물건 따위를 싸는 종이나 헝겊. **끼다**: 이끼나 녹 따위가 물체를 덮다. **쓰개**: 머리에 쓰는 물건을 통틀어 이르는 말. 蓋덮을 개, 하늘

obscure [əbskjúər] 불분명한 (말소리) 업어서끼어

〈obscure〉 '업어서끼어'는 업어(ob=over 얹혀) 싸끼어(scu=sky 싸개) 있다. 업은 위에 끼어서 덮여있다는 뜻 [참고] skull '싸낄' 싸고 있는 껍질(crust)

· 어원) **〈obscure〉** ob ("over")+scurus ("covered"). scu- ("cover") **[국어] 업다**: 사람이나 동물 따위를 등에 대고 손으로 붙잡거나 무엇으로 동여매어 붙어 있게 하다. **끼다**: 이끼나 녹 따위가 물체를 덮다.

squirrel [skwə́ːrəl] 다람쥐 (말소리) 싸껴올

〈squirrel〉 '싸껴올'은 훨훨거리는 올(el=wool, wire)이 있는 꼬리가 끼어(squir=sky, obscure) 그늘질 정도 (Any of the rodents distinguished by their large bushy tail.) [다른 풀이] '쓰개올' 쓰개 역할하는 올

· 어원) **〈squirrel〉** Ancient Greek σκίουρος (skíouros). σκιά (skiá, "shade, shadow")+ούρά '오라' (ourá, "tail"). ὅρος • (hóros) (boundary, end) **올**: 실이나 줄의 가닥. **오라**: 붉고 굵은 줄.

occult [əkʌlt] **[고급]** 숨은 신비한 (말소리) 윗깔다

〈occult〉 '윗깔다'는 -윗(oc)에 깔다(cult). 위에 깔린 것이 가리다는 말로 숨겨지다.

· 어원) **〈occult〉** Latin occultō ("hide, keep secret"). ob-+*celō ("hide") [국어] **깔다**: 거의 전부 덮거나 늘어놓다.

coast [koust] 해안 해변 (말소리) 꼬여서다

〈coast〉 '꼬여서다'는 땅과 바다가 꼬여 있는 해안가를 의미함 [다른 풀이] '가에서다'는 가(귀)를 둘러싸 끼우다는 뜻 [연관] square

· 어원) **〈coast〉** Latin costa ("edge, side, wall"). [국어] 가: 바깥쪽 경계가 되는 가장자리 부분이나 그 부근. 귀와 유사. 꽈리: 노끈이나 줄 따위로 물건을 묶을 때, 고리처럼 고를 내어놓은 것. [한자] 係맬 계. 繼이을 계(뒤이어)

cost [kɔːst] 비용 가격 (말소리) 껴서다

〈cost〉 '껴서다'는 끼어(co) 서다(st)는 말로 같이 서서 비교하다. 물물 교환하면서 두 물건을 같이 대보고 가격을 매긴다. 가치는 같이 있어야 비교가 되는 것으로 혼자 있어 비교 대상이 없으면 가치, 가격을 논할 수 없다

· 어원) Latin constare ("stand together, stand at, cost"), from com-+stare ("stand").

scheme [skiːm] 계획 설계 (말소리) 스낌

〈scheme〉 '스낌'은 속 낌으로써 상자 같은 틀을 이루다. 끼워 감싸서 틀이 만들어지다 [연관] shape 어원상 sk에서 sh로 변함

· 어원) **〈scheme〉** Medieval Latin schēma ("figure, form"), Ancient Greek σχῆμα (skhêma, "form, shape"), from ἔχω (ékhō, "I hold"), Old Saxon skimo ("shadow"). [한자] 作지을 작

skim [skim] 대충 읽어보다 (말소리) 스낌

scan [skæn] 훑어보다 스켠

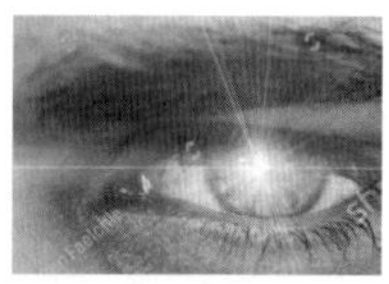

〈skim〉 '스낌'은 끼여 있는 가/겉면을 따라 (두루) 가는 것으로 쭉 훑다는 뜻(To pass near the surface of; to scrape off). [연관] scum 지게미(술 찌꺼기) latin scuma(foam) **〈scan〉** '스켠'은 (일으)켜서 위아래로 둘러보다(examine sequentially, to scrutinize, read) [연관] follow(To watch, to keep track of)

· 어원) **〈skim〉** Old French escumer ("to remove scum"), from escume ("froth, foam"), from Proto-Indo-European *skew- ("to cover, conceal"). **〈scan〉** Latin scandō ("I climb, rise, mount").

◆ 끼워 두르다, 궤, 울타리

갓은 머리 끝 가에 위치하는 모자로서 영어에서는 지붕이나 상자(case, castle, cache, cottage)를 나타낸다 [Sanscrit 'gudh'(wrap, cover, put on hat)] (조선고어실담어 주석사전, 강상원, 2016.7.25, p101). 꼬여 생긴 가(귀퉁이, 모서리)를 가두어 둘러치는 것과 관련하여 사각형, 숫자 4, 구역과 연관된다. '가'를 걸치장(guise)한다는 말도 있다. 끝, 갓, 겉이란 말은 서로 통하는 것을 알 수 있다. '가'를 둘러 싸서 가지다, 갖다를 나타낸다(catch, get).

quay [kiː] 부두 선창 (말소리) 궤

〈quay〉 '궤'는 꼬인 가(귀)에 둘러 만든 궤짝 모양 공간으로 배가 정박하는 곳 [연관] square

· 어원) 〈**quay**〉 Proto-Celtic *kagyom ("pen, enclosure") [국어] **궤**: 물건을 넣도록 나무로 네모나게 만든 그릇. **괴다**: 기울어지거나 쓰러지지 않도록 아래를 받쳐 안정시키다.

상자나 가방, 집 등은 모두 사방을 둘러 위, 측면을 끼어 만든 사각형의 틀이라고 할 수 있다.

coat는 몸에 껴 입는다. got, catch, gather 는 손에 갇히게 하여 갖다는 말이다. 상자나 가방, 집 등은 위, 가에 둘러 끼우고, 꽂아 만든다. 이는 갓을 쓴 형태이면서, 사각형, 궤라고 할 수 있다.

case [keis] 1 상자 2 경우, 사건 (말소리) 끼이지

〈**case**〉 '끼이지'는 1. (가를) 꿰여 둘러씌운 궤나 상자(An enclosing frame)를 뜻함 [연관] square 2. (끼익 부딪혀) 끼어 들어 닥치는 일 [연관] occasion

· 어원) Old French chasse ("box, chest, case"). Latin capsa ("box, bookcase"), from capiō ("to take, seize, hold"). Latin casus ("a fall; accident, occurrence; occasion) [국어] **궤(櫃)**: 물건을 넣도록 나무로 네모나게 만든 그릇. **끼이다**: 어떤 일에 관여하다.

cash [kæʃ] 현금 돈 (말소리) 궤지
cask [kæsk] 통 거적
cache [kæʃ] 저장소 궤지

〈**cash**〉 '궤지'는 갓(가)에 끼워(꿰어) 씌운 궤, 돈상자라는 말로 지갑(갑 匣(상자))에 가지고 다니는 돈을 뜻함. 꿰어 두른 것=궤=상자 [연관] purse 불어난 봉지에서 지갑이 됨 budget '뻗치다' 뻗쳐 부풀어 담는 지갑에서 유래 〈**cask**〉 거적은 가마니 같이 쌀을 담는데 쓰기도 한다. 〈**cache**〉 끼워(꿰어) 씌운 궤

· 어원) 〈**cash**〉 Middle French caisse ("money box 지갑") Latin capsa("box, case"), *capiō* ("I take, I seize, I receive"). French cache("hiding place for stores") 〈**cask**〉 Spanish casco (hull of a vegetable, empty container) 〈**cache**〉 French cache ("hiding place for stores") **꿰다**: 연결되도록 구멍이나 틈을 내어 엮다. **궤(櫃)**: 물건을 넣도록 나무로 네모나게 만든 그릇. **거적**: 짚으로 쳐서 자리처럼 만든 물건. 허드레로 자리처럼 쓰기도 하며, 한데에 쌓은 물건을 덮기도 한다. 섬을 만들려고 엮은 거적

gastronomy [gæstrάnəmi] **[고급]** 요리법 (말소리) 궤지두루남이

〈**gastronomy**〉 위는 갓(가)에 끼워서(gas=case) 쓴 궤/상자 모양. 위 속으로 들어가는 음식에 대한 연구. ☞ nom은 늘어져 나온 열(number)로써 잣대, 기준

· 어원) γαστήρ(gastḗr, "stomach, belly, womb, hollow")+νόμος (nómos, "knowledge, law"); from γράω (gráō, "to eat"). **갓**: 어른이 된 남자가 머리에 쓰던 의관의 하나. '가'의 옛말. 이제 막

kit [kit] 키트 한 세트 (말소리) 궤다

〈**kit**〉 '궤다'는 갓(가)에 끼고 둘러 씌우다는 말로 궤, 상자

· 어원) 〈**kit**〉 Middle Dutch kitte ("a wooden vessel made of hooped staves"). Proto-Germanic *kuttô (" woolen fabric, wool covering ") Proto-Indo-European *(s)kewt- '걸/끼다'(" to deck; cover; covering; skin ") **궤(櫃)**: 물건을 넣도록 나무로 네모나게 만든 그릇. 家집 가

can은 속이 빈칸(통), 관이다. 물 주는 대롱으로도 쓰인다 (A container used to carry and dispense water for plants).

canal [kənǽl] 운하, 체내의 관 (말소리) 관일
cannon [kǽnən] 대포 관인

〈canal〉 줄기(幹줄기 간)처럼 길게 뻗으며 흐르는 골짜기, 수로, 관 [다른 풀이] '칸일' 칸으로 된 대롱 **〈cannon〉** 대롱 같은 관이 달린 대포

· 어원) Latin canālis ("channel; canal"), from canna ("reed, cane"), Proto-Germanic *kannǭ ("can, tankard, mug, cup") [국어] **칸**: 건물, 기차 안, 책장 따위에서 일정한 규격으로 둘러막아 생긴 공간. **관**: 몸 둘레가 둥글고 길며 속이 빈 물건. **가늘다**: 길이에 비해 너비가 좁거나 둘레의 굵기가 작다. [한자] 管집 관, 대롱 관

cane [kein] 지팡이 사탕수수 (말소리) 간(幹)

〈cane〉 기다란 막대기, 줄기 [다른 풀이] '키운' 길게 커진 줄기

· 어원) **〈cane〉** Latin canna ("reed") Latin canālis ("groove; canal; channel"). **간대**(竿): 대나무로 된 긴 장대. [한자] 幹줄기 간, 管집 관, 대롱 관

상자, 굴은 갑(cap, cave)으로 나타낼 수 있고, 가(가장자리)에 둘러 가두리, 갇히다, 갓(모자), 곳집 등으로 표현할 수 있다.

cottage [kɑ́tidʒ] 집의 오두막 (말소리) 갇히지
cotton [kɑ́tn] 면 목화 갇힌

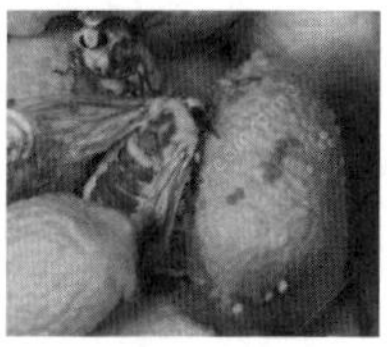

〈cottage〉 '갇히지'는 갇혀 사방을 두른 갓(cot=coat, kit. 庫곳집 고)처럼 지붕이 있다. 갓을 두른 공간. 冠(갓 관)의 은나라 갑골문 시대의 원래 발음은 gad(갇) (최춘태, 갑골음으로 잡는 식민사학 동북공정, 2017). cap 과 같이 冠(갓 관)에는 덮다, 우두머리(god) 뜻이 있다. [연관] cot '갓' -생략- **〈cotton〉** '갇힌' 깃털 같은 솜으로 둘러싸인 씨방(곳간) (A plant that encases its seed in a thin fiber)을 뜻함. [다른풀이] '꽂힌' 꽂아 (끼워) 두른 공간. 고추는 누에 고치에서 유래

· 어원) **〈cottage〉** Old Northern French cot("hut, cottage")+-age ("surrounding property"). **〈cotton〉** Proto-Germanic *kuttô (" woolen fabric, wool covering ") German *Kotze* '고추'("woolen cape"). [국어] **까대기**: 벽이나 담 따위에 임시로 덧붙여 만든 허술한 건조물. **곳집**: 예전에, 곳간으로 쓰려고 지은 집. 깃: 조류의 몸 표면을 덮고 있는 털. [한자] 庫 곳집 고

castle [kǽsl] 성 궁궐 (말소리) 갓쓸

〈castle〉 '갓쓸' 갓(가)에 둘러 씐 것으로 갓 모양의 지붕, 주변이 둘러 싸인 성곽.

· 어원) Old English castel("a town, village, castle") Proto-Indo-European *kat- ("hut, shed"), Latin casa ("cottage, hut") **갓**: 어른이 된 남자가 머리에 쓰던 의관의 하나. '가'의 옛말. 이제 막

한자로 四은 넷, 사방(四方)으로서 둘레를 의미한다.

square [skwɛər] 광장 사각형 (말소리) 사개

〈square〉 "사개"는 꼬아(quar=corner; ar=wall) 만든 귀(qu, 모서리), 궤(네모) 모양. [다른 풀이] 1 싸꼬여'는 꼬아 (모서리를) (에워)싸다는 말로 네 변으로 이루어진 사각형, 궤를 의미함 2 '싸개' 귀퉁이 모서리를 싸다 (squ≒sky) [연관] obscure 꽈서 가리다

· 어원) 〈**square**〉 Latin s(씌어, ex-)+quadro'가두리'(I make four-cornered. I put in order, join properly). quādrus ("square"), from quattuor ("four"). [국어] **사개**: 상자 따위의 모퉁이를 끼워 맞추기 위하여 서로 맞물리는 끝을 들쭉날쭉하게 파낸 부분. 또는 그런 짜임새. **가두리**: 물건가에 둘린 언저리. **가**: 경계에 가까운 바깥쪽 부분. 어떤 중심 되는 곳에서 가까운 부분. 그릇 따위의 아가리의 주변. **귀**: 모가 난 물건의 모서리. 바둑판과 같은 넓적한 바닥의 네 모서리 부분. **싸개**: 물건 따위를 싸는 종이나 헝겊. **궤**: 물건을 넣도록 나무로 네모나게 만든 그릇. ≒궤독(櫃櫝)

quarter [kwɔ́ːrtər] 1. 15분, 1/4 2. 구역 (말소리) 가둬
corner [kɔ́ːrnər] 모서리 구석 꼬네

〈**quarter**〉 '가둬' 1 (꼬인) 가/귀(qu 가장자리. quar=corner)를 (둘러) 사각을 만들다. 사각형의 귀(모서리)는 1/4이다. 2 가를 둘러 만든 울타리, 구역 [다른 풀이] (어원) '껴얼다' 꼬다(qu)와 어르다/얼다(art= ward, wall)가 합해진 말로 네 모서리를 가두어(끼고) 만들다는 뜻. [연관] quart≒ garden court 〈**corner**〉 '꼬네'는 콸콸 꼬여 생긴 가/귀(co)로 가장자리가 된다. [연관] angle 엉긴 모서리

· 어원) 〈**quarter**〉 Latin quādrus ("square"), from quattuor ("four"). 〈**corner**〉 Old French corne ("corner, angle", literally "a horn, projecting point") Latin cornū ("projecting point, end, horn"). [국어] **귀**: 모가 난 물건의 모서리. 바둑판과 같은 넓적한 바닥의 네 모서리 부분. **궤**: 물건을 넣도록 나무로 네모나게 만든 그릇. ≒궤독(櫃櫝) **가두다**: 사람이나 동물을 벽으로 둘러싸거나 울타리가 있는 일정한 장소에 넣고 밖으로 나오지 못하게 하다.

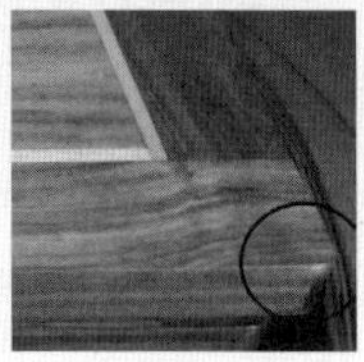

quadruped [kwάdrupèd] 네발짐승 (말소리) 가두리뻗어
quadruple [kwadrúːpl] 네 겹의, 네 배 가두리불

〈**quadruped**〉 '가두리뻗어'는 (꼬인) 가/귀(qu)를 두르는(가두는, 가두리) 네 귀퉁이가 푸드드 뻗어(ped=foot, pedal) 가다. 네 발로 간다는 뜻 [연관] pedal [다른 풀이] '겉으로뻗어' 겉에 두른 네 가/귀(qu)로 뻗어가다 〈**quadruple**〉 '가두리'는 가(qu 네 귀)를 두르는 것으로 그만큼 불어(ple= plus, fold)나다. 4배(fourfold)로 불어나다. 가(가장자리)를 둘러 사각을 만들다. 사각형의 모서리는 4개이다.

· 어원) 〈**quadruped**〉 Latin stem of quadrupēs ("four-footed, a four-footed animal"). 〈**quadruple**〉 Latin quadruplus, quattuor+plus. Latin quādrus ("square"), from quattuor ("four"). [국어] **가두다**: 사람이나 동물을 벽으로 둘러싸거나 울타리가 있는 일정한 장소에 넣고 밖으로 나오지 못하게 하다. **가두리**: 물건가에 둘린 언저리. **가**: 경계에 가까운 바깥쪽 부분. 어떤 중심 되는 곳에서 가까운 부분. 그릇 따위의 아가리의 주변. **귀**: 모가 난 물건의 모서리.바둑판과 같은 넓적한 바닥의 네 모서리 부분.

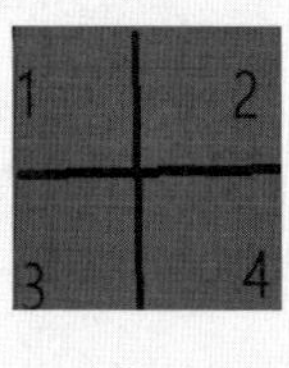

discard [diskάːrd] 버리다 폐기 (말소리) 떼서꽈다

〈**discard**〉 '떼서꽈다' 카드는 가/귀(ca)를 꽈서 두른 사각형(card=quarter; gird; Any rectangular piece). 떼서(dis) 카드를 던진다는 뜻. 게임을 포기하다

· 어원) 〈**discard**〉 dis-+card.

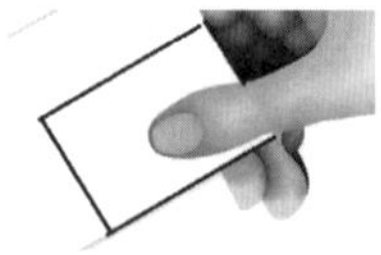

다음은 껴안거나 걸어 두름으로써 보호하거나 감시, 통제를 하는 경우를 가리키는 단어들이다. 단어 형태는 quarter처럼 qu(g, c)[가]+rd(얼다)로서 가를 어르어 두르다는 의미다.

gird [gəːrd] 둘러싸다 (말소리) 꼬다

〈gird 〉 '꼬다'는 꼬아 걸쳐(끼워)서 두르다 [연관] card girdle guard cord '꼬다' 꼬아(co) 올이 되다(ord=order)

· 어원) **〈gird〉** Old English gyrdan ("to put a belt around, to put a girdle around").

garden [gáːrdn] 정원 (말소리) 꽈둔
court [kɔːrt] 법원, 안마당 꽈오다

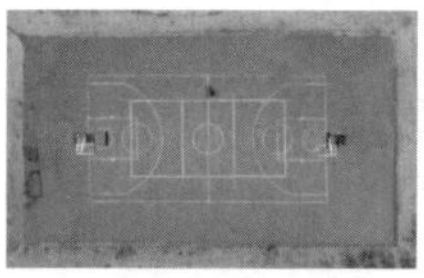

〈garden〉 '꽈둔'은 꼬아(ga=co) 울(ar=wall. ard=yard, ward)에 어우르다(두르다)는 말로 가둔 공간 [다른 풀이] '가둔' 가를 둘러 가두는 공간 **〈court〉** '꽈오다'는 꼬아(co) 울(ur=wall; urt=ward)(울타리)에 어우르다(두르다). 가두어진 공간으로서 울로 두른 법원을 가리킨다. [연관] cohort '껴얼다' 끼고 훨 어르어 합한 모임 board border yard, ward

· 어원) **〈garden〉** Frankish *gardo ("fenced-in yard, garden"). latin co- and -hors (wall, garden). latin cohors (a circle or crowd, enclosure, a circle, escort). **〈court〉** Latin cohors(a court, a band or armed force, a circle or crowd) **울**: 울타리(풀이나 나무 따위를 얽거나 엮어서 담 대신에 경계를 지어 막는 물건). **가두다**: 사람이나 동물을 벽으로 둘러싸거나 울타리가 있는 일정한 장소에 넣고 밖으로 나오지 못하게 하다.

guard [gaːrd] 경비원 보호하다 (말소리) 가둬

〈guard〉 '가둬'는 꽈서(끼워) 가를 두름으로써 보호하다는 뜻 [다른 풀이] '꽈다' 껴(gu=co)+울다(ard=ward, wall 우리). 끼워 울타리를 두름으로써 보호하다 [연관] ward

· 어원) Old French guarder ("to keep, ward, guard, save, preserve, etc."). **가두다**: 사람이나 동물을 벽으로 둘러싸거나 울타리가 있는 일정한 장소에 넣고 밖으로 나오지 못하게 하다.

vanguard [vǽngὰːrd] 선두 선봉 (말소리) 뺀가둬

〈vanguard〉 '뺀가둬'는 가둬(guard) (지키는) 자에게서 붕 뺀(van=point)다. 보호하는 병사보다 (앞에) 뺀 자

· 어원) Old French avan(t)garde ("before guard").

guarantee [gærəntíː] 보장하다 보증 (말소리) 가린다

〈guarantee〉 '가린다'는 꽈서 (가를) 둘러침으로써 외부로부터 가려 보호한다는 의미 [연관] warrant guard [다른 풀이] (어원) '꿰어른다' 꿰(gu=co)다+울/어르다(아우르다)(arant=warrant).

· 어원) **〈guarantee〉** Old French guarantir ("to protect, assure, vouch for"). french garer **'가려'**(to cover, to shelter)

grant [grænt] 허락하다 주다 (말소리) 그런다

〈grant〉 '그런다'는 맘을 걸어 두는 것으로 그렇다고 믿다. 긍정의 의미로 그렇게 되도록 허락해 주다 뜻. '그러'는 '끌어 안다', '걸다'와 관련있다(그러안다, 그러잡다). ☞ 꽈(끼어) 가두는(guide, guard) 것으로 울타리를 쳐서 보장하다. guarantee에서 'gua'가 'g'로 단순화 [연관] cordial → credit(cor→cr)

· 어원) 〈**grant**〉 Old French guarantir ("to guarantee, assure, vouch for", see guarantee). Latin credere ("to believe, trust"). [국어] 그러다: '그리하다(상태, 모양, 성질 따위가 그렇게 되게 하다)'의 준말.

5 콸콸 걸리다[clud, clot, claus)]: 걸어 잠그다(구분함)

clothe con**clud**e ex**clud**e **claus**trophobia

'걸다'는 claw, grip 처럼 걸쳐 엮다는 의미가 있고, 걸치는 것은 덮어 가리는 것이라고 할 수 있다. 옷도 몸을 가리는 것이라고 할 수 있다. 또한 걸어 잠가 막거나 마무리를 짓는다는 뜻도 있다.

clothe [klouð]	입다	(말소리) 걸려오다
crown [kraun]	왕관	걸어온

〈**clothe**〉 '걸려오다' (몸에) 걸쳐 입는 옷을 뜻함. ☞ clot≒ -clude, cloy [연관] clot 걸려 붙은 덩이

〈**crown**〉 '걸어온' 머리에 걸어 쓰다. 걸치는 것은 주로 위에 위치한다(The top part). cap이 모자이면서 top의미가 되는 것과 같다. Own은 에운다, 겹친다는 뜻으로 gown, own, town, down, drown과 연관된다. [연관] column culmination [다른 풀이] '가리운' 가려 주는 모자

· 어원) 〈**clothe**〉 Proto-Indo-European *gley-'걸어' ("to adhere to, stick"). <crown> Old Latin colos ("covering") Ancient Greek κρωώνη • (korṓnē)(curved, crow, end, tip, point) Medieval Latin culminare ("to crown"), Latin culmen ("peak, the highest point") [국어] 걸치다: 옷이나 착용구 또는 이불 따위를 아무렇게나 입거나 덮다. 褐굵은 베 갈, 베옷

lock는 낚여 뭉친 덩어리로 걸어 잠그다는 말이 되고, block는 덩어리로 막히다를 뜻한다. 이처럼 close(clude)도 걸어 잠궈 덩어리(clot)지며 가로 막다는 의미가 있다.

close [klouz]	1닫다 2 끝내다 3가까운	(말소리) 걸려오지
conclude [kənklúːd]	결론짓다 맺다	끈걸리다
include [inklúːd]	포함하다	안걸리다
exclude [iksklúːd]	제외하다 금지하다	윗서걸리다
preclude [priklúːd]	~을 방해하다	빠르걸리다

〈**close**〉 '걸려오지'는 걸어 끼우다. 1. 걸어 (끼워 key) 잠금으로써 문 등을 닫다. 덮다(clothe) 2. 걸어 잠금으로써 일이 끝나다(conclude). 3. 걸어 연결됨으로써 사이가 가까워지다.

〈**conclude**〉 '끈걸리다'는 끌어(같이) 걸어 잠금으로써 마무리를 짓고, 결론을 낸다는 뜻. 결론에서 결(結맺을 결)은 걸어 맺다는 의미. ☞ 끈(con)+걸리다(clude) 〈**include**〉 '안 걸리다'는 인(in, on, en 위에 이다. 인접)한 부분에 걸어 잠그다. 인접한 곳이 걸어져 묶여 포함된다는 뜻 ☞ 인(in/en)+걸리다(clude/close); include=enclose 〈**exclude**〉 '윗서걸리다'는 윗(ex 외)쪽에서 걸어 (잠궈) 배제한다는 뜻, ☞ 윗(ex)+걸리다(clude) 〈**preclude**〉 '빠르걸리다'는 펴내(pro 앞에) 걸어 (잠궈) 두다. 앞에 걸려 가로막다 ☞ 펴내(pre)+걸리다(clude= close)

★ -clude=clad: cloth와 동의어로 걸쳐 감싸다는 의미

· 어원) 〈**close**〉 Latin claudere ("to bar, block, close, enclose, bring an end to, confine"), from Proto-Indo-European *klāw-'걸어' ("key, hook, nail"). 〈**conclude**〉 Latin conclūdere("to shut up, close, end") Proto-West Germanic *klott ("lump"). German Klotz ("block"). 〈**include**〉 Latin includere ("to shut in, enclose, insert"), from in- ("in")+claudere ("to shut"). 〈**exclude**〉 Latin exclūdō, from ex- ("out")+claudō ("close"). [국어] 걸다: 자물쇠, 문고리를 채우거나 빗장을 지르다. 매달아 올려놓다. 드리워지게 하거나 달려 있게 하다. [한자] 結맺을 결. 모으다, 걸다, 엉기다, 굽다, 막다, 마치다

claustrophobia [klɔ:strəfóubiə] **[고급]** 밀폐공포증 (말소리) 걸려서드리폽이여

〈claustrophobia〉 '걸려서드리폽이여'는 걸려서(claus =close) 잠긴 곳에서 폽(phob=pop) 하고 튀어 놀란다는 말. [연관] pop hop

· 어원) **〈claustrophobia〉** Latin claustrum ("a shut-in place"), from claudō ("I shut, close; I imprison, confine")+-phobia. **[국어] 폽:.'폽!' 하며 바람을 많이 내게 하여 내는 소리인데 웃음 등 놀라움 표시**

6 꼴(cor/car): 골, 몸/살, 심장(마음)

core **cor**porate **cor**pse **car**nivorous; **cor**dial ac**cor**d

Cor-, car-, col- 등은 걸쳐 싸고 있는 겉이면서 꼴을 형성한다. 꼴은 껍질에 싸인 골(skull), 굴과 통한다.

'골(骨)'은 핵심적인 것. 핵은 자체적으로 하나의 꼴을 형성한다. 씨(corn)는 속에 들어 있어도 씨 자체로는 내부를 걸쳐 감싸고 지탱하는 역할을 한다. 몽골어에서는 골은 강물, 뼈, 중심을 뜻하여 우리말 골과 같은 쓰임이다.

core [kɔ:r] 핵심 핵 (말소리) 골(骨)

〈core〉 '골(骨)'은 콸콸(골골) 섞여 뭉친 것으로 속에 든 것(The heart or inner part of a physical thing)을 걸치어(끼여) 감싼다. 뼈 등 껍질로 구성되어 꼴을 형성하는 중요한 것을 뜻함. [다른 풀이] '꼴' 어원상, 끼고 있는 꼴 또는 껍질

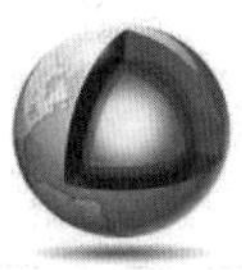

☞ 껴(c)+울(ore=orb, orbit)=울(우리)로 두른 모양. ore 알 모양의 광석

· (어원) **〈core〉** Mongolian гол • (gol)(center, spine, core, river) Latin cor ("heart"); or Old French cors ("body"), from Latin corpus ("body"). Ancient Greek κἄοᾶ (kárā, "the head or top") **[국어] 골: 깊은 구멍. 굴(窟): 땅이나 바위가 안으로 깊숙이 패어 들어간 곳. 끼다: '끼우다(벌어진 사이에 무엇을 넣고 죄어서 빠지지 않게 하다)'의 준말. [한자] 골(骨): 골격(骨格), 몸, 중추, 중심.**

'꼴'은 어떤 것의 모양이나 생김새라고 할 수 있다. Cor-은 glacier grape과 같이 끌어 모은 덩어리다. 사람의 몸을 말할 때에도 전체적인 형체나 골격, 생김새 등을 일컬어 '꼴'이라고 표현하기도 한다. '꼴이 좋다' 또는 '꼴이 말이 아니다'에서처럼 처한 환경이나 분위기까지 아울러 나타내기도 한다.

corporate [kɔ́:rpərət] 조직의 (말소리) 꼴벌이다
corporeal [kɔ:rpɔ́:riəl] 신체의 육신의 꼴벌여올

〈corporate〉 '꼴벌이다'는 꼴을 벌려서 만드는 것으로 회사는 법에 따라 만들어 꼴을 이루고 있다 **〈corporeal〉** '꼴벌여올'은 꼴(몸)을 벌여 만든 조직으로서 몸

· 어원) **〈corporate〉** Latin carō(meat, body, pulp of a fruit), Latin corporare ("to make into a body"). Old French cors(body) **〈corporeal〉** Latin corpus ("body"). **[국어] 꼴: 사물의 모양이나 생김새. 골: 깊은 구멍. 골통(대갈통): '머리'를 속되게 이르는 말. 굴(窟): 땅이나 바위가 안으로 깊숙이 패어 들어간 곳. [한자] 골(骨): 골격(骨格), 몸, 중추, 중심**

corpse [kɔ:rps] 시체 송장 (말소리) 꼴업지

〈corpse〉 '꼴업지'는 꼴(몸)으로서 혼이 없고 몸뚱아리만 있어 굳어버린 시체.

· 어원) **〈corpse〉** Latin corpus ("body"). Latin cor ("heart"); or Old French cors ("body") [국어] 꼴다: 굳다의 방언(경북). 꼴: 사물의 모양이나 생김새.

corpulent [kɔ́ːrpjulənt] **[고급]** 뚱뚱한 살찐 (말소리) 꼴불린다

〈corpulent〉 '꼴불린다'는 꼴(몸)이 올라(ule=ultra)와 불어나다는 뜻

· 어원) **〈corpulent〉** Latin corpus ("body")+-ulentus '올린다'("full of, abounding in").
· [국어] 불리다: '붇다(물에 젖어서 부피가 커지다, 분량이나 수효가 많아지다)'의 사동사.

Corpse에서 꼴은 몸이라고 했다. 꼴(car-/cor)은 몸을 지탱해 주는 살, 껍질을 의미하기도 한다. 심장과 알맹이는 속에 들었으면서도 자체적으로 하나의 꼴을 형성한다. 살은 몸체를 나타내며, 이들은 어원상 같다(Latin cor ("heart"); Old French cors ("body").

carnivorous [kaːrnívərəs] 육식성의 (말소리) 꼴이빨아서
carnival [kάːrnəvəl] 카니발 축제 꼴나불
sarcasm [sάːrkæzm] **[고급]** 냉소나 야유 살깨짐

〈carnivorous〉 '꼴이빨아서'는 꼴/깔(car=corporeal, 육체, 살)을 빨아(vorous =voracious, devour 참조) 먹다는 뜻. **〈carnival〉** '꼴나불'은 꼴(car= corporeal, 육체, 살)이 나불(nival=nibble, leave)거리는 입으로 사라지듯 먹어 치우는 축제를 가리킴 Nibble '나불' '이빨'(To eat with quick bites with the front teeth.) **〈sarcasm〉** 살(sar=core)이 까지도록 으르렁 거리며 야유하다

☞ 꼴(car)이 살(sar)로 변화된 것으로 보인다.

· 어원) **〈carnivorous〉** Latin **carō(meat, body, pulp of a fruit).** Latin carnivorus ("flesh-eating"). **〈carnival〉** Latin word carnualis ("meaty"). Latin carnem levāmen ("meat dismissal"). **〈sarcasm〉** Ancient Greek σαοκάζω (sarkázō, "I gnash the teeth (in anger)", literally "I strip off the flesh"), from σάοξ (sárx, "flesh, body"). [국어] **나불**: 얇은 물체가 바람에 날리어 가볍게 자꾸 움직이다. 입을 가볍게 함부로 자꾸 놀리다. **나부대다**: 얌전히 있지 못하고 철없이 촐랑거리다. **빨다**: 입을 대고 입 속으로 당겨 들어오게 하다. 옷 따위의 물건을 물에 넣고 주물러서 때를 없애다. 끝이 차차 가늘어져 뾰족하다. **깔**: 물건의 빛깔이나 맵시.

'골'은 뇌를 둘러싸고, 보호하는 굴(skull)과 같은 형태이다. 심장 또한 굴처럼 clothe를 걸친 내부 빈공간이 있다. Cordial은 두루 꼬여 감겨 garden, court처럼 꼴을 이룬 것이라 할 수 있다. Cordial의 c가 h로 변화하여 heart로 되었음을 알 수 있다.

cordial [kɔ́ːrdʒəl] 정중한 따뜻한 (말소리) 꼴될

〈cordial〉 '꼴될'에서 '골(core)'은 콸콸 꼬여 뭉친 것으로 골짜기, 굴처럼 속이 있는 공간. 마음을 상징. [다른 풀이] '꼬아댈' 심장은 자체로 꼬아 뭉쳐진 덩어리인 꼴이라고 할 수 있다.

☞ cord→ heart(c가 h로 변화) [연관] court gird cord '꼬다'는 콸콸(꽈르르) 소용돌이처럼 꼬여 이은 줄, 꼬리.

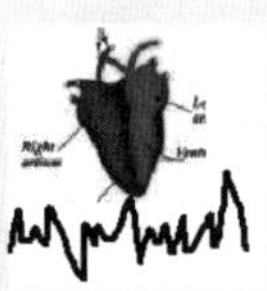

· 어원) **〈cordial〉** Medieval Latin cordiālis ("of the heart"), from cor ("heart"). Ancient Greek κᾰοδῐ́ᾱ·(kardíā)(heart, mind, **hollow vessel**) Proto-Indo-European *ǵʰer-(to **enclose**) [국어] **골**: 깊은 구멍, 골짜기. 뇌(腦)(중추 신경 계통 가운데 머리뼈안에 있는 부분). **골통**(대갈통): '머리'를 속되게 이르는 말. **굴**(窟): 땅이나 바위가 안으로 깊숙이 패어 들어간 곳. 窟 동굴, 움집

accord [əkɔ́ːrd] 일치하다 (말소리) 에꼴다
concord [kάnkɔːrd] 화합 일치 끈꼴다

〈accord / concord〉 -에(ac) / 끈(con 함께) 꼴(cord=core, court)이 되다. 꼬아 둘러싼 꼴(심장= 마음)에 다가가서 의견 등이 일치하다. 같은 꼴이다.

· 어원) **〈accord〉** Vulgar Latin *accord ("to be heart to heart with"), Latin ad+cor ("heart"). **〈concord〉** Latin concors ("of the same mind, agreeing"); con-+cor, cordis ("heart"). [국어] **골**: 깊은 구멍. 골짜기. 뇌(腦)(중추 신경 계통 가운데 머리뼈안에 있는 부분). **골을 쓰다**: 어떤 문제에 주의를 기울여 이리저리 생각하거나 애쓰다. 골똘: 한 가지 일에 온 정신을 쏟아 딴 생각이 없다 [한자] 骨뼈 골

record [rikɔ́ːrd] 기록하다 (말소리) 누꼴다

〈record〉 '누꼴다'는 누누이 꼬아 둘러싼 골, 심장(cord=core, court)에 갖다 댐으로써 마음속에 넣다. 심장은 마음으로 쓰인다.

· 어원) **〈record〉** Latin recordor("remember, call to mind"), from re- ("back, again")+cor ("heart; mind").

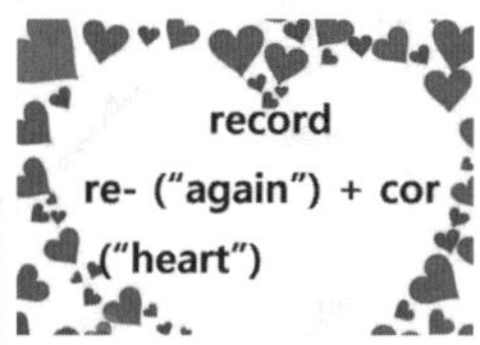

discord [dískɔːrd] 불일치 (말소리) 떼서꼴다

〈discord〉 '떼서꼴다'는 꼬아 둘러싼 골, 심장(cord=core, court)에서 떼져(dis) 따로 노는 것으로 불화를 뜻함. 심장은 마음으로 쓰인다.

· 어원) **〈discord〉** from dis- ("apart")+cor, cordis ("heart").

courage [kə́ːridʒ] 용기 (말소리) 꼬라지
encourage [inkə́ːridʒ] 용기를 북돋우다 인꼬라지

〈courage / encourage〉 꼴/골(cour=core, cordial)이 되는 심장(心 마음 심)은 마음, 용기(꼬라지)를 상징한다. 몸은 맘과 같다
☞ en (인하게 하다)+courage 용기. 꼴(cour)+아지(age)=꼬라지

· 어원) **〈courage〉** Latin cor ("heart"). **〈encourage〉** Old French encoragier from en-+corage "courage". [국어] **꼬라지**: 성깔(거친 성질을 부리는 버릇이나 태도)'의 방언(전남). '꼬락서니(사람의 모습)'의 방언(경기, 경상, 전라). **골나다**: 마음이 언짢아서 성이 나다. **꼴꼴하다**: 가는 줄기로 몰려서 조금 흐르는 소리가 나다. 사람이 견실하고 똑똑하다

agree는 어그래 하면서 서로 의견이 걸어져 일치하는 것이다. grant는 그런다는 믿음, 걸려 함께함을 나타낸다. guarantee에서 변형된 형태다. creed도 cordial에서 변형된 형태이다[cordial → credit(cor→cr)].

creed [kriːd] 교리 신조 주의 (말소리) 그러다
credit [krédit] 신용 그러대다
discredit [diskrédit] 의심하다 떠서그러대다
incredible [inkrédəbl] 믿을 수 없는 안그러대볼

⟨creed/credit⟩ 콰르르 끌어 뭉친 꼴(cr=cor, 심장(心 마음 심))로서 마음을 상징. 그렇다고 믿는 생각. ☞ '그러'는 '끌어 안다', '걸다'와 관련있다(그러안다, 그러잡다). [다른 풀이] '꼴이다' 꼴(cr=core, cordial 심장)에 대다, 마음에 두다. **⟨discredit⟩** 그렇다는 마음(심장)에서 떼서(dis) 나가다. [연관] discord **⟨incredible⟩** 안(in) 그렇다는 마음(심장). 안(in)+그러다(credible).

· 어원) Latin crēdō ("I believe") Proto-Indo-European *ḱred dʰeh₁- ("to place one"s heart, i.e. to trust, believe"), of *ḱḗr ("heart") (Latin cor) and *dʰeh₁- ("to put, place, set") Latin incrēdibilis ("that cannot be believed"), from in- ("not")+crēdibilis ("worthy of belief") [국어] **골**: 1. 산과 산 사이에 깊숙이 패어 들어간 곳 2. 두둑한 두 땅 사이에 좁고 길게 들어간 곳. **그리되다**: 그렇게 되다. **걸다**: 앞으로의 일에 대한 희망 따위를 품거나 기대하다. 목숨, 명예 따위를 담보로 삼거나 희생할 각오를 하다. 어떤 상태에 빠지도록 하다. **그러안다**: 두 팔로 싸잡아 껴안다

깔은 꼴과 같은 말로 겉에 드러나 비치는 외양이라 할 수 있다. 가리거나 덮는 것과 관련된 내용들이다. 피부나 껍질은 꼴의 외양을 보여주고, 연약한 몸을 감싸 보호하는 역할을 한다. 피부를 포함한 살 덩어리도 몸을 가려 덮고 있는 것이라고 할 수 있다.

color [kʌlər]	색 색채	(말소리) 깔려

⟨color⟩ '깔려'는 콸콸 섞여 뭉친 것으로 꼴을 두르고 깔려(걸쳐) 있는 겉모습(front). 겉을 덮고 있는 깔(깔색).

· 어원) **⟨color⟩** Old Latin colos ("covering"), Latin cēlō ("I hide, conceal") Ancient Greek κρλεός (koleós, "a sheath"). [국어] **깔**: '꼴'의 방언(전라, 충청, 함경). [같은 말] **깔색**(물건의 빛깔이나 맵시). **깔다**: 거의 전부 덮거나 늘어놓다. 밑에 두고 누르다.

skull [skʌl]	두개골 해골	(말소리) 사골
skeleton [skélətn]	해골	쭈그렁탱

⟨skull⟩ '사골'은 걸쳐 감싸고 있다. 빈 공간이 있는 굴과 같은 골(kull= hull 穴 구멍 혈, 굴)통을 뜻함. ☞ skull → shell: s+ hall (hell, hole 참조) [연관] skin **⟨skeleton⟩** '쭈그렁탱'은 쭈그러들어 말라붙은 상태를 뜻함 [다른 풀이] '사그라든' 사그러져 마른 껍데기 ☞ skel=skull

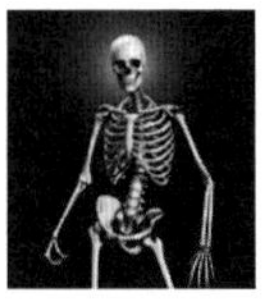

· 어원) **⟨skull⟩** Proto-Germanic *skaljō ("shell, husk"), Medieval Latin crānium ("skull"), Ancient Greek κᾰρᾱ • (kárā) (the head or top of anything, as of a mountain). Old Latin colos ("covering"). Ancient Greek κᾰρᾱ (kárā, "the head") **⟨skeleton⟩** Ancient Greek σκελετός (skeletós, "dried up, withered, dried body, parched, mummy"), Sanskrit (krūḍ, "thicken, make hard"). [국어] **골**: 깊은 구멍. **골통**(대갈통): '머리'를 속되게 이르는 말. 굴(窟): 땅이나 바위가 안으로 깊숙이 패어 들어간 곳. 깔다: 무엇을 밑에 두고 누르다. 쭈그렁: [같은 말] 쭈그렁이(쭈그러져 볼품없이 된 사물). [한자] 窟 굴. 骨 뼈 골

7 꼬인다(count, cont): 붙다, 상대

count account encounter; counterpart contrast contradict

셈을 하는 기본적인 방법은 더해서 수를 늘리거나 다시 빼내어 수를 줄이는 것이다. 초기 셈판의 대표적인 형태인 주판을 보더라도 알 하나하나를 올리거나 내리면서 수를 가감하는 것을 알 수 있다. 그래서 '계산하다'는 것은 꼬아서 합치는 행위라고 할 수 있다.

count [kaunt] 숫자 계산하다 (말소리) 꽈온다

〈count〉 '꽈온다'는 꽈서 겹겹이(copy) 더해 계산하다는 뜻

· 어원) **〈count〉** Old French conter ("add up; tell a story"). [국어] **끼다: 몸에 덧붙이거나 겹치다. 끼우다: 벌어진 사이에 무엇을 넣고 죄어서 빠지지 않게 하다.**

discount [dískaunt] 할인 값깎기 (말소리) 떼서꽈온다
account [əkaʊnt] 계좌, 원인(책임)이 되다 에꽈온다

〈discount〉 '떼서꽈온다'는 꼬아/끼워 더한 셈을 다시 떼서(dis) 빼낸다는 뜻 **〈account〉** '에꽈온다' -에(a) 꼬여 1. 더한 계산 내역을 보여주는 계좌. 2 한데 엮여 일과 관련되고, 그 일에 대해 책임을 지게 된다. [연관] accuse cause

· 어원) **〈discount〉** dis- ("away")+Old French conter (to add up)

'껴안다'는 앞에 두고 서로 안게 되는 상대편을 뜻한다. 껴안기 위해 서로 마주 보고 맞은편에 서야 하기 때문이다. 'counter'에서 보듯이 알파벳C가 탈락하면 '안다'가 된다(anti=counter). 끼어서 있는 상대라는 의미에서 against와 같다.

encounter [inkáuntər] 만나다 마주치다 (말소리) 인꽈온다

〈encounter〉 '인껴안다'는 인(in, on, im, en 이다→인, 인접)한 곳에 꼬아 껴안다(co+unter= inter)는 말로 접하다는 뜻.

· 어원) **〈encounter〉** Latin in ("in")+contrā ("against").

counterpart [káuntərpɑ̀:rt] 상대 관계자 (말소리) 꽈온다파다

〈counterpart〉 '꽈온다파다'는 벌다/벼르다(part 벌여 나뉜, 派갈래 파)와 꼬아 껴안다(counter) 합성어. 껴안아 만나게 되는 **파**(派), 상대를 뜻함

· 어원) **〈counterpart〉** Latin contra ("against"))+partie ("copy of a person or thing"). **벼르다: 일정한 비례에 따라 여러 몫으로 나누다 [한자] 派갈래 파**

controvert [kάntrəvə̀:rt] ~에 반박하다 (말소리) 꼰대로벌다

〈controvert〉 '꼰대로벌다'는 꼬여(contro=counter) 마주한 상대에게 벌다(vert=advert). 끼어 마주한 상대에게 벌여 돌리는 것으로 대항하여 말하다.

· 어원) Latin contro-("against")+vertere("to turn"). **벌다: 틈이 나서 사이가 뜨다.**

'꼬다'는 서로 안아 마주한 반대편, 상대나 대비되는 상황을 표현한 단어들이다.

contrary [kάntreri] 정반대의 (말소리) 꼰두르리
contrast [kəntrǽst] 대조 대비 꼰두루서다

〈contrary /contrast〉 꼰다(contra=counter)는 끼인 것으로 서로 마주한 상대편이 되다

· 어원) **〈contrary〉** Latin contrarius ("opposite, opposed, contrary"). Proto-Italic *komteros ("the other of the two who meet, opposite"). **〈contrast〉** Latin contrā ("against")+stō, stāre ("to stand")

contradict [kὰntrədíkt] 모순되다 다르다 (말소리) 꼰대로떽대

〈contradict〉 '꼰대로떽대'는 꼬인(con) 상대를 향해 떽떽(dic=talk)거리며 (말을 해) 지껄이다는 뜻

· 어원) **〈contradict〉** Latin contrādīcō ("I speak against"). **떽떽: 콧대를 세우고 으스대며 매우 거만하게 큰 소리로 말하거나 행동하는 모양.**

8 꺼지다[ca(s)] (가다, 내리다), 끄다(que, qui), 가라앉다

cast broad**cast**; de**ca**y **cas**cade; **que**nch **que**ll tran**qui**l --

'꺼지다 (cast)'는 콰- 흘러 시야에서 사라지다라는 뜻이 있고, 이곳에서 저곳으로 옮겨 영향을 준다는 의미도 있다. 그래서 꺼져 사라지면서 더 멀리 더 넓게 퍼져 나가는 것이다.

cast [kæst] 던지다 (말소리) 꺼지다
overcast [óuvərkæst] 잔뜩 흐린 업어꺼지다

〈cast〉 '꺼지다'는 꺼져(ca=go) 사라지게 던지다. **〈overcast〉** '업어꺼지다'는 업어 (over 위로) 꺼져 가다. 업혀 가서 덮다는 뜻

· 어원) **〈cast〉** Old Norse kasta ("to throw, cast, overturn"). **〈overcast〉** Middle English overcasten, equivalent to over-+cast. [국어] **꺼지다**: 원래 있던 곳에서 사라져 다른 곳으로 가다

broadcast [brɔ́ːdkæst] 방송하다 (말소리) 벌리다거치다

〈broadcast〉 '벌리다거치다'는 벌려서 꺼져 가게끔 널리 (씨 등을) 뿌리다(To sow seeds over a wide area)는 뜻. 널리 거쳐 가게 한다.

· 어원) **〈broadcast〉** broad+cast. [국어] **벌리다**: 둘 사이를 넓히거나 멀게 하다.

occasion [əkéiʒən] 행사 경우 (말소리) 에꺼진

〈occasion〉 '에꺼진'은 −에 꺼져(cas≒case) 내려와 닥치는 일. ☞ occas=occur, accident

· 어원) **〈occasion〉** Latin ob- ("down", "away")+cado ("fall, come under, die"). **끼이다: 어떤 일에 관여하다.**

casual [kǽʒuəl] 우발적인 편한 (말소리) 꺼져올

〈**casual**〉 '꺼져올'은 꺼져(cas) 내려가 닥치는 일로 갑자기 생긴다

· 어원) 〈**casual**〉 Late Latin cāsuālis ("happening by chance"), from Latin cāsus ("event"), cadere ("to fall, come under, die")

decay [dikéi] 부패 붕괴하다 (말소리) 디꺼
decadent [dékədənt] **[고급]** **퇴폐적인 쇠퇴기의** 디꺼든다

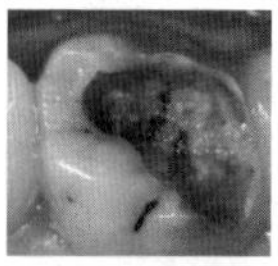

〈**decay**〉 '디꺼'는 꺼져 디다(de), 가버리다. 꺼져 가라앉다는 뜻, ☞ 디다(de)+끄다/가다(cay) 〈**decadent**〉 '디꺼든다'는 꺼져 디다(de 지다), 가버리다. 꺼져 가라앉다는 뜻 [연관] deciduous (cid= cad)

· 어원) 〈**decay**〉 Middle English decayen ("to decrease, diminish"), cadere ("to fall, come under, die, decay") Spanish caer(to fall) 〈**decadent**〉 Late Latin decadō ("sink, fall"). [국어] 디다: 지다, '떨어지다'의 옛말. 가다: 어떤 현상이나 상태가 유지되다. 상하거나 변질되다. 사람이 죽다. 이동하여 사라지다. 제대로 작동하다. 어떤 사람이나 장소에 전해지다

cascade [kæskéid] 작은 폭포 (말소리) 꺼져가다

〈**cascade**〉 폭포의 물이 아래로 떨어져 내림을 꺼지는 모습에 비유
☞ cas(꺼지다)+cade(가다)

· 어원) 〈**cascade**〉 Italian cascata, from cascare("to fall"). Spanish caer(to fall) [국어] 꺼지다: 물체의 바닥 따위가 내려앉아 빠지다.

cadaver [kədǽvər] **[고급]** 시체 송장 (말소리) 끄다부

〈**cadaver**〉 '끄다부'는 꺼져 가버린 것으로 죽다는 의미가 있다. [참고] '뜨다'(dead)

· 어원) 〈**cadaver**〉 Latin cadō ("I fall"). Spanish caer(to fall) **가다**: 어떤 현상이나 상태가 유지되다. 상하거나 변질되다. 사람이 **죽다**. 이동하여 사라지다. 제대로 작동하다. 어떤 사람이나 장소에 전해지다. **꺼지다**: 목숨이 끊어지다.

catalysis [kətǽlisis] **[고급]** 촉매 현상 작용 (말소리) 끄다놔져서

〈**catalysis**〉 '끄다놔져서'는 느슨(lys=loose) 하게 놔주고, 끄다(cata). 굳은 것이 꺼져 가라앉으면서 느슨하게 풀려 활발해지다 (something that encourages progress or change)는 뜻

· 어원) 〈**catalysis**〉 Ancient Greek κατά (katá, "down")+λύω (lúō, "I loose, release").

'가다'는 일의 진행이나 성과를 나타내는데 'come'은 '가다'를 뜻한다. 가서 목표에 도달하거나 요구하는 것을 얻게 되는 것이다.

outcome [autkəm] 결과 성과 (말소리) 이웃감
income [ínkʌm] 소득 수입 안감

⟨outcome⟩ '이웃감'은 이웃(out)으로 가다. 밖에 나와 드러난다는 뜻. Outcome= come out **⟨income⟩** '안감'은 안에 들어감으로써 수중에 들어가 얻게 된다는 뜻. Income= come in

· 어원) **⟨outcome⟩** From out+come. [국어] 이웃: 나란히 또는 가까이 있어서 경계가 서로 붙어 있음. **⟨income⟩** Old English incyme ("an in-coming, entrance"), equivalent to in-+come. **가다**: 어떤 현상이나 상태가 유지되다. 상하거나 변질되다. 사람이 죽다. 이동하여 사라지다. 제대로 작동하다. 어떤 사람이나 장소에 전해지다. [한자] 去갈 거

overcome [ouvərkəm] 극복하다 이겨내다 (말소리) 업어감

⟨overcome⟩ '업어감'은 업어(over) 위로 가다(come)는 말로 넘어가 극복하다

· 어원) **⟨overcome⟩** Old English ofercuman ("to overcome, obtain, attain, reach, overtake"). [국어] **업다**: 사람이나 동물 따위를 등에 대고 손으로 붙잡거나 무엇으로 동여매어 붙어 있게 하다.

become [bikʌm] ~이 되다 (말소리) 비감

⟨become⟩ '비감'은 -에 가다. 다가가서 이르게 되고, 이루어지다. be; is

· 어원) **⟨become⟩** German *bekommen* ("to get, receive, obtain"). be- ("about, around")+come. **가다**: 어떤 현상이나 상태가 **유지되다**. 상하거나 변질되다. 사람이 죽다. 이동하여 사라지다. 제대로 작동하다. 어떤 사람이나 장소에 전해지다

끄다(que, qui), 가라앉다: quench, quiet, tranquil

'끄다, 꺼지다'는 사그라져 없어지다는 의미를 지닌다. '생명이 꺼지다'에서처럼 때로는 죽음을 의미하기도 하고 쇠퇴나 붕괴를 나타내기도 한다.

quench [kwentʃ] 끄다 갈증을 풀다 (말소리) 끊쳐
quell [kwel] 진압하다 끌

⟨quench⟩ 끊치게 하여 사라지다 [다른 풀이] '끈지'는 어떤 것을 꺼지게 만들다는 뜻 **⟨quell⟩** '끌'은 꺼지게끔 진압하다는 뜻 [연관] kill 생명을 끄다

· 어원) **⟨quench⟩** Proto-Germanic *kwankijaną(go out, extinguish) **⟨quell⟩** Proto-Germanic *kwaljaną ("to make die; kill"). [국어] **끄다**: 1. 타는 불을 못 타게 하다. 2. 전기나 동력이 통하는 길을 끊어 전기 제품 따위를 작동하지 않게 하다. **꺼지다**: 불 따위가 사라져 없어지다. 목숨이 끊어지다. **끊치다**: 계속되던 일이나 움직임이 멈추거나 끝나다

'끄다'는 것은 열기를 빼앗겨 차갑고 고요한 상태가 된 것을 가리키며 잠이나 꿈과도 연결이 된다.

calm [kaːm] 고요한 (말소리) 끔
quiet [kwáiət] 조용히 끄다

⟨calm⟩ '끔'은 모든 게 꺼져 고요하다는 뜻 [다른 풀이] '깖'은 깔아서 바닥에 가라앉아 조용하다는 뜻 **⟨quiet⟩** '끄다'는 모든 게 꺼져 고요하다는 뜻

· 어원) 〈**quiet**〉 Latin quiescere ("to keep quiet, rest"). [국어] **끄다**: 1. 전기 등의 동력을 차단하여 작동하지 못하게 하다 2. 타지 못하게 하다. 깔다: 바닥에 펴 놓다.

tranquil [trǽŋkwil] 조용한 (말소리) 따른끌

〈**tranquil**〉 '따른끌'은 또르르 따라(tra=draw, through) 쭉(푹) 끈다(quil=kill). 꺼지고 조용한 상태

· 어원) 〈**tranquil**〉 Latin trāns ("across, on the far side, beyond"), quiēs (quiet, calm) [국어] **따르다**: 액체를 밖으로 조금씩 흐르게 하다. **끄다**: (덩어리를) 깨어 흩뜨리다. 전기 등의 동력을 차단하여 작동하지 못하게 하다.

coma [kóumə] 코마 혼수상태 (말소리) 꿈에

〈**coma**〉 '꿈에'는 (꿈을 꾸고) 자듯이 정신이 꺼져 있는 상태 [연관] calm

· 어원) Ancient Greek κῶμα (kôma, "deep sleep"). [국어] **꾸다**: 꿈을 보다. **끄다**: (사람이 일에 대한 감정이나 관심을) 갖지 않다.

succumb [səkʌm] 굴복하다 죽다 (말소리) 써끔

〈**succumb**〉 '써끔'은 씌어서(su 밑에) 끔(cum=calm). 아래 꺼져서 굽히다. 양보하다(To give up, or give in). 땅속에 들어가 죽다(To die)

· 어원) Latin succumbō(I sink, fall, lie or break down). Latin cubō '굽어'(lie down, recline) **끼다**: (이끼나 녹 따위가) 물체를 덮다. 다른 것을 덧붙이거나 겹치다. 무엇에 걸려 있도록 꿰거나 꽂다. **가다**: 어떤 현상이나 상태가 유지되다. 상하거나 변질되다. 사람이 죽다. 이동하여 사라지다. 제대로 작동하다. 어떤 사람이나 장소에 전해지다

9 꽥(cock) 울음, 끼익(quake) 마찰 소리

cuckoo quack quake kick quick

짐승 소리는 태초부터 인류가 흉내 내온 소리다. 닭 소리나 까마귀가 우는 소리, 기타 동물 소리를 사람이 흉내 내고자 할 때는 비슷한 소리로 단순해진다. 사람이 내는 소리인 '깔깔'과 유사하다고 할 수 있다.

닭 모이를 줄 때 구구구(꼬꼬) 소리내고, 비둘기 소리도 구구구. 영어에서 coo는 (비둘기, 닭) 구구 소리를 의미한다.

꼬꼬 소리는 축약하면 꽥(cock, quack), 곡 소리와 같은 표현이고, 이는 한자에 반영되어 哭 울 곡, 嚳 새 울 곡, 鷇 뻐꾸기 곡/鵴 뻐꾸기 국(cuckoo)으로 나타난다.

cuckoo[kú:ku:] 뻐꾸기, 뻐꾹뻐꾹 울다 (말소리) 구구

〈**cuckoo**〉 '구구'는 비둘기나 닭이 '구구'하거나 '꼬꼬'하는 소리에서 나온 의성어 [다른 풀이] '꼬꼬' 꼬꼬댁 우는 소리

· 어원) 〈**cuckoo**〉 Ancient Greek κόκκυξ(kókkux 꼬꼭) **꼬꼬**: 암탉이 우는 소리. [한자] 鳩비둘기 구 鵴뻐꾸기국 哭울 곡

goose [gu:s] 거위 (말소리) 구우지

〈**goose**〉 '구우지'는 '구구(鳩)' '꼬꼬' 하고 우는 소리를 낸다는 뜻 [다른 풀이] '꺼이지' 꺼이 울다 [연관] coo 구구(鳩)

· 어원) Old Irish géis ("swan"). 꺼이: '거위'의 방언 (평북). **구구**: 닭이나 비둘기가 우는 소리를 나타내는 말 鳩비둘기 구 鴐 거위 가

cock [kak] 수탉 (말소리) 꽥(꼬꼬)
quack [kwæk] 오리 꽥소리 꽥

〈cock〉 '꽥(꼬꼬)'는 비둘기나 닭이 '구구구, 꼬꼬'하는 소리에서 나온 의성어. **〈quack〉** '꽥'은 '꽥꽥'대는 소리를 나타냄

· 어원) **〈cock〉** Proto-Germanic *kukkaz* 꼬꼭("cock"). **〈quack〉** Middle English *quacken, queken ("to croak like a frog; make a noise like a duck, goose, or quail"). [한자] 角(꿩우는소리 곡) 嘐(닭 울 교, 새소리)

peacock [píːkɑ̀k] 공작 (말소리) 빼꾹

〈peacock〉 '빼꾹'은 소리와 연관됨. 푸(pea) 펴는 날개가 강조되는 꽥꽥이(cock 닭), 꼬꼬

· 어원) **〈peacock〉** Middle English pea ("peafowl; peacock")+cock. [국어] **삐걱(버걱)**: '삐거덕(크고 단단한 물건이 서로 닿아서 갈릴 때 나는 소리)'의 준말. **퍼깍(퍼걱)**: '딸꾹'의 방언 (전라, 충남)

gull [gʌl] 갈매기 얼간이 (말소리) 깔
quail [kweil] 메추라기 콸

〈gull〉 '깔'은 까악, 깔깔대는 울음소리를 나타냄. 갈매기의 '갈' **〈quail〉** '콸'은 꽥 우는 소리로 어원상 라틴어 꾀꼬리와 유사하다

· 어원) **〈gull〉** Proto-Celtic *wēlannā ("seagull"). **〈quail〉** Late Latin quaccola '꾀꼬리' ("quail"). [국어] 깔깔: 되바라진 목소리로 못 참을 듯이 웃는 소리. 喝꾸짖을갈

cow [kau] 소 젖소 (말소리) 꺼이

〈cow〉 '꺼이'는 '꺼이꺼이'하고 크게 우는 소리로 이는 꼬-, 구- 소리로 비둘기, 닭, 개 또한 한자로 비슷한 음으로 나타냄(鳩 비둘기 구, 狗 개 구, 鷄 닭 계, 雊 꿩 울 구)

· 어원) **〈cow〉** Old English cū ("cow"). [국어] 꺼이꺼이: 큰 목소리로 목이 멜 만큼 요란하게 우는 모양. [한자] 牯암소 고

'끼익'은 부딪히거나 갈라질 때 나는 소리로 지진처럼 흔들리거나 떨릴 때 나는 소리라고 할 수 있다.

quake [kweik] 전율 진동 (말소리) 끼익

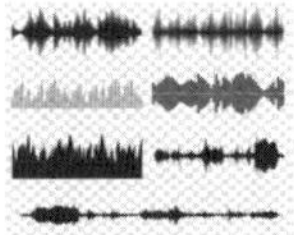

〈quake〉 '끼익'은 '끼익', 꽥 갈라지는 소리를 나타냄. [연관] earthquake shake '쩌억' [다른 풀이] '콱' 콱 흔들리다

· 어원) **〈quake〉** Old English cwacian ("to quake, tremble, chatter"). [국어] **콱**: 순간적인 동작으로 한꺼번에 마구 쏟거나 엎지르는 모양을 나타내는 말. 갑자기 세차게 빨리 행동하거나 움직이는 모양을 나타내는 말. **끼익**: 차량 따위가 갑자기 멈출 때 브레이크가 마찰하면서 나는 소리를 나타내는 말

gag [gæg] 개그 (말소리) 꺽
kick [kɪk] 차다 끽

〈gag〉 '꺽'(꽥)하고 토하는 것처럼 웃다가 숨이 막힐 정도의 농담(To experience the vomiting reflex. Joke)을 나타냄 [참고] Joke 쩍 벌어지게 웃다 **〈kick〉** 끽, 쿡 발로 차는 소리 [다른 풀이] '콱' 콱 치다

· 어원) **〈gag〉** Old Norse gag-háls ("with head thrown backwards) **〈kick〉** Middle English kiken("to strike out with the foot") [국어] **꺽**: 숨이나 말이 목구멍 쪽에서 갑자기 막히는 소리. 또는 그 모양. **끼익**: 차량 따위가 갑자기 멈출 때 브레이크가 마찰하면서 나는 소리를 나타내는 말

quick [kwik] 빠른 급한 (말소리) 콱

〈quick〉 '콱'은 콱, 꽥, 끽하고 순간적으로 지나는 소리를 나타냄. 꽥 우는 닭, 오리(cock, quack) 소리와 같음

· 어원) Old English cwic ("alive"). **콱**: 순간적인 동작으로 한꺼번에 마구 쏟거나 엎지르는 모양을 나타내는 말. 갑자기 세차게 빨리 행동하거나 움직이는 모양을 나타내는 말. **끼익**: 차량 따위가 갑자기 멈출 때 나는 브레이크 소리.

10 콰아(cu, ca, qu, gu) 켜다(깨다), 부딪히다

chasm **sca**tter dis**cu**ss s**quee**ze **gu**sh res**cue**

'켜다, 깨다' 등은 깨뜨려 조각내거나 잘라서 사이즈를 줄이는 것과 관계가 깊다. '까다(cut)'는 어원상 칼로 잘라 벗기는 것을 의미하는데 조각을 하거나 날카로운 부분을 나타내기도 한다.

cut [kʌt] 자르다 줄이다 (말소리) 켜다

chasm [kǽzm] 깊이 갈라진 틈, 균열 켜짐

〈cut〉 '켜다'는 콰 부딪히는 소리로 까서 자르거나 사이즈를 줄이다는 뜻 [다른 풀이] '켜다' '깨다' **〈chasm〉** '켜짐'은 켜서 깨진 틈을 뜻함 [다른 풀이] '깨짐'

· 어원) **〈cut〉** Icelandic kuta ("to cut with a knife"). french casser(to break) **〈chasm〉** Latin chasma, Ancient Greek χάσμα (khásma, "abyss, cleft"). χᾰ́ος • (kháos)(air, chasm) Ancient Greek χέω (khéō) '콰'[I pour. I scatter, shed] [국어] **까다**: 껍질 따위를 벗기다. **깨다**: 조각이 나게 부수다. 으깨다: 누르거나 문질러 잘게 부스러뜨리다. **켜다**- 톱질하여 쪼개다

scatter [skǽtər] 분산시키다 (말소리) 쪼개다

〈scatter〉 '쪼개다'는 쩍, 쪼개어 흩어놓는다는 뜻. ☞ cat=cut(켜다) [연관] shatter 'sc'에서 'sh'로 변화됨 [다른 풀이] '스켜다' 켜서 크게 벌려 놓다

· 어원) **〈scatter〉** Dutch schateren ("to burst out laughing"); Ancient Greek σκεδάννυμι (skedánnumi, "scatter, disperse"). Proto-Indo-European *skey- ("to cut, split, shatter"). **켜다**: 팔다리나 네 다리를 쭉 뻗으며 몸을 펴다. 나무를 세로로 톱질하여 쪼개다.

discuss [diskʌs] 토론하다 (말소리) 떼서켜지

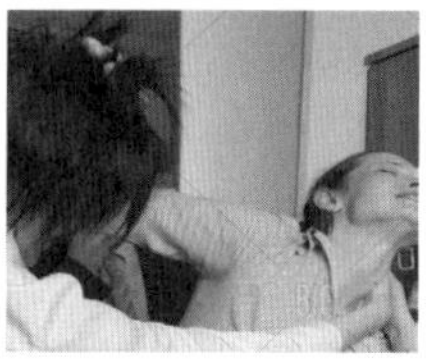

〈discuss〉 '떼서켜지'는 떼서(dis) 서로 콰 (부딪혀) 깨지게(cuss=cut) 흔들면서 다투는 소리 [연관] debate 바드드 패다. 때리는 논쟁

· 어원) **〈discuss〉** Latin discutere ("to strike or shake apart, break up, scatter, discuss") from dis- ("apart")+quatere("to shake"). **켜다**- 톱질하여 쪼개다

comb [koum] 빗 (말소리) 켬

〈comb〉 '켬'은 켜서 가르다는 뜻. 가르마를 타다

· 어원) **〈comb〉** Proto-Indo-European ***gómb^{h}-** ("to pierce, gnaw through"). **[국어] 켜다: 톱으로 썰어서 쪼개다**

keen [kiːn] 예민한 날카로운 (말소리) 켠

〈keen〉 켜서 날카롭게 하다. [다른 풀이] 1 '깬'은 깨어져 날카롭고 힘이 있다는 뜻 2 '깐' 깐깐하다

· 어원) **〈keen〉** Middle English kene ("bold, brave, **sharp**"). **켜다: 톱으로 썰어서 쪼개다**

콰 부딪히는 물소리로 부딪힘을 나타낸다.

squeeze [skwiːz] 압착하다 짜내다 (말소리) 스켜지
squash [skwaʃ] 짓누르다 찌그러뜨리다 스콰쉬

〈squeeze/squash〉 콰(qu) 부딪히는 물소리로 쩍 깨버린다는 뜻. 꽂아 박다 [다른 풀이] '쪼개지' 쩌걱 부딪히는 물소리로 꽂아서 압착한다는 뜻

☞ sq(쩍)+ash/ez(rush 우수수 소리)≒ gush [연관] crush crash gush

· 어원) Ancient Greek χέω (khéō) **'콰'**[I pour. I scatter, shed] **〈squeeze〉** Old Occitan esquichar ("to press, squeeze"). **〈squash〉** Old French escasser ("to crush, shatter, destroy, break"), Latin quatiō ("I shake or agitate"). **[국어] 꽂다: 박아 세우거나 찔러 넣다. 콰앙콰앙: 무겁고 단단한 물체가 잇따라 바닥에 떨어지거나 다른 물체와 맞부딪쳐 거세게 울릴 때 나는 소리를 나타내는 말. 켜다: 톱으로 썰어서 쪼개다**

gas는 콰 부는 바람, 꽈르르 쏟는 물소리와 같다.

gush [gʌʃ] 쏟아 내다 (말소리) 콰스
gust [gʌst] 휙 부는 바람 콰치다
gasp [gæsp] 숨이 차다 콰스푸

〈gush / gust〉 꽈르르(콰)-쉬- 부딪히는 물/바람 소리(A strong, abrupt rush of wind)

☞ g(콰)+ush(rush 우수수 소리) [연관] ghost 콰 (휙) 나타나는 모습 flush splash

〈gasp〉 꽈르르(콰)-푸- 불어치는 숨소리

· 어원) **〈gush / gust〉** Ancient Greek χέω (khéō) **'콰'**[I pour. I scatter, shed] German gießen ("to pour"), Middle Dutch guysen ("to flow out with a gurgling sound, gush") **〈gasp〉** Old Norse geispa ("to yawn")

rescue [réskjuː] 구조하다 (말소리) 누스쿠

〈rescue〉 '누스쿠'는 누누이(re) 콰(cue= quake 끼익) 깨는 흔들림에서 새(s= se) 벗어난다는 말로 (위험을) 제친다는 뜻

· 어원) **〈rescue〉** Latin re- ("re-")+excutiō ("I shake or drive out, banish."), from ex ("out")+quatiō ("I shake"). **제끼다: 거치적거리지 않게 처리하다. 일정한 대상이나 범위에서 빼다.**

11 끼릭[cl(cr)_k], 콸(c_l, c_r) 갈리다: 마찰, 상처, 비방

cra**ck** **cr**ea**k**; **curt**ail s**car** s**car**ce; **cal**umny s**col**d

다음은 딸깍거리거나 끼릭거리는 소리를 나타낸 것들이다. 콸(cl/cr)과 락(lick/rack/lock) 소리의 결합이다. 락은 rock 등이 부딪히는 소리이다. 한편 부딪히면서 lock, rake 처럼 붙다는 의미도 있다. 기러기는 끼룩/꾸륵거리는 소리에서 나왔고, 영어에서 croak(The call of a frog), crackle, crack, creak, screak 및 꾸륵대는 파동인 creek, crooked와 연결된다.

crack [kræk]	균열 갈라지다	(말소리) 끼릭
creak [kriːk]	삐걱거리다	끼릭
character [kǽriktər]	문자 특징 성격	끼릭대

〈crack/creak〉 '끼릭'하고 금이 가는, 삐걱대는 소리를 나타냄 **〈character〉** '끼릭'하고 금이 가게 하여 글자를 새기는 것. 마크나 표시를 하는 것은 대상의 특징을 알 수 있게 한다. [연관] token 툭 찍어 만든 표시 type 텁 쳐서 생긴 모양이 유형을 결정한다. sign 찍어 만든 표시

· 어원) **〈crack/creak〉** Old English cracian ("to resound, crack"). Proto-West Germanic *krakōn ("to crash, crack, creak") **〈character〉** Ancient Greek χαρακτήρ (kharaktḗr, "type, nature, character"), from χαράσσω (kharássō, "I engrave") **끼릭:** 사물이 서로 엇갈려 마찰하면서 나는 소리.

click [klik]	클릭하다 버튼을 누르다	(말소리) 꿀럭
clock [klak]	시계 자명종	꿀럭
cliche [kliːʃéi]	진부한 표현	콸내쉬

〈click/clock〉 끼릭, 꿀럭, 콜록거리며 마찰하는 소리를 나타냄. ☞ 콸(cl)+락(lick); lick 혀 굴리는 소리(a stroke of the tongue) [다른 풀이] '콜록' [연관] lock lick slick sleek **〈cliche〉** 콸콸(cl) 내쉬며 같은 소리가 반복되어 진부하고 상투적이다는 뜻. click에서 k가 h로 변화

· 어원) **〈click〉** "click" sound. Old French cliquer("to click, clack, sound, resound") **〈clock〉** Middle Dutch clocke ("bell, clock"). **〈cliche〉** French clicher ("to stereotype, (originally) to copy", literally "to click, clink") **꿀럭:** 점성(粘性)이 있는 액체가 구멍으로 흘러나오거나 흘러 들어가는 소리. 또는 그 모양

clank [klæŋk]	철컥하고 울리다	(말소리) 쿨렁크

〈clank〉 '쿨렁크'는 컬렁하고 소리가 나다는 뜻. ☞ 콸(cl)+랑(lank=ring 링링 울리는 소리) [연관] clink

· 어원) Proto-Germanic *klinganą("to sound"). **쿨렁거리다:** 몹시 거세게 흔들리는 소리가 자꾸 나다.

clarion [klǽriən]	낭랑한 나팔소리	(말소리) 쿨러렁

〈clarion〉 '쿨러렁'은 콸, 구르릉 대며 카랑카랑하게 울리는 소리를 나타냄

· 어원) **〈clarion〉** Medieval Latin clario ("trumpet"), Latin clarus ("clear"). [국어] **쿨렁거리다:** 몹시 거세게 흔들리는 소리가 자꾸 나다. **쿠르릉:** 몹시 무겁고 굵게 여운을 남기면서 울리는 소리. **구르릉:** 포나 폭탄이 멀리서 터질 때 나는 소리. 카랑카랑하다: 쇳소리처럼 맑으면서 또렷하고 힘있다

콸콸 갈다. 쪼개다

grind [graind] 갈다 으깨다 (말소리) 갈아온다

〈grind〉 '갈아온다'는 (콸/콰르르 소리로) 갈아서 으깨다는 뜻 [연관] ground 갈다는 의미가 있다.
☞ -ind는 wind(웅웅) 울리는 소리

· 어원) **〈grind〉** Proto-Indo-European *g^{h}rend^{h}- ("crushing"). [국어] 갈다: 잘게 부수기 위하여 단단한 물건에 대고 문지르거나 단단한 물건 사이에 넣어 으깨다. [한자] 擖깎을 갈. 扴긁을 갈

쪼개는 것은 '켜다', '깨다', '까다'로 표현할 수 있다.

carve [kaːrv] 조각하다 파다 (말소리) 까부
curtail [kəːrtéil] 단축하다 줄이다 까댈

〈carve〉 '까봐'는 (콸/콰르르 소리로) 갈아(car)서 까 부수다는 말로 새긴다는 뜻 [연관] grave [다른 풀이] 갈아봐 **〈curtail〉** '까댈'은 (콸) 갈아(cur)서 까다, 떼어낸다는 뜻 [다른 풀이] '갈다일'

· 어원) **〈carve〉** Ancient Greek γράφειν (gráphein, "to scratch, etch"). **〈curtail〉** Old French courtault ("which has been shortened"), itself from court ("short") (from Latin curtus) [국어] 까다: 물체의 몸체로부터 떼어 내다. [한자] 擖깎을 갈. 扴긁을 갈

칼과 같이 날카로운 도구로 글씨를 새기다.

sculpture [skʌlptʃər] 조각하다 (말소리) 새길푸지

〈sculpture〉 '새길푸지'는 콸콸(cul=kill) 쪼개어 (새기는) 것을 뜻함 ☞ culp≒ gulf, carve [다른 풀이] '쪼갤퍼져'

· 어원) **〈sculpture〉** Latin sculpere ("to cut out, to carve in stone").

'갈다, 가르다'는 죽음이나 불행, 비난 등과 관련이 깊다. 상대를 갈아버리듯이 괴롭히거나 불행한 상태를 가리킨다. 특히 'kill/cal-'은 갈라 자른다는 의미가 있으며 갈아버릴 정도로 괴롭힌다는 뜻이 있다.

kill [kil] 죽이다 (말소리) 갈
skill [skil] 기술 실력 새길

〈kill〉 '갈'은 갈리는 소리로 깨서 해친다는 뜻. [다른 풀이] '끌' 생명이 꺼지게 하다(quell) **〈skill〉** '새길'은 콸(kill) 치는 소리로 갈라 '새기다' ('조각하다'와 '기억하다')로 표현할 수 있다. (옳고 그름을) **가리어** 구분하는 능력, 마음속에 새기어 기억할 수 있는 능력을 뜻한다. [연관] discrete

· 어원) **〈kill〉** Middle English killen ("to strike, beat, cut"), from Old Norse kolla ("to hit on the head, harm"). **〈skill〉** Proto-Germanic *skilją ("separation, limit"), Old English scylian("to separate, part, divide off"). Dutch schelen ("to make a difference"). [국어] **새기다**: 잊지 아니하도록 마음속에 기억하다. 글씨나 형상을 파다.

squall은 열대 소나기로 시끌시끌한 소리가 어원이다(Middle English squelen ("to cry, scream, squall")). 이처럼 sc_r, sk_r, sc_l, scan- 형태는 시끄럽게 부딪치는 소리를 나타낸다.

score [skɔːr] 점수 기록하다 (말소리) 새겨
scar [skaːr] 상처 흉터 새겨

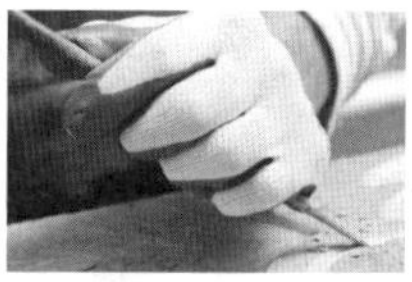

⟨score⟩ '새겨'는 (나무 등에) 새겨(=적어) (그은 선의) 갯수를 센다는 뜻 [다른 풀이] 1 '적히어' 적어서 기록하다 2 '스켤' 슥 (콸콸대며) 켜다(scor=scar). ☞ s+core '깔"켤'(curt, cut) 콸콸거리며 부숴지다 **⟨scar⟩** '새겨' (슥 켜서) 새겨진 상처 [다른 풀이] 1 '쪼개'는 쩍(sc=sect), 쪼개어 갈라지는 것을 의미함 2 '스깔' 슥 (콸콸대며) 까다 ☞ s+car '칼"켤'(curtail, cut)

· 어원) **⟨score⟩** Old English scoru ("notch; tally; score"), from Proto-Germanic *skurō ("incision; tear; rift"). Mongolian r oπ • (gol)(center, spine, core, river) **⟨scar⟩** Middle English skar ("incision, cut, fissure"). Proto-Germanic *skurō ("incision; tear; rift"). Latin curtus ("shortened"). [국어] 새기다: 글씨나 형상을 파다. 켜다: 나무를 세로로 톱질하여 쪼개다.

outskirt [autskərt] 외곽 교외 (말소리) 이웃쪼개다

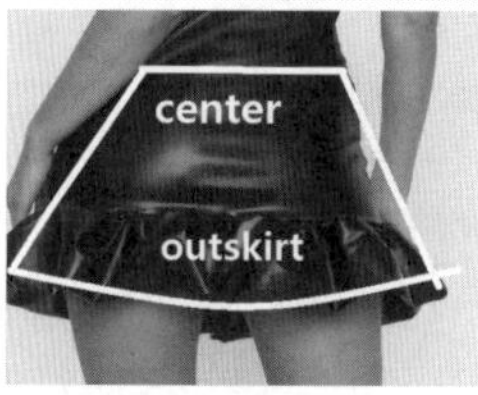

⟨outskirt⟩ '이웃쪼개다'는 이웃(out)에 시끌하게 쪼개/새기(skir=scar, score)다. 이웃 주변에서 잘린 부분(끝)으로 테두리를 의미. 쪼개진 바지로서 스커트 반경과 유사 ☞ s+kirt'깔"켤'(curtail, cut) 까다/켜다

· 어원) **⟨outskirt⟩** Proto-Germanic *skurtaz ("short"). Latin curtus ("shortened"). [국어] **쪼개다**: 둘 이상으로 나누다.

쩍(sc) 벌어지다와 관련하여 '적다'는 두가지 의미가 있다. 하나는 글로 새긴다(script)는 의미이고, 다른 하나는 작다(scanty)는 것이다. '적다'는 쩍 갈라진 조각이 되어 크기가 적어짐을 뜻하며, 쪼개지다에서 나온 말인 것을 알 수 있다. 쪼개고 가른다는 의미에서 서로 통한다.

scarce [skɛərs] 희귀한 드물게 (말소리) 쪼개어서

⟨scarce⟩ '쪼개어서'는 슥 켜서, (쪼개) 적어진 것, 흩뿌려져 밀도가 낮다. ☞ scar(쪼개)+ce [다른 풀이] 1 '쪼깨어서' 조그맣다 2 '스켜지' 켜서 갈라지고 벌리다. scatter처럼 퍼뜨려서 드물게 되다. 3 '적어서' 적다[1 작다[scarce] 2 새기다(inscribe)]

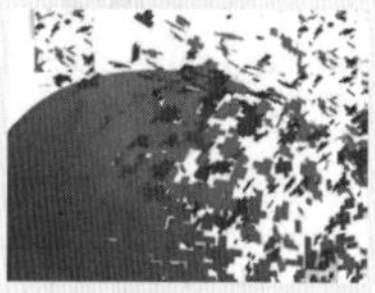

· 어원) **⟨scarce⟩** Old Northern French scars("sparing, parsimonious, poor"), Medieval Latin scarsus ("diminished, reduced"). [국어] **적다**: 수효나 분량, 정도가 일정한 기준에 미치지 못하다. 어떤 내용을 글로 쓰다. '찍다'의 방언(제주). **쪼께**: '조금'의 방언 (경남, 전라) [한자] 窄좁을 착

scanty [skǽnti] 부족한 모자란 (말소리) 쪼갠다

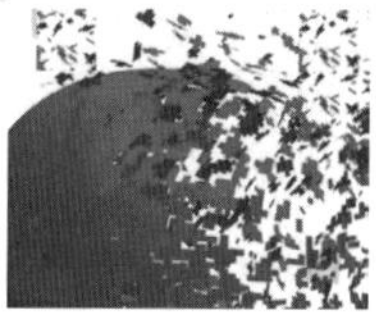

⟨scanty⟩ '쪼갠다'는 슥 켜서 쪼개져 적다. 얼마 안 된다는 뜻 [다른 풀이] 1 '적은데' 쪼개져 작은 2 '쪼깐다'

· 어원) **⟨scanty⟩** Proto-Indo-European *(s)ḱem- ("mutilated, hornless"). [국어] **쪽**: '작은'의 뜻을 더하는 접두사.(쪽바리). **쪼깐**: '조금'의 방언(전남). [한자] 窄좁을 착

칼칼대며 비난하다

curse [kəːrs] 저주 욕설 (말소리) 깔지

⟨curse⟩ 칼칼(콸콸), 그르렁 거리며 개가 짖는 것처럼 외치는 소리. 불평하며 까 내리는 소리. [연관] curt 퉁명스러운 [다른 풀이] '콸져' 콸콸 골골거리며 깔아뭉개듯 외치는 소리

· 어원) 〈curse〉 Swedish kurre ("a dog"). Old Norse kurra ("to growl; grumble"), Middle Low German korren ("to growl"). [국어] **까다**: 세게 치거나 때리다, (속되게) 행동 없이 말만 앞세워 입을 놀리다. **칼칼**: 목소리가 조금 쉰 듯하고 거친 느낌이 있다. [한자] 喝꾸짖을갈 呵꾸짖을 가

scandal [skǽndl] 치욕 (말소리) 시큰될

〈**scandal**〉 쿵(can) (치며) 켜서(쪼개져) 시큰거리는 상처 ☞ s+cand[켠다: 쪼개다, 불켜다(candle), 뻗다(ascend)] [다른 풀이] '쪼갠될' 쪼개진 마음 상처

· 어원) 〈scandal〉 Sanskrit स्कन्दते (skundate, "to jump, rise, lift") [국어] **쪼개다**: 둘 이상으로 나누다. **켜다**: 나무를 세로로 톱질하여 쪼개다. 팔다리나 네 다리를 쭉 뻗으며 몸을 펴다. 골이 지게 하다.

scorn [skɔ:rn] 경멸하다 (말소리) 시큰
scold [skould] 꾸짖다 시끌다

〈**scorn**〉 '시큰'은 시끌하게(scor) 칼칼(cor ≒ call) 소리치며 시큰거리게 하다(To scoff)는 뜻 [연관] scorch 〈**scold**〉 시시콜콜 시끌(scol)하게 소리치다 ☞ s+ cold (call 끌끌/꿀꿀 대다) [연관] cold 콜록 감기

· 어원) 〈scorn〉 Proto-Germanic *skarnjan("to shear"). [국어] **켜다**: 나무를 세로로 톱질하여 쪼개다. 팔다리나 네 다리를 쭉 뻗으며 몸을 펴다. 골이 지게 하다.

calumny [kǽləmni] 비방 중상 (말소리) 갈림이
calamity [kəlǽməti] 재난 불행 갈림이다

〈**calumny**〉 '갈림이'는 콸콸 갈리어 자르듯이 비방하고 욕하다는 뜻
〈**calamity**〉 '갈림이다'는 콸콸 갈려짐으로 피해를 당한 것처럼 불행한 상태를 뜻함

· 어원) 〈calumny〉 Latin calumnia ("slander") 〈calamity〉 Latin calamitās ("loss, damage; disaster"). [국어] 갈다: 부수거나 으깨기 위해 넣거나 대고 문지르다. 가르다: 칼 따위로 베거나 쪼개어 둘 이상으로 만들다

12 콸/콰르[cul] 갈리다, (시비를) 가리다(cr_t), 가름(crim)하다

cultivate **cul**ture; dis**cret**e **crit**erion s**crut**inize; **cri**me dis**cri**minate --

가르는 것은 갈라(cri=crush) 구분짓는 것을 말한다. 잘잘못을 가리다는 말로도 쓰인다.

concrete [kάnkri:t] 구체적인 확실한 (말소리) 꼰가리다
discrete [diskrí:t] 분리된 떼서가리다
discreet [diskrí:t] 분별력 있는 떼서가리다

〈**concrete**〉 '꼰가리다'는 (콸/콰르르 소리로) 갈라(cre=crush)진 것을 꼰(con)다. 가루(조각)를 꼬아 (합성하여) 구체적 형상으로 보이다는 뜻 [참고] concern 〈**discrete/discreet**〉 떼서(dis) 가르다(crete). 갈라 구분짓는다는 말로 분리된. 옳고 그름을 가리다. [연관] discern

· 어원) 〈concrete〉 From con- ("with, together")+cernō ("discern, separate, sift"). 〈discrete/discreet〉 dis- (" in pieces, apart, in two")+cernō ("discern") **가리다**: 잘잘못이나 좋은 것과 나쁜 것 따위를 따져서 분간하다. 여럿 가운데서 하나를 구별하여 고르다. **가리**: 일의 갈피와 조리(條理). '가루'의 방언(강원, 경상, 전라). [한자] 擖깎을 갈. 扴긁을 갈

'갈다(cult)'는 농기계로 땅을 파서 뒤집다는 뜻이다. 갈아 엎고 경작하는 것에서 발전하여 문화를 의미하게 된 것으로 보인다. '가르친다'는 갈라서 사리를 분별하게 하다는 의미로 갈아 엎는 경작과도 관련이 있다.

culture [kʌltʃər]	문화	(말소리) 갈쳐
agriculture [ǽgrəkʌltʃər]	농업	역이리갈지
cultivate [kʌltəvèit]	재배하다	갈다보이다

〈culture〉 '갈쳐'는 '가르친다'의 준말로 '가르친다'는 '가르다', '갈다', '경작하다'와 관련이 있다. 이는 criticize와 비슷하다. 땅을 경작하는 법을 가르치기도 하고, 사람을 경작하여 가르치고 전파한다는 점에서 문화가 된다. 농경문화에서 문화가 시작되었다. ☞ cult=curt, curtail **〈agriculture〉**'역이리갈지'는 엮여(agri=acre, ground, local) (걸쭉하게) 뭉친(굳은) 지역(域 지경 역), 땅을 갈다(culture). 땅 경작하는 것을 가르친다는 뜻 **〈cultivate〉** '갈다보이다'는 땅을 갈아 경작하는 것으로 재배를 뜻함

· 어원) **〈culture〉** Middle French culture ("cultivation; culture"), Latin cultūra ("cultivation; culture"). **〈agriculture〉** ager("field")+cultura ("cultivation"). Latin (co) āgulum(collect, agulate) **〈cultivate〉** Medieval Latin cultivō ("till, cultivate") [국어] **갈다**: 1. 쟁기 따위로 파 뒤집다 2. 심어 가꾸다. **갈치다**: '가르친다'의 준말. [한자] 扴 긁을갈

cult [kʌlt]	숭배자 집단	(말소리) 갈다
colony [kάləni]	식민지, 집단	갈리네

〈cult〉 '갈다'는 갈아 경작하는 문화에서 유래하여 사이비처럼 이상한 것을 가르치는 문화가 있는 종교 집단(cultural identity) **〈colony〉** '갈리네'는 (남의 땅을) 갈아서 개척한 것으로 식민지(A governmental unit created on land of another country)를 뜻함.

· 어원) **〈cult / colony〉** Latin colō(I till, cultivate the land, I worship, honor) Latin colōnus ("farmer; colonist").

criticize [krítəsàiz]	비판하다	(말소리) 가리다싸지
criterion [kraitíəriən]	기준 평가	가리어두련
critic [krítik]	비평가	가려툭

〈criticize〉 콰르르 갈라(cri=crucial 가려질) 구분짓는다는 말로 사리를 분별하게 잘못 등을 비난하며 가르친다 [다른 풀이] '가르쳐주지' 잘잘못을 가르치며 알려주다. **〈criterion〉** '가리어두련'은 갈라(cri=crucial 가려질) 구분짓는다는 말로 옳고 그름을 가려서 평가하는 기준이 되는 것을 뜻함 **〈critic〉** '가려툭'은 선악, 시비 등을 가리는 일을 하는 사람을 가리킴

· 어원) **〈criticize〉** Ancient Greek κοῖνω • (krīnō)(To separate, divide, To decide a dispute, To discern between good and bad, To judge) **〈criterion〉** Ancient Greek κοιτήοιρν (kritḗrion, "a test, a means of judging"), from κοιτής (kritḗs, "judge"). **〈critic〉** Ancient Greek κοιτικός (kritikós, "for judging, able to discern"), from κοίνω (krínō, "I judge"). [국어] **가리다**: 여럿 가운데서 하나를 구별하여 고르다. 잘잘못이나 좋은 것과 나쁜 것 따위를 따져서 분간하다.

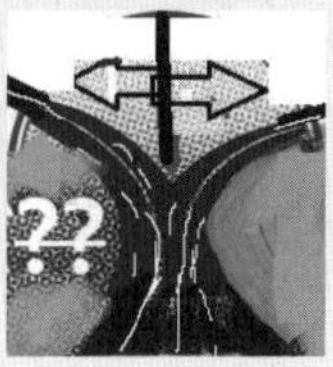

scrutinize [skrúːtənàiz]	조사하다	(말소리) 스가리다나오지

〈scrutinize〉 찌그럭 갈라진 조각들의 진위여부를 가리면서 조사하다 [다른 풀이] '찌그리다나오지'는 찌그럭 갈라서 쭉 훑어보다 [연관] scratch

· 어원) **〈scrutinize〉** Late Latin scrūta ("rubbish, broken trash") Medieval Latin scrūtinium ("a search, an inquiry"), from Vulgar Latin scrūtor ("to search or examine thoroughly"). [국어] **쭉**: 넓은 범위로 눈길을 보내어 한눈에 훑어보는 모양.

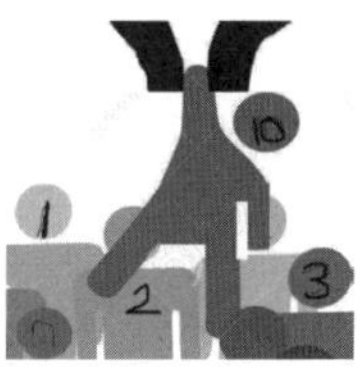

가르는 것은 갈라(cri=crush) 구분짓는 것을 말한다. 일정한 기준에 따라 가려냄으로써 선악이나 시비 등을 나누는 것이다. [Ancient Greek κοῖνω • (krīnō)(To discern between good and bad, To judge)]

crime [kraim] 범죄 (말소리) 가리움
discriminate [diskrímənèit] 구별하다 식별하다 떼서가림이나오다

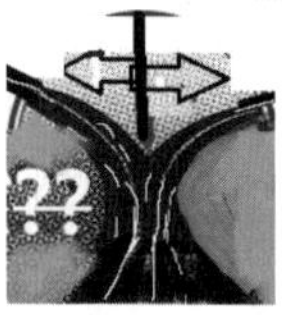

⟨crime⟩ '가리움'은 갈라(cri=crucial) 구분짓는다는 말로 옳고 그름을 가려 죄를 판가름하다. 죄로 분류된 것을 뜻함
⟨discriminate⟩ '떼서가림이나오다'는 떼어서 가름(crime)으로 구별을 짓다는 뜻. 가르마를 내어 구분.

· 어원) **⟨crime⟩** Ancient Greek κοῖμα (krîma)(decision), κοῖνω • (krīnō)(To separate, divide, To decide a dispute, To discern between good and bad, To judge) Latin crimen(A judicial decision, verdict, or judgment., offense.) **⟨discriminate⟩** Latin discriminatus ("to divide, separate, distinguish"), from discrimen ("a space between, division, separation, distinction"). [국어] **가리다**: 여럿 가운데서 하나를 구별하여 고르다. 잘잘못이나 좋은 것과 나쁜 것 따위를 따져서 분간하다. **가름**: 쪼개거나 나누어 따로따로 되게 하는 일. 옳고 그름이나 좋고 나쁨을 갈라놓는 일. **가르마**: 이마에서 정수리까지의 머리털을 양쪽으로 갈라붙일 때 생기는 금 [한자] 擖깎을 갈. 扴긁을 갈

secret [sí:krit] 비밀 (말소리) 새가리다

⟨secret⟩ '새가리다'는 가리다(가르다, 분간하다)[cret]에서 새(se)다. 판가름하여 아는 것에서 새어 (벗어난) 상태로 알 수 없는 비밀을 뜻함. ☞ cern(썰은)에서 cret로 변화. 가리다(판가름)의 쓰임은 criticize 참조 [다른 풀이] '지키리다'

· 어원) **⟨secret⟩** Latin sēcernō ("separate, to set aside, sunder out"), sē- ("without; aside, by itself")+cernō '자른' ("discern"). [국어] **가리다**: 여럿 가운데서 하나를 구별하여 고르다. 잘잘못이나 좋은 것과 나쁜 것 따위를 따져서 분간하다.

13 콰르르(cr, gr) 칼칼(cl) 외침: 꾸르르(불만), 깔깔(기쁨), 하소연

cry s**cr**eam; **gr**ate **gr**owl **gr**umble; **gr**ateful **gr**acious **gr**in; **cl**aim ex**cl**aim

'cry'는 울며 소리친다는 뜻에서 새나 닭의 울음소리를 연상시킨다고 할 수 있다. '까르륵, 끼룩, 갈갈' 등 새들의 울음소리는 사람이 '꺼이꺼이' 울거나 '깔깔'대는 소리와 유사하다고 할 수 있다.

cry [krai] 울다 소리치다 (말소리) 꾸르
crow [krai] 까마귀, 수탉의 울음소리 꾸르

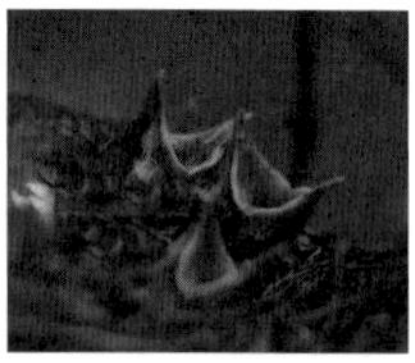

⟨cry/ crow⟩ '꾸르' 새나 닭의 울음소리를 나타낸 것으로 '고래고래', '꾸(까)르르' 외치는 소리와 같다. 칼칼 외치며 주장하는 claim, declare 와 같은 어원 [다른 풀이] '고래' 고래고래 고함치다
☞ 까마귀는 몽골어에서 '깨래' хэрээ • (kheree). 烏 (까마귀 오)의 은나라 갑골문 시대의 원래 발음은 ᄀᆞᄅᆞ (최춘태, 갑골음으로 잡는 식민사학 동북공정, 2017). [연관] growl

· 어원) **⟨cry⟩** Old French crier ("to announce publicly, proclaim, scream, shout"). **⟨crow⟩** Proto-Indo-European *ger- '꾸르'("to scream, cry, creak"). [국어] **고래고래**: 화가 나서 목소리를 높여 외치거나 지르는 모양을 나타내는 말. **꾸르르(꾸르륵)**: 닭이 놀라서 매우 급하게 지르는 소리. 액체가 비좁은 구멍으로 가까스로 빠져나가는 큰 소리. **까르르**: 주로 여자나 아이들이 한꺼번에 자지러지게 웃는 소리. 아기가 갑자기 자지러지게 우는 소리. 또는 그 모양. [한자] 喝꾸짖을갈

scream [skriːm] 비명 절규 (말소리) 시끄럼

〈scream〉 '시끄럼'은 꾸르르(cr) 갈리는 소리와 랑(ream=ram) 소리가 결합해 찌그렁 지껄이는 모습을 뜻함 [연관] cram clamp [다른 풀이] 1'찌그럭' 2'지껄임'

· 어원) **〈scream〉** Swedish skräna ("to yell; shout; howl") Old Norse skræma ("to terrify; scare"); (ram 충돌/숫양 lamb 랑양). [국어] **지껄이다**: 약간 큰 소리로 떠들썩하게 이야기하다.

quarrel [kwɔ́ːrəl] 싸우다 (말소리) 꾸를
garrulous [gǽrələs] **[고급]** 수다스러운 까르르지
glossary [glάsəri] **[고급]** 용어사전 껄내서리

〈quarrel〉 '꾸를'은 서로 그렁(groan), 꾸르르(cry) 소리치며 (꿀꿀, 불평을 늘어놓으며) 시끄럽게 싸우다는 뜻 [다른 풀이] '겨룰' 겨루다 **〈garrulous〉**'까르르지'는 깔깔(gar=call 까르르)거리며 수다를 떨다는 뜻. '가로다'는 옛말로 말하다. **〈glossary〉** '껄내서리'는 깔깔(gl=call, 喝꾸짖을 갈, 고함) 대며 혀를 굴리는 말

· 어원) **〈quarrel〉** Latin querella ("complaint"), from queror ("I lament, I complain"). **〈garrulous〉** Latin garrulus ("talkative"), garriō ("I chatter"). **〈glossary〉** Ancient Greek γλῶσσα (glôssa, "tongue"). [국어] **까랑까랑**: 목소리가 날카롭고 힘이 있는 모양. **까르르**: 주로 여자나 아이들이 한꺼번에 자지러지게 웃는 소리. 또는 그 모양. **그렁**: 숨쉴 때마다 목구멍에 가래가 걸린 듯하게 거치적거리는 소리가 나다. **가로다**: '말하다'를 예스럽게 이르는 말. 喝꾸짖을 갈

꾸르르, 그렁대며 불평하다

grate ('가르다')는 갈라지는 소리(To shred things by rubbing across a grater)를 뜻하는데 이는 꺼리는 소리(grudge)이면서 기뻐서 걸걸(깔깔) 웃는 소리(grateful)로도 쓰인다. 이는 서로 다른 감정을 담은 소리이지만 문자로 표현되는 글자는 비슷하다고 할 수 있다.

grate [greit] 갈다 삐걱 초조하다 (말소리) 가르다

〈grate〉 '가르다'는 꽈르르, 끼릭 갈라지는 소리를 뜻함. [연관] gratify 까르르(길길이) 뛰며 기쁜

· 어원) **〈grate〉** Old French grater ("to scrape") Latin grātus ("agreeable"). [국어] **가르다**: 쪼개거나 나누어 따로따로 되게 하다.

regret [rigrét] 후회하다 유감 (말소리) 누꺼리다

〈regret〉 '누꺼리다'는 끌끌, 꿀꿀(gr=care)대며 갈리는 소리. 꾸르르(cry) 외치는 소리로 후회하여 마음에 꺼려지다는 뜻 [참고] grief 괴롬

· 어원) **〈regret〉** Old French regreter ("to lament"), from re-+*greter ("to weep"). German Low German krieten ("to cry, call out, shriek") [국어] **꺼리다**: 마음에 걸리어 꺼림하게 여기다. **끌끌**: 마음에 마땅찮아 혀를 차는 소리. **꿀꿀하다**: 우울하거나 안 좋은 상태에 있다. 흐리거나 궂은 상태에 있다. **끌끌**: 마음에 마땅찮아 혀를 차는 소리. '끄르륵끄르륵(무엇이 자꾸 끓거나 심하게 트림하는 소리)'의 준말.

gr/cr['그렁, 꿀꿀, 껄렁, 깔깔']은 불평을 나타내기도 하고 껄렁대는 웃음소리(grin), 지껄임(garrulous), 외침(cry, claim), 까르륵 기뻐하는 소리(grateful) 등을 가리킨다. 그리고 화를 내거나 괴로워하는 소리 등을 나타내기도 한다.

growl [graul] 으르렁거리다 (말소리) 꾸르울
grunt [grʌnt] 불평하다 꿀꿀거리다 그렁대

〈growl/grunt〉 그렁그렁, 꾸르르(crow) 소리를 내며 화를 내거나 불평함을 뜻함.
☞ gr(껄, 끄르)+owl(울)(howl, roar, 아울, 올빼미) // gr(껄)+ run (낭랑, 흐르는 소리)

어원) **〈growl〉** German grollen("to rumble") Middle Dutch grollen ("to make a noise, rumble, murmur, grunt, croak, be angry"). **〈grunt〉** Proto-Indo-European *g^{h}run- ("to shout"). [국어] **그렁대다**: 숨쉴 때마다 목구멍에 가래가 걸린 듯하게 거치적거리는 소리가 나다. **앵**: 재빠르게 움직이는 모양. **꾸르르**(꾸르륵): 닭이 놀라서 매우 급하게 지르는 소리. 배 속이나 대통의 진 따위가 몹시 끓는 소리. 액체가 비좁은 구멍으로 가까스로 빠져나가는 큰 소리.

grumble [grΛmbl] 투덜대다 불평하다 (말소리) 그렁불
groan [groun] 신음하다 괴로워하다 그렁

〈grumble〉 '그렁불'은 그렁그렁 투덜대며 말하다,
☞ gr(꾸르)+rumble(≒ramble 남발, 염불): 꾸르르 소리와 염불 외는 소리가 합쳐져 그렁거리는 불평을 나타냄 **〈groan〉** '그렁'은 그르렁거리며 울다는 뜻. ☞ gr(꾸르)+roan: run (낭랑 흐르는 소리), roar(아울), lion(아웅) [연관] grin

· 어원) **〈grumble〉** Middle Dutch *grommelen ("to murmur, mutter, grunt"). **〈groan〉** Proto-Germanic *grainōną ("to howl; weep"). Spanish roan(gnaw) [국어] 아웅: 고양이나 범 따위의 짐승이 우는 소리. 아웅다웅: 대수롭지 아니한 일로 서로 자꾸 다투는 모양. 남발(濫發): 어떤 말이나 행동 따위를 자꾸 함부로 함. **꾸르르**(꾸르륵): 닭이 놀라서 매우 급하게 지르는 소리. 액체가 비좁은 구멍으로 가까스로 빠져나가는 큰 소리

guilty [gílti] 유죄의 죄책감 (말소리) 곯다
yield [ji:ld] 항복하다, 주다, 생산 울다

〈guilty〉 '곯다'는 꿀꿀 울어대면서, 꿀린 느낌으로 죄책감을 느끼다는 뜻. 꿀꿀한 마음 (The regret of having done wrong) **〈yield〉** 1 울어 (구부러져) 상대에게 지게 되고, 내놓다. 2 울렁거리며 맞물리고, 돈다는 의미에서 과실을 맺고 생산하여 돌려받는다(To produce as return)

· 어원) **〈guilty〉** Old English grēotan ("to weep, lament"), Old English ġieldan ("to yield, pay, requite, render, serve, punish") **〈yield〉** Old English ġieldan ("to pay, reward, render, serve"). [국어] **꿀리다**: 1. 쭈그러지거나 우그러져서 구김살이 지다. 2. 기세나 형세가 줄거나 꺾이다. 3. 마음속으로 좀 켕기다. **꿀꿀하다**: 우울하거나 안 좋은 상태에 있다. 屈굽힐 굴

culprit [kΛlprit] 죄인 (말소리) 꿀부리다

꿀꿀(cul=care ; culp≒ gulp)대며 갈리는 소리. 후회하여 마음에 꺼려지다는 뜻 [연관] gulf curve

· 어원) Proto-Italic *k^{w}olpā ("wrong, mistake") [국어] **꺼리다**: 마음에 걸리어 꺼림하게 여기다. **끌끌**: 마음에 마땅찮아 혀를 차는 소리. **꿀꿀하다**: 우울하거나 안 좋은 상태에 있다. 흐리거나 궂은 상태에 있다

깔깔. 까르르 웃다

gr-, cr-, gl- 은 갈라지는 소리, 외치는 소리를 나타낸다. 낄낄거리다, 길길이 뛰다에서처럼 길함, 기쁜 소리도 나

타낸다. '길하다'는 좋은 일이 있다는 뜻인데 그런 길한 것을 기쁜 마음으로 떠받드는 것이 '기리다'이다. 그리고 갈리면서 튀는 빛이 있어 '빛나다'와 관련이 있다.

glad [glæd]	기쁜 좋은	(말소리) 길하다
grateful [gréitfəl]	감사하는	까르대불
congratulate [kəngrætʃulèit]	축하하다	꼰까르댈리다

〈glad〉 '길하다'는 낄낄, 까르르 웃거나 길길이 뛰며 기쁜 상태로서 길하다는 뜻. '기리다' 파생된 것으로 보인다. [다른 풀이] '낄이다' 낄낄 웃으며 기뻐하다 **〈grateful〉** 길길이 뛰며 낄낄, 까르르 웃는 것으로 '길하다'와 통한다. 길하게 해 주어서 감사하고 그 일을 기리는 것이다. Grate (까르)+ful(불다) [다른 풀이] '기리다불' 기리며 감사하다.**〈congratulate〉** '꼰까르댈리다'는 꼰(con 함께) 채로 (길길이 뛰며) 길하다(gratulate). 길한 것을 함께 기뻐하고, 기리다는 뜻 [다른 풀이] '꼰기려둘리다' 기리며 기뻐하다

· 어원) **〈glad〉** Old English glæd ("shining; bright; cheerful; glad"). **〈grateful〉** Latin gratus ("pleasing, agreeable") **〈congratulate〉** Latin congratulatus, from gratus ("blessing"). [국어] **길하다**: 복되고 운 좋은 일이 있을 조짐이 있다. **기리다**: 뛰어난 업적이나 바람직한 정신, 위대한 사람 따위를 칭찬하고 기억하다. [한자] 吉길할 길

charisma [kərízmə]	남을 끄는 강한 개성	(말소리) 까르서며
greet [griːt]	인사하다	까르대

〈charisma〉 '까르서며'는 까르르 웃을 수 있는 매력이 있다. **〈greet〉** '까르대'는 까르르거리며 기쁘게 맞이하다. [연관] acclaim (To salute or praise) 깔깔대며 칭찬하다 applaud 펄레펄레 손뼉치며 환호하다

· 어원) **〈charisma〉** Ancient Greek χᾰ́ρῐσμᾰ (khárisma, "grace, favour, gift"), χαίρω (khaírō, "I am happy"). **〈greet〉** Proto-Germanic: *grōtijaną ("to cause to weep, scold, to address (an individual); greet")

gracious [gréiʃəs]	우아한 관대한	(말소리) 기리어져서
disgrace [disgréis]	불명예	떼서기리어서

〈gracious〉 까르르 (웃는 기쁨을 줘) 기릴만큼 관대하다. **〈disgrace〉** '떼서기리어서'는 까르르 (웃어) 기리어 주는 것에서 떼지다(dis). 기릴만 하지 않다, → 명예스럽지 못함을 의미

· 어원) **〈gracious〉** Latin gratiosus, from gratia ("esteem, favor"). Proto-Indo-European *gʷerH- ("to praise; to welcome") [국어] **기리다**: 뛰어난 업적이나 바람직한 정신, 위대한 사람 따위를 칭찬하고 기억하다. **기리**: '길이'의 옛말.

agree [əgríː]	동의하다	(말소리) 어그래

〈agree〉 '그래'는 (까르르 웃으며) 그렇다는 감탄의 소리 표현. -에 길길이 뛰며 좋아한다는 소리를 내다 [연관] glad

· 어원) Old French agreer ("to accept or receive kindly"), from a gré 어 **그래** ("favorably"), Latin ad("to")+gratum ("pleasing"). **그래**: 상대방의 말에 대하여 감탄 또는 가벼운 놀라움을 나타낼 때 하는 말. **기래**: '그래'의 방언 (강원, 평북)

grin [grin]	밝게 생긋 웃다	(말소리) 까랑
gay [gei]	유쾌한 동성애의	괘이

〈grin〉 '까랑'은 껄껄, 까랑까랑, 웃어 보이며 이빨을 드러내다 **〈gay〉** '괘이'는 꽤 상당해서 기분이 상쾌하다는 뜻 [다른 풀이] '꺼이' '카'

· 어원) **〈grin〉** Proto-Indo-European *gʰrey- ("to flash"). **〈gay〉** Old French gai ("joyful, laughing, merry"), with Dutch gauw ("fast, quickly"). [국어] **껄껄**: 되바라진 목소리로 못 참을 듯이 웃는 소리. 쾌하다: 상쾌하고 좋다. 카 : 맛이 맵거나 냄새가 독할 때 또는 술을 마시고 기분 좋을 때 일부러 내는 말. **까랑까랑**: 목소리가 날카롭고 힘이 있는 모양. **쾌히**: 마음이 유쾌하게. [한자] 快쾌할 쾌

칼칼대며 부르짖다(애원, 씩씩함, 노래) 외침은 요청을 나타낸다.

깔깔대는 소리로 관심을 보이도록 부르는 소리를 나타냄. 어떤 동물이나 사람도 아무 뜻 없이 외치지 않는다. curious, inquire에서 cur, quir 또한 칼칼/꿀꿀대며 캐묻고 요청하다는 말이다(펄렁대며 부르짖는 complain, plaintiff, pray 참조).

call [kɔːl]	부르다, 요청, 울음소리	(말소리) 칼
recall [rikɔ́ːl]	소환하다 기억해내다	누칼

〈call〉 '칼'은 칼칼(깔깔, 껄껄, 喝꾸짖을 갈)한 목소리로 관심을 보이도록 부르는 소리를 나타냄 **〈recall〉** 누누이(re) 칼칼하게 외치며 불러내다, 기억해내다. 다시 불러 원래대로 하다

· 어원) **〈call〉** Old Norse kalla("to call; shout; refer to as; name"). Old English galan ("to sing, enchant, call, cry, scream; sing charms, practice incantation"). [국어] **칼칼**: 목소리가 조금 쉰 듯하고 거친 느낌이 있다. **콸콸**: 물 따위의 액체가 굵은 줄기로 몰리어 흐르는 소리. **괄괄하다**: 목소리 따위가 굵고 거세다. **꿀꿀**: 물 따위의 액체가 굵은 줄기로 몰리어 흐르는 소리 喝꾸짖을 갈(고함)

claim [kleim]	주장하다 말하다	(말소리) 카랑
acclaim [əkléim]	환호	에카랑
disclaim [diskléim]	거부하다 부인하다	떼서카랑
exclaim [ikskléim]	외치다 소리치다	윗서카랑
proclaim [proukléim]	선포하다 증명	펴내카랑

〈claim/acclaim〉 -에(a) 칼칼/카랑(claim=call, cram 喝꾸짖을 갈, 고함) 거리는 소리로 외치며 자기주장을 펴다 **〈disclaim〉** '떼서카랑'은 칼칼/카랑(claim=call) 거리는 소리(요청)에 대해, 떼지게(dis) 하다. 외침에 대해 떼서 거절 **〈exclaim〉** '윗서카랑'은 칼칼/카랑 (call=claim) 거리는 소리로 윗(ex)쪽으로 소리친다는 뜻 **〈proclaim〉** 펴내(pro 앞으로) 칼칼/카랑 (call=claim) 거리는 소리로 외치다. 앞으로 소리 질러 자기주장을 펼침 [연관] declare

· 어원) **〈claim/acclaim〉** Latin clāmō ("to call, cry out"). Latin acclāmō ("raise a cry at; applaud") **〈disclaim〉** Old French desclamer (French: déclamer), des-+clamer. **〈exclaim〉** Latin exclāmō("call out"), from ex-+clāmō ("to call"). **〈proclaim〉** Latin prō- ("forth")+clāmō ("to shout, cry out"). [국어] **괄괄하다**: 목소리 따위가 굵고 거세다. **깔깔**: 되바라진 목소리로 못 참을 듯이 웃는 소리. **꿀꿀**: 물 따위의 액체가 굵은 줄기로 몰리어 흐르는 소리. 쿨렁: 큰 병이나 통 속에 다 차지 않은 액체가 흔들리는 소리. **카랑카랑**: 목소리가 쇳소리처럼 매우 맑고 높은 모양. 喝꾸짖을 갈(고함)

'괄괄/콸콸/활활' 등은 활력있는 움직임이나 빠른 동작을 나타낸다. 바람이 불어 힘 좋게 흐르는 소리나 씩 웃는 모습처럼 에너지 넘치는 빠른 움직임을 표현한다고 할 수 있다.

gale [geil]	강풍	(말소리) 괄

〈gale〉 '괄'은 콸콸(call) 부는 바람(A very strong wind) 이나 괄괄/껄껄 웃음소리(An outburst, especially of laughter.)를 나타냄

· 어원) 〈gale〉 Middle English gale ("a wind, breeze"). Old English galan ("to sing, enchant, call, cry, scream; sing charms, practice incantation"). **괄괄**: 성질이 세고 급하게. 목소리 따위가 굵고 거세게. **골골**: 물이 흐르는 모양(汩汩). 고양이가 기분이 좋거나 편할 때 내는 소리. **걸걸**: 목소리가 좀 쉰 듯하면서 우렁차고 힘이 있다. [한자] 活살 활, 물 콸콸 흐를 괄

gallant [gǽlənt] 용감한 씩씩한 (말소리) 꿀렁대

〈gallant〉 '꿀렁대'는 괄괄(gale)하게 꿀렁(울렁)대며 움직여 활발하다 [연관] **gal**lop

· 어원) 〈gallant〉 Old French galant ("courteous; dashing; brave"). Proto-Germanic *gailaz ("merry; excited; luxurious") Frankish *wala- ("good, well") [국어] **꿀렁대다**: 크게 흔들리는 소리가 자꾸 나다 골: 비위에 거슬리거나 언짢은 일을 당하여 벌컥 내는 화. '걸걸하다 (傑傑) (성질이 쾌활하고 외모가 훤칠하다)' **걸걸히**: 목소리가 좀 쉰 듯하면서 우렁차고 힘이 있게. 조심스럽지 못하고 거친 성질이나 행동으로. [한자] 騔빠를 갈, (말)빠르다

challenge [ʧǽlindʒ] 도전 (말소리) 촐랑져

'촐랑져'는 철렁, 쿨렁, 그렁거리며 울리는 소리. 촐랑대며 불만을 외치며 항의하다는 의미 ☞ 콸(call)에서 철(chall)로 발음 변화. 찰랑 외치며 부르는 소리, 요청하다는 의미가 된다.

· 어원) Middle English calenge("an accusation, claim"). **촐랑**: 자꾸 가볍고 경망스럽게 까부는 모양. '촐랑촐랑'

노래 부르는 것은 듣는 이의 마음을 빼앗아 매료시킬 정도로 아름답다. 노래의 울림이 마음속에 울려 감동의 파동을 만들어 내는 것이다. 노래와 악기가 어우러져 만들어 내는 소리는 쾅쾅, 쨍쨍, 징징 울리기도 한다.

charm [ʧaːrm] 매혹하다 매력 (말소리) 창
chant [ʧænt] 외치다 노래 부르다 친다
enchant [inʧǽnt] 매혹시키다 인친다

〈charm〉 '창'은 찰랑, 쨍쨍 방울을 흔드며 주문을 외거나 가창(唱부를창)하며 (노래로) 유혹하다는 뜻 ☞ char은 call(칼칼 외침)에서 변형됨 **〈chant〉** '친다'는 쿵쾅, 징징(sing) 소리치는 것에서 가창(唱부를창), 찬양해 댐, 쾌지나 칭칭 나네 (경상도 민요의 하나) **〈enchant〉** '인친다'는 인(en=in, on)하여 접한 주위에 쿵, 징징(sing) 소리치며 찬양하도록. 찬양해대며 유혹하다는 뜻

· 어원) 〈charm〉 Old French charme ("chant, magic spell"), Latin carmen ("song, incantation"). Old English galan ("to sing, enchant, call, cry, scream; sing charms, practice incantation").

〈chant〉 Latin canto'콸' ("to sing"). Old English galan ("to sing, enchant, call, cry, scream; sing charms, practice incantation"). **〈enchant〉** Latin in-+cantō. From canō '콸'("I sing"). Latin carmen ("song, incantation"). [국어] **창**: 판소리나 잡가(雜歌) 따위를 가락에 맞추어 높은 소리로 부름. 또는 그런 노랫소리. **치다**: 큰 소리를 내다. [한자] 唱부를 창. 讚기릴 찬(찬양) 稱일컬을 칭

14 꿀꿀대며 꾸다/꾀하다(car, cur, qui, que, qua): 갖고/알고 싶은 욕구(근심, 호기심)

care s**car**e **cur**ious se**cur**e ac**qui**re re**que**st **que**st in**qui**re

꿀꿀/끌끌 대며 그렁그렁(groan), 꾸르르(cry, regret, grieve) 소리 내는 것으로 심사가 꼬인 상태.

가지려고 하거나 알려고 애쓰지 않으면 근심도 없다. 욕구에는 근심이 항상 따라다닌다. 그래서 어느 날 근심이 점점 자라 욕구 안에 가득 차 있다면 그때가 바로 그 욕구를 버려야 할 때이다. 그렇지 않으면 욕망이 되어 자기 자신을 잡아 먹을 것이다.

인생의 5% 목표를 위해 우리는 95% 시간과 비용을 들여 꿀꿀대며 가지려고 근심한다. 희소한 가치를 얻기 위해서는 꾀쓰고 고민하는 꿀꿀거림이 필요하다. 하지만 행복은 나머지 95% 현재 시간에 있다. 시간이 갈수록 목표를 이루는 만큼 사랑하는 사람은 하나둘 떠나고, 본인은 더 나이 들고, 병이 들기 쉽다는 점을 보면 미래도 현재와 차이가 없음을 알게 된다.

care [kɛər] 1 근심 2 관심, 보살피다 (말소리) 꾸어
scare [skɛər] 두려워하다 놀라게하다 스꾸어

〈care〉 '꾸어' 꾸르르(cry), 끌끌(꿀꿀)(curl) 애끓는 소리로 어려운 상황에 맘이 꼬이다 1 불안해 한다. 2 어려움을 헤쳐 가거나 얻으려고 꿀꿀대며 관심을 가지다(cure). **〈scare〉** '스꾸어' 끌끌(꿀꿀)(care≒curl) 애끓는 소리로 맘이 꼬이고 불안해 하다.

· 어원) **〈care〉** Proto-Germanic *karō("care, sorrow, cry"), Middle High German karn ("to complain, lament, grieve, mourn") **〈scare〉** Middle English sker ("fear, dread"). Proto-Indo-European *(s)ker- ("to swing, jump, move"). [국어] **끌끌**: 마음에 마땅찮아 혀를 차는 소리. **꼬이다**: 비위에 거슬려 마음이 뒤틀리다. 하는 일 따위가 순순히 되지 않고 얽히거나 뒤틀리다. 그럴듯한 말이나 행동으로 남을 속이거나 부추겨서 자기 생각대로 끌다. **꿀꿀하다**: 우울하거나 안 좋은 상태에 있다. **꾸다**: 마음속에 품거나 머릿속에 그리다. 남의 것을 얼마 동안 빌려 쓰다. **꼴꼴**: 물 따위의 액체가 가는 줄기로 몰리어 흐르는 소리. 꿩꾸짖을 갈

cure [kjuər] 치료, 낫게 하다 (말소리) 꿀
curious [kjúəriəs] 호기심이 많은 꾸리지

〈cure〉 '꿀' 꾸르르(cry), 끌끌(꿀꿀)(curl) 애끓는 마음으로서 낫기 위해 꾀쓰다. 신경 쓰며 돌봐서 낫게 함을 의미함 [연관] accurate [다른 풀이] '구해' 구하다(求구할 구) **〈curious〉** '꾸리지'는 꾸르르(cry), 끌끌(꿀꿀)대며 안달하는 care/cure와 같은 어원으로 알고 싶어 맘속에 꾸다.

· 어원) **〈cure〉** Old French cure ("care, cure, healing, cure of souls"). **〈curious〉** Latin curiosus; From cūra ("care, concern, worry") [국어] **꾸다**: 마음속에 품거나 머릿속에 그리다. 남의 것을 얼마 동안 빌려 쓰다.

알려고 하는 욕구 중에 하나로 딱 들어맞게끔 하기 위해 끌끌대며 신경 쓰다

accurate [ǽkjurət] 정확한 정밀한 (말소리) 애꾸리다

〈accurate〉 '애꾸리다'는 꾸르르(cry), 끌끌(꿀꿀) 꾀쓰며 신경써 주어 정확하게 맞추다는 뜻
☞ 애끓는 소리를 내는 care와 같은 어원

· 어원) **〈accurate〉** Latin ad- ("to, towards, at")+cūrō ("take care"). [국어] **꾸다**: 마음속에 품거나 머릿속에 그리다. 남의 것을 얼마 동안 빌려 쓰다. **꾸르르(꾸르륵)**: 닭이 놀라서 매우 급하게 지르는 소리. 액체가 비좁은 구멍으로 가까스로 빠져나가는 큰 소리

exquisite [ikskwízit] 정교한 절묘한 (말소리) 윗서꿔지다

〈exquisite〉 '윗서꿔지다'는 꾸르르(cry, care), 애끓으면서 하고자 꾸는 마음으로 정성을 다해 딱 꿰어 맞추다(Carefully adjusted; precise). [연관] acquisition

· 어원) **〈exquisite〉** Latin exquīrō ("seek out"). Old French *queste* ("acquisition, search, hunt") [국어] **꾸다**: 마음속에 품거나 머릿속에 그리다. 남의 것을 얼마 동안 빌려 쓰다. **꿰다**: 실이나 끈 따위를 구멍이나 틈의 한쪽에 넣어 다른 쪽으로 내다.v

secure [sikjúər] 확보하다 안전한 (말소리) 새꿀

〈secure〉 '새꿀'는 꾸르르(cry), 끌끌(cure=care)대며 꼬이는 불안으로부터 새(se=separate) 나와 안전하다는 뜻 [연관] secret (cret≒cure)

· 어원) **〈secure〉** Latin se- ("without")+cura ("care"). [국어] **새다**: 기체, 액체 따위가 틈이나 구멍으로 조금씩 빠져나가거나 나오다. **끌끌**: 마음에 마땅찮아 혀를 차는 소리.

'새다'는 뭔가가 밖으로 조금씩 빠져나가는 것을 말한다. 위험으로부터 빠져나와 안전한 상태에 이른다는 것은 믿을 수 있는 확실한 상태가 되었음을 뜻한다.

sure [ʃuər] 확실히 (말소리) 새어
assure [əʃúər] 확신시키다 에새어
insure [inʃúər] 보장하다 인새어

〈sure/assure〉 [걱정 (care)에서] 새어(su=se)나와 안전하다는 뜻 **〈insure〉** [걱정 (care)에서] 새어(su=se) 나오게 인하다(en=因(인할 인, 잇닿다)=隣이웃 인) [en-= in, into, on, covered, caused] 안전하게 하다

· 어원) **〈sure〉** Latin sēcūrus ("secure", literally "carefree"), from sē- ("apart")+cūra ("care"). **〈assure〉** Latin ad-+securus ("secure"). **〈insure〉** en- "make"+Old French seür "sure" [국어] **인하다**: 어떤 사실로 말미암다. 이웃하다. **새다**: 기체, 액체 따위가 틈이나 구멍으로 조금씩 빠져나가거나 나오다.

꿀꿀 잡으려 꾸다/꾀다 (qui. que. qua. cur. gui)

care와 유사한 표현으로 -quire, -cure는 콸콸(curl), 꼬르르 흐르는 소리로 섞이며 꼬이다, 꿰어지다와 관련된다. 꾀하다는 가지려고 꾀를 써 잡거나 얻는 것을 말한다. 낚시할 때 물고기를 꿰어 낚는 것처럼 원하는 것은 꿰어 자기 것으로 만드는 것이다. 사랑하다는 뜻의 '괴다'와도 통한다. quarrel 은 꿀꿀거리며 불평을 한다는 의미에서 나왔다 [latin queror ("I lament, I complain")]. 이는 -quire의 어원과 같다.

acquire [əkwáiər] 얻다 (말소리) 엣꾸어
conquer [kάŋkər] 정복하다 끈꿰
procure [proukjúər] 얻다 구하다 펴내꾸어

〈acquire〉 '엣꾸어'는 -에(a) 대해 꿀꿀(quire= curl, query)한 마음으로 꾀한 결과 꿰어 가지게 된다(To gain, usually by one's own exertions). 남의 것을 꾸어 가져온다 [명사] acquisition [다른 풀이] '에구해' 구하여 가지다 **〈conquer〉**'끈꿰'는 끼인(con) 상대방을 꾀한 결과 꿰어(quer= curl, query) 가지게 된다. 상대를 꿰차고 제압하다 [다른 풀이] '낑겨' 낑기다: 끼이다의 방언 **〈procure〉** 펴내꾸어'는 꿀꿀 (cure= curl, query)한 마음으로 펴내(pro 앞으로) 꾀한 결과 꿰어 가지게 된다. 꾸어야 얻는다 [다른 풀이] '펴내구해' 앞에 구해 놓다.

· 어원) 〈**acquire**〉 Latin acquirere; ad+quaerere ("to seek for", question, inquire, query. I strive for; endeavor; **seek to obtain**), queror ("I lament, I complain"). 〈**conquer**〉 Late Latin conquaerere ("to knock, strike; to search for, procure"), quaerere ("to seek, acquire"). 〈**procure**〉 Latin prōcūrō ("I manage, administer"), from prō ("on behalf of")+cūrō ("I care for"). [국어] **꾸다**: 마음속에 품거나 머릿속에 그리다. 남의 것을 얼마 동안 빌려 쓰다. **꿰다**: 물체를 뚫고 지나다. 어떤 일의 내용이나 사정을 자세하게 다 알다. 어떤 물체를 꼬챙이 따위에 맞뚫려 꽂히게 하다. **꿰차다**: 1. 달아매거나 끼워 지니다 2. 자기의 소유로 만들다. **낑기다**: '끼이다'의 방언 (경상, 전남) [한자] 拘잡을 구 求구할 구 渴목마를 갈, 물 잦을 걸

너무나 간절히 원하는 경우 손에 넣고 싶어하는 것이 인간의 본능이다. 가지려는 욕심에 마음이 꿀꿀해진다. 꿈을 꾸는 마음은 꾀하다와 같다. 꼬르륵 배가 고픈 것처럼 욕구가 생긴다. 여기서 -qui/que는 care와 같다.

require [rikwáiər]	요구하다 필요하다	(말소리) 누꾀어
request [rikwést]	요구하다	누꾀쓰다
requisite [rékwəzit]	필요한	누꾀쓰다

〈**require/request/requisite**〉 누누이(re) 꿀꿀(quire) 꼬여지는 마음, 꼬르륵 배가 고파, (가지려는 욕심에) (꿈) 꾸다, 가지고자 꾀하다. Request는 require의 과거형 [다른 풀이] '누꾸어' 누차 (가지려) 꾸다

· 어원) 〈**require**〉 Latin requīrō ("I require, seek, ask for"). latin quaerere ("to seek, acquire") Proto-Indo-European *keh_2- ("to desire, to wish"). 〈**request**〉 Latin requīsītus ("requested, demanded"), past participle of requīrō("require, ask"). [국어] **꾀하다**: 어떤 일을 이루려고 뜻을 두거나 힘을 쓰다. **꾀다**: 그럴듯한 말이나 행동으로 남을 속이거나 부추겨서 자기 생각대로 끌다. **꾸다**: 마음속에 품거나 머릿속에 그리다. 남의 것을 얼마 동안 빌려 쓰다. **끌끌**: 마음에 마땅찮아 혀를 차는 소리. **꿀꿀**하다: 우울하거나 안 좋은 상태에 있다. **괴다**: 끼워 넣거나 받쳐 고정시키다. 특별히 귀여워하고 **사랑하다**. 흐르지 않고 모이다. **꼬르륵**: 배가 고프거나 속이 거북하거나 할 때 배 속이 끓는 소리를 나타내는 말. 拘잡을 구 求구할 구

우리말에서 의문형은 '-까'로 끝난다. 제주 방언에서는 '꽈'를 사용한다 [하우꽈(하십니까?), 누게꽈(누구십니까?) -이우꽈(-입니까)]. 스페인어에서는 의문사 que는 what를 의미한다. 이러한 '-까' '꽈'는 que와 일치하고, 영어에서는 question, quest, query, request, require, inquire에 존재한다고 볼 수 있다. 한자에는 幾 (몇 기)로 표현된다.

(가지려고) 꾀하여 (꿈) 꾸면서 의문(question)이 생긴다. 캐묻는 등 알고자 하는 욕심에 마음이 꿀꿀해진다. 즉 가지려고 하는 마음과 알려고 하는 의문은 같은 마음이다. 따라서 require, inquire, acquire에서 모두 의문형 quire를 사용하고 있다.

quest [kwest]	탐구 추구	(말소리) 꿔지다
query [kwíəri]	질문	꾸리

〈**quest**〉 '꿔지다'는 꼬르륵 (배고픈 소리로) 꾀하여 (가지려고) (꿈) 꾸다. Question과 같다. [다른 풀이] 1 '꾀쓰다'는 꾀하여 (꿰어) 원하는 바를 얻다는 뜻 2 '캐지다' 캐내 알아내려고 꾀하다. 〈**query**〉 꼬르륵 (배고픈 소리로) 꾀하여 (가지려고) (꿈) 꾸다. [연관] curious [다른 풀이] '캐리' (캘려고) 캐 물어 추궁하다

· 어원) 〈**quest**〉 Old French queste ("acquisition, search, hunt"). 〈**query**〉 Latin quaerō ("seek, look for; ask") Old French guile ("deception"). Latin qualis ("of what kind") [국어] **꾸다**: 마음속에 품거나 머릿속에 그리다. 남의 것을 얼마 동안 빌려 쓰다. **캐다**: 드러나지 아니한 사실을 밝혀내다. **꾸지다**: '꾸짖다'의 방언 (경북). **꾀다**: 그럴듯한 말이나 행동으로 속이거나 부추겨 자신이 의도한 대로 행하도록 하다. 많이 모여들다(꽤 quite). 순조롭게 되지 않고 복잡하게 얽히다. 바로 가누어지지 않고 뒤틀려지다. 뒤엉켜 서로 감기다. **가리**: '까닭'의 방언(함경).

inquisitive [inkwízətiv] 탐구적인 물어보는 (말소리) 인꾸지답해
inquire [inkwáiər] 문의하다 조사하다 인꾸어

〈inquisitive/inquire〉 인(in, on 인접)한 부분에 대해 (끌끌대며) 알려고(Eager to acquire knowledge.) (꿈) 꾸다는 뜻. tive(답다) [다른 풀이] 1 '인꾀어' 인접한 부분에 대해 알고자 꾀어내다 2 '인구해' 꾸다 à 구하다

· 어원) **〈inquisitive〉** Latin in- ("in, at, on; into")+quaerō ("seek, look for"). **〈inquire〉** Latin inquīrō ("to seek for"). **꾸다**: 마음속에 품거나 머릿속에 그리다. 남의 것을 얼마 동안 빌려 쓰다. **-답다**: '성질이나 특성이 있음'의 뜻을 더하고 형용사를 만드는 접미사. [故연고 고, 까닭. 叩두드릴 고, 묻다. 渴목마를갈, 갈구]

사람을 꾀어낸다는 것은 속임수를 써서 자기가 원하는 바를 얻어내는 것을 말한다. 이런 속임수는 정상적인 경로가 아닌 뒤틀리거나 비비 꼬인 상태에서 이루어져 상대를 현혹시키게 된다.

guile [gail] 교활 속임수 (말소리) 꾈
beguile [bigáil] 현혹시키다 속이다 비꼬일

〈guile〉 '꾈'은 음흉한 간계로 비비 틀어 꽈서 꾀다는 뜻 [다른 풀이] '꽐' 꼬아 꾀다 **〈beguile〉** '비꼬일'은 비비 틀어서 꼬아 사람을 속이다는 뜻

· 어원) **〈guile〉** Old French guile ("deception"). **〈beguile〉** be+guile.
· [국어] **꾀다**: 그럴듯한 말이나 행동으로 남을 속이거나 부추겨서 자기 생각대로 끌다. **비꼬다**: 1. 끈 따위를 비비 틀어서 꼬다. 2. 남의 마음에 거슬릴 정도로 빈정거리다. [한자] 詭속일 궤 譎 속일 결

조심하거나 예방하는 것은 꿰어 울타리를 만들고 보호하는 것이라 할 수 있다. 경계(Guard)하는 것과 같다.

cautious [kɔ́ːʃəs] 신중한 조심스러운 (말소리) 꿰차지

〈cautious〉 '꿰차지'는 꿰차고 주위를 지켜보다. 알려고 신경 쓰는 것으로 주의를 기울이라는 뜻 [다른 풀이] '꾀쓰지' 꾀써서 주의 기울이다

· 어원) **〈cautious〉** Latin **cautiō** ("be on one's guard"). Middle English caucioun ("bail, guarantee, pledge"), Ancient Greek κρέω • (koéō)(to know, be aware) **꿰다**: 물체를 뚫고 지나다. 어떤 일의 내용이나 사정을 자세하게 다 알다. **꿰차다**: 1. 달아매거나 끼워 지니다 2. 자기의 소유로 만들다.

precaution [prikɔ́ːʃən] 예방주의 (말소리) 빠르꿰찬

〈precaution〉 빨리(미리) 꿰차고 주위를 지켜보다. 알려고 신경 쓰다

· 어원) **〈precaution〉** Latin praecautum ("to guard against beforehand"); prae ("before")+cavere ("be on one's guard").

요구해서 원하는 바를 얻어내려면 꾀를 써야한다. 그래서 꾀를 쓴다고 하면 기막힌 생각이나 묘안을 내서 위기에서 벗어나거나 막혔던 문제를 풀어내 궁지에서 빠져나오는 것을 말한다.

guess [ges] 추측 (말소리) 가사(假使)
quasi [kwáːzi] 유사의; 준(準) 가사(假使)

〈guess / quasi〉 '가사(假使)' 거시기, 거의(거싀) 짐작하다 [연관] quiz 幾 (몇 기, 거의)의 은나라 갑골문 시대의 원래 발음은 *kəz(거싀) (최춘태, 갑골음으로 잡는 식민사학 동북공정, 2017). [다른 풀이] 거지/거진: '거의'의 방언 [다른 풀이] '꾸지' 마음에 꾸면서 추정하다.

· 어원) **〈guess〉** Old Norse geta ("to get, to guess") Proto-Indo-European *g^{h}ed- ("to take, seize").
· [국어] **꾀**: 닥친 문제의 해결이나 일의 진행을 위해 생각해 낸 교묘한 방법이나 제안. **꼬치꼬치**: 낱낱이 따지고 캐어묻는 모양. **꾸다**: 마음속에 품거나 머릿속에 그리다. 남의 것을 얼마 동안 빌려 쓰다. [한자] 拘잡을 구 求구할 구

quality [kwάləti] 품질 자질 (말소리) 꿀리다
quantity [kwάntəti] 양 수량 꾼되다

〈quality / quantity〉 어느 정도인지 알고 싶어 꿀꿀한 마음으로 마음속에 꾸어 수나, 양을 추측하다. 간(깐)을 보다

· 어원) **〈quality〉** Latin qualis ("of what kind"). **〈quantity〉** Latin quantus ("how much"). [국어] 간(깐): 일의 형편 따위를 속으로 헤아려 보는 생각이나 가늠. 간보다: 남의 속뜻을 살며시 헤아려 보다 (전남) **꿀꿀**하다: 우울하거나 안 좋은 상태에 있다. **꾸다**: 마음속에 품거나 머릿속에 그리다. 남의 것을 얼마 동안 빌려 쓰다. [한자] 曷어찌 갈, 누가, 언제

'꽤'는 '상당히'와 어울리는 표현으로 보통의 양을 넘어서는 상태를 가리킨다.

quite [kwait] 꽤 아주 (말소리) 꽤이다

〈quite〉 '꽤이다'는 꽤 크다, 꽤 많다 등 아주 크고 많음을 의미

· 어원) **〈quite〉** A development of quit, To the greatest extent or degree; completely, entirely. [한자] 巨클 거, 어찌 거 [국어] 꽤: 보통보다 조금 더한 정도로. **꾀다**: 그럴듯한 말이나 행동으로 속이거나 부추겨 자신이 의도한 대로 행하도록 하다. **많이 모여들다**(꽤 quite)

15 콸콸/골골[c_r, g_r(l)] 굽이치다, 게걸대다

curl **cur**b **coar**se **gul**f **gor**geous **gl**utton **gr**eed

'꼬이다'는 일상생활에서 비교적 다양하게 쓰이는 단어 중 하나이다. '일이 꼬이다'나, '몸이 배배 꼬이다', '새끼를 꼬다', '다리를 꼬다' 등등 서로 한 데 얽혀 어우러지거나 예상과 다르게 일이나 심사가 비틀어진 상태가 되는 경우 등에 종종 쓰인다. 또한 '벌레가 꼬이다'처럼 사람이나 곤충 등이 한곳에 많이 모여들어 뒤끓고 있는 복잡하고 뒤엉킨 상태를 나타내기도 한다. 이러한 꼬다는 영어 어원상 콸콸대는 소용돌이의 회전으로 꼬이게 됨을 나타낸다.

curl [kəːrl] 돌돌 감기다 (말소리) 꼴
coil [kɔil] 코일, 감기다 꼬일

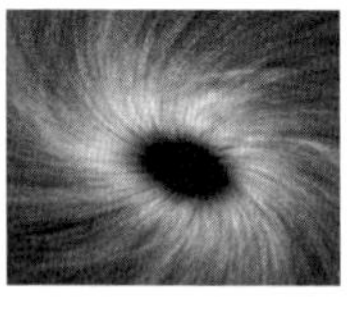

〈curl〉 '꼴'은 콸콸 회전하며 꼬이다(To raise in waves or undulations; to ripple. a spiral.) [연관] curve [다른 풀이] '콸'은 콸콸 소용돌이치는 물이 뒤엉킨 모습 **〈coil〉** '꼬일'은 콸콸대는 소용돌이의 모습으로 꼬여 회오리처럼 감기다(To wind or reel)는 뜻

· **〈curl〉** Proto-Germanic *kruzlǭ ("bent or crooked object, curl"), German kraus ("crumpled, curly"), Latin curvus ("bent, curved") **〈coil〉** Middle French coillir ("to gather, pluck, pick, cull") [국어] **콸**: 많은 양의 액체가 급히 쏟아져 흐르는 소리. **꼬다**: 가는 줄 따위의 여러 가닥을 비비면서 엇감아 한 줄로 만들다.

'굽다'는 것은 콸콸 흐르며 꼬여서 방향을 전환한다는 뜻을 가지고 있다. 그래서 '굽히다'라고 하면 자신이 원하는 방향으로 상대를 억압하거나 이끈다는 의미를 갖는다고 할 수 있다.

govern [gΛvərn] 통치하다 지배하다 (말소리) 굽은

〈govern〉 '굽은'은 굽어지게 (원하는 데로) 휘다. 마음대로 구부리며 이리저리 조종하다는 뜻

· 어원) **〈govern〉** Ancient Greek κυβεονάω(kubernáō, "I steer, drive, govern"). κύρβις (kúrbis, "turnable wooden cylinder"), from Proto-Indo-European *kʷerb- ("to turn") [연관] curb curve

· [국어] 굽히다: 직선 방향에서 다른 각도로 치우치게 하거나 안쪽으로 접다. 주장, 지조 따위를 꺾고 남을 따르다. 押누를 압, 단속할 갑

curb [kə:rb] 억제하다 굽다 (말소리) 굽어

curve [kə:rv] 곡선 굽은 굽어

〈curb〉 '굽어'는 콸콸(cur=current) 소용돌이가 꼬이며 굽어 있다는 뜻. 굽을 끼워 제약하다 (to restrain by a curb. To rein in).

〈curve〉 '굽어'는 콸콸(cur=current) 소용돌이가 꼬이며 굽어 곡선을 이루다는 뜻 [다른 풀이] '구비' ; '굴비' 콸콸 소용돌이가 꼬임으로 조기가 구부러진 모양을 굴비(屈 굽힐 굴)라고 한다.

☞ 콰(c)+읊어(urb/urv=warp)≒ (gulp, gulf). [연관] warp urban dis**turb** per**turb** **turb**ine

· 어원) **〈curb / curve〉** Latin curvus ("bent, crooked, curved"). Middle French courbe ("curve, curved object"). Ancient Greek ύοβις(kúrbis, "turnable wooden cylinder"), κῦβεονᾶω • (kubernáō)-(drive). Proto-Indo-European *kʷerb- ("to turn") [국어] 굽히다: 직선 방향에서 다른 각도로 치우치게 하거나 안쪽으로 접히게 하다. 굽다: 직선 방향에서 다른 각도로 치우치거나 접혀진 상태이다 [한자] 屈굽힐 굴

물이 콸콸, 쿨쿨 세차게 흐르는 모습은 강하고 거칠게 느껴진다. 그래서 '콸'은 때로 부정적인 단어와 어울려 쓰이기도 한다. Coarse와 hoarse, harsh는 같은 말이다. Coarse는 콸콸대는 거친 흐름이고, hoarse는 훨훨 날리는 바람같이 거친 흐름이다.

coarse [kɔ:rs] 거친 상스러운 (말소리) 꼴지

hoarse [hɔ:rs] 목쉰, 떠들썩한(harsh) 헐지

〈coarse〉 '꼴지'는 물이 꼴꼴/콸콸(curl, current) 꼬이며 거칠게 구르다는 뜻. Course와 같이 콸콸대는 흐름이다. [다른 풀이] '골져' 콸콸 구르듯 골(굴곡)이 있어 거친 [연관] curse **〈hoarse〉** 훨훨 거리는 바람처럼 헐어서(hurt) 거친 목소리. coarse에서 c가 h로 변한 것으로 보인다. [연관] harsh '훨져' 훨훨(har=hair) 휘날리는 머리카락이 꼬인 것으로 거친 상태

· 어원) **〈coarse〉** Latin cursus ("course of a race"), from currō ("run"). Ancient Greek χέω (khéō)[(of liquids) I pour. (of solids) I scatter, shed] **꼴다**: '성나다'의 방언 (경북) '토라지다'의 방언(전남). **꼴꼴**: 물 따위의 액체가 가는 줄기로 몰리어 흐르는 소리. **굴다**: '구르다'의 준말. 여기저기 돌아다닌다. 배가 물결에 따라 흔들리다. **골다**: 잠잘 때 거친 숨결이 콧구멍을 울려 드르렁거리는 소리를 내다. [한자] 屈굽힐굴

cruel [krú:əl] 잔인한 잔혹한 (말소리) 콰르일

〈cruel〉 '콰르일'은 콰르르 흐르는 피가 나게 할 정도로 잔인한 [다른 풀이] '가를' 갈리는 소리로 kill과 유사 [연관] crude 콰르 흐르는 피가 있는

· 어원) **〈cruel〉** Latin crūdēlis ("hard, severe, cruel"), akin to crūdus ("raw, crude"). Sanskrit क्रूर • (krūrá) (bloody, raw, wounded, hurt, cruel) Proto-Indo-European *kruh₂rós ("bloody").

'골'은 움푹 패어 들어간 곳을 나타내는데 골짜기나 목구멍을 가리킨다. 패인 골을 통해 물이 흘러들면서 골골

또는 콸콸, 꼴깍 등의 소리가 난다.

gulf [gʌlf] 만 심해 소용돌이 (말소리) 골푸
gulp [gʌlp] 꿀꺽 삼키다 골푸

〈gulf〉 골골, 꿀꿀대며 푸는 물소리가 난다는 것으로 파도로 골이 진 모습을 표현. **〈gulp〉** 골골, 꿀꿀 꿀꺽 푸는 소리.

☞ -ulp/ulf는 읊어대는 소리. 끄(g) +읊어(ulp=wolf, yelp) [연관] warp dis**turb** per**turb** **turb**ine

· 어원) Ancient Greek κόλπος (kólpos, "any hollow space, **the hollow between waves**, gulf"). Proto-Germanic *grabō ("grave, trench, ditch"), Latin gravis ("heavy, important"). Proto-Germanic *grōbō ("groove, furrow"), from Proto-Indo-European *gʰrebʰ- ("to dig, scrape, bury") [국어] **골**: 1. 산과 산 사이에 깊숙이 패어 들어간 곳 2. 두둑한 두 땅 사이에 좁고 길게 들어간 곳. **꿀꿀**: 물 따위의 액체가 굵은 줄기로 몰리어 흐르는 소리. **골골**: 고양이가 기분이 좋거나 편할 때 내는 소리, 암탉이 알을 배기 위하여 수탉을 부르는 소리. 괄괄하다(목소리 따위가 굵고 거세다).

골(gor)은 골짜기이면서 물이 꽈르르 넘어가는 목을 의미한다.

gorge [gɔːrdʒ] **[고급]** 1골짜기 2폭식 (말소리) 골져
gorgeous [gɔ́ːrdʒəs] 멋진 우아한 골지어서
gargle [gάːrgl] 콸콸 입 헹구는 소리 개굴

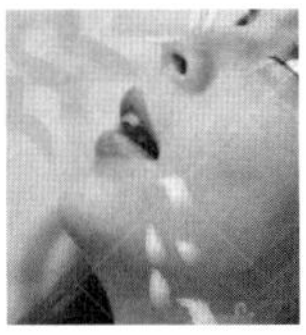

〈gorge〉 골은 골이 져 있는 골짜기나 길게 파인 목구멍을 비유적으로 이름. 골골 소리 내며 목구멍에 넣는 소리 1 골골 물이 흐르는 골이 진 협곡, 골짝 2 걸걸/골골(꼬르륵, 꿀꺽) 소리 내며 잔뜩[실컷] 먹으며 목에 넘어가는 소리. **〈gorgeous〉** 골(걸걸 소리 나는 구멍)처럼 물이 꽈르르 넘어가는 목을 부풀려(swelling of the throat or bosom due to pride) 과시하다. '목에 힘을 주다'는 표현은 '거드름을 피우거나 남을 깔보는 듯한 태도를 취하다'는 뜻이다. **〈gargle〉** 골골, 꿀꿀거리는 소리로 양치질할 때 물을 넣고 콸콸 헹구는 소리(to clean one's mouth by holding water). 개굴개굴 우는 소리, 게걸스럽게 먹는 소리와 같다. [다른 풀이] '게걸' 게걸스럽다

· 어원) Latin gurges ("a whirlpool, eddy, gulf or sea") Old French gorgias ("gorgeous, gaudy, flaunting, gallant, fine", swelling of the throat or bosom due to pride, bridling up" to "assume an air of importance, flaunting".) [국어] **골**: 1. 산과 산 사이에 깊숙이 패어 들어간 곳 2. 두둑한 두 땅 사이에 좁고 길게 들어간 곳. **꿀꿀**: 물 따위의 액체가 굵은 줄기로 몰리어 흐르는 소리. **걸걸**: 음식이나 재물에 욕심을 부려 염치없이 구는 모양. **골골**: 고양이가 기분이 좋거나 편할 때 내는 소리, 암탉이 알을 배기 위하여 수탉을 부르는 소리. 괄괄하다(목소리 따위가 굵고 거세다). **걸지다**: 목소리가 몹시 갈린 듯하면서도 우렁우렁 힘차다. **게걸스럽다**: 상스러운 말로 불평스럽게 자꾸 떠들다. **게걸**: 먹을 것을 몹시 탐내는 마음

glutton [glʌtn] 대식가 폭식가 (말소리) 꼬르댄

〈glutton〉 꼬르르, 꿀꺽대며 목에서 음식을 넘기는 소리로 걸걸하게 많이 먹는 것을 나타낸다. 왈왈 울리는 소리로 삼키는 swallow와 같다.

· 어원) Latin gluttiō ("I swallow"). Danish gulpe("to gulp up, disgorge") Proto-Indo-European *gʷerh₃- ("to devour") [국어] **꼬르르**(륵): 액체가 비좁은 구멍으로 가까스로 빠져나가는 소리. **걸걸하다**: 음식이나 재물에 욕심을 부려 염치없이 굴다. 꼴랑(꿀렁): 작은 병이나 통 속에 다 차지 아니한 액체가 흔들리는 소리.

greed [gri:d] 탐욕 욕심 (말소리) 그리다

〈greed〉 '그리다'는 꼬르르 애끓는 심정으로 간절히 그리며 바라다는 뜻. 또한 glutton처럼 꼬르르거리며 과식(Prone to overeat.)하게 되다, 끌어 잡으려는 욕구가 '그리다' [연관] crave 그립 [다른 풀이] '끓이다' 애끓어 갈구하다

· 어원) **〈greed〉** Old English grǣdiġ ("greedy, hungry, eager"). Ancient Greek χαίοω (khaírō, "to rejoice"), Proto-Germanic *grēdagaz ("hungry") Proto-Indo-European *$g^w erh_3$- ("to devour") [국어] 그리다: 사랑하는 마음으로 간절히 생각하다. 渴목마를 갈

16 콸콸(cur, car) 흐름(발생), 길, 나르다

current, dis**cour**se **car**eer **cour**ier; in**cur** oc**cur** con**cur**

물소리는 기본적으로 왈왈 소리에 ㅋ ㄹ ㅂ ㅍ ㅅ이 결합해 콸 랄 펄 술 등으로 다양하게 나타나지만 같은 의미를 표현한다.

[훨, 왈(whirl well)=콸, 괄 curl current gulf=술술(swirl swell)= 랄랄 (roll run reel)= 펄 불 (pool flow vortex)= 탈탈 torrent turbulence]

'구른다'와 '흐른다'는 의미상 같다고 할 수 있다. 일단 구르는 소리는 '콰르르, 쿨렁' 등으로 나타낼 수 있고 흐르는 소리는 '꿜꿜, 콸, 괄괄, 꼬르르, 콰르르' 등으로 나타낼 수 있다. 가람은 괄괄 흐르는 강의 옛말이다(괄+ㅁ). 구르는 것과 흐르는 것은 모두 회전이나 반복을 의미하며 '걸다' '달려가다', '움직이다'는 뜻으로도 표현될 수 있다.

current [kə́:rənt] 1 흐름 기류 2 현행의 (말소리) 구른다

〈current〉 '구른다'는 1 콰르르, 쿨렁대며 굴러 (흘러) 가는 모습(running or moving rapidly)에서 이어지는 흐름(The movement of a gas or fluid). 2 쿨렁 굴러 (흘러) 가고 있는, 진행 중 (occurring at the moment)을 나타낸다. (쿨렁-> 훌렁) [다른 풀이] '쿨렁대' 쿨렁 흘러가는 소리 [연관] carry

· 어원) **〈current〉** Latin currō '꼬르르' ("I run, move") Proto-Indo-European *ḱers- ("to run"). Ancient Greek χέω (khéō)[(of liquids) I pour. (of solids) I scatter, shed], κῠλίνδω (kulíndō, "I roll"). [국어] **구르다**: 돌면서 움직이다. **쿨렁**: 병이나 그릇에 가득 찬 액체가 몹시 거세게 흔들릴 때 나는 소리. **쿨렁대다**: 몹시 거세게 흔들리는 소리가 자꾸 나다

골은 물이 흘러 만들어진 골짜기 같은 길이다. 물이 골골 흐르는 것은 깔깔거리며 대화하는 소리와 같다.

course [kɔ:rs] 진로 방향 (말소리) 골지
intercourse [íntərkɔ̀:rs] 교제 안다골지
discourse [dískɔ:rs´] 토론 담화 따져골지
career [kəríər] 진로 경력 걸어와

〈course〉 '골지'는 골골/콸콸 (cour=current) 흐르는 소리(코 골아 대는 소리 비슷) ((To run or flow). 물이 흐르면서 골, 길을 이루어 나간다 [다른 풀이] '콸져' 콸 흐르는 물길 **〈intercourse〉** '안다골지'는 골골/콸콸 (cour=current) 흐르는 물이 서로 안다(inter=and 인다)는 말로 겹쳐 흐름으로써 소통한다는 뜻 **〈discourse〉** '따져골지'는 골골/콸콸 (cour=current, call 喝 꾸짖을 갈(고함)) 흐르는 소리로 따지다. (괄괄대며) 말하는 소리 [참고] garrulous 까를이지 discuss '떼서켜지' 콰아 깨는 소리로 토론하며 시끄럽게 구는 것. **〈career〉** 콰르르 굴러 흐르는 물길처럼 걸어온 길, 거리 [다른 풀이] '구르어' 구르르 걸어 가는 길(인생길), 거리

· 어원) **〈course〉** Latin cursus (“course of a race”), from currō (“run”). **〈intercourse〉** intercurrō(run between, or along with, I mingle with) **〈discourse〉** Latin discurrō (“run about”), from dis- (“apart”)+currō (“run”). **〈career〉** French carrière (a road or racecourse), latin carrāria (a path for carts) [국어] **골:** 물체에 얇게 팬 줄이나 금. 두둑한 두 땅 사이에 좁고 길게 들어간 곳. '개울'의 방언. [같은 말] 골짜기. **콸콸/꿀꿀**: 물 따위의 액체가 굵은 줄기로 몰리어 흐르는 소리. **괄괄**: 성질이 세고 급하게. 목소리 따위가 굵고 거세게. **골다:** 잠잘 때 거친 숨결이 콧구멍을 울려 드르렁거리는 소리를 내다. [한자] 屈굽힐굴 喝꾸짖을 갈(고함)

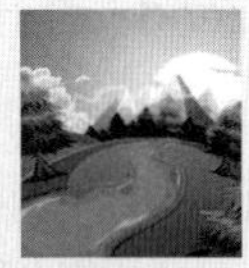

다음은 꼬르르 구르는 car와 관련되어 흐름, 이동을 나타낸다. 車는 갑골문에서 수레 모양이다

courier [kʊriə(r)]	운반원	(말소리) 구르어
carry [kǽri]	나르다	구르
cart [kaːrt]	수레	굴다
chariot [tʃæriət]	(경주용) 마차	차르이다

〈courier〉 콰르르 굴러 (흘러) 가는 물처럼 바퀴로 굴러가는 수레를 따라 물건을 나르는 사람 **〈carry〉** 콰르르 굴러 (흘러) 가는 물처럼 바퀴로 굴러가는 수레를 따라 물건이 이동하다. **〈cart〉** 콸콸 콰 흐르는 물처럼 굴러(걸어)가는 **구르마**, 마차 [연관] car carrier 굴레['그네'의 방언(경남, 함경)].**〈chariot〉** 차르르/주르르/좔좔 흐르는 물처럼 굴러가는 구르마, 마차로 경주용으로 쓰임. 콰르르(car 車수레 **거**)에서 구개음화로 차르르(char 車수레 **차**)로 변함

· 어원) **〈courier〉** Old French corir (“to run”). **〈carry/cart/chariot〉** Latin carrus (“four-wheeled baggage wagon”), Old French chariot, from char (“cart”), from Latin carrus (“wagon”). [국어] **구르다(굴다)**: 돌면서 움직이다. **쿨렁**: 병이나 그릇에 가득찬 액체가 몹시 거세게 흔들릴 때 나는 소리. **굴다**: **〈북한어〉** 배가 물결에 따라 흔들리다. **쿨렁대다**: 몹시 거세게 흔들리는 소리가 자꾸 나다. **콸콸**: 물 따위의 액체가 굵은 줄기로 몰리어 흐르는 소리. **구르마**: '수레'의 방언 (경북, 전북, 충청) **주르르(차르르, 지르르, 좌르르)**: 굵은 물줄기 따위가 빠르게 흘러내리는 소리. 발걸음을 재게 움직여 걷거나 따라다니는 모양.

grease [griːs]	윤활유 기름	(말소리) 꼬르지

〈grease〉 '꼬르지'는 꼬르르 흐르고 꼬이면서 걸죽하게 기름지다

· 어원) **〈grease〉** Latin crassus (fat, thick, gross). Proto-Indo-European *kert- (“to weave, twist together”)

scurry [skə́ːri]	종종걸음을 치다	(말소리) 스구르

콰르르 굴러 허둥지둥 걸어가다. 후르르 흘러가다

· 어원) reduplication of hurry.

(몸에) 걸치거나 차서 무겁게 부담을 느끼다
콸/콰아(cur) (솟아) 일으키다

incur [inkə́ːr]	초래하다	(말소리) 일켜
occur [əkə́ːr]	일어나다, 생각이 떠오르다	위켜

〈**incur**〉 '일켜'는 인(in, on, en 인접)한 곳에 콸/콰아(cur= course, current) (솟아) 나다. 솟아 일으키게 하다. [다른 풀이] (어원적으로) '인콸' 코 솟다.〈**occur**〉 '위켜'는 -에(o) 콸콸 (cur=current) 솟아 일으키게 하다.

· 어원) 〈**incur**〉 en-+courir. Latin currō ("I run"). Proto-Indo-European *kʷer- ("to do, make"). 〈**occur**〉 Latin occurrō ("run to meet, run against, befall, present itself") from ob- ("against")+currō ("run, hurry, move"). [국어] **일으키다**: 만들거나 생기게 하다. **키우다**: 생기게 하거나 익히다. **쿨쿨**: 물 따위의 액체가 굵은 줄기로 몰리어 흐르는 소리. '꿀꿀'보다 거센 느낌을 준다. [한자] 起일어날 기. 擧들 거, 일으키다.

concur [kənkə́ːr] 일치하다 동의하다 (말소리) 끈켜

〈**concur**〉 끈(con 같이) 콸콸/쿨(cur= course, current) 솟아 일으키다. 같이 일으켜져 서로 의견의 일치가 됨

· 어원) 〈**concur**〉 Latin concurro ("to run together, agree"). **쿨쿨**: 물 따위의 액체가 굵은 줄기로 몰리어 흐르는 소리. '꿀꿀'보다 거센 느낌을 준다.

recur [rikə́ːr] 재발하다 되풀이되다 (말소리) 누켜
recourse [ríːkɔːrs] 의지, 늘 하는 짓 누쿨지

〈**recur/recourse**〉 누누이(re) 콸/쿨(cur=course, current) (솟아) 나다. 누차 솟아 일으키다(To happen again) 다시 달려 원래 가던 대로 가서 도움을 구한다.

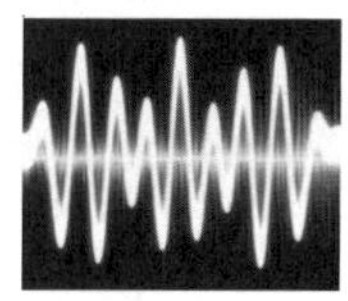

· 어원) 〈**recur / recourse**〉 Latin recurrō ("run back, return, "). currō(I run, hurry, hasten proceed) 쿨쿨: 물 따위의 액체가 굵은 줄기로 몰리어 흐르는 소리. '꿀꿀'보다 거센 느낌을 준다.

scale [skeil] 규모 등급 (말소리) 스키울
escalate [éskəlèit] 고조 확대하다 위서클리다

〈**scale /escalate**〉 콸콸(cal) 솟아 키우다. 커지는 단계(墄층계 척 陟오를 척)를 나타냄 [연관] ascend

· 어원) 〈**scale**〉 Latin scālae ("a flight of steps, stairs, staircase, ladder"), scandō ("I climb"). Sanskrit स्कुन्दते (skundate, "to jump, rise, lift"), स्कन्दति (skándati, "to leap, jump) 〈**escalate**〉 Latin e ("from", "out of")+scala ("ladder"). [한자] 墄층계 척 陟오를 척 揚들 척

17 쏴- 설설(cir, ser) 돌다, 쿨렁(chron) 흐르는 시간

circuit **cir**cumstance re**search**; **chron**ic syn**chron**ize --

소용돌이 현상은 물이 돌면서 흐르는 것으로 설설 끓는 물처럼 원을 그리게 된다. 콸콸(curl)에서 설설(cir)로 변화

circular [sə́ːrkjulər] 원형의 순환하는 (말소리) 설굴러

〈**circular**〉 '설굴러'는 설설(cir=curl) 휘감고 회전하는 모양. ☞ cur에서 cir로 바뀌면서 c 발음 변화(ㅋ→ㅅ) (얼기)설기(circ) 엮여 돌아가다 [참고] girdle (That which girds, encircles, or encloses; a circumference) [다른 풀이] '싸길래'는 쏴아(cir=curl) 흐르며 소용돌이치다.

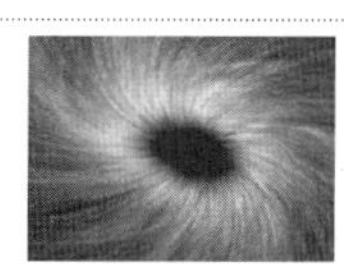

· 어원) 〈**circular**〉 Latin circus ("ring"). Ancient Greek κίοκρς (kírkos, "circle, ring") **쏴**: 물이 급히 내려가거나 나오는 소리. 비바람이 치거나 물결이 밀려오는 소리. **싸다**: 둘러서 여미다. **슬슬(설설)**: 넓은 그릇의 물 따위가 천천히 고루 끓는 모양. 바람이 부드럽게 부는 모양. 잇따라 거볍게 이리저리 기어 다니다. 㵂물 흐르는 모양 설

circuit [sə́:rkit] 회로 순회 (말소리) 설기다

〈**circuit**〉 '설기다'는 설설 (얼기)설기(circ=curl) 싸서 휘감고 가다. 설기(바구니)처럼 엮이다

· 어원) 〈**circuit**〉 Latin circuitus ("a going round"), from circum ("around") **설설**: 벌레 따위가 거볍게 기어 다니는 모양. 잇따라 거볍게 이리저리 기어 다니다. 물 따위가 천천히 고루 끓는 모양. **쏴**: 물이 급히 내려가거나 나오는 소리. 비바람이 치거나 물결이 밀려오는 소리. **설기**: 싸리채나 버들채 따위로 엮어서 만든 사각형 모양의 상자. **얼기설기**: 가는 것이 이리저리 뒤섞이어 얽힌 모양. 㵂물 흐르는 모양 설

circumstance [sə́:rkəmstæns] 상황 환경 (말소리) 설김서든지
circumference [sərkʌmfərəns] 원주 주변 설김벌인지

〈**circumstance**〉 (얼기)설기(circ) 싸서 휘감고 세워 두다(stance= stand). 빙 두른 주위 환경을 나타냄
〈**circumference**〉 (얼기)설기(circ) 싸서 휘감고 벌여(fer=ferry, port) 가다. 빙 두른 주위 환경을 나타냄

· 어원) 〈**circumstance**〉 Latin circum ("round about", "in a circle around")+stō (stand).
〈**circumference**〉 Latin circum ("around")+ferō ("I carry"). **설기**: 싸리채나 버들채 따위로 엮어서 만든 사각형 모양의 상자. **얼기설기**: 가는 것이 이리저리 뒤섞이어 얽힌 모양.

encyclopedia [insàikləpí:diə] 백과사전 (말소리) 인싸굴러뻗어

〈**encyclopedia**〉 인(in on en 인접)한 주변에 쏴아 (cy=cir 설설. Cyclo=circle) 굴려 (소용돌이 반경에) 푸드드 뻗어(ped=bud, foot; pediatrician 참조) 나는 싹(아이). 회전하는 영역(circle: sphere 원=영역: 학문 영역)에 대해 뻗어나는 아이를 위해 만든 책을 뜻함

· 어원) 〈**encyclopedia**〉 Ancient Greek ἐν (en, "in")+κύκλρς (kúklos, "circle"), παιδεύω (paideúō, "rear a child"). Latin puer, Sanskrit पुत्र(putrá, "son"). **싸다**: 둘러서 여미다.

search [sə:rʧ] 찾다 수색하다 (말소리) 설쳐
research [risə́:rʧ] 연구 조사 누설쳐

〈**search**〉 설설(sear=circle)대면서 (소용돌이처럼) 회전하다. 설치면서 사방을 둘러보며 찾는다 〈**research**〉 누누이(re) 설설(sear= circle)대면서 (소용돌이처럼) 회전하다. 설치면서 사방을 둘러 보며 찾는다

· 어원) 〈**search**〉 Late Latin circō("to circle; go around; search for"). 〈**research**〉 Early Modern French rechercher ("to examine closely"), from Old French recerchier ("to seek, to look for"). **설설**: 넓은 그릇의 물 따위가 천천히 고루 끓는 모양. 머리를 천천히 설레설레 흔드는 모양. **설치다**: 마구 날뛰다.

serpent [sə:rpənt] 뱀 (말소리) 슬핀다

〈**serpent**〉 스르르 설설(ser) 서리서리(ser) (소용돌이로) 굽이치며 기어가는 모습. 서리서리: 뱀 따위가 몸을 똬리처럼 둥그렇게 감고 있는 모양☞ 스(s)+읊어(erp=warp, wave): 슬피 읊는 소리의 파동처럼 구부려 가는 모습 [연관] creep reptile

· 어원) Latin serpēns ("snake"), from the verb serpō ("I creep, crawl"), from Proto-Indo-European *serp-. Sanskrit सर्पति (sarpati, "to glide, crawl") [국어] **설설**: 벌레 따위가 거볍게 기어 다니는 모양. 물 따위가 천천히 고루 끓는 모양. **슬슬(설설)**: 넓은 그릇의 물 따위가 천천히 고루 끓는 모양. 바람이 부드럽게 부는 모양. 잇따라 거볍게 이리저리 기어 다니다. **사리다**: 뱀 따위가 몸을 똬리처럼 동그랗게 감다. **슬피**: 마음이 아파 슬프게

cylinder [sílindər]	실린더 원통	(말소리) 설렁대
slander [slǽndər]	욕하다	설렁대

〈cylinder〉 '설렁대'는 설렁대(cylin=current, chron 쿠릉, 쿨렁)면서 도는 소용돌이 모양의 대(臺, 받침), (c 발음이 'ㅋ'에서 'ㅅ'로 변화 current → cylinder). **〈slander〉** '설렁대'는 설렁/철렁 굴러가는 소리로 시끄럽게 정신적 가해를 하다는 뜻

· 어원) **〈cylinder〉** Ancient Greek κυλίνδω (kulíndō) "I roll or wallow 울려"). Latin circus ("ring, circle"), Ancient Greek κίοκρς (kírkos, "circle, ring") **〈slander〉** Latin scandalum ("stumbling block, temptation"). [국어] **설설**: 넓은 그릇의 물 따위가 천천히 고루 끓는 모양. 머리를 천천히 설레설레 흔드는 모양. **쏴아**: 물이나 그 밖의 액체가 급히 세차게 내려가거나 나오는 소리를 나타내는 말. **설렁대다**: 많은 물이 끓어오르며 이리저리 자꾸 움직이다. [한자] 㴖물 흐르는 모양 설

시간은 물처럼 콰르르 흐른다. '시간을 끌다' 또는 '시간이 걸리다'는 표현에서 '끌다' '걸리다'는 콰르르, 꽈르르 흐르는 소리와 관련된다. Current는 쿨렁대며 구른다는 뜻으로 흘러가고 있는 현재진행을 나타낸다. '시간이 흐르다'는 표현처럼 흐름은 시간이다. 어느 한 지점에서 다른 지점으로의 이동은 걸리는 시간을 의미한다.

chronic [krɑ́nik]	만성의 고질의	(말소리) 걸리는
chronology [krənɑ́lədʒi]	연대기 연표	구르나얘기

〈chronic〉 '걸리는' 쿠릉(chron=current) 굴러(흘러, 걸어) 가는 소리로 시간이 흐르고 시간이 걸리다는 뜻 [다른 풀이] '구르는' **〈chronology〉** '구르나얘기'는 쿠릉(chron=current) 굴러(흘러, 걸어) 가는 시간에 대해 웩웩(log=dialogue) 이야기를 나타냄

· 어원) **〈chronic〉** Ancient Greek χορνικός (khronikós, "of time"). **〈chronology〉** chrono- ("relating to time")+-logy ("study of, account of"). [국어] **꽈릉**: 폭발물 따위가 터지거나 천둥이 칠 때 요란하고 짧게 울리어 나는 소리. **걸리다**: (일에 날짜나 시간이) 필요하거나 소요되다. 끼이거나 박혀서 빠지지 않게 되다. 스스로 걸어가게 하다

anachronism [ənǽkrənìzm]	시대착오	(말소리) 아니구른있음
synchronize [síŋkrənàiz]	동시 일어나다	싼구르나오지

〈anachronism〉 쿠릉((chron=current 구르릉) 굴러가고 있는 시간대가 아니(ana=in)라는 뜻. '아니'는 안아(ana=on, in, anti, 안다) 인접하는 상대, 반대편을 뜻한다. ☞ Current 구르고 있는 시간대, 현재 **〈synchronize〉** 싼(syn 쌍, syn=sum 쌈)다와 구른다(chron= current 구르릉)의 합성으로 쌍으로 (싸여서) 굴러(흘러, 걸어) 가는 시간

· 어원) **〈anachronism〉** Ancient Greek ἀνά (aná, "up against")+χορνίζω (khronízō, "spending time"). **〈synchronize〉** Ancient Greek σϋγχορνίζω(sunkhronízō). σϋν-(sun-)(with, together, co-, syn)+χοόνρς(khrónos) (delay, time). **쿠릉(쿠르릉)**: 몹시 무겁고 굵게 여운을 남기면서 울리는 소리. **꽈릉**: 폭발물 따위가 터지거나 천둥이 칠 때 요란하고 짧게 울리어 나는 소리.

18 꼬르르 구르다(-grad/-gress)(걸음)

pro**gress** con**gress** **grad**e **grad**uate

물이 콰르르(current) 흘러 가는 것은 구르거나(glide) 걸어가며 진행하는(graduate, progress) 모습과 같다.

glide [glaid] 날다 미끄러지다 (말소리) 굴려오다

〈glide〉 '굴려오다'는 굴러 미끄러지는 소리 [연관] slide 스르르 구르다로 glide의 변형된 형태

· 어원) **〈glide〉** Proto-Germanic *glīdaną ("to glide, slide"). **[한자] 屈굽힐굴 毬공 구**

progress [prάgres] 전진하다 진보하다 (말소리) 펴리구르지
transgress [trænsgrés] 어기다 위반하다 따른지구르지

〈progress〉 '펴리구르지'는 펴내(pro 앞)어 구르르 (gress) 걸어서 가다. 시간에 따라 죽 흘러가는 모습 (development through time) [다른 풀이] '펴리걸어서' **〈transgress〉** '따른지구르지'는 구르르 (gress) 걸어 따라(tra=through) 죽 지나가다. 떠나가서 벗어나다 [연관] trespass

· 어원) **〈progress〉** Old French progres ("a going forward"). pro- "forth, before"+ gradi "to walk, go" **〈transgress〉** Latin trans ("across, beyond")+gradior ("walk; advance"). [국어] **걸어가다**: 목적지를 향하여 발로 걸어서 나아가다. **구르다**: 마소나 수레 따위가 걷거나 달리거나 할 때 출썩거리다

congress [kάŋgris] 의회 회의 (말소리) 끈구르지

〈congress〉 '끈구르지'는 끈(con 함께) 채로 구르듯이 걸어서(gress) 가다. 끌려 가서 모이다

· 어원) **〈congress〉** Latin congredior ("I go, come together"), itself from con-+gradior ("I go, step").

ingredient [ingrí:diənt] 재료 성분 (말소리) 안구르단다

〈ingredient〉 '안구르단다'는 안(in)에 구르어(gre 걸어) 들어가다. 본래 가지고 있는 성질이나 요소를 뜻함

· 어원) **〈ingredient〉** Latin ingredior ("I go or enter into or onto").

텁텁(tap)치는 발걸음인 step이 단계를 뜻한다. 이처럼 걸음은 구르르 두 발을 옮겨 걸어가는 것으로 거리를 나타내는 기본 단위이기도 하다. 걸어간 거리만큼 단계를 밟아 진행하기도 하고 그 과정에서 길이의 개념이 생긴다. 거리는 career처럼 걸어와 지나온 길이다.

grade [greid] 등급을 매기다 (말소리) 거리이다
graduate [grǽdʒuət] (위 단계로) 진전하다 졸업하다 걸어두다
degree [digrí:] 정도 등급 떠거리

〈grade〉 '거리이다'는 굴러(걸어) 간 만큼의 거리를 뜻함. 콰르르(꽈르르) 걸어 가거나 구르는 소리. 걸어가는 과정에서 단계, 거리, 길이가 파생 ☞ rade, ade는 ride, wade와 관련하여 나다니다, 휘이(way) 이동하는 것을 뜻함 [다른 풀이] 1 '걸리다' 걸어가 걸리는 거리, 진행 단계 **〈graduate〉** '걸어두다'는 굴러(gra 걸어)가며 진행해가는 것(To change gradually)으로 거리를 두며 걸어 나감을 의미 [연관] gradual **〈degree〉** '떠거리'는 떠나(de) 구르르(gree) 걷다. 걸어간 거리/길이처럼 얼마의 분량이나 정도를 나타냄

· 어원) **〈grade〉** Latin gradus ("a step, pace, a step in a ladder or stair, a station, position, degree"). **〈graduate / degree〉** Latin graduātus ("graduated"), from gradus ("step"). Proto-Indo-European *g^hred^h- ("to walk, go"). **거리**: 두 개의 물건이나 장소 따위가 공간적으로 떨어진 길이. 일정한 시간 동안에 이동할 만한 공간적 간격. **걸리다**: 시간이 들다. **걸음**- 두 발을 번갈아 옮겨 놓는 횟수를 세는 단위. **구르다**: 마소나 수레 따위가 걷거나 달리거나 할 때에 출썩거리다. **'기리'**: '길이'의 옛말

degrade [digréid] 떨어뜨리다 비하 (말소리) 디구르다

〈degrade〉 떼(de 디다) 굴러(걸어)가다. 걸어가는 단계가 뒤로 가다. '디다'는 '지다'로서 떨어진다는 뜻

· 어원) **〈degrade〉** Latin de- ("down, away from")+gradus ("grade, step"). [국어] **디다**: (떨어)지다 의 옛말. **뒤구르다**: 총이나 포가 발사 후의 반동 때문에 뒤로 움직이거나 물러나다. **뒤지다**: 걸음이 남에게 뒤떨어지다. 능력, 수준 따위가 남보다 뒤떨어지거나 못하다. 시간에 있어 남보다 늦다.

19 꼬르르(gr/cr, col) (흘러) 기르다(길다, 자라다):

grow ac**cr**ue re**cr**uit in**cr**ease; **gr**oss **col**ossal

'기르다'는 콰르르 흐르듯 시간의 흐름에 따라 진행하면서 커지는 것이다. '구르다', '걸어가다'와 통한다.

grow [grou] 성장하다 자라다 (말소리) 기르어
create [kriéit] 만들다 창조하다 기르다

〈grow〉 길어나 성장하다. 구르르 흐르듯 시간의 흐름에 의해 부피를 늘려가 자라다. ☞ -row는 '노젓다'이며, (물, 빛, 바람 등) 너울 치는 파동 [연관] row flow blow crow **〈create〉** 길러 키워지도록 해주는 힘. 창의성을 기른다고 표현

· 어원) **〈grow〉** Old English grōwan ("to grow, increase, flourish, germinate"), from Proto-Germanic *grōaną ("to grow, grow green"). **〈create〉** Proto-Italic *krēāō ("to make grow") [국어] **길다**: 점점 무성하게 자라나다. **그루**: 식물, 특히 나무를 세는 단위

grass [græs] 풀 (말소리) 기르지
green [griːn] 녹색의 푸른 기른

〈grass〉 '기르지'는 꼬르르 흐르듯 풀이 길어 자라나다는 뜻 **〈green〉** '기른'은 기르는 식물을 말하는 것으로 광합성으로 인해 녹색을 띰

· 어원) **〈grass/green〉** Proto-Indo-European *g^hreh_1- ("to grow, become green").

accrue [əkrúː] 발생하다 생기다 (말소리) 에기르어

〈accrue〉 '에기르어'는 -에(a) (콰르 솟아나) 길어(crue=grow, increase) 점점 커지다. 커 나와 보이게 되고 발생이 된다. [연관] occur

· 어원) **〈accrue〉** Latin accrēsco ("increase"), from ad ("in addition")+crēscō ("to grow", I become visible, spring from, arise, come forth.).

recruit [rikrúːt] 채용하다 모집하다 (말소리) 누기르다

〈recruit〉 '누기르다'는 누누이(re) 구르르(콰르) 길어(cru=grow 키워)지다. 새로 들여 사람이 늘어나게 하다(To replenish)는 뜻

· 어원) **〈recruit〉** Proto-Indo-European *ḱreh$_1$- ("to grow, become bigger").

increase [inkríːs] 증가하다 (말소리) 인기르지

〈increase〉 '인기르지'는 인(in, on 인접)한 곳에 구르르(콰르) 길어(cre =grow) 커지다는 뜻

· 어원) **〈increase〉** Latin increscere ("increase"), in ("in, on")+crescō ("grow").

큰 것은 위대(great)하다는 의미가 은연 중에 포함되어 있다. 이 '크다'는 것은 길어나 자라난 것, 끌려져 뭉친 것이라고 할 수 있다.

great [greit] 위대한 큰 (말소리) 기르었다

'기르었다'는 길러서 커지다. (길어나) 크고 위대하다는 뜻

· 어원) Middle English greet ("great, large"), from Old English grēat ("big, thick, coarse, stour, massive").

gross [grous] 총 전체 (말소리) 끌어서
grocery [gróusəri] 식료 잡화점 끌어쓰리

〈gross〉 '끌어서'는 꽈르르 (꼬이며) 끌어져 전체를 이루다는 뜻 [다른 풀이] '길어서' 길어 뭉치고 커짐 **〈grocery〉** '끌어쓰리'는 꽈르르 (꼬이며) 끌어져 (뭉쳐) 많은 것을 다루는 상점

· 어원) **〈gross〉** Old French gros ("big, thick, large, stout"). Late Latin grossus ("thick in diameter, coarse") **〈grocery〉** French grosserie ("wholesale"). **끌다: 불러 모으고 쏠리게 하다.**

engross [ingróus] 몰두시키다 열중시키다 (말소리) 인끌어서

〈engross〉 '인끌어서'는 인(in, on, en 인접)한 곳에 끌어서(gross) 모아 뭉치다(To amass)

· 어원) Medieval Latin ingrossō ("thicken, write something large and in bold lettering"), from in-+grossus ("great, big, thick"). **[국어] 끌다: 바닥에 댄 채로 잡아당기다. 남의 관심 따위를 쏠리게 하다. 불러 모으고 쏠리게 하다. 기르다: 동식물을 보살펴 자라게 하다.**

길다(크다)는 말은 콸콸 솟아 위로 나온 것과 관계 있다.

column [kάləm]	기둥 열	(말소리) 길음
colossal [kəlάsəl]	거대한 놀랄만한	길어설

〈column / colossal〉 콸 솟아 위로 큰 것. 길어져서 거대하다는 뜻 [참고] acrophobia

· 어원) Latin collis ("a hill"), celsus ("high"), probably to Ancient Greek κρλρφών (kolophṓn, "top, summit"). Old English holm ("rising land, island") **〈colossal〉** Ancient Greek κρλρσσός (kolossós, "giant statue"). Old Latin colos ("covering")

20 (콸콸) 꿀린(clin), 결림(cl/gl)(뭉침)

in**cl**i**n**e de**cline** **cli**ng **clin**ch; **cl**oy **cl**uster con**gl**omerate

콸콸 굽이치는 소용돌이처럼 휘어지는 모습

incline [inkláin]	경향이 있다 기울다	(말소리) 인꿀린
decline [dikláin]	감소하다 하락하다	떼꿀린
recline [rikláin]	비스듬히 기대다[눕다]	누꿀린

〈incline〉 '안꿀린'은 인(in, on 인접)한 곳에 꿀리는(cline) 것으로, 기울린 방향으로 마음이 끌리다는 뜻. **〈decline〉** '떼꿀린'은 떼어(de, 디다) 지는 쪽으로 끌려가다. 마음이 멀어지는 곳으로 끌리다. 하고 싶지 않다는 뜻, ☞ 디다(de 지다)+ 꿇린/꿀렁(cline). **〈recline〉** 누워(re≒rest, lie) 꿀리는(cline) 것으로, 몸을 기울여 눕다

☞ Line은 늘어진 실로 울렁거림을 표현한다(lean, long languid).

· 어원) **〈incline〉** Latin inclīnō ("incline, tilt"), from in-+clīnō ("I bend). **〈decline〉** Latin declinare ("to bend, turn aside, deflect, inflect, decline"), from de ("down")+clīnō ("I bend, I incline"). **〈recline〉**Latin reclīnāre ("to bend back") [국어] **꿇다**: 무릎을 구부려 바닥에 대다. 기이(奇異)하다: 보통과는 다르게 유별나고 이상하다. 꼬다: 몸의 일부분을 이리저리 뒤틀다. **꿀리다**: 1. 쭈그러지거나 우그러져서 구김살이 지다. 2. 기세나 형세가 줄거나 꺾이다. 3. 마음속으로 좀 켕기다. [한자] 屈굽힐 굴 奇기이할 기, 豈어찌 기

'꿀다'는 즉 물리적으로나 심리적으로 한쪽으로 쏠린다는 의미를 내포하고 있다.

client [kláiənt]	고객	(말소리) 꿀리어온다
clinic [klínik]	진료소	끌리는

〈client〉 마음이 꿀려(incline) 기울리게 되다. 고객은 계속 귀 기울이고 끌려다니는 대상 **〈clinic〉** 환자가 침대에 끌려 붙은 상태로 침대에 의지한다는 의미에서 유래

☞ clien/clin= incline; lin=lean

· 어원) **〈client〉** latin clīnāre("to lean"). **〈clinic〉** Late Latin clinicus("a bed-ridden person, a physician"), Ancient Greek κλινικός(klinikós, "pertaining to a bed") [국어] **끌다**: 불러 모으고 쏠리게 하다. **꿀리다**: 1. 쭈그러지거나 우그러져서 구김살이 지다. 2. 기세나 형세가 줄거나 꺾이다. 3. 좀 켕기다. 屈굽힐 굴

coin이나 cone는 콸콸 꼬이며 원으로 회전하는 모양이다. 침엽수도 원뿔 모양의 열매가 열린다. Cone(솔방울)은 공 모양으로 원뿔 모양(쐐기 모양과도 흡사함)을 하고 있다.

coin [kɔin] 동전 (말소리) 꼬인
cone [koun] 원뿔 솔방울 꼰
conifer [kóunəfər] 침엽수 공이퍼

〈coin/cone〉 콸콸 꼬여 돌다는 말로 회전하는 공(콩) 모양, 괴는데 쓰는 뿔 모양. [연관] corner [다른 풀이] '공' 꼬여 둥근 각을 이루다 **〈conifer〉** 콸콸 꼬여 있다는 말로 회전하는 공 모양, 괴는데 쓰는 각진 뿔 모양. 뿔이 난 각진 것을 퍼(fer=ferry) 나르다는 뜻. [다른 풀이] '꼬네퍼'는 꼬인 뿔 모양 공이 퍼 날라지는 나무

· 어원) **〈coin〉** Old French coigne ("wedge, cornerstone") Latin cuneus("wedge"). <cone> Latin conus ("cone, wedge, peak"), from Ancient Greek κῶνρς (kônos, "cone, spinning top, pine cone"). <conifer> Latin cōnifer ("bearing cones"), from cōnus ("cone")+ferō ("to bear"). [국어] 쐐기 모양: 윗부분이 넓고 밑 부분이 점차 좁아지는 V자형의 모양. **꿀리다**: 1. 쭈그러지거나 우그러져서 구김살이 지다. 2. 기세나 형세가 줄거나 꺾이다. 3. 마음속으로 좀 켕기다.

꿀림은 쿨렁거리며 돌면서 꿇리는 것을 나타낸다. '꿇다, 꼬이다, 기울다' 등은 왜곡이나 변형을 뜻한다. 정상적인 것이 직선이라면 원형은 직선이 굽은 형태이며 곧은 것에 비해 이상하고 기묘한 것이 된다.

squint [skwint] 사시 사팔뜨기 (말소리) 스꿇다

〈squint〉 '스꿇다'는 눈이 한쪽으로 꿇은(quin) 것처럼 기울어 보다(To look with, or have eyes that are turned in different directions)는 뜻,

· 어원) **〈squint〉** asquint ("obliquely; with a sidelong glance", adverb), Dutch schuinte ("slant; slope"), West Frisian skean ("oblique; sloping; slanting") 屈굽힐 굴

queer [kwiər] 괴상한 동성애의 (말소리) 기울

〈queer〉 콸콸 휘돌아 가며 꿀리다. 기울어 괴상한 상태를 뜻함. [다른 풀이] 1 '기이' 기이하다 2 '꿀' 꿇다 ☞ 껴(qu)+ 울(er=err, weird '울다' 울어서 기울다)

· 어원) **〈queer〉** Low German queer ("oblique, off-center")

(콸콸 돌며) 걸(결)리다(cl/gl)(뭉침)

'걸다(cl- 結)'는 콸콸(꽈르르) 끌어 당겨 뭉친 것으로 걸려 매달린다는 뜻이 된다.

cling [kliŋ] 매달리다 집착하다 (말소리) 걸린
clench [klentʃ] 꽉 쥐다 걸린지
clinch [klintʃ] 죄다 구부리다 걸린지

〈cling〉 '걸린'은 쿨렁(clink)이며 휘말리듯, 걸려/끌려 들러붙다는 뜻. **〈clench /clinch〉** '걸린지'는 쿨렁이며 휘말리듯 걸리게 꽉 붙잡다는 뜻 [다른 풀이] '끌린지' 끌려 들러붙다. 또는 꿀려 (구부림으로) 걸리게 한다

☞ -ling은 ring, link와 같이 엉겨(angle) 붙다는 의미. -lench= -ling의 변형

· 어원) **〈cling〉** Old English clingan ("to adhere"). **〈clench /clinch〉** Old English clenġan ("to adhere; remain"), from Proto-Germanic *klinganą ("to stick; adhere"). [국어] **걸다**: 자물쇠, 문고리를 채우거나 빗장을 지르다. 벽이나 못 따위에 어떤 물체를 떨어지지 않도록 매달아 올려놓다.

claw [klɔː]　　집게발 집다　　(말소리) 걸려

꿀려/꿇려(구부러져) 있어 걸 수 있다. (새나 동물이) 걸어 (먹이를) 잡는 발톱 (To use the claws to seize, to grip). 걸어 잡고 오르게 한다(To use the claws to climb.) ☞ cl-은 clip 처럼 끌어 잡는 의미가 있고, 손처럼 그러 잡는 역할을 한다. [연관] crawl 끌어 잡는 손발로 기어 다니다(To move over (an area) on hands and knees). climb 끌어 잡는 손발(limb)로 기어 오르다(go up by clinging)

· 어원) Proto-Germanic *klawjaną (to claw or scratch) Proto-Indo-European *gel- ("to make round, clench"). **꿀리다**: 1. 쭈그러지거나 우그러져서 구김살이 지다. 2. 기세나 형세가 줄거나 꺾이다. 3. 마음속으로 좀 켕기다

'결(cl-結)'은 콸콸(꽈르르) 휘말리며 걸쭉해서 잘 엉겨 붙는 성질을 나타낸다. '걸다'라는 말은 걸쭉하거나 양이 많다는 의미이다. 무리를 이루거나 흙이나 기름처럼 양이 많고 걸쭉한 것에 '걸다'를 쓴다. 또한 걸다는 걸쳐져 엮인다는 의미도 있다

cloy [klɔɪ]　　물리다 질리다　　(말소리) 결리어
clay [kleɪ]　　진흙 점토　　결리어

〈cloy〉 '결리어'는 (목에) 걸리도록 채워 넣어 콸콸(꽈르르) 휘말리며 목이 결리거나 질리다(To fill to loathing)는 뜻 **〈clay〉** '결리어'는 콸콸(꽈르르) 휘말리며 걸죽해서 서로 잘 결합하다. '흙이 걸다'처럼 걸걸한 흙 같은 것을 가리킴 [연관] gel galaxy clue [다른 풀이] '끌리어' 끌려 뭉치다

· 어원) **〈cloy〉** latin clāvus(nail, callus) Ancient Greek κλείς (kleís, "key") **〈clay〉** Proto-Indo-European *gley- ("to glue, paste, stick together"). [국어] **결리다**: 대, 갈대, 싸리 따위로 씨와 날이 서로 어긋매끼게 엮어 짜게 하다. 풀어지거나 자빠지지 않도록 서로 어긋매끼게 끼게 하거나 걸치게 하다 실꾸리를 만들기 위해서 실을 어긋맞게 감게 하다. 남에게 억눌려 기를 펴지 못하다. '겯다'의 사동사. **걸다**: 어떤 물체를 떨어지지 않도록 매달아 올려놓다. 흙이나 거름 따위가 기름지고 양분이 많다. **걸리다**: 막히거나 잡히다. **걸쭉하다**: 액체가 묽지 않고 꽤 걸다. **結맺을 결.**(모으다, 걸다, 엉기다, 굽다, 막다, 마치다)

'결(cl-結)'은 콸콸(꽈르르) 휘말리며 끌어당겨 한데 뭉쳐지는 것을 가리키며 집단이나 무리를 의미하기도 한다.

glue [gluː]　　접착제　　(말소리) 결려
clue [kluː]　　단서 실마리　　결려

〈glue〉 '결려'는 끌려 착 달라붙어 있다는 뜻으로 결합되게 하는 것을 의미함 [다른 풀이] '걸려' 걸려 모아지다 **〈clue〉** '결려'는 콸콸 끌려 뭉친 덩어리. 결박된 실을 따라가 탈출하는 신화에서 비롯됨 [다른 풀이] 1 '걸려' 2 '끌려' 끌(걸)려 뭉친 실
아테네의 왕자 테세우스는 미노타우로스를 죽이고자 제물로 위장하여 크레타섬에 들어오는데, 아리아드네는 그를 보고 첫눈에 반하여 미노타우로스를 없앨 수 있는 칼과 붉은 실타래를 주어 미궁에서 쉽게 빠져나올 수 있도록 도와주었다. 아리아드네가 준 칼로 미노타우로스를 죽인 테세우스는 실타래를 이용해 그가 지나온 길을 따라서 무사히 미궁에서 탈출하였다.

· 어원) **〈glue〉** Old French glu ("glue") **〈clue〉** Old English clīewen ("sphere, ball; ball of thread or yarn; mass, group"). [국어] **결리다**: 대, 갈대, 싸리 따위로 씨와 날이 서로 어긋매끼게 엮어 짜게 하다. 풀어지거나 자빠지지 않도록 서로 어긋매끼게 끼게 하거나 걸치게 하다 **실꾸리를** 만들기 위해서 실을 어긋맞게 감게 하다. '겯다'의 사동사. **끌다**: 불러 모으고 쏠리게 하다. 바닥에 댄 채로 잡아당기다. 結맺을 결. 모으다, 걸다, 엉기다, 굽다, 막다, 마치다

galaxy [gǽləksi] 은하 (말소리) 꿀럭져

〈galaxy〉 '꿀럭져'는 꿀럭(galax≒click)거리며 걸죽하게 뭉쳐 있어 꿀, 젖(milk)처럼 끈적끈적한 덩어리, 별무리를 가리킴 ☞ gal(col, cloy)+lax(liquor, aquatic 웩 쏟는 물)

· 어원) **〈galaxy〉** Ancient Greek γαλαξίας (galaxías, "Milky Way"), from γάλα (gála, "milk"). Latin lac(milk) 酪소젖 낙(락) Latin lacus ("lake"), [국어] **걸다**: 액체 따위가 내용물이 많고 진하다, 종류가 많고 푸짐하다. **꿀럭**: 점성(粘性)이 있는 액체가 구멍으로 흘러나오거나 흘러 들어가는 소리. 또는 그 모양.

'결(結)'은 '걸다/결리다'에서 생성된 한자로 '엉기다'는 의미를 가지고 있다. 서로 엉겨서 딱딱하게 얼기도 하고 겔이나 젤리처럼 된 물렁물렁한 액체가 되기도 한다. '동결 凍結'처럼 물이 걸쭉해지고 분자가 결합되면 얼음이 된다

glacier [gléiʃər] 빙하 (말소리) 결리어서
gel [dʒel] 겔 뭉치다 질
jelly [dʒéli] 젤리 질어

〈glacier〉 '결리어서'는 걸쭉(걸걸)하게 뭉친 것으로 얼어서 굳어진 빙하를 가리킴 [다른 풀이] '끌리어서' 끌리어 뭉친 것 [연관] cool cold **〈gel〉** '질' 쩔어(끌려, '결(結)') 응결된 얼음처럼 질척하게 뭉친 것 **〈jelly〉** '질어'는 질다. 끈적끈적하게 쩔어 응결된 젤리를 뜻함 [참고] congeal,

· 어원) **〈glacier / gel〉** Latin glacies ("ice"), from Proto-Indo-European *gel- ("to be cold, to freeze"). Latin gelo ("to freeze"), from gelu ("frost") **〈jelly〉** Old French geler ("to congeal"). [국어] **결리다**: 대, 갈대, 싸리 따위로 씨와 날이 서로 어긋매끼게 엮어 짜게 하다. 풀어지거나 자빠지지 않도록 서로 어긋매끼게 끼게 하거나 걸치게 하다 실꾸리를 만들기 위해서 실을 어긋맞게 감게 하다. '겯다'의 사동사. **걸다**: 액체 따위가 내용물이 많고 진하다. **질다**: 물기가 많아 차진 촉감이 있다. **쩔다**(절다): 땀이나 기름 따위의 더러운 물질이 묻거나 끼어 찌들다. 結맺을 결. 모으다, 걸다, 엉기다, 굽다, 막다, 마치다

굳게 결합된 것은 껍데기를 이루고, 몸 등의 형태, 골격, 꼴을 나타낸다. '동결 凍結'처럼 결합되면 꼴, 모양이 된다 (Corporate glacier, cold 참조).

crust [krʌst] 지각 표면 껍질 (말소리) 결이지다

〈crust〉 '결이지다'는 (서로 끌려) 걸쭉하게(jelly) 엉긴 것으로 얼음처럼 결정이 되다. 걸치고 있는 딱딱한 껍질(A more solid, dense or hard layer on a surface)을 뜻함.

· 어원) **〈crust〉** Latin crusta ("hard outer covering") Ancient Greek κούρς (krúos, "frost, icy cold"), Proto-Indo-European *krustós("hardened"), from *krews- ("to form a crust, begin to freeze"). Proto-Germanic *hrusǭ '얼어져' ("ground; ice") **결리다**: 대, 갈대, 싸리 따위로 씨와 날이 서로 어긋매끼게 엮어 짜게 하다. 풀어지거나 자빠지지 않도록 서로 어긋매끼게 끼게 하거나 걸치게 하다 실꾸리를 만들기 위해서 실을 어긋맞게 감게 하다. '겯다'의 사동사

cloud [klaud] 구름 (말소리) 끌려오다
cluster [klʌstər] 클러스터 무리 끌려서다

〈cloud〉 '끌려오다'는 끌려 뭉친 덩어리(visible mass of water droplets)를 뜻함 [연관] clod clot 끌려 뭉친 덩어리
〈cluster〉 '끌려서다'는 끌려 뭉친 덩어리 ☞ clu≒clue

· 어원) **〈cloud / cluster〉** Proto-Indo-European *gel- '結'("to ball up, clench") Old English cluster ("cluster, bunch, branch") [국어] **끌다**: 불러모으고 쏠리게 하다. 바닥에 댄 채로 잡아당기다. 結맺을 결. 모으다, 걸다, 엉기다, 굽다, 막다, 마치다

conglomerate [kənglάmərit] **[고급]** 대기업, 둥근 덩어리 (말소리) 끈끌려모리다

'끈끌려모리다'는 끈(con 끼여) 채 꽈르르 끌림(glom)으로 둥그런 덩어리 (globe)가 되는 것을 뜻함. 그러모아 눈덩이처럼 커지다
[연관] globe 끌어 모아 뭉쳐지면 행성처럼 굴러가는 공 모양이 된다. ☞ -glom= clump, clamp ; -lom=lump

· 어원) Latin conglomerāre("to pile into a heap, to roll together"), glomerō ("to pile into a heap, to make into a ball"). Latin globus, Sanskrit (gluntha, "lump"), and Proto-Germanic *klumpô ("mass, lump, clump; clasp") **그러모으다**: 흩어져 있는 사람이나 사물 따위를 거두어 한곳에 모으다.

뭉치는 것은 끌어모으기, 걸려/끼워 붙어서 덩어리지기로 표현될 수 있다.

crowd [kraud] 군중 붐비다 (말소리) 끌어오다

〈crowd〉 '끌어오다'는 끌리어 (끼리끼리 와서) 뭉친다는 뜻(To press together or collect in numbers)

· 어원) **〈crowd〉** Proto-Germanic *krūdaną(to drive, press, crowd)

crew [kru:] 승무원 패거리 (말소리) 끼리

〈crew〉 '끼리'는 끼리끼리 끌려 모인 집단을 가리킴. 끌어져 쌓이는 것은 점점 자라 길어(grow)지는 모습과 같다 [다른 풀이] '끌어' 끌려 길어지며 뭉쳐진 집단(A group of people together)

· 어원) **〈crew〉** Latin crescere ("to arise, grow"). [국어] -끼리: '그 부류만이 함께'의 뜻을 더하는 접미사.

21 콸콸[c_l(r), gl] 끓다, 켠다(can) (빛, 밝다)

coal s**cor**ch **cl**arify **can**did **can**dle **gli**tter **gl**aze **gl**oom

다음은 켜서 콸콸 끓이는 것으로 열을 발생시키거나 환하게 하는 단어들이다.

calory [kǽləri] 열량 칼로리 (말소리) 켤리라
coal [koul] 석탄 숯 켤
carbon [kάrbən] 탄소 켜본

〈calory〉 '켤리라'는 불을 켜거나 콸콸 끓여 열이 발생 **〈coal〉** '켤'은 불을 켜 굽는데 쓴다 [다른 풀이] '구울' 불에 굽다
〈carbon〉 '켜본'은 끓이어 켜다는 뜻으로 숯을 이루는 물질인 탄소를 가리킴

· 어원) **〈calory〉** latin caleō ("I am warm, hot; glow"). Latin calor (heat; glow, heat of passion) Danish grel ("shrill, glaring, dazzling"). **〈coal〉** Proto-Germanic *ǵwelH- ("to burn, shine"). **〈carbon〉** Latin carbō("charcoal, coal"), from Proto-Indo-European *ker- ("to burn").
[국어] 켜다: 등이나 초 따위에 붙게 하다, 성냥이나 라이터, 난로 따위에 일으키다

scorch [skɔːrʧ]	~을 그을리다 시들다	(말소리) 쉬켤지

'쉬켤지'는 불을 켜 그을리면 바싹 건조해짐을 뜻함. ☞ scor-는 콸콸 갈리는 소리로서 score, scar, skirt, skeleton 등과 같다.

· 어원) Middle English scorchen ("to make dry; parch")
[국어] 쭈글쭈글: 쭈그러지거나 구겨져서 주름이 매우 많은 모양을 나타내는 말

빛은 사방을 밝힌다. 마치 등이나 초를 켠 것처럼 주위가 환해진다. '켜다'는 몸을 일으켜 펴는 것처럼 자신이 주장하는 바를 밝혀 말을 하는 것도 나타낸다.

clear [kliər]	분명한 밝아지다	(말소리) 켤리오
declare [dikléər]	선언하다 말하다	떼켤리오
clarify [klǽrəfài]	명백히 하다 밝히다	켤리라피어

〈clear〉 '켤리오'는 콸콸 끓는 불을 켠 것처럼 밝다. 깔끔하고 깔깔한 상태 **〈declare〉** '떼켤리오'는 떼어 콸콸 켜다. (속을) 밝혀 말한다는 뜻 **〈clarify〉** '켤리라피어'는 불을 켜듯이 명백하게 밝힌다는 뜻

· 어원) **〈clear〉** latin caleō ("I am warm, hot; glow"). Middle English schir ("clear, pure") (Old English scīr ("clear, bright")). **〈declare〉** Latin dēclārō ("to make clear"), from dē-+clārus ("clear"). **〈clarify〉** Latin clārus ("clear")+faciō ("make"). **[국어] 켜다**: 등이나 초 따위에 붙게 하다. 팔다리나 네 다리를 쭉 뻗으며 몸을 펴다. 나무를 세로로 톱질하여 쪼개다. **깔깔히**: 맑고 바르고 깨끗한 마음으로.

'켜다'는 불을 켜다는 말 이외에도 일으키다(kindle 켜서 일으키다), 키우다(kin 같이 큰 친족), 쪼개다[scandle (톱으로) 켜는 것처럼 상처를 주다]는 의미가 있다. 촛불을 마음속에 밝히면 훤히 들여다보일 정도의 솔직함(candid)을 뜻하게 된다. blank는 벌렁거리는 불빛으로 하얗게 된 것을 말한다. 이처럼 cand(켠다)도 불로 희게 빛나는 것을 나타낸다.

candle [kǽndl]	양초	(말소리) 켠들
candid [kǽndid]	솔직한	켠되다
candidate [kǽndidèit]	후보자	켠되두다

〈candle〉 '켠들'은 켜서 밝힌 촛불 [연관] incense (can에서 cen으로 변화) **〈candid〉** '켠되다'는 촛불(candle)이 켜져 훤히 다 보이는 솔직함을 뜻함 **〈candidate〉** '켠되두다' (로마에서) 켜진 불빛과 같은 흰옷을 입고 결백함을 나타내면서 공직에 출마한다

· 어원) **〈candle〉** Latin candeō ("be white, bright, shining", verb). **〈candid/ candidate〉** Latin candidus ("dazzling white, shining, clear"). Roman candidates wearing bleached white togas as a symbol of purity at a public forum **[국어] 켜다**: 등이나 초 따위에 붙게 하다

꿀렁 끓어(gl) 빛이 나다
쿨렁하고 갈리는 마찰이나 끓으며 타는 불에서는 깜박하고 빛이 난다.

glitter [glítər]	반짝이다 화려하다	(말소리) 끓리다
glow [glou]	빛 백열	끓어

〈glitter/ glow〉 꿀렁 (부딪히는 소리로) 갈리거나 빛이 번쩍번쩍하다는 뜻. glow는 끓어 열이 나게 하다는 의미도 있다(To make hot)

☞ gl(끓)+litter(너덜, 흩뜨리다 → 너덜하게 흩뜨리는 빛). lit는 light의 과거형

☞ gl(끓)+low(영국 방언에 빛 의미; light)

· 어원) **〈glitter〉** latin caleō ("I am warm, hot; glow"). **〈glow〉** Proto-Germanic *klainiz ("shining, fine, splendid, tender"). German Lohe ("blaze, flames")

[국어] **끼리다**- '끓이다'의 방언(경북, 전라, 충남). [한자] 光빛 광. 喝꾸짖을 갈, 큰소리 扴긁을 갈

'빛을 비추다(glance)'는 영어 단어는 꿀렁 반짝이듯 눈을 깜박이며 눈빛을 보내는 것에 비유된다. 순간 깜박이는 (눈)빛은 흘끗 보는 것을 나타내고, 눈부신 강한 (눈)빛은 이글거리며 노려보는 것을 뜻한다. 참조 [blink (벌렁켜) 눈/빛 깜박이다]

glance [glæns] 1 반짝 비추다 2 휙 보다 (말소리) 껄렁스
glare [glɛər] 1 눈부신 빛 2 노려보다 끓이어
glaze [gleiz] ~의 윤을 내다 깔내어서

〈glance〉 '껄렁스'는 껄렁 (갈리는, 굴렁대는) 모양 1 꿀렁(깜박)거리는 (빛)깔. 2 눈을 꿀렁(깜박)거리며 눈빛을 보냄(launch). [다른 풀이] '끓인지' 끓어 오르는 눈빛

☞ gl(끓)+lance(launch 낭랑[run]거리는 물처럼 퍼지게 쏘다); lance 창

〈glare〉 '끓이어'는 껄렁 (끓이는) 소리로 1 꿀렁(깜박)거리는 (빛)깔. 2 깜박이는 눈빛으로 강렬하게 노려봄(An intense, blinding light. An angry stare.) ☞ gl(끓)+are[열(얼얼한); arid. flare 참조.] **〈glaze〉** '깔내어서'는 꿀렁 끓어(gl) 쏟는 (빛)깔. 꿀렁(깜박)거리며 비추는 유리처럼 광(깔, 길)을 낸다는 뜻. ☞ gl(끓)+laze; aze(ash, flash) [연관] glass blaze

· 어원) **〈glance〉** Middle English glacen ("to **graze**, strike a glancing blow"), from Old French glacier ("to slip, make slippery"). **〈glare〉** Low German glaren ("to shine brightly; glow; **burn**"). latin āreō (I am dry or parched) **〈glaze〉** Middle English glasen, from glas ("glass"). [국어] **껄렁/꿀렁/쿨렁**: 척 들러붙지 않고 들떠서 크게 부풀어 들썩거리는 모양. **길**: 손질을 잘하거나 또는 오래 써서 생긴 물건의 윤기. **깔**: 물건의 빛깔이나 맵시. **깔다**: 눈을 아래로 내리뜨다. [북한어] 빛 또는 어둠이 땅 위에 퍼지는 것을 비유적으로 이르는 말. 길: 물건에 손질을 잘하여 생기는 윤기. [한자] 光빛 광

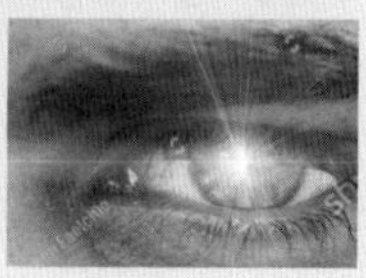

라틴어 lūmen은 '구멍, 빛'이고, 영어 leam은 빛 남(To gleam; shine)을 나타낸다. 빛 남은 (배설물을) 누어 나오게 하는 것과 같다.

illuminate [ilúːmənèit] 밝게하다 부각되다 (말소리) 일누며내오다
luminous [lúːmənəs] 빛내는 밝은 누며내지

〈illuminate / luminous〉 (배설물을) 누어(lu 漏 샐 누) 나오게 하듯 빛이 남(lum=leam 爦불꽃 람) [연관] gleam gloom

· 어원) **〈illuminate〉** Latin illūminō("lighten, light up, show off"), from in+lūminō("light up"). **〈luminous〉** Latin lūmen ("light", the opening or orifice) [국어] **누다**: 배설물을 몸 밖으로 내보내다. [한자] 漏 샐 누(구멍) 爦불꽃 람 濫넘칠 남

갈리거나 끓이면서 나오는 깜박임, 잠깐 반짝하고 사라지는 빛을 나타낸다. 껄렁, 쿨렁, 카랑대는 소리는 clank, claim으로 나타낼 수 있고, 껄렁대는 빛의 파동은 gleam, gloom 등으로 표현될 수 있다.

gloom [gluːm] 침울해지다 어두워지다 (말소리) 깔림
gleam [gliːm] 희미하게 빛나다 깔냄
glimmer [glímər] 깜박이는 빛 깔냄이

〈gloom〉 꿀렁/껄렁 껄렁(깜박)거리며 잠깐 비치는 빛만 있어(To shine or appear obscurely) 그을음이 낀 것처럼 어둡다. 어둠이 깔리다 ☞ gl(껄)+loom(To appear indistinctly, luminous) **〈gleam/glimmer〉** 껄렁대며 끓는 (빛)깔이 깜박거리며 잠깐 빛이 나다. 넘실대는 빛 파동. ☞ gl(껄)+leam(방언 To gleam; glow; luminous) [연관] luminous illuminate

· 어원) **〈gloom〉** Old English glōm ("gloaming, twilight, darkness"). **〈gleam / glimmer〉** Middle English glim ("to shine") Old English lēoma ("ray of light, beam, radiance, gleam, glare, lightning"), Latin lumen ("light"). **깔: 물건의 빛깔이나 맵시. 꿀렁: 척 들러붙지 않고 들떠서 크게 부풀어 들썩거리는 모양. 爁불꽃 람, 爁불 번질 람**

glimpse [glimps] 훑어보다 잠깐보다 (말소리) 깔넘보지

〈glimpse〉 '깔넘보지'는 껄렁대며 끓는 (빛)깔이 넘실거리다. 깜박이며 눈빛을 발사하는 것으로 잠깐 넘보는 것을 뜻함. ☞ gl(끓)+limp(넘실거리듯 절뚝 : lamp (濫넘칠 남))

· 어원) **〈glimpse〉** Middle English glimsen ("to glisten, be dazzling, **glance with the eyes**"). **爁불꽃 람, 爁 불 번질 람**

<표> [c/g+r/l 어휘 정리]

구분	소리	단어	어근 의미
외침	깔깔, 까르, 콸	cry call claim acclaim disclaim declare	외침 요청 부름
		garrulous quarrel discourse	시끄런 말소리
갈리다	끼릭 쿨럭 콸 콰르	crack click cliché collide clash grate	부딪힘
갈다 가르다	콸 콰르 꽈르	grind carve	
		culture agriculture cultivate colony	경작 문화
		discrete discreet concrete criticize criterion crime discriminate secret	가름하다 분별
물소리	콸콸 골골	gulf gulp gorge gorgeous gargle glutton greed	골골대는 물소리 걸걸하게 먹다
흐르다 구르다	콸 쿠릉	current course intercourse career	물길
		carry courier cart chariot	흘(굴)러 나르다
		incur occur concur recur	콸 솟아 발생
		chronic chronology synchronize calendar	굴러가는 시간
꼬이다	콸	curl coil curb curve	굽이치다
꼬이다	콸	coin cone claw corner square quarter	꼬여 생긴 모서리, 원뿔
끓다 꿀리다	꿀렁	incline decline queer	기울이다
구르다 굴러가다	구르르 꼬르르	glide progress transgress congress ingredient graduate degree	구르듯 걸어가다

기르다	구르르	grow create grass accrue recruit increase	길다 자라다
길다 끌다		great gross grocery engross colossal	끌어 뭉치다
끌다	콸콸 꼬이다	crowd crew cloud cluster	끌어 뭉치다
걸다 끌다 걸리다		cling clench	걸려 붙다
		cloy clay glue clue galaxy glacier conglomerate	결리어(끌다) 뭉친
		clothe close conclude include exclude preclude claustrophobia	걸치다 가리다 막다
꼴 골	콸콸 꼬이다	skull core corporate corpse corpulent carnivorous	몸(껍질에 싸인 꼴 형태)
		cordial accord concord discord record courage encourage creed credit incredible	심장(껍질에 싸인 꼴 형태) 마음 (몸=맘)
길하다	까르르 깔깔	glad grateful congratulate greet charisma	길길이 뛰다 기쁘다
꺼리다	꿀꿀 그렁	regret grunt growl	그르렁 불평하다
까칠한	콸	coarse curse cruel	
꾸다 꼬다 꾀다	끌끌(꿀꿀)	care secure guilty	걱정. 꿀꿀함
		cure accurate exquisite	주의하며 정확하게 하다
		acquire conquer procure	꿰어 얻다
		require request requisite curious quest query inquire inquisitive guess quality quantity	요구, 질문. 알려고, 가지려고 꾸다

22 종(種)(gene-): 씨(종류), 키우다, 좋은 가문(관대한)

genre en**gen**der **gen**ome **gen**erate; **gen**erous **gen**ial

자라나는 것은 생명의 특징이다. 씨앗에는 종(種)의 유전정보가 담겨있다. 씨앗 그 자체가 '자라나다', '크다'는 의미를 포함하고 있다.

낳다(nat-)는 나타나게 내놓는(come into being) 행위로서 '가게 하다', '키우다'라는 말과 통한다, 라틴어 어근 'gen-'은 '-(해)진다(進)', '지다(之)' 를 뜻하고, '가게 하다', '커지다'는 의미로 낳는 것과 관련된다(generate, engender)

사람들은 같은 가문 등 종자/씨를 따진다. 종자(씨)(gene)는 곧 씨족(kin), 종류(genre, gender, kind)를 뜻하고, 확대하면 인종(인간 종자 mankind, 사람들), 종자를 맺을 때까지의 기간, 세대(generation)를 의미한다. 씨를 알 수 있어 진짜 혈통 (genuine)을 나타낸다. 'gen'의 변형인 Kin은 kind와 관련된다. 어원 참조-산스크리트어 Sanskrit: जनुस् (janús, "birth, production, descent, nativity; genus, class, kind")

breed는 부르르 불리어 새끼를 낳다. 일으키다(To produce offspring, To yield or result in)로 이와 같은 맥락에서 나왔다.

genre [ʒɑ́:nrə] 장르 유형 (말소리) 종류

〈genre〉 'gen-(進)'은 '-(해)진다'는 것으로 나타나게(natal, 낳게) 하는 씨앗을 뜻함. 자라나는 종(gen- **種**씨 종) (종자/씨)으로서, 종류별로 나누어진다. **種**에는 종류(**種類**)의 뜻이 포함된다

· 어원) **〈genre〉** French genre ("kind"). [한자] 種씨 종(종류, 씨) 進나아갈 진

gender [dʒéndər] 성별 남녀 (말소리) 종(種)둬
engender [indʒéndər] 낳다 발생시키다 인종(種)둬

〈gender〉 'gen-'은 '-(해)진다(進)'는 것으로. 이는 나타나게(natal, 낳게) 하는 종, 씨앗을 두다(de≒do). **〈engender〉** gen-은 '-(해)진다'는 것으로 나타나게(natal, 낳게) 하는 종, 씨앗을 뜻함. ☞ 'en-' : 인하여(en, on, in, 인접) 접하다(隣)라는 1차적 의미에서 주변에 영향을 미치다(因 cause). [다른 풀이] '인진다' 인하게 하여 -해 진다. -해 지도록 하여 낳는다. '지다(之)'의 활용형 '-진다'는 한자로 하면 進(나아갈 진)로서 '자라나다', '진행하다'로 쓸 수 있다.

· 어원) **〈gender〉** Latin genus ("kind, sort"). **〈engender〉** Latin in-+generāre ("to generate"). **[국어] 지다: 어떤 현상이나 상태가 이루어지다. 인하다(因): 당연한 결과로 어떤 일에 이어지거나 뒤를 따르다. 인하다(隣): 이웃하다 [한자] 進 나아갈 진, 之 갈지 種씨종**

gene [dʒiːn] 유전자 (말소리) 종(種)

〈gene〉 '종(種)' 'gen-'은 '-(해)진다(進)'는 것으로 나타나게(natal, 낳게) 하는 씨앗을 뜻함. [연관] germ [다른 풀이] '진(進)' : '지다'는 현상이 이루어져 나타나는 것으로 진행하게 하는 씨

· 어원) **〈gene〉** Old Latin genō("to beget, give birth; to produce, cause) Ancient Greek γενεά (geneá, "generation, descent"), γίγνρμαι (gígnomai, "I come into being"). Proto-Indo-European *ken- ("to arise, begin") **[국어] 종(種) : 종자(種子). 생물 분류의 기초 단위 [한자] 種씨종 進나아갈 진**

genome [dʒíːnoum] 게놈(=유전체) (말소리) 종(種)놈
germ [dʒəːm] 세균 싹 좀

〈genome〉 '종놈'은 'gen-'은 '-(해)진다(進)'는 것으로 나타나게(natal, 낳게) 하는 씨앗을 뜻함. 자라나 생기게(give birth) 할 종자를 의미함. **〈germ〉** 자라(ger≒grow)게 하는 씨, 종자. 무좀과 같은 세균 [다른 풀이] 종(種)

· 어원) **〈genome〉** German Genom; gene+-ome. **〈germ〉** Latin germen ("bud, seed, embryo"). **[국어] 좀: 좀과의 곤충**

general [dʒénərəl] 1 일반의 2 장군 (말소리) 종내릴

〈general〉 '종내릴' 'gen-'은 '-(해)진다(進)'는 것으로 나타나게(natal, 낳게) 하는 종, 씨앗을 뜻함. 1. 자라게 하는 종자(종류)에 속해 같아지는 핏줄, 씨족에서 넓게 종 전체, 일반적(same-bloodedness or affinity)인 것. 種에는 종류(種類)의 뜻이 포함된다 2. 종류(genre=gener) 내 전체 사람들에게 영향을 미치는(applicable to the whole or every member of a class) 사람으로서 장군.

· 어원) **〈general〉** Sanskrit: जन्य (jánya, "people, community, nation") Sanskrit: जनुस् (janús "birth, production, descent, nativity; genus, class, kind") Latin genus ("class, kind")+-ālis ("-al"). Ancient Greek γένρς (génos, "race, stock, kin, kind"), English kin. **[한자] 將장수 장, 長길 장**

generation [dʒènəréiʃən] 세대 시대 (말소리) 종내리어진

〈generation〉 '종내리어진' 'gen-'은 '-(해)진다(進)', 자라서 진전해, 새 종(gene 種 씨)을 갖게 되기까지 기간(The average amount of time needed for children to grow up and have children of their own).

· 어원) **〈generation〉** Sanskrit: जनता (janátā, "people, folk; generation") latin generō 자라나 ("to beget, generate"). Sanskrit: ज (ja 子, já, "son of; father; birth") **[한자] 種씨종**

generate [dʒénərèit] 생성하다 발생시키다 (말소리) 종내리다

〈generate〉 '종내리다'는 종자(gene)가 자라 (커) 진다. 자라나 성장하게 만드는 생산적인 상태를 의미함. [연관] engender germinate '자라나다'

· 어원) latin generō ("beget, procreate, produce"), from genus ("a kind, race, family"). 자라다, (씨를)뿌리다. 자양분(滋養分) [한자] 滋불을 자: 늘다,

kind는 종류이면서 너그럽다는 말이다. 이는 종을 알 수 있을 정도로 혈통이 확실하고 좋은 사람이라는 뜻이다.

generous [dʒénərəs] 관대한 (말소리) 종내리지
gentle [dʒéntl] 부드러운 온순한 종(種)될

〈generous/gentle〉 종(gene=kind)이 확실해 혈통이 있는 집안은 진실(genuine) 되고, 너그럽다(gentle=kind)고 생각된다. 또 'gen-'은 자라게 하는 여성, 어머니를 뜻한다(ex. misogyny). 즉 **자라게 하고, 생산성이 있어** (generative; procreative; productive) 넉넉한 마음을 뜻함 [연관] genial congenital

· 어원) **〈generous〉** Latin generōsus ("of noble birth"), from genus ("race, stock"). Ancient Greek: γέννα (génna, "descent, origin, race, genus; birth") **〈gentle〉** Middle English gentil ("courteous, noble"), Old French gentil ("high-born, noble"). Sanskrit: जेन्य (jénya, "of noble origin; genuine"). [국어] **진-**: 매우 진한'의 뜻을 더하는 접두사. '참된' 또는 '진짜'의 뜻을 더하는 접두사. '주인(主人)'의 방언(경상, 충남) [한자] 親친할 친(어버이, 친척, 친하다) 嚫베풀 친

genial [dʒíːnjəl] 친절한 온화한 (말소리) 종(種)이을
congenial [kəndʒíːnjəl] **[고급]** 같은 성질인 끈종(種)이을

〈genial〉 종(gene=kind)이 확실해 혈통이 있는 집안은 진실(genuine) 되고, 너그럽다(gentle=kind)고 생각된다. **〈congenial〉** 끈(con 함께) 종(gene)임. 끌려 함께하는 같은 종, 성격을 뜻함

· 어원) **〈genial / congenial〉** Latin geniālis ("of or pertaining to marriage; festive, genial"), from genius ("guardian spirit"). Old Latin genō("to beget, give birth; to produce, cause"). con-+genial. [국어] **자라다**: 생물체가 세포의 증식으로 부분적으로 또는 전체적으로 점점 커지다. **진-**: 매우 진한'의 뜻을 더하는 접두사. '참된' 또는 '진짜'의 뜻을 더하는 접두사. '주인(主人)'의 방언(경상, 충남) [한자] 親친할 친(어버이, 친척, 친하다) 嚫베풀 친

genuine [dʒénjuin] 진실된 순수한 (말소리) 진(眞)인

〈genuine〉 원줄기에서 나와(proceeding from the original stock; native) (혈통이 입증돼) 정통성이 있고 '진정한'(genuine), '순종(純種)(gene)의' 의미가 있다. [다른 풀이] '종이은' 종을 이어주는 정통성이 있는

· 어원) **〈genuine〉** Sanskrit: जेन्य (jénya, "of noble origin; genuine"). [국어] **자라다**: 생물체가 세포의 증식으로 부분적으로 또는 전체적으로 점점 커지다.

sincere [sinsíər] 진지한 (말소리) 신실

〈sincere〉 '신실'은 실(cere=cereal 實열매 실)한 열매가 되는 종자. 씨(혈통)를 알 수 있어, 실하게 자라서 믿음직하다는 뜻 [다른 풀이] '진실' [연관] genuine cereal

· 어원) **〈sincere〉** Ceres ("goddess of harvest") Latin sincerus ("genuine"), from Proto-Indo-European *sin-+*ḱer- ("grow"). Sanskrit: जेन्य (jénya, "of noble origin; genuine") [국어] **신실하다**: 믿음직하고 착실하다. [한자] 眞참 진 實 (열매 실, 이를 지)(씨앗, 곡식(穀食)이 익다, 자라다, 진실로)

cereal [síəriəl] 시리얼 곡물 (말소리) 실(實)이올

〈cereal〉 '실(實)이올'은 자르르 자라/살아(cereal 實열매 실) 크게 하는 씨(과실)로서 곡물은 씨, 종자이다. ☞ 발음 변화 grow(기르어)/corn(큰) → cereal(자라). 穀(곡식 곡)에는 기르다, 살다는 의미가 있다. [다른 풀이] '자라올' 자라게 하는 종자. 實 (열매 실)에는 자라다는 뜻이 있다. [연관] corn '큰' 크는 씨앗

· 어원) **〈cereal〉** Ceres ("Roman goddess of agriculture"), from Proto-Indo-European *ker- '클' '길' ("grow"). **자르르: 움직임이 나 열, 전기 따위가 한 지점에서 주위로 조금 빠르게 퍼져 나가는 모양. [한자] 晊클 질. 穀 곡식 곡, 기르다, 살다**

recent [ríːsnt] 최근 (말소리) 누진다

〈recent〉 '누진다'는 누누이(re) 지다(가다, 진다(進)). 누차 진행하고 있는 지금. ☞ cen=cinema, kinetic [연관] recur 누차 콸콸 솟아 나다(To happen again).

· 어원) **〈recent〉** re-+Proto-Indo-European *ken-'큰' ("new, fresh"), "rise freshly, come up, begin"

sinister [sínəstər] 불길한 왼쪽 (말소리) 지나치다

〈sinister〉 '지나치다'는 지나가 벗어나(Wrong, as springing from indirection or obliquity) 운이 없고 불길하다(왼손)는 뜻. 왼손은 비뚤어지다는 의미가 있음. Left는 벗어나다 의미.

· Old French sinistra ("left") **외다: 피하여 자리를 조금 옆으로 옮기다**

genius [dʒíːnjəs] 천재 비범한 (말소리) 지니여서

〈genius〉 'gen-'은 '-(해)진다(進)'는 것으로 지니(Jinni) [아라비안 나이트, 램프에 사는 정령]처럼, 진행시켜(to produce, cause) 자라게 하다.

· 어원)**〈genius〉** Latin genius(the deity or guardian spirit). Arabic جن (jinn, "jinn, spirit, demon"). Old Latin genō("to beget, give birth; to produce, cause"). **[국어] 진[jinn]: 아라비아 정령의 총칭. 『아라비안나이트』에 등장하는, 램프에 사는 정령이 유명하다. 실체가 없는데 나타날 때는 연기처럼 기체로 나타나 천국으로 갈 수도 있으며 인간의 소원을 무엇이든 들어준다. 진은 복수형이며 단수일 때는 지니(Jinni)라고 한다. [한자] 神귀신 신 進나아갈 진**

시간이 지나면서 자라고 늙어가는 것이다.

senior [síːnjər] 선임자 고령자 (말소리) 지내어
senator [sénətər] 상원 의원 지내다

〈senior/senator〉 'gen-/sen-'은 '-(해)진다(進)', (이루어) 진다는 것으로 씨가 자라듯이 시공간적으로 지나와 오래됨을 나타낸다. senator 은 노인들의 집합인 원로원(元老院)에서 유래 [다른 풀이] '자라와'/ '자라다' 자라면서 나이가 들다.

· 어원) **〈senior〉** Latin senior ("older"), Proto-Indo-European *ǵerh₂- ("to grow old, to mature") **〈senator〉** Latin senātor, ultimately from senex ("old"), (Latin senātus ("council of elders; a senate"). **[국어] 지내다: 어떤 장소에서 생활을 하면서 시간이 지나가는 상태가 되게 하다. 耋늙은이 질 晊클 질**

큰(kin-): 콰 일으켜 가다. 종(gene)

영어에서 종류나 친족 단어는 한배에서 나고 자란 형제나 자매처럼 같은 종에서 자라서 크는 것이라 할 수 있다. kin, kind는 gene의 변형으로서 씨, 종자를 뜻한다. ['키운' '길러' 1 '종' '자라' (kind grow 1 gene genre generate)]. begin의 gin처럼 '간다, 켠다'는 의미다.

k, g, c(ㄱ)과 g, c(ㅈ)은 서로 간에 구개음화 현상이 나타난다. (구개음화. 1. 'ㄱ, ㅋ, ㄲ'이 모음 'i'나 반모음 'i[j]' 앞에서 'ㅈ, ㅊ, ㅉ'으로 바뀌는 현상이다. '기름'이 '지름'으로, '견디다'가 '전디다'로 발음되는 것 따위이다. 2. 국어에서 'ㄷ, ㅌ'이 모음 'ㅣ'를 만나서 'ㅈ, ㅊ' 으로 동화되는 것)

kin [kin]	친척 민족	(말소리) 큰
akin [əkín]	동족의 비슷한	에큰

〈kin〉 '큰'은 콰 쏟아져 나온다는 말로 커서 자라날 종자, 씨로서 (한 배에서) 큰 씨족, **같은 씨**를 가리킴. Gene과 같은 어원으로 구개음화처럼 변화된 형태이다. [다른 풀이] '군(群)' 같은 군에서 나온 사람 **〈akin〉** '에큰'은 커서 자라날 종자, 씨로서 (한 배에서) 큰 친족, **같은 씨**를 가리킴. [연관] king '큰(君)' 커서 자란 것으로 가장 큰 존재를 나타냄. 칸(몽고 · 터키에서 군주) 간(干): 고대 부족 사회에서, 족장이나 국왕을 이르던 말 (마립간)

· 어원) **〈kin〉** Proto-Germanic *kunją ("race, generation, descent"). Ancient Greek γένρς (génos, "race, stock, kin, kind") Proto-Indo-European *ken- ("to arise, begin") **〈akin〉** Middle English of kyn ("related, of kin").

[국어] **한배**: 어미의 한 태(胎)에서 남. 또는 그런 새끼. **켠**: 대체로 어떤 부류에 속함을 나타내는 말. →규범 표기는 '편'이다. **켜다**: 불을 일으키다. 골이 지게 하다. 몸을 펴다. 바람을 일으키다. **군(群)**: 어떤 일을 함께 할 구성원이 되는 사람. 원시 시대에, 이동 생활을 영위하는 데 가장 기본적인 공동체 생활 집단. **크다**: 동식물이 몸의 길이가 자라다. 수준이나 지위 따위가 높은 상태가 되다. [한자] 群무리군

키우다는 자라게 하다, 일으키다는 의미를 지닌다. 영어 어원상으로 움직여 가게 하는 것과 관련된다.

kind [kaind]	1 종류 2 친절한	(말소리) 커온다
kindle [kíndl]	(불을) 켜다, 낳다	켠될

〈kind〉 '커온다'는 커서 자라날 종자로서 (한 배에서) 큰 씨족, 같은 씨를 가리킴. 1 한 배를 이룬 종, 씨, 군(群)(kin=gene), 2. 종(gene=kind)이 확실해 혈통이 있는 집안은 진실(genuine)되고, 너그럽다(gentle=kind)고 생각된다. Genre, gentle과 같은 어원임 **〈kindle〉** '켠될' 콰 키운다 1. (불을) 켠다(kindle= candle) 2 콰 쏟아내 (새끼를) 낳다 [연관] candle engender begin

· 어원) **〈kind / kindle〉** Old English cynd ("generation, kind, nature, race"). Ancient Greek κῑνέω • (kīnéō) to set in motion, move, remove, to begin, cause). Middle English kennen ("to give birth, conceive, generate, beget; to develop (as a fetus), hatch out (of eggs)", Proto-Indo-European *ken- ("to arise, begin") [국어] **켜다**: 불을 일으키다. 골이 지게 하다. 몸을 펴다. 바람을 일으키다. **크다**: 동식물이 몸의 길이가 자라다. 수준이나 지위 따위가 높은 상태가 되다. **키우다**: 상태나 상황 따위를 나빠지거나 심해지게 하다. [한자] 群무리 군

go('가다')는 콰 쏟아져 흐르는 소리로 동작과 관련된다.

kinetic [kinétik] 운동의 (말소리) 키네툭
cinema [sínəmə] 영화 지나며

〈kinetic〉 '키네툭'은 콰 (kin=begin, go) 쏟아져 나와 키워 가는 움직임. ☞ Kin은 콰 커져 간다는 말에서 '긴', '큰'으로 풀이될 수 있으며, 같이 큰 친족을 뜻한다. genetic 진행하는 (자라는) 종자관련 유전학(kin→gen) [연관] kin kind

〈cinema〉 '지나며'는 쏴 지나다니는 움직임으로서 영화는 활동 장면을 보여준다. Cin은 진행하는 진(進)으로 보아 gene과 연관된다. ☞ (kin→cin) '가다/크다'는 k(ㄱ)에서 c(ㅈ)로 발음상 변화로 지나가는 '지다'라고 표현할 수 있다.

· 어원) **〈kinetic〉** Ancient Greek κινέω (kinéō, "I move, put in motion, to begin, cause"). κίω (kíō, "I go"). **〈cinema〉** Ancient Greek κίνημα (kínēma, "movement") Latin cieo " I move, stir, shake. " [한자] 之갈 지

corn [kɔːrn] 옥수수 (말소리) 큰

〈corn〉 '큰'은 '기른'(grain)에서 r발음이 약화되어 '긴' '큰'으로 변화되었다. 키워 자라나게 되는 씨, 알곡을 뜻함. [참조] kernel: Proto-Germanic *kurną ("seed, grain, corn"), equivalent to corn

· 어원) **〈corn〉** Proto-Indo-European *ǵerh₂- ("grow old, mature").

2 장

2장. 모음(w, h, l, r 포함) 시작 어근[0]

1 우-(wo, wa, aud --) 운다(근심, 소리, 물)

woo woe awe; audible **aud**ience **od**e **wa**ter

우우- 거리는 소리는 근심, 놀람을 나타낸다.

woe [wou]	비통 비애	(말소리) 우
woo [wuː]	구애하다	우
wow [wau]	와, 놀라게 하다	와

〈woe〉 '우'는 한숨 쉴 때 내는 소리 **〈woo〉** '우'는 뭔가를 얻으려고 애쓰며 내는 소리 [연관] whoo(To make a whoo sound, of delight, whistling, or of an owl) **〈wow〉** '와'는 '우와'놀라운 일을 표현하는 말

· 어원) **〈woo〉** Old English wōgian ("to woo, court, marry"). Proto-Indo-European *wai(oh, ah, woe). [국어] **우**: 상대편을 위협할 때 지르는 소리. 야유. '우아(뜻밖에 기쁜 일이 생겼을 때 내는 소리)'의 준말. **와**: 여럿이 한꺼번에 웃거나 떠들거나 지르는 소리. '왜'의 방언(경상, 평안). [한자] 憂근심 우 嚘탄식할 우

awe [ɔː]	두려움	(말소리) 우(憂근심 우)

〈awe〉 '우'는 한숨 쉴 때 '우우' 아' 내는 소리를 나타냄

· 어원) **〈awe〉** Proto-Germanic *agaz ("terror, dread"). [한자] 嗚슬플 오 憂근심 우 畏두려워할 외

odious [óudiəs]	싫은 증오할	(말소리) 우되어서

〈odious〉 '우되어서' 우우(woe, awe) 근심하는 소리로 싫어하다 [다른 풀이] '외되어서'는 외로 두어 배척하다, 증오하다 [연관] loath 노하여 우는 소리 ode 우는 소리, 노래

· 어원) **〈odious〉** latin odium ("hate"). German leid ("uncomfortable"), Leid ("grief, sorrow, woe; affliction, suffering")) [국어] **외**: 외따로 하나인. **에다**: 칼 따위로 도려내듯 베다. [한자] 惡미워할 오 憎미워할 외

우우(au): 울리는 소리

'우다'는 우는 소리를 말하며 그 소리에는 말소리도 포함되어 있다. '울다'는 진동으로 성대나 코, 고막 등이 울려 소리가 나오거나 전달되는 과정을 의미한다. 소리와 관련되어 말하고 듣고 노래하다는 뜻을 가진 단어들이 '우다'로 표현되고 있음을 알 수 있다.

audible [ɔ́ːdəbl]	들리는	(말소리) 우되볼

〈audible〉 '우'는 우 웅- 우는 소리로 귀에 와닿는 소리를 나타냄 [연관] ear 울리는 소리

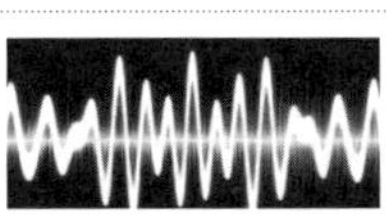

· 어원) **〈audible〉** Latin audiō ("I hear; I listen"). Ancient Greek ἀείδω • (aeídō) (To make various noises: howl) Proto-Indo-European *wel-("hair, wool, grass, ear (of corn), forest"). [국어] 울다: 짐승, 벌레, 바람 따위가 소리를 내다. 물체가 바람 따위에 흔들리거나 움직여 소리가 나다. 우우: 야유하거나 상대편을 위협할 때 잇따라 내는 소리. 짐승을 쫓거나 몰 때 내는 소리

audience [ɔ́ːdiəns] 관객 청중 (말소리) 우던지

〈audience〉 '우던지'는 우 웅- 우는 소리를 듣는다는 뜻

· 어원) **〈audience〉** latin audiens "hearing", from verb audio ("I hear"). [국어] **울다**: 짐승, 벌레, 바람 따위가 소리를 내다. 물체가 바람 따위에 흔들리거나 움직여 소리가 나다.

obey [oubéi] 따르다 (말소리) 앞에이(耳)
obedience [oubíːdiəns] 복종 앞우던지

〈obey / obedience〉 앞(ob)에 우다(ed=aud, ode, ear 耳귀 이). 앞의 소리를 듣고 따른다는 뜻. Ob는 업혀 위나 앞에 위치함을 뜻함. [연관] ear 耳(중국어 발음 ěr)

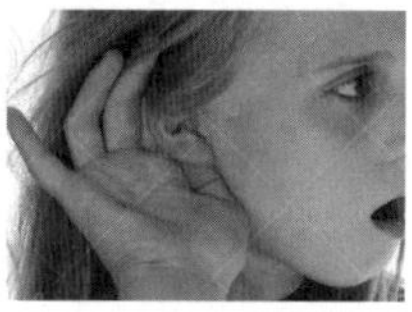

· 어원) Latin obedire; ob- ("to, for")+audire ("to hear"). [국어] **울다**: 짐승, 벌레, 바람 따위가 소리를 내다. 물체가 바람 따위에 흔들리거나 움직여 소리가 나다. [한자] 耳귀 이

ode [-oud] **[고급]** 송(頌)시 (말소리) 우다

〈ode〉 '우다'는 우우(woo) 울리는 소리로 우러르며 찬양하는 말을 쏟아낸다는 뜻 [참고] threnody '쓰린우다'는 쓰린(thren) 마음에 우다(ode)는 말로 울어 대며 부르다는 뜻

· 어원) **〈ode〉** Ancient Greek ἀείδω • (aeídō) (To sing, chant), ᾠδή (ōidḗ, "song"). spanish oir, oido (hear) Proto-Indo-European *wā- ("to bend, twist, turn") [국어] **우**: 바람이 세차게 한 방향으로 몰아치는 소리. 시시하거나 잘못된 것을 야유할 때 지르는 소리. 상대편을 위협할 때 지르는 소리. **우두두**:몸을 매우 심하게 떠는 모양. [한자] 渦소용돌이 와

우우(wa, we 雨): 물소리

'우다/울다' 등은 물의 흐름과 관계가 깊다. '우다'의 '우' (雨비 우)는 빗소리처럼 물이 쏟아질 때 나는 세찬 물소리를 나타낸다. '비가 우르르 쏟아진다'는 말에도 '우-'가 있는 것처럼 '우'는 한꺼번에 몰아친다는 뜻이다. 와들와들은 부들부들 떨리는 것과 통한다.

water [wɔ́ːtər, wɑ́tər] 물 (말소리) 우다
wet [wet] 젖은 습한 우다

〈water〉 '우다'은 우우(woo) 물이 세차게 쏟아지거나 떨어지며 우는 소리를 뜻함 [연관] hydro- [다른 풀이] '와들'은 와들거리며 파동을 일으키는 물의 특성을 나타냄 **〈wet〉** '우다'는 우우(woo, woe) (雨비 우) 빗소리로 비에 젖은, 우기(rainy weather)란 뜻도 있다

· 어원) **〈water〉** Old English ēa '우'("water"). Ancient Greek ὕω (húō, "to water, to let rain, to rain") Old English wā ("woe") **〈wet〉** Old English wǣt ("wet, moist, rainy"). [국어] **와들**: '와들거리다(춥거나 무서워서 몸이 잇따라 심하게 떨리다)'의 어근. **우**: 바람이 세차게 한 방향으로 몰아치는 소리. **부들**: '부들거리다(자꾸 몸이 부르르 떨리다)'의 어근.

weather [wéðər] 날씨 기후 (말소리) 우다
wither [wíðər] 시들다 쇠퇴하다 외다

〈weather〉 '우다'는 휘휘 바람, 물 등이 우는 소리를 나타냄 **〈wither〉** '외다' 바람이 우는 날씨에 오들 흔들리며, 야위다는 뜻

· 어원) 〈**weather**〉 Proto-Indo-European *h_2weh_1- ("to blow"), German Wetter '부다'(weather, storm). 〈**wither**〉 Middle English wederen ("to expose to weather") **외다**: 비뚤어지거나 꼬이다. '여위다'의 방언(충청) **오들**: 춥거나 무서워서 몸이 잇따라 심하게 떨리다. 휘둘리다: 정신 차릴 수 없도록 얼떨떨하게 되다

hydrogen [háidrədʒən]	수소	(말소리) 후들어진

〈**hydrogen**〉 '후들어진'은 후들(와들)(hydro=water) 대는 물이 진다(gen=gene 進나아갈 진). 물이 나와 지게 (생기게) 하는 것을 나타냄

어원) 〈**hydrogen**〉 Ancient Greek ὕδωρ (húdōr, "water")+γεννάω (gennáō, "I bring forth"). [국어] **후들후들**: (팔다리나 몸이) 맥없이 자꾸 크게 떨리다.

2 웅(win, wan, un) 부는 바람(흔들림), 물

wind s**win**dle **wan**der **wa**ne, in**un**date

윙 부는 바람은 win- 이나 un- 형태로 나타난다(Sanskrit (an, "to breathe")). 바람은 방황을 나타낸다. 다음으로 바람은 바램처럼 나부대며 애쓰는 모습에서 원하는 것을 나타낸다(will, want, voluntary).

wind [wind , waind]	1 바람 2 굽다	(말소리) 운다
swindle [swíndl]	사기치다	스윙댈

〈**wind**〉 '운다'는 바람이 윙, 붕(fan, spin) 하며 우는 소리로 1. 바람이 운다 2. 회오리치며 울어지는 것으로 굽어 감기다. 굽이치며 분다(bend≒wind) [연관] winnow (To blow upon or toss about by blowing; to set in motion as with a fan or wings) 〈**swindle**〉 웅(붕) 불어치며 혼란을 틈타 빼앗다. s+wind [연관] swing↔spin, swindle↔ spindle, swallow↔ sparrow, swirl↔spiral

· 어원) 〈**wind**〉 Middle High German winden ("to winnow"), Proto-Indo-European *wendʰ- ("to turn, wind"). 〈**swindle**〉 Proto-Indo-European *swey- ("to hiss; whistle"). [국어] **운다: 물체가 바람 따위에 흔들리거나 움직여 소리가 나다. 짐승, 벌레, 바람 따위가 소리를 내다. 발라 놓거나 바느질한 것 따위가 반반하지 못하고 우글쭈글해지다.**

'방황하다'는 것은 한 자리에 머물지 못하고 이리저리 돌아다니는 모습이라고 말할 수 있다. 바람을 따라 흔들거리며 바닥을 뒹구는 낙엽처럼 말이다.

wander [wάndər]	돌아다닌다 배회하다	(말소리) 운다

〈**wander**〉 '운다'는 윙 하며 운다(wand=wind)는 소리로 바람이 이리저리 부는 것처럼 돌아다니는 것을 나타냄 [다른 풀이] '흔들' [연관] went(go의 과거형) '운다' 울렁거리며 발을 옮기는 모습에서 걸어가다 wonder '운다' 울렁거리며 울리는 마음으로 놀래 당황스러움

· 어원) 〈**wander**〉 Proto-Indo-European *wendʰ- ("to turn, wind") Old English wandrian ("to wander, roam, fly around, hover; change; stray, err"). [국어] **울다: 물체가 바람 따위에 흔들리거나 움직여 소리가 나다. [한자] 運옮길 운**

wing [wiŋ]	날개	(말소리) 윙

〈**wing**〉 '윙'은 날개, 지느러미가 윙(wind, swing), 붕(fan, fin, spin) 하고 나는 소리를 나타냄 [연관] feather 푸드드 부는 소리로 퍼덕이는 날개 깃털 fin 지느러미

· 어원) **〈wing〉** Sanskrit (an, "to breathe"), Middle High German winden ("to winnow"), Proto-Indo-European *h_2enh_1- ("to breathe, blow"), *wel- ("to turn; wind; roll"). [국어] **윙: 조금 큰 벌레나 돌 따위가 매우 빠르고 세차게 날아가는 소리.** [한자] 翼날개 익

wane [wein] 약해지다 작아지다 (말소리) 운
want [wɔnt] 1 부족하다 2 원하다 운다

〈wane〉 울어 쭈그러들다 [다른 풀이] 1 '횡'은 횡/윙(wan=wing) 날아갈 듯 횡한 상태, 울어서 야윈 상태 2 '야윈' 윙 날아갈 듯 야위다. [연관] wither **〈want〉** 울어 쭈그러들다. 횡/윙(wan=wing) 날아갈 듯 횡하니 쪼그라든 상태 1 허전하다. 2 비어 있어 (무언가) 필요하여 울고불고 보채다. [연관] vane 붕 날아가 비워진 {부족함이 있어야 물질의 이동이 생기고, 그에 따른 에너지가 발생한다.} 물질의 마찰에 의해 전자(-)를 뺏기는 쪽은 양성자(+) 갯수보다 전자(-) 갯수가 적어지니까 양성자의 성질이 우세해져서 양(+)극의 성질이 생기고, 전자를 얻는 쪽은 음(-)극의 성질이 생긴다. 물질 사이의 전자 이동으로 불균형이 일어나서 정전기 현상이 생긴다. 기회가 되면 잃어버린 전자를 되찾아오는 성질이 있다

· 어원) **〈wane/want〉** Latin vanus(vain, empty), Gothic YΛNS (wans, "missing, lacking"). Sanskrit ऊन (ūná). (deficient, wanting, lacking) [국어] **울다: 반반하지 못하고 우글쭈글해지다. 물체가 바람 따위에 흔들리거나 움직여 소리가 나다. '붇다'의 방언 (제주) 횡: 바람이 갑자기 빠르게 부는 소리. 횡하다(휑하다): 눈이 쑥 들어가 보이고 정기가 없다. 속이 비고 넓기만 하여 매우 허전하다. 구멍 따위가 막힌 데 없이 시원스럽게 뚫려 있다. 야위다: 몸의 살이 빠져 조금 파리하게 되다.** [한자] 軟연할 연, 보잘것없다

whimsical [hwímzikəl] 변덕스러운 별난 (말소리) 움직일

〈whimsical〉 '움직일'은 움쩍(whimsic), 흠칫 움직인다는 뜻. whim: 힘, 흠 [연관] swim 팔 움직임

· 어원) **〈whimsical〉** whimsy+-ical. whim: A fanciful impulse [국어] **움쩍: 몸의 한 부분을 움츠리거나 펴거나 하며 크게 한 번 움직이는 모양. 흠칫: 몸을 움츠리며 갑작스럽게 놀라는 모양. 흠: 흐뭇하거나 흥겨울 때 입을 다물고 콧숨을 내쉬며 내는 소리**

물이 흐르는 것은 하나의 파동으로 볼 수 있다. 물의 크고 자잘한 흔들림이나 퍼덕이는 소리 등은 불규칙적이면서도 그 가운데 일정한 흐름이 있다. 소리(동작)를 따라하기 쉽게 표현하면서 정확한 문자로 나타내기는 어렵지만 여러 가지 자음을 바꿔가면서 같은 소리(동작)를 나타낼 수가 있다. 휠/왈왈(whirl, well), 웅 운다(wind, undulate), 후들(오들)(hydro, water), 퍼덕/바들(puddle), 비비다(vibrate), 오불오불(waver, wave), 괄괄/콸콸(gargle), 쿨렁(current), 랄랄(roll, run), 물렁(marine, mellow), 펄펄(pool) 등 물의 흐름을 다양하게 표현할 수 있다.

undulate [ʌndʒulèit] 물결치다 (말소리) 윙댈리다
inundate [ínəndèit] 범람시키다 침수시키다 인윙대다
abound [əbáund] 풍부하다 업어운다

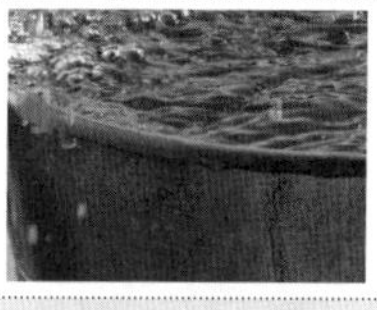

〈undulate〉 웅(un) 울렁 물결치는 모습을 뜻함. [다른 풀이] '흔들리다' 흔들흔들 너울 **〈inundate〉** 인(in, on)한 곳에 웅 운다(und=wind). 바람에 따라 울렁거리는 파도를 나타낸다. [다른 풀이] 1 '일렁대다' 2 '인흔드다' **〈abound〉** '업어운다'는 업어(ab=over) (접한 곳까지) 웅(un) 운다(und=wind, flow)는 소리로서 울렁거리는 물결에 업혀 넘쳐난다(overflow)

· 어원) **〈undulate〉** Late Latin undulātus("undulated"), from *undula("small wave"). Latin inundō ("I flood, overflow"). undō ("I overflow, I wave"), from unda ("wave"). Sanskrit (an, "to breathe") **〈abound〉** Latin abundō ("overflow). ab("from")+undō("surge, swell, rise in waves, move in waves"), from unda("wave"). [국어] **울다**(운다)**: 물체가 바람 따위에 흔들리거나 움직여 소리가 나다. 종이나 천둥, 벨 따위가 소리를 내다. '붇다'의 방언 (제주) 윙: 조금 큰 벌레나 물체가 빠르게 날아갈 때 나는 소리를 나타내는 말. 運옮길 운, 돌다.**

3 웅 퍼진 움[모음+m(b)], 함(hom, hem), 품(fam): 주위 공간, 여며 합함(일체감)

ambush w**omb** **amb**ience **amb**le **amb**iguous **emb**assy; **am**iable **homo**geneous

boundary는 붕 떠서(bound) 퍼진 공간으로 일정 경계가 있다.

인류 초기에 사람들이 살던 집의 형태는 움막처럼 바람과 햇볕을 막는 용도로 다소 허술하게 지어졌다가 점점 견고해지고 건축적인 여러 가지 요소가 가미되면서 지금과 같은 집의 형태를 갖추게 되었다고 할 수 있다. 하지만 예나 지금이나 변하지 않는 집의 구조는 사방이 둘러싸여 있고 지붕이 얹어져 있는 형태라는 것이다.

다음의 -om, -em, -am 등은 움막처럼 웅 퍼져 에워싸고 움켜잡는다는 의미가 있다.

home [houm]	집 가정의	(말소리) 함
hem [hem]	둘러싸다	함
room [ru:m]	방 공간	움
chamber [ʧéimbər]	~실(室) 방	채움보

〈home〉 '함'은 네모난 상자로서 주위를 둘러친 집, 어원상 에워싼 구역, 마을을 의미 [다른 풀이] '움'은 움처럼 두른 공간, 움막, 움집을 뜻함. 广집 엄, 암자 암 **〈hem〉** '함'은 상자처럼 둘러싼다는 뜻 [다른 풀이] '엠'은 에워 둘러싸 막는다는 뜻 **〈room〉** 움처럼 두른 공간(a building, enclosed by walls, a floor and a ceiling)으로 방 등으로 쓰인다. 廩 곳집 름(늠) **〈chamber〉** '채움보'는 채워 잠그듯이 둘러 막힌 움을 의미. -am은 room, home, tomb 과 같은 움, 암자, 공간을 의미 [연관] tomb dome ample

· 어원) **〈home〉** Old English hām ("village, hamlet, home, house, region, country"). Old English hamm (enclosure, piece of enclosed land) Latin līmen(threshold, entrance, beginning, end, termination, **house**, **home**, abode) **〈hem〉** Proto-Germanic *hamjaną[(To hem in; inclose, hamper). **〈room〉** German Raum ("space, interior space") **〈chamber〉** Ancient Greek καμάρα (kamára, "anything with an arched cover, a covered carriage or boat, a vaulted chamber, a vault") [국어] **움**: 땅을 파고 위에 거적 따위를 얹어 비바람이나 추위를 막아 겨울에 화초나 채소를 넣어 두는 곳. **함**: 옷이나 물건 따위를 넣을 수 있도록 네모지게 만든 통. **에다**: '돌다'의 옛말. '피하다'의 옛말. (북한어) 에우다. [한자] 含머금을 함 函 함 함, 갑옷 함 庵 암자 암

umbrella [ʌmbrélə]	우산 보호	(말소리) 움부릴래

〈umbrella〉 '움부릴래'는 웅 퍼진 공간으로 움푹하여 음지를 만든다.

· 어원) **〈umbrella〉** Italian ombrella, umbrella ("parasol, sunshade"), Latin umbra ("shadow"). [국어] **움**: 땅을 파고 위에 거적 따위를 얹어 비바람이나 추위를 막아 겨울에 화초나 채소를 넣어 두는 곳. **부리다**: 기계나 기구 따위를 마음대로 조종하다. [한자] 陰그늘 음 广집 엄, 암자 암

ambush [ǽmbuʃ]	매복 잠복	(말소리) 임부스

〈ambush〉 '임부스'는 부스스(bush=buzz) 소리 나는 관목에 임(am=en, in)하여 에워지고, 속에 숨다는 뜻

· 어원) **〈ambush〉** Old French en+Vulgar Latin boscus ("wood"), from Frankish *busk ("bush"), from Proto-Germanic *buskaz ("bush, heavy stick"). [국어] **에다**: '돌다'의 옛말. '피하다'의 옛말. (북한어) 에우다. **부스스**: 머리카락이나 털 따위가 몹시 어지럽게 일어나거나 흐트러져 있는 모양.

웅 (주위에) 퍼진 넓은 공간

ample [ǽmpl]　　충분한 풍부한　　(말소리) 움불

〈ample〉 웅(am=wind, wander) 울려 (움푹한 공간, 양편에) 불려(ple=plus) 채우다. 주변에 가득하다.

· 어원) **〈ample〉** Latin amplus (“large”), probably for ambiplus (“full on both sides”) Old English rūm (“roomy, spacious, **ample**, extensive, large, open, unencumbered, unoccupied) [국어] **함박**: 1. [같은 말] 함지박(통나무의 속을 파서 큰 바가지같이 만든 그릇). 2. 벌어진 입이 매우 크다. [한자] 痷넓을 암

ambience [ǽmbiəns]　　분위기 환경　　(말소리) 움번지

〈ambience〉 ‘움번지’ 웅(am=wind, wander) 울려 (퍼져 움푹한 공간에) 벌인다. 움(room)처럼 에워싼 주변 공간을 뜻함.

· 어원) **〈ambience〉** ambiō(“go around”). German um(“around”) Old English rūm (“roomy, spacious, ample, extensive, large, open, unencumbered, unoccupied) [국어] 움: 땅을 파고 위에 거적 따위를 얹어 비바람이나 추위를 막아 겨울에 화초나 채소를 넣어 두는 곳. 운다(울다): 바람 따위에 흔들리거나 움직여 소리가 나다. [한자] 广집 엄, 암자 암

omnipotent [amnípətənt] **[고급]**　　전능의　　(말소리) 아무나뻗은다

〈omnipotent〉 ‘아무나뻗은다’는 (웅 퍼져 움푹한 공간), 아무나(omni) 뻗은다(potent)로 어디든 뻗어 확장하는 힘을 나타냄. 아무나에게 적용되는. omni는 움(room, womb), 퍼진 공간, 어머니(엄니)로 볼 수 있다

· 어원) omnis (“all”)+potēns (“mighty, powerful”). Old English rūm (“roomy, spacious, ample, extensive, large, open, unencumbered, unoccupied) [국어] **아무**: 어떤 사람을 특별히 정하지 않고 이르는 인칭 대명사. **암:** 대상의 범위를 제한하거나 한정하지 않을 때 쓰는 말. **뻗다**: 가지나 덩굴, 뿌리 따위가 길게 자라나다. [한자] 俺클 엄

omnibus [ámnibʌs] **[고급]**　　총괄적인　　(말소리) 아무나버스

〈omnibus〉 ‘아무나버스’는 (웅 퍼져) 아무나에게 적용되는, 엄청나게 크다는 뜻.

· 어원) **〈omnibus〉** Latin omnibus (“for all”). [국어] **아무**: 어떤 사람을 특별히 정하지 않고 이르는 인칭 대명사. **암:** 대상의 범위를 제한하거나 한정하지 않을 때 쓰는 말. [한자] 俺클 엄

웅 (퍼져 움푹한 공간에) 퍼지다

Am(b)- 형태는 bomb, womb의 omb와 같이 웅 퍼지는 뜻이다[German um (“about”)]. 또한 am은 웅 부는 wind의 win, undulate의 un과 같다. an이 b, p 앞에서 m으로 변한 것이다.

ambulatory [ǽmbjul□ri]　　보행의 이동성의　　(말소리) 움벌려드리

〈ambulatory〉 ‘움벌려드리’는 웅(am=wind, wander) 울려 (퍼져 주위에) 벌인다. 돌아다닌다

· 어원) **〈ambulatory〉** ambulātor (“walker; idler”). German um(“around”) [국어] **운다(울다)**: 바람 따위에 흔들리거나 움직여 소리가 나다. [한자] 广집 엄, 암자 암

amble [ǽmbl] 느긋하게 걷다 (말소리) 움벌

〈amble〉 웅 (퍼져 주위에) 발(ble 發필 발. 거닐다)하다. 주변을 벌려 가다

· 어원) **〈amble〉** ambi-+*alō ("to wander"), Ancient Greek ἄλη (álē, "wandering"), ἀλύω (alúō, "to wander in mind, to roam"). [국어] **함박**: 1. [같은 말] 함지박(통나무의 속을 파서 큰 바가지같이 만든 그릇). 2. 벌어진 입이 매우 크다. [한자] 痷넓을 암

ambiguous [æmbígjuəs] 애매한 모호한 (말소리) 움빼가서

〈ambiguous〉 '움빼가서'는 웅(am=wind, wander) 울려 (퍼져 주위에) 욱(ig≒agile, act) 빼 간다는 말로 이리 저리 모호하다는 뜻

· 어원) **〈ambiguous〉** Latin ambiguus ("moving from side to side, of doubtful nature"). German um("around") [국어] **빼다**: 속에 들어 있거나 끼어 있거나, 박혀 있는 것을 밖으로 나오게 하다.

ambassador [æmbǽsədər] 대사 대표 (말소리) 움뻗치다
embassy [émbəsi] 대사관 움뻗쳐

〈ambassador/embassy〉 웅(am=wind, wander) 울려 (퍼져 주위에) 부스스(bass=pass, buzz) 뻗쳐 가다. 주변을 맴도는 종처럼 임무를 수행한다는 뜻. 대사는 원래 수행원의 기능이었음

· 어원) **〈ambassador/embassy〉** Gothic 𐌰𐌽𐌳𐌱𐌰𐌷𐍄𐌹 (andbahti, "service, function"). Proto-Germanic *ambahtaz ("follower, servant"), from Gaulish ambaxtos ("dependant, vassal", literally "one who is sent around") [국어] **운다(울다)**: 바람 따위에 흔들리거나 움직여 소리가 나다. [한자] 广집 엄, 암자 암

ambition [æmbíʃən] 야망 야심 (말소리) 움뻗친

〈ambition〉 '움뻗친'은 웅(am=wind, wander) 울려 (퍼져 주위에) 뻗치다. 유세하며 뻗어나가는 야망을 의미함(The act of going about to solicit or obtain an office).

· 어원) **〈ambition〉** latin ambiō ("I go around, solicit votes"). ambi- ("around")+eō ("go") [국어] **운다(울다)**: 바람 따위에 흔들리거나 움직여 소리가 나다. [한자] 집 엄, 암자 암

웅 에워 안는 어미의 품(om, em, am)

여성은 아기를 품고 낳아 기르는 소중한 존재이다. 원래 품은 두 팔을 벌려 안는 가슴을 뜻하며 여성에게 있어서 '품다'는 아기를 임신하다는 뜻도 있다.

womb [wu:m] 자궁 내부 (말소리) 움

〈womb〉 '움'은 움집, 암자 같은 공간을 나타냄. 아기의 궁전. 웅/붕 퍼져 부푼 공간 [연관] woman '움인' 새끼를 배는 움(wom=womb 공간)이 있다. '암/움'→엄마, 암컷 [연관] bomb 붐(boom) 퍼지다

· 어원) 〈**womb**〉 Proto-Germanic *ambô ("belly). Latin umbo (elbow) Proto-Germanic *wambō ("belly, stomach, abdomen") Norwegian vomb ("belly"). [국어] **암**: '새끼를 배거나 열매를 맺는'의 뜻을 더하는 접두사. '오목한 형태를 가진' 또는 '상대적으로 약한'의 뜻을 더하는 접두사. **움**: 땅을 파고 위에 거적 따위를 얹어 비바람이나 추위를 막아 겨울에 화초나 채소를 넣어 두는 곳 [한자] 广집 엄, 암자 암 厂기슭엄, 석굴 埯구덩이 암

female [fíːmeil] 여성의 (말소리) 품에올
feminine [fémənin] 여성의 품어낸

(아기를) 품에 안고 젖을 뿜어 주는 여성을 의미함. [연관] woman

· 어원) Latin femella ("a young female, a girl"), femina ("a woman"). Proto-Italic *fēmanā, ("(the one) nursing, breastfeeding") [국어] **품**: 두 팔을 벌려서 안을 때의 가슴. 따뜻한 보호를 받는 환경을 비유적으로 이르는 말. 품다

familiar [fəmíljər] 익숙한 친숙한 (말소리) 품을리오

〈**familiar**〉 '품을리오'는 (엄마, 가족) 품에 있는 듯이 익숙한 것을 뜻함. *정확한 어원 추적이 안됨* [연관] family 품안에 있는 가족

· 어원) 〈**familiar**〉 Latin familiāris ("pertaining to servants; pertaining to the household"). Ancient Greek: πῶμα (pôma, "lid, cover") [국어] **품다**: 품속에 넣거나 가슴에 대어 안다.

'에워싸는 것'은 일정한 공간을 갖는 것을 의미한다. 어미의 자궁이나 품처럼 에워싸여 보호받는 공간일 수도 있다. 에워 두른 궁전 같은 공간(자궁)이 암컷에 있고, 엄마, 어미의 품과 같다. am-은 여며져 합이 되는 일체감으로서 사랑을 나타낸다. 인도유럽어에서 ama는 엄마로 나온다.

amiable [éimiəbl] 상냥한 사랑스러운 (말소리) 어미에볼

〈**amiable**〉 '어미에볼'은 웅 퍼져 감싸는 어미의 사랑, 애모하는

· 어원) 〈**amiable**〉 Latin amīcus ("friend"), from amō ("I love"). Proto-Indo-European *am-a- 엄마, *am- 엄("mother, aunt"), High German amma ("nurse"). Latin Emō(purchase aqcuire), amō ("I love, I am obliged to"). Ancient Greek εἷμα • (heîma)(clothing) [국어] **여미다**: 벌어진 옷깃이나 장막 따위를 바로 합쳐 단정하게 하다. **암**: 생물에서 새끼를 배거나 열매를 맺는 쪽의 성(性). '새끼를 배거나 열매를 맺는'의 뜻을 더하는 접두사. '오목한 형태를 가진' [한자] 广집 엄, 암자 암 念 생각 염 (마음에)두다

amicable [ǽmikəbl] 우호적인 평화적인 (말소리) 여며가볼

〈**amicable**〉 (임(em=in)하여 웅 퍼져 감싸는 엄마, 어미처럼) 여미어 일체감이 드는 것으로 애착을 갖다는 뜻. [다른 풀이] '어미가볼'은 웅 퍼져 감싸 안아주는 엄마, 어미처럼 애모하는

· 어원) 〈**amicable**〉 Late Latin amīcābilis ("friendly"). Latin emō(purchase, aqcuire), amō ("I love, I am obliged to"). Ancient Greek εἷμα • (heîma)(clothing) [국어] **여미다**: 벌어진 옷깃이나 장막 따위를 바로 합쳐 단정하게 하다.

amateur [ǽmətʃùər, -tər] 아마추어 비전문가 (말소리) 여며지어

〈amateur〉 임(em=in)하여 웅 퍼져 감싸는 엄마, 어미처럼 일체가 되다. 애호가로서 애착을 갖다는 뜻.

· 어원) **〈amateur〉** Latin amātōr (“lover”), from amāre (“to love”). Ancient Greek εἷμα • (heîma)(clothing) [국어] **여미다**: 벌어진 옷깃이나 장막 따위를 바로 합쳐 단정하게 하다.

enemy [énəmi] 적 (말소리) 안여며

〈enemy〉 오므리거나 여미어 임(em=in)하게 됨으로 일체가 되지 않아(en=in) 거리가 있는 상대를 가리킴 [다른 풀이] ‘안어미’ 어미(친구)가 아닌.

· 어원) **〈enemy〉** in- (“not”)+amīcus (“friend”). amō (“I love, I am obliged to”). [국어] **이다**: 물건을 머리 위에 얹다. 둘 이상의 사물을 같은 자격으로 이어 주는 접속 조사. 씌우거나 이어 놓다. 얹어서 잇다.

exempt [igzémpt] 면제하다 (말소리) 윗씀푸다

〈exempt〉 ‘윗씀푸다’ 임(em 에움, 唵 움켜먹을 암)으로 씌워 감싸는 것에서 윗(ex) 쪽으로 가서 없다. 움켜 잡혀 속박됨이 없다는 뜻. [연관] assume: -sume ‘씀/쥠’ [sub-+emō (“to buy, take”)]

· 어원) **〈exempt〉** ex-+emō. Latin emō (purchase, aqcuire), amō (“I love, I am obliged to”). [국어] **에다**: ‘에우다’의 북한어. 唵 움켜먹을 암, 머금을 암(sanskrit om의 음역자)

포함하다, 임하여 같아지다. 아마

homogeneous [hòumədʒíːniəs] 동종의 (말소리) 함에종이어서
hemisphere [hémisfiər] 반구 함에스퍼얼

〈homogeneous〉 함(hom=same, sum)은 함께 포함한다는 말, 종(gene)이 함께하여 하나로 취급된다는 뜻 **〈hemisphere〉** 펄펄/벌벌 (phere=blow, ball pill) 떨며 불어치는 회오리 모양의 볼(sphere 참조)에 함께 포함되어야 하는 부분. 절반은 짝으로서 서로 같다는 의미가 되고 합(함 hemi=hom)을 구성한다. 이는 same과 semi-(반)이 같은 의미인 것과 일치한다. ☞ hom/hem=same, sum, semi ; em/om은 임해 합하다, 여며진다는 의미

· 어원) **〈homogeneous〉** Ancient Greek ὁμργενής (homogenḗs, “of the same race, family or kind”), from ὁμός (homós, “same”)+γένρς (génos, “kind”) German um(“around”) **〈hemisphere〉** Ancient Greek ἡμισφαίοιρν (hēmisphaírion), from ἡμι- (hēmi-, “half”)+σφαῖοα (sphaîra, “sphere”) [국어] **품**: 두 팔을 벌려서 안을 때의 가슴. 따뜻한 보호를 받는 환경을 비유적으로 이르는 말. 품다. **하모**: ‘그럼’의 방언(경남). [한자] 咸 다 함 含 머금을 함, 품다 函 함 함(상자, 갑옷, 배) 緘 봉할 함

imitate [ímətèit] 모방하다 흉내내다 (말소리) 임해대다
emulate [émjulèit] **[고급]** 모방하다 경쟁하다 임할리다

〈imitate〉 ‘임해대다’ 임(im 위에 이다)으로써 덧붙이다. 하나같이 보이게 하다는 뜻. ☞ Homo, same에서 om, am과 같다. [연관] homo hem **〈emulate〉** 임(im 위에 이다)으로써 덧붙여 따라 잡고자 한다 [연관] simulate (sim=em, same)

· 어원) **〈imitate〉** Latin imito (“to copy, portray, imitate”). Sanskrit यम (yáma, “pair, twin”), Greek: ἄμα (áma) (if). Ancient Greek: ἡμι- (hēmi-, “half”) Greek: ημι- (imi-). Proto-Germanic *samaz (“together”) Ancient Greek εἷμα • (heîma)(clothing) **〈emulate〉** Latin aemulor (“rival, striving to equal”). Proto-Italic *aimelos, from *aimos (“imitation”) [국어] **이다**: 물건을 머리 위에 얹다. 둘 이상의 사물을 같은 자격으로 이어 주는 접속 조사. 씌우거나 이어 놓다. 얹어서 잇다. 唵 움켜먹을 암, 머금을 암(sanskrit om의 음역자)

그리스어로 ama는 '아마'를 나타낸다.

imagine [imǽdʒin] 상상하다 (말소리) 아마진
omen [óumən] 전조 예언 아마

⟨imagine/omen⟩ 여며져(임해져) 합이 되고 like, imitate처럼 같게 된다. 미래에 일어날 일을 이미지로 같게 만들어 그 모습으로 나타날 것이라고, 아마 그럴 것이라고 생각한다.

· 어원) **⟨imagine⟩** Latin imāgō ("a copy, likeness, image"). Latin: imāgō ("a picture, image") Greek: ἀμα (áma) (if)
⟨omen⟩ Latin ōminor (predict, prophesy) Greek οἴομαι (oíomai , "I think, believe, suppose"). Greek: ἀμα (áma) (if). Ancient Greek ἅμα (háma) (together with) **[국어] 암: 아무렴(말할 나위 없이 그렇다는 뜻으로, 상대편의 말에 강한 긍정을 보일 때 하는 말). [한자] 恁생각할 임**

abominate [əbɑ́mənèit] 혐오하다 싫어하다 (말소리) 없아마내오다

⟨abominate⟩ 없이(ab=off) 아마(omin=omen) 나오는 생각. 따돌려 업신여기며 생각한다는 뜻

· 어원) **⟨abominate⟩** Late Latin ab+ominari ("to forebode, presage").

amen [èimén, ɑ̀:mén] 아멘 (말소리) 암만

⟨amen⟩ '암만'은 암 그렇다고 긍정하는 말. 임해서 상대와 하나가 된다

· 어원) **⟨amen⟩** Biblical Hebrew אָמֵן ('āmēn, "certainly, truly"). **[국어] 암만: '그럼'의 방언(충청) 암: 아무렴(말할 나위 없이 그렇다는 뜻으로, 상대편의 말에 강한 긍정을 보일 때 하는 말). 음: 무엇을 수긍한다는 뜻으로 내는 소리. 입을 다물고 입 속으로 낸다 [한자] 頷끄덕일 암**

<표> '임(모음+m)하다' 관련 어근 쓰임 정리

어근	단어	(모음+m)의미	의미
imi ima	imitate imagine omen abominate	임, 이음	임해져 같도록 상상하다
homo hemi	homogeneous hemisphere	이음	포함하여 하나가 되다
sam sim sym syn	same similar seem symphathy sample example symmetry synthetic	이음	쌈하여 하나가 되다
sum som	sum summary seam some	이음	쌈, 합하다
-sume	assume consume presume resume	이음	씌움(쓰다, 취함)
am em	amiable amateur exempt preempt omnipotent	이음	여며 합하다(애정, 취함)
am hom hem wom	ambient amble ambiguous ambush ambitious ambassador ample chamber home hem womb	웅 퍼지다	임한(에워싼) 공간

ump amp	pump dump jump bump trump slump lump plump clump stamp swamp pompous rampant	웅 부딪히다. 웅 퍼짐	뛰는 소리, 덩어리지다
rim lim	limit rim brim eliminate preliminary	임, 이음	임하는 곳, 끝

4 낭랑(r_ng)거리며 엉기다[ang(c)/-ing(k)]: 꼬임, 응그림, 엉긴 구역

angle **anch**or; **ang**er **ang**uish; w**rong** w**rink**le ent**angle ring;** r**ang**e ar**rang**e

'엉기다'는 것은 달라붙어 잘 떨어지지 않는 상태를 말한다. 긴밀하게 서로를 이어주는 관절이나 물건의 모서리 등에도 '엉기다'나 '엉키다'를 사용함으로써 서로 맞물려 있음을 나타낸다.

hang [hæŋ] 걸다 달다 (말소리) 응

〈hang〉 '응(凝엉길 응)'은 엉기어 달라붙다. hang (엉겨)에서 g 발음이 묵음화.

· 어원) **〈hang〉** Old Norse hanga ("be suspended"). [국어] **엉기다**: 점성이 있는 액체나 가루 따위가 한 덩어리가 되면서 굳어지다. [한자] 凝엉길 응

angle [ǽŋgl] 각도 모서리 (말소리) 엉길

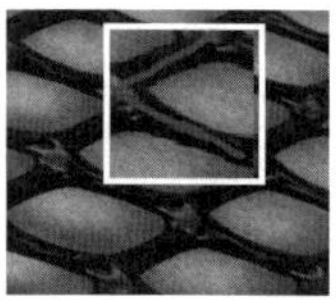

〈angle〉 '엉길'은 엉기어 얽혀진 모서리를 뜻함 [연관] strangle (st+angle) 엉기게 하다

· 어원) **〈angle〉** Greek ἀγκυλο- (ankulo-, "joint, crooked, bent"). [국어] **엉기다**: 점성이 있는 액체나 가루 따위가 한 덩어리가 되면서 굳어지다.

ankle [ǽŋkl] 발목 복사뼈 (말소리) 엉킬

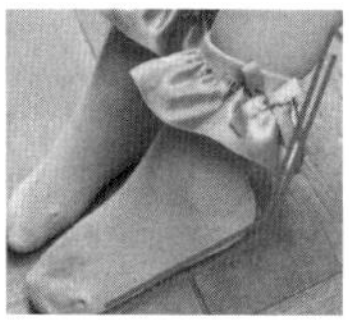

〈ankle〉 '엉킬' 엉켜 서로 연결되어 있는 모양을 나타냄. 발목과 발바닥이 엉켜 L자형으로 연결됨

· 어원) **〈ankle〉** Greek prefix ἀγκυλο- (ankulo-, "joint, crooked, bent"). [국어] **엉키다**: [같은 말] 엉클어지다(실이나 줄 따위가 풀기 힘들 정도로 서로 한데 얽히게 되다).

rectangular [rektǽŋgjulər] 직사각형의 (말소리) 낚다엉길래

'낚다엉길래'는 낚다(rect=right 絡얽을 락)는 엮여/낚여 죽 이어지는 줄로서, 잣대처럼 곧다는 말이다. 직선으로 엉겨(angul=angle) 있는 모서리를 뜻함 [연관] rectify

· 어원) Late Latin rectangulum ("right angle"). [국어] **엉기다**: 점성이 있는 액체나 가루 따위가 한 덩어리가 되면서 굳어지다. **니다**: 이다(머리 위에 얹다. 둘 이상의 사물을 같은 자격으로 이어 주는 접속 조사)의 옛말.

anchor [ǽŋkər] 앵커 정박하다 (말소리) 엉켜

branch [bræntʃ] 가지 벌안지

〈anchor〉 '엉켜'는 엉키어 꼬이면서 각을 이루다 [다른 풀이] '웅클' 웅크려 구부러진 것으로 갈고리처럼 걸게 한다. **〈branch〉** 벌어(br)져 엉켜(anch) 안는 손에서 나온 말로 몸에서 뻗어 나온 손처럼 나무의 가지를 나타냄. Hand는 훑어잡는 hold에서 나왔다.

· 어원) **〈anchor〉** Proto-Indo-European *ang- ("corner"). Ancient Greek ἄγκυρα (ánkura)(corner, hook) **〈branch〉** Late Latin branca ("footprint", later also "paw, claw"), Lithuanian rankà ("hand") [국어] **엉키다**: [같은 말] 엉클어지다(실이나 줄 따위가 풀기 힘들 정도로 서로 한데 얽히게 되다). **웅크리다(웅그리다)**: 몸 따위를 움츠러들이다.

entangle [intǽŋgl] 얽어매다 (말소리) 안덩굴
dangle [dǽŋgl] 매달리다 대롱거림 댕글

〈entangle〉 '안덩굴'은 안이 감기거나 엉겨 덩굴지다는 뜻. ☞ Ent(onto, into)+angle(엉길) [연관] tangle: mixed together **〈dangle〉** '댕글'은 엉겨 댕그르 달랑달랑 거리는 모습(To hang loosely with the ability to swing)을 나타냄. ☞ d+ angle(엉길)

· (어원) **〈entangle〉** Middle English entanglen ("to involve [someone] in difficulty", "to embarrass"). **〈dangle〉** Swedish dangla ("to swing about"), Middle English dingle '동굴'("a deep hollow"). (국어) **덩굴**: 길게 뻗어 나가면서 다른 물건을 감기도 하고 땅바닥에 퍼지기도 하는 식물의 줄기. **댕글(댕그르르)**: 쇠로 된 그릇 따위가 굴러가며 나는 소리(제주) **튕기다**: 다른 물체에 부딪치거나 힘을 받아서 튀어나온다.

낭랑 거리며 엉기다

ring은 웅웅, 랑랑 소리를 나타내면서 모양은 휘몰아치며 엉기는 표현이다. 鋃은 사슬 랑으로 종소리를 뜻한다. -ring, -rain, link, -ng, -nk는 소리 측면에서는 낭랑/웅웅 거리는 소리이고, 모양 측면에서는 엉김 또는 갈라짐을 나타낸다.

<표> [어근은 붙거나 깨지는 소리 및 모양이 있다]

어근	소리	모양	
		붙음	깨짐
-ring, -rain, link 등 r(l)+ng/nk	(낭랑) drain drink blink clink clank sprinkle spring slang sling language fling plunge challenge	(엉김) link rank rung range string strain strangle shrink wrinkle wring wrong throng long along belong languid linger cling sibling grain	trunk
-ng, -nk	(웅) swing wink twinkle sting ding, tongue sing bang pang spank	(엉김) angle anger entangle hang	yank
r(l)+g(c)	(락) click lick knock rock freak croak creak brag flag frog prick flicker	(낚임/엮임) rag drag luggage lag rack track rake lock crook clog trigger intrigue intricate rigorous rigid frigid struggle congregate aggregate strict restrict friction stricken	crack character break fragment fragile fraction conflict afflict

ring [riŋ] 1 반지 고리 2 울리다 (말소리) 링

〈ring〉 '링'은 바람, 물 등으로 '링, 랑' 울리며 엉기어(ing=hang 凝엉길 응), 꼬인 고리. 낭랑(鋃사슬 랑, 종소리) 울리는 방울소리. 방울(鈴방울 령) 같이 둥그런 것. [연관] hang wring string angry 응그리는 소리 cling clank 엉키며 나는 소리

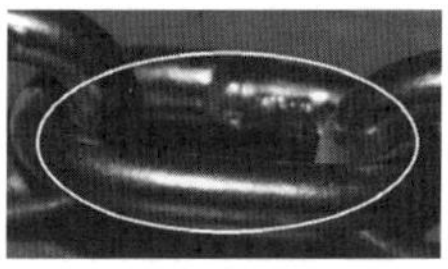

· 어원) 〈ring〉 Proto-Germanic *hlankiz("ring; bond; fetter"). Proto-Germanic *hringaz ("ring, curve") German eng(narrow, tight) [한자] 凝엉길 응, 籠대바구니 롱(싸다, 한데 뭉치다) 鋃사슬 랑, 종소리, 잠그다

wring [riŋ] **[고급]** 짜듯이 구부리다 (말소리) 링
wrong [rɔːŋ] 틀린 롱(弄)
wrangle [rǽŋgl] 말다툼하다 능글

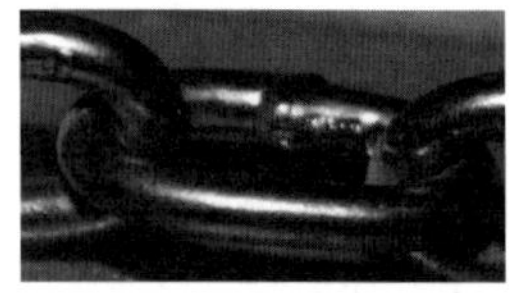

〈wring〉 '링'은 '링, 랑' 울리는 바람, 물 등으로 엉기어(凝엉길 응), 사슬(ring 鋃사슬 랑, 종소리)처럼 꼬이면서 구부리다. [연관] ring strangle **〈wrong〉** '롱'은 '웅, 랑' 울리는 바람, 물 등으로 엉기어(凝엉길 응), 사슬(ring 鋃사슬 랑, 종소리)처럼 꼬이고 틀려지다. 비틀림은 농락, 희롱하는 거짓으로 취급된다. **〈wrangle〉** 넝쿨처럼 엉켜 휘말리며 싸우다(to embroil). 능글거리다 ☞ wr+angle(엉길) [연관] entangle 덩굴처럼 엉겨 휘말리다(ent+angle)

· 어원) 〈wring〉 Proto-Germanic *wringaną("to squeeze, twist, wring"). Proto-Germanic *hringaz ("ring, curve") German eng(narrow, tight) German ringen 'to wrestle') 〈wrong〉 Proto-Germanic *wrangaz ("crooked, twisted, turned awry") Proto-Indo-European *werḱ-, *wrengʰ- ("to twist, weave, tie together"), from *wer- ("to turn, bend"). 〈wrangle〉 Low German wrangen ("to struggle, make an uproar"); equivalent to wring+-le. **능그다**: 곡식 낟알의 껍질을 벗기려고 물을 붓고 애벌 찧다. [한자] 鋃사슬 랑, 종소리 凝엉길 응 弄희롱할 롱

rank [ræŋk] 차지하다 오르다 (말소리) 능그
link [liŋk] 고리, 연결 능그

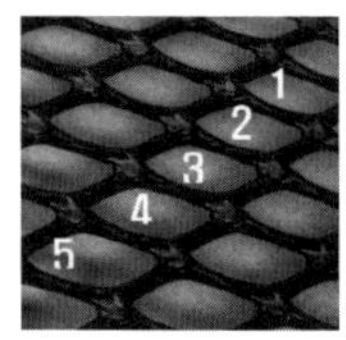

〈rank / link〉 '능그'는 낭랑, '웅, 앵' 울리는 바람, 물 등으로 능그러지면서 대롱, 사슬(ring)처럼 엉겨 붙어 죽 늘어진 범위를 뜻함(鋃사슬 랑, 종소리, 籠 대바구니 롱(농): 같은 크기의 궤를 이 층 또는 삼층으로 포개어 놓도록 된 가구). ring에서 묵음이던 g 발음이 나타남. ☞ R+ink(anchor 엉겨) [연관] range cling 쿨렁, 걸려 들러붙다는 뜻. -ling은 ring, link와 같이 엉겨 붙다는 의미.

· 어원) 〈rank〉 Proto-Germanic *rankaz ("straight"), Middle English rank ("line, row"). Proto-Germanic *hringaz ("something bent or curved"). [국어] **엉기다:** 한 덩어리가 되면서 굳어지다. 한 무리를 이루거나 달라붙다.

range [reindʒ] 범위 돌아다닌다 (말소리) 널지
arrange [əréindʒ] 배치하다 준비하다 에널지
ranch [ræntʃ] 목장 널지
deranged [diréindʒd] **[고급]** 미친 혼란한 떼널지다

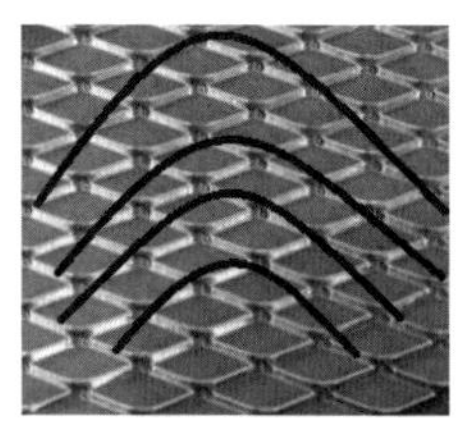

〈range / arrange / ranch〉 랄랄/낭랑(ran=run, roll 浪물결 랑) 너울지며 얹혀 응어리지고 사슬(range=ring 鋃사슬 랑, 종소리)처럼 이어지는 공간. 널리 늘어(rang=long, line) 널판지처럼 되다. 목장은 널어져 펼친 공간이다. [연관] ring rink run 랑랑 흐르는 길(path or course for movement)

〈deranged〉 '떼널지다'는 랄랄/낭랑 (ran=run, roll) 너울/널 (range=line)에 따라 이어지는 범위에서 떼(de)진 상태로 혼란한 상태를 나타냄. [연관] derail

· 어원) 〈range〉 Old French rengier ("to range, to rank, to order, to line up"), rang ("a rank, row"). Proto-Germanic *hringaz ("ring, circle, curve"). 〈arrange〉 Old French arengier ("to put in a line, put in a row"). 〈ranch〉 Old French ranger ("install in position"), from rang ("row, line") 〈deranged〉 Old Frenchd esrengier ("throw into disorder"), from des-+rengier ("to put into line"), from reng ("line, row"). [국어] **응지다**: '응어리지다'의 준말. 액체 종류가 차지게 뭉쳐 덩어리처럼 되다. 가슴속에 한이나 불만 따위의 감정이 쌓여 덩어리처럼 되다. **널다**: 볕을 쬐거나 바람을 쐬기 위하여 펼쳐 놓다. **널**: 판판하고 넓게 켠 나뭇조각. [한자] 列벌일 렬 浪물결 랑

shrink [ʃriŋk] 줄다 감소하다 (말소리) 슬능그
wrinkle [ríŋkl] 주름 넝쿨
twinkle [twíŋkl] 반짝반짝 빛나다 튕길

〈shrink〉 낭랑거리는 사슬처럼 감겨, 능그러지고 웅크려지다는 뜻 . ☞ sh [쿨(cr)에서 hr로 변화]+'엉켜'(rink=link, ring) =crinkle, cringe, clinch, flinch [연관] skeleton [다른 풀이] '줄인거' 줄어듦 **〈wrinkle〉** '넝쿨'은 넝쿨처럼 엉클(rinkle=ankle, angle)어져 사슬(rink=ring 鋃사슬 랑, 종소리)처럼 주름지는 것(A twist on something). ☞ Blink에서 b가 w로 변해 묵음화됨. [다른 풀이] '엉클' 엉클어지다 **〈twinkle〉** '튕길'은 튕기며 탱글탱글 깜박이는 빛을 뜻함. ☞ 트다(t)+엉클/윙크(winkle=wink, wing, wind). 터서 윙크, 깜박이다(blink or wink the eyes) [연관] wink blink(bl+wink)

· 어원) **〈shrink〉** Proto-Indo-European *sker- ("to wrinkle, wither"). **〈twinkle〉** Old English twink ("to wink; blink; twinkle") [국어] **넝쿨**: 길게 뻗어 나가면서 다른 물건을 감기도 하고 땅바닥에 퍼지기도 하는 식물의 줄기. **엉클다(헝클다)**: 어떤 물건 따위를 한데 뒤섞어 놓아 몹시 어지럽게 하다. 실이나 줄 따위의 가늘고 긴 물건을 풀기 힘들 정도로 몹시 얽히게 하다. **웅크리다**: 몸 따위를 움츠러들다. **잉끄리다**: 이리저리 마구 찧어서 일그러지게 하다.

응그려(angry) 짜증내다

화가 나거나 걱정되는 일이 있으면 그것이 얼굴이나 표정에 드러나기 마련이다. '응그리다, 엉기다, 얹히다, 언짢다' 등의 표현은 마음이 복잡하고 응어리져 근심으로 가득 찬 상태를 나타낸다. 대표적으로 '엉기다'는 표현은 응어리진 감정을 나타낸다.

angry [ǽŋgri] 화난 성난 (말소리) 응그려

〈angry〉 '응그려'는 얼굴을 응그리고 있다는 뜻

· 어원) **〈angry〉** Old Norse angr ("affliction, sorrow"). German eng(narrow, tight) [국어] **응그리다**: 얼굴을 험상궂게 찌푸리다. [한자] 凝엉길 응

anguish [ǽŋgwiʃ] 고통 괴로워하다 (말소리) 엉기지

〈anguish〉 '엉기지'는 응어리져 응그리는 마음을 뜻함

· 어원) **〈anguish〉** angustus ("narrow, difficult"), from angere ("to press together"). Ancient Greek ἄγχω 엉켜 (ánkhō, "I squeeze, strangle"). [국어] **엉기다**: 점성이 있는 액체나 가루 따위가 한 덩어리가 되면서 굳어지다.

anxiety [æŋzáiəti] 불안 걱정 (말소리) 얹혀오다
anxious [ǽŋkʃəs] 불안한 걱정스러운 얹혀서

〈anxiety〉 '얹혀오다'는 체한 것같이 얹혀 응어리지다는 뜻 [다른 풀이] '응져오다' 응어리지다 **〈anxious〉** '얹혀서'는 얹혀서(체해) 소화되지 않고 걸려 있는 것처럼 불편하다는 뜻 [다른 풀이] '응져서' 응어리지다

· 어원) **〈anxiety〉** Ancient Greek ἄγχω (ánkhō, "to choke"). **〈anxious〉** latin angō ("to cause pain, choke"). [국어] **얹히다**: [유의어] 체하다. **영치다**: '얹히다'의 방언(전남). **응지다**: '응어리지다'의 준말.

쪼인(join): 엉기게 하다

‘조이다, 쪼이다, 죄다’는 모두 팽팽하게 잡아당겨지고 묶인 듯한 느낌을 주는 단어들이다. 어떤 대상을 조임으로써 한데 묶어 결속시키거나 연대를 할 수 있다. 어원상 라틴어에서 j 발음은 i 와 유사하다. 따라서 join은 어원상 응, 凝(엉길 응, 얼다)이라 할 수 있다.

join [dʒɔin]	참여하다 합치다	(말소리) 쪼인
adjoin [ədʒɔ́in]	인접한 붙어 있는	에쪼인

〈join〉 ‘쪼인’은 쪼여 응집되게 하는 것을 뜻함. **〈adjoin〉** ‘에쪼인’은 옆에 딱 붙여 쪼여 응집되게 하는 것을 뜻함 ☞ -oin은 凝(엉길 응, 얼다)과 관련있다(ointment)

· 어원) **〈join〉** Latin iungō (“join, yoke”), from Proto-Indo-European *yewg- (“to join, unite”). **〈adjoin〉** ad- (“to, towards, at”)+iungō (“join, connect, attach”). [국어] **쪼이다**: 느슨하거나 헐거운 것이 단단하거나 팽팽하게 되다. 또는 그렇게 되게 하다. ‘조이다’보다 강한 느낌을 준다.

joint [dʒɔint]	공동의 합동의 관절	(말소리) 쪼인다

〈joint〉 ‘쪼인다’는 쪼여 응어리진 것을 뜻함 [연관] ointment annoint

· 어원) **〈joint〉** Old French joindre, juindre, jungre, Latin iungō (“join, yoke”).

chain [ʧein]	체인점 사슬 연쇄	(말소리) 짜인
jam [dʒæm]	잼 채워 넣은 막히는	죔

〈chain〉 ‘짜인’은 조여 같이 꼬여 있는 것을 뜻함. 꿰다에서 발음 변화됨 ch(ㄱ->ㅈ) **〈jam〉** ‘죔’은 죄어 꽉 막히는 것을 뜻함. 놀라운 사실은 손가락을 쥐라고 아이에게 하는 말이 ‘잼잼’ 으로서 jam과 정확히 일치한다. 또한 jam/jammy는 좋아하는 것, 재미를 뜻하기도 한다(That which one enjoys).

잼잼: 젖먹이에게 죄암질을 하라는 뜻으로 내는 소리 =(‘죔죔’)

· 어원) **〈chain〉** Latin catēna (“chain”), from Proto-Indo-European *kat- (“to braid, twist; hut, shed”). **〈jam〉** Middle English cham (“to bite, to gnash one's teeth”). Persian or Hindi, meaning “garment, robe”. [국어] **조이다**: ‘죄다(느슨하거나 헐거운 것이 단단하거나 팽팽하게 되다)’의 본말. **찌다**: 살이 올라 뚱뚱해지다.

5 인다/안다(int/hind-/ant-): 인접한 안쪽, 뒤, 과거, 미래, 상대

internal **int**rinsic; **hind**er **anti**que **ant**erior; **anti**cipate; **ant**agonist

이고 있어 인접하고 있는 부분은 안과 밖을 연결한다. 안아서 접하다는 점에서 ‘안다’와 통한다. 이는 웅 불어 휘말린다는 의미라고 볼 수 있다.

인다/안다 표현은 영어에서, inter, and라고 할 수 있으며, hind- 형태(behind, hinder), ant- 형태(anti, ante 등), under가 있고, 이들 모두 on/in과 관련된다.

1 공간적으로 내부, 뒤쪽, 접한 부분, 마주한 상대편을 뜻한다.

2 시간적으로 안다(an)는 현재와 인접하는 과거(anterior, ancient) 및 미래(anticipate)를 나타낸다.

3. 껴 안다(and), 접하다, 잡다. 4. ‘안다’는 ‘알’다로서 인식하다.

[그림] 안다 관련 용어

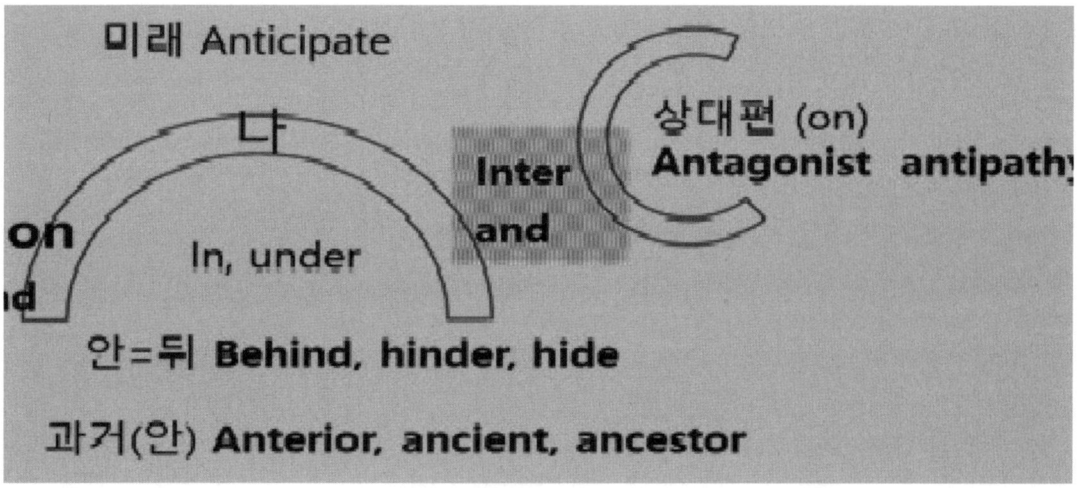

① 안, 사이

안, 아래, 위, 인접한 사이를 뜻한다.

inter- [íntər-]	~사이의	(말소리) 인다
under [ʌndər]	아래의 ~밑에	얹다
onto [ántə, ɔ́:ntə]	위에	얹다

〈inter〉 '인다'는 이어 연결한다는 and와 같이 이어진 사이를 의미 **〈under〉** '얹다'는 (위에) 인다(un=on in. under 위에 이다)로서 얹어 이고 있는 아래쪽을 가리킴 **〈onto〉** '얹다'는 얹어 이고 있는 위쪽를 가리킴

· 어원) **〈inter〉** Latin inter- ("between, amid"), Vulgar Latin *interrāre ("to put in earth"). **〈under〉** Old English under- ("between, inter-"). Proto-Indo-European *ntér ("inside"). Old High German untar ("under"), Latin infrā ("below, beneath"). **〈onto〉** on+to, after into [국어] **이다**: 물건을 머리 위에 얹다. 둘 이상의 사물을 같은 자격으로 이어 주는 접속 조사. 씌우거나 이어 놓다. 얹어서 잇다

inner [ínər]	내부의 내면의	(말소리) 안에

〈inner〉 '안에'는 안에 있다는 뜻 [다른 풀이] '이네'는 이고 있다는 뜻

· 어원) **〈inner〉** Old English inne ("within"). [국어] **안**: 어떤 물체나 공간의 둘러싸인 가에서 가운데로 향한 쪽.

inn [in]	여관 주막	(말소리) 인

〈inn〉 '인(in)'은 지붕, 벽에 인(in)하여 접하고, 둘러싸인 공간(방, 집)

· 어원) **〈inn〉** Old English inn ("a dwelling, house, chamber, lodging"), inne ("in, inside"). [국어] **이다**: 물건을 머리 위에 얹다. 씌우거나 이어 놓다. 얹어서 잇다

안(내부)에 들어있다는 표현

enter [éntər] 들어가다 (말소리) 안둬
internal [intə́:rnl] 내부의 국내의 안드는
interior [intíəriər] 실내 내부 안드리오

〈**enter**〉 '안둬' 안으로 두어 들어간다는 뜻 〈**internal**〉 '안드는' 안에 들어있다는 뜻 〈**interior**〉 '안드리오'는 안에 들어있다는 뜻

· 어원) 〈**enter**〉 Latin intrō ("enter", verb), from intrā ("inside"). From inter ("between, among"). 〈**internal**〉 Proto-Indo-European *$h_1$énteros("inner, what is inside").
〈**interior**〉 sanskrit अन्तर (ántara, "interior"), Ancient Greek ἔντερον (énteron, "intestine, bowel").

intestine [intéstin] 장 창자 (말소리) 안대주던
intrinsic [intrínsik] 본질적인 고유한 안들인적

〈**intestine**〉 '안대주던'은 안에 대서 들어있다. 몸 안에 든 장기 〈**intrinsic**〉 '안들인적'은 안에 들인(intrin) 것이 쩍(sic=sec 쩍 붙어) 하다는 말로 안에서 나오는 성질로 고유하다는 뜻 [연관] extrinsic

· 어원) 〈**intestine**〉 Latin intestīnus ("internal"), from intus ("within"). 〈**intrinsic**〉 Latin intrīnsecus ("on the inside, inwardly"), inter ("within")+secus ("by, on the side").

inferior [infíəriər] 열등한 (말소리) 안벌이어
infernal [infə́:rnl] 지옥의 지독한 안벌인

〈**inferior**〉 '안벌이어'는 안에 벌여 넣어진 것으로 속에 있다는 의미. interior에서 t가 f로 변한 것이다. 〈**infernal**〉 '안벌인'은 안에 벌여 넣어진 것으로 속에 있는 지옥(underworld)을 나타냄 [연관] hell 은 hall/hole과 같은 어원으로 울에 싸인 헐렁한 공간이다.

· 어원) 〈**inferior**〉 Latin īnferior ("lower, inferior"), of īnferus ("low, nether, underground"). 〈**infernal**〉 Latin īnferum ("netherworld, underworld, hell"). Īnferus(low) [국어] **벌다**: 틈이 나서 사이가 뜨다. **벌리다**: 펴서 뻗치다. [한자] 發필 발, 떠나다 癶 등질발. 건다. 가다. 벌어지다

interest [íntərəst, -tərèst] 1 관심 2 이자 (말소리) 안들어서다

〈**interest**〉 '안들어서다'는 안에 들어(inter) 있다(est=exist). 1 (머리) 안에 드는 생각으로 관심을 가지다. 2 (투자 원금) 안으로 들이다. 투자금이 안으로 들어와 불어나는 이자, 이득

· 어원) 〈**interest**〉 Latin interesse ("to be or lie between"), from inter ("between") and esse ("to be"). [국어] **들어서다**: 밖에서 안쪽으로 옮겨 서다.

external [ikstə́:rnl] 외부의 외관의 (말소리) 윗서드는
extreme [ikstrí:m] 극단적인 극심한 윗서들임
eternal [itə́:rnəl] 영원한 불멸의 위드는

〈**external**〉 '윗서드는' 위(e)로 들어 밖에 있다는 뜻 〈**extreme**〉 '윗서들임'은 위(e)로 들어 올라간다는 뜻 〈**eternal**〉 '위드는' 위(e)로 들어 올라가다. 끝없이 확장된다는 뜻

· 어원) 〈**external**〉 exter, exterus ("on the outside, outward"). 〈**extreme**〉 Latin exter(On the outside, outward, external, outer.) 〈**eternal**〉 Latin aeternus ("eternal"), from aevum ("age").

extra [ékstrə] 추가의 여분의 (말소리) 윗서드리
extraneous [ikstréiniəs] 관계없는 외부로부터의 윗서드리내오지

〈extra〉 '윗서두리'는 윗(ex 외)에 두고 있다는 뜻 **〈extraneous〉** '윗서두리내오지'는 윗(ex 외)에 둔 곳으로부터 온 것으로서 관계없는 것이라는 뜻 [연관] strange ☞ s(ex)+trange(traneous)

· 어원) **〈extra〉** Latin extra ("outside, except, beyond"), from exter ("being on the outside"). **〈extraneous〉** Latin extrāneus ("from without, strange").

② '안다'는 안고 있어 안쪽, 뒤쪽을 나타내는 경우

behind [biháind] 뒤의 숨겨진 (말소리) 비안다
beyond [biάnd] ~을 넘어서 비운다

〈behind〉 '비안다'는 안고 있어 안쪽에 비치하다. 안쪽은 뒤쪽과 통한다 **〈beyond〉** '비운다'는 웅 우는 바람에 떠나 비우다. ☞ yond= went, wander

· 어원) **〈behind〉** Old English hinder ("behind, back, in the farthest part, down"), be-+hind. Proto-Indo-European *$h_1$énteros ("inner, what is inside"). **〈beyond〉** Hent(go beyond. To take hold of) **안다(〈담이나 산 따위를〉** 곧바로 앞에 맞대다. **〈바람이나 비, 눈, 햇빛 따위를〉** 정면으로 받다)

hinder [híndər] 방해하다 저해하다 (말소리) 인다

〈hinder〉 '인다'는 (위에) 인다(inter), 안고(이고) (안쪽에) 끼여 벗어나지 못하고, 방해한다는 뜻. Hinder는 어원상 끼운다(counter)에서 변형(c->h)된 것으로 보인다(counter= inter, anti; contra=intra).

· 어원) **〈hinder〉** Old English hinder ("behind, back, in the farthest part, down"), Proto-Germanic *hinder ("back"). Latin contra ("back, against"). [국어] **이다**: 물건을 머리 위에 얹다. 둘 이상의 사물을 같은 자격으로 이어 주는 접속 조사. 씌우거나 이어 놓다. 얹어서 잇다

③ '안다'는 안고 있는 상대편을 나타내는 경우

(inter, onto, and→ anti 위에 인다/얹다, 인접/마주한 상대편)

antibiotics [æntibaiάtik] 항생물질 (말소리) 안다배댔지

〈antibiotics〉 '안다배댔지'는 배(bio=bud. 배 胚)가 되는 생명(균)에 대해 안다(anti= contra, and 껴안은 상대. 인다=안다. 抗 겨룰 항). 균을 안고 상대하는 항생(抗生)제를 뜻함

· 어원) Latin ante ("opposite, in front of"), [국어] **안다(〈담이나 산 따위를〉** 곧바로 앞에 맞대다. **〈바람이나 비, 눈, 햇빛 따위를〉** 정면으로 받다) **배(胚)**: 발생 초기의 어린 생물

antagonist [æntǽgənist] 저항자 적대자 (말소리) 안다끈이지다

〈antagonist〉 '안다끈이지다'에서 '끈(gon=gain, gang)'은 끼리끼리 꼬인 모임, 시합을 나타내고, '안다(anti= and, contra)'는 (마주) 안은 상대편으로서 시합에서 경쟁자를 나타냄

· 어원) **〈antagonist〉** Ancient Greek ἄγροᾶ (agorā̂, "assembly, a contest, competition"), ἀγών (agṓn, "contest, a gathering"). Sanskrit गण (gaṇa, "troop, gang, flock, tribe, assembly, company")

analogy [ənǽlədʒi]　　비유 유추　　(말소리) 안아얘기

〈analogy〉 '안아얘기'는 왝하는 얘기(log=dialogue, Loquacious)를 안다(an=on 위에 안다/이다. 이어진다). 얘기가 서로 안겨 이어지도록 비유한다는 뜻 [참고] analysis

· 어원) **〈analogy〉** Ancient Greek ἀν' (an')(on). [국어] **안다**: 두 팔을 벌려 가슴 쪽으로 끌어당기거나 그렇게 하여 품 안에 있게 하다. **〈담이나 산 따위를〉** 곧바로 앞에 맞대다. **〈바람이나 비, 눈, 햇빛 따위를〉** 정면으로 받다. **얘기**: '이야기'의 준말.

and [ənd]　　이은　　(말소리) 안다

〈and〉 '안다'는 웅 불어 휘말린다는 의미에서 안고 끼워지다, 이어진다 [다른 풀이] '인다'는 이어진다는 말로 잇는 연결점은 서로의 가장자리를 뜻함(end=anti, and)

· 어원) Ancient Greek ἀντίος (antíos, "opposite"), Sanskrit अन्त्य (antya, "last")).

④ 시간적으로 현재와 인접하는 과거와 미래를 뜻한다.

'인다/안다'는 이고 있어 인접하다는 말로 현재와 인접하는 과거와 미래를 뜻한다.

앞은 향하거나 보고 있는 쪽으로 과거, 미래 둘다 표현 가능하다(앞: 이미 지나간 시간, 장차 올 시간). '앞에 오는'은 미래, '앞서 간'은 과거를 뜻하므로 '앞'은 인접한 기준점일 뿐이다.

〈인접한 미래를 나타내는 경우〉

anticipate [æntísəpèit]　　기대하다 예상하다　　(말소리) 안다짚히다

〈anticipate〉 '안다(인다)짚히다'는 안다(anti : inter, onto, under, and 위에 인다, 얹다, 인접)와 집다(cip=cept; accept, concept)가 결합해서 (현재 인접하는) 앞(다음 순간)을 짚어본다. 앞을 생각한다는 뜻 [연관] anterior 현재 인접하는 시간으로 이전 시간

· 어원) **〈anticipate〉** Latin anticipare ("anticipate"); from ante ("before"), +capere ("take"). Ancient Greek ἀντί (antí, "opposite, facing") Latin ante ("opposite, in front of"). Proto-Indo-European *$h_2$ent- ("front, front side"). [국어] **짚다**: 여럿 중에 하나를 꼭 집어 가리키다. 상황을 헤아려 어떠할 것으로 짐작하다. **안다(〈담이나 산 따위를〉** 곧바로 앞에 맞대다. **〈바람이나 비, 눈, 햇빛 따위를〉** 정면으로 받다) [한자] 執잡을 집/다스리다

〈안쪽, 과거를 나타내는 경우〉

antique [æntíːk]　　골동품 옛날의　　(말소리) 안두기
anterior [æntíəriər]　　이전의, 앞쪽에 있는　　안두리오

〈antique / anterior〉 안다(ant)는 안에 두어 앞에 있다. 앞서 있던 때, 과거를 나타냄 [비교] interior 안에 둬 내부 공간

· 어원) **〈antique〉** Latin antiquus ("former, earlier, ancient, old"). **〈anterior〉** Latin anterior, comparative of ante ("forward, before"). [국어] **안다(〈담이나 산 따위를〉** 곧바로 앞에 맞대다. **〈바람이나 비, 눈, 햇빛 따위를〉** 정면으로 받다)

antecedent [æntəsíːdnt] 선조 선행하는 (말소리) 안다져든다
ancestor [ǽnsestər, -tris] 조상 선조 안스치다
ancient [éinʃənt] 고대의 안진다

〈antecedent / ancestor〉 '안다(anti)'는 안에 두어 앞서 있던 때, 과거를 나타내고 '지다(cede, ces =proceed 之 갈 지)'는 '가다'로 서 앞서 간 사람("to go before") 즉 조상(祖上)을 뜻함. **〈ancient〉** '안진다'는 안(an=in) 쪽에 진다(進나아갈 진)는 말로 '안'은 지나온 안쪽, 과거.

· 어원) **〈antecedent/ancestor〉** Latin antecēdēns ("going before"). antecedo("to go before"); ante("before")+cedo("to go"). **〈ancient〉** Latin ante("before").

⑤ 안아서 받아들여 경험하거나 일을 시작하는 것과 관련된 단어들이다. '안다'는 안고 있어 인접하다는 말로 겪다, 알다를 뜻한다(under=enter)

enterprise [éntərpràiz] 기업 사업 (말소리) 안다벌이어서

〈enterprise〉 '안다벌이어서'는 벌어서(prise=plan) (얻어) 안다(enter=inter, under). 떠안고 벌어들이는(A willingness to undertake new or risky projects) 사업/기업의 특성을 나타냄

· 어원) **〈enterprise〉** entre ("in between")+prendre ("to take"). [국어] **안다**: 두 팔을 벌려 가슴 쪽으로 끌어당기거나 그렇게 하여 품 안에 있게 하다. **벌다**: 일을 하여 돈 따위를 얻거나 모으다.

undertake [əndərteik] 착수하다 떠맡다 (말소리) 안다택해

〈undertake〉 '안다택해'는 툭 택해(take) 안다(under=enter)는 말로 툭 떠안아 겪다는 뜻

· 어원) **〈undertake〉** under+take. [국어] **안다**: 두 팔을 벌려 가슴 쪽으로 끌어당기거나 그렇게 하여 품 안에 있게 하다. **안다(〈담이나 산 따위를〉** 곧바로 앞에 맞대다. **〈바람이나 비, 눈, 햇빛 따위를〉** 정면으로 받다) **택하다**: 여럿 가운데서 고르다.

undergo [əndərgou'] 받다 겪다 (말소리) 안다가

〈undergo〉 '안다가'는 가(go)서 안다(under=enter)는 말로 안에 들어가, 겪다

· 어원) **〈undergo〉** Old English undergān ("to undergo, undermine, ruin"), equivalent to under+go. [국어] **안다**: 두 팔을 벌려 가슴 쪽으로 끌어당기거나 그렇게 하여 품 안에 있게 하다.

'안다'는 안아 받아들이는 것으로 인식하여 깨닫는 것을 말한다. 파악(把握)은 손으로 잡는 것으로 인식을 의미한다. 그래서 '이해하다', '배우다' 등의 단어에 쓰이는 것을 알 수 있다.

understand [ʌndərstǽnd] 이해하다 알다 (말소리) 안다서든다

〈understand〉 '안다서든다'에서 '안다(under=enter)'는 껴안고 아래에 접하는 것이면서, '알다'의 활용형이다. 안고 선다(stand)는 접해 서서 알다는 뜻

· 어원) **〈understand〉** Dutch onderstaan ("to undertake, presume"), German unterstehen ("to be subordinate"). Old English under- ("between, inter-"). Spanish enterar(understand) [국어] **안다**: 두 팔을 벌려 가슴 쪽으로 끌어당기거나 그렇게 하여 품 안에 있게 하다. 어떤 사실이나 존재, 상태에 대해 의식이나 감각으로 깨닫거나 느끼다.

지금까지 in, on, en, im, am, inter, under, hinder 등은 안다, 인다, 임하다로 쓰여 인접한 내부, 외부, 과거와 미래를 나타낸다는 사실을 살폈다. 여기에 더하여 안다/인다가 보통 자음 뒤에 와서 쓰일 때는 인접하여 연결한다는 의미를 지닌다.

Bind, band, bond에서 -ind/-ond는 안다(and)로서 붙인다를 뜻한다. pendant depend suspend pending, appendix, respond, correspondent, extend, attend, friend에서 -ind/ond/end는 안다(and)로서 매달림을 뜻한다.

-a/e/i/o+nd [안다/인다]의 본래 어원은 wind, whirl로서 이는 바람이나 물결에 섞이고, 뭉치게 된다. 그래서 웅 바람이 우는 소리로 부딪히거나 물결치는 소리 등을 나타낸다.

<표> [모음+n(d) 어휘 정리]

구분	단어	어근 의미
인다/안다	Bind, band, bond blend, bland angle anger	웅(붕) 불어 붙다, 섞이다
인다/안다	pendant depend suspend pending, appendix, respond, correspondent, extend, attend, friend	웅(붕) 불어 묶여 달리다
인다/안다	pond blind rind behind membrane brink brim land fin pin point ton den	이고 얹어 에워싸다. 둘레, 끝
인다/안다	constrain string trend rink link	달랑 붙은 줄, 고리
인다/안다	Hand hunt comprehend command mandate demand	훑어 잡는 손, 통제
운다	bang bound, mound, mountain wink blink twinkle	웅(붕) 뜨는 모양
운다	wind pound, sound, wound, confound, plunder, flounder, astound, thunder grind, wonder ban banish contraband pang vanquish tone ding	웅 운다. 부는 바람에 부딪히는 소리
운다	abound, found, fountain, undulate, surround, laundry	웅 운다. 울렁이는 물결
운다	Wander, vagabond	웅 운다. 방랑

끝은 한 영역의 마지막 변(fin)이지만 다른 영역의 변(fin)과 접해 있다. And는 '인다'(인접, 위에 이다. Inter, anti, In, on, im)로 다른 영역이 있을 때 연결점이지만 다른 것이 없을 때는 end(인다, 위에 이고 덮다. Anti, In, on)가 된다. Sanscrit 'anta'(end, inside) (조선고어실담어 주석사전, 강상원, 2016.7.25, p.910)

Limit는 'im'에 'l'이 첨가된 것이다. 임하다, 인다(인접)로서 맨 위에 위치하여 끝이 된다. Rim은 limit 처럼 임한 가장자리가 된다.

⑥ 인접한 가장자리

'인다'는 and처럼 인접한 부분들을 연결하기도 하지만 한 쪽만 인접할 때는 끝을 나타낸다.

end [end] 끝나다 (말소리) 엔다

⟨end⟩ 에워(en=on []nek h nrh ordinatesuitable"), 에다:에우다) 둘러 가장자리에 있다. [다른 풀이] '얹다' 얹혀 있어 가장자리

· 어원) **⟨end⟩** Ancient Greek ἀντίος (antíos, "opposite"), Sanskrit अन्त्य (antya, "last")). [국어] **에다**: '돌다'의 옛말. '피하다'의 옛말. (북한어) 에우다. **이다**: 물건을 머리 위에 얹다. 둘 이상의 사물을 같은 자격으로 이어 주는 접속 조사. 씌우거나 이어 놓다. 얹어서 있다

land [lænd]	땅 지역	(말소리) 엔다

〈land〉 '엔다'는 에워싸다. 안다(land=and, in, on 머리에 이다, 인접(隣接))는 것으로 두르다는 뜻. 우리(울)로 두른 땅, 물로 둘러 싸인 육지를 나타냄 [연관] strand (st+rand: A border, rim)

· 어원) **〈land〉** Welsh llan ("enclosure") German Land ("land, country, state"). German Rand ("edge, border, margin, rim, outskirts") Old Norse strind ("border, side, land") [국어] **이다**: 머리 위에 이다. 이어진다. 씌우거나 이어 놓다. 얹어서 잇다. **에다**: '돌다'의 옛말. '피하다'의 옛말. (북한어) 에우다.

임하여 맞대고 있는 주변, 가장자리로서 lim-은 가장자리를 나타낸다. 임하다는 이고 있어 인다, 이어준다는 의미가 있다.

limit [límit]	제한 한계	(말소리) 임(臨)이다
eliminate [ilímənèit]	없애다 제거하다	외임해내오다
rim [rim]	테두리 가장자리	임(臨)
preliminary [prilímənèri]	예비의 최초의	빠르임(臨)이리라

〈limit〉 '임이다' 임(lim=em, en, on, end)해 있는 가장자리, 에워싼 부분, 임계 臨界 **〈eliminate〉** '외임해내오다'는 임(lim=limit,)해 있는 가장자리에서 외(e)로 (바깥으로) 낸다는 말로 끝의 외부로 보내 없앤다는 뜻 **〈rim〉** '임'은 이고 있는 끝 부분을 나타냄 [다른 풀이] '냄'은 내밀어 낸 둥근 가장자리의 테두리를 말함 [연관] limb **〈preliminary〉** 임(lim=limit, em, en, on)해 있는 가장자리에 빠르게 앞서 있다. 최전선 앞에 있다.

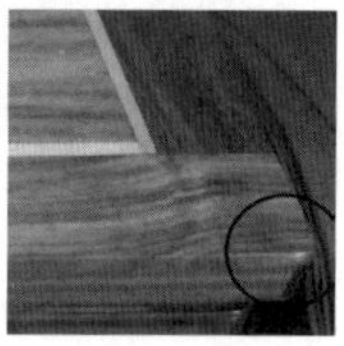

· 어원) **〈limit〉** Latin līmes ("a boundary, any path or road, limit"). Old English līm ("glue") **〈eliminate〉** Latin eliminare ("to turn out of doors, banish"), from e ("out")+limen ("a threshold, beginning, end"), akin to limes ("a boundary"). **〈rim〉** Old English rima ("rim, edge, border, bank, coast"). Proto-Germanic *limuz ("limb, branch"). Old English līm ("glue") **〈preliminary〉** Latin prae- ("before")+līmen ("threshold") [국어] **이다**: 물건을 머리 위에 얹다. 둘 이상의 사물을 같은 자격으로 이어 주는 접속 조사. 씌우거나 이어 놓다. 얹어서 잇다. **임하다(臨)**: 어떤 장소의 가까이서 그곳을 마주 대하다. **임**: 머리 위에 인 물건. 또는 머리에 일 만한 정도의 짐.(任맡길 임) [한자] 臨 임할 림

brim [brim]	가장자리	(말소리) 뿔임
broom [bru:m]	빗자루	뿔임

〈brim〉 '뿔임' 벌여 뻗은 뿔을 이고 있는 가장자리(The topmost rim). [다른 풀이] '벼랑'은 벼랑에 서 있다는 뜻. rim은 임(limit 臨 임할 림)하여 가에 붙다. 버렁(가장자리)과 같은 말 (어원상) ☞ 벌(br)+rim(limit) [연관] brink, environment 버렁에 둘러싸인 **〈broom〉** '뿔임'은 벌렁 벌여 뻗은 것으로 뿔처럼 나온 것 [연관] bloom 벌렁 퍼지며 피다. [다른 풀이] '벌림'

· 어원) **〈brim/broom〉** Proto-Indo-European *b^hrem- ("thorn, point"), *b^her- 'edge'. Middle English brim("margin, edge of a river, lake, or sea"). [국어] **벼랑**: 낭떠러지. **버렁**: 물건이 차지한 둘레

6 -에다(ad, ed, ut, h_d 등 모음+d/t): 더하다, 에우다(속박), 웃(위)에 이다

add **wit**h **wit**hstand l**id; h**i**d**e **ed**dy o**at**h ple**dg**e; ho**od** **ut**ter a**ud**acity a**ut**hority

'같이', '함께'를 나타내는 단어에는 '이다' 외에도 '에다'를 사용할 수 있다. '에다'는 '에다가'의 준말로 '꽃에다 물을 주다'처럼 더해지는 대상을 나타내는 격 조사이다. 보통 모음+d/t 형태로 나타난다. 이러한 형태는 get, catch, gather 등에서도 볼 수 있다.

with [wɪð] 함께 (말소리) 에다
add [æd] 덧붙이다 더하다 에다

〈with〉 '에다'는 ~에 대다. -에다 붙여 주다 **〈add〉** '에다'는 ~에다 대주다는 뜻 [연관] aid 에우다 ladder

· 어원) **〈with〉** Low German wedder ("again, against, opposite") **〈add〉** ad+dare ("to give, put"). [국어] **에다**: '에다가(더해지는 대상을 나타내는 격 조사)'의 준말.

with가 앞에 붙어 '함께 있다'에서 '마주하다, 맞대다'의 의미가 된다. 이는 인접하여 맞대고 있어 반대편을 뜻하는 in, anti, contra 의 쓰임과 같다.

withstand [wiðstǽnd] 견디다 이겨내다 (말소리) 에다서든다

〈withstand〉 '에다서든다'는 ~에다(with) 서든다(stand). ~에 (맞)대(with 함께) 서다, 맞서 버티다 [연관] resist

· 어원) **〈withstand〉** Old English wiþstandan, equivalent to with- ("against")+stand. [국어] **에다**: '에다가(더해지는 대상을 나타내는 격 조사)'의 준말.

withdraw [wiðdrɔ́] 철수하다 (말소리) 에다따라

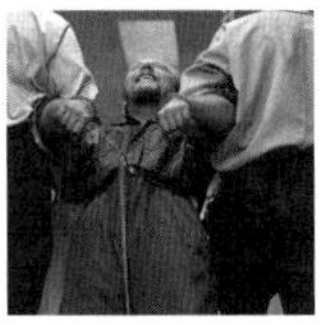

〈withdraw〉 '에다따라'에서 with는 '~에다'로서 '~에 대어 함께 하다'는 의미를 가진다. 여기서는 함께한 상대편, 반대편을 나타낸다. 즉 대하고 있는 반대편으로 (드르르) 따르게(draw) 하는 것으로 반대로 끌어 철수, 인출하다는 뜻. [연관] retreat : re(with)+treat(draw)

· 어원) **〈withdraw〉** Middle English with- ("away, back")+drawen ("to draw"). [국어] **따르다**: 다른 사람이나 동물의 뒤에서, 그가 가는 대로 같이 가다.

withhold [wiðhóuld] 보류하다 숨기다 (말소리) 에다훑다

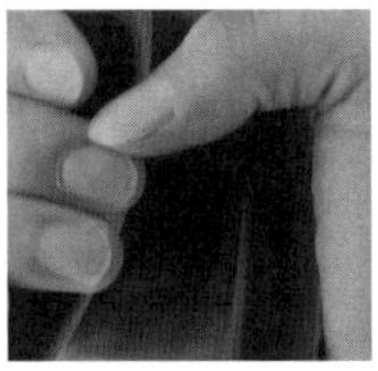

〈withhold〉 ~에다(with) 훑어 (hold=hand, halt 어르다) 잡다. ~에 대해(상대하여) 훌 잡고 있는 상태로(To keep to oneself rather than giving it back to its owner.) 버티는 것을 뜻한다. hold는 잡고 버티다는 뜻이 있다.

· 어원) **〈withhold〉** with-+hold. [국어] **훑다**: 붙어 있는 것을 떼기 위하여 다른 물건의 틈에 끼워 죽 잡아당기다.

'이다'는 머리 위에 얹는 것을 말한다. 신체부위 중 가장 높은 곳인 머리 위에 둠으로써 지위가 높다는 뜻으로도 해석될 수 있다. 또한 모자와 같이 어떤 것 위에 덮어 씌우다는 뜻도 지닌다. 한편 위에 걸친다는 측면에서 옷으로 표현가능하다

영어에서 '이다'는 위에 이고 접함으로써 인식한다는 뜻이 있다.

heed [hiːd] 귀를 기울이다 주의 (말소리) 이다
head [hed] 머리 지도자 이다

〈**heed**〉 '이다'는 (위에) 이다(head, idea). 이어 접해 알다는 뜻. (heed: head 의 고어) 〈**head**〉 '이다'는 몸통 맨위에 얹혀진 머리를 나타냄. 머리는 지도자를 뜻함(cap -> captain). ☞ 끼다(kit, coat)에서 k가 h로 변함

· 어원) 〈**heed**〉 Old English hēdan ("to heed, take care, observe, attend, guard, take charge, take possession, receive"). German hüten("to heed", to watch, to herd, to tend). 〈**head**〉 Old English hēafod ("head; top; source, origin; chief, leader; capital"). [국어] **이다**: 물건을 머리 위에 얹다. 둘 이상의 사물을 같은 자격으로 이어 주는 접속 조사. 씌우거나 이어 놓다. 얹어서 잇다. **두다**: 생각 따위를 가지다.

ideology [àidiάlədʒi] 이념 이데올로기 (말소리) 이다얘기

〈**ideology**〉 '이다얘기'는 위에 이고 접함으로써 인식하는 이야기. 머리에 두고 있는 생각을 웩웩(log) 얘기함을 뜻함. ☞ ide= idea, heed

· 어원) 〈**ideology**〉 English ideo-+-logy. Ancient Greek ἰδέα (idéa, "notion, pattern"), from εἴδω (eídō, "I see"). [국어] **이다**: 물건을 머리 위에 얹다. 둘 이상의 사물을 같은 자격으로 이어 주는 접속 조사. 씌우거나 이어 놓다. 얹어서 잇다. **두다**: 생각 따위를 가지다.

lid [lid] 뚜껑 눈꺼풀 (말소리) 뉘다
ladder [lǽdər] 사다리 단계 뉘다

〈**lid**〉 '뉘다' 눈 위에 이고 뉘여 있다 [다른 풀이] '이다'는 눈 위에 이다 〈**ladder**〉 '뉘다'는 위에 뉘여 층층이 이어 쌓다. 기울어져 있다. l +add [연관] layer add lateral

· 어원) 〈**lid / ladder**〉 Sanskrit श्रित (śrita, "standing on, lying on, being on, fixed on, situated in"). Proto-Germanic*hlidą (lid, cover) [국어] **이다**: 물건을 머리 위에 얹다. 둘 이상의 사물을 같은 자격으로 이어 주는 접속 조사. 씌우거나 이어 놓다. 얹어서 잇다

에워 두르다. 속박되다

eddy [édi] 소용돌이 (말소리) 에다

〈**eddy**〉 '에다'는 에도는 물을 뜻함. 에돌아 회전하며 섞이는 것을 나타낸다. [다른 풀이] '우다' 우우 울어대는 물소리

· 어원) 〈**eddy**〉 Old English edēa, from ed- ("turning, back, reverse")+ēa ("water"). [국어] **에다**: '돌다, 피하다'의 옛말 [한자] 渦소용돌이 와

집(house)은 사방이 둘러싸여 보자기로 씌운 듯 지붕으로 덮고 있는 모습을 하고 있다. 그것을 '에워싸다'로 표현할 수 있으며 숨기거나 가려 보호하다는 의미를 지니고 있다고 말할 수 있다.

house [haus] 집 주택 (말소리) 에워서
husband [hʌzbənd] 남편 에지분다

〈**house**〉 '에워서'는 에워싸고(enclose) 있는 벽과 지붕이 있다는 뜻. 〈**husband**〉 '에지분다'는 에워진(hus=house) (집에서) (붕 붙어) 휘말리다. 집에 붙어 살다는 뜻. ☞ 분다(band=bond, bend, band; b+ and) =회오리에 봉해지다.

· 어원) 〈**house**〉 Old English hosu ("pod, shell, husk") 〈**husband**〉 hus ("house")+band ("dweller, householder"). [국어] **에워싸다**: 둘레를 빙 둘러싸다. **에다**: '돌다'의 옛말. **봉하다(封)**: 열지 못하게 꼭 붙이거나 싸서 막다. [한자] 封 봉할 봉

hide [haid] 숨기다 가죽 (말소리) 에우다

〈hide〉 '에우다'는 에워 두르다는 말로 끼워 씌우다는 뜻. 몸을 덮은 가죽. 끼우다(kit, coat, cot)에서 변화(k -> h)
[연관] hut

· 어원) **〈hide〉** Ancient Greek κύτρς (kútos, "hollow vessel"), σκῦτρς (skûtos, "cover, hide") Ancient Greek κεύθω (keúthō, "to conceal"). [국어] **이다**: 물건을 머리 위에 얹다.

어떤 것을 '에워싸다' 또는 '에우다'는 둘러싸여 구속됨을 뜻한다. 예를 들어 '약속'이나 '맹세', '빚' 등은 그것을 이행할 때까지 그에 속한 사람에게 강력한 의무를 지우게 된다. 즉 외부에서 발생한 조건이나 약속 등이 나에게 속하게 되는 것이다. 이런 상황은 '엮이다', '에우다' 등에 잘 나타난다.

oath [ouθ] 선서 맹세 (말소리) 에워서

〈oath〉 '에워서'는 에워(wear) 둘러싸여 속박되는 의무로 지켜야 할 약속(pledge or promise)을 의미함.
☞ Coat와 연관. 껴(c)+에우다/옷/웃 (oat=oath)

· 어원) **〈oath〉** Latin ūtor ("use, employ, consume, **wear**."). [국어] **에우다**: 사방을 빙 둘러싸다. **에다**: 돌다의 옛말. '에우다'의 북한어.

owe [ou] 빚지다 (말소리) 에워
own [oun] 자신 소유의 에운

〈owe〉 '에워'는 에워(wear) 둘러싸여 속박되는 의무로 해야 할 일을 뜻함 **〈own〉** '에운'은 에워싸 자기에게 덧붙인다는 뜻. Ought의 변형. Own은 에운다, 겹친다는 뜻으로 crown(가리운), gown(끼운), down(든), drown(드리운)과 연관된다.

· 어원) **〈owe / own〉** Germanic: *aiganą '엮이네'("to possess, to own, to have"). [국어] **에우다**: 사방을 빙 둘러싸다. [한자] 義옳을 의, 맺다

ought [ɔːt] ~해야 하다, 책임 (말소리) 옭다

〈ought〉 '옭다'는 옭아(oug=hook) 매서 구속한다는 뜻. [다른 풀이] '엮다'는 엮이어 자신에게 속하게 되고 속박된다는 뜻(owe 과거형)

· 어원) **〈ought〉** Old English āgan ("to own, possess"). [국어] **옭다**: 붙잡거나 구속하다. 끈이나 줄 따위로 단단히 감다. **엮이다**: 말려들거나 관련되다.

약속은 엮거나 끼워 이어주는 행위다. 결혼이나 약혼, 근로관계, 내기, 담보(guarantee), 의무(owe)에 적용된다.

wed [wed] 결혼하다 (말소리) 에다
wage [weidʒ] 임금 급여 에우지
wager [wéidʒər] 내기 에우지
pledge [pledʒ] 약속 담보 펄에지

〈wed〉 '에다'는 단어 뒤에 덧붙일 때 '-에다(wed=with, ad-)'라는 표현을 쓴다. 또한 에워(wear) 둘러싸여 속박되는 약속으로 결혼이 된다. [연관] add [다른 풀이] '이다' 이어진다 **〈wage〉** '에우지'는 에워(wear) 둘러싸여 속박되는 의무로 종속되다는 뜻. 종으로서 받는 대가. Gage(끼우지)의 변형. 이런 변화는 guarrantee에서 warrant로, guard에서 ward로 바뀌는 것과 같다. [참고] Engage는 끼워져 종속되는 근로관계, 약혼관계 **〈wager〉** '에우지'는 에워(wear) 둘러싸여 속박되는 의무로 끼워져 구속되는 약속(an offer to make oath). Gage(끼우지)의 변형 [연관] en**gage** oath **〈pledge〉** 펄 불려(pl=fold) 에다(edge=wage, oath). 불어나게 에워 두르다. (끼워져) 구속되는 약속 [연관] edge 에우고 있는 둘레, 가장자리

· 어원) **〈wed〉** Proto-Indo-European *wedʰ- (“to pledge”, to bind, to guarantee). **〈wage/wager〉** Old Northern French wagier (“to pledge”). Middle French gager (wager) **〈pledge〉** Old French pleit (“manner of folding”) [국어] **에다**: 체언의 뒤에 붙어, 그 체언이 어떤 행위에 영향을 입는 구체적 장소임을 나타내는 부사격 조사. ‘돌다’의 옛말. ‘에우다’의 북한어. **에우다**: 사방을 빙 둘러싸다.

aid [eid] 지원 도움 (말소리) 에우다

〈aid〉 ‘에우다’는 에워 주변에 있어 보조하다는 뜻 [연관] assist에서지다 -에게 다가서다

· 어원) **〈aid〉** Latin adiūtō(“to assist, help”). [국어] **에우다**: 사방을 빙 둘러싸다.

웃(위)에 이다: 덮개. 위. 권위

위에 걸치는 것에 대해 ‘이다’를 한 글자로 ‘웃’ ‘옷’으로 표현할 수 있다.

hat [hæt] 모자 직업 (말소리) 웃
hood [hud] 후드 모자 웃

〈hat/hood〉 ‘웃’은 웃쪽에 끼워 이다, 걸치다를 나타냄. 옷과 같은 개념이다. [다른 풀이] ‘에다’ ‘이다’는 이어 머리 위에 두다는 뜻

· 어원) **〈hat〉** Old English hæt (“head-covering, hat”). **〈hood〉** Proto-Indo-European *ud- (“outward, up”) Proto-Germanic *hōdaz (shelter; cover; hood). [국어] **이다**: 물건을 머리 위에 얹다. **웃**: ‘위’의 뜻을 더하는 접두사.

hut [hʌt] 오두막 (말소리) 웃

〈hut〉 ‘웃’ 웃쪽에 끼워 둘러친 오두막을 나타냄. 옷을 입은 것처럼 두르다. [연관] cottage (cot=hut) [다른 풀이] ‘이다’는 지붕 따위를 이고 있다는 뜻

· 어원) **〈hut〉** Old High German hutta(“hut, cottage”) Proto-Indo-European *ud- (“outward, up”) Proto-Indo-European *(s)kewt- (“to deck; cover; covering; skin”). [국어] **이다**: 물건을 머리 위에 얹다. 둘 이상의 사물을 같은 자격으로 이어 주는 접속 조사. 씌우거나 이어 놓다. 얹어서 잇다

Ut는 웃 쪽, 바깥을 나타낸다. Out와 유사하고 about에서는 이웃으로 쓰일 수 있다. But에서 ut는 웃 쪽, 바깥을 나타낸다. Proud, stout에서는 위로 우뚝 선 모습이다. bud, pod, pot, pottery는 ‘붇다’(불은 봉우리)와 관련되고, ud, ot, od 모두 위를 덮는 옷으로써 덮개가 있다는 뜻이다. 우리말 ‘옷’이란 단어는 영어에 직접적으로 없지만 단어 안에 들어 있는 것이다. (Sanscrit ‘uttalya’(clothe, coat) (조선고어실담어 주석사전, 강상원, 2016.7.25, p.613).

utter [ʌtər] 1 완전한 2 말하다 (말소리) 윗떠

〈utter〉 ‘윗떠’는 위(외)로 뜨다는 것으로 1. 올려져 상당하다. 2. 위(밖)에 꺼내 말하다 [연관] outer ‘이웃에’

· 어원) **〈utter〉** latin ūt (“out”). [국어] **뜨다**: 물속이나 지면 따위에서 가라앉거나 내려앉지 않고 물 위나 공중에 있거나 위쪽으로 솟아오른다. **꺼내다**: 밖으로 나오게 하다. 마음속의 생각 따위를 말로 드러내 놓기 시작하다.

utmost [ʌtmòust] 최선 최대한 (말소리) 웃무지다

〈utmost〉 '웃무지다'는 윗(ut=out) 쪽으로 무지(most) 많다는 뜻

· 어원) **〈utmost〉** latin ūt ("out"). [국어] **웃**: '위'의 뜻을 더하는 접두사. **무지**: 아주 대단히

이용하거나 사용하는 것은 그것을 취함으로써 가능한 행위들이다.

utilize [júːtəlàiz] 활용하다 이용하다 (말소리) 웃댈리지

〈utilize〉 '웃댈리지'는 윗(ut) 대다는 말로 (몸 위에) 걸침으로써 입거나 쓰게 되다는 뜻 [연관] use '웃에' 위에 써서(싸서) 취하고, 쓰다는 뜻

· 어원) **〈utilize〉** latin ūtor(undergo, encounter. Use. **Wear**. I consume.) [국어] **웃**: '위'의 뜻을 더하는 접두사.

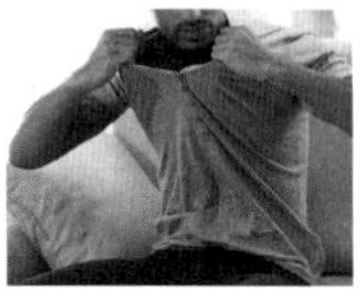

usual [júːʒuəl, -ʒwəl] 평소의 일반적인 (말소리) 웃에올

〈usual〉 '웃에올'은 웃 쪽에 얹어 쓰다. 위 써서(use) 취하고, 쓰다는 말로 옷 입는 것처럼 습관이 되다는 뜻. [연관] custom c(껴)+us(웃 use). 껴서(use) 입는 옷처럼 습관이 되다. habit 합해 몸에 걸치는 옷에서 습관이 됨

· 어원) **〈usual〉** latin ūsus ("use, habit, custom").

audacity [ɔːdǽsəti] 뻔뻔스러움 대담 (말소리) 위떠지다

〈audacity〉 '위떠지다' 위떠(aud=auth, out)서 커 보이게 하다 [다른 풀이] '오되지다'는 오되어 무서운 것이 없다는 뜻

· 어원) **〈audacity〉** audeō ("I am bold, I dare"). [국어] **오되다**: =일되다(나이에 비하여 발육이 빠르거나 철이 빨리 들다).

authority [əθɔ́ːrəti] 권한 권위 (말소리) 위서리다
author [ɔ́ːθər] 작가 저자 위서

〈authority〉 '위서리다'는 위(aut=ut 웃) 세워 권위가 있다는 뜻 **〈author〉** '위서'는 위(aut=ut 웃) 세워 권위가 있다는 말로 인정받은 작가의 권위를 뜻함, 예전에는 권력자가 글을 쓸 수 있다.

· 어원) **〈authority〉** auctor ("master, leader, author"). **〈author〉** Latin augeō ("to increase, originate"). [국어] **서다**: 사람이나 동물이 발을 땅에 대고 다리를 쭉 뻗으며 몸을 곧게 하다.

authentic [ɔːθéntik] 진정한 진짜의 (말소리) 우선툭

〈authentic〉 '우선툭'은 위(aut=ut 웃)에 서 기준이 되고 참이 되다는 뜻

· 어원) **〈authentic〉** Ancient Greek αὐθεντικός (authentikós, "principal, genuine").

7 외다, 날카로워 에다(aut, het, ed --)

auto **od**d **wid**ow; **ed**ge w**het** **ed**it **ed**ible

auto는 outer와 비슷하게 이웃으로 나와 혼자 있는 것을 나타낸다.

auto [ɔ́:tou-] 자기 (말소리) 외다

〈auto〉 '외다'는 위로 떠나 외따로 홀로라는 뜻. Aut=out

· 어원) **〈auto〉** Ancient Greek αὐτός (autós, "self"). Proto-Indo-European *aut- ("empty, lonely") Proto-Indo-European *wī- ("apart, asunder, in two") [국어] **외**: 외따로 하나인. **외(外)**: 밖'이나 '바깥'의 뜻을 더하는 접두사. **외다**: 피하여 자리를 옆으로 옮기다. '그르다'의 옛말. [한자] 吾나 오

autocrat [ɔ́:təkræt] 독재자 전제군주 (말소리) 외다끄리다

〈autocrat〉 '외다끄리다'는 외따로 (혼자 절대적 위치에서) (백성을) 쿠르르 끌어(crat 이끌어) 간다는 뜻

· 어원) **〈autocrat〉** αὐτρ- (auto-, "self")+κοατία (kratía, "rule") (from κοάτρς (krátos, "strength, power")). [국어] **외**: 외따로 하나인. **외(外)**: 밖'이나 '바깥'의 뜻을 더하는 접두사. **외다**: 피하여 자리를 옆으로 옮기다. '그르다'의 옛말. **기르다**: 아이를 보살펴 키우다.

widow [wídou] 미망인 홀아비 (말소리) 외두어

〈widow〉 '외두어'는 외따로 홀로 남겨진다는 뜻 [연관] edge whet wide '외이다'는 외로 넘어가 멀어지고 넓다(Remote; distant; far.)

· 어원) **〈widow〉** Proto-Indo-European *wī- ("apart, asunder, in two"), *widʰ- ("to separate, split, divide"). Latin vītō ("avoid, shun"). [국어] **외**: 외따로 하나인. **외(外)**: 밖'이나 '바깥'의 뜻을 더하는 접두사. **외다**: 피하여 자리를 옆으로 옮기다. '그르다'의 옛말.

odd [ad] 이상한 특이한 (말소리) 홑

〈odd〉 '홑'은 홀로 있다는 의미(홑: 짝을 이루지 아니하거나 겹으로 되지 아니한 것) [다른풀이] '외다'는 홀로 남겨진 상태를 뜻함 [연관] other

· 어원) **〈odd〉** Middle English odde ("odd (not even); leftover after division into pairs"). Proto-Indo-European *wī- ("apart, asunder, in two"). [국어] **외**: 외따로 하나인 **에다**: 칼 따위로 도려내듯 베다. [한자] 惡미워할 오 憎미워할 외

'외'는 여러 가지의 뜻을 갖는다. 바깥(外)을 뜻하여 내부가 아닌 다른 곳에 있는 동떨어진 존재를 의미하는가 하면 '외따로 혼자 있다'(auto)는 의미도 있다. 그래서 '한쪽에 치우치다', '홀로'라는 의미로 자주 사용된다.

heterodox [hétərədɑ̀ks] 이단의 (말소리) 외들어떽지

〈heterodox〉 '외따로떽지'는 외들어 (hetero=other) (다르게) 떽떽 (dox=talk, diction)거리며 말하다. 툭 던지는 말이 딴데로 향해 정통성을 벗어난다는 뜻. [참고] other 여타의 orthodox

· 어원) 〈**heterodox**〉 Ancient Greek ἕτεορς (héteros, "other, another, different")+δόξα (dóxa, "opinion"). Proto-Indo-European *wī-tero- ("further apart"), *wī- ("separate, alone"). Ancient Greek εἷς (heîs), "one") [국어] **외따로**: 홀로 따로. **외**: '혼자인' 또는 '하나인' 또는 '한쪽에 치우친', '홀로'의 뜻을 더하는 접두사. **외(外)**: 밖'이나 '바깥'의 뜻을 더하는 접두사. **외다**: 피하여 자리를 옆으로 옮기다. '그르다'의 옛말. **떽떽**: 으스대며 매우 거만하게 큰 소리로 말하거나 행동하는 모양. **툭** [한자] 外바깥 외(남, 타인, 벗어나다, 겉)

either [íːðər]	어느 하나	(말소리) 어디
whether [hwéðər]	어느 하나	어디
neither [níːðər]	어느 ~도 ~아니다	놔어디

〈**either / whether**〉 '어디' 어딘지 고르다는 뜻 [다른 풀이] '어떠'는 어떤 것인지 고르다는 뜻 〈**neither**〉 '놔어디' 어디(either)든 놔(ne=no) 버리다. 모두 내쳐 거부하다는 뜻

· 어원) 〈**either /whether**〉 Ancient Greek ἕτεορς • (héteros) (one or the other of two, either... or... , different) 〈**neither**〉 no+whether. [국어] **놔**: 동사 '놓다'의 활용형. **어디**: 잘 모르는 어느 곳을 가리키는 지시 대명사.

any [əni]	어떤 아무	(말소리) 어느

〈**any**〉 '어느'는 어느 하나를 나타냄

· 어원) 〈**any**〉 Proto-Germanic *ainaz ("one"), equivalent to one+ -y. [국어] **어느**: 둘 이상의 것 가운데 대상이 되는 것이 무엇인지 물을 때 쓰는 말.

날카로워 에다(edge, whet, etch 등)

'에다'는 뾰족하고 날카로운 것으로 베거나 자른다는 뜻으로 가장자리, 괴롭고 아픈 것을 나타내기도 한다.

edge [edʒ]	가장자리 끝	(말소리) 에지
ridge [ridʒ]	(길쭉한) 융기 부분	에지

〈**edge / ridge** 〉 '에지'는 욱(웃) 튀어나와 첨예(銳 날카로울 예)한 끝부분을 뜻함

· 어원) 〈**edge**〉 Latin aciēs ("sharp"). Ac(acid, acute)에서 edg로 구개음화(ㄱ->ㅈ) 〈**ridge**〉 Old English hryċġ ("back, spine, ridge, elevated surface") [참고] rand 급경사, 가장자리 [국어] **에다**: 칼 따위로 도려내듯 베다. 돌다의 옛말. '에우다(사방을 빙 둘러싸다.)'의 북한어.

Itch, etch는 scratch에서 -atch와 같은 어원이라 할 수 있다. 에취(retch) 기침 소리의 내치는 모양과 비슷하다.

itch [itʃ]	가렵다 못 견디다	(말소리) 에지
etch [etʃ]	~을 새기다	에지

〈**itch**〉 '에지'는 살을에는, 갈아 내듯이 가렵다 (to feel a need to be scratched)는 뜻 [연관] scratch 〈**etch**〉 에지게(銳 날카로울 예) 도려내다(To cut into a surface), 새기다는 뜻

· 어원) 〈**etch**〉 Old High German azzon ("to cause to bite or feed"). [국어] **에다**: 칼 따위로 도려내듯 베다. 乂 벨 예

whet [hwet] 자극하다 갈다 (말소리) 에다
wedge [wedʒ] 쐐기 갈라놓다 에지

〈whet〉 '에다'는 날카로운 것으로 자극한다는 뜻 **〈wedge〉** '에지'는에는 도구(edge)를 뜻함

· 어원) **〈whet〉** Old English hwettan ("sharpen, incite, encourage"). **〈wedge〉** Lithuanian vãgis ("peg, hook"). [국어] **에다**: 칼 따위로 도려내듯 베다

hatch [hætʃ] 부화하다 (말소리) 헤쳐
hew [hjuː] 자르다 해(害)

〈hatch〉 '헤쳐'는 헤치고 나와 알에서 벗어난다는 뜻 **〈hew〉** '해'는 헤쳐 갈라지게 하다

· 어원) **〈hatch〉** Old English hæċċan("to peck out; hatch"). **〈hew〉** Proto-Indo-European *$kewh_2$- ("to strike, hew, forge"). [[국어] **헤치다**: 속에 든 물건을 드러나게 하려고 덮인 것을 파거나 젖히다. 해(害): 이롭지 아니하게 하거나 손상을 입힘. 또는 그런 것. [한자] 解풀 해 害 해할 해

음식을 잘라 먹는 것도 이(이빨)의 날카롭고 가는 면으로 베어 자른다는 뜻으로 '에다'를 사용해 표현한다.

edible [édəbl] 먹을 수 있는 식품 (말소리) 에다볼

〈edible〉 (입으로) 에다. 자르다는 말로 베어 먹다는 뜻 (ed=eat) [연관] fret 후르르 먹는 소리에서 유래(et=eat)

· 어원) Ancient Greek ἐσθίω (esthíō)(eat, I take in my mouth, fret). Latin edō ("eat"). Old High German azzon ("to cause to bite or feed"). [국어] **에다**: 칼 따위로 도려내듯 베다.

obese [oubíːs] 뚱뚱한 살찐 (말소리) 없에지

<obese> '없에지'는 없애(ob=off) '에다'(ese=eat)는 말로 (입으로) 베어 먹어 없애다. 많이 먹다.

어원) **〈obese〉** latin ob ("away")+edō ("I eat"). [국어] **에다**: 칼 따위로 도려내듯 베다.

edit [édit] 편집하다 삭제하다 (말소리) 외띄다

〈edit〉 '외띄다'는 외로 띄워(di=tow) 뺀다는 말로 일부를 떼어 삭제하여 편집하는 것에서 유래됨 [연관] edge educe (To draw out or bring out; elicit.)

· 어원) **〈edit〉** Latin ēdō ("bring forth; eat"). Latin editus (brought forth, lifted). ex- ("out of")+do ("I give"). (국어) **뜨다**: 물속이나 지면 따위에서 가라앉거나 내려앉지 않고 물 위나 공중에 있거나 위쪽으로 솟아오른다. **띄우다**: 시공간적으로 거리를 꽤 멀게 하다. '뜨다'의 사동사.

지금 자면 꿈을 꿀 수 있지만, 공부하면 꿈을 이룰 수 있다. 배움의 고통은 잠깐이지만, 배우지 않은 고통은 평생 간다
– 하버드대학

<표> 자주 쓰이는 접두사, 접미사 등 정리

구분	읽기	내용	한자
Con-/com	끈/꼼(낌)	끈처럼 꼬다는 뜻으로 함께, 끌린 것을 의미한다. ("prefix indicating a bringing together of several objects")	共한가지 공, 關관계 할 관 兼겸할 겸
Co	껴, 꽈	꼬여 뭉치다, 이어진다. 함께라는 의미.	交 사귈 교, 係 맬 계, 繼 이을 계
In-/im	인/임	'위에 이다', 잇다에서 나온 말로 주위에 인접하다. 안과 밖의 경계면에서 자기와 상대가 마주치는 공간이다. 첫째, 주위에 인접하다는 의미(on). 둘째, 나와 인접한 상대나 반대편, 즉 반대, 부정의 의미가 된다. 이는 un-, anti, contra 와 유래가 같다.	隣이웃 인 臨임할 임,
en	인	인하다(초래, 인접). 인접하다(= on). 因(인할인)이라는 한자를 보면 사방을 둘러싸고 있는 (口(에운담 위)) 둘레에 사람이 팔을 벌리고(大) 있다는 데서 「인하다」가 유래. 사람을 둘러싸고 있는 주위의 모든 것들은 그에게 영향을 미치고 또 그로인해 비슷한 결과를 낳게 하는 원인이 된다. 따라서 en-은 '인하다'로 '말미암아 영향을 끼치다' 는 뜻으로 사용된다. [en-= in, into, on, covered, caused]	隣이웃 인 因인할 인
Inter	인다/안다	인하다. 인접하다 (in과 같은 의미). 이어진다. 이는 and 와 같이 잇다의 활용형 '인다', (껴)안다로 쓰인다.	隣이웃 인
Pro/pre	펴내/빠르	벌여 펴나오다. 튀어나와 앞, '빠르다'를 의미	發 필 발
Per	벌/펄	펄 벌어져 멀어지거나 벗어나다. Perpetual, perimeter, perform	發 필 발
For	벌/펄	펄 벌어져 멀어지거나 벗어나다. 1 벌어져 앞으로 가다(forward, forefather, forehead) 2 벌어져 벗어나다, 빼다(forgive, forsake, forbid. 이는 per-과 같은 유래다.	發 필 발
a (ac af ag al ap ar at)	-에	-에. -에 대해	於 어조사 어
Ad	-에	-에다. -에 대해, 에게 다가간다는 말이다.	於 어조사 어
Ab	업/얍/없	얍(hop, leap, off) 뛰어 벗어나거나 없어지다 (Absorb absolute abduct abrogate)	泣울 읍, 바람 빠를 립
De	떼, 디, 데	떼다. 디다(떨어지다), 데(불완전하다는 접두사)	
Dis	떼서	떼어서 벌어진다는 말로 분리를 의미	
Re	누(累)	누누이, 다시. 원래대로 돌아간다는 거꾸로, 후퇴를 의미하기도 한다	累 여러 루
Trans / tres	따른지	따라 쭉, 두루(through) 통과하다. Translate transfer transcend	
-fy	피어	피어나 드러나게 하다, 만들다. 피우다(그 명사가 뜻하는 행동이나 태도를 나타내다.)	
ex	윗	윗 쪽으로 벗어나(외적인)	外 바깥 외
e-	위(외)	윗 쪽으로 벗어나(외적인) evade elude eternal	外 바깥 외
Ob, op	업어/입어, 앞	업어서 (짊어져) 접하다. 앞/옆에 접한 것을 나타낸다 (Obvious offend obstacle). 접해 있는 상대, 나와 접한 상대, 반대편 의미도 있다(oppose, object) 인접한 반대편을 나타내는 in-과 유사하다.	
Over	업어	업어서 위에 짊어지거나 접하다는 말로 위에 올려진 것이다.	
of	업어	업어서 위에 짊어지거나 접한다는 말로 of 앞과 뒤의 단어는 서로 업혀 있어 동격이고, 서로 같은 내용으로 더 자세하게 수식하는 것이다.	
if	입어	업어서 위에 짊어지거나 접하다는 말로 어떤 상황을 입고 있는 것을 가정한다.	入 들 입

2-1장. 휠휠, 왈왈(모음+r/l) 대는 파동[ㅇ, ㅎ]

1 휠 회오리(whirly) 치는 파동(w_l, h_r, ar --)(바람, 물, 공기 흐름)

w**hir**l **hur**l **hur**ry **wel**l d**well** **wel**d **ar**oma **aur**a o**ar**

물이나 바람이 크게 소용돌이치며 돌아가는 것을 나타낼 때 '휠휠'을 쓴다. '휠'은 회오리의 줄임말로 물이 왈왈 흘러 소용돌이치는 것과도 같다. whirl 형태는 다양하게 변형되어 whorl, swirl, twirl, hurl, haul, hurry, well, wallow, swallow, hole, whole, hail 등 무수히 나타난다.

whirl [hwəːrl] 회전 돌다 (말소리) 휠

〈whirl〉 '휠'은 휠휠, 왈왈 소리 내며 소용돌이치는 것을 의미함. Whirr은 휠휠 진동 소리이다[To move or vibrate with a buzzing sound] [연관] swirl whorl wheel

· 어원) **〈whirl〉** Proto-Germanic *hwerbaną ("turn") German wirbeln ("to roll, swirl, blow") [국어] **훌**: [북한어] 잡았거나 쥐었던 것을 갑자기 내던지는 모양. **휠휠**: 날짐승 따위가 높이 떠서 느릿느릿 날개를 치며 매우 시원스럽게 나는 모양. 불길이 세차고 매우 시원스럽게 타오르는 모양. 큰 부채 따위로 느릿느릿 매우 시원스럽게 부치는 모양. [한자] 泧큰물 월 獩 나는 모양 훨. 抓흔들릴 올. 颷산들바람이 불 월, 훨.

'휠'은 회오리처럼 회전하면서 돌아가는 둥근 형체를 의미하며 둥근 모양의 '알'과 유사하다고 볼 수 있다. 따라서 '휠'이나 '알'이 들어가는 말은 원을 그리며 돌아가는 것과 연관이 깊다고 할 수 있다.

wheel [hwiːl] 바퀴 자동차 (말소리) 휠

〈wheel〉 '휠'은 회오리(whirl)처럼 회전한다는 뜻 [연관] whirl whorl [다른 풀이] '알'

· 어원) **〈wheel〉** Old English hweorfan ("to turn, change, to depart, go, wander") Proto-West Germanic *hwerban ("turn") [국어] **알**: 작고 둥근 모양의 물건. 새, 물고기, 곤충 따위가 종을 번식하기 위해 낳은 것.

hurricane [hə́ːrəkèin] 허리케인 폭풍 (말소리) 회오리키운

〈hurricane〉 '회오리키운'은 휠휠(hurr=whirl) 회오리치며 간다는 뜻. 휠은 회오리의 다른 표현 [연관] hurry 헐레

· 어원) **〈hurricane〉** Middle English horien ("to rush, impel"), hurren ("to vibrate rapidly, buzz") [국어] **휠휠**: 날짐승 따위가 높이 떠서 느릿느릿 날개를 치며 매우 시원스럽게 나는 모양. 불길이 세차고 매우 시원스럽게 타오르는 모양. 큰 부채 따위로 느릿느릿 매우 시원스럽게 부치는 모양.

hurl [həːrl] 던지다 퍼붓다 (말소리) 훌

〈hurl〉 '훌'은 훌쩍 훌 던진다는 뜻 [연관] haul 훌 잡아 당기다

· 어원) **〈hurl〉** Middle English hurren ("to vibrate rapidly, buzz"). [국어] **훌**: [북한어] 잡았거나 쥐었던 것을 갑자기 내던지는 모양. **휠휠**: 날짐승 따위가 높이 떠서 느릿느릿 날개를 치며 매우 시원스럽게 나는 모양. 불길이 세차고 매우 시원스럽게 타오르는 모양. 큰 부채 따위로 느릿느릿 매우 시원스럽게 부치는 모양.

새가 훌 날아가는 것처럼 '훌'은 훌쩍 지나가 빠른 동작을 표현한다.

hurry [hʌri] 서두르다 빨리 (말소리) 헐레
horse [hɔːrs] 말 훌서

⟨hurry⟩ '헐레'는 훨(hur=whirl, curl), 빙빙 회오리 돌아가듯 헐레(벌떡) 정신없는 상태를 가리킴[연관] harass [다른 풀이] '후려' 후려갈기듯이 재빠른 **⟨horse⟩** '훌서'는 훌쩍, 훌 달아나는 말
☞ hur/hor은 콸콸(curl)과 같은 유형

· 어원) **⟨hurry⟩** Middle English horien ("to rush, impel"), hurren ("to vibrate rapidly, buzz") norwegian hurre ("to whirl around"). Latin currō ("I run") **⟨horse⟩** Germanic: *hurskaz '훌쩍하지'("quick, lively") [국어] **헐레(벌떡)**: 숨을 가쁘고 거칠게 몰아쉬는 모양. **훌**: 동작이나 행동을 단번에 가볍게 하거나 쉽고 능란하게 하는 모양. 새가 갑자기 날아가 버리는 모양. **훨**: 정도 이상으로 차이가 나게. **후리다**: 휘몰아 채거나 쫓다. 휘둘러서 깎거나 베다. [한자] 欻문득 훌(가볍고 재빠른 모양). 魆갑자기 훌. 狘놀라 달아날 월, 헐

early [ə́ːrli] 일찍 이른 (말소리) 일러

⟨early⟩ '일러'는 헐레, 얼른 서둘러 이르다는 뜻

· 어원) **⟨early⟩** Dutch eer ("before, sooner than"). [국어] **이르다**: 대중이나 기준을 잡은 때보다 앞서거나 빠르다. **얼른**: 시간을 끌지 아니하고 바로.

빛은 하나이지만 여러 가지 무지개색을 나타내듯이 하나의 자연소리는 여러 자음을 통해 표현하고 있다. 물소리는 기본적으로 왈왈(well) 흐르는 소리에 ㅋ ㄹ ㅂ ㅍ ㅅ 이 결합해 콸 랄 펄 등으로 다양하게 나타나지만 같은 뜻을 표현한다.
[훨, 왈(whirl well)=콸, 괄(current gulf)=술술 (swirl swell)= 랄랄(roll run roil)= 펄, 불(vortex flow)=탈탈(torrent)]

훨(well)은 왈왈거리는 물이면서 훨 낫다는 말로도 쓰인다.

well [wel] 1 우물 2 잘, 훨씬 (말소리) 왈

⟨well⟩ '왈'은 1 왈왈 흐르는(to flow; to spring, 泧 큰물 월) 여울, 훨 휘감는 물 2 왈왈 일렁이며 훨 날아가 넘어서다(越넘을월, 溢넘칠일). '훨'은 어원상 '펄' 불어나는 very, value와 통한다. [다른 풀이] 1 '훨' 훨훨 일렁이다 2 '일' 일렁이는 물 [참고] swell swirl 수월 술

· 어원) **⟨well⟩** Old English well ("well, abundantly, very"). Proto-Germanic *wallijǭ("well, swirl, wave"), Proto-Indo-European *wel- ("to turn; wind; roll"). [국어] **왈왈**: 개가 짖는 소리. 알아들을 수 없을 만큼 크고 소란스럽게 떠드는 소리. 물이 급하게 많이 흐르는 모양. **훨**: 정도 이상으로 차이가 나게. **얼**: '여울(강이나 바다의 바닥이 얕거나 폭이 좁아 물살이 세게 흐르는 곳)' [한자] 泧 큰물 월 溢넘칠 일 越넘을 월

dwell [dwel] 살다 (말소리) 떠울

⟨dwell⟩ '떠울'은 울렁거리며 활동하여 살아있다는 뜻. 떠(d) (다니며) 울렁, 왈왈(well) 거리는 물처럼 흘러가는 인생을 나타낸다.

· 어원) **⟨dwell⟩** Proto-Germanic *dwelaną ("to go astray"), Proto-Indo-European *dʰwelH- ("to whirl, swirl, blur, obfuscate") [국어] **왈왈**: 개가 짖는 소리. 알아들을 수 없을 만큼 크고 소란스럽게 떠드는소리. 물이 급하게 많이 흐르는 모양.

wild [waild] 야생의 거친 (말소리) 왈대
bewilder [biwíldər] 어리둥절하게 하다 비왈대

〈**wild**〉 '왈대'는 훨훨/왈왈(訶 성낼 왈) 대며 가만 있지 않다는 뜻. 바람에 흔들리는 풀, 나무가 있는 야생(Exposed to the wind and sea) [연관] wool 울렁거리는 털 forest 풀이서다 풀풀 날리는 수풀 〈**bewilder**〉 '비왈대'는 왈왈 (wild) 거리는 속이 울렁대 당황스런 마음을 나타냄

· 어원) 〈**wild**〉 Proto-Indo-European *wel-("hair, wool, grass, ear (of corn), forest"). 〈**bewilder**〉 be-+wilder ("to lead astray; to go astray, wander"). [국어] **왈왈**: 개가 짖는 소리. 알아들을 수 없을 만큼 크고 소란스럽게 떠드는 소리. 물이 급하게 많이 흐르는 모양. 성질이 급하고 괄괄하다. **훨훨**: 날짐승 따위가 높이 떠서 느릿느릿 날개를 치며 매우 시원스럽게 나는 모양. 불길이 세차고 매우 시원스럽게 타오르는 모양.

weld [weld] 용접하다 (말소리) 왈대

〈**weld**〉 '왈대'는 왈왈(well) 흐르는 물처럼 벌벌(boil 불) 끓다. 납 등이 끓어 녹아 두 물체를 결합하게 하다는 뜻

· 어원) 〈**weld**〉 Old English willan, wellan("to boil; bubble forth"). German wallen ("boil, seethe"). [국어] **용접**: 접합부에 금속재료를 가열. 용융시켜 서로 다른 두 재료의 원자 결합을 재배열하여 결합시키는 방법. **왈왈**: 물이 급하게 많이 흐르는 모양.

urine [júərin] 오줌 (말소리) 울렁

〈**urine**〉 '울렁'은 울렁거리며 왈왈(ur=well) 흐르는 소리로 오줌이 흐른다는 뜻 [다른 풀이] '흐른' '우린' 우러나오다

· 어원) 〈**urine**〉 Proto-Indo-European *weh$_1$r- ("water, liquid, milk"). [국어] **울렁**: 물결이 잇따라 흔들리다. **왈왈**: 물이 급하게 많이 흐르는 모양. **뻘뻘**: 땀을 매우 많이 흘리는 모양

훨 올라 일어(ar/aur)나는 공기 바람

살아있는 것은 움직인다. 생기가 넘치는 동물들을 보면 바람이 이는 것처럼 빠르고 생동감이 느껴진다. latin īre 는 일어나다, 움직이다는 말이다.

aroma [əróumə] 향기 (말소리) 우러오며
olfactory [alfǽktəri] 후각의 울빚더라

〈**aroma**〉 '우러오며'는 우르르 올라오는 향을 나타냄 〈**olfactory**〉 훨(ol) 울려 퍼지는 향을 빚다(factory). 향을 빚어 지각할 수 있게 하는 기관

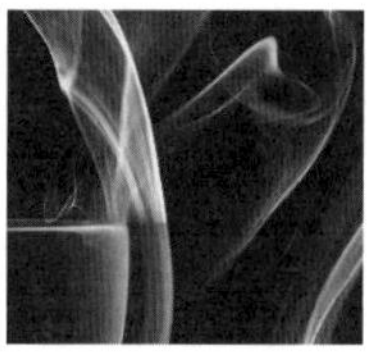

· 어원) 〈**aroma**〉 Ancient Greek ἄρωμα (árōma, "seasoning, spicy and/or fragrant smell"). 〈**olfactory**〉 Latin olfactorius, oleo(I emit an odor)+faciō. [국어] **오르다**: 사람이나 동물 따위가 아래에서 위쪽으로 움직여 가다.

aura [ɔːrə] 아우라 분위기 (말소리) 우러
aurora [ɔːrɔːrə] 오로라 극광 오르리

〈**aura**〉 '우러'는 우르르(aura=air) 일어나는 바람, 공기처럼 일어난다는 뜻. 우러르게 되는 분위기를 의미함 [다른 풀이] '일어' 〈**aurora**〉 '오르리'는 우르르 올라(aura=air) 일어나는 새벽의 해오름을 나타냄 [연관] air 우우 일어나는 바람이나 기체 oar '왈' 노 젓는 소리는 바람 공기 등이 우는 소리

· 어원) 〈**aura**〉 Latin aura ("a breeze, a breath of air, the air"). 〈**aurora**〉 Latin aurōra ("dawn"). [국어] **일다**: 겉으로 부풀거나 위로 솟아오른다. **우러르다**: 위를 향하여 고개를 정중히 들다. **우루루**: 액체가 갑자기 끓어오르거나 넘치는 소리.

oar [ɔːr] 노 (말소리) 왈

〈**oar**〉 '왈'은 왈왈 우는 파동을 만들며 노 젓는(To row) 막대를 나타냄 [연관] roar row air

· 어원) 〈**oar**〉 Proto-Germanic *airō ("oar"). [국어] **우우**: 바람이 세차게 한 방향으로 잇따라 몰아치는 소리. **왈왈**: 알아들을 수 없을 만큼 크고 소란스럽게 떠드는 소리. 물이 급하게 많이 흐르는 모양.

while [hwail] ~동안에 (말소리) 활

〈**while**〉 '활'은 휠/활활(whirl) 바람에 일렁이는 물처럼 흐른다(To pass (time) idly. Loiter)는 뜻. 시간은 물과 같이 흐른다는 비유를 많이 쓴다. [참고] current 쿨렁대는 흐름은 현재를 가리킨다. [연관] whirl

· 어원) 〈**while**〉 Proto-Germanic *hwīlō ("while, period, pause"). [국어] **활활**: 부채 따위로 느릿느릿 시원스럽게 부치는 모양. 날개를 치며 아주 시원스럽게 나는 모양. 부채 따위로 천천히 바람을 일으키는 모양

will [wəl] 의지, ~할 것이다 (말소리) 일

〈**will**〉 '일'은 (바람이 일어 일렁이듯) 마음속에 일어나는 움직임을 나타냄

· 어원) 〈**will**〉 Old English willan ("to will, wish, desire, to be about to"). [국어] **일**: 일정한 시간 동안 몸을 움직이거나 머리를 쓰는 활동. 사람이 행한 행동. **일다**: (감정, 움직임이) 새로 생기다. 겉으로 부풀거나 위로 솟아오른다. '이르다'의 준말. 곡식이나 사금 따위를 그릇에 담아 물을 붓고 이리저리 흔들어서 쓸 것과 못 쓸 것을 가려내다.

alley [æli] 골목 통로 (말소리) 일어

〈**alley**〉 '일어'는 (바람이) 일어 이리저리 흘러 가다. way는 sway와 같은 말로 휘이 부는 바람에 의해 구비지는 모양이다. [참고] will [다른 풀이] '울려' 울어 울퉁불퉁 한 길.

· 어원) 〈**alley**〉 latin alō(develop, grow), aler ("to go"). (French aller: go, will) [국어] **일다**: '이르다'의 준말. 곡식이나 사금 따위를 그릇에 담아 물을 붓고 **이리저리 흔들어서** 쓸 것과 못 쓸 것을 가려내다. 겉으로 부풀거나 위로 솟아오른다. **이르다**: 어떤 장소나 시간에 닿다.

2 왈왈 울다(모음+ l), 아뢰다(or, 日)

yell howl wail; word oral adore

훨훨 거리는 모양은 회오리(whirl), 물(well), 펄펄(fire, boil) 끓는 진동을 나타낸다.

우는 소리는 성대나 코, 머리 등을 울려나오는 소리를 의미한다. 또한 바람이 불어 나는 소리나 종소리도 '울다'라고 표현한다. 모두 울림이라는 파동을 통해 소리를 낸다고 할 수 있다.

yell [jel] 소리지르다 (말소리) 울

〈**yell**〉 '울'은 왈왈 우는 것처럼 고함친다는 뜻. 괄괄거리는 소리에서 왈왈로 발음이 약화

· 어원) **⟨yell⟩** Proto-Indo-European *gʰel- ("to shout"). [국어] **왈왈**: 개가 짖는 소리. 알아들을 수 없을 만큼 크고 소란스럽게 떠드는 소리. 물이 급하게 많이 흐르는 모양. '와들와들(춥거나 무서워서 몸을 잇따라 아주 심하게 떠는 모양)'의 준말

owl [aul] 올빼미 (말소리) 아울
howl [haul] 울부짖다 아울

⟨owl⟩ '아울'은 왈왈, 아울하고 동물이 울음소리를 낸다는 뜻. 올빼미의 '올'과 같다. 읊어대는 wolf 소리와 같다. **⟨howl⟩** '아울'은 왈왈, 아울하고 소리치며 우는 것을 나타냄. ☞ h+owl

· 어원) **⟨owl⟩** Swedish uv '읊어' ("horned owl"). **⟨howl⟩** Swedish hyla ("to scream, yell").

wail [weil] 울부짖음 통곡 (말소리) 울

⟨wail⟩ '울'은 울어 대다는 말로 걱정으로 찡그린 채 울다는 뜻. 우울해 우우 거리는 woe와 유사하다. [연관] ail 앓는 소리 worry

· 어원) **⟨wail⟩** old english waylen ("to sob, cry, wail").

elegy [élədʒi] 비가 애가 (말소리) 울리지

⟨elegy⟩ '울리지'는 울리며 우는 소리의 노래를 의미함

· 어원) **⟨elegy⟩** Ancient Greek ἐλεγεία ᾠδή (elegeía ōidḗ, "an elegiac song"). [국어] **울다**: 기쁘거나 슬프거나 아파서 소리를 내며 눈물을 흘리다.

whine [hwain] **[고급]** 우는 소리 낑낑거리다 (말소리) 히잉

⟨whine⟩ '아잉/히잉'은 앵앵거리며 우는 소리를 나타냄

· 어원) **⟨whine⟩** Old English hwīnan ("to rush, to whizz, to whine"). [국어] **앵앵**: 마음대로 일이 되지 않아 토라져 짜증을 내는 소리를 나타내는 말. 또는 그 모양을 나타내는 말. **앵**: 뉘우치거나, 성나거나, 분하거나, 딱하거나, 짜증날 때 가볍게 내는 소리. 토라져 짜증을 내는 모양. 홱 틀려 돌아가는 모양. 모기나 벌 따위가 빨리 날아갈 때 나는 소리. (북한어) 세찬 바람이 어떤 물체를 스치며 자꾸 울리어 나는 소리.

왈왈(or) 왈가닥 아뢰다

'울다'는 목과 입, 코, 머리 등을 울려서 소리를 낸다는 뜻이다. 그렇게 인간이 입을 통해 만들어낸 소리를 '말'이라고 한다.

word [wəːrd] 단어 말 (말소리) 왈대

⟨word⟩ '왈대'는 왈왈(曰)대며 울어 소리를 내고 왈가왈부 한다는 뜻. Wor-(울)은 ver-(벌벌)의 변형으로서 Verb와 통한다. [연관] well/whirl 왈왈대는 물

· 어원) **⟨word⟩** Proto-Indo-European *werh₁- ("to speak, say"). [국어] **울다**: 짐승, 벌레, 바람 따위가 소리를 내다. **왈왈하다**: 성질이 급하고 괄괄하다. 알아들을 수 없을 만큼 크고 소란스럽게 떠들다. 개가 짖다. 물이 급하게 많이 흐르는 모양. [국어] **왈(曰)**: 흔히 말하는바 [한자] 云이를 운 曰말하길 왈

oral [ɔ́ːrəl] 입의 (말소리) 아뢸

〈oral〉 '아뢸'은 왈왈(or=word) 울어 소리 내는 입을 의미함

· 어원) Latin ōrātiō ("speech, discourse, oration"), from ōrātus ("spoken, orated"), from ōrō ("speak, pray"). Latin ōs ("mouth"). [국어] **와르르**: 매우 심하게 떠는 모양. [한자] 云이를 운 曰말하길 왈

oratory [ɔ́ːrətɔ̀ːri] 웅변 (말소리) 아뢰두리

〈oratory〉 '아뢰두리'는 왈왈(or=word, 曰) 말을 하여 알리다는 뜻 [다른 풀이] '울어대리' 울어대며 외치는 소리

· 어원) **〈oratory〉** Latin ōrō ("I speak"). [국어] **왈(曰)**: 흔히 말하는바 [한자] 曰가로 왈, 말하다

adore [ədɔ́ːr] 아주 좋아하다 (말소리) 엣왈

〈adore〉 '엣왈'은 ~에다(ad) (대고) 왈왈(or=word 曰말하길 왈) 말한다는 뜻으로 그만큼 흠모한다는 뜻 [연관] charisma 깔깔대며 환호하다

· 어원) **〈adore〉** ad ("to")+ōrō ("I speak"). [국어] **왈(曰)**: 흔히 말하는바

argue [ɑ́ːrgjuː] 주장하다 논쟁하다 (말소리) 울기

〈argue〉 왈가닥, 왈가왈부 따지며 밝히려고 울어 외치는(declare) 것으로 다투면서 주장하는 바를 알리다는 뜻

· 어원) **〈argue〉** Latin arguere ("to declare, show, accuse"). Latin arguō ("to make clear") Ancient Greek: ἀργός (argós, "white, bright") [국어] **울다**: 기쁨, 슬픔 따위의 감정을 억누르지 못하거나 아픔을 참지 못하여 눈물을 흘리다. **왈가닥**: 작고 단단한 물건들이 서로 거칠게 부딪치는 소리. 또는 그 모양. **왈가왈부**(曰可曰否): 어떤 일에 대하여 옳거니 옳지 아니하거니 하고 말함.

읆(um): 음. 우는 소리

낭랑거리는 소리 '음'〈무엇이 불만스럽거나 걱정스러울 때 내는 소리. 音(소리음)〉 '으음' '읆(울음)'을 나타내는 단어

humming [hʌmiŋ] 콧노래를 부르는 (말소리) 읆인
lament [ləmént] 한탄하다 남운다

〈humming〉 '읆인'은 음음하며 콧소리를 낸다는 뜻 **〈lament〉**남운다'는 남남(혀를 재게 놀리어 무슨 말인지 알아들을 수 없게 재잘거리는 소리) (lam≒ram, lamb) 지껄이듯 우는 소리.惏 슬퍼할 람(남)

· 어원) **〈humming〉** Middle English hummen ("to hum, buzz, drone, make a murmuring sound to cover embarrassment"). **〈lament〉** Latin lāmentor ("I wail, weep"). [한자] 吟읊을 음, 울다

numb [nʌm] 무감각해진 완화시키다 (말소리) 음

〈numb〉 '음'은 '으음'하며 신음 소리만 내고 말을 못 할 정도로 충격으로 인해 멍한 상태(stunned)를 나타냄.

· 어원) 〈numb〉 German benommen ("dazed, numb"). [국어] **움**: 땅을 파고 위에 거적 따위를 얹고 흙을 덮어 추위와 비바람을 막게 한 곳. **마음이 언짢거나 비통할 때 내는 말**. '우물'의 방언 [한자] 喑**벙어리 음** 吟읊을 음, 말을 더듬다 聾귀먹을 농 愣 멍청할 릉(능)

rumor [rúːmər] 유언비어 소문 (말소리) 우물

〈rumor〉 '우물'은 우물우물, 남남 중얼거리며 소문이 퍼진다는 뜻. rum은 음(humming, name) 하는 신음 소리를 나타낸다. Rum은 (音 소리 음, 誏뜬소문 낼 랑)과 연관 [참고] **rum**ble murmur [다른 풀이] '누문' (漏聞)

· 어원) 〈rumor〉 Latin rūmor (murmur, The voice of the people). [국어] **우물우물**: 말을 시원스럽게 하지 아니하고 입 안에서 자꾸 중얼거리는 모양. **누문**(漏聞) 드러나지 않은 사실이나 새어 나온 말을 얻어들음. **나물**: '나무람'의 방언(전남). **남남**: 혀를 빠르게 놀려 무슨 말인지 알아들을 수 없게 재잘거림. 또는 그렇게 재잘거리는 소리. [한자] 音 소리 음(말, 소식) 濫넘칠 람(마구하다, **뜬소문**) 喃재잘거릴 남 諵수다스러울 남

3 쉬 웅/울/휘 (sw-): s+w(wing, weep, whirl, word, wear --) 휘날리는 파동

바람 물소리가 쉬잉하는 것으로 재빨리 이동하거나 흔들림을 표현. 'Swing sweep swim'은 합성어로 '윙윙', '읍', 우는 소리(wing, wind, weep)에 쉬 (s) 발음이 첨가되어 '쉬잉' '쉬이'로 진동을 강조한다. **[wing→swing. weep/whip →sweep. swift. way→ sway. word→ sword. whirl→swirl. well→swell. wind → swindle. wear→ swear]**

S(쉬)+w(우, 웅, 울) (물 바람 소리): 솔솔 부는 바람. 졸졸(술술, 잘잘) 흐르는 물결. 빠르게 바뀌는 모습.

swing [swiŋ] 흔들다 그네 (말소리) 쉬잉
swim [swim] 헤엄치다 쉬움
swamp [swamp] 늪 쉬움푸

〈swing〉 '쉬잉'은 웅 바람에 흔들리면서 쉬잉 소리가 나는 것을 나타냄 ☞ s+'웅'(wind, wing) 바람 소리 [연관] swindle '쉬잉댈' 쉬잉 (정신이) 바람에 흔들려 속다 spin(spindle) '스핑' 핑 돌다(wing->pin) **〈swim〉** '쉬움(수영)'은 수영할 때 손을 저으면서 앞으로 움직이는 소리를 나타냄 ☞ s+'움'(wim= whim, whimsical), 움직임 [다른 풀이] '수영' **〈swamp〉** '쉬움푸' 움푹(wamp=**pump, jump**) 출렁거리는 습지를 나타냄. ☞ s+wamp(pump /bump: p/b→w) [연관] **jump damp**en amplify

· 어원) 〈swing〉 Proto-Indo-European *swey- ("to hiss; whistle"). 〈swim〉 Old English swimman ("to swim, float"). 〈swamp〉 Middle Low German swamp ("sponge, mushroom"), Dutch zomp ("swamp, lake, marshy place").

우리말에서 순경음 비읍(ㅸ)은 ㅏ와 ㅓ 모음 앞에서는 반모음 w로 바뀌었으며, ㅡ의 앞에서는 모음과 결합하여 ㅗ와 ㅜ가 되었다. 영어에서도 spiral→ swirl, sparrow → swallow, via→ way 등에서 p→w 변화가 나타난다.

swirl [swəːrl] 소용돌이 빙빙 (말소리) 스왈

〈swirl〉 '스왈'은 쉬(s) 왈왈 울어(wirl=whirl, well 㳓 큰물 월) 대는 회오리, 소용돌이를 나타냄 ☞ s+왈왈(훨훨)거리는(whirl) 소리. 어원상 spiral 의 다른 형태(p->w 변화) [다른 풀이] '수월' 강강수월래(強羌水越來), ('강강술래') 하면서 회전하듯 물이 술술 흐르는 모습. **수월**하다는 말과 관련있다.

· 어원) 〈swirl〉 Norwegian svirla ("to whirl around; swirl"). [국어] **왈왈**: 물이 급하게 많이 흐르는 모양. 알아들을 수 없을 만큼 크고 소란스럽게 떠드는 소리. **술술**: 물이나 가루 따위가 틈이나 구멍으로 조금씩 거볍게 새어 나오는 모양. 日 (가로 왈).

swallow [swάlou] 1 삼키다 2 제비 (말소리) 스울리어

〈swallow〉 '스울리어'는 쉬(s) 왈왈(wall=well, whirl 嗗(마시는 소리 왈))대며 훌쩍 하다는 말로 1. 설렁, 울렁(wallow, whirl) 물 넘기는 소리 2 술술 나는 제비. 공중제비(공중에서 거꾸로 나가떨어짐) [연관] sparrow '쉬펄레' 참새 (p 발음이 w 로 약하게 변해 swallow가 된 것으로 보인다.)

· 어원) **〈swallow〉** Old English swelgan ("to swallow, incorporate, absorb, imbibe, devour"). **훌쩍: 액체 따위를 단숨에 남김 없이 들이마시는 소리. 또는 그 모양. 술술: 물이나 가루 따위가 틈이나 구멍으로 조금씩 거볍게 새어 나오는 모양.**

sword [sɔːrd] 칼 (말소리) 스울다

〈sword〉 울다(word)는 소리에 s가 붙어 술술(스왈 swor= swirl) 써는 소리를 나타내며 썰어 자른다는 뜻. ☞ s+wor(钥 칼 월, 왈왈 칼, 도끼 휘두르는 소리) [연관] word 울다 (울리는 소리 曰 (가로되 왈)) swear [다른 풀이] '썰다'

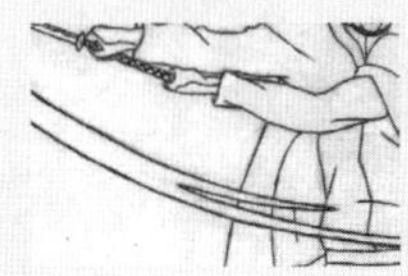

· 어원) **〈sword〉** Proto-Indo-European *swer- ("to ache, to cut") *swer- (to resound; ringing, whistling. to speak loudly, to swear) **[국어] 솔솔: 물이나 가루 따위가 틈이나 구멍으로 조금씩 가볍게 새어 나오는 모양 [한자] 鉞도끼 월: 톱소리, 방울 소리. 钥 칼 월 刖 벨 월**

swear [swεər] 욕하다 맹세하다 (말소리) 스왈
answer [ǽnsər] 대답하다 응수

〈swear〉 '스왈'은 스- 왈왈(wear= word, well, 曰 가로되 왈), 좔좔 거리는 물소리처럼 중얼대며 지껄이다는 뜻. Wear은 훨훨 두르는 천을 나타냄 [다른 풀이] '수월' 수월(swirl)하게 풀리는 소리를 말소리에 비유 **〈answer〉** 응(an=on, and 應응할 응)하여 스왈(swer=swear) 왈왈 이야기하다. 상대 말에 응수하다 ☞ an(on, anti 웅 불어 휘말리다)+s+wer(word)

· 어원) **〈swear〉** Proto-Indo-European *swer- (to speak, talk, to buzz, hum, to resound; ringing, whistling. to speak loudly, to swear) **〈answer〉** Old English andswaru ("answer"), from and- ("against")+swerian ("to swear") **[국어] 왈왈: 개가 짖는 소리. 알아들을 수 없을 만큼 크고 소란스럽게 떠드는 소리. 물이 급하게 많이 흐르는 모양. 수월히: 까다롭거나 힘들지 않아 하기가 쉽게. 말이나 태도 따위가 아주 예사롭게. 졸졸: 조금도 막힘이 없이 글을 읽거나 쓰거나 말하는 모양. 가는 물줄기 따위가 잇따라 부드럽게 흐르는 소리. 또는 그 모양. 술술: 바람이 부드럽게 부는 모양. 응수(應酬): 상대편이 한 말이나 행동을 받아서 마주 응함.**

swarm [swɔːrm] 떼, 몰려들다 (말소리) 쉬웖

〈swarm〉 '쉬웖'은 (벌 등이) 왈왈(war≒ whirl) 울리며 몰리는 소리(A large number of insects, especially when in motion) 를 나타냄. ☞ sw+arm(army, harmony). arm은 몸에 붙은 팔처럼 어르어(얼어) 붙은 덩어리 [참고] warm 훪 [훨(war≒ whirl)+임(m)] 활활타다

· 어원) **〈swarm〉** Proto-Indo-European *swer- ("to buzz, hum"). Proto-Indo-European *wór-mo-s, from *wer-("to burn")+*-mos **[국어] 웅웅: 울리는 소리가 계속 나다.**

swell [swel] 붓다 늘어나다 (말소리) 스왈

〈swell〉 '스왈'은 쏴아(s) 하고 물이 왈왈(well, 泧 큰물 월), 좔좔 솟아나는 것(A long series of ocean waves, produced by wind)에서 물이 불어나는 모습 ☞ 쉬(s)+왈왈 (well: 샘, 분출 whirl) →좔좔 [다른 풀이] '찌울' 쪄서 불어나다

· 어원) **[국어] 왈왈: 물이 급하게 많이 흐르는 모양. 알아들을 수 없을 만큼 크고 소란스럽게 떠드는 소리. 좔좔: 많은 양의 액체가 세차게 흐르는 소리. 또는 그 모양. 찌다: 살이 올라서 뚱뚱해지다. [한자] 泧 큰물 월**

4 얼얼(w_r)함(혼란, 아리다), 얼어(hor)버리다, 울어(war)대며 알려하다

worry **wear**y; **hor**ror ab**hor;** a**war**e **war**y --

걱정이나 근심은 우려스럽고 괴로운 상태를 나타낸다. 또한 질병으로 인한 아픔이나 고통 역시 괴롭고 걱정이 많은 상태라고 할 수 있다. '얼'은 모자라거나 덜되어 부족한 상태로 아픈 것은 물론 '나쁘다'는 의미로까지 확장된다.

worse [wəːrs] 더 나쁜 (말소리) 얼지

〈worse〉 '얼지'는 왈왈(wor=war, whirl) 소용돌이에 얼기설기 얽히고 난장판이 되다 [연관] ill war

· 어원) **〈worse〉** Proto-Indo-European *wers- ("to confuse, mix up; to beat, thresh, grind"). [국어] **얼다**: '어우르다'의 북한어. **얼-**: 겉에 드러난 흠. '덜된', '모자라는', '어중간한'의 뜻을 더하는 접두사.

worry [wə́ːri] 걱정하다 (말소리) 우려

〈worry〉 '우려'는 울리는 마음에 근심으로 우려한다는 뜻 [다른 풀이] '울어'는 울려 진동하는 마음을 뜻함

· 어원) **〈worry〉** Proto-Indo-European *wers- ("to confuse, mix up; to beat, thresh, grind"), *worós ("attentive"), from *wer- ("to heed; be watchful"). [국어] **우려(憂慮)**: 근심하거나 걱정함. 또는 그 근심과 걱정. **울다**: 물체가 바람 따위에 흔들리거나 움직여 소리가 나다. 기쁨, 슬픔 따위의 감정을 억누르지 못하거나 아픔을 참지 못하여 눈물을 흘리다. **아리다**: (마음이) 찌르는 것처럼 쓰리고 아픈 느낌이 있다.

weary [wíəri] 지친 싫증나는 (말소리) 아려

〈weary〉'아려' 얼얼한 마음으로 아리다. 앓을 정도로 몸이 피곤하고 아픔(tired; sick)을 나타냄 [연관] wear 왈왈거리는 천을 두르다

· 어원) **〈weary〉** West Frisian wurch ("tired"). [국어] **울다**: 물체가 바람 따위에 흔들리거나 움직여 소리가 나다. **아리다**: (마음이) 찌르는 것처럼 쓰리고 아픈 느낌이 있다. **울[鬱]**: '울하다(가슴이 답답하다)'의 어근.

ill [il] 1 아픈 2 나쁜 (말소리) 얼

〈ill〉 '얼'은 1 얼얼하여 아린 느낌 2 얼빠진 얼간이처럼 모자라 안 좋다는 뜻 [다른 풀이] '앓'은 앓다는 뜻

· 어원) **〈ill〉** Middle English ille ("evil; wicked"), Latin ulcus ("sore"). [국어] **얼-**: 겉에 드러난 흠. '덜된', '모자라는', '어중간한'의 뜻을 더하는 접두사. **앓다**: 병에 걸려 고통을 겪다. **울(鬱)**: '울하다(가슴이 답답하다)'의 어근. **얼얼**: 맵거나 독하여 혀끝이 몹시 아리고 쏘는 느낌이 있다. 상처 따위로 몹시 아린 느낌이 있다. **얼간**: 됨됨이가 변변하지 못하고 덜된 사람. 소금을 약간 뿌려서 조금 절인 간.

ail [eɪl] 병 질환 (말소리) 앓

〈ail〉 '앓' 울리는 마음. 앓아(ill) 아픈 상태를 뜻함 [연관] wail 울다

· 어원) **〈ail〉** old english eglian ("to trouble, afflict"). [국어] **앓다**: 병에 걸려 고통을 겪다.

annoy [ənɔi] 짜증나다 성가시다 (말소리) 에노여

〈annoy〉 '에노여'는 노 젓는 파동으로 noise, 노여움을 일으켜 괴롭힌다는 뜻 [다른 풀이] '우리어'는 후리어 뺏다

· 어원) **〈annoy〉** Old French enuier ("to molest, harm, tire"). [국어] **우리다: 꾀거나 위협하거나 하여 물품 따위를 취하다.**

공포나 두려움으로 인해 놀랐을 때 우리는 '순간적으로 얼었다'라는 말을 쓰기도 한다. 공포로 인해 온몸이 얼어붙은 것처럼 꼼짝할 수 없었다는 뜻일 것이다. 상처나 매운 음식으로 인해 정신이 아득할 때도 '얼얼하다'라고 표현하기도 하는데 이 역시 '얼다'와 연관이 있다고 할 수 있다.

horror [hɔ́ːrər, hάrər] 공포 (말소리) 얼어

〈horror〉 '얼어'는 헐, 얼얼한 상태로 후들후들 무서운 상태를 나타냄. [다른 풀이] '홀려' 홀려서 정신 없다

· 어원) **〈horror〉** Latin horror ("a bristling, a shaking, trembling as with cold or fear, terror"). [국어] **얼다**: 어떤 분위기나 사람에게 위압되어 긴장하거나 흥분하여, 침착한 태도를 잃고 당황하다. **얼얼**: (정신이) 가다듬어지지 않는 느낌이 있다. 상처 따위로 몹시 아린 느낌이 있다.

abhor [æbhɔ́ːr] 혐오하다 싫어하다 (말소리) 얍얼

〈abhor〉 '얍얼'은 얍(ab=off) (떠서) 얼어(hor=horror) 지다는 말로 두려워 얼어 버리다는 뜻

· 어원) **〈abhor〉** ab- ("from")+horreō ("stand aghast, bristle with fear"). [국어] **얼다**: 어떤 분위기나 사람에게 위압되어 긴장하거나 흥분하여, 침착한 태도를 잃고 당황하다. **헐**: 매우 놀라거나 어이가 없을 때 내는 소리. **얼얼**: (정신이) 가다듬어지지 않는 느낌이 있다. 상처 따위로 몹시 아린 느낌이 있다. **홀**: 동작이나 행동을 단번에 가볍게 하거나 쉽고 능란하게 하는 모양

wonder [wʌ́ndər] 놀라다 경이로운 (말소리) 언다

〈wonder〉 '언다'는 놀라서 얼얼하게 얼어버린 상태로 활용형 '언다'로 쓸 수 있다. 마음이 흔들리고 혼동스러움 [연관] bewilder 왈왈거리는 혼란한 상태

· 어원) **〈wonder〉** German Wunder("miracle, wonder"). [국어] **얼다**: 어떤 분위기나 사람에게 위압되어 긴장하거나 흥분하여, 침착한 태도를 잃고 당황하다. 몹시 놀라거나 긴장하여 얼떨떨해지거나 기가 죽다. **얼얼하다**: 상처 따위로 몹시 아린 느낌이 있다. **언다**: '얼다'의 활용형.

eerie [íəri] **[고급]** 무시무시한 으스스한 (말소리) 으리

〈eerie〉 '으리'는 으리으리하여 몸이 후들할 정도로 무섭다는 뜻. [연관] horror [다른 풀이] '얼어' 정신이 얼얼한 상태

· 어원) **〈eerie〉** Old English earg ("cowardly, fearful"). [국어] **얼다**: 어떤 분위기나 사람에게 위압되어 긴장하거나 흥분하여, 침착한 태도를 잃고 당황하다. **으리하다**: 규모나 모양이 압도될 만큼 엄청나고 굉장하다.

전쟁은 큰 소리와 함께 죽음과 혼돈을 야기시킨다. 그 혼란스런 상황은 소용돌이처럼 모든 것을 집어삼키고 폐허로 만든다.

war [wɔːr] 전쟁 (말소리) 왈

warrior [wɔ́ːriər] 전사 병사 우르어

〈war〉 '왈'은 왈왈 물이 흐르는 소리처럼 소란스럽게 떠드는 것으로 분쟁이 일어난 것을 의미함 [다른 풀이] '휠' 회오리(소용돌이)처럼 휘말린 싸움을 의미 [연관] win (왈왈 싸움에서) 휠 낚아채 잡아 이기다 **〈warrior〉** '우르어'는 왈왈(war), 우(와)르르 무너지는 소리로 소란스런 싸움에 나선 병사를 나타냄

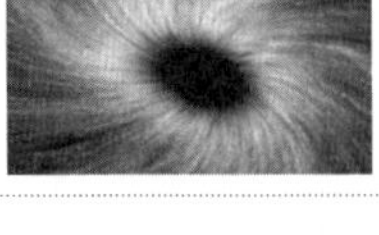

· 어원) Frankish *werra ("riot, disturbance, quarrel"), from Proto-Indo-European *wers- ("to mix up, confuse, beat, thresh"). [국어] **왈왈**: 물이 급하게 많이 흐르는 모양. 알아들을 수 없을 만큼 소란스럽게 떠드는 소리. **우르다**: 〈옛말〉 소리를 치다. 부르짖다. 모음으로 시작하는 어미 앞에서는 '울-'로 나타난다. 曰 (가로 왈)

ire [aiər] **[고급]** 분노 (말소리) 왈

〈ire〉 '왈'은 왈왈 대며 소란 피우며 화내는 것 [다른 풀이] '울' 울리는 마음이 근심으로 가득 차 울화가 생김 [연관] tire (t+ire) 탈탈 털려 피곤함

· 어원) **〈ire〉** Latin īra ("wrath, rage"). [국어] **울[鬱]**: '울하다(가슴이 답답하다)'의 어근. **울화(鬱火)**: 마음속이 답답하여 일어나는 화.

울어(war=worry)대는 근심으로 알아차리다

hear는 귀 기울이다는 말로 주의하여 듣다는 뜻이 있다.

aware [əwέər] 알고 있는, 인식하는 (말소리) 에알

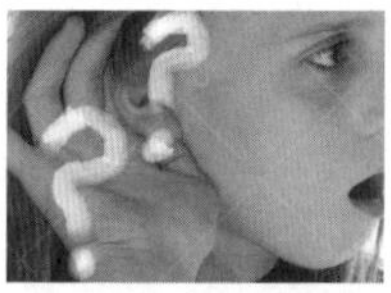

〈aware〉 '에알'은 울어(war=worry, toward) 대는 근심으로 동태를 살펴 알려고 하다.(울다→ 알다). care가 꿀꿀 울어대는 근심으로 관심을 갖고 지켜보는 것과 같다. 또는 울어 (귀) 기울여 지켜보다. [다른 풀이] '에워' 에워(ware) 싼 울/우리 주위를 둘러보는 등 주의로 동태를 살펴 알려고 하다는 뜻.

· 어원) **〈aware〉** Ancient Greek ὁράω (horáō, "see") Proto-Germanic *waraz ("aware, watchful, heedful, cautious"). Proto-Indo-European *wer-(to cover, heed, notice, burn). Germanic: *warnijaną ("worry, care, heed") [국어] **울다**: 반반하지 못하고 우글쭈글해지다. 물체가 바람 따위에 흔들리거나 움직여 소리가 나다. 감정을 억누르지 못하거나 아픔을 참지 못하여 눈물을 흘리다. **에우다**: 사방을 빙 둘러싸다. **에다**: 돌다의 옛말. '에우다'의 북한어. [한자] 䀨볼 활

beware [biwέər] 조심하다 경계하다 (말소리) 비울
wary [wέəri] 조심하는 경계하는 울어

〈beware/wary〉 울어(war=ward, toward) (귀) 기울여 지켜보다. 또는 울어대는 근심으로 알려고 살피다. Be=is

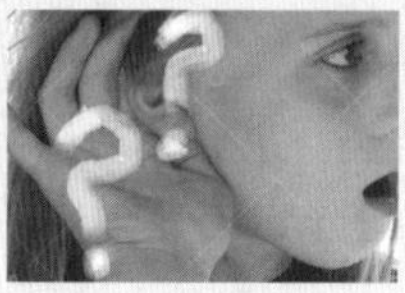

· 어원) **〈beware / wary〉** Proto-Indo-European *worós ("attentive"), from *wer- ("to heed; be watchful"). Middle English ben ware ("to be on one's guard, be vigilant", literally "be ware"). [국어] **울다**: 반반하지 못하고 우글쭈글해지다. 물체가 바람 따위에 흔들리거나 움직여 소리가 나다. '붇다'의 방언 (제주) **기울이다**: 정성이나 노력 따위를 한곳으로 모으다. **어울다**: '어우르다'의 옛말.

warn [wɔːrn] 경고하다 주의하다 (말소리) 운

〈warn〉 '운'은 울어(war= toward) (귀) 기울여 지켜보다. 울어대는 근심으로 둘러보는 등 주의사항을 알려 준다는 뜻 [연관] wary aware

· 어원) **〈warn〉** Proto-Indo-European *wer- ("to be aware; give heed"). **기울이다**: 정성이나 노력 따위를 한곳으로 모으다.

panorama [pænərǽmə] 전경 (말소리) 편어르며

펑(pan≒ span) 펴진 주위를 울어(ora=wary, ear) (귀 기울여) 감싸고 보다. 주위를 어(아)우르며 보다

· 어원) pan- (“all”). Ancient Greek ρὖορς (oûros, “watcher, guardian”), ὀοάω • (horáō) (to see), ὤοα (ṓra, “care, concern”). wary (“cautious of danger”).

5 울어[w_r] 굽다, 울게(arc, urg, erc)하여 얼싸다(엮이다)

weird in**war**d **arc**h **urg**e co**erc**e

‘울다’는 구불구불하고 휘어진 상태를 일컬으며 정상의 궤를 벗어나 이상한 상황을 의미한다.

err [əːr, ɛər] 잘못을 저지르다 (말소리) 울

〈err〉 ‘울’은 울어대는 바람처럼 이리저리 방황하다는 뜻에서 휘어지고 틀어지다는 의미

· 어원) **〈err〉** Latin errō (“wander, stray, err, mistake”). Proto-Indo-European *wel- (“to turn, wind, roll”). [국어] **울다**: 반반하지 못하고 우글쭈글해지다. 물체가 바람 따위에 흔들리거나 움직여 소리가 나다. ‘붇다’의 방언 (제주). [한자] 迂에돌 우, 굽을 오. 紆굽을 우, 굽이흐르다.우울. 抈꺾을 월, 흔들다

‘울다’는 주름져 구불구불한 모양을 나타낸다. 사람이 울 때도 주름이 지면서 얼굴이 일그러진다. 따라서 ‘울다’는 정상적인 상태에서 벗어나 휘어지거나 구겨진 이상한 상태를 일컫는다.

weird [wiərd] 이상한 기묘한 (말소리) 울다

〈weird〉 ‘울다’는 휠 부는 바람처럼 울어서 휘어져 이상해지다(eerie)

· 어원) **〈weird〉** Proto-Indo-European *wert- (“to turn, wind”). [국어] **울다**: 반반하지 못하고 우글쭈글해지다. 물체가 바람 따위에 흔들리거나 움직여 소리가 나다. ‘붇다’의 방언 (제주). [한자] 抈꺾을 월, 흔들다

울어서 굽은 것은 일정 방향으로 기울고, 방향을 나타낸다.

inward [ínwərd] 내부의 안으로 (말소리) 안울다

〈inward〉 ‘안울다’는 안으로 (기)울다는 뜻

· 어원) **〈inward〉** Equivalent to in+-weard, From Proto-Germanic *wardaz (“turned toward, in the direction of, facing”). [국어] **기울다**: 비스듬히 낮아지거나 비뚤어지다.

afterward [ǽftərwərd] 그후 곧 이어 (말소리) 에부터울다

〈afterward〉 ‘에부터울다’는 ~에부터(after 붙어 뒤따르다) (기)울다(ward)는 말로 뒤를 향하여 가다. ‘~부터’는 ‘~이후’라고 할 수 있다.

· 어원) **〈afterward〉** after+-ward, earlier *warþaz (“turned toward, in the direction of, facing”). [국어] **부터**: 체언의 뒤에 붙어, 어떤 일이나 동작 따위가 처음 시작되는 대상임을 나타내는 보조사. **기울다**: 비스듬히 낮아지거나 비뚤어지다.

toward [tɔ:rd, təwɔ́:d] ~에 대한, 향해서 (말소리) 대울다

〈toward〉 '대울다'는 ~에 대해(to, 對 대할 대) (기)울다(ward). 기운 쪽으로 향하다는 말

· 어원) **〈toward〉** Equivalent to tō+‎-weard. From Proto-Germanic *wardaz ("turned toward, in the direction of, facing"). [국어] **기울다**: 비스듬히 낮아지거나 비뚤어지다.

elastic [ilǽstik] 탄력있는 (말소리) 울어서툭

〈elastic〉 '울어서툭'은 울어 구부려지고 늘어질 수 있다는 의미.

· 어원) Ancient Greek of ἐλατός(elatós, "ductile"), ἐλαύνω • (elaúnō) (set in motion)

울기(arc, urg, erc): 굽다, 얼싸다, 엮다

아치형 건물을 보면 곡선을 이루며 굽어있는 것을 볼 수 있다. 울퉁불퉁 구부러져 울(우리)를 만든다.

arcade [a:rkéid] 아케이드 (말소리) 울게하다

〈arcade〉 울퉁불퉁 불거진 형태 [다른 풀이] '욱이다' 욱여 들어가 구부려지다

· 어원) **〈arcade〉** Italian arcata ("arch of a bridge"), Latin arcus ("arc"). [국어] **울다**: 발라 놓거나 바느질한 것 따위가 반반하지 못하고 우글쭈글해지다. **욱이다**: '욱다(안쪽으로 조금 우그러져 있다)'의 사동사.

ark [a:rk] **[고급]** 방주 성궤 (말소리) 울기
arc [a:rk] 호 아치 모양의 울기
arch [a:rʧ] 아치 활모양의 울지

〈ark〉 '울기' 울(우리)은 둘러싸는 wall, 울퉁불퉁 불거진 상자로 (돈 등을 담는 wallet과 같이) 볼록한 배를 나타냄. [연관] embark에서 bark는 불거져 담을 수 있는 배를 의미한다. barge 배 **〈arc/arch〉** 울어 (울퉁불퉁) 튀어나와 우그러져 있다는 뜻

· 어원) **〈ark〉** Latin arca ("chest, box"). **〈arch/arch〉** Latin arcus ("a bow, arc, arch"). [국어] **울다**: 발라 놓거나 바느질한 것 따위가 반반하지 못하고 우글쭈글해지다. **울**: 풀이나 나무 따위를 얽거나 엮어서 담 대신에 경계를 지어 막는 물건.

상대에게 원하는 것을 얻어내기 위해 가하는 협박이나 괴롭힘은 '으르다'로 표현된다. '얼다'는 옥죄어 상대를 물리적으로나 심리적으로 조여 을러 압박하는 의미로도 볼 수 있다.

urge [ə:rdʒ] 촉구하다 요구하다 (말소리) 얼지

〈urge〉 '얼지'는 (휠 휘감아) 어르어(얼어) (ur=wall) (조여서) 통제하고자 한다. 으르어 압박하는 것으로 요구한다는 뜻.

· 어원) **〈urge〉** latin arcere ("to inclose, confine, keep off" 우리에 가두다); urgeō (I crowd, hem in, confine) proto-Indo-European *werǵʰ- ("bind, squeeze"). [국어] **어르다**: 어떤 일을 하도록 사람을 구슬리다. **얼다/어르다**: '어우르다(여럿을 모아 한 덩어리나 한판이 크게 되게 하다)'의 준말. **울기다**: '우리다'의 방언 (전남). '울리다'의 방언(함경).

coerce [kouǝ́:rs] 강요하다 억압하다 (말소리) 껴얼싸

〈coerce〉 '껴얼싸'는 얼싸(erce= ward) 안고 껴두어 통제한다는 뜻

어원) **〈coerce〉** Latin coercere ("to surround, curb). latin arcere ("to inclose, confine, keep off" 우리에 가두다). [국어] **얼싸다**: 함께 어울러서 싸다. **얼다/어르다**: '어우르다(여럿을 모아 한 덩어리나 한판이 크게 되게 하다)'의 준말.

exercise [éksǝrsàiz] 운동 훈련 (말소리) 윗서얼싸지

〈exercise〉 '윗서얼싸지'는 얼싸(erci=ward)안아 갇힌 것에서 윗(ex) 쪽으로 가다. 벗어나도록 힘쓴다는 뜻

· 어원) **〈exercise〉** ex- ("out of, from")+arceō '얼싸'("enclose; ward off"). [국어] **얼싸다: 함께 어울러서 싸다.**

6 훨[(h/w)_l/r] 휘감은 울[방, 혈(穴), 껍질, 둘레]

wall **war**d **hol**low **hull** **hor**izon **orb**it **urb**an

'울'(wall, our)은 '울타리', 또는 '우리들'을 나타낸다. 보통 h나 w로 시작한다.

wall [wɔ:l] 벽 장벽 (말소리) 울
wallet [wάlit] 지갑 울내다

〈wall〉| '울'은 (울렁대는) 너울 같은 파동의 줄기가 울퉁불퉁 굴곡이 있어 울타리처럼 되다는 뜻 [연관] well '울' 울렁대는 물결 our(울=우리) bar 발을 쳐 가리다(wall→ bar) **〈wallet〉** '울내다'는 울어대며 파도치는 물결처럼 솟거나 오른 것으로 울퉁불퉁 부풀어 담을 수 있는 공간, 주머니. 울(타리)처럼 볼록 나와 있다. [연관] purse '불지' 벌렁 불어나서 담는 주머니

· 어원) **〈wall〉** Proto-Indo-European *wel- ("to turn, wind, roll"). Proto-Indo-European *wer- ("to cover"). Latin vallum ("wall, rampart") **〈wallet〉** Proto-Germanic *wal- 울("to roll"). Old Northern French *walet ("roll; bag"), **[국어] 울: 울타리(풀이나 나무 따위를 얽거나 엮어서 경계를 지어 막는 물건). 다른 개인이나 패에 대하여 이편의 힘이 될 일가나 친척. 울다: 발라 놓거나 바느질한 것 따위가 반반하지 못하고 우글쭈글해지다. 물체가 바람 따위에 흔들리거나 움직여 소리가 나다. '붙다'의 방언 (제주)**

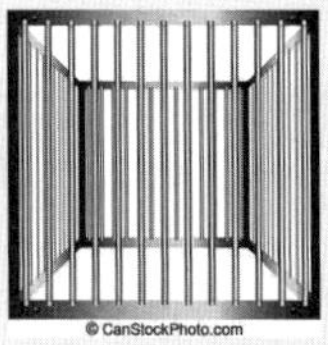

'울'은 '우리, 울타리'와 같은 말인데 짐승을 가두어 기르는 곳도 된다. 그리고 그 우리에 무언가를 가둔다는 것은 보호나 지킴의 의미를 지니며 더 나아가 우리 주변을 경계하거나 지키는 행위는 주의를 기울이고 조심하다는 의미로까지 확장됨을 알 수 있다.

ward [wɔ:rd] 실 병동 막다 (말소리) 울둬
warden [wɔ́:rdn] 감시자 교도관 울둔

〈ward〉 '울둬'는 울(wall 우리)에 막힌 곳. 어르어(가두어) 지키다. ☞ guard=gu(w로 변화)+ard => ward(walled) [연관] coward toward 울다(기울다) **〈warden〉** '울둔'은 (울렁대는 파동으로 이뤄진) 울(wall 우리)에 가두고 망을 보다는 뜻. 또는 울어(war=worry) 대는 근심으로 살피다. [연관] aware warn

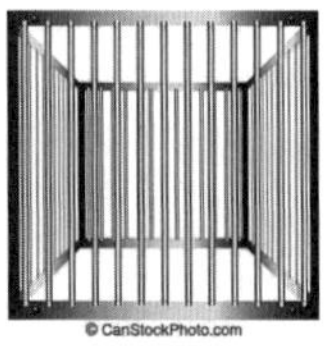

· 어원) **〈ward〉** Old English weard ("keeper, watchman, guard, guardian, protector"). Proto-Indo-European *wer-(to cover, heed, notice) Germanic: *warnijaną ("worry, care, heed") [국어] **울:** 울타리(풀이나 나무 따위를 얽거나 엮어서 담 대신에 경계를 지어 막는 물건). **울다:** 반반하지 못하고 우글쭈글해지다. 물체가 바람 따위에 흔들리거나 움직여 소리가 나다. '붇다'의 방언 (제주)

warrant [wɔ́ːrənt]	1 보장하다 2 영장	(말소리) 어른다

〈warrant〉 '어른다'는 1. 어르어 (엮인) 울, 우리(wall, ward)에 가둬(guard) 보호(a guarantee). 2. 어르어 이은 올/오라(war=wire, order), 잣대(줄)로서 공식적인 명령(An order that serves as authorization), 영장. [연관] guarantee=껴(gu=co) 어른다(arant=warrant)

· 어원) **〈warrant〉** Middle English warant ("protector; guard, shield, protection"). [국어] **어르다/얼다**: '어우르다(여럿을 모아 한 덩어리나 한판이 크게 되게 하다)'의 준말.

허울은 속이 빈 겉모양으로 한자로 혈(穴)로 나타낼 수 있다. 껍질에 싸인 공간의 의미도 된다.

hollow [hɑ́lou]	속이 빈	(말소리) 헐려
hole [houl]	구멍	혈(穴)

〈hollow〉 '헐려'은 휠 휘감아 헐렁하게 속이 비어있는 것을 뜻함. 속이 헐어지다 **〈hole〉** '혈'은 헐렁헐렁한 구멍을 나타냄. 속이 헐어 구멍나다.

· 어원) **〈hollow〉** Old English holh ("a hollow"). **〈hole〉** Proto-Germanic *hulą ("hollow space, cavity"). Middle English hole ("healthy, unhurt, whole, hole, hull, hollow, past participle of helen (to cover)"). [국어] **허울**: 실속이 없는 겉모양. '허물'의 옛말. **헐렁하다**: 거기에 낄 물건보다 낄 자리가 매우 크다. **헐다**: 무너뜨리다 [한자] 穴구멍 혈, 굴 휼

hall [hɔːl]	넓은 방, 복도	(말소리) 허울
hell [hel]	지옥	허울

〈hall / hell〉 '허울'은 울/흘(wall, hull 우리, 苑 막힐 울)로 두른 굴 같은 곳으로 방, 감옥을 뜻함. [연관] shell hole [다른 풀이] '울' 울타리에 싸인

· 어원) **〈hall〉** Proto-Indo-European *ḱel- ("to hide, conceal"). Old English helan ("to conceal, cover, hide, shelter, clothe, roof (cover with a roof)") **〈hell〉** Proto-Germanic *haljō ("nether world, concealed place"). Old English helan ("to conceal, cover, hide") [[국어] **허울**: 실속이 없는 겉모양. '허물'의 옛말. **울**: 풀이나 나무 따위를 얽거나 엮어서 담 대신에 경계를 지어 막는 물건. **흘**: ('허물'의 방언(제주), 파충류, 곤충류 따위가 자라면서 벗는 껍질) [한자] 穴 구멍 혈, 굴 휼

hull [hʌl]	(씨앗 등의) 겉껍질	(말소리) 흘
heart [haːrt]	심장 마음	허우대
helmet [hélmit]	헬멧 안전모	흘매다

〈hull〉 '흘'은 울(타리) 같이 가를 두른 것으로 허물 같은 껍질을 나타냄. [연관] wall shell skull [다른 풀이] 1 '울' 우리 2 혈(穴) 껍질 내부는 구멍으로 되어 있다 **〈heart〉** '허우대'는 울/흘(wall, hull 우리, 苑 막힐 울)로 허우대처럼 내부를 둘러싸고 있다. 알맹이 모양의 심장이며, 마음을 뜻한다(cord에서 heart로 변화) [연관] cordial 꿀(굴)될(窟 동굴, 움집) **〈helmet〉** '흘매다'는 울/흘(wall, hull 우리) 같은 껍질을 매어 착용하는 것을 뜻함

· 어원) **〈hull〉** Middle English hul ("seed covering"). Ancient Greek ὅρος (hóros, "boundary"). German Hülle, Hülse ("cover, veil")). **〈heart〉** Sanskrit(hṛd)(soul, mind, the heart or interior of the body, chest) Latin cor, cordis(heart, soul). **〈helmet〉** Proto-Germanic *helmaz ("protective covering"). [국어] **흘**: ('허물'의 방언(제주), 파충류, 곤충류 따위가 자라면서 벗는 껍질. **허울**: 실속이 없는 겉모양. '허물'의 옛말. **허우대**: 겉으로 드러난 체격 [한자] 穴 구멍 혈, 굴 휼

경계를 이루거나 막힌 공간은 울, 우리로서 다른 곳과 구분되는 일정한 지역을 나타낸다.

horizon [həráizn] 지평선 수평선 (말소리) 우리선

〈horizon〉 '우리선'은 울/우리(hor=wall, hull)을 두르는 선(zon=zone)이나 장(場)을 뜻함. 훨 도는 회오리 반경

· 어원) **〈horizon〉** ὅρος (hóros, "boundary"). Ancient Greek ζώνη (zṓnē, "girdle, belt"). [국어] 우리: '울타리'의 방언(경북). 場 마당 장

yard [jaːrd] 마당 운동장 (말소리) 울다

〈yard〉 '울다'는 울(yar=wall 우리) 내 공간을 뜻함. 어르어 두른 공간.

☞ Garden(껴울다)→ yard/ ward (g-> y/w) [연관] cohort court 껴울다(co+urt=yard, ward) guard (gu=co, ard=yard, ward) board border

· 어원) Old English ġeard ("yard, garden, fence, enclosure, enclosed place, court)

읊어(arp. orb. urb) 굽이치는 파동. 우리

개나 늑대는 가끔 우는 듯한 소리를 내기도 하는데 그 소리가 무슨 말을 하는 것 같기도 하다. 소리의 파동으로 인한 울림도 '울다'라고 하는데 음파가 파동으로 되어 구부러진 것을 표현한 것이라고 할 수 있다. '읊다'는 울렁대는 소리의 파동이면서 공간적으로 울퉁불퉁하고, 반복되어 둥글게 나타난다. 물 등의 파동으로 회전을 의미한다. gulf, gulp, turbulence, turbine, disturb, revolve, barber의 어미- ulf/ulp/urb/olv와 같은 쓰임이다.

wolf [wulf] 늑대 (말소리) 읊어

〈wolf〉 '읊어'는 읊조리 듯이 아울(Howl) 울어 대는 소리

· 어원) **〈wolf〉** Latin lupus(wolf) [국어] **읊다**: 억양을 넣어서 소리를 내어 시를 읽거나 외다. [한자] 泣울 읍, 바람 빠를 립

warp [wɔːrp] 구부리다 (말소리) 읊어
dwarf [dwɔːrf] 난쟁이 드읊어

〈warp〉 '읊어'는 울어대는 늑대 소리의 파동처럼 굽이치다. 물건을 구부리면 주름이 생기면서 우는 것을 나타냄 [다른 풀이] '욺' 읊는 소리처럼 파동으로 휘어짐 [참고] curb 굽어 콰(c)+읊어(urb) 구부러진 **〈dwarf〉** 울어대는 파동으로 굽어지고, 줄어들다

· 어원) **〈warp〉** Proto-Indo-European *werb- ("to turn, bend"). [국어] **욹다**: 반반하지 못하고 우글쭈글해지다. [한자] 鬱답답할 울, 우울, 엉클어지다

orbit [ɔ́ːrbit] 궤도 돌다 (말소리) 울부다

〈orbit〉 '울부다'는 휠휠/왈왈(or=wheel, whirl, wall) 울어 (대며) 분다. 울어 (구부러지며) 회전한다. 울부짖는 (읊어대는) 파동으로 생긴 회오리(whirl), 알(苑 막힐 울), 울(우리), 알 모양으로 펴 그린다는 뜻 [연관] orb 구 oral course 콸콸 흐르는 물길

· 어원) Latin orbita ("course, track"). Latin orbis ("circle, orb") [국어] **알**: 1. 겉을 덮어 싼 것이나 딸린 것을 다 제거한'의 뜻을 더하는 접두사. 2. '작은'의 뜻을 더하는 접두사. 3. 진짜, 알짜'의 뜻을 더하는 접두사. 4. 작고 둥근 모양의 물건. 苑 막힐 울(굽다)

urbane [ə:rbéin]　　세련된 도시풍의　　(말소리) 읍인

〈urbane〉 '읍인'은 울(ur=wall 울타리, 성벽, 苑 막힐 울)로 두른 마을인 읍(urb=orbit, orb). 회오리 바람의 윮어(orb) 대는 파동으로 생긴 울(wall)로 두르고 있다. 읍(邑)은 성벽으로 둘러싼 마을로 옛날에 사람들이 모여 사는 도시로 볼 수 있다. 邑자에서 口(=圍)(에워쌀 위)자는 '성(城)'이나 '지역'을 표현한 것으로 邑자는 성안에 사람들이 산다는 뜻. [연관] orbit [다른 풀이] 어원상 '울분' 울부짖는 파동으로 된 울(우리)에 둘러싼 읍

· 어원) latin urbs(A walled city in Ancient Rome.). Proto-Indo-European *werb^{h}- ("to enclose"). [국어] 읍(邑): 시(市)나 군(郡)에 속한 지방 행정 구역 단위의 하나 [한자] 邑고을 읍 苑 막힐 울

suburb [sʌbə:rb]　　교외 외곽 근교　　(말소리) 접읍

〈suburb〉 '접읍'은 울(ur=wall 울타리, 성벽)로 두른 마을인 읍(urb=orbit, orb)에 접(sub 솝=속)하다는 말로 읍 주변에 위치한다는 뜻

· 어원) sub-+urbs. From sub ("under, beneath, below"). Proto-Indo-European *werb^{h}- ("to enclose"). [국어] 솝: '속'의 옛말.

herb [hɜ:b]　　허브　　(말소리) 훨부
arbor [ɑ́:rbər]　　수목 정자　　울부

〈herb / arbor〉 훨 부어/피어나다. 울어 대며 분다. 윮어 대는 (울부짖는) 소리의 파동이 퍼지듯 일어나 자라는 초목

· 어원) **〈herb / arbor〉** Latin herba ("grass, herb") latin arduus ("high"). [국어] **일다**: 겉으로 부풀거나 위로 솟아오른다. 희미하거나 약하던 것이 왕성하여지다.

<표> 윮다 [모음+l/r+b(f/p/v)] 형태 정리 [ulb, ulp, ulf, olv, wav]

구분	어휘	의미
소리 파동 (윮는 소리)	wolf gulp yelp	우는 소리
	verb barbarian	윮어 말하다
공간 파동 (굽이침)	warp swerve wave weave curve	울어지다
	disturb perturb turbine revolve	소용돌이 치다
	barbed barber nerve	엉켜진 실
	gulf surf absorb solve	소용돌이 치는 물
	fervor carbon	펄펄 타는 불
	starve dwarf	울어 쪼그라들다
	arbor herb	울부짖으며 뻗는 생명력
울타리(wall) 처럼 두른 형태	orb orbit suburb urban bulb	감싸다
	scarf garb	몸에 두름

7 훨((w_r, h_r, hon, orn) 날리는 올(wool): 털, 어르어 입다, 상으로 입히다

hair harsh **yarn; wear** ad**orn orn**ament; **hon**or rew**ar**d

'훨' 회오리(whirly, hairly) 같이 엉클어진 것에서 올의 의미를 찾을 수 있다. 머리카락이나 실, 털 등은 한 올 한 올의 가닥으로 이어져 있다. 옷감을 어우러지게 짜는 것은 '어르다' '얼다'와 관계가 깊다. 올은 펄펄 날리는 발(털, 천)과 연관된다(veil, fur, barbed, beard). 책에서 wool의 인도유럽어 어원은 훨훨 돌아가며 부딪히는 모양[Proto-Indo-European *Hwel- ("to turn, roll, felt") 이며, 펄펄 날리게 쳐서 만드는 felt(천)과 통한다고 했다.

wool [wul] 양모 모직물 (말소리) 올

〈wool〉 '올'은 훨훨 날리는 털(thick hair, especially when curled). [연관] file 발 Veil 펄펄 날리는 천

· 어원) Proto-Indo-European *welH- ("to turn"). Latin: vellus(wool, The hide or pelt of an animal.) [국어] **올**: 실이나 줄의 가닥.

오리/오라는 올과 같은 말로 실오라기, 실오리 등 줄을 나타낸다. 오리/오라는 '회오리'(whirly)의 돌아가며 엉킨 모습이다. cord가 꼬아 엉킨 줄인 것과 같다.

hair [hɛər] 머리카락 털 (말소리) 훠얼

〈hair〉 '훠얼'은 '훨' 회오리(whirly, hairly) 같이 (회전으로) 꼬이는 모양. 머리카락 올(오라)을 뜻함

· 어원) **〈hair〉** Sanskrit (hira '오라', "band"). [국어] 올: 실이나 줄의 가닥. 오라: 붉고 굵은 줄. 실, 오리: 나무, 대 따위의 가늘고 긴 조각.

harsh [ha:rʃ] 가혹한 거친 (말소리) 훨쉬

〈harsh〉 '훨쉬'는 '훨' 회오리(whirl) 같이 (회전으로) 꼬이는 모양. 올(har=hair)이 많아 울퉁불퉁 거칠다는 뜻 [연관] horse 훨훨 날아다니는 말 coarse '콸져' 콸콸대는 소용돌이가 거친

· 어원) **〈harsh〉** Middle Low German harsch ("rough", literally "hairy"). [국어] **올**: 실이나 줄의 가닥.

yarn [ja:rn] 실, 이야기를 하다 (말소리) 올

〈yarn〉 '올'은 '훨' 회오리 같은 회전으로 꼬아 한데 얼어 만든 올(실), 오라기(A twisted strand of fiber)를 뜻함. Cord에서 c가 y로 변함 [다른 풀이] '언' 어르어 연결된 실 [연관] ornament worn earn cord

· 어원) **〈yarn〉** Ancient Greek χροδή (khordé, "string"), Sanskrit हिर (hira '오라', "band") [국어] **오라기**: 실, 헝겊, 종이, 새끼 따위의 길고 가느다란 조각.

wire [waiər] 전선 배선하다 (말소리) 왈

〈wire〉 '왈' 왈왈대는 회오리 같은 회전으로 꼬아 만든 실오라기, 선을 뜻함 [연관] wear (훨 휘감아) (몸에) 에워싸다 spin 빙 회전하며 실을 잣다

· 어원) **〈wire〉** Proto-Indo-European *weh₁iros ("a twist, thread, cord, wire") [국어] **올**: 실이나 줄의 가닥.

훨(w_r, h_n, orn) 휘감아 몸에 어르어 입다

옷을 입거나 장신구를 착용하는 것은 몸에 어우르는 행위라고 할 수 있다. '어우르다'는 '얼다'로 표현되는데 얼어 (몸에) 걸쳐 붙이는 옷 등 장신구를 나타낸다. 실오라기를 걸쳐 입다는 표현처럼 '올'과 관련된다. -orn, -arm-, -war- 등은 whirl처럼 회오리에 감기는 것을 의미한다. 이는 turn의 -urn 과 같다.

wear [wɛər] 입다 착용하다 (말소리) 에울
worn [wɔːrn] 입던 낡은 에운

〈wear〉 '에울'은 훨(ear) (휘감아 몸에) 에워싸는 것으로 어울리게 걸친다는 뜻. 울(우리)처럼 두르다. 옷의 특성은 훨훨 휘날리는 것이다. [연관] Veil은 펄펄 날리는 천 **〈worn〉** '에운'은 훨(or) (휘감아) 에워 싸는 것으로 (몸에) 걸친다는 뜻 [다른 풀이] '언' 훨 얼은(orn= yarn, earn), 어우러지게 걸치다

· 어원) **〈wear〉** Old English werian ("to clothe, **cover over**; put on, wear"). [국어] **에우다**: 사방을 빙 둘러싸다. **어울다**: '어우르다'의 옛말.

adorn [ədɔ́ːrn] 장식하다 꾸미다 (말소리) 엣언
ornament [ɔ́ːrnəmənt] 장식 어르민다

〈adorn〉 '엣언'은 ~에다(ad) 훨(or) (휘감아) 얼은(orn=worn, yarn), 걸침으로써 꾸미다는 뜻 **〈ornament〉** '어르민다'는 훨(or) (휘감아) 어르어/얼은(orn=worn, yarn), (몸에) 걸친다는 뜻 [연관] order decorate 딱어르다

· 어원) **〈adorn〉** ad+ōrnō ("furnish, embellish"). Latin ōrnō (adorn, decorate, honor **〈ornament〉** Latin ornamentum ("equipment, apparatus, furniture, trappings, adornment, embellishment"). Latin ōrnō (adorn, decorate, honor) Sanskrit ऋत (ṛtá, "order; right, etc.") Proto-Indo-European *$h_2$er- ("to join, fit") [국어] **얼다**: [북한어] '어우르다(' 여럿을 모아 한 덩어리나 한판이 크게 되게 하다.)의 북한어. **어르다**: 어우르다의 준말. 배필로 삼다. **올리다**: 기와나 이엉 따위를 지붕에 이다.

안기어 장식해 줌으로써 경의를 표하거나 상을 주다. Award, reward, honor, adorn 등이 있다.

honor [ɑ́nər] 경의 명예 (말소리) 안아
honest [ɑ́nist] 솔직한 정직한 안아지다

〈honor〉 '안아'는 어르어(honor=worn, adorn) (안겨) 장식함으로써 아름답게 해주고 우러른다. [연관] hero 우러 decorate (To honor by providing an adornment) **〈honest〉** '안아지다'는 어르어(honor=worn, order) (안기게) 옷 입히다는 말로 장식해 주고, 대우해 줄 만하다. [다른 풀이] '옳아지다' 어르어 딱 맞게 되면 옳다는 의미도 된다. 예로 order는 얼다(어르다)로서 어우러게 엮은 줄, 잣대의 의미다. 이런 반듯한 것은 '옳다'로도 쓸 수 있다

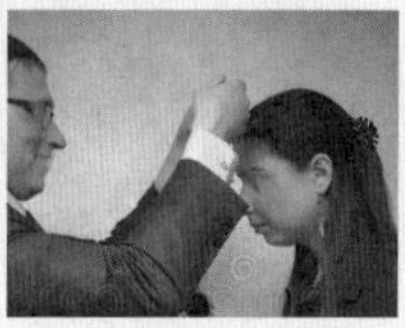

· 어원) **〈honor / honest〉** Latin honestāre ("to clothe or adorn with honour"). latin ōrnō(I adorn, ornament, decorate) [국어] **안기다**: 마음속에 들게 하다. 다른 사람의 품에 들게 하다. **얼다**: 어떤 분위기나 사람에게 위압되어 긴장하거나 흥분하여, 침착한 태도를 잃고 당황하다. '어우르다'의 북한어. **우러르다**: 마음속으로 공경하여 떠받들다.

reward [riwɔ́ːrd] 보상 대가 (말소리) 누얼다
award [əwɔ́ːd] 상 수여하다 에얼다

〈reward / award〉 누누이(re) 얼어/어우러지게 (war= wear) (감싸서) 걸어 주다. 한 일에 대해 누차 돌려준다는 뜻. 매달 같은 장식품(A prize, A trophy or medal)을 걸어줘 수여하다. ☞ ward 울(wall)에 어르어 가두다 [연관] adorn wear ward

· 어원) **⟨reward⟩** re-+warder ("to guard, keep"). Proto-Indo-European *wer- ("to cover, shelter, defend, guard, shut") [국어] **어르다/얼다**: '어우르다(여럿을 모아 한 덩어리나 한판이 크게 되게 하다)'의 준말.

8 훨 휘말려 얼다(arm, art, ord): 붙다, 뭉치다, 엮다, 열을 짓다

h**arm**ony **arm**or **arm**y; **art**ificial **art**icle; dis**ord**er **ord**inary sub**ord**inate

arm 형태: 얼어 붙다

훨(har, her)은 회오리(whirl)에 휘말려 섞이다로 쓰인다.

harmony [hɑ́ːrməni] 조화 일치 (말소리) 훨모네

⟨harmony⟩ '훨모네'는 훨(har=whirl) 휘말려, 어르어 (뭉쳐) 하나가 되다는 뜻

· 어원) **⟨harmony⟩** Ancient Greek ἁρμονία (harmonía, "joint, union, agreement, concord of sounds"). [국어] **얼다**: [북한어] '어우르다('여럿을 모아 한 덩어리나 한판이 크게 되게 하다.)

'얼다(어르다)'는 '착용하다'는 뜻과 함께 '조화'나 '어울림'(harmony)을 의미한다. 한데 얼어 어우러지는 형상으로 옷뿐만 아니라 신체에 매달린 팔, (몸에 끼어) 한데 어우러지게 (입는) 갑옷, 장신구 등 무기에도 '얼다'를 사용한다. arm 형태는 얼음, 옮다, 올무에 잔재하고 있다.

arm [ɑːrm] 1 팔 2 무기 (말소리) 얾
limb [lim] 팔다리 가지 임
climb [klaim] 기어오르다 끌람

⟨arm⟩ '얾'은 (훨 휘감아) 어르어(ar=art, wear, harmony) (몸에) 얼음처럼 붙다. 1 몸에 (어울려) 딸린 팔(the upper human appendage) 2 몸에 어르어 낀 갑옷 등 무기. 겹쳐 입는 equipment와 같다. **⟨limb⟩** 몸에 임(lim=im, in, rim)하여 붙은 것으로 팔이나 가지 [연관] limit rim **⟨climb⟩** '끌람' 몸을 끌며 기어 오르다. 산에 오르기 위해 손발로 기어 가는 모습(To move by gripping with the hands and using the feet.) ☞ cl(끌) + limb[lime, slime 남남 남실대며 출렁거리며 가다, 섞이다]

· 어원) **⟨arm⟩** Proto-Indo-European *$h_2$er- ("to join, fit") **⟨limb⟩** Old English līm ("glue") Old English lim ("limb, branch"), Middle English lim, limb ("member, limb, joint") **⟨climb⟩** Proto-Germanic *klimbaną("to climb, go up by clinging"), Proto-Germanic *kreupaną("to twist, creep") [국어] **얼다**: [북한어] '어우르다(' 여럿을 모아 한 덩어리나 한판이 크게 되게 하다.)의 북한어. **어르다**: 어우르다의 준말. 배필로 삼다. **이다**: 기와나 이엉 따위로 지붕 위를 덮다.. 물건을 머리 위에 얹다. 둘 이상의 사물을 같은 자격으로 이어 주는 접속 조사. **임하다(臨)**: 어떤 장소의 가까이서 그곳을 마주 대하다. **임**: 머리 위에 인 물건. 또는 머리에 일 만한 정도의 짐 擥가질 람, 손에 쥐다 拈집을 념

armor [ɑ́ːrmər] 갑옷 장갑 (말소리) 올무
alarm [əlɑ́ːrm] 경보 알람 엘얾

⟨armor⟩ '올무'는 (훨 휘감아) 얼어(ar=art, wear) 겹쳐 입었다는 뜻. 몸에 장착한 갑옷 ("that what is fitted together" → "tools" → "weapons") 올무처럼 몸에 감기는 것이다. 올무에 armor의 흔적이 남아있다. [연관] garment [g+arm] **⟨alarm⟩** '엘얾' (훨 휘감아) 얼어(arm= art, wear) 입는 (갑옷 등) 무기에(a 於어조사 어) 다가가서 장착하라고 알린다는 뜻. [연관] alert [다른 풀이] '알림/울림'은 울려 알리다

· 어원) **〈armor〉** latin armō(equip). From armō ("furnish with weapons"). **〈alarm〉** Italian all'arme! ("to arms!, to the weapons!"). [국어] **얼다**: [북한어] '어우르다(' 여럿을 모아 한 덩어리나 한판이 크게 되게 하다.)의 북한어 **올무**: 새나 짐승을 잡기 위하여 만든 올가미.

army [ɑ́ːrmi] 군대 육군 (말소리) 얾이

〈army〉 '얾이'는 (훨 휘감아) 얼어(ar=harmony, hard) 뭉친 무리를 뜻함

· 어원) **〈army〉** latin arma ("tools, arms"), from Proto-Indo-European *$h_2$er- ("to join, fit together"). [국어] **얼다**: [북한어] '어우르다(' 여럿을 모아 한 덩어리나 한판이 크게 되게 하다.)의 북한어.

art 형태: 어르어 엮다, 뭉치다

작품이나 글은 어르어(엮어) 빚은 결과물이라고 할 수 있다. '얼다'는 섞어 아우른다는 뜻으로 엮음을 의미한다. art는 order, cord의 -ord와 같은 형태이다.

art [aːrt] 예술 미술품 (말소리) 얼다

〈art〉 '얼다'는 어르어(art=herd, hard) (엮어) 만들다는 말로 엮은 작품 [연관] coordinate

· 어원) **〈art〉** latin artus(narrow, close, fitted, confined). latin articulus ("joint"), haereō ("attach, cling") Proto-Indo-European *$h_2$er- ("to join, fit together"). Ancient Greek ἄρτι (árti, "just, exactly"). [국어] **어르다/얼다**: '어우르다(여럿을 모아 한 덩어리나 한판이 크게 되게 하다)'의 준말.

artificial [ɑ̀ːrtəfíʃəl] 인공의 인위적인 (말소리) 얼다빚을

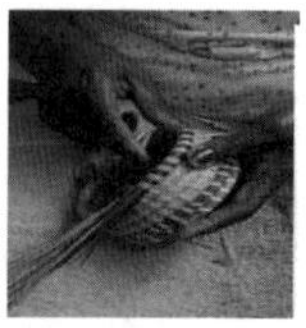

〈artificial〉 '얼다빚을'은 한데 어르어(art) 빚어서(ficial=feasible, factory) 만들다는 말로 사람이 개입해서 이룬 것을 나타냄

· 어원) **〈artificial〉** latin artus(narrow, close, fitted, confined), facere ("to make"). [국어] **어르다/얼다**: '어우르다(여럿을 모아 한 덩어리나 한판이 크게 되게 하다)'의 준말. **빚다**: 흙 따위의 재료를 이겨서 어떤 형태를 만들다.

articulate [aːrtíkjulət] **[고급]** 똑똑히 발음하다 연계되다 (말소리) 얼다걸리다

〈articulate〉 '얼다걸리다'는 얼어(art 어르다) 연결된 것이라는 말로 열(연결)을 이루고 있는 부분들(Consisting of segments united by joints)을 하나씩 분별해서 명확하게 한다는 뜻

· 어원) **〈articulate〉** Latin articulātus ("distinct, articulated, jointed"). [국어] **어르다/얼다**: '어우르다(여럿을 모아 한 덩어리나 한판이 크게 되게 하다)'의 준말. **걸리다**: 끼이거나 박혀서 빠지지 않게 되다.

article [ɑ́ːrtikl] 기사 (셋트 중 개별)물건 (말소리) 얼다길

〈article〉 '얼다길'은 얼어(art 어르다) 연결된 것이라는 말로 열(연결)을 이루고 있는 부분들을 나타냄

· 어원) **〈article〉** Latin articulus ("a joint, limb, member, part, division, the article in grammar, a point of time"). [국어] **어르다/얼다**: '어우르다(여럿을 모아 한 덩어리나 한판이 크게 되게 하다)'의 준말.

aristocracy [ærəstákrəsi] 귀족정치 (말소리) 어르서다끌어서

〈aristocracy〉 '어르서다기르지'는 얼어져(aris=herd) (붙어) 적합한 자(귀족)가 끌어서(cracy=gravity current 쿠르르 끌리는 힘) 나가는 정치 ☞ 어르다는 어울리다, 딱 맞다는 말로 order, right의 어원과 같다.

· 어원) Ancient Greek ἄριστος (áristos, "best, "the best-born", "nobility")+-κρατίᾱ (-kratíā), from κράτος (krátos, "power, rule"). Proto-Indo-European *$h_2$éristos ("fittest") Ancient Greek ἄρτι (árti, "just, exactly"). **어르다/얼다**: '어우르다(여럿을 모아 한 덩어리나 한판이 크게 되게 하다)'의 준말.

ord 형태: 올로 짜여지다, 열을 짓다.

올곧다는 말은 줄이 반듯한 것에 비유하여 정신이 바른 것을 나타낸다. 올(wool, wire)은 어르어 엮은 줄과 같다. 옳다는 말도 여기서 나온 것으로 보인다.바르다(正)는 베틀에 실타래가 잘 정렬된 상태에서 나왔다. (조선고어실담어 주석사전, 강상원, 2016.7.25, p.644)

'order'는 올로 된 끈(cord)이라 할 수 있다. 올은 한자로 열(列벌일 열, rule)이라 하겠다. 산스크리트어로 보면 order와 right가 같은 어원임을 알 수 있다(Sanskrit ऋत (ṛtá, "order; right, etc.")). 한데 어르어 묶이게 되면 첫째 딱 들어맞아 옳다는 의미가 된다. 둘째 이는 어떤 규칙에 통제를 받는 의미도 지니게 된다.

Right가 낚다, 엮다는 말로 얽혀 딱 들어맞다라는 의미가 된다. Rule은 엮여 꼬인 날(실), 올로서 잣대를 뜻하면서 동시에 잣대, 기준에 의한 통치를 의미한다. legal은 낚여 짜여진 줄로서 잣대가 되는 법이고, law는 노(row)를 젓는 파동, 노(knot)끈처럼 늘어진 **路**(줄)라는 의미에서 법이 되었다(straw 처럼 늘어져 있다).

order [ɔ́:rdər] 1순서 2명령, 주문 (말소리) 열둬

〈order〉 '열둬'는 (훨 휘감아) 얼어(or=wire, wool 올; ord=herd, 얼다) 짜여지다는 말로 1 열을 맞춰 늘어놓는다(set in proper order.) 2 열(rule 렬), 잣대에 맞도록 요구하는 것(ruler)과 관련 있다. [연관] coordinate cord (c+ ord) subordinate [다른 풀이] 1 '옳다' 어우러져 옳다 2 '얼다' 어우러지게(ord=art, wire 어르다) 올을 엮어 줄을 짓다

· 어원) **〈order〉** Latin ōrdō ("row, rank, regular arrangement", literally "row of threads") Sanskrit ऋत (ṛtá, "order; right, etc.") Proto-Italic *ored- ("to arrange"). **[국어] 올곧다: 줄이 반듯하다. 마음이나 정신상태 따위가 바르고 곧다. 열(列): 사람이나 물건이 죽 벌여 늘어선 줄. 올: 실이나 줄의 가닥. 어르다/얼다**: '어우르다(여럿을 모아 한 덩어리나 한판이 크게 되게 하다)'의 준말. [한자] 列벌일 열

disorder [disɔ́:rdər] 장애 질환 (말소리) 떼서열둬

〈disorder〉 '떼서열둬'는 얼어진 열(or=wire 올)이 떼지(dis)는 것으로 올(열)이 흐트러진다는 뜻. 올곧지(옳지) 않다 [다른 풀이] '떼서얼다' 얼어(ord=art, wire 어르다) 짜인 줄에서 떼지다

· 어원) **〈disorder〉** dis-+order.

orthodox [ɔ́:rθədɑ̀ks] 정교회 정통의 (말소리) 열서덕지

〈orthodox〉 얼어(or=wool 올, orth=order) 이어진 올처럼 곧게 뻗는다. 열 세워(바르게) 덕지(dox=take, doctrine 得 얻을 득) (붙어) 획득하여 인식한다는 뜻 [다른 풀이] '옳소덕지' 열=얼다, 옳다

· 어원) 〈**orthodox**〉 Ancient Greek ὀρθός (orthós, "upright, straight, attentive, expecting, correct")+δόξα (dóxa, "opinion"). δέχομαι (dékhomai, "I take, accept"), from Proto-Indo-European *deḱ- ("to take, perceive") [국어] **뚝**: 단단한 물체를 한 번 치는 소리 **툭**: 갑자기 떨어지는 소리. 말을 퉁명스럽게 쏘아붙이는 모양. **탁**: 갑자기 세게 치거나 부딪거나 차거나 넘어지는 소리. 또는 그 모양. **덕지덕지**: 물체들이 여기저기 어지럽게 마구 모이거나 겹쳐 있는 모양. **딱지**: 몸을 싸고 있는 단단한 껍데기. 得 얻을 득(깨닫다)

ordinary [ɔ́ːrdənèri] 일반적인 평범한 (말소리) 열두리니

〈**ordinary**〉 '열두리니'는 열(or= wool 올, order)을 맞추어 질서 있게 서 있는 모습을 나타냄. 올곧게 서다 [다른 풀이] '얼되리니' 얼어(ord=art, wire 얼다 어르다) 짜인 줄

· 어원) 〈**ordinary**〉 Latin ōrdinārius ("regular, orderly"), from ōrdō ("order"). Proto-Indo-European *$h_2$er- ("to join, fit together"). [국어] **열(列)**: 사람이나 물건이 죽 벌여 늘어선 줄. **어르다/얼다**: '어우르다(여럿을 모아 한 덩어리나 한판이 크게 되게 하다)'의 준말. [한자] 列벌일 열

ordain [ɔːrdéin] **[고급]** 명하다 정돈하다 (말소리) 열둔

〈**ordain**〉 '열둔'은 열(or= wool 올, 얼다)을 두어 질서 있도록 정돈한다는 뜻 [다른 풀이] '얼된' 얼어(ord=art, wire 어르다) 짜인 줄

· 어원) 〈**ordain**〉 Latin ordinare ("to order"). latin artus(narrow, close, fitted, confined) **[국어]** 열(列): 사람이나 물건이 죽 벌여 늘어선 줄. 올: 실이나 줄의 가닥. 어르다/얼다: '어우르다(여럿을 모아 한 덩어리나 한판이 크게 되게 하다)'의 준말. [한자] 列벌일 열

subordinate [səbɔ́ːrdənət] 부하의 종속시키다 (말소리) 솝얼다내오다

〈**subordinate**〉 '솝얼다내오다'는 솝(sub 속)에 얼다(ord=art, wire 어르다)는 말로 올(열)에 짜여 그에 따르게 속박되다는 뜻 [연관] submit

· 어원) 〈**subordinate**〉 latin sub-+ōrdināre ("to order"). latin artus(narrow, close, fitted, confined) [국어] **솝**: '속'의 옛말. **어르다/얼다**: '어우르다(여럿을 모아 한 덩어리나 한판이 크게 되게 하다)'의 준말.

coordinate [kouɔ́ːrdənət] 조직화하다 좌표 (말소리) 껴얼다내오다

〈**coordinate**〉 '껴얼다내오다'는 껴(co) 얼다(ord=art, wire 어르다)는 말로 올(줄)에 묶여 함께 어울린다 (To match)는 뜻. 좌우가 맞물린 좌표

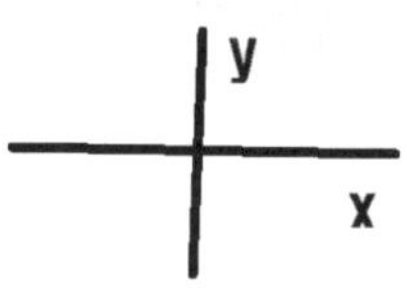

· 어원) 〈**coordinate**〉 latin sub-+ōrdināre ("to order"). latin artus(narrow, close, fitted, confined) [국어] **솝**: '속'의 옛말 **올**: 실이나 줄의 가닥. **어르다/얼다**: '어우르다(여럿을 모아 한 덩어리나 한판이 크게 되게 하다)'의 준말.

al/ol 형태: 한데 엮이다

alone [əlóun] 혼자 홀로 (말소리) 얼원

〈**alone**〉 '얼원'은 얼어(al-all 어르다) 원(one 元으뜸 원)이 되다. 통틀어 단 하나라는 뜻 [다른 풀이] '홀로인'

· 어원) 〈alone〉 all oon ("alone", literally "all one"). [국어] **얼다**: [북한어] '어우르다(' 여럿을 모아 한 덩어리나 한판이 크게 되게 하다.)의 북한어. **어르다**: 어우르다의 준말. 배필로 삼다.

unite [juːnáit] 통합하다 단결하다 (말소리) 연하다

〈unite〉 '연하다'는 웅 (휘모는 바람에) 연(un= one 元으뜸 원)하여 하나가 되다 [참고] unanimous

· 어원) **〈unite〉** ūnus ("one"). 연(連)하다: 잇닿아 있다. 또는 잇대어 있다. [한자] 元으뜸 원

허울은 껍데기로 전체를 나타낸다. 전체는 손상되지 않고 건강하다는 의미가 있다. hale, heal, holy는 모두 hole, whole와 관련 있다.

whole [houl] 전체 모든 (말소리) 허울
all [ɔːl] 모든 전부 온

〈whole〉 원래 hole로 쓰였으나 w가 붙어 hole과 구분하였다. 허울은 속이 빈 껍데기지만 덩어리로서 손상되지 않아 전체라는 의미가 됨. 휠(whirl) 휘말려 합해져 하나로 어우러지다. 온전하다(uninjured, healthy)는 뜻 **〈all〉** '온'은 얼어(al=all 어우르다) 한데 뭉치다.

· 어원) **〈whole〉** Middle English hole ("healthy, unhurt, whole, hole, hull, hollow, past participle of helen (to cover)"). Greek: όλρς (ólos) (whole, entire) Ancient Greek ὅλρς (hólos, "whole"). **〈all〉** Old English eall ("all, every, entire, whole, universal"). Proto-Indo-European *$h_2$el- ("all", to grow, nourish, beyond, other), *$h_2$er- (to fit, to fix, to put together). [국어] **온**: 전부의. 모두의. **얼다**: '어우르다(' 여럿을 모아 한 덩어리나 한판이 크게 되게 하다.)의 북한어. **어르다**: 어우르다의 준말. 배필로 삼다. **허울**: 실속이 없는 겉모양 [한자] 濶넓을 활

hale [heil] 건강한 노익장의 (말소리) 휘얼
heal [hiːl] 치료하다 휘얼

〈hale/ heal〉 휘휘(휠휠) 휘말려 하나로 (얼어) 어우러지다. 허울이 제 모습을 갖추고 있어 온전하다. 온전함은 상처가 없는 완전함을 의미. 치료는 전체를 이루도록 하는 것이다(to make whole, To become better or healthy) [연관] health

· 어원) **〈hale / heal〉** Proto-Germanic *hailaz ("whole, healthy"). German heil ("whole, intact, unhurt, safe"). [국어] 온전(穩全): 본바탕 그대로 고스란하다. 잘못된 것이 없이 바르거나 옳다. **활**: 동작이나 행동이 조금 크고 활기차며 거침없는 모양. [한자] 活살 활, 물 콸콸 괄

holy [hóuli] 성스러운 신성한 (말소리) 휘올려

〈holy〉 '휘올려'는 휘휘(휠휠) 휘말려 하나로 (얼어) 어우러지다. 휠 낫다, 휠 넘어서는 초자연적인 존재이다. 홀리게 한다

· 어원) **〈holy〉** Proto-Germanic *hailaz ("whole, safe, hale, healthy") Proto-Indo-European *$h_2$el- ("beyond, other"). Ancient Greek ἱεοός (hierós, "supernatural, holy") [국어] **휠**: 정도 이상으로 차이가 나게. [한자] 闊넓을 활

9 홀[h_l(r), h_n, ear] 낚아 끌다, 훓다(잡다), 얼다(her)(뭉침)

haul **har**vest **har**ass; **han**dle **hol**d **hal**t appre**hen**d; co**her**e in**her**ent **her**d

훌 휙 낚아채 잡다는 표현은 소용돌이, 훨훨 부는 회오리(whirly)에 휘말려 딸려 들어가는 것과 같다. 훌 잡아채는 'haul'과 훌 던지는 'hurl'의 관계는 펄 잡아당기는 'pull', 펄 잡아 빼는 'peel'과 상통한다. 훌, 펄은 모두 휩싸게 부딪히면서 생기는 소리다.

haul [hɔːl] 끌다 운반하다 (말소리) 훌
overhaul [ouvərhɔl] 분해 검사 업어훌

〈haul〉 '훌'은 훌(whirl 훨) (휘말리게 잡아) 끌어서 가져온다(To pull apart)는 뜻 [연관] hurl 훌 던지다 whirl(To remove quickly with a revolving motion; to snatch) **〈overhaul〉** '업어훌'은 업어(over= up) 위로(전체적으로) 훌(whirl 훨) 댕겨 분해(To pull apart)하여 검사하다

· 어원) **〈haul〉** German holen ("to fetch, get"). **〈overhaul〉** over-+haul. Old French haler ("to haul, pull"). [국어] **훌**: 잡았거나 쥐었던 것을 갑자기 내던지는 모양. **훑다**: 붙어 있는 것을 떼기 위하여 다른 물건의 틈에 끼워 죽 잡아당기다. [한자] 긔끌 인 忽갑자기 홀

hire [haiər] 고용하다 뽑다 (말소리) 훌

〈hire〉 '훌'은 훌 (hir=haul, hurl) (잡아) 당긴다는 말(To obtain the services)로 사람을 끌어와 내 것처럼 사용한다는 뜻.

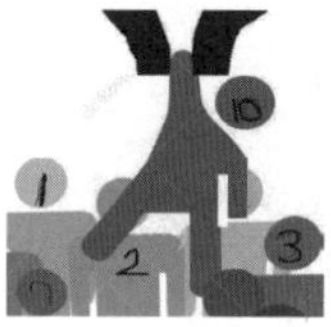

· 어원) **〈hire〉** Old English hȳr ("employment for wages; pay for service; interest on money lent"). Latin hir ("hand"). [국어] **훌**: 잡았거나 쥐었던 것을 갑자기 내던지는 모양.

harvest [háːrvist] 수확 추수 (말소리) 헐벗으다

〈harvest〉 '헐벗으다'는 훌 (har =haul, hurl) (잡아) 벗다. 곡식을 잡아 빼서 수확하다는 뜻.

· 어원) **〈harvest〉** Latin carpere 'to seize', Latin carpō ("to pick") Greek κείρω (keírō, "to cut off"). 콸(car)에서 훌(har)로 변화됨 [국어] **훌**: 잡았거나 쥐었던 것을 갑자기 내던지는 모양. **헐벗다**: 허물을 벗다(제주 방언) 나무가 없어 산의 맨바닥이 드러나다. **훑다**: 붙어 있는 것을 떼기 위하여 다른 물건의 틈에 끼워 죽 잡아당기다.

harass [hərǽs] 괴롭히다 ~을 침략하다 (말소리) 후리지
harry [hǽri] 약탈하다 후려

〈harass/harry〉 훌(har=haul 회오리쳐) 후리어 잡아당기며, 괴롭히다는 뜻 [연관] hurry

· 어원) **〈harass〉** Old French harer ("to stir up, provoke, set a dog on") French harasser ("to tire out, to vex"). **〈harry〉** German verheeren ("to harry, devastate") [국어] **후리다**: 휘둘러서 때리거나 치다.

harm [haːrm] 해치다 (말소리) 헒

〈harm〉 '헒'은 훨 휘몰아 쳐 고통과 창피를 줌→헐어 버림

· 어원) **〈harm〉** Proto-Germanic *harmaz ("harm; shame; pain"). [국어] **허물다**: 헐어서 무너뜨리다. **헐다**: 집 따위의 축조물이나 쌓아 놓은 물건을 무너뜨리다. [한자] 欠 모자랄 흠

훌 당겨 잡다는 말은 '얼다' '어르다'와 연관이 있다. 무언가를 잡아 끌어당겨 한 곳에 고정시킨다는 뜻이 있다. 일종의 소유나 통제, 명령의 개념인 셈이다. 어르어 옴짝달싹 못 하도록 꽉 붙잡아 두는 것은 마치 놀라거나 겁을 먹어 '얼어 붙는다'로 표현될 수 있다.

hold [hould] 1 잡다 2 유지하다 (말소리) 홇다

〈hold〉 '홇다'는 홀 (hol=haul, hurl) (홇어) 1 잡다. 2 잡아당기는 것은 탱탱하게 유지된다.(참고 tension, maintain) [다른 풀이] '얼다'는 홀 (haul 引인, 얼다) (잡아) 끌어서 1. 어르어 잡다 2. 얼어 있는 것처럼 잡혀 그대로 유지되다 [연관] hand 홇다 (To seize; to lay hands on.) 움켜잡다에서 손이 유래함

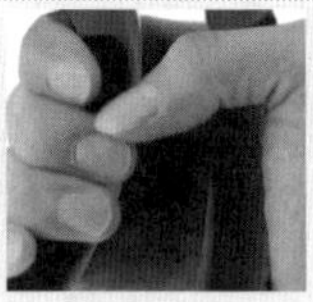

· 어원) **〈hold〉** Proto-Germanic *haldaną ("to tend, herd"). German holen ("to fetch, get"). Latin hir ("hand"). [국어] **홇다**: 붙어 있는 것을 떼기 위하여 다른 물건의 틈에 끼워 죽 잡아당기다. **홀**: 잡았거나 쥐었던 것을 갑자기 내던지는 모양. [한자] 引끌 인 (훈몽자회 p 39 引: 혈 인 당길 인). 혀다(『옛말』이끌다).

behold [bihóuld] ~을 바라보다 (말소리) 비홇다

〈behold〉 '비홇다'는 홀 (잡아) 홇어본다는 뜻. Be: is

· 어원) **〈behold〉** Old English behealdan ("to hold, have, occupy, possess). Proto-Germanic *bihaldaną ("to hold with, keep"). [국어] **홇다**: 일정한 범위를 한쪽에서 시작하여 죽 더듬거나 살피다. 붙어 있는 것을 떼기 위하여 다른 물건의 틈에 끼워 죽 잡아당기다. [한자] 引끌 인 忽갑자기 홀

household [háushòuld] 가구 가정의 (말소리) 에워서홇다

〈household〉 '에워서홇다'는 에워싸(house)는 집에 홀 (홇어) (잡혀 속한) 것(Belonging to the same house)들을 의미함

· 어원) **〈household〉** Middle English houshold, equivalent to house+hold. Old English hosu ("pod, shell, husk"), Proto-Germanic *hausaz ("covering, shell, leggings"), [국어] **에워싸다**: 둘레를 빙 둘러싸다.

halt [hɔːlt] 중단 멈추다 (말소리) 홇다

〈halt〉 '홇다'는 홀 잡힌 상태로 hold처럼 멈춰 있다. 얼어붙어 어쩔 줄 모르다(To stand in doubt; hesitate)는 뜻 [연관] hold wonder.

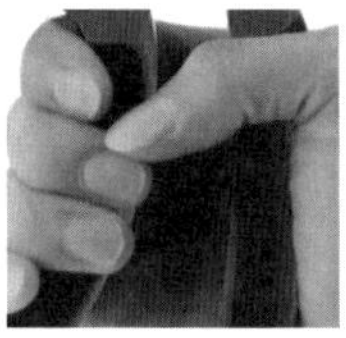

· 어원) **〈halt〉** German halt ("stop!"), halten ("to hold, to stop"). Latin hir ("hand"). [국어] **얼다**: 찬 기운 때문에 고체 상태로 굳어지다.

manage는 손으로 휘두르며 다루는 것이다. handle, wield도 손으로 잡고 흔드는 것이라 하겠다.

handle [hǽndl] 처리하다 (말소리) 홇을

〈handle〉 '홇을'은 홇어 잡고 손으로 다루다(To manage, use, or wield with the hands.)는 뜻 [연관] hand 홇다

· 어원) **〈handle〉** Old English handlian ("to handle, feel, deal with"). Proto-Germanic *handlōną ("to take, grip, feel"), equivalent to hand+-le. Latin hir ("hand"). [국어] **홇다**: 붙어 있는 것을 떼기 위하여 다른 물건의 틈에 끼워 죽 잡아당기다.

hunt [hʌnt] 사냥하다 (말소리) 홇다

〈hunt〉 '홇다'는 홇어 보며 찾아다니고, 홀(haul) 잡다

· 어원) **〈hunt〉** Old English hentan ("to pursue, chase after, seize, arrest, grasp") Old High German hunda ("spoils, booty"). [국어] **홇다**: 일정한 범위를 한쪽에서 시작하여 죽 더듬거나 살피다. 붙어 있는 것을 떼기 위하여 다른 물건의 틈에 끼워 죽 잡아당기다. [한자] 引끌 인 忽갑자기 홀

wield [wiːld] 휘두르다 행사하다 (말소리) 휧다

〈wield〉 '휧다'는 휧어 잡고 휘두르며 손의 통제하에 두다(To handle with skill)는 뜻 [연관] wild 왈대 훨 불어치는 회오리처럼 사나운

· 어원) **〈wield〉** Old English wieldan ("to control"). [국어] **휧**: 잡았거나 쥐었던 것을 갑자기 내던지는 모양. **휧다**: 붙어 있는 것을 떼기 위하여 다른 물건의 틈에 끼워 죽 잡아당기다.

apprehend [æprihénd] 1 이해하다 2 체포하다 (말소리) 에빠르휧다
apprentice [əpréntis] 견습생 에펼안다지

〈apprehend〉 '에빠르휧다'는 ~에(a) 빠르게(pre) 휧다(hend=hand, hold 잡다). 빨리 훌 (잡아) 들여 인식한다는 뜻 [1 알다. 잡아서 인식하다(catch). 2 잡아(to take hold of) 체포.] **〈apprentice〉** '에펄안다지'는 ~에(a) 펄, 펴내(pre) 안다(end=and, hand, hold 잡다). 훌훌 (잡아)들여 인식한다는 뜻. 즉 알려고 배우는 자를 뜻함. '안다'는 껴안다는 뜻과 알다는 뜻이 있다.

· 어원) **〈apprehend / apprentice〉** ad- ("to, towards, at") prae- ("before")+*hendō ("I take, seize, hold"). Middle English waren ("to be ware, be on guard, protect"). [국어] **휧다**: 일정한 범위를 한쪽에서 시작하여 죽 더듬거나 살피다. 붙어 있는 것을 떼기 위하여 다른 물건의 틈에 끼워 죽 잡아당기다. **안다**: 두 팔로 자신의 가슴, 머리, 배, 무릎 따위를 꼭 잡다. '알다'의 활용

comprehend [kɑ̀mprihénd] 이해하다 의식하다 (말소리) 낌빠르휧다

〈comprehend〉 '낌빠르휧다'는 낌(com 함께)으로 펴내(pre 앞에) 휧다/얼다 (hend=hand, hold)는 말로 훌 안아 들여 알게 되다는 뜻

· 어원) **〈comprehend〉** com-+prehendere ("to seize").

comprise [kəmpráiz] ~을 구성하다, 이루다 (말소리) 낌벌이어서

〈comprise〉 '낌벌이어서'는 벌어들여 (붙잡아) 낌(com 함께)으로 구성이 되다

· 어원) **〈comprise〉** comprehensus ("to comprehend").

'어르다(얼다)'는 여럿을 한 데 모으다는 뜻이 있다. 서로 붙어 이어지거나 합쳐 무언가를 만드는 경우 등에도 '얼다'를 사용해 표현한다. 얼어 꼬인 실(yarn)과 같은 원리다.

earn [əːrn] 벌다 얻다 (말소리) 언
learn [ləːrn] 배우다 깨닫다 련(練)

〈earn〉 '언'은 얼어(ear= whirl) (잡아채) 수확하다(harvest)는 말. (수확물을) 우리어(art 어르다, 얻다) 갖는 것을 뜻함 [참고] worn 몸에 올려붙이다 garner(To reap grain) **〈learn〉** '련'은 얼어(learn=earn) 얻게 되는 지식을 나타냄. 단련하여 익히다.

· 어원) **〈earn〉** latin haereō ("attach, cling"). Proto-West Germanic *aʀanōn(to harvest, reap) **〈learn〉** Old English leornian ("to acquire knowledge"). latin haereō ("attach, cling"). [국어] **얼다/어르다**: '어우르다(여럿을 모아 한 덩어리나 한판이 크게 되게 하다)'의 준말. **우리다**: 꾀거나 위협하거나 하여 물품 따위를 취하다. **후리다**: 휘둘러서 때리거나 치거나 하다. 練익힐 련, 익힐 연. 聯 연이을 련, 연이을 연

연연(連延)하여 마음을 쓴다는 것은 어떤 대상에서 헤어나오지 못하는 것을 이른다. 그것은 염원하는 어떤 것이기도 하고 사랑하는 사람일 수도 있다.

yearn [jəːrn] 갈망하다 염원 (말소리) 연

〈yearn〉 '연'은 (훨 휘감아) 얼어(earn 어르다) 잡고자 하는 것으로 연연(連延)하다는 뜻(延늘일 연, 끌다) ☞ y+ earn [연관] long 늘(늘어지다→기분이 좋을 만큼 마음껏 어떤 일을 하다)

· 어원) **〈yearn〉** chinese yen ("desire, craving"). 癮 [yǐn] (중독(中毒), 취미) originally in reference to opium addiction [국어] **얼다/어르다**: '어우르다(여럿을 모아 한 덩어리나 한판이 크게 되게 하다)'의 준말. [한자] 戀그리워할 연

earnest [ə́ːrnist] 진지한 솔직한 (말소리) 얼해지다

〈earnest〉 '얼해지다'는 왈왈 소용돌이치며 얼얼할 정도로 열성적이 되다. 열을 내어 정직하게 노동하다는 뜻

· 어원) **〈earnest〉** Proto-Germanic *ernustuz ("earnest, strength, solidity, struggle, fight"), Proto-Germanic *arniz("efficient, capable, diligent, sure"). Proto-Indo-European *er- ("to cause to move, arouse, increase"). **얼얼하다**: 몹시 맵거나 독한 것이 닿아 아리고 쏘는 느낌이 있다.

erotic [irάtik] 성애의 호색가 (말소리) 어르댄

〈erotic〉 '어르댄'은 (훨 휘감아) 어르어 (잡고자) 요구하는 것을 나타냄

· 어원) **〈erotic〉** ἐρωτάω • (erōtáō)(to ask) Ancient Greek ἐρωτικός (erōtikós, "related to love") [국어] **어르다**: [옛말] 배필로 삼다. **얼다/어르다**: '어우르다(여럿을 모아 한 덩어리나 한판이 크게 되게 하다)'의 준말.

훨 (her—) 휘말려 뭉치다

here는 near와 같은 말로 훨 얼어 붙어 자기 옆에 있다→ '여기' 뜻이 된다

cohere [kouhíər] 밀착하다 응집하다 (말소리) 껴훠얼

〈cohere〉 '껴훠얼'은 껴서(co) 서로 훨(her=whirl) 휘말리다. 이어 붙인다는 뜻 [다른 풀이] '껴얼' [연관] near here 훨 어르어져 접한 adhere

· 어원) **〈cohere〉** latin cohaereō(I am near, close or united). haereō ("cleave, cling"). Ancient Greek ἄρτι (árti, "just, exactly"). [국어] **얼다/어르다**: '어우르다(여럿을 모아 한 덩어리나 한판이 크게 되게 하다)'의 준말.

inherent [inhíərənt] 내재된 고유의 (말소리) 인휘어른다

〈inherent〉 '인휘어른다'는 인(in, on 인접)한 곳에 훌(here) (휘말려) 얼어붙다(as part or consequence of something.). 어르어 (결합되고) 본래의 것과 같아지다

· 어원) **〈inherent〉** inhaereō ("I am closely connected with; adhere to"). Latin in–+haereō ("cleave, cling"). Ancient Greek ἄρτι (árti, "just, exactly"). [국어] **어르다**: '어우르다(여럿을 모아 한 덩어리나 한판이 크게 되게 하다)'의 준말. **훌리다**: 무엇의 유혹에 빠져 정신을 차리지 못하다.

adhere [ædhíər] 고수하다 들러붙다 (말소리) 에다훼얼
adhesive [ædhíːsiv] 점착성의 에다휘집어

〈adhere〉 '에다훼얼'는 ~에다(ad) 훼 얼어(here= near) (휘말려) 붙인다는 뜻 **〈adhesive〉** '에다휘집어'는 ~에(ad) 휘휘(he=here, near) 휘감겨 뭉친다는 뜻

· 어원) **〈adhere〉** adhaesum: ad ("to")+haerēre ("to stick"). [국어] **휘휘**: 센 바람이 거칠게 잇따라 스쳐 지나가는 소리. 여러 번 휘감거나 휘감기는 모양.

hesitate [hézətèit] 망설이다 주저하다 (말소리) 휘서대다

〈hesitate〉 '휘서대다'는 휘이 서다(sit). (가라앉아) 쉬고 달라붙다. 머뭇거리다는 뜻

· 어원) **〈hesitate〉** Ancient Greek ἵζω (hízō, "I sit, I sit down"). Latin haerere ("to hesitate, stick fast; to hang or hold fast"). [국어] **서다**: 사람이 어떤 위치나 처지에 있게 되거나 놓이다. 다리를 쭉 뻗으며 몸을 곧게 하다.

harbor [háːrbər] 항구 품다 (말소리) 활발

〈harbor〉 '활발' 활활 (휘말려) 얼어(har=army, hard 어우르다)진 집단(군대)에 대해 발(bar, barrier)을 치다. 공원(park) 같은 공간을 만들어 물로부터 지키는 집단 피난처.

· 어원) Proto-Germanic *harjabergō ("army shelter, refuge"), *harjaz ("army")+*bergō ("protection"[park 처럼 불거져 둘러싼 것]), Old English here ("army, host")+beorg ("defense, protection, refuge"). [국어] 발: 가늘고 긴 대를 줄로 엮거나, 줄 따위를 여러 개 나란히 늘어뜨려 만든 물건. 주로 무엇을 가리는 데 쓴다

herd [həːrd] 무리 양치기 (말소리) 휘얼다
hard [haːrd] 굳은 휘얼다

〈herd〉 '휘얼다'는 휘휘, 훨(her=whirl) 휘말리다. 1 얼어(art, hard 어르다) 뭉친다는 말로 모이게 하다(To associate; to ally oneself with)는 뜻. 2 어르어(herd=ward, guard) 가두고 감시 (shepherd) 하는 자. **〈hard〉** 얼어 (동결된 것처럼) 굳다. ☞ 쿠르르(crust) 부딪히는 소리를 내는 돌처럼 강하게 여겨진다.

[c → h] cold 꿀다 → hard ; crust→ earth ; cordial→ heart

· 어원) **〈herd〉** Old English hierd("herd, flock; keeping, care, custody"). **〈hard〉** Ancient Greek κοάτρς (krátos)(strong)(kr에서 har-로 변화됨) [국어] **얼다/어르다**: '어우르다(여럿을 모아 한 덩어리나 한판이 크게 되게 하다)'의 준말.

ore [ɔːr] 광석 원광 (말소리) 얼
iron [áiərn] 철 얼은
earthquake [əːrθkweik] 지진 얼지끼익

〈ore〉 '얼'은 얼어(ore=hard) 굳은 돌(rock)을 나타냄 **〈iron〉** '얼은' 얼어(ir=ore) 굳은 돌로 철광석을 나타냄 **〈earthquake〉** '얼지끼익'은 얼어(ear≒ ore 옥수수 알, 덩어리) 굳은 땅(지구)이 끼익(quake=gag, quack, quick)하고 흔들린다는 뜻 ☞ earth는 얼어 굳은 덩어리로 hard, ore

· 어원) **〈ore〉** Old English ōra ("brass, copper, bronze"), ear ("earth"). German ehern ("of metal, of iron") **〈earthquake〉** earth+quake. Earth; Proto-Germanic *hrusǭ ("ground; ice, **crust**"), Sanskrit क्रुड (krūḍ, "thicken, make hard"). Quake ; Proto-Germanic *kwakōną ("to shake, quiver, tremble"). [국어] **얼다**: 액체나 물기가 있는 물체가 찬 기운 때문에 고체 상태로 굳어지다. **끼익**: 차량 따위가 갑자기 멈출 때 나는 브레이크 소리.

10 휠(or/al/ol) 일어나 오르다, 자라다

orient **al**titude ex**al**t; ad**ol**escent ab**ol**ish **al**imentary

오르다'는 것은 위로 솟아오르는 것을 말한다. 솟아오르는 것은 높아진 위치만큼 우러름을 받는 존재라는 의미도 갖게 된다. 또한 땅위를 뚫고 올라오는 새싹처럼 '태어난다'는 뜻도 가진다.

orient [ɔ:riənt] 동양 동쪽의 (말소리) 오른다

〈orient〉 휠 (해가) 오르는 동쪽을 가리킴 [다른 풀이] '올려온다'

· 어원) **〈orient〉** latin orior ("to get up, rise; to appear, become visible; to be born, come to exist, originate"). [국어] **오르다**: 사람이나 동물 따위가 아래에서 위쪽으로 움직여 가다.

origin [ɑ́rədʒin] 기원 태생 (말소리) 올려진

〈origin〉 '올려진'은 올라와 생겨나다는 뜻. 오름→ 태어남, 비쳐 보임, 나옴

· 어원) **〈origin〉** latin orior ("to get up, rise; to appear, become visible; to be born, come to exist, originate"). [국어] **오르다**: 사람이나 동물 따위가 아래에서 위쪽으로 움직여 가다.

'일다'는 '일어나다'와 비슷한데 의미상 솟아오르거나 커지다는 뜻이 있다. '휠'을 사용해 '높다'는 의미를 표현하기도 한다.

exalt [igzɔ́:lt] 높이다 ~을 칭찬하다 (말소리) 윗일다

〈exalt〉 '윗일다'는 윗서(ex) 일다(alt)는 말로 일어나 커지다는 뜻. 얼떠 올라가다

· 어원) **〈exalt〉** ex-+altus ("high"). [국어] **얼뜨다**: 다부지지 못하여 어수룩하고 얼빠진 데가 있다. **일다**: 겉으로 부풀거나 위로 솟아오른다. 희미하거나 약하던 것이 왕성하여지다. [한자] 越넘을 월, 멀다

altar [ɔ́:ltər] 제단 분향소 (말소리) 일다

〈altar〉 '일다'는 일어나 높게 만든 곳

· 어원) **〈altar〉** altus ("high"). [국어] **일다**: 겉으로 부풀거나 위로 솟아오른다. 희미하거나 약하던 것이 왕성하여지다.

altitude [ǽltətjù:d] 고도 고지 (말소리) 일다두다

〈altitude〉 '일다두다'는 일어나 높은 곳에 위치한다는 뜻

· 어원) **〈altitude〉** Latin altitudo ("height"), from altus ("high"). [국어] **일다**: 겉으로 부풀거나 위로 솟아오른다. 희미하거나 약하던 것이 왕성하여지다.

alert [əlá:rt] 경계 주의하다 (말소리) 에일다

〈alert〉 '에일다'는 ~에(al 於어조사 어) 일다(ert=altar). 일어나 올려보다. 알아차리게 경계하다(Attentive; awake; on guard)는 뜻.

· 어원) **〈alert〉** Italian all'erta ("to the height"), from erta ("lookout, tower"). Latin ērectus, ērigō ("to build, to erect"), arduus (lofty, high, steep) Greek òoΘóς (orthós, "upright, straight, attentive, expecting, correct"), Spanish yerto (stiff; rigid) [국어] **울다**: 반반하지 못하고 우글쭈글해지다. 물체가 바람 따위에 흔들리거나 움직여 소리가 나다. '붇다'의 방언 (제주) **기울이다**: 정성이나 노력 따위를 한곳으로 모으다.

'일다'는 '이르다'의 준말으로 일찍 어떤 것에 도달하다 또는 성숙하다는 뜻이 있다. 또한 '올-'을 사용하여 '올라오다', '자라다'의 뜻으로 쓰기도 한다.

adult [ədΛlt] 성인 어른 (말소리) 엣올되

〈adult〉 '엣올되'는 ~에다(ad) 훨 올라 올되다(ult=ultra, old). 일어나(올라) 컸다(grown-up)는 뜻 [다른 풀이] '엣일다' [연관] old 올되

· 어원) **〈adult〉** Latin adultus ("grown up"). Latin altus ("high, tall, grown big, lofty") [국어] **일다**: 겉으로 부풀거나 위로 솟아오른다. '이르다(대중이나 기준을 잡은 때보다 앞서거나 빠르다)'의 준말. **올**: 생육 일수가 짧아 빨리 여무는'의 뜻을 더하는 접두사. '빨리'의 뜻을 더하는 접두사. **올되다**: =일되다(1. 열매나 곡식 따위가 제철보다 일찍 익다. 2. 나이에 비하여 발육이 빠르거나 철이 빨리 들다)

adolescent [ædəlésnt] 청소년 청년 (말소리) 엣올려진다

〈adolescent〉 '엣올려진다'는 ~에(ad) 올려(ole=old) 진다(scent)는 말로 오르는(자라는) 중인 청소년이라는 뜻

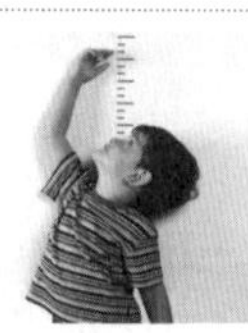

· 어원) **〈adolescent〉** latin ad-+olēscō(grow increase). [국어] **올리다**: 높은 쪽으로 올려 위치를 옮기다.

abolish [əbáliʃ] 없애다 (말소리) 없올리지

obsolete [àbsəlí:t] 쓸모없는 앞서올리다

〈abolish〉 없(ab=off)애 올려지다(olish=old). 올라 자라는 것을 없애다 **〈obsolete〉** 올라(ole=old) 자라고 오래되는 정도가 앞서(obs≒obstacle) 있는 벽에 직면하다. 바로 앞까지 올라와 더 이상 안 자라 늙어(낡아) 쓰지 못하게 되다

· 어원) **〈abolish〉** Latin abolēre ("to retard, check the growth of, destroy, abolish"), ab ("from, away from")+*olēre ("to increase, grow") **〈obsolete〉** latin obsolēscō(I fall into disuse, I grow old). obs(Against; facing)+ olēscō (I grow). Soleō(used to). [국어] **올리다**: 높은 쪽으로 올려 위치를 옮기다.

alimentary [æləméntəri] 영양의 소화의 (말소리) 올려민다네

〈alimentary〉 '올려민다네'는 올려(ali=old) 크게 하는 것으로 자라게 하다

· 어원) **〈alimentary〉** latin alō 올려("I nourish, sustain"). [국어] **올리다**: 높은 쪽으로 올려 위치를 옮기다. **밀다**: 일정한 방향으로 움직이도록 반대쪽에서 힘을 가하다.

alimony [ǽləmòuni] 별거수당 부양 (말소리) 올려모네

⟨alimony⟩ '올려모네'는 올려(ali= well, old) 크게 하는 것으로 자라게 하다는 뜻. 부양해주기 위해 지급한다.

· 어원) **⟨alimony⟩** alere ("to nourish")+-mōnia ("action, state").

coalition [kòuəlíʃən] 연합 연대 (말소리) 껴올려선

⟨coalition⟩ '껴올려선'은 껴(co 함께)서 올려(ali=all) 커지다. 함께 하다는 뜻 [연관] coalesce

· 어원) **⟨coalition⟩** Latin aleō ("be growing up") Proto-Indo-European *$h_2$el- ("all", to grow, nourish, beyond, other). [국어] **끼다**: 팔이나 손을 서로 걸다. **올리다**: 높은 쪽으로 올려 위치를 옮기다.

11 훨(ult/al) 넘다(초월, 다른, 바뀌다)

ultra **ul**timate **al**ien **ali**bi **al**ter

hill [hil] 언덕 산 (말소리) 훨

⟨hill⟩ '훨'은 훨씬 튀어 올라 우뚝 서다

· 어원) **⟨hill⟩** Proto-Indo-European *$h_2$el- ("beyond, other"). [국어] **일다**: 겉으로 부풀거나 위로 솟아오른다. 희미하거나 약하던 것이 왕성하다. **훨**: 정도 이상으로 차이가 나게 [한자] 圪흙더미우뚝할 을 嵲산높을 얼

ultra [ʌltrə] 과격한 극단적인 (말소리) 월되리
ultraviolet [əltrəvaiəlit] 자외선 월되리보라다

⟨ultra⟩ '월되리'는 훨(ul=air, hill 越넘을 월) 떠 (초월하여) 넘다 [연관] ulterior 저쪽의 [다른 풀이] '얼뜨리' 얼떠서 벗어나다 **⟨ultraviolet⟩** 보라(violet)색 파장을 훨 뛰어넘어(초월하여) 다음에 나오는 빛. 초월하여 위에 있다는 뜻

· 어원) **⟨ultra⟩** Latin ultrā ("beyond"). Proto-Indo-European *$h_2$el- ("all", to grow, nourish, beyond, other). **⟨ultraviolet⟩** ultra-+violet [국어] **훨**: 정도 이상으로 차이가 나게. **훨떡**: 아주 남김없이 시원스레 벗거나 벗어진 모양. **보라**: 파랑과 빨강의 중간색. 또는 그런 색의 물감. **얼뜨다**: 다부지지 못하여 어수룩하고 얼빠진 데가 있다. **자외선**: 전자기파 중 가시광선보다 파장이 짧은 것으로 보라색 스펙트럼 옆에 있는 것. [한자] 越넘을 월

ultimate [ʌltəmət] 궁극적인 최종의 (말소리) 월됨이다

⟨ultimate⟩ '월됨이다'는 훨(ul=well, hill 越넘을 월) 떠서 (초월하여) 넘어서는 마지막의 것을 뜻함

· 어원) **⟨ultimate⟩** Medieval Latin ultimatus ("furthest, last"). [국어] **훨**: 정도 이상으로 차이가 나게. **뜨다**: 물속이나 지면 따위에서 가라앉거나 내려앉지 않고 물 위나 공중에 있거나 위쪽으로 솟다. [한자] 越넘을 월

'월(越넘을월)'은 왈왈 넘치는 소리로 정해진 범위를 훌 떠나 (초월하여) 외에 있음을 나타낸다.

else [els] 다른 그 밖에 (말소리) 월져

⟨else⟩ 훌(el 越 넘을 월) (초월하여) 초월하여, 바깥 지역 [연관] wealth ultra

· 어원) **〈else〉** Latin uls ("beyond") Old English elles ("other, otherwise, different").) Proto-Indo-European *$h_2$el- ("all", to grow, nourish, beyond, other). **외다**: 피하여 자리를 조금 옆으로 옮기다. 물건이 좌우가 뒤바뀌어 놓여서 쓰기에 불편하다. [한자] 越넘을 월

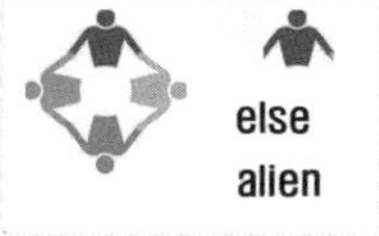

alibi [ǽləbài] 알리바이 현장부재증명 (말소리) 월내봐

〈alibi〉 '월내봐'는 훌(al 越 넘을 월) (초월하여) 외로 있는, 바깥을 나타냄. 사건이 있던 시간에 다른 곳에 있다는 뜻

· 어원) **〈alibi〉** Latin uls ("beyond") Latin alibī ("elsewhere, at another place"). Latin alius ("other, another") [국어] **외다**: 피하여 자리를 조금 옆으로 옮기다. 물건이 좌우가 뒤바뀌어 놓여서 쓰기에 불편하다. **홀로**: 혼자서만 또는 짝 없이 외롭게. [한자] 越넘을 월

alien [éiljən] 외계인 다른 (말소리) 외일렁

〈alien〉 '외일렁' 훨(al=else, well 越넘을 월) (벌어져) 외래에서 일어난 다른 존재를 뜻함 [다른 풀이] '홀로인' 홀로 떨어진 [참고] foreign=alien [for(**al**)+eign(**ien**)]

· 어원) **〈alien〉** Latin uls ("beyond") Latin aliēnus ("belonging to someone else, later exotic, foreign"), Latin alius ("other"). [국어] **울**: '위'의 방언 (경상, 제주). **외다**: 물건이 좌우가 뒤바뀌어 놓여서 쓰기에 불편하다. **외**: '밖'이나 '바깥'의 뜻을 더하는 접두사. 몹시 삐뚤거나 바르지 아니하다는 뜻을 더하는 접두사. '홀로'의 뜻을 더하는 접두사. [한자] 越넘을 월

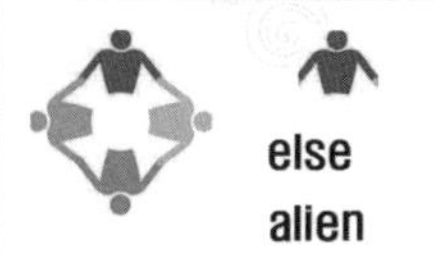

바람은 웅 우는 소리로 방랑(wander) 하며, 휘어(울어)지고(wind, err), 저 멀리 훨/월(well, ultra) 날아간다. 이는 정상적인 길에서 벗어나 다른 것으로 바뀐다라고 할 수 있다. 따라서 '울다'는 바람이 우는 것으로 '방향이 바뀌다'로 쓰일 수 있다.

alter [ɔ́:ltər] 바꾸다 변경하다 (말소리) 울다

〈alter〉 '울다'는 훨 (바람에) 울(al=err 越넘을 월)어 (기울어) 흔들리거나 방향을 트는 것 [연관] err wander wind

· 어원) **〈alter〉** Latin alter ("the other"). Latin ille (that), uls ("beyond"). Old English wandrian ("to wander, roam, fly around; **change**; stray, **err**"). Proto-Indo-European *wendʰ- ("to turn, wind") Proto-Indo-European *$h_2$el- ("all", to grow, nourish, beyond, other). [국어] **울다**: 물체가 바람 따위에 흔들리거나 움직여 소리가 나다. 발라 놓거나 바느질한 것 따위가 반반하지 못하고 우글쭈글해지다. [한자] 越넘을 월

alternative [ɔ:ltə́:rnətiv] 대안 대체 (말소리) 울다내답

〈alternative〉 훨 (바람이) 울(al=err)어 흔들리거나 방향을 트는 것 답다. tive(답다)

· 어원) **〈alternative〉** Latin alternō ("interchange, alternate"). [국어] **울다**: 물체가 바람 따위에 흔들리거나 움직여 소리가 나다. 발라 놓거나 바느질한 것 따위가 반반하지 못하고 우글쭈글해지다. **-답다**: '성질이나 특성이 있음'의 뜻을 더하고 형용사를 만드는 접미사.

heir [ɛər] 후계자 상속인 (말소리) 홀
heritage [héritidʒ] 유산 혈통 홀이되지
inherit [inhérit] 물려받다 유전되다 인홀이다

〈heir〉 '홀'은 훨 떠나보내고 홀로 남아 유산을 이어받는다는 뜻 **〈heritage〉** '홀이되지'는 훌 떠나보내고 홀로 남아 유산을 이어받는다는 뜻 **〈inherit〉** '인(因)홀이다'는 훌 떠나보내고 홀로 남아 유산을 이어받게 하다(in 인하다(因))는 뜻

· 어원) **〈heir〉** Latin uls ("beyond") Late Latin inhereditare ("make heir"). Sanskrit: हा (hā) • हानि (hāni) (to put away, take off, remove). [국어] **홀**: '짝이 없이 혼자뿐인'의 뜻을 더하는 접두사. **훌**: 새가 갑자기 날아가 버리는 모양. 잡았거나 쥐었던 것을 갑자기 내던지는 모양. **인하다(因--)**: 당연한 결과로 어떤 일에 이어지거나 뒤를 따르다. [한자] 因인할 인 忽갑자기 홀

12 훨훨[h_l(r), w_l(r)] 날아 오르는 마음(환호, 좋아짐)

hilarious **hur**rah **hail** overw**hel**m **wel**fare fare**wel**l **weal**th

즐거울 때 훨훨 나는 기분이다.

hilarious [hilέəriəs] 유쾌한 법석대는 (말소리) 헬렐레이지

〈hilarious〉 헬렐레 정신 나간 것처럼 활활 뛰노는 감탄의 말을 나타냄 [연관] hallelujah 휠날리오 exhilarate

· 어원) **〈hilarious〉** Latin hilaris ("cheerful"). Ancient Greek ἐλελίζω • (elelízō) (I whirl around, turn around) [국어] **헬렐레**: 술에 몹시 취하거나 얼이 빠져 있거나 하여 몸을 가누지 못하는 모양. **알나리-깔나리**: 아이들이 남을 놀릴 때 하는 말. **훌라들이다**(함부로 힘차게 마구 쑤시거나 훑다)

마음이 이끌려 정신이 혼미한 상태를 '홀리다'라고 한다. 홀린다는 것은 마음이 울리는 것으로 무언가가 정신이 나갈 정도로 흔들어 놓는다는 의미이다. '우러르다'는 것도 상대가 마음을 흔들어 공경하게 만드는 것이라고 할 수 있다.

hallucination [həlùːsənéiʃən] **[고급]** 환각 환상 (말소리) 홀려서내어진

〈hallucination〉 '홀려서내어진'은 흘러(hallu=alley, whirly)가는 물처럼 마음이 홀려(흔들려 혼동되고) 착각이 된다는 뜻(a wandering of the mind; an error) [연관] alley

· 어원) **〈hallucination〉** Ancient Greek ἀλύω (alúō, "to wander in mind, to roam"). Old French aler("to go"). [국어] **홀리다**: 무엇의 유혹에 빠져 정신을 차리지 못하다. [한자] 惚황홀할 홀

alas [əlǽs, əlάːs] (슬픔) 아아 (말소리) 얼래지

〈alas〉 '얼래지'는 얼래(놀라거나, 다급할 때 나오는 소리) 놀라는 소리 [연관] Allah hello [다른 풀이] '울려서' 우는 소리

· [국어] **얼래**: '어(가볍게 놀라거나 당황했을 때 내는 말)'.

hurrah [hərάː] 만세 환호하다 (말소리) 우레

〈hurrah〉 '우레'는 우레와 같은 환호. 놀라서 내는 감탄사. 우레는 《석보상절》(1447, 21:5)에 '울에'의 형태로 처음 나타나는데 이 말은 본래 '울다'의 어간 '울-'에 접미사 '-게'가 붙어서 이루어진 말이다. 우레(와) 같은 박수. 우르르 [연관] hurray '우레' 우레와 같은 환호. 소 등을 몰 때 이랴 외친다.

· 어원) 〈**hurrah**〉 Swedish hissa ("to hoist; huzzah"). [국어] **우레**: 번개가 친 다음에 하늘에 크게 울리는 소리.

hail [heil] 1 빗발 2 환호 (말소리) 해일(海溢)

〈**hail**〉 '해일(海溢)'은 훨, 왈왈(whirl) 회오리치는 소리로 1 빗발치듯 내리는 눈발 2 빗발치는 환호소리(An exclamation of respectful salutation) [연관] heal

· 어원) 〈**hail**〉 Proto-Germanic *hailijaną ("to make healthy, whole, to heal"). Old English holm ("sea, ocean, wave"). [국어] **해일**: 해저의 지각 변동이나 해상의 기상 변화에 의하여 갑자기 바닷물이 크게 일어서 육지로 넘쳐 들어오는 것. 또는 그런 현상.

exhort [igzɔ́:rt] 훈계하다 강력히 권고하다 (말소리) 윗서훌다

〈**exhort**〉 '윗서훌다'는 위로 훌(hor=hurl haul) (당겨) 밀어부치다. 훌훌 날아다니는 기분을 느끼도록 자극한다는 뜻

· 어원) 〈**exhort**〉 ex ("out of, from")+hortor ("incite, spur"). Ancient Greek χαίω • (khaírō) (To be full of cheer, glad) [국어] **훌**: 동작이나 행동을 단번에 가볍게 하거나 쉽고 능란하게 하는 모양. 잡았거나 쥐었던 것을 갑자기 내던지는 모양.

overwhelm [òuvərhwélm] 압도하다 사로잡히다 (말소리) 업어울림

〈**overwhelm**〉 '업어울림'은 업혀(over) (위에서) 휠훨(whel=well) 울렁대 넘친다는 말로 압도적이다는 뜻이다. 울리다는 울렁이며 휘말려 우리(울타리)처럼 두른다는 의미도 있다(to surround, to cover). ☞ whelm= holm 오름(제주 화산)

· 어원) 〈**overwhelm**〉 Middle English whelmen ("to turn over, capsize; to invert, turn upside down") [whelm(To overcome with emotion. to cover; to engulf, to submerge.)] Old English holm ("rising land, island"). [국어] **업다**: 사람이나 동물 따위를 등에 대고 손으로 붙잡거나 무엇으로 동여매어 붙어 있게 하다. **울리다**: 어떤 물체가 소리를 내다. **왈왈**: 개가 짖는 소리. 알아들을 수 없을 만큼 크고 소란스럽게 떠드는소리. 물이 급하게 많이 흐르는 모양. 성질이 급하고 괄괄하다.

여기서의 '훨'은 '훨씬'을 뜻하며 원래보다 더 앞서 나아간 상태를 의미한다. 따라서 더 낫고 더 잘 사는 상황과 주로 어울려 쓰인다.

farewell [fεərwél] 작별 안녕 (말소리) 벌훨
welfare [wélfεər] 복지 후생 활발

〈**farewell**〉 '벌훨'은 훨(well=very) 벌여(fare=ferry 發) 나가라고 빈다는 뜻. 훨 올라가 잘되게 출발을 기원하다 〈**welfare**〉 '활발'은 활활(wel=well, very) 벌여(fare=ferry, go) 발하다는 말로 훨씬, 활활 발전해 간다는 뜻 [연관] fare(To go, travel.) [다른 풀이] 1 '훨벌' 훨씬 벌어지다 2 '훨피어' 훨씬 피어 가다

· 어원) 〈**farewell**〉 Old English *far well!, equivalent to fare ("to fare, travel, journey")+well. 〈**welfare**〉 the Old English phrase wel faran ("to fare well, get along successfully, prosper"). Old English ferian("to carry, convey, bear, bring, depart, go") [국어] **훨**: 정도 이상으로 차이가 나게. [한자] 發필 발, 떠나다 癶등질발.걷다.가다.벌어지다

wealth [welθ]　　부 재산　　(말소리) 휠서
worth [wəːrθ]　　가치 있는　　휠서

〈wealth/worth〉 '휠서'는 휠(weal, wor=well 越넘을 월) 날아, 휠씬 나아지다는 말로 불어난 부나 가치를 뜻함. Well(휠)은 Value(불려)와 어원상 일치(v->w) [연관] health [다른 풀이] '옳지' 올바르고 가치 있다.

· 어원) **〈wealth〉** Proto-Indo-European *wel- ("good, best"); Old English weallan("to well; bubble forth; spring out; flow"). **〈worth〉** Proto-Germanic *werþaz ("worthy, valuable"). Proto-Indo-European *wert-(to turn, to rotate) **올올하다**: 산이나 바위 따위가 우뚝우뚝 솟아 있는 상태이다

worship [wə́ːrʃip]　　숭배　　(말소리) 휠집

〈worship〉 '휠집'은 휠(wor=well) 넘어서는 초자연적인 존재에 대한 집념. ☞ ship은 짜여져 담을 수 있는 집으로 추상적으로는 결집된 상태를 나타낸다.

· 어원) **〈worship〉** worth ("worthy, honorable")+-ship. [국어] **휠**: 정도 이상으로 차이가 나게. **올올하다**: 산이나 바위 따위가 우뚝우뚝 솟아 있는 상태이다. [한자] 濶넓을 활

불이 활활 타는 것을 '불꽃이 일다'라고 표현한다. '어리다'는 얼얼하게 달아올라 열이 나는 것이다. '열띠다'는 불이 타는 모습처럼 열심히 힘을 써 노동하는 것을 의미한다.

ardent [ɑ́ːrdnt]　　열렬한 불타는　　(말소리) 열띤다
arduous [ɑ́ːrdʒuəs]　　힘드는　　열띠어서
arid [ærɪd]　　건조한　　열이다

〈ardent〉 '열띤다'는 (훨훨 타며) 열난다는 말로 열기가 있다는 뜻 [연관] altitude **〈arduous〉** '열띠어서'는 (훨훨 타며) 열난다는 얼얼하게 열기가 느껴질 정도로 어렵고 힘들다는 뜻 **〈arid〉 열로** 활활 타서 말라버린

· 어원) **〈ardent〉** latin ardeō ("I burn"). **〈arduous〉** Latin arduus ("high, hard to reach, difficult, laborious"). **〈arid〉** Latin āridus ("dry, arid, parched") ārdeō ("I am on fire, I burn") [국어] **열띠다**: 열기를 품다. **얼얼하다**: 몹시 맵거나 독한 것이 닿아 아리고 쏘는 느낌이 있다. 일다(활활 타다. 일어나다)

13 일으켜(_rg(k), arch) 생기다, 처음

work **org**an **arch**aeology **arch**aic **arch**itecture

일으키는 것은 일어나 오르다는 의미에서 발생하는 것(origin), 초기를 의미하고, 일을 뜻하게 된다. origin에서 orig-는 -ork, org-, erg-, arch- 등 다양한 형태로 나타난다. -ork 등 형태는 jerk (A quick, tug or shake), volcano에서처럼 울컥, 철컥, 벌컥 등 일어나는 동작과 같다.

work [wəːrk]　　일하다 작업　　(말소리) 일궈

〈work〉 '일궈'는 일구어 (일으켜) 움직이게 하다는 것으로 '일하다'는 '일어나다'와 통한다.

· 어원) **〈work〉** Ancient Greek ἔογρν • (érgon)(action, doing) [국어] **일키다**: **〈방언〉** '일으키다'의 방언 (전남) **일구다**: 논밭을 만들기 위하여 땅을 파서 일으키다. 현상이나 일 따위를 일으키다.

organ [ɔ́ːrgən] 장기 조직 (말소리) 일군
organism [ɔ́ːrgənìzm] 생물 유기체 일궈내짐

〈organ〉 '일군'은 일궈 (org=work) 일으킨다는 말로 일하는 기관을 의미함 **〈organism〉** '일궈내짐'은 일궈 (org=work 일으켜) 활동하는 유기체를 뜻함

· 어원) **〈organ〉** Ancient Greek ἔογρν (érgon, "work, deed"). Proto-Indo-European *werǵ-(make). **〈organism〉** Ancient Greek ὄογανρν (órganon, "tool, instrument"). [국어] **일구다**: 논밭을 만들기 위하여 땅을 파서 일으키다. 현상이나 일 따위를 일으키다.

energy [énərdʒi] 에너지 힘 정력 (말소리) 인일지

〈energy〉 '인일지'는 일궈 (erg=work 일으켜) 지게 인(en 因인할 인)하는 것으로 일어나게 하는 힘을 뜻함

· 어원) **〈energy〉** ἐν (en, "in")+ἔογρν (érgon, "work"). [국어] **일다**: 겉으로 부풀거나 위로 솟아오른다.

일으켜(arch-) 시작하다

'오르다'처럼 '일으키다'는 발생한다는 면에서 '처음'을 의미하기도 한다. 일으켜 세우는 것이 뭔가를 시작하는 행위를 나타내기 때문이다.

archaeology [àːrkiάlədʒi] 고고학 (말소리) 일키어얘기

〈archaeology〉 '일키어얘기'는 일으켜(arch=origin, incur) 나온 때(처음)에 대한 얘기(log)라는 말로 옛것에 대한 이야기나 논의를 나타냄

· 어원) **〈archaeology〉** Ancient Greek ἀοχαῖρς (arkhaîos, "primal, old, ancient"). ἀοχή (arkhḗ, "beginning, To lead, rule"). Latin origo ("beginning, source, birth, origin"), from orior ("to rise") [국어] **일으키다**: 1. 일어나게 하다. 2. 무엇을 시작하거나 흥성하게 만들다.

archetype [άːrkitàip] 원형 전형 (말소리) 일켜톱

〈archetype〉 '일켜톱'은 일으킨(archi=origin) 때(처음)의 텁텁하게(타이핑) 치는 톱(type=tap, typing) 자국. 처음 툭 터진 흔적, 형태를 뜻함 [연관] typical 톱 같은 자국이 남아 특징을 이루다

· 어원) **〈archetype〉** Ancient Greek ἀοχέτυπρς (arkhétupos, "first-moulded"), from ἀοχή (arkhḗ, "beginning, origin, rule"). τῦπρς (túpos, "pressing; sort, type") (from τύπτω (túptō, "to beat, strike"). [국어] **트이다**: '트다(막혀 있던 것을 치우고 통하게 하다)'의 피동사. **톱**: 모시나 삼을 삼을 때 그 끝을 긁어 훑는 데 쓰는 도구. 켜거나 자르는 데 쓰는 연장의 하나

archaic [aːrkéiik] 고풍의 원시적인 (말소리) 일켜욱

〈archaic〉 '일켜욱'은 일으켜(archi=origin) 나온 때로서 시작된 기원을 뜻함

· 어원) **〈archaic〉** Ancient Greek ἀοχή (arkhḗ, "beginning, origin"). [국어] **일으키다**: 1. 일어나게 하다. 2. 무엇을 시작하거나 흥성하게 만들다.

architecture [ɑ́ːrkɪtèkʧər] 건축 설계 (말소리) 일켜덕지

〈architecture〉 '일켜덕지'는 일으켜(archi=origin) 앞선 자가 덕지(tect=text, texture)덕지 붙이다. (굳게) 조직한다는 말로 권위자가 짓는 것. [참고] mon**arch** pro**tect**

· 어원) **〈architecture〉** Ancient Greek ἀρχιτέκτων (arkhitéktōn, "architect"). ἀρχι- (arkhi-, "chief")+τέκτων (téktōn, "builder"). ἄρχω (árkhō, "begin, rule") Ancient Greek ἀρχή (arkhḗ, "beginning, origin"). [국어] **일으키다**: 1. 일어나게 하다. 2. 무엇을 시작하거나 흥성하게 만들다. **덕지덕지**: 물체들이 여기저기 어지럽게 마구 모이거나 겹쳐 있는 모양. **딱지**: 몸을 싸고 있는 단단한 껍데기.

archive [ɑ́ːrkaiv] **[고급]** 공문서 기록보관소 (말소리) 일켜입

〈archive〉 '일켜입'은 일으켜 (arch=origin) 앞선 자(권위 있는)가 쓴(A place for storing earlier, and often historical, material.) 것.

· 어원) **〈archive〉** Ancient Greek ἀρχή (arkhḗ, "office, government, rule"), from ἄρχω (árkhō, "to rule, begin, lead"). [국어] **일으키다**: 1. 일어나게 하다. 2. 무엇을 시작하거나 흥성하게 만들다.

2-2장. 휙/욱[모음+ k(g, c, q, x)] 관련 어근[ㅇ, ㄹ]

1 휙/욱[모음+k(g, c, q)] 꺽이다, 흔들다

h**ook** h**awk** **awk**ward obl**iq**ue; **wag** swa**gg**er **wak**e **ag**itate

'휙'이나 '훅'은 바람 소리가 날 정도로 재빠르게 움직이는 모양을 나타내는 말이다.

hawk [hɔːk]	매 덤벼들다	(말소리) 확
hook [huk]	갈고리	욱
hack [hæk]	난도질하다	휙

〈hawk〉 '확'은 확(攫움킬 확) 잡을 수 있게 구부러진 발톱이 있는 새 [연관] eagle **〈hook〉** '욱' 욱다는 말로 굽어져 있어 휙 잡아 채 갈고리 기능을 한다. **〈hack〉** '휙'은 휙 친다는 뜻

· 어원) **〈hawk〉** Latin aquila(eagle). Latin accipiter(hawk), accipiō ("take, seize"). **〈hook〉** Proto-Indo-European *kog- '꽉'("peg, hook, claw"). **〈hack〉** Proto-Germanic *hakkōną ("to chop; hoe; hew"). [국어] **휙**: 갑자기 재빨리 움직이거나 스치는 모양. **훅**: 냄새나 바람, 열기 따위의 기운이 갑자기 밀려드는 모양. **욱다**: 안쪽으로 조금 우그러져 있다. [한자] 攫움킬 확 抑누를억, 구부리다

'확'은 갑자기 휙 굽이치는 것을 말한다.

haggle [hǽgl]	옥신각신 입씨름	(말소리) 확걸

'확걸'은 확(hack, 攫움킬 확) 치며 옥신각신하다는 뜻 [다른 풀이] '와글' 와글와글 떠들다.

· 어원) Middle English haggen ("to chop"), variant of hacken ("to hack"). [국어] **확**: 1. 바람, 냄새 또는 어떤 기운 따위가 갑자기 세게 끼치는 모양. 2. 불길이 갑자기 세게 일어나는 모양. **와글**: 사람이나 벌레 따위가 한곳에 많이 모여 잇따라 떠들거나 움직이다. [한자] 攫 움킬 확

awkward [ɔ́ːkwərd]	어색한 거북한	(말소리) 욱여울다

〈awkward〉 '욱여울다'는 욱여(awk=hawk, arc 욱다) 울다(ward 기울다)는 것으로 구부러져 거북하다는 뜻 [연관] for**ward**, back**ward**

· 어원) **〈awkward〉** awk ("odd, clumsy, out of order")+-ward. [국어] **욱다**: 안으로 조금 우묵하게 우그러져 굽은 듯하다. **우그리다**: 물체를 안쪽으로 우묵하게 휘어지게 하다.

ugly [ʌgli]	추한 불쾌한	(말소리) 우그러

〈ugly〉 '우그러'는 우그러(일그러져) 보기 흉하다는 뜻

· 어원) **〈ugly〉** uggr ("fear, apprehension, dread"). [국어] **우그러지다**: 물체가 안쪽으로 우묵하게 휘어지다. **이그러지다**: [북한어] 물건이나 얼굴이 비뚤거나 찌그러지다

훽(wag, liquid) 흔들리는 파동은 욱 올라가기도 하고(auction), 우그러져 우묵하게 휘어지기도(hook) 한다.

weak [wiːk] 약한 (말소리) 약(弱)

'약(弱)'은 웩 우그러져 (우묵하게 휘어) 약하고 부드럽다는 뜻. 웩웩(wag, aquatic, liquor) 흔들리는 물처럼 연약하다.

· 어원) Proto-Germanic *waikwaz ("weak, yielded, pliant, bendsome"), from Proto-Indo-European*weyk- ("to bend, wind"), *lewg- (" bend, twist "). Latin agō ("do, act; move"). **[국어] 욱다: 안쪽으로 조금 우그러져 있다. [한자] 弱약할 약 抝 누를 욱**

oblique [əblíːk] 비스듬한 사선의 (말소리) 앞누그

〈oblique〉 '앞누그'는 앞(ob)이 눅다/녹다(lique= liquid). 누그러져 우그러지다는 뜻

· 어원) Latin oblīquus (slanting, sideways). Latin luxus("dislocated"). Sanskrit(rugṇá, "bent, broken") **[국어] 눅다: 굳거나 뻣뻣하던 것이 무르거나 부드러워지다. 기세가 꺾여 너그러워지다. '눕다1'의 방언(제주). 누그러지다: 딱딱한 성질이 부드러워지거나 약하여지다. 욱다: 안쪽으로 조금 우그러져 있다.**

luxury [lʌkʃəri] 욕망 사치스러운 (말소리) 눅지리

〈luxury〉 '눅지리'는 녹아(lux=wag, eager) 마음이 욱 (누그라져) 기울다(inclined). 마음이 녹다. 욕(欲하고자 할 욕, like)으로 표현할 수 있다. [연관] lux lucid 욱 쏟아지는 불빛

· 어원) Latin luxus("dislocated"). Ancient Greek λύγρς (lúgos) and λρξός (loxós, "slanting, crosswise") sanskrit (rócate)(be bright, long for, like, to choose) **[국어] 눅다: 굳거나 뻣뻣하던 것이 무르거나 부드러워지다. 녹다: 어떤 대상에 몹시 반하거나 홀리다. 음식의 맛이 부드럽고 맛있다. 물러지거나 물처럼 되다.**

crooked [krúkid] 구부러진 비뚤어진 (말소리) 끼룩이다
creek [kriːk] 개울 끼룩

〈crooked〉 '끼룩이다'는 끼룩대는 기러기처럼 파동으로 우그러들다는 뜻 [연관] hook **〈creek〉** '끼룩' 끼룩대는 기러기처럼 파동이 이는

· 어원) Old English *crōc ("hook, bend, crook"). **눅다: 굳거나 뻣뻣하던 것이 무르거나 부드러워지다.**

훽/욱(wag) 흔들거리다

퍽, 퍼걱거리는 진동소리에서 V(ㅂ, ㅍ)가 약해지는 경우 훽, 욱 소리로 나타낼 수 있다.
ex) vogue(퍽)에서 wag wagon (헉, 훽)으로, feather(퍼덕, 부다)에서 water, weather (와들, 우다) 으로, fact에서 act로 변화

'훽'은 움직임, 흔들림(wag, swag, wagon), 깨어남(wake)을 나타낸다. 훽(walk) 걷거나 달리고 움켜 잡는 따위의 행동을 할 때 훽훽하고 흔들리는 것이다. 또한 시간의 흐름(ago age)도 나타낸다. 훽과 같은 표현으로 휘이 흔드는 것도 있다(sway, way, away)

wag [wæg] 흔들다 (말소리) 왝

〈wag〉 '왝'은 훽훽 흔들다는 뜻 [연관] weigh 휘익 흔들어 (가는) 영향력 vogue '벅해' 벅벅(wag-> vagrant, voc) 부딪히는 파도소리

· 어원) Old English wǣg ("motion, water, wave"), Proto-Germanic *weganą ("to move, carry, weigh") Ancient Greek ἄγω (ágō, "I lead") [국어] **홱**: 힘을 주어 날쌔게 뿌리치는 모양. **휙**: 갑자기 재빨리 움직이거나 스치는 모양. **왝왝**: 자꾸 기를 쓰며 고함을 지르는 소리. 또는 그 모양. **욱**: 갑자기 심하게 구역질이 날 때 토할 듯이 내는 소리

wagon [wǽgən] 마차 (말소리) 우걱

〈wagon〉 '우걱'은 휙, 우걱(욱)대며 비틀거린다는 말로 물결처럼 흔들며 간다는 뜻 [연관] walk 욱

· 어원) Proto-Indo-European *weǵhe- ("to drag, carry"). Proto-Germanic *wagōną ("to sway, fluctuate") Proto-Germanic *wēgaz ("water in motion") Latin agō '욱' '휙'("make, do, move, guide, stir up, pass, push") [국어] **우걱우걱**: 짐을 진 마소가 걸음을 걸을 때마다 잇따라 소리가 나다. **욱**: 격한 마음이 불끈 일어나는 모양. 歷지날 역, 넘치다, 어지럽다

swagger [swǽgər] 뽐내며 걷다 (말소리) 쑤욱가

〈swagger〉 '쑤욱가'는 쓱 (쑤욱)(wag=walk) 내밀며 흔들어 간다는 뜻. ☞ 스(s)+윽/욱(wag) [연관] shake swag 쑤욱 쓰윽

· 어원) swag ("to sway"). Latin agō '욱' '휙'("make, do, move, guide, stir up, pass, push") **쓱**: 빨리 지나가는 모양. 슬쩍 문지르거나 비비는 모양. **쑤욱**: 위로 솟아오르거나 아래로 꺼지는 모양을 나타내는 말. 말이나 행동이 경솔하고 기탄없는 모양을 나타내는 말. 歷지날 역, 넘치다

walk [wɔːk] 걷다 보행 (말소리) 왝

〈walk〉 '왝'은 휘휘(wag) 대며 발을 번갈아 들고 내리며 구르는 파동(To be in motion; to act)을 이름 [연관] hike

· 어원) Ancient Greek ἄγω (ágō, "I lead") Latin agō '욱' '휙'("make, do, move, guide, stir up, pass, push") Middle English walken ("to move, roll, turn, revolve"). 휙: 갑자기 재빨리 움직이거나 스치는 모양. **왝왝**: 자꾸 기를 쓰며 고함을 지르는 소리. 또는 그 모양. **욱**: 앞뒤를 헤아림 없이 격한 마음이 불끈 일어나는 모양. 歷지날 역, 넘치다, 어지럽다. 瀹가는 모양 약

awake [əwéik] 깨다 (말소리) 어이쿠
wake [weik] 깨다 일어나다 에이쿠

〈awake / wake〉 으이쿠 (으윽) 몸이 움직이며 정신이 들다(to excite or to stir up something latent.)는 뜻. ☞ 으(a)+윽(wak= act, wag)

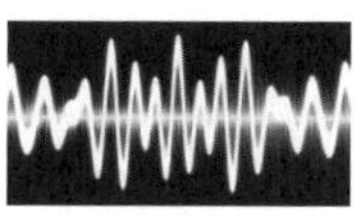

· 어원) Proto-Indo-European *weǵ- (lively, Wake, strong). [국어] **으악**: 놀랄 때, 또는 남을 놀라게 할 때 크게 지르는 소리. **억**: 갑자기 몹시 놀라거나 쓰러질 때 내는 소리. **어이쿠**: 몹시 아프거나 힘들거나 놀라거나 원통하거나 기막힐 때 내는 소리 矍놀랄 확

weight [weit] 체중 무게 (말소리) 욱이다

'욱이다'는 욱/휙(weig=wag) 움직이게(휘이 흔드는) 하는 힘을 의미. 무게만큼 영향을 미친다

· 어원) Proto-Germanic *weganą ("to move, carry, weigh") Proto-Indo-European *weǵ- (lively, Wake, strong) **욱**: '위'의 방언(전남)) **휙**: 갑자기 재빨리 움직이거나 스치는 모양.

다음은 행위와 관련된 단어들이다. 행동하거나 움직이는 것 등은 '휙하고 지나가다', '욱하고 뜨다' 등으로 표현할 수 있다. Authentic, automatic 등 -ic 어미도 act처럼 동작을 나타낸다.

act [ækt] 행동하다 (말소리) 욱떠
actual [æktʃuəl] 실제의 사실상의 욱쳐올

〈act〉 '욱떠'는 욱(ac=wag 휙)하고 대면서 움직인다는 뜻 [연관] fact **〈actual〉** '욱쳐올'은 욱 떠(act)서 움직인다는 말로 나타나 움직이는 것은 실제 있다는 것으로 판단한다. Fact가 퍽 뜨다는 말에서 일어난 사실이 된 것과 같다. [연관] factual (modified by analogy with actual)

나는 생각한다. 고로 존재한다. 데카르트는 생각한다는 행위는 실제 일어나고 있어 존재하는 것으로 보았다.

· 어원) **〈act〉** Latin agō '욱' '휙'("make, do, move, guide, **stir up**, pass, push") Proto-Germanic *-igaz(a sense of 'being, having or doing'). **[국어] 욱: 앞뒤를 헤아림 없이 격한 마음이 불끈 일어나는 모양. 욱: '위'의 방언(전남)) 휙: 갑자기 재빨리 움직이거나 스치는 모양.**

enact [inækt] 제정하다 입법하다 (말소리) 인욱떠

'인욱떠'는 욱떠(act) 일어나게 하다(en, 인하다). 법을 세우다. 因(인할 인)이라는 한자를 보면 사방을 둘러싸고 있는 둘레에 사람이 팔을 벌리고(大) 있다. 사람을 둘러싸고 있는 주위의 모든 것들은 그에게 영향을 미친다. 따라서 en-은 '인하다'로 '말미암아 영향을 끼치다'는 뜻으로 사용된다. [en-= in, into, on, covered, caused]

· 어원) Old French en- ("to cause to be"), from Latin in- ("in") and Old French acte ("perform, do") **[국어] 인하다(因--): 당연한 결과로 어떤 일에 이어지거나 뒤를 따르다. 욱: '위'의 방언(전남))**

transact [trænsækt] 취급하다 거래하다 (말소리) 따른쩍다

〈transact〉 '따른쩍다'는 '따른다(trans=through)'와 '휙(act ≒ wag, hook) (당겨) 일어나다'가 결합. 따라 죽 흘러 슥 주고받는 일(hand over or transfer something.)로 거래한다는 뜻 [연관] trade 따라 죽 흘러 주고받는 거래

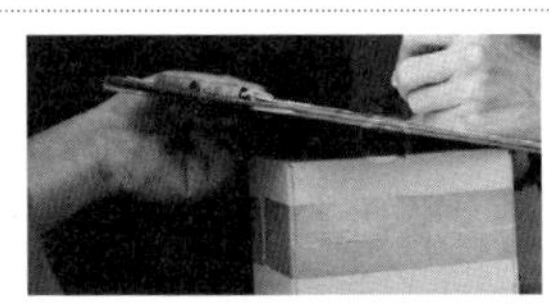

· 어원) trans "across, beyond; through"+agere "to set in motion, drive, drive forward, " *ag- "to drive, draw out or forth" [국어] **따르다**: 뒤에서, 그가 가는 대로 같이 가다. 액체를 밖으로 조금씩 흐르게 하다.

practice [præktis] 연습하다 실천하다 (말소리) 벌였다지

〈practice〉 '벌였다지'는 벌이어 욱(act) 일어나게 하다 ☞ pr(벌)+act(action)

· 어원) **〈practice〉** Ancient Greek πρακτικός (praktikós, "of action, concerned with action or business, active, practical") [국어] **벌이다**: 일을 계획하여 시작하거나 펼쳐 놓다.

ago [əgóu] 지난 이전 (말소리) 아까

'아까'는 아(a) 가(go)다는 말로 아까, 이전이라는 뜻 [다른 풀이] '휙해'는 휙하고 지나간다는 뜻

· 어원) Middle English ago, agon("passed"), a-+gone.

다음 표현은 욱뜨다(act), 휙(wag)에서 ag 다음에 i가 붙어 'agi-'의 'g' 발음이 'ㄱ'에서 'ㅈ'으로 변화됨.

agitate [ǽdʒitèit] 선동하다 휘젓다 (말소리) 어지대다
agile [ǽdʒəl] 민첩한 어질
agent [éidʒənt] 행위자 어진다

〈agitate〉 '어지대다'는 어질어질 휙(ag=act) 흔드며 움직이다. 어지르며 휘저어 움직이게 하다는 뜻 **〈agile〉** 어지르며 휙(ag=act) 흔들어 움직인다는 말에서 빠르고 어질다. **〈agent〉** 어질어질 (어지르며), 휙 흔드며 움직인다는 말에서 행위자

· 어원) **〈agitate〉** agitare ("to put in motion"), from agere ("to move"). **〈agile〉** Latin agilis ("agile, nimble"), from agō ("do, act; move"). Sanskrit (ájati, "to drive, propel, cast") [국어] **휘젓다**: 마구 뒤흔들어 어지럽게 만들다. **어지르다**: 정돈되어 있는 일이나 물건을 뒤섞거나 뒤얽히게 하다. **어질다**: 마음이 너그럽고 착하며 슬기롭고 덕행이 높다. '어질하다(급자기 정신이 아득하고 어지럽다). **어질어질**: 정신이 아득하고 어지러운 느낌. (북한어) 정신없이 움직이거나 여기저기 돌아다니는 모양. **아찔**: 갑자기 정신이 아득하고 조금 어지러운 느낌.

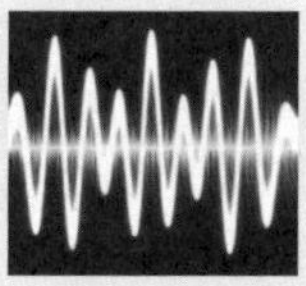

2 욱(ac/ug) 솟다: 날카롭다(억셈), 위, 더하다

acute **ac**upuncture **ac**rophobia; ha**ug**hty a**ug**ment **aux**iliary

'어이쿠'는 놀라거나 아플 때 주로 쓰이는 감탄사이다. 그래서 어원상 바늘이나 날카로운 것, 높은 것과 관련되어 있음을 알 수 있다. '으깨다'도 부수어 날카롭게 만드는 것임으로 같은 부류에 속한다. 휙 때리는 소리(whack: The sound of a heavy strike.)와 관련된다.

ache [eik] 아프다 통증 (말소리) 어이쿠

〈ache〉 '어이쿠'는 아플 때 이크/악(ach=eek, hack) 내는 소리[악(惡): 악소리]. 어원상 훅 튀어나와 날카로운 것으로 acute와 같다.

· 어원) Proto-Germanic *akaną'악하네' ("to be bad, be evil") Ancient Greek ἄχος (ákhos, "pain") [국어] **어이쿠**: 몹시 아프거나 힘들거나 놀라거나 원통하거나 기막힐 때 내는 소리. 악: 남이 놀라도록 갑자기 지르는 소리. **욱신**: 상처 따위가 조금씩 자꾸 쑤시는 듯이 아파 오다.

acute [əkjúːt] 급성의 예리한 (말소리) 에쿠다

'에쿠다'는 욱(ac=hike, acid) 솟아 날카로워 억(에구, 이크)하고 아프게 한다는 뜻 [연관] acupuncture [다른 풀이] '으깨다'

· 어원) Latin acūtus ("sharp, sharpened") **에쿠**: 몹시 아프거나 놀랄 때 나오는 소리. '에꾸'보다 거센 느낌을 준다. 에구: '어이구(몹시 아프거나 힘들거나 놀라거나 원통하거나 기막힐 때 내는 소리)'의 준말

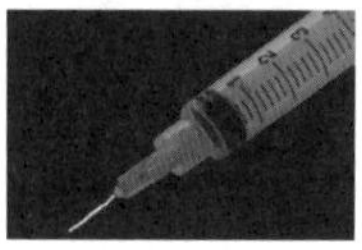

acrimonious [ækrəmóuniəs] **[고급]** 신랄한 매서운 (말소리) 욱하리몬이어서
acrid [ǽkrid] **[고급]** 신랄한 욱하리다

〈acrimonious / acrid〉 욱(ac=acute, acid) 쏘아 얼큰하고 욱신하다는 뜻 [연관] acid 으시다

· 어원) latin ācrimōnia ("pungency, sharpness; acrimony, austerity") [국어] **욱**: 앞뒤를 헤아림 없이 격한 마음이 불끈 일어나는 모양. **우그리다**: 물체를 안쪽으로 우묵하게 휘어지게 하다. 얼큰하다: 매워서 입 안이 조금 얼얼하다. 에구나: '어이구(몹시 아프거나 힘들거나 놀라거나 원통하거나 기막힐 때 내는 소리)'의 준말

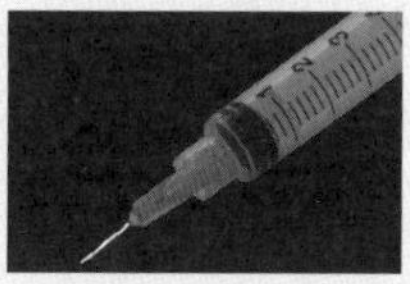

acrophobia [ækrəfóubiə] **[고급]** 고소공포증 (말소리) 욱하리폽이어

〈acrophobia〉 욱(ac=acute, high) 솟아 높은 곳에 대해 '폽'(phob=pop) 튀어 놀램 [연관] acme '어큼이'

· 어원) Ancient Greek ἄκρος(ákros, "highest, at the extremity"), ἀκή(aké)(point) [국어] **욱**: 앞뒤를 헤아림 없이 격한 마음이 불끈 일어나는 모양. '위'의 방언(전남)) **욱**: '우'(여럿이 한꺼번에 한곳으로 몰려드는 모양)'의 북한어. **우게**: '위'의 전라도 방언. **욱다**: 안으로 조금 우묵하게 우그러져 굽은 듯하다. **우그리다**: 물체를 안쪽으로 우묵하게 휘어지게 하다.

eager [íːgər] 싶다 열망 (말소리) 오기

〈eager〉 욱 치미는 오기로 하고자 하다 [다른 풀이] '욱해'는 욱(eag=acute, 어쿠나, 으깨) (날카롭게) 치미는 감정. 으이구, 으그 으그 대는 마음

· 어원) Latin acer ("sharp, keen"). **욱하다**: 앞뒤를 헤아림 없이 격한 마음이 불끈 일어나다. **오기**(傲氣) : 능력은 부족하면서도 남에게 지기 싫어하는 마음. **어기대다**: 순순히 따르지 아니하고 못마땅한 말이나 행동으로 뻗대다. **으이구**: 원통하거나 기막히거나 괴로운 일을 당하여 답답할 때 내는 말. 力힘 역(힘쓰다)

'억세다'가 나타내는 뜻은 뻣뻣하고 강하다는 것이다. 도끼나 황소처럼 강한 것 등이 그 예이고 맛이 강하면서 톡 쏘는 신맛도 '억세다'고 표현하는 것을 알 수 있다.

axe [æks] 도끼 해고 (말소리) 억세

〈axe〉 '억세'는 억/욱(ax=hack, acute)하고 튀어나와 날카로운 것 [연관] hack

· 어원) Latin acer ("sharp, keen"). Proto-Indo-European *h_2eḱ- ("sharp, pointed").

wicked [wɪkɪd] 사악한 (말소리) 악하다

〈wicked〉 '악하다'는 웩/악(hack, acute) 쏘아 날카로워 악한 것 [악(惡): 악소리]

· 어원) Proto-Germanic *akaną'악하네' ("to be bad, be evil") Dutch wiek("wing; propeller, blade; wick"), German Wieche("wisp; wick"). German hacken("to chop; hack; hoe") [국어] 어이쿠: 몹시 아프거나 힘들거나 놀라거나 원통하거나 기막힐 때 내는 소리. **악**: 남이 놀라도록 갑자기 지르는 소리.

oxygen [ɑ́ksidʒen] 산소 (말소리) 억세진

'억세진'은 '욱' 쏘아(oxy=acid 시다, 날카롭다) 진다(gen=gene, generate, 進나아갈 진). 산소(酸素)의 산(酸)은 시다는 뜻으로 산소는 산(酸)을 만드는데 관여한다. 옛날 사람들은 산성을 띠게 하는 물질을 산소라고 생각했다. 황산, 질산 등도 구성 원소에 산소를 포함한다. 산화는 쇠를 녹슬게 하고, 몸의 전자를 빼앗아 암을 촉진한다.

· 어원) Ancient Greek ὀξύς (oxús, "sharp")+γένρς (génos, "birth"). [국어] 억세다: 생선의 뼈나 식물의 줄기 · 잎, 풀 먹인 천 따위가 아주 딱딱하고 뻣뻣하다.

ox [aks] 황소 (말소리) 억세

〈ox〉 '억세'는 억세고 강하다는 뜻 [연관] wax

· 어원) Proto-Indo-European *$h_2$weg- ("to become strong")

acid [ǽsid] 신 (말소리) 으시다
panacea [pænəsíːə] **[고급]** 만병통치약 편으시

〈acid〉 '으시다'는 욱/웩(ac) 쏘아 맛이 시다(쓰다, 세다). 으스스하거나, 으스러뜨리는 느낌. [연관] edge **〈panacea〉** 펑(pan≒span) 펴져 (전체적으로) 욱/웩(ac≒ache) 으스스한 아픔에 쓰는 것. ☞ 억(ac)에서 받침(ㄱ→ㅅ) 변화

· 어원) **〈acid〉** Latin acidus ("sour, acid"). Proto-Italic *akēō (be sharp-tasting, be sour) Latin aciēs ("sharp"), acus ("needle") Persian آس (ās, "grinding stone"). **〈panacea〉** Ancient Greek πανακής (panakḗs, "all-healing"), from πᾶν (pân, "all")+ἄκος (ákos, "cure"). [국어] **으시시: 으스스하다(차가운 물체가 닿거나 섬뜩한 느낌을 받아서 소름이 돋는 듯하다) 억시다: '억세다'의 경상북도 영일지방 사투리**

hike [haik] 도보 여행하다, 오르다 (말소리) 확

〈hike〉 '확'은 휘휙(walk wag) 다리를 옮기는 걸음걸이, 휙 뜨다(An abrupt increase)를 나타냄 [연관] augment

· 어원) Middle English hytchen("to move, jerk, stir"). **확: 바람, 냄새 또는 어떤 기운 따위가 갑자기 세게 끼치는 모양. 彍당길 확**

'욱'은 전남의 방언으로 '위'를 뜻한다. 훅(high, huge, hike) 위로 몰려들어 커지거나 증가한다는 의미로 사용된다. 욱 하고 날카롭게 찌르는 것(acute)도 나타낸다.

haughty [hɔ́ːti] 거만한 (말소리) 훅떠
huge [hjuːdʒ] 거대한 훅져

〈haughty / huge〉 훅(high), 확(hike) (위) 밀어 올린다는 뜻 [연관] height high

· 어원) **〈haughty〉** Old French haut, hault ("high, lofty") **〈huge〉** Proto-Germanic *haugaz ("hill, mound"), [국어] **훅: 높은 데나 넓은 데를 가볍게 뛰어넘는 모양. 확:** 바람, 냄새 또는 어떤 기운 따위가 갑자기 세게 끼치는 모양. 불길이 갑자기 세게 일어나는 모양 益더할 익, 넘칠 일

augment [ɔːgmént] 증가시키다 강화 (말소리) 웃민다

〈augment〉 '웃민다'는 웃/우게(aug=high, haughty), (위) 밀어 올린다는 뜻 [연관] huge haughty

· 어원) Latin augmentum ("an increase, growth"). latin augeō (auxī)(increase, spread, honor) Proto-Germanic *aukaną(to increase, to grow) Proto-Germanic *haugaz("hill, mound") Old English ēac '亦또 역' ("also"), Old Norse auka ("to augment, increase; to add; to exceed, surpass") [국어] **욱**: '위'의 방언(전남)) **우게**: 위 방언(전라). 욱: '우'(여럿이 한꺼번에 한곳으로 몰려드는 모양)'의 북한어. **훅: 높은 데나 넓은 데를 가볍게 뛰어넘는 모양. 확:** 바람, 냄새 또는 어떤 기운 따위가 갑자기 세게 끼치는 모양. 불길이 갑자기 세게 일어나는 모양 益더할 익, 넘칠 일

auction [ɔ́ːkʃən] 경매 (말소리) 웃선

〈auction〉 '웃선'은 웃/우게, 훅 (위) 올라간다는 뜻. 입찰자가 몰리면 가격이 올라간다 [연관] wax

· 어원) Latin auctiō ("an increase, auction"). latin augeō (auxī)(increase, spread, honor) Proto-Germanic *aukô ("an addition, increase"). Latin acuō ("sharpen, whet") [국어] 욱하다: 앞뒤를 헤아림 없이 격한 마음이 불끈 일어나다. **욱**: '위'의 방언(전남)) **우게**: 위 방언(전라). 욱: '우'(여럿이 한꺼번에 한곳으로 몰려드는 모양)'의 북한어.

wax [wæks] **[고급]** 커지다 왁스 (말소리) 웃서

'웃서'는 욱 치밀어 억세고 강하다는 뜻

· **어원)** Old English weaxan ("grow, increase, become powerful"). **욱: '위'의 방언(전남)) 욱: '우'(여럿이 한꺼번에 한곳으로 몰려드는 모양)'의 북한어. 偉 (클 위)**

auxiliary [ɔːgzíljəri] 보조의 (말소리) 웃설리라

'웃설리라'는 윗(aux=wax, ex) 씌워 위(주위, 圍 에워쌀 위)에서 감싸주는 것을 뜻함. 여기서 '웃'은 이웃하여 붙어 있다는 의미

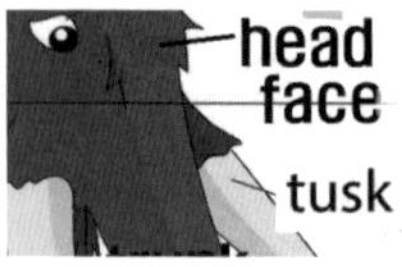

· **어원)** Latin auxiliārius ("assistant, ally"), augēre ("to increase"). Proto-Germanic *aukô ("an addition, increase") Middle English eke("an addition") **욱: '위'의 방언(전남))**

3 왝/락[(l/r)+q(k, g, c)] 쏟는 물, 빛

aquatic **liq**uid ir**rig**ate b**rook; ig**nite **lux luc**id

왝 쏟아지는 소리는 액체가 흐르는 것(aq, liq 液진 액)으로 볼 수 있다. 또는 떨어지며 나는 소리(락), 냄새가 새어 나오는 것도 표현하고 있다.

aquatic [əkwǽtik] 수생의 (말소리) 액화툭
aquarium [əkwέəriəm] 수족관 액화로움

〈aquatic〉 왝(aq=wag, hack 액) 쏟아지는 소리로 액체가 흐르는 것과 관계가 있다 **〈aquarium〉** 왝(aq=wag 액) 쏟아지는 소리로 액체가 담기는 움(막)(rium≒room). [연관] audito**rium** (room)

· **어원)** Middle English leken ("to let water in or out"), Middle French aquatique ("living in water") Latin aquārius ("of water") **[국어] 액화: 기체가 냉각되거나 압축되어 액체로 변함. 왝왝: 구역질이 나서 잇따라 토하는 소리. 왜가리 따위가 잇따라 우는 소리. 자꾸 기를 쓰며 고함을 지르는 소리. 또는 그 모양. 움: 땅을 파고 위에 거적 따위를 얹고 흙을 덮어 추위와 비바람을 막게 한 곳. [한자] 液진 액 㴒물 흐르는 모양 역**

liquid [líkwid] 액체의 유동성의 (말소리) 녹이다

'녹이다'는 락/왝(liq= leak, wag 액, 洛(물 소리 락)) 내켜 쏟아지는 소리로 녹아 흐물한 상태. [다른 풀이] '액화다' 액화하여 물기가 있다는 뜻

· **어원)** Latin rigō (" wet, soak "), Middle English leken ("to let water in or out"), Proto-Indo-European *rewg-("to vomit"). **[국어] 액화((液化): 〈물리〉 기체가 냉각 · 압축되어 액체로 변하는 현상. 또는 그렇게 만드는 일. 녹이다: 굳거나 뻣뻣하던 것이 무르거나 부드러워지다. 열기나 습기가 스며 물렁하다. 녹다: 물기가 많아 무르다. [한자] 液진 액 洛물소리 락 泐물소리 륵**

'액'은 물이나 땀처럼 흘러나오는 액체를 말한다. 그래서 물과 관련한 단어들에 주로 사용된다.

liquidate [líkwidèit] 청산하다 정리하다 (말소리) 녹여대다

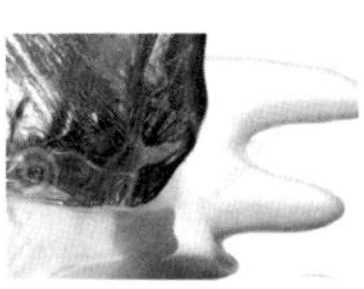

〈liquidate〉 '녹여대다'는 왝(liq=leak), 락(洛(물 소리 락)) 내켜 쏟아진다는 표현으로 물처럼 녹아 사라진다는 뜻. 누그러지다. [다른 풀이] '액화되다' 녹여 없애다

· 어원) Medieval Latin liquidatus ("liquid, clear"). Middle English leken ("to let water in or out") [한자] 液진 액. 瀹 적실약 泐 물소리 륵

leak [liːk] 유출 새다 (말소리) 내켜

⟨leak⟩ 왝, 락(洛(물 소리 락)) 내켜 쏟아져 나오는 액체를 뜻함 [연관] break wreak 왝 나오다

· 어원) Middle English leken ("to let water in or out"), Proto-Indo-European *rewg-("to vomit") [국어] **내키다**: 막혔던 숨을 내쉬다(북한어). 공간을 넓히려고 바깥쪽으로 물리어 내다. 배 속의 아이, 새끼, 알 따위를 몸 밖으로 내놓게 하다(강원) [한자] 液진 액 洛물소리 락 泐물소리 륵

lake [leik] 호수 연못 (말소리) 내켜
brook [bruk] 개울 버럭

⟨lake⟩ 왝(液진 액), 락(洛(물 소리 락)) (lak=liquid) 내키며 출렁거리는 물. **⟨brook⟩** 버럭대며 굽이치는 물. ☞ b+rook(leak, lake와 같다). break처럼 버럭 벌어져 쏟다

· 어원) **⟨lake⟩** Latin lacus ("lake, hollow, hole"). Ancient Greekλάκκος • (lákkos) (pit, pond). Proto-Indo-European *leg- ("to leak, drain"). **⟨brook⟩** Old English brōc ("brook; stream; torrent"), from Proto-Germanic *brōkaz ("stream") [국어] **내키다**: 막혔던 숨을 내쉬다(북한어). 공간을 넓히려고 바깥쪽으로 물리어 내다. 배 속의 아이, 새끼, 알 따위를 몸 밖으로 내놓게 하다(강원) 내: 시내보다는 크지만 강보다는 작은 물줄기. [한자] 液진 액 洛물소리 락 泐물소리 륵

irrigate [írəgèit] 관개하다 물을 대다 (말소리) 와락하다

⟨irrigate⟩ '와락하다'는 와락(rig=leak 洛물소리 락) 쏟아져 흘러간다는 뜻 [다른 풀이] '흘러가다' [연관] liquid lake

· 어원) latin rigō **⟨I lead, convey or conduct (a liquid to a place); irrigate, I wet, moisten, water⟩** Latin rigō (" wet, soak ") **후룩**: '후루룩(적은 양의 액체나 국수 따위를 야단스럽게 빨리 들이마시는 소리)'의 준말. **훌럭**: 불이나 연기 따위가 자꾸 나왔다 들어갔다 하다. **와락**: 갑자기 행동하는 모양. 감정이나 생각 따위가 갑자기 솟구치거나 떠오르는 모양. 洛물소리 락 泐물소리 륵

reek [riːk] 악취를 풍기다 (말소리) 내켜

⟨reek⟩ 왝 내켜 쏟아지다(To be emitted or exhaled)는 표현으로 구역질 날듯한 냄새가 나다 [연관] wreak 왝 쏟아 내키다 (to let out something harmful) sm**oke** '스매캐' 매캐한 냄새, 연기

· 어원) Middle English rek("smoke") [국어] **내키다**: 막혔던 숨을 내쉬다(북한어). 공간을 넓히려고 바깥쪽으로 물리어 내다. 배 속의 아이, 새끼, 알 따위를 몸 밖으로 내놓게 하다(강원) **왝왝**: 구역질이 나서 잇따라 토하는 소리. 또는 그 모양. 왜가리 따위가 잇따라 우는 소리. 자꾸 기를 쓰며 고함을 지르는 소리. 또는 그 모양. **매캐하다**: 연기나 곰팡이 따위의 냄새가 약간 맵고 싸하다. [한자] 歷연기가 낄 력

빛과 관련된 단어들은 lum-, lux, lus- 등이 있다.
웩 나오는 물소리(liquid), 말소리(eloquent), 욱(like) 일어나는 감정처럼 빛이 날 때도 욱, 확 환하게 비치는 것이다.

ignite [ignáit] **[고급]** ~에 불을 붙이다 (말소리) 욱나오다

⟨ignite⟩ '욱나오다'는 확 (ig=quick, ache 煜빛날 욱) 불을 당겨 나오게 하다(to spark off, to trigger)

· 어원) latin ignire ("to set on fire, ignite"). Ancient Greek ὠκύς (ōkús)(fast, swift, quick) ὀξῠ́ς (oxús) sharp, pointed, quick, hasty) [국어] 확: 불길이 갑자기 세게 일어나는 모양. 바람, 냄새 또는 어떤 기운 따위가 갑자기 세게 끼치는 모양. [한자] 煜빛날 욱

lux [lʌks]	럭스 조명도	(말소리) 욱스
electric [iléktrik]	전기의	와락드륵

〈lux〉 '욱스'는 욱 쏴(lux=light 曞밝을 력) 나오는 빛을 뜻함 **〈electric〉** '와락드륵' 락(lect= light 煜빛날 욱) 떨어지듯 쏟아져 나오다. 빛이 나다는 뜻. 빛(태양광)이 전기로 변환된다.

· 어원) **〈lux〉** Latin lūx ("light"). Proto-Indo-European *lewk- ("white; light; bright"). Ancient Greek λευκός • (leukós)(bright, pale-skinned, weakly, fair, happy) sanskrit (rócate)(be bright, **long for, like**, to choose) **〈electric〉** Ancient Greek ἤλεκτορν (élektron, "amber"), related to ἠλέκτωο (ēléktōr, "shining sun"). Proto-Indo-European *rewg-("to vomit"). [국어] 욱: 앞뒤를 헤아림 없이 격한 마음이 불끈 일어나는 모양. 煜빛날 욱 曞밝을 력 曎빛날 역

light [lait]	가벼운, 빛	(말소리) 락이다

〈light〉 '락이다'는 락 (lig=lux) 떨어지듯 휙 나오는 빛. 휙 튀어 가볍다. **〈참고〉** glitter(lit=light 과거형) delight flight slight

· 어원) **〈light〉** Old English lēoht ("bright, light, clear, not heavy, quick"). sanskrit (rócate)(be bright, long for, like, to choose) Ancient Greek λευκός • (leukós)(**bright**, pale-skinned, **weakly**, fair, **happy**)

빛은 으스러지듯 산산이 흩어진다.

luster [lʌstər]	광채 영광	(말소리) 내쏘다
lust [lʌst]	정욕 욕망	내쏘다

〈luster〉 '내쏘다'는 욱(lus=lux) 煜빛날 욱) 쏘는(내쏘는) 빛으로서 환하다는 뜻 [연관] flash **〈lust〉** '내쏘다'는 욱(lus=lux)쏘는 빛처럼 욱하고 이글거리는 감정을 낸다는 뜻

· 어원) **〈luster〉** Latin lustrō ("I brighten"), akin to lux ("light"). **〈lust〉** Old English lust ("lust, pleasure, longing"). sanskrit (rócate)(be bright, **long for, like**, to choose) [국어] **내쏘다**: 불빛 따위를 앞이나 밖을 향하여 내보내다. **욱**: 앞뒤를 헤아림 없이 격한 마음이 불끈 일어나는 모양. 煜빛날 욱 昱햇빛 밝을 욱

욱 쏘는 빛으로 환하게 드러나게 하다.

lucid [lúːsid]	명쾌한 번쩍이는	(말소리) 내쏘다
elucid [lúːsid]	명쾌한	위내쏘다
illustrate [íləstrèit]	설명하다 삽화를 넣다	일내쏴드리다

〈lucid〉 '내쏘다'는 욱(luc=lux) 쏘는 빛으로서 환하고, 명쾌하다는 뜻 **〈elucid〉** '위내쏘다'는 위(e)로 욱(luc=lux) (煜빛날 욱) 쏘는 빛으로 밝혀 명확해진다는 뜻 **〈illustrate〉** '일내쏴드리다'는 욱(lus=lux) (내쏘는) 빛으로서 밝혀 주는 것을 설명하는 것에 비유함

· 어원) **〈lucid〉** Latin lucidus, from lux ("light"). Sanskrit (raghú) (light, quick, swift, prompt, nimble. not heavy, short, weak) **〈illustrate〉** Latin illūstrō (I illuminate, brighten, make clear. make famous). [국어] **내쏘다**: 불빛 따위를 앞이나 밖을 향하여 내보내다. 욱: 앞뒤를 헤아림 없이 격한 마음이 불끈 일어나는 모양. 煜빛날 욱 曞밝을 력

4 락[l/r/n +c/k/g](落) 떨어짐(충격, 낡음, 스침)

wreck knock reluctant innocent; sneak sleek

rock, lack, luck, lick, log, lock 등 이와 비슷한 형태는 여러 단어와 결합해 녹록거리며 부딪히는 소리를 나타낸다 ex) pluck prick break click cluck clock trick sneak flag plague strike

무언가를 깨뜨린다고 하면 그것을 떨어뜨리거나 부딪쳐 금이 가게 만드는 것이다. 그렇게 깨지면서 나는 소리가 '락(落)'이다.

wreck [rek] 난파 망가뜨리다 (말소리) 락

〈wreck〉 '락'은 웩, 낭랑 떨어지는 소리로 깨지는 소리를 나타냄(An event in which something is damaged through collision.) ☞ break에서 b가 w로 변화 [연관] wreak (To cause, inflict or let out)

· 어원) Proto-Indo-European *wreg- ("push, shove, drive, track down"). Latin nex ("murder, violent death"). **落떨어질 락**

knock [nak] 두드리다 노크하다 (말소리) 락

〈knock〉 '락'은 쿨렁, 녹록 떨어지는 소리로 부딪쳐 나는 소리를 나타냄. ☞ 끼릭(knock)에서 k 묵음. [참고] click 콜록 clock 콜록 crack

· 어원) Proto-Germanic *knu-("to pound on, beat"). **낭랑(硠硠): 돌이 서로 부딪쳐 나는 소리. 녹록(轆轆): 수레가 굴러가는 소리. 또는 그 모양. [한자] 擽칠 력, 역 敎두드릴 록 礐돌 부딪는 소리 력**

rock [rak] 1 흔들다 2 바위 (말소리) 락

〈rock〉 '락'은 1 웩(wag), 락(落), 부딪히는 소리로 바위가 구른다. 2 낭랑거리는 소리를 내는 덩어리 [참고] wag wriggle struggle

· 어원) Middle High German rocken ("to drag, jerk"). **낭랑(硠硠): 돌이 서로 부딪쳐 나는 소리. [한자] 落떨어질 락 摝흔들 록 礫조약돌력**

reluctant [rilʌktənt] 꺼리는 주저하는 (말소리) 누락된다

〈reluctant〉 '누락된다'는 누누이(re) 웩/락 (ruc=rock, knock) 부딪히는 소리로 누차 때리며 꺼려지다

· 어원) Latin reluctans re- ("back")+luctari ("to struggle, fight"). **[국어] 누락(漏落): 기입되어야 할 것이 기록에서 빠짐. 또는 그렇게 되게 함. [한자] 詻다툴 액, 擽칠 력, 역**

'락(落)'의 발음은 무언가가 떨어지는 소리에서 유래된 것이라고 할 수 있다. '낡다, 늙다, 녹다' 등도 떨어져나가면서 나는 소리를 나타낸 것이라고 할 수 있으며 특히 '낡다'는 낡아서 죽거나 사라져가면서 떨어져 나가는 소리를 표현하고 있다고 볼 수 있다.

log [lɔg] 1 통나무 2 기록하다 (말소리) 락

〈log〉 '락'은 웩, 락(落 wreck) 떨어지는 소리로 1. 떨어진 나무 2. 통나무를 통한 기록을 뜻함: **〈배속도 재는 나무 log+book, originally a record of a ship's speed, from a wooden float (log) used to measure speed〉** [연관] crack wreck break

· 어원) Old Norse lóg ("a felled tree; log"), Proto-Indo-European *neḱ- '락' ("perish, disappear"). **落떨어질 락**

luck [lʌk] 행운 (말소리) 락

〈luck〉 '락'은 웩, 락(落) 떨어지는 소리로 떨어져 주운 것을 나타냄(Something that happens to someone by chance). ↔ 액 厄(모질고 사나운 운수)

· 어원) German Glück ("luck, good fortune, happiness"). 落떨어질 락

innocent [ínəsənt] 잘못이 없는 (말소리) 안녹슨다
innocuous [inákjuəs] **[고급]** 무해한 안녹이어서

〈innocent〉 락(落 noc≒wreck) 떨어지는 소리로 녹슨(nocen) 상태(해)가 되지 않는다 **〈innocuous〉** 녹이거나 녹슬지 않게 하여 해가 없다

· 어원) **〈innocent〉** Latin innocens ("harmless, inoffensive"), from in- ("not")+noceō ("to hurt"). Proto-Italic *nokeō (injure, hurt). **〈innocuous〉** Latin noxius ("harmful"), nocere ("to hurt, harm") Latin innocuus ("harmless"). in- ("not")+nocuus ("harmful"). noxa ("hurt, injury, offence, crime") **녹다**: 심하게 손해를 보거나 타격을 입게 되다. 높은 온도에 물러지거나 물처럼 되다.

함경도 방언에 '나조'란 말이 있는데 이는 저녁을 뜻한다. 또한 스페인어에서 나조(noche) 또한 밤을 뜻하므로 해가 진 늦은 때를 비슷하게 표현하고 있다고 볼 수 있다. 낙조(落照)는 저녁에 지는 햇빛으로 빛이 떨어져 나가면서 저녁이 된다.

night [nait] 밤 저녁 (말소리) 낡다
nocturnal [naktəːrnl] 밤의 야행성의 낡다는

〈night/nocturnal〉 (빛이) 락(noc=naked, lack 落(떨어질 락), 떨어져 나가다. (빛이) 낡아져 [나가à낡] 없어지다. [다른 풀이] '늑되는' 늑하다, 늦다. 늙어서 오래된 밤

· 어원) Latin nocturnus ("nocturnal, nightly") Latin nex ("murder, violent death") Proto-Indo-European *neḱ- ("perish, disappear"), *negʷ-("naked"), "getting bare (of sunlight)" [국어] 나조: [방언] '저녁'의 방언(함경). 늑: '늑하다('느긋하다'의 준말)'의 어근. 落 떨어질 락, 죽다

naked [néikid] 벌거벗은 나체의 (말소리) 내키다
lack [lak] 부족한 락

〈naked〉 웩, 락(落 nak≒wreck) 떨어지는 소리로 내키어 벗어던진다. **〈lack〉** 웩, 락(落 wreck) 떨어져 나가는 소리로 부족하고 결핍된

· 어원) Proto-Indo-European *negʷ- ("naked"). Proto-Indo-European *neḱ- '락' ("perish, disappear"). **내키다**: 막혔던 숨을 내쉬다(북한어). 공간을 넓히려고 바깥쪽으로 물리어 내다. 배 속의 아이, 새끼, 알 따위를 몸 밖으로 내놓게 하다(강원) 落떨어질 락

'스르륵(스륵)'은 쓸리면서 나는 소리로 뱀 등이 지나갈 때 나는 소리와 비슷하다. 그리고 '스륵'과 관련된 단어들은 뱀의 행동처럼 '느리다'는 뜻을 지니고 있다.

sneak [sniːk] 몰래 살금살금 (말소리) 스륵
sleek [sliːk] 미끄러지다 매끄러운 스륵

〈sneak / sleek〉 스륵, 슬렁(slink) 서서히 나가는 걸음 소리 [연관] slike(To crawl; creep; slide.), slick [다른 풀이] '스내켜' 서서히 내키어 미끄러지듯 나간다 ☞ s+neak/leek(walk, wag 왝 나가다)

· 어원) German schleichen("to creep, crawl, slink, sneak"), Proto-Germanic *slīkaną("to creep, crawl") Proto-Germanic *slangô ("snake, serpent"). [참고] slink: To sneak about furtively [국어] **스륵**: '스르륵(물건이 쓸리면서 시원스럽게 나는 소리)'의 준말. **내키다**: 막혔던 숨을 내쉬다(북한어). 공간을 넓히려고 바깥쪽으로 물리어 내다. 배 속의 아이, 새끼, 알 따위를 몸 밖으로 내놓게 하다(강원)

snake [sneik] 뱀 (말소리) 스내켜

〈snake〉 '스내켜' 스르르 내켜 미끄러지듯 기어가는 모습에서 유래. 또는 털이 스륵 떨어져 나가고 피부만 있는 동물 [다른 풀이] '사내기' '새내키' 새끼줄처럼 꼬다 ☞ s+nake (naked 내키다, 落떨어질락). 스륵 나가 빠진다는 뜻에서 유래되었음을 알 수 있다.

· 어원) Proto-Indo-European *sneg- ("to crawl; a creeping thing"). Sanskrit नाग(nāgá, "snake")). Proto-Indo-European *neg^{w}-("naked"), i.e. "the hairless one" [국어] **술술**: 물이나 가루 따위가 틈이나 구멍으로 조금씩 거볍게 새어 나오는 모양. 바람이 부드럽게 부는 모양. **사리다**: 뱀 따위가 몸을 똬리처럼 동그랗게 감다. 사내기(사니기): 방언, 노래기. (전라) **새내키(새끼)**: 짚으로 꼬아 줄처럼 만든 것(전라 방언). **스륵**: 물건이 쓸리면서 시원스럽게 나는 소리를 나타내는 말

5 왝(loq/lec/log/leg/lang) 얘기하다, 읽다

lecture intel**lec**t e**loq**uent co**lloq**uial al**leg**e **leg**ible

웩 내키는 소리(leak)는, 뱉어 내는 소리를 표현한다. 낭랑하게 나불거리며 말하는 것으로도 볼 수 있다.

lick [lik] ~을 핥다 침을 바르다 (말소리) 락

〈lick〉 '락'은 웩웩, 락락(rock) 소리나며 혀로 툭 치다(To stroke with the tongue.)는 뜻 [참고] click 콜록 clock 콜록 lap 입 핥다

· 어원) Latin ligguriō ("to lap, lick up"). [국어] 낭랑(朗朗): 소리가 맑고 또랑또랑하게

language [lǽŋgwidʒ] 언어 말 (말소리) 논구지
slang [slæŋ] 속어 술렁
sling [sliŋ] 던지다 설렁

〈language〉 '논구지'는 웩(lick) 낭랑(lang=ring, noun 論논할 논)하게 구는 소리로 혀를 날름거리며 논하다. [연관] noun 랑 낭랑한 소리로 사물을 가리킴 **〈slang〉** 술렁거리며 지껄이는 소리(To vocally abuse, or shout at) **〈sling〉** 설렁, 찰랑거리며 던지는 소리

☞ lang/ling 은 ring으로, 소리 측면에서 낭랑 소리로서 drink, sling, clang, fling 소리와 같다. 모양은 고리처럼 엉겨 붙어 늘어지는 것으로 cling, languid와 같다.

· 어원) **〈language〉** Latin lingua ("tongue, speech, language"). Latin lingō ("lick"), ligguriō ("to lap, lick up") **〈slang/ sling〉** Icelandic slengja ("to sling, throw, hurl") Old English slingan ("to wind, twist") **앵**: 토라져 짜증을 내다. 모기나 벌 따위가 빨리 날아갈 때 잇따라 나는 소리. 총알 따위가 날아갈 때 잇따라 날카롭게 나는 소리. 큰 방울이나 얇은 쇠붙이 따위가 흔들리거나 부딪쳐 울리는 소리. **술렁**: 어수선하게 소란이 일다. **설렁이다**: 팔이나 꼬리 따위가 거볍게 흔들리다. 많은 물이 끓어오르며 이리저리 움직이다. **논구**: 사물의 이치를 깊이 따져 논함. [한자] 呤속삭일 령, 말하다 朗밝을랑 論논할 논

말을 하는 것은 웩웩 악을 쓰듯 소리를 내는 행위이다. 악소리는 음악 같은 노래나 말하다에 쓰인다.

왜가리는 '웩웩'에서 나왔다. '얘기'는 웩웩(log, lect) 악을 쓰는 것에서 나온 것으로 추정된다. [Proto-Indo-European *yek- ("to speak, utter")]. 웩웩은 꿱꿱 오리(quack), 닭(cock) 소리와 같다. yak는 속어로 말하다(talk), 토하다(vomit)는 뜻으로 쓰인다는 점에서 웩 토하는 것과 말하는 것이 같다는 것을 알 수 있다. 떽떽거리며 말하는 talk, diction, 빽빽거리며 말하는 speak, vocal과 같다

loquacious [loukwéiʃəs] **[고급]** 시끄러운 떠들썩한 (말소리) 웩해져서

〈loquacious〉 '웩해져서'는 웩웩 악을 쓰듯 말한다는 뜻. 엮다에는 줄지어 말한다는 의미가 있다. [다른 풀이] '얘기주지' 얘기하다

· **어원)** Latin loquāx ("talkative"). Proto-Indo-European *wekʷ- (to speak , to sound out). Ancient Greek λέγω (légō, "I say"). λόγος • (lógos)(That which is said: word, That which is thought, reckoning.) [국어] **웩웩**: 잇따라 기를 쓰며 마구 고함을 지르는 소리. 왜가리 따위가 잇따라 우는 소리. 비밀이나 꺼리는 사실을 함부로 마구 말하거나 떠드는 소리. 또는 그 모양. [한자] 諤곧은 말할 악 樂즐길 락, 노래, 아뢰다

김정민 박사에 의하면 '한국어 알타이계 언어 비교'(stb 콜로키움)를 하면서 '책을 읽다'의 투르크어 okutm(과거형)에서 ok는 우리말 '읽'으로 같은 어원이라고 하였다.

lecture [léktʃər] 강의 강연 (말소리) 닑지

〈lecture〉 '닑지'는 웩웩 소리 내어 말하거나 읽는다는 뜻 [다른 풀이] '웩져'

· **어원)** Late Latin lectura ("reading"). Sanskrit: (**uktá, "said, spoken"**), वच् (vac, "to speak") [국어] 닑다: '읽다'의 옛말. 諤곧은 말할 악

intellect [íntəlèkt] 지성 지식인 (말소리) 안댈닑다

〈intellect〉 '안댈닑다'는 안에 댄(intel=inter) 것을 웩 읽다(lec=logy)는 말로 속 내용을 읽어 인식한다는 뜻

· **어원)** inter ("between, among")+legō ("read"). [국어] 닑다: [옛말] '읽다'의 옛말.

dialogue [dáiəlɔ̀ːg] 대화 (말소리) 대어얘기

〈dialogue〉 '대어얘기'는 대어(dia, 對 대할 대, 상대) 맞댄 이에게 웩웩(log) 얘기

· **어원)** Ancient Greek διά (diá, "through, inter")+λόγος (lógos, "speech, oration, discourse"). Sanskrit: उक्त (uktá, "said, spoken"), past participle of (vac, "to speak") (국어) **대하다**(對): 마주 향하여 있다. **대다**: 닿게 하다. 악: 남이 놀라도록 갑자기 지르는 소리. 諤곧은 말할 악

dialect [dáiəlèkt] 방언 지방사투리 (말소리) 대어웩대

〈dialect〉 '대어웩대'는 대어(dia) (막대/띠처럼 늘어져 다양하게) 웩웩(lec=log) 얘기를 한다는 말로 띠를 이루는 지역별로 다양한 말

· **어원)** Ancient Greek διά(diá, "inter, through, in a line, along") [국어] 웩웩: 잇따라 기를 쓰며 마구 고함을 지르는 소리. 또는 그 모양. 비밀이나 꺼리는 사실을 함부로 마구 말하거나 떠드는 소리. 또는 그 모양. **대**: 가늘고 긴 막대. **대다**: 닿게 하다. 諤곧은 말할 악

colloquial [kəlóukwiəl] 구어체의 (말소리) 낄얘기할
eloquent [éləkwənt] 설득력 있는 위얘긴데

〈colloquial〉 '낄얘기할'은 껴(co 함께) 웩웩(loq=log) 이야기를 나눈다는 뜻 **〈eloquent〉** 위로 얘기한다. 위로 나와 훌륭하게 얘기하다.

· 어원) **〈colloquial〉** con- ("together")+loquor ("to speak") **〈eloquent〉** eloqui ("to speak out"), from e ("out")+loqui ("to speak").

monologue [mάnəlɔ̀:g] 독백 모놀로그 (말소리) 모네얘기

〈monologue〉 몰아(mono= mount 모은다) 웩웩(log) 얘기하다. 몰다는 뭉쳐져 하나로, 즉 홀로 얘기하다는 의미가 되었다. [연관] merely 몰려

· 어원) Ancient Greek μρνόλργρς (monólogos, "speaking alone"). [국어] 몰다: 한곳으로 모으거나 합치다.

'웩(leg)' 내는 소리에서 읽다, 말하다, 꺼내다라는 의미가 된 것으로 보인다. [latin legō ("select, collect, read"). 얘기(log, leg)에서 뒤에 i, e 가 오면 구개음화처럼 ㄱ이 ㅈ으로 발음이 변한다.
말이나 읽기는 뇌까리며 (반복해서) 내는 소리로 표현할 수 있다[latin legere ("to read repeatedly.)]

read [ri:d] 읽다 (말소리) 뇌다
religion [rilídʒən] 종교 신앙 늘뇌진

〈read〉 뇌까리며 (소리)내 읽다. **〈religion〉** 늘(re) (기도문을) 웩 뇌까리며 (소리)내주다(lig= logy read)는 말로 읽어 암송하는 것은 종교의 특성이다. 코란도 암송하다는 의미[Quran 카랑 Arabic ٱلْقُرْآن (al-qur'ān), definite form of قُرْآن (qur'ān, "act of reciting")]

· 어원) latin legere ("to read repeatedly", "to have something solely in mind"). [국어] **뇌까리다**: 아무렇게나 되는대로 마구 지껄이다. **뇌다(외다)**: 지나간 일이나 한 번 한 말을 여러 번 거듭 말하다. **읽다**: 경전 따위를 소리 내어 외다.

allege [əlédʒ] 주장하다 진술하다 (말소리) 엘뇌지

〈allege〉 '엘뇌지'는 -에로(al) 웩(leg= logy) 뇌까리며 소리 낸다는 뜻

· 어원) Latin allēgō ("send, depute; relate, mention"), from ad ("to")+lēgō ("send"). **뇌다(외다)**: 지나간 일이나 한 번 한 말을 여러 번 거듭 말하다.

legible [lédʒəbl] 읽기 쉬운 (말소리) 뇌져볼

〈legible〉 '뇌져볼'는 웩(leg=logy) 뇌까리며 (소리)내주다. 읽을 수 있을 정도

· 어원) Late Latin legibilis ("that can be read"). legō ("collect, pick out, read"). German lesen("to gather, read") **뇌다(외다)**: 지나간 일이나 한 번 한 말을 여러 번 거듭 말하다.

legend [lédʒənd] 전설 신화 (말소리) 뇌진다

〈legend〉 '뇌진다'는 웩(leg=logy) 뇌까리며 (소리)내주다. 읽어주는 이야기로서 옛날에는 구전하여 전승하였다.

· 어원) Latin legenda ("things which ought to be read"), from lego ("I read"). [국어] **뇌다(외다)**: 지나간 일이나 한 번 한 말을 여러 번 거듭 말하다. 구전(口傳): 말로 전하여 내려옴. 또는 말로 전함.

웩(휙)은 영어에서 동작의 기본 소리이다. 영어로 whack(The sound of a heavy strike)으로 표현될 수 있고, 욱 부딪히는 소리와 비슷하다.

<표> <모음+c(g, k, q) ('욱') 형태[-ag, -ac 등] 정리>

소리		단어	연관(퍽)	한자
휙 욱 (파동)		wag weak	Beg shake	
휙	행위	Act agile agent	Fact factory	
	휙 움직이다, 걷기	walk swagger wagon	Vagrant vagabond	赲걸을 역 歷지날 역, 넘치다
	깨우침 놀램	Wake eek 이크		
훅 욱	증가	Augment auction Wax auxiliary acrophobia acme	convex	
	욱 쓰리다, 어쿠. 뾰쪽한	ache acute acrid acupuncture acid oxygen axe		
욱	욱하는 마음, 요구	eager arrogant interrogate luxury		力힘 역(힘쓰다)
욱	욱하는 마음 즐거운	like delight		樂즐길 락 懌기뻐할 역 (잇다)
욱	굽다 욱다 눅다	Hook hawk oblique crook		
욱	욱 빛나다	ignite lux electric light bright lucid elucid		煜빛날 욱
웩	웩 쏟다, 내키다 녹다 물	leak liquid aquarium brook liquor liquidate reek	vogue soak smoke	液진 액 洛물소리 락
웩 (얘기)	웩 뱉다. 낡다, 말 재잘거림	lick eloquent intellect dialogue dialect biology Loquacious lecture allege legible	Vocal provoke invoke Quack	樂즐길 락, 아뢰다
락 웩	엮(낚)이다 부딪힘 (충돌)	knock wreck freak reluctant struggle strike inflict conflict crack click reflect	Peg pick fix quake attack	擽칠 력 絡이을 락
락	엮(낚)이다, 결합, 줄, 덩어리, 구역	rake rig drag luggage rock lock block flock clog contract attract league colleague collect connect neck neglect streak track rack strict constrict restrict	seek sake sequence social tick tug contact	絡이을 락 約맺을 약 擽칠 력 (굳은 모양)
	영역	region local district reach		
	엮(낚)이다. 잇다. 맞아 떨어지다	correct rectify right rectangle direct erect resurrect		絡이을 락
	엮(낚)이다 느끼다	reckon regard disregard recollect		絡이을 락 逆거스릴 역 (돌다, 생각)
락	탈락 떨어지다. 녹슬어 해가 됨 낡아 어둠. 낚아채다	break breach log lack naked innocent innocuous nocturnal negro elect select		落떨어질 락 雳벼락 력

6 왝[l+c(g)] 낚여 붙다[덩어리, 하나로 엮이다(equ)], 낚아채다, 질질 끌다

lock **leg**acy **leag**ue col**lec**t ob**lig**e; **equ**ity **equ**ivocal; de**leg**ate se**lec**t; **lag** s**lug**gish

엮는다는 것은 서로 묶어 연결한다는 의미이다. 자물쇠(lock)는 문고리를 연결해 하나로 묶는데 쓰인다. 그리고 리그(league)는 개체들이 엮어진 형태이며 신체부위 중 하나인 목(neck)은 몸통과 머리를 엮어 하나로 연결해주는 역할을 한다. '엮다'는 '얽다'나 '넉다'와도 같이 쓰이며, '낚다' 역시 낚아서 걸다는 뜻으로 함께 끌어모으다는 의미가 있다. 관련 어근으로 leag-, -lig- loc-, -lec-, -nec- 등이 쓰인다. 한자로 絡[이을/얽을 락, 실]은 엮는 행위 및 이어진 줄, 실을 의미한다.

Rake는 낚아 채는 도구로 걸리게 하면서 끌어 모으는 것이다. '엮(낚)다'는 것은 왝 잡아 당겨 묶는다는 뜻이다. 그래서 뭉쳐진 무리나, 대를 잇는 유산을 말하기도 한다. [Sanscrit 'nakkta' '낚다' (fish, destroy, catch, capture), 'yukh''엮어'(tied up, connected), 'lag' 'laksi'(adhere, stick, urge, intent, quick, swiftly)] (조선고어실담어 주석사전, 강상원, 2016.7.25, p.250, p413, p419)

lock [lak] 잠그다 (말소리) 낚여
ligature [lígəʧər] **[고급]** 잡아매는 것, 연결선 낚여져
legacy [légəsi] 유산, 이어받은 것 낚이지

〈lock〉 '낚여'는 왝 휘말려 낚(엮)임으로써 잠기다. **〈ligature〉** '낚여져'는 왝 잡아당겨 낚(엮)이게 잇는다는 뜻(絡 얽을 락/실) **〈legacy〉** '낚이지'는 낚(엮)여 이어진 것으로 대를 잇다. 후손에게 물려주다는 뜻

· 어원) **〈lock〉** latin ligō ("I bind"). Proto-Germanic *lūkaną ("to close, shut, cover"). **〈ligature〉** Latin ligāre ("to tie, bind"). **〈legacy〉** latin legō(select, collect, lecture, read) [국어] **엮다**: 노끈이나 새끼 따위의 여러 가닥을 얽거나 이리저리 어긋매어 어떤 물건을 만들다. **욱다**: 안쪽으로 조금 우그러져 있다. 鑰자물쇠 약 絡이을 락

block [blak] 1 블록 2 차단 (말소리) 볼록
flock [flak] 모이다 펄럭

〈block〉 1 볼록하게 쌓여 낚(엮)인(lock) 덩어리. 2 낚여 뭉친 덩어리가 길을 가로막음 (A cuboid piece of any substance) ☞ b(be)+lock [락 絡 (이을 락); 엮어 묶이다] **〈flock〉** 펄럭거리며 휘말리고 덩어리지다. ☞ Fl(펄)+lock[락 絡 (이을 락); 엮어 묶이다]. Block처럼 덩어리로 나타낼 수 있다.

· 어원) **〈block〉** Middle English blok ("log, stump, solid piece") [block→ belock(To lock up or lock in place; hold tight; fasten)]. **〈flock〉** Old Norse flokkr ("crowd, troop, band, flock"). [국어] **볼록**: 물체의 거죽이 둥글고 작게 튀어나온 모양을 나타내는 말. 絡 이을 락(두르다, 포괄하다) 넉다: '엮다'의 방언(평북).

rake [reik] 갈퀴 긁어모으다 (말소리) 낚아
rig [rig] 갖추다 설치 낚여

〈rake〉 '낚아'는 낚아채 긁어모은다는 뜻. '낚다'는 낚시하듯 무언가 낚아채듯 들어 올리거나 잡아당기는 것을 뜻한다. **〈rig〉** 웩 엮이며 휘말리다. 낚아채 덧붙여지다 [연관] drag

· 어원) **〈rake〉** Old English racian ("to direct, rule, govern, control; take a course or direction, go forward, move, run; hasten"). **〈rig〉** Norwegian rigge ("to bind up; wrap around; rig; equip"), [국어] **낚다**: 무엇을 갑자기 붙들거나 잡아 채다.

neck [nek]	목	(말소리) 락(絡)
rack [ræk]	선반	락(絡)

〈neck〉 낚아/엮어[絡[이을 락)] 연결한다는 말로 머리와 몸통을 엮다(connecting the head and the trunk). **〈rack〉** 낚아/엮어[絡[이을 락)] 짜여진 막대. 물건을 얹거나 걸기 위해 쭉 뻗은 막대로 만든 받침대 [다른 풀이] '넉어' '낚여'

· 어원) **〈neck〉** latin nectere ("bind"). **〈rack〉** Proto-Germanic *rakjaną ("to stretch, to straighten"), [국어] **넉다**: '엮다'의 방언(평북). 絡[이을 락(낙)/얽을 락]

누더기 천은 낙락하게 늘어져 질질 끌린다.

rug [rʌg]	양탄자 깔개	(말소리) 락(絡)
rag [ræg]	누더기	락(絡)

〈rug/rag〉 '락'은 낙락(落落)하게 늘어지거나, 펄럭(flag 翎나는 모양 락) 거리는 천(A piece of old cloth)을 뜻함. '락(絡)'은 웩 엮이며 휘말리다. [연관] drag 낚여 질질 끌리다 [참고] yak 야크: 티베트 고원 산의 털이 긴 들소.

· 어원) **〈rug〉** Proto-Germanic *rawwō ("long wool"). **〈rag〉** Old English *ragg ("shaggy; bristly; ragged"). [국어] **낙락하다(落落)**: 큰 소나무의 가지 따위가 아래로 축축 늘어져 있다. [한자] 翎나는 모양 락 絡 얽을 락

league [li:g]	리그 연맹	(말소리) 낚여
colleague [kɑ́li:g]	동료	꼴낚여
college [kɑ́lidʒ]	대학	꼴잇지

〈league〉 '낚여'는 낚아[엮어 絡[이을 락)] 묶는다는 뜻 **〈colleague〉** '꼴낚여'는 콸콸(col=con) 꼬여 낚(엮)이다(league)는 말로 유유상종처럼 끌리어 모이는 동료 **〈college〉** '꼴잇지'는 콸콸 (col=con) 꼬여 낚(엮)여(leg=league) 잇다. 유유상종처럼 끌리어 모이는 동료가 있는 집단, 학교. 뭉친 집단인 대학을 의미. [참고] School 끌어 뭉친다는 말로 집단을 뜻함.

· 어원) **〈league / colleague〉** Latin ligō ("I tie"). collēga ("colleague") 絡[이을 락(낙)/얽을 락]

connect [kənékt]	이어진다	(말소리) 껴낚다
collect [kəlékt]	모으다 수집하다	꼴엮다
collective [kəléktiv]	집단적인 공동의	꼴엮다부

〈connect〉 '껴낚다'는 껴서 엮다(nect=neck, lock)는 말로 묶는다. 이는 collect에서 'll'이 'nn'으로 발음 편의상 바뀐 것으로 같은 어원이다. 또한 collect에서 'll'이 'rr'으로 바뀌어 correct가 된다. **〈collect/collective〉** 콸콸(col=con) 꽈서 낚다(lect=lock 엮다, 닛다). 끌어모은다는 뜻 [다른 풀이] '꿀럭대' 꿀럭거리며 뭉쳐 모이다

· 어원) **〈connect〉** con- ("together")+nectere ("bind, oblige").**〈collect / collective〉** com- ("together")+legere ("to gather"). [국어] **걸다**: 벽이나 못 따위에 어떤 물체를 떨어지지 않도록 매달아 올려놓다. **넉다**: '엮다'의 방언(평북). **꿀럭**: 점성(粘性)이 있는 액체가 구멍으로 흘러나오거나 흘러 들어가는 소리. **-답다**: '성질이나 특성이 있음'의 뜻을 더하고 형용사를 만드는 접미사. tive(답다) 絡[이을 락(낙)/얽을 락]

neglect [niglékt] 무시 방치하다 (말소리) 나가낚다

'나가낚다' 낚아(lect=select) 집는 것에서 나가(neg=no) 버린다는 말로 선택하지 않고 방치한다는 뜻

· 어원) nec ("not")+legō ("pick up, select"). 落 떨어질 락, 죽다

aggregate [ǽgrigət] 총액 전체 (말소리) 에끼리가다
congregate [kάŋgrigèit] ~을 모으다 끈끼리가다

〈aggregate〉 ~에(a) 끼릭(greg=click, clog) 부딪혀 엮이다. 끼리끼리 무리를 이루다. [다른 풀이] '에껴낚이다' 엮여(lock) 뭉치다 **〈congregate〉** 끈(con 끌어) 끼릭(greg= click, clog) 부딪혀 엮이다. 끼리끼리 무리를 이루다.

☞ g(co)+reg(**lea**gue, **reg**iment)=clog, collect

· 어원) **〈aggregate〉** Latin ag- (ad ("to, toward"))+gregō ("I flock or group"), from grex ("flock"). **〈congregate〉** Latin con- ("with, together")+gregare ("to collect into a flock"). [국어] **끼릭**: 사물이 서로 엇갈려 마찰하면서 나는 소리. **꿀럭**: 점성(粘性)이 있는 액체가 구멍으로 흘러나오거나 흘러 들어가는 소리. 또는 그 모양. 結맺을 결. 모으다, 걸다, 엉기다, 굽다, 막다, 마치다

clog [klag] 고장 방해하는 것 (말소리) 끌락

〈clog〉 개 목줄처럼 꿀럭거리며 걸려 막히다 ☞ 콸(cl=col)+낚(엮)인(log=lock, rake)≒ collect [참고] block 볼록 덩어리져 막다

· 어원) **〈clog〉** Middle English clog ("weight attached to the leg of an animal to impede movement"). [국어] **꿀럭**: 점성(粘性)이 있는 액체가 구멍으로 흘러나오거나 흘러 들어가는 소리. **걸리다**: '걸다(벽이나 못 따위에 어떤 물체를 떨어지지 않도록 매달아 올려놓다)'의 피동사. [한자] 絡이을, 얽을 락 阨 막힐 액

oblige [əbláidʒ] ~에게 강요하다 (말소리) 업을낚지

〈oblige〉 '업을낚지'는 업혀(ob 위에) 낚여(lige= liaison, league) 있다. 엮이어 일어난 일에 관련되고 (의무 등을) 책임지다. ☞ lig(낚) 다음에 e가 와서 g발음이 ㄱ->ㅈ 로 변화. [연관] obligation '업어낚이어진'

· 어원) **〈oblige〉** Latin ob- ("to, against")+ligō ("bind, unite"). [국어] **업다**: 사람이나 동물 따위를 등에 대고 손으로 붙잡거나 무엇으로 동여매어 붙어 있게 하다. **니다**: 이다(머리 위에 얹다. 둘 이상의 사물을 같은 자격으로 이어 주는 접속 조사.)의 옛말. **엮이다**: 서로 연결되어 인연이나 관계를 맺게 되다

'낚다'는 rake와 같다. 엮어 걸다(league)와 낚아채 잡아 내다(elect)는 의미가 섞여 있다.

elegant [éligənt] 우아한 훌륭한 (말소리) 위낚인다

〈elegant〉 '위낚인다'는 위(e)로 웩 낚아(leg=rake) 빼내다. 골라 취할 정도로 까다롭고, 정교하여 훌륭하게 보이다는 뜻 [연관] elect erect

· 어원) **〈elegant〉** latin ēligō(I choose, I pluck or root out, extract.) **낚이다**: 걸리어 잡히다

delegate [déligət , -gèit]	대표 대의원	(말소리) 떼낚이다
select [silékt]	선택하다 고르다	섀낚다
elect [ilékt]	선출하다 선택하다	위낚다

〈delegate〉 '떼낚이다'는 떼어 낚아채 (뽑아) 보내주다. 대표로 뽑다. ☞ 떼(de)+낚이다(legate=rake) **〈select〉** '섀낚다'는 낚아(lect=rake) 채 새어(se) 나오다. 골라 빼내는 것이다 **〈elect〉** '위낚다'는 위로 낚아채 뽑다. 뽑아내 선출하다. ☞ 위(e)+낚다(lect=rake) [연관] pluck 펄럭 [pl(펄)+luck(rake 낚아채다)] extract [ex(e)+tract(lect)]

· 어원) **〈delegate〉** dē-+lēgō ("send"). **〈select〉** Latin sēlēctus, sēligō ("choose out, select"), from sē- ("without; apart")+legō ("gather, select"). **〈elect〉** Latin ēlēctus, ēligō ("to pick out, choose, elect"), from ē- ("out")+legō ("to pick out, pick, gather, collect, etc."). [국어] **낚이다**: 걸리어 잡히다. [한자] 落떨어질 락

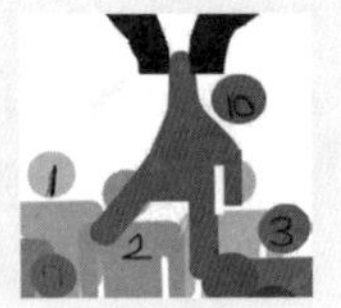

luggage [lʌgidʒ]	짐	(말소리) 낚이지

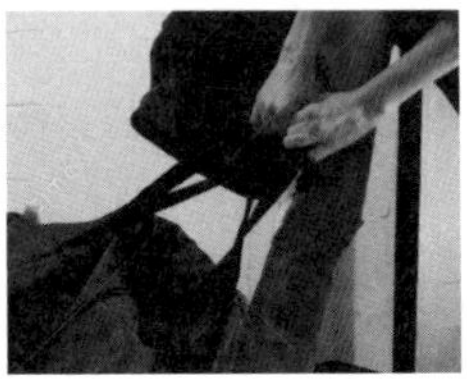

〈luggage〉 '낚이지'는 바늘로 물고기를 낚듯이 짐이나 가방을 낚아 질질 끌고 간다는 뜻, 絡이을, 얽을 락 [연관] drag rag rug

· 어원) **〈luggage〉** lug ("drag, Anything that moves slowly."), literally "dragged around" [국어] **딸리다**: 어떤 것에 매이거나 붙어 있다. [한자] 絡이을 락

'느꾸다'는 경기도의 방언으로 '늦추다'는 뜻이다. '늑장'처럼 '늑하다'는 느긋하다는 의미로 쓰인다. '늙다'와 통하는 말이다. lug는 lag와 같은 뜻으로 쓰이는 단어이다. 다음의 lag/lug/-lack는 drag의 rag, luggage의 lug처럼 낚여 있어 질질 끌리다는 의미이다. relax, lax와 같은 뜻이고, liquid와 통한다.

lag [læg]	지연 지체	(말소리) 늑
sluggish [slʌgiʃ]	느린 부진한	슬늑이지
slacken [slǽkən]	늦추다	슬늑한
relax [rilǽks]	긴장을 풀다	늘눅지

〈lag〉 일이 느꿔(늦춰)지다. 낚여 (달라붙어) 질질 끌린다(a delay), 늑장부리다는 뜻. 끌려가며 지체되다는 drag와 어원이 유사하다. **〈sluggish/slacken〉** 낚여(lug=lack) (달라붙어) 질질 끌린다. (슬슬가는 달팽이처럼) 늑장부리다는 뜻 ☞ sl(슬, slow)+lug/lack(=lag 늑하다): lug=dragged, Anything that moves slowly. **〈relax〉** '늘눅지' 눅눅해 무른 상태로 누그러지다(liquid), 느슨하게 쉬다 [연관] lax 늑지 [다른 풀이] '늘늑지' 늑다('늑하다('느긋하다')

· 어원) Norwegian lagga ("to go slowly"). Old Norse lakr ("lacking") [국어] **늑**: '**늑하다**('느긋하다'의 준말)'의 어근. **느꾸다**: [방언] '늦추다'의 방언(경기). **슬렁슬렁**: 서두르지 않고 느릿느릿 굼뜨게 행동하는 모양. **느끼하다**: 말이나 행동 따위가 느물거려 비위에 맞지 아니하다. 비위에 맞지 아니할 만큼 음식에 기름기가 많다. **눅어지다**: 흥분되거나 긴장되어 있다가 약해지거나 부드러워지다. 무르거나 부드러워지다. **눅다**: 물기가 많아 무르다.

엮여(equ) 하나로 같다

엮어 잇는 것은 동등한 위치의 연장을 의미한다. 하나로 연결되어 똑같은 자격이나 지위를 얻게 되는 것을 나타낸다고 할 수 있다. '에끼다'는 비기다로서 '엮다'와 비슷한 의미다. 영어에서는 역시라는 의미로 eke가 있는데 equ-와 같은 말이다.

equity [ékwəti]	형평	(말소리) 엮이다
equation [ikwéiʒən, -ʃən]	방정식 공식	엮이어진
adequate [ǽdikwət]	적당한	엣엮이다
equal [íːkwəl]	평등한 같은	엮을

〈equity〉 '엮이다'는 엮이어(equ=eke 若같을약) 하나로 되어 일치한다는 뜻. '역시'라고 할 수 있다. [다른 풀이] 1 '에끼다' 에끼어 비기다. 2 '이꿀' 이꾸어(엮이어) 하나가 되다. **〈equation〉** '엮이어진'은 엮이어 하나로 되면 일치해지다는 말로 양쪽 산식이 일치하게 만드는 방정식을 뜻함 **〈adequate〉** '엣엮이다'는 ~에 대해 엮이다(equate=equal)는 말로 꿰져 하나가 되어 일치한다는 뜻 **〈equal〉** '엮을'은 엮어서 똑같이 되다는 뜻 [다른 풀이] '에낄' 에끼어 비기다 [참고] eke 더해, 역시

· 어원) Old English ēac '亦또 역' ("also"), Old Norse auka ("to augment, increase; to add; to exceed, surpass") **〈equity〉** Latin aequitas ("uniformity", "impartiality", "fairness"). **〈equation〉** Latin aequātiō ("an equalizing"). **〈adequate〉** Latin ad+aequare ("to make equal"), aequus ("equal"). **〈equal〉** aequus ("equal, even")+-ālis [국어] **이꾸다**: '잇다'의 방언. **에끼다**: 서로 주고받을 물건 따위를 비겨 없애다. [한자] 若같을약 亦또 역

equivocal [ikwívəkəl]	애매한 분명치 않은	(말소리) 엮어빽일

〈equivocal〉 '엮어빽일'은 빽(vocal= voice, vocal) 소리가 엮여(equi) 같이 섞여 나는 것으로 분명하지 않다는 뜻.

· 어원) **〈equivocal〉** Latin aequus ("equal")+-vocus ("having meaning"), vōx ("voice, speech"). [국어] **빽**: 새, 사람 또는 기적 따위가 갑자기 매우 날카롭게 지르거나 내는 소리. **빽**: 사물을 칠 때 나는 탁한 소리를 나타내는 말. 若같을 약

equivalent [ikwívələnt]	동등한	(말소리) 엮어불린다
equilibrium [ìːkwəlíbriəm]	평형	엮어나불림

〈equivalent〉 '엮어불린다'는 불린(valen=value) 가치가 서로 엮여(equi) 있다는 말로 연결되어 하나가 된 가치. 불어나 커진 것은 가치있고 힘 있는 것으로 본다. [다른 풀이] '에껴불린다' 에끼다(비기다)는 말로 비기는 가치 [연관] valuable **〈equilibrium〉** 나불(libri=level)거리는 양쪽 추에 맞추어 무게를 재는 저울이 엮여(equi) 평행을 이룬다. [연관] level 수평이 되게 하다

· 어원) **〈equivalent〉** Latin aequivaleō ("I am equivalent, have equal power"). **〈equilibrium〉** Latin aequilībrium, from equal+lībra("balance"). Latin labella, libra ("a balance, a level"). Latin libra; A Roman unit of weight. [국어] **불리다**: '붇다(물에 젖어서 부피가 커지다)'의 사동사. 이꾸다: '잇다'의 방언(경남). **에끼다**: 서로 주고받을 물건이나 일 따위를 비겨 없애다. **엇기다**: 에끼다의 옛말. 若같을 약

7 낚아채다: 요구(rog), 느껴(lec, rec)

inter**rog**ate ab**rog**ate sur**rog**ate; recol**lec**t **rec**kon **rec**kless

낚싯줄에 물고기가 낚이듯 어떤 것에 마음이 쏠리거나 빼앗겨 좋아하게 된 상태이다. 낚이다는 갖고 싶어 요구한다는 말과 통한다.

낚아챔은 요구를 나타낸다. like, luxury는 낚고자 욱 하고 치밀어 오르는 욕구이다. require, inquire 처럼 꿰어 잡거나 엮어 가지고자 하는 것이다. [Sanscrit 'nakkta' '낚다' (fish, destroy, catch, capture), 'yukh''엮어'(tied up, connected), 'lag' 'laksi'(adhere, stick, urge, intent, quick, swiftly)] (조선고어실담어 주석사전, 강상원, 2016.7.25, p.250, p413, p419)

like [laik] 1~같은 2 좋아하다 (말소리) 낚여

〈like〉 '낚여' 1. 낚여(엮이어) 하나가 되고 같게 된다는 뜻 (懌기뻐할 역(잇다)) ☞ ike=eke, equal 2. 마음이 무언가에 낚여(rake 絡 얽을 락) 좋아한다는 뜻 (樂즐길 락) [다른 풀이] '욱해' 욱하고 치밀어 오르는 욕구 (欲하고자할 욕)

· 어원) **〈like〉** Old English līcian ("to please; be sufficient"), from Proto-Germanic *līkijaną ("to please"), from Proto-Indo-European *līg-("image; likeness; similarity"). sanskrit (rócate)(be bright , long for, like, to choose) **[국어] 낚이다**: 1.걸리어 잡히다 2.**현혹되어 따르다. 욱**: 앞뒤를 헤아림 없이 격한 마음이 불끈 일어나는 모양. 懌기뻐할 역(잇다) 樂즐길 락 欲하고자할 욕

delicious [dilíʃəs] 맛있는 달콤한 (말소리) 달아져서
delight [diláit] 기쁨 즐겁게 하다 달아있다

〈delicious〉 욱/웩 낚여(lic=rake) (입에) 달라붙어 마음을 달래주다. 입맛이 당기도록 달다는 뜻. ☞ lic(낚여) 다음에 i가 와서 c발음이 ㄱ->ㅈ 로 변화. [연관] delectable [다른 풀이] '달래져서'는 입에 착 달라붙어 달래주다 **〈delight〉** 욱/웩 낚여(lig)서 달라붙게 되고, 마음을 달래며 달게 하다. ☞ 들(del)다+락 (lig=like 낚이어) : 덜럭 달라붙다.

· 어원) **〈delicious〉** Late Latin dēliciae ("delights"), from deliciō ("I allure, I entice"), from de- ("away")+laciō ("I lure, I deceive"). Proto-Italic *lakjō ("to draw, pull") **〈delight〉** Latin delectare ("to delight, please"), delicere ("to **allure**"). Proto-Italic *lakjō ("to draw, pull"), Ancient Greek λευκός • (leukós)(**bright**, pale-skinned, weakly, fair, **happy**) [국어] **달다**: 입맛이 **당기도록** 맛이 있다. 물건을 일정한 곳에 **붙이다**.

rog- 형태는 낚아채 갖고자 하는 요구와 관련된다.

interrogate [intérəgèit] 심문하다 ~을 따져 묻다 (말소리) 안다낚여오다
prerogative [prirάgətiv] 특권의 빠르낚여대봐

〈interrogate〉 '안다낚여오다'는 안고(inter 껴안다) 있는 상대방과 (대면해서) (정보를) 욱/웩 낚(rog=rake 絡 얽을 락)고자 대답을 요구한다는 뜻 [다른 풀이] '안다요구이다' 욱하고 치밀어 잡고자 하는 욕구 [연관] inquire=in(inter)+quire(꽈서 걸다= rogate) **〈prerogative〉** 빠르(pre)게 낚아(rog=rake 絡 얽을 락)대다. 빨리 낚아채 가지는 권리가 있다.

· 어원) **〈interrogate〉** Latin interrogatus ("to ask, question"), from inter ("between")+rogare ("to ask"). **〈prerogative〉** praerogō ("to ask first; pay in advance") **[국어] 안다**: 두 팔을 벌려 가슴 쪽으로 끌어당기거나 그렇게 하여 품 안에 있게 하다. **-답다**: '성질이나 특성이 있음'의 뜻을 더하고 형용사를 만드는 접미사. tive(답다) 欲하고자 할 욕

abrogate [ǽbrəgèit] 폐기하다 (말소리) 없낚이다
arrogant [ǽrəgənt] 오만한 거만한 에 낚인다

〈abrogate〉 '없낚이다'는 낚아(roga=rake 絡 얽을 락) 채 없애(ab=off) 버린다는 뜻 **〈arrogant〉** '에낚인다'는 -에(a 於어조사 어) 대해 낚아채 가지려 하는 욕구가 있어 오만하다는 뜻

· 어원) **〈abrogate〉** Latin abrogātus("repealed"), from ab ("away")+rogō("ask, inquire, propose"). **〈arrogant〉** Latin ad- ("to, towards, at")+rogō ("ask; request"). **옭다**: 꾀를 써서 같이 걸려들게 하다.

surrogate [sə́:rəgèit] 대용물 대리인 (말소리) 써낚이다

〈surrogate〉 '써낚이다'는 씌워(sur) 엮이다(rogate). 씌워지게 (아래에) 엮이게 하여 기존 것의 하부에 놓여 대신함을 의미. '대체한다'는 아래에 놓아 자리잡게 하는 것(substitute 참조)이다.

· 어원) **〈surrogate〉** Latin sub ("under")+rogare ("ask").

낚아챔으로써 시야에 들어오거나 느끼게 된다.

look [luk] 보다 찾다 (말소리) 낚여

'낚여'는 낚아채 감 잡다. 시야에 낚여(rake 絡 얽을 락) 보고 느끼다

· 어원) Old English lōcian ("to see, behold, look, gaze, observe, notice, take heed, **belong**, **pertain**, regard with **favor**"). [국어] **낚다**: 꾀나 수단을 부려 사람을 꾀거나 명예, 이익 따위를 제 것으로 하다. 무엇을 갑자기 붙들거나 잡아채다.

recollect [rèkəlékt] 회상하다 (말소리) 누꼴엮다

〈recollect〉 '누꼴엮다'는 누누이 (re 다시) 콸콸(col) 꼬아 낚다(lect=lock). 잠재해 있는 생각들을 낚아 올려 돌아본다는 뜻 [연관] reckon

· 어원) **〈recollect〉** Latin recolligo ("gather again, recover"). [국어] **낚다**: 낚시로 물고기를 잡다. 무엇을 갑자기 붙들거나 잡아채다.

regard [rigɑ́:rd] 관련되다 여기다 (말소리) 느끼다

〈regard〉 '느끼다'는 꿰어 걸다(gard=gird, guard)는 말로 꿰차고 보거나 느끼다는 뜻. 대상을 꿰어 관계를 맺음으로써 느끼다(To have to do with, to look, gaze.)는 뜻 [연관] guard 끼워 잡아 경계하다(To fasten by binding; to gird. To keep watch over) gird [다른 풀이] '녀기다'

☞ re(느)+gard (걸다 guard) [g(껴)+ard(ward 얼다→알다)]

· 어원) **〈regard〉** Middle French regard ("to look at, observe, regard"). [국어] **느끼다**: 어떤 사실, 책임, 필요성 따위를 체험하여 깨닫다. **녀기다**: [옛말] '여기다'의 옛말. **여기다**: 마음속으로 그러하다고 인정하거나 생각하다. [한자] 仂생각할 륵

reckon [rékən] 생각하다 계산하다 (말소리) 느낀
reckless [réklis] 무모한 무분별한 느껴내지

〈reckon〉 '느낀'은 엮어/낚여(reck=rake, look 絡 얽을 락) (끼워) 감각에 들이고 인식하게 되다. 낚이다에서 느끼다(녀기다)로 변화했을 수도 있다 [연관] recollect [다른 풀이] '녀긴'은 여겨 그러하다고 생각한다는 뜻(엮이다→ 여기다) **〈reckless〉** '느껴내지'는 엮어/낚여(reck=rake) 감각에 들이고 인식하며 추리하는 능력이 내어져 낮다(less=loose). 경솔하게 행동하는 것을 말함 [다른 풀이] '넋이낮아' [연관] reck(To think. care for) 넋(정신)과 같은 말이다.

· 어원) **〈reckon〉** Proto-Germanic *rakō ("**path**, track; **course**, direction; an unfolding, unwinding; account, narrative; argument, **reasoning**") Proto-Indo-European *reǵ- ("straight, right, just"). [국어] **녀기다**: [옛말] '여기다'의 옛말. **여기다**: 마음속으로 그러하다고 인정하거나 생각하다. **엮다**: 글이나 이야기 따위를 구성하기 위하여 여러 가지 소재를 일정한 순서와 체계에 맞추어 짜다. [북한어] 차례와 단계를 밟아 이어져 나가다. 絡 이을 락 仂생각할 륵

욱 부딪히는 것은 휙 재빨리 움직이며 낚(엮)이어 결합되기도 하고, 물소리, 말소리, 뛰어오르는 것을 나타낸다.

발음	의미	단어	발음 변형(구개음화 등)	관련 한자
낚다 엮다	엮다 하나되어 같다	equal equation equivocal		若같을 약
	웩 낚아채다 떼내다	select elect elegant delegate relinquish	diligent	落떨어질 락
	줄 잣대 법 바르다	rectify rectangle regular legal	Right straight rigid legitimate legislation	絡이을 락
	줄 잣대 이끌다	Regal regulate	regimen regime regent	絡이을 락

8 낚(엮)여(rig/rec/reg/leg) 짜임: 똑바름, 잣대, 왕, 법

rigor **rig**ht st**raig**ht **rec**tify di**rec**tory; **reg**al **reg**ime; **leg**al **leg**itimate

나와 죽 이어진다는 표현은 기본형으로 ray, rod가 있다. 여기서 파생되는 표현은 낚다, 엮다 등 이어져 바르게 뻗은 줄, 잣대, 법을 나타낸다(right, straight). -rait, -rect-, -rict, -ruct, -rag, -ress, -raw, law, -leg-, -ring 등 다양한 형태가 존재한다. 이들은 늘어진 줄(straw, string), 이어진 덩어리(tract), 따라 이어 만듦(construe, structure), 달라붙어 긴장됨(strict, stress) 등을 뜻한다.

〈 right. rect 형태 〉

right [rait]	권리 옳은	(말소리) 낚다
upright [ʌpràit']	똑바로 수직	업낚다
straight [streit]	연속한 직선 똑바로	서따랐다
stretch [stretʃ]	늘리다 뻗다	서따르지

〈right / upright〉 웩 낚(엮)여(rig=lock, rake 絡 얽을 락) 딱 들어맞게 짜다. 잘 짜여진 것은 적합하고, 바르다는 뜻. (Di)rect, (e)rect와 같이 -(rect)와 같은 형태이며 c->g로 바뀌고 g 발음이 묵음화되었다. 또 같은 어원 Rigid에서는 g가 발음된다. [연관] erect=upright : e (up)+rect (right) ☞ order의 어원이 올(실)을 엮어 줄이 되고, 이 줄이 기준이 되어 명령, 통제되는 것과 유사.

〈straight〉 '서따랐다'는 서다(st)와 웩 낚(엮)다(raight=right, rect 絡 이을 락)의 합성. 이어져서 줄(일렬)로 된 것으로 곧다. 죽 따라오는 줄을 나타냄 [연관] streak strict [다른 풀이] '서다낫다' 나와 이어진다 **〈stretch〉** '서따르지'는 서다(st)와 잇다(retch=reach, rect, right) 합성. 낚여서 줄, 일렬로 된 것으로 곧다. 쭉 따라 늘어지다(To lengthen by pulling.)는 뜻임 [연관] reach

· 어원) Ancient Greek λέγω • (légō) (**I put in order,** arrange, **gather**, I choose, count, **reckon**, I say, speak, call, name) Proto-Germanic *raidaz(ready, arranged, prepared) Proto-Indo-European *leǵ-(to gather, collect) **〈right〉** Proto-Germanic *rehtaz ("right, direct"). **〈upright〉** Old English uppriht ("upright; erect"). **〈straight〉** Proto-Indo-European *(s)treg- ("rigid, stiff"). **〈stretch〉** Old English streċċan ("to stretch, hold out, extend, spread out, prostrate"). **[국어] 낚다**: 무엇을 갑자기 **붙들거나 잡아채다. 넛다**: '잇다'의 옛말. **니다**: 이다. **낫다**: 보다 더 좋거나 앞서 있다. **나다**: 밖으로 나오거나 나가다. 사람 됨됨이나 생김새가 뛰어나다. [한자] 絡 이을 락

rig-/rag 형태는 낚여 짜이다는 말로 당겨져 쪼임(strict, restrict), 또는 달라붙음(intrigue, contract, attract), 추위에 몸이 얼어붙어 굳어짐(frigid)을 나타낸다. rag, rug는 엮인 천으로 낙락하게 펄럭인다. drag는 다락 따라붙어 간다는 말이다.

rigor [rígər]	엄한 고된	(말소리) 낚여
rigid [rídʒid]	경직된 엄격한	낚지다
frigid [frídʒid]	몹시 추운, 무뚝뚝한	파르지다

〈rigor〉 '낚여' 옭(낚)아 짜임으로써 당겨져 탱탱(tension)해지다. 絡 얽을 락 [다른 풀이] '옭아'는 옭아 매다. [연관] strict: st+rict(=rigor) **〈rigid〉** {엮(낚)여 rig} 줄 등에 매서 낙지처럼 붙어 억지부리다는 뜻. [다른 풀이] '오지다' rig 다음에 i가 와서 구개음화처럼 ㄱ(g)발음이 ㅈ(g)으로 됨(옭→오지다) **〈frigid〉** 파르르(fr) 추위에 옭아매져 오지게(rigid) (얼어) 굳어지다. ☞ fri(freeze)+rigid [연관] cold 꼴아 굳어지다

· 어원) **〈rigor〉** Latin rigor ("stiffness, rigidity, rigor, **cold**, harshness"), from rigere ("to be rigid") Proto-Indo-European *reyǵ- ("**stretch tight**, bind"); Middle High German ric '絡 락' ("**string, band**"). **〈rigid〉** Latin rigidus ("stiff"), Latin rigeō (stiff or numb; stiffen. stand upright; stand on end.) Compare rigor. Proto-Indo-European *reyǵ- ("stretch tight, bind") Sanskrit रज्जु (rajju, "**rope**") **〈frigid〉** Latin frīgidus ("cold"), from frīgeō ("I am cold"), from frīgus ("cold, coldness"), Ancient Greek ῥῖγος (rhîgos)(cold) [국어] **옭다**: 끈이나 줄 따위로 단단히 감다. 붙잡거나 구속하다. **낚다**: 낚시로 물고기를 잡다. 무엇을 갑자기 붙들거나 잡아채다. **오지다**: 허술한 데가 없이 매우 야무지고 실속이 있다. (=올지다) [한자] 絡이을 락, 실

'낚다'는 엮어 걸다(league)와 잡아낸다(elect)는 의미가 섞여 있다.

erect [irékt] 세우다 수직의 (말소리) 위낚다
rectify [réktəfài] 수정하다 고치다 낚다피어

〈erect〉 '위낚다'는 위(e)로 낚아(rect= rack, lock 絡 얽을 락) 쌓여 올리다 (To put up by the fitting together of materials). [다른 풀이] '일났다' 일어나다 [연관] elect '위낚다'는 위로 낚아채 뽑다. 뽑아내 선출하다 rack 낚아 짜인 선반
〈rectify〉 '낚다피어'는 낚여 짜이게 하다. 딱 들어맞게 하여 삐뚤어진 것을 곧게 교정한다는 의미. ☞ 웩 낚(엮)다(rect=right, lock 絡 얽을 락)+ 피어(fy 피다, 하다).

· 어원) **〈erect〉** Latin ērectus ("upright"), past participle of ērigō ("raise, set up"), from ē- ("out")+regō ("to direct, keep straight, guide"). **〈rectify〉** Middle French rectifier ("to make straight"), from Medieval Latin rēctificāre ("make right"). [국어] **피다**: [방언] '펴다'의 방언(경기, 경상, 전라, 충청). 일나다: '일어나다'의 방언(강원, 경남, 전남).

correct [kərékt] 옳은 타당한 (말소리) 그렇다
rectangle [réktæŋgl] 직사각형 낚다엉길

〈correct〉 그렇다, 옳다! [다른 풀이] '껴낚다' (어원상) 끼워(co) 낚(엮)다(rect=lock, right 絡 얽을 락)는 말로 껴 엮이어 맞춰지고 일치하다 [연관] connect '껴낚다' 낚(엮)다(nect=rect, lock) collect (lect=rect, lock) **〈rectangle〉** 엉긴(angle) 모서리가 낚여(rect 絡 얽을 락) 잘 짜여지다. 직각은 어느 한 쪽에도 치우치지 않는다. [연관] tangle 댕글 덩굴처럼 매달려 엉기다

· 어원) **〈correct〉** Latin correctus ("improved, amended, correct") from com- ("together")+regere ("to make straight, rule"). corrigō ("smooth out, make straight"). Vulgar Latin corrigia (shoelace, tie) **〈rectangle〉** Latin rectus ("right")+angulus ("an angle").

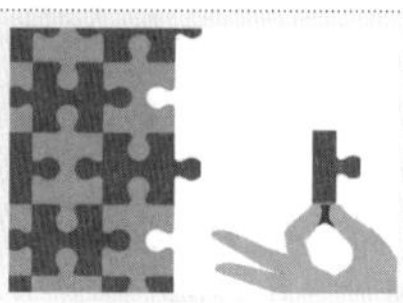

director [diréktər, dai-] 관리자 감독 (말소리) 다락대
direct [dirékt, dai-] 1직접의 2감독하다 다락대
directory [diréktəri, dai-] 인명부 다락대리

〈director/direct〉 다락다락 따라 붙다. 1 돌아가지 않기 때문에 직접적이라는 의미가 있음 2 다락다락(drag) 붙어 끌다. 웩 낚아(rec=regal)채 따라가도록 끌다(show the right course)는 뜻의 '감독' ☞ 떠(di) 낚(엮)다(rect=rake, regal, reign) -> 떠서 낚아 끌다/붙이다. [다른 풀이] '따랐다' **〈directory〉** 다락다락 따라붙은 선으로 목록을 뜻함 [다른 풀이] '따랐다네' 따라붙은 선 [연관] drag: d(di)+rag(rect)

· 어원) **〈director〉** Latin dīrigō (“lay straight; direct; distribute”). **〈direct〉** Latin dis- (“apart, in two”)+regō (“make straight, rule”). Latin rigō(I lead, conduct (a liquid to a place); irrigate. I wet, moisten, water) **다락다락**: 물방울 따위가 많이 매달려 있는 모양. 귀찮거나 두려울 정도로 바득바득 다가오는 모양.

‘reg-‘는 엮여 짜임새 있게 맞춘 것으로 바른 형태나 통제, 통치를 나타낸다.

regular [régjulər]	규칙적인 고른	(말소리) 낚일래
regal [ríːgəl]	왕의 당당한	낚일
regent [ríːdʒənt]	섭정	낚진다

〈regular〉 엮(낚)여 (reg≒rigor 絡 얽을 락) 이어진 줄이 곧다. [연관] rigor rigid [다른 풀이] ‘이끌어’는 곧게 이끌어지다는 뜻.
〈regal〉 낚아 (reg=reign, director) 채 이끄는 왕(ruler)을 뜻함. 웩 휘어잡아 통치하다. [다른 풀이] ‘이끌’은 이끄는 왕. ‘엮이다’에서 ‘이끄다(이꾸다)’로 변한 것으로 보인다. **〈regent〉** 웩 { reg 낚아채 } 옥죄어 이끄는 왕국을 뜻함. g 발음이 ㄱ에서 ㅈ으로 변화. ☞ reg는 drag, director에서 rag/rec와 같이 낚아채 끌다는 의미 [참고] government 겹해(gov=capture) 잡아 통제하는 정부

· 어원) **〈regular〉** Proto-Indo-European reg-(“to straighten; right”). Proto-Indo-European *reg- (“move in a straight line”). **〈regal〉** Latin rēgālis (“royal, kingly”), from rex (“king”); also regere (“to rule”). **〈regent〉** Latin regēns (“ruling; ruler, governor, prince”). [국어] **넉다**: ‘엮다’의 방언(평북). **이끌다**: 목적하는 곳으로 바로 가도록 같이 가면서 따라오게 하다. **섭정**: 군주가 직접 통치할 수 없을 때에 군주를 대신하여 나라를 다스림. 또는 그런 사람. 畧다스릴 략(약) **옥죄다**: 옥여 바싹 죄다. **놓다**: 일정한 곳에 기계나 장치, 구조물 따위를 설치하다.

낚여(엮어) 짜인 줄은 바르고 곧다. 이는 짜임새를 갖추고 이에 따르도록 한다는 점에서 일정한 기준이나 통제, 통치를 의미한다.

regiment [rédʒəmənt]	연대	(말소리) 낚지민다
regimen [rédʒəmən]	섭생 양생법	낚지민
regime [reiʒíːm]	정권 체제	낚지임

〈regiment〉 ‘낚지민다’는 {엮(낚)여 絡 이을 락}(regi= league, rigid) 짜여지다(put in rigid order). 옭아 통제하는 정부 조직 **〈regimen〉** ‘낚지민’은 {엮(낚)여 絡 이을 락} (regi= regular, ligature) 짜인 틀에 맞게 하도록 함 **〈regime〉** 웩 { reg 낚아채 } 옥죄어 이끄는 왕국을 뜻함. ☞ g 발음이 ㄱ에서 ㅈ으로 변화.

· 어원) **〈regiment〉** Late Latin regimentum (“direction for government; course of medical treatment”), from Latin regō, regere (“rule”). **〈regimen〉** Latin regimen (“guidance, direction, government, rule”), from regō (“I rule, I direct”). **〈regime〉** Latin regimen (“**direction**, government”). Latin rigor (“stiffness, rigidity, rigor, cold, harshness”), from rigere (“to be rigid”)

legitimate [lidʒítəmət]	합법의 정당한	(말소리) 낚지됨이다
legal [líːgəl]	법적인 법률상의	낚일

〈legitimate〉 ‘낚지됨이다’는 웩 {낚아 leg} 통제하다. 즉 이끄는 잣대, 법을 나타냄. ☞ g 발음이 ㄱ에서 ㅈ으로 변화 **〈legal〉** ‘낚일’은 {엮(낚)여 leg= regular, right 絡 얽을 락 } 이끌리게 하는 잣대, 법을 나타냄 [참고] legal regal rule law

· 어원) ⟨**legitimate**⟩ Latin lēgitimus ("lawful"), originally "fixed by law, in line with the law, " Latin lēx("law"). ⟨**legal**⟩ Latin lēgālis ("legal"), from lēx ("law"). [국어] **옥죄다**: 옥여 바싹 죄다.

⟨rule 형태, 통치⟩

엮다는 이어지는 줄과 관련된다고 할 수 있다. 잣대는 척도로서 판단기준이 되고 통치 행위를 나타낸다 [尺(자척)은 자, 법, 재다는 의미를 지닌다] 'ruler'는 잣대이면서 통치자를 뜻한다. 고르게 이끈다는 측면에서 규칙성이나 엄격성을 띤다.

[금척리 고분에 감춰진 박혁거세의 금자]

신라의 초대 지도자 박혁거세가 어릴 때 신인이 금척을 주었다고 한다. 박혁거세 때에 금척을 땅에 묻고 38개의 언덕 같은 무덤을 같은 장소에 만들어 감추어 버렸다(경주 건천읍 금척리 고분군)

[태조 이성계 금척]

'태조강헌대왕실록'에는 이성계가 신인(神人)으로부터 금척을 받는 꿈을 꾼 후 천명(天命)이 있음을 깨닫고 왕위에 올랐다는 기록이 있다.

rule 등은 엮이다(reg)는 말에서 변형이 된 형태로 렬, 로를 사용하여 풀이한다.

rule [ruːl]	규칙, 통치하다	(말소리) 렬(列)
ruler [rúːlər]	1 줄자 2 통치자	렬(列)이

⟨**rule**⟩ 열(렬 line)지어 널빤지처럼 길고 반듯한 것, 곧 자(ruler)와 같이 정확하고 올바른 규칙을 의미. 잣대는 통치의 기준(律법률). 어원상 낚여(reg) 잇다에서 g가 탈락. [다른 풀이] '늘'은 (너울지는 놀처럼) 늘어져 나란한 줄자를 뜻함, [참고] normal '넒일' 널려 나란한 것으로 똑바른 기준 ⟨**ruler**⟩ 열(렬 line)지어 나란한 것으로 1 줄자, 2 널처럼 반듯한 잣대를 기준으로 바르게 다스리는 자(관리)를 나타냄 [참고] royal

· 어원) ⟨**rule/ruler**⟩ Latin regula ("straight stick, bar, ruler, pattern"), from regere ("to keep straight, direct, govern, rule"). English regol ("a ruler, straight bar"). [국어] **놀**: '너울'의 준말. **널다**: 볕을 쬐도록 펼쳐 놓다. **널**: [같은 말] 널빤지(판판하고 넓게 켠 나뭇조각). **잣대**: 자로 쓰는 대막대기. 어떤 현상이나 문제를 판단하는 데 의거하는 기준을 비유적으로 이르는 말. [한자] 律법 률 領옷깃 령, 다스릴 령 令하여금 령

royal [rɔ́iəl]	왕실의 왕족	(말소리) 로(路)일
reign [rein]	통치하다 지배하다	로(路)인
loyal [lɔ́iəl]	충실한 지지하는	로(路)일

⟨**royal/reign**⟩ 노선처럼 이어져 잣대(ruler, law)에 맞추도록 통제한다는 뜻. 바른 잣대가 되는 왕을 가리킴. 엮(낚)여(reg)에서 g 묵음. ⟨**loyal**⟩ 노선처럼 일렬로 늘어뜨려 엮인 것으로서 끈끈한 유대관계를 형성하여 충성하다(Having undivided support)

· 어원) ⟨**royal**⟩ Latin rēgālis, from rēx ("king"). Proto-Indo-European *$h_3$reǵ- (to straighten, to right oneself), *h_3rḗǵ-s("king") ⟨**reign**⟩ Latin rēgnum ("kingship", "authority"). ⟨**loyal**⟩ Latin lēx (law, regulation, rule) Ancient Greek λέγω(légō, "I speak, I choose, I mean") Proto-Italic *leǵ- ("to gather"). [한자] 領다스릴 령 令하여금 령

2-3장 '랍' 나부대는 형태[모음+p(v, b, f)][ㅇ, ㄹ]

'얍'은 힘을 모아 내는 기합소리로 뛰어오르는 동작을 표현할 수 있다. 이와 관련된 어근은 op, ap, ab, av, ob 등으로 (up/over)와 같다. 그리고 '휩', '읍', '합' 역시 휙하고 솟구치거나 갑작스런 움직임, 파동, 높이, 부딪혀 결합됨을 나타낸다[hop, wave, lift, apt, adopt], 상기 형태는 c, p, l(r), t 등 각종 자음 뒤에 붙어도 같은 의미를 지닌다.

1 업혀(up, op, ov) 올리다, 휩[h_p(v, b)] 오르다

upset **ov**er ab**ove** **opt** ad**opt; hop hob**ble **heave**

upon [əpɑ:n] 위에 (말소리) 업힌
upper [Λpər] 위의 상류의 업혀

〈upon〉 '업힌' 얍 올라서 업다. 위에 있다는 뜻 **〈upper〉** '업혀'는 얍 올라서 (업혀) 위에 있다

· 어원) **〈upon〉** up+on

open [óupən] 열다 (말소리) 업은

'업은'은 얍 업어 (올려) 보이게 하다는 뜻 [다른 풀이] '위편'은 위쪽이라는 뜻

· 어원) Proto-Germanic *upanōną ("to raise; lift; open").

upset [ʌpset] 화난, 뒤엎다 (말소리) 엎어지다

〈upset〉 '엎어지다'는 얍 '엎어'(up, over) '서다' [또는 가라앉아 '지다'(set)]. setup처럼 벌떡 서는 바람에 뒤집어지거나 (속이 뒤집어져) 화난다는 뜻 [참고] over는 엎어지다(From an upright position to being horizontal.)→ overturn

· 어원) **〈upset〉** Middle English upset ("the act of setting up; establishment"). [국어] **엎어지다**: 1. 서 있는 사람이나 물체 따위가 앞으로 넘어지다. 2. 위아래가 뒤집히다.

hyper [háipər] 과잉 극도의 (말소리) 합해
over [óuvər] 1 위에 2 중첩된 업어

〈hyper〉 '합해'는 합하여(hyper= over, up) 위에 업혀 있다 [연관] hover **〈over〉** '업어'는 1. 업혀 위에 있는 2. 업어 위에 쌓다(once more; over again)

· 어원) **〈hyper〉** Ancient Greek ὑπέο (hupér, "over"). **〈over〉** Latin super, Ancient Greek ὑπέο(hupér) [국어] **업다**: 사람이나 동물 따위를 등에 대고 손으로 붙잡거나 무엇으로 동여매어 붙어 있게 하다. **휘휘**: (북한어) 물체 따위가 허공에 떠서 크게 흔들리면서 이리저리 휩쓸리는 모양. **합**: 입을 다물 때 내는 소리. 盒 (뚜껑 합), . 盒덮을 합

above [əbΛv] 위에 (말소리) 옆업어

〈above〉 ~옆(ab)에 업어(ove= over) 올라섬으로써 넘어서다는 의미

· 어원) **〈above〉** Old English ābufan from a ("on")+bī("by")+ufan("over").

어떤 것 위에 업힌다는 것은 덮고 있어 높은 곳을 의미한다.

apex [éipeks] **[고급]** 정점 (말소리) 업혔지

〈apex〉 '업혔지'는 업혀 올라선 정상을 의미 [다른 풀이] '앞있지' 앞에 붙어 있어 끝이다. ☞ ap= up, cap, top, super

· 어원)**〈apex〉** Latin apex ("point, tip, summit"), from apō ("fasten, attach"). **업다**: 사람이나 동물 따위를 등에 대고 손으로 붙잡거나 무엇으로 동여매어 붙어 있게 하다.

얍(op) 뽑아 올리다

여기에서의 '업다'는 업어 올린다는 뜻으로 뽑거나 채택하다는 의미로 쓰인다. 생각의 표현이나 의견을 내는 것 등에 '업다'를 사용할 수 있다. opt는 lift와 같은 말로 들어 올리는 것이다.

opt [apt] 선택하다 고르다 (말소리) 업다

〈opt〉 '업다'는 얍, 업어(op=hop, up 올리어) 뽑다는 뜻 [연관] option

· 어원) **〈opt〉** Latin optare "to choose" or "to select". [국어] **업다**: 사람이나 동물 따위를 등에 대고 손으로 붙잡거나 무엇으로 동여매어 붙어 있게 하다.

adopt [ədάpt] 채택하다 입양하다 (말소리) 엣업다

〈adopt〉 '엣업다'는 1.~에 대해(ad) 얍, 업어(op=hop, up 올리어) 붙잡다(To take or receive as one's own) 2. 애를 얍 떠서 낚아채듯 업어와 입양하다

· 어원) **〈adopt〉** Latin adoptare; ad+optare ("to choose, desire"). [국어] **업다**: 남의 것을 허락도 없이 몰래 가지다.

opinion [əpínjən] 의견 생각 (말소리) 업혀내온

〈opinion〉 '업혀내온'은 얍, 업어(op=hop, up) 올리어 나오는 것으로 여러 생각 중에 골라 자기 의사를 표현한다.

· 어원) **〈opinion〉** Proto-Indo-European *op- ("to prefer, choose"). (스페인어 opinar 생각하다) [국어] **업다**: 사람이나 동물 따위를 등에 대고 손으로 붙잡거나 무엇으로 동여매어 붙어 있게 하다.

optical [άptikəl] 시각의 (말소리) 업다길

〈optical〉 '업다길'은 얍(op=rob, up) 업어 잡는 것으로 (물체의 윤곽을) 잡아 보다는 뜻

· 어원) **〈optical〉** Ancient Greek: ὄψ (óps, "eye, face").

얍/휩(hop) 뛰어 오르다

hop [hap] 두 발로 뛰기 (말소리) 휩

〈hop〉 '휩'은 휘이 '얍, 휩'(hop=up, leap 駿 달릴 읍)하고 뛰어오른다는 뜻

· 어원) 〈hop〉 Old English hoppian ("to hop, spring, leap, dance"). [국어] 얍: 힘을 강하게 주거나 정신을 집중할 때 지르는 외마디 소리. [한자] 立설 입(립), 곧, 이루어지다. 駿 달릴 읍

hobby [hάbi] 취미 (말소리) 휘빼
hippo [hípou] 하마 휘펴

〈**hobby**〉 '휘빼'는 휩(hob= hop, hippo 얍, 획), 휘휘 날뛰는 말을 재미로 타는 것을 뜻하며 이것이 취미로 의미가 변화됨 〈**hippo**〉 '휘펴'는 휩(hob= hop, up 얍, 획) 휘휘 날뛰는 말을 의미 [다른 풀이] '헤퍼' 헤프게 왔다갔다 한다

· 어원) 〈**hobby**〉 Middle English hoby("small horse, pony") The meaning of hobby-horse shifted from "small horse, pony" to "child's toy riding horse" 〈**hippo**〉 Ancient Greek ἵππος (híppos, "horse"). [국어] **휩**-: '싸다', '쓸다' 따위의 일부 동사 앞에 붙어, '마구' 또는 '함부로'의 뜻을 더하는 말.

hobble [hάbl] 다리 절다. (말소리) 오불

〈**hobble**〉 '오불'은 휩(hob= hop, wave 얍) 뛰며, 오불고불 휘청이며 걷는다는 뜻 [연관] cripple [ripple≒hobble] waver [다른 풀이] '휩일'

· 어원) 〈**hobble**〉 hobben ("to hobble, move back and forth") [국어] **오불고불**: 요리조리 고르지 아니하게 굽은 모양.

heave [hiːv] (무거운 것을) 들어올리다 (말소리) 휘입

〈**heave**〉 '휘입'은 휘이, 휩(heav=hop, up) 솟는다는 말로 위로 펴 들다는 뜻 [연관] heavy

· 어원) 〈**heave**〉 Proto-Germanic *habjaną ("to take up, lift"). **휘휘**: (북한어) 물체 따위가 허공에 떠서 크게 흔들리면서 이리저리 휩쓸리는 모양

Heap에서 ap는 up과 같이 업혀 덮는 의미이다. Top, cup, cap, cave, cover, hive(벌집) 모두 어미가 up(op, av, iv 등)로서 덮개로 싼 것을 나타낸다.

heaven [hévən] 천국 하늘 (말소리) 휩인

〈**heaven**〉 '휩인'은 휩(heav=hop, heave) 휘이 솟는다는 말로 위에 덮은 하늘을 뜻함. He(휘)+av(up) [연관] heave haven 휩(wave) 파도치는 항구 leaven 얍 높인 above(Into heaven)

· 어원) 〈**heaven**〉 Middle English forms including heven (To raise, lift, heave) Proto-Germanic *himinaz ("cover, heaven, sky"). [국어] **휩**-: '싸다', '쓸다' 따위의 일부 동사 앞에 붙어, '마구' 또는 '함부로'의 뜻을 더하는 말.

heap [hiːp] 더미 쌓다 (말소리) 합(合)

〈**heap**〉 '합'은 휩(up, hop) 솟아올라 쌓인 것으로서 합해서 모이다는 뜻. ☞ He(휘)+ap(up) (업→합) [다른 풀이] '휩' 휘이 솟은

· 어원) 〈**heap**〉 Old English hoppian ("to hop, spring, leap, dance"). [국어] **합**: 입을 다물 때 내는 소리. 합하다. [한자] 增둑 협, 合 합할 합

hive [haiv] 벌집 벌떼 (말소리) 합

〈hive〉 '합'은 합해 (겹으로) 두른 집, 상자. 담는 그릇인 합(盒)이 집 모양이다. 겹쳐 가리는 갑(cap, cover)의 변형된 형태다. heap 처럼 볼록 솟아 있다 ☞ Hiv=cap, cave tub

· 어원) **〈hive〉** Proto-Germanic*hufą ("hill, height, farm, dwelling") Ancient Greek ὑφή (huphḗ, "web"). Ancient Greek κύπη (kúpē, "gap, hole"), [국어] **합(盒)**: 음식을 담는 놋그릇의 하나

업어(op) 가지려 힘쓰다

'업'은 얍(op=hop) 떠서 일어나는 일(業)을 의미한다. '업'은 얍 하고 일어나는 힘이 일의 에너지로 작용한다

operate [ápərèit] 운영하다 작동하다 (말소리) 업(業)하리다

〈operate〉 '업(業)하리다'는 업어(op=hop, up) 올려 일어나는 힘을 가리키며 이는 업(業 op, oper=labor)을 수행하는 것으로 볼 수 있다. [연관] office labor

· 어원) **〈operate〉** operārī ("to work, labor, toil, have effect"), from opus, operis ("work, labor"). [국어] **업(業)**: 생계를 유지하기 위하여 자신의 적성과 능력에 따라 일정한 기간 동안 계속하여 종사하는 일. [한자] 業일 업

cooperate [kouápərèit] 협력하다 협조하다 (말소리) 껴업(業)하리다

〈cooperate〉 '껴업(業)하리다'는 껴(co 함께) 업(業 op=up, labor)을 수행한다는 말로 함께 업무하다는 뜻

· 어원) **〈cooperate〉** Late Latin cooperatus ("work with"). [국어] **업(業)**: 생계를 유지하기 위하여 자신의 적성과 능력에 따라 일정한 기간 동안 계속하여 종사하는 일. [한자] 業일 업

avarice [ǽvəris] **[고급]** 탐욕 (말소리) 업으리지

〈avarice〉 '업으리지'는 얍(av=have, rob) 하고 낚아채 업어 가지고자 하는 의지를 뜻함 [연관] hope 휩/얍(hop) 뛰며 낚아채 갖고 싶어한다는 뜻. 흡족하다 happy 恰흡족할 흡

· 어원) **〈avarice〉** Proto-Indo-European *$h_3$ep- ("to work, toil; ability, force"). Sanskrit अवति (ávati)(to drive, impel, like, guard). [국어] **업다**: 등에 대고 손으로 붙잡거나 무엇으로 동여매어 붙어 있게 하다.

2 업다(apt/op)(부합, 앞), 합(hav, hab)(붙어 살다), 휩(hib)싸여 잡히다

apt ad**apt** **op**posite; **hab**it in**hab**it; pro**hib**it in**hib**it

'업다', '합하다'는 원래 지니고 있던 것에 덧붙여 가지게 되다는 뜻이 있다(up=toward the end at which something is attached). 덧붙인다는 뜻에서 소유의 개념도 있다고 하겠다. 또한 업어 붙게 되고, 맞아 들어간다는 의미에서 '합당하다, 적합하다'의 뜻도 가진다.

apt [æpt] 적절한, ~하는 경향이 있는 (말소리) 업히다

〈**apt**〉 '업히다'는 얍, 업어(ap=upon) 줌으로써 서로 딱 맞게 부합하다. 1 업혀 일체가 되어 합당하다. 합하다(合합할 합, 맞다)는 맞다, 적합하다의 뜻이 있다. 2 업혀 다니다는 말로 ~뒤를 따르는 성질. ~에 붙어 따라다니는 것으로, ~쪽으로 향하는 경향(Having a habitual tendency)

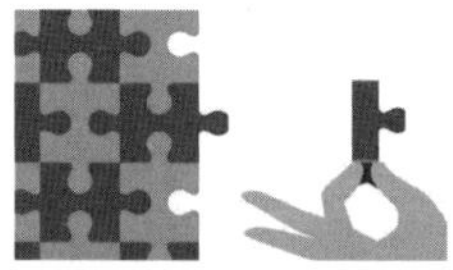

· 어원) 〈**apt**〉 Latin aptus ("to fasten, to join, to fit"). [국어] **업다**: 사람이나 동물 따위를 등에 대고 손으로 붙잡거나 무엇으로 동여매어 붙어 있게 하다. **입히다**: 1. 입게 하다. 2. 받거나 당하게 하다. **합하다**: 자격, 조건, 뜻 따위에 일치하다. [한자] 合합할 합, 맞다 縲 꿰맬 업, 묶다

adapt [ədǽpt] 적응하다 (말소리) 엣업다

〈**adapt**〉 '엣업다'는 ~에다(ad) 업히다(apt)는 말로 업혀(합해) 일체가 되어 맞게 어울리다는 뜻 [연관] adept

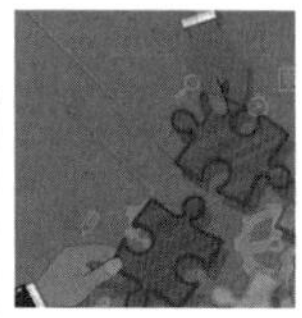

· 어원) 〈**adapt**〉 Latin adaptare ("to fit to"), from ad ("to")+aptare ("to make fit"). Latin adeptus ("who has achieved"). [국어] **업다**: 사람이나 동물 따위를 등에 대고 손으로 붙잡거나 무엇으로 동여매어 붙어 있게 하다.

앞은 업어 붙은 면으로 어원상 옆과 같다. 앞에 있는 것은 상대편이고, 반대편이 된다. 인하여 접하다는 말인 in, on, anti 와 같은 쓰임이다.

optimist [άptəmist] 낙관주의자 (말소리) 업됨에서다

'업됨에서다'는 업어(opt=apt) (접한) 앞에 다가서 들어맞다. 둘이 딱 맞다고 (합당하다고) 바라보는 자.

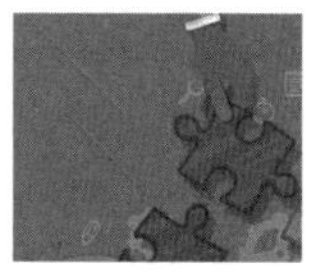

· 어원) sanscrit (ápi)(close by, within, before; also; however) [국어] **업다**: 사람이나 동물 따위를 등에 대고 손으로 붙잡거나 무엇으로 동여매어 붙어 있게 하다.

opposite [άpəzit] 맞은편의 (말소리) 업퍼지다

업어(op=upon) (접한) 앞에 퍼져(posit=position) 있어 마주한 것

· 어원) Latin ob ("before, against")+Medieval Latin pausare ("to put") Sanskrit अभि(abhí, against on, over, with regard to, by, before) [국어] **업다**: 사람이나 동물 따위를 등에 대고 손으로 붙잡거나 무엇으로 동여매어 붙어 있게 하다.

합(hav/hab)하여 달라붙다(습관, 살다), 휩(hib)싸이다

'합하다'는 것은 얍 채서 업어치는 것으로 hop, rob, rub 동작과 관련된다. 얍 합하는 동작은 '업다' '입다'와도 통한다. 둘 이상을 합해 하나로 만드는 것과 업어서 다른 것을 받아들이는 것이 서로 의미상 비슷하다. 합하는 것은 업어 짐을 지는 것으로 의무가 된다.

have [həv] 1가지다 2 하게 하다 (말소리) 합

〈**have**〉 '합'은 휩, 얍(rob 𠫔가질 압) 낚아채는 것으로 1. 합해 (위에 달라붙음으로써) 소유하다. 2. 시키다/의무: 합해(업어) 짊어지게 시키다. 하게끔 입히다(To cause to be, have to)

· 어원) 〈**have**〉 Ancient Greek ἅπτω(háptō, "I fasten"). Proto-Indo-European *$h_2$ep-("to get, grab") Old Norse hafa ("to have, wear, carry"), from Proto-Germanic *habjaną ("to have, hold"), latin habeō ("have, possess") Latin aptus ("to fasten, to join, to fit"). [국어] **입다**: 1. 옷을 몸에 꿰거나 두르다. 2. 받거나 당하다. **합**: 입을 다물 때 내는 소리. 입을 다물 때 내는 소리. [한자] 𠫔가질 압, 합(合). 合합할 합, 맞다 協 (화합할 협, 합하다) 縲 꿰맬 업, 묶다

behalf [bihǽf] ~을 위하여 (말소리) 부합(附合)

⟨behalf⟩ '부합'은 휩(up, have) (업혀) 부합되다. 하나로 합쳐지다는 말로 따른다는 뜻

· 어원) **⟨behalf⟩** Old English *healf* ("half");, 'half', 'side' Old English bī healfe ("by [his/her] side"), from bī ("by")+healfe ("side, half"). [국어] **부합**: 서로 맞대어 붙임.

습관을 넘어 어떤 분야의 전문가가 되려면 선천적 재능 대신 최소한 1만 시간 정도의 훈련이 필요하다(1993년 앤더스 에릭슨 논문). 반면 음악·스포츠·체스 등의 분야는 실력의 차이에서 차지하는 노력 시간의 비중이 20~25%였다(잭 햄브릭 교수).

'합하다'는 것은 얍 채서 '업혀 위에 달라 붙는다', '부합하다'는 뜻에서 거주나 체류, 버릇이나 습관의 지속을 의미하기도 한다. 거주의 경우 한 곳에 오랫동안 머무르며 그곳의 관습이나 지형, 지물을 익혀 받아들이고 적응해 살아간다는 점에서 몸에 맞추어 입는 옷과 같다고 할 수 있다. 버릇도 한번 몸에 배면 고치기 힘들다는 점에서 지속적인 행위(업은 상태의 지속)라고 할 수 있다. custom은 어원적으로 옷을 계속 껴입는다는 의미에서 습관이 되었다.

habit [hǽbit] 습관 버릇 (말소리) 합이다

⟨habit⟩ '합이다'는 얍 채어서, 업어/합해(habi=have) 몸에 입히다는 말로 몸에 배다는 뜻 [다른 풀이] '입히다' 업어 몸에 달라붙은 습관 [연관] have apt

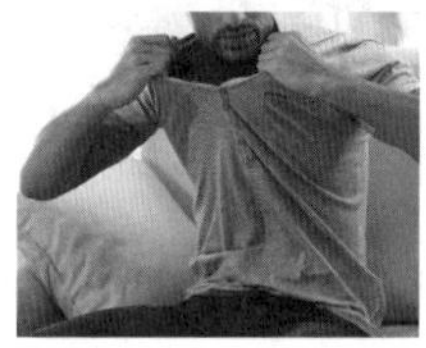

· 어원) **⟨habit⟩** Latin habitus (" bearing, state, appearance, **dress**"), from habeō ("I have, hold, keep") latin apō(I fasten; attach; join, bind). [한자] 合합할 합, 맞다 業 꿰맬 업, 묶다

habitat [hǽbitæt] 서식지 생태 (말소리) 합이되다

⟨habitat⟩ '합이되다'는 업어/합해 (habi=have, apt 위에 달라붙어) 붙다는 말로 한자리에 머물러 살다는 뜻

· 어원) **⟨habitat⟩** Latin habitātus ("having been inhabited"), from habitus ("having been held"). Latin aptus ("to fasten, to join, to fit").

inhabit [inhǽbit] 거주하다 (말소리) 인합이다

⟨inhabit⟩ '인합하다'는 인(in, im, on, 인(隣)=인접)하여 업어/합해 (habi=have, apt) 위에 달라붙다. 붙어 살다 [참고] keep 겹해 잡힌 것으로 지속되는 상태. 옛말에는 살다(To reside for a time. to dwell)는 뜻이 있었음.

· 어원) **⟨inhabit⟩** habitō (I remain, dwell, live). [국어] **인하다**: 어떤 사실로 말미암다. 나란히 또는 가까이 있어 경계가 서로 붙어 있다. **붙다**: 어떤 장소에 오래 머무르다. 목숨이나 생명 따위가 끊어지지 않고 있다.

exhibit [igzíbit] 전시 보여주다 (말소리) 윗입히다

⟨exhibit⟩ '윗입히다'는 윗 쪽에 휩 입혀/합해 (hibi=have, apt) 주다. 위(겉)에 입혀 드러나 보이다는 뜻

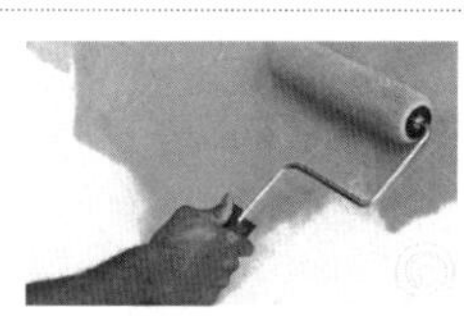

· 어원) **⟨exhibit⟩** exhibeō ("I hold forth, present, show, display"), from ex ("out of, from")+habeō ("I have, hold").

휩싸여 입혀지는 것이 가로막고 있어 다른 것이 진입하는데 방해가 되다는 뜻이다.

inhibit [inhíbit] 억제하다 금하다 (말소리) 인휩이다

〈inhibit〉 '인휩이다' 인("in, im, on" 인(隣)=인접)하여 휩(hibi=have, 위에 달라붙어) 싸여 입어/합해 지니고 유지하다. 내부적으로 흐트러지지 않게 억제한다. 잡고 유지하는 keep('겹'))과 유사

· 어원) **〈inhibit〉** inhibeō ("I hold in, check, restrain"). [국어] **업히다**: 업음을 당하다.

prohibit [prouhíbit] 금지하다 막다 (말소리) 펴내휩이다

〈prohibit〉 '펴내휩이다'는 펴내(pro, 앞에) 휩 (hibi=have, apt) 싸여 (위에 달라붙어) 업어/합해 있다. 앞에서 붙잡아 못 가게 억제한다는 뜻

· 어원) **〈prohibit〉** prohibeō(I hold back or before, keep off). [국어] **펴내다**: 개킨 것을 넓게 하여 내놓다. **업히다**: 업음을 당하다.

3 읍(泣) 우는, 휘이(휩) 대는 파동[w/h+p(v, f)] 휩쓸다, 파도, 흔듦, 갑자기

weep ape; whip sweep wipe; wave haven; waver weave; perhaps hapzard

'읊다'는 '웁웁', '우우'거리기도 하며 암송하는 듯한 억양과 비슷한 소리를 낸다. '읊다'는 말소리 뿐만 아니라 스치는 소리 등을 나타낸다고 할 수 있다. 입(lip), 잎(leaf) 같은 말도 이와 관련된 것으로 볼 수 있다.

weep [wiːp] 울다 (말소리) 읍(泣)
oops [ups, uːps] 이런 아차 웁스

〈weep〉 '읍'은 읊다는 소리로서 '읍읍'과 같이 한자 읍(泣울 읍, 바람 빠를 립)은 동물이 우는 소리를 나타낸다. **〈oops〉** '웁스'는 읍(泣 울 읍) 소리 내며 읍소하듯 놀람을 표시

· 어원) **〈weep〉** Proto-Indo-European *weh$_2$b- ("to call, cry, complain"). [국어] **읊다**: 감정이나 억양을 넣어 읽거나 외다. **읍읍(悒悒)**: 마음이 매우 불쾌하고 답답하여 편하지 아니하다. **읍소(泣訴)**: 눈물을 흘리며 간절히 하소연함. [한자] 颯바람 소리 삽, 泣울 읍, 바람 빠를 립

epic [épik] 서사시 (말소리) 읊은

〈epic〉 '읊은'은 읊어 구전하는 시를 의미함

· 어원) **〈epic〉** ἔπος (épos, "word, story"). [국어] **읊다**: 감정이나 억양을 넣어 읽거나 외다.

ape [eip] 유인원 영장류 (말소리) 우읍

〈ape〉 '우읍'은 우우우, 읍읍(ape=wave, weep 泣울 읍) (물이 출렁이는 소리처럼), 우는 소리를 낸다는 뜻.

· 어원) **〈ape〉** Proto-Celtic *abū ("river"), Proto-Indo-European *h$_2$ep- ("water"). [국어] 납(원숭이'의 옛말) '납 爲猿'(납을 원숭이라 한다) **〈〈훈민정음(해례본)(1446) 용자례〉〉** [한자] 泣울 읍, 바람 빠를 립

채찍 같은 물건으로 때리거나 치는 경우 휙하고 소리가 나거나 날카로운 바람 소리가 나기 마련이다. 그렇게 재빠르게 움직이며 내는 소리에 '휩'이나 '얍'을 사용하기도 한다.

whip [hwip] 때리다 (말소리) 휩
wipe [waip] 닦다 없애다 휘입

〈whip〉 '휩'은 휩 소리 나게 휩쓸다는 뜻 (Any of various pieces that operate with a quick vibratory motion) [연관] weep sweep **〈wipe〉** '휘입'은 얍얍(rub, lap) 거리며 닦을 때 나는 소리를 나타냄 [연관] rub wave lip lap 얍얍 혀를 날름거리다 swipe 후려치다

· 어원) **〈whip〉** Middle English whippen("to flap violently"). **〈wipe〉** Old English wīpian ("to wipe, rub, cleanse") [국어] **휩-**: '싸다', '쓸다' 따위의 일부 동사 앞에 붙어, '마구' 또는 '함부로'의 뜻을 더하는 말. 泣울 읍, 바람 빠를 립

빠른 동작은 대개 이동이나 잽싸게 빼앗는 것과 연관된다. '스읍'이나 '잽'은 그런 동작 과정에서 나는 소리를 나타낸 것이다.

sweep [swiːp] 쓸다 (말소리) 스읍
swap [swap] 교환 바꾸다 스읍

〈sweep〉 '스읍'은 (빗자루로) 휩쓰는 바람 소리를 나타냄 **〈swap〉** '스읍'은 '스읍' 휩쓰며 섞이는 것을 뜻함, 마주 스치며 교차하는 소리

☞ 쉬 s+읍(weep/wap : whip, wave) ≒ jab

· 어원) **〈sweep〉** Old English swāpan ("to swoop"). **〈swap〉** West Frisian swiepe ("whip, cleanse, sweep"). [국어] **휩쓸다**: 물, 불, 바람 따위가 모조리 휘몰아 쓸다. 颯바람 소리 삽. 泣울 읍, 바람 빠를 립

swift [swift] 신속한 빠른 (말소리) 스읍이다

'스읍이다'는 스읍 휩쓰며 채가는 소리'. 쉽게 그 자리에서 벗어나는 행동을 의미한다. 따라서 빠른 이동이나 움직임을 나타낸다. '쉽다' '쉬이'로 관련된다.

☞ 쉬(s)+휩/읍 (wift=whip). [연관] sweep swoop 급강하 speed

· 어원) **〈swift〉** Proto-Indo-European *weyp- ("to twist; wind around"). Cognate with Icelandic svipta ("to pull quickly"). [국어] **쉬이**: 어렵거나 힘들지 아니하게. **쩝**: 입맛을 다시는 소리. 또는 그 모양. [한자] 倢빠를 첩 泣울 읍, 바람 빠를 립

'오불'은 오불고불 불규칙적이고 꼬불꼬불 굽어있다. 야불거리며 말하는 모습도 나타낸다.

waffle [wάfl] 와플 잡담하다 (말소리) 오불

〈waffle〉 '오불'은 얍얍대며, 오불고불 굽은 모양을 뜻함. 벌집 육각형 모양이 파도처럼 휘날리다. 야불거리며 말하다 [참고] wobble 야불 hobble waver rap

· 어원) Scots waffle ("to waver, flutter"). [국어] **오불고불**: 요리조리 고르지 아니하게 굽은 모양. **야불**: 야불거리다(입을 자주 놀려 잇따라 말하다)'의 어근.

'읍'은 우는 소리로 물이 쓸고 올라오거나 내려갈 때 나는 소리를 나타낸다. 파도가 치는 해변가를 상상해보면 이해하기 쉬울 것이다. '와아' '휘이이'하고 파도가 소리를 내며 올라왔다가 또 한꺼번에 쓸려 내리는 소리를 해변가에서 느낄 수 있다.

wave [weiv] 파도 흔들다 (말소리) 훼이부
waver [wéivər] 흔들리다 훼이불

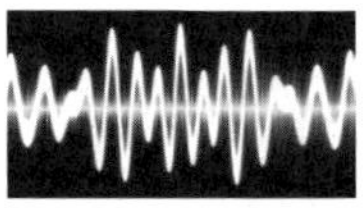

〈wave / waver〉 훼이 부는 파도 소리 및 이리저리 흔드는 진동(To move back and forth repeatedly)을 의미함 [다른 풀이] '오불'은 오불고불 흔들리며 움직인다는 뜻 [참고] weep wobble web river 나불 lavatory 나부대리

· 어원) **〈wave / waver〉** Proto-Celtic *abū ("river"), Sanskrit (áp)(water, air) Proto-Indo-European *webʰ- ("to move to and from, wander") [국어] **와**: 여럿이 한꺼번에 웃거나 떠들거나 지르는 소리. **휩**: '싸다', '쓸다' 따위의 일부 동사 앞에 붙어, '마구' 또는 '함부로'의 뜻을 더하는 말. [한자] 浥젖을 읍, 흐를 압

haven [héivn] 항구 피난처 (말소리) 휘이분

〈haven〉 '휘이분'은 휘이(휩) 읊어대는 물소리로 파도가 부딪히는 해변, 항구를 의미. 항구는 배가 피난하는 장소 [연관] hover [다른 풀이] '해변'

· 어원) **〈haven〉** Proto-Germanic *habą ("sea") Old Norse haf ("heaving, lifting, uplift, elevation"). Old English hove (To remain suspended in air, water etc.; to float, to hover)

hover [hʌvər] 허공을 맴돌다 (말소리) 휘불

〈hover〉 '휘불' 휘휘 부다. 휘휘 떠돌아다닌다(waver) [연관] waver 휘이 휘젓다 hyper.

· 어원) **〈hover〉** Old English hove (To remain suspended in air, water etc.; to float, to hover). Proto-Germanic *hufą ("hill, height, farm, dwelling"). **휘휘**: (북한어) 물체 따위가 허공에 떠서 크게 흔들리면서 이리저리 휩쓸리는 모양

behave [bihéiv] 행동하다 처신하다 (말소리) 비휘입

〈behave〉 '비휘입'은 휘휘 얍(hav=wave) 이리저리 흔드며 움직인다는 뜻 [연관] happen

· 어원) Old English behabban ("to include, hold, surround, comprehend"), Middle High German behaben ("to hold, take possession of"). sanscrit अवति• (ávati)(to drive, impel, like, guard). [국어] **휩-**: '싸다', '쓸다' 따위의 일부 동사 앞에 붙어, '마구' 또는 '함부로'의 뜻을 더하는 말.

파도가 휘입(wave) 흔드는 것처럼 돌아가며 실을 짜는 것을 나타낸다.

weave [wiːv] 짜다 엮다 (말소리) 휘이부

〈weave〉 '휘이부' 휩(weave=wave), 휘휘 부는 파도의 파동처럼 방직기로 오르내리며 실을 짜는 것을 나타냄 (To spin a cocoon or a web. To move by turning and twisting.)

· 어원) **〈weave〉** Proto-Indo-European *webʰ- ("weave, to move to and from, wander"). [국어] **휩싸다**: 휘휘 둘러 감아서 싸다. **휘휘**: 여러 번 휘감거나 휘감기는 모양. 휘파람을 자꾸 부는 소리. 센 바람이 거칠게 잇따라 스쳐 지나가는 소리. 泣울 읍, 바람 빠를 립

web [web] 거미줄 인터넷 (말소리) 읍

〈web〉 '읍'은 읍읍(weave, wave 泣울 읍, 바람 빠를 립)대며 휘휘 도는 파도의 파동처럼, 돌아가며 거미줄 친다는 뜻. 읊는 소리의 파동과 같다.

· 어원) **〈web〉** Proto-Indo-European *webʰ- ("weave, to move to and from, wander"). [국어] **휘휘**: 여러 번 휘감거나 휘감기는 모양. 휘파람을 자꾸 부는 소리. 센 바람이 거칠게 잇따라 스쳐 지나가는 소리. 泣울 읍, 바람 빠를 립

휩(hap)싸게 나타나는 일

다음에서의 '휩' '얍'은 우연히 발생하는 운이나 기회를 뜻하고 희망이나 의지와 관련이 있다. 퐙 튀어나오는 pop과 관련된다.

happen [hǽpən]	일어나다 발생하다	(말소리) 휩인
hap [hæp]	우연히 하다	휩

〈happen〉 '휩인'은, 휩(hap≒whip 溘갑자기 합) 쓰는 소리로 갑자기 생긴다. 우연히 피어나 발생한다는 뜻 [연관] pop **〈hap〉** '휩'은 휩하고 나타나듯이 우연히 발생하는 것을 나타냄 [연관] haphazard

· 어원) **〈happen〉** hap ("a chance, occurrence, byfall"). **〈hap〉** Middle English hap("chance, hap, luck, fortune"). [국어] 휩-: '싸다', '쓸다' 따위의 일부 동사 앞에 붙어, '마구' 또는 '함부로'의 뜻을 더하는 말. **휩쓸다**: 물, 불, 바람 따위가 모조리 휘몰아 쓸다. 거침없이 행동을 함부로 하다. 溘갑자기 합

haphazard [hæphǽzərd]	되는 대로의, 우연의	(말소리) 휩휘쓸다
perhaps [pərhǽps]	아마도	펄휩서

〈haphazard〉 '휩휘쓸다'는 얍(hap 溘갑자기 합) 하고 (갑자기) 휩쓸다. 아찔한 상황이 휙 나타날 수 있다는 의미 [연관] hazard **〈perhaps〉** '펄휩서'는 펄(per) 휩(hap 溘갑자기 합) 스치고 나타난다. 펄쩍 휘이 나타나는 일이라 추정한다는 의미

· 어원) **〈haphazard〉** hap ("chance, luck")+hazard. **〈perhaps〉** per+hap ("chance, coincidence"). [국어] **아찔하다**: 갑자기 정신이 아득하고 조금 어지럽다. **휩**-: '싸다', '쓸다' 따위의 일부 동사 앞에 붙어, '마구' 또는 '함부로'의 뜻을 더하는 말. **합**: 입을 다물 때 내는 소리. 溘갑자기 합

hazard [hǽzərd]	위험 해이	(말소리) 휘쓸다

〈hazard〉 '휘쓸다'는 주사위 게임처럼 마구 휘저어 예상할 수 없다. *어원이 명확하지 않다.* [다른 풀이] '어질다'

· 어원) **〈hazard〉** Old French hasart ("a game of dice"). [국어] **헤살**: 일을 짓궂게 훼방함. 또는 그런 짓. 물 따위를 젓거나 하여 흩뜨림. **어질**: '어질하다(정신이 아득하고 어지럽다. [북한어] 정신없이 움직이거나 여기저기 돌아다니는 모양. 어지르다. **아슬하다**: 두려워서 소름이 끼칠 정도로 마음이 약간 위태롭거나 조마조마하다.

휘이/우우(way) 바람 따라 가다

way [wei]	방법 길	(말소리) 휘이
sway [swei]	흔들리게 하다	스휘이

〈way〉 '휘이'는 휘이/훠이 흘러가는 물(water)이나 바람에 빗대어 방랑하며 휘휘 걷는 길을 나타냄 ☞ 어원상 부우 떠다니는 via에서 way로 변화 [연관] wave **〈sway〉** '스휘이'는 휘저으면서 흔들리는 소리를 나타냄 [다른 풀이] '저어' 젓다

· 어원) **⟨way⟩** Proto-Indo-European *wai(oh, ah, woe). (Old English ēode ("(he) went"). Latin eō-(go) **⟨sway⟩** Dutch zwaaien (to sway, to wave) [국어] **휘**: 1. 센 바람이 거칠게 스쳐 지나가는 소리. 2. 숨을 한꺼번에 세게 내쉬는 소리. 3. 휘파람을 부는 소리. **휘휘**: 이리저리 휘두르거나 휘젓는 모양. **예다**: '가다'를 예스럽게 이르는 말. '누비다'의 방언(함북). **이다**: '일다(움직임이 새로 생기다)'의 방언 (경남, 함남)

이는 바람 따라 이동하다. '예다'는 바람이 일어 이리저리 가다는 말이다. [Sanscrit 'yeda' (going, flying away)] (조선고어실담어 주석사전, 강상원, 2016.7.25, p.328)

exit [égzit, éksit] 출구 나가다 (말소리) 윗예다
Issue [íʃuː] 문제, 발생하다 윗예

⟨exit⟩ '윗예다'는 위(ex)로 (휘 바람타고) 예다(it). 쉬이 새어 지다는 뜻 **⟨issue⟩** '윗예'는 윗(is=ex) 쪽으로 예다 (ue≒ way, 移 옮길 이). (휘 바람타고) 새어나와 발생하다.

· 어원) **⟨exit⟩** Latin exeō("go out, exit"), from ex- ("out")+eō("go"). Ancient Greek ἐάω • (eáō)(to cede, grant) **⟨issue⟩** Old French issue ("an exit, a way out") [국어] **예다**: '가다'를 예스럽게 이르는 말. **이다**: '일다(움직임이 새로 생기다)'의 방언 (경남, 함남) 移 옮길 이

initiate [iníʃièit] 시작하다 착수된 (말소리) 안예져오다
initiative [iníʃiətiv] 새로운 계획 선제의 안예지답해
initial [iníʃəl] 초기의 원래의 안예질

⟨initiate⟩ '안예져오다'는 안(in)으로 (휘 바람타고) 예다(it 가다)는 말로 안에 들어가 착수하다는 뜻 **⟨initiative⟩** '안예지답해'는 안(in)으로 예다(it 가다)는 말로 안에 들어가 착수하다. tive(답다) **⟨initial⟩** '안예질'은 안(in)으로 예다(it 가다)는 말로 안에 들어가 착수하는 시작점을 나타냄

· 어원) **⟨initiate / initiative⟩** Latin initium ("beginning"). in+eō ("go"). [국어] **예다**: '가다'를 예스럽게 이르는 말. **니다**: 가다. 다니다. **-답다**: '성질이나 특성이 있음'의 뜻을 더하고 형용사를 만드는 접미사.

itinerant [aitínərənt] 순회하는 (말소리) 예떠나련다

< itinerant > '예떠나련다'는 (휘, 우우 바람타고) 예다(it 가다)

· 어원) **⟨ itinerant ⟩** Latin eō ("go, walk, ride, sail, fly"). [국어] **예다**: '가다'를 예스럽게 이르는 말.

lead [liːd] 이끌다 (말소리) 니다

⟨lead⟩ '니다'는 다니다와 같은 말로(To go or to be in advance of; to precede) 먼저 가다(예다), 이끈다는 뜻(head= To go in front of)

· 어원) **⟨lead⟩** Proto-Germanic *laidijaną ("to cause one to go, lead"). Proto-Indo-European *leyt- ("to go, go forth, die") Ancient Greek ἐάω • (eáō) (to let someone do something, allow to cede, grant, yield). [국어] **니다**: 가다. 다니다.

<표> Up 관련 어휘 정리

소리	의미		단어	연관
얍/휩 (상승)			Up over hyper	Super

휩	상승	오르다	Heaven Heave hover heap apex	Cap top tip steep
		뛰다	Hop hobble hippo hobby	Pop Leap lift leave gallop
		훽 갑자기	Hap happen haphazard perhaps	capricious
		열정	Hope operate avarice	labor
	파동	파도 흔들다	Wave waffle	Bob vibrate vivid
		치다	Whip weapon	Tab buff coup
읍		우는 소리	Weep epic ape	Beep
휩		베짜는 파동	Weave web	fabric
야불		야불(나불)거림	Wobble	Babble rabble Quibble cavil
합 업	합하다	휩싸여 붙다 잡다	Have adopt	Capture capacity keep debt
		습관 적응	Habit apt adapt	
		붙다 살다	Habitat inhabit exhibit	Live occupy
		휩싸여 방해	Inhibit prohibit	

4 얍/랍 [l/r+p(v, b)] 나부대는 마찰, 걸음, 기어감

leap flap slap clap flabby **rub**bish; **rove creep crip**ple **trip**

'얍'소리는 강하게 힘을 주어 움직이는 것이다. '얍'하고 때리거나 부딪힐 수도 있고, '얍'하고 껑충 뛰는 것일 수도 있다. Hop나 leap 모두 같은 얍 소리에서 나왔다.

'얍' 뛰거나 부딪히는 소리는 영어에서 120개 이상의 단어를 구성하고 있다. 얍 하고 뛰어 드는 것은 힘, 파동, 높이를 상징한다. 주로 h, w로 시작하는 hop, hap, heave, wave, whip 등을 살펴 봤다.

이와 비슷한 형태로 r이나 l 로 시작하는 경우를 살펴 본다. 기본 형태는 r(l)~b(f,p,v)이다.

나풀/나불거리는 파동 소리나 모양은 영어에서 많은 단어를 구성하고 있다. 나풀대는 물결(瀲 물소리 렵)(ripple, riffle, river, lava, lavatory, lavish, derive, drift), 천의 주름 (欇 너풀거릴 엽) (ruffle), 나불대는 천(label), 나불대며 얽힌 실타래(ravel), 나불대는 지껄임(呐 떠들 납, 䜲 말 많을 렵) (revel, rave, raven, rabble, rap), 나불대는 추의 균형을 맞춤(level) 등이 있다.

'나부대다'는 표현은 얍/랍(邋 나부낄 랍)으로 축약될 수도 있다. 형태는 l(r)+ b/p/f/v로 되어 있다. 그 예로 닢(leaf), (야불거려) 나부대는 입 (歙 입 놀리는 모양 업) (lips, lap), 쪼아대며 얍얍(䶛 씹는 소리 랍, 䶘 씹는 소리 립(입))(nip, nib, nibble), 나부끼는 마찰 (抐 두드릴 납) (rub rubbish scrub clap slap flap flip flabby strive strife), 나부대는 마찰로 새김(script inscribe describe inscribe ascribe prescribe graph grave engrave), 발로 땅을 치며 누비다[躐 밟을 렵,뛰다; 衲 갈 납] (rove trip travel trap), 흔들리며 기어가는 모양(蠟 기어갈 렵) (creep crab reptile cripple) 등에 나타난다.

또한 얍/랍 잡아채는 충격으로 납치(納 들일 납, 擸 가질 렵(엽), 㩉 칠 납)(rob, rape, deprive, reap, rive, snap, grab, grip, clip, crop), 냅다 벌어짐 (磖 깨지는 소리 랍, 㔭 끊을 렵(엽)) (rift, leave, reave, rip, bereave, knife), 얍/랍 (𤜱날랍) 날렵/얍삽하게 높이 뜀 (leap, gallop, lift, loft, lope, elevate, lever), 날렵한 가벼움(偞 가벼울 엽, 㦌 경박할 렵) levity, alleviate, leaven, rapid, abrupt) 등을 뜻한다.

r(l)~b(f,p,v)와 유사한 의미와 소리를 가지고 어근 역할을 하고 있는 것들이 한자에서도 있다. 內(들일 납: 부수 入), 立(설 립)이 포함된 한자들은 얍/랍 나부끼는 파동으로 초래되는 마찰, 납치, 날렵함과 관계 있다.

內(들일 납: 부수 入) 합성어

納 (들일 납, 수확) (reap, ripe), 吶 (떠들 납)(revel, rave --), 抐 물에 두드릴 납(drop, drip) 妠 장가들 납(nuptial) 皶 살갗 늘어질 랍(납)(flabby) 搙 칠 납(rob, rape, deprive, snap, clap, slap) 飩 먹는 모양 납(lap) 齣 깨물 납(nip, nib, nibble)

立(설 립) 합성어

立은 즉시, 바로 뜻이 있어 '얍' 세워 일으키는 것으로 leap와 같다. 拉(끌 랍/바람소리)(rob, rub, snap, grab). 粒(낟알 립)(globe), 泣(울 읍)(weep), 翋 날 랍(납)(flop, flip, slip) 笠 삿갓 립(입)(reef, rib, roof)

[나부낌 표현]

river/ripple은 나부끼는 물, lap/lips는 혀나 닢이 나부끼는 모양, flap는 펄럽거리는 천. rove/travel/trip는 발을 나불거리며 돌아다니는 모습, rub/scrub/script는 나부대며 문지르는 모습을 나타낸다. 이 모두가 나비의 날갯짓과 차이가 없다. [Sanscrit "livi" '나비'(move forward, swing around)] (조선고어실담어 주석사전, 강상원, 2016.7.25, p.444)

'얍'소리는 강하게 힘을 주어 움직이는 것이다. '얍'하고 때리거나 부딪힐 수도 있고, '얍'하고 껑충 뛰는 것일 수도 있다. Hop나 leap 모두 같은 얍 소리에서 나왔다.

leap [liːp] 도약하다 건너뛰다 (말소리) 얍
rapid [rǽpid] 급속한 빠른 얍이다

〈leap〉 '얍'은 얍(hop) (땅을 치며) 껑충 뛰다는 뜻(翋날 랍, 立설 입) [다른 풀이] '높이' [연관] gal**lop** hop leaven lift lope **〈rapid〉** '얍이다'는 얍(rap=leap, hop, rupt)하고 납치하듯 내뺀다는 뜻

· 어원) **〈leap〉** German laufen ("to run; to walk"). **〈rapid〉** Latin rapidus: quick, fierce, seizing. From rapiō ("snatch"). [국어] **얍**: 힘을 강하게 주거나 정신을 집중할 때 지르는 외마디 소리. **내빼다**: (속되게) 피하여 달아나다. **냅다**: 몹시 빠르고 세찬 모양. 翋날 랍/ 躐밟을 렵(엽), 뛰다 立설 입(립), 곧, 이루어지다.

'얍/랍'소리 앞에 f/b/c/s 등이 와서 부딪히는 소리를 강조한다.

flip [flip] 홱 뒤집(히)다, 휙 젖히다 (말소리) 펄립
flop [flap] 툭 떨어지는 소리 펄럽
flap [flæp] 날개를 치다 펄럭이다 펄럽

〈flip/flop/flap〉 펄럭이며 잎/입(lip=leaf, lips, lap)이 (핥으며) 나풀거리는 소리(The motion of anything broad and loose)를 나타냄

☞ fl+lip(입, 냡냡소리), lap(냡냡 혀소리), lop(lope, leap)

[참고] **lop '랍'** 1 깨지는 소리(To cut off as the top. **crop**), 2 나부끼는 물결(ripple). 3 나풀거리는 옷처럼 늘어지다 (To hang downward)-> drape

· 어원) **〈flip〉** Middle English flappen ("to flap, c**lap**, s**lap**, strike"). **〈flap〉** Middle English flappe ("a slap; blow; buffet; fly-flap; something flexible or loose; flap"). [한자] 颯큰 바람 립 翋 날 랍(납)] 搙 칠납. 抐두드릴 납, 물들이다

flabby [flǽbi] 축 늘어진 (말소리) 펄나비

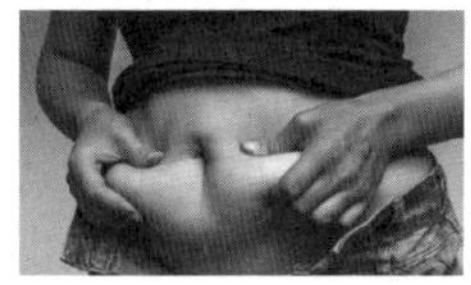

〈flabby〉 '펄나비'는 펄펄 (나비처럼) 얍, 나부(labby 나풀)대다. 펄럭거리며 늘어지다. flab=flap [연관] drape droop

· 어원) flap ("to hang loose"). [한자] 翋날 랍

bribe [braib] 뇌물을 주다 매수하다 (말소리) 부나비

〈bribe〉 '부나비' 팔랑(bribe=flap) 촐랑거리며 부나비처럼 부르르, 부릅 떨어 환심을 사다. ☞ br(부르)+ribe(=rave, rap, rub 잎, 입을 나부대다)

· 어원) **〈bribe〉** Old French briber ("go begging"). [국어] 나부대다: 얌전히 있지 못하고 철없이 촐랑거리다. ≒나대다. 빌다: 바라는 바를 이루게 하여 달라고 신이나 사람, 사물 따위에 간청하다. **부나비**: 불나방과의 하나 [한자] 拉끌 납, 바람 소리/邋나부낄 랍

brave [breiv] 용감한 용기 (말소리) 부라보
rave [reiv] 악을 쓰다 나부
raven [réivn] 큰 까마귀 나불

〈brave〉 '부라보'는 부- 불려(br=bold) 나부대다 부라보(Bravo). 마음을 크게 잘났다고 나불나불 (나비 날개처럼) 지껄이다(to make showy). Bravo 힘내라고 외치는 말과 같다 ☞ pr(불)+ rave(나부) **〈rave〉** 나부대며 외치다 [연관] rap crave **〈raven〉** 꾸르르(crow) 나불거리는 새

· 어원) **〈brave〉** Provençal brau ("show-off"). **〈rave〉** Middle English raven ("to rave; talk like a madman") [국어] **부르다**: 불다. **나부대다**: 얌전히 있지 못하고 철없이 촐랑거리다. **부나비**: 불나방과의 하나 邋나부낄 랍

slap [slæp] 때리다 (말소리) 쓸립
sniff [snif] 냄새 킁킁 스닙

〈slap〉 '쓸립'은 철렁 쓸리며 압(lap) 치는 소리. ☞ s+lap(냡냡 혀소리 ≒ rub) [연관] slip snap **〈sniff〉** '스닙'은 냡냡 (niff= lap) 코로 갖다 대며 킁킁댐

· 어원) **〈slap〉** German Schlappe ("defeat"). **〈sniff〉** 의성어 imitative origin. [국어] 철철: 많은 액체가 넘쳐흐르는 모양. 절절(쩔쩔): 손에 들고 조금 크고 세게 흔드는 모양을 나타내는 말. [한자] 擸 칠납. 拹두드릴 납, 물들이다

clap [klæp] 박수, 탁 치다 (말소리) 쿨립

〈clap〉 '쿨립'은 (크으) 쿨쿨/콸하며 압(lap= rub) 치는 소리. slap 〈-〉 clap [연관] club gallop

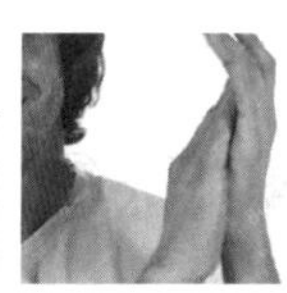

· 어원) **〈clap〉** Old High German biklepfen ("to oppress, defeat"). **쿨쿨**: 물 따위의 액체가 굵은 줄기로 몰리어 흐르는 소리. [한자] 擸 칠납. 拹두드릴 납, 물들이다

gallop [gǽləp] 치솟다 질주하다 (말소리) 골랍

〈gallop〉 '골랍(압)'은 골골/콸콸(gal=current, whirl) 거리며 얍/랍(lop=leap 翋날랍) 하고 뛰다는 뜻. ☞ gal(골골/왈왈; gorge 골짜기)+lope(leap과 같은 단어)

· 어원) 〈gallop〉 Latin currō("I run"). Frankish *wala '왈' ("well")+*hlaupan ("to run"). [국어] 깔깔하다: 감촉이 보드랍지 못하고 까칠까칠하다. **괄괄**: 성질이 세고 급하게. 목소리 따위가 굵고 거세게. **골골(꿀꿀)**: 물이 흐르는 모양(汩汩). 고양이가 기분이 좋거나 편할 때 내는 소리 [한자] 騳빠를 갈, (말의 다리가)빠르다. 躐밟을 렵, 엽 翋날 랍

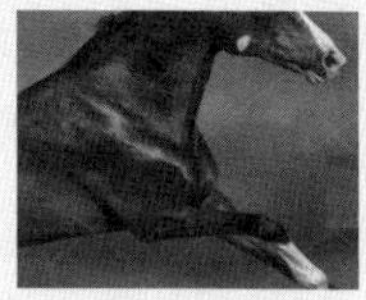

나부대며 부비거나(rub) 터벅 구르는(rove) 소리

문지르는 반복적인 움직임에서 나풀거리는 동작이 연상된다. '나부'는 나풀거리는 모양이나 소리를 뜻한다.

rub [rʌb]	문지르다 바르다	(말소리) 나부
rubber [rΛbər]	고무	나불
rubbish [rΛbiʃ]	쓰레기	나부지

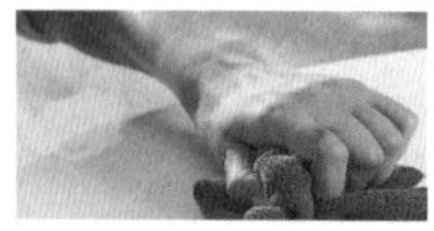

〈rub〉 '나부'는 얍얍(납납), 나부대면서 부딪혀 긁히는 소리를 말함 [다른 풀이] '얍' '납' (拉끌 납, 바람 소리) [연관] scrub '찌그럽' 쩍(sc, 갈라져) 나부(rub)끼며 긁히다. scrape **〈rubber〉** '나불'은 나부대면서 부딪혀 문질러 지우는 지우개의 움직임을 뜻함 **〈rubbish〉** '나부지'는 나부대며 사이가 벌어져 부스러기가 되거나 망가진다는 뜻. 나부랭이가 됨. 垃 쓰레기 랍

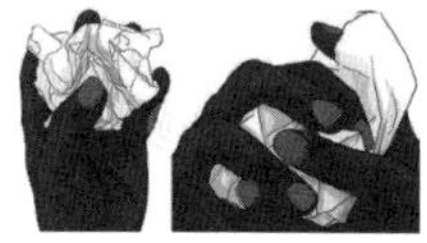

· 어원) 〈rub〉 Low German rubblig ("rough, uneven"), Dutch robben("to rub smooth; scrape; scrub"). 〈rubber〉 rub+-er An eraser. 〈rubbish〉 Proto-Germanic *raub- ("to break") (whence rob, "plunder, destroy"). [국어] **나풀**: '나풀거리다(얇은 물체가 바람에 날리어 가볍게 자꾸 움직이다)'의 어근. **나부대다**: 얌전히 있지 못하고 철없이 촐랑거리다. **나부랭이**: 종이나 헝겊 따위의 자질구레한 오라기. ≒너부렁이. 拉끌 납, 바람 소리/磖깨지는 소리 랍 / 邋나부낄 랍

walk는 wag과 같이 훽훽대며 발을 들어 올렸다 내리는 반복동작 모양을 나타낸다. 흐르는 물과 같이 발로 땅을 치며 나풀나풀 나가는 것을 나타낸다. 납시다 (예전에, '나가시다' · '나오시다')[躐 밟을 렵, 뛰다], 납다는 예전에 간다는 의미로 해석할 수 있다

rove [rouv]	헤매다	(말소리) 누벼

〈rove〉 '누벼'는 나부(rove=river, riffle 躐밟을 렵)대는 물결처럼 이리저리 다니다. 누비며 걷다, 납시다. [연관] drove

· 어원) 〈rove〉 Scots rave ("to wander; stray; roam"). Middle High German reben 'to move, stir' Latin labō (I totter, wobble waver) [국어] **누비다**: 이리저리 거리낌 없이 다니다. **납시다**: 예전에, '나가시다' · '나오시다' [한자] 躐밟을 렵, 뛰다

영어에서 기어 다니는 표현은 게나 가재처럼 손발로 바닥을 긁어대면서 이동하는 것과 관련된다. rub, scrub의 문지르는 소리로 기어가는 것을 나타내기도 한다

wave는 읍읍 우는 소리로 이리저리 왔다갔다(To move like a wave)하는 파동이다. 이는 walk가 왝왝거리는 wag에서 유래한 것과 같다. 또한 -reep, -rab, -rup는 rub처럼 바닥을 문지르며 기어간다고 할 수 있다 (rub= To move while maintaining contact with another object)

creep [kriːp]	서서히 다가오다, 기어가다	(말소리) 크나부
crab [kræb]	게	크랍

〈creep/crab〉 얍/랍(reep≒rove, 躐 기어갈 렵) 나부대며 (바닥을) 쿠르르(cr=current, crawl) (걸어) 기어간다는 뜻. 긁어대듯 끌어가다.

☞ cr(콸)+reep/rab(≒ rub, hobble, wave) 여기서 -ep, -ab, -ub 등은 읍읍 흘러 가는 river, wave, travel 과 관련. [연관] cripple 끄나풀 나풀거리며 (절뚝) 끌어서 걷다. scrape

· **어원)** Latin crepō("I creak, crack, rattle"). Old English crēopan ("to creep, crawl"), from Proto-Germanic *kreupaną ("to twist, creep"), *krabbōną 'to scratch, scrape' **[국어] 끌다:** 바닥에 댄 채로 잡아당기다. 躐 밟을 렵, 뛰다

reptile [réptil] 파충류 (말소리) 나부댈

〈reptile〉 '나부댈' 랍/읍(rep≒ rub, rove, wave) 나부대며 바닥을 문지르고 가다 [연관] rove creep

어원) **〈reptile〉** Latin rēpō ("to creep, crawl"). Middle High German reben 'to move, stir' 躐 기어갈 렵

cripple [krípl] 지체장애 (말소리) 끄나풀

〈cripple〉 '끄나풀'은 끌어가며, 나풀나풀(ripple=riffle, hobble) (흔들려) 절다는 뜻 [연관] creep

· **어원)** Proto-Germanic *krupilaz ("tending to crawl; a cripple") Proto-Indo-European *ger- ("to bend, twist"), equivalent to creep **나불대다:** 입을 가볍게 함부로 자꾸 놀리다. 얇은 물체가 바람에 날리어 가볍게 자꾸 움직이다. [한자] 躐밟을 렵(엽), 뛰다. 拉끌납, 꺾다, 바람 소리

드륵/드릅 떠는 소리(낙수, 걸음, 탈남)

물이 떨어질 때 나는 소리는 드륵, 주르륵, 또로롱, 뚜르르 등으로 다양하게 나타낼 수 있다. 물은 바위에 부딪혀 물방울이 되어 튀어 오르거나 부서지면서 소리를 낸다. 또는 수도꼭지에서 한 두방울 떨어지는 물방울에서도 소리가 난다. (d+rop 형태)는 얍(랍) 떨어지는 소리를 나타낸다.

drop [drap] 똑똑 떨어지다 (말소리) 드릅
drip [drip] 똑똑 떨어지다 드릅
droop [dru:p] 아래로 처진다 드립

〈drop/drip〉 '드릅'은 드르르(dr) 읍(랍)(rop/rip≒rub 냅다) 치다. 드륵 갈거나 떨어지는 소리를 나타냄.
〈droop〉 드릅(drip) 드리워(dress) 아래로 처진다.

· **어원) 〈drop / drip〉** Proto-Indo-European *dʰrewb- ("to crumble, grind"). Proto-Germanic **drupjaną* ("to fall in drops, drip"). **〈droop〉** Proto-Germanic *drūpaną ("to hang down, drip, drop"), **[국어] 드륵거리다:** 바퀴 따위가 고르지 않게 돌아가는 소리가 잇따라 나다. **주룩:** 굵은 물줄기나 빗물 따위가 빠르게 잠깐 흐르다가 그치는 소리. 또는 그 모양. **드리우다:** 한쪽이 위에 고정된 천이나 줄 따위가 아래로 늘어지다. 빛, 어둠, 그늘, 그림자 따위가 깃들거나 뒤덮이다. (연관) drone 드릉(드론) 磖깨지는 소리 랍

drape [dreip] 덮어주다 감싸다 (말소리) 드리웁

〈drape〉 도르르(dr=dress) 두르게 입혀(ap=up; rape=wrap) 주다. 드리워지게 하다

· 어원) **〈drape〉** Old French draper ("to drape; to full cloth"). Proto-Indo-European *(s)lup ("hanging limply") **드리우다**: 한쪽이 위에 고정된 천이나 줄 따위가 아래로 늘어지다. 빛, 어둠, 그늘, 그림자 따위가 깃들거나 뒤덮이다. 입다: 옷을 몸에 꿰거나 두르다. 물건의 거죽에 다른 물건을 바르거나 얇게 덮어씌우다. [한자] 葉잎 엽 斂막을 녑

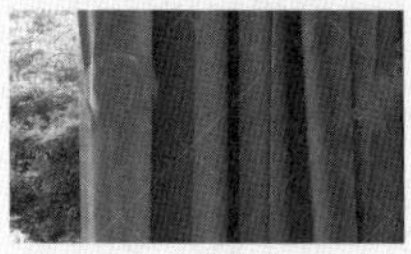

throb [θrab]	고동치다 설레다	(말소리) 스나부
revel [révəl]	흥청대다 야단법석	나불
thrive [θraiv]	번창하다	스나부
thrift [θrift]	절약	스냅다

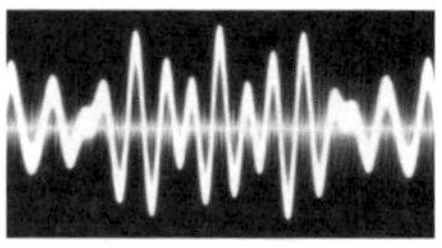

〈throb〉 '스나부' 스르르/드르르 (thr=dr) 읍(랍)(rop/rip=rub, 나부) 치는 것으로 주룩 떨리는 소리를 나타냄 [연관] drop **〈thrive〉** 나불대는 활기가 있어 잘 나가다 (to grow vigorously) **〈thrift〉** 나부대며 퍼져 나가기 위해 냅다(rift≒rob, snap) 납치하듯 움켜쥐며 아낄 필요가 있다 **〈revel〉** (나팔 소리처럼) 나불대는 지껄임으로 환호하다 [연관] level 나불대는 저울추의 수평 label 나불대는 천 ravel 나불대며 얽힌 실타래

· 어원) **〈revel〉** Old French revel, from reveler ("to be disorderly, to make merry") **〈thrive /thrift〉** Ancient Greek τέοπω · (térpō)(I enjoy, I revel) Old Norse þrífa ("to seize, grasp, take hold, prosper") **나불대다**: 입을 가볍게 함부로 자꾸 놀리다. 얇은 물체가 바람에 날리어 가볍게 자꾸 움직인다. **나팔거리다**: 작은 천 조각이나 종이 따위가 빠르고 가볍게 자꾸 나부끼다. 磖깨지는 소리 랍

돌아다니는 소리는 드륵, 따르르, 뚜르르 등 물이 흐르는 소리와 나불거리는 발길로 나타낼 수 있다.

travel [trǽvəl]	여행 이동 교통	(말소리) 떠누빌
trip [trip]	여행 방문하다	드릅

〈travel〉 '떠누빌'은 드르르/따르르 누비며 나간다는 뜻. ☞ tr(또르르)+ravel(ripple 나풀, 끄나풀) [다른 풀이] '떠나불' 나불(ravel≒revel)대며 방랑 [참고] ravel(To entangle. a complication.) **〈trip〉** '드릅'은 드르르 (구르며) 얍(rip=leap, rove 躐밟을 렵) 치는 발걸음 소리로 물방울 떨어지는 소리(drop)와 같음 [연관] strip 드릅 떼내다, 따라 붙다

· 어원) **〈travel〉** Middle English travelen ("to make a laborious journey, travel"). **〈trip〉** Middle English trippen("tread or step lightly and nimbly, skip, dance"). Old French triper ("to **hop** or dance around, **strike** with the feet") **〈 [국어] 떠나다: 있던 곳에서 다른 곳으로 옮기다. 누비다: 이리저리 거리낌 없이 다니다. [한자] 躐밟을 렵, 뛰다**

trap [træp]	가두다 덫	(말소리) 드릅

〈trap〉 '드릅'은 드르르/따르르 구르며 얍/랍(rip=leap, rove 獵날 랍, 躐밟을 렵) 치는 발걸음 소리로 물방울 떨어지는 소리(drop)와 같음. 이는 발을 옮기는 것("that upon which one steps")을 가두는 것을 말하며, 덫은 동물이 밟을 때 걸리도록 설치한다. 곧 밟는 곳에 덫이 있다 [연관] trip

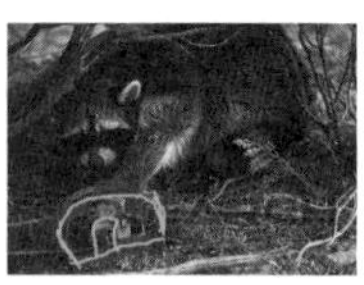

· 어원) **〈trap〉** German Treppe "step, stair") [한자] 躐밟을 렵, 뛰다

tropical [trápikəl]	열대의	(말소리) 드릅하길

〈tropical〉 '드릅하길'은 드릅(trop≒drop) 떨며 바뀌는 것으로 해가 방향을 트는 지점(해가 중천에 있는 지역으로 한가운데 변곡점에 위치)의 기후를 의미 [참고] equator 엮이어 연결하는 마디처럼 중간에 위치한 지역

· 어원) 〈**tropical**〉 Ancient Greek τορπικός(tropikós, "of or pertaining to a turn or change). τορπή (tropḗ, "turn; solstice").

trouble [trʌbl] 문제 곤란 어려움 (말소리) 틀어불
catastrophe [kətǽstrəfi] 재난 끼다스드릅해
intrepid [intrépid] **[고급]** 두려움을 모르는 안두렵이다

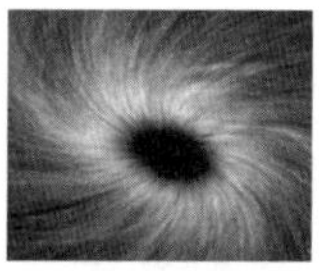

〈**trouble**〉 '틀어불'은 탈탈 털리며 나불(rouble=rough, ripple)거리다. 틀어져 (탈나는) 곤란한 상황을 의미 [연관] rubble(The broken remains of an object) 〈**catastrophe**〉 드릅(trop≒drop) 흔들림에 끼다(cata). 충격에 끼어 접하다. 〈**intrepid**〉 드릅(trep≒drop) 울리며 두렵지(떨지) 않다.

· 어원) 〈**trouble**〉 Latin turbula ("disorderly group, a little crowd or people"), turba("stir; crowd"). Ancient Greek τύοβη (túrbē, "tumult, disorder, turmoil") 〈**catastrophe**〉 Ancient Greek καταστοέφω (katastréphō, "I overturn"), from κατά (katá, "down, against, into"), στοέφω (stréphō, "to turn"). 〈**intrepid**〉 Latin intrepidus, from in- ("not")+trepidus ("anxious, nervous") latin trepidus (nervous, jumpy, agitated, alarming) Proto-Indo-European *trep- ("to tremble")

5 갈아 나부끼다[g/c+(rub/rav/rib --)](갈다, 그립다, 괴롭다

grave **groov**e s**crupu**lous s**crub** ins**crib**e pres**crib**e_

(g+rav) 형태는 가르'거나 새겨 홈이나 골이 생기는 것을 의미한다.

graph [græf] 그래프 도표 (말소리) 가르푸
grave [greiv] 1무덤 2중요한 가르어부
engrave [ingréiv] 새기다 인가르어부
groove [gru:v] 홈, 도랑 가르부
crevice [krévis] **[고급]** 갈라진 틈 가르부셔

〈**graph**〉 갈아 파서 선을 그린다는 뜻. [참조] scribe script 〈**grave**〉 1. 갈아서 구덩이, 무덤이 되다는 뜻 (carve 참조) 2. 가렵다, 괴롭다 등 갈리는 아픔에서 나온 말로 심각해서(serious) 무겁고 중요하다는 뜻 [참조] aggravate gravity 〈**engrave**〉 '인가르어부' 인(in, on, en 인접)한 부분을 갈아 새기다 〈**groove**〉 '가르부' 갈아서 파인 골, 홈, 도랑(가늘고 길게 패인 곳)을 뜻함. 가루가 생긴다 〈**crevice**〉 '가르부셔' 갈아 부셔 (길게) 난 틈을 뜻함. vice≒ fissure
☞ gr /cr (갈다)+rave/rap (나부대며 휘젓다)

· 어원) 〈**graph**〉 Ancient Greek γοαφικός(graphikós, "belonging to painting or drawing, of or for writing"). 〈**grave**〉 Proto-Germanic *grabō("grave, trench, ditch"), Proto-Germanic *grabaną("to dig"). Latin gravis("heavy, important"). Old French greve("terrible, dreadful"). Doublet of grief. 〈**engrave**〉 en-+grave ("to carve, engrave"). 〈**groove**〉 Old English *grōf ("trench, furrow, something dug"). 〈**crevice**〉 Old French crever ("to break, burst"), from Latin crepare ("to break, burst, crack"). [국어] 홈: 물체에 오목하고 길게 팬 줄.

gravity [grǽvəti] 인력 (말소리) 기르부다
aggravate [ǽgrəvèit] 악화시키다 에기르부다

〈**gravity**〉 (꽈르르) 흐르는 물처럼 길어지고(great) 무거워지다. 이 무거움은 중력이라는 뜻으로 차용된다. 〈**aggravate**〉(꽈르르) 흐르는 물처럼 길어지고 무거워지다 -> 나빠지다. ☞ ~에게 갈아(gr) 나부(rav=rub) 대다. [참조] grave serious exacerbate 찌르는 고통으로서 악화를 의미

· 어원) 〈**gravity**〉 Latin gravis("heavy"), Sanskrit (gurú)(great, large, heavy, serious, grievous) 〈**aggravate**〉 Latin aggravare ("to add to the weight of, make worse, oppress, **annoy**"), from ad ("to")+gravare ("to make heavy") **磖깨지는 소리 랍**

괴롭다, 가렵다, 그립다는 모두 마음을 긁어대며 갈망하는 것과 관련된다.

scrupulous [skrú:pjuləs] 양심적인 (말소리) 찌그러벌려서

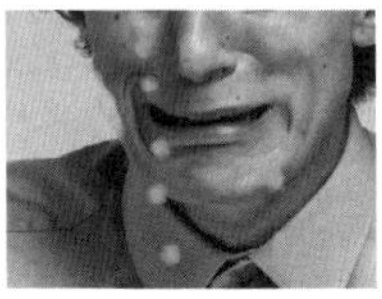

〈**scrupulous**〉 찌그럭(Scr)거리며 (마음이) 나풀거려(rupul=riffle) (흔들리며) 가책을 느낀다는 뜻 [다른 풀이] '쉬괴롭힐려지' 찌그러진 마음. ☞ 찍어(Sc=check 찍다, 적다, 새기다) 가려워 긁어대듯 마음을 괴롭히는, 가렵게 하는 [연관] ripple/riffle 나풀 cripple

· 어원) 〈**scrupulous**〉 Ancient Greek σκύρος (skúros, "the chippings of stone"). **[국어] 쪼가리: 작은 조각. 찌그리다: 짓눌러서 여기저기 고르지 아니하게 우그러지게 하다. [한자] 邋나부낄 랍**

crave [kreiv] 갈망하다 열망하다 (말소리) 그리웁
grief [gri:f] 슬픔 괴롭

〈**crave**〉 '그리웁' 꾸르르 그리워해서 마음을 괴롭히는, 가렵게 하다. 그림 그리다와 그리워하다가 통함. [연관] rave 열심히 나불대다 〈**grief**〉 꾸르르 꿀꿀한 마음. 가려워 긁어대듯 마음을 괴롭히는(grave) ☞ cr/gr(끌; 끌끌하다)+rave/rief(나부끼는 마음)

· 어원) 〈**crave**〉 Old English crafian ("to crave, ask, implore, demand, summon"). 〈**grief**〉 Old French grief("grave, heavy, grievous, sad") **[국어] 끓다: 어떠한 감정이 강하게 솟아나다. 꾸다: 마음속에 품거나 머릿속에 그리다. 끌끌: 마음에 마땅찮아 혀를 차는 소리. '끄르륵끄르륵(무엇이 자꾸 끓거나 심하게 트림하는 소리)'의 준말. [한자] 渴목마를 갈**

(sc+rub/rib/rap) 형태는 가르거나 새기는 것을 의미한다.

'끌'은 나무를 깎는 도구로서 '글'이 가르면서 조각하는 것이라고 볼 수 있으므로 끌은 글과 연관된다. 글(gr/cr)에 '나부(rub)대다'가 결합되어 긁거나 새기는 일을 나타낸다.

scrub [skrʌb] 문지르다 닦다 (말소리) 찌그럽
scrape [skreip] 긁다 벗기다 찌그럽
scrap [skræp] 조각 찌그럽
shrub [ʃrʌb] 관목 쉬나부

〈**scrub/scrape/scrap**〉 '찌그럽' 찌그럭, 찍어(Sc=check 찍다, 적다, 새기다) 나부(rub/rape= riffle **邋**나부낄 랍)대다. 나부대며 마찰로 긁어 조각나는 행위를 뜻함 [연관] rape 얍 잡아채 뺏다. [다른 풀이] '스가렵' 가려워 마찰로 긁는 행위 〈**shrub**〉 '쉬나부'는 (바람에) 나부끼는(rub= riffle **邋**나부낄 랍) 작은 나무를 뜻함. sc에서 sh로 변화됨 [연관] grove

☞ Sc(찍)+rub (랍, 나부대다 rub), rape 납치하듯 당기다[拉 (끌 납, 바람, 꺽다)]

· 어원) **〈scrub〉** Middle English scrobben ("groom a horse with a currycomb"); from Middle Dutch schrobben ("clean by scrubbing"). **〈scrape/scrap〉** Proto-Germanic *skrepaną ("to scrape, scratch"), from Proto-Indo-European *skreb- ("to engrave). **〈shrub〉** Old English scrybb ("a shrub; underbrush). [국어] **가렵다: 피부에 긁고 싶은 느낌이 있다. 관목**: 키가 작고 원줄기와 가지의 구별이 분명하지 않으며 밑동에서 가지를 많이 치는 나무 **쉬**: '쉬이(어렵거나 힘들지 아니하게)'의 준말. [한자] 邋나부낄 랍

'새기다(scribe)'는 말은 딱딱한 판을 날카로운 물건 등으로 사그락, 찌그럭거리며 파내어 글씨나 그림을 기록하는 것이라고 할 수 있다. 산스크리트에서 'kri'는 '그리다', '글'을 뜻한다. [Sanscrit 'kri' (letter, write)]. 또한 그리다와 관련해 산스크리트나 영어에서도 '그리워하다'는 의미의 그리다 (greed) [Sanscrit 'gridha'(desire)]가 있고, 그러하다(agree)는 의미도 있다[Sanscrit 'gri'(agree)]. (조선고어실담어 주석사전, 강상원, 2016.7.25, p.174. p190).

describe [diskráib]	묘사하다	(말소리) 떠새겨나부
inscribe [inskráib]	쓰다 적다	인새겨나부

〈describe / inscribe〉 떠서(본떠서) 쩍 (새겨, 적어, 찍어) 소리와 얍(랍) 나부끼는(ribe=ript, riffle) 소리가 결합해 펜을 나부끼며, 새겨 쓰다는 의미.

☞ 인(in, on) / 떠(de)+쩍(sc)+나부(ribe=rub). [다른 풀이] '떠찌그럽' / '인찌그럽' 찌그럭, 새기는 소리

· 어원) **〈describe〉** Latin dēscrībō ("I copy off, transcribe, sketch off, describe in painting or writing"), from dē ("off")+scribe ("write"). **〈inscribe〉** Latin inscribĕre, from in ("upon") and scribĕre ("to write"). [국어] **새기다**: 글씨나 형상을 파다. [한자] 磖깨지는 소리 랍

ascribe [əskráib]	탓으로 돌리다	(말소리) 에새겨나부

〈ascribe〉 '에새겨나부'는 -에게 쩍(sc=check 새겨, 적어) 얍(랍), 나부(rib=rub 문지르다)끼다. -(원작자 등)에게 (그 이름을) 새겨 적어서 공적을 돌리다는 뜻 [다른 풀이] '에찌그러부' '에적어나부'

· 어원) **〈ascribe〉** Old French ascrivre ("inscribe, attribute, impute"), Latin āscrībō, from ad ("to")+scrībō ("write"). [한자] 磖깨지는 소리 랍

prescribe [priskráib]	처방하다 규정하다	(말소리) 빠르새겨나부

〈prescribe〉 '빠르새겨나부'는 빠르게 (pre 미리) 쩍(sc=check 새겨, 적어) 소리와 얍(랍)(rib=rub, riffle 문지르다) 나부끼는 소리가 결합해 문질러 새기다는 의미. 미리 새겨 놓은 것대로 따른다는 뜻 [다른 풀이] '빠르찌그럽'

· 어원) latin prae ("before") and scribere ("to write"). 한자] 磖깨지는 소리 랍

script [skript]	대본 글씨(체)	(말소리) 새겨냅다
scripture [skríptʃər]	성서 경전	새겨냅지

〈script/scripture〉 쩍(sc=check 새겨, 적어) 소리와 얍(랍)(rib=rub, riffle) 나부끼는 소리가 결합해 '찌그대며' 적다는 의미. 쓰여진 글(A sacred writing)-성경 [참조] graph [다른 풀이] '찍어냅다' '적어냅다'

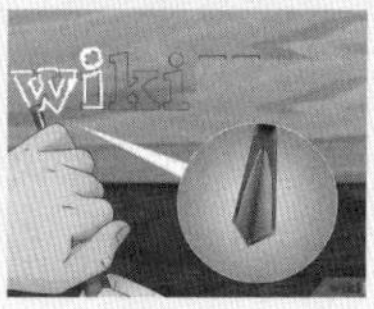

· 어원) **〈script〉** Latin scriptum (something written), from scrībō ("write"). **〈scripture〉** Latin scrīptūra ("a writing, scripture"), from scrībō ("I write"). [국어] 가렵다: 피부에 긁고 싶은 느낌이 있다. **새기다**: 1. 실로 박거나 날카로운 끝을 가진 도구로 조각하다 2. 잊히지 않게 깊이 기억하다. **냅다**: 몹시 빠르고 세찬 모양. [한자] 磖깨지는 소리 랍

6 나부 [l/r+p(v, b, f)]대는 물결, 흐름, 떨림, 몸부림

ripple **lav**atory; de**rive** d**rif**t; catast**roph**e; st**rive** const**rive** **lab**or

ruffle [rʌfl] **[고급]**	물결이 일게 하다	(말소리) 나풀
riffle [rífl] **[고급]**	급류 잔물결	나풀
ripple [rípl]	영향 잔물결	나풀

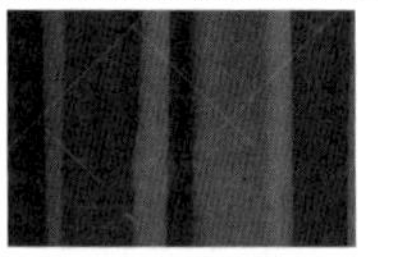

〈ruffle/riffle/ripple〉 '나풀'은 얍(랍) 나풀거리며 흔들리는 모습을 나타냄. '이불'은 야불(나풀)거리며 날리는 천[이불: 니블 <석보상절(1447)].

· 어원) **〈ruffle〉** Middle Low German ruffelen ("to wrinkle, curl"). **〈riffle〉** Low German ruffelen ("A crease, wrinkle, "). **〈ripple〉** Old English hrympelle ("wrinkle, rimple"). [국어] **나풀(너풀)**: '나풀거리다(얇은 물체가 바람에 날리어 가볍게 자꾸 움직이다)'의 어근. [한자] 邋 나부낄 랍(납) 拉 끌납, 꺾다, 바람 소리

rough [rʌf]	1 거친 2 대략	(말소리) 나부

〈rough〉 '나부'는 웩/락(roug=rock, knock) 치면서 나부끼는 소리로 파동처럼 울퉁불퉁 거칠다(turbulent)는 뜻. 이는 ruffle '나풀'(To grow rough, or turbulent, to curl as an edge of fabric.)과 같은 의미이다. 나풀거리는 거친 면은 마무리가 깔끔하게 잘라지지 않아 '대**략**' 의미가 있다. [연관] rug 낙락거리며 나풀거리는 천

· 어원) **〈rough〉** Middle Low German ruffelen ("to wrinkle, curl"). [한자] 擽 칠 략, 굳은 모양 락 略 다스릴 략, 간략할 략

강물은 흐를 때 굽이치며 자연스레 파동을 형성한다. 그 파동이 나풀나풀 거리는 나비와 같이 가볍고 경쾌해 보인다. 그리고 강이나 바다를 배 타고 돌아다니는 것을 '누비다'라고 한다.

river [rívər]	강 하천	(말소리) 나불
navy [néivi]	해군 남색의	누벼
navigate [nǽvəgèit]	길을 찾다 항해하다	누벼가다

〈river〉 '나불'은 강물이 나풀거리며 팔랑팔랑 흘러가는 모습을 말함 **〈navy〉** '누벼'는 (바닷물에) 나부대는 배를 타고 누비는 해군을 뜻함 **〈navigate〉** '누벼가다'는 (바닷물에) 나부대는 배를 타고 바다를 누빈다는 뜻 [다른 풀이] '나부끼다' 나부껴 흔들려 가다

· 어원) **〈river〉** Latin lavare ("to wash"). Middle English laven ("to pour out") latin rīvus ("brook; channel"). **〈navy〉** Latin nāvigō, nāvis ("boat"). Proto-Indo-European *(s)neh$_2$- ("to swim, float"). **〈navigate〉** Latin nāvigō, from nāvis ("ship")+agō ("do") [국어] **나풀**: '나풀거리다(얇은 물체가 바람에 날리어 가볍게 자꾸 움직이다)'의 어근. **누비다**: 이리저리 거리낌 없이 다니다. 나배(螺杯): 소라 껍데기로 만든 잔. [한자] 邋 나부낄 랍(납)

ravine [rəvíːn]	계곡 골짜기	(말소리) 나불

〈ravine〉 '나불' 나부(rav≒ravage)끼며 흐르면서 깎인 계곡. 물에 씻겨 골(**gorge** in the earth's surface worn by running water)이 생긴다.

· 어원) Old French raviner("to pillage, sweep down, cascade"), from ravine("robbery, rapine; violent rush of water, waterfall, avalanche") [국어] **나부대다**: 얌전히 있지 못하고 철없이 촐랑거리다. [한자] 㴸 샘솟을 립 邋 나부낄 랍(납)

lavatory [lǽvətɔ̀ːri] 화장실 변기 (말소리) 나부대리
lavish [lǽviʃ] 아낌없이 주다, 낭비하는 나부지
lava [lάːvə] 용암 나부

〈lavatory〉 '나부대리'는 나부대며 흘러나오는 물이 있는 곳을 뜻함 **〈lavish〉** '나부지'는 나부끼는 물결 소리로 물을 쓰듯 낭비하다.(expe nding, excessive) **〈lava〉** 나부대며 흘러나오는, 용해된 암석

· 어원) **〈lavatory/lava〉** Late Latin lavatorium, Latin lavāre("to wash") **〈lavish〉** Middle English lavage("extravagant, wasteful"), Old French lavasse ("torrent of rain"), or from Middle English laven ("to pour out"). [국어] **나부대다**: 얌전히 있지 못하고 철없이 촐랑거리다. [한자] 邋 나부낄 랍(납)

'따라오다'는 의미의 dr-, tr- 과 얍(hop, leap) 나부끼는 움직임인 -rive, rife가 결합한 형태로 따라 이끌다, 흐른다는 의미가 있다.

나부끼는 물결따라 흘러가거나 움직이게 하는 것이다. 물에 떠서 표류하거나(drift) 운전하는 것(drive) 등이 이에 해당한다.

draft [dræft] 1 초안 쓰다 2 징집 (말소리) 따라피다
drive [draiv] 운전하다 몰다 따라부

〈draft〉 '따라피다'는 또르르 따라서(dr=draw) 얍/랍(raft≒ rob, reap 拉끌 납(랍), 잡다) 끌다 1 따라가는 대로 끌어서 그리다(초안) 2 따라(이끌려) 군에 들어가다(징집하다) **〈drive〉** '따라부'는 또르르 따라(dr=draw) 얍/랍 나부껴(to compel to move on) 가도록 하다. ☞ rive는 납치하듯 잡아 뺀다는 의미 (Violent or rapid motion)

· 어원) **〈draft〉** Old English *dræht (related to dragan, "to draw, drag"). **〈drive〉** Old English drīfan("to drive, force, move, chase, follow up) Low German drieven("to drive, drift, push") [연관] drift [국어] **들입다**: 세차게 마구. 拉날 랍, 拉끌 랍, 바람 소리

derive [diráiv] 나오다 기인하다 (말소리) 떠나부
drift [drift] 떠다니다 멀어지다 따라피다

〈derive〉 나부대는(rive≒river, 邋나부낄 랍) 물이 떠(de) 나오게 하다. 나부대는 물을 따라 나오다. [연관] rive 찢다(rift) **〈drift〉** 따라서(dr=draw) 얍, 나부껴(rift≒rive, river, 邋나부낄 랍) 가다. 물 따라 흐른다는 뜻

· 어원) **〈derive〉** Latin derivare ("to lead, turn, or draw off (a liquid), draw off, derive"), from de ("away")+rivus ("a stream"). **〈drift〉** Middle English dryft ("act of driving, drove, shower of rain or snow, impulse"). **나부끼다**: 천, 종이, 머리카락 따위의 가벼운 물체가 바람을 받아서 가볍게 흔들리다. [한자] 邋나부낄 랍 拉날 랍, 拉끌 랍, 바람 소리

strife [straif] 투쟁 분쟁 (말소리) 서따라부
strive [straiv] 노력하다 싸우다 서따라부

〈strife/strive〉 '서따라부'는 드르르 따라다니며 나부(labor)대는 몸부림으로 노력하다.

· 어원) **〈strife〉** German Streit ("quarrel, dispute") Ancient Greek τρόπος (trópos, "a turn, way"). **〈strive〉** Old French estriver ("to compete, quarrel"), from Old French estrif ("quarrel, dispute"). Latin laborare(to labor, st**rive**, be in distress, elaborate") [국어] **나부끼다**: 천, 종이, 머리카락 따위의 가벼운 물체가 바람을 받아서 가볍게 흔들리다. 邋 나부낄 랍 拉날 랍, 拉끌 랍, 바람 소리

contrive [kəntráiv]	연구해내다 고안하다	(말소리) 끈따라부

〈contrive〉 '끈따라부'는 끌어(con 끈, 함께) 드르르 따라다니며 몸부림치다. 이리저리 나부대며 몸부림치다(애쓰다) [연관] contribute

· 어원) **〈contrive〉** Middle English contreve ("to invent"), from French controuver, from trover ("to find") (French trouver). Ancient Greek τοόπρς (trópos, "a turn, way"). Latin laborare(to labor, **strive**, be in distress, elaborate")

'업다'는 얍 띄워 위에 올리다는 것으로 한자로 업(業)으로 표현할 수 있다(Operate).

나부끼며(ripple, navigate) 펀덕대는 움직임은 일하는 에너지가 된다. rave는 미친 듯이 나불대며(wave) 지껄이는 것이다. labor는 이러한 나불거림이라고 하겠다. 한자로 랍(邋)은 '나부끼다' 및 '일을 하다'는 의미도 포함한다(邋나부낄 랍, 일을 삼가지 아니하다)

labor [léibər]	노동 출산	(말소리) 나불
elaborate [ilǽbərət]	정성들여 만들다 정교한	위나불이다
collaborate [kəlǽbərèit]	협력하다	꼴나불이다

〈labor〉 '나불'은 나불(labor=rave, s**trive**)거려 몸부림치며 얍, 납치 등 얻고자 일 벌이다. [참조] o**pe**rate 업(業)하리다 st**rive** **〈elaborate〉** '위나불이다'는 위(e)로 얍(lab), 나불(labor=strive)거리며 (몸부림치며) 노력하다. 만드는 것을 한층 더 애쓰다는 뜻 [연관] accurate 꾸르르 끌끌대며 신경 써서 더 정교하게 된다 **〈collaborate〉** 꽈(co 꼬여 같이) 나불(labor=strive)거리며 (몸부림치며) 노력하다. 같이 애써 주다, [연관] cooperate (oper=labor)

· 어원) **〈labor〉** Latin laborare(to labor, **strive**, be in distress, elaborate"), from labor ("labor, toil, work, exertion"). Latin labō ("to waver"), Latin lābor ("to slip") Sanskrit: लुभ्यति (lúbhyati, "to desire, to be perplexed") Sanskrit लभते (labhate) ("take", "gain"). **〈elaborate〉** Late Latin ēlabōrātus ("worked out"), from ē- ("out, forth, fully")+labor ("work, toil, exertion"). [국어] 나불: '나불거리다(얇은 물체가 바람에 날리어 가볍게 자꾸 움직이다)'의 어근. [한자] 業업. 邋나부낄 랍, 일을 삼가지 아니하다

7 나불(풀)거리는 잎(입다, 덮다, 끈

leaf; **drap**e lap w**rap** enve**lop**; **rope** stri**p**e st**rap**

씹거나 말할 때 '얍얍'하는 입(lip)과 나풀거리는 이파리, 잎(leaf)은 우리말과 동일하다.

'닢'은 동전이나 납작한 물건을 셀 때 쓰는 단어이다. 그리고 과거 나뭇잎을 뜻하는 말로 쓰이기도 했다. '입'과 '잎'은 발음도 유사하거니와 입술이 말하며 나풀거리는 것과 나뭇잎이 바람에 나풀거리는 것이 비슷하기 때문에 한 뿌리에서 나왔음을 유추할 수 있다. 葉(잎엽)은 책장, '옷의넓이'도 뜻해서 이파리는 책장, 옷과 연관이 있음을 알 수 있다. 또한 잎과 葉(잎 엽)의 유사성에서 우리말이 곧 한자를 형성하는데 기여했음을 알 수 있다.

leaf [li:f]	나뭇잎	(말소리) 닢
lips [lips]	입술	입

〈leaf〉 '닢'은 나비처럼 나풀거리는 잎사귀의 모습을 뜻함. 책장(A sheet of a book, page)이나 이파리처럼 날리는 것. 한자 엽(葉) **〈lips〉** '입'은 씹거나 말할 때 '얍얍'하는 것에서 나온 것으로 볼 수 있으며 나불대며 말하는 입의 특성을 반영하고 있다. 닢은 입술이 축 늘어져 있는 모양이 나뭇잎을 닮았음을 의미함. [연관] nip 얍하고 입을 벌리는 소리에서 나옴. 龇 씹는 소리 립(입). 입을 뜻하는 lip 과 같은 어원이라 할 수 있다. Nibble '나불'(To eat with small, quick bites.)

· 어원) **〈leaf〉** Latin liber (" book"), Proto-Indo-European *lewbʰ- ("to break, flake or peel off, shed; rind, leaf"). **〈lips〉** Proto-Indo-European *leb- ("to hang loosely, droop, sag"). [국어] 닢: '잎'의 옛말. 또는 납작한 물건을 세는 단위. 흔히 돈이나 가마니, 멍석 따위를 셀 때 쓴다. [한자] 葉잎 엽, 책장, 옷너비 䶑씹는소리 립

library [láibrèri] 도서관 서재 (말소리) 이파리라

〈library〉 이파리를 옷으로 입는 것처럼 나무껍질은 나무를 두르며 입고 있다. 나무껍질에 글을 쓴 것에서 유래한 것이다. 팔만대장경은 불경을 새긴 나무판의 숫자가 8만여 개여서 붙은 이름이다. 잎(엽 葉)은 책장, 옷의 넓이를 뜻한다. leaf는 책 종이(A sheet of a book)를 뜻한다. [연관] trifle book 박(朴 나무껍질) 나무껍질로 책을 만들었다(book=bark) [다른 풀이] '나불이리' 책장이 닢/이파리(lib= leaf)처럼 **나풀거리는** 것을 표현.

· 어원) Latin liber ("book, the inner bark of trees) [국어] **닢**: '잎'의 옛말. **나불거리다**: 얇은 물체가 바람에 날리어 가볍게 자꾸 움직이다. 葉 잎 엽, 책장, 옷너비

rabbit [rǽbit] 토끼 (말소리) 나비다

〈rabbit〉 '나비다' 닢(이파리) 모양의 귀가 나비 날개처럼 넓어 나불거린다. 나부낄 정도로 넓은 귀 [다른 풀이] '닢이다' 닢(이파리) 모양의 넓은 귀

· 어원) French rabot ("plane"). lop(Any of several breeds of rabbits whose ears lie flat.) Proto-Germanic *lappô ("cloth stuff, rag, scraps, flap, dewlap, lobe, rabbit ear") [한자] 葉잎 엽

닢은 넓어서 펄럭거리는 성질이 있다. 지붕을 덮거나, 옷처럼 몸에 두르기도 했다. 얍 업어 입히는 것과도 통한다. 이러한 '입히다'는 笠 삿갓 립(입)에 나타난다. 삿갓[笠 삿갓 립(입)=竹 + 立]은 머리 위에 얹어 비나 햇빛을 막는 대나무[대죽(竹)]를 입혀(立) 만든 것,

lap [læp] 1무릎, 겹쳐지다 2 핥다 (말소리) 닢
overlap [ouvərlæp] 겹치다 포개지다 업어닢
wrap [ræp] 포장하다 두르다 닢

〈lap〉 '닢'은 1 잎사귀나, 입는 옷처럼 매달려 펄럽(flap)거리는 의미에서 몸 아래 달려 있는 허벅지, 무릎. 닢(leaf)은 옷처럼 위에 입혀 싼다(A garment that one **wraps** around the body). 2 입으로(혀로) 펄럽(flap) 나풀거리며 핥다(to lick up with a quick motion of the tongue.) [연관] flap 잎이 나풀거리는 소리 **〈overlap〉** '업어닢'은 닢(leaf) 같은 옷을 업어(over) 주다. (얍) 입혀(lap, wrap) 겹쳐진다는 뜻. **〈wrap〉** '닢'은 닢(leaf) 같은 옷을 입혀 두르다. 얍얍 펄럽(flap)거리며 감싸다

· 어원) **〈lap〉** German Lappen ("cloth; lobe; flap") Middle English lappen ("to fold, wrap") from wlappen ("to fold, wrap") 囓 **깨무는 소리 렵(엽)** **〈overlap〉** over-+lap **〈wrap〉** Middle English wrappen ("to wrap, fold"). Proto-Germanic *laubijō ("arbour, protective roof, shelter made of **foliage**"). **입다**: 옷을 몸에 꿰거나 두르다. 물건의 거죽에 다른 물건을 바르거나 얇게 덮어씌우다. 무엇에 관련되는 다른 것을) 어울리도록 더하다. [한자] 入 들 입 斂막을 녑

develop [divéləp] 개발하다 발전하다 (말소리) 떼펄럽
envelop [invéləp] 싸다 봉하다 인펄럽

〈develop〉 '떼펄럽' 펄럽(velop=flap) 거리는 닢, 천에 (업혀/씌운) 것을 떼다. 펄럭대며 겹친 것을 떼고 나와서 전진하다는 뜻. 개발(開發)은 열어 벌린다는 의미로 영어와 같다. [연관] evolve 벌벌 도는 회오리에서 위로 가 진화한다. **〈envelop〉** '인펄럽' 펄럽(velop=flap) 거리는 닢, 천에 (업혀/씌운) 것을 인(in, im, en, on" 인(隣)=인접)하여 덮다.

☞ -velop에서 flap → wrap로 변화. de+vel(벌벌 떨다, vortex)+lop(닢, 葉 잎 엽, 나부끼다, leaf, lap) [연관] lop '랍' 1 깨지는 소리(To cut off as the top. crop), 2 나부끼는 물결. 3 나풀거리는 옷처럼 늘어지다 (To hang downward)-> drape

· 어원) 〈**develop**〉 des-+veloper ("to wrap"). 〈**envelop**〉 en-+voloper("to wrap, wrap up"). Proto-Germanic *laubijǭ ("arbour, protective roof, shelter made of **foliage**"). [국어] **업다**: 사람이나 동물 따위를 등에 대고 손으로 붙잡거나 무엇으로 동여매어 붙어 있게 하다. **바르다**: 풀칠한 종이나 헝겊 따위를 다른 물건의 표면에 고루 붙이다. 斂막을 녑 葉 잎 엽, 책장, 옷너비

roof [ruːf] 지붕 옥상 (말소리) 업혀
rib [rib] 갈비뼈 입어
reef [riːf] 산호 입혀

roof> '업혀'는 (**입히고**) 씌워 덮는다는 의미 [연관] envelop wrap 물건을 위에 업혀 둘러 감싸는 것을 뜻함 [다른 풀이] '높혀' 높이 올라 있는 공기처럼 덮다. 〈**rib**〉 **잎** 속의 가는 줄기(any of the prominent veins of a leaf) 가 업혀(덮고) 펼쳐진 모양으로 옷처럼 몸을 뼈로 **입어서** 감싼다(A part serving to shape or support something) [연관] equip 〈**reef**〉 입혀(업혀) 덮고 있는 지붕 모양의 것

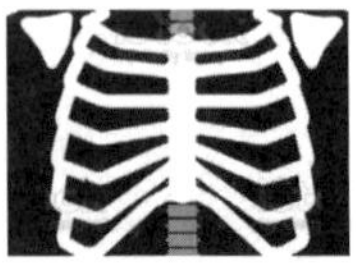

· 어원) Proto-Germanic *laubijǭ ("arbour, protective roof, shelter **made of foliage**"). 〈**roof**〉 Old English hrōf ("roof, ceiling; top, summit; heaven, sky") 〈**rib/reef**〉 Proto-Germanic *ribją("rib, reef"), from Proto-Indo-European *h_1reb^h-("arch, ceiling, cover"). **입다**: 옷을 몸에 꿰거나 두르다. 물건의 거죽에 다른 물건을 바르거나 얇게 덮어씌우다. [한자] 斂막을 녑

weapon [wépən] 무기 총기 (말소리) 입은

〈**weapon**〉 '입은' 입어 몸에 장착한 갑옷 등 무기(To equip with a weapon; to arm). [연관] armor 몸에 어르어 입은 갑옷 등 무기.

· 어원) 〈**weapon**〉 Sanskrit: उभ्नाति(ubhnâti, "cover over; hurt, kill") German: Waffe(weapon, arm) [국어] **휩-**: '싸다', '쓸다' 따위의 일부 동사 앞에 붙어, '마구' 또는 '함부로'의 뜻을 더하는 말.

초끈이론은 우주의 구성요소가 고유의 진동 패턴을 갖는 '끈'이라는 가정에서 출발한다. 입자들은 서로 다른 주파수로 진동하는 끈이다. 줄, 띠는 얍/랍 나부대면서 꼬여 만들어 진다(cord). whip은 휩 치는 소리로 채찍이나 rope를 나타낸다.

rope [roup] 줄 묶다 (말소리) 납
label [léibəl] 딱지[꼬리표] 나불

〈**rope**〉 '납'은 얍/랍(rope 衲동아줄 납) 나부끼며 꼬인 줄(cordage that are **twisted** together to form a stronger line)을 나타냄, 〈**label**〉 나불대며 펄럭거리는 천으로 꼬리표에 쓰인다. [연관] level 나불대는 저울 추의 수평 ravel 나불대며 얽힌 실타래 revel 나불대는 지껄임

· 어원) 〈**rope**〉 Old English rāp ("rope, cord, cable"). Proto-Indo-European *lóypos ("adhesive, glue, something smeared"), Old Norse hlaup ("a run"), used in the sense of a "running knot", from hlaupa ("to leap"). 〈**label**〉 Proto-Germanic *lappô ("cloth stuff, rag, scraps, flap, dewlap, lobe, rabbit ear") [한자] 拉끌납, 꺾다, 바람 소리 軜고삐 납 衲동아줄 납

strap [stræp]	끈 혁대	(말소리) 서따랍
stripe [straip]	줄무늬, 채찍질	서따랍
strip [strip]	1 띠 2 벗기다	서따랍

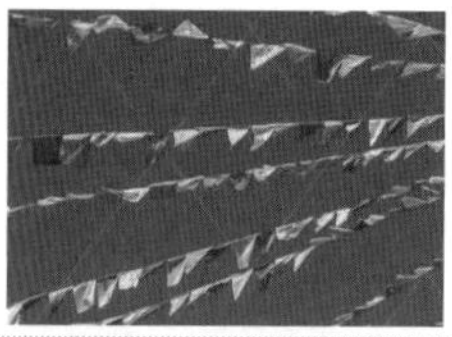

〈strap / stripe〉 '서따랍'은 얍/랍(rap, rip=rope 繛동아줄 납) 나부끼며 꼬인 줄이 따라 서다(str) **〈strip〉** '서따랍'은 1 얍/랍(rap, rip=rope 繛동아줄 납) 나부끼며 꼬인 줄이 따라 서다(str), 죽 세워 줄이 되다. 2 얍/랍(rip=rob, rive, 拉끌 납) 떼어 벗기다. 드릅(trip=drop, trip) 떨어지는 소리 [연관] rip 찢다 deprive☞ str(서따르다)+rap/rip(rope)

· 어원) **〈strap〉** Old English strop ("a band, strap"). Proto-Indo-European *lóypos ("adhesive, glue, something smeared"), *leyp- ("to stick, adhere to, fatty substance") **〈strip〉** Old English strīepan ("plunder"). **입다: 옷을 몸에 꿰거나 두르다. 물건의 거죽에 다른 물건을 바르거나 얇게 덮어씌우다. 무엇에 관련되는 다른 것을) 어울리도록 더하다. 拉끌 납 軜 고삐 납 繛동아줄 납**

8 얍/랍[r_p(v, b), priv, prop] 납치하다: 낚아채다, 자기 것으로 만들다

reap snap; rob ravage **rap**ture de**prive**; **priv**ate **priv**ilege **prop**er

얍, 냅다, 낚아채어 가지다, 납치하다. 한자로 표현하면 納(들일 납), 拉끌 납(랍)

'납(納)'은 거두어 안으로 들이다는 뜻이다. '납'과 '얍'은 소리가 비슷한데 얍하고 낚아채듯 잡아들이다는 뜻으로 쓰인다는 것을 알 수 있다.

reap [riːp]	거둬들이다 이익을 얻다	(말소리) 납(納)
ripe [raip]	잘 익은, 때가 된	납(納)

〈reap/ripe〉 '납'은 얍(reap= rob) (납치하여) 들이다(納: 수확하다 의미가 있음)는 뜻으로 수확하여 거두어들인다. 곡식 등이 익어서 거두어들인다 [다른 풀이] '입(入)' 입수하여 넣다, '나포'

· 어원) **〈reap〉** Latin rapere 'to seize, plunder, to gather (e.g. a harvest) by cutting. **〈ripe〉** Old English rīpe ("ripe, mature"), Proto-Indo-European *$h_1$rep- 'to snatch'. **[한자] 納들일 납 拉끌 납(랍), 잡다, 바람 소리**

snap [snæp]	덥석 물다. 툭 끊어지다	(말소리) 수납(拉)
nap [næp]	낮잠	납(拉)

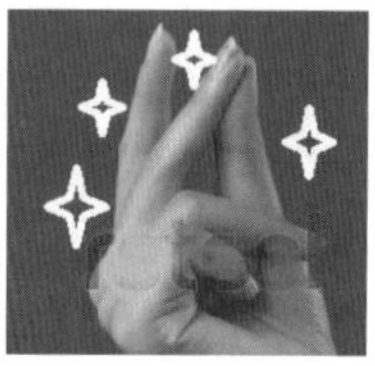

〈snap〉 '수납'은 쉭 얍/냅다(nap=lap, rob) 쳐서 (An attempt to seize, bite, attack, or grab) 납치하다, 부딪히다는 뜻에서 유래. 걸쇠 뜻도 있다. [연관] slap knob kidnap **〈nap〉** 얍/냅다(nap=lap, rob) 쳐서 맞은 것처럼 정신이 나간 상태. ☞ sleep에서 leep(=nap, leap)와 같다. [연관] knap 세게 치다

· 어원) **〈snap〉** Dutch snappen ("to bite; seize"). **〈nap〉** Proto-Germanic *hnappōną(to pick, pluck, tear off) **[국어] 수납(受納): 받아서 넣어 둠. [한자] 納들일 납 拉끌 납(랍), 잡다, 바람 소리**

'납(拉끌납, 잡다)'은 '얍'하고 잡아채는 것이다. 무언가를 납치하여 빼앗는 것이다. 그 외에도 곡식을 수확하는 것(reap)에도 납(納)을 쓴다. '업다'는 몰래 가져온다는 뜻이 있어 납치와 같다(opt, adopt).

rob [rab]	빼앗다 훔치다	(말소리) 납(拉)
rape [reip]	강간하다 강탈	납(拉)
ravage [rǽvidʒ]	황폐 파괴	납(拉)이지

〈rob〉 '납(拉)'은 얍, 남의 것을 빼앗아 내 것으로 들인다는 의미(납→나포) [다른 풀이] '업어' 업어/업어(rob=wrap) (자기 몸에 올려서) 가지다. **〈rape〉** '납'은 납치하여 몸을 뺏다는 뜻 [연관] scrap scrape **〈ravage〉** '납(拉)이지'는 납치로 빼앗아 황폐하게 하다는 뜻 [연관] deprive

· 어원)**〈rob〉** Medieval Latin raubare ("to rob, steal, plunder"). **〈rape〉** Middle English rapen("to abduct; ravish; seduce; rape; seize; snatch; carry off; transport"). **〈ravage〉** French ravage ("ravage, havoc, spoil"), from Latin rapere ("to snatch, seize"). [국어] **업다**: 남의 것을 허락도 없이 몰래 가지다. 拉끌납, 잡다

robe [roub] 예복 옷 (말소리) 납(拉)
wardrobe [wɔ́:rdroub] 의상 옷장 울다납

〈robe〉 '납'는 얍/랍(robe=rob, rip 拉끌 납(랍)) 납치하여 뺏은 물건에서 유래 **〈wardrobe〉** '울다납'는 울(wall 우리, 울타리, warden)로 두른 공간으로 입는 옷을 넣는다. ☞ ward(walled)+robe

· 어원) **〈robe〉** Old French robe("booty, robe, garment"). Proto-Germanic *raubō ("booty, that which is stripped or carried away")

우리가 어떤 위대한 작품이나 예술행위를 접했을 때 황홀경에 이를 만큼 보는 이의 마음이 그 작품에 납치당한 것이라고 할 수 있다.

사랑은 무언가에 사로잡혀 마음을 빼앗긴 상태라고 볼 수 있다. 이는 마음이 납치되어 한곳에 몰입하거나 빠진 상태라고 할 수 있다.

rapture [rǽptʃər] 황홀감 무아지경 (말소리) 납치
love [lʌv] 사랑하다 좋아하다 나부

〈rapture〉 '납치'는 '얍(rap= reap, rob)'하고 채는 것으로 납치는 마음이 어떤 것에 빼앗겨 납치된 것과 같은 무아지경의 상태가 되었음을 뜻함 [연관] rupture '냅지' 얍 벌어지다 **〈love〉** '나부' '얍/랍(love=rub 惗**사랑할 념**)' 나부대며 몸부림치는 모습.
☞ I love you -> **我**(나 아) 惗(사랑할 념) **汝**(너 여).

· 어원) **〈rapture〉** Latin rapiō ("snatch, carry off"). **〈love〉** Old English lufu ("love, affection, desire"). Proto-Indo-European *lewb^{h}- ("to desire, covet; praise, admire; love") [국어] **납치**: 강제 수단을 써서 억지로 데리고 감. **나포**: 1. 죄인을 붙잡음. 2. 사람이나 배, 비행기 등을 사로잡음. 惗사랑할 념 拉끌 납(랍)

priv–, prop– 형태는 납치하듯 채어 갖는다는 의미

deprive [dipráiv] 박탈하다 빼앗다 (말소리) 떼피랍

〈deprive〉 '떼피랍'는 떼어(de) 펄럽(prive=flip) 부딪혀 (납치하듯) 채어 갖는다는 의미 ☞ 펄(pr) 얍/랍(rive=rob, 拉)= be(p)+reave(rive).

· 어원) **〈deprive〉** Latin dē+prīvō. From prīvus ("single; private"). [국어] 拉끌 랍, 꺾다

bereave [birí:v] **[고급]** 사별하다 빼앗다 (말소리) 피랍(被拉)

〈bereave〉 '피랍(被拉)'은 얍/랍(reave=rip, rob, rive, leave) 납치해 빼앗기다, 떠나다는 뜻 [연관] leave deprive

· 어원) **〈bereave〉** be+leave. Old English berēafian ("to bereave, deprive of, take away, seize, rob, despoil"). Latin rapere ("to snatch, seize"). [국어] **피랍(被拉)**: 납치를 당함.

물건이나 소유권 등을 빼앗는 것을 포함하여 사적으로 갖는다는 의미로 사용된다.

private [práivət]	개인의 사적의	(말소리) 피랍이다
property [prάpərti]	특성 재산	피랍하다
privilege [prívəlidʒ]	특권 영광	피랍일낚지

〈private / property〉 펄럽(priv/prop=flip, snap) 부딪혀 (납치하듯) 채어 갖는다. 자기 것으로 빼 사적으로 하다는 뜻. property는 개인 것으로 하는 사유재산이면서 자기에게 속한 특성이란 의미도 있다. ☞ 펄(pr) 얍/랍(riv/rop=rob, 拉) **〈privilege〉** '피랍일낚지'는 펄럽(priv =flip, snap) 부딪혀 채어 갖는다. 낚다(leg=legal, rule)는 쭉 엮어진 줄자/잣대(rule)처럼 기준이 된 법을 뜻함. 즉 사적으로 법을 지니다는 의미 [연관] legal

· 어원) **〈private〉** Latin prīvātus ("bereaved, deprived, set apart from") **〈property〉** Latin proprius ("special, particular, one's own"). **〈privilege〉** prīvus ("private")+lēx, lēg-("law"). 拉끌 랍, 꺾다

proper [prάpər]	1 고유한 2 적절한	(말소리) 피랍해
appropriate [əpróupriət]	1 자기 것으로 하다 2 적절한	에피랍하리다

〈proper〉 펄럽(prop≒flap, snap, wrap) 부딪히며 (얍/납 낚아채) 붙다. 1. 자기에게 붙어 있는 특성(property) 2. 자기한테 붙어 적당하다는 뜻. **〈appropriate〉** -에(a) 펄럽(prop=flip, snap) 부딪혀 채어 갖는다. 1 낚아채 자기 것으로(Belonging to oneself) 하다. 2 자기한테 붙어 적당하다는 뜻.

☞ prop는 붙어 지탱하는 것(An object placed against or under another)=>자기에게 붙은 것 private

· 어원) **〈proper〉** Latin proprius ("own"), prope (near, close in time) **〈appropriate〉** Latin approprio ("to make one's own"), from ad ("to")+proprio ("to make one's own"), from proprius ("one's own, private"). 拉끌 랍, 꺾다

9 끌어 입다[gr/cr(l)+p/b]: 뭉침, 그러모아 잡다

club globe; grip grab grope crop craft

걸다(gr/cl) : '걸다, 끌다, 끼리' 등은 모두 한 덩어리나 무리, 모임 등을 뜻하는 말로 쓰인다. 서로 걸쳐서 있거나 한 데로 끌어 모아 큰 덩어리를 이룬다.

입히다(lip/lub/rab/rip/rop : lobe, leaf, wrap, 拉끌 랍,꺾다, 入들 입)]: 1. 얍 낚아채 납치하듯 잡다(grab, grip, grope 등). 2 얍 나부대는 잎이 달랑 매달린 것 같이 입자 모양의 덩어리를 만든다(group, grape, globe 등). lobe는 나부대는 잎 모양으로 (폐·뇌의) 엽(葉)

'걸다'와 '입히다'는 말이 합해져 뭉치거나 잡다는 의미로 쓰인다.

group [gruːp]	그룹 무리	(말소리) 끌업
club [klʌb]	클럽 동호회	끌업
grape [greɪp]	포도	그러입

〈**group**〉 '끌업'은 끌어/그러(gr) 모아 업어(up) 닢처럼 매달리다. 끌어모아 입자 같은 덩어리(과립)가 되다는 뜻
[참고] troop 〈**club**〉끌업'은 끌어서(cl) 업어(ub=up) 닢처럼 매달리다. 사람들을 끌어모은다는 뜻. 콸콸 쳐내는 소리인 clap 뜻도 있다. [연관] clip ☞ gr+up[up= heap 업히다] cl+ub [ub=up, heap 업히다]
〈**grape**〉 '그러입'은 끌어/그러 (gr 끌어서) 모아 업어(ap=up) 닢처럼 매달리다. 한 데 걸려 입힌 (맺혀 있는) 포도송이 [다른 풀이] 과립 果粒 [연관] grope globe drape

· 어원) Proto-Germanic *lubbǭ("that which hangs or dangles") 〈**group**〉 French groupe ("cluster, group"), from Italian gruppo("a knot, heap, group"). Proto-Germanic *kruppaz ("lump, round mass, body, crop") 〈**club**〉Proto-Germanic *klumpô ("clip, clasp; clump, lump; log, block"), from Proto-Indo-European *gel- ("to ball up, conglomerate, amass"). 〈**grape**〉 Old French grape ("cluster of fruit or flowers, bunch of grapes"), from graper ("to pick grapes", literally "to hook").
[국어] **껴입다**: 겹쳐서 또 입다. **입다**: 옷을 몸에 꿰거나 두르다. 물건의 거죽에 다른 물건을 바르거나 엷게 덮어씌우다. 어울리도록 더하다. **그러당기다**: 흩어진 것을 한데 모아 당기다. **그러모으다**: 흩어져 있는 사람이나 사물 따위를 거두어 한곳에 모으다. [한자] 入들 입 結맺을 결. 모으다, 걸다, 엉기다, 굽다, 막다, 마치다

cliff [klif] 절벽 (말소리) 끌립
clip [klip] 1깍다 2 끼다, 핀 끌립

〈**cliff**〉 끌어(cl) 모아 입혀(if≒up) 닢(leaf, lobe)처럼 덩어리진 입자. 바위 덩어리(rock)의 표면이 깍여 있는 모습 〈**clip**〉 끌어(cl=claw) 얍/랍 (lip: reap, rob) 입혀/업어 채다. 1 끌려진 쪽은 깍이게 되며, 2 끌어당긴 쪽은 끼이게 하다는 뜻

· 어원) 〈**cliff**〉 latin clīvus ("a slope, hill"). 〈**clip**〉 Old Norse klippa ("to clip, cut the hair"). Old English clyppan ("to hug, clasp"). [국어] 높이다: '높다(아래에서 위까지의 길이가 길다)'의 사동사.

troop [tru:p] 군대 파병 (말소리) 따르업

〈**troop**〉 '따라업'은 따라(tr) 업어(op=up) 닢(roop≒leaf, rope) 처럼 매달리다. 업혀 겹친 것으로 rope 처럼 딸리듯이 모여 있는 군대를 의미 [연관] group
☞ tr+roop(=rope) [op= up, heap 업히다]

· 어원) 〈**troop**〉 Medieval Latin troppus "flock". [국어] **딸리다**: 어떤 것에 매이거나 붙어 있다.

globe [gloub] 지구 (말소리) 끌나부
knob [nab] 손잡이 (끄)나부

〈**globe**〉 '끌려입'은 꽈르르 끌어서(gl) 나부(lobe≒leaf, lobe 葉잎 엽, 粒낟알 입)대며 매달린 모양. 한 데 끌어모아 입자(grape) 같은 덩어리(과립)가 되다는 뜻. 인력에 의해 끌려 뭉친 경우 공 모양의 입자가 된다. [참고] blob '불립' 불린 입자(방울) conglomerate 〈**knob**〉 껴 나부(nob≒up, heap, lobe 粒낟알 입)대며 매달린 입자(grape, group), 끄나풀. 잡는데 쓰인다. crop은 곡식 알맹이, 손잡이 뜻이 있다. 엉켜서 뭉친 매듭(knot) [참고] loop 고리

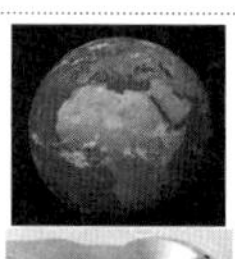

· 어원) 〈**globe**〉 Proto-Indo-European *gel- ("form into a ball; ball"). Proto-Germanic *lubbǭ (" that which hangs or dangles ") 〈**knob**〉 German Knubbel '**끄나풀**' ("knob"). Middle Low German knobbe ("knob; knot in wood"). Italian gruppo("a **knot**, **heap**, group"). Old English crop("the head or top of a plant, a sprout or herb, an ear of corn") **끄나풀**: 길지 아니한 끈의 나부랭이 [한자] 粒낟알 입(립) 屈굽힐 굴

'그러-'는 그러잡다, 그러담다, 그러당기다, 그러매다, 그러먹다 등 끌다는 말로 쓰인다. gr+p 형태는 손으로 끌어당긴다는 말이다.

grasp [græsp] 1움켜쥐다 2이해하다 (말소리) 그러습
clasp [klæsp] 쥐다 걸어습

〈grasp〉 '그러습'은 그러(끌어)(gr) 잡아 습득(sp=cept, ceive 拾 주울 습)하다. 1움켜쥐다 2 감 잡아 알다는 뜻 [다른 풀이] '그러집' 그러당겨 잡다. **〈clasp〉** 그러(끌어)당겨 잡(sp=cept, ceive 拾 주울 습)다. 습득하다

· 어원) **〈grasp〉** Old English grǣpsan ("to touch, feel"). **〈clasp〉** Old English clyppan ("to grasp"). Related to English enclasp ("embrace, hold tightly in one's arms"). [국어] **그러잡다**: 가까이 오게 해서 붙잡다. 쥐다: 손가락을 다 오므려 엄지 손가락과 다른 네 손가락을 겹쳐지게 하다. 拾 주울 습, 열 십. 執 잡을 집

grip [grip] 잡다 꽉 쥐다 (말소리) 그럽
grab [græb] 잡다 끌다 그럽
crop [krap] 1 자르다, 수확하다 2 농작물 끄럽

〈grip〉 '그럽'은 그러모아, 걸어서(cl=claw) 얍/랍(rip- reap, rob 拉끌 납; ip=up) 업어 채다. (손에) 끌어들여 잡다는 뜻 [다른 풀이] '껴입' 얍(拉끌 납) 끌어 입히다 **〈grab〉** '그럽'은 그러모아, 걸어서(cl=claw) 얍/랍 (rop: reap, rob; ab=up) 업어 채다. (손에) 끌어들여 잡다는 뜻

〈crop〉 '끄럽'은 1 끌어 (cl=claw) 얍/랍(rop: reap, rob) 납치하여 낚아채다. 2. 끌어/그러(gr) 업어(nob≒up, heap, lobe 粒낟알 입) 매달린 입자(grape, group). 달랑 달린 덩어리(grape, group), 작물

· 어원)**〈grip〉** Proto-Indo-European *gʰreyb- ("to grab, to grasp"). **〈grab〉** Middle English grappen ("to feel with the hands; grope"). **〈crop〉** Middle English croppen ("to cut, pluck and eat"). Old English crop("the head or top of a plant, a sprout or herb, an ear of corn") [국어] **껴입다**: 겹쳐서 또 입다. **걸다**: 자신의 발이나 도구를 이용하여 잡아채다. **입다**: 옷을 몸에 꿰거나 두르다. 물건의 거죽에 다른 물건을 바르거나 얇게 덮어씌우다. 무엇에 관련되는 다른 것을) 어울리도록 더하다. [한자] 拉끌 납(랍), 바람 소리 入들 입 結맺을 결. 모으다, 걸다, 엉기다, 굽다, 막다, 마치다

grope [group] 더듬다 (말소리) 그러업

손에 걸어(끌어, 그러) 업어(op= up, 入들 입; rop≒reap 納들일 납, 수확) (낚아채) 집다. 잡으려고 더듬다.

· 어원) Proto-Indo-European *gʰreyb- ("to grab, to grasp"). [국어] 그러당기다: 흩어진 것을 한데 모아 당기다.

craft [kræft] 1기능 2비행기 (말소리) 끌업히다

1 (손에) 끌어(cr) 업혀(af=up) 잡다. 손으로 잡아 만드는 기술(To make by hand). 2 냅다 끌어 (잡아당겨) 가는 비행기(A vehicle designed for navigation). -raft는 냅다 끌고가는 draft, drift와 같은 형태이다. [연관] raft aircraft

· 어원) Old English cræft ("physical strength, skill, ability, trick, tool"). Old English clifer ("claw, hand, cling") [한자] 拉끌 납(랍), 나부끼다

clever [klévər] 영리한 똑똑한 (말소리) 끌업어

〈clever〉 '끌업어' 걸어(cl=claw) (손에) 입혀/업혀(lever≒reap, lift; ev= up) 잡아 올리다. 잡아 잘 조정한다는 뜻 [참고] glove

· 어원) **Old English *clifer*** ("claw, hand, cling"). [국어] 업다: 사람이나 동물 따위를 등에 대고 손으로 붙잡거나 무엇으로 동여매어 붙어 있게 하다.

10 얍 내비다(lev, liv, lib, riv --), 비우다

leave al**lev**iate ob**liv**ious f**riv**olous de**liv**er

랍(얍)은 뛰다(leap), 나풀거리는(ripple) 것 뿐 아니라 사이가 벌어져 찢어진 상태를 가리킨다. 이와 관련된 단어는 rob, rip, rive, leave rift, rupture, off, abs-, apo-등이 해당한다. 이는 엔트로피 상태(엔트로피는 무질서한 정도를 나타낸다)가 증가하게 만드는 것이다.

정보 처리 단위인 '비트(bit)'에는 0 또는 1의 두 가지 상태 중 하나만 존재할 수 있지만, 양자컴퓨터 큐비트에는 0과 1이 동시에 존재할 수 있다(양자 중첩). leave는 얍(랍) 벌어질 수 있고, 달라붙을 수도 있다. clip, cleave, strip 또한 갈라짐과 붙음 두가지 상태가 중첩된다.

leave [liːv] 1 떠나다 2 내비두다, 허가 (말소리) 내비
cleave [kliːv] 쪼개다, 착 달라붙다(문예체) 콸내비

〈leave〉 '내비'는 얍(랍) (leav=leap) (떠서) 내비다(내버리다), 또는 내버려 두다(To let be)는 말로서 1 내버려 떠나다(떠나가는 자 입장) 2 내버려 두고 남는 것(떠나보내는 입장) ("depart, separate from; remain")을 뜻함. 내비두고 하도록 하다(To allow (something) to remain) **〈cleave〉** 콸 내비다(leave). 냅다(rip) 내버려 갈라지거나, 냅다(reap) 달라붙다. 가르거나 붙을 때 나는 소리는 같다

· 어원) **〈leave〉** Middle English lave ("remainder, rest, that which is left"), Proto-Indo-European *leyp- ("to stick, glue"). Proto-Germanic *laubō ("permission") **〈cleave〉** Proto-Germanic *kleubaną(To split) [국어] **냅다**: 몹시 빠르고 세찬 모양. **내빼다**: (속되게) 피하여 달아나다. **내비다(내비두다, 냅두다)**: '내버려두다' '놓아두다'의 방언 (경상, 전남, 충남)

비우거나 빼는 것은 가볍게 만드는 것이다. 또한 가볍게 만들다는 것은 넓히다, 높다와도 관련이 있다. 높게 뜨려면 무게가 가벼워야 하기 때문이다.

alleviate [əlíːvièit] 경감하다 완화하다 (말소리) 엘내비우다

〈alleviate〉 '엘내비우다'는 -에(a) 얍(lev=leap, 효설 립) 떠서 (높여) 내빼다. (고통과 같은 것을) 얍 떠서 넓게 엷어진다는 뜻

· 어원) **〈alleviate〉** Late Latin alleviare ("to lighten") (ad- ("towards")+levis ("light, quick, trivial")). [국어] **내비다(내비두다, 냅두다)**: '내버리다' '내버려두다' '놓아두다'의 방언 (경상, 전남, 충남) [한자] 僷가벼울 엽 邋나부낄 랍

relieve [rilíːv] 완화하다 안도하다 (말소리) 늘내비

〈relieve〉 '늘내비'는 늘(re) 얍 높(넓)여(liev=leap, leave 효설 립) 내빼다. 고통에서 냅다(lift) 비우다. [참조] release '늘내서' 내서 (일에서) 벗어나는. alleviate

· 어원) **〈relieve〉** Latin relevo ("to lift up, lighten, relieve, alleviate"), combined form of re- ("back")+levo ("to lift"). [국어] **내비다(내비두다, 냅두다)**: '내버리다' '내버려두다' '놓아두다'의 방언 (경상, 전남, 충남) [한자] 僷가벼울 엽 邋나부낄 랍

oblivious [əblíviəs] 잘 잊는, 감지하지 못하는 (말소리) 외부내비어서

〈oblivious〉 '외부내비어서'는 외부(ob=off)로 얍, 내빼(liv=leave, leap) 없어지다, 망각하다는 뜻

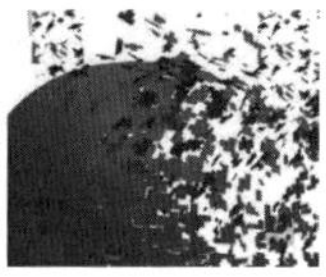

· 어원) **〈oblivious〉** Latin obliviosus ("forgetful"). *oblīviscor* ("I start to erase". omit), levis (quick, swift, light (not heavy)) **내비다(내비두다, 냅두다)**: '내버리다' '내버려두다' '놓아두다'의 방언 (경상, 전남, 충남)

trivial [tríviəl] 사소한 하찮은 (말소리) 트나불
frivolous [frívələs] 하찮은 경박한 푸나불려서
trifle [tráifl] 사소한 일. 가지고 놀다 트나풀

〈trivial〉 '트나불'은 틀어 나부대며 나눠지고 세분되어 작아지다는 뜻 **〈frivolous〉** '푸나불려서'는 푸우 나불(rivol=ripple) 대며 하늘하늘 (흐늘흐늘) 흔들거릴 정도로 가볍다는 뜻 **〈trifle〉** '트나풀'은 틀어 나풀(rifle=riffle, laugh)대며 웃거나 하늘하늘(흐늘흐늘) 흔들거려 가볍다는 뜻 [연관] ripple

· 어원) **〈trivial〉** Latin triviālis ("commonplace, vulgar"), from trivium ("place where three roads meet"). Latin levis(light quick trivial) **〈frivolous〉** Latin frīvolus ("silly, empty, trifling, frivolous, worthless"). **〈trifle〉** Old French trufle ("mockery") Latin tricor(I behave in an evasive manner, search for detours. make difficult ties, trifle, play tricks.) **나불거리다(얇은 물체가 바람에 날리어 가볍게 자꾸 움직이다). 하늘하늘**: 조금 힘없이 늘어져 가볍게 잇따라 흔들리는 모양 [한자] 㒑가벼울 엽

나부끼며 떠다니는 것은 자유를 의미한다. 그리고 저울은 양쪽 추가 나부대며 흔들리는 특징이 있다.

liberty [líbərti] 자유 해방 (말소리) 나불대
libertine [líbərtìːn] **[고급]** 방탕자 자유사상가 나불댄

〈liberty〉 '나불대'는 나불대서 흔들리다. 잡혀 고정되지 않는다. 벗어나("to set free") 자유로운 상태를 뜻함. [다른 풀이] '내비 둬' 내버려 두어 맘대로 하다. **〈libertine〉** '나불댄'은 나부끼는 바람에 실려 이리저리 갈 수 있게 자유로이 떠도는 사람을 뜻함. [참고] librate: To swing back and forth (like the beam of a balance)]

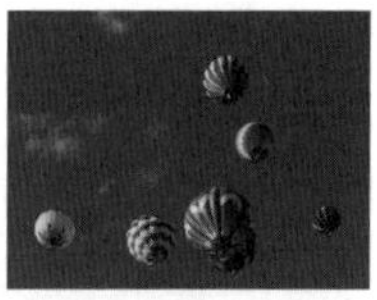

· 어원) **〈liberty〉** Latin libertas ("freedom"), from liber ("free"). French libre (clear, free, vacant) **〈libertine〉** Latin libertinus ("a freedman"). [국어] **나불대다**: [같은 말] 나불거리다(얇은 물체가 바람에 날리어 자꾸 움직이다). 자유도: 역학계에서 질점의 위치를 정하는 좌표로서 임의의 독립적인 변화를 줄 수 있는 방법의 수

deliver [dilívər] 전달하다 구조하다 (말소리) 뜰나부

〈deliver〉 '뜰나부'는 떠서 나불대며 풀어지다(To set free from restraint). 나부끼는 바람 따라 건너가다(hand over). 위험에서 벗어나다 ☞ 떼어(de) 나부(liver= leave)대다 ≒ derive [연관] relieve

· 어원) **〈deliver〉** Latin de+līberō ("to set free, liberate").

level [lévəl] 수평 수준 (말소리) 나불

나불(libri=level)거리는 양쪽 추에 맞추어 무게를 재는 저울로서 균형을 맞추다 [연관] equi**librium** ☞ equal+**lībra**("=level, balance"). [연관] label 나불대는 천 ravel 나불대며 얽힌 실타래 revel 나불대는 지껄임

· 어원) Latin labella, libra ("a balance, a level"). Latin libra; A Roman unit of weight equal to about 327 grams. [한자] 拉끌납, 꺾다, 바람 소리

11 냅다(rupt/lip/lap/lev --), 벌어지다: 갑자기, 갈라짐, 미끄러짐, 높임

rift dis**rupt** cor**rup**t **erupt**; b**rief** abb**rev**iate; **lof**t **lif**t **leav**en **lev**y

'냅다(rup/lip/lap/lev)'는 거칠고 빠르게 튀어나오는 것을 나타낸다. 이는 여러 의미를 내포한다.

1. 갈라져 부서지거나 분출되는 것을 의미한다(rip, rift, erupt).
2. 갑자기 미끄러지다(slip, slope).
3. 얍 튀어나와 높이다(loft, lift, lever).
4. 얍 재빠르게 이동하여 가볍다(alleviate).
5. 갑자기 (abrupt)

* 立(설 립)은 세우다, 갑자기, 즉시 의미가 있다.

냅다(leap)는 벌어지며 갈라지거나 갑작스러운 순간을 나타낸다. 랍- 갈라지는 소리는 하나지만 이를 표현한 단어는 다양하다. rip, rive, reave, leave, bereave, deprive, rift, rob 등에서 볼 때 철자가 아니라 소리가 중요한 것이다.

rift [rift]	찢다 가르다	(말소리) 냅다
rip [rip]	찢다 벗다	랍

⟨rift⟩ '냅다'는 랍(얍)(lif=rip, off, leave), 냅다 내치는 소리로 벌어짐 [다른 풀이] '내빼다' [연관] lift 냅다 들어 높이다 **⟨rip⟩** '랍'은 랍(얍) 나부(rip=rive, rub, reap, 拉끌 납(랍), 잡다, **바람 소리**)대면서 내치는 소리를 나타냄. 물결(ripple)이란 뜻이 있음 [연관] rive reave leave crop ripple

· 어원) **⟨rift⟩** Old Norse rīfa("to rend, tear apart"). **⟨rip⟩** Middle English ryppen ("to pluck"). [국어] **냅다**: 몹시 빠르고 세찬 모양 磖깨지는소리 랍

-rupt는 어원상 움푹거리는 진동인 -ump-[jump, rampant, dump, tramp, tremble 등] 와 유사하다.

rupture [rʌptʃər]	파열 찢다	(말소리) 냅지

⟨rupture⟩ '냅지'는 냅다(rupt= rift) 내치는 소리로 망가진다는 뜻. [연관] corrupt erupt

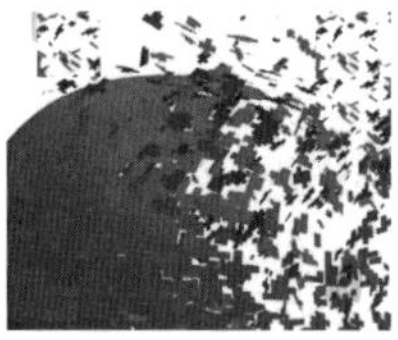

· 어원) **⟨rupture⟩** Latin rapiō ("snatch, carry off"). Latin ruptūra ("a breaking, rupture (of a limb or vein)"). [한자] 磖깨지는 소리 랍

disrupt [disrʌpt]	방해하다	(말소리) 떼서냅다
interrupt [ìntərʌpt]	방해하다 중단하다	안다냅다
corrupt [kərʌpt]	부패한 타락한	콰냅다

〈disrupt〉 '떼서냅다'는 떼서(dis) 냅다(rupt=rift) 내치는 소리로 산산조각이 나도록 한다는 의미 **〈interrupt〉** '안다냅다'는 사이를 안다(inter=and, onto)와 냅다(rupt= rift) 벌어지다. 사이에 들어 벌어지게 하다 **〈corrupt〉** '콰냅다'는 콰 꼬여(co 꽈, 과) (부딪히면서) 냅다(rupt= rift) 내치는 소리로 부숴진다는 뜻

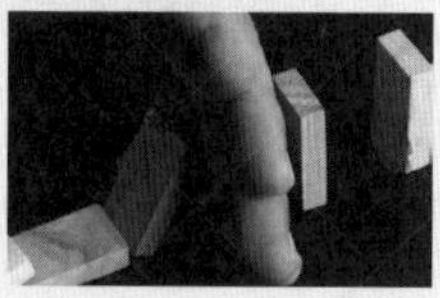

· 어원) **〈disrupt〉** dirumpere ("to break or burst asunder"), from dis-, di- ("apart, asunder")+rumpere ("to break"). **〈interrupt〉** Latin inter ("between")+rumpere ("to break, burst"). **〈corrupt〉** Latin com- ("together")+rumpere ("to break in pieces"). [국어] **냅다**: 몹시 빠르고 세찬 모양 [한자] 磖깨지는 소리 랍

abrupt [əbrʌpt]	갑작스러운 퉁명스러운	(말소리) 외부냅다
erupt [irʌpt]	폭발하다	위냅다

〈abrupt〉 '외부냅다'는 외부(ab=off)로 냅다(rupt=rift) 내치는 소리(To tear off)에서 갑작스럽다는 의미가 되었다. **〈erupt〉** '위냅다'는 위로(e) 냅다(rupt=rift) 내치는 소리로 쏟아내다(To eject something violently (such as lava or water)는 뜻 [연관] eject 위로 쫓다

· 어원) **〈abrupt〉** Latin abruptus ("broken off"), formed from ab ("from, away from")+rumpō ("to break, burst, emit"). **〈erupt〉** Latin ērumpō ("to break out (of), to burst out (from)"), from e ("out")+rumpō ("to break, burst, emit"). [국어] **냅다**: 몹시 빠르고 세찬 모양 [한자] 磖깨지는 소리 랍

빠르게 나부대며 갑작스러운 것을 나타낸다.

lapse [læps]	경과하다, ~로 빠지다, 실패	(말소리) 냅지

〈lapse〉 '냅지'는 얍(랍)(lip≒rip, leap), 냅다(rift) 내빼는 소리로 시간이 경과하거나(An interval of time) 사이가 벌어져 쓰러지다(To fall into error, to subside.) [연관] slip

· 어원) **〈lapse〉** Latin lapsus, from labi ("to slip"). [국어] **내빼다**: (속되게) 피하여 달아나다. [한자] 磖깨지는 소리 랍

collapse [kəlǽps]	붕괴하다 무너지다	(말소리) 콸냅지

〈collapse〉 '콸냅지'는 콸(col) 소리와 얍, 냅다(lap=rift) 내치며 빠지는 소리가 합해져 무너지는 소리를 나타냄 [연관] corrupt

· 어원) **〈collapse〉** con-+lābor ("slip"). [국어] **냅다**: 몹시 빠르고 세찬 모양 [한자] 磖깨지는 소리 랍

eclipse [iklíps]	일(월)식(蝕) 가리다	(말소리) 윗끌냅지

〈eclipse〉 '윗끌냅지'는 윗(ec) 끌려 내빼(lip= leave) 보이지 않게 사라지다 ☞ clipse≒ collapse

· 어원) **〈eclipse〉** Ancient Greek ἐκλείπω (ekleípō, "I abandon, got missing, vanish"), from ἐκ (ek, "out") and λείπω (leípō, "I leave behind").

brief [bri:f] 짧은 간결한 (말소리) 빠릅
abbreviate [əbrí:vièit] 줄이다 요약하다 에빠르비우다
abridge [əbrídʒ] 요약하다 에빠르지

〈brief/abbreviate/abridge〉 바로(빠르게) 펴나와 우회하지 않고 짧다(Of short duration; happening quickly.)는 뜻

· 어원) **〈brief〉** Latin brevis("short"). **〈abbreviate/abridge〉** Latin abbreviō ("to shorten"), formed from ad+breviō ("shorten"). **바로:** 비뚤어지거나 굽은 데가 없이 곧게. 어떤 곳의 가까이나 부근을 나타내는 말. 시간적인 간격을 두지 아니하고 곧. 다름이 아니라 곧. 거짓이나 꾸밈없이 있는 그대로. [한자] 偞가벼울 엽 邋나부낄 랍

높이다(세우다, 나무, 확립하다)

'높이다'는 얍(leap, hop 立설 립) 뜨다는 말로 공중으로 더 높이 올린다는 뜻이다.

loft [lɔ(:)ft] 이층 높이다 (말소리) 높이다
lift [lift] 들어 올리다 높이다

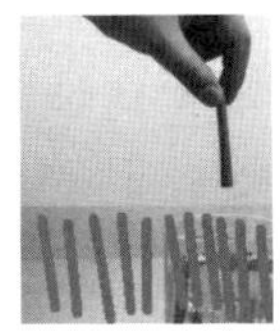

〈loft〉 '높이다'는 냅다 (lof=leap, hop 立설 립) 높이다(To propel high into the air.). 높이 떠서 하늘, 공기처럼 가볍다(얇다)는 의미도 파생된다. 위에 만든 방 [다른 풀이] '업히다' 업어 위로 올리다 [연관] opt **〈lift〉** 냅다(lift=rift), 얍(leap, hop 立설 립) 벌어지다. 공중으로 더 높이 올린다는 뜻 [다른 풀이] '립(立)이다' [연관] heave

· 어원) **〈loft〉** Middle English lofte ("air, sky, upper region, loft"). **〈lift〉** German lüften ("to air, lift") Proto-Germanic *luftuz ("roof, sky, air "), from Proto-Indo-European *lewp- ("to peel, break off, damage"). Spanish **levanter(stand up)** [한자] 立설 립(확고히 서다, 정하다, 존재, 낟알, 자리, 즉시, 닢(납작한 물건을 세는 단위))

'높이다'는 크기나 수준이 올라가는 것을 말한다. 사회적 지위도 높인다고 표현하기도 한다.

lever [lévər] 지레 수단 (말소리) 높여
leaven [lévən] 발효시키다 높인
levy [lévi] 부과하다 높여
loaf [louf] 덩어리 높여

〈lever〉 얍(立) 높여 올리다. **〈leaven〉** '높인' 얍(lev= lift 立설 립) 높여 부풀게(Any agent used to make dough rise) 해서 빵을 만든다. **〈levy〉** 높여 세우는 절차는 세금이나 징집 의무를 확립하고, 부과하는 행위가 된다. 세워 높이다의 한자 立(설 립)은 세워 확정하다는 의미가 있다. **〈loaf〉** '높여' 얍/랍(lift) 높이 부푼 모양,

· 어원) **〈lever〉** Latin levator("a lifter"), from levatus("to raise"). **〈leaven〉** Latin levō("I raise"). **〈levy〉** Old French lever ("to raise"). **〈loaf〉** Old English hlifian ("to stand out prominently, tower up"). [한자] 立설 립(확고히 서다, 정하다, 존재, 낟알, 자리, 즉시, 닢(납작한 물건을 세는 단위)) 邋나부낄 랍

elevate [éləvèit] 높이다 상승 (말소리) 위높이다
relevant [réləvənt] 관련있는 적절한 늘높이다

〈elevate〉 '위높이다'는 위로 얍(lev=lever, lift 立설 립) 높이다. 높여 올린다는 뜻 [다른 풀이] '올려보다' **〈relevant〉** 늘 높여(lev) 주어 영향을 미치는 관계에 있다.

· 어원) 〈**elevate**〉 Latin elevare ("to raise, lift up"), from e ("out")+levare ("to make light, to lift **내피다 높이다**"), from levis ("light"). 〈**relevant**〉 relevō ("lift up again, lighten, relieve"), from re- ("again")+levō ("lift"). [한자] 立설 립

raft [ræft] 뗏목 보트 (말소리) 내피다
graft [græft] 이식 접목 껴내피다

〈**raft**〉 '내피다'는 얍/립(raft=lift 立설 립) 뛰어 넓게(높게) 내 펴진 나무 (Any flattish thing, usually wooden)로서 뗏목으로 쓰인다. 〈**graft**〉 '껴내피다'는 얍/립(raft=lift) 넓게(높게) 내펴진 나무를 껴서 겹쳐지게 하다는 뜻 ☞ g(껴)+raft

· 어원) 〈**raft/graft**〉 Proto-Germanic *ga-("co") Proto-Indo-European *rep-("stake, beam"). [국어] **내피다**: 겉으로 두드러지게 나타난다.

corroborate [kərɑ́bərèit] 확증하다 (말소리) 껴높이리다
robust [roubʌst] 튼튼한 강건한 높여서다

〈**corroborate /robust**〉 얍/랍(rob=leap, labor 立설 립) 높이 세우다. 세우다(立설 립)는 확고하게 하는 것으로 함께(co) 높혀 더욱 강해진다. 높이 선 통나무(rob=raft) 처럼 강해진다는 의미 [연관] stubborn 서서 뜨는 나무(stub)로 뻗뻗한 stiff

· 어원) 〈**corroborate**〉 Latin corrōborō ("I support, corroborate"), from com- ("together")+rōborō ("I strengthen"), from rōbur ("strength"). 〈**robust**〉 Latin rōbus ("strength", "hard timber", "oak"). Latin levō("I raise"). [한자] 立설 립(확고히 서다, 정하다, 존재, 낟알, 자리, 즉시, 닢(납작한 물건을 세는 단위))

<표> ['얍/랍' 표현 정리 r(l)+b(f, p, v)]

의미	기본 형태 r(l)~b(f, p, v)				유사형태	한자
	기본형	g(c, s)+	d(t)+	b(f, p)+		
얍 뛰다	leap lope erupt	Gallop	throb	Flip flap flop	hop up pop	翋날 랍 躐밟을 렵(엽), 뛰다
냅다 빠름	Rapid			abrupt brief abbreviate		翋날 랍
얍 낚아채다	rob love rapture rape ravage Reap ripe	grip grab clip grope	drive derive draft	deprive private appropriate		拉끌납, 꺾다, 바람 소리 納(동아줄 납) 粒낟알 입(립)
얍 입다: 붙다(잡다) 줄 입자 덩이	Rope	group grape club globe gravity graft craft clever cliff	Stripe strap Troop tribe		apt have heap	
얍 냅다 갈라지다.	Rip rift rupture lapse collapse leave left relieve Liberty	Cleft cleave crop slip sleep Eclipse Corrupt	Disrupt Deliver	Bereave Oblivious	off ab-	磖깨지는소리 랍
얍 높이다	loft lift elevate lever leaven				heaven hover	
나풀 얇다 가볍다	Alleviate		Trivial trifle			偞가벼울 엽
나부끼다 나풀 물	river ravine riffle ruffle raft Navy navigate lavatory lavish		drift		wave weave web waver	湁 샘솟을 립 邋 나부낄 랍 (납)
나부끼다 마찰	Rub rubber rubbish shrub	Clap slap scrub groove	Drop drip		whip	磖깨지는 소리 랍
나부끼다 새기다		script inscribe graph grave engrave Describe inscribe ascribe prescribe				
나부끼다 열정 괴로움	Rave	Crave grief	Strive strife		hope vivid	
	Labor robust elaborate	corroborate collaborate			operate office	
나불거리다 말	rap rabble				babble wobble	喦말 많을 녑, 엽
나부대며 걷다 기어가다	Rove	Creep crab reptile cripple	Trip travel trap			躐밟을 렵(엽), 뛰다
나불거리는 입, 잎	Leaf library lips lap		Drape	Flabby	paper	葉잎 엽, 책장, 옷너비
업다 휘말려 덮다	Roof Lap wrap				inhibit prohibit exhibit	

3 장

3장. r/l/n 시작 어근[ㄹ, ㄴ]

1 늘어진 줄(lin/lon/lan)

linear **lin**eage de**lin**eate **lan**e pro**lon**g be**lon**g **nor**mal

'늘다'는 원래보다 양이 많아지거나 길이가 길어진 상태를 말한다. Line은 linen에서 나온 말로 늘어지고 엉킨 실과 관계된다. 줄은 공간상 쭉 뻗어나는 것으로 랄랄(roil, rail, row) 소용돌이로 흐르면서 나타나는 파동과 관련이 있다. '핏줄'이란 말도 줄을 쓰는데 단순히 피가 흐르는 관이라는 뜻을 넘어 선조로부터 같은 계통을 잇고 있다는 뜻으로 그 혈통이 쭉 이어져 내려오기 때문이다.

line [lain]	끈 밧줄	(말소리) 날
linear [líniər]	직선 모양의	날이어
lineage [láinidʒ]	혈통 계통	날이지

〈line〉 '날'은 늘어져 긴 날줄, 실을 뜻함. 랄랄(run, roll, row) 흐르는 물길처럼 펄럭거리는 linen(천)과 같다. [다른 풀이] '렬(列)' [참고] Rail 랄랄 지랄 대는 소리 또는 파동으로 널리(line) 늘어진. linen 아마실 **〈linear〉** '날이어'는 늘이어 쭉 길게 뻗은 직선을 나타냄 **〈lineage〉** '날이지'는 날실과 같은 한 핏줄을 타고 일렬로 늘어진다는 뜻. [다른 풀이] '렬이지' [연관] legacy 엮어 이어져 내려온 것

· 어원) **〈line〉** Old English līne ("cable, rope, series, row, rule, direction"). **〈linear / lineage 〉** Latin linea ("line"). **[국어] 날: 천, 돗자리, 짚신 따위를 짤 때 세로로 놓는 실, 노끈, 새끼 따위. 날줄: 날실(피륙이나 그물을 짤 때, 세로 방향으로 놓인 실). [한자] 列벌일 렬 連잇닿을 련 緣연줄 연**

outline [autlain]	윤곽 개요	(말소리) 이웃날
delineate [dilínièit]	표시하다 묘사하다	떠늘리우다

〈outline〉 '이웃날'은 이웃(out)하게 늘어(line)진 날실, 줄. 줄을 두른 것처럼 테두리를 이루는 것을 뜻함 **〈delineate〉** '떠늘리우다'는 늘어(line)진 날실을 뜨다(de)는 말로서 늘어진 줄을 띄워 그린다는 뜻

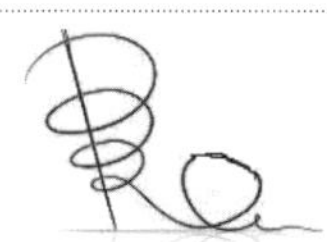

· 어원) **〈outline〉** out+line **〈delineate〉** Latin dēlīneo ("to sketch out, to delineate"), from de-+līnea ("line"). **날: 천, 돗자리, 짚신 따위를 짤 때 세로로 놓는 실, 노끈, 새끼 따위. 날줄: 날실(피륙이나 그물을 짤 때, 세로 방향으로 놓인 실). [한자] 連잇닿을 련**

lane [lein]	차선 통로	(말소리) 랑

〈lane〉 랑랑(lan=run, roll 浪물결 랑) 울렁대며 흐르는 물처럼 늘어져 쭉 나있는 통로를 뜻함. course는 콸 흐르는 물길이다. 이처럼 길은 흘러가는 물길과 관련된다. run은 낭랑 거리며 흐르는 것에서 나온 말로 달리는 길도 의미한다(The route taken while running) [다른 풀이] '늘' 늘어진 끈. 널빤지

· 어원) **〈lane〉** German Leite("line, **course**, load"), Swedish led("way, trail, line"). Middle Irish rian ("**river**, way") Ancient Greek ἐλαύνω (elaúnō '울리네', drive, set in motion, go, ride, sail) **[국어] 널: [같은 말] 널빤지(판판하고 넓게 켠 나뭇조각). 널다: 볕을 쬐도록 펼쳐 놓다. [한자] 浪물결 랑 列벌일 렬**

'늘다'는 원래보다 크기나 길이가 늘어나 커지는 것이다. 길다(long)나 크다(large) 등은 line처럼 쭉 길게 늘어진 것이다. 특히 long은 물리적인 길이뿐만 아니라 시간적인 개념도 포함한다. 시간이 길어지는 것도 늘어지는 것이므로 '꾸물대다, 기다린다'란 뜻을 갖는다.

long [lɔːŋ]	긴 동경하다	(말소리) 늘
large [laːrdʒ]	큰 많은	늘지
prolong [prəlɔ́ːŋ]	연장하다 지속되다	펴내늘
belong [bilɔ́ːŋ, bilάŋ]	속하다	비늘

〈long〉 '늘'은 늘어져 길이가 긴 것을 뜻함. 낭랑 물결에 휘말린 것처럼 늘어지다 **〈large〉** '늘지'는 규모나 크기 면에서 늘어나 크다는 뜻 **〈prolong〉** '펴내늘'은 펴내(pro 앞) 늘(long)다. 길게 벌려 늘린다는 뜻 **〈belong〉** '비늘'은 늘어(long)지게 되다는 말로 늘어져 무리에 연결되다. Be+long [연관] throng along '에랑' -랑 같이 죽 따라가다 [다른 풀이] '비랑' -랑 함께 하다.

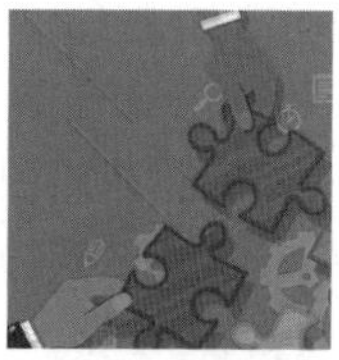

· 어원) **〈long〉** Old English long ("long, tall, lasting"). **〈large〉** Latin largus ("abundant, plentiful, copious, large, much"). **〈prolong〉** Latin prōlongō, from prō+longō (To lengthen. to postpone). **〈belong〉** German belangen ("to attain, concern"). [국어] **늘다: 물체의 길이나 넓이, 부피 따위가 본디보다 커지다. 랑: 어떤 행동을 함께 하거나 상대로 하는 대상임을 나타내는 격 조사. [한자] 列벌일 렬**

derail [diːréil]	탈선하다	(말소리) 떼널

〈derail〉 널판지처럼 늘어진 널/렬(rail=rule, line 列벌일 렬)에서 떼(de)다. 늘어진 줄에서 떼어지다. [참고] Rail

· 어원) **〈derail〉** French dérailler("to go off the rails"). **널: 판판하고 넓게 켠 나뭇조각. [한자] 列벌일 렬**

nerve [nəːrv]	신경 용기	(말소리) 넓혀

〈nerve〉 '넓혀는 랄랄(run, roll, row) 흐르는 물길처럼 날실이 늘어져 이어진 신경망. ☞ n+erve (=warp 읊어): 읊어 대는 파동처럼 엉켜 있는 실과 같은 모양

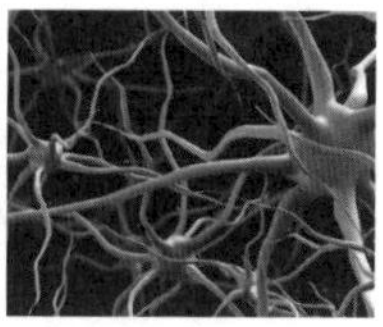

· 어원) **〈nerve〉** Latin nervus ("sinew"). [국어] **날: 천, 돗자리, 짚신 따위를 짤 때 세로로 놓는 실, 노끈, 새끼 따위. 널: [같은 말] 널빤지(판판하고 넓게 켠 나뭇조각).** 너비: '널리'의 옛말. 넓은 물체의 가로로 건너지른 거리.

'넓'은 '널다'에서 줄임말로 나란히 줄을 세우는 것이라 할 수 있다. number로 볼 수 있다. '-nomy'는 법, 학문을 뜻하는데 이것은 나와 이어진다는 뜻의 '남'과 같으며 rule(렬)처럼 기준을 의미한다.

normal [nɔ́ːrməl]	정상의 일반적인	(말소리) 넓일
enormous [inɔ́ːrməs]	엄청난 거대한	위넓이지

〈normal〉 '넓일'은 널어(nor==nerve, rule) 죽 이어진다는 말로 줄과 같은 잣대가 되어 기준이 된다는 뜻. 열에 따라 가는 ordinary와 유사 [연관] economy **〈enormous〉** '위넓이지'는 널어(nor=nerve, rule) 죽 나오는 선에서 위(e)로 가다. 기준선을 넘어서는 어마어마한 상태를 뜻함

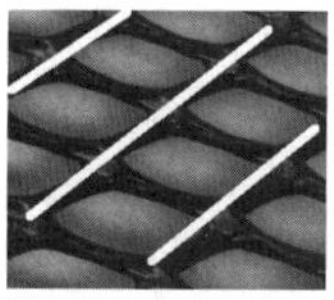

· 어원) **〈normal〉** Latin norma ("a carpenter's square, a rule, a pattern, a precept"). **〈enormous〉** Latin ēnormis. An assimilated form of ex- ("out of")+norma ("rule, norm")

innumerable [injú:mərəbl] 무수한 (말소리) 안넓이리볼
numerous [njú:mərəs] 수많은 다양한 넓이리지

〈innumerable〉 '안넓이리볼'은 널어(num=number, norm) 죽 이어지게 할 수 없다는 말로 나열하지 못할 정도로 크다는 뜻 **〈numerous〉** '넓이리지'는 널어(num= number, norm) 죽 이어진다. 나열되어 많다는 뜻

· 어원) **〈innumerable〉** Latin numerus ("number"). **〈numerous〉** Latin numerus, from Proto-Indo-European *nem-("to assign, allot; take").

2 늘어지다[l_n, lim, lum(p)]: 흐물하다, 기울다, 슬렁슬렁 걷다

linger **lan**guid **len**ient **lean** s**lan**t s**lim** **limp** s**lump**

l_n(m), r_n(m) 형태[ex) lin- len-, l_m- 등]는 낭랑하게 울리는 소리(ring, run, clank, language, slang), 남남대는 으르렁 소리(rumble, crumble, ram, lament), 짓밟는 소리(tramp, clump, limp, slump), 남발대며 날뛰는 모습(rampant, random, fling, blink)을 나타낸다. 낭랑, 남실대는 파동은 능청능청 휘어지고(incline, recline, clinch, cringe, crank lean, relent, slant, lame), 주름지게(rimple, crumple, shrimp, shrink, wrinkle) 한다. ramble, roam은 방랑거리며 걷는 파동이며, launch, sling은 휙 던져 낭랑대는 물결 파동을 이룬다.

또한 낭랑 소리는 능청대는 휘어짐(lean, relent, slant)이며, 이는 늘어짐(line, long, linger, languid)과 연약함, 가느다란 것(slender, slim)을 나타낸다[Latin lentus ("soft, flexible, slow, sticky")]

다음의 '늘다'는 마음가짐이나 자세와 관계가 있다. 마음이 풀어져 느슨해진 것은 늘어져 허약함을 나타낸다. 그리고 기울거나 기대고 있는 것(lean)은 곧추 서있지 않고 늘어진 것으로 본다.

linger [líŋgər] 지속되다 남아있다 (말소리) 늘기
malinger [məlíŋgər] 꾀병을 부리다 몰늘기
languid [lǽŋgwid] 나른한 늘기다

〈linger〉 '늘기'는 늘어진다는 말로 long과 같음 [연관] languid **〈malinger〉** '몰늘기'는 몰(mal≒demolish, maul)상식하게 늘어져(ling=long) 힘없이 (아프게) 보이게 하다. 가만히 논다는 뜻 **〈languid〉** '늘기다'는 (몸이) 늘어져서 나른하다는 뜻 [다른 풀이] '늘구다'

· 어원) **〈linger〉** Old Norse lengja ("to lengthen"). **〈malinger〉** Latin malingre ("delicate, fragile"). Latin malus(bad). **〈languid〉** Latin languidus ("faint, weak, dull, sluggish, languid"). [국어] **몰**: '몰하다 (부피가 어림하였던 것보다 적은 듯하다)'의 어근. **몰하다**: 생명이 끊어지다(歿죽을 몰) **늘구다**: 늘리다의 방언. **늘쿠다**: '늘리다'의 방언(평북, 전남). [한자] 列벌일 렬 沒빠질 몰

relent [rilént] 누그러지다 마음이 풀리다 (말소리) 누는다
lenient [lí:niənt] 관대한 인정 많은 늘여온다

〈relent〉 '누는다'는 누누이(re) 늘다(lent≒lean). 늘어져 구부러지는 등 약해진다 **〈lenient〉** '늘여온다'는 마음이 느슨해져서 부드러워짐 [연관] lean

· 어원) **〈relent〉** Latin re-+lentare ("to bend"), Latin lēnīre ("to soften, soothe"). **〈lenient〉** Latin lēniens("to soften, soothe"), from lēnis ("soft"). [국어] **늘다**: 물체의 길이나 넓이, 부피 따위가 본디보다 커지다. **느리다**: 기세나 형세가 약하거나 밋밋하다. **늘렁늘렁**: '말랑말랑하다'의 방언 (전남)

lean [liːn] 1 기울어지다 2 연한 (말소리) 는
slender [sléndər] 날씬한 호리호리한 쓸린다

〈lean〉 낭랑 울렁대며 흐느적한 line과 관련 1 늘어져 기울어 있는 상태 2 늘어져 구부러지는 약한 상태(slim). [연관] incline decline slant cylinder [다른 풀이] '뉘운' **〈slender〉** '쓸린다'는 쓸려 늘어지고, 기울어져 흔들릴 정도로 연약한.

· 어원) **〈lean〉** Old English hlinian ("to lean, recline, lie down, rest"). **〈slender〉** Old Dutch slinder ("thin, lank"). Old English hlinian ("to lean, recline, lie down, rest") Proto-Germanic *slindraz ("sliding, slippery")

slant [slænt] 기울다 (말소리) 쓸린다

〈slant〉 '쓸린다'는 쓸리어 기울어지다는 뜻 [연관] slender [다른 풀이] '슬뉜다'

· 어원) **〈slant〉** Swedish slinta ("to slip"). [국어] **쓸리다**: 한쪽으로 비스듬히 기울어지다.

rare [rɛər] 희귀한 드문 (말소리) 늘

〈rare〉 '늘' 늘어지다. 드물게 되다는 뜻 [다른 풀이] '내어' 내어 (사이가 벌어져) 얇아지고 가늘어지다.

· 어원) **〈rare〉** Latin rārus("loose, spaced apart, thin, infrequent"). [국어] **내다**: (흔적이나 흠을) 생기게 하다. 안에서 밖으로 옮기다.

유적지에서는 바닥에 누워 망가진 유적(ruin)을 발견할 수 있다.

ruin [rúːin] 망치다 유적 폐허 (말소리) 누인

〈ruin〉 '누인' 늘어져 누워 있는 상태를 뜻함. 랑랑(run, roll 浪물결 랑) 울렁대며 흐르는 물결처럼 늘어져 있다. ☞ run은 흐물한 상태(In a liquid state; melted)를 뜻하기도 한다.

· 어원) **〈ruin〉** Latin ruīna ("overthrow, ruin"), from ruō ("I fall down, tumble, sink in ruin, rush").

slim [slim] 날씬한 적은 (말소리) 슬늚
lime [laim] 석회 늚

〈slim〉 슬슬(살짝) 쓸려 기울어지고, 늘어져 가늘해진 상태를 의미함. ☞ Lim은 늚, 늘어져 연해지다(lean) [연관] slender [다른 풀이] '줄임' 줄어듬 **〈lime〉** (남실대며) 늘어져 끈적한 칼슘 성분을 지녀, 석고 등 결합하는데 쓰인다. 시멘트는 점토와 석회를 구워 만든다. [참고] slime 점액

· 어원) **〈slim/lime〉** Latin limus ("mud, slime", sidelong, askew) Middle High German slimp ("slanting, awry"), German schlimm ("bad"), Proto-Italic *līmos ("oblique") [국어] **가늘다**: 길이에 비해 너비가 좁거나 둘레의 굵기가 작다. **늘어지다**: 물체의 끝이 아래로 처진다. 기운이 풀려 몸을 가누지 못하다.

limp/lump는 낭랑 울리면서 슬렁슬렁 걷는 것, 달랑거리는 소리다. 모양으로 본다면 낭창낭창 늘어진 덩어리(囊 주머니 낭)와 관계된다.

limp [limp] 흐물흐물한, 절뚝거리다 (말소리) 늚푸
lame [leim] 절름발이의 서투른 늚

〈**limp**〉 설렁설렁 능청거리며 늘어지다. 흐느적 걷는다. 움푹 (꺼지며 넘실대는 너울처럼) 흔들려 가다. 남실(lim=roam, run, 濫넘칠 람)대는 물의 파동 모양. [연관] jump 〈**lame**〉 축 늘어져 기우뚱 걷다.

· 어원) 〈**limp**〉 Proto-Germanic *limpaną ("to hang down"). 〈**lame**〉 Proto-Indo-European *lem- ("to crush; fragile"). **늘어지다**: 기운이 풀려 몸을 가누지 못하다. 물체의 끝이 아래로 처진다. **놀다**: 고정되어 있던 것이 헐거워 이리저리 움직이다. 이리저리 돌아다닌다. **낭창**: 걸음걸이가 비틀거리거나 허둥대어 안정되지 아니함. 가늘고 긴 막대기나 줄 따위가 자꾸 조금 탄력 있게 흔들리는 모양. [한자] 尩절름발이 암

slumber [slʌmbər] 선잠 잠자다 (말소리) 슬렁부

〈**slumber**〉 슬슬, 슬렁 늘어져 졸린 상태(A very light state of sleep). ☞ sl(슬)+lumb (=limp) ('늚' =누움) [연관] sleep [다른 풀이] '졸림보'

· 어원) 〈**slumber**〉 Proto-Germanic *slūm- ("slack, loose, limp, flabby"). [국어] **살살**: 남이 모르게 살그머니 행동하는 모양. 눈이나 설탕 따위가 모르는 사이에 사르르 녹아 버리는 모양. **슬렁**: 서두르지 않고 느릿느릿 굼뜨게 행동하다. **늘어지다**: 물체의 끝이 아래로 처진다. 기운이 풀려 몸을 가누지 못하다.

slump [slʌmp] 폭락 푹 쓰러지다 (말소리) 슬렁푸

〈**slump**〉 어슬렁 능청거리며 흔들리다. (늘어져) 꺼지다(To fall or sink suddenly). 늘어짐은 ruin, lean과 같다. ☞ 쓸려(sl) 늚(lum=lean). [연관] stumble

· 어원) 〈**slump**〉 Danish slumpe ("to stumble upon by chance"). [국어] **슬렁**: 서두르지 않고 느릿느릿 굼뜨게 행동하다. **어슬렁**: 몸을 조금 흔들며 계속 천천히 걸어 다니다. **쓸리다**: 한쪽으로 비스듬히 기울어지다. [한자] 尩절름발이 암

lump [lʌmp] 덩어리 (말소리) 낭포
clump [klʌmp] 덩어리, 쿵 걷다 클렁푸

〈**lump**〉 능청거리는 덩어리. 주머니처럼 늘어진 낭포. Ump는 움처럼 불룩해지다 [연관] plump bump lung 〈**clump**〉 쿨렁거리며 걷다. 쿨렁(cling) 엉겨 붙다. [연관] slump

· 어원) 〈**lump**〉 Proto-Indo-European *(s)lemb-("to hang loosely, hang limply"). **늘어지다**: 물체가 당기는 힘으로 길어지다. 물체의 끝이 아래로 처진다. 기운이 풀려 몸을 가누지 못하다. **낭포(囊胞)**: 생체의 조직 안에 있는 주머니 **능청**: 가늘고 긴 막대기나 줄 따위가 자꾸 탄력 있게 흔들리는 모양. 囊 주머니 낭

3 너울(roll, rawl) 나돌다, 낭랑(ran, lun, ram) 놀다(휘젓고 다니다)

sc**roll** st**roll** sc**rawl** c**rawl** **ran**dom **laun**ch; **roam** **ram**ble **ram**pant

'놀'은 '너울'의 준말로 큰 물결을 의미한다. 큰 물결은 굽이치며 돌돌 말리듯 소용돌이 치기도 하고 크게 파동을 그리며 날뛰기도 한다. '놀다(이리저리 돌아다닌다)'는 말이 '너울'처럼 큰 파동을 이루며 날뛰는 것과 의미상 통한다고 할 수 있다.

roll [roul] 롤 굴리다 (말소리) 놀
roil [rɔil] 휘젓다 너울
reel [riːl] 얼레, 돌다 놀

〈roll〉 '놀'은 놀(너울)이 랄랄(왈왈, 훨훨 whirl) 회오리처럼 휘감는다는 뜻 [연관] whirl **〈roil〉** 놀(너울)이 랄랄(발랄, 왈왈 well) 흔들어 대는 소리 (turbid by stirring up) [연관] broil embroil rail well **〈reel〉** 놀(너울)이 랄랄(왈왈, 훨훨) 회오리처럼 감아 돌리다(To have a whirling sensation. To spin or revolve) 너울처럼 돌며 진동하는 모습이 돌아가는 실타래와 비슷하다는 의미로 쓰임. 이것은 wheel과 같이 회전하는 것이다.

· 어원) **〈roll〉** Latin rotula ("a little wheel"). **〈roil〉** French or Middle French rouiller ("to rust, make muddy") **[국어] 놀: '너울(바다의 크고 사나운 물결)'의 준말. [한자] 泧큰물 월 剌 발랄할 랄, 어그러질 랄, 시끄러운, 바람**

roll에는 두루말이(A document written on a paper which may be rolled up) 뜻이 있다.

scroll [skroul] 스크롤 두루마리 (말소리) 수그릴
screw [skruː] 나사 쭈그려

〈scroll〉 수그려(sc) 놀(너울 roll)처럼 감는 두루마리 [다른 풀이] 1 '쭈그릴' 쭈그려(sc) 감아 말다. 2 '스구를' 콰르르 굴러 가는 **〈screw〉** 쭈그려(sc) 유유(rew≒row 流 흐를 류)히 회오리로 감아진 것 ☞ rew는 row 처럼 파동을 나타낸다. brew, strew, throw, crow

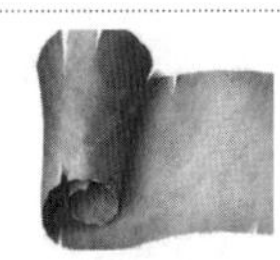

· 어원) **〈scroll〉** Old French escroe("scroll, strip of parchment") Old French escroue ("nut, cylindrical socket) [국어] **쭈그리다**: 누르거나 욱여서 부피를 작게 만들다. **수그리다**: 깊이 숙이다.

roll에는 구르면서 움직인다는 뜻이 있다(To move, like waves with alternate swell and depression. A swagger or rolling gait.)

stroll [stroul] 산책하다 배회하다 (말소리) 싸돌을

〈stroll〉 '싸돌을' 놀(너울 roll)처럼 랄랄 흐르며 돌아(tr) 다니다는 뜻 [다른 풀이] '싸다닐' ☞ troll '돌을' 구르다, 산책하다

· 어원) **〈stroll〉** Strolch ("vagabond"). [국어] **싸다니다**: 여기저기를 채신없이 분주히 돌아다닌다.

broil [brɔil] 굽다 (말소리) 부르울
embroil [imbrɔ́il] 혼란시키다 임부르울

〈broil〉 '부르울'은 부르르 너울(회오리) 치듯 불로 끓이다(To make a hot soup and **boiling** them in water)는 뜻. ☞ boil에 r이 첨가된 형태. 부르르(br)와 너울/놀/여울(roil=roll) 또는 oil(whirl 여울)의 합성어. **〈embroil〉**'임부르울'은 부르르 끓듯 너울(roil=roll) 대며 (휘말려) 임(臨)(em=im, in, on)하다는 뜻 [연관] embroider roil 너울, 랄 剌 (발랄할 랄, 어그러질 랄)

· 어원) **〈broil〉** Old French bruller("to broil, roast, char"). **〈embroil〉** en-+brouiller. French brouiller(to mix up, confuse). Late Latin brodium ("broth, stew, mixture") [국어] **펄펄: 불길이 세게 일어나는 모양. 많은 양의 물이나 기름 따위가 계속해서 몹시 끓는 모양. 부르르: 종이나 털 따위에 불이 붙어 거볍게 타오르는 모양. 많은 양의 액체가 거볍게 끓을 때 나는 소리. 또는 그 모양. 갑자기 거볍게 성을 내는 모양.**

brawl은 부르르, 랄랄 거리는 물 흐르는 소리(a rapid stream running over stones: to make a loud noise)에서 싸움을 뜻하게 된다. -rawl은 crawl, scrawl, brawl, sprawl에서 roll, roil처럼 회오리치는 모습을 나타낸다.

crawl [krɔːl]　　네 발로 기다　　(말소리) 구를
scrawl [skrɔːl]　　갈겨쓰다　　스그릴
sprawl [sprɔːl]　　불규칙하게 퍼지다　　스뿌릴

〈crawl〉 콰르르 너울(rawl= roll, roil; awl ≒ owl)처럼 흔들흔들 가르며 가다. 바닥을 문지르며(scrape), 기는 모습을 나타냄 (To move slowly with the abdomen close to the ground) [연관] creep climb scramble **〈scrawl〉** 찌그럭 소리로 바닥을 문지르듯 그려 가다. 놀(너울 rawl= roll)처럼 이리저리 흘려 (휘갈겨) 쓰다. ☞ s+crawl [연관] scroll scrape **〈sprawl〉** 펄 뿌리며 놀(너울 rawl= roll)처럼 이리저리 가다. [참고] brawl embroil

· 어원) **〈crawl〉** Proto-Germanic *krabbōną 'to scratch, scrape'. **〈scrawl〉** Middle English scraulen("to spread out one's limbs; sprawl") **〈sprawl〉** Proto-Germanic *spreutaną("to sprout") **[국어] 끌다:** 바닥에 댄 채로 잡아당기다. **너울:** 바다의 크고 사나운 물결. **여울:** 강이나 바다 따위의 바닥이 얕거나 폭이 좁아 물살이 세게 흐르는 곳. **갈기다:** 글씨를 아무렇게나 급하게 마구 쓰다. 힘차게 때리거나 치다. 屈굽힐 굴 搹꺾을 갈 扴긁을 갈

lull [lʌl]　　소강 달래다　　(말소리) 랄
loll [lal]　　축 늘어지다　　놀
narrate [nǽreit]　　말하다　　노래이다

'랄'은 랄라라 부르며 아기를 달래는 소리(la-la-la or lu-lu-lu sounds made in calming a child.)를 나타냄. [다른 풀이] '왈' 왈왈거리는 소리 **〈loll〉** 놀(너울)이 흐르듯 바닥에 늘어지다(To act lazily while reclining; to lean) **〈narrate〉** 놀(너울)이 치는 소리로 노래하듯 지껄이다. 산스크리트어로 'norit' 는 노래, 놀이, 놀림을 나타낸다[Sanscrit "norit' (sing, play, dance, make believe)] (조선고어실담어 주석사전, 강상원, 2016.7.25, p.274)

· 어원) <lull> Danish lulle ("to lull, sing to sleep") Dutch lol ("fun") <loll / narrate > Middle English lollen, lullen ("to lounge idly, hang loosely"). Middle Dutch lollen, lullen ("to doze; to mumble, talk nonsense"). latin narrō(I tell, say)

run [rʌn]　　달리다 흐르다　　(말소리) 랑
random [rǽndəm]　　무작위의　　날뜀

〈run〉 낭랑/놀(너울)(rawl= roll, roil) 흐르며 휙 지나가다. 발을 놀리며 뛰다는 말로 놀(너울)이 흐르는 것과 유사한 것에서 유래됨 [연관] launch **〈random〉** '날뜀'은 랄랄 날(ran=run-ran) 뛰듯이 불규칙적이라는 뜻.

· 어원) **〈run〉** Icelandic renna ("to flow"). **〈random〉** Old French randon, from randir ("to gallop"). **날래다:** 사람이나 동물의 움직임이 나는 듯이 빠르다. 날래; '빨리'의 방언(강원, 함경). 앵: 재빠르게 움직이는 모양. 모기나 벌 따위가 빨리 날아갈 때 나는 소리. 淩달릴 릉 踉높이 뛸 량, 급히가다.

launch [lɔːntʃ]　　발사하다　　(말소리) 난지

'난지'는 낭랑(laun=run) 날아가도록 던지다(To cause to begin its flight upward from the ground.). 낭랑[run]거리는 물처럼 퍼지게 쏘다 [연관] lance plunge (lunge= A sudden forward movement) flounce 펄렁 몸부림치다

· 어원) Middle English launchen ("to throw as a lance").

'날다'는 그 자리에 그대로 있지 않고 다른 곳으로 이동해 버린다. 그러면 원래있던 공간에 그것은 없게 된다. 날아가 버리고 없는 것, 알맹이가 빠지고 없는 것이란 의미가 '날다'란 단어에 있다고 하겠다.

null [nʌl]　　아무 가치 없는　　(말소리) 날

〈null〉 '날'은 '다른 것이 없는' 상태를 가리키는 말로 무가치하다는 뜻이다

· 어원) **〈null〉** nihil =null 영 From ne("not")+ūllus("any"), literally meaning "not any". [국어] **날**: '다른 것이 없는'의 뜻을 더하는 접두사. 날다(흩어져 없어지다) [한자] 㯁벌거벗길 라, 묶을 루

annihilation [ənàiəléiʃən] 전멸 소멸 (말소리) 에날려진
annul [ənʌl] 무효로 하다 에날
nihilism [náihəlìzm] 허무주의 날려짐

〈annihilation〉 '날'은 '다른 것이 없는' 상태를 가리키는 말로 ~에(a) 대해 하나도 남김없이 날려(nihil=null) 없앤다는 뜻 **〈annul〉** '에날'은 날려(nihil=null) 버리고 없음을 뜻함 **〈nihilism〉** '날려짐'은 모든 것을 부정하고 날려(nihil=null) 버린다는 뜻

· 어원) **〈annihilation〉** Latin ad ("to")+nihil ("nothing"). **〈annul〉** Latin annullō("annihilate, annul"), from ad ("to")+nūllus("none, not any"). **〈nihilism〉** Latin nihil ("nil, nothing")+German -ismus ("-ism"). [국어] **날**: '다른 것이 없는'의 뜻을 더하는 접두사. (사람이 지녔던 것을) **날리다**: 헛되게 잃어 버리거나 없애다.

lung [lʌŋ] 폐 허파 (말소리) 낭(囊)

〈lung〉 능청능청 늘어질 정도로 가볍고, 헐렁한 풍선 주머니 같다[낭(囊)] [다른 풀이] '날'은 날아다녀 가볍다는 뜻. 주머니 모양, [연관] launch run plunge [p+lung(주머니)]

· 어원) **〈lung〉** Proto-Germanic *lungô ("the light organ, lung"), from Proto-Indo-European *leng[wh]- ("not heavy, agile, nimble"). Albanian lungë ("blister, bulge"). [국어] **날다**: 공중에 떠서 어떤 위치에서 다른 위치로 움직이다. **능청(낭창)**: 가늘고 긴 막대기나 줄 따위가 자꾸 탄력 있게 흔들리는 모양. **囊**주머니 낭

'놀(너울)'은 이동하며 퍼져 나가는 성질이 있다(roil, roll). 아무 목적 없이 배회하거나 또는 산책하며 걷는 것도 '놀'이라고 할 수 있다(stroll). 논다는 말도 이와 관련된다.

이는 남실대며 울렁거리는 소리인 'roam'과 관련이 있다. 'ram'은 음(랑) 소리로서 부딪히며 울리는 소리며, 여기서 name 부터 시작해 ramble, rimple 등 많은 단어가 파생된다.

roam [roum] 돌아다닌다 배회하다 (말소리) 놂
ramble [rǽmbl] 산책하다 거닐다 남발

〈roam〉 '놂'은 놀(너울 roil)이 낭랑(roam≒run, 濫넘칠 람) 대며 퍼지듯 이리저리 간다는 뜻. 뚜렷한 목적 없이 그냥 놀면서 다님. **〈ramble〉** '남발' 놀(너울 roil, run)이 남실남실 놂(ram=roam, run, 濫넘칠 람)으로써 발(ble 發필 발)하다. 발을 놀리며 이리저리 간다는 뜻. [연관] stumble

· 어원) **〈roam〉** Proto-Germanic *raimōną ("to wander"), from *raim- ("to move, raise"). **〈ramble〉** Middle English ramen ("to roam, ramble"). **놀다**: 이리저리 돌아다닌다. 신체 부위가 일정하게 움직이다. [한자] 濫넘칠 람, 마구하다, 뜬소문 浪물결 랑, 유랑 冉나아갈 염, 흔들리다

scramble [skrǽmbl] 서로 다투다, 휘저어 익히다 (말소리) 찌그남발
rampant [rǽmpənt] 마구 퍼지는 만연하는 남발대

〈scramble〉 찍(sc) (휘저으며) 남실남실 남발(ramble)하다. 이리저리 마구 손(limb)을 놀리며 휘젓는다는 뜻 **〈rampant〉** '남발대'는 남실(ram=run, 濫넘칠 람)대며 발하다, 남발하며 퍼진다는 뜻 [연관] climb limb rampage

· 어원) **〈scramble〉** scramb ("pull with hands") and scrabble ("to scrape or scratch quickly"). **〈rampant〉** Middle English rampen' ("to rise by climbing, shoot up, sprout, ascend"). Middle English ramp("rave, rush wildly about") [국어] **놀다**: 이리저리 돌아다닌다. 신체 부위가 일정하게 움직이다. **남발**: 어떤 말이나 행동 따위를 자꾸 함부로 함. [한자] 跉걸음 비실거릴 령 濫넘칠 람, 마구하다, 뜬소문 浪물결 랑(유랑하다, 마구, 눈물흐르다) , 踉높이 뛸 량

rimple [rímpl] 주름 구김 (말소리) 남발
rumble [rʌmbl] 으르릉거리다 남발

〈rimple〉 낭랑(rim≒ring, wrinkle) 남실남실 남발대는 파동에 사슬처럼 쭈글해지다(rim=roam, run, **濫**넘칠 람). 나풀거리며 주름지다는 뜻의 'ruffle, ripple' 의 다른 형태이다. [연관] shrimp tumble **〈rumble〉** 낭랑(rum≒ring) 으릉거림은 남실남실 남발대는 파동을 일으킨다. 남남(**喃喃**) (혀를 재게 놀리어 무슨 말인지 알아들을 수 없게 재잘거리는 소리.) 지껄이는 소리 [연관] mumble

· 어원) **〈rimple〉** Proto-Germanic *hrempaną ("to bend, curve, make waves, wrinkle, to shrink, to contract"). German rümpfen("to wrinkle up") **〈rumble〉** Middle English romen ("to roar") [국어] **남남**: 혀를 빠르게 놀려 무슨 말인지 알아들을 수 없게 재잘거림. 또는 그렇게 재잘거리는 소리. **울다**: 반반하지 못하고 우글쭈글해지다. 짐승, 벌레, 바람 따위가 소리를 내다.물체가 바람 따위에 흔들리거나 움직여 소리가 나다. '붇다'의 방언 (제주). 濫 넘칠 람, 마구하다, 뜬소문 浪물결 랑(유랑하다, 마구, 눈물흐르다) 吟읊을 음, 울다

4 루루, 랄랄(snar, snor --) 울림(시끄럼, 노함), 낭랑(noun, nom) 부름(알림)

roar s**nar**l s**nore** so**nor**ous; re**nown** an**noun**ce re**noun**ce

루(우)- 울려 퍼지는 파동은 파도소리, 으르렁 거리는 소리, 소음 등을 나타낸다.

roar [rɔːr] 소리지르다 포효하다 (말소리) 놀

〈roar〉 루(獳으르렁거릴 누) 울려 퍼지는 소리처럼 (사자가) '아울'(owl, oar), 으르릉거리는 소리(The cry of the lion), 놀(너울) 치는 파동 소리 [다른 풀이] '노호(怒號)'는 노(怒)하여 지르는 소리

☞ r+ oar(=To row; '울') 노 젓는 소리는 바람 공기 등이 우는 소리 [연관] lion 야옹 roil roll air

· 어원) **〈roar〉** Proto-Indo-European *rey- ("to shout; bellow; yell; bark"). Proto-Germanic *airō ("oar"). [국어] **노호(怒號)**: 성내어 부르짖음. **우우**: 야유하거나 상대편을 위협할 때 잇따라 내는 소리 [한자] 攞흔들 라 澇큰 물결 로 流흐를 류, 路길 로. 怒 성낼 노 渦소용돌이 와

'화'는 불(火)을 연상시킨다. 화가 난 상태를 노여움, '노하다'로 표현하기도 하는데 '노하다'는 울리는 소음과 밀접한 관련이 있다.

wrath [ræθ] 분노 격노 (말소리) 노(怒)지
rage [reidʒ] 분노 대유행 노(怒)이지
outrage [áutreidʒ] ~을 화나게 하다 이웃노(怒)이지

〈wrath / rage 〉 '노(怒)지'는 루(우)- 울리는 노한 상태를 말함 **〈outrage〉** '이웃노(怒)이지'는 **'루(우)-** 울려 노하다. (노여움이) 이웃(out 밖)으로 나온다는 뜻

· 어원) **〈wrath〉** Old English wrǣþþu ("wrath, fury"). Proto-Indo-European *wreyt- ("to turn"). **〈rage〉** Latin rabies (rabiēs, "rage, madness") **〈outrage〉** Old French outrage("excess"). [국어] **노호(怒號)**: 성내어 소리를 지름. 또는 그 소리. 바람이나 파도 따위가 세찬 소리 [한자] 怒성낼 노 嘍시끄러울 루 獳으르렁거릴 누

noise [nɔiz] 소음 시끄러움 (말소리) 노이지
loud [laud] 큰 소리로, 시끄러운 라우다

〈noise/loud〉 노하여 지르는 것 같은 소리, 라라라 지속적인 우는 소리(la-la-la or lu-lu-lu sounds). 시끄러운 것과 으르릉 소리는 한자로 '누' 로 표현한다. 소음으로 **누(嘍)를 끼치게** 된다.

· 어원) **〈noise〉** Old French noise ("a dispute, wrangle, strife, noise"). English low ("to moo") **〈loud〉** Old English hlūd ("loud, noisy, sonorous"). Proto-Indo-European *rey- ("to shout; bellow; yell; bark"). Old French lai ("song, lyric, poem") **[한자] 怒성낼 노 嘍시끄러울 루 獳으르렁거릴 누 呶 지껄일 노 剌 발랄할 랄, 어그러질 랄**

시끄러운 사이렌 소리, 코 고는 소리, 재채기나 기침, 사람들의 외침이나 비명 등은 귀가 아플 정도로 큰 소리다. 시끄러운 소리를 '쩌렁'이나 '지르다'로 표현할 수 있다. 'sn-'은 '쩡' 울리는 sonorous에서 따온 말로 보이며 울리는 소리다.

snarl [snaːrl]	으르렁거리다 혼란하다	(말소리) 지랄
siren [sáiərən]	사이렌 요부	짜랑

〈snarl/siren〉 쩌렁 랄랄(nar≒roar), 울리는 소리. 짤랑, 지랄 대는 소리. 짜랑은 자랑하다는 말과 연관이 있다. [다른 풀이] '소란' 지르는 소리

· 어원) **〈snarl〉** German schnarren ("to rattle") and schnurren ("to hum, buzz"). [국어] **쩌렁(짜랑)**: 목소리가 크고 세게 울리는 소리를 나타내는 말. 얇은 쇠붙이 따위가 서로 가볍게 부딪쳐 짧게 울리는 소리. **지르다**: 목청을 높여 소리를 크게 내다. **자랑**: 얇은 쇠붙이 따위가 서로 가볍게 부딪쳐 짧게 울리는 소리. 목소리가 높고 맑게 울리는 소리.

snore [snɔːr]	코를 골다	(말소리) 스놀
snort [snɔːrt]	콧바람을 불다	스놀다
sonorous [sənɔ́ːrəs]	울려퍼지는, 낭랑한	소리나서

〈snore/snort〉 너울거리며 놀이 울리는 소리. 쏴- 놀이 퍼지는 파동 [다른 풀이] '지르어' 주르르 흐르는 물소리처럼 울리는 소리가 난다 **〈sonorous〉** 쓰르르(騷떠들 소), 쩌렁 지르는 소리를 뜻함 [다른 풀이] '성내리지' 쩡(son 聲소리 성) 소리 나다

· 어원) **〈snore〉** Middle English snoren("to snore loudly; snort"). **〈sonorous〉** Latin sonō ("make a noise, sound"). Proto-Indo-European *pnew- ("to breathe; snort; sneeze"). [국어] **쓰르르**: 풀벌레가 한 번 우는 소리를 나타내는 말. 聲소리 성(노래, 말, 명예)

여기서의 'noun'의 의미는 '낭랑(ring)'처럼 울려 나오는 소리로 불러내는 명칭, 이름으로 쓰인다.

noun [naun]	명사 명칭	(말소리) 낭
renowned [rináund]	유명한	누나온다

〈noun〉 '낭'은 낭랑(noun= ring)하게 울려 나오는 소리, 또는 부딪히는 소리(啷부딪히는 소리 랑) 로 불러내는 명칭, 이름으로 쓰임. 이름을 (불러) 냄으로써 존재가 되고 명성을 갖게 되는 것을 뜻함 [연관] name lion 랑 狼이리 랑 appellation '에불러진' latin appellō ("I call by name") **〈renowned〉** '누나온다' 누누이(re) 낭랑(noun=nown) 소리가 나다. 누차 이름이 불려져 명성이 자자함을 의미 [연관] nown≒known

· 어원) **〈noun〉** Latin nōmen ("noun"), Koine Greek ὄνῠμα (ónoma). **〈renowned〉** Old French renon, from re-+non ("name"). Old English nama, noma ("name; noun; to denote any object ; title; reputation"). **낭랑하다[朗朗]**: (소리가) 맑고 또랑또랑하다. **나다**: 소리, 냄새 따위가 밖으로 드러나다. 이름이나 소문 따위가 알려지다. [한자] 朗 밝을 랑, 소리높이

'ram'은 낭랑 우는 소리(啷부딪히는 소리 랑)다. 'name'은 낭랑거리는 noun과 같은 어원이다. '이름'은 이르다, 부르다에서 나온 것으로 볼 수 있다

synonym [sínənim]	유의어 동의어	(말소리) 씬이름
nominate [nɑ́mənèit]	지명하다 추천하다	놈이내오다

〈synonym〉 '씬이름'은 이름(onym)을 한 데 '싼(syn)'다. 씌워/싸여 같이 묶인 이름, 같은 이름들이란 뜻 **〈nominate〉** '놈이내오다'는 놈은 지칭할 때 쓰는 이름 (nom=name)이다. 부르다, 지명하다는 뜻 [연관] name 사물에 소리를 부여했을 때 이름, 존재가 드러남

· 어원) **〈synonym〉** Ancient Greek σύν (sún, "with")+ὄνυμα (ónoma, "name"). Corresponds to syn-+-onym. **〈nominate〉** Latin nōminō ("I name"), from nōdlamen ("a name"). **[국어] 음(音): 글자의 음. 흔히 한자의 음을 이른다. 물체의 진동에 의하여 생긴 음파가 귀청을 울리어 귀에 들리는 것. 말을 할 때 내는 소리**

'나(내)다'는 내는 소리를 뜻하면서 내놓아 전달하는 것도 뜻한다. noun/name은 ring처럼 낭랑 거리는 울림으로 사물을 가리킬 때 쓰인다.

announce [ənáuns] 발표하다 알리다 (말소리) 에나온지
denounce [dináuns] 비난하다 떼나온지
pronounce [prənáuns] 발음하다 두드러지다 펴내나온지

〈announce〉 '에나온지'는 ~에(a) 낭랑(noun) 나오는 소리, -에게 내어둬(notice) 알게 하다는 뜻 [다른 풀이] '알려온지'
〈denounce〉 '떼나온지' 떼(de 디다: 떨어지다) 낭랑(noun) 나오는 소리, 떼어 (나쁘게) 알려주는 것을 말한다
〈pronounce〉 '펴내나온지'는 펴내(pro 앞으로) 랑(noun) 나오는 소리. 앞으로 내는 소리(To sound out)를 뜻함

· 어원) **〈announce〉** ad+nūntiō ("report, relate"), from nūntius ("messenger, bearer of news"). Latin nūntiō: I announce, declare. report. Ancient Greek νέρς (néos)(new) **〈denounce〉** de+nūntiō ("to announce, to report, to denounce"), from nūntius ("message"). **〈pronounce〉** Latin prōnūntiō, itself from prō- ("forth, out, in public")+nūntiō ("I announce") from nūntius("messenger"). **나다: 소리, 냄새 따위가 밖으로 드러나다. 이름이나 소문 따위가 알려지다.**

'내놓다'라고 하면 밖에 물건을 꺼내 놓아둔다는 뜻이다. 이것을 물건이 아닌 사람에 적용해 '내놓은 사람'이라고 하면 신경을 끄고 포기한다는 뜻으로 쓰인다.

relinquish [rilíŋkwiʃ] 포기하다 양도하다 (말소리) 누낸거지
renounce [rináuns] 포기하다 부인하다 누내온지

〈relinquish〉 '누낸거지'는 누누이(re) 낸 것(lin)이라는 말로 늘(다시) 내놓고 떠난다는 의미 [다른 풀이] '내놓기지' 내놓다
〈renounce〉 '누내온지'는 누누이(re) 낭랑(noun) 소리 낸다. (하던 것을) 다시 (원래대로) 낸다(To surrender). [연관] repeal 누누이 빌빌거리며 외치는 소리로 원래대로 거꾸로 해달라고 하다 recall 원래대로 거꾸로 칼칼 외쳐서 '취소한다'. revoke 누누이(re) 삑, 뻑(vok=voc), 뻐꾹 대는 소리로 말하여 다시 기존 것으로 돌아가 번복하다

· 어원) **〈relinquish〉** Latin relinquere, līquī("to leave, quit"). Sanskrit (riṇakti)'**내놓다**' "to leave, release, empty". **〈renounce〉** renuntiō: (I report or announce, reject, retract). Latin nūntiō: I announce, declare. report. relate, narrate. **[국어] 내놓다: 물건을 밖으로 옮기거나 꺼내 놓다. 내키다: 공간을 넓히려고 바깥쪽으로 물리어 내다.**

5 나다: 나와 발생(ris), 새로 나다(nov), 나타나 알다(not), 낳다(nat), 깨나다(gn, kn)

rise; in**nov**ation **nov**ice; **not**ify **not**orious **not**able; **nat**ive in**nat**e; ac**kn**owledge dia**gn**osis

'나다'는 '새싹이 나다, 땀이 나다'에서처럼 표면 위로 무언가가 솟아나는 것을 의미한다. 그리고 '길이 나다, 창문이 나다'에서처럼 없던 것을 새로이 만들거나 펴내는 행위도 '나다'로 표현할 수 있다.

이 '나다'의 확장된 표현으로 늘어나다, 조각나다, 떠나다 등에 '나다'가 사용되어 증가나 발생, 이탈의 의미로 두루 사용되고 있다.

'나오다'의 사전적 의미는 안에서 밖으로 나오다, 속에서 바깥으로 솟아나다, 어떤 목적을 가지고 어떤 곳에 오다 등이다. 어떤 일이 발생되는 것도 결과적인 측면에서 '나온다'로 표현할 수 있다.

rise [raiz] 일어나다 증가하다 (말소리) 나오지
arise [əráiz] 발생하다 일어나다 올라오지
raise [reiz] 1높이다 2 기르다 내어서

〈rise〉 '나오지'는 (아래에서) 나와 솟는 것으로 오르다는 뜻 **〈arise〉** '올라오지'는 (위로) 나와 또는 올라와 어떤 일이 발생한다는 뜻 **〈raise〉** '내어서'는 나오게(to cause to arise) 해 줌으로써 1 솟아나거나(to lift or elevate.) 2 올라와 크는 싹처럼 기르다(To bring up; to grow)는 뜻 [연관] praise

· 어원) **〈rise〉** Old English rīsan ("to rise, stand up, be fit"). **〈arise〉** Old English ārīsan ("to arise, get up; rise; originate; spring up, ascend"). **〈raise〉** Proto-Indo-European *$h_1$rey- ("to rise, arise"). [국어] **나다**: 신체 표면이나 땅 위에 **솟아나다**. 어떤 현상이나 사건이 **일어나다**. 길, 통로, 창문 따위가 생기다. 생명체가 태어나다. 밖으로 나오거나 나가다. 햇빛 따위가 **나타난다**. **나서다**: 나타나거나 생기다.적극적으로 시작하다.

'now'는 나오고 있는 현재진행형의 상태를 나타낸다.

now [nau] 지금 이제 (말소리) 나와

〈now〉 '나와'는 나와 있어 진행 중인 지금을 뜻함 [연관] know 나와 알게 되다.

· 어원) **〈now〉** Old English nū ("now, at present, very recently") Old English rǣde ("prepared, prompt, ready"). [국어] **나오다**: 안에서 밖으로 오다. **나서다**: 앞이나 밖으로 나와 서다. [한자]

'나다'는 (싹, 해, 아기 등이) 나와 오르거나 태어나는 등 발생하는 것을 의미한다(rise root nature). New는 raw, now처럼 나와 발생한다는 의미를 갖는다. 없던 것이 새로이 나오는 것이므로 '나온다'는 의미 자체가 새롭다는 뜻을 내포하고 있는 것이다. Nov- 형태의 '내피다'는 북한어로서 눈에 띌 정도로 나타난다는 뜻이다.

nova [nóuvə] 신성 (말소리) 내어빼
innovation [ìnəvéiʃən] 혁신 인내빼어진
novel [nάvəl] 소설 신기한 내뺄

〈nova〉 '내어빼'는 막 내빼 생긴 별. new, now에서 유래. **〈innovation〉** '인내빼어진'은 인(in, on 위에 인다, 인접)한 곳에 내빼(nova) 막 일어나는. 인접한 곳에 내펴서 새로이 발생한다는 뜻 **〈novel〉** '내뺄'은 내뺀 것으로 새로 나온 글을 뜻함

· 어원) **〈nova〉** Old English nū("now"). Latin novus ("new"). **〈innovation〉** Proto-Indo-European *néwos ("new"). novō (I renew, refresh, change.). **〈novel〉** Old French novel ("new, fresh, recent, recently made or done, strange"). [국어] **내피다**: 겉으로 두드러지게 나타난다.

novice [nάvis] 초심자 풋내기 (말소리) 나벗어
naive [naːíːv] 순진한 나와빼

〈novice〉 '나벗어'는 나와 발생하는 것, 또는 어떤 일을 처음 배워 내펴기 시작하는 풋내기를 나타냄 **〈naïve〉** '나와빼'는 나와 발생하는 것으로 막 태어나서 순진하다는 뜻

· 어원) **〈novice〉** Latin novīcius ("new, newly arrived"). **〈naïve〉** Latin nativus ("native, natural").

'나다'는 낳다와 깨나다(알다)의 뜻이 공존한다.

'낳다'는 '나타난다'의 준말로서 '나오다'와 같은 의미라고 볼 수 있다. 어미가 자식을 낳고, 그 자식은 세상에 나오기 때문이다. 자연은 그 안에서 생명을 낳고 그 품을 내어준다. 그 자연의 너른 품 안에서 동물들은 새끼를 낳고 새싹들은 땅을 뚫고 나온다.

nature [néitʃər] 자연 본성 (말소리) 낳아줘
innate [inéit] 타고난 인낳다
nascent [nǽsnt] **[고급]** 발생기의 미성숙의 나진다

〈nature〉 '낳아줘'는 낳다(나타나게 하다)(nat)는 말로 생명의 기원인 자연을 가리킴 [다른 풀이] '내어줘' 생명을 내다. **〈innate〉** 낳은 곳에 인("in, im, on" 인접(隣接))하여 있다. (낳아) 나타날(nat) 때와 인접한(having existed since birth) 태아 시기부터 지금까지 지니고 있다. **〈nascent〉** '나진다'는 나와서(nas≒rise) 나타나게 하다. 막 낳아 (나지어) 시작되는 발생기를 말함 [연관] renascence 누누이 나지는 르네상스

· 어원) **〈nature〉** Latin nātūra ("birth, origin, natural constitution or quality"), (g)natus ("born"). **〈innate〉** Latin innātus ("inborn"), of innāscor ("be born in, grow up in"), from in ("in, at on")+nāscor ("be born") **〈nascent〉** Latin nascēns ("I am born, **arise**, proceed, grow, **spring forth**") [국어] **나다**: 신체 표면이나 땅 위에 **솟아나다**. 생명체가 태어나다. 밖으로 나오거나 나가다. **나지다**: 잃었던 것이나 보이지 아니하던 것이 나타난다.

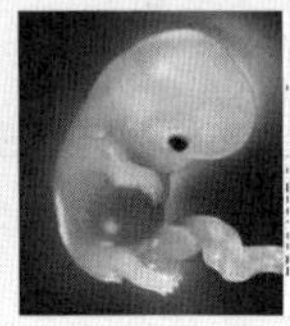

'낳다'는 세상 밖으로 나타나 드러나다는 말로 태어난 장소인 지역이나 국가를 의미한다.

native [néitiv] 출생지의 (말소리) 낳아대봐
nation [néiʃən] 나라 국가 국민 낳아준

〈native〉 '낳아대봐'는 낳다(나토다, 나타나게)는 말로 태어난 장소를 의미. 나타난다는 뜻의 옛말로 '나토다'가 있음 **〈nation〉** '낳아준'은 낳다(나토다, 나타나게)는 말로 태어난 장소, 어머니 같은 국가를 뜻함 [다른 풀이] '내어준'

· 어원) **〈native〉** Latin nativus, from natus ("birth"). **〈nation〉** Latin nātiōnem, (g)nātiō ("nation, race, birth") [국어] **나서다**: 앞이나 밖으로 나와 서다. **나토다**: '나타내다'의 옛말.

물위로 나오는 것이나 하늘에 떠 있는 것은 육안으로 쉽게 인지되고 이목을 끈다. '나뜨다'는 '나타난다'는 뜻으로 쉽게 알아차릴 수 있게 알려지다는 뜻이 있다. 나오는 것은 나타나서 알려지는 지식, 앎을 뜻한다(참고 recognize, know). 또한 나타나게 하도록 하는 밝은 빛, 순수함을 뜻한다.(참고 light, neat, net)

notice [nóutis] 알아차리다 주목하다 (말소리) 나떠서
notify [nóutəfài] 통보하다 알리다 나떠피어
notorious [noutɔ́ːriəs] 악명높은 소문난 나타나오지

〈notice〉 '나떠서'는 나타나서 떠다닌다는 것으로 알아차리거나 주목하기 쉽다는 뜻 [다른 풀이] '나토지' 나타나 보이게 알리다 **〈notify〉** 나타나서 피다는 말로 나타나 보이게 알리다 [연관] announce **〈notorious〉** 나타나 알려지다. 나쁜 소문이 나돌다 [다른 풀이] '나돌아오지' 나도는 소문 [연관] renown 나온 상태로서 알려지다 eminent 밀어 나와 두드러지다

· 어원) **〈notice〉** Latin nōtus("known"). Latin notio("a becoming acquainted, a taking cognizance, a conception, idea, notion"), from noscere("to know"), niteō(radiant, shine, look bright) **〈notorious〉** Medieval Latin nōtōrius ("widely or fully known"), Latin nōtus ("known"), nōscō ("get to know"). [국어] **나뜨다**: 1. 물 위나 공중에 뜨다. 2. 나타나거나 나와서 다니다. **나토다**: '나타내다'의 옛말. **나돌다**: 소문이나 어떤 물건 따위가 여기저기 퍼지거나 나타난다.

notion [nóuʃən] 개념, 생각 (말소리) 나와선
notable [nóutəbl] 눈에 띄는, 주목할 만한 나와떠볼

〈notion〉 나와서(not=notice) 드러나게 됨으로 알게 되다. **〈notable〉** 나타나(not=notice) 드러나게 됨으로 주목받게 된다. [연관] noticeable

· 어원) **〈notion〉** Latin nōtiō ("a becoming acquainted, a conception, idea, notion"), from nōscere ("to know") **〈notable〉** Latin notō ("to note, mark"), nōtus ("known") [국어] **나다**: 신체 표면이나 땅 위에 솟아나다. **나지다**: 잃었던 것이나 보이지 아니하던 것이 나타난다.

(깨)나다/깬다(kn, quain, cun, gn): 깨닫다

'깨다'는 것은 무지와 몽매의 상태에 있지 않고 의식적으로 깨어나 있는 상태를 말한다. 그리하여 주어진 어떤 정보를 받아들일 수 있고 생각할 준비가 되어있다는 것을 의미한다. 깨어나(know) 있음으로 해서 앎에 접근할 수 있는 것이다. 또한 '꿰다'는 꿰차고 훤히 꿰뚫다는 표현으로 쓰인다.

gn- 형태는 '깨다' 와 '나오다' 가 결합된 것이다. know에서 k가 묵음이고, gnoble에서 noble가 되어 g가 탈락하기도 한다.

know [nou] 알다 인식하다 (말소리) (깨)나와
acknowledge [æknάlidʒ] 알다 승인하다 에깨나리지
acquaint [əkwéint] 알다 정통하다 에깨운다

〈know〉 깨어나 있어 깨닫다는 뜻. 속에 든 생각을 꺼내 깨닫는 것. 나오는 것은 보이게 되고 알게 된다. ☞ k(=cunning)+now (≒ notice). known=renown **〈acknowledge/acquaint〉** 꿰차고 알다. 깨어나도록 하여 알게 하다는 뜻 ☞ quaint (=cunning)

· 어원) **〈know〉** Ancient Greek κρέω • (koéō)(to know, be aware) Old English cnāwan ("to know, perceive, recognise") latin noscere("to know"), niteō(radiant, shine, look bright) **〈acknowledge〉** Middle English aknow. **〈acquaint〉** Latin ad+cognitus[cognoscere ("to know")], from con-+noscere ("to know")

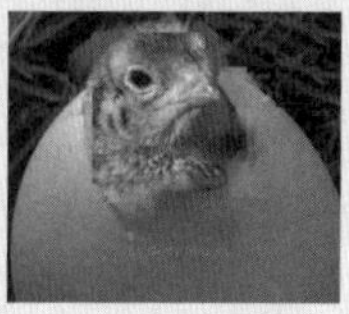

[국어] **깨나다**: 깨어나다(1 잃었던 의식을 되찾아 가다. 2. 어떤 생각에 깊이 빠졌다가 제정신을 차리다)'의 준말. **깨다**: 생각이나 지혜 따위가 사리를 가릴 수 있게 되다. **꿰다**: 어떤 일의 내용이나 사정을 자세하게 다 알다.

cunning [kʌniŋ] 교활한 노련한 (말소리) 꿰는

〈cunning〉 '꿰는' 꿰차고 있어 잘 안다는 뜻으로 꾀를 쓰며 교활하다. can, know 어원과 같다. cunning 및 can에서 cu/ca는 k로 바뀌어 know가 되었다. [다른 풀이] '꾀낸'

[연관] can 꿴다는 말로 꿰차고 있어 **할 수 있다**는 의미가 되며, 사방을 꿰어 (엮어) 담을 수 있는 **깡통**, 관(棺널 관) 의미도 된다.

· 어원) **〈cunning〉** Old English cunnan ("to know how to, be able to"). Ancient Greek κρέω • (koéō)(to know, be aware) Middle English kennen ("to give birth, conceive, generate, beget; to develop (as a fetus), hatch out (of eggs)", [국어] 꾀: 일을 잘 꾸며 내거나 해결해 내거나 하는, 묘한 생각이나 수단. **꿰다**: 어떤 일의 내용이나 사정을 자세하게 다 알다. [한자] 狡 교활할 교

quaint [kweint] 독특한 별난 (말소리) 깨운다

〈quaint〉 '깨운다'는 깨워 (정신을) 차리게 하다는 뜻. 이상한 행동을 보면 '깬다'는 표현을 한다. [다른 풀이] '꽤온다' 꽤(깨워) 상당하다 [연관] acquaint

· 어원) **〈quaint〉** Old French cointe ("pretty, clever, knowing"). Middle English kennen ("to give birth, conceive, generate, beget; to develop (as a fetus), hatch out (of eggs)",
[국어] **깨다**: 어려운 장벽이나 기록 따위를 넘다. 알을 품어 새끼를 까게 하다. **꽤**: 보통보다 조금 더한 정도로.

diagnosis [dàiəgnóusis] 진단 식별 (말소리) 다깨나서지
recognize [rékəgnàiz] 기억하다 인식하다 느꼈나지

〈diagnosis〉 '다깨나서지'는 (속에 있는 것을) 다 꺼내어 (깨우쳐) 알아낸다는 뜻. ☞ 다(dia 통틀어)+꺼내/깨나(gno=know; no≒notice) **〈recognize〉** '느꼈나지'는 느껴 (꿰차) 알다는 뜻 [다른 풀이] '누꿨나지' 누누이(re) 꿰(cogn=know) 알다. 속에 든 것을 누차 깨우다

· 어원) **〈diagnosis〉** Ancient Greek διά (diá, "through")+γιγνώσκω (gignṓskō, "to know"). dia(다)+gnos(know) **〈recognize〉** English acknow ("to recognize, to perceive as"), From re- ("back; again")+cognōscō ("know, recognize"). nōscō : in possession of knowledge **꺼내다**: 마음속의 생각 따위를 말로 드러내 놓기 시작하다.

ignorant [ígnərənt] 무지한 무식한 (말소리) 외깨나련다

〈ignorant〉 '외깨나련다'는 (속에 있는 것을) 다 꺼내어 /깨나와(gno=know; no≒ notice) (깨닫는) 것에서 외(i)로 벗어난다는 뜻

· 어원) **〈ignorant〉** ignore+-ant. From in- ("un-")+gnārus ("knowing"). **깨나다**[깨어나다(1 잃었던 의식을 되찾아 가다. 2. 어떤 생각에 깊이 빠졌다가 제정신을 차리다)'의 준말] **꺼내다**: 마음속의 생각 따위를 말로 드러내 놓기 시작하다. **꿰다**: 어떤 일의 내용이나 사정을 자세하게 다 알다.

noble [nóubl] 귀족의 고귀한 (말소리) 나아볼
ignoble [ignóubl] 비열한 외깨나아볼

〈noble〉 나와 드러나 보임으로써 알게 되는 것으로 많이 아는 자. 또는 낳은 가문을 알 수 있어 귀족에 속해 더 나은 자. ☞ gnoble에서 g 탈락. no(know)+able **〈ignoble〉** 깨나와(gno=know) 아는 것에서 외(i)로 벗어나다. 무지하다

· 어원) **〈noble〉** Latin nōbilis ("knowable, known, well-known, famous, celebrated, high-born, of noble birth, excellent"), gnōscō (to recognize) **〈ignoble〉** Latin ignōbilis, from in- ("not")+gnōbilis, later nōbilis ("noble").

꺼낸다(gnant) 것은 속에 든 생각을 꺼내 깨닫는 것(recognize, ignore) 뿐 아니라 알을 깨고 태어나는 것도 뜻한다.

pregnant [prégnənt] 임신한 임산부 (말소리) 빠르꺼낸다

〈pregnant〉 '빠르꺼낸다'는 꺼내(gna)기에 빠르다(pre 앞으로). 알을 깨고 낳을 단계에 앞서 빠른 상태를 가리킴 ☞ gnant =gene, generate; na=nature

· 어원) Ancient Greek γίγνομαι (gígnomai, 'I come into being"). γεννάω • (gennáō)(to beget, give birth to, to bring forth, generate),) Middle English kennen '꺼낸' ("to give birth, conceive, generate, beget; to develop (as a fetus), hatch out (of eggs)"), Latin (g)nātiō ("nation, race, birth"), nāscor (I am born, begotten, I arise, I grow, spring forth), gnascī '꺼내서'("to be born"). [국어] **깨다**: 까다(알을 품어 새끼가 껍질을 깨고 나오게 하다) '의 피동사 **꺼내다**: 마음속의 생각 따위를 말로 드러내 놓기 시작하다.

6 나다(lat): 옆으로 나다, 나와 늘어져 늦다

lateral **lat**itude col**lat**eral di**late**; **late** di**lat**ory --

'내다(let)'는 밖으로 배출하는 것을 의미하는데 안에 있는 것을 나오게 하는 행위라고 할 수 있다.

let [let]	<액체·공기 등> 내다, ~하도록 두다, 세놓다	(말소리) 내다
outlet [áutlet]	배출구 출구	이웃내다

〈let〉 '내다'는 **〈액체·공기 등〉** 나오게 하다. 나가도록 해줌으로써 -하도록 만들다. 집을 내놓아 세를 받고자 한다. **〈outlet〉** '이웃내다'는 이웃(out 바깥)으로 내다(let)는 말로 **〈액체·공기 등〉** 나오게 하다.

· 어원) **〈let〉** German lassen ("to let, leave, allow"), Old English lǣtan ("to allow, let go, bequeath, leave, rent"). [국어] **내다**: '나다(길, 통로, 창문 따위가 생기다)'의 사동사. (흔적이나 흠을) 생기게 하다. 안에서 밖으로 옮기다. **내놓다**: 집이나 물건 따위를 매매나 임대를 목적으로 사람들에게 선보이다. **예다**: '가다'를 예스럽게 이르는 말. '가다'의 방언(제주)

내어서 사이를 넓게 벌리고 느슨하게 한다는 개념은 let, lat-, las(z, x)-, lag-, leave, lease 등에서 나타난다. 이들은 어미만 다를 뿐 모두 같은 의미를 지닌다.

'나뜨다'는 '떠나다'와 같다. 나떠서 중심에서 벗어난다는 의미로 나와 옆에 있는 것, 나가서 옆으로 퍼진 것, 가로로 길게 나가는 모습을 나타낸다. 'Latin lātus'는 나와 떠서 간격이 넓게 벌어진 것(wide, carry)을 뜻한다. -lat 관련 옆으로 퍼진다는 의미는 dilate, plate, flat에서도 나타난다. 시간적으로 나떠서 간다는 말은 later/ late에 나타난다. 시간상 늦다는 단어의 형태가 공간적으로 표현되고 있다.

lateral [lǽtərəl]	옆의 측면의	(말소리) 나뜨는
bilateral [bailǽtərəl]	양자 쌍방	배나뜨는
latitude [lǽtətjùːd]	위도 허용범위	나떠두다

〈lateral〉 '나뜨는' 나떠서 중심에서 퍼진다는 의미로 주변(옆)을 나타냄 **〈bilateral〉** '배나뜨는' 배(bi 倍 곱 배)로 나뜨는(lateral). 양방향으로 난다는 뜻 **〈latitude〉** '나떠두다'는 나떠서 중심에서 벗어나다. 주변(옆)으로 죽 나와 퍼져 가로로 길게 누어있는 것으로 위도를 나타냄 [연관] dilate 들려서 나뜨는 것으로 물에 뜨는 것임

· 어원) **〈lateral〉** Latin laterālis ("belonging to the side"), from **latus (side**; wide, broad, spacious). latus ("**wide**"). Old French laier ("to leave"). Latin laxus ("wide, roomy, loose") **〈bilateral〉** bi-+lateral. Latin bis ("twice") or Latin bīnus ("double"). Latin laterālis ("belonging to the side"), from latus ("side"). **〈latitude〉** Latin lātitūdō ("breadth, width, latitude").

· [국어] **나뜨다**: 물 위나 공중에 뜨다. 나타나거나 나와서 다니다. 배(倍): 어떤 수나 양을 두 번 합한 만큼. 위도: 지구 위의 위치를 나타내는 좌표축 중에서 가로로 된 것. 적도를 중심으로 하여 남북으로 평행하게 그은 선이다. **내다**: (흔적이나 흠을) 생기게 하다. 안에서 밖으로 옮기다.

lattice [lǽtis]	격자창	(말소리) 나뜨지
grid [grid]	격자	꾀리다

〈lattice〉 나떠서 펴진 판자가 바둑판무늬로 됨 **〈grid〉** 꼬여(g) 나다(rid≒rod). 꼬여 사각으로 짜인 판자(A stone or metal flat plate) [연관] grate

· 어원) Proto-Germanic *lattō ("board; plank; ledge"),

collateral [kəlǽtərəl] 부차적인 담보물 (말소리) 걸나뜨는

'걸나뜨는' 걸어(col=co 꼬여) 나뜨는(lateral). 걸린 채 옆으로 내어 뜨다. 돈을 빌려주면서 (나와 붙은) 옆구리에 집 등을 걸어두고, 못 갚을 때 집 등 담보물을 처분하도록 한다.

· 어원) Latin col- ("together with") (a form of con-)+latus ("side"), latus ("wide"). [국어] **내다**: '나다(길, 통로, 창문 따위가 생기다)'의 사동사. **나뜨다**: 1. 물 위나 공중에 뜨다. 2. 나타나거나 나와서 다니다. 나토다: '나타내다'의 옛말.

relate [riléit] 관계하다 (말소리) 늘내오다

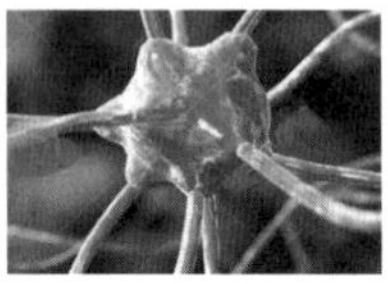

〈relate〉 '늘내오다'는 늘(re) 내어뜨며(late) 뻗음으로써 이어지는 관계. 늘어뜨려 줄줄이 이야기를 늘어 놓다(To tell in a descriptive way)

· 어원) **〈relate〉** Latin relātus, ("carry back; report"). latus ("wide"). [국어] 내다: '나다(길, 통로, 창문 따위가 생기다)'의 사동사.

elate [iléit] 기운을 북돋우다 (말소리) 위내오다

〈elate〉 어원상 위(e)로 내오다(late=rise, latitude)라는 말로 위로 가다를 의미 [다른 풀이] '올라오다'는 올려 높이다는 뜻.

· 어원) **〈elate〉** Latin ēlātus ("exalted, lofty"), ē ("out of") (ex)+latus ("wide"), ferō ("carry, bear")

다음은 '나뜨다'의 다른 의미로서 나떠서 중심에서 벗어나 늦어진 것을 나타낸다.
'Latin latus ("wide")는 나와 떠서 간격이 벌어진 것(wide, carry)을 뜻한다. Late는 떠나(나떠)서 시간상 멀어진 것이다

late [leit] 늦은 말기의 (말소리) 내어둬
last [læst] 1 지난 2 지속하다 늦추다

〈late〉 '내어둬(late)'는 내어서 간격이 벌어지는(wide) 것. 미루어 둔다는 의미로 늦어지다. [다른 풀이] '나태'. **〈last〉** '늦추다'는 1 늦추어 시간상 멀리 나간 과거, 2 늦춰지며 끌면서 중단없이 유지되다. [다른 풀이] '내지다' 내어서 간격이 벌어지는(wide) 것. 정해진 시간을 넘기게 한다는 뜻으로 시간이 지났음을 의미

· 어원) **〈late〉** latus (side; wide, broad, spacious). Old English læt ("slow; lax, negligent; late"), from Proto-Germanic *lataz ("slow, lazy"). **〈last〉** Proto-Indo-European *lad- ("slow, weary"). Old English latian ("to delay") [국어] 나태(懶怠): 행동, 성격 따위가 느리고 게으름. [한자] 懶게으를 나(라)

dilatory [dílətɔ̀ːri] 꾸물거리는 지체하는 (말소리) 뗄내두리
delay [diléi] 지연시키다 뗄내어
dilate [dailéit] ~을 팽창시키다 넓히다 뗄내어둬

〈dilatory〉 '뗄내두리'는 따로 떼어(di) 내어둬(lato=late, lateral) 간격이 벌어지는(wide) 것으로 미룬다는 뜻. **〈delay〉** '뗄내어'는 떼서 내어(lay=put) 멀리 하다. 놔두고 미루다(to stop, detain, or hinder, for a time)는 뜻 **〈dilate〉** '뗄내어둬'는 떼(di) 내어둬 (late) 간격이 벌어지다. (공중에) 뜨거나 불어남을 의미(enlarge) [연관] inflate [다른 풀이] '뜰리다' 떠서 오르다.

· 어원) **〈dilatory〉** Latin dilatorius ("extending or putting off (time)"). Latin dīlātō ("I spread out"), from di- (dis-)+latus ("wide"). **〈delay〉** des-+Old French laier ("to leave"). **〈dilate〉** Latin dilatorius ("extending or putting off (time)"). Latin dīlātō("I spread out"), from di- (dis-)+latus ("wide"). [한자] 懶게으를 나(라)

7 나뜨다[n/r+t/d]: 나돌다[나댐, 노(끈), 로(路)], 뻗어나다(뿌리/막대, 광선)

rotary **riot;** k**not** k**nit; rout**ine **rit**e; e**rad**icate **rad**ical **rod; rad**iate **ray**--

ride는 나대며 이리저리 움직여 이동하는 표현이다.
-rad/rid/read/rud/lud 형태는 ride (나다니다, 나가다) 의미를 포함한다(rade는 road, ride의 옛날 영어)
ex) parade, trade, gradual, stride, deride, tread, spread, broad, intrude, elude, delude

ride [raid]	타다 달리다	(말소리) 나대
ridden [rídn]	영향을 받는	나댄

〈ride〉 나(부)대며(ride=rove) 나다니다(to travel). 나들이 가는 것처럼 흐르듯 타고 가다(to float on the water.) 맘대로 하다(To manage insolently at will. to domineer over.) [연관] road [다른 풀이] '나떠'
〈ridden〉 나(부)대며(ride=rove) 돌아다니는 것은 활성화를 의미. [연관] overriding 최우선시되는

· 어원) **〈ride〉** latin latus ("wide"). Old French laier ("to leave"). Proto-Indo-European *Hreydʰ- ("to set in motion, ride")
〈ridden〉 ride+-en. [국어] **나다**: 길, 통로, 창문 따위가 생기다. 생명체가 태어나다. 밖으로 나오거나 나가다. 햇빛 따위가 **나타난다. 나대다**: [같은 말] 나부대다(얌전히 있지 못하고 철없이 촐랑거리다).

프랑스어로 'rue'는 길이다. 이것은 한자 '로(路)'와 같다. 길은 나그네가 나다니는 곳으로 '나다'는 길, 통로, 창문 따위가 생기는 것을 의미한다. way는 휘이 굽이치는 흐름을 이루는 길이고, course는 콸콸 흐르는 물길. row는 노는 물의 파동으로 생긴 줄. 다시 말해 길은 바람, 물의 흐름처럼 나돌면서 이어지는 것이다. 산스크리트어에서 '나다'는 길게 난 줄, 나와 흐르는 흐름을 상징한다. 나도는 길은 net처럼 구부러지고 꼬여 있다.

road [roud]	길 도로	(말소리) 로(路)다
routine [ruːtíːn]	일상의 일	로(路)된
route [ruːt]	길 통로	로(路)다

〈road / routine /route〉 노는 물이 흘러가는 길에서 유래. 나다니며(ride과거 rode는 road로 쓰였었다.) 유유히 흐르는 길이 된다[流흐를 류-> 로(路)]. 자주 쓰다가 길들여(많이 다녀 길처럼 되다)지거나 판에 박힌 일이 됨(routine). **route는 road의 변형된 형태** [연관] ride broad ☞ br(벌여)+road(나오다) row 노는 물의 길

· 어원) **〈road〉** Middle English rode ("ride, journey"). Proto-Germanic *raidō ("a ride") Sanskrit रीति (rītí)(line, row, course of things, custom, rite). **〈routine / route〉** French route ("road, route"). [국어] **나다**: 길, 통로, 창문 따위가 생기다. [한자] 路길로(길을가다, 수레, 방법, 바르다)

row [rou]	1 줄 2 노젓기	(말소리) 로

〈row〉 루(우)- 노는 물의 **파동으로** 1 죽 뻗어가는 물의 흐름(流), 줄. 로(路 road) 2 노(櫓)를 저을 때 출렁거리며 노는 것 같다. - row 단어는 노 젓는 것처럼 (물, 빛, 바람 등) 너울 치는 파동과 관련된다. [연관] th**row** f**low** g**low** b**low**

· 어원) **〈row〉** Proto-Germanic *raih- ("row, streak, line"). Sanscrit 'nau'(roar, sail). [국어] **노(櫓)**: 물을 헤쳐 배를 나아가게 하는 기구. **누**: 놀('너울'의 준말)'의 방언(제주) [한자] 攞흔들 라 澇큰 물결 로 流흐를 류, 路길 로. 怒 성낼 노 渦소용돌이 와

rite [rait]　　의례　　(말소리) 나다

〈rite〉 '나다'는 나도는(rotary, ride, write) 일이 반복되면서 길들여져, 로(路)가 된다. 나떠서 죽 나오는 길처럼 자주 하다 보면 정례화가 되고, 습관 같은 절차가 된다[routine]. [연관] road rod

· 어원) **〈rite〉** Sanskrit रीतिः (rītí)(line, row, course of things, custom, rite) [국어] **나다**: 길, 통로, 창문 따위가 생기다. 나뜨다: 나타나거나 나와서 다니다. 물 위나 공중에 뜨다. [한자] 路길로(길을가다, 수레, 방법, 바르다)

arithmetic [əríθmətik]　　산술 산수　　(말소리) 에나섬이툭

〈arithmetic〉 ~에(a) 나서는/나도는(rith=rite, ride, road) 흐름(rhythm 나댐, 流 흐를 류)이 길(습관)처럼 죽 이어진 것. 나열된 숫자를 계산 [연관] rite

· 어원) **〈arithmetic〉** Sanskrit रीति(rītí, "rite, custom, usage, ceremony, procedure") Ancient Greek ἀριθμός • (arithmós) (number, rhythm) Ancient Greek ῥυθμός (rhuthmós, "any measured flow or movement, symmetry, rhythm"), from ῥέω (rhéō 流 흐를 류, "I flow, run, stream, gush"). [한자] 羅벌일 라. 累여러누(루), 자주, 묶다, 포개다

'나다'는 '새싹이 나다, 땀이 나다'에서처럼 표면 위로 무언가가 솟아나는 것을 의미한다. 그리고 '길이 나다'에서처럼 죽 길게 뻗어난 것도 '나다'로 표현할 수 있다.

rod/rad-는 나와 뻗은 형태로 빛나는 광선(radiate)은 막대 모양이다. 뿌리(radish)도 막대처럼 뻗는다.

rod [rad]　　막대기 매　　(말소리) 나다
reed [ri:d]　　갈대　　내다

〈rod/ reed〉 쭉 뻗어나 이어진 막대기(A straight bar). 길다란 가지, 막대를 의미함 [연관] rid 나와 없어지다

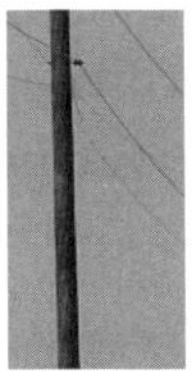

· 어원) **〈rod〉** Proto-Germanic *rudd- ("stick, club"). German Rute ("rod, cane, pole") Proto-Germanic *raidaz(ready, arranged, prepared) [국어] **나뜨다**: 물 위나 공중에 뜨다. 나타나거나 나와서 다니다. **나다**: **신체 표면이나 땅 위에 솟아나다**. 어떤 현상이나 사건이 일어나다. 길, 통로, 창문 따위가 생기다. 생명체가 태어나다. 밖으로 나오거나 나가다. 햇빛 따위가 나타난다.

prod [prad]　　찌르다 자극하다　　(말소리) 퍼내다

〈prod〉 '퍼내다'는 펄(pr) 쳐 내다(rod=stick, stake). 막대로 찔러 자극한다는 뜻. rod에서 파생되었다. [연관] stake는 막대이면서 찌르다는 의미가 있다.

· 어원) **〈prod〉** Old Norse broddr ("shaft, spike"). [국어] **파내다**: 묻히거나 박힌 것을 파서 꺼내다. **내다**: (흔적이나 흠을) 생기게 하다. 안에서 밖으로 옮기다.

뿌리는 땅속으로 나와 뻗은 막대(rod)다. '뿌리'라는 단어 자체도 '뿌리다, 퍼지다'는 뜻을 가지고 있다. '나뜨다'는 '나다'와 '뜨다'가 합쳐진 말로 나와서 떠다니듯이 쭉쭉 뻗어나간다는 뜻이다.

eradicate [irǽdəkèit]　　뿌리째 뽑다 근절하다　　(말소리) 위나떠가다
radical [rǽdikəl]　　1근본적인 2급진적인　　나떠갈
radish [rǽdiʃ]　　무　　나뜨지
root [ru:t]　　뿌리 원인　　누다

〈eradicate〉 '위나떠가다'는 나뜨(rad=root, rod)는 (뻗어가는) 뿌리가 위(e 밖)로 가다(cate). 뿌리째 위로 뽑다는 뜻 **〈radical〉** 나뜨는(rad=root, rod) (뻗어가는) 뿌리. 뿌리는 근본, 원리가 되며, 뿌리를 중시하는 근본(根本, 根뿌리 근)주의, 이슬람 원리(原理: 原 근원)주의는 뿌리부터 흔드는 과격한 면이 있다. **〈radish〉** 나뜨는(rad=root) (뻗어가는) 뿌리라는 말로 뿌리 야채인 무

〈root〉 나와서 자란 막대(rod)처럼 뻗어나는 뿌리. 누어 배출하듯 뻗어 나오다. [Sanscrit 'ruh' (sprout, grow, shoot forth)] [연관] sprout ☞ sp(펴)+ rout(=root 나오다)

· 어원) **〈eradicate〉** Latin ērādīcō ("uproot"), from ē- ("out")+rādīx ("root"). Ancient Greek ῥάδιξ (rhádix, "branch, twig") **〈radical〉** Latin radicalis ("root, having roots, radical"), Latin radix ("root"). **〈radish〉** Latin rādīx ("root of a plant; radish") Latin rudis ("rough, raw, rude, wild, untilled"), radius (a ray of light, a pointed rod) Proto-Indo-European *neredʰ- ("extend forth, rise, outward") **〈root〉** Old English wyrt ("herb, vegetable, plant, crop, root") Ancient Greek λύω •(lūō) (I loose, untie, break (up), destroy, release) [국어] **나다**: 신체 표면이나 땅 위에 **솟아나다**. 어떤 현상이나 사건이 일어나다. 길, 통로, 창문 따위가 생기다. 생명체가 태어나다. 밖으로 나오거나 나가다. 햇빛 따위가 나타난다. **나뜨다**: 물 위나 공중에 뜨다. **나타나거나 나와서 다니다**. **누다**: 배설물을 몸 밖으로 내보내다.

빛이 나와 떠다니며 퍼져 나가다.

radiate [réidièit]	발산하다	(말소리) 내떠오다
radius [réidiəs]	반경	내뜨지

〈radiate〉 '내떠오다' 나떠서 퍼지다. **〈radius〉** '내뜨지'는 나떠서 퍼져 나가는 범위 [연관] rod

· 어원) **〈radiate〉** Latin radiare ("to radiate, furnish with spokes, give out rays, shine") **〈radius〉** Latin radius (staff, stake, spoke, a ray of light, a pointed rod) Proto-Indo-European *neredʰ- ("extend forth, rise, outward") [국어] **나뜨다**: 물 위나 공중에 뜨다. 나타나거나 나와서 다니다. **누다**: 배설물을 몸 밖으로 내보내다.

radiate에서처럼 '나떠'는 빛이 공중에서 떠다니며 비추는 것을 가리킨다. 그래서 밝고 맑다는 뜻을 나타낸다.

neat [niːt]	깔끔한 멋진	(말소리) 내떠
net [net]	순수한, 그물	내떠

〈neat〉 '내떠'는 내어 떠(radiate) 나오는 빛을 나타냄. 빛이 환해 깨끗해 보인다. [연관] light radiate clear 켜져 있어 환한 **〈net〉** '내떠'는 1. 나와 떠(radiate) 다니는 빛으로 환하고, 깨끗하다. 2. 나떠서 이리저리 나돌며 꼬인 그물(knot)

· 어원) **〈neat〉** latin niteō ("to shine, light"). **〈net〉** Latin nitidus ("shiny"). Proto-Indo-European *ned- ("to turn, twist, knot"). Latin rotō (wheel, roll, swing about, whirl, rotate) [국어] **나뜨다**: 1. 물 위나 공중에 뜨다. 2. 나타나거나 나와서 다니다. **닛다**: [옛말] '잇다'의 옛말. **니다**: 이다의 옛말.

ray [rei]	광선 빛	(말소리) 내어
spray [sprei]	분사하다 뿌리다	스뿌리어

〈ray〉 '내어'는 나떠 뻗는 막대(rod→ radiate)처럼 빛나는 광선을 나타냄. [참고] array **〈spray〉** 펄펄 (pr=潑 물 뿌릴 발) 뿌려 흩어지게 하다는 뜻. ray는 광선처럼 퍼진다. [연관] sprinkle

· 어원) **〈ray〉** Latin radius ("staff, stake, spoke"). **〈spray〉** Middle Dutch spraeyen ("to spray, sprinkle, spread"), from Proto-Indo-European *sper- ("to sow, scatter"). [국어] 욱: 앞뒤를 헤아림 없이 격한 마음이 불끈 일어나는 모양. **내다**: '나다(길, 통로, 창문 따위가 생기다)'의 사동사. (흔적이나 흠을) 생기게 하다. 안에서 밖으로 옮기다. 煜빛날 욱 矚밝을 력

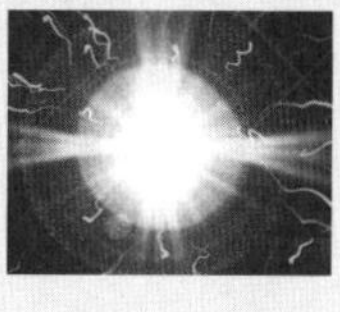

array [əréi]	진열하다 배치하다	(말소리) 에내어
disarray [dìsəréi]	혼란 무질서	떼서내어

〈array〉 -에 내어(ray≒lay)서, 옆에 나란하게 두다(lay out in an orderly arrangement.). [연관] ray arrange [다른 풀이] '어르어'는 어우러지게 옆에 두다. **〈disarray〉** '떼서내어'는 옆에 내어(ray=rod) 뻗으며 어우러지는 것에서 떼어진다는 뜻

· 어원) **〈array〉** Medieval Latin arrēdō ("to put in order, arrange, array"). Proto-Indo-European *$h_2$rey- ("to count, order"). **〈disarray〉** Old French des- ("dis-")+areer ("to array"). **[국어] 어르다**: '어우르다(여럿을 모아 한 덩어리나 한판이 크게 되게 하다)'의 준말. 어떤 일을 하도록 사람을 구슬리다. **놓다**: 섞어 넣다. 기능을 높이거나 꾸미기 위하여 넣다. **넣다**: 사이에 어떤 것을 끼우거나 위에 어떤 것을 입혀 서로 어우러지게 하다. 다른 것에 섞거나 타다. [한자] 羅벌일 라. 累여러 누(루), 자주, 묶다, 포개다

'나돌다'는 휠휠 소용돌이 소리와 관련된다(whirl →wheel). 바퀴를 연상시킨다. 뜨개질이나 매듭은 나뜨며 이리저리 나돌면서 꼬이는 것으로 표현할 수 있다. 길은 휘휘(way) 구부러지거나 물 따라 나도는(road) 것으로 표현된다.

rotary [róutəri]	회전하는	(말소리) 나돌아
riot [ráiət]	폭동 소요	나대
raid [reid]	습격	나대
loiter [lɔ́itər]	빈둥거리다	노다

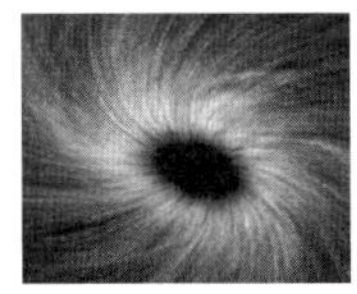

〈rotary〉 '나돌아'는 루우-(row) 유유히(流) 구르는 (바퀴처럼) 나돌아 간다. 너울거리며 흐르는 반복되는 파동을 나타냄 **〈riot〉** '나대'는 루우-(row, roar) 나다니며 시끄럽게 구는 것(Wanton or unrestrained behavior; uproar), 소요를 일으키다는 뜻 **〈raid〉** 나다니면서(ride) 짓밟는 행위 [연관] invade 부드드 발을 디디면서 안으로 들어가 짓밟다. **〈loiter〉** 나다니면서 놀다. 너덜대다. [연관] embroider 나대면서 마구 섞이다

· 어원) **〈rotary〉** Latin rota ("wheel"). rotō ("turn around, revolve, roll, whirl"). **〈riot〉** Middle English riot ("debauched living, dissipation"), Ancient Greek ὠρῡγή (ōrūgḗ, "noise, roaring"). **〈raid〉** Old English rād ("riding, road") **〈loiter〉** Middle Dutch loteren ("to shake, wag, wobble") **[국어] 나돌다**: 바깥이나 주변에서 맴돌다. **나다니다**: 나가서 여기저기 마구 돌아다닌다. **나대다**: [같은 말] 나부대다(얌전히 있지 못하고 촐랑거리다). **놀다**: 이리저리 돌아다닌다.

'노'는 노끈이다. 노를 젓듯 나돌아 다니며 꼬여 생긴다. 나대거나 놀며 꼬인다. 반면에 corrode, rot, rodent, collide 등은 나대(nod)거나 노는 흐름에 갈라지는 것을 나타낸다.

node [noud]	혹 마디	(말소리) 노다
noose [nuːs]	올가미	노지
knot [nat]	매듭 난제	(껴)노다
nod [nad]	끄덕이다	나대

〈node/noose/knot〉 노는(row) 물에 휘말리듯 나돌아(rotary, loiter) 다니며 꼬인 매듭, 반죽. **〈nod〉** 나대는 머리(To sway) [연관] rattle

· 어원) **〈node〉** Proto-Indo-European *gnod- ("to bind"). **〈noose〉** Portuguese nó ("knot") **〈knot〉** Proto-Indo-European *gnod- ("to bind"). Latin nōdus(a knotted fishing net) **〈nod〉** Proto-Germanic *hnudōną ("to beat, rivet, pound, push") Old High German hnotōn ("to shake") **[국어] 놀다**: 이리저리 돌아다닌다. 노(**노끈**): 실이나 삼, 질긴 종이 따위로 가늘게 비비거나 꼰 줄로 만든 끈

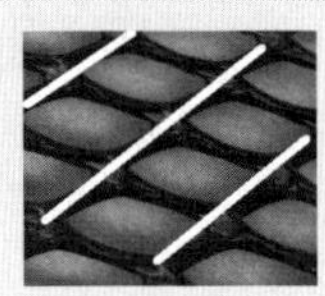

knit [nit]	뜨개질을 하다, 결합하다	(말소리) (껴)나대
knead [niːd]	섞어 이기다	(껴)나대
needle [níːdl]	바늘	나댈

〈knit/knead/needle〉 우웅 이는 바람처럼 나돌아(rotary) 꼬인 매듭, 반죽. 바늘의 움직임이 노(끈)처럼 꼬이다 (knit: To turn thread into a piece of fabric). 니다: '이다'의 옛말. 이다: '일다'의 방언 (경남, 함남) [연관] net weave nod

· 어원) **〈knit/needle〉** Old English cnyttan ("to fasten, tie, bind, knit; add, append"). Latin rotō (wheel, roll, swing about, whirl, rotate) Proto-Indo-European *(s)neh$_1$- ("to spin, twist"). **〈knead〉** Proto-Germanic *knuttô ("knot") [국어] **닛다**: '잇다'의 옛말.

raid는 나대어 혼란스럽게 하는 것이다. 나대면서 불어치는 바람처럼 엉키는 것을 나타낸다.

braid [breɪd] **[고급]**	땋다, 꼬인 것	(말소리) 부나대
embroider [imbrɔ́idər]	수놓다	임부나대

〈braid / embroider〉 부르르(벌벌) 나대(raid/roid= ride)면서 떠는 회오리에 섞이는 것으로 실을 오가며 엉키게 하다(To mix, or make uniformly soft, by beating, rubbing, or straining) [연관] raid

· 어원) **〈braid/embroider〉** Proto-Germanic *brigdilaz ("strap, rein"), equivalent to braid+-le. Proto-Germanic *bregdaną("to flicker, flutter, jerk, tug, move, swing") [국어] **불리다**: 분량이나 수효를 많아지게 하다. '붇다'의 사동사. **부르르**: 많은 양의 액체가 거볍게 끓을 때 나는 소리. 크고 거볍게 떠는 모양. 불이 붙어 거볍게 타오르는 모양. **나대다**: [같은 말] 나부대다(얌전히 있지 못하고 철없이 촐랑거리다).

bride [braid]	신부	(말소리) 부나대
bridle [bráidl]	굴레를 씌우다	부나댈

〈bride〉 '부나대'는 부르르(벌벌) 나대(ride)면서 떠는 회오리에 섞이는 것으로 결혼으로 연결되어 관계를 벌리다 **〈bridle〉** '부나댈'은 부르르(벌벌) 나대(ridle≒ rattle, riddle, ride)면서 떠는 회오리에 섞이는 것으로 꼬여진 굴레

· 어원) **〈bride〉** Old French bride ("rein, bridle"). latin virer ("to turn, veer"). Proto-Germanic *brūdiz ("bride, daughter-in-law"). Middle English briden (any young woman in a relationship) Spanish bridar (tie with twine) **〈bridle〉** Proto-Germanic *brigdilaz ("strap, rein"), equivalent to braid+-le. Proto-Germanic *bregdaną("to flicker, flutter, jerk, tug, move, swing") [국어] **나대다**: [같은 말] 나부대다(얌전히 있지 못하고 철없이 촐랑거리다). **부르르**: 많은 양의 액체가 거볍게 끓을 때 나는 소리. 크고 거볍게 떠는 모양. 불이 붙어 거볍게 타오르는 모양.

'부르다'는 부르르 떨며, 휘말려 섞이고 불어나는 것이다. 형제나 자매와 같이 혈족을 늘려가는 것이나 결혼에 의해 인척관계를 맺는 것(bride)도 그 예라고 할 수 있다.

fraternal [frətə́ːrnl]	형제의	(말소리) 부르터는

〈fraternal〉 '부르터는' 부르르(fr) 털며 (frater=bride, brother) 서로 꼬이고 이어진 관계

· 어원) **〈fraternal〉** Latin frāternus ("pertaining to a brother, fraternal"). Latin frāter ("brother", friend). [국어] **부르르**: 많은 양의 액체가 거볍게 끓을 때 나는 소리. 크고 거볍게 떠는 모양. 불이 붙어 거볍게 타오르는 모양. **부르다**: 불룩하게 부풀어 있다.

8 누다(rud, rid, lud, lut, nut): 누출로 떠다니다(거친 날 것, 나대다, 놀리다, 흐르다)

rude c**rud**e; de**lud**e de**rid**e **rid**iculous al**lud**e; di**lut**e **nut**rition **nau**tical --

'누다'는 액체 등이 (밖으로) 유유히 흘러 나온다는 의미가 있다. 산스크리트어로 'nude' 는 오줌 누다, 내보내다를 나타낸다[Sanscrit "nude' (push out, urinate, drive out, remove)] (조선고어실담어 주석사전, 강상원, 2016.7.25, p.277)

rude [ruːd]	무례한 거친	(말소리) 누다
rudiment [rúːdəmənt]	근본	누다민다
lewd [luːd]	외설적인	누다

〈rude/rudiment/lewd〉 누출되어 흐르면서 너덜(rattle)하고, 가공하지 않아 거친(rough, crude) **야생 상태**. 초기 상태는 언제나 거칠고, 과격하다(radical) [참고] radical crude

· 어원) **〈rude/rudiment〉** Latin rudis ("rough, raw, rude, wild, untilled"). Latin rūdus(debris) **〈lewd〉** Old English lǣwan ("to reveal, betray") Proto-Indo-European *lēw- ("to leave"). **[국어] 나대다**: [같은 말] 나부대다(얌전히 있지 못하고 철없이 촐랑거리다). **내다**: (흔적이나 흠을) 생기게 하다. 안에서 밖으로 옮기다. **누다**: 배설물을 몸 밖으로 내보내다. 漏샐 누(틈이 나다)

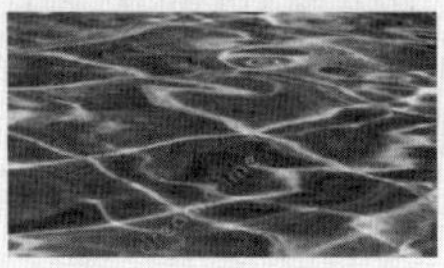

crude [kruːd]	천연 그대로의, 조잡한	(말소리) 콰르다
raw [rɔː]	날 것의	노

〈crude〉 '콰르다'는 콰르르 누수되며 흐르는 소리에서 피가 난다. 유유히(row) (피가) 나는 고기 상태. 꾸미거나 가공하지 않고 그대로라는 뜻. c+rude(누다) [참고] cruel 콰르일 cruise 콰르지 쿠르르 흐르다 **〈raw〉** '노' 노는 물, 노(row) 젓는 파동이 있어 (피가) 나는 날 것 그대로라는 뜻. 막 나와 경험없는(New or inexperienced, exposed). raw≒new ☞ 유유(row 流 흐를 류)히 회오리 치다. -rew는 row 처럼 파동을 나타낸다. screw, strew, throw, crow

· 어원) **〈crude〉** Latin crūdus ("raw, bloody, uncooked, undigested, crude"), Ancient Greek κρύω (kroúō, "to beat, whip, crush") Proto-Indo-European *krewh₂- ("raw meat, fresh blood"). **〈raw〉** Old English hrēaw ("raw, uncooked"). Old English hrēow("rough, fierce, wild, angry, disturbed, troubled, sad, stormy, tempestuous"). **누다: 배설물을 몸 밖으로 내보내다. 漏 샐 루**

nude [njuːd]	나체의 벌거벗은	(말소리) 누다

〈nude〉 '누다'는 누어 배출하듯 벗다

· 어원) **〈nude〉** Latin nūdus ("naked, bare"). [국어] **누다: 배설물을 몸 밖으로 내보내다. [한자] 𦅼벌거벗길 라, 묶을 루**

노다, 놀리다는 나대(lude)면서 돌아다니는 것으로 둘리거나 혼동하게 하다를 나타낸다.

deride [diráid]	~을 비웃다 조소하다	(말소리) 떼나대
delude [dilúːd]	속이다 착각하다	둘리다
ridiculous [ridíkjuləs]	비웃는	노닥일리지
ludicrous [lúːdəkrəs]	익살맞은	노닥거려서

〈deride〉 '떼나대' 떼어(de) 나대며(ride) 놀리다. 남을 갖고 노는 것, 놀린다 [연관] pride **〈delude〉** '둘리다'는 둘려 속는다는 뜻 [다른 풀이] '떨누다' 누출로 흐르듯 떠다니며 놀아나게 하다. de(떼)+lude(누다) **〈ridiculous / ludicrous〉** 노닥이며 나대(ride)고, 웃고 떠든다는 뜻

· 어원) **〈deride〉** Latin deridere ("to mock, laugh at"), from de- ("from, down from")+ridere ("to laugh"). lūdere ("to play, mock, trick"). **〈delude〉** Latin dēlūdō ("mock, deceive"), from de+lūdō ("I make sport of, I mock"). **〈ridiculous〉** Latin ridiculus ("laughable, ridiculous"), from ridere ("to laugh"). **〈ludicrous〉** Latin lūdicrus, from lūdō ("play"). [국어] **나대다**: [같은 말] 나부대다(얌전히 있지 못하고 철없이 촐랑거리다). **둘리다**: 그럴듯한 꾀에 속다. **노닥거리다**: 조금 수다스럽게 재미있는 말을 자꾸 늘어놓다.

allude [əlúːd] 암시하다 넌지시 말하다 (말소리) 엘누다
elude [ilúːd] 피하다 외누다
collude [kəlúːd] 공모하다 꼴누다

〈allude〉 '엘누다'는 -에게(a) 누다(lude 漏 샐 루). 누출하여 흘려 말하다, 노닥거리다 **〈elude〉** '외누다'는 외로 누다(lude). 누출하여 밖에 나가(놀아) 피하다는 뜻 **〈collude〉** 꼬여(col 껴서) 누다(lude). 같이 누출하여 섞여 노는 등 일을 꾸미다.

· 어원) **〈allude〉** Latin alludere("to play with or allude"), from ad+ludere("to play"). Spanish ludir (to rub, to scrape) **〈elude〉** Latin ē ("out of"), short form of ex, +lūdō ("play; trick"). **〈collude〉** Latin colludere, from con- and ludere("to play"). [국어] **놀다**: 장난스럽게 괴롭히거나 어리석게 보고 함부로 대하여 웃음거리로 만들다. 이리저리 움직이다. 손에 잡고 마음대로 다루어 쓰거나 움직이게 하다. **누다**: 배설물을 몸 밖으로 내보내다. **노다**: '추다(춤 동작을 보이다)'의 방언(제주). 漏 샐 루

illusion [ilúːʒən] 착각 환상 (말소리) 일누진

〈illusion〉 '일누진'은 누출로 흐물하게 흘러다녀 정신이 어리숭하다. ☞ 어원상 ~에(il=in) 누다(lude 漏 샐 루) *[Hallucination을 문자로 표현하면서 만들어진 어휘로 생각된다.]* 놀려 혼동하게 하다. [참고] delusion

· 어원) latin in- ("at, upon")+lūdere ("to play, mock, trick"). Ancient Greek ἀλύω (alúō, "to wander in mind, to roam") **놀다**: 장난스럽게 괴롭히거나 어리석게 보고 함부로 대하여 웃음거리로 만들다. 이리저리 움직이다. 손에 잡고 마음대로 다루어 쓰거나 움직이게 하다. **얼다**: 긴장하거나 흥분하여, 침착한 태도를 잃고 당황하다. 감각이 없어질 만큼 아주 차가워지다. **얼얼**: 술에 취하여 몹시 정신이 어리숭하다.

'누다'는 액체 등이 (밖으로) 유유히 흘러 나온다는 의미가 있다. '오줌을 누다'가 대표적인 예로 여기에서는 콧물이나 모유 등의 액체를 의미하는 말로 쓰였다.

nurse [nəːrs] 간호사 유모 (말소리) 누어서
nourish [nə́ːriʃ] 영양분을 공급하다 누리지
nutrition [njuːtríʃən] 영양 자양분 누들어선

〈nurse〉 '누어서'는 젖을 누게 (nu=row)(流흐를 류, 漏샐 누 -> 嗕젖먹을 누) (누출) 하여 먹인다는 뜻. 젖먹이는 유모(乳母)에서 간호사로 파생. **〈nourish/nutrition〉** 젖을 누어(nou 流흐를 류, 漏샐 누) 들게 하다. 어미가 아기에게 젖(乳)을 주는 것에서 영양분 있는 음식을 제공하는 것을 뜻함.

· 어원) **〈nurse / nourish / nutrition〉** Ancient Greek νάω (náō, "to flow, to stream") Latin nūtrīcius ("that nourishes"), from nūtrīx ("wet nurse"), from nūtriō ("to suckle"). Latin nutrire ("to suckle, feed, foster, nourish, support"). Sanskrit प्रस्नौति (pras**nauti**, "to drip, to release liquids"), प्रस्नुत (pras**nuta**, "releasing mother's milk"). [국어] **누리다**: 생활 속에서 마음껏 즐기거나 맛보다. **누다**: 배설물을 몸 밖으로 내보내다. [한자] 乳젖 유 嗕젖먹을 누. 穀젖 누

nautical [nɔ́tikəl] 선원의 선박의 (말소리) 노닥일
dilute [dilú:t] 희석하다 묽게하다 떨누다

〈nautical〉 '노닥일'은 유유히(nau=row)(流흐를 류-> 嗕젖먹을 누) (너울처럼) 노닥(naut=ride)이며 흘러다니다는 뜻 [다른 풀이] '나뜨길' 나떠 흐르면서 파동을 이루는 바다 [연관] ridicule 노닥거리며 웃다 **〈dilute〉** '떨누다'는 유유히 누다(lute 漏샐 누)와 떼(di=de)다. 물 안에 든 것의 성분이 떼어져 묽게 만든다는 뜻 [연관] solute pollute

· 어원) **〈nautical〉** Latin nauticus ("of or relating to sailors"). Sanskrit प्रस्नौति (pras**nauti**, "to drip, to release liquids") Sanscrit 'nau'(roar, sail), 'nadi'(a stream) **〈dilute〉** Latin diluere ("to wash away, dissolve, cause to melt, dilute"), from di-, dis- ("away, apart")+luere ("to wash"). [국어] **나뜨다**: 물 위나 공중에 뜨다. 나타나거나 나와서 다니다. **누다**: 배설물을 몸 밖으로 내보내다. [한자] 流흐를 류

9 너덜 나대다[r(l)+ t(d), not](노는 파동): 조각 내다, 썩다, 새기다, 내치다(raz)

rattle **rid**dle; col**lide** **rid** al**lot**; **rot** cor**rod**e e**rod**e; **literal** de**note**; **raze** e**raze** g**raze**

little은 너털거리며 휘어지거나 날아다닐 정도로 가볍다는 말이다. 너털거림은 흔들려서 갈라짐과 관계된다.

rattle [rǽtl] 달그락거리다, 지껄이다 (말소리) 너덜
riddle [rídn] 수수께끼 같은 말을 하다 너덜
brittle [brítl] 부러지기 쉬운 부러틀
irritate [írətèit] 화나게 하다 으르대다

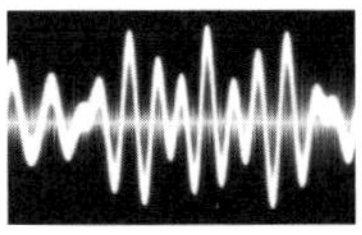

〈rattle〉 '너덜'은 너덜거리며 흔들린다는 뜻 [참고] rattlesnake [다른 풀이] '나댈' 나대는 것은 너덜거리는 것과 통한다(To drive or ride briskly) **〈riddle〉** 너덜대는 말투로 알기 어렵게 말하다(To speak ambiguously) **〈brittle〉** 부르르(br) 떨어 너덜(rittle≒rattle, little)대다. 부러트릴려고 하다. **〈irritate〉** '으르대다'는 왈왈(whirl) 울리는 소용돌이로 으르다(irrit). 감정이 흔들릴 정도로 화가 나다는 뜻 [다른 풀이] '에나대다' 나대 (rita=rattle, ride)면서 부들부들 떨다

· 어원) **〈rattle〉** a sound made by loose objects shaking or vibrating **〈riddle〉** Proto-Germanic *hrid- ("to shake") **〈brittle〉** Old English *brytel ("brittle, fragile", literally "prone to or tending to break") Proto-Germanic *brutjaną ("to break, divide") **〈irritate〉** Latin irritare ("to excite, irritate, incite, stimulate"). [국어] **너덜**: 여러 가닥이 자꾸 어지럽게 늘어져 흔들리는 모양. 주제넘게 입을 너불거리며 자꾸 까부는 모양. **부러트리다**: 꺾어서 부러지게 하다. **으르다**: 상대편이 겁을 먹도록 무서운 말이나 행동으로 위협하다. (북한어)개나 짐승이 달려들어 물듯이 성난 소리를 내다.

구멍이나 흠을 내다, 조각내다처럼 '내다'에는 낱개로 만들어 잘게 나누는 뜻이 있다. 물리적인 힘을 가해 나누든 부식에 의해 자연 탈락이 되든지 간에 전체가 나누어 잘게 쪼개지는 것이다. 나대면서 부대끼는 충돌에 의해 부서진다고 볼 수 있다. rat, rid, rot는 rattle, rotary, ride에서 나대는 파동과 관련이 있다.

rid [rid] 제거하다 (말소리) 내다
rat [ræt] 쥐 나대
rot [rat] 썩다 낡다 나대

〈rid〉 내어 벗기다 [다른 풀이] '나대' **〈rat〉** 나(부)대면서 부대끼는 충돌로 (낱개로) 조각 내는 동물을 뜻함 [나대다(rid/ride)=나부대다(rub, scribe)] **〈rot〉** 나(부)대면서 부대끼는 충돌로 낱개가 되게, 조각 내다. 낡게 하다는 뜻 [연관] wrote 갉아서 쓰다 rotary

· 어원) 〈**rid**〉 Middle English ridden ("to clear away, remove obstructions") 〈**rat**〉 Proto-Indo-European *reh_1d- ("to scrape, scratch, gnaw"). Spanish ludir (to rub, to scrape) 〈**rot**〉 Old English rotian ("to rot, become corrupted, putrefy). Proto-Indo-European *rewd- ("to tear"). Latin rota ("wheel"). rotō ("turn around, revolve"). Latin rūdus(debris) [국어] **내다**: (흔적이나 흠을) 생기게 하다. 안에서 밖으로 옮기다. **낱**: 셀 수 있는 물건의 하나하나. **나대다**: [같은 말] 나부대다 (얌전히 있지 못하고 철없이 촐랑거리다).

'lot'은 개개의 운명이나 몫을 말한다. 'lot'은 하나하나 세는 단위인 '낱'으로 표현할 수 있다. '낱'은 나대면서 부대끼는 충돌에 의해 부서진다고 볼 수 있다.

lot [lat]	나누다 많음	(말소리) 낱
allot [əlάt]	할당하다	엘낱
lottery [lάtəri]	복권 추첨	낱되리

〈**lot**〉 '낱'은 나(부)대면서 부대끼는 충돌로 낱낱의 한 개(덩어리). 또한 낱낱의 수많은 몫이 모여 큰 무리를 이루므로 많다는 뜻도 갖는다. 〈**allot**〉 '엘낱'은 ~에(a) 낱(lot)개로 나눠준다는 뜻 〈**lottery**〉 '낱되리'는 각자 몫으로 나눠진 낱(lot)개들 가운데 운에 따라 더 좋은 것을 받을 수 있다(a thing allotted)는 뜻

· 어원) 〈**lot**〉 Old English hlot ("portion, choice, decision"). Middle English ridden ("to clear away, remove obstructions") 〈**allot**〉 Old French aloter (French: allotir). à+lot. 〈**lottery**〉 lotto+-eria [국어] **낱**: 1. 셀 수 있는 물건의 하나하나. 2. 여럿 가운데 따로따로인, 아주 작거나 가늘거나 얇은 물건을 하나하나 세는 단위. **내다**: (흔적이나 흠을) 생기게 하다. 안에서 밖으로 옮기다. **나대다**: [같은 말] 나부대다(얌전히 있지 못하고 철없이 촐랑거리다).

plot [plat]	1 땅 2 음모 3 줄거리	(말소리) 벌낱

〈**plot**〉 '벌낱' 1 벌여 나눈 벌판의 땅(plain). 낱개로 벌이다. 2 벌여 일을 계획하는 것으로 음모 3 벌여 늘어놓는 줄거리(The course of a story), 평면도 [To trace out (a graph or diagram)]

☞ p(벌)+lot(나다: 뻗다, 갈라지다) [연관] plan clot 덩어리

· 어원) 〈**plot**〉 German Bletz ("rags, bits, strip of land"). [국어] **벌**: 넓고 평평하게 생긴 땅. **벌다**: 못된 짓을 하여 벌 받을 일을 스스로 청하다. 늘여서다. **벌이다**: 일을 계획하여 시작하거나 펼쳐 놓다

논다는 이리저리 돌아다니는 것으로 노 저으면서 놀(너울)이 파동을 일으킨다. 그러면서 꼬이기도 하고(node, knot, net), 부숴지기도 한다. 나대다와 유사하다. ride는 나다니면서 나도는 것이고, 과거형은 rode 로서 rodent, corrode, erode 등과 관계된다.

rodent [róudnt]	설치류의, 갉기에 적합한	(말소리) 나댄다
gnaw [nɔː]	갉아먹다	노

〈**rodent**〉 '나댄다'는 나(부)대면서 부대끼는 충돌로 낱(rod=rid)개로 부수는 이빨을 가진 동물을 뜻함 [연관] 노된다. 〈**gnaw**〉 노 젓는 파동으로 이로 갉아 댐

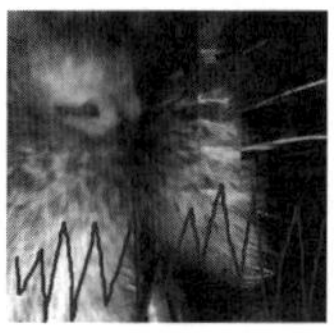

· 어원) 〈**rodent**〉 Latin rōdēns("gnawer; one who gnaws"). **놀다**: 이리저리 돌아다닌다. 고정되어 있던 것이 헐거워 이리저리 움직이다.

corrode [kəróud]	부식하다 좀먹다	(말소리) 콰노다
erode [iróud]	침식하다 부식하다	외노다

〈corrode〉 '콰노다' 노 젓는 파동으로 콰르 나(부)대면서 (조각)나다(rod=rot)는 뜻. [연관] corrupt (rupt≒ rode) gnaw rot **〈erode〉** '외노다'는 노 젓는 파동으로 외(e)로 나대면서 (조각)나다(rod=rot)

· 어원) **〈corrode〉** Latin corrodere ("to gnaw"). Latin con- ("completely")+rōdō ("I gnaw"). **놀다**: 이리저리 돌아다닌다. 고정되어 있던 것이 헐거워 이리저리 움직이다.

갈리는 소리는 콸콸 부딪히는 소리에서 유래됨을 알 수 있다. 콸콸 부딪히는 소리와 쓸리는 소리가 같은 원리로 문자화 되었다(clash-〉slash ; collide -〉 slide)

collide [kəláid]	충돌하다	(말소리) 콸나대

〈collide〉 콸콸(col, cl) (부딪쳐) 나대(lide=rattle)는 소리. [연관] clash crash crush slash glide

· 어원) **〈collide〉** Latin collidere("to strike or clash together"), from com- ("together")+laedere ("to strike, dash against, hurt"). [국어] 콸콸: 많은 양의 액체가 급히 쏟아져 흐르는 소리.

너덜너덜 달그락거리며 갈라진다. 글을 쓰는 행위, 즉 글쓰기는 표면을 긁어 파내는 것이다. 이것은 나부대면서 휘갈겨 쓰는 graph, describe 원리와 같다. 그리고 write도 펜을 이리저리 나대면서 글을 새기는 것에서 나온 것으로 보인다. letter/write는 flutter/brittle처럼 펄펄 나대며 갈겨 쓰는 것이다.

write [rait]	쓰다	(말소리) 나대
writhe [raið]	몸부림치다	나대

〈write〉 펜을 이리저리 나대면서 휘갈겨 쓰다 **〈writhe〉** 나대면서 몸부림치다

· 어원) **〈write〉** West Frisian write ("to wear by rubbing, rip, tear"), Low German wrieten, rieten ("to tear, split") **〈writhe〉** Proto-Germanic *wrīþaną ("to weave, twist, turn") Old High German rīdan ("to wind, turn") [국어] **나대다**: [같은 말] 나부대다(얌전히 있지 못하고 철없이 촐랑거리다).

letter [létər]	편지 글자	(말소리) 너덜
literal [lítərəl]	글자 그대로의 문자의	너덜일
literature [lítərətʃər]	문학	너덜이지

〈letter〉 너덜너덜(rattle) 나(부)대면서 조각한 글씨[나부대다(rub, scribe)]. 판위에 (조각)나게 해서 글씨를 쓰다는 뜻. ☞ let=rid, write [다른 풀이] '내다' 조각 내다 **〈literal / literature〉** 너덜너덜 (조각)나게 해서 글자로 이야기를 늘어놓는 것

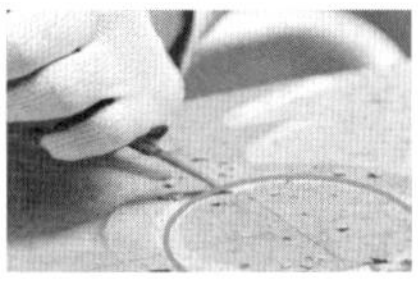

· 어원) **〈letter〉** Proto-Indo-European *leyt- ("to scratch"). Latin rota ("wheel"). rotō ("turn around, revolve"). **〈literal〉** Late Latin literalis ("letters or to writing"). **〈literature〉** Latin littera("letter") **너덜**: 여러 가닥이 자꾸 어지럽게 늘어져 흔들리는 모양. 주제넘게 입을 너불거리며 자꾸 까부는 모양.

나대다: [같은 말] 나부대다(얌전히 있지 못하고 철없이 촐랑거리다). **내다**: (흔적이나 흠을) 생기게 하다. 안에서 밖으로 옮기다.

notch [nɑːtʃ]	V자형 새김	(말소리) 노지
note [nout]	적어두다	노다
denote [dinóut]	나타내다	떼노다

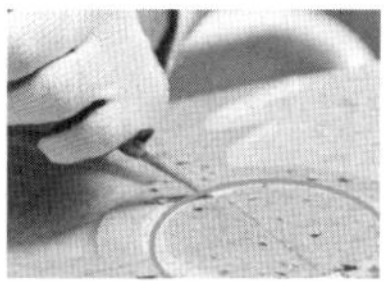

⟨notch/note⟩ 노(젓)는 파동으로 이리저리 나대면서 휘갈겨 쓰다 **⟨denote⟩** 노(젓)는 파동으로 새기어 표시하고 의미를 나타내다. [연관] signify 찍어내 표시

· 어원) **⟨notch/note⟩** Latin nota ("mark, sign, remark, note"). **⟨denote⟩** Latin denotare, from de- ("complete") and notare ("to mark out").

ratch는 stretch를 의미하는 단어이다. retch는 에춰하고 내치는 말이다. 따라서 -retch, - ratch는 stretch와 같이 내친다는 말이다.

wretch [retʃ] 악마 같은 인간, 불쌍한 사람 (말소리) 내쳐
scratch [skrætʃ] 긁다 찍어내쳐

⟨wretch⟩ '내쳐'는 내쳐져 버림받은 인간을 뜻함. ☞ w+retch (에취) 내뱉다. **⟨scratch⟩** '찍어내쳐'는 쩍(sc 쪼개) 내쳐(ratch=etch, raze) 갈라지다는 뜻. ☞ rat (내다) =rot, whet, 부수다. [다른 풀이] '찌그러져' [연관] etch

· 어원) **⟨wretch⟩** Old English wreċċa ("exile; outcast"). **⟨scratch⟩** Middle English scratten ("to scratch"). German ritzen ("to carve, scratch") [국어] **내치다**: 1. 손에 든 것을 뿌리치거나 던지다. 2. 강제로 밖으로 내쫓다. **에다**: 칼 따위로 도려내듯 베다. 돌다의 옛말.

rid, let 등처럼 raze는 내어서 벌리다는 의미가 있다

raze [reiz] 지우다 파괴하다 (말소리) 내어쳐
erase [iréis] 지우다 없애다 외내어쳐
razor [réizər] 면도기 내어쳐

⟨raze/razor/erase⟩ 우수수(az) 으스러지는 소리로 내쳐 없애는 행위를 뜻함 [연관] abrasion scratch rash rid

· 어원) **⟨raze⟩** Latin rāsus ("scraped, shaved"), of rādō ("scrape, shave"). Proto-Indo-European *lū- ("to untie, set free, sever"). **⟨erase⟩** Latin eradere ("to scrape, to abrade"), from ex- ("out of")+radere ("to scrape"). **⟨razor⟩** Old French raser ("to scrape, to shave"). [국어] **내다**: (흔적이나 흠을) 생기게 하다. **내치다**: 1. 손에 든 것을 뿌리치거나 던지다. 2. 강제로 밖으로 내쫓다. **으스러트리다**: 덩어리를 깨뜨려 조각조각 부스러지게 하다. [한자] 離떠날리

graze [greiz] 풀을 뜯다 (말소리) 가르지
crazy [kréizi] 미친 열광적인 가르지

⟨graze⟩ 풀을 갈라서 뜯다. 갈아(gr) 내치(raze)다. 마찰 등을 통해(A light abrasion; a slight scratch.) 우수수 뜯겨나가는 것을 말함 **⟨crazy⟩** 꽈르르 갈아서 산산조각이 나듯 제정신이 아닌 상태("full of cracks or flaws")를 뜻함. ☞ c+raze [연관] eraze

· 어원) **⟨graze⟩** English grasian ("to feed on grass"), from græs ("grass"). Latin resecō ("cut off, loose, curtail", verb). Latin lētālis ("mortal, deadly"), with Greek λήθη(lḗthē, "forgetfulness"). **⟨crazy⟩** Middle English crasen ("to crush, break, break to pieces, shatter, craze"). [국어] **가르다**: 쪼개거나 나누어 따로따로 되게 하다.

10 내지다/내주다(les, los, lic, let, lyz): 놓치다, 낮다, 느슨, 늦다, 놔주다

less **lest** **los**e; **loos**en **leis**ure re**leas**e; **leas**e il**lic**it **lic**ense **leth**al para**lyz**e **leas**e

<'내다'의 적용>

내어서 1 사이가 넓게 벌어지고(dilate, lateral) 2 정도가 낮아지게 (less least lessen) 되고, 내쳐 (lest raze erase) 제외시킨다. 3 마음은 늦어(loose release, relax, lax)져 긴장이 완화되고, 늦게 (late) 된다
* 인도유럽어에서는 '내'는 사이를 벌이다[Proto-Indo-European *lū- ("to untie, set free, separate")].

아스라이 사라지는 것을 의미하는 ease는 lease, lose, loose, less, lessen, leisure, please에 있다. 이는 문자를 형성할 때 내(le)에 ease가 결합한 것으로 볼 수 있다.

'낮다'는 늘어지게 되어 연해지고 보통의 정도에 미치지 못하는 상태를 말한다. '낮추다'는 그런 낮은 상태를 만든다는 뜻이다. 즉 수나 양적인 면에서 적게 하는 것이다.

least [li:st]	가장 적은	(말소리) 낮추다
lessen [lésn]	줄이다 감소하다	낮은
less [les]	보다 적은	낮어
lest [lest]	~하지 않게	내지다

〈least〉 '낮추다'는 내어져 나감으로써 낮아진다는 뜻 **〈lessen〉** '낮은' 느슨해져 약해지다. [다른 풀이] 1 '느슨'은 느슨하게 강도가 낮아지다 2 '내준' 내어줌으로써 빠져나가 약해지다 **〈less〉** '낮어'는 내어져 나감으로써 다른 것보다 적다는 뜻 [다른 풀이] '내져' 내어줌으로써 더 적어지다 **〈lest〉** '내지다'는 내어져 제외됨으로써 하지 않게 되다는 뜻 [다른 풀이] '놔주다' 놔주어 벗어나게 하다

· 어원) **〈least〉** Proto-Indo-European *leys-("to shrink, grow thin, become small, be gentle"). **〈lessen / less〉** Proto-Germanic *laisiz ("smaller, lesser, fewer, lower"). **〈lest〉** Middle English les te ("less that") [국어] **느슨: 잡아맨 끈이나 줄 따위가 늘어져 헐겁다. 내주다: 차지하고 있던 자리를 남에게 넘겨주다. 넣어 두었던 물건 따위를 꺼내어 주다. 나다: 밖으로 나오거나 나가다. 시간적 여유가 생기다.**

leisure [lí:ʒər]	여가 한가한	(말소리) 놔줘
release [rilí:s]	1 놓아주다 2 공개하다	늘놔줘

〈leisure〉 '놔줘'는 놔서 (하던 일을) 벗어나다(free from work or duties). 놔주고 쉬다. **〈release〉** 늘놔줘는 1 놔주어(lease=loose, lose) 벗어나게 하다 2 내어줘 퍼뜨리다. [연관] lease lazy lethal relax

· 어원) **〈leisure〉** Old English liþian "to unloose, release". Latin licēre("be permitted"). **〈release〉** Old French re-+laschier (to let go of) [국어] **느슨하다: 1. 잡아맨 끈이나 줄 따위가 늘어져 헐겁다. 2. 마음이 풀어져 긴장됨이 없다. 놔주다: '놓아주다(억압받던 상태에 있던 것을 자유로운 상태가 되도록 풀어 주다)'의 준말. 나다: 밖으로 나오거나 나가다. 시간적 여유가 생기다.**

'느슨하다'라는 표현은 일상생활에서 늘어져 헐거운 물리적 상태나 긴장감이 없는 정신상태를 가리키는 말로 쓰인다. '느슨하다'와 통하는 의미로서 '늦다'는 시간상으로 늘어져서 걸리는 과정이 길다라는 의미이다.

lazy [léizi]	게으른 나태한	(말소리) 늦어
lassitude [lǽsətjù:d] **[고급]**	나른함 권태	늦춰두다

〈lazy〉 '늦어'는 늦어 약해 빠진 모습을 뜻함. [다른 풀이] '내어져' (시공간을) 내어서(late) 넓게 벌임으로써 하던 일을 늦추다. **〈lassitude〉** '늦춰두다' 내어져 넓게 벌림으로써 (마음의 긴장을) 낮추다 [다른 풀이] '느즈대다' 느즈러져 긴장을 풀다

· 어원) 〈**lazy**〉 Proto-Indo-European *lū- ("to untie, set free, separate"). Proto-Germanic *lasiwaz ("feeble, weak") 〈**lassitude**〉 Latin lassitūdō ("faintness, weariness"), from lassus ("faint, weary") **느지**: 늦게. **느즈러지다**: 긴장이 풀려 느긋하게 되다. 꼭 졸라맨 줄이나 끈 따위가 느슨하게 되다.

놓치는 것은 나가 버려, 내어지는 것이다. 다음의 'lo-'는 누수, 누락 처럼 (새어) '누다(漏 샐 루)'로 볼 수 있다.

loosen [lúːsn]	느슨해지다 풀다	(말소리) 느슨
lose [luːz]	잃다 지다	누지
loss [lɔːs]	손실 잃음	누지

〈**loosen**〉 '느슨'은 (누출하듯) (내어) 느슨해진다는 뜻 [다른 풀이] '놔준' 놓아서 느슨하게 하다
〈**lose / loss**〉 '누지'는 (누출하듯) 누어(漏 샐 루) 새 나가 놓치다. 자기 손을 떠나다. [연관] raze graze

· 어원) 〈**loosen**〉 Ancient Greek λύω •(lūō) (I loose, untie, break (up), destroy, release) 〈**lose / loss**〉 Proto-Indo-European *lews- ("to cut, sunder, divide, separate, loose, lose). [국어] **느슨하다**: 1.잡아맨 끈이나 줄 따위가 늘어져 헐겁다 2.마음이 풀어져 긴장됨이 없다. **누다**: 배설물을 몸 밖으로 내보내다. **놔주다**: '놓아주다(억압받던 상태에 있던 것을 자유로운 상태가 되도록 풀어 주다)'의 준말. [한자] 漏 샐 루, 빠트리다

'내주다'는 '~하도록 허락한다'는 뜻으로 let의 활용형이다(let →lic 변형됨). 내어줌으로써 정해진 요건이나 자격에 대해 인정을 하거나 허용을 하는 것이다.

illicit [ilísit]	부정한 불법의	(말소리) 잃내주다
license [láisəns]	면허 자격증	놔준지

〈**illicit**〉 '잃내주다'는 내주어(licit=let lease) 하도록 하는 것에서 잃어(il=in; 逸 달아날 일) 벗어나다. 하도록 놔주지 않다는 뜻
〈**license**〉 '놔준지'는 내주어(licen=let lease) 하게끔 허락한다는 뜻 [연관] lease release [다른 풀이] '내준지' 내주어 하게 하다

· 어원) Old English lǣtan("to allow, let go, leave, rent"). 〈**illicit**〉 Latin illicitus, from in- ("not")+licitus ("allowed, permitted"). 〈**license**〉 latin licere ("to be allowed"). [국어] **얼**: '덜된', '모자라는', '어중간한'의 뜻을 더하는 접두사. '분명하지 못하게' 또는 '대충'의 뜻을 더하는 접두사. **내주다**: 차지하고 있던 자리를 남에게 넘겨주다. 넣어 두었던 물건 따위를 꺼내어 주다. **놔주다**: '놓아주다(억압받던 상태에 있던 것을 자유로운 상태가 되도록 풀어 주다)'의 준말.

allow [əláu]	허용하다 허락하다	(말소리) 엘놔

〈**allow**〉 '엘놔'는 ~에(a) (원하는 것을) 놔(low=lay, lease) 주다. 내주어 허락한다

· 어원) 〈**allow**〉 Medieval Latin allocō ("to assign"). [국어] **내주다**: 차지하고 있던 자리를 남에게 넘겨주다. 넣어 두었던 물건 따위를 꺼내어 주다. **놔주다**: '놓아주다(억압받던 상태에 있던 것을 자유로운 상태가 되도록 풀어 주다)'의 준말. **놓다**: 가두거나 매지 않고 자유롭게 움직이게 하다.

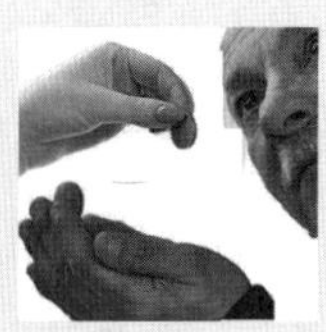

lease [liːs]	대여하다	(말소리) 내줘
loan [loun]	대출 빌려주다	낸
lend [lend]	빌려주다	낸다

〈lease〉 '내줘'는 내주다, 놓다. 내놓아 빌려주고 세를 받다는 뜻 [연관] release **〈loan〉** '낸'은 돈이나 기타 물건 등을 내어서 빌려준다는 뜻 **〈lend〉** '낸다'는 내어서 빌려준다(To make a loan.)

· 어원) Old English lǣtan("to allow, let go, leave, rent") Latin laxō("to loose") German lassen("to let, let go, release"). **〈lease〉** Old English lēas ("false, void, loose"), Proto-Germanic *lausaz ("loose, free"), from Proto-Indo-European *lū- ("to untie, set free, sever"). **〈loan〉** Old English lǣn("loan, borrowing, lease, grant, gift, present, benefit"). **〈lend〉** Old English lǣnan("to lend; give, grant, lease") **놓다**: (돈이나 집, 땅 따위를) 이자나 세를 받고 빌려주다. 가두거나 매지 않고 자유롭게 움직이게 하다. **내주다**: 차지하고 있던 자리를 남에게 넘겨주다. 넣어 두었던 물건 따위를 꺼내어 주다.

놔서 사이가 벌어지게 한다. 이것은 느슨해져서 나가 떨어짐으로써 서로 흩어지는 모양이라고 할 수 있다.

paralyze [pǽrəlàiz]	마비시키다	(말소리) 벌여놔이지
analyze [ǽnəlàiz]	분석하다	안아놔이지

〈paralyze〉 '벌여놔이지'는 벌여(para=vary 옆으로) 놔지다(lyze=loose). 옆으로 늘어진 상태, 몸의 기능이 느슨해지고, 정신을 놔 버려 마비됨 **〈analyze〉** '안아놔이지'는 안아(ana=on, in 위에 인다/안다) 접한 곳에 놔지다(lyze=loose). 느슨하게 내어 분리되게 하다는 뜻

· 어원) **〈paralyze〉** Ancient Greek παοαλύειν (paralúein, "to disable on one side"), from παοά (pará, "beside")+λύειν (lúein, "loosen"). **〈analyze〉** ἀνά (aná, "on, above")+λύσις (lúsis, "a loosening"), from λύω (lúō, "to unfasten"). [국어] **놓다**: (기운이나 정신을) 차리고 있지 않다. 손에서 떨어지게 하다. 자유롭게 풀어 주다.

lethargy [léθərdʒi]	무기력 혼수	(말소리) 놔서일지
lethal [líːθəl]	치명적인 살상의	놔줄

〈lethargy〉 (일을) 놓다. 일으켜(arg) 일할 마음을 놔 버리다. ☞ leth(let 놔주다)+arg 일켜(work) **〈lethal〉** (정신을) 놔 버릴 정도로 심각한. [다른 풀이] '내줄'은 내어져 사이가 벌어지는 것으로 건강한 상태에 벗어나 죽음에 이르는 심각한 상태를 말함

· 어원) **〈lethargy〉** Ancient Greek ληθαογία (lēthargía, "drowsiness"), from λήθη (léthē, "forgetfulness")+ἄεογός (aergós), from ἄ- (a-, "not")+ἔογρν (érgon, "a work"). French laisser ("to let, to forget, to leave, to let, to allow) **〈lethal〉** Latin lētālis ("mortal, deadly") Ancient Greek λήθη (léthē, "oblivion, forgetfulness"). [국어] **놓다**: (기운이나 정신을) 차리고 있지 않다. 손에서 떨어지게 하다. 자유롭게 풀어 주다. **내주다**: 차지하고 있던 자리를 남에게 넘겨주다. 넣어 두었던 물건 따위를 꺼내어 주다.

11 으스스 내치는 소리(his, ash/ush --)

wh**is**tle **lash flash flush** sl**ash** cr**ush** cr**ash** **crucial**

'휘슥'은 빠르게 움직이는 동작을 표현한다. '휘'나 '슥(쓱)' 모두 재빨리 지나가거나 바람이 불어 스치거나 하는 것 등을 나타낸다. 예를 들어 물로 씻는 것, 휘파람 소리를 내는 것 등이 그에 해당한다고 할 수 있다. 우수수 쏟아지는 소리는 물 소리, 나뭇잎 소리 등과 같다

whiz [hwiz] 윙윙 하고 소리나다 (말소리) 휘스
hiss [his] 쉬쉬하는 소리 휘스
whistle [hwísl] 휘파람 휘슬

〈whiz / hiss〉 '휘스'는 휘 스치는 바람 소리(휘파람)로 빠르게 움직인다는 뜻(To make a whirring or hissing sound. To throw or spin rapidly.) 부스스(buzz fuss)와 같은 스치는 소리다. **〈whistle〉** '휘슬'은 휘이(whi) 슬슬/술술(stle 哦휘파람 술) 바람(휘파람)이 부는 것으로 좁은 틈을 재빨리 통과해 나는 소리를 뜻함

· **〈hiss〉** Middle High German hetzen ("to rush, drive, hunt"). **〈whistle〉** Proto-Germanic *hwistlōną ("to make a hissing sound"). [국어] **휘**: 1. 센 바람이 거칠게 스쳐 지나가는 소리. 2. 숨을 한꺼번에 세게 내쉬는 소리. 3. 휘파람을 부는 소리. **슬슬**: 바람이 세차지 않고 가볍게 부는 모양을 나타내는 말. 가만가만 가볍게 문지르거나 긁거나 쓰다듬는 모양. **술술**: 바람이 부드럽게 부는 모양. [한자] 哦휘파람 부는 소리 술

haste [heist] 서두르다 성급함 (말소리) 휘이치다

〈haste〉 휘 불어 치듯 나가다. '어서어서' 서둘러 대는 것을 나타냄 [연관] whiz

· 어원) **〈haste〉** German hasten, Swedish hasta ("to hasten, rush) [국어] **어서어서**: 일이나 행동을 지체 없이 아주 빨리하기를 재촉하는 말. **휘**: 센 바람이 거칠게 스쳐 지나가는 소리.

ease [iːz] 완화하다 덜어주다 (말소리) 잊어

〈ease〉 '잊어'는 아스라이 잊게 해주다(leisure; To lessen)는 뜻. '이지러지다' [연관] lessen

· 어원) **〈ease〉** Middle English esen (relieve from pain) Ancient Greek ἐάω • (eáō) (to let someone do something, allow to cede, grant, yield). [국어] **잊다**: 일하거나 살아가는 데 장애가 되는 어려움이나 고통, 또는 좋지 않은 지난 일을 마음속에 두지 않거나 신경 쓰지 않다. **이지러지다**: 한쪽 귀퉁이가 떨어져 없어지다. **으스러지다**: 덩어리가 깨어져 조각조각 부스러지다. 형상이나 모양이 차차로 엷어져 스러지다. **아스라하다**: 기억이 분명하게 나지 않고 가물가물하다. (기억이) 아주 오래되어 어렴풋하다. **앗다**: 빼앗거나 가로채다. (수수나 팥 따위의 껍질을) 벗기거나 목화의 씨를 빼다. 易쉬울 이, 편안하다

wash [waʃ, wɔːʃ] 씻다 (말소리) 우수

〈wash〉 '우수'는 우수수(whiz, rush) 쏟아져 물 흐르는 소리(To move with a lapping or swashing sound; The sound of breaking of the seas, splash)를 나타냄. [다른 풀이] '휘스' 휘이 스치는 물소리 [참고] swash 물을 튀기다 rush splash

· 어원) **〈wash〉** Proto-Germanic *waskaną, ("to wash, get wet"). Mongolian yc • (us)(water) [국어] **우수수**: 물건이 수북하게 쏟아지는 모양. 바람에 나뭇잎 따위가 많이 떨어지는 소리.

waste [weist] 쓰레기 낭비하다 (말소리) 으스다

〈waste〉 '으스다'는 휘이 으스스 바람불어 황량하다. 으스러져 없어지다는 뜻

· 어원) **〈waste〉** Latin vāstus ("empty; wasted; vast") Proto-West Germanic *wōstī (uninhabited, desolate, waste) **으스러지다**: 덩어리가 깨어져 조각조각 부스러지다. 형상이나 모양이 차차로 엷어져 스러지다. **이지다**: 잊다'의 방언(제주)

Rush는 옛 독일어로 급류 소리(German râs ("a strong current")를 나타내는데 이는 빛의 빠른 이동(flash, lux)과 부딪힐 때 나는 소리(crash)를 표현하기도 한다. 물이 우수수 떨어지는 소리나 으스러뜨리는 소리와 관련된다. ☞ -ash: 재가 되도록 으스러지게 하는 소리 [연관] crush crash squash flash splash lash trash slash mash wash dash clash

rush [rʌʃ]	서두르다 급한	(말소리) 내쳐
race [reis]	경주	내쳐
rash [ræʃ]	발진, 경솔한	내쉬
lust [lʌst]	욕망	나서다

⟨rush⟩ '내쳐'는 으쌰(우수수) 내쉬는 소리 내며 쏟다. 물 흐르듯 빠르다(rapid flow) [참고] crush (c+rush) [다른 풀이] '우수' 우수수 물 떨어지는 소리 **⟨race⟩** '내쳐'는 으쌰(우수수) 내쉬는 소리 내며 급류가 내쏘듯 달린다는 뜻. 급류(A fast-moving current of water)의 의미도 있다. **⟨rash⟩** '내쉬'는 내쉬듯 휙 돋아난다는 뜻 [연관] crash(c+rash) **⟨lust⟩** rush처럼 돌진하여 나서서 적극적으로 대처하다

· 어원) **⟨rush⟩** Middle English ruschen("to rush, startle, make a loud rushing noise"), Proto-Germanic *hurskaz ("fast, rapid, quick"). **⟨race⟩** Old English rǣs ("a race, swift or violent running, rush, onset"), Dutch ras ("a strong whirling current"). **⟨rash⟩** Middle English rash ("hasty, headstrong"), from Old English *ræsc ("rash: ræscan ("to move rapidly, flicker, flash, glitter"). **⟨lust⟩** Proto-Germanic *lustuz (desire, want). *lausaz ("loose") [국어] **으쌰**: 기운을 돋우기 위하여 내지르는 소리. **내치다**: 1. 손에 든 것을 뿌리치거나 던지다. 2. 강제로 밖으로 내쫓다. **나서다**: 나타나거나 생기다.적극적으로 시작하다.

lash [læʃ]	비난 채찍질	(말소리) 내쳐
rustle [rΛsl]	바스락거리다	으슬

⟨lash⟩ '내쳐'는 으스러지게(ash) 내치는 회초리를 뜻함 [연관] slash splash flash flush whiz **⟨rustle⟩** '으슬'은 으슬으슬(whistle) 떨며 으스러지는 소리를 나타냄. **⟨참고⟩** hustle whistle bustle [다른 풀이] '너슬' 너스레 소리

· 어원) **⟨lash⟩** Middle English lasche ("a stroke; the flexible end of a whip"). **⟨rustle⟩** Old English hristlian ("to make a noise"). [국어] **내치다**: 손에 든 것을 뿌리치거나 던지다. [북한어] 잇따라서 계속 치다. **쏴**: 물이 급히 내려가거나 나오는 소리. 비바람이 치거나 물결이 밀려오는 소리. **으슬으슬**: 소름이 끼칠 정도로 매우 차가운 느낌이 잇따라 드는 모양. **으스러지다**: 덩어리가 깨어져 조각조각 부스러지다. 형상이나 모양이 차차로 엷어져 스러지다

trash [træʃ]	쓰레기 버리다	(말소리) 닳아서

⟨trash⟩ '닳아서'는 드르르, 닳아져 못 쓰게 된 것을 뜻함 ☞ t+rash(ash, raze) [다른 풀이] '떨어져' 탈탈 털리며 닳다

· 어원) **⟨trash⟩** Old Norse tros ("rubbish, fallen leaves and twigs"). Swedish tr**å**s ("dry fallen twigs, wood-waste"). [국어] **닳다**: 갈리거나 오래 쓰여서 어떤 물건이 낡아지거나, 그 물건의 길이, 두께, 크기 따위가 줄어들다. **떨어지다**: 옷이나 신발 따위가 해어져서 못 쓰게 되다.

펄레 펄레 날개를 치거나 손뼉 치는 소리, 물 튀기는 소리와 관련된다. 불꽃이 타면서 나는 소리나 물 튀는 모습이 '펄펄'과 '우(으)스스'(rush)의 합성어로 표현되어 있음을 알 수 있다.

flash [flæʃ]	불빛 섬광	(말소리) 펄레쉬
splash [splæʃ]	튀기다	스펄레쉬
flush [flʌʃ]	1 확 붉어지다 2 왈칵[쏴] 흘러나오다	펄레쉬

⟨flash⟩ '펄레쉬'는 펄펄(fl=fly)과 우수수(lash=rush) 소리 합성어. 펄펄 타는 불빛 [연관] lash blaze **⟨splash⟩** '스펄레쉬'는 펄펄(pl=flow)과 우수수(lash=rush) 소리 합성어. 펄 소리 내며 부딪히고 퍼지는 물소리(The sound made by an object hitting a liquid)를 나타냄 **⟨flush⟩** '펄레쉬'는 펄펄(fl)과 우수수(lash=rush) 소리 합성어. 1 펄하고 쏘는 불빛처럼 붉어지다. 2 펄 우수수 물결치다(a rush which fills or overflows.) [연관] gush squash

· 어원) 〈**flash**〉 Swedish dialectal flasa ("to burn brightly, blaze"). 〈**splash**〉 Middle English plashe ("puddle"). Dutch plas ("pool, watering hole"). 〈**flush**〉 Middle English blend of flowen ("to flow")+guschen ("to gush"). **펄레펄레**: '펄럭펄럭'의 방언(전남).

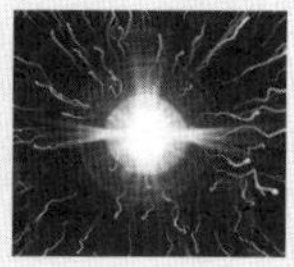

slice [slais] 자르다 썰다 (말소리) 썰리어서
slash [slæʃ] 줄이다 삭감하다 썰려서

〈**slice**〉 '썰리어서'는 썰다는 뜻 [다른 풀이] '잘라서'는 잘라서 나눈다는 뜻 〈**slash**〉 '썰려서'는 썰어서 줄이다는 뜻. ☞ 썰(sl)+내쳐(lash=rush, lash) [연관] lash 후려치다 sled slide

· 어원) 〈**slice**〉 Proto-Germanic *slītaną ("to split, tear apart"), from Proto-Indo-European *slaid-, *sled- ("to rend, injure, crumble"). 〈**slash**〉 French esclachier ("to break"). [국어] **썰다**: 어떤 물체에 칼이나 톱을 대고 아래로 누르면서 날을 앞뒤로 움직여서 잘라 내거나 토막이 나게 하다. **자르다**: 동강을 내거나 끊어 내다.

콰르르 물 흐르는 소리는 무너지고 깨지는 소리로도 쓰인다. 콰르르, 콸콸 소리는 '갈다'와 통한다.

crush [krʌʃ] 눌러서 뭉개지다 (말소리) 콰르스
crash [kræʃ] 충돌하다 추락하다 콰르스
clash [klæʃ] 충돌하다 콸내쉬

〈**crush / crash**〉 '콰르스'는 (콸/콰르르 소리로) 으스러지게 깨다는 뜻. ☞ 크(c)+으스(rush / rash). 콰르-> 갈아 〈**clash**〉 콸콸(col, cl)+으스스(ash=rush whiz) 대며 갈리는 소리 [연관] slush slash crack collide smash

· 어원) 〈**crush**〉 Ancient Greek χέω (khéō) '콰'[I pour. I scatter, shed] Middle English cruschen ("to crush, smash, squeeze, squash"). 〈**crash**〉 Middle English crasshen("to break into pieces"). 〈**clash**〉 German klatschen ("to clap, smack, slap"). **콰르르: 많은 양의 액체가 좁은 목이나 구멍에서 조금 급하고 세차게 쏟아지는 소리. 또는 그 모양. '꽈르르'보다 거센 느낌을 준다.**

어떤 상황에서 잘잘못을 가리거나 심각한 문제에 봉착해 갈려 나누어지는 때는 대개 위험하거나 중요한 일에 맞부딪친 경우가 많다. 갈라지는 소리는 콰르르 흐르는 소리와 같다.

crisis [kráisis] 위기 혼란 (말소리) 가르서지
crucial [krú:ʃəl] 중요한 결정적인 가려질

〈**crisis**〉 (콸/콰르르 소리로) 서로 갈라지는 지점으로서 결정적 위치(a turning point. A crucial or decisive point)를 나타내는데 갈림길에서 선택에 따라 위기에 빠짐을 뜻함. [다른 풀이] '콰르서지' 갈라지다 〈**crucial**〉 (콸/콰르르 소리로) 갈리는 갈림길에서 어디로 갈지 가려줄 만큼 결정적이라는 뜻 (기로 岐路: 갈림길) ☞ 크(c)+으스(rush). [참고] cruel 콰르일 cruise 콰르지 쿠르르 흐르다 [다른 풀이] '콰르질'은 갈라지는 갈림길

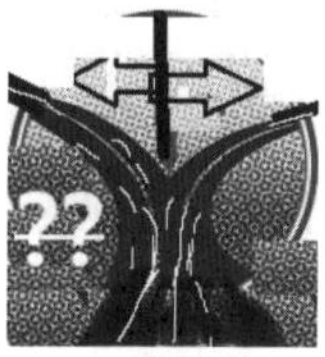

· 어원) 〈**crisis**〉 Ancient Greek κρίσις (krísis, "a separating, power of distinguishing, decision, choice, election, judgment, dispute"). 〈**crucial**〉 Latin crux, crucis("cross"). (English crux) from Proto-Indo-European *g^{h}rend^{h}- ("crushing").
[국어] **가리다**: 잘못이나 좋은 것과 나쁜 것 따위를 따져서 분간하다. 여럿 가운데서 하나를 구별하여 고르다. **갈리다**: '가르다(쪼개거나 나누어 따로따로 되게 하다)'의 피동사. [한자] **揭**깎을 갈. **扴**긁을 갈

sneeze [sni:z] 재채기하다 (말소리) 스내쳐

〈**sneeze**〉 '스내쳐'는 에취(neeze=retch, lash) 내치는 소리로 터져 나온다 [다른 풀이] '스에취' 내치는 소리 [연관] retch 에취 snatch etch

· 어원) 〈**sneeze**〉 Proto-Germanic *fneusaną ("to sneeze, snort"), from Proto-Indo-European *pnew- ("to breathe, sneeze").

12 놓다(놔 두다, 배치, 뉘여 놓다)(lay, loc, lat)

lay al**lay**; **loc**ate al**loc**ate; **lat**ent

'놓다'는 '세를 놓다, 물건을 손에서 놓다'에서처럼 뭔가를 놔둔다는 의미가 있다. 손아귀에서 벗어나 놓이는 것이다. 놓다는 낳다로도 쓰인다['낳다'의 방언(경상)].

> 놓다(놔) (국어사전)
> 자유롭게 풀어 주다(re**lease**, loose, lose). (사람이 기운이나 정신을) 차리고 있지 않다(para**lyse**). 그만두거나 포기하다. 이자나 세를 받고 빌려주다(let lease). 물건은 먼저 가져가고 값은 나중에 치르게 하다(lend). (물건을) 빠뜨리고 가지고 가지 않다(lose).

lay [lei] 놓다 눕다 낳다 (말소리) 놔

〈**lay**〉 '놔'는 놓아두다란 뜻 1 (장소에) 놓다 place down 2 (쌓아) 놓다 laying one thing on top of another, apply 3 (늘어) 놓다(배열) Arrangement or relationship; layout 4 낳다 produce an egg.

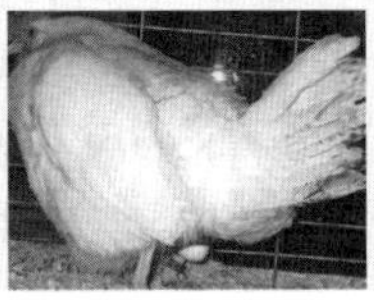

· 어원) 〈**lay**〉 Irish: luí (lying down, prostration) Proto-Indo-European *leg^{h}- ("to lie, recline"). **[국어] 놓다**: 1. 손으로 무엇을 쥐거나 잡거나 누르고 있는 상태에서 손을 펴거나 힘을 빼서 잡고 있던 물건이 손 밖으로 빠져나가게 하다. 2. 잡거나 쥐고 있던 물체를 일정한 곳에 두다. **뉘다**(누이다): 물체를 가로놓이게 두다. 눕히다.

놔서 이어지고 줄이 되다. Lay에는 잇다는 뜻이 있다 (Arrangement or relationship).
위에 다시 놔두게 되면 쌓이고, 층을 이룬다.

layer [léiər] 층 껴입다 (말소리) 놔이어
law [lɔː] 법 법률 로(路)

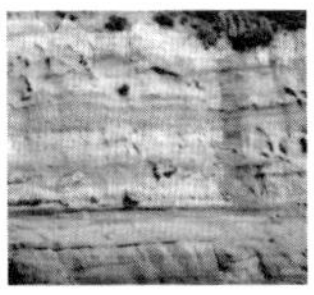

〈**layer**〉 '놔이어'는 놔(lay≒ray) 이어 두다. 위에 놔두어 쌓이게 된다는 뜻(laying one thing on top of another)
〈**law**〉 노(row) 젓는 파동이 쭉 놓여(something laid down or fixed") 선(ray). 잣대, 길이 된다. 골, 길을 이루다 [연관] Straw row right

· 어원) 〈**layer**〉 Middle English leyer("a layer of stones or bricks"), equivalent to lay+-er. Old English lād ("way, street; leading") 〈**law**〉 Old Norse lag ("layer, stratum, a laying in order, measure, stroke, law", literally "something laid down or fixed"), from Proto-Germanic *lagą ("that which is laid down") **[국어] 놓다**: 섞어 넣다. 기능을 높이거나 꾸미기 위하여 넣다. **넣다**: 사이에 어떤 것을 끼우거나 위에 어떤 것을 입혀 서로 어우러지게 하다. 다른 것에 섞거나 타다. **뉘다**: 누이다('눕다'의 사동사)'의 준말 [한자] 路길로, 길을가다, 수레, 방법, 바르다. 理다스릴 리.

놓여 있는 것은 바닥에 누운 상태다.

lie [lai] 1눕다 2거짓말 (말소리) 놔

〈**lie**〉 '놔'는 1 놓여 누워 있다 (To be placed or situated). 2 놔서 내버리고 빈 말을 하다. 다른 말을 한다.

· 어원) 〈**lie**〉 Latin lectus ("bed"). Irish: luí (lying down, prostration) Old English lēas ("false, void, loose") **놓다: 손으로 무엇을 쥐거나 잡거나 누르고 있는 상태에서 손을 펴거나 힘을 빼서 잡고 있던 물건이 손 밖으로 빠져나가게 하다.**

allay [əléi] 완화하다 진정시키다 (말소리) 엘놔

〈**allay**〉 '엘놔' -에(a) 놔(lay=loose, lax) 두다. 놔 버리고 그만하다(To make quiet or put at rest) ☞ lay는 놓여 가라앉다(To cause to subside or abate) 의미가 있다. [연관] release [다른 풀이] '얼르어'는 아이를 어르듯 달래는 것을 뜻함

· 어원) 〈**allay**〉 a-+lay. Middle English alayen, aleggen("to **put**, place, lay down, throw down, **give up**; put down, allay; lay upon, impose upon, **lessen**"), German erlegen ("to impose, cause to succumb, kill"). [국어] **어르다**: 몸을 움직여 주거나 또는 무엇을 보여 주거나 들려주어서, 어린아이를 달래거나 기쁘게 하여 주다. **놓다**: 걱정이나 근심, **긴장 따위를 잊거나 풀어 없애다**

'놓다'는 남겨둔다는 뜻이 있다. 씨앗을 심는 것이나 아기를 낳는 것도 이 '놓다'를 쓰기도 한다. 그래서 놓는다는 것은 다음을 위해 남기거나 물려준다는 뜻이 있다고 할 수 있다.

relic [rélik] 유물 유적 (말소리) 늘놓기
relish [réliʃ] 흥미 맛 풍미 늘눠지

〈**relic**〉 '늘놓기' 늘(re) 놓고(lic=locate) 가서 남겨지다(that which is left)는 뜻 [참고] relocate 〈**relish**〉 '늘눠지'는 늘(re) 누워 (놓여) 있다는 말로 (먹고 남겨진) 맛의 여운을 나타냄

· 어원) 〈**relic**〉 Latin re-+linquō ("I leave, quit, forsake, depart from"). Proto-Germanic *lagą ("that which is laid down") 〈**relish**〉 Alteration of reles ("scent, taste, aftertaste"), from Old French relais, reles ("something remaining, that which is left behind"), from relaisser ("to leave behind"). [국어] **놓다: 잡고 있던 물건이 손 밖으로 빠져나가게 하다. 앞말이 뜻하는 행동을 끝내고 그 결과를 유지함을 나타내는 말.**

영어에서 장소는 놓여 있는 위치이다. city, site, state, status, situation, station은 서 두어 위치한 곳과 상황을 나타내고, position은 펴 세운 곳의 위치·입장을 뜻한다.

locate [lóukeit] 위치하다 찾아내다 (말소리) 놓기하다
local [lóukəl] 지역의 지방의 놓이길
allocate [ǽləkèit] 할당하다 배분하다 에놓게하다
dislocate [dísloukèit] ~의 위치를 바꾸다 탈구시키다 떼서놓게하다

〈**locate**〉 놓여져 있는 장소나 위치를 표시 〈**local**〉 놓여져 위치하는 장소 [다른 풀이] '**역(域)일**' 역인 덩어리로서 땅은 역(域), 지역이라 할 수 있다. 〈**allocate**〉 -에(al) 놓아가다 (locate). 옆에 따로 놔두다(To set aside)에서 여러 곳에 나누어 놓는다는 뜻 〈**dislocate**〉 떼서(dis) 놓아가다(locate). 위치를 떼어내 변경한다는 뜻이다

· 어원) 〈**locate**〉 Latin locus ("place"), loco (put, place, set, arrange) 〈**local**〉 Late Latin localis ("belonging to a place"). 〈**allocate**〉 Vulgar Latin allocare, from ad- ("to")+locus ("place".) [한자] **域지경 역(구역, 차지하다)**

'뉘'는 쌀 속에 등겨가 벗겨지지 않은 채로 섞인 벼 알갱이로 nut와 통한다. '뉘다'는 눕혀 놓은 상태를 말하는 것으로 '아래'나 '잠복해 있는 것'과 관련이 있다. 또한 '이다'는 이고 있는 모자(hat)나 덮개의 아래에 있다고 해석할 수도 있다.

beneath [biní:θ] 아래에 밑에 (말소리) 비뉘지
underneath [ʌndərní:θ] 아래의 저변의 얹다뉘지

〈beneath〉 '비뉘지'는 뉘여(neath=low, lie 裏 속 리, 內안 내) 아래에 비치(be)하다는 뜻 [다른 풀이] '비이지' 이고 있는 덮개의 아래에 배치되다. [연관] below **〈underneath〉** '얹다뉘지'는 (위에) 얹다/인다(under , 머리에 인다 on, in)+뉘다(neath=low, 內안 내). 얹고 아래에 놓인다는 뜻 [연관] Netherlands : nether("lower")+lands, the country being very low-lying, with a great part below sea level

· 어원) **〈beneath〉** Proto-Germanic *bi+*niþanē ("below"). from Proto-Indo-European *ni-, *nei- ("in, under"). [국어] **뉘다**: '누이다('눕다'의 사동사)'의 준말. **니다**: 이다(머리 위에 얹다. 둘 이상의 사물을 같은 자격으로 이어 주는 접속 조사.)의 옛말. [한자] 內안 내

nest [nest] 둥지 보금자리 (말소리) 뉘지다

〈nest〉 '뉘지다'는 몸을 뉘어(ne=low) 지다(st=sit, set). 뉘어 쉬는 곳을 뜻함 [연관] rest

· 어원) **〈nest〉** "where [the bird] sits down", a compound of *ni ("down") (English nether)+*sed- ("to sit") [국어] **뉘다**: '누이다(물체를 가로놓이게 두다)'의 준말. 지다: 떨어지다. 어떤 현상이나 상태가 이루어지다. 앞말이 뜻하는 상태로 됨을 나타내는 말

latent [léitnt] 잠재성의 숨어있는 (말소리) 뉘어든다

〈latent〉 '뉘어든다'는 누워(lat= nether, lie) 있는 모습으로 안에 놓여 있는 것을 뜻함 [다른 풀이] '내에든다' 내(內)에 두다

· 어원) **〈latent〉** Latin lateo ("lie hidden"). Proto-Indo-European *leh_2- ("to be hidden, be covered, to bark, howl") [국어] **뉘다**: '누이다(물체를 가로놓이게 두다)'의 준말.

누(re): 누누이(다시, 뒤로 돌아 원래대로)

누누이[re, 累 (여러 누, 자주, 묶다, 포개다)] 다시 하는 것은 원래대로 되돌려 초기화하는 것으로 뒤로 물러나는 것을 의미한다. 루루거리는 지루한 반복적인 파동으로 원래대로 돌아가면서 뒤로 가거나 거꾸로 간다는 의미가 된 것으로 보인다. retreat, retract, return, reverse, result 등에 적용된다. recall, revoke는 거꾸로 하여 취소를 나타낸다.

반복으로 원래대로 돌아가는 것은 뒤(back)로 간다는 말이 되고, '뒤'는 등(back) 뒤로 눕는다는 말과 통한다. (참조 repose, rest, reside, remain). back이 뒤, 다시를 의미하는 것과 같다.

retro [rétrou] 재유행, 뒤로 (말소리) 누들어

〈retro〉 '누들어'는 누운(re) 등쪽 '뒤로' 들어(tro) 가다. 누누이(re) (반복적으로, 원래 상태로) 돌아가 거꾸로 가게 되다. [참고] reciprocal [다른 풀이] '나돌아' 돌아가다

· 어원) **〈retro〉** Latin re-+*-trō, probably taken from intrō

reciprocal [risíprəkəl] 상호의 상응하는 (말소리) 누차펴내낌

〈reciprocal〉 누누이(re) (반복적, 원래 상태로) 돌아가 거꾸로 (reci=back) 펴내(pro) 끼다(ca=co 함께).
☞ 누운 등쪽 '뒤로'+펴나가는 '앞'=> 끼여 맞대다. 앞으로 갔다, 뒤로 갔다, 소통하다.

· 어원) **〈reciprocal〉** Latin re- ("back, again, "), prō ("forwards") and -que '과' '껴' ("and").

rear [riər] 1. 뒤의 2. 양육하다 (말소리) 누
arrear [əríər] 지체 에누

〈rear〉 1. 누운 등쪽(back) 뒤로, 누누이(re) (반복적으로, 원래 상태로) 시작했던 뒤쪽(back) 으로 밀리다. 2. 루루(유유히 row) 흐르는 물의 파동에 솟아나 오르다(raise, rise). 자라게 하다 **〈arrear〉** -에(a) 누누이(re) (반복적으로, 원래 상태로) 돌아가 지체되다. 누운 등쪽(back) 뒤로 가 지체되다.

· **어원)** **〈rear〉** German reisen ("to travel", literally "to rear up and depart"); German rühren ("to stir, beat, move") **〈arrear〉** Vulgar Latin *ad retro ("to the rear"). retro ("behind")

rent [rent] 사용료를 내다 (말소리) 낸다
render [réndər] (대가로) 내주다 낸다
surrender [səréndər] 포기하다, 내주다 써낸다

〈rent/render/surrender〉 누누이(re) (반복적으로, 원래 상태로) 돌려 내주다. 도로 주면서 포기하고, 항복하는 것이다. 또한 다시 내주는 것은 원래 것에 대한 대가를 주는 것이다.

· **어원)** French render(to give back; to return, pay) Vulgar Latin *rendō, from Latin reddō(give back, return, repeat). From re-+dō ("give"). Old French surrendre, from sur(sub)-+rendre ("render").

13 이어진다(rea, rat, lia, ly --): 연결, 관계, 추리, 낚임

reach **rea**son **rat**ional **rate** **rat**ify **lia**ble re**ly** al**ly** al**lure**

이어지는 것은 엮인 것을 의미한다. earth는 얼어 뭉친 덩어리라 하겠다. 땅은 엮인 덩어리로서 acre, agriculture, local, region에 나타나며, track, district에서 rack, rict는 낚여 뭉친 것으로 쓰인다. 다음은 낚이다에서 ㄱ발음이 약해진 경우이다.

lace [leis] 끈으로 졸라매다 (말소리) 니어서
embrace [imbréis] 포용하다 받아들이다 임부르이어서

〈lace〉 낚여(lac=rag, rug) 꼬이면서 노(끈)(noose)처럼 이어진다. 羅 벌일 라(나)/그물 라 [연관] place 벌이어 엮인 구역(lace≒local) trace (=track) **〈embrace〉** 임(em=in, on, im 臨임할 임= 隣이웃 인)하고 있는 주위에 부르르(bra) (불려) 낚여(lac=rag, rug) 잇다. brace는 block처럼 덩어리지다(To encircle; to enclose). 벌리는 팔, 가지를 말하며, 주변을 포함하다는 뜻 [참고] brace : To bind or tie closely. brac≒ block, flock
☞ 낚이다(lac/rac)에서 ㄱ발음이 약해진 경우이다.

· **어원)** **〈lace〉** Latin laqueus(snare, noose) Proto-Indo-European *lēk- 絡 (이을 락, 실) ("string, twig"). **〈embrace〉** um- ("around")+bracen ("arm"). Latin bracchium(arm. branch. limb). Middle English embracen(entangle; to twist, wrap around). [국어] **임하다(臨)**: 어떤 장소의 가까이서 그곳을 마주 대하다. **임**: 머리 위에 인 물건. 또는 머리에 일 만한 정도의 짐. **닛다**: [옛말] '잇다'의 옛말.

reach [riːʧ] 이르다 범위 (말소리) 닛지
region [ríːdʒən] 지역 지방 닛은
realm [relm] 영역 왕국 늘임

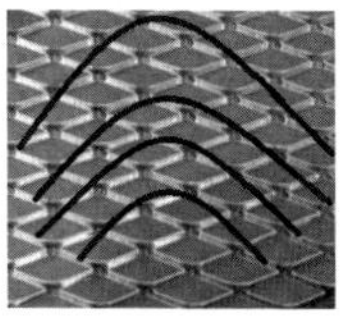

⟨reach⟩ '닛지' (웩/락) 낚이어(reac≒local) 죽 이어진다. 이어지는(잇닿은 선) 거리, 영역 [연관] stretch ☞ reach는 reg(絡이을 락)에서 변한 것으로 region(지역)과 유사하다. **⟨region⟩** 낚이어(reac≒local) 죽 이어진다. 잇은 범위(reach), 땅. ☞ reg(엮어) 다음에 i가 와서 g발음이 ㄱ->ㅈ 로 변화. [연관] legion 군단 **⟨realm⟩** 늘어져 이어진 영역. ☞ 놀(너울 roil)이 퍼지듯 열지어(real≒rule, line) 통치하는 ruler가 있는 곳

· 어원) **⟨reach⟩** Proto-Indo-European *reyǵ- ("to bind, reach"). **⟨region⟩** Latin regiō—direction, line, boundary, region, district, ground. legō ("to gather, collect") Proto-Indo-European *reyǵ- ("to bind, reach"). **⟨realm⟩** Old French reaume, realme ("kingdom") [국어] **닛다**: [옛말] '잇다'의 옛말. **잇다:** 공간적으로 떨어졌는데 **연결하여 서로 통하게 하다**. 끝을 맞대어 붙여 하나로 만들다. (어떤 일이나 상태를) 관계를 맺어 주다. **놓다**: 수판이나 산가지 따위를 이용하여 셈을 하다. 값을 셈하여 매기다.

이야기를 엮어 내듯 생각은 이어주고 붙여 정리하는 과정이다.

reason [ríːzn] 이유 이성 (말소리) 닛은
rational [rǽʃənl] 합리적인 이성적인 닛은일
ration [rǽʃn] 배급하다 할당하다 닛은

⟨reason / rational⟩ '잇은' 서로 이어 줌으로 이르게 하는 원인. ☞ reckon에서 reason(ck→s), [연관] reckon '낚인' 엮어 조합하면서 생각을 정리하다. **⟨ration⟩** 닛(잇)어 주는 것으로서 각자에게 연결된 양이 있음(A portion of some limited resource allocated to a person).

· 어원) **⟨reason⟩** Latin ratiō, from reor ("reckon"). Proto-Indo-European *h_2reh_1- ("to think"), of *h_2er- ("to put together") **⟨rational⟩** Latin rationalis ("reason, reasonable"), from ratio ("reason"). **⟨ration⟩** Latin reor ("to compute"). ratus ("fixed") [국어] **놓다**: 수판이나 산가지 따위를 이용하여 셈을 하다. 값을 셈하여 매기다. 물건이 손 밖으로 빠져나가게 하다. **잇다**: 공간적으로 떨어졌는데 **연결하여 서로 통하게 하다**. 끝을 맞대어 붙여 하나로 만들다. **관계를 맺어 주다. 이어진다**: (어떤 일이 다른 일 뒤에) 관련되어 맞물리다. **니시다**: '이어진다'의 옛말. **엮다**: 조리 있게 줄대어 말하거나 글로 적다. [한자] 慮생각할 려

ratify [rǽtəfài] 비준하다 통과 (말소리) 니다피어

⟨ratify⟩ '니다피어'는 니어 주며 (수판을 놓아) 계산(calculation enumeration)하는 과정을 생각에 비유. 생각해 줌으로써 인정하다는 뜻

· 어원) **⟨ratify⟩** Latin ratus ("reckoned"). [국어] **놓다**: 수판이나 산가지 따위를 이용하여 셈을 하다. 값을 셈하여 매기다. 물건이 손 밖으로 빠져나가게 하다. **닛다**: [옛말] '잇다'의 옛말. **니다**: 이다(머리 위에 얹다. 둘 이상의 사물을 같은 자격으로 이어 주는 접속 조사.)의 옛말.

rate [reit] 비율 속도 (말소리) 니다
ratio [réiʃou] 비율 ~률 니어서

⟨rate/ratio⟩ 이어(니어)져 있는 것들의 상대적 거리, 비율 (A sequence in which each term except the first is obtained from the previous by adding a constant value).

· 어원) **⟨rate⟩** Latin prō ratā parte ("according to a fixed part"), from ratus ("fixed"), from rērī ("think, deem, judge, estimate", originally "reckon, calculate"). **⟨ratio⟩** Latin ratiō ("reason, explanation"). [국어] **닛다**: [옛말] '잇다'의 옛말. **니다**: 이다(머리 위에 얹다. 둘 이상의 사물을 같은 자격으로 이어 주는 접속 조사.)의 옛말.

rather [rǽðər] ~보다는 (말소리) 낫다

〈rather〉 '낫다'는 나와 죽 뻗어 빠른(Prior; earlier) 것이나 나은 것을 의미. ☞ rather ≒ rod, right

· 어원) **〈rather〉** German gerade ("even; straight; direct"). Low German radd, ratt ("rashly; quickly; hastily") [국어] **낫다**: 보다 더 좋거나 앞서 있다. **닛다**: [옛말] '잇다'의 옛말. **니다**: 이다(머리 위에 얹다. 둘 이상의 사물을 같은 자격으로 이어 주는 접속 조사.)의 옛말.

liable [láiəbl] 하기 쉬운, ~해야 할 (말소리) 니어볼
liaison [lìːeizɔ́ːŋ] 연락 관계하다 니어진

〈liable〉 '니어볼'은 (웩/락) 낚이어 니(이)어(li= layer, row, lay)지다. 연결된 것에 좌우되어 그에 대해 책임지다. 어떤 일이 다른 일로 이어진다. [연관] reliable **〈liaison〉** '니어진'은 이어(니어)져 연결한다는 뜻

· 어원) **〈liable〉** Old French lier ("to bind"), Latin ligare ("to bind, to tie"). **〈liaison〉** French liaison ("binding"). [국어] **닛다**: '잇다'의 옛말. **니다**: 이다(머리 위에 얹다. 둘 이상의 사물을 같은 자격으로 이어 주는 접속 조사.)의 옛말. **이어진다**: (어떤 일이 다른 일 뒤에) 관련되어 맞물리다. **니시다**: '이어진다'의 옛말. [한자] 羅벌일 라. 累여러누(루), 자주, 묶다, 포개다

rely [rilái] 의지하다 따르다 (말소리) 늘이어

〈rely〉 '늘이어'는 늘(re) 니(이)어 (ly= liable) 주다. 늘 (마음이) 이어지고(fasten, attach) 의지하게 된다. [연관] reliable

· 어원) **〈rely〉** Old French relier ("fasten, attach, rally, oblige"), from Latin religo ("fasten, bind fast"). Old French lier ("to bind") [국어] **놓다**: 섞어 넣다. 기능을 높이거나 꾸미기 위하여 넣다.

ally [əlái] 동맹 연합 (말소리) 얼리어
alliance [əláiəns] 연합 얼리어온지
alloy [ǽlɔi, əlɔ́i] 합금 섞다 얼려

〈ally / alliance〉 -에(al) 니(이)어 (ly/li= liable, row) (위에) 얼어 붙게 하다. 한데 얼어(어우러져) 뭉치다 (To unite, or form a connection)는 뜻 **〈alloy〉** '얼려' 어우르게 합하다. ☞ (어원) -에(al) 이어(loy= liable) 두다. 이어서 어우러지게 섞이다(To mix or combine; often used of metals.)

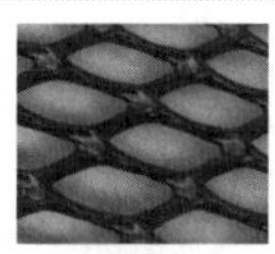

· 어원) **〈ally〉** Latin alligō ("to bind to"), from ad ("to")+ligō ("to bind"). **〈alliance〉** Doric Greek ἁλία (halía, "assembly"). **〈alloy〉** Latin alligare ("bind to, tie to"), ad ("to")+ligare ("to bind"). [국어] 얼다: '어우르다'의 북한어. 어르다: '어우르다(여럿을 모아 한 덩어리나 한판이 크게 되게 하다)'의 준말. 어떤 일을 하도록 사람을 구슬리다. 니다: 이다(머리 위에 얹다. 둘 이상의 사물을 같은 자격으로 이어 주는 접속 조사.)의 옛말. [한자] 羅벌일 라. 累여러누(루), 자주, 묶다, 포개다

rally [rǽli] 시위하다 집회 (말소리) 늘리

〈rally〉 '늘리'는 늘(re) 니(이)어 (ly= liable) (위에) 쌓이게 하다. 얼어(어우러져) 뭉치다

· 어원) **〈rally〉** Latin re-+ad+ligare ("to bind; to ally"). [한자] 羅벌일 라. 累여러누(루), 자주, 묶다, 포개다

어르는 것은 여러 가지를 한 데 모아 크게 하나의 덩어리를 만들거나 옆에 놓아서 연결시키는 것이라고 할 수 있다. 또는 사람을 구슬려서 어떤 일을 하도록 하는 것도 '어르다'라고 할 수 있다.

allure [əlúər]	유혹하다	(말소리) 얼르어
lure [luər]	유혹 미끼	루(累)

⟨allure⟩ '얼르어' 어르어 구슬리다. ☞ (어원) -에(al) (덫을) 놔(lure) 어우러지게 하여 잡다. [다른 풀이] '연루(連累)' 서로 연관되어 이끌린다는 뜻 **⟨lure⟩** '루' 누누이 엮어 이어진 것(an artificial bait attached to a fishing line). 'lure'는 낚싯줄에 붙어 있는 인공 미끼.

· 어원) **⟨allure⟩** Old French a ("to, towards") (Latin ad)+leurre ("lure"). [국어] **놓다**: (어떤 곳에 기구를) 짐승이나 물고기를 잡기 위하여 장치하다. **어르다**: 몸을 움직여 주거나 또는 무엇을 보여 주거나 들려주어서, 어린아이를 달래거나 기쁘게 하여 주다. '어우르다(여럿을 모아 한 덩어리나 한판이 크게 되게 하다)'의 준말. 어떤 일을 하도록 사람을 **구슬리다**. **연루(連累)**: [법률] 남이 저지른 범죄에 연관됨. [한자] 羅벌일 라. 累여러누(루), 자주, 묶다, 포개다

쭉 잇는 행위는 바로 그 옆에 뭔가가 존재하기 때문에 가능한 일이다. 잇는 것은 계속해서 관계가 확장되며 길게 늘어나는 것을 의미한다.

next [nekst]	다음의 이후의	(말소리) 닛으다
near [niər]	근처 가깝게	니어
neighbor [néibər]	이웃 주변 사람	니어볼

⟨next⟩ '잇으다(닛으다)' 잇은 곳은 옆이고, 가장 가깝다 **⟨near⟩** '이어(니어)' 이어져 붙은, 가장 가깝다 ☞ near=here, narrow **⟨neighbor⟩** '니어볼' 이어진다. 이웃하고 있다. 주변에 있는 이웃을 말한다

· 어원) **⟨next⟩** Old English nīehst ("nearest, next") Proto-Germanic *nēhwist ("nearest, closest"). **⟨near⟩** Danish nær ("near, close") [국어] **잇다**: 1. 두 끝을 맞대어 붙이다. 2. 끊어지지 않게 계속하다. **닛다**: [옛말] '잇다'의 옛말. **니다**: 이다(머리 위에 얹다. 둘 이상의 사물을 같은 자격으로 이어 주는 접속 조사.)의 옛말.

narrow [nǽrou]	좁은	(말소리) 누르어

⟨narrow⟩ 눌려(nar=near) 붙어서 잘록 해진 것처럼 좁다는 뜻.

· 어원) **⟨narrow⟩** Old English nearu ("narrow, strait, constricted, not spacious, restricted; oppressive) Proto-Germanic *narwaz ("constricted, narrow").

<표> ['나오다' 표현 정리]

구분		단어	파생 의미
나다	오르다 솟다	rise raise	price praise appraise
	낳다	native natal nation nascent pregnant	
	막 나오다	new nova novice/naïve (막 나와 초짜)	raw(막 나와 거친)
	뻗어나다 뿌리	root eradicate radical[뿌리(초기)à거친]	rude(막 나와 거친) rudiment (막 나와 초기)
	뻗어나다 막대	rod radius reed	
	뻗어나다 빛	ray radiate	
	나타난다	notice notify notorious	
누다(流) 놀다흐름	나돌다 나대다	rotary raid riot ride rattle riddle nod	tread trot trudge gradual
	놀다 놀리다	deride delude collude elude ridicule	
	나도는 길	road route routine row	
	나도는 흐름	nautical dilute solute nutrition nurse	
	꼬인 매듭	knot knit node	
내다		let lease release loan lend	
	나와 뻗다 (공간적 거리)	lateral collateral bilateral latitude dilate elate translate lattice	flat flatter plate platform plateau inflate broad spread sprout
	조각내다	rid rot rodent lot lose erase raze graze	
	너덜 새기다	letter literature literal note denote	조각내 쓰다
	내서 놓치다	less lose least lest	
	내어 벌어지며 늦다, 느슨	loose leisure relax lag	심리적 거리 내기
	내어 벌어지며 늦다	lazy late last rare	시간적 거리 내기
놔주다	놓다	lay lie latent delay	
잇다	쌓여 이어진다 얼어지다	lace embrace layer reach ally rally allure alloy	
	셈을 놓다	reason rational rate ratify	
루루 소리나다	루루 으르릉 낭랑 소리내다	roar noise loud rage name noun pronounce denounce renounce announce renown	
깨나다		know recognize diagnosis ignore ignoble	

4 장

4장. d/t 시작 어근[ㄷ, ㅌ]

1 떼(de/di) 내다, 털어(tail) 내다:

distance **de**tain **de**al de**tail** re**tail** **tail**or

De, dis는 '떼다', '디다'(떨어지다)는 것으로 우리말 어원과 같다[Latin dē- ("off", "from")]. de는 떨어지다는 의미인 옛말 '디다'로 해석할 수 있다.

붙어있는 것을 떼거나 전체에서 일부를 분리해내는 것 등이 이에 해당한다. (depart detach 등)

discover [diskʌvər] 발견하다 밝히다 (말소리) 떼서겹해
distance [dístəns] 거리, 먼 곳 떼서둔지

〈discover〉 '떼서겹해'는 겹해(cover) 덮인 것을 떼서(dis) 들추어낸다는 뜻 **〈distance〉** '떼서둔지'는 일정한 거리를 떼(di) 서두다(stance=stand)는 말로 간격을 떼어 서다는 뜻

· 어원) **〈distance〉** Latin distantia ("distance, remoteneness, difference"), from distāns, present participle of distō ("I stand apart, I am separate, distant, or different"), from di-, dis- ("apart")+stō ("I stand").

detain [ditéin] 억류하다 (말소리) 떼태운

떼(de)서 탱탱하게(tain)로 태워지게 하다. 따로 붙들고 있어 다른 것의 접근을 못하게 하다 [연관] attain

· 어원) dē-+teneō ("hold; restrain").

tear [tiər] 찢다 눈물 (말소리) 트여

〈tear〉 1 터져 갈라지다는 뜻 2 눈물이 터져 나와 튄다는 뜻

· 어원) **〈tear〉** Old English tēar("drop; tear; what is distilled from anything in drops). [국어] **트다**: 막혀 있던 것을 치우고 통하게 하다. **터지다**: 코피, 봇물 따위가 갑자기 쏟아지다. 거죽이나 겉이 벌어져 갈라지다. **튀다**: 액체 방울이 위나 옆으로 세게 흩어지다 [한자] 脫벗을 탈, 떨어지다

tease [tiːz] 놀리다 괴롭히다 (말소리) 따지

〈tease〉 '따지'는 따서 떼다는 뜻으로 따돌리다는 의미 [다른 풀이] '트지'는 서로 떼어지게 한다는 뜻

· 어원) **〈tease〉** Proto-Germanic *taisijaną ("to separate, tug, shred"), from Proto-Indo-European *dāy- ("to separate, divide"). [국어] **따다**: 싫거나 미운 사람을 돌려내어 일에 관계되지 않게 하다. 붙어 있는 것을 잡아떼다.

'세상을 뜨다'란 말에서 '뜨다'는 사람이 죽었다는 뜻으로 그 사람의 영혼이 육체와 분리되어 하늘로 떠올라 어딘가로 사라졌다는 의미이다. 곧 뜨는 행위를 통해 이승에서 저승으로 옮겨가는 것이다.

die [dai] 죽다 주사위 (말소리) 떠
dead [ded] 죽은 시신 뜨다
decease [disí:s] 사망하다 디져서

〈**die**〉 '떠'는 떠나 없어진다는 뜻. 띄워 던지는 주사위 〈**dead**〉 '뜨다'는 뜨고 사라져 없다. 세상을 뜨다 〈**decease**〉 떠서(de 디다) 지다. 낙엽이 지듯 사라지다. [다른 풀이] '뒈지지'는 뒈져 죽었다는 뜻 ☞ de+cease(지다, 쉬다)

· 어원) 〈**die**〉 Old Norse deyja ("to die, pass away"). [국어] **뜨다**: 다른 곳으로 가기 위하여 있던 곳에서 다른 곳으로 떠나다. 죽어서 떠나다. 물 위나 공중에 있거나 위쪽으로 솟아오른다. **뒈지다**: '죽다'를 속되게 이르는 말. **지다**: 목숨이 끊어지다. 시들어 떨어지다. **디다**: (떨어) 지다 의 옛말.

tail은 털털 날리는 꼬리털을 나타낸다. '-tail'은 탈탈 돌아가며 '털어 내다'(cut)의 의미를 갖는다.

detail [ditéil] 세부 상세 (말소리) 떼털
retail [rí:teil] 소매 유통 판매 누털
tailor [téilər] 맞추다 재단사 떼일이

〈**detail**〉 '떼털'은 떼어(de) 탈탈 털리며 나누어져 상세해지다. [다른 풀이] '떼트일' 트여 나눠지다 〈**retail**〉 '누털'은 누누이(re) 탈탈 털리며 터지다. 조각으로 나누어진 소매상 〈**tailor**〉 '떼일이'는 탈탈 털리며 트이게 자르는 이(사람)

· 어원) 〈**detail**〉 Old French detail, from detaillier, from de-+taillier ("to cut"). 〈**retail**〉 retailler ; to recut (to cut again). 〈**tailor**〉 Latin talea ("a cutting"). [국어] **털다**: 달려 있는 것, 붙어 있는 것 따위가 떨어지게 흔들거나 치거나 하다. **트다**: 마르거나 하여 표면에 작은 틈이 생겨 갈라지다. 달려 있는 것, **털다**: 붙어 있는 것 따위가 떨어지게 흔들거나 치거나 하다. **타다**: 줄이나 골을 내어 두 쪽으로 나누다.

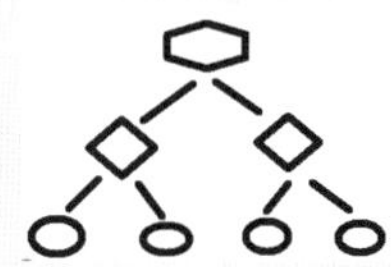

deal [di:l] 다루다 거래 (말소리) 떨

〈**deal**〉 '떨'은 떨어 떼내 각자 나누는 것으로 주고 받고 거래한다는 뜻

· 어원) 〈**deal**〉 Old English dǣl ("part, share, portion"), from Proto-Germanic *dailiz ("part, deal") [국어] **떨다**: 달려 있거나 붙어 있는 것을 쳐서 떼어 내다. **떼다**: 전체에서 한 부분을 덜어 내다. **띠다**:: '떼다'의 방언 (경남)

'트다/타다'는 터서 자른다는 뜻이다.

title [táitl] 제목 (말소리) 타둘

〈**title**〉 '타둘'은 타서 (갈라) 표시를 하는 것으로 문자를 새겨준다

· 어원) 〈**title**〉 Old English titul ("title, heading, superscription"), Latin titulus ("title, inscription"). [국어] **타다**: 줄이나 골을 내어 두 쪽으로 나누다. **따다**: 붙어 있는 것을 잡아떼다. [한자] 打칠 타

뜨다, 떠나다

steal [sti:l] 훔치다 빼앗다 (말소리) 쉬뜰
stealth [stelθ] 은밀한 방법 쉬뜰지

〈**steal / stealth**〉 쉬(몰래) 떠서 들어가 털다. 몰래 자리를 뜨다.

· 어원) **〈steal〉** Sanskrit त्सरति (tsárati, "creep, sneak up on"). **〈stealth〉** Old English stalu ("theft, stealth"). [국어] **쉬:** 떠들거나 큰 소리를 내지 말라고 할 때 내는 소리. '쉬이(어렵거나 힘들지 아니하게)'의 준말. **뜨다:** 벗어나 자리를 옮기다

dodge [dadʒ] 기피하다 면하다 (말소리) 뜨지

〈dodge〉 '뜨지'는 떠서 몸을 휙 돌려 피하다는 뜻 [다른 풀이] '도주'

· 어원) Middle English daderen ("to quake, tremble"). [국어] **뜨다:** 다른 곳으로 가기 위하여 있던 곳에서 다른 곳으로 떠나다.

totter [tátər] 비트적거리다 (말소리) 터덜
toddler [tádlər] 유아 아기 터덜이

〈totter〉 '터덜'은 터덜터덜 비틀거리며 걷는 모양을 나타냄 **〈toddler〉** '터덜이' 터덜터덜 아기가 바닥을 발로 디디며 아장아장 걷는 모습을 나타냄 [참고] doddering '두드릴'은 두드리듯 비틀비틀 부들부들 떠는 모습을 나타냄

· 어원) **〈totter〉** Proto-Germanic *taltrōną ("to sway, dangle, hesitate"). **〈toddler〉** toddle ("walk unsteadily")+-er – "one who walks unsteadily" [국어] **터덜대다:** 1. 몹시 무거운 발걸음으로 힘없이 계속 걷다 2. 험한 길 위를 요란스럽게 지나가는 소리가 나다 3. 크게 부딪치는 소리를 자꾸 내다. **디디다:** 발을 올려놓고 서거나 발로 내리누르다.

'눈을 뜨다'라고 하면 단순히 보는 것 이상의 의미가 있다. 알지 못하는 새로운 것을 접하거나 앎으로써 이전과는 새로운 세상을 느끼고 만나게 되는 것이다. 곧 깨달음을 얻게 되는 것이다.

tutor [tjúːtər] 가정교사 선생님 (말소리) 띄다
intuition [ìntjuːíʃən] 직관적 통찰, 직감 안띄어진

〈tutor〉 '띄다'는 눈 뜨고 지켜본다는 것과 떠 올려 지지하는 것으로 보살피는 사람 **〈intuition〉** '안띄어진'은 안을 눈 뜨고 보듯 훤히 인지하는 것을 뜻함

· 어원) **〈tutor〉** Latin tutor("a watcher, protector, guardian"), from tuēri("to protect"). **〈intuition〉** Latin intueri ("to look at, consider"), from in ("in, on")+tueor(I look or gaze at, I uphold, keep up, protect, support). [국어] **뜨이다:** 눈에 보이다. **뜨다:** 감았던 눈을 벌리다. 공중에 있거나 위쪽으로 솟아오른다

2 띄우다(de/di, ty), 뜰(tal, til)(뛰어남, 신, 수증기), 뜨다[해, 붕뜨다[d_z](멍함)]

ins**tall**; **de**ar **ty**ranny; **de**mon **di**vine; dis**till**, **dawn** **daz**zle **diz**zy

tall [tɔːl] 키가 큰 (말소리) 뜰
stall [stɔːl] 가판대 서뜰
install [instɔ́ːl] 설치하다 인서뜰

〈tall〉 '뜰'은 높이 뜬 것처럼 크다는 뜻 **〈stall〉** 세워 띄운 시설물 **〈install〉** '인서뜰'은 인(in, on 인접)한 곳에서 뜨다(stall)는 말로 위에 설치하다는 뜻. ☞ in+st(서다)+tall(뜰)

· 어원) **〈tall〉** Scots tal ("high, lofty, tall") **〈stall〉** Old English steall ("standing place, position"). **〈install〉** Medieval Latin installō ("to install, put in place, establish"). [국어] **뜨다**: 가라앉거나 내려앉지 않고 물 위나 공중에 있거나 위쪽으로 솟아오른다.

dynamic [dainǽmik] 동적인 역동적인 (말소리) 뛰어남인
dash [dæʃ] 돌진하다 서둘러 가다 다져

〈dynamic〉 '뛰어남인' 뛰는 동적인 모습을 나타냄. 힘을 보여줌 [연관] dynosaur **〈dash〉** '다져' 다져서 부숴지게 하는 역동적인 모습 [다른 풀이] '다쳐'는 뛰쳐나가(A short run) 갑자기 닥쳐서 다치는 모양

· 어원) **〈dynamic〉** Ancient Greek δυναμικός (dunamikós, "powerful"), from δύναμις (dúnamis, "power"), from δύναμαι (dúnamai, "I am able"). **〈dash〉** Danish daske("to slap, strike"). [국어] **대차다**: 곧고 꿋꿋하며 힘차다. **뜨다**: 차분하지 못하고 어수선하게 들떠 가라앉지 않게 되다. 다치다: 부딪치거나 맞거나 하여 신체에 상처가 생기다. 또는 상처를 입다. '닥치다'의 방언(경남)

'뛰어나다'는 것은 뛰다는 말에서 다른 것에 비해 특출나거나 훌륭한 무엇이 있다는 뜻이다. 왕이나 왕자, 또는 힘을 지닌 것 등이 '뛰어나다'의 수식을 받는 대상이 된다. 太, 大 등은 뛰어나다를 한자로 표현한 것이고, tyrant typhoon 등 영어에도 반영되었다.

dear [diər] 친애하는 이런(놀람) (말소리) 띄워
dare [dεər] 감히 ~하다 도전 뛰어

〈dear〉 '띄워'는 띄워 올려 주는 것으로 다른 것보다 더 소중하고 특출나다는 뜻 [연관] endure **〈dare〉** '뛰어'는 덜덜 떨리게 뛰어들어 당차다는 뜻. 떨리고 무서운 daunt(떤다)의 뜻도 있다.

· 어원) **〈dear〉** Middle English dere ("fierce, severe, hard, deadly"), German teuer ("costly, precious") **〈dare〉** Proto-Indo-European *dʰers- ("to be bold, to dare"). [국어] **뛰어나다**: 남보다 월등히 훌륭하거나 앞서 있다. **뛰다**: 값이나 가치 따위가 갑자기 오르다. **띄우다**: 실제보다 치켜세우다. 즐겁거나 흥분된 상태로 만들다. **뛰어들다**: 몸을 던져 위험한 속으로 가다.

tyranny [tírəni] 폭정 횡포 (말소리) 뛰어나니
tycoon [taikúːn] 실업계의 거물 대군

〈tyranny〉 '뛰어나니'는 뛰(튀)어(ty=太클 태)나 남보다 앞서다는 말로 왕 자체의 뛰어난 위치를 가리킴 **〈tycoon〉** '대군'은 뛰어난 군자. 큰 대(大)는 '뜨다' '띄우다'와 관련 있으며 '하늘'의 뜻도 있다. 동양에서 유래. [참고] tyrant typhoon 태풍 tyrannosaurus

· 어원) **〈tyranny〉** Ancient Greek τύραννος (túrannos, "lord, master, sovereign, tyrant"). **〈tycoon〉** Japanese 大君 (taikun, "great prince"). [국어] **대군**: 왕의 적자(嫡子)에게 주던 작위. [한자] 太클 태

demon [díːmən] 악마 (말소리) 떠몬

〈demon〉 '떠몬'은 (몸에서) 떠(de =die), 세상을 뜨다는 말로 몸을 떠나 다니는 영혼을 의미

· 어원) **〈demon〉** Medieval Latin dēmōn ("familiar spirit, guardian spirit"), Ancient Greek δαίομαι (daíomai, "to divide"). Ancient Greek δαίμων • (daímōn) (**departed soul**, god).

하늘은 떠서(top) 오른 것, 씌워 덮은 것으로 표현되며, 하늘은 곧 신을 의미한다(heaven= The abode of God). '씌다'는 '뜨다'의 변형된 형태로(div→ theo) 높다는 뜻을 가지고 있다. '씌다'는 chief(=cap) 처럼 우두머리를 의미한다.

divine [diváin] 신의 신성한 (말소리) 떠보인
theology [θiάlədʒi] 신학 씌워얘기

〈divine〉 '떠보인'은 떱(div=top, divide) 떠서 위에 덮고 있다. 위에 떠 있다는 말로 해가 뜨거나 하늘인 신을 뜻함. ☞ Sky는 싸개(덮다)에서 하늘이 됨 [다른 풀이] '덮인' 덮고 있는 하늘 **〈theology〉** '씌워얘기'는 씌워[theo, 뜨다(de)→쓰다(the)로 변화] 덮는 것으로 하늘(신)에 대해 왝왝 얘기(logy)하는 것을 뜻함. [연관] zeus 씌우지 deity 띄우다 celestial

· 어원) **〈divine〉** Latin divus ("god"). Sanskrit: द्यु (dyú) (heaven, the sky, day, glow, fire), दिव् • (div) (to shine to cast, throw) देव • (devá) (heavenly, divine) **〈theology〉** Latin theo- ("god"). [국어] **씌다**: 귀신 따위에 접하게 되다. **쓰이다**: '쓰다(모자 따위를 머리에 얹어 덮다)'의 피동사. 帝(임금 제, 하느님, 크다)=〉님금**뎨** (훈몽자회 중)

enthusiasm [inθú:ziæzm] 열정 열광 (말소리) 안써세워짐

〈enthusiasm〉 '안써세워짐'은 씌워 [thu=theo, zeus 덮인 하늘=씐(신)] 안에 서(sia=is 서 있다. 존재) 있다, 신에 몰두하여 열정으로 가득 찬 상태를 뜻함

· 어원) **〈enthusiasm〉** ἔνΘερς (éntheos, "possessed by god's") ρυσία (ousía, "essence"), from ἐν (en, "in")+Θεός (theós, "god")+ρυσία (ousía, "essence").

가벼운 기체나 먼지는 공중에 뜬다. 증기는 타는 불과 관련이 있다. 다음의 단어들은 타는 불에 의해 위로 뜨는 것과 관련이 있다.

distill [distíl] ~을 증류하다 정제하다 (말소리) 떠서튈
dust [dʌst] 먼지 황사 떠지다

〈distill〉 '떠서튈'은 태운 후에 위로 튀어 떠다닌다는 뜻 **〈dust〉** '떠지다'는 떠다니는 먼지를 뜻함

· 어원) **〈distill〉** Latin dēstillō ("I distil, I trickle"), stīlla ("drop (of a liquid)") Ancient Greek στίλη (stílē, "minute particle, a drop"). **〈dust〉** Old English dūst ("dust, dried earth reduced to powder"), Proto-Germanic *dunstą ("mist, dust, evaporation"). [국어] **튀다**: 어떤 힘을 받아 작은 물체나 액체 방울이 위나 옆으로 세게 흩어지다. 탄력 있는 물체가 솟아오른다. **뜸**: 살 위의 혈(穴)에 놓고 불을 붙여서 열기가 살 속으로 퍼지게 한다.

해가 뜨면 온 대지가 뜨겁게 달아오르고 눈이 부시게 아름다운 광경이 눈 앞에 펼쳐진다. Day는 해가 떠 있는 낮이므로 '뜨다, 데우다'와 관계가 있다. 새벽을 나타내는 dawn은 한자어 단(旦)과 발음면에서 유사하다. 단(旦)은 해를 나타내는 날일(日)과 땅을 나타내는 하나 일(一)이 만나 해가 땅 위로 뜨는 것을 형상화하고 있다.

dawn [dɔ:n] 새벽 동이 트다 (말소리) 뜬

'뜬'은 해가 뜨는 것(The rising of the sun)을 뜻함. ☞ 새벽 단(旦): **〈해(日날일)가 一(일=땅)의 위에 솟는 모양〉** [연관] day '떠' 해가 떠 뜨거워진다.

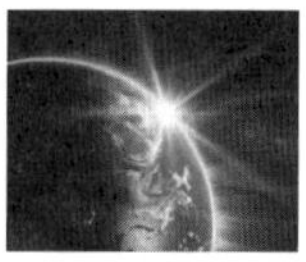

· 어원) **〈dawn〉** Proto-Germanic *dagāną ("to dawn, to become day"). [한자] 旦아침 단

dazzle [dǽzl] 눈부시다 현혹시키다 (말소리) 떠질

〈dazzle〉 '떠질'은 떠 있는 햇빛에 의해 눈이 부시고 '뜨아' 하며 정신이 들떠지다는 뜻 [연관] daze (To stun or stupefy, with bright light, with a blow, with fear) doze

· 어원) 〈**dazzle**〉 **daze+le.** Proto-Indo-European *dyew- ("sky, heaven, to be bright"). [국어] **뜨다**: 차분하지 못하고 어수선하게 들떠 가라앉지 않게 되다. 병 따위로 얼굴빛이 누르고 살갗이 부은 것처럼 되다. 소가 뿔로 세게 들이받거나 밀치다. [한자] 動움직일 동

붕 떠서 졸립거나(doze) 머리가 띵하고 어지러울 때(dizzy)도 '뜨다'란 표현을 쓴다.

doze [douz]	졸다 선잠	(말소리) 뜨아지
dizzy [dízi]	어지러운 현기증 나는	뜨지

〈**doze**〉 '뜨아지'는 뜨아, 붕 떠져 정신이 나가서 졸린 상태를 말함. 세상을 뜨는 'die'와 같은 상태에 접어든다. 〈**dizzy**〉 '뜨지'는 뜨아, 번쩍 터지는 빛에 어지럽고 멍한 상태. 띵하다. [연관] daze

· 어원) 〈**doze**〉 Proto-Indo-European *dʰews- ("to fly, whirl"), Old English dysiġ ("foolish, stupid"). 〈**dizzy**〉 Proto-Germanic *dusigaz ("stunned; dazed"). [국어] **뜨다**: 차분하지 못하고 어수선하게 들떠 가라앉지 않게 되다. **뜨아**: 황당한 일을 당했을 때 놀래는 표현 **잠들다**: '죽다'를 완곡하게 이르는 말

obtuse [əbtjúːs]	둔한	(말소리) 앞터져

〈**obtuse**〉 '앞터져'는 앞(ob=over 위)에 터지게 (맞아) 번쩍하면서 행동이 (굼)뜨고 느리다는 뜻. 터져 넓게 벌어지다.

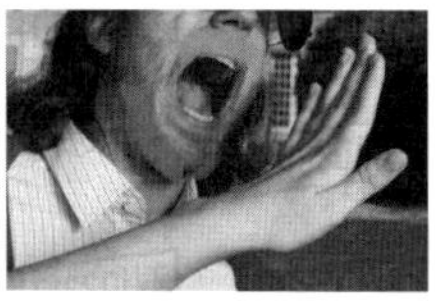

· 어원) 〈**obtuse**〉 Middle French obtus (" narrow-minded; boring, dull, lifeless"), Latin obtūsus ("blunt, dull; obtuse"), ob- ("against")+tundō ("to beat, strike; to bruise, crush, pound")

dull [dʌl]	지루한 둔한	(말소리) 떨

〈**dull**〉 '떨'은 떨떨해서 멍청하다는 뜻. 띵 소리에 얼떨떨하다 [다른 풀이] 1 '덜'은 수준 이하의 상태를 말함, 2 '뜰'은 뜨다는 말에서 무디거나 뜸해서 감각이 느리다는 뜻 [연관] deaf

· 어원) 〈**dull**〉 Scots dull("slow to understand or hear, deaf, dull"), North Frisian dol ("rash, unthinking, giddy, flippant"), Low German dul, dol ("mad, silly, stupid, fatuous"). [국어] **떨떨하다**: 영리하지 않고 멍청하고 어리석다. **덜**: 어떤 기준이나 정도가 약하게. 또는 그 이하로. [한자] 頓둔할 둔 鈍무딜 둔

멍한 것은 멍때리는 것처럼 한 대 맞아 정신이 어리벙벙한 상태이다

<표> [멍하여 둔하거나 어리석음 어휘 정리]

단어	의미	단어	의미
stupid deaf	텁 치는 소리에 멍하다	dull	띵 소리에 얼떨떨하다
numb	람 치는 소리에 멍하다	obtuse	터지는 소리에 감각이 둔해지다
dumb	둥 치는 소리에 머리가 띵하다		

3 뜸(t_m, dom, dem)(오르다, 공간)

ste**m** **tum**or **dom**e **dom**estic **dom**ain **dom**inate epi**dem**ic

돔을 이루는 지붕이나 무덤의 모양을 보면 부풀려지거나 팽창된 것처럼 둥그렇게 솟아있다. 그래서 떠 있는 것처럼 보이기도 하고 한쪽으로 몰린 것 같아 보이기도 한다. 그래서 지붕이나 무덤, 또는 종양의 모습을 '들다, 뜨다'로 표현할 수 있다.

tumor [tjú:mər]	종양	(말소리) 튐에
tomb [tu:m]	무덤	뜸

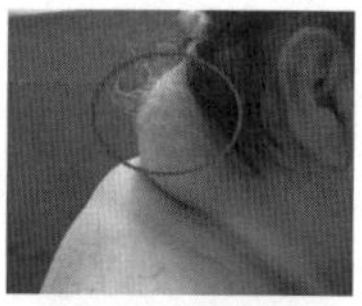

〈tumor '튐에' 뜸/튐(tum=dome)으로써 부풀려져 속에 공간이 있는 상태(The state of being swollen.)를 말함 〈tomb〉 '뜸'은 무덤의 모양이 부푼 것처럼 떠 있는 모습을 뜻함. 듬뿍하다는 말과 관련된다. [다른 풀이] '튐' 튀어 올린 것 또는 들어갈 수 있는 공간

· 어원) **〈tumor〉** Latin tumor ("swelling"), from tumeō ("I bulge, swell"). **〈tomb〉** Latin tumba Ancient Greek τύμβρς (túmbos, "a sepulchral mound, tomb, grave"), Proto-Indo-European *tewh₂- ("to swell"). [국어] **뜨다**: 물속이나 지면 따위에서 가라앉거나 내려앉지 않고 물 위나 공중에 있거나 위쪽으로 솟아오른다.. [한자] 擔멜 담, 들다. 堂집 당, 높은 것

stem [stem]	1줄기, 2일어나다	(말소리) 서튐
stimulate [stímjulèit]	자극하다	스튐일리다
timber [tímbər]	목재	튐보

〈stem〉 '서튐' 서서 튀어 오르는 것으로 1 솟아난 줄기, 2 튀어 일어나다 [연관] steam **〈stimulate〉** 튐으로써 상대를 쳐서 자극하다. 튀어나온 막대(stim=stem)로 찌르다 ☞ timul= tumult 텅텅 시끄럽게 하다 **〈timber〉** '튐보'는 띄워(tim≒ stem) 세우는 건축용 자재를 뜻하며 들보는 건물을 짓는 데 쓰인다

· 어원) **〈stem〉** Proto-Germanic *stamniz (stem, tree stalk). **〈stimulate〉** Latin stimulus ("goad, prick, sting"). Proto-Indo-European *(s)teyg- ("to pierce, prick, be sharp"). **〈timber〉** Ancient Greek: δέμω (démō)(to build, construct, make) Proto-Indo-European *dem- ("build, put together, house")

temple [témpl]	절 사원	(말소리) 튐펄
contemplate [kántəmplèit]	생각하다 심사숙고하다	끈튐펄리다

〈temple〉 '튐펄'은 튐/뜸(tem=dome, tomb)으로써 올려 부푼 것. 쌓아 올린 공간으로 집, 머리를 뜻함 **〈contemplate〉** '끈튐펄리다'는 뜸은 튀어 올라 위에 만들어진 공간(tem=dome, tomb, head, idea), 머리를 끌어(con 끈) 쓰다. 머리를 쓰며 살핀다는 뜻

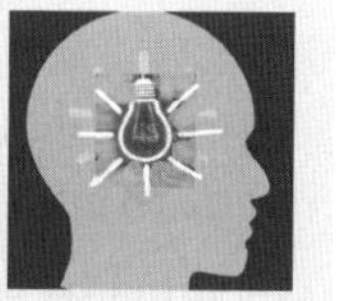

· 어원) **〈temple〉** Latin tempus ("temple, head, face"). **〈contemplate〉** Latin contemplari ("observe, survey"). Latin templum ("shrine, temple, area for auspices, open space"), Latin tempora("the temples, head").

집이나 지붕은 띄워 부풀게 세웠다는 점에서 '뜸'으로 표현할 수 있다. 또한 집은 둘러싸인 공간으로 보면 '담'으로 볼 수 있다.

dome [doum] 둥근 지붕, 머리, 집 (말소리) 뜸

〈dome〉 '뜸'은 띄워(do=tower) 세운 건물을 뜻함. 동(棟): 규모가 큰 집채. [연관] tomb

· 어원) **〈dome〉** Latin domus("house"). Ancient Greek: δέμω (démō)(to build, construct, make). Proto-Indo-European *dem- ("build, house"). Old English dung '堂당' ("a subterranean chamber; a prison; dungeon"). [국어] **뜸**: 짚, 띠, 부들 따위로 거적처럼 엮어 만든 물건. 비, 바람, 볕을 막는 데 쓴다. [한자] 堂(집 당)은 흙을 높이 쌓아 위에 세운 건물(建物). 堂(집 당)은 높다, 당당하다 (daunt), 띄운 건물(temple) 의미가 있다.

domicile [dάməsàil] 집 주소 (말소리) 뜸에살

〈domicile〉 '담에살'은 담 (dom=dome '뜸')을 두른 건물(집)에 살(cile) 것이라는 뜻

· 어원) **〈domicile〉** Latin domus ("home, house")+colō ("inhabit, dwell"). **뜸**: 짚, 띠, 부들 따위로 거적처럼 엮어 만든 물건. 비, 바람, 볕을 막는 데 쓴다. 물에 띄워서 그물, 낚시 따위의 어구를 위쪽으로 지탱하는 데에 쓰는 물건. 한동네 안에서 몇 집씩 따로 모여 있는 구역

dam [dæm] 댐 둑 억누르다 (말소리) 담

〈dam〉 '담'은 담(띄워 벌어진 공간)처럼 가장자리를 둘러 막다는 뜻 [연관] dim hem

· 어원) **〈dam〉** Old English *dam ("to hem in"). [국어] **담**: 집이나 일정한 공간을 둘러막기 위하여 흙, 돌, 벽돌 따위로 쌓아 올린 것. [한자] 唅머금을 함

일정 범위에서 거주하거나 장악해 영향력을 미치는 경우 위에 떠서 지배력을 행사한다고 할 수 있다. 지배력을 가진 범위 내에서는 가축을 길러 길들이거나 사람들이 자유로이 왕래하며 교류할 수 있다.

domesticate [dəméstikèit] 길들이다 가정에 정들게 하다 (말소리) 담에서둬가다
domestic [dəméstik] 국내의 내수 담에서툭

〈domesticate〉 '담에서둬가다' 는 '뜸' (dom=dome, tame)은 떠 벌린 담(공간)으로서 집을 가리킨다. 집에 (들여) 길들이는 것을 의미 **〈domestic〉** '담에서툭'은 '뜸' (dom=dome, tame, dam)은 떠 벌린 담(공간)으로서 집을 가리킨다. 집에 (들여) 있는 것, 집안은 크게 보면 국가 내부와 같다(home= native country)

· 어원) **〈domesticate〉** domestic+-ate, from domus ("house, home"). Ancient Greek: δέμω (démō)(to build, construct, make). **〈domestic〉** Latin domus ("house, home"). [국어] **뜸**: 짚, 띠, 부들 따위로 거적처럼 엮어 만든 물건. 비, 바람, 볕을 막는 데 쓴다. 물에 띄워서 그물, 낚시 따위의 어구를 위쪽으로 지탱하는 데에 쓰는 물건. 한동네 안에서 몇 집씩 따로 모여 있는 구역.

dominate [dάmənèit] ~을 지배하다 장악하다 (말소리) 담에내오다
dominion [dəmínjən] 지배권 주권 담에내온

〈dominate〉 '담에내오다'는 떵떵(dom= damage) 때리며 제압하다. 또는 담(dom=dome) 내 주인으로서 지배하다 **〈dominion〉** '담에내온'은 띄워 (dom=dome '뜸') 세운 건물(집), 떠벌린 담(공간)을 차지하다는 뜻 [연관] domineer dear

· 어원) **〈dominate/dominion 〉** Latin dominor ("rule, have dominion"), from dominus ("lord, master"), domō (I tame, break in, I subdue, conquer) Latin dominium ("lordship, right of ownership"), from domus ("house"). [국어] **뜸**: 짚, 띠, 부들 따위로 거적처럼 엮어 만든 물건. 비, 바람, 볕을 막는 데 쓴다. **덤**: 조금 더 얹어 주는 일. 또는 그런 물건. '더미'의 방언 (제주) [한자] 坍무너질 담

'뜸'은 뜨는 것으로 펼쳐진 구역이라고 할 수 있다. boundary가 붕 뜬 구역이라는 의미와 통한다. 그 구역에서 사람들은 고유의 방식을 가지고 생활한다. 더미로 표현가능하다.

kingdom [kíŋdəm]	왕국 왕조	(말소리) 큰뜸
domain [douméin]	영토 분야	뜸에운

〈kingdom〉 '큰뜸'은 큰(king=kin, khan 칸, 君임금 군) 존재(임금)가 있는 뜸(dom=dome), 떠 벌린 담(공간)을 뜻함 간(干): 고대 부족 사회에서, 족장이나 국왕을 이르던 말(마립간). 王(임금 왕)의 은나라 갑골문 시대의 원래 발음은 gan(최춘태, 갑골음으로 잡는 식민사학 동북공정, 2017). **〈domain〉** '뜸에운'은 뜸(dom=dome), 떠벌려 에운 담(dom=dome, dam 공간)으로서 힘이 미치는 구역을 뜻함.

· 어원) **〈kingdom〉** Proto-Germanic *kunungaz ("king"), king=kin+ing. **〈domain〉** Ancient Greek δῆμρς (dêmos, "district") Middle English demain ("rule"), Old French domaine ("power"). [국어] **뜸:** 짚, 띠, 부들 따위로 거적처럼 엮어 만든 물건. 비, 바람, 볕을 막는 데 쓴다. 물에 띄워서 그물, 낚시 따위의 어구를 위쪽으로 지탱하는 데에 쓰는 물건. **한동네 안에서 몇 집씩 따로 모여 있는 구역. 땀:** 실을 꿴 바늘로 한 번 뜬 자국을 세는 단위. **담:** 집이나 일정한 공간을 둘러막기 위하여 흙, 돌, 벽돌 따위로 쌓아 올린 것. **더미:** 많은 물건이 한데 모여 쌓인 큰 덩어리.

democracy [dimákrəsi]	민주주의 민주적	(말소리) 뜸에끌어서

〈democracy〉 '뜸에끌어서'는 뜸(dom=dome), 떠 벌린 담(공간)에 있는 사람을 쿠르르(cra) 요란하게 흐르며 (이)끌어가는 것을 뜻함 [참고] deme 도시

· 어원) **〈democracy〉** Ancient Greek δημρκοατία (dēmokratía). demo- ("people")+-cracy("rule"). Ancient Greek δῆμρς (dêmos, "district"). κοᾰτρς • (krátos) (acts of violence) [국어] **뜸:** 한동네 안에서 몇 집씩 따로 모여 있는 구역. **땀:** 실을 꿴 바늘로 한 번 뜬 자국을 세는 단위.

epidemic [èpədémik]	유행병 전염성의	(말소리) 옆에뜸인
endemic [endémik]	풍토병 특유한	안뜸인
pandemic [pændémik]	전국적으로 유행하는	편뜸인

〈epidemic〉 '옆에뜸인'은 옆(epi=upon)에 뜸(dem=dome), 떠 벌린 담(공간내 주민)의 옆(앞)으로 번지다는 뜻 **〈endemic〉** '안뜸인'은 뜸(dom=dome), 떠 벌린 담(공간) 안(en=in)에 있어 한 공간 내에 고유한 것을 의미 **〈pandemic〉** 뜸(dom=dome)에 펑 편(pan=expand, span, fan)다. 떠 벌린 담(공간)에 퍼져 있는. 널리 퍼진 구역에 해당하는

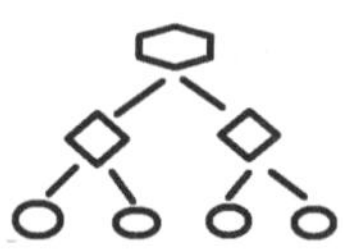

· 어원) **〈epidemic〉** Ancient Greek ἐπί (epí, "upon")+δῆμρς (dêmos, "people"). **〈endemic〉** Ancient Greek ἐν (en, "in")+δῆμρς(dêmos, "people"), δῆμρς (dêmos, "district"), ἔνδημρς(éndēmos, "among people, at home, native"). **〈pandemic〉** Late Latin pandēmus("affecting all the people, general, public"). Ancient Greek δαίρμαι • (daíomai, to divide), παν-(pan-, 'all, every')

4 띄워(tow, do, dur, tar, til)냄: 떠내다, 버팀, 느림

tow bes**tow** **do**nor; s**tout** en**dure**. **dur**able; re**tard**

tow [tou]	견인차 끌기	(말소리) 떠와
tower [táuər]	타워 탑	띄워

〈tow〉 '떠와'는 뚝(tug) 잡아당겨 떠오다 **〈tower〉** '띄워'는 띄워(tow) 올리다는 뜻(tall, soar) [연관] bestow

· 어원) 〈**tow**〉 Proto-Indo-European *dewk- ("to pull, lead"). 〈**tower**〉 Old English torr, tor ("a high rock, lofty hill, tower") (국어) **띄우다**: '뜨다(공간적으로 거리가 꽤 멀다)'의 사동사. 편지나 소포 따위를 부치거나 전하여 줄 사람을 보내다. **떠오다**: 물체 따위가 물 위나 공중에 떠서 이쪽으로 오다. 導인도할 도, 이끌다

bestow [bistóu] 수여하다 주다 (말소리) 비서띄워

〈**bestow**〉 '비서띄워'는 띄워(tow 渡건넬도) 주는 것으로 건네주다는 뜻

· 어원) 〈**bestow**〉 Middle English be- ("on")+stow ("to put something away"). **띄우다**: 편지나 소포 따위를 부치거나 전하여 줄 사람을 보내다. (한자) 渡건넬도 導인도할 도, 이끌다

endow [indáu] 기부하다 (말소리) 인띄워

〈**endow**〉 '인띄워'는 인("in, im, on" 인접(隣接))한 곳에 띄워(dow=tow) 주다는 뜻

· 어원) 〈**endow**〉 Sanscrit (díti)(dividing, splitting, cutting). Ancient Greek δόσῐς (dósis, "gift"), Latin dōs ("gift"). 띄우다: 편지나 소포 따위를 부치거나 전하여 줄 사람을 보내다. (한자) 渡건넬도 導인도할 도, 이끌다

donor [dóunər] 기증자 증여자 (말소리) 띄운이
donate [dóuneit] 기부하다 기증하다 띄워내다

〈**donor**〉 '띄운이'는 띄워(do=tow 渡건넬도) 대주는 이를 말함 〈**donate**〉 '띄워내다'는 띄워(do=tow) 내준다는 뜻

· 어원) 〈**donor**〉 Latin dōnātiō ("a present"), from dōnō ("to give"), from dōnum ("a gift"). 〈**donate**〉 Latin donare (to give). (국어) **띄우다**: '뜨다(공간적으로 거리가 꽤 멀다)'의 사동사 (한자) 渡건넬도 導인도할 도, 이끌다

antidote [ǽntidòut] 해독제 교정수단 (말소리) 안다띄우다

〈**antidote**〉 '안다띄우다'는 안다/인다(anti≒ inter, and, on, in -> 위에 인다=맞대다)는 마주한 상대방이다. 상대(균)에게 (약을) 띄워(do=tow) 주고 치료하는 약을 뜻함

· 어원) 〈**antidote**〉 ἀντιδίδωμι (antidídōmi, "I give in return, repay"), from ἀντί (antí, "against")+δίδωμι (dídōmi, "I give"). 띄우다: 편지나 소포 따위를 부치거나 전하여 줄 사람을 보내다. (한자) 渡건넬도

'뜨다(띄우다)'는 사이를 벌여 떠서 팽팽한 상태를 말한다. 잡아당기는 것도 원래보다 띄우는 것이며 팽팽하게 된 것도 단단하게 꽉 들어차 띄워진 상태라고 할 수 있다.

tight [tait] 단단한 꽉끼는 (말소리) 띄우다
stout [staut] 강한 뚱뚱한 서띄우다

〈**tight**〉 '띄우다'는 (사이가) 띄워지게 잡아당겨 단단하다는 뜻 [연관] taut 〈**stout**〉 '서띄우다'는 (사이) 띄우다(tout=tight, taut). 띄워 팽팽하게 당겨져 커지다(large, fat. obstinate, enduring)는 뜻 [연관] taut

· 어원) 〈**tight**〉 Proto-Indo-European *tenkt- ("dense, thick, tight"), Proto-Indo-European *ten-'뻗' ("to stretch, pull"). 〈**stout**〉 Proto-Germanic *stultaz ("proud, stately, stiff"), from Proto-Germanic *stil- ("to be solid, stationary, firm, stiff"). (국어) **뜨다**: 일부를 떼어 내다. 물 위나 공중에 있거나 위쪽으로 솟아오른다. **띄우다**: 공간적으로 거리를 꽤 멀게 하다. 시간적으로 동안을 길게 하다.

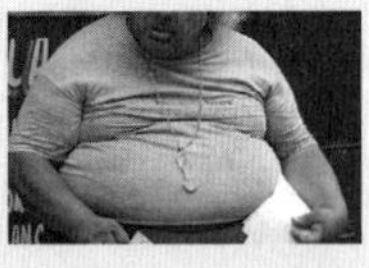

during [djúəriŋ] ~동안 (말소리) 달린
endure [indjúər] 견디다 지속하다 인달
tolerate [tάlərèit] 참다 견디다 달려내다
durable [djúərəbl] 튼튼한, 오래 견디는 달려볼

〈during〉 달랑 달라 붙어 있는 시간으로 걸리는 기간 **〈endure〉인("in, im, on" 인접(隣接))한 상태에서 똘똘 달라 붙어 잡아당기는 것으로 (버티어) 힘이 드는 상태를 뜻함 〈tolerate〉달라 붙어** 잡아당기는 것으로 (버티어) 힘이 드는 상태를 뜻함 **〈durable〉** 달라 붙어 잡아당기는 것을 (버티어) 두는 상태를 뜻함 [참고] obdurate

· 어원) dure: To last, continue, endure. Ancient Greek δηρός (dērós, "long"), Sanskrit दूर (dūrá, "distant, far, long"), 의미변화 "long" -> "enduring" **〈during〉** Middle English duren ("to last"), dure+-ing. **〈endure〉** Latin indūrō ("to make hard"). **〈tolerate〉** Latin tolerō ("I endure"). Old English þolian ("to tolerate, suffer, bear"). **〈durable〉** Latin dūrābilis ("lasting, permanent"), from dūrō ("harden, make hard"). teneō ("I hold, grasp"). **띄우다**: 공간적으로 거리를 꽤 멀게 하다. 시간적으로 동안을 길게 하다.

'달리다'는 '딸리다'와 같은 말로 달라 붙어 팽팽하게 당기는 것으로 힘이 들어 견디다는 의미가 있다. [Sanscrit "dhri' 'dhara' '달아'(bear on the head, support, wear(badge), join] (조선고어실담어 주석사전, 강상원, 2016.7.25, p.364)

tardy [tά:rdi] 느린 지각한 (말소리) 더디
retard [ritά:rd] ~을 늦추다 누더디

〈tardy〉 '더디'는 (뒤)떨어(tar=dull)져 더디고, 뒤쳐지다. [다른 풀이] '뜨다' 굼뜨다. 사이가 떠서 느려지다. **〈retard〉** '누더디'는 누이(re) (뒤)떨어(tar=dull)져 더디다.

· 어원) **〈tardy〉** Latin tardus ("slow", "sluggish"). **〈retard〉** Latin re-+tardus ("slow"). [국어] **더디다**: 어떤 움직임이나 일에 걸리는 시간이 오래다. **뜨다**: 행동 따위가 느리고 더디다. **띄우다**: 공간적으로 거리를 꽤 멀게 하다. 시간적으로 동안을 길게 하다. **떨어지다**: 함께 하거나 따르지 않고 뒤에 처진다. 달렸거나 붙었던 것이 갈라지거나 떼어지다.

still [stil] 여전히 아직도 (말소리) 서댈

〈still〉 '서댈'은 세워 대다는 뜻으로 움직임이 없이 고요한 상태를 말함 [다른 풀이] '서둘' 세워 두고 있다.

· 어원) **〈still〉** Middle English stille ("motionless, stationary"), from Old English stille ("still, quiet, calm; without motion, at rest, not moving from a place) [국어] **대다**: (정해진 시간에) 맞추거나 가 닿다.

두는 것은 어떤 상황에 놓고 지속하는 것이다. 시간이 소요될 때 '들다'는 표현이 쓰인다.

till [təl] 때까지 (말소리) 댈
until [əntíl] ~할 때까지 인댈

〈till〉 '댈'은 가서 닿아 대는 시간 [다른 풀이] '들' (시간이) 들어 소요되는 기간을 말함. 시간이 될 때까지 두다 **〈until〉** '인댈'은 인("in, im, on" 인접(隣接))한 곳에 닿아 대는 때까지. 시간이 드는 때까지 유지되다는 뜻

· 어원) **〈till〉** Proto-Germanic *til ("to, towards"). **〈until〉** Middle English un- ("against; toward; up to")+till. [국어] **대다**: (정해진 시간에) 맞추거나 가 닿다. **들다**: 어떤 일에 돈, 시간, 노력, 물자 따위가 쓰이다. **두다**: 어떤 상황이 어떤 시간이나 기간에 걸치다. 앞말이 뜻하는 행동을 끝내고 그 결과를 유지함을 나타내는 말. 어떤 상황이나 상태 속에 놓다.

5 탱탱하다: 튄다(ten, den) (당기다, 향하다, 긴장), 태운다(tain, tin)(달라붙다)

ex**tend** **tend** **tens**e **dens**e; sus**tain** at**tain** per**tin**ent con**tin**ue

당김으로써 탱탱해지고, 튕겨져 가게 된다. 소리 측면에서 퉁 부딪히는 소리다. ten- 어근은 탱탱하게 당기거나 튀는 것이고 팽팽하게 당겨 늘이거나 튄다는 의미인 -pen- 어근과 통한다(suspend, pendant 참조).

extend [iksténd] 확장하다 늘리다 (말소리) 윗서튄다

〈extend〉 '윗서튄다'는 위(외)로(ex) 튄다(tend). 탱탱하게 튀어 펼치다

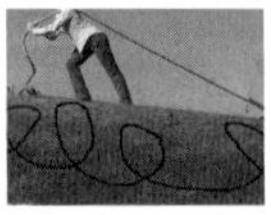

· 어원) **〈extend〉** Latin extendō ("I stretch out"). **튀다: 탄력 있는 물체가 솟아오른다. 힘을 받아 작은 물체나 액체 방울이 위나 옆으로 세게 흩어지다. (한자) 彈탄알 탄, 튀기다**

attend [əténd] 참석하다 다니다 (말소리) 에튄다

〈attend〉 '에튄다'는 ~에(a) 탱탱하게 튄다(tend). -으로 튀어가 (뻗쳐) 참여하게 된다.

· 어원) **〈attend〉** Latin attendere ("to stretch toward, give heed to"), from ad ("to")+tendere ("to stretch"). **튀다: 탄력 있는 물체가 솟아오른다. 힘을 받아 작은 물체나 액체 방울이 위나 옆으로 세게 흩어지다. 어떤 행동이나 말 따위가 다른 사람의 시선을 끌다. (한자) 彈탄알 탄, 튀기다**

tender [téndər] 1 부드러운 2 제출하다 (말소리) 튄다

〈tender〉 1 튀어 늘어질 수 있어 가볍고 부드럽다는 뜻 2 튀어가 떠나보내다(ten≒ donate, extend). extend는 띄워 보내다 뜻이 있다 [다른 풀이] '뜬다' 튕겨지며 탄력 있다

· 어원) **〈tender〉** Latin tener, tenerum ("soft, delicate"). Ancient Greek τείνω(teínō)(to stretch, extend) (국어). **튀다: 탄력 있는 물체가 솟아오른다. 힘을 받아 작은 물체나 액체 방울이 위나 옆으로 세게 흩어지다. 어떤 행동이나 말 따위가 다른 사람의 시선을 끌다. (한자) 彈탄알 탄, 튀기다**

tend [tend] ~하는 경향이 있다 (말소리) 튄다
intend [inténd] 의도하다 계획하다 인튄다

〈tend〉 '튄다' 튀어 뻗는 방향으로 가서 성질을 띠게 된다 [연관] trend 따르는 줄 [다른 풀이] '띤다' 띠처럼 뻗쳐 따라가는 경향, 성질을 띠다. [참고] bent incline **〈intend〉** '인튄다' **인**("in, im, on" 인접(隣接))한 곳으로 튀어 가고자 하는 성질을 띠게 된다 [다른 풀이] '인띤다'는 띠처럼 뻗쳐 따라가는 경향, 성질을 띠다.

· 어원) **〈tend〉** Old French tendre ("to stretch, stretch out, hold forth, offer, tender"). Ancient Greek τείνω • (teínō) (to stretch, extend, to exert, push to the limit, strain) **〈intend〉** Latin intend (hold out, stretch, strain. turn my attention to). (국어) **튀다: 탄력 있는 물체가 솟아오른다. 힘을 받아 작은 물체나 액체 방울이 위나 옆으로 세게 흩어지다. 어떤 행동이나 말 따위가 다른 사람의 시선을 끌다.**

띄워 늘려 당기는 것은 당지다, 되다, 탱탱/단단/탄탄/튼튼하다로 표현할 수 있다.

tense [tens] 긴장한 팽팽한 (말소리) 탱져
intense [inténs] 강렬한 심한 인탱져
intensive [inténsiv] 집중적인 강도높은 인탱집

〈tense〉 (당겨) 탱탱해지다(Pulled taut)는 뜻. 튀어서 솟아 오르거나 뻗쳐 팽팽한 상태를 뜻함 [다른 풀이] 1 '된지' 되게 당기다 2 '당져' 당지게 단단하다 **〈intense/intensive〉** 인("in, im, on" 인접(隣接))한 곳에 (당겨) 탱탱해지다(Strained; tightly drawn.)는 뜻

· 어원) **〈tense〉** Proto-Indo-European *tempos ("stretch"), from the root *temp- ("to stretch, string"). **〈intense〉** Latin intensus ("stretched tight"), of intendere ("to stretch out"), from in ("in, upon, to")+tendere ("to stretch"). **당지다**: 잘 눌리어 단단하다. **되다**: 줄 따위가 단단하고 팽팽하다. **탱탱**: 누를 수 없을 정도로 굳고 단단한 모양. (한자) 撐버틸탱

tension [ténʃən]	긴장 팽팽함	(말소리) 당진
tendon [téndən] **[고급]**	힘줄	탱된

〈tension〉 '당진'은 띄워 (당겨)지며 탱탱(tens=tense)하게 당지다(당기다). 당차다/당기다는 말과 연관 [다른 풀이] '튕진' 당겨져 탱탱하다. **〈tendon〉** 탱탱(ten=tense)하게 당지다(당기다). 잡아당겨지는 끈

· 어원) **〈tension〉** Proto-Indo-European *ten- ("to stretch, draw"), Latin teneō(I hold fast, bind). (국어) **당지다**: 잘 눌리어 단단하게 굳어지다. **튼실**: 튼튼하고 실하다. **탱탱**: 누를 수 없을 정도로 굳고 단단한 모양. **탱**: 작은 물건이 탄력 있게 튀는 소리. 또는 그 모양. (한자) 撐버틸탱 彈탄알 탄, 튀기다

tenacity [tənǽsəti]	고집 끈기	(말소리) 탄해지다

〈tenacity〉 '탄해지다'는 잡아당기는 것으로 (버티어) 탱탱, 튼튼(ten)해지다는 뜻 [연관] obstinate

· 어원) **〈tenacity〉** Proto-Indo-European *ten- ("to stretch, draw"), Latin teneō(I hold fast, bind). **탄탄**: 무르거나 느슨하지 않고 아주 야무지고 굳세다. **탱탱(댕댕)**: 누를 수 없을 정도로 굳고 단단한 모양. **탱**: 탄력있게 튀는 소리. (한자) 撐버틸탱 彈탄알 탄, 튀기다

'되다'는 탱탱/팽팽하게 당겨져 긴장이 된 상태라고 볼 수 있다. 또한 밥이 물기가 적고 빡빡한 경우에도 '되다'란 말을 쓴다.

dense [dens]	밀집한 짙은	(말소리) 된지
condense [kəndéns]	압축하다 간략하게 하다	끈된지

〈dense〉 '된지'는 되게 당겨 탱탱해지다(crowded together)는 뜻. 당겨 압축된다. [다른 풀이] '댕져' 댕댕하게 당겨 팽팽하다 **〈condense〉** '끈된지'는 끌어(con 끈) 되게 당겨 탱탱해지다(to compress or concentrate.)

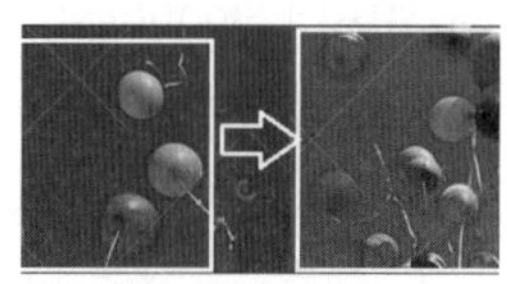

· 어원) **〈dense〉** Proto-Indo-European *dens- ("thick, dense"), related to Ancient Greek δασύς (dasús, "hairy, shaggy, dense"). **〈condense〉** Latin con- ("with, together")+dēnsō ("thicken"). (국어) **뜨다**: 행동 따위가 느리고 더디다. **되다**: 줄 따위가 단단하고 팽팽하다. 반죽이나 밥 따위가 물기가 적어 빡빡하다. 몹시 심하거나 모질다. **탱탱(댕댕)**: 누를 수 없을 정도로 굳고 단단한 모양. (한자) 撐버틸탱

'-tain', '-tin'은 '-ten-'과 같이 띄워 탱탱하게 당기는 것으로 타고 있어 지닌다는 의미로 쓰인다.

contain [kəntéin]	들어있다 포함하다	(말소리) 끈태운
content [kάntent]	내용 함유량	끈탄다
retain [ritéin]	유지하다	누태운

〈contain/content〉 끼어(con 꼬인, 같이) 탱탱하게 당겨 (올라) 탄(ten=tain)다. 태워 얹고 지니다. [다른 풀이] '끈띠운' 띠어 지니다 **〈retain〉** 누누이(re) (원래대로) (올라) 탄(tain)다. 탱탱하게 연결되어 유지하다는 뜻

· 어원) **〈contain〉** Latin continere ("to hold or keep together, comprise, contain"), con- ("together")+teneō ("to hold"). **〈content〉** Latin contentus ("satisfied, content"), of continere ("to hold in, contain"). **〈retain〉** Latin retineō ("hold back"), from re-+teneō ("I hold, bind"). (국어) **타다**: 탈것이나 짐승의 등 따위에 몸을 얹다. 먼지나 때 따위가 쉽게 달라붙는 성질을 가지다. **탱**: 탄력있게 튀는 소리. (한자) 撐버틸 탱

pertinent [pə́ːrtənənt] 적절한 (말소리) 펄타낸다
pertain [pərtéin] 부속하다 속하다 펄태운

〈pertinent/pertain〉 펄(per=far 펄→푹) (올라) 탱탱하게 탄(tin=tain)다. 태워 (연결되어) 푹 들어맞다. 푹 연결되어 속하다

· 어원) **〈pertinent〉** Latin pertinere ("to extend, stretch out, belong, relate, pertain, have concern"), from per ("through")+tenere ("to hold"). **〈pertain〉** Latin per- ("through")+teneō ("I hold, bind"). Proto-Indo-European *ten- ("to stretch, draw"). (국어) **타다**: 탈것이나 짐승의 등 따위에 몸을 얹다. 먼지나 때 따위가 쉽게 달라붙는 성질을 가지다. **띠다**: 띠나 끈 따위를 두르다. 물건을 몸에 지니다.

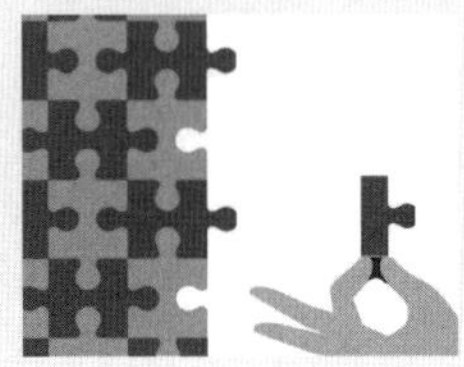

sustain [səstéin] 지속하다 지탱하다 (말소리) 써서태운
abstain [æbstéin] 삼가다 절제하다 없이태운

〈sustain〉 '써서태운' 써서(sus 씌운 아래) 탱탱하게 탄(tain)다. 씌워 아래에 올라타고 지탱한다는 뜻 **〈abstain〉** '없이태운' 없이(abs=off)한 상태에서 탱탱하게 올라탄(tain)다, 목적물에서 떨어져서 혼자 지니다. 거리를 두고 삼간다는 뜻

· 어원) **〈sustain〉** sus(sub아래)++teneō ("I hold, bind"). **〈abstain〉** Latin abstineō ("to hold oneself back"). from abs- ("from")+teneō ("I hold, bind"). Proto-Indo-European *ten- ("to stretch, draw"). (국어) **타다**: 탈것이나 짐승의 등 따위에 몸을 얹다. 먼지나 때 따위가 쉽게 달라붙는 성질을 가지다.

continue [kəntínjuː] 계속하다 이어진다 (말소리) 끈타네
continent [kάntənənt] 대륙 끈타낸다

〈continue〉 '끈타네'는 꼬여(con 함께) 탱탱하게(tin=tain; tinue=tenure) 올라타고 이어진다는 뜻 [연관] contain tenure **〈continent〉** '끈타낸다'는 꼬여(con 함께) 탱탱하게(tin=tain) (당겨) 올라타고 이어지는 땅을 뜻함

· 어원) **〈continue〉** con- ("together")+teneō ("I hold, bind"). Proto-Indo-European *ten- ("to stretch, draw"). **〈continent〉** Latin continēre ("to contain"). [국어] **타다**: 탈것이나 짐승의 등 따위에 몸을 얹다. 먼지나 때 따위가 쉽게 달라붙는 성질을 가지다.

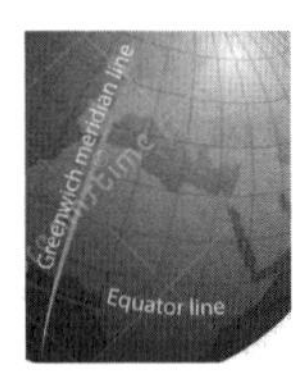

toll [toul] 대가 통행료 요금 (말소리) 태울

〈toll〉 '태울' (사용한 대가에 의무를) 태우다, 떠안다. 의무를 띠고 내야 한다는 뜻

· 어원) **〈toll〉** Old English tol ("toll, duty, custom"). [국어] **띠다**: 1. 용무나, 직책, 사명 따위를 지니다. 2. 물건을 몸에 지니다 띠나 끈 따위를 두르다.

6 텁텁 치다(터벅, 막대, 고집, 풍덩), 탑(끝, 가파름), 답답 [t(d)+p(f/b)]

tap step; stab staple **stub**born; **dip dive; top steep; stuff stif**le

텁 치는 소리[搭탈 탑(타다, 때리다)]로 '텁텁하다, 답답하다'와 관련된다.

tap [tæp] 1탕탕 두드리다 2수도꼭지 3도청 4뚝뚝 걷다 (말소리) 텁

'텁'은 1. 텁텁 (터벅, 툭) 치는 소리에서 두드리다. [연관] tip stab 2. 텁텁 (터벅, 툭) 치는 소리에서 물이 뚝뚝 떨어지는 수도꼭지. [연관] dip dive 3. 소리를 덥쳐 잡아채는 도청(tackle- 툭 태클해서 잡아채기). 4. 터벅 (툭) 걷는 소리로 step과 같다. 탭댄스

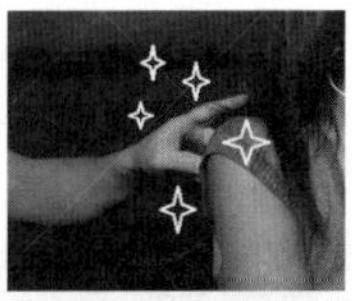

· 어원) **⟨tap⟩** Proto-Germanic **dab-*("to strike"). Spanish topar(knock): the sound made by two objects knocking into one another) [국어] **뙵히다**: '뚫리다'의 방언(경남) **뙵다**: 설익은 감의 맛처럼 거세고 텁텁한 맛이 있다. **텁텁하다**: 입 안이 시원하거나 깨끗하지 못하다 [한자] 碏 찧을 답 踏밟을 답, (발로)**장단 맞추다**. 搭탈 탑(타다 때리다.

step [step] 발걸음 발소리 단계 (말소리) 서답

⟨step⟩ '서답'은 텁텁(tep=tap 터벅, 툭→ 踏 (밟을 답)) 걸어가는 소리, 답사(踏査)하다. 서서 발을 떼며 텁텁 (한 걸음씩) 밟아가는 단계. 탭댄스 [연관] stage

· 어원) German stapfen ("to trudge"). 탭 댄스 (tap dance): 밑바닥에 쇠붙이를 댄 구두를 신고 율동적으로 마룻바닥을 치며 추는 춤. [한자] 踏밟을 답, (발로)장단 맞추다

텁텁 치는 소리는 수도꼭지처럼(tap water) 물에 떨어지는 소리에도 적용된다.

dive [daiv] 잠수하다 (말소리) 답
dip [dip] 떨어지다 (액체에)담그다 답

⟨dive / dip⟩ '답' 텁텁/답답(div=tap 탕, 수도꼭지) 소리로 물에 들어갈 때 표면에 부딪혀 나는 소리를 나타냄. 디비고 들어가다. [연관] deep

· 어원) **⟨dive⟩** Old English dȳfan ("to dip, immerse") , dūfan ("to duck, dive, sink, penetrate"). **⟨dip⟩** Old English dēop ("deep, profound"). [국어] **디비다**: 뒤지다(일구거나 파다)의 방언 [한자] 溚 솟아 넘칠 답, 출렁거리다. 搭탈 탑(타다, 섞다, 때리다)

type [taip] 유형 타자 (말소리) 톱
typical [típikəl] 전형적인 일반적인 톱해갈

⟨type⟩ '톱'은 텁텁 (typ=tap 터벅, 툭) 치는 소리로 톱자국이 남는다. 타이핑처럼 두들기며 터진 흔적, 형태를 뜻함 [연관] typing **⟨typical⟩** '톱해갈'은 텁텁 (터벅, 툭) 쳐 터진 톱자국이 물체마다 달라 구분되게 하는 사물의 특성을 이룸

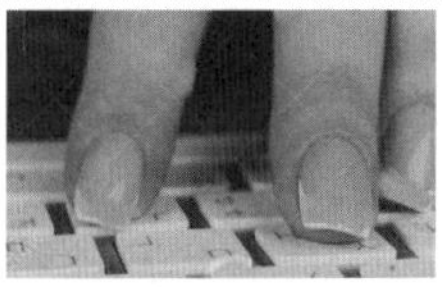

· 어원) **⟨type/typical⟩** Ancient Greek τύπρς(túpos, "mark, impression, type"), from τύπτω(túptō, "I strike, beat") [한자] 搭탈 탑(타다, 섞다, 때리다)

나무는 툭 치는 용도로 쓰인다. 토막은 툭, 텁 쳐서 부딪히거나 자르는 소리와 연관된다.

<표> [나무/막대/토막 어휘 정리]

나무/막대/토막	의미	연관
log	락[落 (떨어질 락)] 떨어지는 소리로 치다	knock
stump	텀벙 쳐서 자르다	stamp dump
stub staff staple stab	텁텁(tap) 치는 막대기	tap step
stick stalk stock	툭 쳐서 찌르는 막대기	tick tag
trunk	터렁 소리나면서 잘리다	truncate
poke spike spoke	퍽 찌르거나 박는 막대	peg pick
pole pale spear bar	펄 찌르는 봉, 뿔	bore
bat spade paddle	부드드/푸드드 치는 막대	beat pat

stab [stæb] 찌르다 (말소리) 스텁
stub [stʌb] 토막 스텁

〈stab〉 '스텁'은 텁텁 (tab=tap 터벅 터벅, 툭) 치는 막대로 찌르다 [연관] stapler Daub 텁텁(tap)치며 바르다 stick 툭 치는 막대 **〈stub〉** '스텁'은 텁텁 (tab=tap 터벅 터벅, 툭) 치는 소리로서 토막낸 나무 [연관] staff

· 어원) **〈stab〉** Scots stabb ("a pointed stick or stake; a thrust with a pointed weapon"). **〈stub〉** Old English stybb, stubb ("tree stump") Proto-Indo-European *(s)tewb- ("to push; knock; butt"). **[한자] 搭탈 탑 (타다 때리다) 剳낫 답**

staple [stéipl] 주요한, 기본 식품 (말소리) 스탑일

〈staple〉 '스탑일'은 텁(stap=stab, stub) 치는 막대(stick)로 탑처럼 서다. 우뚝 선 나무에서 기둥같이 버팀목이 되다는 뜻 [연관] stem '서틈(뜸)' 떠서 세워진 기둥

· 어원) **〈staple〉** Proto-Germanic *stapulaz ("post")

stiff [stif] 뻣뻣한 강한 (말소리) 서탑
stubborn [stΛbərn] 고집센 완고한 스탑인
tough [tʌf] 힘든 강한 텁

〈stiff〉 '서탑' 서서 떠(sti-) 있는 상태로 탑처럼 떠서 구부러지지 않는다(hard to bend). (목 등이) 텁텁해 뻣뻣하다는 뜻 **〈stubborn〉** '스탑인'은 서서 떠 있는 나무(stub= stalk)로 탑처럼 떠서 구부러지지 않아(stiff and inflexible) 변하지 않으려 하는 것을 뜻함 [연관] stiffen **〈tough〉** '텁'은 답답(텁텁)하게 막혀 떡처럼 달라붙어서 질긴 것을 의미 [다른 풀이] '다부' 다부지다

· 어원) **〈stiff〉** Proto-Indo-European *ster-, *ter- ("rigid, stiff"). Proto-Indo-European *steyh$_2$- ("to stiffen"). **〈stubborn〉** Old English stybb ("a stump, stub") **〈tough〉** Old English tōh ("tough, tenacious, holding fast together; sticky, glutinous").

탑처럼 우뚝 서다. 자르는 톱이나 손톱은 뾰쪽해서 끝과 관련된다. 절의 탑은 stupa이다. 이처럼 우뚝 솟은 것은 st_p(f) 형태를 취한다

top [tap] 위 최고인 (말소리) 탑
tip [tip] 끝 방법 톱

〈top〉 '탑'은 탑처럼 떠서 솟아 오르다는 뜻. 텁 쳐 오르다. [다른 풀이] '덮어'는 덮고있어 끝부분이나 위에 있는 것을 나타냄 **〈tip〉** '톱' (손발)톱. 자르는 톱처럼 날카롭다. 손톱(fingertips). typing 하듯 텁 치는 소리(to become knocked over, fall down or overturn). 텁 쳐 부딪히는 끝 부분. puncture(펑쳐)는 끝인 point와 같은 어원이다 [다른 풀이] '탑'은 탑처럼 떠서 솟아 오른 부분 [연관] Steep

· 어원) **〈top〉** Old English top ("top, summit; crest; tuft"), from Proto-Germanic *tuppaz ("braid, pigtail, end"). Proto-Indo-European $*tewh_2$- ("to swell"). **〈tip〉** Proto-Germanic *takkô ("tip; point; protrusion; prong; jag; spike; twig") [국어] **덮다**: 물건 따위가 드러나거나 보이지 않도록 넓은 천 따위를 얹어서 씌우다. **탑**: 높고 뾰족하게 세운 건축물을 통틀어 이르는 말. 塔탑 탑 榙기둥머리 답

steep [stiːp] 가파른 급격한 (말소리) 서탑
steeple [stíːpl] 뾰족탑 첨탑 서탑일

〈steep〉 '서탑' 탑(teep=top)처럼 떠서 솟아 오르다는 뜻. [다른 풀이] '서떠펴'는 띄워 서 있어 뾰족하게 비탈진 모습을 뜻함 **〈steeple〉** '서탑일' 탑(teep=top)처럼 떠서 솟아 오르다는 뜻

· 어원) **〈steep〉** Old English stēap ("high"). Middle High German stouf ("towering cliff, precipice"). **〈steeple〉** Proto-Germanic *staupaz ("high"). [국어] **서다**: 처져 있던 것이 똑바로 위를 향하여 곧게 되다. **디비다**: 뒤지다, 뒤집다의 방언 塔탑 탑

텁 쳐서 막아 답답(텁텁)하게 하다.

stuff [stʌf] 물건, 채우다 (말소리) 서답해
stifle [stáifl] 억누르다 질식시키다 서답할
stop [stap] 멈추다 중단하다 서답

〈stuff〉 '서답해'는 답답하게 텁텁(tuff=tap) 처넣어 막힌 공간, 답답함은 덮여 막힌 것과 같다 [다른 풀이] '스텁' 텁텁치며 쑤셔 넣다 **〈stifle〉** '서답할'는 답답하게, 텁 처넣고 막아 무겁게 짓누르는 것을 뜻함 [다른 풀이] '서덮힐' 덮여 막히다 **〈stop〉** '서답' 텁 처넣고 답답하게 덮이고 막음으로써 어떤 것을 멈춰 서다. [연관] block

· 어원) **〈stuff〉** Proto-Germanic *stuppōną("to clog up, block, fill"). latin tūber (a hump, bump, swelling) **〈stifle〉** Old Norse stífla ("to dam, choke, stop up"). **〈stop〉** Old English stoppian ("to stop, close"), German stopfen ("to be filling, stuff"). [국어] **답답하다**: 공간 따위가 비좁아 마음에 여유가 없다. 숨이 막힐 듯이 갑갑하다. **텁텁하다**: 입 안이 시원하거나 깨끗하지 못하다 [한자] 碴 쫓을 답

stupid [stjúːpid] 어리석은 바보 (말소리) 서텁하다
stupefy [stjúːpəfài] 깜짝 놀라게 하다, 충격을 주다 서텁해피어
deaf [def] 청각장애의 답

〈stupid / stupefy〉 텁(tup=tap, step, stab) 치는 소리로 인해 멍해지다(To dull the senses). 텁텁하거나 답답하게 덮여 꽉 막힌(stop) 사람 [연관] stop stupor **〈deaf〉** '답'은 텁텁하게 쳐 맞은 것같이 답답하고 멍해지다. 귀가 멍하고 귀가 먹다는 뜻. 답답하게 막힌 귀. ☞ deaf=stop

· 어원) **〈stupid / stupefy〉** Old High German stubarōn ("to be astonished, be stunned, be blocked"). Latin stupor ("insensibility, numbness, dullness"). Latin stupefaciō ("strike dumb, stun with amazement, stupefy"), from stupeō ("I am stunned, speechless") (English stupid, stupor)+faciō ("do, make") **〈deaf〉** Proto-Indo-European $*d^hAb^h$- ("to beat, strike, stun, be speechless"). [국어] **답답하다**: 융통성이 없이 고지식하다. **텁텁하다**: 눈이 흐릿하고 깨끗하지 못하다. 입 안이 시원하거나 깨끗하지 못하다.

덮거나 업는 것은 그 주체가 어떤 의무를 뒤집어쓰는 것과 같다. 특히 '업어'라는 말은 업보(業報)를 연상시킨다. 업(業)이라는 것이 개개인에게 부여된 과업이라고 한다면 피할 수 없이 업고 가야 하는 인간의 필연적인 인생의 과제라 할 것이다.

debt [det] 부채 빚 (말소리) 덮다

〈debt〉 '덮다'는 (상대를) 덮어 옥죈다는 뜻. 업고 있는 의무 ☞ 대다(de)와 업다(ebt=up, have)가 합해져 덮다 [연관] have '합' (등에 업듯이) 휩(whip) 낚아 가진다는 뜻

· 어원) **〈debt〉** (스페인어 deber=must), latin dēbeō ("I owe"), dehibeō ("I have from"), from de ("from")+habeō ("I have"), *habjaną ("to lift, take up"). [국어] **업다**: 사람이나 동물 따위를 등에 대고 손으로 붙잡거나 무엇으로 동여매어 붙어 있게 하다.

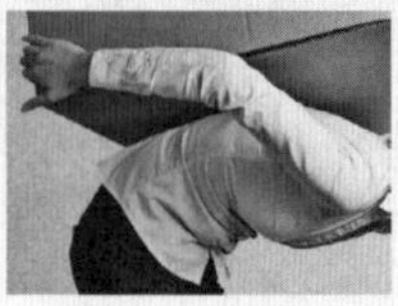

7 뚝/툭/퉁[t(d)+c(g, k)] 치다(타격, 터벅), 닿다(붙다, 쌓다)

dig at**tack; stick stack** con**tag**ious **dock;** ves**tig**e inves**tig**ate

부딪히거나 두드릴 때 퉁, 탁 치는 소리로 표현한다. 탁치는 것은 타격을 가하는 것뿐만이 아니라 결합하면서 붙거나 잡히는 소리도 의미한다.

dig [dig] 파다 (말소리) 뚝

〈dig〉 '뚝'은 뚝뚝(딱딱) 두들길 때 나는 소리로 땅을 툭 쳐서 파는 것을 나타냄. 텁 치는 tap/type와 유사하다.

· 어원) **〈dig〉** Proto-Germanic *dab- ("to strike") (국어) **뚝**: 크고 단단한 물체가 부러지거나 끊어지는 소리. **탁**: 갑자기 세게 치거나 부딪거나 차거나 넘어지는 소리. 또는 그 모양. 갑자기 몹시 막히는 모양. '닭'의 방언(전국) (한자) 琢다듬을 탁 啄쫄 탁 椓칠 탁

tackle [tǽkl] 태클 맞붙다 (말소리) 툭할
tack [tæk] 고정하다 압정 떡(딱)

〈tackle〉 '툭할'은 툭(tack=take, tag 딱) 쳐 붙여 걸다는 뜻 [연관] tack '툭' '딱' 딱 붙이다 tictac 뚝딱 똑똑 **〈tack〉** '떡(딱)'은 툭 쳐 부딪힐 때 나는 소리로 떡하고 붙인다는 뜻 [연관] at**tack** s**tick**

· 어원) **〈tackle〉** Middle Dutch *taken* ("to grasp, seize"). tack(붙다)+le **〈tack〉** Proto-Germanic *takkô '툭해'("tip; point; protrusion; spike"). (국어) **떡(딱)**: 매우 빈틈없이 맞닿거나 들어맞는 모양. 단단히 들러붙은 모양. 치거나 빚어서 만든 음식. **턱**: 어깨나 손 따위를 갑자기 세게 짚거나 붙잡는 모양. 툭: 어느 한 부분이 쑥 불거져 나온 모양.[凸] 가볍게 슬쩍 치거나 건드리는 소리. (한자) 琢 **(다듬을 탁)**

token [tóukən] 토큰 표시 (말소리) 툭한

〈token〉 '툭한'은 툭(tick) 쳐서 부딪히는 것으로 툭툭 딛어 생기는 발자국(footprint)처럼 흔적이나 표시가 남는 것을 뜻함. (상징을) 나타내다(indicate)는 뜻도 있음. [연관] sign 찍어 만든 표시 type 텁 쳐서 생긴 모양

· 어원) **〈token〉** Proto-Germanic *taikną (sign, token, symbol) (국어) **툭**: 갑자기 튀거나 터지는 소리. 또는 그 모양. **뚝**: 단단한 물체를 한 번 치는 소리. 아주 거침없이 따거나 떼는 모양.

take [teik] 가지다 걸리다 (말소리) 택해

〈take〉 '택해'는 턱(take=tug, tag 딱)하고 잡는 소리에서 나온 의성어로 딱 잡아 택하다는 뜻. I **take** my bag 가방을 툭하고 택하다 you take sugar in your coffee? (먹다=>택하다.) Take taxi (타다=>택하다)

· 어원) **〈take〉** Proto-Germanic **tēkaną* '툭해'("to touch"). Middle English *taken* ("grasp, strike"). 잡거나 때림 (국어) **턱**: 어깨나 손 따위를 갑자기 세게 짚거나 붙잡는 모양. **택하다**: 여럿 가운데서 고르다 (한자) 擇가릴 택, 선택

contact [kάntækt] 접촉 (말소리) 끈닿다
contagious [kəntéidʒəs] 감염되는 끈태워져서

〈contact〉 '끈닿다'는 끈(con 끼어) 툭(tact=tug, tough) 닿다. 떡(툭) 달라붙다. [다른 풀이] '끈떡돼' '끈탔다'
〈contagious〉 '끈태워져서'는 끈(con 끼어) 툭 (tag=tact) 닿아 전염되다는 뜻. (손길을) 타다. ☞ 툭(tact) -> 타다(tagi); ㄱ발음이 ㅈ으로 구개음화 [연관] tactile [다른 풀이] '끈닿아져서'

· 어원) **〈contact〉** Latin contactus ("touch on all sides") con (낀)+tact (**닿다**) **〈contagious〉** latin contāgio(contact의 **변형**) (국어) **닿다**: 어떤 물체가 다른 물체에 맞붙어 사이에 빈틈이 없게 되다. **타다**: 먼지나 때 따위가 쉽게 달라붙는 성질을 가지다. 액체나 가루 따위를 넣어 섞다. 탈것이나 짐승의 등 따위에 몸을 얹다

intangible [intǽndʒəbl] 무형의 만질 수 없는 (말소리) 안퉁쳐볼

〈intangible〉 '안퉁쳐볼'은 퉁/툭 (tang=tag, tone) (쳐서) 타지/닿지 않다. 영향을 받지 않다는 뜻 [다른 풀이] '안탄지볼'

· 어원) **〈intangible〉** Latin tangere ("to touch"). **타다**: 먼지나 때 따위가 쉽게 달라붙는 성질을 가지다. 액체나 가루 따위를 넣어 섞다. 탈것이나 짐승의 등 따위에 몸을 얹다

contingent [kəntíndʒənt] 조건으로 하는 (말소리) 끈퉁친다

〈contingent〉 '끈퉁친다'는 끼여(con 끈, 함께) 퉁/툭(tang= tag, tone, sting) 쳐서 대어진 상태. 서로가 영향을 탄다는 의미

· 어원) **〈contingent〉** com- ("together")+tangere ("to touch"). [국어] **대다**: 무엇을 어디에 닿게 하다.

entire [intáiər] 전체의 완전한 (말소리) 안탈
integral [íntigrəl] 완전한 필수의 안떡이날
intact [intǽkt] 온전한, 전혀 다치지않은 안닿다

〈entire〉 '안탈'은 탈탈거림으로 (외부의 손길을) 타지 않은 온전한 그대로라는 뜻, ☞ 않(en=in, un)+타다(tire) [연관] tire
〈integral〉 '안떡이날'은 떡/툭 (teg=tag, tug, tact) (닿지) 않다는 말로 (외부의 손길을) 타지 않은 온전한, 전체를 뜻함
〈intact〉 '안닿다'는 툭 닿지(tact) 않아 그대로 있는

· 어원) **〈entire〉** Latin in- ("not")+tangō ("touch"). **〈integral〉** Latin integrum, from in-("not")+tangō("touch"). Latin integer("entire"). **〈intact〉** Latin in-+tāctus, past participle of tangō ("I touch") (국어) **타다**: 먼지나 때 따위가 쉽게 달라붙는 성질을 가지다. 줄이나 골을 내어 두 쪽으로 나누다. 사람이나 물건이 많은 사람의 손길이 미쳐 약하여지거나 나빠지다. 영향을 쉽게 받다. **탈탈**: 먼지 따위를 털기 위하여 잇따라 가볍게 두드리는 소리. **떡**: 매우 빈틈없이 맞닿거나 들어맞는 모양. 단단히 들러붙은 모양. **떡**: 매우 빈틈없이 맞닿거나 들어맞는 모양

딱 달라붙는다는 표현
떡은 쌀 등 가루를 반죽한 것이고, 딱딱하게 굳어 힘들다는 뜻으로 쓰인다. (Hard 얼어서 굳다. 힘들다)

dough [dou] 밀가루 반죽 (말소리) 떡

〈dough〉 '떡'은 딱 붙어 되직한 반죽을 뜻함

· 어원) **〈dough〉** German **Teig** ("dough"). Old English dāg ("dough). (국어) **딱딱하다**: 몹시 굳고 단단하다. 태도, 말씨, 분위기 따위가 부드러운 맛이 없이 엄격하다. **떡**: 단단히 들러붙은 모양. 매우 굳세게 버티는 모양

툭 쳐서 때리는 소리로 붙이다. '-tag/tact/tick/tack'는 툭 치는 소리인 Dig와 같다.

stick [stik] 1 찌르다 2 붙다 3막대 (말소리) 스턱
tick [tik] (시계 등의) 똑딱, 진드기 턱
stitch [stɪtʃ] 꿰매다 스터져

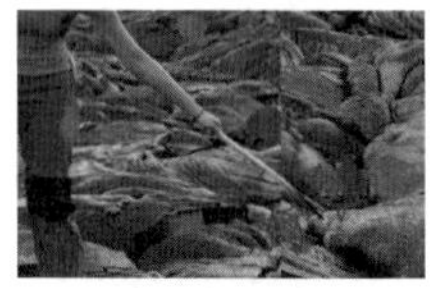

〈stick〉 '스턱'은 attack와 attach 두 가지 의미를 나타낸다. 1.툭 치다에서 찌르다(attack) 2. 툭(딱) 대다에서 붙이다(attach) 3. 턱 치는 나무. stick=stalk **〈tick〉** '턱'은 1. 툭 치다에서 시계 등이 똑딱거리는 소리. 2. 딱, 툭 대다에서 몸에 붙는 진드기. [연관] tag (따라 붙는) 꼬리표. tick tock 똑딱 **〈stitch〉** 툭/뚝 터지게(titch= touch) 찔러 바느질하다. ☞ stick에서 변화됨. 툭(tick) → 트지(titch); c/ㄱ발음이 ch/ㅈ으로 변화

· 어원) **〈stick〉** proto-germanic **stikkô* ("to pierce, prick, be sharp"). **〈tick〉** middle english **tek** ("light touch", "tap"). **〈stitch〉** Old English stician ("to stick, stab, pierce, prick"). (국어) **턱**: 갑자기 세게 짚거나 붙잡는 모양. 크게 막히거나 무엇에 걸리는 모양. 세게 부딪치거나 다치는 소리. **툭**: 갑자기 튀거나 터지는 소리. 또는 그 모양. 말을 퉁명스럽게 쏘아붙이는 모양. **딱**: 빈틈없이 맞닿거나 들어맞는 모양. 단단히 달라붙은 모양. 태도가 여유 있고 의젓한 모양. 椓칠 탁

stack [stæk] 쌓다 더미 (말소리) 수둑

〈stack〉 툭/뚝(tack [凸]) 튀어 (우뚝) 서 있다. 수둑(수북)하게 둑을 쌓아 올려지다는 뜻(≒ stock) [다른 풀이] '서턱' 턱을 이뤄 둑(언덕) 쌓다

· 어원) **〈stack〉** Old Norse *stakkr* (heap; pile") S+tack(붙다, 치다) (국어) **툭**: 갑자기 튀거나 터지는 소리. 또는 그 모양. 말을 퉁명스럽게 쏘아붙이는 모양. 어느 한 부분이 쑥 불거져 나온 모양.[凸] 가볍게 슬쩍 치거나 건드리는 소리. **턱**: 평평한 곳의 어느 한 부분이 갑자기 조금 높이 된 자리 **수둑하다**: 수북하다(쌓이거나 담긴 물건이 여럿이 다 불룩하게 많다)의 방언 (전라). 수두룩하다(매우 많고 흔하다). (한자) 卓높을 탁

stake [steik] 말뚝, 찌르다, 걸다 (말소리) 스툭

〈stake〉 '스툭'은 툭/뚝(take=tack, dig 톡톡) 쳐 박다. 박는 말뚝(뚝->말뚝)을 뜻함(≒ stick)

· 어원) **〈stake〉** Old English staca ("pin, tack, stake") Middle English tek ("light touch, tap") Proto-Germanic *takkô ("tip; point; protrusion; prong; jag; spike; twig") **뚝뚝**: 단단한 물체를 잇따라 두드리는 소리. (한자) 卓높을 탁 椓칠 탁

stock [stak] 1 쌓다, 쌓인 물품, 주식 2 줄기 (말소리) 수둑

〈stock〉 '수둑'은 떡(tock=tack, tug 凸]) 되게 둑을 쌓다(store; to fill; to supply). 1 수둑(수북)하게 쌓여 저장해 두는 물품. 기업의 물품은 자산이고, 자본금이며, 이를 증권화하여 주식을 발행한다. 2 떡 벌어진 나무줄기(stalk stick). [연관] dock

· 어원) **〈stock〉** Proto-Germanic *stukkaz ("tree-trunk, stick"). Proto-Indo-European *(s)tewg- ("to shock, butt, impact"). **떡**: 단단히 들러붙은 모양. 매우 굳세게 버티는 모양 **둑**: 높은 길을 내려고 쌓은 언덕. 범람을 막기 위하여 설치하는, 흙이나 콘크리트 따위로 만든 구축물 **수둑하다**: 수북하다(쌓이거나 담긴 물건이 여럿이 다 불룩하게 많다)의 방언 (전라). 수두룩하다(매우 많고 흔하다). (한자) 卓높을 탁

attack [ətǽk] 공격하다 (말소리) 에툭

〈attack〉 ~에(a) 툭/뚝(take=tact, dig 凸]) 치다. 대들어 공격[**攻擊**(→칠 격)(부딪치다)]한다는 뜻

· 어원) **〈attack〉** Italian attaccare ("to join, attach"). at (~에)+tack(툭) (한자) 斥방자할 탁 椓칠 탁

attach [ətǽʧ] 붙이다 달다 (말소리) 에타지
detach [ditǽʧ] 떼다 분리하다 떼타지

〈attach〉 '에타지' ~에(a) 툭/뚝(tach=take, touch) 쳐 태우다[툭 -> 타다]. (툭 타격하는 소리로) 태워서 붙다는 뜻. 또한 attack는 attach와 같은 어원이다. [연관] touch [다른 풀이] '에대지'는 대어 붙이다. **〈detach〉** '떼타지'는 툭/뚝(tach=take, touch) 태워서 붙인 것을 떼다(de)는 뜻

☞ 툭(tack) → 타지(tach); c/ㄱ발음이 ch/ㅈ으로 변화

· 어원) **〈attach〉** Old French *atachier* ("bind"), derived from estache("stick"). **〈detach〉** dé-+tacher. Latin taxāre ("to feel, touch"). (국어) **타다**: 먼지나 때 따위가 쉽게 **달라붙는 성질을 가지다.** 줄이나 골을 내어 두 쪽으로 나누다. 영향을 쉽게 받다. 바람이나 물결, 전파 따위에 실려 퍼지다. 몸에 독한 기운 따위의 자극을 쉽게 받다. 탈것이나 짐승의 등 따위에 몸을 얹다. **대다**: 닿게 하다. (한자) 打칠 타(-와, 및) 對대할 대, 마주하다

touch [tʌʧ] 1 닿다 2 감동시키다 (말소리) 타지

〈touch〉 '타지'는 1 툭/뚝(dig take) (타격하는 소리로) 대어 닿다 2 태워서 자극을 받는다. 마음에 닿아 속 태워지고, 감동받는다. 打(칠 타)에는 '~와, 및'의 뜻이 있음. ch 발음이 ㅋ에서 ㅈ으로 변화

· 어원) **〈touch〉** Vulgar Latin **toccāre* ("to knock, strike, offend"). (국어) **타다**: 먼지나 때 따위가 쉽게 달라붙는 성질을 가지다. 박 따위를 톱 같은 기구를 써서 밀었다 당겼다 하여 갈라지게 하다. 줄이나 골을 내어 두 쪽으로 나눈다. 사람이나 물건이 많은 사람의 손길이 미쳐 약하여지거나 나빠지다. **영향을 쉽게 받다.** 바람이나 물결, 전파 따위에 실려 퍼지다. 다량의 액체에 소량의 액체나 가루 따위를 넣어 섞다. 몸에 독한 기운 따위의 자극을 쉽게 받다. 탈것이나 짐승의 등 따위에 몸을 얹다. (한자)對대할 대, 打칠 타(-와, 및)

stalk [stɔ:k] 1줄기 2접근하다 활보하다 (말소리) 서툭

〈stalk〉 '서툭' 1 툭(talk [凸]) 튀어 (우뚝) 서있다는 말로 뻗은 줄기를 나타냄(≒ stock, stick) 2 툭툭 (talk≒ tick 뚝뚝) 거리며 뒤따라가다 [연관] talk 떽떽거리다

· 어원) **〈stalk〉** Old English stalu 'wooden upright', Ancient Greek stélos 'beam' Middle English tek ("light touch, tap") Proto-Germanic *takkô ("tip; point; protrusion; prong; jag; spike; twig") (국어) **툭**: 갑자기 튀거나 터지는 소리. 또는 그 모양. 말을 퉁명스럽게 쏘아붙이는 모양. 어느 한 부분이 **쑥 불거져 나온** 모양.[凸] 가볍게 슬쩍 치거나 건드리는 소리. (한자) 卓높을 탁 椓칠 탁

grade는 구르르 굴러가듯 가는 걸어가는 것으로 한 걸음 한 걸음 단계를 나타낸다. 발걸음 떼는 것도 마찬가지다.

stair [stεər] 계단 층계 (말소리) 서띄어
stage [steidʒ] 단계 무대 서띄우지

〈stair〉 '서띄어'는 서서 툭 띄워 가며, 발을 떼서 가는 하나하나의 걸음으로 층층이 이뤄진 것. **〈stage〉** '서띄우지'는 세워 툭(stag= stalk, step) 띄다, 발걸음을 떼다. 걸어가는 한 걸음, 각 단계(a phase)를 의미한다. ☞ step는 텁텁 걸어가는 한 걸음, 단계를 뜻하고, grade가 '걸다, 걸어가다'에서 한 걸음, 각 단계를 나타내는 것과 같다. [연관] vestige stalk

· 어원) 〈**stair**〉 Old English stīgan ("to go, move, reach; ascend, mount, go up, spring up, rise; scale"), German Stiege ("a flight of stairs"). 〈**stage**〉 Old French estage ("story of a building, performance stage, floor, loft"). Old French ester ("to be standing, be located"). [국어] **띄우다**: '뜨다(물속이나 지면 따위에서 가라앉거나 내려앉지 않고 물 위나 공중에 있거나 위쪽으로 솟아오른다)'. **떼다**: 걸음을 옮기어 놓다. 말문을 열다.

vestige [véstidʒ] 흔적 자취 (말소리) 빼서떼지
investigate [invéstəgèit] 조사하다 수사하다 인빼서툭이다

〈**vestige**〉 '빼서떼지'는 빼어(ve) 서서 툭(stige=stage, stalk) 떼는 발걸음. 툭툭(tig=dig) 떼는 발자취를 뜻함 ☞ tig에서 g발음이 구개음화로 'ㄱ'에서 'ㅈ'으로 변화 〈**investigate**〉 '인빼서툭이다'는 인(in on 인접)한 곳에 빼어(ve) 서서 뚝(stig=stage, stalk, stick) 발을 떼다. 툭툭(tig=dig, tick, talk) 떼는 발자취를 들여다보고 조사하는 것을 뜻함

· 어원) 〈**vestige**〉 Latin vestīgium ("footstep, footprint, track, the sole of the foot, a trace, mark"). 〈**investigate**〉 Latin investīgātiō ("a searching into"). [국어] 이다: 물건을 머리 위에 얹다. **떼다**: 걸음을 옮기어 놓다. 말문을 열다. **툭(뚝)**: 자꾸 발에 걸리거나 차이는 소리. 또는 그 모양. 단단한 물체를 한 번 치는 소리. 또는 그 모양.

stagnant [stǽgnənt] 흐르지 않는 (말소리) 스뚝이난다

〈**stagnant**〉 뚝뚝 떨어지는 물소리가 나고 흐르지 않는다

· 어원) 〈**stagnant**〉 Ancient Greek στᾰγών • (stagṓn): A drop (of liquids), στάζω (stázō, "to drip, leak"). (국어) **뚝뚝**: 큰 물체나 물방울 따위가 잇따라 아래로 떨어지는 소리. 또는 그 모양.

tag형, tap형, lap형, ride형, rake형에서 같은 의미를 찾을 수 있다.

<표> [tag형, tap형, lap형, ride형, rake형 유사성 비교]

	tag형	tap형	lap형	ride형	rake형	의미
1	tick dig	tap tip	lap slap clap rip rob	rattle nod	lick rock click crack strike	치다 파동
2	stick stake	stab staff staple	raft robust	rod		막대기
3	stalk vestige	step	rove creep trip	stride tread trot	track	걷다
4	tag contact	stuff stifle	wrap envelop strap grab clip	knot knit	lock block rack rake	붙이다 엮다
5	duck stagnant	dip dive	drip drop	nautical dilute	lake leak liquid creek	물에 닿는 소리

8 떡/덕지(tec, tex, dec, tas) 붙다(덮다), 딱(dex/dig) 맞다(덕)

text **dec**k pre**tex**t pro**tec**t **dec**orate **dig**nity **dex**terous

text [tekst] 글 직물 (말소리) 덕지다

〈**text**〉 '덕지다'는 덕지덕지 떡지게 만들다. 가루, 실 등을 이어 붙여 만든 직물이나 글을 나타냄 [다른 풀이] '딱지다' 딱지처럼 굳어 짜여지다.

· 어원) **〈text〉** Latin texō (“I weave”). German Tuch (“cloth”). (국어) **떡**: 곡식 가루를 찌거나 삶아 익힌 음식을 통틀어 이르는 말. **덕지덕지**: 물체들이 여기저기 어지럽게 마구 모이거나 겹쳐 있는 모양을 나타내는 말. **득**: 세게 금이나 줄을 그을 때 나는 소리. 또는 그 모양. **딱지**: 게, 소라, 거북 따위의 몸을 싸고 있는 단단한 껍데기. 진물 따위가 나와 말라 붙어 생긴 껍질

pretext [prí:tekst] 핑계 구실 (말소리) 펴내덕지다
context [kántekst] 맥락 끈덕지다

〈pretext〉 ‘펴내덕지다’는 펴내(pre 앞으로) 덕지덕지(tex) 붙은 것으로(떡 방아를 찧듯이 툭툭 쳐서 만들다) 앞에 붙어 가리고 있어 숨기고 보호한다는 뜻 [연관] protect **〈context〉** 끌어 덕지(tex) 붙어 맥락을 이루다

· 어원) **〈pretext〉** Latin praetexere (“to weave before, an ornament in front, border, allege”). **〈context〉** Latin contextus(weaving, joining). (국어) **펴내다**: 개킨 것을 넓게 하여 내놓다. **덕지덕지**: 물체들이 여기저기 어지럽게 마구 모이거나 겹쳐 있는 모양을 나타내는 말.

deck [dek] 층 갑판 (말소리) 덕
dock [dɑ:k] 부두 떡

〈deck〉 ‘덕’은 덕지덕지 붙어 층을 이룬 덮개나 뚜껑 같은 것을 뜻함 [다른 풀이] ‘더깨’는 덮개의 방언이다 [연관] rack protect toga (로마의) 헐렁한 옷 **〈dock〉** 덕지덕지 해변에 떡 붙어 있는 구조물(A structure attached to shore). 도킹은 결합하다는 말(joining two things together)

☞ -eck, -ock는 lock처럼 엮어 뭉친다는 의미(ex) stock, block, rack, knock, neck)

· 어원) **〈deck〉** Middle Dutch dec (“roof, covering”). German Decke (“covering, blanket”). **〈dock〉** Dutch dok (“lock (canal)) (국어) **덖다**: 때가 올라 몹시 찌들거나 때가 덕지덕지 묻다. ‘덮다’의 방언 (제주) **더깨**: ‘덮개(덮는 물건)’의 방언(경상, 평안, 함경). **덕**: 널이나 막대기 따위를 나뭇가지나 기둥 사이에 얹어 만든 시렁이나 선반. (황태덕장) **떡**: 단단히 들러붙은 모양. 매우 굳세게 버티는 모양. **더끄다** ‘덮다’의 방언(제주). (한자)

‘덮다’는 덮어씌워 가리는 행위이다. ‘덖다’는 제주 방언으로 덮다를 의미한다. 가림으로써 대상을 보호(protect)하거나 막아서 은폐시키기도 한다.

protect [prətékt] 보호하다 막다 (말소리) 펴내덮다
detect [ditékt] 찾아내다 발견하다 떼덮다

〈protect〉 ‘펴내덮다’는 펴내(pro 앞으로) (우)뚝나와 덖다(덮다) (tect). 앞에 덕지덕지 가리고 있어 숨기고 보호한다는 뜻 [연관] pretext **〈detect〉** ‘떼덮다’는 (우)뚝나와 덖은(덮다)(tect) 것을 떼(de)다는 말로 덮개를 떼 찾는다는 뜻. ☞ 떼(de)+덮다(tect) [연관] Architect

· 어원) **〈protect〉** Latin protectus (“covered, protected”), from prō (“before, in front of”)+tegere (“to cover”). **〈detect〉** Latin detectus(“to uncover or disclose”), from de-+tegere (“to cover”). (국어) **덮다**: 물건 따위가 드러나거나 보이지 않도록 넓은 천 따위를 얹어서 씌우다. **더끄다**: ‘덮다’의 방언(제주) **덖다**: 때가 덕지덕지 묻다. ‘덮다’의 방언(제주)

task [tæsk] 업무 일 (말소리) 덧쓰기
tax [tæks] 세금 과세하다 딱지
taste [teist] 맛보다 취향 다시다

〈task〉 ‘덧쓰기’는 덧 붙이다. 덫에 걸리듯 얽매이게 하는 일을 뜻함 **〈tax〉** ‘딱지’는 딱(tag) 쳐 만져보며 상태를 평가하고 그에 따라 세금 부과 **〈taste〉** ‘다시다’는 입에 대 다시다는 말로 맛을 본다는 뜻 [다른 풀이] ‘대주다’ 입을 대서 맛보다

· 어원) 〈**task**〉 Latin taxāre ("censure; charge"), tangō ("I touch"). 〈**tax**〉 Latin taxō ("I handle; I compute"), from tangō ("I touch"). 〈**taste**〉 Latin taxāre("to touch sharply"). (국어) **띠다**: 1. 용무나, 직책, 사명 따위를 지니다. 2. 물건을 몸에 지니다. **덧**: '거듭' 또는 '겹쳐'의 뜻을 더하는 접두사. 덫: 짐승을 꾀어 잡는 기구. **덕지덕지**: 때나 먼지 따위가 끼어 있는 모양. 어지럽게 덧붙거나 겹쳐 있는 모양.

딱(dex/dig/dec) 들어맞다

'딱'은 딱 붙어져 잘 들어맞다, 정확하다는 의미를 내포하고 있는 단어이다. 자로 잰 듯이 정확하게 들어맞는 경우에 '딱'이라고 표현한다. contact의 tact는 딱/톡 닿는 감촉에서 재치를 의미하게 되었다.

tactics [tǽktiks] 전술 전략 (말소리) 딱댔지
dexterous [dékstərəs] 솜씨좋은 딱서두리지

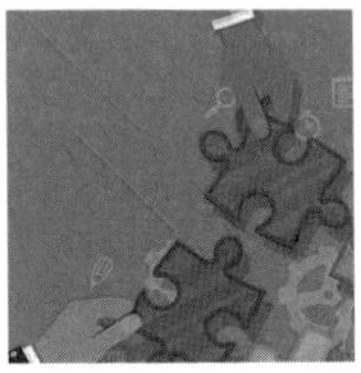

〈**tactics**〉 '딱댔지'는 딱/툭 쳐 딱 맞추다(tact=contact). 열이 똑바르도록 전략을 짠다. 이는 reckon(엮은)과 같이 열을 지으며 '생각하다' 의미가 되었다. ☞ tact 감촉, 재치 〈**dexterous**〉 '딱서두리지'는 덕지/딱지(dex=text, take) 붙어 딱들어 맞게 서있다. 잘 짜여지다. 똑바르다는 뜻. 바른 것은 right처럼 오른손 잡이를 뜻한다. ☞ dext= text(덕지 덕지 붙은 딱지). [연관] rectify

· 어원) 〈**tactics**〉 Ancient Greek τακτικός (taktikós, "fit for ordering"), from τάσσω (tássō, "to order, to arrange"). tangō ("touch"). Latin tactus(sense of touch) 〈**dexterous**〉 Latin dexter ("right, ready"). Proto-Indo-European *deḱos ("that which is proper"), from ***deḱ-** ("take, perceive"). (국어) **딱**: 빈틈없이 맞닿거나 들어맞는 모양. **탁**: 갑자기 세게 치거나 부딪거나 차거나 넘어지는 소리. 또는 그 모양. 갑자기 몹시 막히는 모양. **덕지덕지**: 물체들이 여기저기 어지럽게 마구 모이거나 겹쳐 있는 모양. **딱지**: 몸을 싸고 있는 단단한 껍데기. (한자) 度헤아릴 탁 得얻을 득(깨닫다, 적합)

ambidextrous [æmbidékstrəs] **[고급]** 양손잡이의 (말소리) 움부딱서두리지

〈**ambidextrous**〉 '움부딱서두리지'는 움(am=em/en, hem)처럼 퍼져 주위를 안은 부분 (주위 공간→ 양편의 손)을 덕지(dex) 붙어 딱 맞게 쓸 수 있다는 뜻. 덕지덕지 짜인 직물(text)처럼 딱 맞다.

· 어원) 〈**ambidextrous**〉 ambi-+Latin dexter ("right") (as if both hands are like the right hand, which is the stronger hand in most people). **움**: 땅을 파고 위에 거적 따위를 얹어 비바람이나 추위를 막아 겨울에 화초나 채소를 넣어 두는 곳. (한자) 度헤아릴 탁

decorate [dékərèit] 장식하다 꾸미다 (말소리) 딱어르다
dignity [dígnəti] 존엄 품위 딱이리다
indignant [indígnənt] 분개한 화난 안딱이련다

〈**decorate**〉 '딱어르다'는 딱(dec=text, tact)대서 얼어(or≒ornament 어우러지게) 걸치다. 덕지덕지 붙여 장식하다는 뜻 〈**dignity**〉 '딱이리다'는 딱(dig==take, tug) 맞아서 훌륭해 덕이 있다는 뜻 〈**indignant**〉 '안딱이련다'는 딱(dig==take, tug) 맞지 않(in)다는 말로 덕이 없다는 뜻
☞ dig는 딱 치며 땅파는 소리로 딱들어 맞다는 어근으로 사용됨

· 어원) 〈**decorate**〉 Latin decorare ("to adorn, distinguish, honor"), decet ("adorn, befit"). 〈**dignity**〉 Latin dīgnō("consider worthy"). decet ("it is fitting"). 잡는 것은 인식 〈**indignant**〉 in-+dignari ("to consider as worthy"), from dignus ("worthy"). **딱**: 빈틈없이 맞닿거나 들어맞는 모양 (한자) 德큰 덕(오르다, 행위, 능력, 가르침) 得얻을 득

decent [dí:snt] 제대로된 품위있는 (말소리) 되신다
disdain [disdéin] 경멸하다 멸시하다 떼서된

〈decent〉 '되신다'는 딱(dec=tag, tact.) 되게 맞다는 말로 된 사람, 적당한 상태가 된 것을 뜻함 ☞ Dec 뒤에 i가 와서 c 발음이 ㄱ에서 ㅈ으로 구개음화 **〈disdain〉** '떼서된'은 딱 된(dain=deign, dig 當마땅 당) 상태, 맞는 것에서 떼지(dis)다. 못된 사람을 뜻함 [연관] deign

· 어원) **〈decent〉** Latin decēns ("it is fitting or suitable"), Proto-Indo-European *deḱ- '딱' ("to take, be suitable"). Proto-Indo-European *deḱos ("that which is proper"), from *deḱ- ("take, perceive"), Old French deignier, from Latin dīgnārī (국어) **딱**: 빈틈없이 맞닿거나 들어맞는 모양. **되다**: 사람으로서의 품격과 덕을 갖추다. (한자) 德큰 덕(오르다, 행위, 능력, 가르침)

9 뚝(d_c, tec) 당김(끌다, 가리킴, 가르침), 떽떽거림

tug ab**duct;** in**dic**ate in**duce doc**ile **tech**nical **doct**rine; **dic**tate pre**dict**

tug [tʌg] 잡아당기다 끌다 (말소리) 턱

〈tug〉 '턱'은 딱(툭) 잡아 끌다는 뜻

· 어원) **〈tug〉** Proto-Germanic *tugōną ("to draw, tear"), Proto-Indo-European *dewk- ("to pull"). (국어) **떡**(딱): 매우 빈틈없이 맞닿거나 들어맞는 모양. 단단히 들러붙은 모양. 치거나 빚어서 만든 음식. **턱**: 어깨나 손 따위를 갑자기 세게 짚거나 붙잡는 모양. 툭: 어느 한 부분이 쑥 불거져 나온 모양.[凸] 가볍게 슬쩍 치거나 건드리는 소리. (한자) 琢 **(다듬을 탁)**

duc-는 tug로 뚝 잡아 끄는 것이다.

deduct [didΛkt] 빼다 감하다 (말소리) 떼뚝떠
abduct [æbdΛkt] 유괴하다 납치하다 외부뚝떠

〈deduct〉 '떼뚝떠'는 뚝(duc=tug) 잡아 끌어 떼(de)냈다는 뜻 **〈abduct〉** '외부뚝떠'는 외부(ab=over, off 휙)로 뚝(duc=tug) 잡아 끌다. 휙 잡아 끌고 간다는 뜻

☞ duct= d+uct(≒act, elect, drag)

· 어원) **〈deduct〉** Latin deducere ("lead from"). dē-+dūcō ("lead, pull"). **〈abduct〉** Latin abduco ("to lead away"), from ab ("away")+duco ("to lead"). **뚝**: 단단한 물체를 한 번 치는 소리. 아주 거침없이 따거나 떼는 모양.

induce [indjú:s] 유도하다 ~하게 하다 (말소리) 인띄지
introduce [ìntrədjú:s] 소개하다 도입하다 안들어띄지

〈induce〉 '인띄지'는 인("in, im, on" 인접(隣接))한 곳으로 뚝(duc=tug) 띄워 이끈다는 말로 인도한다는 뜻. ☞ duce= teach [다른 풀이] '인도지' (引導 인도) 導: **道((도)는 길, 寸(촌)은 손→ 도와줌, 導(도)는 남을 도와서 목적지에 인도하다 <introduce> '안들어띄지'는 안으로 들어가게 뚝 (duc=tug) 띄워 이끌다**

☞ -duce=teach => duc/tug에서 c/g가 ㄱ에서 ㅈ으로 발음 변화

· 어원) **〈induce〉** Latin indūcere, indūcō ("lead in, bring in, introduce"), from in+dūcō ("lead, conduct"). **〈introduce〉** Latin intro- ("inwards"), dūcō ("lead, pull, consider, regard"). (한자) 導인도할 도 到이를 도

뚝(dic=tug 우뚝) 내는 것은 이끌어 인도하다(conduct), 툭 말하여 알리다(dictate), 뚝 떼주다(deduct), 가리키다(indicate), 가리키는 손가락(index)을 표현한다. '가리키다'는 손가락 따위로 어떤 방향이나 대상을 집어서 보이거나, 알리다는 말이면서 '가르친다'(educate, teach)는 말로도 쓰인다.

indicate [índikèit] 가리키다 지적하다 (말소리) 인떡해오다

〈indicate〉 '인떡해오다'는 인("in, im, on" 인접(隣接))한 곳에 (팔을) 떡(dic=tug 우뚝) 벌여 이끌며 가리키다. 표시하는 것을 의미. ☞ 인도한다는 의미에서 induce와 같은 유래가 된다. in+dic(duc)+ate≒ educate [연관] educe

· 어원) **〈indicate〉** Latin indicāre ("to point out, indicate"), from in ("in, to")+dicāre ("to declare, originally to point"). Ancient Greek δείκνυμι (deíknumi, "to point out, show"). (국어) **떡: 휠쩍 바라지거나 벌어진 모양 뚝: 단단한 물체를 한 번 치는 소리. 아주 거침없이 따거나 떼는 모양.**

뚝 (doc) 띄워 끌거나 가리키다(가르칠 ☞). 목표를 향하게 유도하는 것으로 한자로 도(導이끌 도)로 나타낼 수 있다.

docile [dɑ́səl] 가르치기 쉬운, 유순한 (말소리) 떠줄

〈docile〉 '떠줄'은 뚝 (doc=tug, teach) 띄워 끌거나 가리키다. 가르킬(가르칠 ☞) 수 있어 수용을 잘 한다는 뜻. [연관] doctor educate teach (duc, doc의 변형) 뚝 끌어 길을 안내하다는 뜻(To show the way; to guide)

· 어원) **〈docile〉** Latin docere ("teach"). from doceō(I teach, instruct; tell, inform; show). Ancient Greek δίκη • (díkē)(custom, order, right, judgment, punishment). **뚝: 단단한 물체를 한 번 치는 소리. 아주 거침없이 따거나 떼는 모양. (한자) 導 이끌 도**

손가락은 우뚝 세워(띄워) 무엇을 가리킬 수 있다(손가락 그림 ☞). 손가락이 모두 열 개라는
점에서 손은 숫자 10을 나타낸다. 손은 숫자를 세거나 가리킴으로써 어디로 가는지 표시를 할 수 있다. 한자 습(拾 주울 습, 열 십)은 손(扌)으로 잡다는 의미에서 10을 나타내고 있다.

digit [dídʒit] 숫자 손가락 (말소리) 떠지다
decimal [désəməl] 소수 십진법의 떠짐일
decade [dékeid] 십년간 떡해오다

〈digit/decimal/decade〉 떡/뚝(dig/dec =duc, tug) (띄워) 뻗는 손가락. 손가락 숫자 10을 나타냄 [指가리킬 지, 손발가락]-> 손가락(手)에서 「가리키다」를 뜻함.] [연관] december
☞ dig/dec(떡)에서 구개음화로 ㄱ 받침 발음이 ㅈ으로 변화

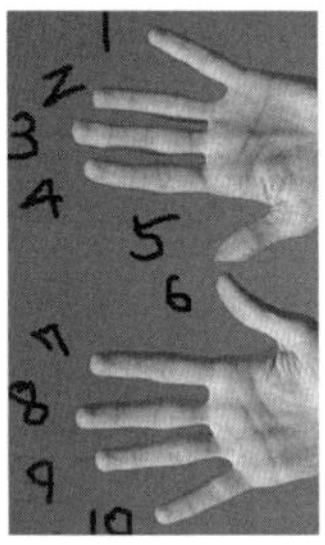

· 어원) **〈digit〉** Latin digitus ("a fingerbreadth; a number"). **〈decimal〉** Latin decem ("ten"). **〈decade〉** Late Latin decas ("(set of) ten"). (국어) **떡: 휠쩍 바라지거나 벌어진 모양. 대다: 어떤 것을 목표로 하여 총 따위를 겨냥하다. 돈이나 물건 따위를 마련하여 주다. 어떤 사실을 드러내어 말하다. 導이끌 도: 道(도)는 길, 寸(촌)은 손→도와줌, 導(도)는 남을 목적지에 인도하다**

index [índeks] 지표 색인 (말소리) 인뚝서

〈index〉 '인뚝서'는 **인**("in, im, on" 인접(隣接))한 곳에 (우)**뚝서**(dex=duc) 세운 것(손가락 ☞)으로 가리키는 것을 의미 [연관] indicate index finger (가리키는) 집게 손가락

· 어원) **〈index〉** Latin index (“a discoverer, informer, spy; of things, an indicator, the forefinger, a title, superscription”), from indicō (“point out, show”). **뚝: 단단한 물체를 한 번 치는 소리. 아주 거침없이 따거나 떼는 모양.**

teach의 원래 어원은 tech-라고 할 수 있다. 턱 잡아 이끌며 유도하는 기술이다.

technology [teknάlədʒi]	기술 공학	(말소리) 턱해내얘기
technical [téknikəl]	기술의 전문의	턱해나갈

〈technology / technical〉 턱/뚝(tech=teach, tug) 잡아 이끌어 가는 방법, 기술에 대한 얘기(log)를 쓴 것을 의미함 [다른 풀이] ‘닦아나갈’은 탁탁 치며 이끌어 가는 방법, 기술 ☞ tech는 tug, teach(툭 잡아 이끌다)와 같은 어원

· 어원) **〈technical/technology〉** Ancient Greek τέχνη(tékhnē, “art, 기술”)+ -λογία(-logía). δείχνω • (deíchno)(indicate, point out, show how, teach) Sanskrit तक्षति (takṣati); to form by cutting, to cut, to fashion (국어) **닦다: 학문이나 재주 따위를 힘써 배우고 익히다. 턱: 어깨나 손 따위를 갑자기 세게 짚거나 붙잡는 모양 (한자) 琢다듬을 탁 啄쪼 탁 椓칠 탁**

각종 기록물이나 종교적 교리나 신념 등은 사람들에게 지식이나 교훈, 사상을 전달해주고자 하는 목적이 있다. 턱/뚝 (잡는) ‘take’에는 ‘받아들이다’, ‘이해하다’(To suppose; to regard or consider. To get into one’s hands)라는 의미가 있다.

doctrine [dάktrin]	원칙 교리	(말소리) 뚝드는
document [dάkjumənt]	문서 기록	뚝해민다
dogma [dɔ́:gmə]	신조 교의	뚝이며

〈doctrine〉 ‘뚝드는’ 뚝(doc= tug, teach) (잡아) 끄는 것으로 가르침을 뜻함 **〈document〉** ‘뚝해민다’는 뚝(doc= tug, teach) (잡아) 끄는 것으로 가르침을 담은 문서를 말함 **〈dogma〉** ‘뚝이며’는 뚝(dog=take) (잡아) 인식하며 생겨 나오는 생각을 뜻함

· 어원) **〈doctrine〉** Latin doctrina (“teaching, learning, knowledge”), from doctor (“a teacher”), from docere (“to teach”). **〈document〉** Latin doceō (“teach”)+-mentum. **〈dogma〉** Ancient Greek δόγμα (dógma, “opinion, tenet”), Ancient Greek δοκέω (dokéō, “I appear, seem, think”). (국어) **뚝: 아주 거침없이 따거나 떼는 모양.** (한자) 德큰 덕(오르다, 행위, 능력, 가르침)

떽떽거리다

툭 하고 말을 꺼내는 것은 떽떽거리며 지껄이다로도 표현 가능하다. talk, dict-와 연관된다고 할 수 있다. 떽떽거림은 웩웩거리는 log(loquacious, dialogue) 어근과 같다.

talk [tɔ:k]	말하다 이야기하다	(말소리) 떽

〈talk〉 ‘떽’은 떽떽거리며(嘚지껄일 득) 지껄이다 [다른 풀이] 1‘툭’ 툭하고 말을 꺼내다 2 ‘대꾸’ 대꾸하며 이야기를 이어나가는 것을 뜻함

· 어원) **〈talk〉** Old English *tealcian (“to talk, chat”). (국어) **떼다**: 말문을 열다. 발걸음을 옮기다. **떽떽:** 콧대를 세우고 으스대며 매우 거만하게 큰 소리로 말하거나 행동하는 모양. **툭**: 말을 퉁명스럽게 쏘아붙이는 모양.(툭 쏘아 대다) **뚝**: 말이나 행동 따위를 매우 단호하게 하는 모양 (한자) 嘚지껄일 득

dictionary [díkʃənèri] 사전 (말소리) 떽쓴우리
dictate [díkteit] 명령하다 드러내다 떽대오다
contradict [kàntrədíkt] 모순되다 다르다 꼰대로떽대

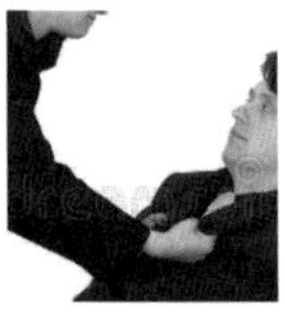

〈dictionary〉 '떽쓴우리'는 떽떽(dic=tick, tack, talk)거리며 소리치는 말들의 우리(ary=area, wall 울타리 방)로서 말을 모아놓은 것을 뜻함 **〈dictate〉** '떽대오다'는 떽떽(dic=talk)거리며 지껄여 말해 대는 것을 뜻함 [연관] dictator **〈contradict〉** '꼰대로떽대'는 꼰다(contra=counter=inter, anti 끼운다: 끼워 상대)는 마주한 상대편으로 반대 입장에서 떽떽거리며 지껄이다. 반대로 이야기하는 것을 말함

· 어원) **〈dictionary〉** Latin dīcō ("speak")+-arium ("room, place"). **〈dictate〉** Latin dictō ("pronounce or declare repeatedly; dictate"). **〈contradict〉** Latin contrādīcō ("I speak against"). (국어) **떽떽**: 콧대를 세우고 으스대며 매우 거만하게 큰 소리로 말하거나 행동하는 모양. **대다**: 어떤 사실을 드러내어 말하다. 무엇을 덧대거나 뒤에 받치다. 서로 견주어 비교하다. 嘚지껄일 득

valedictory [vælədíktəri] **[고급]** 작별인사 (말소리) 불려떽대리

〈valedictory〉 '불려떽대리'는 펄 불려(vale=very, value, well) 크고, 잘 되도록 떽떽(dic=tick, tack, talk)거리며 지껄이다. Vale-은 펄펄 뜨다는 의미로 value, very와 같으며, 변형된 형태인 훨훨(well)과 통한다. [연관] farewell

· 어원) **〈valedictory〉** Latin valedīcō ("bid farewell"), from valeō ("I am well"), +dīcō ("say"). **떽떽**: 콧대를 세우고 으스대며 매우 거만하게 큰 소리로 말하거나 행동하는 모양.

tell [tel] 말하다 구별하다 (말소리) 뗄
tale [teil] 이야기 소설 뗄

〈tell〉 '뗄'은 떼어 늘리다는 말로 1 입을 떼어 말하는 것 2 떼어 나열해 구별하다. [다른 풀이] '댈' 대고 이야기하다. 말해 대다. 갖다 대보고 구별하다. **〈tale〉** '뗄' 입을 떼며 이야기를 띄워 늘어 놓다.

· 어원) **〈tell〉** Middle English tellen ("to count, tell"). **〈tale〉** Old English talu ("tale, series, calculation, statement, relation, narrative, story"). (국어) **떼다**: 붙어 있거나 잇닿은 것을 떨어지게 하다. 말문을 열다. **대다**: 어떤 사실을 드러내어 말하다. 무엇을 덧대거나 뒤에 받치다. 서로 견주어 비교하다. **달달**: 글 따위를 막힘이 없이 시원시원하게 외는 모양.

portend [pɔːrténd] 예시하다 (말소리) 펄뗀다
foretell [fɔrtel] 예견하다 펄뗄
predict [pridíkt] 예측하다 전망하다 빠르떽대

〈portend〉 '펄뗀다'는 펄 벌여(por=pro, fore 펴내 앞서) 띈다(tend=tell, intend). 앞서서 입을 떼다는 뜻. (말문이) 트이다. ☞ tend는 띄어 늘려서 1차적으로 뻗치는 성향을 뜻하고, 2차로 떼어 꺼내는 이야기 **〈foretell〉** '펄뗄'은 펄 벌여(por=pro, pre, fore 펴내 앞서) 입을 뗀다. 앞서 말해 대다 **〈predict〉** '빠르떽대'는 빨리(pre 앞서) 떽떽(dic=talk, tick)거리며 말해 미리 알려준다

· 어원) **〈portend〉** Latin portendere("to foretell"), from por-("forward")+tendere("to stretch, speak"). **〈foretell〉** Middle English foretellen, equivalent to fore-+tell. **〈predict〉** Latin praedīcere ("to mention beforehand"), from prae ("before")+dīcere ("to say"). (국어) **대다**: 어떤 사실을 드러내어 말하다. 무엇을 덧대거나 뒤에 받치다. 서로 견주어 비교하다 **벌리다**: 펴서 열다. 사이를 떼어서 넓히다. **떼다**: 열어 말하거나 시작하다

dedicate [dédikèit] 헌신하다 바치다 (말소리) 떠떽하다'

〈dedicate〉 '떠떽하다"는 떽떽(dic=talk 거리며 띄워(de) 공표하다. 열심히 하겠다는 마음을 알리다 [연관] indicate

· 어원) **〈dedicate〉** Latin dēdicō ("I dedicate, proclaim"). Proto-Indo-European *déyḱti ("to show, point out").

10 퉁/둥[d_n, t_n] 치는 소리, 튕기다(tinc, ting)(자극, 물들임, 드러냄)

ding **den**tal de**ton**ation as**ton**ish **stun** **sting** **ting**e dis**tinc**t ex**tinc**t

ding는 땡, 둥둥, 딩동댕 소리를 나타낸다. 땡 부딪히면서 패여 움푹 들어가기도 한다. 뚝뚝 치는 dig의 다른 형태이다. d_n, t_n은 둥둥, 퉁, 탕 소리(din, tone, stun, astonish)이고, 여기서 여러 의미가 파생된다. 퉁 치는 톱니 등 날카로움(dent, dental, sting, stingy), 통통 소리가 나는 통(den, tin, tent, tank), 통통 튀면서 물에 탄다(tinge, tint, taint), 튕겨 나오는 생각/냄새(intend, instinct, think, stink), 탱탱하게 당기다(tension, extend, contend, tendon, tense, dense), 퉁 부딪혀 붙음(tangible, entangle, dangle), 퉁 부딪혀 올라 타다(contain, detain, retain, attain)

ding [díŋ]	땡땡 소리. 움푹 들어가게 하다	(말소리) 띵
dent [dent]	찌그리다, 톱니	뗀다

〈ding〉 땡, 띵 소리 나게 치거나, 때려서 움푹 들어가게 하다. **〈dent〉** '뗀다'는 (땡소리 나게) 떼어져 움푹 들어가다(A shallow deformation in the surface, produced by an impact)는 뜻 [연관] indent 들쭉날쭉 굽어들다. down '든' 들어가 꺼진

· 어원) **〈ding〉** Old English dengan ("to ding, beat, strike") **〈dent〉** Old English dynt ("blow, strike, the mark or noise of a blow"). [국어] **떼다**: 붙어 있거나 잇닿은 것을 떨어지게 하다. **들다**: 안에 담기거나 그 일부를 이루다. 통(桶): 나무나 철판 따위로 깊게 만든 그릇 (한자) 洞골 동(동굴, 고을, 굴), 鏜종소리 당

tooth [tu:θ]	치아 이	(말소리) 트지
dental [déntl]	치아의	뗀될

〈tooth〉 '트지'는 터지게 뜯어서 부수는 날카로운 것 **〈dental〉** '뗀될'은 (땡소리 나게) 떼어 잘게 부수는 톱니, 이를 나타냄

· 어원) **〈dental〉** Latin dēns ("tooth"). [국어] **뜨다**: 큰 것에서 일부를 떼어 내다. **땡**: 큰 쇠붙이나 단단한 물건이 세게 부딪쳐 울리는 소리. **타다**: 줄이나 골을 내어 두 쪽으로 나누다. **따다**: 붙어 있는 것을 잡아떼다. [한자] 打칠 타

Town은 통처럼 에워싸여 둘러진 땅으로서, 마을 동네(洞)를 뜻한다. Washington [Hwæssa (추장 이름)+tūn. Old English as Wasindone], boston, wellington, Houston("Hugh's town") 등에 쓰인다. 여기서 boston은 부산에 있는 보수동, Washington 은 안동 화성동과 비슷하다. -ton 은 동네(洞)나 건물 동을 의미한다(-ton: Place-name suffix, a town or enclosure of buildings.) 퉁퉁, 둥둥 치는 소리는 모양 측면에서 담는 통, 동굴과 유사하다.

den [den]	굴 동굴	(말소리) 동(洞)
town [taʊn]	도시 읍	동(洞)
dungeon [dʌndʒən] **[고급]**	토굴 감옥, 성	둥지인
ton [tʌn]	톤	돈

〈den〉'동'은 움푹 들어간 통, 동굴 **〈town〉** '동'은 동굴이면서 마을 동을 나타낸다. 洞골 동(동굴, 고을, 굴). Urban이 울(ur=wall)로 에워싼 성읍이 어원인 것과 마찬가지로 성시(城市)라 할 수 있다. **〈dungeon〉** 동굴처럼 둥글게 움푹 들어간 토굴, 둥지, 단지 같은 공간으로 감옥, 성으로 쓰인다. [참고] dung '똥' 덩이(덩어리)에서 똥(덩어리)이라고 불리는 것으로 보임 **〈ton〉** 통으로 담아 한 통, 두 통, 수를 센다. 무게를 잴 때 '돈' 단위를 사용했다. 금을 잴 때 한 돈 등으로 센다. 한 통이 한 돈이면서 서양에서 1톤이 되는 것이다. [연관] Tun 통, 통에 넣다 tunnel 통으로 된 널

· 어원) **〈den〉** Old English denn ("den, cave). **〈town〉** Old English tūn ("town"). Proto- Germanic *tūną ("fence, enclosure") Old English tūn ("enclosure, garden") **〈dungeon〉** Proto-Germanic *dungijǭ ("an enclosed space; a vault; treasury"), Old English dung ("a subterranean chamber; a prison; dungeon"), **〈ton〉** tun (cask, vessel) Medieval Latin tunna ("cask") [국어] **동**: 작은북 따위를 두드리는 소리. 여러 채의 집이 한데 모여 있는 건물[棟]. 집채를 세거나 차례를 나타내는 단위. 지방 행정 구역의 하나(洞). 시, 구의 아래에 두며 그 아래에는 통과 반이 있다. **통(桶):** 나무나 철판 따위로 깊게 만든 그릇. **둥지:** 새가 알을 낳거나 깃들이는 곳 '바구니'의 방언(평북, 함북). **돈**: 무게의 단위. 귀금속이나 한약재 따위의 무게를 잴 때 쓴다. 한 돈은 한 냥의 10분의 1, 상품의 교환을 매개하고, 재산 축적의 대상. (한자) 洞골 동, 마을.

tone [toun] 어조 톤 소리 (말소리) 통
tune [tjuːn] 조율하다 곡 퉁

〈tone / tune〉 통통(ding) 소리나는 것으로 음질, 목소리, 색감 등 특성을 나타냄

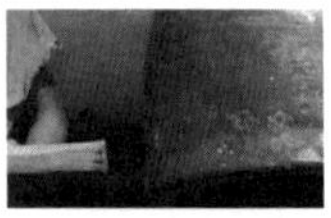

· 어원) **〈tone〉** Latin tonus ("sound, tone"). **〈tune〉** Ancient Greek τόνρς (tónos, "a tone"). 둥둥: 큰북 따위를 잇따라 두드리는 소리.

thunder [θʌndər] 천둥 (말소리) 쨍대

〈thunder〉 '쨍대'는 쨍(thun=tone, 퉁) 터져 나오는 소리나 진동으로 떠는 소리를 나타냄. sound와 유사(thund, -tound=sound 스윙대)

· 어원) **〈thunder〉** Latin tonō '퉁' (th= t.d.에서 s로 변화) (연관) tone, stun, sound, astonish. Thor 천둥의 신. 징: 민속 음악에 쓰는 타악기의 하나 (한자) 聲소리 성 諍다툴 쟁

euthanasia [jùːθənéiʒə] 안락사 (말소리) 유쳐내져

〈euthanasia〉 '유쳐내져'는 유(eu 柔)하게 쨍(than=**thun**der) 쳐서 사라진다는 말로 편히 죽게 하다는 뜻

· 어원) Ancient Greek εὐθανασία (euthanasía), from εὐ- (eu-, "good")+Θάνατρς (thánatos, "death"). Θείνω • (theínō) (to strike, wound, slay) [국어] **유하다**(柔–): 부드럽고 순하다. 걱정이 없다. **유유하다**: 마음이 흐뭇하고 즐겁다. [한자] 愉즐거울 유. 柔부드러울 유. 殺죽일 살, 감할 살

다음은 쿵쾅거리며 걷거나 천둥소리 등 험한 날씨. 놀램을 표현한다. 펑 치는 소리인 pun 어근과 유사하다(punch punish pound)

detonation [dètənéiʃən] 폭발 (말소리) 떼퉁내어진

〈detonation〉 '떼퉁내어진'은 퉁/둥둥(ton= ding, **thun**der, tone 鏜종소리 당) 뜨(de)는 소리로서 탕탕 터진다는 뜻

· 어원) **〈detonation〉** Latin *dē+tonō* (thunder down/forth). **탕탕**; 작은 쇠붙이나 단단한 물건이 잇따라 거세게 부딪쳐 울릴 때 나는 소리 (한자) 鏜종소리 당, 嘡탕 소리 날 당

astonish [əstániʃ] 놀라게하다 (말소리) 으스탕이지
astound [əstáund] 깜짝 놀라게 하다 으스탕대

〈astonish/astound〉 으스스(as) 탕(ton/toun= ding; ston=stun) 치는 것으로 큰 소리가 나서 놀라다. -tound≒ pound [다른 풀이] '에소동이지' 소동騷動 일으키다.

· 어원) **〈astonish / astound〉** Old English *āstunian, from ā-+stunian ("to make a loud sound, crash, roar, bang, dash, impinge, knock, confound, stupefy"). (연관) stun. (한자) 鏜종소리 당, 嘡탕 소리 날 당

stun [stʌn] 놀라게 하다, 멋지다 (말소리) 스퉁
sting [stiŋ] 찌르다 침 스퉁
tiny [táini] 작은 탕이네

〈stun〉 '스퉁'은 퉁(tun= ding) 때리거나 쳐서 큰 소리를 낸다는 뜻. [연관] stunt [다른 풀이] '소동騷動' **〈sting〉** '스퉁'은 퉁(ting= ding) 쳐서 찌르는 침을 뜻함. 퉁= 痛아플 통 [연관] stab 텁(tab=ting) 치다 stone **〈] =t〉** ental **tiny**> 탕(tin≒ ding, dental) 쳐 터지게 하는 이빨, 못 등 침처럼 뾰쪽해 작다 [연관] fine/point 팡 솟은 꼭대기, 침, 끝으로 미세하다

· 어원) **〈stun〉** old english stunian ("to crash, make a loud sound, roar, dash, knock, confound, stupefy"). **〈sting〉** Old English sting ("a sting, stab, thrust made with a pointed instrument"). **〈] =t〉** ental **tiny**〉 Proto-Germanic *tindaz (tooth; cog; peg; tine) **탕탕**; 작은 쇠붙이나 단단한 물건이 잇따라 거세게 부딪쳐 울릴 때 나는 소리 (한자) **痛아플 통** 嘡탕 소리 날 당

stink [stiŋk] 악취 (말소리) 스튕겨

〈stink〉 '스튕겨'는 튕겨(tink) 내며 코를 자극한다는 뜻 [연관] distinguish

· 어원) **〈stink〉** Latin stinguere ("push, goad") Proto-Indo-European *stengʷ- ("to push, thrust, strike")

stingy [stíndʒi] 인색한 쏘는 (말소리) 스퉁져

〈stingy〉 '스퉁져'는 퉁(ting= ding, sting) 쳐 튕기는 소리로 잔인하다는 뜻. 돈과 관련해 튕기며 인색하다 [연관] obstinate tangent

· 어원) **〈stingy〉** Old English sting("a sting, stab, thrust made with a pointed instrument; the wound made by a stab or sting").

tinge [tindʒ] 물들이다 (색채를) 띠게 하다 (말소리) 탄지
stain [steɪn] 착색하다 더럽히다 스태운
taint [teint] **[고급]** 더럽히다 감염 태운다
tint [tint] 색조 탄다

〈tinge/tint〉퉁 튀면서 (물에) 타서 드러나는 색을 나타냄(To add a small amount of colour) [다른 풀이] '띤지' 성질을 띠다 **〈stain〉** 퉁 튀면서 (먼지 등에) 타서 더러워지다 **〈taint〉** 타서 섞다. (섞이게) 타서 영향받는 것으로 오염되다(A contamination, decay, color)는 뜻 [연관] contamination [다른 풀이] '탄다'

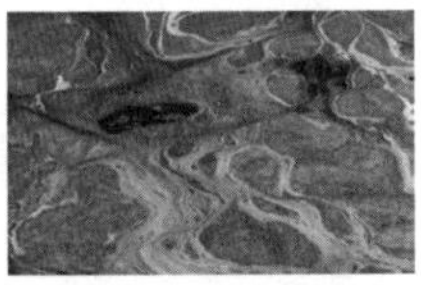

· 어원) **〈tinge〉** Latin tingō ("to dip; to moisten; to colour, dye, tinge"). **〈stain〉** Middle English steinen("to stain, colour, paint") **〈taint〉** Old French teint ("to dye, to tinge"). **〈tint〉** Latin tinctus ("dyed"), tingō ("tinge"). [국어] **타다**: 다량의 액체에 소량의 액체나 가루 따위를 넣어 섞다. 먼지나 때 따위가 쉽게 달라붙는 성질을 가지다.

'튀다'는 말은 다른 것에 비해 월등히 눈에 띈다는 뜻이다. 공이 솟아 튀어오르는 것처럼 확연히 그 변화를 알 수 있는 경우에 쓰인다.

distinct [distíŋkt] 뚜렷한 다른 (말소리) 떼서튕기다
distinguish [distíŋgwiʃ] 구별하다 특징짓다 떼서튕기지

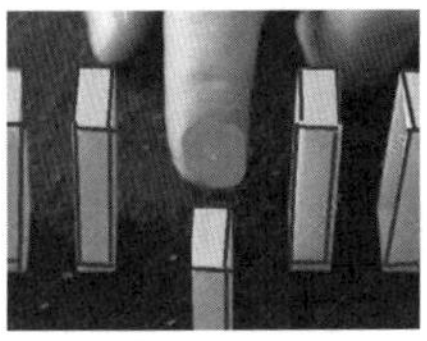

〈distinct〉 '떼서튕기다'는 떼서(dis) 퉁 (쳐) 튕겨(tinct) 나가게 하다. 튀어(눈에 띄게) 구분된다는 뜻 **〈distinguish〉** '떠서튕기지'는 떼서(dis) 퉁 (쳐) 튕겨져(tinguish) 나와 구별되어 보인다는 뜻 ☞ ting(ding 퉁)≒ tick, dig

· 어원) 〈**distinct / distinguish**〉 Latin distinguere ("to separate, divide, distinguish, set off, adorn, literally mark off"), from di-, dis- ("apart"). Proto-Indo-European *stengʷ- ("to push, thrust"), *stegʷ- ("to thrust, strike"). (국어) **튀다**: 탄력 있는 물체가 솟아오른다. 어떤 행동이나 말 따위가 다른 사람의 시선을 끌다.

튕기거나 털털거리는 파동에서 에너지, 힘을 느낀다.

extinct [ikstíŋkt] 멸종한 사라진 (말소리) 윗서튕기다
extinguish [ikstíŋgwiʃ] 끄다 소멸시키다 윗서튕기지

〈**extinct**〉 퉁 (쳐) 튕겨(tinct=tinguish) 나는 움직임(생명)에서 위쪽(ex 외로 가다)으로 벗어나 더 이상 자극이나 활동이 없는 상태 [연관] defunct '디펑크다'는 펑떠서 일어나는 일에서 떠나 죽다.
〈**extinguish**〉 퉁 (쳐) 튕겨(tinct=tinguish) 나는 움직임에서 위쪽(ex 외로 가다)으로 벗어나다. 불꽃이 튀지 않아 꺼진 상태를 뜻함.

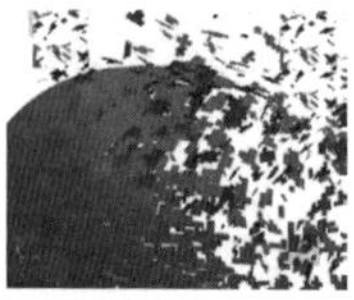

· 어원)〈**extinct / extinguish**〉 Latin extinctus, extinguere ("to put out, destroy, abolish, extinguish"), ex-+stinguere ("to prick"). (국어) **튀다**: 탄력 있는 물체가 솟아오른다.

instinct [ínstiŋkt] 본능 직감 (말소리) 안서튕기다

〈**instinct**〉 '안서튕기다'는 안에서 퉁 (쳐) 튕겨(tinc=tinguish, tend) 나오는 충동 같은 것을 뜻함 [연관] intend

· 어원) 〈**instinct**〉 Latin instinguere ("to incite, to instigate"), from in("in, on")+stinguere ("to prick").

ostensible [asténsəbl] **[고급]** 표면적으로는 (말소리) 웃에튄지볼

〈**ostensible**〉 웃(os≒ob 앞)에 튕(tens≒tend) 튀어나와 보인다. ☞ os(ex)+ten(tend) ≒ extend

· 어원) 〈**ostensible**〉 Latin ostensus, of ostendō ("show"), from obs- ("in front of"), tendō ("stretch")

instigate [ínstəgèit] 선동하다 부추기다 (말소리) 인스툭하다

〈**instigate**〉 '인스툭하다'는 인(in on 위에 이다) 곳에 툭(tig=tick, stick) 쳐 찌르는 것으로 자극해서 일어나게 함을 의미. tig는 ting의 다른 형태. [연관] stimulate 튐으로써 상대를 자극하다 (stim=stem) [다른 풀이] '인서튀기다' 튀기게 하다 ☞ stig≒stick, stink 툭 치다→ 툭 발을 딛다(stalk, investigate)

· 어원) 〈**instigate**〉 Latin stinguere ("push, goad"). (국어) **툭**: 갑자기 튀거나 터지는 소리. 또는 그 모양. (한자) 椓칠 탁

daunt [dɔːnt] 겁먹게 하다 (말소리) 떤다

〈**daunt**〉 '떤다'는 떵떵(daun=ding)거리며 당당한 모습, 떨(terrify)게 하는 위엄을 나타냄. [연관] dominate

· 어원) 〈**daunt**〉 Latin domitō ("tame"), Latin domō ("tame, conquer"). (국어) **떵떵**: 큰 쇠붙이나 단단한 물건이 잇따라 세게 부딪쳐 울리는 소리(둥둥). 위세를 부리며 기세 좋게 몹시 으르대는 모양. **당당(堂堂)**: 남 앞에서 내세울 만큼 떳떳한 모습이나 태도. **당당(鏜鏜)**: 북이나 징 따위를 치는 소리(둥둥의 한자). **댕댕**: 힘이나 세도 따위가 크고 단단한 모양. 누를 수 없을 정도로 굳고 단단한 모양. 작은 종이나 그릇 따위의 쇠붙이를 잇따라 두드리는 소리. (한자) 堂 집 당, 높은, 당당

danger [déindʒər] 위험 위기 경고 (말소리) 땡져

〈danger〉 '땡져'는 떵(dan=ding, sting)하고 부딪히는 등 떨어져 조각나게 만드는 위기 [연관] damage daze [다른 풀이] '떼인지' 떼어져 손상되다

· 어원) **〈danger〉** Middle English daunger ("power, dominion, peril"). Latin damnum ("damage"). Ancient Greek δεινός (deinós)- terrible, horrible, astounding. danger. powerful. wonderous, skillful, timid. [국어] **떨다**: 달려 있거나 붙어 있는 것을 쳐서 떼어 내다. 몹시 추워하거나 두려워하다. [한자] 撞칠 당, 부딪히다

11 땡/퉁[t(d)_m] 치다: 손상, 텀벙대다, 틈내다(시간, 조건, 끝)

damage con**dem**n; **tum**ult s**tum**ble; **tem**porary **term** de**term**ine

Dum/dam-, -tum/tem- 은 떵떵거리며 치는 소리로 데이게 한다. '데인다'는 것은 정신적, 물질적 손실을 입은 것이다.

damn [dæm] 빌어먹을 형편없는 (말소리) 뎀
damage [dǽmidʒ] 손상 피해 뎀이지

〈damn〉 '뎀'은 땡(ding) 때리며 데인 듯한 느낌에 불만을 표시하는 것 [다른 풀이] '뗌' 땡 쳐 떼어지게 하다 **〈damage〉** '뎀이지'는 땡(ding) 때려 데이는 손상을 입힌다는 뜻 [연관] detonate danger

· 어원) Latin domō-(I tame, break, I subdue, conquer.) **〈damn〉** Latin damnare ("to condemn, inflict loss upon"), from damnum ("loss"). **〈damage〉** Proto-Indo-European *deh_2- ("to divide"). Old French *dam= Old French dongier ("danger"). [국어] **떵떵**: 큰 쇠붙이나 단단한 물건이 잇따라 세게 부딪쳐 울리는 소리(둥둥). 위세를 부리며 기세 좋게 몹시 으르대는 모양. **데다**: 몹시 놀라거나 심한 괴로움을 겪어 진저리가 나다. 불이나 뜨거운 기운으로 말미암아 살이 상하다 [한자] 撞칠 당, 부딪히다. 坍무너질 담

타인으로부터 비난이나 경멸을 당하는 경우에도 정신적인 상처를 입으므로 '데다'를 사용한다.

condemn [kəndém] 비난하다 규탄하다 (말소리) 꼰뎀
contempt [kəntémpt] 경멸 모욕 꼰덤비다

〈condemn〉 '꼰뎀'은 꼰(con) 채, 땡(ding) 때려 데이는 손상을 입힌다는 뜻 **〈contempt〉** '꼰덤비다'는 꼰(con) 채, 땡(ding) 치고 덤비면서 데이는 손상을 입게 하다. 비난하다

· 어원) **〈condemn〉** Latin com-+damnāre ("to harm, condemn, damn"), from damnum ("damage, injury, loss"). **〈contempt〉** Latin contemptus ("scorn"), from contemnere ("to scorn, despise"), from com-+temnere ("to despise"). [국어] **데다**: 몹시 놀라거나 심한 괴로움을 겪어 진저리가 나다. 불이나 뜨거운 기운으로 말미암아 살이 상하다 [한자] 撞칠 당, 부딪히다 撞칠 당, 부딪히다

attempt [ətémpt] 시도하다 (말소리) 에덤비다
tempt [tempt] 유혹하다 덤비다

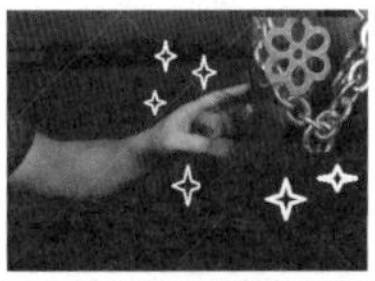

〈attempt〉 '에덤비다'는 ~에(a) 떵떵거리며 덤비다(tempt), 튐이다. 뛰어들어 시도하는 모습 **〈tempt〉** '덤비다'는 떵떵거리며 덤비다(tempt). 덤벼들어 가지려 유혹하다. [연관] tend

· 어원) **〈attempt〉** Latin attemptō ("I try, solicit"), from ad ("to")+temptare, more correctly tentare ("to try"). **〈tempt〉** Latin temptare, from tentare ("to handle, touch, try, test, tempt"). [국어] **덤비다**: 마구 대들거나 달려들다. **텅텅/떵떵**: 위세를 보이며 아주 크게 으스대는 모양을 나타내는 말. 큰 쇠붙이나 단단한 물건이 잇따라 세게 부딪쳐 울리는 소리

tambourine처럼 Dum-, -tum 등 t(d)_m 형태는 떵떵거리며 치는 소리로 떨리는 '떪' '툄'으로 표현할 수 있다. tur-, tor- (떨다, 틀다)과 같은 뜻[turmoil≒ tumult],

tumult [tjú:məlt] 소동 혼란 (말소리) 튐일다
tumble [tʌmbl] 굴러떨어지다 텀벙
stumble [stʌmbl] 비틀거리다 스텀벙

〈tumult〉 '튐일다'는 텅텅/털털(tum=damn, ding) 튀며 시끄럽다는 뜻 [연관] stimulate **〈tumble〉** '텀벙'은 텀벙(tumble=damn, ding), 텅텅거리며 구르는 소리를 나타냄. [연관] tambourine 떰벌인(=drum) temper **〈stumble〉** '스텀벙'은 텀벙거리는 걸음을 뜻함.

☞ st+ (umble=amble, rumble, limp)

· 어원) **〈tumult〉** Latin tumultus ("noise, tumult"). **〈tumble〉** Proto-Germanic *tūmōną ("to turn, rotate"). Middle English tumblen ("to fall over and over again, tumble"). **〈stumble〉** Proto-Germanic *stam- ("to trip up; to stammer, stutter"), thereby related to German stumm ("mute"), Dutch stom ("dumb").

Tamp- 형태는 우리말에서 텀벙 치는 파동처럼 짓밟는 모습이다.

stamp [stæmp] 찍다 우표 (말소리) 스텅푸
stampede [stæmpí:d] 놀라서 우루루 달아남 스텅피다

〈stamp〉 '스텅푸'는 텀벙, 텅텅(tam=damn, ding)거리며 도장을 통 찍거나 도장찍듯이 터벅 걷는다는 뜻. tamp=dump **〈stampede〉** '서텅피다'는 땡(tam=damn, ding)치며 떵떵거리는 소리로 우르르 몰리다는 뜻. tamp=dump

· 어원) **〈stamp〉** Middle English stampen ("to pound, crush"). **〈stampede〉** Spanish estampido ("a crackling"), akin to estampar ("to stamp"). **텀벙**: 크고 무거운 물건이 물에 떨어져 잠기는 소리. '덤벙'보다 거센 느낌을 준다. **텅텅/떵떵**: 큰 쇠붙이나 단단한 물건이 잇따라 세게 부딪쳐 울리는 소리

dump [dʌmp] 짓밟다 쿵 하고 내려놓다 (말소리) 떵푸

〈dump〉 '떵푸'는 떵떵거려 떨어지는 소리로 밟거나 푸는 것을 뜻함. '덤벙' 내던지는 것 [연관] dumb 떵 소리에 멍때림 dimple

· 어원) **〈dump〉** Danish dumpe ("<u>to fall suddenly</u>"). (참고) tempest(퉁퍼지다**〈폭풍〉**) turbulence(떠벌린지**〈소란, 난기류〉**). **[국어] 떨다:** 물체가 작은 폭으로 빠르게 반복하여 흔들리다. [한자] 敲두드릴 통

dimple [dímpl] 보조개 (말소리) 둠벙

〈dimple〉 '둠벙'은 동동거리는 소리가 나는 움푹 파인 구덩이(indentation in a surface.)나 주름 등을 나타냄. 덤벙대는 소리 내는 웅덩이 [연관] rimple

· 어원) **〈dimple〉** Proto-Germanic *dumpa- ("hole, hollow, pit"). German (*Tümpel; pond*) (국어) **덤벙**: 크고 무거운 물건이 물에 떨어져 잠기는 소리. **둠벙**: '웅덩이'의 방언(전라, 충청). 洞골 동, (물이)치솟다

steam [sti:m] 증기 스팀 (말소리) 서툄
damp [dæmp] 증기 축축한 뜸푸

〈steam〉 '서툄'은 튀어 날아가는 증기영어(인디언)에서 dum은 'cooked with steam' 로서 뜸들여 조리하다는 뜻이다(team≒ dum). 또한 chichi는 젖(A woman's breast)을 뜻한다[일본어]chichi[乳][젖=저+ㅈ=찌찌]. 과거 우리 조상이 아메리카 대륙으로 진출한 인디언임을 보여준다. [다른 풀이] '스뜸'은 뜸이 들어 땀같은 증기가 난다

· 어원) **〈steam〉** Proto-Indo-European *d^{h}ew- (“to whirl, stink, shake; steam, haze, smoke”). **〈damp〉** German Dampf (“vapor, steam, fog”) German Tümpel(pool). [국어] **튀다**: 탄력 있는 물체가 솟아오른다. **뜸**: 열을 가한 뒤 한동안 뚜껑을 열지 않고 그대로 두어 속속들이 잘 익도록 하는 일. 살 위의 혈(穴)에 놓고 불을 붙여서 열기가 살 속으로 퍼지게 한다.

dim [dim]	어두운, 둔한	(말소리) 덤
dumb [dʌm]	멍청한, 말이 없는	덤

〈dim〉 '덤'은 덤덤하게 무표정한 상태 (한자로 曇 흐릴 담, 구름이 끼다) **〈dumb〉** '덤'은 떵떵거리는 소리로 얻어맞은 것처럼 (귀가) 띵해서 멍하다. 둥(damage) 치는 소리에 머리가 띵하다. 덤덤해져 안 들린다는 뜻 [다른 풀이] '떪'은 떵 얻어맞은 것처럼 뜸해서 감각이 느리고 둔하다는 뜻 [연관] dump tumble

· 어원) **〈dim〉** Old English dim(“dim, dark, gloomy; wretched, grievous, sad, unhappy”). **〈dumb〉** German dumm (“dumb, stupid”). [국어] **담**: 집이나 일정한 공간을 둘러막기 위하여 흙, 돌, 벽돌 따위로 쌓아 올린 것. **덤덤**: 말할 자리에서 어떤 말이나 반응이 없이 조용하고 무표정하다. **뜨다**: 행동 따위가 느리고 더디다. **띵**: 울리듯 아프고 정신이 흐릿한 느낌 曇흐릴 담

Damn/damage는 땡땡/탕탕탕 치며 손상을 가하다는 말이다. tamper (Tamp)는 탕탕 쳐서 때워 메꾸는 '땜방'(tampion, 땜발: 땜질을 하여 본바탕에 생겨난 자리) 이라는 뜻이 있다. '때우다'는 탕탕 때려 만드는 일이다. 같은 어원인 Temper는 탕탕 때려 쇠 등을 연마하는 것으로 갈고 닦아 손질하고 조절한다는 의미가 되었다. 여기서 틈이나 뜸은 각기 나누어지는 구분점을 의미한다.

temper [témpər]	1 담금질, 조절 2 성격 화	(말소리) 땜발
temperate [témpərət]	온화한 절제하는	땜발이다
temperature [témpərətʃər]	온도 열	땜발이지

〈temper〉 '땜발' 탕탕 때려 쇠 등을 갈고 닦다는 뜻. 1 쇠를 달구어 열처리(The heat treatment)하거나 땜질하여 조절한다는 의미가 되었다(To mingle, To moderate or control). 2 사람마다 반응하면서 보이는 마음의 상태(A tendency to be in a certain type of mood) 열을 가해 담금질하듯 조절하는 정도가 그 사람의 고유한 기질이 된다. [연관] tamper **〈temperate〉** '땜발이다'는 땜질 등을 위한 불기운, 열(성질), 마음의 상태를 조절한다는 뜻 **〈temperature〉** '땜발이지'는 땜질 등 담금질 하면서 타는 불의 조절 상태가 온도로 나타난다.

· 어원) **〈temper〉** Latin temperare (“to divide or proportion duly, mingle in due proportion, qualify, temper, regulate, rule, be moderate or temperate”), from tempus (“time, fit season”). **〈temperate〉** Latin temperare (“moderate, forbear, combine properly”). **〈temperature〉** Latin tempero (“I temper”). [국어] **때다**: '때우다(뚫리거나 깨진 곳을 다른 조각으로 대어 막다)'의 준말. 아궁이 따위에 불을 지피어 타게 하다. **땜발**: 땜질을 하여 본바탕에 생겨난 자리

'타다'는 탕탕(damn) 두드려 때리듯 영향을 미치는 것(touch)과 관계가 있다. 또한 때가 타거나 닿아서 오염되다는 표현도 쓴다.

contaminate [kəntǽmənèit]	오염시키다 감염되다	(말소리) 끈탐이나다
tame [teim]	길들이다 억제하다	탐

〈contaminate〉 '끈탐이나다'는 탕탕거리며 (먼지, 때가) 탐(tam→ damage 손상)으로써 달라붙어 옮기거나 손상되는 것을 말함 **〈tame〉** '탐'은 탕탕 때려 변형을 가하는 것(Crushed; subdued; depressed)으로 손길이 타서 순하게 길들다(To cause to function more naturally through use or wear)는 뜻 [연관] **dom**esticate **dom**inate

· 어원) 〈**contaminate**〉 Latin contaminare ("to touch together, blend, mingle, corrupt, defile"), from contamen ("contact, defilement, contagion"). 〈**tame**〉 Latin domō ("I tame, conquer"). [국어] **타다: 먼지나 때 따위가 쉽게 달라붙는 성질을 가지다. 영향을 쉽게 받다. 다량의 액체에 소량의 액체나 가루 따위를 넣어 섞다. 줄이나 골을 내어 두 쪽으로 나뉘게 하다. 뜨거운 열을 받게 하여 검은색으로 변할 정도로 지나치게 익히다.**

atom [ǽtəm] 원자 (말소리) 외(外)틈
anatomy [ənǽtəmi] 해부학 안아틈이

〈**atom**〉 '외틈'은 퉁(tom=damage, damn) 터진 틈의 이외(a 外)라는 말로, 틈이 없어 쪼갤 수 없는 작은 단위 [다른 풀이] '외탐' 타서 가르지 않다 〈**anatomy**〉 '안아틈이' 인(an=on, in 인접)하여 안은 곳에 틈(tom)을 내 자른다는 뜻

· 어원) 〈**atom**〉 Ancient Greek ἄτρμρς (átomos, "indivisible"), from ἀ-(a-, "not")+τέμνω (témnō, "I cut"). 〈**anatomy**〉 Ancient Greek *ἀνατρμία (*anatomía), from ἀνατρμή (anatomḗ, "dissection"), from ἀνά (aná, "up")+τέμνω (témnō, "I cut, incise"). [국어] **트다: 틈이 생겨서 갈라지다. 타다: 두쪽으로 나누다**

'틈'은 겨를과 같은 말이다. 어떤 일을 하다 말고 다른 곳으로 관심이나 시선을 돌릴 수 있는 시간적인 여유인 셈이다. '틈'은 벌어진 공간만큼 시간이 흐른 것이다.

time [taim] 시간 때 (말소리) 트임
tempo [témpou] 속도 템포 틈펴

〈**time**〉 '트임/틈'은 (탕 치며) 타서 갈라지는 틈이 생기다. 사이, 간격으로 시간의 길이, 때를 말함. '때'는 떼어진 간격에서 나옴 Sanscrit 'tim' (뜸들이다, 틈)[조선고어실담어 주석사전, 강상원, 2016.7.25, p.867)]. [연관] term [다른 풀이] '탐' 타서 가른 틈 〈**tempo**〉 '틈펴' (퉁 치며) 틈이 생기고 일정한 간격으로 펴진 것을 말함. 퉁퉁거리며 치는 박자(The number of beats per minute) [연관] temperature

· 어원) 〈**time**〉 Old English tīma ("time, period, space of time, season, opportunity"), Ancient Greek τέμνω(témnō)(I cut, hew). 〈**tempo**〉 Latin tempus ("time"). [국어] **틈: 벌어져 사이가 난 자리. 어떤 일을 하다가 생각 따위를 다른 데로 돌릴 수 있는 시간적인 여유=겨를. 타다: 줄이나 골을 내어 두 쪽으로 나누다.**

temporary [témpərèri] 일시적인 임시의 (말소리) 틈펴내리
contemporary [kəntémpərèri] 현대의 동시대의 끈틈보내리

〈**temporary**〉 '틈펴내리'는 틈(tem=time시간)을 보낸다는 말로 틈은 잠깐을 나타냄 〈**contemporary**〉 '끈틈보내리'는 끌어(con 끈, 같이) 틈(tem=time시간)을 보낸다. 같은 틈(시간)

· 어원) 〈**temporary**〉 tempus ("time"). 〈**contemporary**〉 Latin con- ("with, together")+temporarius ("of time"). **틈: 벌어져 사이가 난 자리. 어떤 일을 하다가 생각 따위를 다른 데로 돌릴 수 있는 시간적인 여유=겨를.**

term은 털털거리며 부딪히는 소리로서 damn과 유사하며, 틈은 떨어서 경계를 짓고, 조건, 기한, 끝을 결정한다. 우리나라의 재래시장에 가면 '떨이'라는 문화가 있다. 떨이는 팔다가 못 판 물건을 전부 다 떨어서 싸게 팔아버리고 그날 장사를 끝내는 행위이다.

term [təːrm] 1 기한 2 조건 3 용어 (말소리) 틈
determine [ditə́ːrmin] 결정하다 떼떪인

〈term〉 떨어/털어(term=trim)버리고 잘라내 틈, 경계를 만든다. 이는 정해진 조건을 나타낸다. 1. 틈은 기한 2. 틈은 벌어진 여유 공간으로 할 수 있는 범위, 기간을 제한하는 조건 3. 용어는 말의 정의, 범위를 지어 준다 [다른 풀이] '뚫' 딱 떨어진 경계 **〈determine〉** '떼뚫인'은 떨어/털어(term=trim) 버리고 생긴 틈의 끝에 다다르다. 떼어(de) 크기, 기한(term)을 정하다는 뜻. 매듭짓는 결론

· 어원) **〈term〉** Latin terminus ("a bound, boundary, limit, end, in Medieval Latin also a time, period, word, covenant, etc."). Sanskrit (tárati) **'털리다'**(to pass across, to float, swim, to get through, attain an end, cause to arrive at, acquire) **〈determine〉** Latin determinare ("to bound, limit, prescribe, fix, determine"), from de+terminare ("to limit"), from terminus ("bound, limit, end"). [국어] **떨다**: 1. 달려 있거나 붙어 있는 것을 쳐서 떼어 내다. 2. 돈이나 물건을 있는 대로 써서 없애다. **떨어지다: 일이 끝나다. 일정한 거리**를 두고 있다. 달렸거나 붙었던 것이 갈라지거나 떼어지다. 뒤를 대지 못하여 남아 있는 것이 없게 되다. **떨이하다**: 팔다 조금 남은 물건을 다 떨어서 싸게 팔다. [한자] 達통달할달

terminal [tə́ːrmənl] 터미널 끝의 (말소리) 뚫이날
terminate [tə́ːrmənèit] 끝내다 해지하다 뚫이나오다

〈terminal/terminate〉 떨어(term=trim)내 생긴 틈의 한계, 기한(term), 끝에 다다랐음을 의미.

· 어원) **〈terminal /terminate〉** Late Latin terminalis ("pertaining to a boundary or to the end, terminal, final"), Latin terminus ("a bound, boundary, limit, end"). [국어] **떨다**: 1. 달려 있거나 붙어 있는 것을 쳐서 떼어 내다. 2. 돈이나 물건을 있는 대로 써서 없애다. **떨어지다**: **일이 끝나다**. 일정한 거리를 두고 있다. 달렸거나 붙었던 것이 갈라지거나 떼어지다. 뒤를 대지 못하여 남아 있는 것이 없게 되다

12 탈탈[t_r] (돌다, 떨림, 탈남, 타다)

turn de**tour**; **terr**or **tre**mor per**turb**; **toil tor**ture; at**tire tor**ch

turn [təːrn] 돌리다 바꾸다 (말소리) 턴

〈turn〉 '턴'은 털털거리며 털다, 틀어지다는 뜻 ☞ 털털 털다→ 털은→ 턴

· 어원) **〈turn〉** Old English turnian ("to turn, rotate, revolve"), from Proto-Indo-European *$terh_1$- ("to rub, rub by turning, turn, twist, bore"). [국어] **틀다**: 방향이 꼬이게 돌리다. **털털**: 먼지 따위를 털기 위하여 잇따라 거볍게 두드리는 소리. 또는 그 모양. 깨어지거나 금이 간 두툼한 질그릇 따위가 부딪칠 때 나는 소리. [한자] 脫벗을 탈, 떨어지다

'떠나다'나 '다니다'는 탈탈거리며 움직이는 것을 말한다.

tour [tuər] 관광 여행 일주 (말소리) 틀
detour [díːtuər] 우회하다 떠틀

〈tour〉 '틀'은 탈탈(tour=turn)거리며 틀어 이리저리 돌아다닌다는 뜻 [다른 풀이] '터울' 터울대며 돌다 **〈detour〉** '떠틀'은 떠(de)서 틀어(tour=turn) 가는 것으로 경로에서 떠나 틀어서 가는 것

· 어원) **〈tour〉** Latin tornō (I turn, make round). **〈detour〉** French détour, from détourner ("turn away"). [국어] **터울터울**: 어떤 일을 이루려고 억척스럽게 몹시 애를 쓰는 모양을 나타내는 말. **틀다**: 방향이 꼬이게 돌리다.

attorney [ətə́ːrni] 변호사 지방검사 (말소리) 에튼이

〈attorney〉 ~에(a) 틀어(torn=turn) 주다는 말로 (변호사에게 부담을) 돌려(틀어) 주고, 의뢰자를 대신해 변호하는 이(인간)를 가리킴

· 어원) **〈attorney〉** Old French atorner ("designate"), from a- ("to")+torner ("turn"). [attorn: To transfer one's obligations from a person to another person.]

공포나 두려움과 관련된 신체의 가장 일반적인 반응은 '덜덜, 드르르' 하고 몸을 터는(turn) 것이다. 공포를 느끼는 것도 마음속에서 띵(ding, astound) 치는 것과 같은 울림으로 인해 떨리게 되어 놀라는 것이라고 할 수 있다.

dread [dred] 두려워하다 (말소리) 드르다

'드르다'는 '덜덜, 드르르'하고 무서울 때 떠는 모습을 나타냄

· 어원) **〈dread〉** Ancient Greek τρέω (tréō, "to dread, to terrify"). **[국어] 드르르: 큰 물건이 단단한 바닥 위를 구르는 소리.**

terror [térər] 공포 (말소리) 떨어
tremble [trémbl] 떨다 진동하다 터렁불
tremor [trémər] 떨림 전율 떨음에
timid [tímid] 소심한 내성적인 떪이다

〈terror〉 '떨어'는 '따르르, 드르르'하고 떨(털) 정도로 무섭다는 뜻 [다른 풀이] '털어' 몸을 털다 **〈tremble〉** '터렁불'은 떠렁 떨면서 흔들린다는 뜻. ☞ tr(드르)+remble(≒ ramble, rumble 물이 넘실대는 파동처럼 왔다 갔다 하는 의미가 된다) **〈tremor〉** '떨리며'는 떨리다는 뜻. ☞ tr(드르)+remor[≒ rumor(우물우물 거리는 소리)]. **〈timid〉** '떪이다'는 땡(tim=damn) 때릴 때의 떨림이나 놀람을 통해 두려움을 느끼는 것을 표현한 것 [연관] damn

· 어원) **〈terror〉** Proto-Indo-European *tre- ("to shake"). **〈tremble〉** Vulgar Latin tremō ("shake, tremble"). **〈tremor〉** Proto-Indo-European *trem- ("tremble"). **〈timid〉** Latin timidus ("full of fear, fearful, timid"). Proto-Germanic *tūmōną ("to turn, rotate") **[국어] 떨다: 물체가 작은 폭으로 빠르게 반복하여 흔들리다. 몹시 추워하거나 두려워하다. 터렁(터드렁대다): 깨어진 쇠 그릇 따위가 부딪치거나 떨어져 둔하게 울리는 소리가 자꾸 나다.**

trim [trim] 잘라내다 다듬다 (말소리) 털림
drum [drʌm] 북소리 드럼 드릉

〈trim〉 터렁/따릉 소리로 털어 내어서 정돈하는 것을 뜻함(To beat) **〈drum〉** '드릉'은 드렁(따릉) 떨리며 두드리는 소리를 나타냄 [연관] trumpet 드렁피다 drip rumble

· 어원) **〈trim〉** Proto-Germanic *trumaz ("firm; strong; sound"). **〈drum〉** Proto-Germanic **drupjaną* ("to fall in drops, drip"). **[국어] 드륵거리다: 바퀴 따위가 고르지 않게 돌아가는 소리가 잇따라 나다. 털다: 붙어 있는 것 따위가 떨어지게 흔들거나 치거나 하다. 털털: 먼지 따위를 털기 위하여 잇따라 거볍게 두드리는 소리. 또는 그 모양. 깨어지거나 금이 간 두툼한 질그릇 따위가 부딪칠 때 나는 소리. 터렁터렁: 깨어진 쇠그릇 따위가 무엇에 자꾸 부딪치거나 떨어져 둔하게 울리는 소리**

deteriorate [ditíəriərèit] 악화되다 나쁘게 하다 (말소리) 떼닳아오리다

〈deteriorate〉 '떼닳아오리다'는 따르르 떨리는 소리로 물건을 닳게(떨어지게) 하다는 뜻 [연관] terror [다른 풀이] '떼떨어오리다'는 드르르 떨면서 물건을 닳게(떨어지게) 하다는 뜻

· 어원) **〈deteriorate〉** Latin dēterior ("worse"). Latin dēterreō ("deter, discourage"), from de ("from")+terreō ("I frighten"). **[국어] 닳다: 액체 따위가 졸아들다. 떨어지다: 값, 기온, 수준, 형세 따위가 낮아지거나 내려가다. 달렸거나 붙었던 것이 갈라지거나 떼어지다.**

startle [stáːrtl] 깜짝 놀라게 하다 (말소리) 스덜덜

〈startle〉 '스덜덜'은 (후)덜덜(털털) 떨리게, 깜짝 놀라게 하다는 뜻 [연관] start 털고 일어나 뭔가를 시작하다

· 어원) 〈startle〉 Middle English startlen("to rush, **stumble** along") [국어] **털다**: 붙어 있는 것 따위가 떨어지게 흔들거나 치거나 하다. **털털**: 먼지 따위를 털기 위하여 잇따라 거볍게 두드리는 소리. 또는 그 모양. 깨어지거나 금이 간 두툼한 질그릇 따위가 부딪칠 때 나는 소리. **뜨다**: 벗어나 자리를 옮기다.

violent는 벌렁대며 불어치는 힘을 나타내고, fierce는 팔팔하게 뛰는 힘이 있어 사납다는 말이 된다.

sturdy [stə́:rdi] 억센 튼튼한 폭풍 (말소리) 서털다
storm [stɔ:rm] 폭풍 스텀

〈sturdy〉 '서털다'는 탈탈거리며 부딪혀 번쩍거리게 하는 힘이 있어 강하게 보이다 [연관] violent fierce wild **〈storm〉** '스텀'은 딸랑 털털(tor=turn)거리는 소리로 바람부는 날씨를 뜻함 [연관] **turm**oil

· 어원) **〈sturdy〉** Middle English sturdy(" strong, stern, fierce"). Old French estourdi("dazed"), a firm strike (causing a daze) or a strong, violent person. **〈storm〉** German stürmen ("to storm; rage; attack; assault").

strenuous [strénjuəs] 격렬한 분투의 (말소리) 서떠렁이어서
stern [stə:rn] 엄격한 가혹한 스턴

〈strenuous〉 '서떠렁이어서'는 떠렁대며 거친 모습을 의미함 [연관] strong **〈stern〉** '스턴'은 텅텅/털털 소리 내며 시끄럽고 거친 것을 의미 [연관] astonish sting stingy stun

· 어원) **〈strenuous〉** Latin strenuus ("quick, vigorous"). Proto-Indo-European *ster ("strong, steady"). Latin stringō ("tighten"). Proto-Germanic *strangaz ("tight, strict, straight, strong") **〈stern〉** Old English styrne ("stern, grave, strict, hard, severe, cruel"), from Proto-Germanic *sturnijaz ("angry, astonished, shocked").

disturb [distə́:rb] 방해하다 혼란시키다 (말소리) 떠서떫어
turbulent [tə́:rbjulənt] 사나운 폭풍우의 떫을련다

〈disturb〉 '떠서떫어'는 떠서(dis) 떫어(turb=turn)지게 틀어진 상태. 혼란에 빠진 것을 뜻함.
〈turbulent〉 '떫을련다'는 (바람이나 물) 털털 몰아쳐 떫은(turb) 상태로 볼 수 있음
☞ turb= 트(t) +읆어(urb=wolf, warp)=>떫어 [연관] warp urban per**turb** **turb**ine

· 어원) **〈disturb〉** Latin turbare ("to throw into disorder"). **〈turbulent〉** Latin turba ("disorder, tumult, crowd"). [국어] **틀어지다**: 1. 어떤 물체가 반듯하고 곧바르지 아니하고 옆으로 굽거나 꼬이다. 2. 꾀하는 일이 어그러지다. **털다**: 붙어 있는 것 따위가 떨어지게 흔들거나 치거나 하다. **떫다**: 설익은 감의 맛처럼 거세고 텁텁한 맛이 있다. 하는 짓이 덜되고 떨떨하다. **틀부다**: '다르다'의 방언 (전라)

비트는 행위는 원래의 상황을 꼬이게 해 혼란을 가중시킨다.

perturb [pərtə́:rb] 혼란시키다 (말소리) 펄떫어

〈perturb〉 '펄떫어'는 펄(per 푹) 털다(tur=turn). 푹 틀어져 떫게, 혼란하다는 뜻

· 어원) **〈perturb〉** Latin perturbare ("throw into confusion, confuse, disorder, disturb"), from per ("through") 빼+ turbare ("to confuse, disturb"). [국어] **떫다**: 설익은 감의 맛처럼 거세고 텁텁한 맛이 있다. 하는 짓이 덜되고 떨떨하다.

distort [distɔ́:rt] 왜곡하다 비틀다 (말소리) 떠서틀다

〈distort〉 '떠서틀다'는 떠서 틀어(tor=turn; tort=torture)지다, 비틀어지다.

· 어원) 〈**distort**〉 Latin distorqueō ("to twist, torture, distort"). [국어] **틀다**: 방향이 꼬이게 돌리다.

갑작스런 사고나 질병에 대해 우리는 '탈이 나다'란 표현을 쓴다. 몸과 마음이 틀어지거나 떨리는 일과 관련된다. 다른 사람을 괴롭혀 탈이 나게 할 수 있다.

toil [tɔil]	애쓰는 힘써 일하는	(말소리) 탈
torment [tɔːrmént]	고통 괴롭히다	탈몬다
torture [tɔ́ːrʧər]	고문 고통을 주다	탈줘
turmoil [tə́ːrmɔil] **[고급]**	소란	탈모일

〈**toil**〉 '탈'은 (털털) 떨려 탈(toil=turn)이 날 정도로 힘을 쓴다는 뜻 [연관] tire 탈 〈**torment**〉 '탈몬다'는 틀어지는 것으로 탈(tor=turn)이 나게 몰아(ment) 고통을 준다는 뜻(torm→storm) 〈**torture**〉 '탈줘'는 탈탈(tor=turn) 떠는 것으로 탈이나게 고통을 준다는 뜻 [연관] twist 튀어지다 〈**turmoil**〉 탈탈(tor=turn) 떠는 소란 [연관] tumult

· 어원) 〈**toil**〉 Anglo-Norman toiller ("to agitate, stir up, entangle"). 〈**torment**〉 Latin tormentum ("something operated by twisting"), from torquere ("to twist"). 〈**torture**〉 Late Latin tortura ("a twisting, writhing, of bodily pain, torture"). [국어] **탈**: 1. 뜻밖에 일어난 걱정할 만한 사고. 2. 몸에 생긴 병.

tire [taiər]	피곤하게 하다 지치다	(말소리) 탈

〈**tire**〉 '탈'은 탈탈거림으로 탈이나 피곤하다는 뜻. 속이 타다

· 어원) 〈**tire**〉 Old English tȳrian("to fail, fall, cease; tire, weary"). [국어] **타다**: 마음이 몹시 달다. 먼지나 때 따위가 쉽게 달라붙는 성질을 가지다. **타다2**: 박 따위를 톱 같은 기구를 써서 밀었다 당겼다하여 갈라지게 하다. 줄이나 골을 내어 두 쪽으로 나누다. 사람이나 물건이 많은 사람의 손길이 미쳐 약하여지거나 나빠지다. [한자] 奪빼앗을 탈

retire [ritáiər]	은퇴하다 퇴직하다	(말소리) 누탈

〈**retire**〉 '누탈' 누누이[re] 탈탈[tire=tow] 털어내다. 누차 끌어냄으로써 원래 상태인 일하기 전으로 돌아가다, 퇴각하다(To withdraw; to take away. to retreat, recede.)는 의미. [참고] retreat

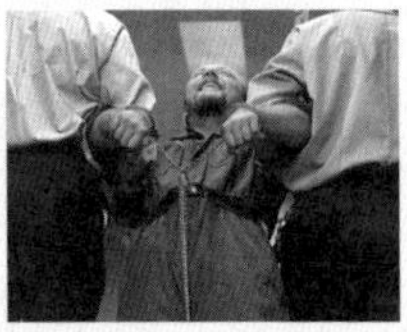

· 어원) 〈**retire**〉 Middle French retirer ("draw back"), from re- ("back"), +tirer ("draw, pull"), from Old French tirer ("to draw out, arrange, adorn"), from tire ("row, rank, order, dress"). Old English tēorian ("to fail, cease, become weary, be tired.) **타다**: 줄이나 골을 내어 두 쪽으로 나누다. **따다**: 싫거나 미운 사람을 돌려내어 일에 관계되지 않게 하다. 붙어 있는 것을 잡아떼다. [한자] 奪빼앗을 탈

탈탈거리며 태우다

'타다'는 뭔가를 위에 대거나 태워서 쌓아올리는 것을 뜻한다. 탈탈거리며 섞이는 것이다. 그것은 관계(tie), 옷(attire)이나 타일(tile)에 나타낸다.

tie [tai]	매다 관계	(말소리) 타
tile [tail]	타일 기와	탈

〈**tie**〉 '타'는 툭 끌어 태움으로써 꼬이다(To twist (a string) around itself) [다른 풀이] '띠어' 띠로 잇는다 〈**tile**〉 '탈'은 위에 태워서 쌓는다는 뜻

· 어원) 〈**tie**〉 Proto-Germanic *taugō(cord, string, rope) 〈**tile**〉 latin tegō (I cover; I clothe). [국어] **태우다**: '타다(탈것이나 짐승의 등 따위에 몸을 얹다)'의 사동사. **타다**: 탈것이나 짐승의 등 따위에 몸을 얹다. [한자] 帶띠 대

dye [dai] 염색하다 (말소리) 더해

'더해'는 더하여 위에 입히는(타는) 색

· 어원) Proto-Germanic *daugō ("colour, shade"), *dauganą, *dug- ("to conceal, be dark")

tail [teil] 꼬리 끝 (말소리) 털

〈tail〉 '털'은 털털거리며 꼬인 것으로 털처럼 몸에 딸린 꼬리를 뜻함 [연관] hair 휠휠 휘감긴 털

· 어원) **〈tail〉** Proto-Germanic *taglaz ("hair, fiber; hair of a tail"). Persian تار (târ) (string, cord)

attire [ətáiər] 의상 옷 복장 (말소리) 에탈
tier [taiər] 단계 위 탈
subtle [sʌtl] 미세한 솝털

〈attire〉 '에탈'은 몸에 (탈탈 털리면서) 꼬인 털로 짜인 옷으로 탈을 쓰듯 걸친다 ☞ tire는 과거에 의상, 머리 장식 의미로 쓰임 **〈tier〉** '탈'은 탈탈거림으로 꼬여서 열을 이뤄 쌓여있다는 뜻. [다른 풀이] '태워' **〈subtle〉** 솝(sub, 속)에 있는 털(tle≒tail). (탈탈 털리는) 털의 속이 미세하다 [연관] tail 꼬인 털로서 머리털, 꼬리털

· 어원) **〈attire〉** Old French atirier ("to equip"), from a-+tire ("rank"). Persian تار (târ) (string, cord) **〈tier〉** Old French tire ("rank, sequence, order, kind"). **〈subtle〉** Latin subtīlis ("fine, thin, slender, delicate"); "woven fine", and from sub ("under")+tēla ("a web"), from texere ("to weave"). [국어] **탈**: 뜻밖에 일어난 걱정할 만한 사고. 병. 허물. 얼굴을 감추거나 달리 꾸미기 위하여 나무, 종이, 흙 따위로 만들어 얼굴에 쓰는 물건. **솝**: '속'의 옛말. **태우다**: '타다(탈 것이나 짐승의 등 따위에 몸을 얹다)'의 사동사.

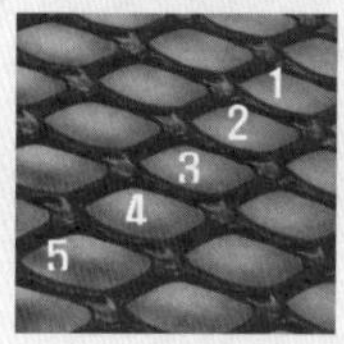

satellite [sǽtəlàit] 위성 (말소리) 싸딸리다

〈satellite〉 '싸딸리다'는 싸서 탈탈 휘말려 딸린 것으로 따라다닌다는 뜻

· 어원) **〈satellite〉** Latin satelles ("attendant, follower"). [국어] **딸리다**: 어떤 것에 매이거나 붙어 있다.

indulge [indʌldʒ] 빠지다 탐닉하다 (말소리) 인달지

〈indulge〉 '인달지'는 인(in, im, en, on" 인(隣)=인접)한 곳에 달라붙어 달게 느껴 몰두한다는 뜻

· 어원) **〈indulge〉** indulgeō (I give myself up (to); I am addicted.) Ancient Greek ἐνδελεχής (endelekhḗs, "continuous"), thus originally with the meaning of "being persistent, patient". [국어] **달다**: 입맛이 당기도록 맛이 있다. 물건을 일정한 곳에 붙이다.

tide [taid] 조수 흐름 (말소리) 타다

〈tide〉 '타다'는 (물을) 타고 떠다니다(to drive or carry with the tide or stream)는 뜻. 어원상 타서 가르는 틈(time)으로서 시간을 의미

· 어원) **〈tide〉** Proto-Germanic *tīdiz ("time, period"). [국어] **타다**: 탈것이나 짐승의 등 따위에 몸을 얹다. 골을 내 둘로 쪼개다

torch [tɔːrʧ] 횃불 전등 (말소리) 탈지
torrid [tɔ́ːrid] 타는 듯이 뜨거운 타리다

⟨torch / torrid⟩ 탈탈거리며 돌아가는 바람에 따라 타는 불을 의미

· 어원) **⟨torch⟩** Latin torqueō ("twist"). Torqueō-(wind, whirl). **⟨torrid⟩** Latin torreō ("parch, scorch"). Proto-Indo-European ters- ("dry") [국어] **탈탈거리다**: 깨어지거나 금이 간 얄팍한 질그릇 따위를 두드리는 소리가 자꾸 나다.

햇볕이나 불에 의하여 그을리거나 탄 경우 색이나 성질이 변하기도 한다. 그리고 불꽃이 타오르는 것처럼 욕망과 관련된 단어에도 '타다'를 쓴다.

entice [intáis] 유혹하다 꾀다 (말소리) 인타서

⟨entice⟩ '인타서'는 인(en, in, on 인접)한 곳을 태우는 것으로 마음의 불을 지피다는 뜻 [연관] tan

· 어원) **⟨entice⟩** Proto-Italic *tī-ti ("heating"). [국어] 태우다: '타다(불씨나 높은 열로 불이 붙어 번지거나 불꽃이 일어나다)'의 사동사.

13 떠렁(tran, tr(dr)_n) 따르다, 흐름

transient **tran**sfer; **torren**t s**tream** **drown** **drain** **dren**ch

tran- 어근은 train과 관련되고, 또르르 흘러 이동하는 것을 의미한다.

transit [trǽnsit, -zit] 운송 통과 (말소리) 따른지다
transient [trǽnʃənt] 일시적인 잠깐 머무르는 따른진다
transition [trænzíʃən] 변화 이동 따른지선

⟨transit/transient/transition⟩ '따른다(trans=through)와 '예다 (it= exit)'가 합한 말로 또르르, 따라서서 죽 흘러 지나간다는 뜻. 한곳에 머무르지 않고 떠나 지나간다는 뜻

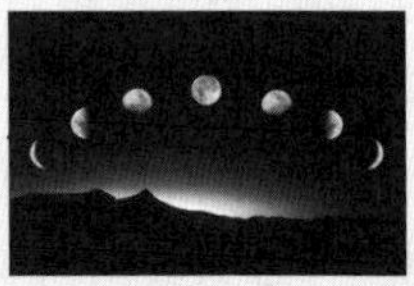

· 어원) **⟨transit⟩** Latin transire ("to go across, pass in, pass through"), from trans ("over")+ire ("to go"). **⟨transient⟩** Latin transire ("to go over, to pass"). [국어] **따르다**: 뒤에서, 그가 가는 대로 같이 가다. 액체를 밖으로 조금씩 흐르게 하다. **예다**: '가다'를 예스럽게 이르는 말. **지다**: 해나 달이 서쪽으로 넘어가다. 之갈 지

transform [trænsfɔrm] 바꾸어 놓다 변화시키다 (말소리) 따른지폼

⟨transform⟩ '따른지폼'은 폼(form 형태)이 따라(trans=through) 죽 흘러가다. 폼이 또르르 따라 (흘러) 가서 바뀌다는 뜻

· 어원) **⟨transform⟩** trans ("across")+forma ("form"). **따르다**: 뒤에서, 그가 가는 대로 같이 가다. 액체를 밖으로 조금씩 흐르게 하다.

translate [trænsléit, trænz-] 번역하다 옮기다 (말소리) 따른지내오다
transfer [trænsfə́ːr] 넘겨주다 옮기다 따른지퍼

〈translate〉 '따른지내오다'는 따른다(trans=through)와 내다(late≒let)가 합한 말로 또르르 따라(trans=through) 죽 흘러 나와 이동하다. ☞ late는 내어져 시간상으로 늦어진 것이고, 공간적으로 내보낸다는 뜻(elate, dilate) **〈transfer〉** '따른지퍼'는 따른다(trans=through)와 벌여(fer=ferry, bear, port) 푸다가 합해 따라 (죽 흘러) 퍼내다

· 어원) **〈translate〉** trāns- ("across")+lātus ("borne, carried"). Old French translater ("to translate from one language into another; to move something from one place to another) **〈transfer〉** Latin trānsferō ("I bear across").

transplant [trænsplæ'nt] 이식하다 옮겨 심다 (말소리) 따른지필련다

〈transplant〉 '따른다(trans=through)'와 '필편다(plant 풀려나는 풀, 불려 만드는 공장)'가 결합. 따라 (죽 흘러) 이동하여 풀을 심는다는 뜻

· 어원) **〈transplant〉** trans-+plant. Ancient Greek φῦλλρν•(phúl lon)(plant, foliage) [국어] **따르다**: 뒤에서, 그가 가는 대로 같이 가다. 액체를 밖으로 조금씩 흐르게 하다. **풀**: 초본 식물을 통틀어 이르는 말. 목질(木質)이 아니어 줄기가 연하고, 대개 한 해를 지내고 죽는다.

trespass [tréspəs] 침입하다 죄를 범하다 (말소리) 따라서푸스
traverse [trǽvəːrs] 횡단하다 가로지르다 따라벌지
transverse [trænsvə́ːrs] 횡단하다 따른지벌지

〈trespass〉 '따라서푸스'는 '따르다(tras=through)'와 '푸스스(pass) /푸드드(foot, pedal) 발을 옮기다'의 합성어. 따라 죽 흘러 빠져나가는 것을 뜻함 **〈traverse/transverse〉** 따르다(tra, trans= through)'와 '벌이다(verse=ferry, vary)'의 합성어. 따라 (죽 흘러) 벌어져(퍼져) 나가는 것을 의미

· 어원) **〈trespass〉** Old French trespasser("to go across or over, transgress"), from tres-("across, over")+passer("to pass"). **〈traverse〉** Latin trans ("across")+versus ("turned"), Latin vertere ("to turn").

torrent [tɔ́ːrənt] 폭발 급류 (말소리) 떠렁대
stream [striːm] 하천 스따름

〈torrent〉 '떠렁대'는 떠렁떠렁(따릉) 소리에서 탈탈거리는 불, 물살의 흐름을 의미. ☞ tor-은 탈탈 털리는 바람(storm), 불(torch), 떨림을 나타낸다. [연관] terror 떨어 current 쿨렁대 **〈stream〉** '스따름'은 떠렁떠렁(따릉) 따르르 소리 내며 쭉 흘러가는 것(to stretch out with a wavy motion)을 의미. 물 떨어지는 소리 ☞ st+ream(≒ roam, rheum 랑)

· 어원) **〈torrent〉** Latin torrēns ("burning, seething, roaring"), Latin torrēre ("to parch, scorch"). **〈stream〉** Old English strēam ("a stream, current, flowing water; flood"). Ancient Greek ῥεῦμα (rheûma, "stream, humour"). [국어] **떠렁떠렁**: 단단한 물건이 맞부딪칠 때 거칠게 잇따라 울리어 나는 소리. **드렁거리다**: 요란하게 울리는 소리가 자꾸 나다. **따르다**: 뒤에서, 그가 가는 대로 같이 가다. 액체를 밖으로 조금씩 흐르게 하다. **탈탈**: 먼지 따위를 털기 위하여 잇따라 가볍게 두드리는 소리 **떠름**: 좀 얼떨떨한 느낌이 있다

trend [trend] 경향 추세 (말소리) 따른다

'따른다'는 또르르(따르르), 떠렁 굴러(current), 흘러(flow) 가다. 일정 방향으로 따라간다는 뜻. 물이 흐르고, 전기가 흐르고, 인간 세계에서는 각종 통계가 연속적인 흐름을 이룬다. [다른 풀이] '돌린다' 돌아가는 흐름. [참조] tend strand

· 어원) **〈trend〉** Middle English trenden "to roll about, turn, revolve", Old English tryndel "circle, ring". [국어] **따르다**: 다른 사람이나 동물의 뒤에서, 그가 가는 대로 같이 가다.

drink [driŋk] 마시다 음료 (말소리) 드렁크
drown [draun] 익사하다 물에 빠지다 드렁
drench [drentʃ] 적시다, 모두 덮다, 끼얹다 드렁쳐

〈drink〉 '드렁크'는 (벌컥) 드렁거리며 들이켜 입에 따라 붓는 소리를 의미. ☞ rink는 ring, blink처럼 낭랑 거리며 꼬이는 소리. drin=drain [참고] blink, wink yank [다른 풀이] '들이켜' 들이키는 소리 **〈drown〉** '드렁'은 드렁(drin=drain)거리며 (도랑) 물에 빠지는 소리를 말함 [다른 풀이] '드리운' 물에 드리워 가려지다. Own은 에운다, 겹친다는 뜻으로 crown, own, town, down, gown과 연관된다. [연관] drain 드렁/떠렁 **〈drench〉** 드렁(drin=drain)거리는 소리로 물을 쳐 적시다. 마시게 하다 (To cause to drink)

· 어원) **〈drink〉** Old English drincan ("to drink, swallow up, engulf"), Proto-Indo-European *dʰreng- ("to draw into one's mouth, sip, gulp"). **〈drown〉** Old High German trunkanōn ("to be drunk"), Old Norse drukna ("to be drowned"). **〈drench〉** German tränken 'to water, give a drink' **[국어] 드렁:** 짧고 요란하게 코를 자꾸 고는 소리. 요란하게 자꾸 울리는 소리. **드리우다:** 빛, 어둠, 그늘, 그림자 따위가 깃들거나 뒤덮이다. 고정된 천이나 줄 따위가 아래로 늘어지다. **들이켜다:** 물이나 술 따위의 액체를 단숨에 마구 마시다. **도랑:** 작은 개울

rain [rein] 비 (말소리) 랑
drain [drein] 배수하다 유출하다 도랑

〈rain〉 '랑'은 낭랑(ring, run) 떨어지거나 흐르는 물소리로 run(흐르다)과 같다. [참고] ring 낭랑하게 울리다 **〈drain〉** '도랑'은 따랑(드렁) 따르는 소리로 물이 닳아지며 흐르다 (To flow gradually). 또랑또랑 흐르는 개울 ☞ d+rain [다른 풀이] 1 '드렁' 따르르, 드렁/떠렁 따르는 소리로 물을 닳게 한다는 뜻 2 '닳은'

☞ train, strain ('달랑' 따라붙은)에서 -rain은 모양 측면에서 물길처럼 달**랑** 이어진다는 의미로 long과 유사하고, 소리 측면에서 낭랑거림이다.

· 어원) Old English drēahnian ("to drain, strain, filter"), Proto-Germanic *draugiz ("dry, parched"). [국어] **낭랑하다**(浪浪): 정처 없이 떠돌아다닌다. 눈물이 거침없이 흐르다. 비가 계속 내리다. **도랑도랑: 말이나 행동 따위가 매우 똑똑하고 거리낌이 없다. 드렁:** 짧고 요란하게 코를 자꾸 고는 소리. 요란하게 자꾸 울리는 소리. **도랑:** 매우 좁고 작은 개울. [한자] 霝비올 령 瀧 비올 롱, 여울 浪 물결 랑

grain [grein] 곡물 알갱이 (말소리) 가랑

〈grain〉 가랑가랑, 그렁 매달린 물방울 모양. ☞ gr+rain(물방울, ring) [다른 풀이] '기른'은 길어(grow) 자라나는 것으로 씨앗을 뜻함 [연관] granule

· 어원) **〈grain〉** Latin grānum ("seed"). Proto-Indo-European *ǵerh₂-("to grow old, to mature") **가랑비:** 가늘게 내리는 비. **가랑가랑:** 액체가 많이 담기거나 괴어서 가장자리까지 찰 듯한 모양. 쇠붙이 따위가 끌리거나 구르는 소리. **가랑잎:** 활엽수의 마른 잎.

trunk [trʌŋk] 코 몸통 줄기 (말소리) 대룽커

〈trunk〉 '대룽커' 터렁 소리나면서 잘리다. 대룽, 줄기. 털어내/떨어내 자른 도막 [연관] trench(To cut)

· 어원) **〈trunk〉** Latin truncus ("a stock, lopped tree trunk"), from truncus ("cut off, maimed, mutilated"). [국어] **터렁:** 깨어진 쇠 그릇 따위가 부딪치거나 떨어져 둔하게 울리는 소리. **덜렁(달랑):** 작은 방울이나 매달린 물체 따위가 한 번 흔들리는 소리. 또는 그 모양. 큰 방울이나 매달린 물체 따위가 흔들리는 소리가 자꾸 나다. **털다:** 흔들어 떨어지게 하다.

trench [trentʃ] 도랑 해자 (말소리) 도랑쳐

〈trench〉 '도랑쳐'는 도란도란, 터렁대며 터서 대롱처럼 긴 골을 만들다(To dig or cultivate very deeply). 도랑(밭고랑)을 친다는 의미

· 어원) **〈trench〉** Old French trenchier ("to cut"). [국어] **터렁**: 깨어진 쇠 그릇 따위가 부딪치거나 떨어져 둔하게 울리는 소리. **도랑도랑: 말이나 행동 따위가 매우 똑똑하고 거리낌이 없다. 드렁**: 짧고 요란하게 코를 자꾸 고는 소리. 요란하게 자꾸 울리는 소리. **도랑**: 매우 좁고 작은 개울. **도란도란**: 개울물 따위가 잇따라 흘러가는 소리. 또는 그 모양.

throng [θrɔːŋ] 군중 (말소리) 주렁

〈throng〉 '주렁'은 주렁주렁 사슬처럼 몰려 있는 사람들을 나타냄. 어원상 대롱대롱 매달려 엉기다(trong-> throng). 딸랑/덜렁(trunk, trench) 치는 소리로 붙다 [다른 풀이] '쏠린'은 쏠려 한데 뭉쳐있는 무리
☞ Th+rong(≒ring) (鋃사슬 랑, 종소리) 사슬처럼 얽혀 있다. -ong(hang 凝 엉길 응) [연관] along '에랑' -에 달린; among=am+ong(hang)

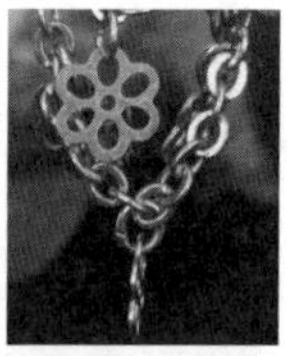

· 어원) **〈throng〉** Proto-Indo-European *trenkʷ- ("to beat; pound; hew; press"). German Drang ("urge, drive, impulse"). Old English þrang ("crowd, press, tumult"), [국어] **주렁주렁**: 열매 따위가 많이 달려 있는 모양. 사람들이 많이 딸려 있는 모양. **대롱**: 가느스름한 통대의 토막. (籠대바구니 롱, 싸다, 한데 뭉치다)

닳다(메마른 땅, 졸다): dry, drought, territory

'닳다'는 탈탈 타는 불에 바짝 말라 졸아들거나 가뭄에 물이 말라 없어질 경우 쓰이는 말이다. 영어 어원에서 볼 때 따르르, 드렁/떠렁 따르는 소리로 물을 닳게 한다고 할 수 있다

dry [drai] 건조한 말린 (말소리) 닳아
drought [draut] 가뭄 고갈 닳아오다

〈dry〉 '닳아'는 (물) 드르르, 따르르 따르는 소리에서 (물이) 닳아 말랐다는 뜻 [다른 풀이] '따라' **〈drought〉** '닳아오다'는 (물) 따르는 소리에서 닳아 없어지다는 뜻

· 어원) **〈dry〉** Old English drȳge ("dry; parched, withered"). **〈drought〉** Proto-Germanic *draugiz ("dry, parched"). [국어] **닳다**: 액체 따위가 졸아들다. 갈리거나 오래 쓰여서 어떤 물건이 낡아지거나, 그 물건의 길이, 두께, 크기 따위가 줄어들다

thirst [θəːrst] 갈증 갈망 (말소리) 졸(아)지다

〈thirst〉 '졸아지다'는 스르르 졸아서 (물이) 사라져 갈증이 난 상태를 뜻함. ☞ 닳다(dry)에서 d(ㄷ) 발음이 th(ㅈ)로 변화

· 어원) **〈thirst〉** Proto-Indo-European *ters- ("dry"). Sanskrit तृष्णा (tṛṣṇā, "desire; thirst"). [국어] **졸다**: 물이 증발하여 분량이 적어지다. **스러지다**: 형체나 현상 따위가 차차 희미해지면서 없어지다. [한자] 殺죽일 살, 감할 살

영어어원으로 보면 달아오르는 열에 의해 물이 닳아지고 바짝 말라 땅이나 육지가 형성된 것이다. 물이 닳아져 드러난 곳이 우리가 밟고 서있는 땅이 되었다.

terrestrial [təréstriəl] 지구의 육지의 (말소리) 닳아서드는
territory [térətɔ̀ːri] 영토 영역 닳아두리

〈**terrestrial / territory**〉 (물이) 닳아(terr=dry) 마르고 딱딱한 땅을 의미

· 어원) 〈**terrestrial**〉 Proto-Indo-European *ters- ("dry"). Latin terra ("land, earth, ground") 〈**territory**〉 Latin territorium from terra ("the earth") and -torium ("place of occurrence"). [국어] **닳다**: 액체 따위가 졸아들다.

mediterranean [mèdətəréiniən] 지중해의 (말소리) 매다닳아나온
inter [intə́:r] 매장하다, 사이 안터

〈**mediterranean**〉 '매다닳아나온' (물이) 닳아(terra= terrain, dry) 버린 땅을 매다[med=mid, meet](마디, 및). 땅을 매개하여 땅 사이에 있는 바다를 뜻함 〈**inter**〉 '안터'는 (물) 닳아(ter=dry)서 된 터의 안(in)

· 어원) 〈**mediterranean**〉 medius ("middle")+terra ("earth, land") 〈**inter**〉 Vulgar Latin *interrāre ("to put in earth"), Latin in-+terra ("earth"). [국어] **매다**: 끈이나 줄 따위의 두 끝을 엇걸고 잡아당기어 풀어지지 아니하게 마디를 만들다. **닳다**: 액체 따위가 졸아들다.

drowsy [dráuzi] 졸린 (말소리) 드리워져
dormitory [dɔ́:rmətɔ̀:ri] 기숙사 떪이되리

〈**drowsy**〉 드릅(drip, droop) 드리워(dress) 아래로 처진다(To nod off; to fall asleep). 〈**dormitory**〉 드르르 (곯아) 떨어져 의식활동 없이 누워 자는 방. [연관] dream

· 어원) 〈**drowsy**〉 Old English drūsian ("to sink; become low, slow, or inactive; droop; drowse; become feeble) Middle English dresen ("to fall down")), Gothic 𐌳𐍂𐌹𐌿𐍃𐌰𐌽 (driusan, "to fall; fall down"). 〈**dormitory**〉 Sanskrit द्रायति (drâyati) (to sleep). द्राति (drâti) (to run) Ancient Greek δοόμρς (drómos, "race, running") Latin dormītōrium ("a sleeping-room") Proto-Indo-European *drem- ("run, sleep") **떨어지다**: (감각이나 감정 따위가) 줄거나 없어지게 되다.

14 따르르(tr) 굴러 다니다(tr_d), 떠나 저버리다, 따라(tra) 이어지는 선

tread s**tr**ide in**tr**ude s**tr**ay; **tr**aitor be**tr**ay; **tr**ace **tr**ail **dr**aw s**tr**aw s**tr**atum

① 또르르 흘러 다니다[tr_d(t)]

. t+r_d(t) 형태로 되어 있다. r_d(t)는 발을 노닥이는 소리로 나다니다(ride, road)와 연관된다

tread [tred] 밟다 발걸음 걷다 (말소리) 따르다
trudge [trʌdʒ] 터덜터덜 걷기 따르지
stride [straid] 보폭 발전 쏘다니다
trot [trat] 빨리 걷다 따르다

〈**tread**〉 '따르다'는 따르르, 드르르 구르는 소리로 다니다는 말로 발을 떠렁 내딛는 것(To beat or press with the feet)을 뜻함 [연관] dread 드르르 떠는 두려움 [다른 풀이] '다니다' 따르르 물이 흐르듯 다니는 모습 〈**trudge**〉 '따르지'는 (눈신을 이용해) 드르르, 드륵거리며 걸어 다닌다는 뜻 〈**stride**〉 '쏘다니다'는 (발로 땅을) 드르르 (때려) 걸어 나다니다. ☞ st+ride [다른 풀이] '스따라오다' 〈**trot**〉 따르르, 드르르 구르는 소리로 달리듯 다니다. 트로트 노래

· 어원) **〈tread〉** Old English tredan ("to tread, step on, trample, traverse, pass over, enter upon, roam through"). **〈trudge〉** Original meaning "to walk using snowshoes." **〈stride〉** German streiten ("to fight, to quarrel"). Proto-Germanic *strīdaną (to step up to, to stand upright, quarrel) **〈trot〉** Old High German trottōn ("to run"), Old Norse troða ("to walk, tread") [연관] trod (tread의 과거) [국어] **따르르**: 작은 것이 빠르게 자꾸 달리는 소리가 나다. **드르르**: 큰 물건이 단단한 바닥 위를 구르는 소리. **드륵**: [북한어] 바퀴 따위가 고르지 않게 돌아가는 소리가 잇따라 나다.

drastic [drǽstik] 철저한 맹렬한 (말소리) 드르스틱

'드르스틱'은 드르르/ 따르르 구르듯 달려(dra) 가다. 도르르 떨며 활발하고 급격한 순간을 나타냄 (돌다, 달린다는 도르르에서 파생한 것으로 볼 수 있다)

· 어원) **〈drastic〉** Ancient Greek δραστικός (drastikós, "active, efficient"), from δρᾶσις (drâsis, "strength, efficacy"), itself from δράω (dráō, "to do"). Proto-Indo-European *drā-, *der-("to walk, step, **run**") Sanskrit(drāti)(to run, make haste) [국어] **드르르**: 큰 물건이 단단한 바닥 위를 구르는 소리. **도리도리**: 어린아이가 머리를 좌우로 흔드는 동작.

intrude [intrúːd] 침범하다 방해하다 (말소리) 안드르다
protrude [proutrúːd] 튀어나오다 펴리드르다
abstruse [æbstrúːs] 난해한 없이드르지

〈intrude〉 '안드르다'는 안(in) 드르르 (trude≒tread) 들이 닥치다. 인접한 곳에 들이 닥쳐 침범하다는 뜻 **〈protrude〉** '펴리드르다'는 펴내(pro 벌여, 앞으로) 드르르(trude≒tread) 밀다. 앞에 드르르 밀고 나온다는 뜻 **〈abstruse〉** '없이드르지'는 없애(abs=ex) 드르르 (trude) 가다. 드르르 없어지는 것으로 숨겨져 알기가 어렵다는 뜻 [연관] abstract (tract=truse))

· 어원) **〈intrude〉** Latin intrudere, from in-+trudere ("to thrust, push"). **〈abstruse〉** Latin abstrūdō ("conceal, to push away") ab, abs ("away")+trūdō ("thrust, push"). [국어] **드르르**: 큰 물건이 단단한 바닥 위를 구르는 소리.

stray [strei] 떠돌이 길을 잃다 (말소리) 스뜨내

〈stray〉 '스뜨내'는 따르르/드르르 따라(tra=draw) (흐르는 물 따라 가는 나그네처럼) 죽 나다니는 뜨내기. ☞ ray 빛처럼 나아가다 [연관] strew 물 따르듯 퍼지다 betray [다른 풀이] '싸돌아' '쏘다니어'

· 어원) **〈stray〉** latin stratus, sternō ("spread out, extend"). strāta (a paved road) [국어] **쏘다니다**: 아무 데나 마구 분주하게 돌아다닌다. **뜨다**: 다른 곳으로 가기 위하여 있던 곳에서 다른 곳으로 떠나다. 물속이나 지면 따위에서 가라앉거나 내려앉지 않고 물 위나 공중에 있거나 위쪽으로 솟아오른다.

거래나 무역은 이어지는 흐름으로 물건을 주고받는 것이다. -rade는 ride, road의 옛말로서 나다니다는 의미이다 (grade, parade, radiate 등).

trade [treid] 무역 거래 통상 (말소리) 따라오다
tradition [trədíʃən] 전통 관습 따라대준

〈trade〉 '따라오다'는 (따르르) 따라(tra=draw, track, trail) 이어지는 흐름으로. 길을 따라 주고받는 거래를 뜻함 **〈tradition〉** '따라대준'은 (따르르) 따라(tra=draw, track, trail) 이어지는 흐름과 '대/떠(di=tow, donate)주다'가 합해져 계승하는 것을 뜻함 [연관] Extradite

· 어원) 〈**trade**〉 Middle English trade ("path, course of conduct"), Sanskrit द्राति (drāti, "to run") 〈**tradition**〉 Latin trādō ("give up, hand over"). trāns ("across, beyond")+dō ("give") [국어] **따르다**: 뒤에서, 그가 가는 대로 같이 가다. 액체를 밖으로 조금씩 흐르게 하다. **대다**: 마련하여 주다

traffic [trǽfik] | 1 거래 2 교통 | (말소리) 따라픽

〈**traffic**〉 '따라픽'은 또르르 따라(tra=through, draw) 픽/퍽(fic=fact, factory, picture 퍽 튀어) 형태를 이루다. 1 죽 따라 (이어지는) 주고받는 거래 2. 따라가는 차량의 흐름을 표현 [연관] drawing 따라 죽 이어지는 선으로 그림

· 어원) 〈**traffic**〉 Middle French trafficare ("to carry on trade"). **따르다**: 뒤에서, 그가 가는 대로 같이 가다. 액체를 밖으로 조금씩 흐르게 하다.

② 또르르 흘러 떠나 배신하다

배반이나 배신은 거래에서 또르르 흘러가며 주는 행위다.

traitor [tréitər] | 반역자 배신자 | (말소리) 드르대
treason [tríːzn] | 반역죄 배신 | 드르준

〈**traitor / treason**〉 드르르/또르르 (tr=through) '따르다'와 '대다'(to=donor, tow), '주다'의 합성어. (약속)에서 흘러가 뜨다/주다, 신의를 져버리다는 뜻 ☞ trea(따르다)+son(주다)/to(뜨다)

· 어원) 〈**traitor**〉 Latin trādō ("give up, hand over"). 〈**treason**〉 Latin trāditiō ("a giving up, handing over, surrender, delivery, tradition"), from trāns- ("over, across")+dō ("give"). [국어] **떠내다**: 액체를 퍼서 밖으로 옮기다.

betray [bitréi] | 배신하다 밀고하다 | (말소리) 비뜨리

〈**betray**〉 드르르 떠내 넘긴다는 것으로 신의를 져버리다는 뜻 [연관] stray

· 어원) 〈**betray**〉 Old French traïr ("to commit treason, betray"), Latin trādō ("deliver, give up or surrender (treacherously), betray.") **뜨다**: 다른 곳으로 가기 위하여 있던 곳에서 다른 곳으로 떠나다. 물속이나 지면 따위에서 가라앉거나 내려앉지 않고 물 위나 공중에 있거나 위쪽으로 솟아오른다.

trick [trik] | 속이다 묘기 | (말소리) 더럭
treachery [trétʃəri] | 배반, 믿을 수 없는 | 드르치리

〈**trick/treachery**〉 드륵(treach=trick, drag) 따르도록 당겨 (휙 틀어)(a quick way of doing something.) 자세히 못보게 하다. [연관] intricate

· 어원) 〈**trick**〉 Latin trīcor("behave in an evasive manner"). Proto-Germanic *trakjaną ("to drag, scrape, pull") 〈**treachery**〉 Middle Dutch trek ("a trick"), from trekken ("to draw, play a trick on"). [국어] **더럭**: 어떤 행위를 갑자기 하는 모양. 어떤 행동을 잇따라 계속하는 모양. **다락다락**: 물방울 따위가 많이 매달려 있는 모양. **둘리다**: 그럴듯한 꾀에 속다. 속다 의 전라도 사투리.

③ 따라 잇는 선

'따르다'라는 말은 따르르(드르르), 드르륵 소리로서 이어지는 흐름이다. 즉 앞의 이동 경로를 따라 그대로 움직

이는 것이다(track) 또한 이는 죽 따라 이어지는 줄(string, streak)을 의미한다. 그리고 따른다는 딸려 달라 붙게 하고, 쪼들리게(strict) 하다는 의미도 있다.

draw [drɔː] 그리다 끌다 (말소리) 따라

〈draw〉 '따라'는 따르르 드르륵 따라가(drag) 이어지는 것으로서 딸려 끌리다는 뜻. drag의 변형된 형태. ☞ dr(드르)+raw(나다, 피가 나와 날 것, law 처럼 나와 이어지는 줄을 나타냄)

· 어원) **〈draw〉** Old English dragan ("to draw, drag, pull"). [국어] **따르다**: 다른 사람이나 동물의 뒤에서, 그가 가는 대로 같이 가다.

일의 돌아가는 사정을 보아 그 경향이 쭉 이어진다 싶으면 우리는 그것을 '따른다'라고 한다. 일종의 유행 같은 것을 따라 움직이는 것과도 유사하다고 할 것이다.

trait [treit] 특징 특성 (말소리) 따라오다

〈trait〉 '따르다'는 죽 따르는 선과 같이 추세를 이루거나 사물마다 (고유하게) 따라다니는 것으로 습성을 의미. [연관] portrait straight trend

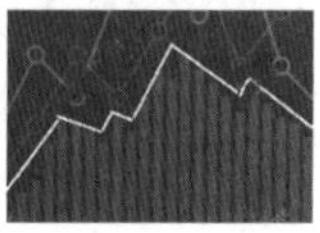

· 어원) Middle French trait ("line, feature"), Latin tractus ("drawing, pulling"). [국어] **따르다**: 뒤에서 그대로 좇아가다

그림을 그리는 것은 대상을 붓이나 연필 등으로 도화지에 선을 따라 이어가는 것이다. 선을 이용해 그리고자 하는 대상을 따라서 형체나 모양을 본뜨는 것이다. 또르르 따라서 쭉 나가 이어지는 선으로 구성되는 그림에 '따라오다'를 사용한다.

portrait [pɔ́ːrtrit] 초상화 사진 (말소리) 펴따르르다
drawing [drɔ́ːiŋ] 그림 끌기 선 따라온

〈portrait〉 '펴따르르다'는 펴(por=pro 앞으로) 따라(trait=>tract) 이어지고 죽 끌고가며 그린다는 뜻 [연관] protract 앞으로 따르게 끌어 늘어지다 **〈drawing〉** '따라온'은 따라 이어지고 죽 끌고가며 그린다는 뜻

· 어원) **〈portrait〉** Latin prō-+trahō ("I drag"). **〈drawing〉** Proto-Germanic *draganą ("to draw; pull"), equivalent to draw+-ing. [국어] **따라오다**: 좇아서 그대로 행하다

'따르다'라는 말은 앞의 이동 경로를 따라 그대로 움직이는 것이다. 이는 죽 따라 이어지는 줄을 의미한다. 다음은 tr에 붙은 race, rack, rail은 모두 이어진다는 의미를 갖고 있다.

trace [treis] ~의 흔적을 더듬다. 윤곽 따위를 긋다 (말소리) 따르어서
trail [treil] 둘레길 등산로 따라올
track [træk] 1길 2 추적하다 다락
streak [striːk] 줄, 계속 서다락

〈**trace**〉 '따르어서'는 또르르 따르는 선으로서 선을 따라 움직이는 것을 의미 ☞ tr(따라)+race(lace) 〈**trail**〉 '따라 올'은 또르르 따라서 쭉 늘어진 길이라는 뜻 ☞ tr(따라)+rail [너울(roil, roll), 지랄 대는 소리 또는 파동으로 널리(line) 늘어진]. 〈**track**〉 '다락'은 딸려 붙어 이어진 것을 말하며 1 따라서 가는 길 2 따라서 밟아가며 추적하다는 뜻. '다락'은 다락다락 딸린 것 ☞ tr(따라)+rack [엮인 선반; lock 絡(이을 락, 줄)] 〈**streak**〉 '서다락' (선처럼) 다락다락(treak≒track) 따라서 이어진 것을 의미 [연관] stroke 드륵 때리다

· 어원) 〈**trace**〉 Old French trace ("an outline, track, trace") 〈**trail**〉 Old French trailler ("to tow"), from Vulgar Latin *tragulare ("to drag"). 〈**track**〉 Old Norse traðk ("a track; path; trodden spot"). Proto-Germanic *rakjaną ("to stretch, to straighten") 〈**streak**〉 Germanic: *strikiz ("line, streak") Proto-Indo-European *streyg- ("line, stroke, strike"). [국어] **다락**: 물방울 따위가 많이 매달려 있는 모양. 귀찮거나 두려울 정도로 바득바득 다가오는 모양. 높은 기둥 위에 벽이 없는 마루를 놓아 지은 집.

story [stɔ́ːri] 1 이야기 2 층 (말소리) 서따라
stratum [stréitəm] 지층 계층 서따라듬

〈**story**〉 '서따라'는 따라 흐르는 사건의 잇따름 (A sequence of events)이나 잇따라 쌓인 층을 뜻함 1 도리도리/도르르 돌며 잇따라 이어지는 사건의 흐름 2 드르르 잇따라 쌓인 층 〈**stratum**〉 '서따라듬'은 쭉 따라 이어지고 짜인 구조물로서 잇따라 쌓여 층을 이룸 [연관] construe

· 어원) 〈**story**〉 Latin historia ("history; story"), Latin strues ("heap")). 〈**stratum**〉 Latin strātum ("a spread for a bed, blanket; a bed"), Latin strātus(stretched out, stretched on the ground, covered). Proto-Indo-European *strēy-, *ster- ("strip, line, streak, ray, stripe, row")

strategy [strǽtədʒi] 전략 방법 (말소리) 서따라대지

〈**strategy**〉 '서따라대지'는 드르르, 따르르 따르는 무리(strata)를 욱(eg=act)하고 끌다. 따라붙어 (뭉쳐져) 있는 군대를 욱하고 이끄는 기술을 뜻함 ☞ strata(층 ≒ street, straw)+eg(agent, rake, drag 엮어 끌다)

· 어원) 〈**strategy**〉 Ancient Greek στρατηγία(stratēgía, "office of general, command, from στρατός(stratós, "army, band")+ἄγω '욱'(ágō, "I lead, I conduct"). latin sternō (I spread, stretch out)

'따르다'는 계속이나 연속을 뜻한다. '따르다(tree)'는 쭉 따라 연속적으로 뻗어있는 긴 줄이나 길 같은 것을 이른다.

street [striːt] 거리 길 (말소리) 서따르다

〈**street**〉 '서따르다'는 쭉 따라(tree=draw) 이어진 줄로서 길이 뻗어있는 것을 뜻함. ☞ tree 가 하늘로 죽 따라 올라가는 것과 같다.

· 어원) 〈**street**〉 Latin strātus, sternō ("stretch out, spread, bestrew with, cover, pave"),

straw [strɔː] 짚 빨대 (말소리) 스따르
strew [struː] 흩뿌리다 스따르

〈**straw**〉 '스따르'는 또르르 따라서 쭉 늘어진 줄(raw=law 羅벌일 라) 로서 기다란 줄기를 뜻함 ☞ -traw= tree 가 위로 죽 따라 올라가는 것과 같다. 〈**strew**〉 '스따르'는 드르르 물 따르듯 흩뿌리다. street처럼 퍼져 나간다 [연관] stray

· 어원) 〈**straw**〉 Old English stalu 'wooden upright. 〈**strew**〉 German streuen ("to strew, scatter")

'띄우다'는 띄워지게 잡아당겨 팽팽하게 하는 것으로 힘이 들어 견딘다는 의미가 있다. [put up: '띄워 세우다'이면서 '참다']

15 다락[tr(dr)+g(c)], 덜렁[tring, train], 따라[tru, trea] 끌다(붙다)

drag trigger; in**tric**ate at**tract** s**trug**gle obs**truc**t re**strain**; cons**true** **trea**ty

r_g(c, k) 형태는 낚여 뭉치는 것이다[絡 (얽을 락, 줄)]. rake는 낚아채 끌어 모으는 것이고, rag/rug는 낚아 엮은 천이고, rig는 엮어 붙이는 장치, rigid/frigid는 (낚여) 오그라들어 엄격한/얼어 굳은 의미가 된 것이다. lock과 같은 쓰임이다. tr_g(c) 형태에도 낚여 뭉치는 의미가 들어 있다.

drag [dræg]	1끌어내다 2늑장부리다	(말소리) 다락
trigger [trígər]	방아쇠 유발하다	따르기

〈drag〉 '다락' 다락다락(drag) 달라붙어 (낚이어) 끌려가다. 낚시(To fish with a dragnet.)도 의미한다. 1 따르도록 끌기 2 따라가 질질 끌려가서 지체됨을 의미 [다른 풀이] '따르기' 다락다락 붙어 따라가다 ☞ d +rag(낚다 絡 얽을 락(실)); rag→ 천이 낚인 것처럼 질질 끌리다. [연관] luggage 짐이나 가방을 낚아 질질 끌고 간다 **〈trigger〉** '따르기'는 드르르, 드륵(drag) 소리 내며 다락다락 붙어 따라서 끌려간다. 방아쇠를 당기면 뒤에 따라 일어나게 하다는 뜻 [연관] rig 엮어 붙이는 장치

· 어원) **〈drag〉** Middle English dragen ("to draw, carry"). Latin agō ("to drive"), Ancient Greek ἄγω (ágō, "to lead")
〈trigger〉 Dutch trekker ("pull", noun, as in drawer-pull), from trekken ("to drag, draw, pull"). [국어] **딸리다**: 어떤 것에 매이거나 붙어 있다. **다락다락** : 물방울 따위가 많이 매달려 있는 모양. 귀찮거나 두려울 정도로 바득바득 다가오는 모양. 드륵거리다: 바퀴 따위가 고르지 않게 돌아가는 소리가 잇따라 나다. [한자] 絡이을 락

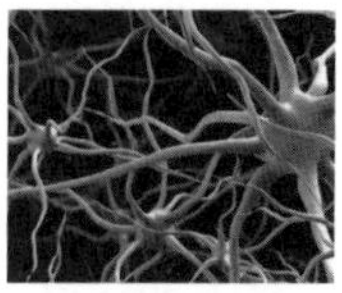

intricate [íntrikət]	복잡한 얽힌	(말소리) 안다락하다
intrigue [intríːg]	음모를 꾸미다	안다락

〈intricate / intrigue〉 안으로 다락다락(tric=trick, drag) 붙어 터럭(털)처럼 더럭 엉킨 것을 의미 [연관] trick 더럭 회전으로 바꿔가며 모르게 한다.

· 어원) **〈intricate / intrigue〉** Latin tricor(I behave in an evasive manner, search for detours. make difficult ties, trifle, play tricks.) in-+trīcor ("dally, trifle"). Latin intrīcō ("I entangle, perplex, embarrass"). [국어] **다락다락**: 물방울 따위가 많이 매달려 있는 모양. **더럭**: 어떤 행위를 갑자기 하는 모양. 어떤 행동을 잇따라 계속하는 모양. **터럭**: 사람이나 길짐승의 몸에 난 길고 굵은 털.

[−trac=−truc. −tric. −tring. −train. −tress]

-trict, -tring, -train, -tress는 주로 얽혀져 당겨짐을 나타내고, -truct는 얽히게 쌓는 것과 관련된다.

'따르다'는 말은 이어진 줄에 딸려가는 것으로 끌다(drag)는 뜻과 끌어져 당겨짐으로써 조이다는 뜻이 있다. -tr_ct 형태는 다락다락 붙어 당기는 것이며, 이를 세분하여 rig- 형태는 낚여 뭉친 덩이로서 팽팽하게 당겨져 엄격함(rigor, rigid, strict, restrict), 또는 달라붙음(intrigue, contract, attract), 추위에 몸이 얼어붙어 굳어짐(frigid)을 나타낸다.

-true/traw/troy/tress 와 -truct(tract, trict) 의 관계는 '따라'에서 '따랐다'로 어미 활용형이 바뀐 것으로 볼 수 있다. (Draw에서 drag로, trait에서 tract로 변화가 된다.)
어미가 주로 g, c으로 바뀌면서 쓰이는 단어들이 있다. [Way(wave) - wag, draw-drag, string-strict, construe-constrict/construct, retreat- retract, comply- complicate, fly-flag]

attract [ətrǽkt]	끌다 유치하다	(말소리) 에따랐다
distract [distrǽkt]	주의를 빼앗다 산만하게 하다	떼서따랐다

〈**attract**〉 '에따랐다'는 -에(a) 따르다. 드르르, 다락(drag) 달라붙어 끌려간다는 뜻. [다른 풀이] '에다락대' 다락다락 달라붙다.
〈**distract**〉 '떼서따랐다'는 따르던 것을 떼서 흩어지게 만든다는 뜻

· 어원) 〈**attract**〉 latin attrahere ("to draw to, attract"), from ad ("to")+trahere ("to draw").
〈**distract**〉 Latin distractus, from distraho("to pull apart"), from dis-+traho ("to pull"). [국어] **따르다: 다른 사람이나 동물의 뒤에서, 그가 가는 대로 같이 가다. 드륵거리다: 바퀴 따위가 고르지 않게 돌아가는 소리가 잇따라 나다.**

extract [ikstrǽkt] 뽑다 추출하다 (말소리) 윗서따랐다
abstract [æbstrǽkt] 추상적인 요약하다 없이따랐다

〈**extract**〉 '윗서따랐다'는 윗(ex)쪽으로 딸렸다(tract). 드르르, 다락(drag, draw) 달라붙어 위로 뽑아낸다는 뜻
〈**abstract**〉 '없어따랐다'는 없애(abs=off) 딸렸다(tract). 딸려가 없어져 버림으로써(Expressing a property separately of an object) 사라지고 형체를 알 수 없게 된다는 뜻

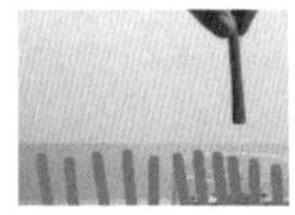

· 어원) 〈**extract**〉 Latin ex- ("out of")+trahō ("I drag"). 〈**abstract**〉 Latin abstrahō ("draw away"), formed from abs- ("away")+trahō ("to pull, draw"). [국어] **딸리다**: 어떤 것에 매이거나 붙어 있다.

contract [kάntrækt] 계약서 맺다 (말소리) 끈따랐다
protract [proutrǽkt] ~을 연장하다 질질 끌다 펴내따랐다

〈**contract**〉 '끈따랐다'는 끌어(con 끈) 딸렸다(tract). 드르르, 다락(drag) 달라붙어 딸려가 끌려져 맺는다는 뜻 〈**protract**〉 '펴내따랐다'는 펴내(pro 앞에) 딸렸다(tract). 앞으로 딸려오게 끌고 밀어내다.
[연관] portrait

· 어원) 〈**contract**〉 Latin con- ("with, together")+trahere ("to draw, to pull"). 〈**protract**〉 Latin prō-+trahō ("I drag").

tract [trækt] 넓은 지역 (말소리) 뜨락대
district [dístrikt] 지역 지방 떼서뜨락대

〈**tract**〉 '뜨락대'는 드르르, 다락(drag) 달라붙어 (딸려서) 뭉친 덩어리(Continued or protracted duration, length)로서 뜨락을 뜻함 [다른 풀이] '다락대' 다락다락 달라붙어 이룬 뜨락 〈**district**〉 '떼서뜨락대'는 딸려 다락다락(tract) 뭉친 뜨락을 떼서(dis) 구분해 놓은 지역을 뜻함 ☞ di+strict(string, stringent) (엄한) [연관] distract; dis+tract

· 어원) 〈**tract**〉 Latin trahō ("I drag; extract"). 〈**district**〉 Latin from dis- ("apart")+stringere ("to draw tight, strain"). [국어] **딸리다**: 어떤 것에 매이거나 붙어 있다. **다락다락** : 물방울 따위가 많이 매달려 있는 모양. 귀찮거나 두려울 정도로 바득바득 다가오는 모양. **다락논**: 비탈진 산골짜기에 여러 층으로 겹겹이 만든 좁고 작은 논. **뜨락**: 집안에 있는 평평한 빈터

'드륵'은 부딪히는 소리를 나타낸다.

strike [straik] 때리다 파업하다 (말소리) 스드륵
stroke [strouk] 타격 스드륵

〈**strike / stroke** 〉 '스드륵'은 드륵거리며 부딪혀 때린다는 뜻(rike=rock, knock)

· 어원) Proto-Indo-European *streyg- ("to stroke, rub, press"). [국어] **드륵거리다**: 바퀴 따위가 고르지 않게 돌아가는 소리가 잇따라 나다. **더럭**: 어떤 생각이나 감정 따위가 갑자기 생기는 모양. 또는 어떤 행위를 갑자기 하는 모양. 물방울 따위가 많이 매달려 있는 모양. 擽칠 력, 역

stricken [stríkən]　　시달린 피해　　(말소리) 스드륵한

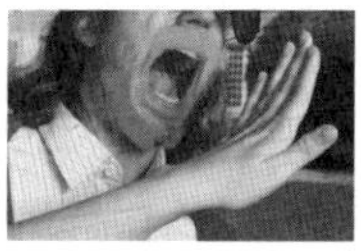

〈stricken〉 '스드륵한'은 드륵 때려 맞다(Struck by something.)는 뜻

· 어원) Proto-Germanic *strīkaną ("to strike"). 擽칠 력, 역

struggle [strʌgl]　　투쟁하다 분투하다　　(말소리) 스드륵일

'스드륵일'은 드륵(trug=trick)거리는 소리로 부딪혀 (얽혀) 싸우다는 뜻. ☞ st+rug(rock, knock). rug/rag는 엮어 엉킨 천(絡 얽을 락/실)

· 어원) Proto-Indo-European *strug-, *ster- ("to be stiff; to bristle, strut, stumble, fall") **드륵거리다**: 바퀴 따위가 고르지 않게 돌아가는 소리가 잇따라 나다. 擽칠 력, 역

'구조(structure)'라는 것은 부분과 부분이 모여 전체 짜임을 구성하는 것을 말한다. 여러 요소가 모여 큰 얼개를 이룬다는 점에서 점층적으로 쌓아올려 지은 건물이나 구조물, 또는 글짓기 등을 '구조'와 연결하여 설명할 수 있다.

construct [kənstrʌkt]　　건설하다 세우다　　(말소리) 끈서다락대
structure [strʌkʧər]　　구조 구성하다　　서다락져
instruct [instrʌkt]　　지시하다 교육하다　　인서다락대

〈construct〉 '끈서다락대'는 끌어(con 함께 끈) 다락다락(truct) 딸려지게 붙어 짓는다는 뜻 **〈structure〉** '서다락져'는 다락다락(truct) 딸려지게 붙어 지어진, 구조 **〈instruct〉** '인서다락대'는 인(in, on 위에 이다)한 장소에 서서 따랐다(truct=direct). 다락다락(truct) 딸려지게 (낚여 이어) 가도록 지시하고 가르친다. ☞ truct=> direct drag

· 어원) **〈construct〉** Latin construo ("I heap together, build, make, construct, connect grammatically"), from com- ("together")+struo ("I heap up, pile"). **〈structure〉** Latin structus ("pile up, arrange, assemble, build"). **〈instruct〉** Latin īnstruō ("prepare; equip; arrange, construct, erect"). [국어] **다락다락** : 물방울 따위가 많이 매달려 있는 모양. 귀찮거나 두려울 정도로 바득바득 다가오는 모양.

obstruct [əbstrʌkt]　　방해하다 가로막다　　(말소리) 앞서다락대
obstacle [ɑ́bstəkl]　　장애물 방해　　앞서두길

〈obstruct〉 '앞서다락대'는 앞(ob 상대편)에 다락다락(truc=block) 딸려지게 붙어 있다. 서서 따라 이어진 구조물로서 앞에 있어 진행을 방해한다는 뜻 **〈obstacle〉** '앞서두길'은 앞(ob 상대편)에 서서 두고(sta=stand) 있어 진로를 방해하는 것을 뜻함

· 어원) **〈obstruct〉** Latin obstruct- ("blocked up"), from obstruere, from ob ("against")+struere ("pile up, build"). **〈obstacle〉** Latin ob- ("before, in front")+stō ("stand"). Obstō: I stand before, in the way of. thwart, hinder, obstruct, block.

strict [strikt]　　엄격한 강력한 지나친　　(말소리) 서다락대

〈strict〉 '서다락대'는 따라 낚인 줄이 당겨져 팽팽하다, 다락다락(strict=string; ric= rigor) 붙어 쪼여지는 엄격함에 비유된다. [다른 풀이] '쪼달렸다'는 줄이 당겨 쪼들려 위축된 것을 뜻함

· 어원) **〈strict〉** Latin strictus, stringere ("to draw tight, bind, contract"). [국어] **다락다락** : 물방울 따위가 많이 매달려 있는 모양. 귀찮거나 두려울 정도로 바득바득 다가오는 모양.

'strict'는 끈으로 단단히 죄어 맨다는 뜻이 있다. 끈으로 묶어버림으로써 쪼드려진다.

constrict [kənstríkt]	~을 압축하다 ~을 단단히 죄다	(말소리) 끈서다락대
restrict [ristríkt]	제한하다 통제	누서다락대

〈constrict〉 '끈서다락대'는 끌어(con 함께 끈) 다락 따랐다(strict=string; ric= rigor). 따라 낚인 줄이 다락 붙어 쪼이다는 뜻 [연관] construct constrain [다른 풀이] '끈쪼드렸다' 쪼들리게끔 (줄로) 단단히 죈다 **〈restrict〉** '누서다락대'는 누누이(re) 따랐다(strict=string). 따라 이어진 줄이 다락 붙어 쪼이다는 뜻 [연관] restrain [다른 풀이] '누쪼드렸다' 쪼들리게 단단히 잡아당겨 옥죈다

· 어원) **〈constrict〉** Latin con-+stringo, From Proto-Indo-European *streyg- ("line"). **〈restrict〉** Latin restrictus, restringō ("draw back tightly; restrain, restrict"). **다락다락** : 물방울 따위가 많이 매달려 있는 모양. 귀찮거나 두려울 정도로 바득바득 다가오는 모양.

〈ring/rain/ress 형태〉

r_n 형태는 Ring처럼 낭랑 거리며 엉킨 고리다. Link, rank는 엉켜 붙은 고리로 꼬여 이어진 끈이다. tr_n형태는 strict의 변형된 형태로 엉겨서 쪼드리는 것이다.

string [striŋ]	줄, 실에 꿰다	(말소리) 서덜렁
stringent [stríndʒənt]	엄격한	서덜렁진다
strangle [strǽŋgl]	목 조르다, 죄다	서덜렁걸

〈string〉 '서덜렁'은 달랑(tring= train, line, rank) 매달려 서있다. Ring은 링링, 웅웅 거리며 엉킨 고리, 줄을 뜻함. ☞ St+ ring(鋃사슬 랑, 종소리) [다른 풀이] '서딸린' **〈stringent〉** '서덜렁진다'는 달랑(tring=train, line, rank) 매달려 서있다. 딸려 이어진 줄에 의해 쪼여지다는 뜻. St+ ring [다른 풀이] '쪼드린준다' 쪼들리게 강하게 줄로 묶은 것 [연관] strong **〈strangle〉** 엉길(angle) 정도로 줄에 의해 쪼여지다는 뜻. ☞ Str+ angle 엉길(凝엉길 응) [연관] anchor wrangle wring

· 어원) **〈string〉** Proto-Indo-European *strengʰ- ("rope, cord, strand; to tighten, twist"). Latin angere ("to press together"). Ancient Greek ἄγχω 엉켜 (ánkhō, "I squeeze, strangle") **〈stringent〉** Proto-Germanic *strangaz ("tight, strict, straight, strong"). Proto-Indo-European *strēy-, *ster- ("strip, line, streak, ray, stripe, row"); **[국어] 덜렁(달랑)**: 작은 방울이나 매달린 물체 따위가 한 번 흔들리는 소리. 또는 그 모양. 籠대바구니 롱, 싸다, 한데 뭉치다

따라서 쭉 이어지는 것은 잡아당기다는 의미가 있다. 딸려 끌려오는 것 자체가 그만큼의 힘과 노력이 필요하다.

train [trein]	1 기차 2 훈련하다	(말소리) 따라온
try [trai]	노력하다 시도하다	따라

〈train〉 '따라온' 달랑달랑 1 따라서 이어진 기차 2 따라 끄는 것으로 힘이 드는 훈련을 뜻함 ☞ tr(따라)+ rain(lane/line 낭랑 늘어진 줄)=줄에 당겨지다 [연관] strain(To struggle) [다른 풀이] '딸린' '달린' '달랑' **〈try〉** '따라'는 따라(tra=draw) 오게 끌며 힘쓴다는 뜻. 달라붙어 애쓰다(To strain). 무게를 달아 시험하다. [연관] draw 따라(To pull; to exert strength in drawing anything; to have force to move anything by pulling.)

· 어원) **〈train〉** Old French train ("a delay, a drawing out"), from traïner ("to pull out, to draw"). **〈try〉** Old French tirer ("to pull out, snatch") **[국어] 달다**: 물건을 일정한 곳에 걸거나 매어 놓다. 어떤 것을 주도록 요구하다. 저울로 무게를 헤아리다. 달랑: 작은 방울이나 매달린 물체 따위가 한 번 흔들리는 소리. 또는 그 모양.

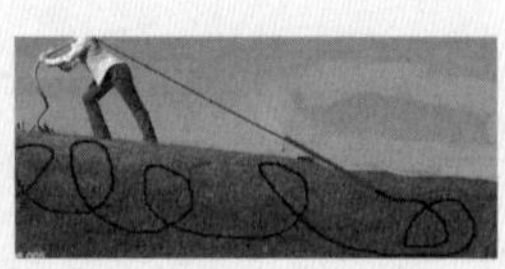

train은 '딸랑' '달랑' 으로 달려 있는 줄로서 합성어에서는 딸려지게 잡아당기는 의미로 쓰인다.

strain [strein] 긴장 압박 잡아당기다 (말소리) 서덜렁
constrain [kənstréin] 구속하다 속박하다 끈서덜렁
restrain [ristréin] 제한하다 검거하다 누서덜렁

〈strain〉 '서덜렁'은 딸린/달린 (strain=string, strict) 줄이 당겨지는 것으로 쪼여진다는 뜻. 따라잡으려고 노력하다(To exert or struggle to stretch) [다른 풀이] '쪼드린'은 쪼들리게 잡아당겨(To hold tightly) 힘쓰다(To apply a force by stretching out.) ☞ s+train **〈constrain〉** '끈서덜렁'은 끌어(con 함께 끈) 딸린(strain= string, strict) 줄이 당겨지는 것으로 팽팽하게 쪼이다는 뜻 [다른 풀이] '끈쪼드린'은 끈으로 끌어(con) 당겨 쪼들리게(strain) 조여주다 **〈restrain〉** '누서덜렁'은 누누이(re) 딸린(strain= string, strict) 줄이 당겨지는 것으로 팽팽하게 쪼여 행위를 제한하다 [다른 풀이] '누쪼드린'은 쪼들리게 다시 꽉 줄로 묶는다는 뜻

· 어원) **〈strain〉** Latin stringere ("to draw tight together, to tie"). From Proto-Indo-European *streyg- ("line"). **〈restrain〉** re-+stringō ("press, tighten, compress"). **[국어] 딸리다**: 어떤 것에 매이거나 붙어 있다. **덜렁(달랑)**: 작은 방울이나 매달린 물체 따위가 한 번 흔들리는 소리. 또는 그 모양.

strait [streit] 해협 곤경 좁은 (말소리) 서따라오다

〈strait〉 '서따라오다'는 따라(stra=straw, straight; tract) 서서 이어진 줄이 당겨져 팽팽하게 쪼이는 것. 이어진 줄에 의해 쪼여지는 것을 나타냄. 동일한 어원인 straight는 따라 이어지는 선에 중점을 두고 있으나 strait는 줄에 의해 쪼드리는 점을 강조한다. [다른 풀이] '쪼드리다'는 쪼들리게 좁아진 것을 의미 [연관] trait '따라오다' 따라 다니는 특성. straight

· 어원) **〈strait〉** Latin strictus, stringō("compress, tighten").

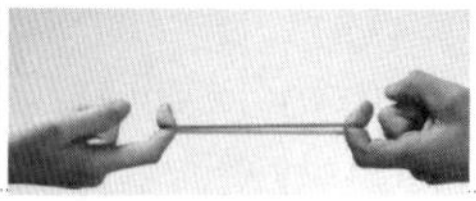

stress [stres] 스트레스 압박 (말소리) 서따르지
distress [distrés] 고통 곤란 떼서따르지

〈stress〉 '서따르지'는 따라(stre=straw) 서서 이어진 줄이 당겨져 팽팽하게 쪼이는 것으로 시달린다는 뜻 [참고] tress (딸려 붙게) 땋은 머리 [다른 풀이] 1 '쪼드려서' 쪼들리게 단단히 꽉 쥔다 2 '시달리지' 매달려 쪼드리다 **〈distress〉** '떼서따르지'는 서서 따라(stre=straw) 이어진 줄이 떼지(dis)도록 당겨져 팽팽하게 쪼이는 것으로 힘이 듦을 나타냄 [다른 풀이] '떼쪼드려서' 쪼들려서 고통에 지친 상태

· 어원) **〈stress〉** Latin stringere ("to draw tight"). **〈distress〉** di(분산)+stress. Old French destrecier ("to restrain, constrain, put in straits, afflict, distress").

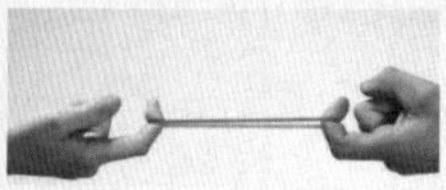

dress [dres] 입다 옷 (말소리) 두르지

〈dress〉 '두르지'는 두르르 죽 따라가는 것으로 (몸에 따라붙게) 두르는 옷을 말함

· 어원) **〈dress〉** Old French dresser("to erect, set up, arrange, dress"). **[국어] 두르다**: 띠나 수건, 치마 따위를 몸에 휘감다. **두르르**: 크고 둥그스름한 것이 구르는 소리. 또는 그 모양. 폭이 넓은 종이 따위가 탄력 있게 말리는 모양.

address [ədrés] 주소 연설하다 (말소리) 에두르지

〈address〉 '에두르지'는 ~에(a) 두르르 따라서(dress=>direct, instruct) 가도록 (줄에 딸려 가도록) 지시하는 주소를 말함

· 어원) **〈address〉** a- (Latin ad ("to"))+drecier(modern French dresser ("to straighten, arrange")) Vulgar Latin dīrectus ("straight or right").

〈(s)tru–, trea, stor 형태=draw, –tract, –truct 〉

construe [kənstrúː] 해석하다 구문분석 (말소리) 끈서따라
true [truː] 들어맞는 적용되는 따라
trust [trʌst] 신뢰 따라서다

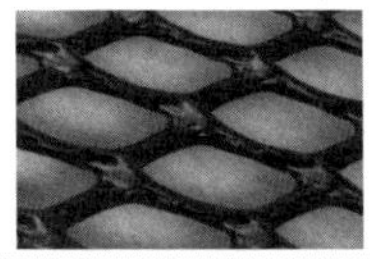

〈**construe**〉 '끈서따라'는 끌어(con 함께 끈) 따르다(true=truct). 딸리도록 구성을 이루어 구조가 이해되다(To analyze the grammatical structure)는 뜻. 〈**true / trust**〉 따라 죽 늘어져 이어진 것. 어떤 사건에 따른다는 말로 그 사건과 일치하고, 들어 맞다(Conforming to a rule or pattern; loyal; To straighten). 따르어 신뢰하다.

· 어원) 〈**construe**〉 Late Latin construo ("to relate grammatically"), Latin construo ("pile together"). 〈**true / trust**〉 Ancient Greek δηρός (dērós, "long"), Sanskrit दूर (dūrá, "distant, far, long"), Gothic trausti ("alliance, pact"). [국어] **따르다**: 다른 사람이나 동물의 뒤에서, 그가 가는 대로 같이 가다. 어떤 경우, 사실이나 **기준 따위에 의거하다. 좋아하거나 존경하여 가까이 좇다.** 일정한 선 따위를 그대로 밟아 움직이다.

instrument [ínstrəmənt] 도구 악기 (말소리) 인서따라민다

〈**instrument**〉 '인서따라민다'는 인(in, on)한 장소에 서서 따라(tru=true, truct) 이어진다. 짜여져 (구조물 등을) 만들거나 영향을 미치는 도구(A means or agency for achieving an effect)를 뜻함 [참고] implement '임불려민다' 불러일으키는 도구

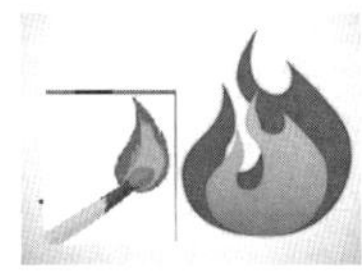

· 어원) 〈**instrument**〉 Latin īnstruō ("build, construct; arrange").

destroy [distrɔ́i] 파괴하다 (말소리) 떼서따르어

〈**destroy**〉 '떼서따르어'는 따라(troy= true, truct) 죽 이어진 것을 떼(de)다는 말로 구조물을 떼서 망가뜨린다는 뜻 [연관] destruct: destroy 의 변형

· 어원) 〈**destroy**〉 dē- ("un-, de-")+struō ("I build").

똘똘 뭉쳐 쌓인다. 그리고 'story' 역시 이야기를 점점 쌓아간다는 점에서 이와 유사하다고 할 수 있다.

store [stɔːr] 가게 저장 (말소리) 스똘
restore [ristɔ́ːr] 복원하다 되찾다 누스똘

<store>똘똘 뭉쳐 쌓다. 가게에서 물건을 쌓아 둔다. [연관] stall <restore> 누누이(re) 세워 똘똘 뭉쳐 쌓다는 말로 다시 쌓음으로 원래대로 복구하다는 뜻

· 어원) 〈**store**〉 Old Norse stórr ("big, large, tall, great"). 〈**restore**〉 rēstaurō ("I restore, rebuild, reestablish, renew"), [국어] **똘똘: '작은 물건이 여러 겹으로 동글게 말리는 모양. 강한 의지를 갖고 뜻과 행동을 함께 하는 모양을 나타내는 말. '오래오래'의 방언(경북, 함경).**

일을 하는 솜씨를 보통 '다루다'로 표현한다. 다루는 것은 이리저리 마음대로 움직일 수 있는 능력이라고 할 수 있다. treat는 draw의 다른 형태다.

treat [triːt] 처리하다 다루다 (말소리) 다루다
treaty [tríːti] 조약 협정 따르다

〈**treat**〉 '다루다'는 따르도록(draw, drag, tract) (손으로) 끄는 것에서 다루어 처리함을 의미 [연관] retreat 〈**treaty**〉 '따르다'는 따르도록(draw, drag, tract) 서로를 이끄는 구속(약속)을 의미

· 어원) 〈treat〉 Latin trāctare ("to pull", "to manage"), trahere ("to draw", "to pull"). 〈treaty〉 Latin tractō — tug, drag or haul, handle, exercise, transact. [국어] **다루다**: 1. 일거리를 처리하다. 2. 어떤 물건을 사고파는 일을 하다. 3. 기계나 기구 따위를 사용하다.

retreat [ritríːt] 후퇴 물러서다 (말소리) 누따르다
retract [ritrǽkt] 철회하다 누따랐다

〈retreat〉 '누따르다'는 누누이(re 屢여러 누) (반복→원상태로) 따르게(trea=draw) 끌다. 다시 돌림으로써 원상태로 물러선다는 뜻 **〈retract〉** '누따랐다'는 누누이(re) (원상태로) 따르게 드륵(trac=drag, draw) 끌다. 돌림으로써 물러선다는 뜻으로 취소하는 것을 의미함

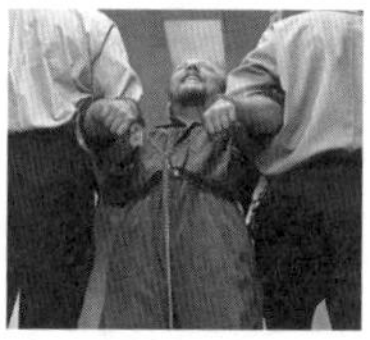

· 어원) 〈retreat〉 Latin re-+trahō ("I drag"). 〈retract〉 Latin retractus ("withdrawn"), retrahō ("I draw or pull back, withdraw; I call back, remove"). [국어] **누누이**: 여러 번 자꾸.

<표> [이어짐을 표현하는 어휘 정리]

유유히 흐르는 길, 노선→ 따라서 이어진 줄→ 줄에 당겨지다→ 덩어리지다'
연결한다는 의미가 있는 단어들은 보통 l, r 이나 tr/dr로 시작하는 경우가 많다.

구분	형태(기타) tr(dr)_	l/r_ c(g, k) tr/dr_c(g, k)	l/r_n tr(dr)_ n	_모음+r/l	r_p(b, f)
	따름, 路길 로	엮(낚)다, 絡이을 락	낭랑 늘림, 꼬임, (鋃사슬 랑, 종소리)	휠, 얼다, 올	입다 (葉잎 엽, 옷너비)
줄, 엮(낚)다 (기본형)	Row layer liable	rake lock neck hook lace	line lane long ring	wool wire rail roll	rope
덩어리, 천 (기본형)		rock log rag rug local	link rank range	wear art	lobe
줄 따르다	straw stratum street trait portrait	track streak trace	string arrange	trail	strap stripe
엮어 끌다 따르다	draw try treat	drag trigger luggage tract extract contract retract	train		drape
엮다, 줄, 기준	Law	right direct regular legal regimen		rule order	
끌다, 당기다	stress	strict constrict restrict	strain constrain restrain stringent strong		clip
엉기다. 엮다	construe instrument destroy	structure instruct destruct construct collect connect clog	angle anchor entangle cling wrangle strangle	artificial store restore coordinate	
덩어리, 땅		block flock stock dock regiment acre region tract district	throng along belong land	army harmony garment earth	grape group troop club
부딪히다. 휘말리다		strike stroke clock click break flag inflict conflict		war whirl hurricane	slap clap collapse
따르다(물)	dry	drought	drain drown drink		

5 장

5장. m 시작 어근[ㅁ]

1 매다[m_t(d)]: 모다, 맞추다[맞다, 마디(중간), 재다, 치료]

mate **med**dle; **mod**erate **mod**est; a**mid** **med**iate; dia**met**er re**med**y

'매다, 모다(모으다), 모두다, 묶다' 등은 만나서 맞댄다는 뜻이 있다. 그렇게 맞대고 모인 것들이 하나로 맺어지기도 하고 한데 모여 어우러지기도 한다.

meet [miːt]   1 만나다 2 <필요·의무에> 응하다   (말소리) 뫼다

〈meet〉 '뫼다'는 1 모여 만나다(To come face to face with), 모여 섞이다(To be mixed with) 2 모두어 맞추는 것으로 (요구에) 닿아 맞다(modest, match)가 됨

· 어원) **〈meet〉** Old English mētan ("to meet, find, fall in with, encounter, obtain"). [국어] **모다**: '모으다(한데 합치다)'의 준말. **뫼다:** 모이다('모으다'의 피동사)'의 준말. **모두다**: (손이나 발 같은 것을) 한데 모으다. 한곳에 집중시키다. **맞추다:** 서로 떨어져 있는 부분을 제자리에 맞게 대어 붙이다. 둘 이상의 일정한 대상들을 나란히 놓고 비교하여 살피다.

match [mæʧ]   1경기 2어울리다   (말소리) 마춰
mate [meit]   짝 친구   매이다
metaphor [métəfɔ̀ːr]   비유   매다퍼

〈match〉 '마춰'는 맞춰 물리다. 1 짝 맞춰 대결하는 경기, 2 딱 맞춰 일치하다. [다른 풀이] '마주' 마주하는 상대와 함께 서다 **〈mate〉** '매이다'는 매어져 짝이 된 친구를 뜻함. '매'는 묶음 단위이다 **〈metaphor〉** '매다퍼'는 매둬[meta=mate 맺다→및(같이)] 퍼(phor=ferry, port 벌여) 나르다. 맺어져 따라 다녀 하나처럼 비슷하게 본다는 뜻(비유할 때)

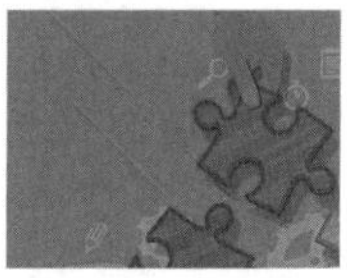

· 어원) **〈match〉** French mâcher ("chew"). **〈mate〉** Dutch maat ("mate, partner, colleague, friend"). **〈metaphor〉** Ancient Greek μεταφέω (metaphérō, "I transfer, apply"), from μετά (metá, "with, across, after")+φέω (phérō, "I bear, carry"). [국어] **매다**: 끈이나 줄 따위의 두 끝을 엇걸고 잡아당기어 풀어지지 아니하게 마디를 만들다. **맞추다**: 서로 떨어져 있는 부분을 제자리에 맞게 대어 붙이다. 둘 이상의 일정한 대상들을 나란히 놓고 비교하여 살피다. 마초다(15세기~19세기)〉 마추다(19세기)〉맞추다(19세기~현재) **매**: 곡식 단 따위를 묶을 때 쓰는 새끼나 끈. 젓가락 한 쌍을 세는 단위. '방도(防盜)'의 방언(제주). '매듭'의 방언 (전남). 어떤 일에 대한 원인이나 근거를 나타내는 연결 어미. 보통 정도보다 훨씬 심하게. [한자] 媒중매 매. 募모을 모

meddle [médl]   개입하다 간섭하다   (말소리) 모둘
medley [médli]   섞음   매달려

〈meddle〉 '모둘'은 모두어 (섞여) 관계된다는 뜻 **〈medley〉** '매달려'는 매달려 섞이다는 뜻 [다른 풀이] '모두리' 모두어 섞이다.

· 어원) **〈meddle〉** Latin misceō ("to mix"). **〈medley〉** Vulgar Latin *misculō ("to mix"). [국어] **매다**: 끈이나 줄 따위의 두 끝을 엇걸고 잡아당기어 풀어지지 아니하게 마디를 만들다. **모두다**: (손이나 발 같은 것을) 한데 모으다. 한곳에 집중시키다. **맞대다**: 서로 마주 닿게 하다.

'모다'는 모이게 하여 맞추고 통제하여 적당한 상태를 나타낸다.

moderate [mάdərət]　　온건한 적당한　　(말소리) 모두리다

〈moderate〉 '모두리다'는 모두어(mod=meet: satisfy) 서로 맞춘다, 맞대다는 말로 딱 들어 맞다(meet에는 맞춰 충족하다는 의미가 있다)

· 어원) **〈moderate〉** Latin moderor ("regulate, restrain, moderate"), from modestus ("moderate, discreet, modest"), from modus ("measure"). **[국어] 모두다: (손이나 발 같은 것을) 한데 모으다. 한곳에 집중시키다. 모다: '모으다(한데 합치다)'의 준말. '모두'의 옛말**

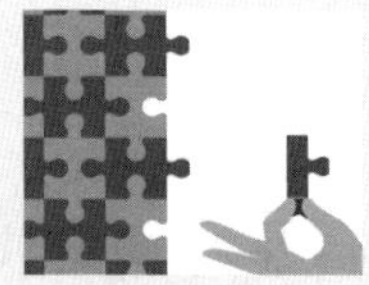

modest [mάdist]　　겸손한 적당한　　(말소리) 모다지다

〈modest〉 '모다지다'는 모두어(mod= meet: satisfy) 서로 맞춘다는 말로 딱 들어 맞다.

· 어원) **〈modest〉** modestus ("moderate"). **[국어] 모두다: (손이나 발 같은 것을) 한데 모으다. 한곳에 집중시키다. 모다: '모으다(한데 합치다)'의 준말. '모두'의 옛말**

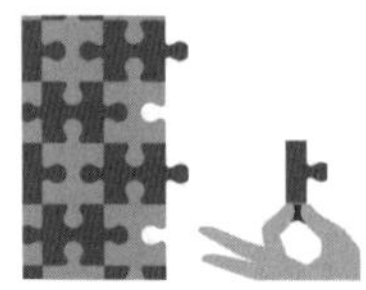

일상생활에서 주로 사용하는 것들이나 시설 등은 사용자의 편의에 맞추어 설계되었다고 할 수 있다. 그런 상태를 '모이게 맞추는' 것으로 표현할 수 있다.

accommodation [əkὰmədéiʃən]　　숙박 수용　　(말소리) 에껴모두어진
commodity [kəmάdəti]　　상품 생필품　　껴모두다

〈accommodation〉 '에껴모두어진'은 ~에(a) 껴(co)서 모두다(mod=meet, moderate), 맞대어 서로 맞춘다. 딱 들어 맞아 편한 상태를 의미 **〈commodity〉** '껴모두다'는 끼어져 모둠으로써 맞추어 주는 것으로 삶의 필요에 맞추는 물건을 뜻함

· 어원) **〈accommodation〉** Latin accommodātiō ("adjustment, accommodation, compliance"), from accommodō ("adapt, put in order"). **〈commodity〉** commodus ("suitable; convenient; opportune, timely") Latin modus("measure, bound, limit, way (of doing or being arranged), method, melody"). **[국어] 모두다: (손이나 발 같은 것을) 한데 모으다. 한곳에 집중시키다.**

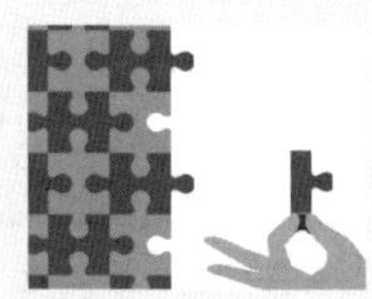

마디/및(mid): 매여 중간에 있다

매다는 양쪽의 끈을 묶어 마디를 만드는 것이고, 서로 맺으면 마디나 매듭은 가운데에 위치한다. 매다(mid)는 맺다는 의미로 여러 영어 단어에 관계가 된다. [German mit ("with"), Ancient Greek μετᾰ́ (metá) in the midst of, among, between, with in common, along with, of sequence, after]

매듭(medium)은 맺어져 이어주는 중간을 의미하게 된다. 중간은 딱 맞춰(match) 맞대지다(modest)는 뜻이 된다.

mid [mid]　　중앙의 한가운데의　　(말소리) 및
amid [əmíd]　　가운데 중에　　에및

〈mid/amid〉 '및' 같은 종류의 성분을 맬 때 쓰는 말. 매어 연결된 마디처럼 사이에 위치함 [다른 풀이] 1 '마디' 각 부분을 연결하는 매체 2 '맞' 마주하여 붙은 가운데 [연관] midnight

· 어원) **〈mid〉** Ancient Greek μετά (metá, "among, between, with"), German mit ("with"), German Mitte ("center, middle, mean"), Proto-Indo-European *me(in the middle of, near, by, around, with) Ancient Greek μέσος (mésos)**〈 of middle quality: moderate〉**. **[국어] 마디: 뼈와 뼈가 맞닿은 부분. 실, 새끼, 줄 따위가 엉키거나 맺힌 부분. 맞: '마주 대하여 하는' 또는 '서로 엇비슷한'의 뜻을 더하는 접두사. [한자] 媒중매 매**

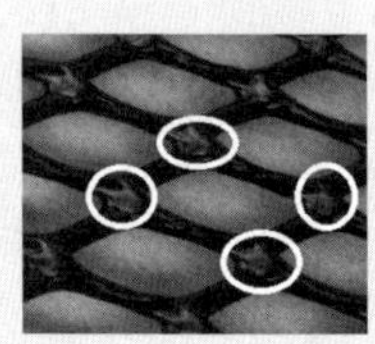

서로 마디로 이어져 묶이게 되면 그 매듭 자체가 중간 다리 역할을 하게 된다. 그것은 서로 다른 공간을 이어주며 이동과 전파가 용이하게 만든다.

middle [mídl] 중앙의 중간의 (말소리) 맞들
media [mí:diə] 매체 마디에

〈middle〉 '맞들'은 맞들어 서로 맺어 주는 마디(매개체)가 된다는 뜻 **〈media〉** '마디에'는 마디로서 연결하는 매체를 뜻함 [다른 풀이] '매두어'는 매두어 중간에서 이어주는 역할을 한다는 뜻 [연관] median

· 어원) **〈middle〉** German Mittel ("middle, means"). Old English mid ("with, in conjunction with, in company with, together with, by means of, by, among, in). **〈media〉** Latin medius ("middle"). **[국어] 매다: 끈이나 줄 따위의 두 끝을 엇걸고 잡아당기어 풀어지지 아니하게 마디를 만들다. [한자] 媒중매 매. 募모을 모**

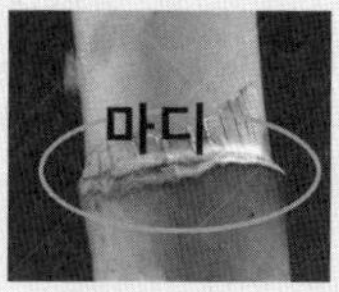

immediate [imí:diət] 즉각적인 즉시 (말소리) 임마디이다
mediate [mí:dièit] 중재하다 마디에오다

〈immediate〉 '임마디이다'는 (걸리는) 마디(med)가 없이 한 결로 된. 바로 닿는 순간적이라는 뜻. im(in)은 임(인접)한 상대방, 반대편으로 부정 의미. **〈mediate〉** '마디에오다'는 마디(매개)로 연결되어 양 쪽 간 차이를 조정하다. [다른 풀이] '매두다'는 매두어 연결함으로써 서로의 차이를 조정한다는 뜻

· 어원) **〈immediate〉** Late Latin immediātus ("without anything between"), Latin in+mediātus, mediō ("to halve, to be in the middle"). **〈mediate〉** Late Latin mediare ("to divide in the middle, become between, mediate"), Latin medius ("middle"). **[국어] 외마디: 걸리는 마디가 없이 양쪽 끝 사이가 매끈하게 한 결로 된 동강이. 소리나 말의 단 한 마디 [한자] 媒중매 매, 빚다**

Intermediate [ìntərmí:diət] 중간의 매개 (말소리) 인다마디이다
median [mí:diən] 중간의 중앙에 있는 마디인

〈intermediate〉 '인다마디이다'는 인다(inter=onto, and 위에 인다, 인접)와 마디(med 매다)의 합성어. 인접한 부분을 마디로 (매두어) 이어주는 중간을 나타냄 **〈median〉** '마디인'은 마디로서 매두어 중간에서 이어주는 역할을 하는 것을 뜻함

· 어원) **〈intermediate〉** inter+Late Latin mediare ("to mediate"). **〈median〉** Latin medianus ("of or pertaining to the middle"). **[국어] 마디: 실, 새끼, 줄 따위가 엉키거나 맺힌 부분.**

meridian [mərídiən] 자오선 경선 (말소리) 매리띄운

〈meridian〉 '매리띄운'은 매다(mer=med, mid)와 띄워(dia=day, dawn 뜨는 해)진 해가 있는 낮이 합한 말로 때를 이어주는 중간 시간대를 말함

· 어원) **〈meridian〉** Latin meridianus ("midday or to the south"), from meridies ("midday, the south"), originally *medidies, from medius ("middle")+diēs ("day"). **[국어] 매다: 끈이나 줄 따위의 두 끝을 엇걸고 잡아당기어 풀어지지 아니하게 마디를 만들다. 때: 시간의 어떤 순간이나 부분.**

매어 맞추다(met. med)

여기서의 '매다'는 매(막대)로 양쪽을 붙들어 매서 크기를 재다는 뜻이다.

meter [míːtər] 미터 계량기 (말소리) 매다
diameter [daiǽmətər] 직경 지름 띠어매다

〈meter〉 '매다'는 매(막대)로 양쪽을 붙들어 매서 크기를 매기다는 뜻 **〈diameter〉** '띠어매다'는 매(막대)를 띠(dia)처럼 뻗다는 말로 매(막대)를 죽 늘려 매기다는 뜻

· 어원) **〈meter〉** Latin mēta ("post, goal, marker"), from Proto-Indo-European *meit- ("stake, post") Ancient Greek μέτορ v (métron, "measure"). **〈diameter〉** Ancient Greek διάμετορς (diámetros) from διά (diá, "across")+μέτορν (métron, "measure"). [국어] **매**: 사람이나 짐승을 때리는 막대기, 몽둥이, 회초리, 곤장, 방망이. 길이를 잴 수 있는 매. **매다**: [같은 말] 매기다(일정한 기준에 따라 사물의 값이나 등수 따위를 정하다). **매기다**: 일정한 기준에 따라 사물의 값이나 등수 따위를 정하다. **띠다**: 띠나 끈 따위를 두르다.

perimeter [pərímitər] 경계 주변 (말소리) 벌여매다

〈perimeter〉 '벌여매다'는 벌여(peri 발) (가장자리를 두르고) 둘레를 매(기)다

· 어원) **〈perimeter〉** πεοί (perí, "around, about, near"). [국어] **매다**: [같은 말] 매기다(일정한 기준에 따라 사물의 값이나 등수 따위를 정하다). **발**: 나무 나이테의 굵기.

measure [méʒər] 측정하다 (말소리) 마춰

〈measure〉 '마춰'는 매(막대)로 양쪽을 붙들어 매는 것으로 맞추어 매기다는 뜻 [다른 풀이] '맺어' 맺은 사이를 재다

· 어원) **〈measure〉** Latin mēnsūra ("a measuring, rule, something to measure by"). [국어] **맞추다**: 둘 이상의 일정한 대상들을 나란히 놓고 비교하여 살피다. **매다**: 어떤 기준에 따라 평가하여 정하다. (=매기다) 끈이나 줄 따위로 꿰매거나 동이거나 하여 무엇을 만들다. **싸매다**: 무엇을 싸서 풀어지지 아니하게 꼭 매다.

immense [iméns] 굉장한 막대한 (말소리) 임맨지
dimension [diménʃən] 차원 부피 떠맨준

〈immense〉 '임맨지'는 않(in, im 인하다=임하다=안다=않다) 맨다(mens=measure). 매어 잴 수 없는. im(in)은 임(인접)한 상대방, 반대편으로 부정 의미. (매기어) 평가가 안 될 정도로 크다는 뜻 **〈dimension〉** '떠맨준' 떠(di)서 (뻗어) 맨다(mens=measure). 매어 (매기어) 재는 거리나 크기를 나타냄

· 어원) **〈immense〉** Latin immensus, from in- ("not")+mensus ("measured"), mētior ("measure") **〈dimension〉** dis-+mētior(I measure, I distribute). Proto-Indo-European *meh₁- ("to measure"). [국어] **매다**: [같은 말] 매기다(일정한 기준에 따라 사물의 값이나 등수 따위를 정하다).

meditate [médətèit] 명상하다 숙고하다 (말소리) 매다대다

〈meditate〉 '매다대다'는 매어 (마추고), 재면서 생각에 빠진다는 뜻.

· 어원) **〈meditate〉** Latin meditari ("to think or reflect upon, intend"), medeor ("to heal, to cure, to remedy"). [국어] **매다**: 어떤 기준에 따라 평가하여 정하다. 어떤 데에서 떠나지 못하고 딸리어 있다.

'매다'는 매두어 맞추다, 적당히 하다는 뜻이 있다. 매어 마추고, 재면서 낫게 한다는 의미로 의학과 관련된다.

medical [médikəl] 의료의 의학의 (말소리) 매두길
medicine [medɪsn] 의학 약 매둬진

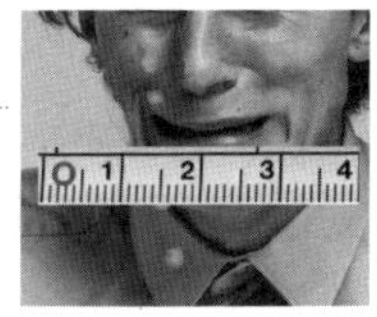

〈medical / medicine〉 매두어 마춰줌으로써 적당하게 하는 매개체로서 아픈 곳을 치료하는 수단. 정상 기능으로 회복하게 돕는 방법이나 수단으로서의 약 [연관] medium(중간, 무당) 무당은 영매(靈媒)로서 신과 인간을 매개하여 병을 고치는 역할을 했다.

· 어원) Proto-Indo-European *mey-; 1 to strengthen, 2 to bind, 3 to change, exchange. **〈medical〉** Danish middel ("means, agent, medicine"). Latin medeor ("heal, cure") Proto-Indo-European *med- ("to measure, give advice, heal"). **〈medicine〉** Latin medicīna ("the healing art, medicine, a physician's shop, a remedy, medicine"), from medeor ("I heal"). [국어] **맺다: 열매나 꽃망울 따위가 생겨나거나 그것을 이루다. 끄나풀, 실, 노끈 따위를 얽어 매듭을 만들다.**

remedy [rémədi] 구제하다 치료하다 (말소리) 누매다

〈remedy〉 누누이(re) 매두어 상처를 봉합하는 등 마춰줌으로써 매개체로서 정상 기능으로 회복하게 돕는다

· 어원) **〈remedy〉** re-("again")+mederi("to heal").

2 맺어(m_s, maz) 뭉치다(혼합, 엉망, 멍한, 얽매인), 맺다(mat)[모(母), 물질]

mess a**mass** **mis**cellaneous s**mash; amaze maze muse**; **mat**rix **mat**erial

mess [mes] 엉망 (말소리) 맺어
mesh [meʃ] 그물 맺어

〈mess/mesh〉 맺어 뭉치면서 섞인다. 꼬이면서 얽힌 그물이 되다 [연관] mash

· 어원) **〈mess/mesh〉** Proto-Germanic *maskwǭ (mesh, netting, loop, knot) Proto-Indo-European *mezg- ("to knit, twist, plait") [국어] **맺다**: 끄나풀, 실, 노끈 따위를 얽어 매듭을 만들다.

mass [mæs] 대중의, 한 덩어리가 되다 (말소리) 맺어
amass [əmǽs] 축적하다 ~을 모으다 에맺어

〈mass / amass〉 마사뜨리는 소리로 부딪혀 뭉친 덩어리. 맺어 뭉치다 [다른 풀이] 1 '메지' 메워져 뭉치다 2 '마사' 마사뜨리는 소리로 뭉치다 [참고] amazon: ἀ- (a-, "not")+maz=mass(맺힌 덩어리, 가슴 The breast). → Amazons은 창을 던지기 위해 오른쪽 젖가슴을 절개했다는 이야기

· 어원) **〈mass〉** Latin massa ("lump, dough"), Ancient Greek μᾶζα (mâza, "barley-cake, lump (of dough)"). μάσσω (mássō, "to knead, to wipe"). **〈amass〉** Medieval Latin amassāre, from ad+massa ("lump, mass"). [국어] **맺다**: 끄나풀, 실, 노끈 따위를 얽어 매듭을 만들다. **맺히다**: 살 속에 피가 뭉치다. **메다**: 뚫려 있거나 비어 있는 곳이 막히거나 채워지다. 어떤 장소에 가득 차다. **마사뜨리다**: 북한어 부서지게 하다. **뫼다/모다**: '모으다(한데 합치다)'의 준말.

mix [miks] 혼합하다 섞다 (말소리) 맺지
miscellaneous [mìsəléiniəs] 형형색색의 잡다한 맺을리내어서

〈mix/miscellaneous〉 뭉쳐 묶이거나(make) 맺어지게 한다

· 어원) **〈miscellaneous〉** miscellus ("mixed"), from misceō ("mix"). **[국어] 맺다: 끄나풀, 실, 노끈 따위를 얽어 매듭을 만들다.**

'마사'는 손으로 주무르거나 문질러 짓이기는 것을 말한다. 소리 측면에서는 마사뜨리며 충격을 주고, 모양 측면에서는 짓이겨져 뭉친 모습이다.

mash [mæʃ]	~을 짓이기다	(말소리) 마사
massage [məsɑ́:ʒ]	안마 주무르다	마사지
smash [smæʃ]	부서지다 깨다	스마사

〈mash〉 '마사'는 마사뜨려 짓이겨 섞는다는 뜻 [다른 풀이] '맞아' 맞아서 짓이겨진 [연관] dash **〈massage〉** '마사지'는 마사하는 것으로 만지는 것을 의미 **〈smash〉** 맞아 부딪히는 소리, 마사뜨리는 소리를 나타냄 ☞ -ash: 재가 되도록 으스러지게 하는 소리 [연관] crush crash squash flash splash lash trash slash mash wash dash clash [다른 풀이] 1 '스메쳐'는 메쳐서 내리치는 것으로 깨진다는 뜻. 2 '스맞아' [참고] smack 주먹 등으로 치는 소리

· 어원) **〈mash〉** Proto-Germanic *maiskaz ("mixture, mash"), from Proto-Indo-European *meyḱ- ("to mix"). **〈massage〉** French masser ("to massage") (from Arabic مَسَّ (massa, "feel, touch"))+-age. **〈smash〉** Low German smaksen ("to smack with the lips, kiss"). μάσσω (mássō, "to knead") **[국어] 마스다: [북한어] 일정한 대상을 부수거나 깨뜨리다. 마수다: 부수다'의 방언 (함북) 마사(摩挲): 손으로 주물러 어루만짐. 또는 손으로 문지름.**

맞아서 멍한 상태로 목이 메인 느낌, 뭐라고 표현할 수 없을 정도로 당황스러울 때 쓰기도 한다.

amaze [əméiz]	놀랍다 굉장한	(말소리) 어마하지
amuse [əmjú:z]	재미있게 하다	어메이지

〈amaze〉 '어마하지'는 어마어마하게 놀라운 상황을 의미. 한 대 맞아 뇌를 마사뜨리는 충격. [연관] daze 뜨아 얻어 맞아 머리가 번쩍한 상태 **〈amuse〉** '어메이지'는 어머머머 재미있어 목이 메여 몰두한 상태를 뜻함 ☞ 어(a)+muse(메이지)

· 어원) **〈amaze〉** Old English āmasian ("to confuse, astonish"), from ā- +*masian ("to confound"). **〈amuse〉** Old French amuser ("to stupefy, waste time, be lost in thought"). **[국어] 어마하다: [같은 말] 어마어마하다(매우 놀랍게 엄청나고 굉장하다). 어머: 주로 여자들이 예상하지 못한 일로 깜짝 놀라거나 끔찍한 느낌이 들었을 때 내는 소리. 메다: 1. 뚫려 있거나 비어 있는 곳이 막히거나 채워지다. 2. 어떤 장소에 가득 차다. 3. 어떤 감정이 북받쳐 목소리가 잘 나지 않다. [한자] 迷미혹할 미**

maze [meiz]	미로 당황하게 하다	(말소리) 메이지
muse [mju:z]	명상하다 심사숙고하다	메이지

〈maze〉 '메이지'는 소리 측면에서 마사뜨리는 소리에 띵하다. 모양 측면에서 맺혀, 메여 꼬인 미로에서 당황스럽고 복잡해지다. 맺힌 매듭과 같다. 迷미혹할 미 **〈muse〉** '메이지'는 메여 있다. 생각이 뭔가에 얽매인 상태에서 쓰는 표현(To wonder at. To become lost in thought, to ponder)

· 어원) **〈maze〉** Middle English masen ("to perplex, bewilder"); or from Old English *mæs ("delusion, bewilderment"). **[국어] 메다: 1. 뚫려 있거나 비어 있는 곳이 막히거나 채워지다. 2. 어떤 장소에 가득 차다. 3. 어떤 감정이 북받쳐 목소리가 잘 나지 않다.**

'메다'는 꽉 막힌 상태라고 볼 수 있다. 그렇게 목이 메이면 소리가 안 나오기 마련이다.

mute [mjuːt] 무언의 소음기 (말소리) 메다

〈mute〉 '메다'는 (목 등이) 메어 소리가 안 나오는 상태를 뜻함 [다른 풀이] '묻어' 묻히게 덮어 막힌 입

· 어원) **〈mute〉** Middle French mu("dumb, mute")+-et. [국어] **메다**: 1. 뚫려 있거나 비어 있는 곳이 막히거나 채워지다. 2. 어떤 장소에 가득 차다. 3. 어떤 감정이 북받쳐 목소리가 잘 나지 않다. [한자] 瞀어두울 무(눈)

'메다'는 어깨에 짐 같은 것을 올려놓는 것을 의미한다. 보이지 않는 의무나 책임도 '메다'로 표현될 수 있다.

must [məst] ~해야 한다 (말소리) 메지다

〈must〉 '메지다'는 메진 짐으로서 속박된 의무를 뜻함 [다른 풀이] '매지다'는 매져 연결되어진 상태로 구속되다

· 어원) Proto-Indo-European *med- ("to acquire, possess, be in charge of"). Ancient Greek μέδω (médō, "to prevail, dominate, rule over"). [국어] **메다**: 1. 어깨에 걸치거나 올려놓다. 2. 어떤 책임을 지거나 임무를 맡다. **메지다**: [옛말] 메고 지다 **매다**: 끈이나 줄 따위의 두 끝을 엇걸고 잡아당기어 풀어지지 아니하게 마디를 만들다.

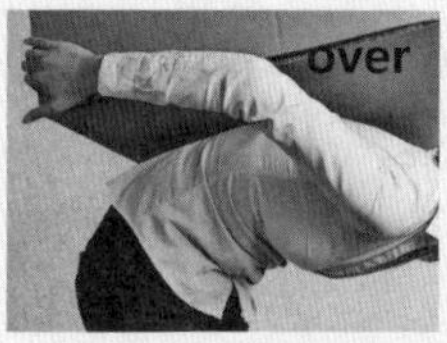

맺다(mat≒ made): 만들다. 모(母)

made는 매어서 묶음으로써 맺게 하고 창조하다(To create)는 말이다. Mother는 '모(母)', '맺다'(To give birth)라는 의미다. mat-는 made, Mother와 같은 말이다. 어머니는 생명의 근원이고 원천이다. 물질 역시 모든 것의 재료, 원천이 되는, 모(母)가 되는 것이라고 할 수 있다.

matrix [méitriks] 모체 행렬 (말소리) 맺으리지
matrimonial [mætrəmóuniəl] 결혼의 맺으리몬일

〈matrix〉 맺어 열매를 내는 모(母 mother)가 되는 것을 의미. 생명이 만들어지게 하는 어머니를 뜻함 [연관] mother '모(母)다'
〈matrimonial〉 맺어 열매를 내는 모(母)(matri=mother)가 되게 모여 (구속되게 하는) 결혼을 뜻함.

· 어원) **〈matrix〉** (Old French matrice ("pregnant animal"), or Latin mātrīx ("dam, womb"), from māter ("mother"). **〈matrimonial〉** māter ("mother") +-mōnium ("obligation"). [국어] **맺다**: 열매나 꽃망울 따위가 생겨나거나 그것을 이루다. 관계나 인연 따위를 이루거나 만들다. **모**: 어떠한 것에서 갈려 나오거나 생겨난 것의 근본이 됨의 뜻을 나타내는 말. 옮겨 심으려고 가꾼, 벼 이외의 온갖 어린 식물 [한자] 母어미 모 媽 어머니 마, 모 模본뜰 모(법, 모양)

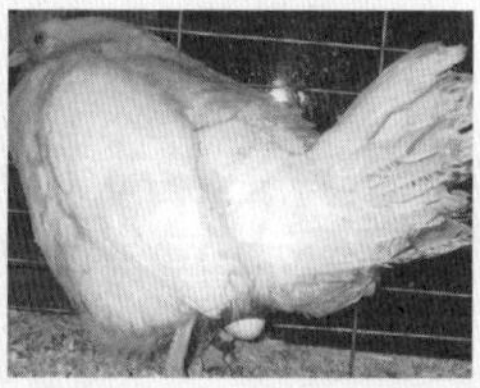

material [mətíəriəl] 재료 물질의 (말소리) 맺어내올
matter [mǽtər] 1 물질 2 중요하다 맺다

〈material / matter〉 맺어 열매를 내는 모(母, 模)가 되어 형태를 이루게 하는 재료.

· 어원) **〈material〉** Latin māteria ("wood, material, substance") from māter ("mother"). **〈matter〉** Latin materia ("matter, stuff, material"), Latin mater ("mother"). Ancient Greek μήτηρ • (mḗtēr): mom, source or origin. **모**: 어떠한 것에서 갈려 나오거나 생겨난 것의 근본이 됨의 뜻을 나타내는 말. 옮겨 심으려고 가꾼, 벼 이외의 온갖 어린 식물

metropolis [mitrápəlis] 대도시 중심지 (말소리) 매두리불리지

〈metropolis〉 맺어 열매를 내는 '모'(metro=mother 母)와 불리다(polis=village 벌려 많아진 마을)의 합성어. 불어난 사람들로 구성된 마을(도시)의 모체를 뜻함

· 어원) 〈**metropolis**〉 Late Latin mētropolis, Ancient Greek μητοόπρλις (mētrópolis, "mother city"), from μήτηρ (mḗtēr, "mother")+πόλις 벌리지(pólis, "city (village =polis)").

mammal [mǽməl] 포유류 (말소리) 맘마

〈**mammal**〉 '맘마'는 마마, 엄마의 젖가슴을 의미하며 젖을 빠는 동물을 뜻함

· 어원) 〈**mammal**〉 Latin mamma ("breast"), perhaps cognate with mamma '마마' (mother). [국어] **맘마**: 어린아이의 말로, '밥'을 이르는 말.

매어 묶거나 뭉쳐 반죽하는 행위(mix)를 통해 우리는 새로운 것을 창조해낼 수 있다. 수소(2)와 산소의 결합으로 물이 생성되는데 물에서 기존 수소와 산소에서는 볼 수 없는 성질이 창조됨을 알 수 있다. 흑연과 다이아몬드는 사실 모두 탄소(C) 한 가지 원소로만 구성되지만 흑연과 다이아몬드는 서로 다른 결정구조를 지니고 있기에 이러한 차이가 나타난다.

make [meik] 만들다 (말소리) 묶여
mechanical [məkǽnikəl] 기계적인 기술적인 묶어내길

〈**make**〉 '묶여'는 묶어 뭉치는 것으로 형상이 만들어진다는 뜻 〈**mechanical**〉 '묶어내길'은 (관계를) 묶어/맺어(mach=make) 준다는 말로 (결과물을) 맺게 (작동케) 하는 도구를 뜻함. machine에서 파생된 것으로 덩어리지며 물건이 만들어지는 것을 나타냄. ☞ m+ake/ech(≒lock, eke)

· 어원) 〈**make**〉 Proto-Germanic *makōną ("to make, build, work"), from Proto-Indo-European *mag- ("to knead, mix, make"). 〈**mechanical**〉 Latin mēchanicus ("of machines or mechanics, inventive"), [국어] **매다**: 끈이나 줄 따위로 꿰매거나 동이거나 하여 무엇을 만들다

machine [məʃíːn] 기계 기구 (말소리) 맺은

〈**machine**〉 '맺은' (관계를) 맺어/묶어(mach=make) 주다는 말로 (결과물을) 맺게 (작동케) 하는 도구

· 어원) 〈**machine**〉 Latin māchina ("a machine, engine, contrivance, device, stratagem, trick"). [국어] **맺다**: 끄나풀, 실, 노끈 따위를 얽어 매듭을 만들다.

3 손에 맨(man-): 만져 다룸, 매이다(잡혀 구속함, 고정

manage **man**uscript **man**ipulate; **man**datory de**mand**; per**man**ent **main**tain

'man-'은 맨다는 말로, '매다'는 손으로 옭아매는 것을 말한다. 목줄을 매어 이리저리 원하는 대로 사람이 통솔하거나 통제하는 것이다. Mand-는 hand, hold 의 다른 표현이다.

manage [mǽnidʒ] 관리하다 운영하다 (말소리) 맨이지

〈**manage**〉 '맨이지'는 얽어매어 잡는 것으로 손으로 조절하거나 지시한다는 뜻 [참고] handle은 손으로 조작하여 지시(통제)한다는 의미가 있다(To manage, use, or wield with the hands. control, or direct)

· 어원) Old Italian maneggiare ("to handle, manage, touch, treat"), Latin manus ("the hand"). [국어] **매다**: 끈이나 줄 따위의 두 끝을 엇걸고 잡아당기어 풀어지지 아니하게 마디를 만들다. 끈이나 줄 따위로 꿰매거나 동이거나 하여 무엇을 만들다. 어떤 데에서 떠나지 못하고 딸리어 있다.

manifest [mǽnəfèst] 나타난다 분명하게 하다 (말소리) 매니패지다

'매니패지다'는 매는(mani) (손으로) 패주다(fest=fissure)는 말로 두드릴 정도로 윤곽이 구체적으로 드러난다(Evident to the sight)는 뜻

· 어원) **〈manifest〉** Latin manifestus ("palpable, manifest"), from manus ("hand")+*infendere "strike" [국어] **패다**: 사정없이 마구 때리다.

Manu-('맨~')는 손으로 매어 작업하는 것을 뜻한다. 물건을 빚어 만들거나 글을 쓰거나 하는 것은 모두 손의 작업이 필요하다.

manufacture [mænjufǽktʃər] 제조 꾸며내다 (말소리) 매네빚어
manuscript [mǽnjuskrìpt] 원고, 손으로 쓴 매네새겨냅다
manipulate [mənípjulèit] 조작하다 매네불리다

〈manufacture〉 '매네빚어'는 (손으로) 매어[manu] 빚다(fact≒ factory, 퍽 떠서 일어난 사실, 생기다)는 것으로 손으로 빚는다는 뜻 **〈manuscript〉** '매네새겨냅다'는 (손으로) 매어[manu] 새겨(sc 쩍, 적어) 쓴다는 말로 손으로 새긴다는 뜻 **〈manipulate〉** '매네불리다'는 (손에) 매어[manu] 불어(pul=full)나다. 손에 가득 담아(손 활용도를 최대화) 움직여 조작한다는 뜻

· 어원) **〈manufacture〉** Medieval Latin manūfactūra ("a making by hand"), manus ("hand"), and factus, faciō ("I do, make"). **〈manuscript〉** Medieval Latin manuscriptum ("writing by hand"), Latin manu ("hand")+scriptus (scribere ("to write")). **〈manipulate〉** Latin manipulus ("handful"), manus ("hand") and pleō ("fill"): a "handful". [국어] **빚다**: 흙 따위의 재료를 이겨서 어떤 형태를 만들다. **새기다**: 글씨나 형상을 파다. **불리다**: '붇다(분량이나 수효가 많아지다)'의 사동사.

maneuver [mənú:vər] 조작 작전 (말소리) 맨업어

〈maneuver〉 '맨업어'는 매는[manu] (손으로) 업어(uver=over, operate, labor, 업(業)) 힘쓰는 것으로 손으로 일을 한다는 뜻 [연관] operate

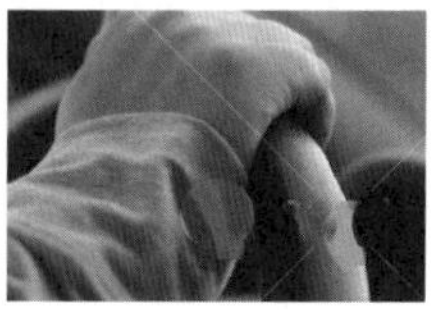

· 어원) **〈maneuver〉** Latin manopera("work done by hand, handwork"), from manu ("by hand")+operari ("to work"). [국어] **업다**: 사람이나 동물 따위를 등에 대고 손으로 붙잡거나 무엇으로 동여매어 붙어 있게 하다. [한자] 業일 업

manner [mǽnər] 방식 예의범절 (말소리) 매네

'매네'는 (손으로) 옭아매어 다루는 방식을 말함

· 어원) **〈manner〉** Latin manuarius ("belonging to the hand"), from manus ("hand"). [국어] **-매**: 일부 서술성 명사 뒤에 붙어, '그러한 동작이나 상태의 모양새'의 뜻을 더하여 명사를 만드는 말.

손에 매여(잡혀) 구속되고 강요당하다

demand [dimǽnd] 요구하다 (말소리) 떠맨다

〈demand〉 '떠맨다'는 떠서 (손에) 맨다(mand)는 말로 손으로 잡고 휘두르려고 요구한다는 뜻

· 어원) **〈demand〉** dē-+mandō ("I entrust"). Latin manus ("hand, power")+dō ("I give, I offer or render") or *-dō ("put"). Latin mandō(put in hand; command, commit).

command [kəmǽnd] 명령하다 지휘하다 (말소리) 껴맨다
commandeer [kɑ̀məndíər] 징발하다 징집하다 껴맨다

〈command〉 '껴맨다'는 (손에) 껴(co) 맨다(mand)는 말로 매어 잡아 원하는대로 한다는 뜻 **〈commandeer〉** '껴맨다'는 (손에) 껴(co) 맨다(mand)는 말로 매어 끌고 간다는 뜻

· 어원) **〈command〉** Latin commendare, from com-+mandare, from mandō ("I order, command"). **〈commandeer〉** French commander ("to command").

mandatory [mǽndətɔ̀ːri] 의무적인 필수의 (말소리) 맨두더라

〈mandatory〉 '맨두더라'는 맨(man) 손을 두다(da=donor). 매어 잡혀 속박되는 의무를 나타냄

· 어원) **〈mandatory〉** Latin mandatum ("a charge, order, command"), mandare("to put into one's hands"), from manus ("hand")+dō ("I give, I offer or render, put")

매여 고정되다

매여있다는 것은 어떤 상황하에 종속되어 그 상태가 쭉 유지됨을 뜻한다. 그래서 자유로이 이동하거나 오고 갈 수 없는 상태를 '매이다'라고 표현한다.

maintain [meintéin] 유지하다 계속하다 (말소리) 매인태운

'매인태운'은 (손에) 매인(main) 상태로 통 태워(tain= contain) 지니는 것. 손으로 잡고 지님을 의미 [연관] hold 손에 훑어 잡고 유지하다 ; keep 겹해 잡고 유지하다

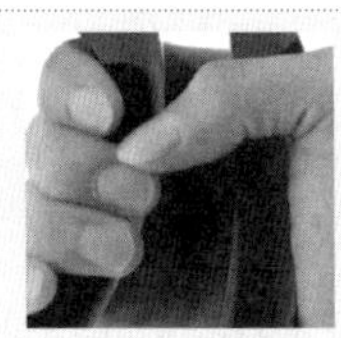

· 어원) Late Latin manūteneō, manūtenēre ("I support"), Latin manū ("with the hand")+teneō ("I hold"). **매이다**:끈이나 줄 따위의 두 끝이 엇갈리고 잡아당겨져 풀어지지 아니하게 마디가 만들어지다. 남에게 딸려, 종속 또는 의무 관계에 처하다. **띠다**: 띠나 끈 따위를 두르다. 물건을 몸에 지니다. 용무나, 직책, 사명 따위를 지니다.

permanent [pə́ːrmənənt] 영구적인 상설의 (말소리) 펄맨온다

'펄맨온다'는 펄(per 푹) 맨(man), (매여) 있는 것으로 푹 맨날 유지하다

· 어원) **〈permanent〉** per-("through")+maneō("I remain, last, endure, spend the night"). [국어] **맨**: '내내'의 방언 (전남). 다른 것은 섞이지 아니하고 온통. 맨날 [한자] 曼길게끌 만

remain [riméin] 남다 머무르다 (말소리) 남아온
remnant [rémnənt] 나머지 남는다

〈remain/remnant〉 누누이(re) 매여(man) (맨날) 있는 상태라는 말에서 남아 있다

· 어원) **〈remain〉** Latin remaneō, re-+maneō ("I stay, remain") Sanskrit(rámate, "he stays still, calms down") [국어] **맨**: '내내'의 방언 (전남). 다른 것은 섞이지 아니하고 온통. 맨날

main [mein]　　주요한 중심적인　　(말소리) 맨

〈main〉 '맨'은 맨 먼저가 되는 것을 의미 [연관] may

· 어원) Latin manū ("with the hand, power, might") Proto-Indo-European *mey-; to strengthen, Old High German megīn ("strong, mighty"). [국어] **맨**: 더 할 수 없을 정도나 경지에 있음을 나타내는 말. [한자] 滿찰 만 萬일만 만

4 모다(mot) 미다[mit(s), mut, mun]: 몰아/밀어 움직이다(보내다, 주고받다, 의무)

pro**mote** trans**mit** o**mit** dis**miss; com**mute** com**mun**ity; **remunerate** im**mun**e

promote [prəmóut]　　승진시키다 증진하다　　(말소리) 펴내모다
motor [móutər]　　모터 자동차　　모다

〈promote〉 '펴내모다'는 펴내어(pro 앞으로) 모다/뮈다 (mote=motor)는 말로 앞으로 몰아 나간다는 뜻
〈motor〉 '모다'는 몰아 움직인다는 뜻

· 어원) **〈promote〉** Latin prōmōtus, of prōmoveō ("move forward, advance"). **〈motor〉** Latin moto ("I set in motion"). [국어] **몰다**: 어떤 대상을 바라는 처지나 방향으로 움직여 가게 하다. **뮈다**: '움직이다'의 옛말.

내몰아 테두리 밖으로 쫓아내 없애버리는 것이다.

remote [rimóut]　　원격의 외딴　　(말소리) 누모다
remove [rimúːv]　　제거하다 없애다　　누모부

〈remote〉 '누모다'는 누차 내몰아 멀리둔다는 뜻 **〈remove〉** '누모부' 누차 내몰아 없앤다는 뜻. (move= motion, miss)

· 어원) **〈remote〉** Latin remotus: removere ("to remove"), from re-+movere ("to move"). **〈remove〉** Moveō(I move, stir, set in motion). [국어] **내몰다**: 일정한 지역 밖으로 몰아 쫓아내다. [한자] 舞 춤출 무, 뛰어다니다

미다(mit, miss)는 밀어 보낸다로 쓰인다.

dismiss [dismís]　　해고하다　　(말소리) 떼서미지
transmit [trænsmít]　　전송하다 전달하다　　따른지미다

〈dismiss〉 '떼서미지'는 떼서(dis) 미다(mit=miss)는 말로 떠밀어 보내다 **〈transmit〉** '따른지미다'는 따른다(trans=train, drain, through)와 미다(mit)의 합성어. 죽 따라 밀어 준다 [연관] translate transfer

· 어원) **〈dismiss〉** Latin dimissus ("sent away, dismissed, banished"), of dīmittō ("send away, dismiss"), from dis-+mittere ("to send"). **〈transmit〉** Latin trānsmittō ("transmit", "over-send"). [국어] **밀다**: 일정한 방향으로 움직이도록 반대쪽에서 힘을 가하다.

mission [míʃən]　　임무 선교　　(말소리) 미친

〈mission〉 '미친'은 (어떤 곳에) 미치(miss=mit)도록 하다는 말로 일을 하라고 (밀어내) 보내다 [연관] missile, Latin missilis ("that may be thrown").

· 어원) **〈mission〉** Latin missiō ("a sending, release, remission, cessation"), from mittō ("I send"). [국어] **미치다**: 영향이나 작용 따위가 대상에 가하여지다. 또는 그것을 가하다. [한자] 迈갈 매

commit [kəmít] 저지르다 범하다 (말소리) 꾸미다
committee [kəmíti] 위원회 껴미다

〈commit〉 '꾸미다'는 (일을) 꾸며서 일으키다. ☞ 껴(co 함께) 미다(mit). 같이 딸려 밀다-> 영향을 미쳐 행위에 이르다. **〈committee〉** '껴미다'는 껴(co 함께) 미다(mit)는 것으로 함께 밀려들어 모이게 된다는 뜻

· 어원) **〈commit〉** Latin committere ("to bring together, join, compare, commit (a wrong), **incur**, give in charge, etc."), from com ("together")+mittere("to send"). **〈committee〉** Latin committere, from con- ("with")+mittere ("to send"). [국어] **꾸미다**: 모양이 나게 매만져 차리거나 손질하다. 거짓이나 없는 것을 사실인 것처럼 지어내다.

무언가를 내미는 것은 제한된 공간 밖으로 나오는 것을 의미한다.

remit [rimít] 송금하다 용서하다 (말소리) 누미다

〈remit〉 '누미다'는 누차 내밀어 보낸다는 말로 내보내고 포기한다는 의미

· 어원) **〈remit〉** Latin remittere ("to send, send back"). [국어] **내밀다**: 신체나 물체의 일부분이 밖이나 앞으로 나가게 하다.

omit [oumít] 누락하다 생략하다 (말소리) 에미다
emit [imít] 방출하다 외미다

〈omit〉 '에미다'는 -에(o) 미다(mit=miss). 밀어 보내 제외시킨다는 뜻 [연관] remove **〈omit〉** -외(o)로 미다(mit=miss).

· 어원) **〈omit〉** Latin omittō ("to let go"), from ob-+mittō ("to send") **〈emit〉** Latin ex-+mittō("to send").

miss [mis] 놓치다 (말소리) 미지
mistake [mistéik] 실수 미지택해

〈miss〉 '미지'는 미다(miss=mess)는 말로 밀어내 벗어남을 뜻함 **〈mistake〉** '미지택해'는 '미다(miss=mit, omit)'와 '택(take)하다' 합성어. 밀어내져 (빗나간 상태에서) 택하다는 뜻으로 잘못된 행위가 됨

· 어원) **〈miss〉** Proto-Germanic *missijaną ("to miss, go wrong, fail"), from Proto-Indo-European *meyt- ("to change, exchange, trade"). **〈mistake〉** Old Norse mistaka ("to take in error, to miscarry"), equivalent to mis-+take. [국어] **밀다**: 일정한 방향으로 움직이도록 반대쪽에서 힘을 가하다. 미-(未): '그것이 아직 아닌'. 또는 '그것이 아직 되지 않은'의 뜻을 더하는 접두사. 목적한 바를 시도하였으나 이루지 못함

'뮈다'는 움직인다는 뜻의 옛말로 물리적인 이동, 변화를 뜻하고, 이동, 교환으로 상대방에 줘야 할 의무도 포함한다. mut-는 move와 같다.

mutate [mjúːteit] 변화시키다 돌연변이 (말소리) 뮈대다
commute [kəmjúːt] 통근하다 바꾸다 껴뮈다
mutual [mjúːʧuəl] 상호적인 서로의 뮈될

〈mutate〉 '뮈다'(mut=mit, motor)는 밀어 움직이는 것으로 상태가 변하는 것을 나타낸다.

〈commute〉 '껴뮈다'는 껴서(co) 뮈다(mute=motor 움직이다). (양쪽 구간에) 끼여 구간내에서 움직여 간다는 뜻 **〈mutual〉** '뮈다'(mut= mit, motor)는 밀어 움직이는 것으로 왔다 갔다하며 소통(Having the same relationship)하는 서로를 의미 [다른 풀이] '마주할' 마주하는 상대와의 사이

· 어원) **〈mutate〉** Latin mūtō ("I move, I change, I vary"). **〈commute〉** Latin con-+mūtō ("change, alter"). Commūtō(change, exchange). **〈mutual〉** Latin mūt(ō) ("to exchange"). [국어] **뮈다**: '움직이다'의 옛말. 훈민정음: 불휘 기픈 남ᄀᆞᆫ ᄇᆞᄅᆞ매 아니 뮐ᄊᆡ]

영어에서 껴서(함께) 몰아(밀어) 움직이는 것은 공동을 뜻한다. 다음은 여럿이 함께 모여 이루는 것들에 관한 단어들이다.

common [kámən]	공통의 흔한	(말소리) 껴몬

〈common〉 '껴몬'은 껴(co 함께) 몬다(mon). 같이 몰아 가서 공유되는 것을 뜻함

· 어원) **〈common〉** Latin commūnis ("common, public, general"), from Proto-Indo-European *mey- ("to change"). [국어] **껴**: 동사 '끼다'의 활용형. **모다**: '모으다(한데 합치다)'의 준말.

community [kəmjú:nəti]	사회 공동체	(말소리) 껴뮌이다
communism [kámjunìzm]	공산주의	껴뮌있음

〈community / communism〉 껴(co 함께) 뮈다(mu=move). 같이 뮈어 (움직여) 몰아 가는 공동체를 뜻함

· 어원) **〈community〉** Proto-Indo-European *ḱóm ("along, at, next to, with"))+mūnus ("employment, office, service; burden, duty, obligation"). **〈communism〉** commun ("common") (Latin communis) [국어] **뮈다**: '움직이다'의 옛말.

communicate [kəmjú:nəkèit]	의사소통하다 대화하다	(말소리) 껴뮈네가다

〈communicate〉 '껴뮈네가다'는 껴(co 함께) 뮈다(mu=move). 같이 뮈어 (움직여) 공유하는 것을 의미

· 어원) **〈communicate〉** Latin commūnicō ("share, impart; make common"), from commūnis ("common"). [국어] **뮈다**: '움직이다'의 옛말.

'뮈다'(mu=move; 뮈다->미다)는 움직이는 것으로 왔다 갔다, 주고받는 관계, 서로가 해야 될 의무를 뜻하게 된다. mun-은 move, mutate의 변형으로 물건이 이동하면서 서로 주고받는 거래, 쌍방이 해야 할 의무를 뜻하게 되었다.

immune [imjú:n]	면역의 면제된	(말소리) 임뮌
remunerate [rimjú:nərèit]	보답하다	누뮈내려다
municipal [mju:nísəpəl]	시의, 지방자치의	뮈네집을

〈immune〉 im(in)은 인(인접)한 상대방, 반대편으로 부정적 의미. 뮈지(mu=move) 않다. 움직이며(뮈다) 주고 받지 않아(im)도 되는, 교환 등 해야 할 의무가 없다. [연관] commune **〈remunerate〉** 누누이(re) 뮈어 움직이며(뮈다) 주고받다. 대가를 치르다 **〈municipal〉** 뮈어 움직이며(뮈다) 주고받아야 하는 거래, 의무에 잡힌(cipal) 백성이 모인 곳

· 어원) Like mūnia ("duties"), Proto-Indo-European *mey- ("change, swap"). "municipality", and "immunity", the concept of trading goods and services in a way that conforms to a society's laws. Latin mūt(ō) ("to exchange"). **⟨immune⟩** Latin immūnis ("exempt from public service"), from in- ("not")+mūnus ("service"). **⟨remunerate⟩** Latin remūnerō ("to reward"), from mūnus ("gift"). **⟨municipal⟩** Latin mūnicipālis ("of or belonging to a citizen or a free town"), from mūniceps ("a citizen, an inhabitant of a free town"), from mūnus ("duty")+capiō ("to take"). [국어] **메다**: 어깨에 걸치거나 올려놓다. 어떤 책임을 지거나 임무를 맡다. **뮈다**: '움직이다'의 옛말.

5 모은(moun, mon)(쌓아 올림, 뭉침, 하나), 몰려(mil, mul) 많음

mount sur**mount** a**mong** **mon**arch **mon**opoly; **mil**itary **mul**ti_

-und/unt는 모양 측면에서 웅 부어 퍼진다는 의미다(mount, bound, round, daunt, flaunt). 소리 측면에서는 웅웅거리며 울리는 소리이다(sound, grunt, grind, stunt, fountain, confound).

mound [maund] 마운드 흙무더기 (말소리) 메운다
mountain [máuntən] 산 거대한 뭉텅

⟨mound⟩ '메운다'는 메워서 채우고 쌓인 것을 뜻함. [연관] bound [다른 풀이] '모은다' 모여진 덩어리 **⟨mountain⟩** '뭉텅'은 뭉치, 덩어리 등 뭉뚝 튀어나온 뭉텅이(산)을 나타냄.

· 어원) **⟨mound⟩** Middle English mound("protection, boundary, raised earthen rampart"). **⟨mountain⟩** Latin mons ("a hill, mountain"), Proto-Indo-European *men- ("to stand out"). [국어] **메우다**: '메다(뚫려 있거나 비어 있는 곳이 막히거나 채워지다)'의 사동사. **뭉텅이**: 한데 뭉치어 이룬 큰 덩이. **뭉뚱그리다**: 여러 사실을 하나로 포괄하다. 되는대로 대강 뭉쳐 싸다

mount [maunt] 산, 쌓이다 (말소리) 모은다
amount [əmáunt] 1 달하다 되다 2 양 에모은다

⟨mount⟩ '모은다'는 뭉텅이(mount=mountain)로 몰려 나와 솟다 **⟨amount⟩** '에모은다'는 ~에(a) 뭉텅이 (mount=mountain)로 몰려 솟는다는 말로 1 모여 쌓이게 되어 어떤 수준에 달하다. 2 모여 쌓인 양 [연관] among

· 어원) **⟨mount⟩** Latin mons ("a hill, mountain"), in ēmineō ("I project, I protrude"). Proto-Indo-European *men- ("to stand out, to tower", "to think, mind"). **⟨amount⟩** Latin ad montem, from ad ("to")+montem, mons ("mountain"), Middle English amounten ("to mount up to, come up to, signify"). [국어] **모으다**: 한데 합치다.

surmount [sərmáunt] 극복하다 오르다 (말소리) 싸모은다
paramount [pǽrəmàunt] 최고의 벌여모은다

⟨surmount⟩ '싸모은다'는 뭉텅이(mount=mountain)로 몰려 솟은 산을 씌워(sur) 가다. 몰려 솟은 산을 씌고 위에 있다. **⟨paramount⟩** 뭉텅이(mount=mountain)로 몰려 솟은 산에 벌여(para) 옆에. 산 정상에 있다.

· 어원) **⟨surmount⟩** Old French surmonter ("to rise above, surmount"), from sur- ("above")+monter ("to mount"). **⟨paramount⟩** Old French par, per ("by")+amont, amunt ("upward") Latin mons ("a hill, mountain") [국어] **모으다**: 한데 합치다.

'뭉치다', '뭉뚱그리다'처럼 '뭉-'(mon, min)은 합하다는 의미가 있다. 'mingle이 '뭉개다'이고, ming은 뭉치다(To mix, join)는 뜻이 있다.

mingle [míŋgl] 어울리다 섞이다 (말소리) 뭉갤

⟨mingle⟩ '뭉갤'은 뭉개어 으깨 섞는다는 뜻. M +ingle(hang, entangle, anchor 엉겨 붙다) [다른 풀이] '맹글' 맹글다('만들다'의 방언)

· 어원) **⟨mingle⟩** Dutch mengen ("to mingle, mix"), German mengen ("to mingle, mix"). [국어] **뭉개다**: 모양이나 형태가 변하도록 마구 문질러 짓이기다. [한자] 網 그물 망, 싸다, 조직

among [əmΛŋ] ~중에, 가운데 (말소리) 에몬

⟨among⟩ '에몬'은 에(a) 뭉쳐 몬(mong=mingle) 것으로 몰려 들어 간다는 뜻. ☞ m+ong(hang 凝 엉길 응). mong은 멍처럼 덩어리를 의미, 한자로 망(網 그물 망) [연관] throng; thr+ong(hang 凝 엉길 응)

· 어원) **⟨among⟩** a-+mong ("crowd; group; throng"). [국어] **모다**: '모으다(한데 합치다)'의 준말. **멍**: 심하게 맞거나 부딪쳐서 살갗 속에 퍼렇게 맺힌 피. [한자] 網 그물 망, 싸다, 조직

몰리면 산처럼 솟기도 하며, 여러 개가 뭉쳐져 하나가 될 수 있다.

monopoly [mənάpəli] 독점 전매 (말소리) 모네팔려
monarch [mάnərk] 군주 거물 몬일켜
merely [míərli] 단지 메우리

⟨monopoly⟩ '모네팔려'는 몰려(mon=mount 하나로 몰다) 팔리(poly)다. 혼자 판다는 뜻 [다른 풀이] '만이팔려' 한 사람만(mon) 팔다 [연관] monologue '모네얘기'는 몰려(mon=mount 하나로 몰다) 웩(log) 이야기하여 혼자 말한다는 뜻 **⟨monarch⟩** '몬일켜'는 몰려(mon=mount 하나로 몰다) 일으킨(arch≒ work)다는 것으로 혼자 권력으로 이끈다는 뜻 **⟨merely⟩** 메워(mere) 온통 하나로 된 [다른 풀이] '몰려' 꽉 차 한곳으로 몰린

· 어원) **⟨monopoly⟩** Ancient Greek μρνρπώλιρν (monopṓlion, "a right of exclusive sale"), from μόνρς (mónos, "sole")+πωλέω (pōléō, "I barter, sell"). **⟨monarch⟩** Ancient Greek μόναοχρς (mónarkhos, "sole ruler"), from 'μόνρς (mónos, "only")+ἀοχός (arkhós, "leader"). **⟨merely⟩** Old English mære ("boundary; limit"), Old English mære ("famous, great, excellent, sublime, splendid, pure") [국어] **만**: 다른 것으로부터 제한하여 어느 것을 한정함을 나타내는 보조사. **몰**: '모두 한곳으로' 의 뜻을 더하는 접두사. **일구다**: 현상이나 일 따위를 일으키다. **메우다**: 차지하여 안에 들어차다. 통 따위의 둥근 물체에 테를 끼우다.

more [mɔːr] 더 더많은 (말소리) 모아

⟨more⟩ '모아'는 모아서/몰아 더 많은 것을 의미함

· 어원) **⟨more⟩** Proto-Indo-European *mē- ("many"). [국어] **모으다**: 한데 합치다.

millionaire [mìljənέər] 백만장자 대부호 (말소리) 밀리어온이
multi [mΛti-] 다중 멀티 몰다
military [mílitèri] 군사의 밀려드리

〈millionaire〉 '밀리어온이'는 밀려와 쌓이듯이 많은 자산을 보유하고 있는 이 **〈multi〉** '몰다'는 몰아서 한곳에 모아둔 것을 의미 ☞ m+ulti(ultra, altitude) [연관] ultimate **〈military〉** '밀려드리'는 밀려드는 사람들, 세력을 뜻하며 군대(軍隊)는 무리(隊무리 대), 군집한 사람을 의미

· 어원) **〈millionaire〉** Italian milione ("million"), from mille ("thousand") (Latin mille). **〈multi〉** multe ("a lot"). **〈military〉** Latin mīles ("soldier"). [국어] **몰다**: 한곳으로 모으거나 합치다. **밀려오다**: 한꺼번에 여럿이 몰려서 오다. 어떤 세력이나 현상이 막기 어려울 만큼 거센힘으로 들어오거나 다가오다

6 민다(min/men), 몬다(mon): 밀어냄(튀어남, 치미는 생각, 불러냄), 드러냄(말, 알림)

eminent pro**min**ent a**men**able; **mean** remi**ni**scent; sum**mon** ad**mon**ish de**mon**strate

① 밀어내다

밖으로 내미는 것은 눈에 띄고 도드라져 보이기 마련이다. 눈에 띄는 만큼 남들이 알아보기 쉽고 유명해지게 된다. renown, notorious는 나타나서 드러난 것으로 유명하다는 뜻이 된다.

eminent [émənənt] 저명한 탁월한 (말소리) 위미련다
imminent [ímənənt] 절박한 임박한 에미련다

〈eminent〉 '위미련다'는 위(e 외)로 민다(min=mount). 위로 밀어 쑥 나온 것에서 뛰어나다를 의미함 **〈imminent〉** '에미련다'는 -에 민다(min=mount). 임한 곳에 밀고 나와 달랑거리는 등 눈앞에 나타나 당장 조치할 필요가 있다는 뜻

· 어원) **〈eminent〉** ēmineō ("I project, I protrude"), from ex- ("out of, from")+mineō. Proto-Indo-European *men- ("to stand out, to tower", "to think, mind"). **〈imminent〉** Latin imminēre("to overhang"), from mineō ("to project, overhang"), related to minae (English menace) and mons (English mount). [국어] **밀다**: 일정한 방향으로 움직이도록 반대쪽에서 힘을 가하다.

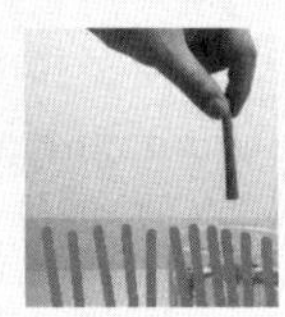

prominent [prάmənənt] 유명한 두드러진 (말소리) 펴내미련다
promontory [prάməntɔ̀ːri] 벼랑 낭떠러지 펴내몬되리

〈prominent〉 '펴내미련다'는 펴내(pro 앞으로) 민다(min=mount)는 말로 내밀어 두드러진다는 뜻 **〈promontory〉** '펴내몬되리'는 펴내(pro 앞으로) 몬다(mont=mount 몰다. 밀다). 밀려 나온 낭떠러지를 뜻함

· 어원) **〈prominent/promontory〉** Latin prōmineō ("jut out, to project"), from prō ("before, forward")+mineō ("jut, project"). Proto-Indo-European *men- ("to stand out"). [국어] **만(灣 물굽이 만)**: 바다가 육지 속으로 파고들어 와 있는 곳. [한자] 彎길게 끌 만

amenable [əmíːnəbl] 순종하는 (말소리) 에밀어볼
menace [ménis] 위협하다 민이지
demeanor [dimíːnər] **[고급]** 품행 디미네

〈amenable〉 '에밀어볼'은 ~에(a) 민다(men= prominent, mount). 밀려 (움직여) 영향을 받는 성격이라는 뜻 [연관] docile **〈menace〉** 밀어(men= prominent) 나와 뾰쪽해서 자극하여 위협한다. **〈demeanor〉** 디(de 떼다) 밀어(meanor=mean) 드러내 보이는 행위 [연관] prominent

· 어원) **〈amenable〉** amener ("to bring or lead, fetch in or to"), from a-+mener ("to lead, conduct"), from Late Latin minare ("to drive"), Latin minari ("to threaten, menace, to project or jut forth"). **〈menace〉** latin minuō (I make smaller, lessen, diminish), minor ("I jut forth, protrude, project"). **〈demeanor〉** Old French demener, from de-+mener ("to conduct, lead") Old French mener [to lead (encourage something or someone to go somewhere)] **디밀다**: '들이밀다'의 준말. (사람이 모습을) 드러내거나 나타내다. **밀다**: 일정한 방향으로 움직이도록 반대쪽에서 힘을 가하다. 깎아 내어 없애거나 닦아 내다. (일을) 주장하거나 추진하다.

② 치밀어 나오는 생각

'밀다'는 국어에서는 어떤 일을 주장하거나 추진하다는 의미가 있다. 속에 있는 것을 밀어내 생각을 표현한다.

mean [miːn] 1 의도하다 2 중간 3 하찮은 4 비열한 (말소리) 민
means [miːnz] 수단 방법 민지

〈mean〉 '민'은 밀다(민다)는 말로 1 치밀어 나오는(emit) 생각. '밀다'는 움직이도록 힘을 주는 것으로 생각을 밀어 올린다(mount: to drive up; to raise)고 볼 수 있다 2 밀려들어 (몰린 million) 모래처럼 흔해진, 일반적, 중간의 것(common). 3 몰려 있어 필요 이상으로 넘쳐나 남는 것으로 가치가 없음(many) 4 밀쳐 압박하거나 허무는 것으로 손상을 가함(menace, mine). **〈means〉** '민지'는 밀어서 가게 하는(의도) 것으로 동작에 (영향을) 미치는(A method or course of action used to achieve some result) 매체나 수단을 의미

· 어원) **〈mean〉** Late Latin minare ("to drive"), Latin meō ("go along, traverse"). Proto-Indo-European *mey- ("to change, bind, strengthen, small "). Old French mener [to lead (encourage something or someone to go somewhere)]. latin ēmineō ("I project, I protrude") Medieval Latin montare ("to mount; literally, go up hill")

· **〈means〉** German meinen ("to think, mean, believe"), German gemein ("common, mean, nasty"), Old French mener [to lead (encourage something or someone to go somewhere)] [국어] **밀다**: 일정한 방향으로 움직이도록 반대쪽에서 힘을 가하다. **어떤 일을 주장하거나 추진하다**. 허물어 옮기거나 깎아 없애다. **밀려오다**: 한꺼번에 여럿이 몰려서 오다.

감정은 마치 살아 움직이는 것처럼 시시 때때로 바뀐다. 파도가 밀려와 덮치는 것처럼 감정도 밀려온다. 따라서 감정은 내 마음속에서 밀려오는 무엇이라고 할 수 있다. 생각은 정신적 움직임이다 [인도유럽어 *men-(to think, mind, spiritual activity).] 이런 차원에서 Move는 마음의 동요를 뜻한다(To arouse the feelings; to excite (an emotion). 또한 말을 내놓다(To mention)를 뜻한다. emotion은 (어떤 것에 대해) 속마음을 모는(motion) 표현이다.

mental [méntl] 정신의 지적인 (말소리) 민될

〈mental〉 '민될'은 (치)민다는 것으로 속에 든 생각이 치밀어 나온다는 뜻. 밀려오는 생각 [연관] mind

· 어원) **〈mental〉** Late Latin mentālis ("of the mind, mental"), Latin mēns ("the mind"). Late Latin minare ("to drive"), Proto-Indo-European *men-("to stand out, to tower", "to think, mind").

스승 역시 나의 생각을 밀어내는데 도움을 주는 사람이라고 할 수 있다.

mentor [méntɔːr] 스승 조언자 (말소리) 민다

〈mentor〉 몰거나 밀어주어 (마음에) 영향을 미치는 사람을 의미 [다른 풀이] '몬다'

· 어원) **〈mentor〉** Sanskrit मन्तृ (mantṛ, "one who thinks") and Latin monitor ("one who admonishes"). [국어] 몰다: 어떤 대상을 바라는 처지나 방향으로 움직여 가게 하다. **밀어주다**: 적극적으로 도와주다. **밀다**: 일정한 방향으로 움직이도록 반대쪽에서 힘을 가하다. 깎아 내어 없애거나 닦아 내다. (일을) 주장하거나 추진하다.

remind [rimáind] 생각나게 하다 (말소리) 누민다
reminiscent [rèmənísnt] 생각나게 하는 누밀어선다

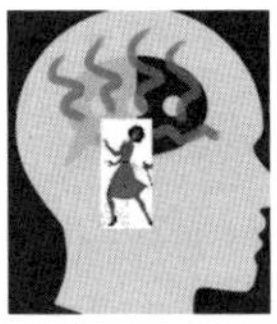

〈remind/reminiscent〉 누누이(re) (치)밀어(min= mean, mind) 움직이는 것. 속에 든 생각이 누차 치밀어 생각난다는 뜻

· 어원) **〈remind〉** Proto-Germanic *mundiz ("memory, remembrance"), Proto-Indo-European *men- ("to think"). **〈reminiscent〉** re- ("again")+min- ("to remember, think over"), mens ("mind"). **[국어] 치밀다**: 욕심, 분노, 슬픔, 연기 따위가 세차게 복받쳐 오르다.

memory [méməri] 기억 추억 (말소리) 맘이리
immemorial [ìməmɔ́:riəl] 먼 옛날의 태고의 임맘에낼

〈memory〉 '맘이리'는 맘(mem 마음) 속의 생각을 나타냄. [참고] moment (mo=move) **〈immemorial〉** '임맘에낼'은 임(im/in)해 맘(mem 마음)에 오는. im(in)은 인(인접)/임한 상대방, 반대편으로 부정적 의미. 마음 속의 생각(기억)이 떠오르지 않는 때를 의미

· 어원) **〈memory〉** Old English māmor ("deep thought, deep sleep, unconsciousness"), Old English mimorian ("to remember") **〈immemorial〉** im +memorial(memory). **[국어] 맘**: '마음(사람이 본래부터 지닌 성격이나 품성)'의 준말.

③ 밀어내/몰아내 드러나다, 보여주다, 말하다

말을 하는 것도 '밀다' '몰다'로 표현할 수 있다. 머릿속에서 미는 과정을 통해 생각을 해내면 그것을 다시 입을 통해 밖으로 밀어내게 된다. 또한 몰아내 드러나게 함은 타인이 인지할 수 있게 알려주는 행위가 된다.

comment [kάment] 말 언급하다 (말소리) 꾸민다

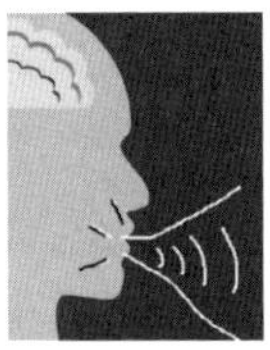

〈comment〉 '꾸민다'는 꾸며(꿰어 붙여) 민다(ment). 밀어내 말을 꾸민다 [연관] mention

· 어원) **〈comment〉** Late Latin comminisci ("to invent, devise"). Proto-Indo-European *men- ("to think"). [국어] **꾸미다**: 모양이 나게 매만져 차리거나 손질하다.

promise [prάmis] 약속하다 (말소리) 펴내미지
compromise [kάmprəmàiz] 타협하다 절충하다 겸펴내미지

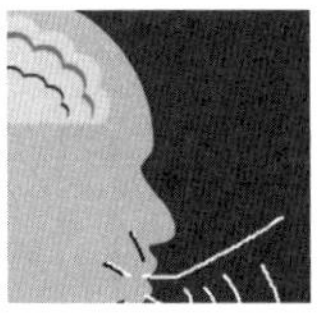

〈promise〉 '펴내미지'는 펴내(pro 앞) 미다(mis=remit, misson). 앞에 밀어내(드러내)는 말을 나타냄 **〈compromise〉** '겸펴내미지'는 겸(com 함께)하여 펴내 미다(mis= remit). 같이 밀어내(드러내) 협의하는 것을 의미

· 어원) **〈promise〉** Latin promittere ("to send or put forth, let go forward, say beforehand, promise"), from pro ("forth")+mittere ("to send"). **〈compromise〉** com- ("together")+promittere ("to promise").

surmise [sərmáiz] 추측하다 (말소리) 싸미지

〈surmise〉 '싸미지'는 씌워(sur 위에 씀) 미다 (mise). 씌운 안에서 밀어 내놓는 생각

· 어원) **〈surmise〉** Old French surmis("to accuse"), from sur- ("upon")+metre ("to put).

admonish [ædmάniʃ] 훈계하다 경고하다 (말소리) 에다몬이지

〈admonish〉 '에다몬이지'는 ~에다(ad) 몬(mon=mean, demonstrate)다. ~에 대해 몰아내 (드러내) 보여주다, 말한다는 뜻

· 어원) 〈**admonish**〉 Vulgar Latin *admonesstrāre, Latin admoneō ("remind, warn"), from ad+moneō ("warn, advise"). [국어] **몰다**: 무엇으로 인정하거나 닦아세워 그렇게 다루다.

monitor [mánətər] 감시하다 (말소리) 몬이다

〈**monitor**〉 '몬이다'는 몬(mon=demonstrate, remind)다. 몰아내 (튀어나오게) 드러내다. 보여주다 [연관] remind

· 어원) 〈**monitor**〉 Latin monitor ("warner"), monere ("to warn, admonish, remind"). [국어] **몰다**: 무엇으로 인정하거나 닦아세워 그렇게 다루다.

demonstrate [démənstrèit] 증명하다 시위하다 (말소리) 떠몬지드리다

〈**demonstrate**〉 '떠몬지드리다'는 떠(de) 몬다(mon=mount monitor, emit). 띄워 몰아내 드러내다. 보여주다(알리다)는 뜻. [연관] demon

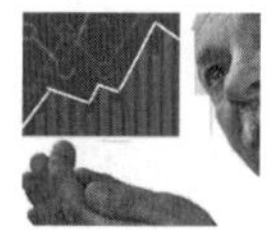

· 어원) 〈**demonstrate**〉 Latin dēmonstrō("I show"), moneō ("advise, warn, remind"). [국어] **몰다**: 무엇으로 인정하거나 닦아세워 그렇게 다루다.

summon [sʌmən] 소환하다 불러내다 (말소리) 싸몬

〈**summon**〉 '싸몬'은 싸(su) 몰다(mon=mount, emit). 싸(씌워, 잡아) 몰아서 드러나 오게 하다. [연관] remind 밀어내 생각을 불러오다 demon 'mon'은 몰아서 움직이는 영혼

· 어원) 〈**summon**〉 Latin summonēre, from sub+latin moneō(I warn, advise, I remind) Latin minare ("to drive"). Proto-Indo-European *men-("to stand out, to tower", "to think, mind"). [국어] **몰다**: 1. 어떤 대상을 바라는 처지나 방향으로 움직여 가게 하다. 2. 기계나 탈것을 부리거나 운전하다.

monster [mánstər] 괴물 (말소리) 몬지다

〈**monster**〉 몰아(mon=mount monitor)내어 드러남으로써 보여주는 징조(a thing that evokes fear and wonder)로 섬뜩한 것 [연관] demon demonstrate

· 어원) 〈**monster**〉 Latin moneō ("advise, warn, remind"). mōnstrum(a divine omen indicating misfortune, an evil omen). 뜨다: 죽어서 떠나다.

murmur [mə́ːrmə(r)] 중얼거림 (말소리) 뭐뭐

〈**murmur**〉 '뭐뭐'는 **뭘뭘** 중얼거리는 소리. 한자 표현으로 모모(某某)'

· 어원) 〈**murmur**〉 Latin murmur("humming, muttering, roaring, growling."). [국어] **모모(某某)**: 아무아무(어떤 사물을 한정하지 않고 이를 때 쓰는 말).

7 막/마구(m_g), 무지[maj(s)]

mega **mag**nify **mig**hty **max**imum **maj**esty **maj**or

매우 심한 정도를 나타낼 때 우리는 '무지, 막, 마이, 많이' 등을 쓴다. 심한 정도라는 것은 수나 양적인 것이 될 수도 있고 권력이나 위엄, 능력과 같은 것이 될 수도 있다.

mega [mégə] 매우 큰 멋지게 (말소리) 마구

⟨mega⟩ '마구'은 막(마구) 심하게 크다는 뜻

· 어원) **⟨mega⟩** Ancient Greek μέγας (mégas, "great, large, mighty"). **[국어] 마구**: 몹시 세차게. 또는 아주 심하게. **[한자]** 漠넓을 막

magnify [mǽgnəfài] ~을 확대하다 과장하다 (말소리) 마구내펴

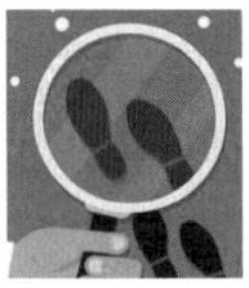

⟨magnify⟩ '마구내펴'는 마구 내펴지며 길어지다. 커져 보인다는 뜻

· 어원) **⟨magnify⟩** Latin magnificō ("I praise, glorify, extol"). Ancient Greek μέγᾰς (mégas, "big, large") [국어] **마구**: 몹시 세차게. 또는 아주 심하게. **펴다**: 접히거나 개킨 것을 젖히어 벌리다.

meager [míːgər] 빈약한 메마른 (말소리) 미개

⟨meager⟩ '미개'는 마구(micro) 심하게, 미개하여 보잘것없다는 뜻. 마구는 클 때와 작을 때 모두 표현할 수 있다. [연관] micro macro

· 어원) **⟨meager⟩** Ancient Greek μικρός (mikrós, "small"). **마구**: 몹시 세차게, 아주 심하게.

'막'은 '마구'의 준말로 극심한 상태를 뜻하는 단어이다.

might [mait] 1 가능성 2 힘 세력 (말소리) 막이다
mighty [máiti] 강력한 막이다

⟨might / mighty⟩ '막이다'는 막/마구(mig=mega), 매우 상당해서 가능성이 있어 보인다. 심하다.

· 어원) **⟨might⟩** German mögen ("to like, want, require")). Proto-Indo-European *meǵ^h-(able) Proto-Indo-European *mē- ("many"). **⟨mighty⟩** Ancient Greek μέγας (mégas, "great, large, mighty"). **[국어] 막**: '**마구**(몹시 세차게)'의 준말. **매우**: 보통 정도보다 훨씬 더. [한자] 勱힘쓸 매 務힘쓸 무

majesty [mǽdʒəsti] 위엄 장엄 (말소리) 무지서다
major [méidʒər] 주요한 큰 매우지
master [mǽstər] 대가 숙달하다 무지다

⟨majesty⟩ '무지서다'는 무지하게 위세가 높음을 의미 **⟨major⟩** '매우지'는 매우 크다는 뜻 [다른 풀이] '마이지/무지' **⟨master⟩** '무지다'는 무지하게 뛰어난 것을 뜻함 [연관] much

· 어원) **⟨majesty⟩** Latin māiestās, derived from *meǵh_2s ("great"). **⟨major⟩** Latin maior, comparative of magnus ("great") **⟨master⟩** Latin magister ("chief, teacher, leader"), from Old Latin magester, mag- (as in magnus ("great")). [국어] **무지하다**: 보통보다 훨씬 정도에 지나치다. **마이**: '많이'의 방언(강원, 경남, 충북).

mayor [méiər] 시장 군수 (말소리) 매우
many [méni] 많은 여러 많이

⟨mayor⟩ '매우'는 매우 큰 존재를 의미 [다른 풀이] '마이' **⟨many⟩** 많이 있다는 뜻 (滿찰 만)

· 어원) **⟨mayor⟩** Latin maior ("bigger, greater, superior"), comparative of magnus ("big, great"). **⟨many⟩** Proto-Germanic *managaz ("some, much, many"). [국어] **매우**: 보통 정도보다 훨씬 더. **많이**: 수효나 분량, 정도 따위가 일정한 기준보다 넘게. **마이**: '많이'의 방언(강원, 경남, 충북).

maximum [mǽksəməm] 최대 최고 (말소리) 막심임
max [mæks] 최대한 막져

〈maximum〉 '막심임'은 막(마구) 심할 정도로 최대치를 이룬다는 뜻 **〈max〉** '막져'는 막, 무지(much)하게 정도를 넘어선 것을 뜻함 [다른 풀이] '막지' 무지막지하다

· 어원) Ancient Greek μέγᾰς (mégas, "big, large"), Sanskrit मह (mahá, "great, mighty, strong, abundant") [국어] **막**: '마구(몹시 세차게)'의 준말. **막심하다**: (莫甚) 더할 나위 없이 심함

8 물, 물러지다[m_r(l), min]: 몰(歿)하다, 악화하다, 무느다, 갈다, 물어 뜯다

marine sub**mer**ge im**mer**se **mil**d; **mor**tal **mal**ice dis**mal;** de**mol**ish **mill** under**mine** **mol**ar

물의 특성은 울렁울렁, 물렁물렁 파동이다.

☞ 왈왈거리는 well, swirl, 우우 우는 소리를 내는 water, 나부대는 river, 읊어대는 wave
'무르다'는 것은 물기가 있어 물렁물렁하다는 뜻이다. 물은 여기서 나왔다.

marine [məríːn] 해양의 바다의 (말소리) 물인
moor [muər] 습지 황무지 물

〈marine〉 '물인'은 물렁물렁 물이다는 뜻 [다른 풀이] '무른'은 물러서 물기가 있다는 뜻 **〈moor〉** 물이 있어 물렁한 습지로 황무지가 된다.

· 어원) **〈marine〉** Latin marinus ("of the sea"), itself from mare("sea"), from Proto-Indo-European *móri("body of water, lake"). **〈moor〉** Proto-Indo-European *mer- ("sea, lake, wetland").

우리나라 사람들은 밥을 국에 말아 먹는다. 이 '말다'란 단어는 물러지다 등 물의 특성을 지닌다.

marsh [maːrʃ] 습지 늪지대 (말소리) 말지
submerge [səbmə́ːrdʒ] 잠수하다 담그다 솝말지
emerge [imə́ːrdʒ] 나타난다 떠오르다 위말지

〈marsh〉 '말지'는 (물에) 말아(mar=moor) 있는 습지를 뜻함 [다른 풀이] '물쪄' 물이 찌다 **〈submerge〉** '솝말지'는 속(sub 솝: '속'의 옛말)에 말아 (물에) 담근다는 뜻 **〈emerge〉** '위말지'는 말아져(merge 沒빠질 몰) (물에서) 있다가 위(e)로 나온다는 뜻

· 어원) **〈marsh〉** Old English mere ("sea, body of water")+-ish. **〈submerge〉** sub ("under")+mergere ("to plunge"). **〈emerge〉** Latin emergere("to rise up or out"), from e-, of ex-("out, forth"), +mergere("to dip, to sink"). [국어] **말다**: (밥이나 국수 따위를) 물이나 국물에 넣어서 풀다. **물찌다**: 물들다의 방언. **찌다**: 흙탕물 따위가 논이나 밭 따위에 넘쳐흐를 정도로 괴다. **솝**: '속'의 옛말 [한자] 沒빠질 몰

immerse [imə́ːrs] 담그다 (말소리) 임말지

〈immerse〉 '임말지'는 임(im/in 임하다=인하다)하여 (안에) 말아(mer=moor) 담근다

· 어원) **〈immerse〉** Latin mergō(I dip (in), immerse; plunge into water; overwhelm, cover, bury, drown.) [국어] **말다**: 밥이나 국수 따위를 물이나 국물에 넣어서 풀다.

merge [məːrdʒ] 통합하다 병합하다 (말소리) 몰지

〈merge〉 '몰지'는 (물에) 말아 서로 몰다, 합친다는 뜻 [다른 풀이] '말지' (물에) 말아서 합하다

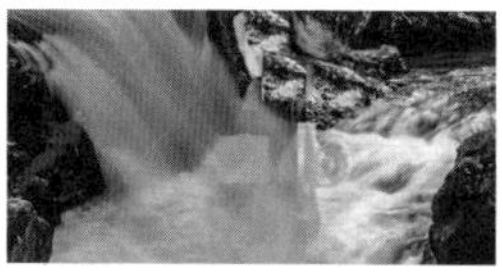

· 어원) **〈merge〉** Latin mergō(I dip (in), immerse; plunge into water; overwhelm, cover, bury, drown.) [국어] **몰다**: 한곳으로 모으거나 합치다. **말다**: 밥이나 국수 따위를 물이나 국물에 넣어서 풀다.

물렁물렁하게 잘 익은 과일에서 우리는 촉촉한 물기를 느낄 수 있다. 그것은 물처럼 딱딱하지 않고 부드럽다. 또한 '물러진다'는 표현에서처럼 너무 과도하게 익거나 상해가는 경우 썩어 물처럼 흐르는 액체를 발견할 수 있다.

mellow [mélou] 부드러운 잘 익은 (말소리) 물러
mercy [məːrsi] 자비 은총 물지

〈mellow〉 '물러'는 물러서 부드러운 것을 의미 **〈mercy〉** '물지'는 (물에 말은 것처럼) 물렁해서 부드러운 마음을 뜻함 [다른 풀이] '무르지'는 무르고 부드러운 성품을 의미

· 어원) **〈mellow〉** Old English meru ("tender, soft, callow, delicate, frail"). **〈mercy〉** Middle English mildse ("mercy, clemency") Old English milds ("mercy, kindness"). [국어] **물러지다**: 단단한 것이 물렁물렁해지다. **물다**: **너무 무르거나 풀려서 본 모양이 없어지도록 헤어지게 하다.** 윗니와 아랫니 사이에 끼운 상태로 상처가 날 만큼 세게 누르다. **무르다**: 1. 여리고 단단하지 않다. 2. 물기가 많아서 단단하지 않다. **물렁하다**: 사람의 몸이나 기질, 또는 규율 따위가 썩 약하다. 이들이들하게 부드럽고 무르다 [한자] 沒빠질 몰

melt [melt] 녹다 용해하다 (말소리) 물다
mild [maild] 온화한 말다

〈melt〉 '물다'는 (물처럼) 무르게 녹이는 것을 의미. **〈mild〉** '말다'는 물에 말아 말랑하다. [다른 풀이] '묽다'는 묽어서 물기가 많고 부드럽다는 뜻 [참고] milk '묽어'는 물과 같이 물기가 많다

· 어원) **〈melt〉** Proto-Germanic *maltijaną ("to dissolve, melt"), Proto-Indo-European *(s)mel- ("to beat, crush, grind"). **〈mild〉** Latin mollis ("soft, gentle"). [국어] **무르다**: 1. 여리고 단단하지 않다. 2. 물기가 많아서 단단하지 않다. **말다**: 밥이나 국수 따위를 물이나 국물에 넣어서 풀다. 물건에 내용물을 넣고 돌돌 감아 싸다. **묽다**: 죽이나 반죽 따위가 보통 정도에 비하여 물기가 많다. **물다**: 너무 무르거나 풀려서 본 모양이 없어지도록 헤어지게 하다. [한자] 沒빠질 몰

mermaid [məːrmèid] 인어 (말소리) 물매(妹)이다

〈mermaid〉 '물매(妹)이다'는 물(mer=marine)에 사는 자매(妹 maid≒mother)라는 뜻 ☞ maid는 열매를 맺어 내는 여성으로 mother와 유사

· 어원) Middle English mermayde ("maid of the sea"), from mere ("sea, lake")+maid. [국어] [한자] 妹누이매

몰(歿)하다(m_r/mal): 물처럼 물러지다

'몰(歿)'은 죽음을 뜻한다. 죽음에 이르게 하는 상황이나 죽음에 관계된 사건에 '몰'을 쓴다. 물처럼 흐물해지는 상태를 말한다.

mortal [mɔ́ːrtl] 치명적인 죽음의 (말소리) 몰될
murder [məːrdər] 살인 살해 몰다
martyr [mάːrtər] 순교자 순국자 몰다

〈mortal〉 '몰될'은 (생명체가) 물처럼 흐물흐물 몰(歿죽을몰)하다. 침몰하다는 뜻(mor=marine) **〈murder〉** '몰다'는 몰(歿죽을몰)하게 한다는 뜻 **〈martyr〉** '몰다'는 믿음으로 인해 몰(歿죽을몰)하다는 뜻

· 어원) **〈mortal〉** Latin mors ("death"). **〈murder〉** Proto-Indo-European *mér-tis ("death"), from *mer- ("to die"). **〈martyr〉** Proto-Indo-European *mer- ("to fall into thinking" '골몰') or *mer- ("to die"). [국어] **몰하다(歿)**: 생명이 끊어지다. **몰다**: '허물다'의 방언 [한자] 歿죽을 몰, 沒빠질 몰, 죽다(=歿)

martial [mάːrʃəl] 전쟁의 호전적인 (말소리) 물(어)질

〈martial〉 '물(어)질'은 '물리치다, 물어 뜯다'는 말과 관련이 있으며, 호전적이라는 뜻 [연관] Smart 스물다 (벌레가) 물어 쑤시듯 아프다(to feel sharp pain), 날카로워 똑똑한

· 어원) **〈martial〉** Latin martiālis ("of Mars (Roman god of war)"). Proto-Indo-European *(s)merd- ("to bite, sting"). [국어] **물다**: 너무 무르거나 풀려서 본 모양이 없어지도록 헤어지게 하다. 모기 따위의 벌레가 주둥이 끝으로 살을 찌르다. '무르다' 준말. [한자] 滅멸망할 멸 礳갈마

malice [mǽlis] 악의 원한 (말소리) 말리지
malign [məláin] 해로운 헐뜯다 물린

〈malice〉 '말리지'는 물러지게 하거나 몰하게 하다. 말려서 하지 못하게 한다는 뜻 [다른 풀이] '몰(歿)이지' 몰락하게 하는 의지 **〈malign〉** '물린'은 물러지게 때리거나 물어 뜯다. [다른 풀이] '말린' 몰락하게 말린다는 뜻

· 어원) **〈malice〉** Ancient Greek μέλας (mélas, "black, dark"), Latin malitia ("badness, bad quality, ill-will, spite"). **〈malign〉** Late Latin malleus ("hammer"), from Proto-Indo-European *mal-ni- ("crushing"). [국어] **말리다**: 다른 사람이 하고자 하는 어떤 행동을 못하게 방해하다. 물기를 다 날려서 없애다. 살이 빠져 야위게 하다. **물다**: 너무 무르거나 풀려서 본 모양이 없어지도록 헤어지게 하다. 모기 따위의 벌레가 주둥이 끝으로 살을 찌르다. '무르다' 준말. **몰다**: [북한어] 기를 펴지 못하도록 몹시 구박하거나 나무라다. [한자] 勿 말 물 歿죽을 몰

melancholy [mélənkὰli] **[고급]** 우울한 구슬픈 (말소리) 말린꿀해

〈melancholy〉 '말린꿀해'는 말려(mela=malice, marine) 골나다(choly=gall, cholera 콜레라, 담즙)로서 꿀꿀하다는 뜻. '말리다'는 (말아 섞여) 혼탁하다는 의미에서 검은 색을 뜻하고, 흑담즙(黑膽汁) (Black bile)이 분비되어 우울한 증상이 보여진다. [연관] melanin

· 어원) **〈melancholy〉** Ancient Greek μέλας (mélas)("black, dark, murky")+χολή (kholḗ, "gall, bitterness, wrath, anger "). Sanskrit: मल (mála)(dirt, filth, dust, impurity) [국어] **말다**: 물에 넣어서 풀다. **말리다**: 1. 어떤 사건에 휩쓸려 들어가다. 2. '말다(종이나 김 따위의 얇고 넓적한 물건에 내용물을 넣고 돌돌 감아 싸다)'의 피동사. **골나다**: 비위에 거슬리거나 마음이 언짢아서 성이 나다

dismal [dízməl] 우울한 부진한 (말소리) 뜨지멀

〈dismal〉 '뜨지멀'은 떠서(dis= day 띄워: 해 떠 있는 낮) 비치는 해가 몰(歿) (mal≒mortal) 하 다. 해가 멀리 있어, 나쁜 날을 의미함

· 어원) **〈dismal〉** Old French(li) dis mals ("(the) bad days"), from Medieval Latin diēs("day") mālī("bad"). [국어] **뜨다**: 물속이나 지면 따위에서 가라앉거나 내려앉지 않고 물 위나 공중에 있거나 위쪽으로 솟아오른다. **말다**: 어떤 일이나 행동을 하지 않거나 그만두다. **멀다**: 어떤 기준점에 모자라다. [한자] 抹지울 말

sophomore [sάfəmɔ̀ːr]　　2학년생　　(말소리) 접해멀

〈sophomore〉 '접해멀'은 쩝(soph=sap, savor, sapient 쩝쩝 다시며, 접해 알다) 알아차리는 것이 멀다(more 1 몰려 많다 2 멀어지다, 몰(沒)). 접해 인지하는 것을 모르다(물러서 약하다, 눈이 멀다). 소포모어징크스를 말함 [연관] moron 모른

· 어원) **〈sophomore〉** Ancient Greek σρφός (sophós, "wise")+μωοός (mōrós, "fool"). [국어] **소포모어징크스:** 2년차라는 의미의 소포모어(sophomore)와 징크스(jinx)를 합친 단어로, 첫 번째 결과물에 비해 두 번째 결과물이 흥행이나 완성도에 있어 부진한 것을 뜻하는 말. **멀다:** 어떤 기준점에 모자라다. 시력이나 청력 따위를 잃다. 어떤 생각에 빠져 판단력을 잃다. 沒빠질 몰, 죽다, 없다

moron [mɔ́ːran] **[고급]**　　바보 얼간이　　(말소리) 모른

〈moron〉 '모른'은 모르는 우둔한 사람이라는 뜻. 물러서 약하다

· 어원) **〈moron〉** Ancient Greek μωοός (mōrós, "foolish, dull"). 몽골어로 moron은 '물'이다 [국어] **모르다:** 사람이나 사물 따위를 알거나 이해하지 못하다. **무르다:** 마음이 여리거나 힘이 약하다. 물렁거리다.

밀어내 갈다. 물러지게 하다[m_r(l), min]

'밀다'는 '갈다'와 같은 개념으로 볼 수 있다. 밀과 같은 곡식을 넙적한 돌을 이용해 한 방향으로 밀어 돌리면 가루가 되어 나오고 그 가루를 물에 개어 빵과 같은 음식을 만들 수 있다. 미는 힘을 이용해 곡식 알갱이를 가는 것으로 맷돌이나 동물의 어금니 등이 이에 해당된다.

mill [mil]　　제분하다 방앗간　　(말소리) 밀
millstone [milstoun]　　맷돌　　밀스통
windmill [wíndmil]　　풍차　　운다밀

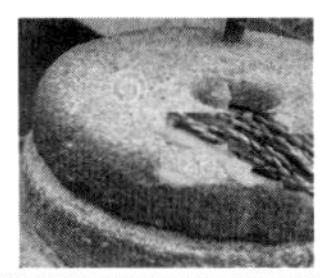

〈mill〉 '밀'은 밀어 깎거나 갈다 **〈millstone〉** '밀스통'은 밀어(mill) 깍다와 통 소리 나게 탱탱한(stone=stun) 돌이 합해 밀어주는 단단한 돌이라는 뜻 **〈windmill〉** '운다밀'은 운다(wind 윙 우는 바람)와 밀어(mill) 깎다가 합해져 바람으로 (곡식을) 밀어 버리는 (갈아주는) 풍차를 뜻함

· 어원) **〈mill / millstone / windmill〉** molō("grinding stone"). Proto-Germanic *malaną ("to grind") [국어] **밀다:** 일정한 방향으로 움직이도록 반대쪽에서 힘을 가하다. **허물어 옮기거나 깎아 없애다.** 바닥이 반반해지도록 연장을 누르면서 문지르다. **울다:** (천둥이나 바람 따위의 자연 현상이) 소리를 내다. [한자] 抹지울 말

meal [miːl]　　식사 음식 가루　　(말소리) 밀

〈meal〉 '밀'은 밀어(mill) 갈아 만드는 밀가루 등 음식을 뜻함

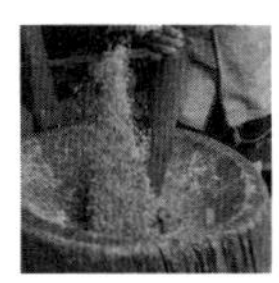

· 어원) **〈meal〉** Latin molō ("I grind"). [국어] **밀다:** 일정한 방향으로 움직이도록 반대쪽에서 힘을 가하다. 허물어 옮기거나 깎아 없애다. 바닥이 반반해지도록 연장을 누르면서 문지르다.

mine [main]　　광산 채굴하다　　(말소리) 만
undermine [əndərmain]　　~의 밑을 파다　　얹다만

〈mine〉 '만'은 말아서 말랑말랑 허물어지게 하다. 밀어(min=minus, mill) 내 깎는 것으로 채굴하다(To remove (ore) from the ground) **〈undermine〉** '얹다만'은 안다(under=onto, inter 위에 인다, 얹다, 인접하다)와 밀다/말다(min=mill)가 합한 것으로 안을 말랑말랑 허물어지게 하다

· 어원) **〈mine〉** Proto-Celtic *mēnis ("ore, metal") latin minuō (I make smaller, lessen, diminish), minor ("I jut forth, protrude, project"). Ancient Greek μινύΘω (minúthō, "to lessen; to disappear") Proto-Indo-European *(s)mēy- ("to cut, hew"). **〈undermine〉** under-+mine. [국어] **말다**: 물이나 국물에 넣어서 풀다. **밀다**: 허물어 옮기거나 깎아 없애다. **마다**: 짓찧어서 부스러뜨리다. [한자] 抹지울 말

demolish [dimάliʃ] 철거하다 허물다 (말소리) 떼물러져
diminish [dimíniʃ] 줄어들다 감소하다 떼무느지

〈demolish〉 '떼물러져'는 떼어(de) 물러(밀어)지다(molish=mill). (허)물어진다는 뜻 **〈diminish〉** '떼무느지'는 떼(di)서 밀어(min=mine, mill) (깎아내려) 무너지면서 작아진다는 뜻

· 어원) **〈demolish〉** Latin dēmōlior ("I tear down"). **〈diminish〉** dis-+minuō, Proto-Indo-European *mi-nu, of *mey- ("small, little"). [국어] **밀다**: 일정한 방향으로 움직이도록 반대쪽에서 힘을 가하다. **허물어 옮기거나 깎아 없애다. 무느다**: 쌓여 있는 것을 흩어지게 하다. **무르다**: 여리고 단단하지 않다. 마음이 여리거나 힘이 약하다.

minor [máinər] 작은 미성년자 (말소리) 무너
minute [mínit] 분, 미세한 무느다

〈minor〉 말아서(min=mine, mill, small) 무너져 허물어지게 하다. 깍아 (밀가루가 되듯), 조각나 작다는 뜻. [연관] minus minute menace **〈minute〉** 밀어 (깍여) 조각나 작아진 것으로 쪼개진 시간

· 어원) **〈minor〉** Latin minor ("rather small"). latin minuō (I make smaller, lessen, diminish), minor ("I jut forth, protrude, project"). **〈minute〉** Latin minuō ("diminish"). [국어] **무느다**: 쌓여 있는 것을 흩어지게 하다. [한자] 么작을 마, 磨갈 마, 微작을 미 抹지울 말, 가루

minister [mínəstər] 장관 목사 (말소리) 밀어지다
administer [ədmínistər] 관리하다 집행하다 에다밀어지다

〈minister〉 '밀어지다'는 밀어(mini=minor, mill) 갈린 (밀)가루처럼 무너서 작다. 물러서 흐물하고 약해 백성보다 작은 공무원(public servant 공노비)을 의미함 **〈administer〉** '에다밀어지다'는 ~에다(ad) 밀어(mini= minor, mill)서 깍인 (밀)가루처럼 작다는 말로 백성보다 작은 공무원(public servant 공노비)을 의미함. 종(공무원)으로서 일을 다루다는 뜻

· 어원) **〈minister〉** Latin minister ("an attendant, servant, assistant, a priest's assistant or other under official"), from minor ("less")+-ter. **〈administer〉** Latin administrare ("to manage, execute"), from ad ("to")+ministrare("to attend, serve"), from minister ("servant"). [국어] **무르다**: 여리고 단단하지 않다. 마음이 여리거나 힘이 약하다. **밀다**: 허물어 옮기거나 깎아 없애다.

remorse [rimɔ́ːrs] 후회 가책 (말소리) 누물지
molar [móulər] 어금니 물려

〈remorse〉 누누이 물다. 누차 자기를 물어 뜯어 아프게 하다. ☞ 후회는 자기에 대해 패는(repent) 아픔, 가르는(regret, scrupulous) 꺼리낌 **〈molar〉** '물려'는 물리게 하여 이로 갈다. 물러지게 하다.

· 어원) **〈remorse〉** Latin remordeō ("I torment, I vex", "I bite back"), from re-+mordeō ("I bite, eat, nibble"). **〈molar〉** Latin molāris(grinding as a millstone) (mola). Proto-Indo-European *(s)merd- ("to bite, sting") [국어] **물다**: 너무 무르거나 풀려서 본 모양이 없어지도록 헤어지게 하다. 모기 따위의 벌레가 주둥이 끝으로 살을 찌르다. '무르다' 준말.

amend [əménd] 개정하다 수정하다 (말소리) 아문다

〈**amend**〉 '아문다'는 (상처난 곳이 낫듯이) 아물어 잘못이나 실수가 바로 고쳐진다는 뜻(To be healed). ☞ 아(a=ex)+물다(물러지다 mend= mine, mill): 물러지지 않게 하다

· 어원) 〈**amend**〉 Latin ēmendō ("free from faults"), from ex ("from, out of")+mendum ("fault, defect"). [국어] **아물다**: 부스럼이나 상처가 다 나아 살갗이 맞붙다. **물다**: 너무 무르거나 풀려서 본 모양이 없어지도록 헤어지게 하다. 윗니와 아랫니 사이에 끼운 상태로 **상처가 날 만큼 세게 누르다. 모기 따위의 벌레가 주둥이 끝으로 살을 찌르다.**

merchandise [mə́ːrʧəndàiz] 상품 물품 (말소리) 물(어)준다지
merchant [mə́ːrʧənt] 상인 물(어)준다
commercial [kəmə́ːrʃəl] 상업용의 껴물(어)줄

〈**merchandise/merchant/commercial**〉 물고 물리는 관계로 받은 돈에 대한 같은 가치(대가)를 물어(merc≒market) 주는 물건, 상행위를 뜻함. 맞물려(merge) 자기 몫의 물건을 주고받다.

· 어원) Latin mercans ("a buyer"), mercor ("trade, traffic, buy"), from merx ("merchandise, traffic"). merces ("pay") Ancient Greek μέορς (méros, "share, portion") Latin merx, Ancient Greek μείορμαι (meíromai, "to receive as one's portion or due") [국어] **물다**: 1. 갚아야 할 것을 치르다. 2. 남에게 입힌 손해를 돈으로 갚아 주거나 본래의 상태로 해 주다.

merit [mérit] 장점 이점 (말소리) 물리다

〈**merit**〉 '물리다'는 (일에 대한 그만한 대가를 치르도록) 물어 줄 가치가 있다.

· 어원) 〈**merit**〉 Latin meritus ("deserved, earned, obtained; due, proper, right; deserving, meritorious") Latin merx, Ancient Greek μείορμαι (meíromai, "to receive as one's portion or due") Ancient Greek μέορς (méros, "share, portion") [국어] **물다**: 1. 갚아야 할 것을 치르다. 2. 남에게 입힌 손해를 돈으로 갚아 주거나 본래의 상태로 해 주다.

기타

말(馬)'은 영어에서도 똑같이 쓰이고 있다. 중국어와 수메르어 비교 책(C. J. Ball. Chinese and Sumerian. London: oxford university, 1913)에 camel은 수메르어로 gammal이며, horse는 mule, camel과 같은 그룹이라고 했다. sanscrit에서 gama는 어둡다는 말이다. 김상일 교수는 gammal은 검말, 거무말로 설명하면서 거무스름한, 검은 말이라고 해석했다. 검다/감다는 감아서 막혀 어두워진다는 의미이다[龕 감실 감;그릇]

mare [mɛər] 암말 (말소리) 말
mule [mjuːl] 노새 말
camel [kǽməl] 낙타 껴말

〈**mare / mule**〉 '말'은 몰아서 움직이는 말을 뜻함 〈**camel**〉 등에 껴 있는 것으로 등이 볼록하게 나온 말

· 어원) <mare> Old English mīere ("female horse, mare"). Ancient Greek κάμηλος (kámēlos, "camel")

marshal [mάːrʃəl] 대장 (말소리) 말졸

〈**marshal**〉 '말졸'은 말(mare)타는 졸(shal=shall)로서 기병, 기사의 역할을 하며, 장군이 주로 말을 타고 지휘한다 [연관] shall 죌 조여 구속되다.

· 어원) 〈**marshal**〉 Old High German marah-scalc ("horse-servant"), Proto-Germanic *skalkaz ("servant, knight"). [국어] 조이다(죄다); 느슨하거나 헐거운 것을 단단하거나 팽팽하게 하다. 捽잡을 졸. 拙옹졸할 졸

miser [máizər] 구두쇠 (말소리) 모질

misery [mízəri] 고통 불행 모질어

〈miser〉 '모질'은 모질 정도로 나쁘고 비참한 상태를 뜻함. 모자란 상태 **〈misery〉** '모질어'는 모진 인생을 뜻함. [다른 풀이] '모질이'

· 어원) **〈miser〉** Late Latin miser ("wretched, unfortunate, unhappy, miserable, sick, ill, bad, worthless, etc."). **〈misery〉** Ancient Greek μῖσος (mîsos, "hatred"). [국어] **모질다**: 1. 마음씨가 몹시 매섭고 독하다. 2. 기세가 몹시 매섭고 사납다. **모지다**: 성격이 원만하지 않다. 모질하다媢嫉(다른 이성을 좋아하는 것을 지나치게 시기하다)

mock [mak] 조롱하다 모의의 (말소리) 막

smuggle [smʌgl] 밀매하다 싸목갈

〈mock〉 '막'은 입을 막은 채 먹먹한 소리로 메롱하고 놀리는 것을 의미. 막 대하면서 놀리다. mug cup모양처럼 막히다 **〈smuggle〉** 묵묵하게 조용하게(싸목싸목) 움직여 거래하다

· 어원) **〈mock〉** Middle Low German mucken("to grumble, talk with the mouth half-opened"), both from Old Saxon *mukkian("to low, mumble"). **〈smuggle〉** Middle Dutch smūken ("to act secretly, be sneaky") [국어] **먹먹**: 갑자기 귀가 막힌 듯이 소리가 잘 들리지 아니하게. **막하다**: 말이나 행동 따위를 되는대로 함부로 하다. **막**: 마구, 앞뒤를 가리지 않고 함부로. **싸목싸목**: '천천히'의 방언(전남).

멍한 상태는 멍때린다는 표현처럼 한 대 맞은 것 같다는 말이다. 슬픔은 한 대 맞은 멍때림으로 표현된다.

mourn [mɔːrn] 슬퍼하다, 상복을 입다 (말소리) 멍

moan [moun] 한탄, 신음 소리 멍

〈mourn〉 '멍'은 죽음이나 질병 등으로 슬퍼서 멍하다. 망치로 맞는 것 같고 멍멍 짖는 소리(To utter in a sorrowful manner)를 나타냄 [다른 풀이] '멘' 목이 메여 울다 **〈moan〉** '멍'은 멍멍하고 짖듯이 한탄하는 소리(To make a moan or similar sound)를 나타냄

· 어원) **〈mourn〉** French morne ("gloomy"). **〈moan〉** Old English *mān("complaint; lamentation"). [국어] **메다**: 어떤 감정이 북받치는 상태가 되다. [한자] 亡 망할 망 閔위문할 문, 마음 아프다 憫민망할 민, 가엾게 여기다

6 장

6장. S 시작 어근[ㅅ, ㅈ]

1 쌈(s_m): 싸서 합하다, 한쌍, 싸잡다(쓰다, 점하다, 점치다)

sum same as**sem**bly as**sim**ilate re**sem**ble **sym**metry; con**sum**mate con**sume** as**sume**

'쌈'은 흩어져있는 것들을 한데 모아 합친다는 의미가 있다.

sum [sʌm] 액수 합계 (말소리) 쌈
summary [sΛməri] 요약 개괄 싸매리
some [səm] 일부 약간 좀

〈sum〉 '쌈'은 쌈하여 덧붙이다. 어원상 쌓아 올려 높다는 말 **〈summary〉** '싸매리' 쌈하여 줌으로써 흩어진 것을 통합하고 요약하다는 뜻. 쌓아 올려 높은 것은 대표성이 있어 요약을 나타낸다.(참고 capitulate: cap) [연관] seam 쌈하여 꿰매다 **〈some〉** '좀'은 조금 되는 얼마의 양을 뜻함. 쌈(sum)하여 2개 이상 쌍이다.

· 어원) **〈sum〉** Latin summus ("highest"). Latin summa ("sum, summary, total"). Proto-Indo-European *sōm-("together"), Proto-Indo-European *sem- ("one, whole"). Proto-Germanic *saumaz (stitch, seam, hem, edge) **〈summary〉** summum ("highest place"), from summus, superus ("upper, higher"). **〈some〉** Old English sum ("some, a certain one"). Proto-Germanic: *sumaz ("some, certain") [국어] **쌈**: 밥이나 고기, 반찬 따위를 상추 따위에 싸서 먹는 음식. 바늘을 묶어 세는 단위. 옷감, 피혁 따위를 알맞은 분량으로 싸 놓은 덩이를 세는 단위. **섬**: 곡식 따위를 담기 위하여 짚으로 엮어 만든 자루. **싸다**: 어떤 물건을 다루어 곳으로 옮기기 좋게 상자나 가방 따위에 넣거나 종이나 천, 끈 따위를 이용해서 꾸리다. **좀**: 그 얼마나. '조금(정도나 분량이 적게)'의 준말.

assembly [əsémbli] 조립 집회 (말소리) 에쌈불려

〈assembly〉 '에쌈불려'는 ~에 쌈(sem=sum, same)하여 (합해) 불리(bly)는 것으로 쌓여 불어나다는 뜻

· 어원) **〈assembly〉** Medieval Latin assimulare ("to bring together"), from Proto-Indo-European *sōm-, *som- ("together"), *sem- ("one, whole"). [국어] **싸다**: 어떤 물건을 다루어 곳으로 옮기기 좋게 상자나 가방 따위에 넣거나 종이나 천, 끈 따위를 이용해서 꾸리다.

same [seim] 같은 (말소리) 쌍

〈same〉 '쌍'은 싸여 쌍(쌈)을 이루는 같은 것을 뜻함 [연관] seam homo imitate

· 어원) **〈same〉** Proto-Indo-European *sōm-("together"), *sem- ("one, whole") [국어] **쌍(雙)**: 둘씩 짝을 이룬 것. **쌈**: 밥이나 고기, 반찬 따위를 상추, 배추, 쑥갓, 깻잎, 취, 호박잎 따위에 싸서 먹는 음식. [한자] 雙 둘 쌍

assimilate [əsíməlèit] 동화하다 소화하다 (말소리) 에싸맬리다
similar [símələr] 비슷한 유사한 싸맬래

〈assimilate〉 '에싸맬리다'는 ~에(a) 싸매(simi=same, seam)다. 쌍으로 엮이어 똑같아짐을 의미 (they're connected) **〈similar〉** '싸맬래'는 (같이) 싸매어(sim=same, seam)져 쌍으로 같아짐을 의미

· 어원) **〈assimilate〉** Latin assimulātus ("made similar, imitated"), from ad+simulō ("imitate, copy"). **〈similar〉** Latin similis ("like"); akin to simul ("together"). [국어] **싸매다**: 싸서 풀어지지 아니하게 꼭 매다.

simultaneous [sàiməltéiniəs] 동시의 일시에 (말소리) 싸맬튄이어서
simulate [símjulèit] ~을 가장하다 ~인 체하다 싸맬리다

〈simultaneous〉 싸매(simu= same, seam)져 튄(tan≒extend, ostensible)다. 튀는 것이 싸매어 있어 동시에 나타난다. **〈simulate〉** 싸매어 한 쌍처럼 보이게 가장하다.

· 어원) **〈simultaneous〉** simultim ("at the same time, extended"), Latin simul ("together, at the same time"). **〈simulate〉** simulare ("to make like, imitate, copy, represent, feign"), from similis ("like"). [국어] **싸매다**: 무엇을 싸서 풀어지지 아니하게 꼭 매다.

seem [siːm] ~것 같다 (말소리) 쌈
resemble [rizémbl] 닮다 유사하다 누쌈벌

〈seem〉 '쌈'은 쌈(seam, same)해서 하나가 되다는 뜻 **〈resemble〉** '누쌈벌'은 누누이(re) 쌈(seam, same)하다. 누차 한 쌍처럼 벌어진 것으로 비슷하게 됨을 의미

· 어원) **〈seem〉** Proto-Germanic *sōmijaną ("to unite, fit"), from Proto-Indo-European *sem- ("one; whole"). **〈resemble〉** Old French resembler, from re-+sembler ("to seem"). [국어] **쌈**: 밥이나 고기, 반찬 따위를 상추, 배추, 쑥갓, 깻잎, 취, 호박잎 따위에 싸서 먹는 음식. **싸매다**: 무엇을 싸서 풀어지지 아니하게 꼭 매다. **길쌈**: 실을 내어 옷감을 짜는 모든 일

example [igzǽmpl] 예 본보기 사례 (말소리) 윗쌈펼
sample [sǽmpl] 표본 예 쌈펼

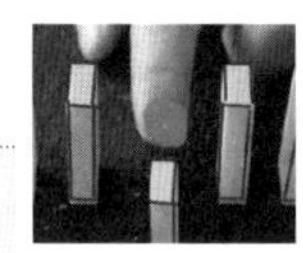

〈example/sample〉 쌈(sam=same)으로 싸서 한쌍, 하나가 되다. 모집단에서 추출해서 원본과 같은 쌍을 이루고, 원본을 대표하는 표본이 되는 것을 뜻함. xample=sample

· 어원) Proto-Indo-European *semptio- from *sem- ("one, whole"). [국어] **쌈**: 밥이나 고기, 반찬 따위를 상추, 배추, 호박잎 따위에 싸서 먹는 음식.

symmetry [símətri] 균형 대칭 조화 (말소리) 싸매드리

〈symmetry〉 '싸매드리'는 쌈하여(sym=sum, same) 매다(met=meter 재다). 싸매어 겹쳐지는 쌍. 싸서 묶어 하나가 되게 (같게) 재다

· 어원) **〈symmetry〉** Ancient Greek συμμετοία (summetría), from σύμμετορς (súmmetros, "symmetrical"), from σύν (sún, "with")+μέτορν (métron, "measure"). [국어] **싸매다**: 무엇을 싸서 풀어지지 아니하게 꼭 매다. **매다**: [같은 말] 매기다(일정한 기준에 따라 사물의 값이나 등수 따위를 정하다).

summer [sʌmər] 여름 하계 (말소리) 싸매
semi- [semi] 절반 2회 싸매

〈summer〉 '싸매'는 싸매어 겹쳐지는 쌍(sem= same)을 이루다. 합하여 1년이 되는 절반에 위치한 계절 **〈semi〉** 싸매(sem= same 쌈) 합이 되는 절반 [연관] half 합이 되게 하는 반

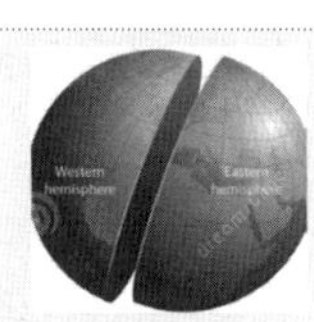

· 어원) **〈summer〉** Sanskrit समा (sámā, "a half-year, season, weather, year"). **〈semi〉** Old English samnian ("to collect, assemble, bring together, gather, join, unite, meet"), from Proto-Germanic *samnōną ("to gather"), from Proto-Indo-European *sem- ("one") [국어] **싸매다**: 무엇을 싸서 풀어지지 아니하게 꼭 매다.

synthesize [sínθəsàiz] ~을 종합하다 (말소리) 싼쳐주지

〈synthesize〉 '싼쳐주지'는 싼(syn=sum, single, simple)다와 쳐주다(thesize)의 합성으로 쌓아 뭉친다는 뜻

· 어원) **〈synthesize〉** Ancient Greek σύνθεσις (súnthesis, "a putting together; composition"), from συντίθημι (suntíthēmi, "put together, combine"), from σύν (sún, "together")+τίθημι (títhēmi, "set, place"). [국어] **치다:** 벽 따위를 둘러서 세우거나 쌓다. **싸다:** 물건을 안에 넣고 보이지 않게 씌워 가리거나 둘러 말다

씌워 덮어서 덮개처럼 위에 위치한다. 이는 super가 접한 겉면으로서 위를 의미하는 것과 같다.

summit [sʌmit] 최고봉 정상회담 (말소리) 씜이다
consummate [kɑ́nsəmèit] 완성하다 끈싸매다

〈summit〉 '씜이다'는 어원상 씌워 올려 놓다는 말. **〈consummate〉** 싸매어 합함으로써 (부족분을) 꽉 채우다. 어우러져 하나로 뭉치면 그 하나지만 온전한 전체(one=whole)가 된다. [연관] complete 불려 채움으로써 완성되다

· 어원) **〈summit〉** French som ("highest part, top of a hill") Proto-Germanic *saumaz (stitch, seam, hem, edge) **〈consummate〉** Latin summus ("highest"). Latin summa ("sum, summary, total"). Latin cōnsummāre ("to sum up, finish, complete"), from com- ("together")+summa ("the sum") Proto-Indo-European *sem- ("one, whole").

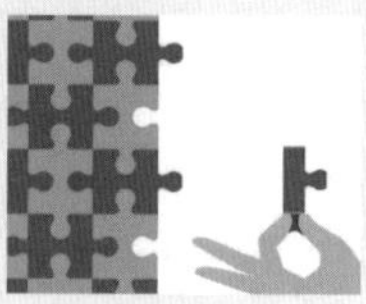

쌈하여 줢으로써 여러 의미가 생긴다. 쌈은 쓰다와 비슷한 뜻으로 사용하다, 구입하다, 신경 쓰다 등을 나타낸다.

consume [kənsúːm] 소비하다 (말소리) 끈씀
resume [rizúːm] 재개하다 누씀

〈consume〉 끈(con) 채로 쌈/씀(sume)이다. 손에 덮어씀으로써 대상을 쓰게 된다. [연관] use 웃에 올려 씀 **〈resume〉** 누누이(re) 씀(sume)이다. 누차 덮어씌워 쥐거나 사용하여 다시 하다

· 어원) **〈consume〉** con- ("with, together")+sūmō ("take; consume"). sub-+emō ("to buy, take") **〈resume〉** Latin resumere, from re-+sumere ("to take"). [국어] **싸다:** 어떤 물건을 다루어 곳으로 옮기기 좋게 상자나 가방 따위에 넣거나 종이나 천, 끈 따위를 이용해서 꾸리다. **쓰다:** 몸이나 물체 따위에 덮은 상태가 되다. 어떤 일을 하는 데에 재료나 도구, 수단을 이용하다.

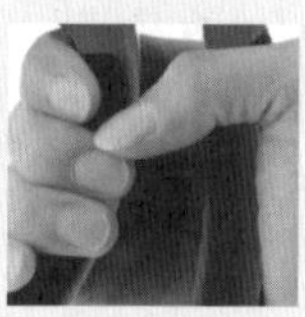

쌈하여 줢으로써 신경 쓰다. -cept, -ceive가 '잡다'에서 인식하다로 쓰이는 것과 같다.

assume [əsúːm] 인수하다 추측하다 (말소리) 어쩜
presume [prizúːm] 추정하다 가정하다 빠르점

〈assume〉 '어쩜'은 (어떤 것을) 쌈/씀(sume)으로 점하다. 점유해 싸잡음으로써 1. 받아들이다 2. 뇌속에 받아들여 인식하다. 점을 쳐 추측하다. 어쩌면. [다른 풀이] '에씀' -에 신경 쓰다. **〈presume〉** '빠르점'은 빨리 점/쌈하여 뇌속에 받아들이다. (점쳐) 먼저 판단하다는 뜻

· 어원) **〈assume〉** Latin assūmō ("accept, take"), from ad- ("to, towards, at")+sūmō ("take up, assume, begin, obtain, use, purchase, spend."). **〈presume〉** Latin praesūmere ("to take beforehand, anticipate"), from prae-+sūmere ("to take"). [국어] **점하다:** 점을 보다(占). 가지거나 차지하다. **점치다:** 앞일을 내다보아 미리 판단하다. **싸다:** 어떤 물건을 다루어 곳으로 옮기기 좋게 상자나 가방 따위에 넣거나 종이나 천, 끈 따위를 이용해서 꾸리다. [한자] 占 점령할 점/점칠 점

2 씌다[sh_t(d)], 씰[sh_l, c_l]: 가리다. 그림자, 덮개, 껴안고 말하다, 신경 쓴다(sen)

shut shade shell shield **ceil**ing con**ceal; coun**sel recon**cile; sen**timent con**sen**t

'씌다'는 쓰이다의 준말로 모자 같은 것을 덮어씌우는 것을 의미한다. 덮어 씌운다는 것은 가리거나 보호한다는 뜻이 포함되어 있다. 방은 둘러씌운 공간과 관련된다. sh-는 주로 씌다는 말에 나타나며 여기서 h는 k(끼다)에서 변한 것이다

shade [ʃeid] 그늘 (말소리) 씌다
shadow [ʃǽdou] 그늘 씌다

〈shade/ shadow〉 '씌다'는 씌워 가를 두르고 덮음으로써 차단하는 것. ☞ 끼다(kat)에서 이다[hat (hut)]로 변화

· 어원) **〈shade/ shadow〉** Proto-Germanic *skadwaz ("shadow; shade"). Sanskrit छत्त्र (chattra, "umbrella") Ancient Greek σκότος (skótos, "darkness"). **[국어] 쓰이다**: **'쓰다(모자 따위를 머리에 얹어 덮다)'의 피동사.**

shut [ʃʌt] 폐쇄하다 닫다 (말소리) 씌다
chest [ʧest] 가슴 흉부 상자 씌지다

〈shut〉 '씌다'는 씌워 가를 두르고 덮음으로써 차단하는 것. ☞ s+hut(hat) 지붕, 모자를 쓰는 것과 같다. [연관] hut shed shade **〈chest〉** '씌지다'는 씌워지는 가리개가 있는 상자 같은 것을 의미. ☞ 끼다(ke)에서 씌다(che)로 변화 [연관] sheath

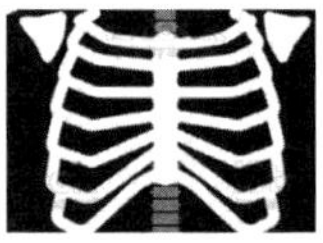

· 어원) **〈shut〉** German schützen ("to shut out, dam, protect, guard"). **〈chest〉** German Kiste ("box, crate, case, chest"). **[국어] 쓰이다**: **'쓰다(모자 따위를 머리에 얹어 덮다)'의 피동사.**

sheet [ʃiːt] 판 종이 (말소리) 씌다

〈sheet〉 '씌다'는 씌워 덮는(To cover or wrap with cloth) 옷 같은 얇은 천, 종이를 뜻함

· 어원) **〈sheet〉** German Schoß ("the fold of a garment, lap"). **[국어] 씌다**: **1.입게 하다 2.머리에 얹거나 덮어 주다**

sheath [ʃiːθ] 칼집 덮개 (말소리) 씌지

〈sheath〉 '씌지'는 씌워 가리는 용도의 덮개, 집(shop) 같은 용도로 칼집을 뜻함. ☞ '끼다'(keat)에서 '이다'(heat≒hat)로 변화 [연관] shed

· 어원) **〈sheath〉** Proto-Germanic *skaiþiz ("sheath; covering")

shell [ʃel] 껍질 조개 (말소리) 씰

〈shell〉 '씰'은 싸서 안을 보호하는 울(wall), 껍질(The hard external covering)을 뜻함. 실(室), 공간을 만든다. ☞ (어원) 굴/골(kel)에서 울(hell≒hall)로 변화[skull -> shell (s+hell)] [연관] scale 비늘(비닐)

· 어원) **〈shell〉** German Schale ("husk, pod"). Proto-Germanic *skaljō (shell; husk) **[국어] 씌우다**: **덮어서 가려 주다. 지거나 물게 하다.**

상대를 조이는 것은 육체적 또는 심리적으로 압박하는 것이다. 그러면 상대는 해야할 부담과 의무감을 느끼게 된다.

shall [ʃəl] ~해주어야겠다 (말소리) 쐴

〈shall〉 '쐴'은 씌워져(싸여) 있는 울(우리)처럼 조여드는 의무감을 뜻함. ☞ (어원) 낄(kall)에서 울(hall)로 변화 (sc->sh) [연관] marshall '말졸' 말타는 종

· 어원) **〈shall〉** Old English sculan ("to be obliged to, shall, must, owe, ought to").

shield [ʃiːld] 방패 보호하다 (말소리) 씌울다

shelter [ʃéltər] 대피소 은신처 쐴터

〈shield/shelter〉 씌워 울(우리)로 덮는다는 뜻으로 방패, 피난처를 뜻함. ☞ (어원) 낄(kel)에서 울(hel≒hall, wall)로 변화

· 어원) **〈shield〉** Proto-Indo-European *skewH- ("to cover, protect"). **〈shelter〉** Middle English sheltron("roof or wall formed by locked shields"). [국어] **씌다**: 1.입게 하다 2.머리에 얹거나 덮어 주다

shoulder [ʃóuldər] 어깨, 책임을 지다 (말소리) 씌운다

〈shoulder〉 '씌운다'는 씌워 울(우리)로 가리다는 말로 어깨가 갑옷처럼 단단하게 덮여 있어 짐을 지는데 쓰이는 것을 나타냄 ☞ (어원) 낄(kel)에서 울(houl)로 변화 [연관] shield.

· 어원) **〈shoulder〉** Proto Germanic *skelduz("shield"). [국어] **씌우다**: 덮어서 가려주다. 지거나 물게 하다.

surround [səráund] 둘러싸다 에워싸다 (말소리) 싸너울다

〈surround〉 '싸너울다'는 쏴아(sur≒surpass) (올라) 너울대는(round= undulate, roll) 것으로 물이 넘쳐 잠긴다는 뜻

· 어원) **〈surround〉** Middle English sourrounden ("to submerge, overflow"). Late Latin superundō, from super+undō ("to rise in waves"), from unda ("wave"). [국어] **너울대다**: 부드럽고 느릿하게 계속 굽이져 움직이다.

방/실(室)과 같은 곳도 씌워진 장소라고 할 수 있다. 모자를 씌우듯 지붕이 얹혀져 있고, 벽에 둘러싸여 있기 때문이다. 둘러싸여 가리는 공간을 나타낸다.

한자 宀(집 면)은 '사방이 지붕으로 덮어 씌워져 있는 집'을 뜻하고, 宇(집 우)는 집, 지붕, 하늘, 구역, 가리다 등을 나타낸다.

cell [sel] 세포 독방 (말소리) 실(室)

〈cell〉 '실(室)'은 (벽으로 둘러) 싸인 작은 방을 나타냄 [다른 풀이] '쐴' 씌우다

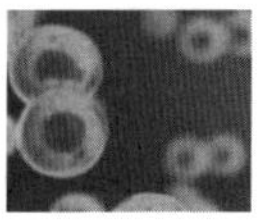

· 어원) **〈cell〉** Latin cella ("chamber, small room"), latin cēlō(cover, hide). [한자] 室집 실, 칼집

천장이나 하늘은 우리 머리 위를 덮거나 둘러싸고 있는 공간이라고 할 수 있다. 특히 하늘은 커다란 지붕과도 같다.

ceiling [síːliŋ] 천장 한도 (말소리) 시렁

shrine [ʃrain] 사당 신전 서낭

〈ceiling〉 '시렁'은 실(ceil=cell, 室)에서 씌워 가리고 있는 시렁, 지붕. [다른 풀이] '씌는' 싣고 위에 씌워 가리는 지붕 **〈shrine〉** (지붕을) 씌워 가리는 상자로서 사랑방 같은 집을 의미. 서낭당의 역할을 한다. [다른 풀이] '써나온' 씌워 가리는 집 ☞ 어원적으로 '가리다'(cr)에서 '쐴'(shr)로 변화. [연관] screen 가린 면 temple 띄워 만들어진 공간, 집을 의미

· 어원) **〈ceiling〉** Middle English ceiling, from ceil ("to cover")+-ing. Old French celer ("to conceal")) **〈shrine〉** Old English scrīn '스가린' ("reliquary, ark of the covenant"), Latin scrīnium ("case or chest for books or papers"). [국어] **씌다**: 1.입게 하다 2.머리에 얹거나 덮어 주다. **사랑**(舍廊): 집의 안채와 떨어져 있는, 바깥주인이 거처하며 손님을 접대하는 곳. **시렁집**: 시렁처럼 높직하게 지은 원두막 따위의 집. **시렁**: 물건을 얹어 놓기 위하여 방이나 마루 벽에 두 개의 긴 나무를 가로질러 선반처럼 만든 것. **서낭**: 서낭신이 붙어 있다는 나무. 토지와 마을을 지켜 준다는 신. 것, **싣다**: 수레, 비행기, 짐승의 등 따위에 올리다. [한자] 室집 실, 칼집

conceal [kənsíːl] 감추다 숨기다 (말소리) 꼰씰

〈conceal〉 '꼰씰'은 꼰(con) 채로 싼(ceal=cell, shell)다. 씌워 숨긴다는 뜻

· 어원) **〈conceal〉** Old French conceler ("hide, disguise"), Latin concelō ("carefully disguise"), cēlō (I hide, cover, keep a secret) [국어] **쓰다**: 물체 따위에 덮은 상태가 되다. **씌다**: 1.입게 하다 2. 머리에 얹거나 덮어 주다

consult [kənsʌlt] 의견을 듣다(묻다) 상의하다 (말소리) 꼰쓴다
counsel [káunsəl] 조언하다 꽈온쓸
council [káunsəl] 의회 위원회 꽈온쓸

〈consult / counsel〉 꼬인(con, coun) 채 싼(쓴)다(sult, sel= seal). 씌워 둘러 서로 대화를 하며 상의한다는 뜻 **〈council〉** '꽈온쓸'은 꼰(coun) 채 싼(쓴)다(cil). 씌워 둘러앉아 모이는 것(discussion committee)을 뜻함

· 어원) **〈consult〉** Latin consultare ("to deliberate, consult"), latin cēlō(cover, hide). Proto-Indo-European *$selh_1$- ("to take, grab"). **〈counsel〉** Latin conciliō ("unite, connect"). **〈council〉** Latin concilium ("council, meeting"). [국어] **쓰다**: 물체 따위에 덮은 상태가 되다. **싸다**: 속에 넣고 보이지 않게 둘러 감거나 씌워 가리다. [한자] 揲끌 설

감싸는 것은 완전히 싸덮어 가리거나 보호하는 것이다. 그렇게 함으로써 상대의 마음을 달래고 허물까지 덮어준다는 점에서 화해와 용서의 의미도 갖는다고 할 수 있다.

reconcile [rékənsàil] 화해시키다 조정하다 (말소리) 누감쌀
conciliate [kənsílièit] 달래다 ~을 회유하다 감쌀려오다

〈reconcile〉 '누감쌀'은 누누이(re) 꼰(con) 채 싼다(cile=cell, seal)는 말로 감싸서 서로 다시 묶는다는 뜻 **〈conciliate〉** '감쌀려오다'는 꼰(con) 채 싼다(cil=cell). 감싸서 마음을 위로해준다는 뜻

· 어원 **〈reconcile〉** re- ("back; again")+conciliō ("unite, connect"). **〈conciliate〉** Latin conciliō ("I unite"), from concilium ("council, meeting"). [국어] **감싸다**: 1. 전체를 둘러서 싸다. 2. 흉이나 허물을 덮어 주다.

scene [siːn] 장면 (말소리) 씬
scenery [síːnəri] 경치 풍경 씬우리
zone [zoun] 지대 구분하다 장(場)

〈scene〉 '씬'은 (주위에) 싸인(씬) 공간이나 장소를 의미. ☞ 어원상 끼다(ske)에서 씌다(sce)로 변화 **〈scenery〉** '씬우리'는 씌워(끼워)진 (둘러싼) 공간으로 주변 환경을 뜻함 **〈zone〉** '장(場)'은 씌워진 (둘러싼) 공간(A given area distinguished), 장소 [다른 풀이] '씬' 씌워진 공간

· **어원)** **〈scene〉** Ancient Greek σκηνή (skēnḗ, "scene, stage"). **〈zone〉** Ancient Greek ζώνη (zṓnē, "girdle, belt"). 場마당 장, 장소

싸잡아 느끼다, 신경 쓴(sen)

신경을 써서 짚어본다. 쓰다는 씌워 싸잡음으로써 감각기관에 잡히는 것이다.

seize [siːz]	잡다 장악하다	(말소리) 쥐지
sage [seidʒ]	슬기로운	쓰이지

〈seize〉 '쥐지'는 쥐어(씌어)) 싸잡는다는 뜻 **〈sage〉** '쓰이지'는 씩 채어 (잡아) 신경 쓰다. ☞ 씩(sag=seek) 붙들어 (잡아채) 눈치 채다. 짝(sag)에서 g 발음이 약화 [연관] sagacious

· 어원) **〈seize〉** Old French seisir ("to take possession of"), Latin sāgiō ("I perceive by the senses"). Old English sacan ("to quarrel, claim by law, accuse") **〈sage〉** Latin sagāx ("of quick perception, acute, sagacious") [국어] **채다**: 갑자기 세게 잡아당기다. 어떤 사정이나 형편을 재빨리 미루어 헤아리거나 깨닫다. **싸다**: 걸음이 재빠르다. 성질이 곧고 굳세다. 비탈진 정도가 급하다. 둘러서 여미다. **싸게**: 급(急)히.

sense [sens]	감각 느끼다	(말소리) 쓴지
sentiment [séntəmənt]	감정	쓴다민다
sentence [séntəns]	문장 선고	쓴단지

〈sense〉 '쓴지' (신경을) 쓴다는 것으로 현상을 싸잡아 느끼다는 뜻 [다른 풀이] '챈지'는 채어 알아차린다는 뜻 **〈sentiment〉** '쓴다민다'는 (신경을) 쓴다는 것으로 싸잡아 생기는 느낌을 의미함 **〈sentence〉** '쓴단지'는 (신경을) 쓰고 느끼는 것으로 느낌을 표현하는 말, 판결

· 어원) **〈sense〉** Latin sensus ("sensation, feeling, meaning"), from sentiō ("feel, perceive"). **〈sentiment〉** Latin sentire "to feel, perceive, sense". **〈sentence〉** Latin sententia ("way of thinking, opinion, sentiment"), from sentiō ("to feel, think"). [국어] **쓰다**: 어떤 일에 마음이나 관심을 기울이다(신경 쓰다). **채다**: 1.어떤 사정이나 형편을 재빨리 미루어 헤아리거나 깨닫다. 2. 재빠르게 센 힘으로 빼앗거나 훔치다.

consent [kənsént]	동의하다	(말소리) 끈쓴다
assent [əsént]	동의하다	에쓴다
dissent [disént]	반대	떼쓴다

〈consent〉 '끈쓴다'는 꼬여(con 함께) (신경을) 쓰는 것으로 같이 느끼다 **〈assent〉** '에쓴다'는 -에(a) (신경을) 쓰는 것으로 -에 다가가서 같이 느끼다 **〈dissent〉** 떼어(dis) (신경을) 쓰는 것으로 따로 느끼다

· 어원) **〈consent〉** Latin cōnsentiō ("to feel together"), from com- ("with")+sentiō ("to feel") **〈assent〉** Latin assentiō. ad-+sentiō ("to feel"). **〈dissent〉** Latin dissentire (differ in sentiments, disagree), dis-+sentiō ("to feel"). [국어] **쓰다**: 어떤 일에 마음이나 관심을 기울이다(신경 쓰다). **견주다**: 둘 이상의 사물을 질(質)이나 양(量) 따위에서 어떠한 차이가 있는지 알기 위하여 서로 대어 보다. [한자] 思생각 사

conscious [kάnʃəs]	인식하고 있는	(말소리) 끈쓰지
consider [kənsídər]	고려하다 여기다	견주다

〈conscious〉 '끈쓰지'는 꼬여(con 함께) (신경을) 쓰는 것으로 알고 있다는 뜻 **〈consider〉** '견주다'는 낀(con)다와 서다(sider=set sit)는 말로 껴서 (곁에) 세워 놓고 서로를 견준다는 뜻 [다른 풀이] '끈쓰다'는 끌어 (곁에) 세워 놓고 (신경) 쓰는 것으로 생각한다는 뜻

· 어원) **〈conscious〉** Latin conscius, com- ("together")+scire ("to know") **〈consider〉** Latin cōnsīderō(examine). [국어] **쓰다**: 어떤 일에 마음이나 관심을 기울이다(신경 쓰다). **견주다**: 둘 이상의 사물을 질(質)이나 양(量) 따위에서 어떠한 차이가 있는지 알기 위하여 서로 대어 보다. [한자] 思생각 사

censure [sénʃər] 비난하다 (말소리) 쓴지

〈censure〉 '쓴지'는 신경 써서 판단하다. 쓴소리를 내다 [연관] sentence [다른 풀이] '잰지' 재서 그 가치를 매기는 것(judge)으로 서 남을 평가하다.

· 어원) **〈censure〉** Latin censere ("to tax, assess, value, judge, consider, etc."). [국어] **세다**: 사물의 수효를 헤아리거나 꼽다. **재다**: 여러모로 따져 보고 헤아리다. [한자] 算셈 산, 알다

3 서다/지다(st, sid, sit, sis, ses): 세우다, 자리함(있다, 버팀, 위치, 장악)

stand e**st**ablish **st**able exi**st** sub**stit**ute di**sta**nt in**sis**t **sit**uate pre**sid**e pos**ses**s ob**ses**s

'서다(st-)'에는 다양한 의미가 있다. 세우다, 나타난다, 있다, 멈추다 등 라틴어, 영어에서도 그대로 쓰이고 있다.

[서다, 국어]
1 어떤 모양이나 현상이 이루어져 나타난다. 줄이나 주름 따위가 두드러지게 생기다. 2 사람이 어떤 위치나 처지에 있게 되거나 놓이다. 3 처져 있던 것이 똑바로 위를 향하여 곧게 되다. 4 계획, 결심 따위가 마음속에 이루어지다. 5 가던 대상이 어느 한 곳에서 멈추다. 6 [북한어] 문제 따위가 설정되거나 나서다. [한자] 立설 립(확고히 서다, 정하다, 존재, 낟알, 자리, 즉시, 닢(납작한 물건을 세는 단위))

[st-, 라틴어]
Latin statuō <erect. set up, station. establish. stop> Latin situs <"position, place, site">

건축물이나 동상 등은 지면에 세워져 있어 쉽게 눈에 띄어 발견하기 쉽다. 그래서 서있는 것은 떠 있는 것과도 유사하다고 할 수 있다

stand [stænd] 세우다 참다 (말소리) 서든다
outstanding [autstændiŋ] 현저한 눈에 띄는 이웃서든된

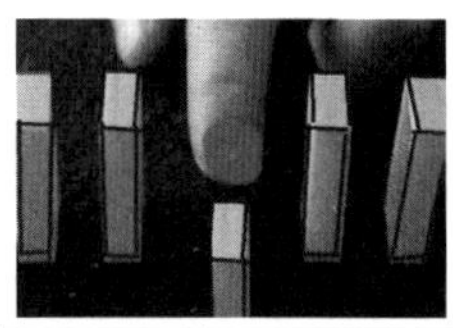

〈stand〉 '서든다'는 1 서서 있다는 뜻 2 서 있는 상태가 계속되어 참다.
☞ -stan은 세워 위치한 땅을 나타낸다. Uzbekistan Afghanistan Pakistan
〈outstanding〉 '이웃서든된'는 **이웃**(out=ut 윗, 벗어나)에 **세워 둔**다(stand)는 말로 밖으로 나와(stand outside) 눈에 **띈다**는 뜻

· 어원) **〈stand〉** Old English standan ("to stand, occupy a place, be valid, stand good, be, exist, take place, consist, be fixed, remain undisturbed, stand still, cease to move"). **〈outstanding〉** out-+standing.

건물을 세우거나 설치하는 것은 지면 위로 세우는 것과 같다.

statue [stǽtʃuː] 동상 조각상 (말소리) 서띄지

〈statue〉 '서띄지'는 세워 띄운 것으로 우뚝 선 동상을 뜻함

· 어원) **〈statue〉** Latin statuō ("set up or erect").

establish [istǽbliʃ] 설립하다 세우다 (말소리) 에서다벌리지

〈establish〉 세워 두다(stable). 서서 자리 잡고, 확고히 하다는 뜻 [다른 풀이] '에서떠벌리지'는 ~에서(es) 떠벌린다(tablish). 세워 띄우다 [연관] install

· 어원) **〈establish〉** Latin stabiliō, from stabilis ("firm, steady, stable"). [국어] **벌리다**: 펴서 뻗치다. **서다**: 부피를 가진 어떤 물체가 땅 위에 수직의 상태로 있게 되다.

'서다'는 말에서 서 있는 위치(site), 자리하여 서 있는 도시(city), 국가(state), 도시에 사는 자(civil)를 가리킨다. 서 있는 상태(stay), 처한 상황(situation), 있는 상태(재산 estate)를 뜻하기도 한다. 또한 서있는 그대로, 유지하려는 의지(-sist: insist persist resist)를 나타낸다.

St- '서두다'는 말은 세워 그대로 둔다는 의미가 있다. 세워둔 상태는 움직이지 않고 늘 그대로 유지되는 모습이나 상황을 의미한다.

stay [stei]	머무르다 유지하다	(말소리) 서대어
state [steit]	1 상태 2 국가 3 말하다	서둬오다
stable [stéibl]	안정적인 견실한	서둬볼
station [steɪʃn]	1 정거장 2 위치를 잡다	서두어진

〈stay〉 '서대어'는 서 있는 그대로 둔 상태를 의미함 [연관] still **〈state〉** '서둬오다'는 1. 서두고 있는 상태(결혼 상태, 위치 상태, 재산 상태) 2. 세워둔(일으킨) 나라, 서 있는 장소로서 도시(city), 나라를 의미함 [연관] status 3. 상태나 입장을 표현하다 **〈stable〉** '서둬볼'은 서 있는, 세워둔 그대로의 상태로 변함이 없다는 뜻 **〈station〉** 세워 두는 곳

· 어원) **〈stay〉** Old French estayer ("to fix, support, stay"). **〈state〉** Latin status ("manner of standing, attitude, position, manner, dress"), from stare ("to stand"). **〈stable〉** Latin stabilis ("firm, steadfast") (stare ("stand")+-abilis ("able")). **〈station〉** Latin statiō ("standing, post, job, position") [국어] **서다**: 어떤 모양이나 현상이 이루어져 나타난다. 사람이 어떤 위치나 처지에 있게 되거나 놓이다. 몸을 곧게 하다. **세우다**: 나라나 기관 따위를 처음으로 생기게 하다

estate [istéit] 재산 소유권 (말소리) 위서두다

〈estate〉 '위서두다'는 ~에 서 두고 있는 상태로서 얼마나 있는가를 나타낸다. 갖고 있는 재산 상태를 뜻함('있다'는 상태로서 소유한다는 뜻)

· 어원) **〈estate〉** Latin status(fixed, set), sistō ("I cause to stand, I stand still; I halt, set, place"). [국어] **있다**: 재물이 넉넉하거나 많다. **서다**: 어떤 모양이나 현상이 이루어져 나타난다. 사람이 어떤 위치나 처지에 있게 되거나 놓이다. 몸을 곧게 하다.

'존재한다'는 '있는 것'이라 할 수 있다. 그런데 '있다'는 '위에 서다'라고도 표현할 수 있다. 어떤 장소나 위치에 서 있는 상태를 나타낸 것이라고 할 수 있다.

exist [igzíst] 존재한다 (말소리) 윗에서다

〈exist〉 '윗에서다'는 윗(ex) 서지는(sist) 상태. 위에 서있어(놓여) 존재한다.

· 어원) **〈exist〉** ex("out")+sistere ("to set, place"). [국어] **서다**: 어떤 모양이나 현상이 이루어져 나타난다. 사람이 어떤 **위치나 처지에 있게 되거나 놓이다**. 몸을 곧게 하다.

essence [ésns] 본질 정수 요소 (말소리) 있은지

〈essence〉 '있은지'는 있어(ess=is) (놓인) 상태, 존재하는 그 자체를 의미함 [연관] is '있어'

· 어원) **〈essence〉** Latin esse ("to be"). [국어] **있다**: 어떤 사실이나 현상이 현실로 존재하는 상태이다.

absent [ǽbsənt] 없는 결석한 (말소리) 없선다

〈absent〉 '없선다'는 선다(sent=essence 서 있다: 존재한다)는 것이 없(ab= off 압 뜨다)다. 존재하지 않는다는 뜻

· 어원) **〈absent〉** ab ("away")+sum ("to be"). [국어] **서다**: 어떤 모양이나 현상이 이루어져 나타난다. 사람이 어떤 위치나 처지에 **있게 되거나 놓이다**. 몸을 곧게 하다. [한자] 存있을 존

distant [dístənt] 먼, 거리를 두는 (말소리) 떼서둔다

〈distant〉 '떼서둔다'는 떼 (멀리) 서 두다(stant=stand)는 뜻

· 어원) **〈distant〉** Latin distare ("to stand apart, be separate, distant, or different"), from di-, dis- ("apart")+stare ("to stand").

어떤 일정한 장소에 무언가를 놓는 것을 '두다'라고 한다. 놓아둔 상태를 보고 행동이나 자세를 알 수도 있고 위치나 모양도 파악할 수 있다. situation은 서두어서 위치한 상황, position은 펴서 있는 위치, 입장이다.

attitude [ǽtitjùːd] 태도 자세 (말소리) 에떠두다
institute [ínstətjùːt] 설치하다 제정하다 인서떠두다

〈attitude〉 '에떠두다'는 띄워 보이는 행위, 상태를 뜻함 **〈institute〉** '인서떠두다'는 인("in, im, on" 인접(隣))한 곳에 서다(st=stand)(stitute=status). 위에 세워 일으키다는 말이다.

· 어원) **〈attitude〉** Latin actitūdō ("acting, posture"). **〈institute〉** Latin in-+statuō: set up, station (in an upright position). [국어] **두다**: 일정한 곳에 놓다.

constitute [kάnstətjùːt] 구성하다 간주하다 (말소리) 끈서대두다
substitute [sʌbstətjùːt] 대체하다 대신 솝서대두다

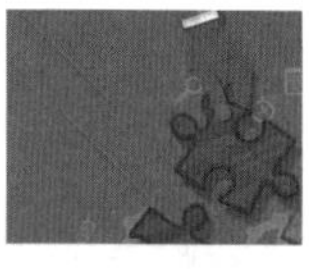

〈constitute〉 '끈서대두다'는 끌어(con 끈, 함께) 서다(st=stand) (stitute=status). 함께 서게 하여 구성한다는 뜻 **〈substitute〉** '솝서대두다'는 솝(sub 속)에 서다(st=stand)(stitute=status). 기존 것의 속에(자리에) 서다. 안에 세워 두는 것으로 속을 대체하게 된다. [참고] instead 기존 것의 안에(자리에) 세워 두다

· 어원) **〈constitute〉** con- and statuere ("to place, set"). **〈substitute〉** Latin substituō ; I place next to, under, or instead of. [국어] 솝: 속의 옛말 [한자] 섭(躡밟을 섭, 잇다, 계승)

서있다는 것(stand)은 그 자세를 쭉 유지한다는 뜻을 가지고 있다. 일종의 '버티다, 고집을 부리다, 주장을 굽히지 않다' 등과 일맥상통한다고 볼 수 있다.

consist [kənsíst] 구성되다 (말소리) 끈서지다
consistent [kənsístənt] 일관된 지속적인 끈서서둔다

〈consist〉 '끈서지다'는 끌어(con 끈) 서지다(sist)는 말로 같이 세워 이루다는 뜻. [연관] stand: 참고 버티다와 동일 **〈consistent〉** '끈서서둔다'는 끌어(con 끈) 서지다(sist)는 말로 끈지게(끈지다:버티다) 같이 붙어서 쭉 계속된다는 뜻

· 어원) **〈consist / consistent〉** Latin consistō ("stand together, stop, become hard or solid, agree with, continue, exist"), from com- ("together")+sistō ("to cause to stand; to place, set"). [국어] **끈지다**: 오래 버티어 가는 끈기가 있다.

서서 버티고 입장을 고수하다. 立場(입장)은 서있는 장소이면서 추상적으로는 생각을 두고 있는 의견이라 할 수 있다. Position 도 위치이면서 처한 상황, 입장이다

insist [insíst] 주장하다 (말소리) 인서지다
desist [dizíst, -síst] 그만두다 단념하다 떼서지다
resist [rizíst] 저항하다 누서지다
persist [pərsíst] 계속~하다 고집하다 펄서지다

〈insist〉 '인서지다'는 인("in, im, on" 인(隣)접)한 곳에 서지다(sist 서서 버티다). 처음 입장(立場 **서있는 장소= 의견**)을 고수하다는 뜻 **〈desist〉** '떼서지다'는 서지다(sist 서서 버티다)는 상태에서 떼(de 디다: 지다. 떨어지다의 옛말) 낸다. 서있는 입장에서 떠난다는 뜻 **〈resist〉** '누서지다'는 누누이(re) 서지다(sist 서서 버티다)는 말로 서있는 입장을 누차 고수한다는 뜻 **〈persist〉** '펄서지다'는 펄(per 푹) (파고 들어) 서지다(sist 서서 버티다). 서있는 입장을 푹 고수한다는 뜻.

· 어원) **〈insist〉** Īnsistō(set foot, stand, tread or press on or upon something.), in-+sistō ("stand, set, place"). **〈desist〉** de(down)+sist(stand); Related to stō ("stand, be stood"). **〈resist〉** re-+sistere ("cause to stand"), resistō (rise or stand up again). **〈persist〉** per-+sistere ("to stand").

보조자나 하인 등은 옆에 서서 도움을 주는 사람들이다. 그들은 부름에 즉각 대응해 도움을 주기 위해 바로 옆에 서서 보조를 하게 된다.

assist [əsíst] 돕다 지원하다 (말소리) 에서지다

〈assist〉 '에서지다'는 ~에 서지다(sist)는 말로 옆에서 지켜 도울 준비가 되어 있다는 뜻 [연관] attend 에뜬다 ~에게 떠서 관심을 주다

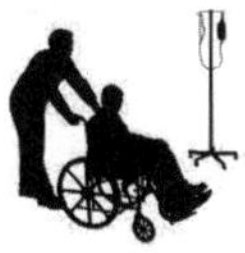

· 어원) **〈assist〉** French assister ("to assist, to attend"), Latin assistō ("I stand at").

obstinate [ɑ́bstənət] 완고한 집요한 (말소리) 앞서댄이다

〈obstinate〉 '앞서댄이다'는 앞(ob)에 서댄다(stin=stern, stand). 구부러지지 않아 서있는 상태(stiff) 그대로 버틴다는 뜻 [연관] persist insist

· 어원) **〈obstinate〉** Latin obstinō ("set one's mind firmly upon, resolve"), from ob ("before") stare ("to stand"). (국어) **서다**: 처져 있던 것이 똑바로 위를 향하여 곧게 되다.

sterile [stéril] 불모의 메마른 (말소리) 스닮을

〈sterile〉 닳아 올라 물이 닳아버린 땅. 딱딱하게 굳어 메마르다는 뜻. [참고] stiff 꿋꿋하게 굳어 죽다는 의미가 있다. [다른 풀이] '시달릴' 시달려서 시들어 메마른 상태를 뜻함

· 어원) **〈sterile〉** Proto-Indo-European *ster ("strong, steady"), the same root of Old English starian ("to stare"), Proto-Germanic *staraz ("stiff"). Latin sterilis ("barren, futile").

assess [əsés] 평가 결정 (말소리) 에서지

〈assess〉 '에서지'는 ~에 세워 놓아(To impose or charge) 서로 비교, 세어 본다는 뜻 [참고] suppose 싸서 펴 놓고 예측

· 어원) **〈assess〉** ad ("to, towards, at")+sedeō ("sit; settle down"). [국어] **세다**: 사물의 수효를 헤아리거나 꼽다. 물, 불, 바람 따위의 기세가 크거나 빠르다. '세우다'의 비표준어.

서다/지다(sid/sit): 자리하다. 위치하다

site situate는 sit(지다)와 관련 있다. 서 있거나 앉다는 영어 표현은 state, station 처럼 서 있는 장소를 뜻한다.

site [sait] 위치 현장 (말소리) 서있다

〈site〉 '서있다'는 서 있는 장소(To situate or place a building)를 의미함

· 어원) **〈site〉** Latin situs ("position, place, site"), from sinere ("to put, lay, set down, usually let, suffer, permit"). [국어] **서다**: 어떤 모양이나 현상이 이루어져 나타난다. 사람이 어떤 위치나 처지에 있게 되거나 놓이다. 몸을 곧게 하다.

situation [sìtʃuéiʃən] 상황 상태 (말소리) 서두어진
situate [sítʃuèit] ~의 위치를 정하다 서둬오다

〈situation〉 '서두어진'은 세워둔다는 것으로 서 있는 곳에 처한 주변 상황(The way in which something is positioned)을 말함 **〈situate〉** '서둬오다'는 세워둔다는 것으로 일정한 장소에 서 있다는 뜻

· 어원) **〈situation〉** Medieval Latin situatio ("position, situation"), from situare ("to locate, place"), Latin situs ("a site"). **〈situate〉** Medieval Latin situō ("to locate, place"), Latin situs ("a site"). **서다**: 어떤 모양이나 현상이 이루어져 나타난다. 사람이 어떤 **위치나 처지에 있게 되거나 놓이다**. 몸을 곧게 하다.

'서다'는 서있다, 위치한다는 말로서 사람들이 사는 곳, 생활하는 도시를 나타낸다. 그곳에서 먹고 자고 일하며 살아간다. 도시는 쉴 수 있는 커다란 보금자리라고 할 수 있다.

city [síti] 도시 (말소리) 서다
citadel [sítədl] 성 거점 서다둘
citizen [sítəzən] 시민 국민 서다산

〈city/citadel〉 사람이 서 있어 사는 장소를 나타냄. 서있는 위치를 뜻하는 site, set와 같다 **〈citizen〉** '서다산'은 사람이 서 있어 사는 장소. 거기에 있는 사람들을 나타냄.

· 어원) **〈city〉** Proto-Indo-European *ḱey- ("to lie down, settle; home, family; love; beloved"). **〈citadel〉** Italian città ("city"). **〈citizen〉** Anglo-Norman citesain ("city-dweller"). [국어] **서다**: 어떤 모양이나 현상이 이루어져 나타난다. 사람이 어떤 위치나 처지에 있게 되거나 놓이다. 몸을 곧게 하다.

civilization [sìvəli-zéiʃən] 문명 (말소리) 서벌려지어진
civilian [sivíljən] 민간의 일반인의 서벌려온

〈civilization/civilian〉 사람이 서 있어 사는 장소로서 벌리어 세운 도시, 도시에 있는 (거주하는) 자를 뜻함

· 어원) **〈civilization〉** Latin cīvis ("citizen"). **〈civilian〉** Latin cīvīlis ("relating to a citizen"), from cīvis ("citizen). [국어] **서다**: 어떤 모양이나 현상이 이루어져 나타난다. 사람이 어떤 위치나 처지에 있게 되거나 놓이다. 몸을 곧게 하다.

'서다'는 site, situate 처럼 위치에 놓이는 것으로 자리에 앉다는 표현과 같다. 사회적 위치, 지위도 포함된다. Sit는 자리를 차지하다, 위치해 있다(To occupy a given position. To lie, rest)는 의미가 있다. 이는 (잎이) 지듯이 가라앉아 있는 상태로 '지다'와 통한다.

preside [prizáid] 주재하다 관장하다 (말소리) 빠르세우다
president [prézədənt] 대통령 사장 빠르서댄다

〈preside〉 '빠르세우다'는 빨리(pre 앞에) 서다/지다(side=set, sit 자리하다). 빠른 앞자리에 앉히거나 세워 책임을 지운다는 뜻 [다른 풀이] '빠르자다' 앞에 자고, 자리하게 하다. **〈president〉** '빠르서댄다'는 빨리(pre 앞에) 세워 둔다. 빠른 앞자리, 지위를 지우다(throne 왕좌)는 뜻

· 어원) **〈preside〉** Latin praesidēre ("preside"), from pre- ("before")+sedere ("to sit"). **〈president〉** prae ("before") and sedeō ("sit"). [국어] **서다**: 사람이 어떤 위치나 처지에 있게 되거나 놓이다. 어떤 역할을 맡아서 하다. 가던 대상이 어느 한 곳에서 멈추다. **지다**: 꽃이나 잎 따위가 시들어 떨어지다. 책임이나 의무를 **맡다**. 어떤 현상이나 상태가 이루어지다. 물건을 짊어서 등에 얹게 하다

present [préznt] 1 현재의 2 제공하다 보여주다 선물 (말소리) 빠르진다

〈present〉 '빠르진다'는 빨리(pre 앞에) 지(서)다. 앞에 서 있다 1 앞에 진행, 나타나는 현재(과거는 지나가 보이지 않음) 2 앞에 진다(sent=send). 진행해 나가 제공한다. 선물

· 어원) **〈present〉** Latin praesum(I am before something. I preside or rule over). Proto-Indo-European root *sent- (go) [국어] **지다**: 꽃이나 잎 따위가 시들어 떨어지다. 책임이나 의무를 맡다. 어떤 현상이나 상태가 이루어지다.

dissident [dísidnt] 의견을 달리하는 (말소리) 떼서든다

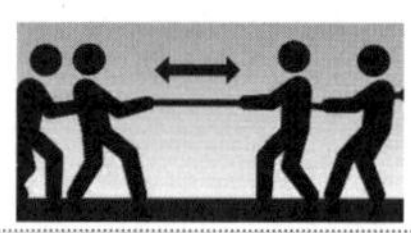

〈dissident〉 '떼서든다'는 서대(side=set, sit 자리하다)고 있는 자리(입장)에서 떼(di) 갈라지다는 뜻. [연관] assist

· 어원) **〈dissident〉** Latin dissidēre ("to sit apart; to disagree"). [국어] **서다**: 사람이 어떤 위치나 처지에 있게 되거나 놓이다. 어떤 역할을 맡아서 하다. 가던 대상이 어느 한곳에서 멈추다.

위에 자리 잡고 서다.

supersede [sù:pərsí:d] 대체하다 대신하다 (말소리) 접해지다

〈supersede〉 '접해지다'는 (쩝 쳐 올려) 접해(super=sub 위에 싸 접하다) 지다/서다(sede=sit 가라앉다, 떨어지다). 기존 것에 지고 얹어 (내려 앉아서) 대체하다는 뜻 ☞ super(sub)+sede(stitute) =substitute [참고] replace

· 어원) **〈supersede〉** Middle French superseder ("postpone, defer"), Latin supersedere, from super ("over")+sedere ("to sit"). [국어] **접하다**: 이어서 닿다. **지다**: 꽃이나 잎 따위가 시들어 떨어지다. 책임이나 의무를 맡다. 어떤 현상이나 상태가 이루어지다. 물건을 짊어서 등에 얹게 하다

지다는 말은 가라앉아 자리하다는 뜻이면서 짊어지고 장악한다는 의미가 될 수 있다. '앉다'(sit, seat)는 가라앉는다는 말처럼 바닥에 깔리는 것이다.

siege [siːdʒ] ~을 포위하다 (말소리) 지우지

besiege [bisíːdʒ] 포위하다 공격하다 비지우지

〈siege / besiege〉 (위)에 지고 얹어 감싸다. 의자에 내려앉은 것처럼 위에 자리 잡고 (장악하여) 포위하다는 뜻. [연관] beset (To surround, attack)

· 어원) **〈siege〉** Latin sēdēs ("seat"). Sedeō(I settle or sink down, subside, I sit in an official seat) German besetzen ("to seize; occupy; garrison") [국어] 지다: 물건을 짊어서 등에 얹다. 무엇을 뒤쪽에 두다. 해나 달이 서쪽으로 넘어가다. 책임이나 의무를 맡다. 어떤 현상이나 상태가 이루어지다. 재우다: 부풀어 있던 것을 눌러 푹 꺼지게 하다. 눌러 넣다. 앉다: 자기 몸을 다른 물건 위에 놓다. 어떤 것이 물체 위에 덮이거나 끼다. 어떤 직위나 자리를 차지하다.

possess [pəzés] 보유하다 가지다 (말소리) 퍼져서

〈possess〉 '퍼져서'는 파(po=power) 지다/서다(sess=set, sit 자리하여 차지). 파아 (뻗어) 위에 지고 얹어 점유하다(有는 '있다'와 '가지다' 뜻이 있다. 즉 자리하는 것은 자리 잡고 가진다는 의미가 있다). 라틴어에서는 위에 거주하다는 의미가 있다.

· 어원) **〈possess〉** Latin possideō(I have, own, possess. I occupy, inhabit, abide.), potis ("able")+Sedeō(I settle or sink down, subside, I sit in an official seat). Old English besettan ("to beset; set beside; set near; appoint; place; own; possess") German besetzen ("to seize; occupy; garrison") 지다: 물건을 짊어서 등에 얹다. 무엇을 뒤쪽에 두다. 해나 달이 서쪽으로 넘어가다. 앉다: 자기 몸을 다른 물건 위에 놓다. 어떤 것이 물체 위에 덮이거나 끼다. 어떤 직위나 자리를 차지하다.

obsess [əbsés] ~에 사로잡히다 늘러붙다 (말소리) 앞져서

〈obsess〉 '앞져서'는 앞/업어(ob=over) 지다/서다(sess= set, sit 자리하다). 앞(위)에 지고 얹어 덮어 쓰다. 업고 감싸다. 콩깍지가 씌워져 다른 것은 안 보이고, 하나에만 사로잡히다는 뜻

· 어원) **〈obsess〉** obsideō ("sit on or in, remain, besiege"), from ob ("before")+sedeō ("I sit"). [국어] **지다**: 물건을 짊어서 등에 얹다. 무엇을 뒤쪽에 두다. 해나 달이 서쪽으로 넘어가다. **앉다**: 자기 몸을 다른 물건 위에 놓다. 어떤 것이 물체 위에 덮이거나 끼다. 어떤 직위나 자리를 차지하다.

4 쉬다(머무름), 지다 [s_t(d)], 자다(잘) (sua, s_l) : 가라앉다, 잠재우다

re**sid**e re**sid**ue **set**tle he**sit**ate **sooth**e per**sua**de con**sol**e **sol**ace

서 있다(stand)는 가만히 있어 쉬는 상태로 볼 수 있다. 여기서 re는 누누이 반복되면서 뒤로, 등뒤로 향하여 눕다는 의미가 된다.

rest [rest] 1 쉬다 2 놓이다 3 나머지 (말소리) 뉘지다

〈rest〉 '뉘지다'는 누차(re) 지다/서다(st=sit, stand). 져서(가라앉아) 내려 앉다. 1. 누차(죽) 가라앉아 쉬는 상태(pause) (Relief from work or activity by sleeping) 2. 가라앉아 바닥에 놓여 있다(To stay, remain, be situated) 3. 가라앉아 있어 (어디 가지 않고) 남겨진 나머지(To remain, stay→remnant)의 상태

· 어원) 〈rest〉 German Ruhe '놔' ("calm") Latin restō ("to stay back, stay behind"), from re-+stō ("to stand"). **쉬다**: 잠시 머무르다. 잠을 자다. [한자] 在있을 재, 장소

지다(sit)는 가라앉아 한 자리에 있는 상태를 나타낸다. '쉬다'는 바닥에 놓여 있어 거주하다는 의미로 쓰일 수 있다. 자리를 잡고 머물러 사는 것이다(The place where one has his seat=〉 a home, residence, domain).

reside [rizáid] 거주하다 살다 (말소리) 누지다
resident [rézədnt] 주민 거주민 누져든다
residence [rézədəns] 주택 거주지 누져든지

〈reside/resident/residence〉 누차(re) 자다/서다(side=sit). 누차(죽) 자듯이 자리하여 (가라앉아) 바닥에 놓인 상태(to remain for a long time. To lie)를 나타냄. 자리 잡고 죽 있다는 의미에서 지내다, 거주하다 [연관] nest '뉘지다'는 뉘어 쉬는 곳으로 쉬는 집(Residence), 보금자리를 뜻한다. Rest

· 어원) 〈reside〉 Latin resideō ("remain behind, reside, tarry, linger."), from re- ("back")+sedeō ("sit , be situated"). [국어] **지다**: 물건을 짊어서 등에 얹다. 무엇을 뒤쪽에 두다. 시들어 떨어지다. 해나 달이 서쪽으로 넘어가다. 사라져 없어지다. **쉬다**: 잠시 머무르다. 잠을 자다. [한자] 在있을 재, 장소

residue [rézədjùː] 남아있는 잔류물 (말소리) 누지다

〈residue〉 '누지다'는 누차(re) 지다/쉬다(side=sit). 져서 (가라앉아) 자리 잡고 죽 있다. 어디 가지 않고 남겨져 있는 나머지(rest=residue)라는 뜻

· 어원) 〈residue〉 Latin residuus ("remaining"), from resideō ("I remain behind"). **지다**: 물건을 짊어서 등에 얹다. 무엇을 뒤쪽에 두다. 해나 달이 서쪽으로 넘어가다.

지다/자다[s_t(d)]: 가라앉다, 잠잠

지다(sit)는 져서(가라앉아) 있는 상태를 나타낸다.

settle [sétl] 1 진정시키다 2 정착하다 (말소리) 져들
sediment [sédəmənt] 침전물 지다민다

〈settle〉 '져들'은 자다/지다(set= sit)는 말에서 재워 두어 가라앉히다. 1 져서(가라앉아) 잠잠하게 하다(To sink, to subside. To become compact due to sinking. To become calm.) 2 가라앉혀 자리 잡다. 정착하다 (To put into place; to make sit properly. To fix one's residence). **〈 sediment〉** 져서 가라앉다.

· 어원) 〈settle〉 Old English setlan ("to settle, seat, put to rest"), from Old English setl ("seat"), Middle English sahtlen ("to reconcile, calm, subside"). [국어] **지다**: 물건을 짊어서 등에 얹다. 무엇을 뒤쪽에 두다. 시들어 떨어지다. 해나 달이 서쪽으로 넘어가다. 사라져 없어지다. **자다**: 바람이나 물결 따위가 잠잠해지다. [한자] 地 (장소, 살다, 처지(處地)).

saddle [sǽdl] 안장 올라타다 (말소리) 자둘

〈saddle〉 '자둘'은 지다(sad= sit) 또는 자다는 말로 가라 앉아(settle) 자리잡는 곳을 의미함. '자다, 자리'에서 좌(의자) 유래

· 어원) 〈saddle〉 Proto-Indo-European *sed- ("to sit"). [국어] **자다**: 바람이나 물결 따위가 잠잠해지다. [한자] 坐앉을 좌

앉거나 누워 있는 것은 가만히 있다는 측면에서 지다, 쉬다, 자다로 볼 수 있다. 또한 자리하거나 위치해서 자리를 차지한다는 의미도 있다. Latin sedeō (I sit, preside, I settle or sink down, subside, I sit still, stay, abide)

throne [θroun] 왕위 왕좌 (말소리) 자리인

〈throne〉 '자리인'은 자리하다(To be in, or sit upon). 바닥에 자고 있다. 자리는 지위를 나타낸다. [다른 풀이] '쓰는' 쓰고 앉는 자리

· 어원) **〈throne〉** Ancient Greek Θoóνρς (thrónos, "chair, throne"). [국어] **자리하다**: 일정한 조직체에서의 특정 직위나 지위를 차지하다. **지다**: 책임이나 의무를 맡다. 등뒤에 두다. **앉다**: 어떤 직위나 자리를 차지하다. [한자] 位자리 위, 서다, 위치

seat [si:t] 좌석 앉다 (말소리) 지다

〈seat〉 '지다' (잎이) 지듯이 가라앉아 있는 상태. [연관] sit

· 어원) **〈seat〉** Sense of "residence, abode, established place" Sanskrit सीदति (sī́dati), latin sīdo ("I settle, I sink down"). Latin sedeō(I sit, I am seated, preside, I settle or sink down, subside, I sit still; remain) [국어] **자다**: 1. 생리적인 요구에 따라 눈이 감기면서 한동안 의식 활동이 쉬는 상태가 되다. 2. 바람이나 물결 따위가 잠잠해지다. **지다**: 꽃이나 잎 따위가 시들어 떨어지다. 책임이나 의무를 맡다. 어떤 현상이나 상태가 이루어지다. [한자] 坐앉을 좌

cemetery [sémətèri] 묘지 무덤 (말소리) 쉼에드리

〈cemetery〉 '쉼에드리'는 쉬고 누워 있다 (영원히) 잠(cem=calm)이 들었다는 뜻 [다른 풀이] '잠이드리'.

· 어원) **〈cemetery〉** Ancient Greek κρμάω (koimáō "I put to sleep"), κεῖμαι (keîmai)(to lie asleep, repose, lie idle, lie still to settle down, deposit a sediment to lie, be situated) [국어] **잠들다**: 생명이 끊어지다

'잠'은 부풀어 있지 않고 가라앉아 있는 상태를 가리키기도 한다. 엉성하게 부풀어 있지 않고 숨이 죽은 듯이 부드럽게 깔려있는 것이 마치 잠을 자는 것과 같기에 그렇게 표현하는 것이다.

smooth [smu:ð] 부드러운 (말소리) 잠이다

〈smooth〉 '잠이다'는 잠잠하고 부드러운 상태를 뜻함

· 어원) **〈smooth〉** Proto-Germanic *samftijaz ("level, even, smooth, soft, gentle") (compare *sōmiz ("agreeable, fitting")). [국어] **잠**: 솜 따위의 물건이 눌리어 펴지거나 푸슬푸슬 부풀지 않고 가라앉은 상태

'재우다'는 잠을 자게 한다는 뜻으로 어떤 감정이나 말썽인 사건 등을 잠잠하게 해서 조용하게 만든다는 의미가 있다. 일종의 갈등상황의 해소인 셈이다.

soothe [su:ð] 가라앉히다 달래다 (말소리) 자다
sweet [swi:t] 달콤한 재우다

〈soothe〉 잠재워 조용하게 하다(calm, quiet). smooth 의 뜻도 있다. 이는 smooth에서 m이 탈락해 sooth가 된 것으로 보인다.
〈sweet〉 '재우다'는 기분을 잠재워 차분하게 해줄만큼 달다는 뜻. 스트레스를 해소하기 위해 초콜릿을 먹기도 한다.

· 어원) **〈sweet〉** Latin suāvis ("sweet"), suādeō (I suade, persuade.) Vulgar Latin *assuaviō ("I sweeten, I 'butter up', I **calm**"), derived from ad-+suavis ("sweet") [국어] **자다**: 바람이나 물결 따위가 잠잠해지다

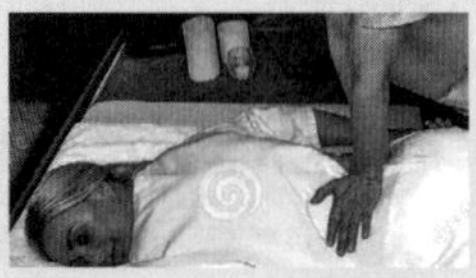

assuage [əswéidʒ]　　진정시키다 누그러뜨리다　　(말소리) 에재우지

〈assuage〉 '에재우지'는 재워서 (가라앉게) 달랜다는 뜻 [연관] sweet

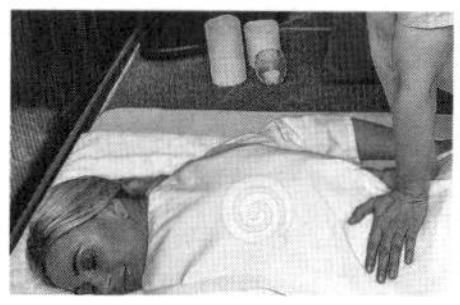

· 어원) **〈assuage〉** Old French asuagier ("to appease, to calm"), from Vulgar Latin *assuaviō ("I sweeten, I 'butter up', I calm"), derived from ad-+suavis ("sweet"). [국어] **재우다**: 잠이 들게 하다.

persuade [pərswéid]　　설득하다 ~하게 만들다　　(말소리) 펄재우다

〈persuade〉 '펄재우다'는 펄(per 푹) 재우다(suade). 푹 잠재워 (가라앉게) 기를 꺾어 압박한다

· 어원) **〈persuade〉** Latin suādeō(I urge, exhort; advocate). suāvis ("sweet"). [국어] **재우다**: 잠이 들게 하다.

dissuade [diswéid]　　단념시키다 만류하다　　(말소리) 떼재우다

〈dissuade〉 '떼재우다'는 떼서 재우다(suade)는 말로 잠재워 기를 꺾어 압박한다는 뜻

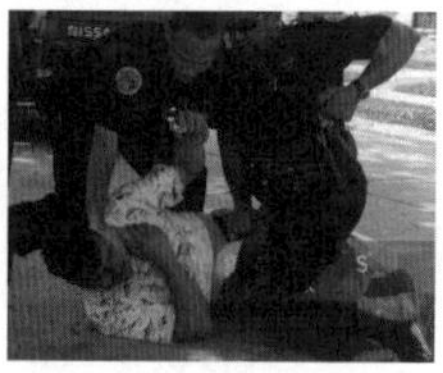

· 어원) **〈dissuade〉** Latin dissuādeō ("I urge differently", "I advise against", "I dissuade"), from dis- ("away from", "asunder")+suādeō ("I recommend", "I advise", "I urge"). [국어] **재우다**: 잠이 들게 하다.

solace [sάləs]　　위안　　(말소리) 잘리지

〈solace〉 '잘리지'는 잠자코 자게 하다. (가라앉게) 마음을 안정시킨다는 뜻 [참고] settle

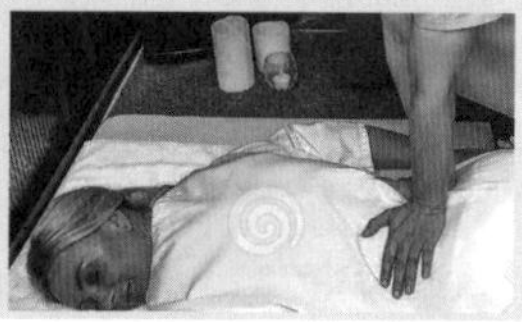

· 어원) **〈solace〉** Latin sōlor (I soothe, assuage, console, solace).). Proto-Indo-European *selh$_2$- ("to calm, quiet, be favourable"), related to Latin sōlor ("to comfort, console") [국어] **자다**: 생리적인 요구에 따라 눈이 감기면서 한동안 의식 활동이 쉬는 상태가 되다. **자다**: 바람이나 물결 따위가 잠잠해지다

console [kənsóul]　　위로하다　　(말소리) 끈재울

〈console〉 '끈재울'은 낀(con) 채 재울(sole) 것이라는 말로 껴 (안고) 재워서 (우울한 자를) 잠자코 있게 해준다는 뜻

· 어원) **〈console〉** Proto-Germanic *sēliz ("happy, fortunate, kind, good"). Proto-Indo-European *selh$_2$- ("to calm, quiet, be favourable"), related to Latin sōlor ("to comfort, console") [국어] **재우다**: 잠이 들게 하다.

'지다'는 가라앉다, 바닥에 낮게 깔리게 한다는 뜻이 있어 땅이나 바닥, 위치한다는 것과 연관이 있다. '자다'란 말과 관련 있다.

soil [sɔil]　　흙 땅　　(말소리) 재울
geology [dʒiάlədʒi]　　지질학　　지(地)얘기

〈soil〉 '재울'은 (아래로) 져서 내려 앉아 있다. 재워(눕게 하여) 바닥에 깔려있다는 뜻 [연관] sole '잘'(바닥) **〈geology〉** '지(地)얘기'는 지(地)[ge 져서 내려앉아 있는 땅]에 대해 웩[logy] 얘기한다는 뜻. 깔려있다(ground 깔리운다)

· 어원) **〈soil〉** Latin solum ("bottom, ground, soil"). Latin solium ("**seat**, threshold, **place**") **〈geology〉** Ancient Greek γῆ (gê, "earth")+-logia ("the study of"). Proto-Germanic *sīdǫ ("side, flank, edge, shore") [국어] **재우다**: 1. '자다(의식 활동이 쉬는 상태가 되다)'의 사동사. 2. 푸슬푸슬하거나 더부룩한 것을 가다듬어 자리가 잡히게 하다. **지다**: 시들어 떨어지다. [한자] 地땅. 장소. 바탕 在있을재, 장소

'자다'는 것은 '바람이나 파도가 잔다'라고 표현하듯 고요해지고 조용해지는 상태를 말한다. 쉼 없이 무언가를 하다가 쉬는 상태에서 주로 이 '자다'라는 표현을 쓴다.

serene [sərí:n] 고요한 조용한 (말소리) 자는
silent [sáilənt] 침묵의 조용한 잘련다

〈**serene/silent**〉 자는 듯이 잔잔하고 평온한 상태를 뜻함

· 어원) 〈**serene**〉 Latin serēnus ("clear, cloudless, untroubled"). 〈**silent**〉 Proto-Indo-European *seil- ("still, **windless**, quiet, slow"). [국어] **자다**: 1. 생리적인 요구에 따라 눈이 감기면서 한동안 의식 활동이 쉬는 상태가 되다. 2. **바람이나** 물결 따위가 **잠잠해지다**. 3. 기계가 작동하지 아니하다.

absurd [æbsə́:rd] 말도 안 되는, 황당한 (말소리) 없설다

〈**absurd**〉 '없설다'는 얍(ab=off, hop) (없애, 벗어나) 설다(surd=silly). 설익은 것처럼 슬슬 느려지고, 잘 듣지 못하고 서투른 모습을 나타냄

· 어원) 〈**absurd**〉 Latin surdus ("deaf");"deaf to reason", i.e. irrational. Latin absurdus ("incongruous, dissonant, out of tune"), from ab ("away from, out")+surdus ("silent, deaf, dull-sounding"). [국어] **설다**: 익숙하지 못하다. 빈틈이 있고 서투르다. [한자] 拙 옹졸할 졸, 어리석다

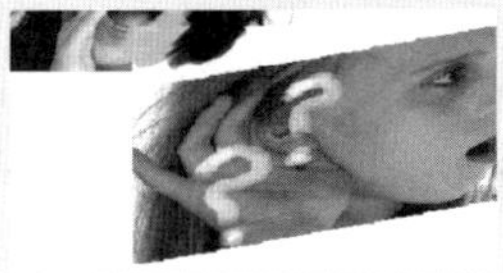

<지다(cede)의 다양한 활용 형태>

라틴어	뜻	예시	지다(우리말)
latin cēdō	I go, move	Cede proceed	생겨나거나 일어나다(之갈지) 어떤 현상이나 상태가 이루어지다
	I become, turn into, be	Accident coincide	
	I concede, give up	concede	어떤 요구에 대하여 마지못해 양보하거나 들어주다.
	I disappear, pass away, depart.	Cease	붙어 있던 것이 닦이거나 씻겨 없어지다. 목숨이 끊어지다. 이슬 따위가 사라져 없어지다.
latin sedeō	I sit, I am seated	Seat sedentary preside	
	I settle, I sit still, remain	reside	
	sink down	Subside deciduous sunset occidental	잎 따위가 시들어 떨어지다. 해나 달이 서쪽으로 넘어가다.

5 지다(ced, cid): 가다(之), 떨어지다(생기다)

cede pre**ced**e ac**ced**e ex**ceed; **de**cid**uous in**cid**ent oc**cid**ent

'지다'는 말은 여러 가지 의미로 쓰인다. 해나 달이 서쪽으로 넘어갈 때, 잎이 시들어 떨어져 내릴 때, 목숨이 끊어져 죽을 때, 짐을 질 때, 양보해 상대방의 요구를 들어줄 때도 이 '지다'를 쓴다. 또는 진행해 나간다는 의미로 '-지다'를 쓴다. cede는 'go'와 같은 뜻으로 구개음화처럼 ㄱ(go)에서 ㅈ(cede)으로 변한 것으로 볼 수 있다.

'지다(之)'는 어떤 현상이나 상태가 이루어진다는 의미로 생명이 이뤄져 생기는 것을 나타낼 수 있다. '가다'의 다른 형태다(go= cede) {Latin cadō (활용형 cecidī, cāsum)(It happens, occurs, comes to pass, fall, die, cease)}

cede [siːd] 양도하다 포기하다 (말소리) 지다

'지다'는 지는(之갈지) 것으로 가게 두어 포기한다는 뜻 [연관] cease 져 버리고 가서 그만두다.

· 어원) **〈cede〉** Latin cedō ("to yield, give way, to go, grant"), from Proto-Indo-European *ked- ("to go, yield"). [국어] **지다:** 어떤 요구에 대하여 마지못해 양보하거나 들어주다. [한자] 乭이름지 之갈지 止그칠 지

concede [kənsíːd] 인정하다 허용하다 (말소리) 꼰지다

〈concede〉 '꼰지다'는 꼬여(con 끈) 지다(cede 之갈지). 꼬여져 같이 가다, 따라간다는 뜻. [연관] convoy 꼬여(con 끈) 보행하다. 같이 가다.

· 어원) **〈concede〉** Latin concedō ("give way, yield"), from con- ("wholly")+cedō ("to yield, give way, to go, grant"), from Proto-Indo-European *ked- ("to go, yield"). [국어] **지다:** 어떤 요구에 대하여 마지못해 양보하거나 들어주다.

cease는 떨어져 가는 cede의 변형이다.

cease [siːs] 중단하다 사라지다 (말소리) 져서

〈cease〉 '져서'는 지다(cede: go away)는 것으로 져 버리고 사라지다. [다른 풀이] '쉬지' (져서 가라앉아) 쉬다. 잎이 지듯 일에서 (사라)지며 쉬는 것 (之갈 지=> 止그칠 지)을 뜻함 [연관] decease

· 어원) **〈cease〉** Middle French cesser ("to cease"), Latin cessō ("leave off, **rest**, free of"), cēdō ("to leave off, go away"). [국어] **쉬다:** 물체나 물질 따위가 움직임을 멈추다. 일이나 활동을 잠시 그치거나 멈추다. 잠시 머무르다. **지다:** 닦이거나 씻겨 없어지다. 사라져 없어지다. [한자] 止그칠 지

incessant [insésnt] 끊임없는 잇따른 (말소리) 안져준다

〈incessant〉 '안져준다'는 안(in) 지다(cess=cede: cease)는 말로 (사라)져서 쉬지 않고 계속해서 이어간다는 뜻

· 어원) **〈incessant〉** Latin cēdō ("I withdraw"). [국어] **쉬다:** 물체나 물질 따위가 움직임을 멈추다. 일이나 활동을 잠시 그치거나 멈추다. 잠시 머무르다. **지다:** 닦이거나 씻겨 없어지다. 사라져 없어지다. [한자] 止그칠 지

proceed [prəsíːd] 진행하다 (말소리) 펴리지다
precede [prisíːd] 앞서다 빠르지다

〈proceed〉 '펴리지다'는 펴내(pro 앞으로) 지다(cede 之갈지). 앞으로 나간다는 뜻 **〈precede〉** '빠르지다'는 빨리(pre 앞으로) 지다(cede 之갈지)는 말로 미리 나간다는 뜻

· 어원) **〈proceed〉** Latin prōcēdō ("I go forth, go forward, advance"), from prō ("forth")+cēdō ("I go"). **〈precede〉** Latin praecēdō, from prae ("before")+cēdō. [국어] **지다:** 어떤 현상이나 상태가 이루어지다.

exceed [iksíːd] 넘어서다 초과하다 (말소리) 윗지다
recede [risíːd] 후퇴하다 누지다

〈exceed〉 '윗지다'는 윗(ex) 지다(ceed=cede 之갈 지)는 말로 넘어선다 **〈recede〉** 누누이(re) 다시 (원래 자리로) 지다(cede). 되돌아가다.

· 어원) **〈exceed〉** Latin excedere ("to go out, go forth, go beyond a certain limit, overpass, exceed, transgress"), from ex- ("out, forth") with cedere ("to go").

액세서리는 옷차림에서 멋진 모습을 연출하는 데에 보조적인 역할을 한다. 옆에 서있어 도움을 준다는 의미가 있다.

accede [æksíːd]	접근	(말소리) 에지다
accessory [æksésəri]	액세서리 장신구	에져서리

〈accede〉 '에지다'는 ~에(a) 지다(cess=cede 之갈 지)는 말로 ~에게 다가서다(The act of approaching)는 뜻 **〈accessory〉** '에져서리'는 ~에(a) 지다(cess=cede). ~에게 다가가서 옆에 붙어 보조해주는 것을 의미 [연관] assist

· 어원) **〈accede〉** Latin accēdō ("approach; accede"), from ad ("to, toward, at")+cēdō ("move, yield"). **〈accessory〉** Latin accessor ("helper, subordinate"), latin accēdō ("I approach, advance").

지다(cid): (떨어) 지다

'지다'는 가고 없다는 말로서 목숨이 끊어지다, 떨어지다, 없어진다는 뜻을 지닌다.

decide [disáid]	결정하다	(말소리) 디지우다
deciduous [disídʒuəs]	탈락성의 낙엽성의	디져두어서

〈decide〉 '디지우다'는 디(de 떼)게 지다 (cide=cede, sit, fall). (생각하던 것을) 떨어지게 (구분 짓고) 마무리하다. **〈deciduous〉** '디져두어서'는 디(de)게 지다(cide=cede, sit, fall). 아래로 떨어진다는 뜻 [연관] decease

· 어원) **〈decide〉** Latin dēcīdō ("cut off, decide, I die, fall dead, I sink"), from dē ("down from")+caedō ("cut, die, cease, decay"). **〈deciduous〉** Latin deciduous ("falling down or off"), from dēcidō ("fall down"). [국어] **디다**: 지다. 이울다. '떨어지다'의 옛말. **지다**: 붙어 있던 것이 닦이거나 씻겨 없어지다. 잎 따위가 시들어 떨어지다. [한자] 之갈 지

concise [kənsáis]	간결한 명료한	(말소리) 꼰지우지
incise [insáiz]	새기다 조각하다	인지우지

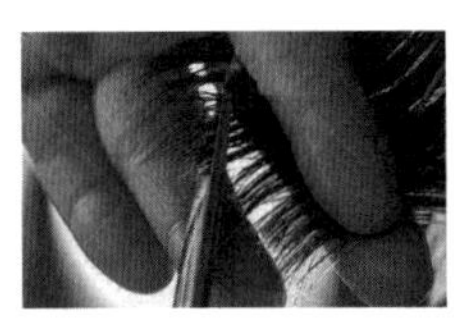

〈concise〉 '꼰지우지'는 꼬여(con 끈) 지우다(cise= cede, go away). 지워 잘린 것으로 끌어(모아) 간단히 만든다는 뜻 **〈incise〉** '인지우지'는 인(in on 위에 이다)한 곳을 지우다(cise=cide: go away). 찢어 조각낸다는 뜻

☞ cise≒ cease, cede 지다, 떨어지다

· 어원) **〈concise〉** Late Latin concisus ("cut short"), from concidere ("cut to pieces"), concidō ("fall down, I cut up, destroy, kill."). caedō ("cut; strike"). cadō ("fall"). **〈incise〉** Latin incidō ("I cut into"), cadō ("to fall, fall down, drop"). [국어] **지다**: 닦이거나 씻겨 없어지다. 스러져 없어지다.

'~지다'는 어떤 상태가 되다는 의미이다. 떨어지다, 빠지다, 파래지다, 슬퍼지다 등에서처럼 어떤 상태로 변화된 것임을 알 수 있다. 다음의 단어들에서 '~지다'는 주로 예기치 않은 상황에 떨어져 처한다는 의미로 사용되고 있다.

accident [ǽksidənt]	사고	(말소리) 엑져든다
incident [ínsədənt]	사건 사고	인져든다

〈**accident**〉 '엣져든다'는 -에(於어조사 어) 지다(cide=sit, fall)는 말로 갑자기 떨어져 닥친 사건을 뜻함
〈**incident**〉 '인져든다'는 인(in on 위에 이다. 인접)한 곳에 지다(cide= sit, fall)는 말로 떨어져 닥친 일을 가리킴

· 어원) 〈**accident**〉 Latin accidō ("happen"); from ad ("to")+cadō (fall, die, cease, occurs, subside). 〈**incident**〉 Latin incidō ("to happen, befall"), itself from in- ("on")+-cidō, cadō ("to fall"). [국어] **떨어지다:** (일이나 책임 따위가 누구에게) 맡겨지거나 닥치다. **지다:** 꽃이나 잎 따위가 시들어 떨어지다. 어떤 현상이나 상태가 이루어지다

chance [ʧæns] 기회 우연 (말소리) 진지

〈**chance**〉 '진지'는 지다(sit, fall)는 말로 (떨어)져서 맞닥뜨리는 일(accident)을 가리킴(가다→지다; c 발음이 'ㄱ'에서 'ㅈ'으로 변화) [연관] luck는 락 떨어져 휙 나타난 것

· 어원) 〈**chance**〉 Old French chance("accident, chance, luck"), from Vulgar Latin *cadentia("falling"), Latin cadō("I fall, I die"). [국어] **지다:** 꽃이나 잎 따위가 시들어 떨어지다. 어떤 현상이나 상태가 이루어지다. **떨어지다:** (일이나 책임 따위가 누구에게) 맡겨지거나 닥치다. [한자] 進나아갈 진

subside [səbsáid] 가라앉다 침묵하다 (말소리) 솝자다

〈**subside**〉 '솝자다'는 솝(sub 속의 옛말)으로 지다(side=sit, settle). 아래로 지고 바닥에 자는 것을 뜻함 [연관] suicide [다른 풀이] '솝지다' 아래로 지다

· 어원) 〈**subside**〉 Latin subsīdō ("I settle, subside"). sīdō (I sit down, I seat oneself, I settle) [국어] **솝:** '속'의 옛말. **지다:** 닦이거나 씻겨 없어지다. 스러져 없어지다. 잎 따위가 시들어 떨어지다.

해가 사라져버리는 공간은 인간의 입장에서 볼 때 서쪽이다. 서쪽은 해가 떨어져 사라져버리는 곳으로 우리는 그것을 '해가 지다'라고 표현한다.

occident [άksədənt] 서양 구미 (말소리) 엣져든다

'엣져든다'는 -에(o) 지다(cide=cede, sit, fall 가라앉다)는 말로 (해가) 지다, 떨어져 사라지는 곳 [연관] accident 떨어 져서 생긴 일 orient '올라온다' 해가 오르는 쪽

· 어원) latin occido (" I fall/go down, (sun) set, perish). ob- ("towards; facing")+cadō ("fall, die, cease, occurs, subside"). [국어] 지다: **해나 달이 서쪽으로 넘어가다.** 꽃이나 잎 따위가 시들어 떨어지다.

sunset [sʌnset] 일몰 해질녘 (말소리) 쨍지다

〈**sunset**〉 '쨍지다'는 쨍(sun=shine 星 (별 성)) 빛나는 (해가) 지다(set= cide= sit, fall 가라앉다)

· 어원) Proto-Indo-European *sed- ("to sit"). [국어] 쐬다: 얼굴이나 몸에 바람이나 연기, 햇빛 따위를 직접 받다. 지다: **해나 달이 서쪽으로 넘어가다.** 꽃이나 잎 따위가 시들어 떨어지다.

6 쩍[s_c(k, q)] 붙어 속하다, 쩍 쪼개다, 쪼여(su) 따라붙다

seek sequence con**sec**utive pro**sec**ute ran**sack**; in**sect** **sec**tion; **su**e pur**sue** **su**it

쩍 부딪히는 소리로서 주로 1. 붙다 2. 쪼개다 를 나타낸다
쏙 빨아들이다.

soak [souk] 젖다 빨아들이다 (말소리) 쏙
suck [sʌk] 빨다 아첨하다 쏙

〈soak/suck〉 '쏙'은 쏙/쪽 하고 빨아들일 때 나는 소리

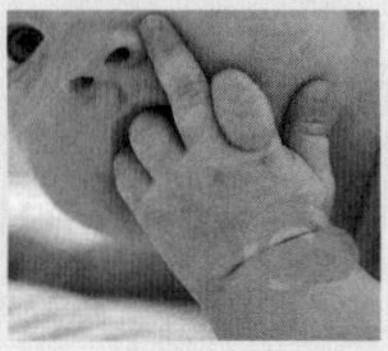

· 어원) **〈soak〉** Old English socian ("to soak, steep", literally "to cause to suck (up)"), Proto-Indo-European *su-, *sew- ("juice, sap"). **〈suck〉** Proto-Germanic *sūkaną("to suck, suckle"). **[국어] 쪽:** 입으로 힘차게 빠는 소리. 또는 그 모양. 액체를 단숨에 들이마시는 모양. 작은 줄이나 금 따위를 곧게 내긋는 모양. **쏙:** 안으로 깊이 들어가거나 밖으로 볼록하게 내미는 모양. 어떤 것에 매우 탐닉하는 모양. [한자] 浞젖을 착

'쭉'은 한 줄로 계속해서 이어져 있는 모양을 말한다. 쭉 따라가는 것이다. '쭉'과 비슷하게 쓸 수 있는 말은 '속하다' 등이 있는데 모두 앞을 따라 이어간다는 뜻이 있다.

seek [si:k] 추구하다 (말소리) 쭉

〈seek〉 '쭉'은 쭉 이어지며(착 달라붙어) 따라간다는 뜻 [다른 풀이] '추구' '색(索)'

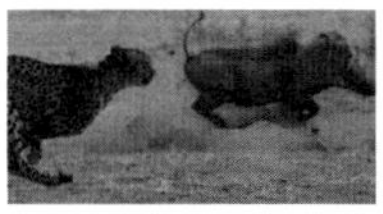

· 어원) latin sequor ("I follow") [국어] **쭉:** 한 줄로 끊어지지 않고 이어지는 모양. **착(척, 쩍):** 물체가 바싹 다가붙거나 끈기 있게 들러붙는 모양. [한자] 索찾을색, 促재촉할 촉, 악착스러울 착

sequence [síːkwəns] 서열 순서 (말소리) 속한지
consequence [kάnsəkwèns] 결과 영향 끈속한지

〈sequence〉 '속한지'는 쭉/쏙/착 (seq=sec, seek, 續이을속) 달라붙어 속하다는 뜻 [다른 풀이] '쭉한지' 쭉 따라(착 달라붙어) 이어진다 **〈consequence〉** '끈속한지'는 끌어(con 끈) 쏙(seq=sec, 續이을속) 달라붙어 (이어져) 영향을 미치는 것을 의미. 결과에 이르게 한다 ☞ follow에는 결론내다(To be a logical consequence)는 뜻이 있음 [다른 풀이] '끈쭉한지'

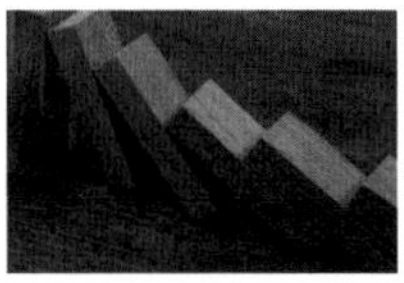

· 어원) **〈sequence〉** Late Latin sequentia ("a following"). **〈consequence〉** con+sequor ("I follow"). Proto-Indo-European *sek- ("to cut") or *sekʷ- ("to follow"). [국어] **속하다:** 관계되어 딸리다. **쏙:** 안으로 깊이 들어가거나 밖으로 볼록하게 내미는 모양. 어떤 것에 매우 탐닉하는 모양. 착: 물체가 바싹 다가붙거나 끈기 있게 달라붙는 모양. '짝'보다 거센 느낌을 준다. [한자] 續이을 속 捉잡을 착

순서에서 두 번째가 갖는 의미는 첫 번째를 연속해 이어간다는 데에 있다. 큰 흐름의 줄기에서 볼 때 두 번째는 첫 번째의 흐름을 이어받아 따라가는 것이기 때문이다.

second [sékənd] 1 두 번째의 2 초 (말소리) 쭉한다

〈second〉 '쭉한다'는 쭉(suc=sec 착 달라붙어, 續이을속) 이어져 붙다는 말로 1 뒤따라 잇는 둘째 2 분(分 minute)을 따르는 둘째 시간 단위인 초 [다른 풀이] '속한다'는 속하여(착 달라붙어) 그다음으로 쭉 이어지는 시간을 뜻함

· 어원) **〈second〉** Latin secundus ("following, next in order"), from root of sequor ("I follow"). Medieval Latin secunda, short for secunda pars minuta ("second diminished part (of the hour)"). [국어] **쭉**: 한 줄로 끊어지지 않고 이어지는 모양. [한자] 續이을 속

succeed [səksíːd] 1 뒤를 잇다 2 성공하다 (말소리) 쭉지다

〈succeed〉 '쭉지다'는 쭉(suc=sub 착, 續이을속) 달라붙어 지다(ceed=cede, 가다 之갈지). 속해 가는 것에서 1. 이어 가다 2. 쭉 이어 따라잡아 가지는 것(To obtain the object desired). 획득하여 성공하다는 의미 [연관] execute, catch up

· 어원) **〈succeed〉** Latin succedere ("to go under, approach, follow, take the place of, be successful"). sub-+cēdō (I go, move, proceed, I become, turn into) [한자] 續이을 속, 捉잡을 착

consecutive [kənsékjutiv] 연속되는 (말소리) 끈속해답

〈consecutive〉 '끈속해답' 끈(con 같이) 쭉/속(sec=seek)해 답다. (착 달라붙어) 연결된다는 뜻

· 어원) **〈consecutive〉** latin sequor ("I follow"). Proto-Indo-European *sek- ("to cut") or *sek^{w}- ("to follow"). **-답다**: '성질이나 특성이 있음'의 뜻을 더하고 형용사를 만드는 접미사. tive(답다) [한자] 續이을 속, 捉잡을 착

sake [seik] 위함 이익 (말소리) 쭈욱

〈sake〉 쭈욱 따라 속하여 추구하다. 시켜서 일어나게 하는 원인(consequence)이 되다. 따라 붙어 추구하는 일(목적)을 말함. [연관] seek execute

· 어원) **〈sake〉** Old English sēcan ("to seek"). Proto-Germanic *sakō ("affair, thing, charge, accusation, matter"). Latin exsequor(I follow to the end; pursue with punishment. Avenge. follow up, carry out.) [국어] **쩍**: 물체가 바싹 다가붙거나 끈기 있게 들러붙는 모양. 대번에 크게 쪼개지거나 벌어지는 소리. 또는 그 모양. [한자] 作지을 작(일어나다, 일으키다, 일) 續이을 속, 捉잡을 착

forsake [fərséik] 버리다 그만두다 (말소리) 벌속해

〈forsake〉 속해(sake= seek, 續이을 속, 복종, 공경함) 붙어 추구하는 일(목적)을 빼어/벌여(for, 排밀칠 배.) 없앤다는 뜻 [참조] forgo [다른 풀이] '배척'

· 어원) **〈forsake〉** Middle English forsaken ("to reject, deny"), from Old English forsacan ("to dispute, quarrel, refuse, oppose"), equivalent to for-+sake. [국어] **빼다**: 속에 들어 있거나 끼여 있거나, 박혀 있는 것을 밖으로 나오게 하다. 排밀칠 배

sacrifice [sǽkrəfàis] 희생 제물 (말소리) 속하리피우지
sacred [séikrid] 신성한 성스러운 속하리다

〈sacrifice / sacred〉 속해(sacri=sacred, sake 續이을 속, 복종, 공경함) 붙어 따르게 하는 일(목적- 성스런 일)을 피우다(fice=feasible, 빚어주다)는 뜻. 속해(sacred=sake) 붙어 따르게 하는 일(목적- 성스런 일)

· 어원) **〈sacrifice〉** Latin sacer ("sacred, holy")+faciō ("do, make"). **〈sacred〉** Latin sacer ("sacred, holy"). Proto-Indo-European *seh$_2$k- (to make a pact, treaty, to make sacred ceremony, ritual) [국어] **쩍**: 물체가 바싹 다가붙거나 끈기 있게 들러붙는 모양. 대번에 크게 쪼개지거나 벌어지는 소리. 또는 그 모양

ransack [rǽnsæk] ~을 샅샅이 뒤지다 **(말소리) 랑색(廊索)**

〈ransack〉 '랑색(廊索)'은 행랑(ran=room)(집)을 쭉(sack=seek, search) (쫓아가며) 색출하다는 뜻

· 어원) **〈ransack〉** Old Norse rann (廊, 행랑 랑 "house")+saka (索찾을 색 "search"). [한자] 廊행랑 랑, 索찾을 색

sack [sæk] 자루 봉지 **(말소리) 짝**

〈sack〉 '짝'은 쩍 달라붙어 덩어리 모양. 짐짝 등 상자

· 어원) **〈sack〉** Middle English sak ("bag, sackcloth"), from Old English sacc ("sack, bag"). [국어] **짝**: 상자, 짐짝 따위를 세는 단위. [한자] 束묶을 속

shackle [ʃǽkl] 족쇄 잡다 **(말소리) 착(錠)할**

〈shackle〉 '착(錠)할'은 착(척, 쩍) 하고 붙이는 것으로, 속박시킨다는 뜻. 착(척, 쩍)이 한자로 착(錠족쇄착) [연관] shoe

· 어원) Old English sceacel("shackle, bond, fetter"). [국어] 착(척, 쩍): 물체가 바싹 다가붙거나 끈기 있게 들러붙는 모양. [한자] 錠족쇄 착 着붙을 착, 신발

associate [əsóuʃièit] 관련시키다 동료 어울리다 (말소리) 에싸져오다
social [sóuʃəl] 사회의 사교적인 싸져올

〈associate〉 '에싸서오다'는 ~에(a) 속(soc=sequence 쏙, 짝)하다. 쏙(쪽) 달라붙어 연결되다. **〈social〉** '싸져올'은 (같이) 싸서 한데 어울리는 것을 의미.

☞ (발음상) 쏙(soc) 다음에 i 가 와서 구개음화(ㄱ->ㅈ), '쏙/짝이다'-> '싸(짜)지다'로 변화. 묶는 것을 의미

· 어원) **〈associate〉** ad-+sociō ("unite together; associate"). सचते • (sácate) (to be associated or united with, to follow, seek, pursue) **〈social〉** Latin socius ("a companion, fellow, partner, associate, ally"), from sequor ("follow"). [국어] **싸다**: 물건을 안에 넣고 보이지 않게 씌워 가리거나 둘러 말다. [한자] 屬무리 속(붙다)

쭉 따라가 잡음으로써 해내다/괴롭히다.

'follow'는 쭉 따라 잡아 이행하다(execute). 결론내다(consequence). 쭉따라가며 보다(scan scope)는 의미가 있다.
다음의 단어들의 공통된 어원인 seek('follow')는 쭉 따라가서 잡거나 그대로 이행한다는 뜻을 가지고 있다.

prosecute [prάsikjùːt] 기소하다 고소하다 **(말소리) 펴내쭉하다**

〈prosecute〉 '펴내쭉하다'는 펴내(pro 앞) 쭉(sec=seek, sequence) 따라가 붙음으로써 괴롭힌다는 뜻 [연관] sue '소'(소송)/'수'(부수). 추적하여 (불만을 해소하려고) 소송하다.

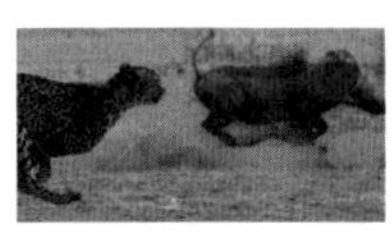

· 어원) **〈prosecute〉** prō-+sequor 쭉해 ("follow").

persecute [pə́ːrsikjùːt] 박해하다 고통받다 **(말소리) 펄쭉하다**

〈persecute〉 '펄쭉하다'는 파고(per 푹, pro) 들어 쭉(sec=seek, sue) (달라붙어) 따라가 신경쓰이게 하다 또는 쩍(sec=section) 갈라지게 괴롭힌다는 뜻. follow에는 추적하다(to keep track of) 의미가 있다. ☞ pursue= pur(per)+sue(secute)

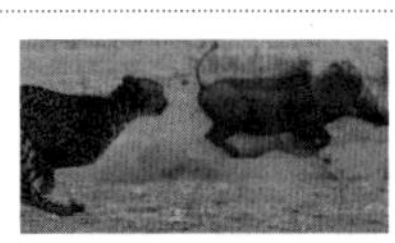

· 어원) **〈persecute〉** Latin persequor("follow up, pursue"), from per- ("through")+sequor 쭉해 ("follow"). Proto-Indo-European *sek- ("to cut") or *sekʷ- ("to follow"). [국어] **쩍:** 물체가 바싹 다가붙거나 끈기 있게 들러붙는모양. 대번에 크게 쪼개지거나 벌어지는 소리. **쭉:** 넓은 범위로 눈길을 보내어 한눈에 훑어보는 모양. 거침없이 내리 읽거나 외거나 말하는 모양. 한 줄로 끊어지지 않고 이어지는 모양. 물 따위를 단숨에 들이마시는 모양. 곧게 펴거나 벌리는 모양.

execute [éksikjùːt] 집행하다 처형하다 (말소리) 윗쩍하다

〈execute〉 '윗쩍하다'는 윗(ex)까지 쭉(sec=seek, sequence) 따라가 잡아 이룬다는 뜻. 이는 쭉 따라가 잡아 획득한다는 succeed와 같은 논리다.

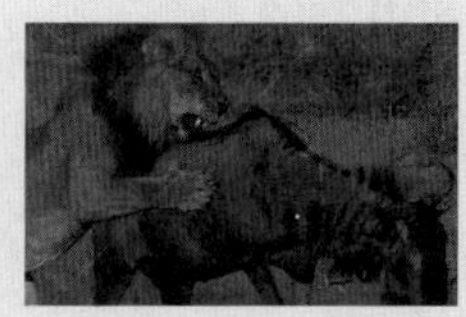

· 어원) **〈execute〉** ex- ("out")+sequor ("to follow"). Latin exsequor(I follow to the end; pursue with punishment. Avenge. follow up, carry out.) [국어] **쭉: 넓은 범위로 눈길을 보내어 한 눈에 훑어보는 모양**. 거침없이 내리 읽거나 외거나 말하는 모양. 한 줄로 끊어지지 않고 이어지는 모양. 물 따위를 단숨에 들이마시는 모양. 곧게 펴거나 벌리는 모양.

부수(su), 따르다

다음은 쩍 달라붙다는 말에서 쩍의 받침 발음 'ㄱ'이 약화된 경우이다.

sue [suː] 고소하다 (말소리) 소(訴)

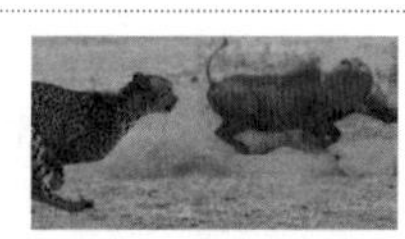

〈sue〉 '소(訴)'는 쫓아[수(隨)] 가서 피해를 호소하는 소송을 의미함. ☞ 쩍(seq)에서 g 발음이 약화. 소(訴): 소송 걸다. [연관] sew suit [다른 풀이] 1 '수'(隨) 쫓아가다 2 '쪼여' 쪼여 달라붙다

· 어원) **〈sue〉** Old French sivre ("to follow after"). Latin sequor("follow"). [한자] 隨따를수 訴호소할 소 追쫓을 추, 따를 수

pursue [pərsúː] 추구하다 추진하다 (말소리) 부수(附隋)

〈pursue〉 '부수(附隋)'는 펄(pur=for) 뻗어 쪼이다. 부수하여 따라간다는 뜻 ☞ pur+sue

· 어원) **〈pursue〉** Latin prō-+sequor ("follow"). [국어] **부수(附隋):** 주된 것이나 기본적인 것에 붙어서 따름. 또는 그러한 것에 붙어 따르게 함. [한자] 次버금 차(이어서, 둘째) 隨따를수 追쫓을 추, 따를 수

다음은 쩍(seq) 달라붙어 짜여짐을 나타낸다.

바느질은 실을 이용해 천과 천을 연결하거나 꿰매는 작업이라고 할 수 있다.

sew [sou] 바느질하다 꿰매다 (말소리) 수
seam [siːm] 솔기 이음매 쌈

〈sew〉 '수' 수를 놓다, 짜다. 쪼여 붙는 sue와 같다. [다른 풀이] 1 '쪼여'는 짜서 싸맨다는 뜻 2 '주어' 주다는 깁다 의미 **〈seam〉** '쌈'은 싸서(짜서) 잇는다는 뜻으로 **길쌈**(실을 내어 옷감을 짜는 모든 일)을 말함 [연관] sum

· 어원) **〈sew〉** Latin suō(sew, I join, fasten together). Related to seam. Old English sīwian ("to sew, patch, knit together, link, unite"). **〈seam〉** Proto-Germanic *saumaz (stitch, seam, hem, edge) Sanskrit स्यूमन् (syûman, "band, thong, bridle"). [국어] **쌈**: 밥이나 고기, 반찬 따위를 상추 따위에 싸서 먹는 음식. 바늘을 묶어 세는 단위. 옷감, 피혁 따위를 알맞은 분량으로 싸 놓은 덩이를 세는 단위. **싸다**: 물건을 안에 넣고 보이지 않게 씌워 가리거나 둘러 말다. **수(繡)**: 헝겊에 색실로 그림이나 글자 따위를 바늘로 떠서 놓는 일. 또는 그 그림이나 글자. **주다**: '깁다'의 방언 (전라, 제주) [한자] 繡 수놓을 수, 비단.

씨줄과 날줄의 짜임으로 한 벌의 옷이 완성되는데 수를 놓는 것에서 짜임새 있다고 할 수 있다.

suit [suːt] 1정장 옷 2어울리다 (말소리) 짜다
suite [swiːt] 정장 스위트룸 세트 짜이다

〈suit〉 짜서 붙이다 1 수를 놓다. 繡수놓을 수, 비단 2 (부수하여) 딱 맞다. 隨따를 수 [다른 풀이] '주다' 수를 놓다 **〈suite〉** 짜여진 짝으로, 수행하여 따라다니는 시리즈로 이어지는 것을 의미 [연관] suture 짜지

· 어원) **〈suit / suite〉** Latin sequi ("to follow"). [국어] **짜다**: 실이나 끈 따위를 씨와 날로 결어서 천 따위를 만들다. **주다**: '깁다'의 방언 (전라, 제주) [한자] 隨따를 수, 追쫓을 추, 잇다.

chase [tʃeis] 쫓다 (말소리) 채이지

〈chase〉 '채이지'는 채서 잡다. 채여(걸쳐서) 쫓게 됨을 의미 [다른 풀이] '차지' 차지하려 한다 [연관] catch charge

· 어원) **〈chase〉** Latin captō(I capture, catch) [국어] **채다**: 갑자기 세게 잡아당기다. **차다**: 물건을 몸의 한 부분에 달아매거나 끼워서 지니다. [한자] 追쫓을 추, 잇닿다. 扠집을 차

purchase [pəːrtʃəs] 구매하다 구입하다 (말소리) 펴차지

〈purchase〉 '펴차지'는 펴(pur=for 앞으로) 채다(chase)는 말로 펴서 차지한다는 뜻 [연관] pursue

· 어원) **〈purchase〉** Anglo-Norman purchacer ("seek to obtain"), pur-(Latin pro-)+chac(i)er ("to chase, pursue"). [국어] **차다**: 물건을 몸의 한 부분에 달아매거나 끼워서 지니다. 수갑이나 차꼬 따위를 팔목이나 발목에 끼우다. **차지**: 사물이나 공간, 지위 따위를 자기 몫으로 가짐. [한자] 扠집을 차

쩍(sec) 쪼개다, 찍다

무언가가 크게 쪼개지거나 벌어질 때 '쩍'하고 소리가 나게 마련이다. 둘 이상으로 쪼개져 갈라지는 것이다. 반대로 쩍 소리는 쩍 달라붙는다는 표현에도 쓰이므로 주의할 필요 있다. [Proto-Indo-European *sek- ("to cut") or *sekʷ- ("to follow").]

insect [ínsekt] 곤충 벌레 (말소리) 안찍다

〈insect〉 '인찍다'는 인(in, on 인접)하여 접한 겉면이 찍어 나누어져 있다는 뜻. 쩍(sec=shock, segment) 갈라진 마디로 이루어진 곤충. 절지동물의 약 85%는 '곤충류'

· 어원) **〈insect〉** Latin insectum ("with a notched or divided body, cut up"), from insecō ("I cut up"), from in-+secō 찍어 ("I cut"). [국어] **찍다**: 1. 날이 있는 연장 따위로 내리치다. 2. 끝이 뾰족한 것으로 찌르다. [한자] 剿잘게 썰 속 斱벨 착

section [sékʃən] 부분 절개 (말소리) 쩍진
intersection [ìntərsékʃən] 교차점 안다쩍진

〈section〉 '쩍진'은 쩍하고 찢어진다는 뜻 **〈intersection〉** '안다쩍진'은 안다/인다 (inter=onto, and. 이고 있다. 인접=안다)와 쩍(sec= segment)이 합해져 인접한 부분이 쩍 갈라져 찢어진다

· 어원) **〈section〉** Latin sectio ("cutting, excision, amputation of diseased parts of the body, etc."), from secare ("to cut"). **〈intersection〉** Latin intersecare ("to cut between, cut off"), from inter ("between")+secare ("to cut"). [한자] 剿잘게 썰 속

'찍다'는 찍어 표시함으로써 사인, 체크, 기록, 의미부여, 대조한다는 뜻이 된다. 찍다에서 적다는 말이 나온 걸로 볼 수 있다.

check [ʧek] 1 체크, 확인하다 2 제지하다 3 수표 (말소리) 찍어
segment [segmənt] 쪽, 나누다 찍어민다

〈check〉 '찍어'는 쩍(chec=sec), V 마크 등을 찍는 것으로(to cause to crack) sign(찍은)과 같다(sig=chec) 1 찍어 기록하다. (본 것은) 찍어 표시하고 확인하다 2 찍어 하지 못하게 제지하다(persecute) 3 (인쇄기 등으로) 찍어 내는 수표 [다른 풀이] '적혀' **〈segment〉** 찍어 나누어지는 한 쪽

· 어원) **〈check〉** Middle French choquer ("to collide with, clash"). **〈segment〉** Latin secare ("to cut"). [국어] **찍다**: 바닥에 대고 눌러서 자국을 내다. 날이 있는 연장 따위로 내리치다. 표 따위에 구멍을 뚫다. 점이나 문장 부호 따위를 써넣다. 어떤 틀이나 주형 따위로 규격이 같은 물건을 만들다. 대상을 분명히 가리키다. 인쇄기를 써서 글이나 그림 따위가 박혀 나오게 하다. (도장이나 그 무늬를 사물에) 대고 눌러 자국을 남기다. 좋지 못한 존재나 대상으로 정해지다. [한자] 斲깎을 착, 斮벨 착

쩍, 찍으면 상처나 자국이 생긴다. 찍힌 자국(자욱)은 sign으로 나타난다. 자국은 자극(刺戟), '저걱거리다' '사각거리다' 와 연관이 된다.

sign [sain] 1 자국 2 서명하다 (말소리) 자욱
signify [sígnəfài] 의미하다 나타내다 찍으니피어
significant [signífikənt] 중요한 의미심장한 찍으니퍽한다

〈sign〉 '자욱'은 1 찍은 후 남은 자국(자욱) 2 찍어서(적어서) 서명하다. 'g' 가 묵음되어 자국이 자욱으로 바뀐다. 찍어 표시하는 Check 와 유사하다. [연관] token 툭 찍어 만든 표시 type 텁 쳐서 생긴 모양. character 끼릭 조각내 표시하여 특징을 나타냄 **〈signify〉** 찍어내(signi) 피게(fy) 하는 것으로 찍어 자국을 남겨 (표시나게) 뜻을 전달하다는 뜻 **〈significant〉** 찍어내(signi) 퍽(fic=factory) 나타나게 하다. 찍어 자국을 남겨 (표시하여) 중요하다는 의미. [연관] remarkable 누차 마크할 정도로 중요 noteworthy 노트하여 표시할 가치가 있는

· 어원) **〈sign〉** Old English seġn ("sign; mark; token") and Old French signe ("sign; mark; signature"). [국어] **자국**: 다른 물건이 닿거나 묻어서 생긴 자리. 또는 어떤 것에 의하여 원래의 상태가 달라진 흔적. **자욱**: '자국'의 북한어. **찍다**: 대고 눌러 자국을 남기다. 끝이 뾰족한 것으로 찌르다. 표 따위에 구멍을 뚫다. [한자] 斲깎을 착

signature [sígnətʃər] 서명 사인 (말소리) 찍어내지
signal [sígnəl] 신호 조짐 찍어낼

〈signature〉 '찍어내지'는 찍어 넣어 (흔적을) 남긴다는 뜻 **〈signal〉** '찍어낼'은 찍혀 표시가 난다는 뜻

· 어원) 〈**signature**〉 Medieval Latin signare ("to sign") **쪽: 쪼개진 물건의 한 부분 작은 줄이나 금 따위를 곧게 내긋는 모양. 한 줄로 끊어지지 아니하고 이어지는 모양.**

7 쩍[j/s/ch+k] 벌어짐, 쩍(jec) 좇다(붙다, 보내다)

jerk shake whi**sk choke jux**tapose ob**ject** e**ject** in**ject**

쩍 뛰거나 부딪히는 소리.

jog [dʒag]	조깅 뛰다	(말소리) 쩍
jerk [dʒəːrk]	갑자기 움직이다	쩍
shark [ʃaːrk]	상어 고리 대금업자	작(鰐상어 작)

〈**jog**〉 '쩍'은 쩍 뛰다. 뛰어 다니다(To walk or ride forward with a jolting pace; To shake, stir)는 뜻. (趯뛸 적, 뛸 약. 跖밟을 척) 웩웩 걷는 walk와 유사 〈**jerk**〉 '쩍'은 갑작스레 쩍하고 움직인다는 뜻 〈**shark**〉 '작'은 쩍하고 번쩍 덤벼드는 상어를 나타냄(To steal or obtain through fraud) 鰿깨물 색, 刺찌를 척

· 어원) 〈**jog**〉 Middle English shoggen ("to shake up and down, jog"). 〈**jerk**〉 Middle English yerk ("sudden motion"), Middle Dutch schokken ("to push, jolt, shake, jerk"). 〈**shark**〉 German Schurke ("scoundrel"). **[국어] 쩍: 단번에 크게 벌어져 갈라지거나 쪼개지는 소리를 나타내는 말 [한자] 趯뛸 적, 뛸 약. 趯뛸 적, 뛸 약 辵쉬엄쉬엄 갈 착, 뛰어넘다.**

cheek [ʧiːk]	뺨 볼	(말소리) 쪽

〈**cheek**〉 '쪽' 쩍(cheek=sec), 벌어지는 턱을 뜻함. 쪽 팔리다 [연관] jaw

· 어원) 〈**cheek**〉 Old English ċēce ("cheek; jaw"), from Proto-Germanic *kekǭ '꺾어' ("jaw; palate") **[국어] 쪽: '얼굴'을 속되게 이르는 말. 입으로 힘차게 빠는 소리 [한자] 斲깎을 착, 斮벨 착**

choke [ʧouk]	질식시키다 막히다	(말소리) 쪼기

〈**choke**〉 착(척, 쩍 seek) 달라붙게 쪼이는 것을 뜻함 [다른 풀이] '쩍' 쩍 달라붙는 소리

· 어원) 〈**choke**〉 Old English ċēoce ("jaw, cheek") **[국어] 착(척, 쩍): 물체가 바싹 다가붙거나 끈기 있게 들러붙는 모양. 쪼이다: 차지하고 있는 자리가 공간이 너무 좁아지다. [한자] 窄좁을 착, 着붙을 착**

shake [ʃeik]	흔들다	(말소리) 쩌억
shock [ʃak]	충격을 주다	쩍

〈**shake**〉 '쩌억'은 쩍, 쩌걱하고 벌어지며 흔든다는 말로 손 등을 흔드는 모습을 나타냄 ☞ 꽥(kak= quake, quack)에서 웩(hak)으로 변화 [다른 풀이] '쉬익' 〈**shock**〉 '쩍'은 슥(쩍), 번쩍 부딪히는 충격을 나타냄. 摭칠 척

· 어원) 〈**shake**〉 Proto-Germanic *skakaną ("to shake, swing, escape"), from Proto-Indo-European *(s)keg-("to jump, move"). 〈**shock**〉 Middle Dutch schokken ("to push, jolt, shake, jerk") or Middle French choquer ("to collide with, clash"). **[국어] 쩍: 대번에 크게 쪼개지거나 벌어지는 소리. 또는 그 모양.**

whisk [hwisk]	휘젓다 휙 채다	(말소리) 휘슥
risk [risk]	위험	으슥
brisk [brisk]	활발한	바로슥

〈whisk〉 '휘슥'은 휘이(whi) 바람처럼 슥/쓱(sk=zig, jog)하고 으슥거리며 채가는 소리(A quick, light sweeping motion)를 나타냄 **〈risk〉** '으슥' 오싹거리게 위험한 상황을 뜻함. Rush는 risk에서 변화됨(sk->sh) [다른 풀이] '오싹' **〈brisk〉** '바로슥'은 슥/쓱(sk=zig, skip) 벌어져(bri) 휙 지나는 모양(Abrupt. quickness of motion)을 나타냄. Rush는 risk에서 변화됨(sk->sh; brisk->brush) [연관] brusque

· 어원) **〈whisk〉** Proto-Germanic *wiskō ("bundle of hay, wisp"). **〈risk〉** Italian risco ("risk") and rischiare ("to run into danger"). [국어] **휘**: 1. 센 바람이 거칠게 스쳐 지나가는 소리. 2. 숨을 한꺼번에 세게 내쉬는 소리. 3. 휘파람을 부는 소리. **으슥**: 무서움을 느낄 만큼 깊숙하고 후미지다. **슥**: 빨리 지나가는 모양.

쩍 벌어지게 웃는 모습

joke [dʒouk]	농담	(말소리) 쪼개
jocose [dʒoukóus] **[고급]**	웃기는 익살맞은	쪼개지

〈joke/jocose〉 '쪼개'는 농담을 하며 실실 쪼개다는 뜻. 쩍 벌어지게 웃다 [다른 풀이] '쩍해' [참고] split 짝 벌리며 웃는다는 뜻도 있다(To burst out laughing)

· 어원) **〈joke〉** Latin iocus ("joke, jest, pastime"), Proto-Italic *jokos ("word, (playful) saying"), from Proto-Indo-European *yokos '웩' ("word, utterance"). **〈jocose〉** Latin iocōsus ("humorous"), from iocus ("jest, joke"). [국어] **쪼개다**: 소리 없이 입을 벌리고 웃다. **쩍**: 대번에 크게 쪼개지거나 벌어지는 소리. 또는 그 모양

'조아'는 '좋아'를 소리나는 대로 읽은 것이다. 여기서 '좋다'는 것은 기분이 매우 좋은 상태를 이른다.

joy [dʒɔi]	기쁨 즐거움	(말소리) 조아
enjoy [indʒɔ́i]	즐기다 누리다	인좋아
rejoice [ridʒɔ́is]	기뻐하다	누조아서

〈joy〉 '조아'는 좋다는 뜻 **〈enjoy〉** '인좋아'는 좋게 인하다(en 하게 하다)는 뜻**〈rejoice〉** '누조아서' 누누이(re) 좋다는 뜻

· 어원) **〈joy〉** Latin gaudēre ("to be glad, gay"). **〈enjoy〉** Old French enjoer ("to give joy, receive with joy, rejoice"), equivalent to en-+joy. **〈rejoice〉** re-+joy. Latin gaudium ("joy"), from gaudēre ("to be glad, rejoice"). [국어] **인(因)하다**: 원인이나 이유가 되다. [한자] 譟떠들 조, 기쁘다

'숨을 쉬다'는 표현은 식식거리며 숨을 들이마시는 것이다.

sigh [sai]	한숨	(말소리) 쉬어

〈sigh〉 '쉬어'는 식식(sigh=psych) 숨을 쉬는 모습(To make a sound like sighing)을 의미함 [연관] sick 식식거리는 아픔

· 어원) **〈sigh〉** Old English sīcan(to sigh) [국어] **쉬다**: 입이나 코로 공기를 들이마셨다 내보냈다 하다. **식식(씩씩)**: 숨을 매우 가쁘고 거칠게 쉬는 소리.(씩씩하다와 연관) [한자] 息숨쉴 식

spirit는 불어 숨 쉬는 행위에서 정신이 되었다.

psychology [saikάlədʒi] 심리 (말소리) (푸)쉬익해얘기

〈**psychology**〉 '(푸)쉬익해얘기'는 푸우(p) 쉬익(psych=sigh) 숨쉬며 웩(log) (얘기)하다는 말로 숨쉬는 (존재로서) 영혼에 대해 얘기한다는 뜻 [연관] psyche 영혼 [식식대는 숨소리로서 솔솔부는 바람 소리, 물소리가 soul인 것과 같다]

· 어원) 〈**psychology**〉 Latin psychologia (Ancient Greek ψυχή (psukhḗ, "soul")+-logia ("study of"). [국어] **쉬다**: 피로를 풀려고 몸을 편안히 두다. **푸**: 다물었던 입술을 내밀고 조금 벌리며 입김을 내뿜는 소리. 또는 그 모양.

athlete [ǽθliːt] 운동선수 (말소리) 어쉴리다

〈**athlete**〉 '어쉴리다'는 숨을 쉬는 것으로 숨이 차다는 것을 의미.

· 어원) 〈**athlete**〉 "gasp, pant", Ancient Greek ἆσθμα (âsthma, "laborous breathing"). [국어] **쉬다**: 입이나 코로 공기를 들이마셨다 내보냈다 하다.

짝(jec) 좇다(붙다, 좇아내다)

짝을 이룬다고 하면 보통 둘 이상을 의미한다. 여럿이 쌍을 이루어 배열된 상태 또한 짝을 이룬다고 할 수 있다. 라틴어에서 j 발음은 'ㅇ'에 가깝다

juxtapose [dʒʌkstəpòuz] 병렬하다 ~을 나란히 놓다 (말소리) 짝지다배치

〈**juxtapose**〉 '짝지다배치'는 (짝/웩 붙어) 짝지어(juxt=next) 펴서(pose=put 배치) 있다는 뜻. 짝은 짝 (sec: sequence), 달라붙다와 관련

· 어원) 〈**juxtapose**〉 French juxtaposer, corresponding to juxta-+pose, derived Latin iuxtā ("near, next to")+pōnō ("place"). [국어] **짝**: 둘 또는 그 이상이 서로 어울려 한 벌이나 한 쌍을 이루는 것. 또는 그중의 하나.

exact [igzǽkt] 정확한 (말소리) 윗짝다

〈**exact**〉 위로 휙(act ≒ wag, hook) (당겨) 짝 붙다. 짝처럼 잘 짜여지고, 딱 맞다는 뜻

· 어원) 〈**exact**〉 Latin exigō ("demand, claim as due" or "measure by a standard, weigh, test"), from ex ("out")+agō ("drive"). Latin ācta ("register of events"), plural of āctum ("decree, law"), from agō ("put in motion").

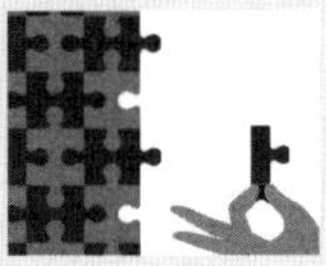

adjacent [ədʒéisnt] 인접한 이웃의 (말소리) 에지워진다
subject [sʌbdʒikt] 주제 종속 솝짝다

〈**adjacent**〉 **' 에지워진다'는 ~에 짝(jac≒jog) 쏘아 옆에 짊어지고 올리다,** 놓여 지다. 〈**subject**〉 '솝짝다'는 1. 솝(속)에 짝(jec≒jog) 쏘아 붙여 올라타 아래 놓이게 하다. 내재적이고, 본질적인 것, 주제, 문제를 의미(참고 substance) 2. 속에 짝 붙어 억눌려 지배받는 상태로 종속됨을 의미

· 어원) **〈adjacent〉** adiaceo ("I lie beside"); from ad ("to")+iaceo ("I lie down"). **〈subject〉** Latin subiectus ("lying under or near, **adjacent**, exposed"). Proto-Italic *jakēō, of iaciō ("to throw"). The meaning from "I am thrown down" to "I lie" [국어] **좇다**: 자리에서 떠나도록 몰다. 잡거나 만나기 위하여 뒤를 급히 따르다. **솝**: '속'의 옛말. **쭉**: 줄이나 금이 하나로 계속 곧게 이어지는 모양 [한자] 在있을 재

'쫓다'는 좇아서 따라간다는 뜻이있고 또 다른 의미는 있던 자리로부터 내모는 것을 뜻한다.

project [prάdʒekt | prɔ́dʒ-]	1 사업계획 2 던지다	(말소리) 펴내쫓다

〈project〉 '펴내쫓다'는 펴내(pro 앞으로) 찍(웩) 쏜다는 말로 1 앞에 쭉 좇아 뻗어가는 길과 같은 계획 2 쩍 쫓아내 던진다는 뜻

· 어원) **〈project〉** Latin prōiciō ("throw forth, extend; expel"). Proto-Italic *jakjō ("throw) [국어] **쫓다**: 어떤 자리에서 떠나도록 몰다. 뒤를 급히따르다. **쩍**: 대번에 크게 쪼개지거나 벌어지는 소리. 또는 그 모양.

object [άbdʒikt]	1물건 목적 2반대하다	(말소리) 앞쫓다
eject [idʒékt]	배설하다 내쫓다	외쫓다
reject [ridʒékt]	거절하다	내쫓다

〈object〉 '앞쫓다'는 앞(ob) 쩍(웩) 쫓다(ject) 1. 쩍 붙어 쫓아가는 대상 → 목표 2. 떠나도록 쫓다. → 반대하다는 뜻 **〈eject〉** '외쫓다'는 외(e 밖)로 쩍(웩) 쫓다(ject). 내보낸다는 뜻 **〈reject〉** '내쫓다'는 내쫓아 몰아내다

· 어원) **〈object〉** Latin obiectum ("object", literally "thrown against"), from ob- ("against")+iaciō ("I throw"). Proto-Italic *jakjō ("throw) **〈eject〉** Latin ēiciō ("to throw out"), from e-, combining form of ex- ("out"), +iaciō ("to throw"). **〈reject〉** Latin rēicere ("to throw back"), from rē- ("back")+iacere ("to throw"). [국어] **쫓다**: 1. 어떤 대상을 잡거나 만나기 위하여 뒤를 급히 따르다. 2. 어떤 자리에서 떠나도록 몰다. **내쫓다**: 밖으로 몰아내다.

inject [indʒékt]	~을 주입하다 주사하다	(말소리) 안쫓다

〈inject〉 '안쫓다'는 안으로 찍(jec 웩)하고 쫓아내 모는 것을 의미

· 어원) **〈inject〉** Latin iniectus, injectus ("I throw in"), from in-+iaciō ("I throw").

8 쏴 쏘다: 물소리, 씨뿌리다, 솟다, 쓰리다(s_r)

sewer **sea** **shed**; **sow** **sea**son; **soar** **sur**ge; **sor**row **sore** **ser**ious

水자는 시냇물 위로 비가 내리는 모습을 그린 것이다. 쏴, 졸졸 물이 내리는 소리를 의성화 하였다. 水자의 갑골문을 보면 시냇물 주위로 빗방울이 떨어지는 모습이 그려져 있다.  이는 강, 소나기 등을 나타낸다.

sewer [sú:ər]	하수구	(말소리) 쏴아
shower [ʃáuər]	소나기	쏴아
sea [si:]	바다	쏴

〈sewer〉쏴아(水) 물소리로서 물이 새어 나오는 (하수구) **〈shower〉** 쏴아 물소리로서 소나기가 내림. 어원상 콰(co)에서 와(how)로 변화 [다른 풀이] '새어' 새 나오는 물 **〈sea〉** '쏴'는 쏴(水물 수) 파도치는(The swell of the sea) 바닷물 소리를 뜻함

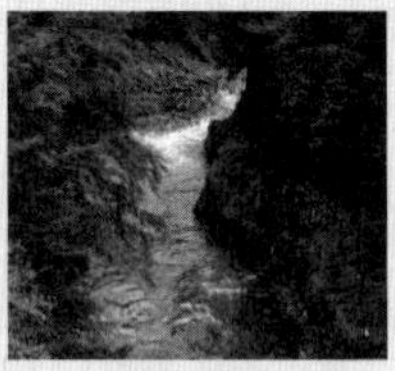

· 어원) **〈sewer〉** Anglo-Norman sewere ("water-course"). **〈shower〉** Proto-Germanic *skūrō(storm, shower). **〈sea〉** Proto-Germanic *saiwiz(sea), *sairaz ("sore, painful"). [국어] **쏴(쐐)**: 물이 급히 내려가거나 나오는 소리. 비바람이 치거나 물결이 밀려오는 소리. '쐐'보다 센 느낌을 준다. **새다**: 틈이나 구멍으로 조금씩 빠져나가거나 나오다. [한자] 水물 수 射쏠 사 瀉쏟을 사

'새다'는 밖으로 조금씩 흘러 나온다는 뜻이다. 그렇게 밖으로 조금씩 새어 나오다 보면 결국엔 아무것도 남지 않게 된다. 그래서 '새다'는 누수의 의미도 있지만 몰래 도망하여 사라진다는 뜻도 있다. '싸다'는 씌워 가린다는 말과 오줌 등을 싸듯이 내보내는 뜻이 있다.

shed [ʃed]	1 창고 2 흘리다	(말소리) 싸다
shit [ʃit]	배설물	싸다

〈shed〉 '싸다'는 1. 싸서 두르다는 것으로 지붕, 벽으로 둘러싸인 창고(≒shut) 2. (물, 빛을) 쏴(싸서) 내보내다(To sprinkle). 쏘다와 비슷. 어원상 끼다(ked)에서 이다(hed≒hat)로 변화 [다른 풀이] 1. '새다'는 새어나오는 것을 뜻함 2. '씌다'는 씌어 그늘을 만들다는 뜻 **〈shit〉** '싸다'는 쉬-, 쏴- 싸서 내보낸다는 뜻

· 어원) **〈shed〉** Ancient Greek σχίζω (skhízō, "to split"), Proto-Germanic *skadwaz ("shadow; shade"). **〈shit〉** Old English sċite ("dung") and sċitte ("diarrhoea"), from Proto-Indo-European *skeyd- ("to split, divide, separate"). [국어] **새다**: 기체, 액체 따위가 틈이나 구멍으로 조금씩 빠져 나가거나 나오다. 물건을 안에 넣고 보이지 않게 씌워 가리거나 둘러 말다. 똥이나 오줌을 참지 못하고 누다. **싸다**: 물체의 주위를 가리거나 막다. (오줌을) 몸밖으로 내보내다. [한자] 射쏠 사 瀉쏟을 사

shunt [ʃʌnt]	(기차의) 선로를 바꾸다	(말소리) 샌다
shun [ʃʌn]	피하다	샌

〈shunt〉 '샌다'는 쌩 새어 나와 이탈하는 것을 뜻함 **〈shun〉** '샌' 쌩 새어나와 피하다 [다른 풀이] '씐' 씌워서 가림으로써 피하다(To screen, hide)는 뜻. ☞ 어원상 끼다(sku)에서 씌다(shu)로 변화

· 어원) **〈shunt〉** Middle English shunte ("to move rapidly or suddenly, jerk; to swerve, turn away; to avoid, dodge, escape, evade"). [국어] **새다**: 기체, 액체 따위가 틈이나 구멍으로 조금씩 빠져 나가거나 나오다

다음은 쏴아(s) (물 등이) 왈왈/활활 위로 솟구치는 표현이다. 이는 왈왈/활활 소리에 s가 더해진 것이다.

soar [sɔːr]	치솟다	(말소리) 쏘아

〈soar〉 '쏘아'는 쏴아(s), 훨훨(oar=air, oar, whirl, well) (공기에 따라) 나는 것이다. 쏘아 올리다 ☞ s+oar(air, well) ≒ swell [연관] oar

· 어원) **〈soar〉** Old French essorer ("to fly up, soar"), from Vulgar Latin *exaurare ("to rise into the air"), Latin ex ("out")+aura ("the air, a breeze"). [국어] **쏴**: 비바람이 치거나 물결이 밀려오는 소리. **쏼**: **〈북한어〉** 물 따위가 거침없이 번져 흐르는 소리. 또는 그 모양. **쏘다**: 활이나 총, 대포 따위를 일정한 목표를 향하여 발사하다.

surge [sə:rdʒ] 증가하다 (말소리) 쏴일지
source [sɔ:rs] 원천 쏴일지

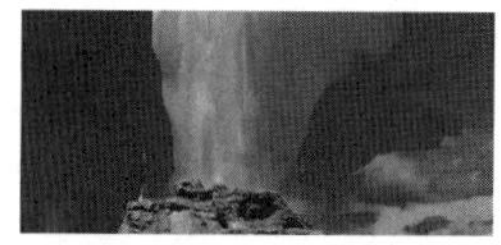

〈surge / source〉 '쏴일지'는 (물이) 쏴아(su) 훨 어우러(얼어)지다. 물이 줄줄이 쏴(솟구쳐) 일어서다. source는 물이 솟아나는 원천이나 시작을 의미 ☞ su+rge/rce(=rigid, right 낚이어 어우러지다.) ≒ straight, erect, insurrect

· 어원) **〈surge〉** Latin subrigere ("lift up, raise, erect; get up, spring up, grow, etc."), from sub ("from below; up")+regere ("to stretch"). **〈source〉** Old French sorse ("rise, beginning, spring, source"). Latin surgō ("to rise"). [국어] **솟다**: 연기와 같은 물질이나 비행기와 같은 물체가 아래에서 위로, 또는 속에서 겉으로 세차게 움직이다. **쏘다**: 일정한 목표를 향하여 발사하다.

soul [soul] 영혼 정신 (말소리) 쏴울

〈soul〉 '쏴울'은 쏴(so) 울(ul=whirl)면서 일어나는 파도처럼 살아있는 것을 의미(바다는 생명의 근원). 쏴- 울어 대는 숨소리. [참고] spirit (숨을) 펄/푸우 불어넣는다는 뜻. '숨'은 생명을 뜻한다. pshyche 쉬기

· 어원) **〈soul〉** Old English sāwol ("soul, life, spirit, being"). Proto-Germanic *saiwiz ("sea, ocean"), *sairaz ("sore, painful").

위를 향해 쏴야 멀리 나간다. Shoot는 발사한다는 의미뿐 아니라 싹이 나온다라는 뜻도 있다. 쏘아 올리는 것에 대해 살펴본다.

ascend [əsénd] 오르다 상승하다 (말소리) 에쏜다
descend [disénd] 내려오다 빠지다 디쏜다
transcend [trænsénd] 초월하다 ~을 능가하다 따른쏜다

〈ascend〉 '에쏜다'는 ~에(a) (콰) 쏘아 올리다는 뜻. [연관] scale **〈descend〉** '디쏜다'는 뒤(de 디다:떨어지다)로 (콰) 쏴 보낸다는 뜻으로 하강의 의미 **〈transcend〉** '따른쏜다'는 따라(tran)서 끝까지 (콰) 쏴 보내다. 떠나감을 의미

☞ 켠다(kend, 일으키다)에서 쏜다(cend)로 발음이 변화. [연관] scale

· 어원) **〈ascend〉** Latin ascendere ("to go up, climb up to"), from ad ("to")+scandere ("to climb"), Proto-Indo-European *skendʰ-("to jump"). **〈descend〉** de(down)+scend. Latin descensus ("to come down, go down, fall, sink"), from de- ("down")+scandere ("to climb"). **〈transcend〉** trans("over")+scandere("to climb"). [국어] **쏘다**: 일정한 목표를 향하여 발사하다. **디다**: (떨어)지다의 옛말.

incite [insáit] 자극하다 선동하다 (말소리) 인쏴이다
excite [iksáit] 흥분시키다 윗쏴이다

〈incite〉 '인쏴이다'는 위에 인("in, im, on" 머리에 이다, 인접 (隣接))한 곳에 쏴아 흔들리다. 쏘아 붙임으로써 자극한다는 뜻 **〈excite〉** '윗쏴이다'는 윗(ex) 쏴아 흔들리다. 쏘아 자극한다는 뜻 [다른 풀이] '휩싸이다' 무언가에 휩싸인 상태

· 어원) **〈incite〉** Latin incitare ("to set in motion, hasten, urge, incite"), from in ("in, on")+citare ("to set in motion, urge"), latin cieō(I put in motion; act. I rouse, excite). **〈excite〉** Latin excitare ("call out, call forth, arouse, wake up, stimulate"), exciere ("call out, arouse excite"), from ex ("out")+ciere ("call, summon"). [국어] **쏘이다**: 침 따위로 찔리다. **쏘다**: 매운맛이나 강한 냄새가 사람의 입 안이나 코를 강하게 자극하다. 발사하다. 말이나 시선으로 상대편을 매섭게 공격하다. [한자] 射쏠 사

thorn [θɔːrn] 가시 (말소리) 쏜

〈thorn〉 '쏜' 쏴아 솟아 오른 것, 날카로운 것을 의미함. 어원상으로 (날이) 선 것

· 어원) **〈thorn〉** Sanskrit तृण (tṛṇa, "grass"). [국어] **쏘다**: 벌레가 침과 같은 것으로 살을 찌르다. **서다**: 무딘 것이 날카롭게 되다 [한자] 射쏠 사

중심부는 찔러 넣거나 심어져 속에 든 부위라고 할 수 있다.

center [séntər] 센터 중심의 (말소리) 쏜다
concentrate [kάnsəntrèit] 집중하다 끈쏜되리다

〈center〉 '쏜다(center)'는 쏘아 찌르고 들어간 속(중심)을 나타냄 **〈concentrate〉** '끈쏜되리다'에서 쏜다(center)는 찌르고 들어간 속(中心)으로서 끌어(con 끈) (잡아) 집중(執中)한다는 뜻. 중(中)은 갑골문에서 깃발을 꽂은 모습이다. ☞ 켠(ken)다에서 쏜(cen)다로 발음 변화

· 어원) **〈center〉** κεντεῖν (kenteîn, "to prick, goad"). **〈concentrate〉** con-+center. [국어] **쏘다**: 벌레가 침과 같은 것으로 살을 찌르다. **켜다**: 톱으로 썰어서 쪼개다

eccentric [ikséntrik] 별난 괴짜 (말소리) 위쏜드륵

〈eccentric〉 '위쏜드륵'에서 쏜다(center)는 찌르고 들어간 속(中心)으로서 중심에서 외(e)로 벗어나 있다는 뜻

· 어원) **〈eccentric〉** ἐκ (ek, "out")+κέντορν (kéntron, "point, sting, center "). κεντέω (kentéō, "I sting").

shoot [ʃuːt] 쏘다, 싹 (말소리) 쏘다

〈shoot〉 '쏘다'는 쏘아 던진다는 뜻. 쏘듯이 삐져나오는 싹. ☞ 어원적으로 '켜다'(sk)에서 쏴(sh)로 ㄱ 발음이 약화됨

· 어원) **〈shoot〉** Proto-Indo-European *(s)kewd- '스켜다' ("to shoot, throw"). [국어] **쏘다**: 활이나 총, 대포 따위를 일정한 목표를 향하여 발사하다. **쑥**; 대번에 빠지거나 터지는 모양 **켜다**: 팔다리나 네 다리를 쭉 뻗으며 몸을 펴다. 톱으로 썰어서 쪼개다

seed [siːd] 종자 씨앗 (말소리) 씨다
sow [sou] 뿌리다 암퇘지 쏘아
seminar [sémənὰːr] 세미나 연구집회 씀이네

〈seed〉 '씨다'는 (씨를) 쏘아 뿌리는 소리에서 유래 **〈sow〉** '쏘아'는 쏘아(sow≒ sea) 뿌리는 행위에서 나는 소리 **〈seminar〉** '씀이네'는 쏘아 뿌리는 씨와 같이 쑥쑥 자라게 하도록 연구하는 활동에 비유됨

· 어원) **〈seed〉** Proto-Indo-European*seh_1- ("to sow, throw"), *sew- ("to pour; squeeze"), *sewH- ("to bear; give birth"). **〈sow〉** Latin satio ("seeding, time of sowing, season"). **〈seminar〉** Latin sēmen ("seed").

자손은 생물학적으로 볼 때 씨를 퍼뜨려 얻은 결과물이라고 할 수 있다.

son [sʌn] 아들 자손 (말소리) 손

person [pə́ːrsn] 사람 펴손

〈son〉 '손'은 쏘아(sow≒ sea) 뿌린 자손, 종(son=gene 孫, 種)을 의미 [연관] gene **〈person〉** '펴손'은 펴 (per 앞) 쏘아 (퍼진) 손(son=gene 孫, 種)자를 뜻함

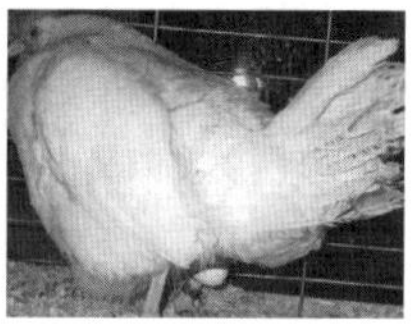

· 어원) **〈son / person〉** Proto-Indo-European *sew- ("to pour; squeeze"), *sewH- ("to bear; give birth"). Proto-Indo-European *per-, *pero- ("forward, beyond, around") [한자] **孫손자 손(돋아 난 싹) 産낳을 산(생기다) 散흩을 산 種씨종**

농경사회에서 계절이 갖는 의미는 씨앗을 뿌리고 가꿔 풍성한 열매를 얻는 시기라고 볼 수 있다.

season [síːzn] 계절 시기 (말소리) 씨준

〈season〉 '씨준'은 씨를 쏘아(sea) 뿌려주는 시기를 의미 [다른 풀이] '시절'

· 어원) **〈season〉** Old French seson("time of sowing, seeding"), Latin satiō ("act of sowing, planting").

insert [insə́ːrt] 삽입하다 넣다 (말소리) 안쏘다

〈insert〉 '안쏘다'는 안에 (씨를) 쏘아 심는 것을 의미

· 어원) **〈insert〉** Latin serō ("plant, sow, produce."). [국어] **쏘다: 활이나 총, 대포 따위를 일정한 목표를 향하여 발사하다.**

쏘여(s_r) 쓰리다

마음이 슬프거나 미안한 생각이 들면 우리는 아픈 느낌과 유사한 감정을 느끼게 된다. 보통 그 느낌을 '쓰리다'라고 표현하곤 한다.

sorry [sɑ́ri, sɔ́ːri] 미안한 (말소리) 쓰려

〈sorry〉 '쓰려'는 (마음이) 쓰리게 아프다는 뜻

· 어원) **〈sorry〉** Old English sārig ("feeling or expressing grief, sorry, grieved, sorrowful, sad, mournful, bitter"). [국어] **쓰리다**: 마음이 쑤시는 것처럼 아프고 괴롭다.

sorrow [sɑ́rou] 슬픔 애도 (말소리) 서러워

〈sorrow〉 '서러워'는 쓰리어 서러운 마음을 의미. 쏘아대는 아픔

· 어원) **〈sorrow〉** Proto-Indo-European *swergʰ- ("watch over, worry; be ill, suffer"). [국어] **서럽다**: 원통하고 슬프다.

'쏘다'는 것은 통증을 의미한다. 상처로 인한 염증 등은 벌레에 쏘인 것처럼 아프다는 데서 유래된 것으로 보인다. '시다, 쓰다'라는 말과 통한다.

sore [sɔːr] 염증 상처 (말소리) 쓸

〈**sore**〉 '쓸' 쏘는 듯이 아픈 통증을 의미 [다른 풀이] '쓸' 쓰게 느끼다

· 어원) 〈**sore**〉 Old English sār ("ache, wound", noun) and sār ("painful, grievous"). [국어] **쏘다**: 벌레가 침과 같은 것으로 살을 찌르다. **쓰다**: 달갑지 않고 싫거나 괴롭다. **쏠다**: (쥐나 좀이 어떤 물건을) 잘게 물어뜯다

serious [síəriəs] 심각한 진지한 (말소리) 쓰리어서

〈**serious**〉 '쓰리어서'는 쓰르르 쓰리는 아픔이 심하다는 말에서 진하고 중요하다는 뜻 [다른 풀이] '저리어서' 저리는 아픔이 절절하다 [연관] grave 갈리는 소리로 아프게 하여 심각하다는 의미

· 어원) 〈**serious**〉 Latin sērius ("grave, earnest, serious"), from Proto-Indo-European *swēr- ("heavy, to **ache**, to resound; ringing, whistling, to speak loudly"). [국어] **저리다**: 몸의 일부가 쑥쑥 쑤시듯이 아프다. **싸하다**: 어떤 것이 아린 듯한 자극성이 있다. 혀나 목구멍 또는 코에 자극을 받아 아린 듯한 느낌이 있다. [한자] 疾클 질

thrill [θril] 스릴 오싹함 (말소리) 쓰릴
drill [dril] 1훈련 2뚫다 떨을

〈**thrill**〉 '쓰릴'은 쓰르르(지르르) 쓰리며 몸이 떨고 무섭다는 뜻 [다른 풀이] 1 '저릴' 저리다 2 '찌를' 〈**drill**〉 드르르 떨리는 진동으로 구멍을 뚫다. 몸을 떨며 움직이는 훈련

· 어원) 〈**thrill/ drill**〉 Middle Dutch drillen ("bore, move in a circle"). [국어] **저리다**: 뼈마디나 몸의 일부가 쑥쑥 쑤시듯이 아프다. **지르르**: 움직임이나 열, 전기 따위가 한 지점에서 주위로 빠르게 퍼져 나가는 모양. 뼈마디나 몸의 일부가 조금 저린 느낌.

빛을 쏘다

태양과 별은 빛을 쏘아 밤과 낮 하늘을 비춘다.

shine [ʃain] 빛나다 비치다 (말소리) 쨍

〈**shine**〉 쨍(sun)하고 햇빛이 쪼여/쐬어 밝게 비치는 것을 뜻함 ☞ 켜(ki)에서 혀(hi)로 변화 [다른 풀이] '쪼인'은 햇빛이 쪼이다

· 어원) 〈**shine**〉 Old English scīnan (to shine, flash), from Proto-Germanic *skīnaną ("to shine"). [국어] **쨍**: 햇볕 따위가 강하게 내리쬐는 모양. 쇠붙이 따위가 세게 부딪쳐서 날카롭고 높게 울리는 소리. **혀다**: '켜다'의 옛말. **쬐다(쪼이다)**: 볕이 들어 비치다. [한자] 閃번쩍일 섬. 星별 성

incendiary [inséndièri] 발화 방화 (말소리) 인쓴되리

〈**incendiary**〉 '인쓴되리'는 인(in, im, on '인접')한 곳에 쓴다(cend=candle, kindle 켠다). 불꽃이 튀게 하여 일어서게 하거나 자극하다. ☞ 켠다(candle)에서 쓴다(cend)로 변화 [연관] incentive incense

· 어원) Latin incendiārius ("setting alight"), from incendō ("I set on fire, kindle"), from in- ("into, in, on, upon")+candeō ("I am hot"). [국어] **쓰다**: '켜다'의 방언

날씨가 더울 때 우리는 '푹푹 찐다'라고 표현하곤 한다. 마치 펄펄 끓는 찜통 속에 있는 것처럼 덥게 느껴지기 때문이다.

seethe [siːð]　　삶다 끓다　　(말소리) 찌다

〈seethe〉 '찌다'는 쏴아 끓는 소리로 찌는 것을 의미

· 어원) **〈seethe〉** Old English sēoþan ("to seethe, boil"). [국어] **찌다**: 1. 뜨거운 김을 쐬는 것같이 더워지다. 2. 뜨거운 김으로 익히거나 데우다.

물을 끓여 뭔가를 삶는 것을 simmer로 표현한다.

thermal [θə́ːrməl]　　열의 뜨거운　　(말소리) 삶을
thermometer [θəmɒmɪtə(r)]　　온도계　　삶아매다

〈thermal〉 '삶을'은 삶을 듯한 열기를 말함 **〈thermometer〉** '삶아매다'는 삶아(thermo) 대는 온도를 매다(meter 매기는). 열을 잰다는 뜻

· 어원) **〈thermal〉** Ancient Greek Θέρμη(thérmē, "heat"). **〈thermometer〉** French thermo-+-meter. [국어] **삶다**: 물에 넣고 끓이다. **매다**: 어떤 기준에 따라 평가하여 정하다. (=매기다) 閃번쩍일 섬

9 쏴- 솟다(튀다, 쏘아대다), 살랑(s_l, cel) 대는 물, 쨍(s_n) 소리(성하다)

salient ac**cel**erate in**sul**t as**sail** in**sul**ar i**sol**ate: **soun**d con**son**ant **san**e **san**itary

salient [séiliənt]　　현저한 두드러진　　(말소리) 쏠련다

〈salient〉 '쏠련다'는 쏴- 살아나 솟구친다는 뜻 [다른 풀이] '살려온다' 살아나 솟구친다

· 어원) **〈salient〉** Latin saliens, from saliō ("leap, spring"). [국어] **설레**: 가만히 있지 아니하고 자꾸 움직이는 행동이나 현상. 큰 동작으로 몸의 한 부분을 거볍게 잇따라 흔드는 모양. [한자] 撒뿌릴 살 趈뛸 산

accelerate [æksélərèit]　　가속하다 빨라지다　　(말소리) 에쏠리로다

〈accelerate〉 '에쏠리로다' 가는 속도가 싸다. 쏜살같이 빨라지다는 뜻 [다른 풀이] '에설레리다'는 ~에 설레이며 바삐 움직이다

· 어원) **〈accelerate〉** accelerō ("I accelerate, hasten"), formed from ad+celerō ("I hasten"), which is from celer '설레'("quick"). Sanscrit 'sa'(fly away, flow quickly) (조선고어실담어 주석사전, 강상원, 2016.7.25, p.738) [국어] **싸다**: 걸음이 재빠르다. 불기운이 세다. **쏘다**: 활이나 총, 대포 따위를 일정한 목표를 향하여 발사하다. **설레다**: 가만히 있지 아니하고 자꾸만 움직이다.

excel [iksél]　　뛰어나다 능가하다　　(말소리) 윗셀

〈excel〉 '윗셀'은 윗(ex) 쪽에 쏴- 싸게 가다. 위로 세(싸)게 넘어선다는 뜻

· 어원) **〈excel〉** Latin celeritas, from celer ("fast, swift"). [국어] **싸다**: 걸음이 재빠르다. 불기운이 세다. **싸게싸게**: '빨리빨리'의 방언(전남). **세다**: 물, 불, 바람 따위의 기세가 크거나 빠르다. **쏴**: 물이 급히 내려가거나 나오는 소리. 비바람이 세차게 칠 때 소리

'쏘다'는 하늘을 향해 날리는 공격을 의미한다. 그리고 곤충에 쏘였을 때도 이 단어를 쓴다.

assail [əséil] 공격하다 습격하다 (말소리) 에쏘일
assault [əsɔ́ːlt] 폭행 공격 에쏜다

〈assail/assault〉 쏴- 솟구치며 쏘아 공격을 퍼붓는다는 뜻

· 어원) **〈assail/assault〉** Latin assiliō, from ad ("towards")+saliō ("to jump"). [국어] **쏘다**: 활이나 총, 대포 따위를 일정한 목표를 향하여 발사하다. 매운맛이나 강한 냄새가 사람의 입 안이나 코를 강하게 자극하다. 말이나 시선으로 상대편을 매섭게 공격하다. **쏴**: 물이 급히 내려가거나 나오는 소리. 비바람이 세차게 칠 때 소리 [한자] 射쏠 사

exile [égzail] 망명 추방 (말소리) 윗쏴일

〈exile〉 '윗쏴일'은 외로 쏴 내보내다, 쫓아낸다는 뜻. [다른 풀이] '외출'

· 어원) **〈exile〉** Proto-Indo-European *sel- ("to spring"). [한자] 出날 출

salute [səlúːt] 경례하다 (말소리) 살리다

〈salute〉 '살리다' 살아나, 건강하도록 샬롬(shalom) 인사를 하다. [다른 풀이] '절이다'는 절하여 안녕하길 바란다는 뜻

· 어원) **〈salute〉** Latin salutare ("to greet; to wish health to"), from salūs ("greeting, good health"), related to salvus ("safe"). Biblical Hebrew שָׁלוֹם • (shalóm)(peace, rest, wellbeing) [국어] **살리다**: 잃어 가던 생명을 다시 지니게 하다. 성질이나 기운 따위를 북돋우다. 작동이 멈춘 물체를 다시 작동하게 만들다.

result [rizʌlt] 결과 초래한다 (말소리) 누살다

〈result〉 '누살다'는 누누이(re) 살다(sult). (던진 후) 누차 (살레) 살아 나온 것으로 (어떤 결과가) 튕겨 나왔다는 뜻 [연관] resilience 탄성, 회복력

· 어원) **〈result〉** Classical Latin resilio ("to rebound"), from re- ("back")+salio ("to jump, leap"). [국어] **살다**: 생명을 지니고 있다. 생생하게 일어나다. 성질이나 기운 따위가 뚜렷이 나타난다. 움직이던 물체가 멈추지 않고 제 기능을 하다. **살살**: 머리를 천천히 살래살래 흔드는 모양. 물 따위가 천천히 고루 끓는 모양. [한자] 出날 출, 솟다

상대를 향해 쏘는 행위는 무례한 행동이라고 할 수 있다. 공격적인 말과 행동이 이에 해당한다.

insult [insʌlt] 모욕하다 (말소리) 인쏠다

〈insult〉 '인쏠다'는 인(in, on 인접)한 곳에 쏘아 공격하다는 뜻 [다른 풀이] '인쏜다'

· 어원) **〈insult〉** Latin insultāre ("to jump at, insult"), ultimately from salīre ("to jump"). [국어] **쏘다**: 말이나 시선으로 상대편을 매섭게 공격하다. 벌레가 침과 같은 것으로 살을 찌르다. **쏠다**: 남의 일을 뒤에서 헐뜯다. [한자] 撒칠 살

우리 생활에 없어서는 안 될 소금은 바다에서 온 것이다. 소금의 중요한 기능 중 하나는 음식을 절여 오래 보관할 수 있도록 하는 것이다.

salt [sɔːlt] 소금 (말소리) 절다
saline [séilain] 염분을 함유한, 짠 절인

〈salt〉 '절다'는 쏴 (sea), 살랑대고, 절레절레 흔들리는 바닷물에서 절다는 말이 나온 것으로 보인다. (음식 등을) 절이는 소금을 의미. **〈saline〉** '절인'은 절레절레 흔들리는 바닷물로서 절이다, 짜다는 뜻 [다른 풀이] '살랑'은 살랑대는 바닷물을 의미

· 어원) **〈salt〉** latin salum **살랑** (the sea in motion; waves) Proto-Indo-European *sūl- ("thick liquid, muck") **〈saline〉** Latin sal ("salt"). [국어] **절다**: 푸성귀나 생선 따위에 소금기나 식초, 설탕 따위가 배어들다. 몸을 한쪽으로 기우뚱거리다. **살랑이다**: 물이 끓어오르며 이리저리 움직이다.

insular [ínsələr] 섬의 (말소리) 안살레
insulate [ínsəlèit] 분리하다 안설레다
peninsula [pənínsjulə] 반도 편안설레

〈insular〉 '안살레'는 살레살레(sula=saline) 살랑이는 바다 안에 있다는 뜻 **〈insulate〉** '안설레다'는 설레(sula=salt)이며 출렁이는 바다 안(in)에 있는 섬처럼 쓸쓸해져 혼자가 되다는 뜻 **〈peninsula〉** 펑(pen≒expand) 퍼져 대부분이 살레살레(sula=saline) 살랑이는 바다 안의 섬처럼 되다.

· 어원) **〈insular〉** insula ("an island"), from in ("in")+salum(the sea in motion; waves). **〈insulate〉** Late Latin insulatus ("made like an island"), insulare ("to make like an island"), salum(the sea in motion; waves) **〈peninsula〉** Latin paene ("almost") īnsula ("island"). **설레**: 가만히 있지 아니하고 자꾸 움직이는 행동이나 현상.

isolate [áisəlèit] 분리하다 고립시키다 (말소리) 위설레이다

〈isolate〉 '위설레이다'는 설레(sola=salt: 절다 1 절이다. 2 절레절레 절뚝)이며 출렁이는 바다 위에 있는 섬처럼 쓸쓸해져 혼자가 되다는 뜻

· 어원) **〈isolate〉** Latin īnsula+-ātus. sal ("salt"), salum(the sea in motion; waves) [국어] **설레**: 가만히 있지 아니하고 자꾸 움직이는 행동이나 현상. **살래살래**: 몸의 한 부분을 작은 동작으로 가볍게 자꾸 흔드는 모양을 나타내는 말. **절레절레**: 머리를 좌우로 자꾸 흔드는 모양.

쨍(s_n) 소리나다(성하다)

소리는 싱싱(聲소리 성) 바람 소리, 쉬잉 물소리 등을 본딴 것이다. 그리고 이런 소리는 역동적이고 살아 있음을 나타낸다. 영어에서도 소리는 물, 능력을 나타낸다. Old English sund ("the power, capacity, or act of swimming; sea; ocean; water; sound")]

sing [siŋ] 노래하다 (말소리) 송
sound [saund] 1소리 들리다 2건전한 쏴운다

〈sing〉 '송'은 씽씽, 쩡쩡거리며 울리는 것으로 징을 치는 등 노래 부르는 소리. 한자로 송(頌낭송할 송=song), 찬송 [다른 풀이] '쉉' '징' **〈sound〉** 쏴(솨 so), 운다(und=wind). 1 쨍, 쉬잉 소리, 성(聲). 징이나 장구를 칠 때 나는 소리 2 생생하게 (쌩쌩) 살아 움직여 싱싱하게 보이다 (生날 생, 낳다, 살다 聖성인 성 誠정성 진실).

· 어원) **〈sing〉** Proto-Indo-European *sengʷʰ- ("to recite, sing"). **〈sound〉** Proto-Indo-European *swenh₂- ("to sound"); Sanskrit स्वनति (svanati, "to sound"). Old English sund ("sound, safe, whole, uninjured, healthy, prosperous"). [국어] **쩡쩡**: 매우 세차고 옹골차게 울리는 소리. 또는 그 모양. **쌩쌩(씽씽)**: 바람이 잇따라 세차게 스쳐 지나가는 소리. 또는 그 모양. 시들거나 상하지 아니하고 생기가 있다. **생생하다**: 시들거나 상하지 아니하고 생기가 있다. 힘이나 기운 따위가 왕성하다. **징**: 놋쇠로 전이 없는 대야같이 만들어, 울의 한쪽에 두 개의 구멍을 내어 끈을 꿰고 채로 쳐서 소리를 낸다. [한자] 頌낭송할 송, 誦읠 송, 聲소리 성

consonant [kάnsənənt]	자음	(말소리) 끈성난다

〈consonant〉 (모음 vowel)을 끌어서(함께) 해야 쨍 소리가 난다. ☞ 끈(con)+쨍(son: sound, sing 성(聲)) 소리. [연관] sonorous

· 어원) **〈consonant〉** Latin cōnsonāns ("sounding with"), from con- ("with")+sonāns ("sounding"), from sonāre ("to sound"). [한자] 聲소리 성(노래, 말, 명예)

'성하다'는 것은 아무런 문제 없이 무탈하다는 뜻이다. 즉 건강하여 온전한 상태라고 할 수 있다.

sane [sein]	제정신의 온전한	(말소리) 성
sanitary [sǽnətèri]	위생적인 청결한	생이되리

〈sane/sanitary〉 성(san≒ sound 盛성할 성)하다는 말로 설렁대는 물처럼 생생하게 살아있다는 뜻. [다른 풀이] '산' 살아있다

· 어원) **〈sane〉** Latin sānus ("healthy; sane"). Old English sund ("the power, capacity, or act of swimming; sea; ocean; water; sound") **〈sanitary〉** Latin sanitas ("health"). [국어] **성하다**: 1. 물건이 본디 모습대로 멀쩡하다. 2. 몸에 병이나 탈이 없다. **생생하다**: 시들거나 상하지 아니하고 생기가 있다. 힘이나 기운 따위가 왕성하다. **정정하다** (亭亭): 늙은 몸이 굳세고 건강하다. **정정하다**(丁丁): 말뚝을 박는 소리가 나다. **짱짱하다**: 생김새가 다부지고 동작이 매우 굳세다. 꽤 세차고 옹골차게 울리는 소리가 나다. [한자] 盛성할 성 生 날 생(싱싱하다) 産낳을 산(생기다)

sanctuary [sǽŋktʃuèri]	보호구역 성역	(말소리) 성케채우리
saint [seint]	성인 성자	성되

〈sanctuary〉 '성케채우리'는 성하게(성케) 하여 성스럽게 하는 장소를 나타냄. 성기게 하여 바람직하다. **〈saint〉** '성되'는 성하여 크게 일어나다. 성스럽게 된 자를 뜻함

· 어원) **〈sanctuary〉** Late Latin sanctuarium ("a sacred place, a shrine"), from Latin sanctus ("holy, sacred"). **〈saint〉** Latin sanctus ("holy, consecrated", "a saint"). [국어] **성기다**: 사회적으로 보람 있는 일이 이루어지도록 그 일에 기울이다. 물건의 사이가 뜨다. **성하다**: 세력이 한창 일어나다. [한자] 成이룰 성 聖성인 성, 거룩

10 졸졸[s_l(r)] 흘러 꼬이는 실, 졸리다(잡힘)

silk **seal** **ser**ies; **serv**ant con**serv**e pre**serv**e re**serv**e_

스르르, 슬슬 흘러가는 모양은 차가 구르는 chariot, 얼키설키 엮인 circuit, silk와 관련된다. 우리가 흔히 사용하는 '시리즈'라는 용어는 실과 관련이 깊다. 술술 흐르는 물(술=실)처럼 이어가기 때문이다. 독일어에 실이 쓰이고 있다[German Seil ("rope, cable, wire"), Sanscrit 'saru gada'(flow down gently, run quickly) (조선고어실담어 주석사전, 강상원, 2016.7.25, p.724)]. '술'은 마시는 액체이면서 실이라는 의미가 있다(끈, 띠, 옷 따위에 장식으로 다는 여러

가닥의 실).

silk [silk] 실크 비단 (말소리) 실켜

<silk> '실켜'는 실을 켜다. 솰솰 회오리에 꼬아 만든다

· 어원) **<silk>** Chinese 絲 (sī, "silk"). Old English sāl '실'("a rope, cord, line, bond, rein, door-hinge"). German Seil ("rope, cable, wire"). 몽골어 '시르켁' [한자] 紲고삐 설, 줄

sail [seil] 항해 돛 (말소리) 실
seal [si:l] 봉인 폐쇄하다 실

<sail> '실'은 쏴아, 솰솰 회오리에 꼬여 짜여진 실, 천으로서 돛 [연관] assail 쏴 솟구치는 소용돌이 치며 쏘아 붙이다.**<seal>** '실'은 실(series) 등으로 씌워 감싸다. 보호한다는 뜻

· 어원) **<sail>** Latin sagum, sagus ("coarse woolen coat, soldier's coat") German Seil ("rope, cable, wire") **<seal>** Old English sǣlan ("to bind"). **[국어] 돛: 배 바닥에 세운 기둥에 매어 펴 올리고 내리고 할 수 있도록 만든 넓은 천. 바람을 받아 배를 가게 한다. 솰: <북한어> 물 따위가 거침없이 번져 흐르는 소리. 또는 그 모양.**

series [síəri:z] 시리즈 일련 연작 (말소리) 실이지
thread [θred] 실 가는 선 주르다

<series> '실이지'는 실(ser 줄)처럼 주(지)르르 이어진다. 좔좔, 주르르 꼬여 늘어진 것을 흘러가는 것에 비유. [다른 풀이] '주르지'는 주르르 줄로 이어진다. **<thread>** '주르다'는 주르르(졸졸) 콸콸 소용돌이 쳐 흐르는 물처럼 꼬아서 엮인 실이다. 한 **줄로** 서는 모습을 나타냄. 실처럼 연속적이라는 의미 [연관] tread 또르르 흘러가는 걸음 [다른 풀이] '줄이다' 줄서다

· 어원) **<series>** Latin serere ("to join together, bind, weave"). Proto-Indo-European *ser- (" to flow, to guard, watch over, to bind, to tie together, thread"). **<thread>** Proto-Indo-European *$terh_1$- ("rub, twist"). Saterland Frisian Träid ("thread, wire"). [국어] **줄**: 노, 새끼 따위와 같이 무엇을 묶거나 동이는 데에 쓸 수 있는 가늘고 긴 물건을 통틀어 이르는 말. **주르르**: 굵은 물줄기 따위가 빠르게 흘러내리는 소리가나다. 물건 따위가 비탈진 곳에서 빠르게 미끄러져 내리다(slide). **여럿이 한 줄로 고르게 잇따라 있다.** [한자] 紲고삐 설, 줄 絏맬 설

desert [dézərt] 사막 버리다 (말소리) 떼졸다

<desert> '떼졸다'는 조르르 졸라/쓸려(ser= series) 맨 것을 떼어(de) 낸다는 뜻. 떨어져 버려진 곳, 사막 [연관] desolate: de+sol(ser)

· 어원) **<desert>** Latin dēserō ("to abandon, leave"). dē- ("away, from")+serō ("I bind, join. sow"). [국어] **조르다**: 조이다. **조르르**: 작은 것들이 한 줄로 고르게 잇따라 있다. **졸리다**: 동이거나 감은 것이 단단히 죄이다. '조르다'의 피동사.

sort [sɔ:rt] 분류하다 종류 (말소리) 졸다
assort [əsɔ́:rt] ~을 분류하다 에졸다

<sort / assort> 조르르 쓸려(ser= series) 이어짐(To join or associate with others) 으로써 같은 계열로 분류된다. [연관] series

· 어원) **<sort>** Old French sorte ("class, kind"), Latin sortem, sors ("lot, fate, share, rank, category"), serō (join in a series, to bind) **<assort>** a-+sortir, Latin sortīrī ("to select"). **졸리다**: 동이거나 감은 것이 단단히 죄이다. '조르다'의 피동사.

졸졸/주르르(ser) (물살에) 휘말려 졸리다

노예는 주인에게 졸려/조여 잡힌 상태라고 할 수 있다. 서비스는 노예처럼 종속된 상태에서 하는 일이다.

servant [sə́ːrvənt] 하인 노예 (말소리) 조여본다
serve [səːrv] 제공하다 봉사하다 조여봐

〈servant〉 '조여본다'는 조르르 졸려(ser 죄어) 지다. 졸졸 따라다녀 잡혀진 상태를 뜻함 **〈serve〉** '조여봐'는 졸려(ser 죄어) 지다. 졸라매서 잡혀진 상태로 주종관계 하에 하는 일, 서비스를 나타낸다 ☞ serv= surf(졸졸 파도에 휘말리다)

· 어원) **〈servant / serve〉** Latin servus ("slave, servant"). Latin serviō ("be a slave; serve") Proto-Indo-European *ser- ("to guard, watch over, to bind, to tie together, thread"). [국어] **조르다**: 단단히 죄다. **졸리다**: 단단히 매여 조이게 되다. **졸**: '작은' 또는 '모자란'의 뜻을 더하는 말. **졸다**: 위협적이거나 압도하는 대상 앞에서 겁을 먹거나 기를 펴지 못하다. **졸졸(조르르)**: 작은 동물이나 사람이 자꾸 뒤를 따라다니는 모양. 가는 물줄기 따위가 잇따라 부드럽게 흐르는 소리. 또는 그 모양 [한자] 拙옹졸할 졸, 捽잡을 졸

보호하거나 지켜야할 무엇이 있을 경우 조여 붙잡게 된다. 끈질기게 물고 늘어지는 것으로 신념이나 사상을 지키거나 이루기 위해 고집하는 것이라고 할 수 있다.

conserve [kənsə́ːrv] ~을 보존하다 (말소리) 끈조여봐
preserve [prizə́ːrv] 보존하다 보호하다 빠르조여봐

〈conserve〉 '끈조여봐'는 끈(con 함께) 조르르 조여(ser 죄어) 주다는 말로 졸라매서 지킨다는 뜻 **〈preserve〉** '빠르조여봐'는 빨리(pre 앞) 조여(ser 죄어) 주다는 말로 미리 졸라매서 지닌다는 뜻

· 어원) **〈conserve〉** Latin conservare ("to keep, preserve"), from com-+servo ("keep watch, maintain, store"). **〈preserve〉** Medieval Latin preservare ("keep, preserve"), from Late Latin praeservare ("guard beforehand"). [국어] **졸라매다**: 끈이나 줄 따위로 헐겁지 않도록 단단히 동여매다. [한자] 捽잡을 졸

reserve [rizə́ːrv] 보유하다 예약하다 (말소리) 누조여봐

〈reserve〉 '누조여봐'는 누누이(re) 조르르 조여(ser 죄어) 주다. 졸라매서 잡고(keep back) 놓지 않는다는 뜻. 미리 잡아 확보하다

· 어원) Latin servo ("keep watch, maintain, store"). [국어] **조이다**: 바싹 틀어넣거나 당겨 매어 떨어지지 않게 하다.

observe [əbzə́ːrv] 관찰하다 지키다 (말소리) 앞조여봐

〈observe〉 '앞조여봐'는 앞(ob)의 것을 조르르 조여(ser) 두다. 시야에 조여 두고 쭉 지켜본다는 뜻(쭉 둘러보는 scan과 같다). [참고] perceive 집다=인식

· 어원) **〈observe〉** Latin ob ("before")+servare ("to keep"), Latin servo ("keep watch, maintain, store"). Proto-Indo-European *ser- ("**watch** over, to bind, to tie together, thread"). [국어] **조이다**: 바싹 틀어넣거나 당겨 매어 떨어지지 않게 하다. [한자] 察살필 찰

deserve [dizə́ːrv] 받을 만하다 (말소리) 다조여봐

〈deserve〉 '다조여봐'는 조르르(ser) 따라 붙다(subject to). 조여(붙어서) 따라붙고 닮고 싶다. serve에는 추종자라는 의미가 있다 (To be suitor to)

· 어원) **〈deserve〉** Latin dēserviō, from dē-+ serviō (am devoted to, subject to). From servus ("slave, servant"). Proto-Indo-European *ser- (to bind, to tie together. thread). [국어] **조이다**: 바싹 틀어넣거나 당겨 매어 떨어지지 않게 하다.

zealous [zéləs] 열광적인 과도한 (말소리) 질려지
jealous [dʒéləs] 질투하는 질려지

〈zealous /jealous〉 '질려지'는 쥐어 다 가지려하는 것을 뜻함 [다른 풀이] '챌리지' 채서 가지려고 하다

· 어원) **〈zealous〉** Ancient Greek ζῆλος (zêlos, "zeal, jealousy"), from ζηλόω (zēlóō, "to emulate, to be jealous"). [국어] **채다**: 날쌔게 빼앗거나 훔치다. **쥐다**: 손가락을 다 오므려 엄지손가락과 다른 네 손가락을 겹쳐지게 하다. [한자] 嫉시기할 질

11 쓰르르(sl, shr, thr) 지르다, 찌름, 주르르 지남

shriek **shr**ill; **sl**ay **shr**ewd; **thor**ough **thr**ust **thr**ow

sl-, thr-은 cr-, gr-(콰르르/꾸르르), tr(또르르)의 변형된 형태로서 스르르 쓸리는 것으로 표현할 수 있다.

shriek [ʃriːk] 비명 (말소리) 쓰륵

〈shriek〉 '쓰륵' 쓰륵/쩌렁 (소리를) 지르다는 뜻. 소나기나 짜락이란 말은 주륵주륵 소리나는 빗소리를 나타낸다. ☞ shr(쓰르)+riek(knock, crack 소리)

· 어원) **〈shriek〉** Sanskrit श्लोक (śloka, "glory, fame, renown, call") Proto-Germanic *skrīkijaną ("to shout, scream") [국어] **짜락**: 빗발이 굵은 소나기가 세차게 한 번 퍼붓는 소리. **지르다**: 목청을 높여 소리를 크게 내다. **쓰륵(쓰르륵)**: 물건이 조금씩 쓸리면서 시원스럽고 거친 소리가 나다.

slogan [slóugən] 슬로건 구호 (말소리) 쓰륵인

〈slogan〉 '쓰륵인'은 쓰륵 (소리를) 질러가며 구호를 외치는 것을 뜻함

· 어원) **〈slogan〉** Sanskrit श्लोक (śloka, "glory, fame, renown, call") [국어] **지르다**: 목청을 높여 소리를 크게 내다. **쓰륵(쓰르륵)**: 물건이 조금씩 쓸리면서 시원스럽고 거친 소리가 나다.

shrill [ʃril] 소리 높이 외치는 (말소리) 지를

〈shrill〉 '지를'은 질러대는 큰 소리를 뜻함 [다른 풀이] '지랄'은 지랄하며 떠든다는 뜻 [연관] thrill 쓰릴 drill snore

· 어원) **〈shrill〉** Late Middle English schrille("of a sound: high-pitched, piercing"), from Old English scill ("sonorous sounding"). [국어] **지르다**: 목청을 높여 소리를 크게 내다. **지랄**: 마구 법석을 떨며 분별없이 하는 행동을 속되게 이르는 말.

sly [slai]	교활한 음흉한	(말소리) 찔리어

〈**sly**〉 '찔리어'은 (철렁) 찌르르 치면서 (충격을 주는) 교활한 모습을 뜻함

· 어원) 〈**sly**〉 Old English slēan ("to strike, beat, stamp, sting, slay, kill, impact"). [국어] **자르르:** 움직임이나 열, 전기 따위가 한 지점에서 주위로 조금 빠르게 퍼져 나가는 모양. 크기가 작은 여러 개의 물건이 쏟아져 흩어지는 소리. **찌르다:** 세차게 들이밀어 구멍이 뚫리게 하다. [한자] 撥칠 살 挃찌를 질

'찌르다'는 찌르르 치면서 타격을 가하다는 말과 연관된다.

slay [slei]	살해하다	(말소리) 찔러
slaughter [slɔ́:tər]	도살	찔리다

〈**slay**〉 '찔러'는 (철렁 치며) 찔러(殺죽일 살) 죽인다는 뜻 〈**slaughter**〉 '찔리다'는 철럭(slaug) 찔러 죽이다 [연관] slash

· 어원) 〈**slay**〉 Old English slēan ("to strike, beat, sting, slay, kill, impact"), Proto-Germanic *slahaną ("to fight, strike, kill"). 〈**slaughter**〉 Proto-Indo-European *slak- ("to hit, strike, throw"). [국어] **찌르다:** 끝이 뾰족하거나 날카로운 것으로 물체의 겉면이 뚫어지거나 쑥 들어가도록 세차게 들이밀다. **졸하다:** 사람이 죽다. [한자] 卒마칠 졸 殺죽일 살 挃찌를 질

shrewd [ʃru:d]	날카로운 재빠른	(말소리) 찌르다
shred [ʃred]	자르다	자르다

〈**shrewd**〉 '찌르다'는 찌그러지며 재빠르게 흐르는 모양으로 자를 수 있게 날카로워 민첩하게 보이다는 뜻. 이는 sharp 가 짧고 날카롭다는 어원과 통한다. 〈**shred**〉 '자르다' 찌그러지며 잘리는 소리.

☞ 찌그르(skr)에서 지르(shr)로 변화됨

· 어원) 〈**shrewd**〉 Proto-Germanic *skrawwaz ("thin; meagre; frail"), from Proto-Indo-European *(s)ker- ("to cut; shorten"). 〈**shred**〉 Proto-Germanic *skraudō ("a cut, shred"). [국어] **자르르:** 움직임이나 열, 전기 따위가 한 지점에서 주위로 조금 빠르게 퍼져 나가는 모양. 크기가 작은 여러 개의 물건이 쏟아져 흩어지는 소리. **찌르다:** 세차게 들이밀어 구멍이 뚫리게 하다. [한자] 撥칠 살 挃찌를 질

경사가 있거나 미끄러운 곳에서는 으레 쓸려 넘어지기 마련이다.

slide [slaid]	미끄러지다 하락하다	(말소리) 쓸리우다
slip [slip]	미끄러지다 빠지다	쓸립
slope [sloup]	경사 스키장	쓸려웁
sled /sleigh /sledge	썰매	쓸리다 쓸리어

〈**slide**〉 '쓸리우다'는 쓸려 나다니다(lide≒ride). 미끄러진다는 뜻 [연관] glide 굴리다 〈**slip**〉 '쓸립' 쓸려(sl) 얍[lip≒leap, rift 泣 바람 빠를 립] 벌어져 (미끄러지듯) 쓸리다 (to slide)는 뜻 [연관] slap sleep 졸려 쓸려 나간 정신 〈**slope**〉 '쓸려웁'는 쓸려(sl) 웁/얍[lope=leap, rift] 벌어지다. 쓸려(기울어진 채) 미끄러져 경사가 있다는 뜻 〈**sled /sleigh /sledge**〉 쓸려 미끄럼 타는 도구굴러(carrier, cargo) 가는 구르마, 수레처럼, 스르르 흘러간다. 우리말 농기구 써레와 같다. Sanscrit sira'써래'(sleigh, cart, carry), sri(lean, decline), sra'쓰려'(sore, painful, burn, sweep) (조선고어실담어 주석사전, 강상원, 2016.7.25, p.830, 864, 921).

· 어원) 〈**slide**〉 Proto-Germanic *slīdaną ("to slide, glide"). 〈**slip**〉 Old English slipa ("a viscous, slimy substance"). Latin labō ("to waver"), Latin lābor ("to slip"), Vedic Sanskrit स्रेधति (srédhati, "to err, blunder"). 〈**slope**〉 Old English āslūpan ("to slip away"). 〈**sled /sleigh /sledge**〉 Proto-Germanic slīdaną (to slide, to slip) [국어] **쓸리다:** 한쪽으로 비스듬히 기울어지다. **쓸다:** 질질 끌어서 바닥을 스치다. [한자] 昳기울 질

드르르 때리는 소리(trude: protrude, intrude)에서 't' 가 'th'로 변하여 '찌르다'(thrust)로 나타난다.

thrust [θrʌst] 밀다 찌르다 (말소리) 찔러지다
threat [θret] 위협 찌르다

〈thrust〉 '찔러지다'는 찌르르 찔러 밀치는 것을 나타낸다(A push, stab). 드르르 들어가게 밀치는 (pro)trude 와 같은 어원
〈threat〉 '찌르다'는 찔러 (밀어서) 해를 가하려는 의도(intent to injure or punish another)를 나타냄 [연관] trude protrude

· 어원) **〈thrust〉** Latin trūdō (I thrust, push or shove). **〈threat〉** Proto-Indo-European *trewd- ("to squeeze, push, press"). [국어] **찌르다**: 세차게 들이밀어 구멍이 뚫리게 하다. **찌르르**: 뼈마디나 몸의 일부가 조금 저린 느낌. '지르르'보다 센 느낌을 준다. 움직임이나 열, 전기 따위가 한 지점에서 주위로 빠르게 퍼져 나가는 모양

thr-은 주르르 흘러 지나가는 소리를 나타낸다. 따랑, 따르르 지나는 tres- trans- 어근과 같다.

through [θruː] 통하여 지나서 (말소리) 지르어
thorough [θə́ːrou] 철저한 지르어
threshold [θréʃhould] 기준점 입구 스르지열다

〈through/thorough〉 '지르어'는 스르르 쓸려 (뚫어) 통과하다는 뜻. 지나서 뚫는 것은 통하다, 철저하다(thorough) 뜻이 된다. ☞ 't' 가 'th'로 변하여 ㅈ 발음이 난다. [다른 풀이] 1 '두루'는 드르르(따르르) 두루두루 빠짐없이 통과한다는 뜻. 2 '스르' 스르르 지르고 지나가다
〈threshold〉 '스르지열다'는 스르르(thres= trespass) 찌르고(뚫고) 들어가 열어 주는 곳을 뜻함 [다른 풀이] '지나서열다'

· 어원) **〈through/thorough〉** Sanskrit तॄ (tṝ, "to pass"). Proto-Indo-European *terh$_2$-("to pass through"). **〈threshold〉** Old English þrexwold ("doorsill, entryway"). [국어] **지르다**: 팔다리나 막대기 따위를 내뻗치어 대상물을 힘껏 건드리다. 지름길로 가깝게 가다. **지(차)르르**: 움직임이나 열, 전기 따위가 한 지점에서 주위로 빠르게 퍼져 나가는 모양. 늘어지어 끌리는 모양. 물기나 기름기, 윤기 따위가 많이 흘러서 번지르르한 모양. [한자] 徹통할 철, 뚫다, 길

throat [θrout] 목 (말소리) 스르오다

〈throat〉 '스르오다'는 스(지)르르 흐르면서 쓸어내는 통로(A narrow opening in a vessel).

· 어원) **〈throat〉** Proto-Indo-European *trud- ("to swell, become stiff"). [국어] **스르르**: 미끄러지듯 슬며시 움직이는 모양. **지르르**: 움직임이나 열, 전기 따위가 한 지점에서 주위로 빠르게 퍼져 나가는 모양. 늘어지어 끌리는 모양. 물기나 기름기, 윤기 따위가 많이 흘러서 번지르르한 모양.

throw [θrou] 던지다 버리다 (말소리) 스르

〈throw〉 '스르'는 스(드)르르(thr=tr) 파동치며 흐르듯 떠나가는 소용돌이 물, 회오리. -row는 '노젓다'이며, (물, 빛, 바람 등) 너울치는 파동 [연관] row flow glow blow grow

· 어원) **〈throw〉** Old English þrāwan ("to turn, twist, curl, torture"). Proto-Indo-European *trewd-(to push, to thrust). [국어] **스르르**: 미끄러지듯 슬며시 움직이는 모양. **쓸다**: 비로 쓰레기 따위를 밀어내거나 한데 모아서 버리다. 태풍, 홍수 따위가 널리 피해를 입히다.

exaggerate [igzǽdʒərèit] 과장하다 지나친 (말소리) 윗서주르다

〈exaggerate〉 '윗서주르다'는 윗(ex) 주르르/콰르르 (gera=series, carry, grow) (흘러) 자라남으로 길어지다. (넘쳐) 과장된다는 뜻.

· 어원) **〈exaggerate〉** Latin ex ("out, up")+aggerare ("to heap up"), ad("to, toward")+gerere("to carry").

12 썰다(cer, sh_r)(구분짓다, 자르다), 쪼다

con**cer**n dis**cer**n **cer**tify **share shear**

concern [kənsə́ːrn] 1 관심을 갖다 2 걱정 (말소리) 끈썬
concert [ˊkɑːnsərt] 콘서트 음악회 끈썰다

〈concern〉 '끈썬'은 썰은(cern) 것을 꼬아(con 끈) 주다는 뜻으로 1. 각 절(切 끊을 절)을 끈으로 이어 관계하다 2. 끈으로 이어 관심을 갖는 것이 지나쳐 근심이 되다 **〈concert〉** '끈썰다'는 썰어져 나누어진 각각의 절(切 끊을 절)을 꼬아 맞추다는 뜻

· 어원) **〈concern〉** Latin concernō ("I mix, sift, or mingle together, as in an sieve"), combined form of con-+cernō ("distinguish"). **〈concert〉** con-+certō (I fight, I struggle, strive.), cernere (**separate, decide, see**).. [국어] **썰다**: 어떤 물체에 칼이나 톱을 대고 아래로 누르면서 날을 앞뒤로 움직여서 잘라 내거나 토막이 나게 하다. 切 끊을 절

'썰다'는 어떤 것이 구분이 되고 명확해지도록 갈라서 나누는 것이다. 가리거나(discreet) 가름하다(discriminate)는 말과 통한다

discern [disə́ːrn, -zə́ːrn] 식별하다 분간하다 (말소리) 떼썬

〈discern〉 '떼썬'은 떼서 썰어 구분짓는다는 뜻 [연관] discreet discriminate

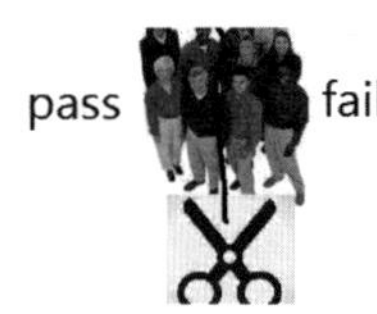

· 어원) **〈discern〉** Latin discernere("to separate, divide, distinguish, discern"), from dis-("apart")+cernere (**separate, decide, see**).. [국어] **썰다**: 어떤 물체에 칼이나 톱을 대고 아래로 누르면서 날을 앞뒤로 움직여서 잘라 내거나 토막이 나게 하다.

썰어 절단하는 것은 다른 것과 확실히 구분 지어진다는 뜻이다. Decide는 떼지다는 말로 논의에서 떠나 끝맺고, 결정한다는 뜻이 된다. Conclude는 걸리다(clude=close)로서 걸어 잠궈 논의를 끝맺다는 뜻이 된다.

certain [sə́ːrtn] 특정한 확실한 (말소리) 썰된
ascertain [æsərtéin] 확인하다 규명하다 에썰된

〈certain〉 '썰된'은 썰어(절단하여) 확실히 구분지어진 것을 말함. 썰다= 切끊을 절 **〈ascertain〉** '에썰된'은 썰어(절단하여) 확실히 구분 지어진다는 뜻

· 어원) **〈certain〉** Latin certus ("fixed, resolved, certain"), cernere ("to separate, perceive, decide"). **〈ascertain〉** a- ("to, towards")+certener ("make sure of"), latin cernere (**separate**, decide, see). [국어] **절(切)하다**: 더이상 이어지거나 계속되지 않는 상태로 되다. [한자] 切끊을 절

certify [sə́ːrtəfài] 증명하다 보증하다 (말소리) 썰다피어
certificate [sərtífikeɪt] 증거 자격증 썰다퍽하다

〈certify〉 '썰다피어'는 썰어둬(cert) 구분이 되게끔 확실히 정하다는 뜻 **〈certificate〉** '썰다퍽하다'는 썰어둬(cert) 퍽(fic=fact, factory 퍽 붙어 형태를 이루다) 생기게 하다. 잘라 구분하거나 결정하게 하는 증거를 뜻함

· 어원) **〈certify〉** Old French certefier ("confirm, assure, make certain"). **〈certificate〉** certus ("certain")+faciō ("make"). [국어] **썰다**: 어떤 물체에 칼이나 톱을 대고 아래로 누르면서 날을 앞뒤로 움직여서 잘라 내거나 토막이 나게 하다.

sh-는 원래 sk에서 변화된 것이다. 여기서는 썰리는 소리와 관련된다.

shore [ʃɔːr] 해안 (말소리) 썰

〈shore〉 (쏴아 물에 의해) 써는 소리로 씻겨 나가는 땅의 가장자리를 의미. 어원상 콸(cor)에서 왈(hor)로 변화 [연관] shear

· 어원) **〈shore〉** Old English sċieran ("to cut"), Middle Dutch scorre ("land washed by the sea"). [국어] **써다**: 밀물이나 밀린 물이 물러 나가다. **쓸리다**: 한데 밀려나 치워지다.

share [ʃɛər] 공유하다 나누다 (말소리) 째어
shear [ʃiər] 큰 가위 자르다 째어
shatter [ʃǽtər] 분쇄하다 째다

〈share / shear〉 (쩍 쪼개) 째다, 나누다. ☞ 어원상 콸(car)에서 왈(har)로 변화 [다른 풀이] 1 '썰'은 썰어 나눈다는 뜻. 絶(자르다 썰→절) 2 '쪼아' 쪼아서 나누다 **〈shatter〉** (쩍 쪼개) 째다 ☞ 쪼개(scatter)에서 째(sha)로 변화

· 어원) **〈share〉** Old English scearu("a cutting, shaving, a shearing, part, division, share"), from Proto-Germanic *skarō ("a division, detachment"). **〈shear〉** Ancient Greek κείρω (keírō, "I cut off). **〈shatter〉** Middle English schateren ("to scatter, dash") [국어] **째다**: 물건을 찢거나 베어 가르다. [한자] 切끊을 절 絶끊을 절

shallow [ʃǽlou] 얕은 얄팍한 (말소리) 쫄리어
shoal [ʃoul] 물이 얕은 곳 쫄
short [ʃɔːrt] 짧은 썰다

〈shallow/shoal〉 쫄아 들어 물이 얕은. [다른 풀이] '잘아'는 잘디 잔 것처럼 깊지 않은 상태 ☞ 어원상 쭈글(skal)어지다에서 줄/쫄(shal)다로 ㄱ 발음 약화 [연관] skeleton scorch

〈short〉 '썰다'는 썰리어 잘고 작다는 뜻. ☞ 어원상 쪼갤(skal)에서 썰(shor)다로 ㄱ 발음 약화 [연관] skirt (k->h 변화해서 short / shirt 로 변화됨)

· 어원) **〈shallow/shoal〉** Low German Scholl("shallow water"). Proto-Germanic *skaljaną ("to go dry, dry up, become shallow"), from *skalaz ("parched, shallow"). **〈short〉** Proto-Germanic *skurtijǭ ("a short garment, skirt, apron"). Latin curtus ("shortened, incomplete"). [국어] **졸다**: 국, 한약 따위의 물이 증발하여 분량이 적어지다. **잘다**: 알곡이나 과일, 모래 따위의 둥근 물건이나 글씨 따위의 크기가 작다.

'쪼다'는 새의 부리처럼 날카롭고 뾰족한 것으로 계속 두드려 잘게 부수는 것이라고 할 수 있다. 한자로 彫새길 조는 '조각', '쪼아먹다' 뜻이 있다.

chew [ʧuː] ~을 씹다 (말소리) 쪼아
jaw [dʒɔː] 턱 입 쪼아

〈**chew**〉 '쪼아'는 쪼아 먹는 것을 의미함 〈**jaw**〉 '쪼아'는 째거나 쪼아먹는 입을 가리킴

· 어원) 〈**chew / jaw**〉 Proto-Germanic *kewwaną ("to chew"). [국어] **쪼다**: 뾰족한 끝으로 쳐서 찍다. [한자] 彫새길 조, 쪼아먹다

saw [sɔː] 톱질하다 (말소리) 쪼아

〈**saw**〉 '쪼아'는 슥삭 써는 소리. 쪼아 잘라낸다는 뜻.

· 어원) 〈**saw**〉 Latin secō ("cut") [국어] **쪼다**: 뾰족한 끝으로 쳐서 찍다. [한자] 彫새길 조

다음의 단어들은 모두 자르는 것과 관계가 있다. 역시나 '째다'나 '찢다'로 표현할 수 있다.

scissors [sízərz] 가위 (말소리) 찢어서
chisel [ʧízəl] 끌로 새기다 찢을

〈**scissors / chisel**〉 깨지게 찢어 자른다는 뜻 ☞ 어원상 깨(ca)에서 째(ci)로 변화

· 어원) 〈**scissors /chisel**〉 Latin caesus("to cut"). Latin caedere ("to cut"). [한자] 裁마를 재. 制 절제할 제

슬슬 녹다

얽혀있는 실타래 같은 복잡한 문제들이 풀리는 과정은 녹아서 사라지는 과정과 유사하다. 녹는 과정은 '스르르'나 '슬슬'하면서 저절로 풀어지는 것이라고 할 수 있다.

solution [səlúːʃən] 해결책 용액 (말소리) 슬느슨

〈**solution**〉 '슬느슨'은 스르르 스러져 없어진다, 녹는다는 뜻. '해결 解決'은 풀어진다는 의미 [다른 풀이] '샐느슨' 새어(so=se) 느슨하게(lution=lose) 풀어 주는 것으로 녹아 사라지다 [연관] dilute

· 어원) 〈**solution**〉 Latin se- ("away")+luō ("to untie, set free, separate"). Latin solvō(I loosen, untie, separate; free) [국어] **스러지다**: 형체나 현상 따위가 차차 희미해지면서 없어지다. **슬슬**: 모르는 사이에 스르르 녹아 버리는 모양. [한자] 泄샐 설 殺죽일 살, 감할 살

solve [salv] 해결하다 풀다 (말소리) 슬부
dissolve [dizálv] 녹이다 없애다 떠슬부

〈**solve**〉 '슬부'는 슬슬 (부우) 사라진다는 말로 문제가 풀리다 〈**dissolve**〉 '떠슬부'는 떠(di) 슬슬 (부우) 사라진다는 뜻

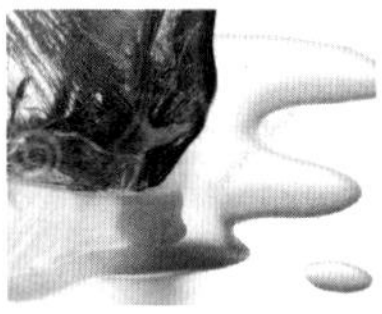

· 어원) 〈**solve**〉 se- ("away")+luō ("to untie, set free, separate"). Latin solvō(I loosen, untie, separate; free). 〈**dissolve**〉 dis- "apart"+solvere "to loose, loosen" [국어] **슬슬**: 눈이나 설탕 따위가 모르는 사이에 스르르 녹아 버리는 모양. 솔솔: 얽힌 실이나 끈 따위가 쉽게 잘 풀려 나오는 모양.

resolve [rizálv] 해결하다 (말소리) 누슬부

〈**resolve**〉 '누슬부'는 누누이(re) 슬슬(sol) (부우) 사라진다는 말로 해결된다는 뜻

· 어원) 〈**resolve**〉 Latin resolvō ("loosen, thaw, melt, resolve"), equivalent to re-+solve.

absolute [ǽbsəlùːt]　　절대적인 완전한　　(말소리) 없슬누다

〈absolute〉 '없슬누다'는 슬슬(sol) (사라져) 누다[lute=loose, dilute](漏샐 누). 제한이 없[ab=off]어 풀어진다. 슬슬 녹아 (느슨하게 풀어져) 걸림돌이 없는 상태를 뜻함

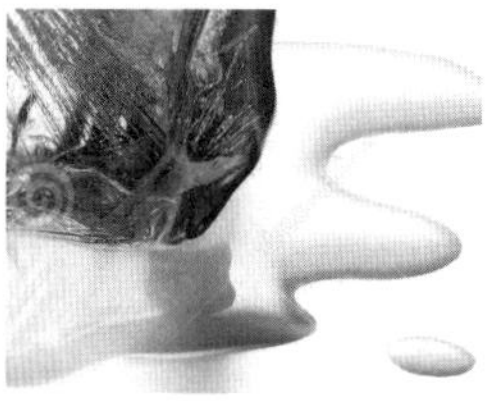

· 어원) Latin absolūtus ("unconditional; unfettered; completed"), of absolvō ("loosen, set free, complete"), from ab ("away")+solvo ("to loose"). [국어] **새다**: 기체, 액체 따위가 틈이나 구멍으로 조금씩 빠져 나가거나 나오다. 누다: 액체가 나오다.

13 쏠려(sol) 몰리다(전체), 홀로 되다

solid **sol**icit **sol**emn; **sol**e **sol**itary de**sol**ate

solid [sάlid]　　고체의 단단한　　(말소리) 쏠리다

〈solid〉 '쏠리다'는 쏠려(soli=solo) 집중되어 뭉치게 된다는 뜻

· 어원) **〈solid〉** latin sollus ("entire"). [국어] **쏠리다**: 끌리어 집중되다. 물체가 기울어져 한쪽으로 몰리다. **찰**: '끈기가 있고 차진'의 뜻을 더하는 접두사. **찰지다**: '차지다'의 원말.

solicit [səlísit]　　요청 요구　　(말소리) 쏠려치다

〈solicit〉 '쏠려치다'는 쏠려[soli=solo, sole] (몰리게) 치다[cit= cite]. (마음을) 쏟아 흔들어 보채다는 뜻 [연관] cite excite [다른 풀이] '졸라치다'는 조르며 관심을 받는 것을 말함 left wag: negative

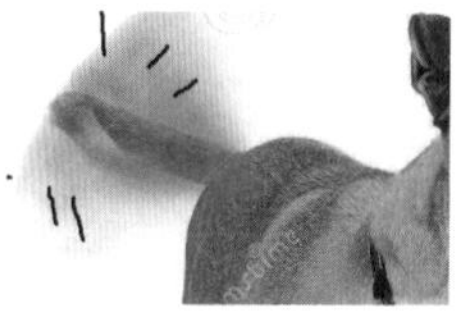

· 어원) Latin sollicitus ("agitated, anxious", literally "thoroughly moved"), from sollus ("whole, entire")+cieō ("shake, excite, cite, to put in motion"). [국어] **치다**: 날개나 꼬리 따위를 세차게 흔들다. **쏠리다**: 끌리어 집중되다. **조르다**: 다른 사람에게 차지고 끈덕지게 무엇을 자꾸 요구하다.

'쏠리다'는 것은 어느 한쪽으로 몸이나 마음이 움직여 모인다는 뜻이다. 관심을 끌어모으거나 마음을 집중시키는 행위 등도 이에 해당한다.

celebrate [séləbrèit]　　기념하다 축하하다　　(말소리) 쏠려벌이다
celebrity [səlébrəti]　　유명인 연예인　　쏠려벌이다

〈celebrate〉 '쏠려벌이다'는 쏠려(cele=sole) (모이게 하여) 벌이는(brate) 일, 기념하다. [다른 풀이] '설레발이다' 설레어 벌이는 기념식 **〈celebrity〉** 쏠려 인기가 많다는 뜻

· 어원) **〈celebrate〉** Latin celebrō ("frequent, go to in great numbers, celebrate, honor, praise"), from celeber ("frequented, populous"). [국어] **쏠리다**: 1. 물체가 기울어져 한쪽으로 몰리다. 2. 마음이나 눈길이 어떤 대상에 끌려서 한쪽으로 기울어지다.

celestial [səléstʃəl]　　하늘의　　(말소리) 쏠려스칠

〈celestial〉 '쏠려스칠'은 쏠려 (뭉쳐) 모두를 포괄하는 하늘을 의미. 宇宙 (宙집 주)는 큰 집.

· 어원) **〈celestial〉** Sanskrit सम (sama, "whole, together")

solemn [sάləm] 엄숙한 진지한 (말소리) 쏠림

〈solemn〉 '쏠림'은 쏠려(sole) (모아) 정신을 집중하는 것으로 무게감(grave, serious) 있다는 뜻 [다른 풀이] '존엄'은 거룩하고 엄숙한 분위기를 뜻함

· 어원) **〈solemn〉** sollemnis ("ritual; festive, solemn, customary, celebrated at a fixed date"), from sollus ("entire"). Ancient Greek ὅλος (hólos, "whole").

절로(solo): 저 혼자

'저'는 한자로 자(自)이며, 한글과 한자의 유래가 같음을 알 수 있다. 또한 '저(제)'는 라틴어로 Latin suī, 프랑스어로 je 로서 뿌리가 같다. '절'은 '저를'의 줄임말이다. 그래서 '절(저를)'은 단절의 의미와 자기 혼자라는 고립의 의미도 동시에 지니고 있다. 각각의 개인은 저 혼자 스스로 삶을 영위하고 있는 주체로서 각자 분리된 존재들이다.

suicide [sjúːəsàid] 자살하다 자멸하다 (말소리) 저(自)지우다

〈suicide〉 '저지우다'는 저(sui 自스스로 자) (자신) 지다(cide=cede, fall, go away)는 것으로 저를 (사라)지게 하다는 뜻. 여기서 '지다'는 세상을 떠나가다(之갈 지=> 止그칠 지)는 뜻

· 어원) **〈suicide〉** Latin suī '저' (from suus ("one's own"))+Latin -cīda **지다** ("one who kills"). French je(I) **[국어] 지다**: 1. 꽃이나 잎 따위가 시들어 떨어지다. 2. 닦이거나 씻겨 없어지다. 목숨이 끊어지다. [한자] 自스스로 자, 之갈 지

self [self] 자기 자아 (말소리) 절부
sole [soul] 유일한 홀로 절

〈self〉 '절부' (외부와) 잘려 절연되는 저만의 존재라는 뜻 **〈sole〉** '절'은 분리된 자아를 뜻함 저 혼자 '저를' 이라는 뜻. 단절(絶)을 나타낸다. [다른 풀이] '쓸' 쏠려 (뭉쳐) 하나로 되다. 쓸쓸해 홀로된

· 어원) **〈self〉** Proto-Indo-European *selbʰ- ("one's own"), from *swé ("separate, apart"). **〈sole〉** Old French sol, soul ("alone"), Latin sōlus ("alone, single, solitary, lonely"). Old Latin sollus ("whole, complete"). **[국어] 절**: '저를'이 줄어든 말. **쓸쓸**: 외롭고 적적하다. [한자] 絶끊을 절

solo [sóulou] 단독의 혼자서 (말소리) 절로
solitary [sάlətèri] 혼자의 절로되리

〈solo〉 절로(solo=sole 저절로) 되는, 저 혼자 [다른 풀이] '쏠려' 쏠려 하나로 몰린 **〈solitary〉** '절로되리'는 절로(soli=sole 저절로) 되는, 저 혼자 둔다는 뜻

· 어원) **〈solo〉** Latin sōlus, probably related to se '저' ("himself"). **〈solitary〉** solitas ("solitude, loneliness"), from solus ("alone"). **[국어] 절로**: '저절로(다른 힘을 빌리지 아니하고 제 스스로)'의 준말. **쓸다**: 한꺼번에 모조리 모으다. **쓸쓸**: 외롭고 적적하다. **쏠리다**: 물체가 기울어져 한쪽으로 몰리다. [한자] 自스스로 자

soliloquy [səlíləkwi] 독백 혼잣말 (말소리) 절로얘기

〈soliloquy〉 '절로얘기'는 절로(soli=sole 저절로) 혼자 웩(log) 얘기한다는 뜻

· 어원) **〈soliloquy〉** sōlus ("only, sole")+loquor ("I speak"). **[국어] 절로**: '저절로(다른 힘을 빌리지 아니하고 제 스스로)'의 준말.

desolate [désələt] 황량한 쓸쓸한 (말소리) 떼절로다

⟨desolate⟩ '떼절로다'는 떼(de)어 절로(sola=sole 저절로) 되는, 저 혼자 있다는 뜻

· 어원) **⟨desolate⟩** desolare ("to leave alone, make lonely, lay waste, desolate"), from solus ("alone"), latin dēsōlo 떼절로 ("forsaken, abandon, desert"), from dē ("from, away from")+sōlus ("alone, sole, only"). [국어] **절로**: '저절로(다른 힘을 빌리지 아니하고 제 스스로)'의 준말.

seldom [séldəm] 드물게 (말소리) 절됨

⟨seldom⟩ '절됨'은 절로(sel=sole 저절로) 되는, 저 혼자 절연하여, 줄어지다

· 어원) **⟨seldom⟩** West Frisian selden("rare, seldom"). Proto-Indo-European *selb^{h}- ("one's own"), from *swé ("separate, apart"). [국어] **졸하다**: 주변이 없고 생각이 좁아 옹졸하다. **줄다**: 시간이나 기간이 짧아지다. **졸다**: 국, 한약 따위의 물이 증발하여 분량이 적어지다. [한자] 絶끊을 절

14 쩝[s(ch)_p(v)] 치다, 접하다(즙, 맛, 느끼다)

chop shove shave; soup savor; **sap**ient philo**sophy**

쩝 (소리 나게) 벌어져 빠른 동작을 나타낸다. 쩝은 영어로 [jab]. 한자로 민첩하다는 뜻의 倢빠를 첩. 이는 텁 치는 소리인 tab, stab, 얍 치는 소리인 rub, lap와 같다.

jab [dʒæb] ~을 세게 찌르다 (말소리) 쨉
job [dʒab] 직업 일 쩝

⟨jab⟩ '쨉'은 쩝쩝거리는 소리로 재빠르게 친다는 뜻 [연관] jabber 쩝해 쩝쩝대며 씨불이다 gibberish 씨불이지 첩첩(喋喋, 말을 거침없이 잘하여 수다스러울 때 나는 소리) **⟨job⟩** '쩝'은 쩝쩝거리며 치는 소리(To strike or stab with a pointed instrument. jab)로 삽질(shovel) 같이 일이 힘들다는 것에서 유래. 얍 힘쓴다는 뜻인 labor와 같은 어원이라 할 수 있다. [참고] 성경의 욥(Job), [the biblical character who suffered many misfortunes, labor]

· 어원) **⟨jab⟩** Middle English jobben ("to jab, thrust, peck"). **⟨job⟩** Middle English jobben("to jab, thrust, peck") [국어] **쩝쩝**: 음식을 아무렇게나 마구 먹을 때 나는 소리. 크게 입맛을 다시는 소리. **씨불이다**: 주책없이 함부로 실없는 말을 하다. [한자] 倢 빠를 첩 揖때릴 접

chip [ʧip] 칩 조각 (말소리) 첩

⟨chip⟩ '첩'은 쩝쩝 소리 내며 (깨져) 조각난다는 뜻

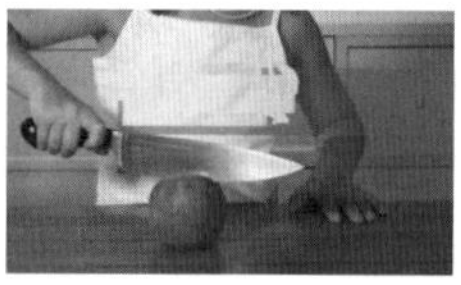

· 어원) **⟨chip⟩** Old English *ċippian ("to cut; hew"). [국어] **쩝쩝**: 음식을 아무렇게나 마구 먹을 때 나는 소리. 크게 입맛을 다시는 소리. 揖때릴 접

chop [tʃɑp] 자르다 베다 (말소리) 삽

〈chop〉 '삽'은 쩝쩝 거리며 베어 먹는 소리. 삽(shove)질하듯 쩝 치며 자르다는 뜻 ☞ 어원상 '깝(kap)치다'에서 쩝(chop)으로 변화

· 어원) **〈chop〉** Proto-Germanic *kap- ("to chop; cut; split"). [국어] **깝치다**: 깝죽거리다. **참(斬)하다**: [같은 말] 참수하다(목을 베다). [한자] 唼쪼아먹을 삽, 헐뜯을 첩, 마실 잡, 말이 많을 접

shovel [ʃʌvəl] 삽 삽질하다 (말소리) 삽일
shove [ʃʌv] 밀어내다 삽

〈shovel〉 '삽일'은 쩝[jab] 소리 내며 삽질하거나 삽입한다는 뜻. **〈shove〉** '삽'은 쩝 소리 내며 삽질하는 소리로 떠 밀치다(To move off by an act of pushing, as with an oar or pole)는 뜻

☞ 어원상 '깝(kof)치다'에서 훕/합(hov)으로 변화(scoop → shovel). hov는 hive(벌집), ship(집) 모양으로 담을 수 있게 굽어 있다. 한자로 갑과 합은 같이 쓰임(峆 두를 갑, 합. 敆 두드릴 갑, 합, 閤 문 닫을 합, 갑)

· 어원) **〈shovel〉** West Frisian skoffel, schoffel ("hoe, spade, shovel"). French **sape '삽'** ("sort of scythe"), from Late Latin sappa ("sort of mattock"). [국어] **삽**: 땅을 파고 흙을 뜨는 데 쓰는 연장 [한자] 揷꽂을 삽

shave [ʃeiv] 면도하다 깎다 (말소리) 쨉
sharp [ʃaːrp] 날카로운 짧어

〈shave/sharp〉 쨉쨉' 째지는 소리, 긁히는 소리. 짧아지며 날카롭다 ☞ 어원상 '깝(kap)/칼(kar) 치다'에서 쩝(shav/sharp)으로 변화

· 어원) **〈shave〉** Old English scafan ("to shave, scrape, shred, polish"), from Proto-Germanic *skabaną ("to scratch"). **〈sharp〉** Proto-Indo-European *(s)ker- ("to cut"). [한자] 裁마를 재. 制 절제할 제

sob [sab] 흐느끼다 (말소리) 섭

〈sob〉 '섭'은 쩝쩝대며 (섭섭하게) 슬퍼서 우는 소리 (sound of sob)를 뜻함 [연관] weep 읍 [다른 풀이] '섧' 섧다

· 어원) **〈sob〉** sound of sob [국어] **섧다**: [같은 말] 서럽다(원통하고 슬프다). **섭섭하다**: 서운하고 아쉽다.

shift [ʃift] 변화 이동하다 (말소리) 째펴다

쩝 째서 (갈라져) 이동하다. ☞ 어원상 쪼개(sc)에서 째(sh)로 변화

· 어원) Old English sċiftan ("to divide, separate into shares; appoint, ordain; arrange, organise"). [한자] 倢빠를 첩 泣울 읍, 바람 빠를 립

쌔비다'는 말은 도둑질을 하는 것을 뜻한다. 'theft'는 발음 면에서 이 '쌔비다'와 매우 유사하다. 경기도 방언에 남의 물건을 훔치는 것을 '쌔비질'이라고 하기도 한다.

theft [θeft] 절도죄 도둑질 (말소리) 쌔비다
thief [θiːf] 도둑 절도 쌔비

〈theft/thief〉 '쌔비다/쌔비'는 쩝 [thief=jab] 치며 (잽싸게) 훔친다는 뜻

· 어원) **〈theft〉** Old English þīfþ("act of thieving; theft"). [국어] **쌔비다**: (속되게) 남의 물건을 훔치다. **잽싸다**: 동작이 매우 빠르고 날래다. [한자] 捷빠를 첩, 꽂을 삽.민첩 颯바람 소리 삽

savage [sǽvidʒ] 야만적 야생의 (말소리) 숲이지

〈savage〉 '숲이지' 숲속에 사는 사람. 로마에서는 도시 외곽 숲 등에 사는 주변 민족을 야만족이라고 불렀다.

· 어원) Latin silvaticus ("wild"; literally, "of the woods"), from silva ("forest", "grove").

쩝(sip) 다시며 접하다

습, 스읍'은 수프처럼 국물이 있는 음식을 먹을 때 나는 소리를 말한다. '쩝' '스읍'하고 숟가락의 국물을 입으로 빨아들이면 젖은 음식물이 입안으로 빨려 들어온다. 삽질 소리와 같다. 즙(汁 즙)은 물체에서 짜낸 액체를 의미하며 국물도 뜻해서 영어에서 sap, soup 와 완전히 일치한다.

supper [sʌpər] 저녁 식사 (말소리) 쩝해
soup [su:p] 수프 죽 즙
sap [sæp] 수액 즙
sip [sip] 마시다 한 모금 습

〈supper〉 '쩝해'는 쩝/습하고 입맛을 다시는 수프에서 비롯되었다. 프랑스에서는 저녁식사 후 밤에 수프를 먹는다. [연관] sup 쩝 마시는 소리 **〈soup/sap〉** '즙' 스읍 마시는 소리((suck or absorb)에서 '즙'의 유래를 알 수 있다. Sap는 삽질하다(To subvert by digging)는 뜻도 있다. [다른 풀이] '스읍' **〈sip〉** 습 마시는 소리 (啿입 다시는 소리 습) [참고] suck 쩍 홀짝 seep 습기 나오다

· 어원) **〈supper〉** French souper (a light meal eaten at night, after the main evening meal). German saufen ("to drink, booze"). **〈soup〉** Old English sūpan ("to sup, sip"). **〈sap〉** Proto-Indo-European *sap- ("to taste"). French sape ("sort of scythe"). Proto-Indo-European *seyb- ("to pour out). **[국어] 쩝: 입맛을 다시는 소리. 또는 그 모양. 즙(汁): 물기가 들어 있는 물체에서 짜낸 액체**

[한자] 濕젖을 습 啿입 다시는 소리 습 歃마실 삽, 唼쪼아먹을 삽, 헐뜯을 첩, 마실 잡, 말이 많을 접

absorb [æbsɔ́:rb] 흡수하다 열중하다 (말소리) 없스읍

〈absorb〉 '없스읍'은 스읍(sorb=sip) (빨아들여) 없다(ab= up 압 뛰다)는 말로 빨려가 사라지다(to disappear as if by swallowing up) ☞ sorb≒ surf 스읍/섭: 섭어서 우는 소리처럼 빨아들이다 [연관] surf 슬피 우는 파도 소리

· 어원) **〈absorb〉** Latin absorbeō ("swallow up"), from ab ("from")+sorbeō ("suck in, swallow") Proto-Indo-European *srebʰ- ("to sip").

'쩝쩝'하고 소리 내는 것은 음식의 맛을 보거나 입맛을 다시는 행위이다. '잡수다'는 말도 쩝쩝과 관계된 것으로 보인다. '잡수다'는 생각이 든다는 말도 된다.

sapient는 어원상 맛을 보다는 말에서 유래하였는데 맛을 본다는 것은 그것을 헤아려 보고 무슨 맛인지 파악한다는 뜻에서 슬기롭다는 의미로 확대되었다고 볼 수 있다.

'sp-' 형태의 단어는 'sav-', 'sap-'의 줄임말로서 쩝 치는 접촉과 주로 관련됨을 알 수 있다

savor [séivər] 맛 풍미 (말소리) 접해
spicy [spáisi] 매운 매콤한 쩝하여서

〈savor〉 '접해'는 스읍, 습, 쩝쩝(sav=sap, soup)하며 입에 접하다는 말로 맛을 보다는 뜻 [연관] sap 즙 **〈spicy〉** '쩝하여서'는 쩝쩝(sp=sav)하며 맛을 보다(A characteristic touch or **taste**)는 뜻. 이 단어에서 sp- 형태는 쩝 치는 접촉과 주로 관련됨을 알 수 있다.

· 어원) 〈**savor**〉 Latin sapere("to taste, to discern, to be wise"), from Proto-Indo-European *sap-("to taste"). 〈**spicy**〉 Late Latin speciēs ("spice(s), good(s), ware(s)"), speciō ("see") **잡수다**: 입으로 깨물거나 씹거나 하여 뱃속으로 들여보내다. '먹다'를 높여 이르는 말이다. (생각을) 속에 가지다. [한자] 啃입 다시는 소리 습. 歃마실 삽, 맛볼 합. 咂빨 잡, 맛보다. 唼쪼아먹을 삽, 헐뜯을 첩, 마실 잡, 말이 많을 접. 喋씹을 집

sapient [séipiənt] 슬기로운 지혜로운 (말소리) 접해온다

〈**sapient**〉 '접해온다'는 쩝쩝하며 맛을 보다는 뜻에서 접하여 학습하고, 깨닫다는 뜻. 접해 들어온 것을 섭취(攝取)하여 몸에 흡수한다고 할 수 있다. 이와 비슷하게 Taste는 대주는 것(To try by the touch)으로 경험하다의 뜻도 있다. 집다, 접하다와 연관된 어근은 -cept, -ceive이다. [다른 풀이] '짚어온다' [연관] sophomore concept

· 어원) 〈**sapient**〉 Latin sapiō ("discern, I taste; I am wise"). Ancient Greek σρφός • (sophós) (wise. clever, skillful, cunning, able). **잡다**: 실마리, 요점, 단점 따위를 찾아내거나 알아내다. 어떤 순간적인 장면이나 모습을 확인하거나 찍다. 어림하거나 짐작하여 헤아리다. **잡수다**: 입으로 깨물거나 씹거나 하여 뱃속으로 들여보내다. '먹다'를 높여 이르는 말이다. (생각을) 속에 가지다. [한자] 啃입다시는 소리 습 쬠익힐 습, 겹치다. 攝다스릴 섭, 잡을 섭

philosophy [filάsəfi] 철학 이론 (말소리) 풀려짚어

〈**philosophy**〉 '풀려짚어'는 쩝쩝, 짚어(sophy=sapient) 보는 것에 (마음이) 풀려지다(좋아 펄펄 뛰는, phil=please). 살펴 배우는 일에 펄펄 뛰며 좋아한다는 뜻 [연관] **sopho**more (**sopho=sophy**)

· 어원) 〈**philosophy**〉 Ancient Greek φίλρς (phílos, "loving")+σρφία (sophía, "wisdom"). philo-+-sophy. **[국어] 풀리다**: 일어난 감정 따위를 누그러뜨리다. **짚다**: 여럿 중에 하나를 꼭 집어 가리키다. 상황을 헤아려 어떠할 것으로 짐작하다.

sibling [síbliŋ] 형제자매 (말소리) 접어낸

〈**sibling**〉 '접어낸'은 접하여 (쌍으로) 이루다는 말로 여러 자식들을 의미함

· 어원) 〈**sibling**〉 Proto-Germanic *sibjaz ("related"), Latin suus ("one's own"). German sippen **'접한'** ("to be in relationship with, become related to"). [국어] **접하다**: 이어서 닿다. [한자] 接이을 접

15 쩝(sup/suf/sub) 접한 위, 아래

superior **sub**lime **suf**ficient; **sub**mit **sup**pose

'sup-, sub-'로 시작하는 단어들은 쩝 치는 소리로 {jab : To deliver a quick punch} 잡거나, 접하는 것을 나타낸다. 접한 것을 사이에 두고 위 또는 아래를 뜻한다. 'sub-'는 대부분 접한 아래를 의미한다. 'super'는 chief, cap 과 같은 어원으로, 잡고 위를 감싸는 것으로 모자, 머리 같은 존재를 의미한다고 볼 수 있다. 첩첩이 쌓여 위에 있다는 것이다. Top cap super hop 등은 어미가 up/over을 내포하고 있어 높다는 의미가 있다.
sub-는 뒷 자음에 따라 suf, sur, sup, sus 등의 형태로 변형된다. (susceptible suffer support suspect)

superior [səpíəriər] 우수한 상사 (말소리) 접하리오
superb [supə́:rb] 훌륭한 최고의 접해부

〈superior/superb〉 접[super=over, up] (쳐 올려) 접해 감싸면서 (위를) 향한다는 뜻

· 어원) **〈 superior〉** Latin super ("above, over"). sub- ("under; behind; at the foot of; close to; within") (Latin ex) and *uperi ("above"). **〈superb〉** Spanish subir(to ascend, go up). superbus ("haughty, proud"). [국어] **접하다**: 이어서 닿다. [한자] 執잡을 집/다스리다 攝 다스릴 섭, 잡을 섭 磼높을 잡, 崨산 높을 첩

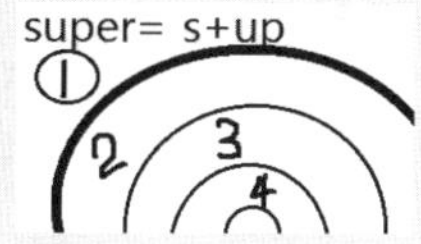

sublime [səbláim] 숭고한 멋진 (말소리) 접어나옴

supreme [səprí:m] 최고의 최상의 접해냄

〈sublime〉 '접어나옴'은 (쩝 치며) 접어/집어 [sub=super, over] 감싸면서 (위로) 나옴. 위에 임해 올라섰다는 의미 **〈supreme〉** '접해냄'은 접해[super=over] 감싸면서 위로 나와 있다는 뜻

· 어원) **〈sublime〉** Latin sublimō ("to raise on high"). From sub+limen. Līmen(threshold, entrance, beginning, end, termination, home, abode, dwelling), limes(limit, border, path.) **〈supreme〉** Latin superus ("that is above"). [국어] **접하다**: 이어서 닿다. [한자] 臨임할 임, 대하다

superfluous [supə́:rfluəs] 여분의 불필요한 (말소리) 접해흘러서

superficial [sù:pərfíʃəl] 피상적인, 겉으로 드러나는 접해비칠

〈superfluous〉 '접해흘러서'는 쩝[super=over, up] (쳐 올려) 펄펄 흘러(flu=flow) 가는 것으로 위로 넘친다는 말 [연관] overflow **〈superficial〉** '접해비칠' 쩝[super=over] (쳐 올려) 퍽 비쳐(ficial=face, feasible) 드러나다. 여기서 fic (≒ spec)는 퍽 튀어 보이게 되다. 퍽(fac/fic) 다음에 i가 와서 ㄱ발음이 약화됨. 비치는 얼굴(형상)을 싸고 접하는 면을 나타냄 [연관] surface 싸비쳐 ☞ super= s+uper

· 어원) **〈superfluous〉** Latin superfluus ("superfluous"), from superfluō ("overflow"), from super ("above, more than, over")+fluō ("flow"). **〈superficial〉** superficiēs ("surface")+-ālis, from super ("above")+faciēs ("appearance"). [국어] **접하다**: 이어서 닿다.

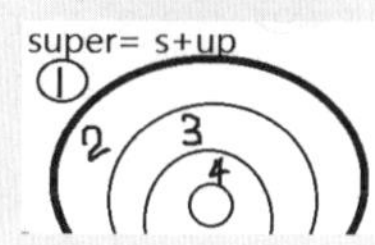

sufficient [səfíʃənt] 충분한 만족스러운 (말소리) 접빚은다

〈sufficient〉 '접빚은다'는 쩝(suf=sub, super) 위에 접해 퍽(fic=factory) 드러나 빚어지다. 위에 넘치게 빚는다는 뜻

· 어원) **〈sufficient〉** sub- ("under; behind; at the foot of; close to; within")+faciō ("do, make"). [국어] **빚다**: 흙 따위의 재료를 이겨서 어떤 형태를 만들다.

sovereign [sάvərin] 주권의 최고의 (말소리) 잡으련

〈sovereign〉 '접으련'은 (쩝 치며) 접해/잡아 [sover=super, chief; s+over] 감싸면서 (위쪽에) 있다. 주권은 주된 권리다

· 어원) **〈sovereign〉** Latin super ("above"). sub- ("under; behind; at the foot of; close to; within") **잡다**: 손으로 움키고 놓지 않다. **권한 따위를 차지하다**. [한자] 執잡을 집/다스리다

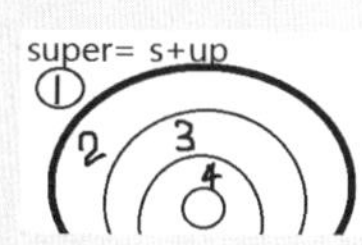

솝[sub(f, p)]: 속에 있다

Sub는 super의 다른 형태로 접해(잡혀) 아래에 있다, 접한 선을 기준으로 위와 아래를 나눈다. 그래서 Sub는 위/

아래 양쪽도 가능(latin sub- ("under ; close to; within, up")). '솝'은 속의 옛말이다.

submit [səbmít] 제출하다 복종하다 (말소리) 솝미다

'솝미다'는 솝[su=sub 솝: 속으로] 미다(mit). (속에) 씌운 채로 밀어주다. 속으로 들어가 굽히다

· 어원) Latin submittō ("place under, yield"), from sub ("under, from below, up")+mitto ("to send")

suffer [sʌfər] 겪다 고통을 받다 (말소리) 솝퍼

〈suffer〉 '솝퍼'는 솝[su=sub 솝: 속으로] 퍼/벌여[fer=ferry, port]지다. 속으로 들어가 겪다. 속으로 들어가는 것은 겪는 것 ☞ suf(under)+fer(go)= undergo

· 어원) **〈suffer〉** Latin sufferō ("to offer, hold up, bear, suffer"), from sub- ("up, under")+ferō ("I carry"), Latin subire, subeo("approach").

훈몽자회 (訓蒙字會): 솝(옛 속), 솝리裏〈속 리〉 솝충衷〈속마음 충〉

support [səpɔ́ːrt] 지원하다 지지하다 (말소리) 솝푸다

〈support〉 '솝푸다'는 솝[su=sub 솝: 속으로] 푸다/벌다(port=porter, offer). 벌여 나가도록 아래에서 받쳐주다, 떨어지지 않게 하다(keep from falling)

· 어원) **〈support〉** Latin supportō(carry, transport). sub ("under")+portō ("I carry"). [국어] **쓰다**: 모자 따위를 머리에 얹어 덮다. **푸다**: 속에 들어 있는 액체, 가루, 낟알 따위를 떠내다.

suppose [səpóuz] 생각하다 가정하다 (말소리) 솝펴오지

〈suppose〉 '솝펴오지'는 솝[su=sub 솝: 속으로] 펴다(pose= put, position). (속에) 씌운 채로 펴서 (놓는) 입장(position)으로서 마음 속 상상이라는 뜻 [참고] hypothesize '하부서주지' 하부에 세우는 입장, 생각.

· 어원) **〈suppose〉** Old French supposer, sub- ("under")+poser ("to place"); Latin supponere ("to put under, to substitute, falsify, counterfeit"). [국어] **쓰다**: 모자 따위를 머리에 얹어 덮다. **펴다**: 생각, 감정, 기세 따위를 얽매임 없이 자유롭게 표현하거나 주장하다. 넓게 늘어놓거나 골고루 헤쳐 놓다.

subdue [səbdjúː] 가라앉히다 (말소리) 솝둬

'솝둬'는 솝[su=sub 솝: 속으로] 두다(du= put, give). (속에) 두어 가라앉고 잠잠해지다

· 어원) sub-+dō (put, give, surrender)

7 장

7장. b/p/f/v 시작 어근[ㅂ, ㅍ]

1 뻥/붕/펑[p(f, b, v)_n] 치다(터짐, 패다, 추방, 고통)

bang **pun**ch com**poun**d de**fen**d in**vin**cible a**ven**ge; **ban** a**ban**don; **pain** **pun**ish **pen**itent

'붕' '펑' 관련 단어는 소리는 '웅'과 같이 부딪힐때 나는 진동, 충격 소리(bomb punch pound)를 나타내고, 모양 측면에서는 부푸는 모양(bounce bunch boom)을 뜻한다.

◆ boom에 p를 더하면 bump, b를 더하면 bomb로 모두 같은 소리에서 나왔다. Boom은 hum과 비슷한 소리이고, bump와 pump, thump, dump, jump는 첫 자음이 다르더라도 진동하는 '음(um, 音)' 소리는 동일하다.
한편 '앵', '잉', '음' 소리는 거센 바람 소리(wind)로서 불어나는(불다-바람불다에서 '불리다' 의미로 확장) 모양을 뜻한다. Home과 room은 움푹한 움(막), 공간을 의미하고, ample, hump, lump, swamp는 웅 퍼져 움푹한 공간이 있어 볼록하게 솟은 것을 말한다. Hump와 lump 둘다 mound 뜻이 있다.

bang [bæŋ]	굉음	(말소리) 뻥
bomb [bam]	폭발하다	뻥
bump [bʌmp]	부딪치다	뻥푸

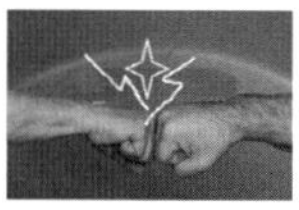

〈bang/bomb〉 '뻥(붕)'은 뻥하고 터지는 소리 [연관] pang 팽(핑) 도는 아픔 **〈bump〉** '뻥푸'는 뻥하고 부딪침 [연관] bumper

· 어원) **〈bang〉** Proto-Germanic *bang- ("to beat"), from Proto-Indo-European *bʰen- ("to beat, hit, injure"). **〈bomb〉** Latin bombus ("a booming sound"), from Ancient Greek βόμβος (bómbos, "booming, humming, buzzing"). **〈bump〉** bump ("a shock, blow from a collision", also "to make a heavy, hollow sound, boom"). [국어] **뻥**: 풍선이나 폭탄 따위가 갑자기 요란스럽게 터지는 소리 큰 구멍 따위가 뚫리는 소리를 나타내는 말. **붕**: 허공에 들리거나 뜨는 모양을 나타내는 말. **펑**: 풍선이나 폭탄 따위가 갑자기 크고 매우 요란스럽게 터지는 소리를 나타내는 말 [한자] 烽부풀 방 崩 무너질 붕

뻥 치는 것은 터지게 하거나 때려 아프게 한다. bang은 방구(귀)라고 할 수 있다. g가 묵음이 된 것이다. 방구의 다른 뜻은 북처럼 생긴 농악기로서 터지는 소리나 모양과 관련된다. Punc-/vanq-/vinc-은 bang의 변형이다. 묵음화된 g가 punc에서 c로 변했다. 또한 날카로운 point와도 관련된다.

puncture [pʌŋktʃər]	찌르기, 구멍 뚫기	(말소리) 펑크쳐
acupuncture [ǽkjupʌŋktʃər]	침술	어쿠펑크쳐
punctual [pʌŋktʃuəl]	시간을 잘 지키는	펑크쳐올

〈puncture〉 '펑크쳐' 펑/뻥(bang) 쳐서 구멍을 뚫다는 뜻 **〈acupuncture〉** '어쿠펑크쳐'는 어쿠(acu=acid, agony) (욱 쑤시는) 펑(뻥) (pun=punish, pound, point) 찌르다. 주사나 침을 놓다는 뜻 ☞ acu는 욱 튀어나와 날카로운 것 **〈punctual〉** 펑/뻥(bang) 쳐서 찍는 점(point)에 맞춰 그 시간에 온다.

· 어원) **〈puncture〉** Late Latin pūnctus (“pricked, punctured, pierced”)+-tūra. **〈acupuncture〉** (Latin acus (“needle”)+puncture. **〈punctual〉** punctilio (“fine point in exactness of conduct”) [국어] **펑:** 풍선이나 폭탄 따위가 갑자기 요란스럽게 터지는 소리. ‘뻥’보다 거센 느낌을 준다. **벙찌다:** 당황스럽거나 황당하여 얼빠진 사람처럼 멍해지다. **에쿠:** 몹시 아프거나 놀랄 때 나오는 소리. ‘에꾸’보다 거센 느낌을 준다 [한자] 拍칠 박

punch [pʌntʃ] 때리다, 구멍, 주먹질 (말소리) 펑쳐

pungent [pʌndʒənt] **[고급]** 톡 쏘는 펑쫀다

〈punch〉 ‘펑쳐’는 펑(뻥) (pun=punish, pound) 쳐서 때린다는 뜻 [참고] bunch compunction Pugnacious **〈pungent〉** 펑(pang) 치며 쪼아 입을 자극하다. [연관] pang [다른 풀이] ‘벙찐다’ 벙찌는 느낌

· 어원) **〈punch〉** Latin pungō (“I prick”). **〈pungent〉** Latin pungo (“to sting”) [국어] **펑:** 풍선이나 폭탄 따위가 갑자기 요란스럽게 터지는 소리. ‘뻥’보다 거센 느낌을 준다. **벙찌다:** 당황스럽거나 황당하여 얼빠진 사람처럼 멍해지다. **에쿠:** 몹시 아프거나 놀랄 때 나오는 소리. ‘에꾸’보다 거센 느낌을 준다 [한자] 拍칠 박

펑(뻥) 치는 소리는 부딪히는 충격을 나타낸다.

pound [paund] 1 빻다 2 가두다 (말소리) 팡대

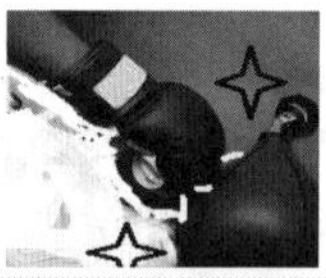

〈pound〉 1 팡/붕(bang) 터지게 치며 빻다. 2 붕 치는 회오리에 휘말려 방에 갇히다(=boundary, pond). 팽대하게 퍼진 공간에 갇히다. [다른 풀이] ‘빻은다’는 펑 때리고, 패서 빻는 것을 뜻함

· 어원) **〈pound〉** Proto-Germanic *pūnōną (“to break to pieces, pulverise”) Old Norse banga (“to pound, hammer”) Old English pund (“an enclosure”). [국어] **펑:** 풍선이나 폭탄 따위가 갑자기 요란스럽게 터지는 소리. ‘뻥’보다 거센 느낌을 준다.. **뻥:** 아주 틀려 버려 소망이 없게 된 일. 공 따위를 아주 세게 차는 소리. 공 터지는 소리. **팽대 (膨大):** 세력이나 기운 따위가 크게 늘어나거나 퍼짐 [한자] 崩무너질 붕 抨칠 팽

붕 부딪히는 소리로 뒤섞히고 합해지다.

compound [kɑ́mpaund] 화합물 복합의 (말소리) 꼼팡대

confound [kanfáund] 혼동하다 꼰팡대

〈compound〉 뻥(bang), 팡 부딪혀 꼬임(com 꼬다)으로 섞이고 합성된다는 뜻 [연관] pound **〈confound〉** 펑펑 솟는 물이 꼬여(con) 소용돌이 치는 정신 상태 [연관] fountain 풍덩

· 어원) **〈compound〉** Old English pūnian (“to pound, beat, bray, bruise, crush”), from Proto-Germanic *pūnōną (“to break to pieces, pulverise”). **〈confound〉** Latin confundō (“to mingle, mix together”). con- (“with, together”)+fundō (“pour”). [국어] **뻥:** 아주 틀려 버려 소망이 없게 된 일. 공 따위를 아주 세게 차는 소리. 공 터지는 소리. **붓다:** 액체나 가루 따위를 다른 곳에 담다. [한자] 崩무너질 붕 繃묶을 붕. 絣이을 병

‘뻥, 퍽, 쿵, 뻑’ 등은 세게 쳐서 상대를 무너뜨리거나 제압시킬 때 나는 소리들이다. 따라서 이 소리들은 상대를 굴복시키거나 설득한다는 뜻을 포함하고 있다.

invincible [invínsəbl] 무적의 불패 (말소리) 안붕쳐볼

〈invincible〉 '안붕쳐볼'은 붕/뻥쳐(vince=puncture, vanquish) (무너지지) 않는다 [다른 풀이] '안분쇄볼' 분쇄 안 되는

· 어원) **〈invincible〉** Latin invincibilis ("unconquerable"), from in- ("not")+vincibilis ("conquerable"), from vincere ("to conquer"). (중국어) **분쇄(粉碎)(fěnsuì) 여지없이 쳐부숨 [국어] 펑: 풍선이나 폭탄 따위가 갑자기 요란스럽게 터지는 소리. '뻥'보다 거센 느낌을 준다.**

convince [kənvíns] 설득하다 확신시키다 (말소리) 꼰붕쳐

〈convince〉 '꼰붕쳐'는 꼰(con) (꼬여 접한) 채 붕/뻥쳐(vince=puncture, vanquish; vin=win) (퍽하고) 무너뜨려 설득하다는 뜻

· 어원) **〈convince〉** Latin convincō ("I refute, prove"), from con-+vincō ("I conquer, vanquish").

convict [kənvíkt] 유죄를 선고하다 (말소리) 꼰박다

〈convict〉 '꼰박다'는 꼰(con) (꼬여 접한) 채 퍽(vic=peck) 박아 상대를 무너뜨리고, 잘못에 대한 죄를 내리다. Vinc-에서 n이 탈락 [연관] peg peck

· 어원) **〈convict〉** con-+vincō ("conquer, win"). **[국어] 박다: 붙이거나 끼워 넣다. [한자] 搏두드릴 박 撲칠 박**

vanquish [vǽŋkwiʃ] 항복시키다 무찌르다 (말소리) 붕괴지

〈vanquish〉 '붕괴지'는 뻥/붕 (van= puncture, pound) 깨지다. Vanq-는 puncture의 punc-처럼 펑크나게 부딪히다, 무너진다는 뜻 [다른 풀이] '팽개지' 팽개쳐 던지다

· 어원) **〈vanquish〉** latin vincō(I conquer, I defeat) **[국어] 펑: 풍선이나 폭탄 따위가 갑자기 요란스럽게 터지는 소리. '뻥'보다 거센 느낌을 준다. 팽개다: '팽개치다'의 방언 (황해), 마음에 못마땅하여 세차게 집어 내던지다. [한자] 崩무너질 붕. 蹦뛸 붕**

다음은 적이나 보복의 상대방에 대해 펑 치는 의미로 '패다'가 쓰인 경우들이다.

defend [difénd] 방어하다 (말소리) 떼팬다
fence [fens] 울타리 펜스 팬지

〈defend〉 '떼팬다'는 펑(fen=ban, punish 抨칠 팽) 친다는 말로 패서 방어한다는 뜻 **〈fence〉** '팬지'는 펑(fen=ban, punish) 쳐낸다는 'defence'의 줄임말. [다른 풀이] 방지(防止)

· 어원) **〈defend〉** dē-+*fendō ("hit, thrust"). **〈fence〉** "the act of defending", from Middle French defens. **[한자] 崩무너질 붕. 防막을 방, 둑 抨칠 팽**

offend [əfénd] 기분이 상하다 (말소리) 앞팬다

〈offend〉 '앞팬다'는 앞(of=ob) 펑(fen= punish 抨칠 팽) 친다는 말로 앞의 적을 패다는 뜻

· 어원) **〈offend〉** Latin offendō ("strike, blunder, commit an offense"), from ob- ("against")+*fendō ("strike"). **[국어] 패다: 사정없이 마구 때리다. [한자] 抨칠 팽**

vindicate [víndəkèit] ~의 정당성을 입증하다 (말소리) 붕떽하다

〈vindicate〉 '붕떽하다'는 붕(vin=bang, punish 抨칠 팽) (치듯) 세게 떽떽(dic=talk, dictate)거리다. 큰소리로 해명하다

· 어원) **〈vindicate〉** Latin vindicō ("lay legal claim to something; protect, avenge, **punish**"). vīs ("force, power"), +dīcō ("say; declare, state"). [국어] **떽떽**: 콧대를 세우고 으스대며 매우 거만하게 큰 소리로 말하거나 행동하는 모양. [한자] 抨칠 팽

revenge [rivéndʒ] 복수 보복 (말소리) 누뺑져

〈revenge〉 '누뺑져'는 누누이(re) 뺑(ven 抨칠 팽) 쳐 패다. 상대의 짓거리에 누차 때려 주다. [다른 풀이] 누차 붕(ven=advent 訪찾을 방) 떠서 나타나 돌아오다(come)

· 어원) **〈revenge〉** Old Occitan revenir ("to come back"), latin vindex ("defender, protector"). [국어] **뺑**: 아주 틀려 버려 소망이 없게 된 일. 공 따위를 아주 세게 차는 소리. 풍선이나 폭탄 따위가 갑자기 요란스럽게 터지는 소리. **패다**: 사정없이 마구 때리다. [한자] 苪나타날 병

avenge [əvéndʒ] 복수하다 (말소리) 에뺑져

〈avenge〉 '에뺑져'는 ~에게 뺑(ven 崩무너질 붕) 치는 것으로 상대를 패다(punishing the injuring party)는 뜻 [참고] impinge 펑 쳐서 침범하다

· 어원) **〈avenge〉** Old French avengier, from a- ("upon")+vengier, Latin vindicō. From vindex ("defender, protector"), from dicō ("devote"). vindicō: I avenge, vindicate, claim, punish. [국어] **뺑**: 아주 틀려 버려 소망이 없게 된 일. 공 따위를 아주 세게 차는 소리. 풍선이나 폭탄 따위가 갑자기 요란스럽게 터지는 소리. **패다**: 사정없이 마구 때리다. [한자] 抨칠 팽

방(放)(ban): 뻥 쳐내 추방, 붕 사라지다

ban [bæn] 금지 못하다 (말소리) 방(放)

〈ban〉 '방(放)'은 뻥(bang, fan) 내치는 소리로 추방, 내쫓는다는 말

· 어원) **〈ban〉** German bannen("to exile, to exorcise) Ancient Greek βαίνω • (baínō)(to go, move on foot, to depart, go away, die) [국어] **뻥**: 큰 구멍 따위가 뚫리는 소리를 나타내는 말. [한자] 放놓을 방(내쫓다)

banish [bǽniʃ] 추방하다 (말소리) 방(放)이지

〈banish〉 '방(放)이지'는 뻥(放 bang, fan) 내쳐 추방하다 [다른 풀이] '빼내지'는 빼서 나간다는 뜻

· 어원) **〈banish〉** Proto-Germanic *bannaną ("curse, forbid"). [국어] **뻥**: 아주 틀려 버려 소망이 없게 된 일. 공 따위를 아주 세게 차는 소리. 공 터지는 소리. **붕**: 무엇이 **허망하게 없어져 버린 모양**. 문풍지 따위가 뚫어질 때 나는 다소 둔탁한 소리 벌 같은 큰 곤충 따위가 날 때 나는 소리. [한자] 放 놓을 방(내쫓다)

abandon [əbǽndən] 버리다 포기하다 (말소리) 에뻥댄

〈abandon〉 '에뻥댄'은 ~에(a) 뻥(放 ban= bang, to banish) 쳐내서 배격하다

· 어원) **〈abandon〉** German bannen("to exile, to exorcise) [한자] 放 놓을 방(내쫓다)

contraband [kάntrəbæ̀nd] **[고급]** 밀수, 금지의 (말소리) 꼰대로뺑대

〈contraband〉 '꼰대로뺑대'는 꼰(contra) 채 마주한 상대에 대해 뺑(ban=bang, fan 放) 쳐서 추방 시키는 것, contra는 끼고 있는 상대편이나 반대편을 뜻함 [연관] band 붕 불어치는 회오리에 섞이다

· 어원) **〈contraband〉** contra ("against")+bando ("ban"). **[한자] 放 놓을 방(내쫓다)**

vain [vein] 헛된 허영 (말소리) 비운

〈vain〉 '비운'은 부웅/윙(van/wind) 부어올라 속이 비어있다는 뜻. 비운 것은 부은 것과 통한다고 할 수 있다. [다른 풀이] 1 '뻥' 뻥(fan) 부풀었으나 속이 빈 상태(Overly proud of) 2 '부은' 간댕이가 부은 [연관] vanish wane 윙 불어 올라 횡한, 빈 마음 want

· 어원) **〈vain〉** Latin vānus ("empty"). **[국어] 비다: 일정한 공간에 사람, 사물 따위가 들어 있지 아니하게 되다.**

vanish [vǽniʃ] 사라지다 자취를 감추다 (말소리) 붕이지
evanescent [èvənésnt] **[고급]** 사라져 가는 위붕내진다

〈vanish〉 '붕이지'는 붕/뿅(van≒ vain, fan) (바람처럼) 사라지는 소리를 나타냄 [다른 풀이] '빈이지'는 비어 지다는 뜻 [연관] vain **〈evanescent〉** 위(e=ex)로 붕(vanes=vain, vanish) 떠서 사라지다 [연관] '위보내진다'

· 어원) Vulgar Latin *exvanire ("to vanish, disappear, to fade out"), Latin evanescere, from vanus ("empty"). Latin ēvānēscō ("to disappear, vanish; to die out, fade away; to lapse"), ē- (ex- ('away, out'))+vānēscō ("to vanish")

붕 떠나 사라지다. 죽다.

funeral [fjúːnərəl] 장례의 상례 (말소리) 붕내릴

〈funeral〉 '붕내릴'은 붕(fun≒fan, vanish, vain) 떠나 사라지다, 죽다는 뜻. [연관] vanish

· 어원) **〈funeral〉** Latin fūnus ("funeral, death, corpse").) Ancient Greek βαίνω • (baínō)(to go, move on foot, to depart, go away, die) **[국어] 붕어(崩御): 임금이 죽음 [한자] 崩무너질 붕**

팽/핑(p_n) 때리는 고통

pang [pæŋ] 격통 고통 (말소리) 팽

〈pang〉 '팽'은 (눈물이) 핑 돌 정도로 펑(pungent) 터지는 고통을 의미함. 병이 나다 [연관] bang pungent

· 어원) **〈pang〉** Middle English prōnge ("affliction, agony, pain; pointed instrument"). Middle Low German prangen ("to press, pinch"), **[국어] 핑/팽: 갑자기 정신이 아찔하여지는 모양. 갑자기 눈에 눈물이 크게 글썽해지는 모양. 펑: 풍선이나 폭탄 따위가 갑자기 요란스럽게 터지는 소리. '뻥'보다 거센 느낌을 준다. [한자] 病병 병, 괴롭다 崩무너질 붕, 죽다, 마음을 아파하다 碰부딪칠 팽**

pain [pein] 통증 고통 (말소리) 패인

〈pain〉 '패인'은 패는 듯한 아픔, 병이 남. [다른 풀이] '병' 핑 돌 정도로 패이는 아픔

· 어원) **〈pain〉** Latin poena ("punishment, pain, penalty"). [국어] **패다**: 머리 따위가 몹시 아프고 쑤시다. 사정없이 마구 때리다. **핑(빙)**: 갑자기 정신이 어찔해지는 모양. [한자] 病병 병, 괴롭다 崩무너질 붕, 죽다, 마음을 아파하다

painstaking [peinsteikiŋ] 힘이 드는 애쓴 (말소리) 패인지택한

〈painstaking〉 '패인지택한'은 핑 돌 정도로 펑(pain) 패는 고통을 떡 택해(take) 접한다는 뜻

· 어원) **〈painstaking〉** pains+taking. [국어] **패다**: 머리 따위가 몹시 아프고 쑤시다. 사정없이 마구 때리다. **팽**: 갑자기 정신이 아찔하여지는 모양. 갑자기 눈에 눈물이 크게 글썽해지는 모양. **떡**: 단단히 들러붙은 모양. 갑자기 마주치는 모양. [한자] 病병 병, 괴롭다 崩무너질 붕, 죽다, 마음을 아파하다

panic [pǽnik] 공황 공포 (말소리) 패는

〈panic〉 '패는' 펑(pang, bang) 패서 (눈물이) 팽 도는 아픔을 뜻함

· 어원) **〈panic〉** Latin poena ("punishment, pain"), Proto-Indo-European *paw- ("strike").. [국어] **패다**: 사정없이 마구 때리다. [한자] 病병 병, 괴롭다 崩무너질 붕, 죽다, 마음을 아파하다

punish [pʌniʃ] 처벌하다 (말소리) 팽이지
penalty [pénəlti] 처벌 벌금 팽놀다

〈punish/penalty〉 펑(pun=pang, bang) 소리 나게 패서 벌을 준다는 뜻 [연관] fine 팡 팡 때리는 벌금 banish vanish

· 어원) **〈punish〉** Latin puniō ("to inflict punishment upon"), from poena ("punishment, penalty"). **〈penalty〉** Ancient Greek πρινή (poiné, "penalty, fine, bloodmoney"). [국어] **팽**: 갑자기 정신이 아찔하여지는 모양. 갑자기 눈에 눈물이 크게 글썽해지는 모양. [한자] 抨칠 팽

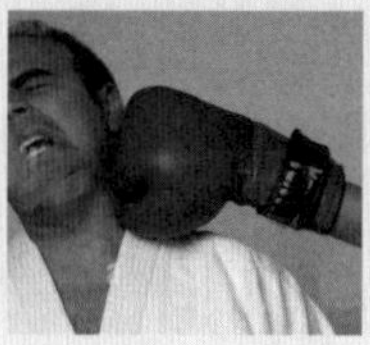

finance [finǽns] 재정 금융 (말소리) 팽낸지

〈finance〉 '팽낸지'는 펑펑(fin=fine, pang, penalty) 소리 나게 팬다, 때리다. (벌로 내는) 벌금에서 돈의 흐름을 뜻함 [연관] penalty fine 벌금 fin 붕 젓는 지느러미 final 펑 터지게 하는 침처럼 뾰족한 끝

· 어원) **〈finance〉** Middle French finer ("to pay ransom") (whence also English fine ("to pay a penalty")), from fin ("end"). [국어] **펑펑**: 돈이나 물 따위를 헤프게 마구 쓰는 모양.

'패다'가 여기서는 심리적인 가책을 느껴 스스로를 꾸짖고 때리는 경우의 예들이다. 뉘우치고 반성하는 행동이 스스로를 때리고 패는 고통을 느낀다고 보는 것이다.

penitent [pénətənt] 참회하는 뉘우치는 (말소리) 팽이된다
repent [ripént] 뉘우치다 반성하다 누팬다

〈penitent〉 '팽이된다'는 펑/팽(pen=pain, pang) 치며 (자신에게) 패는 고통을 느끼다(Feeling pain or sorrow on account of one's sins) **〈repent〉** '누팬다'는 누누이(re) 펑(pen=pain) 치며 (마음속으로 자신을) 팬다는 뜻

· 어원) 〈**penitent**〉 poeniteō ("I regret, repent"). Proto-Indo-European *paw- ("strike"). 〈**repent**〉 re-+poenitere ("be penitent"). [국어] **팽**: 갑자기 정신이 아찔하여지는 모양. 갑자기 눈에 눈물이 크게 글썽해지는 모양. [한자] 抨칠 팽

faint [feint] 희미한 기절하다 (말소리) 팬다

〈**faint**〉 '팬다'는 팽(fain=pain) 핑그르 머리가 도는 증상으로 패는 듯 어지럽다 [연관] feint vain fade

· 어원) 〈**faint**〉 Middle English faynt ("weak; feeble"). [국어] **핑**: 갑자기 정신이 어찔해지는 모양.

2 풍/붕[f(p, v)_n] 불다(핑 돌다, 휘어짐), 펑펑(foun) 솟다(원천), 뿜다(vom/fum)

fan ventilate **pant**; **spin spin**ster; **foun**tain pro**found**; **vom**it per**fume**

붕은 웅 소리와 연관된다. wind는 fan의 다른 표현이다. w와 p, f간에 서로 바꿔더라도 주요 의미는 같다. ex) swing↔spin, swindle↔ spindle, swallow↔ sparrow, swirl↔spiral

fan [fæn] 1 불다 선풍기 2 팬 (말소리) 풍(風)
ventilate [véntəlèit] **[고급]** 환기하다 표명하다 붕틜리다

〈**fan**〉 '풍'은 1 펑, 붕 바람이 불어 날리는 소리를 나타냄. 2 펑 솟아 부푼 마음으로 좋아하다(fun) [연관] boom 〈**ventilate**〉 '붕틜리다'는 붕(ven=fan) 바람이 불게 환기하다는 뜻 ☞ vent → wind로 변화

· 어원) 〈**fan**〉 Latin ventus ("wind"). 〈**ventilate**〉 Latin ventulus ("slight wind"). [국어] **붕**: 허공에 들리거나 뜨는 모양을 나타내는 말. [한자] 風바람 풍

pant [pænt] 헐떡거리다 바지 (말소리) 분다

〈**pant**〉 '분다'는 풍/붕(pan=fan) 불어 쉬는 것으로 헐떡거린다는 뜻. blow에는 pant의 뜻이 있다. ☞ vent(pant) → wind로 변화 [연관] breathless 불어 쉬지 못하는. 숨은 바람 불다와 연관 있다.

· 어원) 〈**pant**〉 French panteler ("to gasp for breath"). [국어] **붕**: 허공에 들리거나 뜨는 모양을 나타내는 말.

banner [bænə(r)] 깃발 현수막 (말소리) 부네

〈**banner**〉 붕 부는 바람에 휘날리는 깃발

· 어원) 〈**banner**〉 Proto-Germanic *fanô(cloth, flag'펄럭', banner) [국어] **뻥**: 큰 구멍 따위가 뚫리는 소리를 나타내는 말. [한자] 放놓을 방(내쫓다)

spin [spin] 회전 돌다 (말소리) 스핑
spinster [spínstər] 실 잣는 여자 스핑서다
spindle [spíndl] 축, 굴대 스핑댈

〈spin〉 '스핑'은 핑(pin=pen 犿빙빙돌 변) 돌다. 팽이처럼 돌아가다. 팽이를 옛말로 '핑이'라고 하였다. 핑 솟아 나는 봉인 spine과 통한다. [연관] sphere confine pen 팽 도는 우리 **〈spinster〉** '스핑서다'는 핑 돌다. 실로 팽이처럼 돌려 짜집기를 하는 여자를 가리킴 [다른 풀이] '스핑쓰다'는 핑핑 돌려 방직기를 돌리는 직녀를 뜻함 (to be a spinster was to spin wool) **〈spindle〉** 핑 도는 날개를 잡는 중심 축(A rod used for **spinning** and then **winding** natural fibres) ☞ -pind= wind [연관] swindle

· 어원) **〈spin〉** Proto-Indo-European *(s)pen-("to spin thread, plait, weave, sew; to stretch"). **〈spinster〉** Middle English spynnester ("woman who spins fibre"). **〈spindle〉** spin+-le. [국어] **핑(팽, 뱅, 빙)**: 일정한 약간 넓은 범위를 한 바퀴 도는 모양. **핑이**: '팽이'의 옛말. [한자] 犿빙빙돌 변 反돌이킬 반 嘭팽팽 소리 날 팽

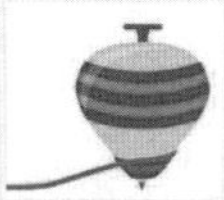

spontaneous [spantéiniəs] 자발적인 (말소리) 스펑튄이어서

펑 튀어 벌렁대는 마음. 자발적으로 튄(tan=ex**tend**, simul**tan**eous)다. [연관] voluntary 벌렁튀리

· 어원) **〈spontaneous〉** Latin sponte (suā) ("of one's free will, voluntarily"). spondeō (of one's self to a thing; opposite to external necessity or inducement), Ancient Greek σπένδω (spéndō, "libate") [국어] **자발(自發)**: 남이 시키거나 요청하지 아니하였는데도 자기 스스로 나아가 행함. **자발스럽다**: 보기에 행동이 가볍고 방정맞다 **사뿐**: 매우 가볍게 움직이는 모양.

붕 부는 바람은 굽이쳐 휘어지는 모습도 있고, 뻥 부딪히는 소리를 뜻한다.

bend [bend] 구부러지다 휘다 (말소리) 분다

〈bend〉 '분다'는 붕(ben=fan) 바람이 불어 회오리 치며 방향 전환(change direction) 되는 모습을 나타냄. 부우 불며 구부리는 것은 bow. 윙(Wind 휘감다), 회오리로 구부러지는 모습(spin)과 같다. 붕 휘감아 결합되다는 의미의 bind, bond와 같은 어원이다 [연관] bind vent

· 어원) **〈bend〉** Old English bendan ("to bind or bend (a bow), fetter, restrain"). [한자] 分나눌 분

elbow [élbou] 팔꿈치 (말소리) 울부우
bow [bau] 1 활 2 절하다 부우

〈elbow〉 '울부우'는 울어(L자 모양) 있는 부분으로 알파벳 'L'이 울어 굽은 모양을 나타냄. 부우(bow 俯구부릴 부) 바람이 붕 휘돌아 가는 소리로 구부리다 **〈bow〉** '부우'는 부우 붕 바람이 휘돌아 구부리다는 말로 1 휘는 활. 2 부우 구부려 절하다(To bend oneself)와 구부리다(To make something bend)의 의미가 있다. [연관] bend 분다(vent)

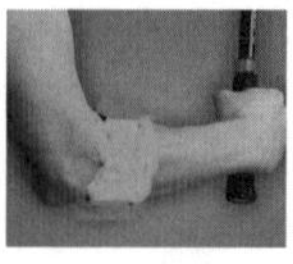

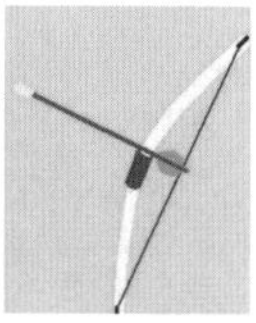

· 어원) **〈elbow〉** ell+bow. Proto-Germanic *bugô ("bend, bow"). [국어] **울다**: 발라 놓거나 바느질한 것 따위가 반반하지 못하고 우글쭈글해지다. **부**: 공장이나 기선 따위에서 내는 굵고 낮은 소리 [한자] 俯구부릴 부. 배(拜절 배, 구부리다)

펑펑(foun) 쏟는 물, 원천

펑 소리는 풍덩 물소리와 연관되기도 한다.

fountain [fáuntən] 샘 분수 (말소리) 풍덩

〈fountain〉 '풍덩'은 분수에서 물이 분출해 풍덩거리며 펑펑(foun=fun, fan, bang) 쏟아진다는 뜻 [연관] pond mountain 뭉텅 [다른 풀이] '분천'

· 어원) **⟨fountain⟩** Latin fons '펑' ("source, spring"). Ancient Greek πόντρς (póntos, "sea"). [국어] **풍덩**: 크고 무거운 물건이 깊은 물에 떨어지거나 빠질 때 무겁게 한 번 나는 소리. **펑**: 아주 심하게 젖은 모양. **품다**: 물을 계속해서 많이 푸다. **분천(噴泉)**: 내뿜는 것처럼 힘차게 솟아오르는 샘. [한자] 噴물 뿜을 분 漰물결치는 소리 붕 汸세차게 흐를 방

'물을 푸다'라고 하면 보통 샘을 연상한다. 샘은 물이 솟아나오는 원천(源泉=source)으로 기본이나 기초라는 개념과 연결된다. 그리고 물뿐만 아니라 재화나 자금이 생겨나는 출처로서의 의미도 갖는다. source는 물이 솟아나는 원천이고, spring은 벌렁 튀어나는 샘이다.

fund [fʌnd] 자금 투자하다 (말소리) 푼다

⟨fund⟩ '푼다'는 펑펑(bang fan) 솟아 나는 분수. 샘은 원천(源泉=source)이 된다. 물(돈)이 푸우 나오는 원천이라는 의미. [연관] pond

· 어원) **⟨fund⟩** Latin fons ("source, spring"). Ancient Greek πόντρς (póntos, "sea"). Latin fundus ("bottom; foundation"). [국어] **평평(팡팡)**: 액체 따위가 세차게 쏟아져 나오는 소리. 물 따위가 세차게 쏟아져 내리거나 솟는 모양. 돈이나 물 따위를 헤프게 쓰는 모양. **펑**: 아주 심하게 젖은 모양. **샘**: 물이 땅에서 솟아 나오는 곳. 힘이나 기운이 솟아나게 하는 원천을 비유적으로 이르는 말. **푸다**: 속에 들어 있는 액체, 가루, 낟알 따위를 떠내다. 噴 뿜을 분, 불다

found [faund] 설립하다 찾다 (말소리) 팡대

⟨found⟩ '팡대'는 펑펑/팡팡((found= fund, bound, bang, fan) 솟아 퍼 나오는 원천(源泉=source)으로서 기초를 세운다는 뜻. 붕붕 뜨는 bound, 붕 때리는 pound와 통한다. 방방 떠다니며 찾다(find) [연관] fund function 펑 솟아 이루어진다

· 어원) **⟨found⟩** Latin fundāre ("to establish, found"). Ancient Greek πόντρς (póntos, "sea"). [국어] **평평(팡팡)**: 액체 따위가 세차게 쏟아져 나오는 소리. 물 따위가 세차게 쏟아져 내리거나 솟는 모양. 돈이나 물 따위를 헤프게 쓰는 모양. **푸다**: 속에 들어 있는 액체, 가루, 낟알 따위를 떠내다.

profound [prəfáund] 심오한 깊은 (말소리) 펴내팡대

⟨profound⟩ '펴내팡대'는 펑펑(found= fund, bound, bang, fan) 솟아 나는 원천(源泉=source)으로서 물이 나오는 깊은 곳을 의미함(To cause to sink deeply) [참고] con**found** 풍덩거리는 머릿속

· 어원) **⟨profound⟩** Latin profundus, from pro+fundus ("bottom; foundation"). Ancient Greek πόντρς (póntos, "sea"). [국어] **펑펑**: 액체 따위가 약간 넓은 구멍으로 세차게 쏟아져 나오는 소리

fundamental [fʌndəméntl] 기본적인 근본적인 (말소리) 펑떠민될

⟨fundamental⟩ '펑떠민될'는 펑펑((found= fund, bound, fan) 솟아 나오는 샘, 원천(源泉=source)을 뜻함

· 어원) **⟨fundamental⟩** Latin fundō ("to lay the foundation (of something), to found"), from fundus ("bottom"). [국어] **펑펑**: 액체 따위가 약간 넓은 구멍으로 세차게 쏟아져 나오는 소리. **펑**: 아주 심하게 젖은 모양. 噴 뿜을 분, 불다

foundation [faundéiʃən] 기반 토대 (말소리) 펑뜨여진

⟨foundation⟩ '펑뜨여진'은 펑펑((found= fund, bound, bang) 솟아 나오는 샘, 원천(源泉=source)으로서 지지기반을 의미함(that on which anything stands, the lowest and supporting layer)

· 어원) 〈**foundation**〉 Latin fundō ("found, establish") Ancient Greek πόντρς (póntos, "sea"). **평평**: 액체 따위가 약간 넓은 구멍으로 세차게 쏟아져 나오는 소리. **평**: 아주 심하게 젖은 모양.

펑(phon) 소리

'펑'은 터뜨리며 나는 소리로 말하는 것과 관계가 깊다고 할 수 있다.

euphony [júːfəni] 듣기 좋은 어조 (말소리) 유(柔)펑에
phone [foun] 전화 펑

〈**euphony**〉 '유펑에'는 유하게 (부드럽고 편한) 소리를 펑(phon=bang) 내다 〈**phone**〉 '펑'은 펑(phon=bang) 나는 소리. 목소리처럼 터져 나오는 소리

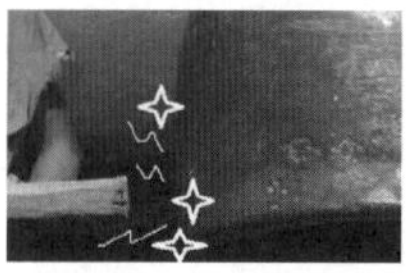

· 어원) 〈**euphony**〉 eu- ("good")+-phony. Ancient Greek φωνή • (phōnḗ)[sound, voice, cry, speech] [국어] **유하다**: 부드럽고 순하다. [한자] 柔부드러울 유

symphony [símfəni] 교향곡 (말소리) 쌈펑에

〈**symphony**〉 '쌈펑에'는 쌈(sym=sum)하여 (함께) 펑(phon=bang) 소리 낸다는 뜻

· 어원) 〈**symphony**〉 Ancient Greek σύμφωνρς (súmphōnos, "agreeing in sound, harmonious"), from σύν- (sun-, "with, together")+φωνή (phōnḗ, "sound"). [국어] **쌈**: 옷감, 피혁 따위를 알맞은 분량으로 싸 놓은 덩이를 세는 단위. **싸다**: 물건을 안에 넣고 보이지 않게 씌워 가리거나 둘러 말다.

뿜어 내다

'뿜다'는 뿜어내 밖으로 발산하는 것을 말한다. '푸다'와 개념상 통한다고도 할 수 있다. 뽐을 내는 것이나 화려하게 치장하는 것도 능력이나 매력을 뿜어내는(pompous) 것으로 볼 수 있다.

perfume [pə́ːrfjuːm] 향수 향기 (말소리) 펄품

〈**perfume**〉 '펄품'은 펄(per=full 푹), 뿜어(fum=vomit, pump 품어)내는 내음을 의미

· 어원) 〈**perfume**〉 Latin per- ("through")+fumāre ("to smoke. vapor"). [국어] **품다**: 입이나 용기 속에 든 액체를 내뿜다. 괴어 있는 물을 계속해서 많이 푸다.

vomit [vάmit] 토하다 (말소리) 뿜이다
foam [foʊm] 거품 품
pump [pʌmp] 양수기 뿜푸

〈**vomit**〉 뿜어(vom=boom 부웅) 내다(품다) ☞ vo+mit(emit, remit) 〈**foam**〉 뿜(품)어(boom 부웅) 나와 생기는 거품 〈**pump**〉 펑 뿜어/품어(pum=vomit) 솟구치는 것을 나타냄. 뿜어내다

· 어원) 〈**vomit**〉 Latin vomō ("I vomit up or forth; discharge, emit."). Sanskrit वमति • (vámati) (to emit, send forth, give out) 〈**foam**〉 German speien ("to spew, spit, vomit") 〈**pump**〉 Middle Dutch pompe ("pipe, water conduit"). [국어] **품다**: 입이나 용기 속에 든 액체를 내뿜다. 괴어 있는 물을 계속해서 많이 푸다. **뿜다**: 속에 있는 것을 밖으로 세게 밀어 내다. 빛이나 냄새 소리 따위를 공중으로 세게 내어보내다. **푸**: '푸하다(속이 꽉 차지 아니하고 불룩하게 부풀어 있다)'의 어근. 다물었던 입술을 내밀고 조금 벌리며 입김을 내뿜는 소리.

pompous [pάmpəs] 뽐내는 (말소리) 뽐퍼져

(잘난 점을) 뽐어(pom) 나오게 하여 자랑하다. 뽐을 내다

· 어원) Ancient Greek πομπή (pompḗ, "a sending, a solemn procession, pomp"), from πέμπω (pémpō, "I send forth"). **뽐: 빼어난 것을 이르는 말.**

famine [fǽmin] 기근 기아 (말소리) 품인

〈famine〉 '품인'은 푸우 뿜어져 부푼 거품(foam)처럼 속이 비어 있다. 음식이 비어 있는 상태(shortage or lack of something).

· 어원) **〈famine〉** Latin fames(hunger). **[국어] 품다: 입이나 용기 속에 든 액체를 내뿜다. 괴어 있는 물을 계속해서 많이 푸다. 푸: '푸하다(속이 꽉 차지 아니하고 불룩하게 부풀어 있다)'의 어근.**

spew [spjuː] **[고급]** 뿜어 내다 (말소리) 스푸
spit [spɪt] 뱉다 스뱉어

〈spew/spit〉 푸우(pew) 내쉬어 뱉다

· 어원) **〈spew / spit〉** Latin spuō ("spit") German speien ("to spew, spit, vomit") Proto-Indo-European *pug- ("billow, bulge, drift"), from *pew-, *pow- ("to blow, drift, billow").

3 붕(pin, bun) 떠 솟다(봉, 뾰쪽함, 가리킴)

pin pinnacle s**pin**e **bounc**e **bun**ch **point** ap**point**

붕 떠서 올라 봉우리(峯봉우리 봉)가 되고 끝이 뾰쪽하다. 붕은 부딪히는 소리로서 뻥 터지게 한다.

pin [pin] 1 핀 2 꽂다 (말소리) 봉(棒)
pinnacle [pínəkl] **[고급]** 높은, 산봉우리 봉내걸

〈pin〉 '봉'은 1 핑 솟아 뾰족하고 봉, 막대처럼 길다(A cylinder often of wood or metal used to fasten) 2 펑 (縫꿰맬 봉) 뚫어 꽂다. 두르다(To enclose; to confine; to pen). [연관] Puncture 펑터 펑 터지다 [다른 풀이] '핑' 핑 솟다 **〈pinnacle〉** '봉내걸'은 펑 솟아 뾰족한 봉우리를 뜻함. 峰봉우리 봉

· 어원) **〈pin〉** Old English pinn ("pin, peg, bolt"), from Proto-Germanic *pinnō, *pint- ("protruding point, peak, peg, pin, nail"). **〈Pinnacle〉** Late Latin pinnaculum ("a peak, pinnacle"). **[국어] 봉(棒): 둘레가 둥근 대. [한자] 鋒칼날 봉 峰봉우리 봉**

spine [spain] 척추 (말소리) 서봉(棒)
bone [boun] 뼈 골격 봉(棒)

〈spine〉 '서봉(棒)' 붕/팡 솟아 뻗은 뿔/봉(pine=pin, bone)으로 침, 뼈를 나타냄. 봉(pin 막대)은 기다란 것으로 뼈가 된다 [연관] pin spike **〈bone〉** '봉'은 붕하고 때리거나 펑 찌르는 곤봉, 막대기처럼 뻗은 뼈를 나타냄. 붕(fin) 휘젓는 지느러미, 웅(wing) 퍼덕이는 날개와 관련

· 어원)〈spine〉 Proto-Indo-European *spey- (“sharp point”), *(s)pīn- (“backbone, dorsal fin”). Sanskrit स्फ्य (sphyá, “splinter, staff”). 〈bone〉 Old Norse beinn(“straight, right, favourable, advantageous, convenient) Middle English bain (“direct, prompt”). [국어] 뿔: 물건의 머리 부분이나 표면에 뾰족하게 나온 부분. [한자] 棒막대 봉, 때리다

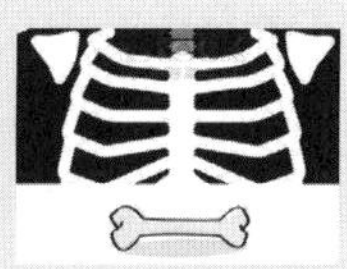

bound [baund] 1 뛰다 향하다 2 얽매인, 의무 (말소리) 부웅떠

bounce [bauns] 튀어오르다 부웅스

〈bound〉 '부웅떠'는 붕 바람이 불 듯 1 붕/방방 뛰다(蹦뛸붕). 붕떠서 향해 가다(moving in the direction 方:방향(方向)) [연관] find convene advent 방방 떠서 가다 2 붕 부는 회오리에 휘말려 합해지다(To surround a territory 綳묶을 붕). 빙/뱅 둘러싸인 방과 같은 구역, 경계(A boundary)를 만든다. 봉해져 묶이다는 말은 의무와 관련된다. ☞ wound 웅하는 바람, 회오리 소리로 bound와 같은 형태다(b->w, 붕->웅; wind≒ bind). 웅, 울어져 휘감다는 뜻이 된다. [연관] bind pound 가두다, 펑치다 confine pen bond band

〈bounce〉 '부웅스'는 방방 떠오르다는 뜻. 蹦뛸붕

· 어원) 〈bound〉 French bondir(“to leap, bound, originally make a loud **resounding noise**”) Ancient Greek βαίνω • (baínō)(to go, move on foot, to depart, go away, die); Sanskrit बांधना (bāndhnā, “to tie”). Latin bombus(“a humming or buzzing”). German Bund (“alliance, league”). 〈bounce〉 Middle English bunsen (“to beat, thump”). **방방**: 잇달아 공중으로 뛰는 모양. [한자] 蹦뛸 붕 綳묶을 붕 繃묶을 붕

bunch [bʌntʃ] 다발 묶음 (말소리) 봉지

〈bunch〉 '봉지'는 봉(峯)(봉우리)처럼 부풀어 오른 모양으로 묶인 것(To be gathered together in folds)을 뜻함. Bundle(봉(封)될, 봉다리) 과 유사 [다른 풀이] 1 '붕져' 붕 불어난 것 2 '번져' 번져 퍼지다. [연관] bunker bank bulge bundle

· 어원) 〈bunch〉 Middle English bunche (“hump, swelling”). Proto-Germanic *bunkô(“heap, crowd”) [국어] **봉지(封紙)**: 종이나 비닐 따위로 물건을 넣을 수 있게 만든 주머니. **번지다**: 빛, 기미, 냄새 따위가 바탕에서 차차 넓게 나타나거나 퍼지다. [한자] 綳묶을 봉, 포대기

bank는 봉긋하게 오른 제방의 뜻도 있다. 이러한 형태는 bunch, fungus에 나타나고, 또한 function처럼 펑 일어나는 행위, 펑 빵구 터지는 puncture, vanquish에도 쓰인다. bang은 벙긋 벌리며 빵 터지는 것으로 g가 묵음화 되었을 뿐 bank와 같은 형태이다.

fungus [fʌŋgəs] 균 곰팡이 (말소리) 벙거지

〈fungus〉 '벙거지' 펑 불거 (fung=bank, bunch)져 봉기된 모양으로 모자(벙거지), 갓을 쓰고 있는 버섯. 팡이는 곰팡이, 버섯으로 쓰인다. [연관] sponge 봉지처럼 펑 부푼 [다른 풀이] '핑기지' 핑겨 커지는 곰팡이

· 어원) Latin fungus (“mushroom”). [국어] **벙거지**: '모자'를 속되게 이르는 말. **팡이**: 엽록소가 없어 광합성을 못하고 기생 생활 버섯, 곰팡이 따위가 있다. **핑기다**: '번지다'의 방언(경북) **피다**: 곰팡이, 버짐, 검버섯 따위가 생겨서 나타난다. **봉기(蜂起)**: 벌 떼처럼 떼 지어 세차게 일어남.

finger [fíŋgər] 손가락 (말소리) 핑겨

〈finger〉 '핑겨'는 (붕, 핑) 핑겨서 솟은 봉(fin=pin, point 鋒칼날 봉, 뾰쪽한 것)으로서 (손가락으로) 가리키다(point)는 뜻도 있다. Pin과 같은 **막대 모양 봉**/뿔(A slender jointed extremity of the human hand). [연관] fin

· [국어] **핑기다**: '번지다'의 방언(경북). **펴다**: 굽은 것을 곧게 하다. 또는 움츠리거나 구부리거나 오므라든 것을 벌리다. [한자] 棒막대 봉, 때리다.

fin [fin] 지느러미 (말소리) 핑

〈fin〉 '핑'은 핑(spin) 돌다, 빙빙 날갯짓하여 물에서 헤엄치는 모양(To swim in the manner of a fish)을 나타냄. 웅웅[wing 윙]대는 날개와 같다. 지느러미는 봉과 같은 막대로 지탱한다. 물고기의 지느러미(fin)에서 날개(wing), 손(finger)과 발이 진화되었다.

· 어원) **〈fin〉** Latin pinna ("feather, wing"). Sanskrit स्फ्य (sphyá, "splinter, staff"). Proto-Indo-European *(s)pīn- ("backbone, dorsal fin"). **빙빙(핑): 약간 넓은 일정한 범위를 자꾸 도는 모양. 방방**:잇달아 공중으로 뛰는 모양. **핑: 일정한 약간 넓은 범위를 한 바퀴 도는 모양.**

point [pɔint] 점, 지적하다 (말소리) 펑터

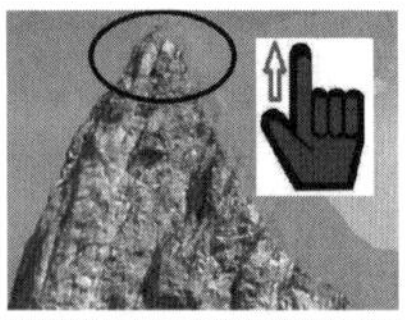

펑(부웅) 솟아나, 펑 찌르는 침(pin)의 날카로운 점, 봉두(夆頭, 산봉우리의 맨 꼭대기), 뾰쪽한 것(The sharp tip of an object)을 뜻하고, 이것은 펑 터지게(puncture) 하고, 뾰쪽해 방향을 가리키기 좋다 (To direct toward an object; to aim). [참고] Puncture 펑터 punch 펑쳐

· 어원) Old French point ("dot; minute amount"), Latin punctum ("a **hole punched** in; a point, **puncture**"). {French appointer : 1 to appoint (attribute a job, a position to someone), 2 to sharpen into a point, 3 to unite} **[국어] 봉두 峯頭: 산봉우리의 맨 꼭대기. [한자] 鏠칼날 봉, 끝**

appoint [əpɔ́int] 1지정하다 2임명하다 (말소리) 에펑터
disappoint [dìsəpɔ́int] 실망시키다 떼서펑터

〈appoint〉 '에펑터'는 1 펑 터뜨리는 뾰쪽한 봉우리같은 한 점으로 수렴되어 결정되다(To determine a time or place) 2 봉(封)하여 임명하다. 뾰쪽한 점(point)을 **손가락 등으로 찍는 것으로 '점찍다'는 지명하다는** 뜻. 지명(指命)에서 '지(指가리킬 지)'는 손가락을 뜻한다. [참고] point out **〈disappoint〉** '떼서펑터'는 펑 터뜨리는 뾰쪽한 봉우리(점)를 찍는 일에서 떼지다(dis). 점찍어 지정해 주지 않음에 불만이 생긴다는 뜻 [연관] **punc**ture acu**punc**ture 침(point)으로 펑 뚫다

· 어원) Late Latin appunctare ("to bring back to the point, restore, to fix the point in a controversy, or the points in an agreement"), Latin ad+punctum ("a point"). [국어] **봉하다: 임금이 작위(爵位))를 내려 주다**(冊封책봉). **점찍다**: 특정한 대상으로 마음속에 작정하여 두다. 어떻게 될 것이라고 또는 어느 것이라고 마음속으로 정하다. 권점(圈點: 조선시대 후보자의 이름 아래에 둥근 점을 찍어 점수를 계산)(點점 점, 가리키다) [한자] 鏠칼날 봉, 끝 封봉할 봉

4 펑/붕(f_n, phan, bon, ben) 부푼 마음(환상, 부(富) · 관대함), 불려 나타내다

fancy **fon**d **fan**atic; **phan**tom **feign** de**func**t; **bon**us **ben**efit, **ben**ign

보이는 것은 허상이다. 하늘에 떠 있어 비치는 별들의 빛이 도달해 내 눈에 비치기 까지 수억 광년 흐른 것이다. 그래서 우리는 수억 광년 전 허상의 별을 보고 있는 것이다. 펑 튀어서 눈에 드러나는 것은 환상(fancy), 유령(phantom), 허풍(vain)일 수도 있다. 이들은 풍 부는 바람(fan)과 관련된다.

fanfare [fǽnfɛər] 화려한 합주, 허세 (말소리) 펑퍼
fantasy [fǽntəsi] 공상 환상 벙뜨지
fancy [fǽnsi] 상상 공상 벙쪄

〈fanfare〉 '펑퍼' 펑/붕/빵빵(fan) 나팔 부는 소리 또는 펑퍼짐하게 부풀려 과시함(To introduce with pomp and show) [연관] pompous 펑퍼져 **〈fantasy/fancy〉** 붕(fan) 떠서 나타나는 허상, 어리벙벙하고, 뽕 간 상태, 붕뜬 상태를 나타냄. 벙쪄서 멍하니 헛된 상상

· 어원) **〈fanfare〉** fanfaron ("boaster"). **〈fantasy〉** Latin phantasia ("imagination"), from Ancient Greek φαντασία (phantasía, "apparition"). **〈fancy〉** Late Latin phantasia ("an idea, notion, fancy, phantasm"). Sanskrit फेन (phéna, "foam"). [국어] **벙찌다**: 당황스럽거나 황당하여 얼빠진 사람처럼 멍해지다. **벙하다**: 얼빠진 사람처럼 멍하다. **벙벙**: 어리둥절하여 얼빠진 사람처럼 멍하다. 가스나 공기 따위가 많이 들어가서 꽤 가득찬 느낌을 나타내는 말. **뻥**: '뻥하다(얼빠진 사람처럼 멍하다)'의 어근. '거짓말'을 속되게 이르는 말. **펑퍼지다**: 둥그스름하고 펀펀하게 옆으로 퍼져 있다. [한자] 膨부를 팽 炐부풀 방 蹦뛸 봉 歡기뻐할 환 韸헛배 부를 봉

fun [fʌn]	재미있는	(말소리) 뽕	
fond [fand]	좋아하는	뽕대	
fine [fain]	1 좋은 2 미세한 3 벌금	팡	

〈fun〉 '뽕'은 붕 들뜬 마음이나 방방거리며(熢기쁠 봉) 바보처럼 정신없이 노는 모습 (playful activity)으로 뽕가다 [참고] fancy **〈fond〉** '뽕대'는 (맘이) 붕뜨는 상태로 뽕가서 좋아하다. 봉이 되거나 붙어 애착 [연관] bond 붕 불어 섞이다. **〈fine〉** '팡'은 1 {소리 측면} 봉 잡은 것처럼 팡팡(방방 fun) 뜨다 2 {모양 측면} 펑(pin) 솟은 봉우리는 날카롭고 미세해짐 [연관] point (峯봉우리 봉 鋒칼날 봉, 뾰족, 앞). 3 {소리 측면} 펑 터지게 때린다는 말로(punch) 형벌로 벌금 부과 [연관] penalty punish pound 펑 부딪히며 가루가 되다

· 어원)**〈fun / fond〉** Middle English fon"뻥" ("foolish, simple, silly") Middle English fonnen ("to be foolish, be simple"). **〈fine〉** Latin fīnis ("end, limit, border, **bound**, boundary"). Latin poena (penalty, punishment). Ancient Greek ποινή (poinḗ, "penalty, fine, bloodmoney"). Old English pūnian ("to pound, beat, bruise, crush"). [국어] **뽕**: 상대에게 정신이 나가거나 혼미해지는 모양. 갑자기 나타나거나 사라지는 소리. **벙벙하다**: 어리둥절하여 얼빠진 사람처럼 멍하다. **벙찌다**: 당황스럽거나 황당하여 얼빠진 사람처럼 멍해지다. **방방**: 잇달아 공중으로 뛰는 모양. 가스나 공기 따위가 들어가서 가득찬 느낌을 나타내는 말. [한자] 熢기쁠 봉 便편할 편

fanatic [fənǽtik]	광신자 열광적인	(말소리) 뽕내툭

〈fanatic〉 '뽕내툭'은 붕(fan=fun) 뛰며 좋아하는 마음, 어안이 벙벙하여 뽕 간 상태, 어떤 것에 미친 것이라고 할 수 있음. 바람에 펄럭이는 깃발에서 유래

· 어원) **〈fanatic〉** Latin fānāticus ("of a temple, divinely inspired, frenzied"), from fānum ("temple"). Old English fana ("cloth, banner"), from Proto-Germanic *fanô '부네'(cloth, flag'펄럭', banner) [국어] **붕**: 허공에 들리거나 뜨는 모양을 나타내는 말. **펑**: 풍선이나 폭탄 따위가 갑자기 크고 매우 요란스럽게 터지는 소리를 나타내는 말. **부풀다**: 희망이나 기대 따위가 마음에 가득하게 되다 [한자] 風바람 풍

펑(phan, fun) 부풀려 보여주다

'펑'은 붕 떠서 나타나 보이게 되고, 형성됨을 뜻한다. 이는 퍽(fig-, pec-) 드러나 보이다, 형성되다(figure, fiction, factory, spectator, inspect 등), 피어나 보이다(appear, feat, vision)는 의미와 같은 쓰임이다.

phantom [fǽntəm]	유령 허깨비	(말소리) 펑뜸

〈phantom〉 '펑뜸'은 펑(phan=fan 苪나타날 병) 떠서 보여지다. 텅빈 환상으로서 유령(Something apparently seen, but having no physical reality)을 나타냄. [연관] apparition '에벌어진' 피어(appear) 올라 나타난 유령 specter 퍽 떠 보이는 유령

· 어원) Ancient Greek φᾰντᾰ́ζω (phantázō, "make visible"). φᾰ́ντᾰσμᾰ • (phántasma) (phenomena, fantasy)

phenomenon [finámənàn] 현상 장관 (말소리) 펑내미는

〈phenomenon〉 '펑내미는' 펑(phen=fan 芃나타날 병) 나와 보이게 되는 것으로 겉으로 드러나는 모습을 의미함. 펑 피어나는 빛처럼 비치다

· 어원) **〈phenomenon〉** Late Latin phaenomenon ("appearance"), Ancient Greek φαινόμενον (phainómenon, "thing appearing to **view**"), φαίνω (phaínō, "I **show, bring to light,** appear; shine"). [국어] **펑: 풍선이나 폭탄 따위가 갑자기 크고 매우 요란스럽게 터지는 소리를 나타내는 말** [한자] 芃나타날 병

feign [fein] 꾸며대다 가장하다 (말소리) 뻥

feint [feint] 시늉 가장 뻥대

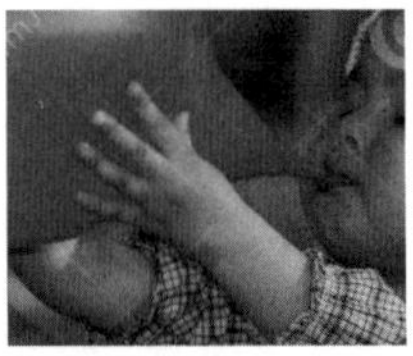

〈feign/feint〉 펑(feign=fan, vain, invent 風바람 풍) 부풀린다는 말로 뻥치며 핑계를 대다. 허풍을 떠는 모습을 나타냄 [다른 풀이] '피운다' 푸우 바람 들어 (부어올라) 모양을 이루다(pretend appearance).

· 어원) **〈feign〉** Old French feindre ("to pretend"), Latin fingere ("to form, shape, invent"). **〈feint〉** French feint ("pretended"), from Old French feindre ("to feign"). [국어] **뻥치다:** (속되게) 허풍을 치다. **펑: 갑자기 정신이 어찔해지는 모양. 피우다:** (연기나 먼지를) 일어나게 하거나 부풀리다. (행동이나 태도를) 나타내어 보이다. **푸하다: 속이 꽉 차지 아니하고 불룩하게 부풀어 있다. 푸:** 다물었던 입술을 내밀고 조금 벌리며 입김을 내뿜는 소리 [한자] 編엮을 편, 짓다, 꾸미다

function [fʌŋkʃən] 기능 역할 (말소리) 펑커진

malfunction [mælfəŋkʃən] 오동작 고장 말펑커진

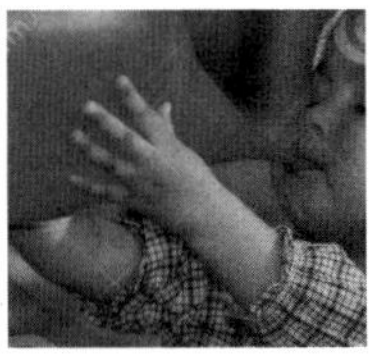

〈function〉 '펑커진' 펑 (fun=fan) (불거져) 커지는 일(What something does)을 말함. 이것은 욱떠서 일어난다는 act와 같다(fuction=to be in action). ☞ func-는 fungus처럼 핑겨져 불거진다는 의미 [연관] fiction 퍽 드러나 형성된 것, 꾸며낸 이야기 **〈malfunction〉** '말펑커진' 펑 (fun=fan) (불거져) 커지지 말(mal 勿 말 물)도록 하는 것으로 몰(沒)하여 고장난 상태를 뜻함 [다른 풀이] '몰형성' 형성하지 말도록 함.

· 어원) **〈function〉** Latin fungor ("I perform, I execute, I discharge"). **〈malfunction〉** Latin mal- ("bad, incorrect")+function. [국어] **펑**: 풍선이나 폭탄 따위가 갑자기 크고 매우 요란스럽게 터지는 소리를 나타내는 말. **말다:** 어떤 일이나 행동을 하지 않거나 그만두다. **몰[沒]**: [접사] '그것이 전혀 없음'의 뜻을 더하는 접두사. **핑기다**: '번지다'의 방언(경북). [한자] 芃나타날 병 勿 말 물 歿죽을 몰

defunct [difʌŋkt] 죽은 (말소리) 디펑크다

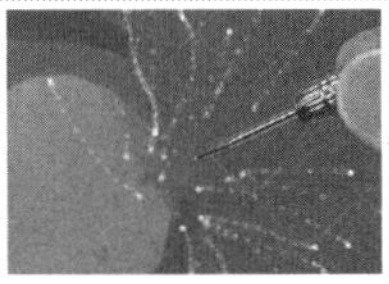

〈defunct〉 '디펑크다'는 디다(de=die, away)와 펑 커지다, 핑기다(funct= function, fan) 합성. 붕떠서 일어나는 일에서 떨어지다. 기능이 죽다 [연관] extinct 튕겨 나와 활동하는 것에서 벗어나다.

· 어원) **〈defunct〉** Latin dēfunctus("to finish, discharge"). dē-+fungor ("perform, execute"). **[국어] 디다**: 지다. 떨어지다. **핑기다**: '번지다'의 방언(경북)

붕(bon. ben) 불어나는 부(富). 관대함

(풍선 등이) '부우' '붕' 하고 '불어나다'는 바람이 분다(fan)와 관련된다. 불어나는 것은 물질적 풍요와 은혜나 혜택을 뜻한다. 부어서 부피가 늘어나는 것, 벌어지며 피어나는 것은 부(富)를 의미하며 좋고 선하다는 뜻과 자연스레 연결된다. 여기서는 boon 계열에 해당한다. 부우하고 바람에 물이 떠다니는 소리(bouy)와도 관계있다(浮는 물에 뜨다, 은혜받다. 높다는 뜻이 있다.) 반면 허풍처럼 붕 떠서 부풀어 있어도 속이 빈 vain, fancy를 뜻하기도 한다.

boon [buːn] 은혜 혜택 (말소리) 부은
bounty [báunti] 선심 관대함 방대

〈boon〉 '부은' 풍선처럼 붕(boom) 부어올라 더해진 상태를 말함. 봉황, 봉잡다. Bonus와 같은 어원. [연관] fine bonus [다른 풀이] '붕' 부어올라 커지다 **〈bounty〉** '방대'는 방방(boom) 떠서 풍선처럼 부어올라 커진 마음으로 너그러움, 관대함을 뜻함 [연관] bound

· 어원) **〈boon〉** Latin bonitās ("goodness; excellence; benevolence, kindness; friendly conduct; virtue"), from bonus ("good; honest; brave; noble; kind, pleasant") **〈bounty〉** French bondir '붕떠'("to leap, bound, originally make a loud resounding noise"). [국어] **붕**: 허공에 들리거나 뜨는 모양을 나타내는 말. **봉잡다**: 상상 속에서만 존재하는 진귀한 봉황을 잡는다는 뜻으로, 매우 귀하고 훌륭한 사람이나일을 얻음을 비유적으로 이르는 말. [한자] 鳳봉황새 봉 豊풍년 풍 浮뜰부(높다. 은혜(恩惠) 갚음을 받다.물에뜨다.가볍다)

bonus [bóunəs] 보너스 상여금 (말소리) 부어나지

〈bonus〉 '부어나지'는 '붕(bon=boon, fine, boom)' 하고 부은 것. (불어나) 많아지도록 빌다. 부(富)는 부푸는 것에서 유래 [다른 풀이] '붕나지'

· 어원) **〈bonus〉** Latin bonus ("good"). Proto-Germanic *bōniz ("supplication"). [한자] 熢기쁠 봉 封봉할 봉, 후하다, 크다

profit [prάfit] 이익 수익 (말소리) 펴리피다
proficient [prəfíʃənt] 능숙한 숙달한 펴리빛은다

〈profit〉 '펴리피다'는 펴내(pro 앞) 피우다(fit=feat, affair)는 말로 앞으로 피어 추가적으로 형성된 것을 의미함. Benefit와 같은 의미로 pro와 bene는 같은 의미를 다른 철자로 표현했다. **〈proficient〉** '펴리빛은다'는 펴내(pro 앞) 빛은다(ficient=feasible, factor). 앞서서(먼저, 뛰어나게) 빛어 (만들어) 주다.

· 어원) **〈profit/proficient〉** pro ("forth, forward")+facere ("to make, do"). [국어] **빛다**: 흙 따위의 재료를 이겨서 어떤 형태를 만들다

Bene-는 붕 불어나 이익, 보탬이 되는 것을 나타낸다.

benefit [bénəfit] 이익 혜택 (말소리) 부네피다
beneficial [bènəfíʃəl] 이로운 유익한 부네빛을

〈benefit〉 '부네피다'는 붕(ben=boon, fine, boom) (부어지게) 피우다(fit=feat, affair). 불어나 보탬이 되는 것을 뜻함. **〈beneficial〉** '부네빛을'은 붕(ben=fine, boom 繁번성할 번) 부어 (불어나게) 빛어(ficial=feasible, factor, feat) 주다. 불어나 보탬이 되는 것을 뜻함

· 어원) **〈benefit〉** bien ("well")+faire ("to do"). Proto-Indo-European *bew- ("swelling") Old English bēn ("prayer, request, petition, favour) **〈beneficial〉** bene ("well, good")+-ficus (making). [한자] 繁번성할 번 菶풀 무성할 봉, 많은 열매

Bene-는 마음이 붕 불어나 넉넉하고 풍요롭고 넓은 정신 상태를 가리킨다.

benign [bináin] 친절한 (말소리) 부나온

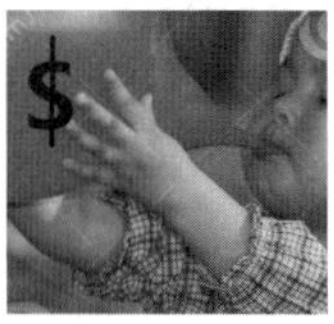

〈benign〉 '부나온'은 부우, 붕(ben=boon, fine, boom 繁번성할 번) (부어 富) 부풀다. 넉넉한 마음씨를 뜻함. Gn은 gene 줄임말로 gentle

· 어원) **〈benign〉** bene ("well")+genus ("origin, kind"). [한자] 繁번성할 번

benefactor [bénəfæktər] 은인 후원자 (말소리) 부네빚다

〈benefactor〉 '부네빚다'는 부우, 붕(ben=fine, boom 繁번성할 번) (부어) 부풀게 빚다(fact=factory). 번창하게 빚어 (만들어) 주는 자를 뜻함 ☞ fact는 fic과 같은 의미로 결국 benefactor는 beneficial과 같은 말이다.

· 어원) **〈benefactor〉** bene ("good")+faciō ("do, make"). [한자] 繁번성할 번

benevolent [bənévələnt] 자선의 자애로운 (말소리) 부네바란다

〈benevolent〉 '부네바란다'는 붕(ben=fine, boom 繁번성할 번) 부어(불어)지게 바란다(volent=voluntary, volition). 번창하라고 바라는 너그러운 마음을 뜻함 ☞ volen 벌렁대는 마음 [연관] **vol**untary; violent; com**plain** 펄렁대며 요청하는 마음

· 어원) **〈benevolent〉** Latin benevolēns ("well wishing"). volō ("I wish"). [한자] 繁번성할 번

5 붕(b_n) 불어쳐 휘말림(봉함), 팽팽(pen, pon)히 매달림[긴장, 책임, 저울질(지급, 고민)]

bind **bon**d **bun**dle **pawn** **pen**dant sus**pen**d res**pon**sible com**pen**sate **pon**der

roll에는 랄랄/왈왈 회전하면서 결합한다는 뜻이 있다(To bind or involve by winding). involve는 벌벌(vol)거리는 회오리에 휘말려 섞이는 것이다. 이처럼 결합은 바람이 붕 불어치면서 회오리에 휘말리는 것이라 할 수 있다.

bind [baind] 결합하다 (말소리) 빤다
band [bænd] 밴드 그룹 분다
bond [band] 1 결속 2 사채 분다
bondage [bɑ́ndidʒ] 속박 봉되지

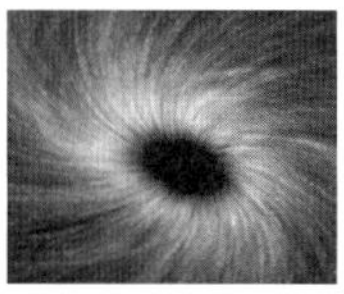

〈bind/band〉 붕 불어치며 휘말리다. Bind는 빨려 들어가 봉해져 매인다는 점에서 어근 -pen(**pen**dant, de**pend**)와 같은 어원이라 할 수 있다. [연관] blend 벌렁대며 휘말려 섞이다 bend 분다. 불어치는 바람에 굽이치다. [다른 풀이] '봉되' 봉하다
〈bond〉 '분다'는 붕 불어치며 휘말리다. 봉해져 속박된다는 의미가 있으며, 사채는 채무자가 갚아야 하는 의무로서 채권자에게 속박된 상태에 있다(A documentary obligation to pay). 곧 채권자의 봉이 되는 것이다. [연관] pendant
〈bondage〉 '봉되지'는 (타인의) 봉이 되어 속박된 상태를 나타냄. 붕대(bandage)처럼 묶이다.

· 어원) **〈bind〉** Old English pennian ("to close, lock, bolt"), Low German pennen ("to secure a door with a bolt"), Proto-Germanic *bandijaną (To bind, bend, stretch) **〈band / bond〉** Old English beand("bond, chain, fetter, band, ribbon) [국어] **봉(封)하다**: 문, 봉투, 그릇 따위를 열지 못하게 꼭 붙이거나 싸서 막다. 무덤 위에 흙을 쌓다. **빨리다**: 어떤 대상이나 물질이 끌어 들이는 힘이 작용하는 쪽으로 이끌리다. **봉**: 어수룩하여 이용해 먹기 좋은 사람을 비유적으로 이르는 말. [한자] 絆얽어맬 반 縫꿰맬 봉, 붕대 繃묶을 봉. 絣이을 병

bundle [bʌndl] 묶다 껴입다 (말소리) 봉(封)될

〈bundle〉 '봉될'은 묶어 봉해진 것을 뜻함. 붕 부는 회오리에 싸여 뭉쳐짐 [연관] bind bound

· 어원) **〈bundle〉** Old English byndele ("a binding; tying; fastening with bands"). [국어] **봉(封)**: 물건을 봉지따위에 담아 그 분량을 세는 단위. 종이로 싼 물건의 덩이. **봉(峯)**: [같은 말] 산봉우리(산에서 뾰족하게 높이 솟은 부분). [한자] 繃묶을 붕, 포대기 封봉할 봉

pawn [pɔːn] 담보물 (말소리) 봉(封)

〈pawn〉 '봉'은 봉해져 엮인 담보를 의미함. 채권자의 봉(bond)이 되다

· 어원) **〈pawn〉** Middle French pan ("pledge, security"). Albanian bend (servant) [한자] 封봉할 봉

combine [kəmbáin] 결합시키다 합치다 (말소리) 껴반

〈combine〉 '껴반'은 반(bine 半반 반)을 낌(com 끼다)으로써 봉하다.

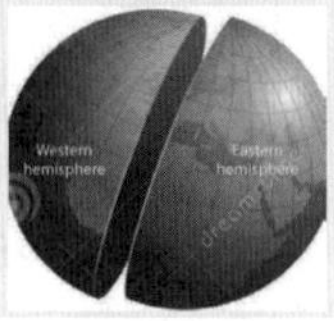

· 어원) **〈combine〉** Latin com- ("together")+bīnī ("two by two"), bīnus (twice, twofold, double, binary) [국어] **봉(封)하다**: 문, 봉투, 그릇 따위를 열지 못하게 꼭 붙이거나 싸서 막다. 무덤 위에 흙을 쌓다. [한자] 封: 봉하다(封 bond, bind), 후하게 하다(boon), 경계(boundary) 方모 방, 모서리, 둘레

<참고> 봉하다

봉은 부어 오른 것을 의미한다. 영어에서 합하다는 단어(bind band confound)의 유래는 부웅 회오리에 휘말려 뭉쳐지는 것에서 나왔다. 국어에서 '봉합' '봉인'으로 쓰인다. 봉하다와 연관된다. 한편 봉으로 꿰뚫거나 붕 부딪혀서 합해지다로 해석할 수도 있다(綘꿰맬 봉). 또한 봉은 봉긋한 것(bin, bunker, bunch), 뾰족한 봉우리(point 峯봉우리 봉), 봉하여 지정하다(appoint), 넉넉하다(boon, benefit) 의미를 지닌다.

'봉하다'라는 것은 경계를 지어 막거나 봉인하다는 뜻이다. 封의 갑골문에는 흙더미 위에 나무를 심는 형태로 그려져 있었다. 옛날에는 높게 쌓은 곳에 나무를 심어 국경으로 했다. 펑 솟아난 땅들이 제방(堤防)이 되어 방(房방 방)처럼 경계를 이루다는 뜻이며 이는 boundary와 같은 개념이다.

** 封: 봉하다(bond, bind), (흙더미를)쌓다(bank, bunch), 높이다(boom), 무덤, 크다, 부자, 후하게 하다(boon, benign), 경계(boundary)

-(s)pend는 팽팽하게 늘이는 것으로 매달려서 병합되거나 긴장하게 하다는 의미가 된다. 매달림을 팽팽함으로 표현하고 있다. 봉하다는 뜻의 bind, bond 와 연관된다. -pen/pan- 어근은 팽팽하게 당기거나 튀는 것이고 탱탱하게 당겨 늘이거나 튄다는 의미인 -ten- 어근과 통한다(extend, tension, tense 참조).

<표> <펑(붕), 퉁 소리 비교>

의미	-p(f, b)_n	t_n	의미
팽창	expand	extend	튄다
팽팽한 긴장	suspense	tense tension	탱탱한 긴장

팽팽한 매달림	appendix depend	pertain content	탱탱하게 매달리다
펑 크지 않음	defunct	extinct	튕기지 않음
붕뜬 영역	boundary span	town dominion	통 영역
펑 치다	punch	sting	퉁 치다
붕 터짐	bang bomb	tone stun	퉁 소리
팡 솟은 봉, 침처럼 미세	fine refine	tiny	탕 치는 침처럼 미세한

dependent [dipéndənt] 의존하는 종속의 (말소리) 떠편든다

〈dependent〉 '떠편든다'는 붕/팽(pend= bound, spin, expand) (嘭팽팽 소리 날 팽 膨부를 팽) 퍼져 팽창되면서 한 편으로 묶여 의존하다 [연관] suspend [다른 풀이] '떠봉된다' 붕/팽 퍼져 팽창되면서 (봉이 되어) 딸려 다니다

· 어원) **〈dependent〉** Proto-Indo-European *(s)pend- ("stretch, pull, draw, **spin**"). Latin dépendre ("to depend"). From dē-+pendeō ("I am suspended, hang"). [국어] **편들다**: 어떤 편을 돕거나 두둔하다. **펴다**: 굽은 것을 곧게 하다. 또는 움츠리거나 구부리거나 오므라든 것을 벌리다. [한자] 編엮을 편, 繃묶을 붕 奉 받들 봉(기대다, 바치다, 기르다, 봉급)

pendant [péndənt] 샹들리에 늘어뜨린 장식 (말소리) 봉된다
appendix [əpéndiks] 부록 에봉됐지

〈pendant / appendix〉 붕/팽(pend= bound, spin, expand) 퍼져 팽창되면서 한 편으로 묶여(봉해) 지다는 뜻 [다른 풀이] '편된다' '에편됐지' 붕/팽팽(pend= bound, spin) 퍼져 팽창되면서 한 편으로 딸려 다니다

· 어원) **〈pendant〉** French pendant ("counterpart"), from pendre ("to hang"). Latin pendeō(I hang (down), I am suspended; I have weight or value. float, I rest or depend upon) **〈appendix〉** appendō ("hang upon"). **팽팽하다**: 잔뜩 잡아당겨져 있어 튕기는 힘이 있다. 編엮을 편, 繃묶을 붕 嘭팽팽 소리 날 팽 膨부를 팽

impend [impénd] 임박하다 매달리다 (말소리) 임팽대
pending [péndiŋ] 현안의 남아있는 봉된

〈impend〉 붕 휘말려 봉해지고 팽팽, 팽대(pend=bind, expand) 하게 되다. 봉해져 앞에 닥친 상황을 나타냄. Im: 임(=in, im 臨임할 임)해 접하다. **〈pending〉** '봉된' 붕 휘말려 봉이 되어 (팽팽하게) 매달리다 [참고] overhang 위에 걸리다. 임박하다 [다른 풀이] '팽된' 팽팽하게 매달림

· 어원) **〈impend〉** Latin impendere ("to hang over, to weigh out"). Latin pendeō(I hang (down), I am suspended; I have weight or value. float, I rest or depend upon) [국어] **팽대 (膨大)**: 세력이나 기운 따위가 크게 늘어나거나 퍼짐 [한자] 編엮을 편, 繃묶을붕

suspense [səspéns] 불안 걱정 (말소리) 써서팽져
suspend [səspénd] 중단하다 정지하다 써서팽대

〈suspense/suspend〉 씌워(su)진 채 붕 휘말려 봉해지고 팽대(pense=bind, expand 編엮을 편)해지다. (팽팽하게 당겨져) 압박하는 상황. 매달려 더 이상 진행 못하고 중지된다는 뜻

· 어원) **〈suspend〉** Latin sub-+pendeō(I hang (down), I am suspended; I have weight or value. float, I rest or depend upon). from *(s)pend- ("to pull; to spin"). [국어] **팽팽하다**: 잔뜩 잡아당겨져 있어 튕기는 힘이 있다. **팽대(膨大)**: 세력이나 기운 따위가 크게 늘어나거나 퍼짐 [한자] 編엮을 편, 繃묶을 붕

비용 지급은 (저울에) 무게를 팽팽하게 매달아 대가를 준다는 말에서 나왔다.

expense [ikspéns] 비용 (말소리) 윇서팽져
compensate [kámpənsèit] 보상하다 낌팽지으다

〈expense〉 붕/팽 휘말려 봉해지고 팽팽하게(pen=bind, expand) 매달려 (무게에 따라) 윇(ex) 쪽으로 내다 **〈compensate〉** 팽팽하게(pen=bind, expand) (저울에) 매달려 낌(com 같이)으로써 (무게에 따라) 같은 값을 치르다

· 어원) **〈expense〉** expendō (I pay out, weigh, judge) pendō ("suspend, weigh out"). **〈compensate〉** compensare ("to weight together one thing against another, balance, make good"), from com- ("together")+pensare ("to weight"). Pēnsō(I ponder, consider, I weigh, counterbalance, I pay for, purchase), pandō ("I spread or open (out), extend"). **[한자] 編엮을 편, 繃묶을 붕**

dispense [dispéns] 나눠주다 (말소리) 떼서팽져
indispensable [ìndispénsəbl] 필수적인 안떼서팽져볼

〈 dispense 〉 붕/팽 휘말려 봉해지고 팽팽하게(pen=bind, expand) (저울에) 매달아 (무게를 재고) 떼서(dis) 나누다[weigh out: To divide (something) into portions by weight] **〈 indispensable 〉** 편을 지어 매달아 (무게를 재고) 떼서(dis) 나누지 않는, 줄 수 없는 것

· 어원) Latin dispensare ("to weigh out, pay out, distribute, regulate, manage, control, dispense"), from dis- ("apart")+pendere ("to weigh"). **팽팽하다**: 잔뜩 잡아당겨져 있어 튕기는 힘이 있다. **[한자] 編엮을 편, 繃묶을 붕**

ponder [pándər] 숙고하다 (말소리) 팽대

〈ponder〉 (붕/팽 휘말려) 팽팽하게 매달려 사로잡히는 생각을 뜻함. 저울질하며 생각하다

· 어원) Latin pendō(suspend, hang, pay) Latin pendeō(I hang (down); I have weight or value. float, I rest or depend upon, I am uncertain, **perplexed or in suspense**). [국어] **팽대(膨大)**: 세력이나 기운 따위가 크게 늘어나거나 퍼짐. **저울질**: 속내를 알아보거나 서로 비교하여 이리저리 헤아려 보는 일 **[한자] 編엮을 편, 평을 변**

respond [rispánd] 반응하다 대응하다 (말소리) 누서팽대
responsible [rispánsəbl] 책임이 있는 누서팽져볼

〈respond/responsible〉 누누이(re) 붕/팽 휘말려 봉해지고 팽팽(pon ; spon= spin, bond, bind)하게 매달리다. 봉하여 얽매인 관계에서 받은 만큼 줘야 하는 반응. (어떤 일에 대해) 벗어날 수 없는 책임의 상태를 의미함

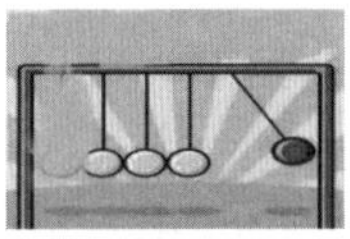

· 어원) **〈respond〉** Latin respondeō(reply. appear). spondeō ("I promise, bind or pledge myself, contract, vow."). **팽대(膨大)**: 세력이나 기운 따위가 크게 늘어나거나 퍼짐

sponsor [spánsər] 후원자 (말소리) 서팽져
spouse [spaus] 배우자 서펴오지

〈sponsor〉 붕/팽 휘말려 봉해지고 팽팽(pon≒pawn, bond, bind ; spon= spin)하게 매달리다. 봉하여 얽매인 관계에서, 약속이 되고 책임이 따르다(response). 편 지어 묶인 자. 보증과 같은 계약을 의미.
〈spouse〉 붕/팽 팽창되면서 펴 이어진다. 펴서 이어진 관계로 배우자를 나타냄

· 어원) **〈sponsor / spouse〉** Latin spondeō(I promise, bind or pledge myself), sponsor(a bondsman, surety).

6 붕[b(p, v)_n] 퍼진 방, 변(fin):

boundary ex**pan**d s**pan; fin**al af**fin**ity de**fin**e con**fin**e

boundary [báundəri] 경계 영역 (말소리) 변두리
province [prɑ́vins] 지방, 주(州) 펴내변지

〈boundary〉 '변두리'는 부웅떠(bound) 가장자리에 위치한 변. 변이면서 붕 (불어나 이어지며) 펼쳐진 영역, 방(房방 방)을 나타낸다. 경계 지역(The dividing line)을 뜻함 [연관] bound border [다른 풀이] '방뜨리' 방방 뜬 방 **〈province〉** 펴내(pro) 붕(vin=bound, bin) 퍼져 봉지(bunch)처럼 공간이 생기다. 변으로 두른 영역. 변두리에 위치한 변지(邊地)

· 어원) **〈boundary〉** bound(붕떠)+-ary. **〈province〉** Proto-Indo-European *per- ("to go over") and vincio ("I bind, tie up, surround"). [국어] **변두리**: 어떤 지역의 가장자리가 되는 곳. **변지**(邊地): 변두리의 땅. [한자] 邊가변, 변방 防막을 방, 둑. 房방 방 鏠칼날 봉, 끝. 方모 방(네모, 둘레, 장소)

원래 펜은 깃털로 만들어 썼기 때문에 펄럭대다는 뜻도 함께 가지고 있다.

pen [pen] 1우리 2 펜 (말소리) 방
bin [bin] 상자 방

〈pen〉 '방'은 핑/붕(pen=pin, boundary) 불거져 펼쳐진 영역, 빙빙 두른 방(房방 방)을 나타낸다. 팽팽/붕붕(pen=fin, wing) 펄럭대는 깃털로 만든 펜(A tool, originally made from a feather) [다른 풀이] '팽' 팽/핑/빙 돌아 생긴 공간. (spin=pen 犿빙빙돌 변)
〈bin〉 '방'은 핑/붕(bin= boundary) 불거져 펼쳐진 영역으로 담는 통으로 쓰인다.

· 어원) **〈pen〉** Old English penn ("enclosure, fold, pen"). Latin penna ("wing, feather, quill pen"). [국어] **핑(팽, 빙)**: 일정한 둘레를 넓게 둘러싸는 모양. **방방**: 잇달아 공중으로 뛰는 모양. [한자] 邊가 변, 변방 翩빨리날 편 樊울타리 번 防막을 방, 둑. 房방 방 方모 방(네모, 둘레, 장소)

pond [pand] 연못 호수 (말소리) 방(房)둬

〈pond〉 '방둬'는 핑/붕 퍼져 이뤄진 방(房방 방), 제방(堤防)으로 봉하다. 사방이 빙빙 두른 방(房방 방), 연못을 나타냄. dam(담)과 같다. [연관] band 범위 boundary [다른 풀이] '편다' 펼친 영역

· 어원) Old English *pond ("enclosure"). [국어] **핑**: 일정한 둘레를 넓게 둘러싸는 모양. **방(房)**: 벽 따위로 막아 만든 칸, 제방(堤防) [한자] 樊울타리 번 防막을 방, 둑. 房방 방 膨부를 팽 方모 방(네모, 둘레, 장소)

expand [ikspǽnd] 확대하다 확장하다 (말소리) 윗서편다

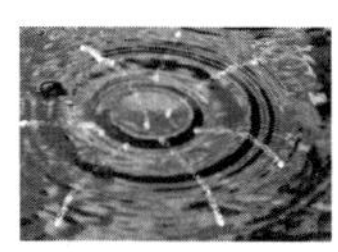

〈expand〉 '윗서편다'는 위(ex 외)쪽으로 붕 편다(pand=bound 붕떠 퍼지다, 膨부를 팽), 팽대하게 벌리다는 뜻 [다른 풀이] '윗서분다' 붕 분다(spin)는 것으로 회오리가 퍼져가다.

· 어원) **〈expand〉** Latin expandō ("to spread out"), itself from ex- ("out, outwards")+pandō ("to spread"). [국어] **펴다**: 접히거나 개킨 것을 젖히어 벌리다.

span [spæn] 범위 한뼘 걸치다 (말소리) 주변

〈span〉 '주변(周邊)'은 핑/붕붕 편다(pan=pen, band, bound 膨부를 팽). 펼쳐진 영역, 방(房방 방)을 나타낸다. 빙빙 돌며 퍼진 범위(span→expand, spin). [다른 풀이] '스핑' 핑(spin) 돌아 퍼진 방, 주변부로 미치는 범위 [연관] pan 盤소반 반 band 붕떠서 걸친 범위(A long strip of material)

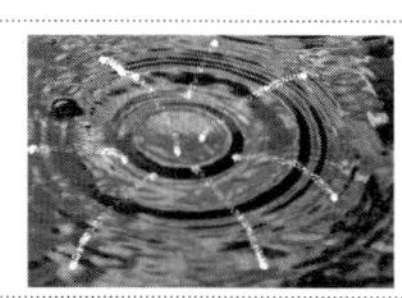

· 어원) 〈**span**〉 Proto-Germanic *spannō ("span, handbreadth"). Old English ġespan ("a joining; a fastening together; clasp; yoke"). **주변**: 어떤 대상의 둘레. **핑**: 일정한 둘레를 넓게 둘러싸는 모양 方모 방(네모, 둘레, 장소)

'펴다'는 구김이나 주름진 것이 없게 늘려 펴는 것을 말한다. 반반하고 편평하게 펴서 고르게 만드는 것으로 넓힌다는 의미가 있다고 하겠다.

even [íːvən] 평평해지다 (말소리) 위편

〈**even**〉 '위편'은 붕(ven=pan) 펴져서 편평하다, 반반하다는 뜻 [연관] open

· 어원) 〈**even**〉 German eben ("even, flat, level"). [국어] **반반하다**: 구김살이나 울퉁불퉁한 데가 없이 고르고 반듯하다. [한자] 遍두루 편 坪편편할 반

pan [pæn] 팬 냄비 (말소리) 판

〈**pan**〉 '판'은 붕(pan=fan 膨부를 팽) 펴서 펼쳐놓은 넓은 판을 뜻함 [다른 풀이] '편' 펴서 넓다 [연관] span

· 어원) 〈**pan**〉 Sanskrit प्रथस् • (práthas) (width, extension) Ancient Greek πλᾰτῠ́ς • (platús) (wide, broad, flat) Latin plānus ("flat, even, level, plain"). [국어] **판**: 반반한 표면을 사용하는 기구 [한자] 板널빤지 판 盤소반 반 膨부를 팽

panel [pǽnl] 판자 천조각 (말소리) 판일

〈**panel**〉 '판일'은 붕(pan=fan, pen, banner) 펄럭거리는 천처럼 펴진 판을 나타냄

· 어원) 〈**panel**〉 Ancient Greek πῆνος (pênos, "web"), Gothic 𐍆𐌰𐌽𐌰 (fana, "piece of cloth"), Old English fana ("flag"). [국어] **판판하다**: 물건의 표면이 높낮이가 없이 평평하고 너르다.

핑/붕(fin) 떠서 변/방을 이루다

다음은 팡 솟아오른 봉우리로 끝이나 경계까지 이른 경우의 예들이다. 몸 가장자리에 나온 지느러미(fin) 또는 뾰쪽한 pin처럼 fin- 어휘는 끝을 나타낸다.

finish [fíniʃ] 마치다 끝나다 (말소리) 변이지

〈**finish**〉 붕(팽) 솟아 봉우리처럼 뾰쪽한 봉(fin=point, pin)[封 봉할 봉(쌓다, 높이다, 붙다, 경계)]으로 pin처럼 끝이나 변(邊), 변두리("boundary")를 의미한다.

· 어원) 〈**finish**〉 Latin fīnis ("end; boundary, limit"). Latin pinna ("fin, flipper, wing-like appendage, wing, feather"), which was extended to mean "ridge, peak, point") (compare pinnacle). [국어] **봉하다**: 붙이거나 싸서 막다. 위에 흙을 둥글게 쌓다. **변(邊)**: 물체나 장소 따위의 가장자리. [한자] 邊가 변 鏠칼날 봉, 끝 膨부를 팽

final [fáinl] 결승전 최종의 (말소리) 방낼
finale [finǽli] 최후의 막 변낼래

〈**final / finale**〉 붕/팡(fin=bound, boundary) 부풀어 형성된 변, 방(方모 방, 모서리, 둘레) 이 끝을 이루다는 뜻.

· 어원) 〈**final**〉 Latin fīnālis ("the end or to boundaries"), from fīnis ("end"). **핑**: 일정한 약간 넓은 범위를 한 바퀴 도는 모양 [한자] 邊가변 鏠칼날 봉, 끝. 方모 방, 모서리, 둘레 封 봉할 봉(쌓다, 높이다, 붙다, 경계),

affinity [əfínəti]　　친화성 친밀감　　(말소리) 에변이다

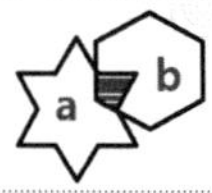

〈affinity〉 '에변(邊)이다' **빙/핑**(fin= spin, span) 두른 영역의 변두리("boundary")에(a) 대다. (양 끝) 변(fin=point 봉, 가장자리)에 다가가 친해진다는 뜻

· 어원) **〈affinity〉** ad+fīnis ("boundary"). **[국어] 변(邊): 물체나 장소 따위의 가장자리. 빙: 일정한 둘레를 넓게 둘러싸는 모양. [한자] 邊가 변 鏠칼날 봉, 끝**

can은 칸이고, tin은 통이다. 방은 공간(房방 방)이면서 모서리 (方모 방, 모서리)로 가장자리를 나타낸다. bank, bunch는 봉긋하게 부푼 공간(bank: To raise a mound; to enclose, defend, or fortify with a bank)이며, pan은 판, 반(盤소반 반)이다. bin은 담는 통으로서 방이고, coffin은 가방이라 할 수 있다.

define [difáin]　　정의하다　　(말소리) 떼방

confine [kənfáin]　　가두다 제한하다　　낀방

〈define〉 '떼방'은 **빙/핑**(fin= spin, span) 두른 영역의 변두리("boundary"), 방(方네모 방, 房방 방)을 떼어(de) 정하다. 논의하던 것을 봉합해서 (끝내고) 정하다는 뜻 [다른 풀이] '떼변'은 변을 두어 경계를 확정한다는 뜻 **〈confine〉** '낀방'은 **빙/핑**(fin= spin, span) 두른 영역의 변두리("boundary"), 방(方네모 방, 房방 방)을 낀(con)다. 끼워 봉해지다(keep within bounds) [다른 풀이] '낀변' 변(fine=final, 邊가 변)에 낀 것으로 변을 끼워 봉해지다

· 어원) **〈define〉** Latin dēfīniō ("limit, settle, define"), from dē+fīniō ("set a limit, bound, end"). **〈confine〉** Latin confīnis(bordering on, adjoining). **[한자] 邊가 변 鏠칼날 봉, 끝. 方모 방, 모서리, 둘레**

refine [rifáin]　　정제하다 세련되다　　(말소리) 누방

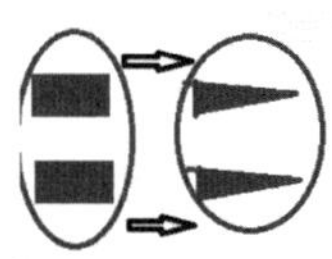

〈refine〉 '누방'은 누누이(re) 방방(fin=pin 方모 방, 모서리, 둘레) 솟아 생긴 봉우리는 끝이 뾰쪽해 pin처럼 가늘고, 섬세하다는 뜻. [연관] fine 섬세한 펑 솟아 뾰쪽한

· 어원) **〈refine〉** re+fine. Latin finis ("a limit, end"). Old French fin ("fine, minute, exact"). **[한자] 鏠칼날 봉, 끝**

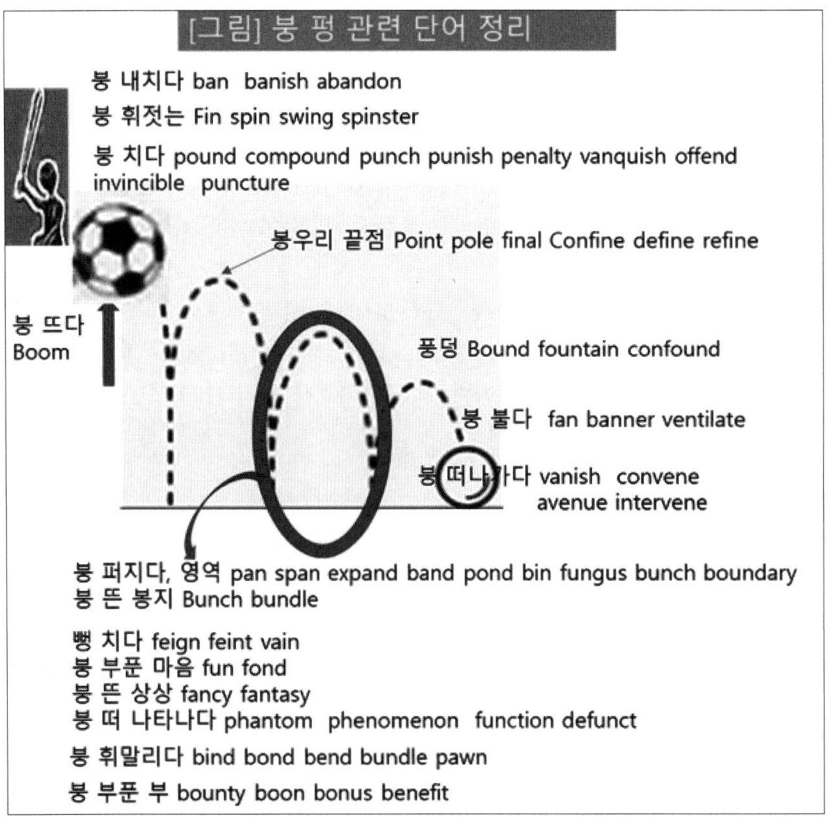

7 붕/빙빙/뱅뱅(ven) 이리저리 떠다니다:

vein con**vene** co**ven**ant a**ven**ue ad**vent**

voyage는 부우 바람 따라 흘러가는 것이다. wander는 wind처럼 웅 우는 바람 따라 떠도는 것이다. go의 과거형 went도 같은 논리이다. 이처럼 '가다'는 붕, 웅 바람 따라 움직이는 행위라고 볼 수 있다[latin ventus(wind, arrival)]. bound는 붕 떠서 향하다(moving in the direction)는 뜻이 있다. van-/ven- 등도 bound와 유사하게 쓰인다.

vein [vein] 정맥 (말소리) 뱅

〈vein〉 '뱅'은 부우(via), 뱅뱅(vein=van, con**vene**) 떠 가도록 하는 (물) 길. 밴(van)처럼 나르는 기능 [연관] vain 부웅 바람 타고 사라지다

· 어원) **〈vein〉** Latin vēna(a water course). latin Vēna(A vein, blood vessel), the same root of via ("road"). **빙빙(뱅뱅)대다:** 이리저리 자꾸 돌아다닌다. 약간 넓은 일정한 범위를 자꾸 돌다. **비어(삐어)지다**: 속에서 겉 또는 밖으로 밀려 나오다.

convene [kənvíːn] 소집하다 (말소리) 끈빙

〈convene〉 '끈빙'은 끌어져(con 함께) 빙빙(방방) (vene=bound) 부는 바람타고 방문해 가다. 같이 가서 모이다

· 어원) **〈convene〉** Latin convenire ("come together"). Ancient Greek βαίνω • (baínō)(go, move on foot, to depart, go away, to die). Proto-Indo-European *pent- ("to go, pass; path, bridge"). **빙빙(뱅뱅)대다:** 이리저리 자꾸 돌아다닌다. 약간 넓은 일정한 범위를 자꾸 돌다. [한자] 訪찾을 방, 방문 彷헤맬 방, 거닐다 [發필 발. 피다. 떠나다. 나타난다. 필발머리(癶☞걷다, 가다) 部는 발을 좌우(左右)로 벌리다→벌리는 일]

convenient [kənvíːnjənt] 편리한 간편한 (말소리) 꼰보내온다

〈convenient〉 '꼰보내온다'는 꼬인(con 같이) 채 붕(방방) (vene=bound) 바람타고 가다. 같이 보내서 한 짝처럼 딱 맞는다는 뜻

· 어원) **〈convenient〉** Latin conveniens ("fit, suitable"), convenire ("to come together, suit" [한자] 彷헤맬 방, 거닐다 訪찾을 방

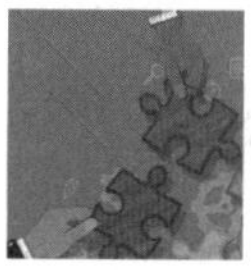

covenant [kʌvənənt] 계약 서약 (말소리) 껴보낸다

〈covenant〉 '껴보낸다'는 껴서(co 같이) 붕(방방) (vene=bound) 떠서 바람타고 가다. 같이 가도록 들어맞게 제작한 계약을 뜻함

· 어원) Latin conveniēns(" agreeable, suitable, convenient"), conveniō ("to agree"). [한자] 彷헤맬 방, 거닐다

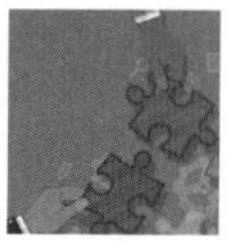

revenue [révənjùː] 수입 순익 (말소리) 누보내

〈revenue〉 '누보내'는 누누이(re) 붕(ven) 떠서 나오는 것으로 누차 돌려보내 받는 이득을 뜻함. 이것은 return과 같이 '돌려주는 것'에서 나옴

· 어원) **〈revenue〉** Latin revenire ("to return, come back"), from re- ("back")+venire ("to come"). (venue=come, return income). [한자] 彷헤맬 방, 거닐다

avenue [ǽvənjùː] 길 방법 (말소리) 에보내

〈avenue〉 '에보내'는 ~에 붕(ven) 떠서 나타나는 것으로 방문하는 통로를 뜻함

· 어원) **〈avenue〉** Old French avenir ("approach"), Latin adveniō("come to"), from ad ("to")+veniō, venīre ("come"). latin ventus(wind, arrival) **[한자] 彷헤맬 방, 거닐다**

vent는 '분다'는 말로 바람을 불어넣다(to breathe), 분출하다(To allow gases to escape)는 뜻을 지닌다. vent는 wind의 다른 형태이다(v→w). '분다'는 붕 떠서 드러나는 것과 통한다. Bounce는 붕 뛰며 움직이는 것이다(To move rapidly)

event [ivént] 행사 사건 (말소리) 위분다

〈event〉 '위분다'는 위(e) 붕 분다(vent=bound). 위로 붕 분출하는 것으로 일어나는 일을 뜻함

· 어원) **〈avenue〉** Latin ēventus ("an event, occurrence"), from ēveniō ("to happen, to fall out, to come out"), from ē ("out of, from"), short form of ex+veniō ("come"). latin ventus(wind, arrival) **[한자] 彷헤맬 방, 거닐다 噴 뿜을 분, 불다**

advent [ǽdvent] 출현 도래 (말소리) 에다분다

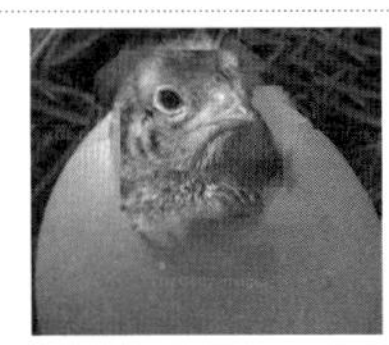

〈advent〉 '에다분다'는 ~에다(ad) 붕 분다(vent=bound). 붕 분출하다.

· 어원) **〈advent〉** Latin adventus ("arrival, approach"). latin ventus(wind, arrival) **[한자] 彷헤맬 방, 거닐다 苪 나타날 병 噴 뿜을 분, 불다**

adventure [ædvéntʃər] 모험 도전 (말소리) 에다분지

〈adventure〉 '에다분지'는 ~에다(ad) 붕 분다(vent=bound). 앞으로 붕 떠서 오게 되는 일을 마주하다

· 어원) **〈adventure〉** Latin advenire, adventum ("to arrive"), which in the Romance languages took the sense of "**to happen, befall**". [한자] 訪찾을 방 苪 (나타날 병)

invent [invént] 1발명하다 2조작하다 (말소리) 인분다

〈invent〉 '인분다'는 인("in, im, on" 인접(隣接))한 곳에 붕 분다(vent= bound). 1. 위에 붕 분출해(come up) 찾아낸다(find)는 뜻 2. 붕 떠서 보이게 만들다(To create something fictional)

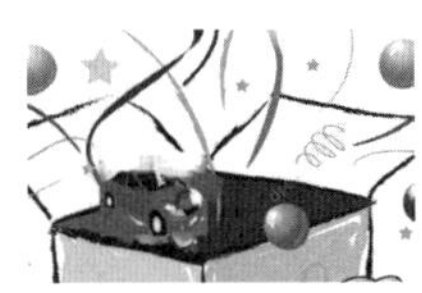

· 어원)**〈invent〉** Latin inveniō ("come upon, meet with, find, discover"), from in ("in, on")+veniō ("come"). **[한자] 訪찾을 방 噴 뿜을 분, 불다**

find [faind] 찾다 발견하다 (말소리) 방떠

〈find〉 '방떠'는 방방(訪 찾을 방) (bound) 떠다니며 방문해 가다. 방방거리며 찾아간다는 뜻 [연관] bound

· 어원) Proto-Indo-European *pent- ("to go, pass; path, bridge"). Ancient Greek πόντρς (póntos, "sea") **방방**: 잇달아 공중으로 뛰는 모양. [한자] 訪찾을 방, 방문

pioneer [pàiəníər] 선구적인 개척적인 (말소리) 방내어

〈pioneer〉 '방내어'는 부웅(방방) (pion) 떠다니며 방문해 가다. 발을 뻗어 앞에 펴간다는 뜻

· 어원) **〈pioneer〉** Middle French pionnier (" a foot soldier"). Latin pēs, ped-("foot"). [한자] 訪찾을 방, 방문

<표> [펑(붕) 터지는 소리]

단어	어근 소리	어근의 뜻	한자
bang bomb bump	뻥	뻥하고 터지는 소리	崩무너질 붕
bound bounce bunch bank	붕	붕 뜨다	蹦뛸 붕
boundary pond expand span	붕 방	붕 뜬 영역	邊가 변 房방 방
finish affinity define confine	변 방	붕 뜬 영역의 가장자리	邊가 변 方모 방, 모서리
bind band bond pawn	봉	봉하다. 분다. 부는 회오리에 섞이다	絆얽어맬 반 絳꿰맬 봉, 붕대 綳묶을 붕
dependent pendant appendix impend suspend pending respond sponsor	팽 봉	팽팽하게 매달림 편다(봉하다).	編엮을 편 絳꿰맬 봉
pound compound	팡	팡 부딪히다	棒막대 봉, 때리다
puncture punch vanquish convict defend offend avenge	펑	펑 때리다	棒막대 봉, 때리다
ban banish abandon contraband	방, 뻥	뻥 쳐내는 소리	放놓을 방(내쫓다)
pang pain panic punish penalty penitent repent	팽 펑	팬다, 펑 때리는 고통	病병 병, 괴롭다 碰부딪칠 팽
point appoint	펑	펑 뚫는 점	鏠칼날 봉, 끝
pin bone spine	봉	봉 막대기 모양	棒막대 봉, 때리다
fan ventilate pant spin	붕/풍/핑	붕 부는 바람, 핑 돌다	風바람 풍
fanfare fancy fanatic	펑 뻥	과대	膨부를 팽 烸부풀 방
feign feint phantom	뻥 붕	펑 피우는 허상, 뻥치다	編엮을 편, 꾸미다
phenomenon function defunct found	펑	펑 떠 나타난 현상	苪나타날 병
find convene convenient revenue avenue event advent invent vanish vein	방, 분다	방방(빙빙)대며 돌아다닌다. 붕 떠서 다니다	訪찾을 방 噴뿜을 분, 불다
Fountain confound fundamental	펑 팡	펑펑 솟는 물, 원천	噴물 뿜을 분 澎물결치는 소리 붕
fun fine fond	뽕 팡	붕 뜬 마음, 뽕 가다	熢기쁠 봉 便편할 편
boon bounty benefit benign	붕, 분	붕 뜬 마음, 너그러움	

8 퍽 박다[p_c(k, g)](찌름, 뾰족함, 붙임), 부치다(fast)

peck poke s**pike peak;** af**fix** pro**pag**ate **pack** com**pact; fast**en stead**fast**

'박다'는 퍽쳐서 타격하기(peck), 박아서 고정하기(peg; pin), 포장하기(pack 縛얽을 박), 퍽 퍽 치는 삐져나온 도구(곡괭이, 못, 부리, 뿔, 창 spike, pick)를 의미한다.fuck는 퍽 처 박아(peg) 넣는다는 말이다. 우리말 빠구리 또는 전라도 '빽'과 같은 어원이다. 우리말 사전에서 빠구리를 '성교를 속되게 이르는 말'이라고 깎아 내리지만 이 말이 정통 순 우리말이라는 것을 아무도 모른다(Sanscrit 'bhaga'(penetrate, bind, wed, have sexual intercourse)) (조선고어실담어 주석사전, 강상원, 2016.7.25, p.600).

이와 유사한 단어가 peg, pike, spike, poke, pugnacious, repugnant 등 상당하다

pick [pik] 쪼다(찍다) 고르다 곡괭이 (말소리) 퍽

〈pick〉 '퍽'은 새 부리나 곡괭이로 퍼퍽 찍는 소리(To remove something from with a pointed instrument)를 나타냄 [연관] toothpick (이를 퍽 쑤시는 것) speck 저벅(퍽 친 것같은 얼룩)

· 어원) **〈pick〉** Proto-Germanic *pikkōną("to pick, peck, prick, knock"). **[국어] 퍽: 크고 힘있게 치거나 내지르는 소리를 나타내는 말 [한자] 迫 핍박할 박, 다그치다 撲칠 박 縛얽을 박**

Pick 은 새가 부리로 퍽 찍는 것처럼 뭔가를 퍽 하고 집어내는 것이다. 다음의 단어들은 '퍽퍽' 때려 박거나 긴 막대기로 찌르는 등의 행위를 가리키는 말들로 구성되어 있다. '쪼다'나 '박다'는 같은 동작을 반복함으로써 구멍을 파거나 찔러 넣을 수 있는 공간을 마련하게 된다.

peck [pek] ~을 쪼다 (말소리) 퍽
peg [peg] 고정시키다 쐐기 퍽

〈peck〉 '퍽'은 퍽퍽 소리 나게 쪼다는 뜻 **〈peg〉** '퍽'은 퍽 치며 박아 넣는다는 뜻

· 어원) **〈peck〉** Middle English piken, picken ("to pick, use a pointed implement"). **〈peg〉** Proto-Germanic *pig-("peg, stake"), from Proto-Indo-European *bak-("club, pointed stick, peg"). **[국어] 퍽: 크고 힘있게 치거나 내지르는 소리를 나타내는 말. 박다: 1. 두들겨 치거나 틀어서 꽂히게 하다. 2. 붙이거나 끼워 넣다. 3. 속이나 가운데에 들여 넣다. [한자] 撲칠 박 扑칠 복, 칠 박**

poke [pouk] 찌르다 내밀다 (말소리) 퍽
fork [fɔːrk] 갈퀴 퍽

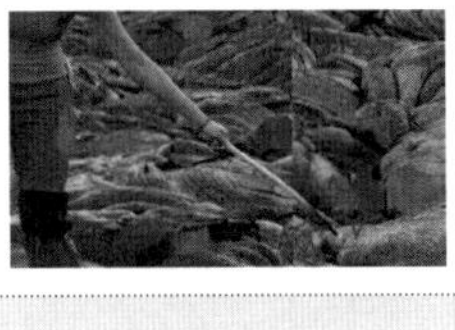

〈poke〉 '퍽'은 퍽퍽 소리 나게 쪼다는 뜻 [다른 풀이] '파기'는 파서 찔러 넣는다는 뜻 [연관] spike 사박 repugnant **〈fork〉** 퍽 찌르는 막대

· 어원) **〈fork〉** Latin furca(beam, stake) **[국어] 파다: 구멍이나 구덩이를 만들다. [한자] 撲칠 박**

spike [spaik] 뾰족한 것 (말소리) 사박
speck [spek] …에 얼룩[흠, 점]을 찍다 사박
spoke [spouk] 1(차바퀴의) 살 2 speak 과거 스퍽

〈spike〉 '사박'은 사박거리며 씹는 소리처럼 퍽퍽 박는 소리를 나타냄 [다른 풀이] '쳐박어'는 세워 박는다는 뜻 [연관] stick 툭 찌르는 막대기 **〈speck〉** 사박거리며 박아서 찍힌 얼룩 **〈spoke〉** 1 퍽(poke) 찌르는 모양으로 뻗은 바퀴살 [연관] spear 2 퍽(poke=vocal) 내지르며 말하다

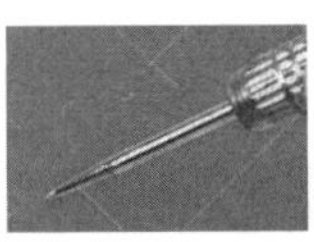

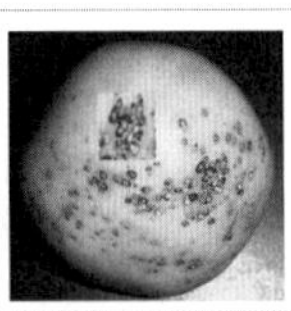

· 어원) **〈spike〉** Old Norse spík ("spike, sprig"), from Proto-Germanic *spīkō ("stick, splinter, point"), from Proto-Indo-European *spey- ("to be pointed; sharp point, stick"). **〈speck〉** Old English specca ("small spot, stain"). [국어] **박다**: 두들겨 치거나 틀어서 꽂히게 하다. **사박사박**: 배나 사과, 바람이 든 무 따위를 가볍게 자꾸 씹는 소리. 또는 그 모양. [한자] 迫 핍박할 박, 다그치다 撲칠박

rebuke [ribjúːk] 비난하다 (말소리) 누박해

〈rebuke〉 '누빽' 누누이(re) 빽/퍽(buk=peck, peg) 쳐내 논박하다.

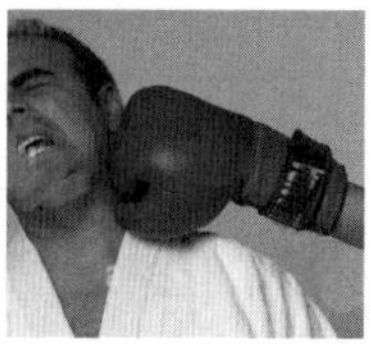

· 어원) **〈rebuke〉** re-+Old French *buker("to strike, hack down, chop"). [국어] **박하다 (駁)**: 남의 의견에 반대하여 논리적으로 따지다. **퍽**: 보통 정도를 훨씬 넘게. 갑자기 매우 힘차게 내지르는 소리. 또는 그 모양. **빽**: 단단한 물건으로 다른 사람이나 사물을 칠 때 나는 탁한 소리를 나타내는 말 [한자]) 駁 논박할 박 撲칠 박

woodpecker [wúdpèkər] 딱따구리 (말소리) 윗퍽해

〈woodpecker〉 '윗퍽해'는 위로 크는 나무를 퍽퍽(peck)하고 찍는다는 뜻

· 어원) **〈woodpecker〉** wood+pecker. [국어] **퍽퍽**: 잇따라 매우 힘차게 내지르는 소리. 또는 그 모양. [한자] 搏두드릴 박 撲칠 박

big는 퍽 상당하다는 말이다.

peak [piːk] 최고의 절정 (말소리) 퍽

〈peak〉 '퍽'은 퍽(博넓을 박) 찍는 부리처럼 날카로운 봉우리를 뜻함. 퍽이나 높다 [참고] big 퍽 speak 빽(voc) 소리 내다

· 어원) **〈peak〉** pike("a sharp point, pike"), from Old English pīc, piic ("a pike, needle, pin, peak, pinnacle"). [국어] **퍽**: 보통 정도를 훨씬 넘게. 갑자기 매우 힘차게 내지르는 소리. 또는 그 모양. [한자] 博넓을 박

beak [biːk] 부리 주둥이 (말소리) 빽

〈beak〉 '빽'은 부리로 빽빽 찍는 것을 의미함. 딱따구리처럼 부리로 나무 등을 박아 댐

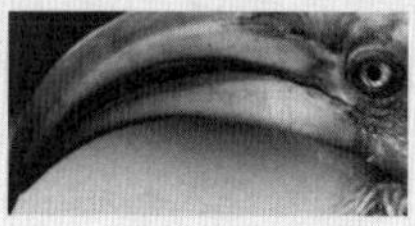

· 어원) **〈beak〉** Proto-Celtic *bekkos ("beak, snout"), possibly from Proto-Indo-European *bak- ("pointed stick, peg"). **빽**: 단단한 물건으로 다른 사람이나 사물을 칠 때 나는 탁한 소리를 나타내는 말

fight [fait] 싸우다 (말소리) 패이다

〈fight〉 '패이다'는 퍽(fig=peck) 치며 패는 소리로서 다툰다는 뜻

· 어원) **〈fight〉** Old English feohtan ("to fight, combat, strive"), from Proto-Germanic *fehtaną ("to comb, tease, shear"). Proto-Indo-European *peḱ- ("to pluck") [국어] **패다**: 사정없이 마구 때리다. [한자] 敗패할 패

퍽 쳐서 뿌리어 그리다.

picture [píktʃər] 사진 그림 (말소리) 박지

〈picture〉 '박지'는 픽/박박(pic=peck, figure) 뿌려 (점들이 얼룩지게 spotted) 형체를 그린다는 뜻. 퍽 쳐서 찍거나 새겨 그리는 조각에서 유래한 것으로 보인다. [다른 풀이] '픽쳐' 퍽퍽 찍어 넣는 그림

· 어원) Latin pictūra ("the art of painting, a painting"), from pingō ("I paint"). Ancient Greek πρικίλρς (poikílos, "spotted, embroidered"), πικοός (pikrós, "sharp, keen") [국어] **픽**: 물건을 갑자기 휙 던질 때 나는 소리. 또는 그 모양. **박다**: 인쇄물 따위에 글자나 그림을 집어넣다

depict [dipíkt] 묘사하다 그리다 (말소리) 떠박다

〈depict〉 '떠박다'는 퍽퍽/박박(pic=peck, peg) 찍어 (점들이 얼룩지게 spotted) 대면서 형체를 그린다는 뜻

· 어원) **〈depict〉** latin dē-+pingō. Ancient Greek πρικίλρς (poikílos, "spotted, embroidered"), πικοός (pikrós, "sharp, keen") [국어] **퍽**: 갑자기 매우 힘차게 내지르는 소리. **박다**: 인쇄물 따위에 글자나 그림을 집어넣다. 두들겨 치거나 틀어서 꽂히게 하다.

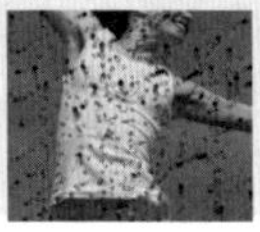

퍽(fix) 박아 붙이다

peg처럼 퍽 박아 붙이다.

fix [fiks] 고치다 고정하다 (말소리) 박지
affix [əfíks] 붙이다 에박지

〈fix〉 '박지'는 박아서 고정시킨다는 뜻. **〈affix〉** '에박지'는 ~에 박아 고정시킨다는 뜻

· 어원) **〈fix〉** Latin fīgō"(fasten, drive nails), fīgere ("to drive in; stick; fasten"). **〈affix〉** affigere (from ad-+figere). [국어] **박다**: 붙이거나 끼워 넣다.

propagate [prάpəgèit] 선전하다 번식시키다 (말소리) 펴리박아오다

〈propagate〉 '펴리박아오다'는 펴내 (pro 앞으로) 박다(pag=peg). 뿌리를 박게 하여 성장하고, 늘어나다(To multiply; to increase.)는 뜻

· 어원) **〈propagate〉** prō- pangō(I fasten, fix, I set, plant). [국어] **박다**: 식물이 뿌리를 내리다. 두들겨 치거나 틀어서 꽂히게 하다.

박의 속은 긁어내고 겉껍질은 잘 말려 바가지로 사용하는데 쌀이나 물을 푸거나 담는 용도로 사용하기도 했다. '박'은 '박다'와 관련이 있으며 물건을 보자기나 바가지와 같은 것에 박아 넣어 포장한다는 뜻을 지니고 있다고 할 수 있다.

pack [pæk] 싸다 꽉 들어찬 (말소리) 박(縛얽을 박)
baggage [bǽgidʒ] 수화물 가방 바가지
package [pǽkidʒ] 패키지 포장 바가지

〈pack〉 '박'은 박아(peg)서 쑤셔넣고 묶은 것. 박나무로 만든 바가지 등 박은 담는 가방(bag)의 역할을 한다. 장자는 큰 박은 바가지로 쓸 수 없어 박을 쪼개 배를 만들었다고 한다(em**bark** 舶배 박) [연관] sack **〈baggage/package〉** '바가지'는 담는 기능을 하는 그릇을 나타냄. bag+age

· 어원) **〈pack〉** Proto-Germanic *pakkô ("bundle, pack"). **〈baggage〉** Old French bagage ("bundle"). **〈package〉** Equivalent to pack+-age. [국어] **박다**: 두들겨 치거나 틀어서 꽂히게 하다. 속이나 가운데에 들여 넣다. **박**: '바가지'의 준말. 박과의 한해살이 덩굴풀. **바가지**: 박을 두 쪽으로 쪼개거나 또는 나무나 플라스틱으로 그와 비슷하게 만들어 물을 푸거나 물건을 담는 데 쓰는 그릇. [한자] 樸보자기 복 縛얽을 박

compact [kəmpǽkt] 소형의 압축하다 (말소리) 낌박다
impact [ímpækt] 영향 충격 임박다
pact [pækt] 약속 박다

⟨compact⟩ '낌박다'는 낌(com 끼다) 박다(pact=fix, peg 縛묶다 박). 끼워 박아 넣는다는 뜻 [연관] peg package 박히지 **⟨impact⟩** '임박다'는 임(im, in, on)한 곳에 부딪히거나 박아서 충돌한다는 뜻 [연관] puncture **⟨pact⟩** 퍽 박아 고정하는 것으로 서로 연결되게 계약하다. [연관] pacify 약속하여 평화롭게 하다

· 어원) **⟨compact⟩** Middle Dutch pegge ("pin, peg"). Ancient Greek πήγνῡμῐ • (pḗgnūmi)(I secure, stick in, fix). **⟨impact⟩** Latin impāctus, of impingō ("dash against, impinge"). **⟨pact⟩** Latin pactum ("something agreed upon"), Proto-Indo-European *paḱ-'박아' ("to fasten, stick, place"). [국어] **박다**: 두들겨 치거나 틀어서 꽂히게 하다. 붙이거나 끼워 넣다. [한자] 縛묶다 박

부치다(fast): 퍽 붙이다

'부치다(붙이다)'는 '붙다'는 뜻을 중심으로 의미가 여러 가지로 파생되었다고 볼 수 있다. 예를 들어 빈대떡과 같이 전을 부치다, 비밀에 부치다, 편지를 부치다 등에서 '부치다'는 어느 한쪽으로 붙여서 박아 고정시킨다는 뜻을 갖는다.

paste [peist] 붙이다 반죽 (말소리) 부치다

⟨paste⟩ '부치다'는 (부침개 pasta) '붙이다'는 뜻

· 어원) **⟨paste⟩** Late Latin pasta ("dough, pastry cake, paste"). [국어] **부치다**: 번철이나 프라이팬 따위에 기름을 바르고 빈대떡, 전병(煎餠) 따위의 음식을 익혀서 만들다.

fast [fæst] 빠른 단식하다 (말소리) 부치다

⟨fast⟩ '부치다'는 1. 빠른: 부우 바람이 휙 부치는 소리 2. 단식(breakfast): 음식에 대한 욕구를 부쳐(붙들어) 매서 통제(To restrict one's personal consumption)

· 어원) Old English fæst ("fast, fixed, firm, secure; constant, steadfast; closed, strong"), from Proto-Germanic *fastaz ("fast, firm, secure"). [국어] **부치다**: 부채 따위를 흔들어서 바람을 일으키다. 어떤 일을 거론하거나 문제 삼지 아니하는 상태에 있게 하다.

fasten [fǽsn/fǽsən] 매다 고정하다 (말소리) 부친

⟨fasten⟩ '부친'은 붙여 고정시킨다는 뜻. 붙어 고정된(Firmly fixed in place)

· 어원) **⟨fasten⟩** *fastuz ("fixed, secure"). [국어] **붙다**: 물체와 물체 또는 사람이 서로 바짝 가까이하다.

steadfast [stedfæst] 확고한 고수하다 (말소리) 서두다부치다

⟨steadfast⟩ '서두다부치다'는 세워 두고(stead=state 서 두다) 부치다(fast). 붙여 고정하다는 뜻

· 어원) **⟨steadfast⟩** equivalent to stead ("place; spot; position")+fast ("firm; fixed").

fix는 박다는 말로 고정시켜 안정시킨다는 의미(to settle or remain permanently; to cease from wandering)가 있다.

pacify [pǽsəfài] 달래다 평정하다 (말소리) 부쳐피어
appease [əpíːz] 달래다 진정시키다 에부쳐

〈pacify〉'부쳐피어'는 퍽 부쳐(paci=pact) (박아서) 고정(안정)되게 하다. **〈appease〉** '에부쳐'는 ~에(a) 퍽 부쳐(peas= peace) (박아서) 고정(안정)되게 하다. 상대방에 붙어 맞춤으로써 화합한다는 뜻(to reduce to a state of peace; to dispel (anger))

· 어원) **〈pacify〉** Latin pāx ("peace")+faciō ("I do, make"). Proto-Indo-European *peh$_2$ḱ- ("agreement, peace"), Medieval Latin pācāre ("to settle, satisfy") Proto-Indo-European *paḱ-'박아' ("to fasten, stick, place"). **〈appease〉** Old French apeser ("to pacify, bring to peace"). [국어] **부치다**: 어떤 일을 거론하거나 문제 삼지 아니하는 상태에 있게 하다. **붙다**: 좇아서 따르다. 附붙을 부(맞추다, 따르다, 부쳐 보내다)

peace [piːs] 평화 (말소리) 부쳐

〈peace〉 '부쳐'는 퍽 부쳐(peac=pact 약속) (박아서) 고정(안정)되게 하다. 상대방에 붙어 맞춤으로써 화합하다는 뜻. 부쳐서 확정함으로써 더 이상 거론하지 않고 이의가 없도록 하다.

· 어원)**〈peace〉** latin pacō ("to come to an agreement") Proto-Indo-European *paḱ-'박아' ("to fasten, stick, place"). [국어] **부치다**: 어떤 일을 거론하거나 문제 삼지 아니하는 상태에 있게 하다. **붙다**: 좇아서 따르다. 附붙을 부(맞추다, 따르다, 부쳐 보내다)

9 벅벅[v(b)_g] 버그러지며 흔들다: 파도, 터벅거림, 신호, 불꽃, 활력

beg vex vogue **vag**ue **vag**rant; **vag**abond; **beac**on; bake; **vig**or **vig**il

벅벅거림은 웩웩거리며 흔들리는 wag, wagon과 연관된다.

beg [beg] 구걸하다 부탁하다 (말소리) 벅
beggar [bégər] 거지 벅이

〈beg/beggar〉 벅벅(peck) 긁어대고, 버그러지며 허리를 구부리고, 애걸하다(To plead with someone for help)는 뜻

· 어원) **〈beg〉** Proto-Germanic *bedagô '바득' ("petitioner; requestor; beggar"). Proto-Germanic *bugô ("bend, bow"). **〈beggar〉** Middle English beggen ("to beg"). [국어] **박박**: 상기되어 자꾸 기를 쓰거나 우기는 모양을 나타냄. 여무지게 자꾸 긁거나 문대는 소리.] **버그러지다**: 짜임새가 물러나서 틈이 어긋나게 벌어지다. [한자] 迫핍박할 박, 다그치다

buck [bʌk] 수사슴 (말소리) 벅
bug [bʌg] 곤충 벅

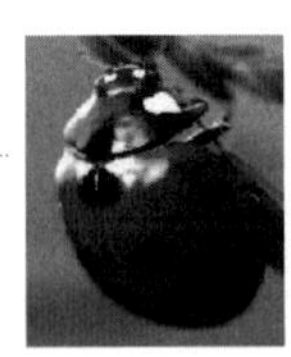

〈buck〉 '벅'은 등을 버그러지게 굽히며 뛰는 모습(To leap upward arching its back) **〈bug〉** 벅(big 博넓을 박) 차고 부풀어 오른 등딱지를 가진 모습에서 유래

· 어원) **〈buck〉** Proto-Germanic *būganą ("to bend"), Old English bucca ("he-goat, stag"). **〈bug〉** Proto-Germanic *bugja- ("swollen up, thick") [국어] **벅**: 여무지게 긁거나 문대는 소리. 또는 그 모양.

vex [veks] 화나게 하다 (말소리) 빡쳐

〈vex〉 '빡쳐'는 벅벅(vex= vogue, walk) (흔들어 대며) 뻑 쳐내는(To toss back and forth) 것으로 빡치게 자극한다는 뜻

· 어원) **〈vex〉** Latin vēxāre ("disturb, agitate, annoy"). Latin vexillum("flag, banner") [국어] **빡치다**: '화나다'를 속되게 이르는 말. **박차다**: 발길로 냅다 차다. **벅차다**: 넘칠 듯이 가득하다. 숨이 견디기 힘들 만큼 가쁘다

vogue [voug] 유행 (말소리) 버그
bog [bag] 습지 버그

〈vogue〉 뻑뻑(vog=peck, bog) 버그러지며 흔들리는 파도처럼 흐르는 추세. 퍽퍽 치며 박는 파동과 유사 [연관] vigor '퍽해' 벅벅 흔들리는 생동감감으로 패기가 있다. [연관] wagon 웩, 욱한 **〈bog〉** 벅 버그러지며 땅이 벌어지는 습지

· 어원) **〈vogue/ bog〉** German Woge ("wave"). Old Saxon wogōn ("to sway, rock"), wagōn ("to float, fluctuate"). Proto-Germanic *beuganą ("to bend") [국어] **버그러지다**: 짜임새가 물러나서 틈이 어긋나게 벌어지다. **뻑/박박/벅벅**: 여무지게 자꾸 긁거나 문대는 소리. 또는 그 모양. **퍽**: 갑자기 아주 힘없이 거꾸러지는 소리. 泊머무를 박, 배 댈 박, **잔물결 백**

vague [veig] 모호한 (말소리) 버그

〈vague〉 '버그'는 박박/벅벅(vag=walk) 버그러지며 흔들어 대다. 파도치듯 (발을) 굴러 돌아다녀서(wander) 알기 어렵다. [연관] vogue vacillate [다른 풀이] '박해' 벅벅 돌아다녀 어디 있는지 알기가 박해지다.

· 어원) **〈vague〉** Latin vagus ("uncertain, vague", literally "wandering, rambling, strolling"). [국어] **뻑/박박/벅벅**: 여무지게 자꾸 긁거나 문대는 소리. 또는 그 모양. **박하다**: 두께가 매우 얇다. 많지 않아 보잘것없다. [한자] 迫핍박할 박, 허둥거리다, 다그치다. 搏두드릴 박.

벅벅 터벅거리며 굴러가듯 걸어가다. 휙, 왁왁 움직이는 walk와 같은 유래다(vag→walk).

vagrant [véigrənt] 부랑자 방랑자 (말소리) 버글인다

〈vagrant〉 '버글인다'는 버글거리며 왔다갔다 하다. [다른 풀이] '벅이련다' (발로) 뻑/벅벅(vag= vogue, walk) (찍어대며) 굴러가듯 터벅대며 이리저리 다닌다는 뜻.

· 어원) **〈vagrant〉** Middle English vagraunt ("wandering about"). Proto-Germanic *walkōną, ("to twist, turn, roll about, full"), latin vectō(I bear, carry, convey) [국어] **뻑/박박/벅벅**: 여무지게 자꾸 긁거나 문대는 소리. 또는 그 모양. **버그러지다**: 짜임새가 물러나서 틈이 어긋나게 벌어지다. **버글버글**: 사람 따위가 한곳에 많이 모여 잇따라 움직이는 모양. [한자] 迫핍박할 박, 허둥거리다, 다그치다. 搏두드릴 박.

vagabond [vǽgəbɑ̀nd] 방랑하는 방랑자 (말소리) 버그분다

'버그분다'는 (발로) 벅벅(vag= vogue, walk) 버그러지며 이리저리 부는 바람에 터벅대며 돌아다닌다는 뜻

· 어원) **〈vagabond〉** Latin vagari ("wander"). latin vectō(I bear, carry, convey) [한자] 迫핍박할 박, 허둥거리다, 다그치다. 搏두드릴 박.

extravagant [ikstrǽvəgənt] 낭비하는 사치스러운 (말소리) 윗서두리벅한다

〈extravagant〉 '윗서두리벅한다'는 벅벅(vag=vogue, walk) (발로 찍어대며) 흘러나가듯 (지출) 정도가 위에 서도록(extra) 많다는 뜻

· 어원)**〈extravagant〉** Latin extravagari ("to wander beyond"), Latin extra ("beyond")+vagari ("to wander, stray"). [국어] **빽/박박/벅벅**: 여무지게 자꾸 긁거나 문대는 소리. 또는 그 모양.

beckon [békən] 신호하다 손짓 (말소리) 버근
beacon [bíːkən] 봉화, 신호 등불 버근

〈beckon〉 '버근'은 벅벅 버근거리며 흔들다(To wave or nod)는 뜻. 웩웩(wag)의 다른 형태다. 바퀴는 벅벅 대는 반복적인 파동과 관련이 있다 [연관] wag back 빽 벅벅 흔들며 도는 파동처럼 원점으로 회귀한다. **〈beacon〉** 버근버근 바람에 흔들리는 불꽃으로 신호를 보내는데 사용했다.

· 어원) **〈beckon〉** Germanic *bauknąą ("signal; beacon, wave") **〈beacon〉** Middle High German bouchen ("sign")) **버근버근**: 물건의 사개가 버그러져 자꾸 흔들거리다. **빽/박박/벅벅**: 여무지게 자꾸 긁거나 문대는 소리. 또는 그 모양. [한자] 迫핍박할 박, 허둥거리다, 다그치다. 搏두드릴 박.

버걱대는 불꽃으로 밝아지다.

bake [beik] 굽다 (말소리) 밝혀

〈bake〉 '밝혀'는 벅벅(bak=peck, vogue) 흔들리며 spark가 일어나듯 불을 밝히다.

· 어원) **〈bake〉** Proto-Indo-European *b^heh_3g- ("to roast, bake").

focus [fóukəs] 중심 집중하다 (말소리) 밝혀서

〈focus〉 '밝혀서'는 벅벅(bak=peck, vogue) 흔들리며 spark가 일어나다. 불을 밝혀 환하게 드러나게 하다.

· 어원) **〈focus〉** Latin focus ("hearth, fireplace"). Spanish fuego (fire). [국어] **밝히다**: 공공연하게 알리다. [한자] 火불 화

벅벅 소리내(vocal) 왔다갔다 흔드며 걷는(vagrant 참조) 행위에서 활기차다는 것을 알 수 있다. '벅벅'은 웩웩(vig→wag) 소리와 통한다.

vigor [vígər] 활력 활기 (말소리) 버글

〈vigor〉 '버글' 벅벅(vig≒ beckon) 흔드며 바글바글 살아 움직인다는 뜻. [wag(왝왝)의 변형된 형태(vig→wag, wake)] [참고] vogue vagrant [다른 풀이] '패기' 패기가 넘친다. 또는 싹이 패다

· 어원) **〈vigor〉** Proto-Indo-European *weǵ- ("to be lively"), same source of English wake. [국어] **벅벅**: 여무지게 자꾸 긁거나 문대는 소리. **버글(바글)**: 적은 양의 액체가 자꾸 넓게 퍼지며 끓거나 솟아오르는 소리. 작은 벌레나 짐승 또는 사람 따위가 한곳에 많이 모여 자꾸 움직이는 모양. **패다**: 곡식의 이삭 따위가 나오다.

vegetable [védʒətəbl] 야채 식물 (말소리) 삐져대볼

〈vegetable〉 '삐져대볼'은 삑/벅(veg=vigor) 삐져 꿈틀거리는 생명을 말함. ☞ 벅벅(vig)에서 뒤에 e가 와서 g발음이 구개음화로 ㄱ에서 ㅈ 으로 변화

· 어원) **〈vegetable〉** Latin vegetābilis ("able to live and grow"), derived from vegetāre ("to enliven"). latin vigeō ("thrive, flourish"). Latin vegeō(I move, excite, quicken, arouse. Lively). [국어] **삐치다:** 글자의 획을 비스듬히 아래에서 위로, 또는 위에서 아래로 긋다. **삐지다:** 속에서 밖으로 밀려 나오다. '비뚤어지다'의 방언(강원). **삑:** 새, 사람 또는 기적 따위가 갑자기 매우 날카롭게 지르거나 내는 소리.

vigil [vídʒəl] 철야 (말소리) 삐질

〈vigil〉 '삐질'은 삑/벅(vig=vigor) 삐질삐질(바질바질) 힘을 쓰며 생동감이 있다. 자지 않고 깨어서 지켜본다는 의미

· 어원) **〈vigil〉** Latin vigilia ("wakefulness, watch"), from vigil ("awake"). Latin vegeō(I move, excite, quicken, arouse. Lively). Proto-Indo-European *weǵ- ("to be strong, lively, awake"). [국어] **삐지다:** 속에서 밖으로 밀려 나오다. '비뚤어지다'의 방언(강원). **바질바질:** 속이 상하거나 안타까워서 애가 자꾸 타는 모양. **삐질삐질:** 몹시 난처하거나 힘들 때에 땀을 흘리는 모양. **부질부질:** 매우 속이 상하거나 안타까워서 애가 자꾸 타는 모양. 그릇에서 기름 따위가 거품을 내면서 세게 끓어오르는 소리가 자꾸 나다.

10 뻑(voc, vok) 소리내다: 부름(말소리, 자극, 요청)

vocal re**voke** pro**voke** **invoke** ad**voc**ate

다음은 말하는 것과 관련된 소리들이다. '푸, 삑, 뻐꾸, 뻑, 버벅'은 입에서 새어 나오는 소리들을 표현하여 놓은 것들이다. 웩웩대는 log-와 관련된다. 피(속에 차 있던 기체나 가스가 힘없이 새어 나오는 소리), 펑, 붕, 퍽(갑자기 매우 힘차게 내지르는 소리. 또는 그 모양), 벅(여무지게 긁거나 문대는 소리. 또는 그 모양.), 뻑(단단한 물건으로 다른 사람이나 사물을 칠 때 나는 탁한 소리) 등의 소리는 자연적으로 우리 주변에서 흔히 들을 수 있는 소리들이다.

vocal [vóukəl] 가창의 목소리의 (말소리) 삑할

〈vocal〉 '삑할'은 삑, 뻑(voc) 하고 소리를 낸다는 뜻. [연관] beckon beacon

· 어원) **〈vocal〉** Sanskrit वाच् (vāc)(speech, voice, talk, language (also of animals), sound). [국어] **삑:** 새, 사람 또는 기적 따위가 갑자기 매우 날카롭게 지르거나 내는 소리. **뻑:** 단단한 물건으로 다른 사람이나 사물을 칠 때 나는 탁한 소리. 벅벅(뻑): 여무지게 자꾸 긁거나 문대는 소리. '버럭버럭'의 방언 (강원). [한자] 咟부르짖을 박

revoke [rivóuk] 취소하다 철회하다 (말소리) 누뻑해

〈revoke〉 '누뻑해'는 누누이(re) 삑, 뻑(vok=voc), 뻐꾹 대는 소리로 말하여 다시 기존 것으로 돌아가 번복하는 것을 나타냄 [연관] repeal 누누이 빌빌거리며 외치는 소리로 원래대로 거꾸로 해달라고 하다 recall 누누이 콸콸 외치며 기억해내다. 원래대로 거꾸로 외쳐서 '취소한다'는 의미도 있다.

· 어원) **〈revoke〉** Latin re-+voco. vōx ("voice, speech"). [국어] **삑(뻑):** 새, 사람 또는 기적 따위가 갑자기 매우 날카롭게 지르거나 내는 소리 [한자] 咟부르짖을 박

뻑 소리를 내 불러일으키다.

invoke [invóuk] 호소하다 (말소리) 인삑해

〈invoke〉 '인삑해'는 인(in, on, im 臨임할 임= 隣이웃 인)한 곳에 삑, 삑(vok=voc), 삐개는 소리로 (무언가를) 불러일으키다라는 뜻 [en-= in, into, on, covered, caused] [다른 풀이] '인삐꾸'는 삐꾸기처럼 버꾸 소리내다.

· 어원) **〈invoke〉** Latin invocāre ("to call upon"), itself from in-+vocare ("to call"). [국어] **삑**: 새, 사람 또는 기적 따위가 갑자기 매우 날카롭게 지르거나 내는 소리. **빽**: 단단한 물건으로 다른 사람이나 사물을 칠 때 나는 탁한 소리. 벅벅(빽): 여무지게 자꾸 긁거나 문대는 소리. '버럭버럭'의 방언 (강원). **삐개다**: 매우 기뻐서 입을 벌리다. [한자] 咱부르짖을 박

provoke [prəvóuk] 자극하다 유발하다 (말소리) 펴리삑해

〈provoke〉 '펴리삑해'는 삑(vok=voc), 삐개는 소리를 펴내(pro)다. 삑 소리로 불러 상대를 자극한다는 뜻. '부르다'는 '오라는 소리'와 '일으킨다'는 뜻이 있다. call은 외침이면서 요청

· 어원) **〈provoke〉** prō- ("in front of, for")+vocō ("call"). **부르다**: 말이나 행동 따위로 다른 사람의 주의를 끌거나 오라고 하다. 어떤 행동이나 말이 관련된 다른 일이나 상황을 초래하다. [한자] 咱부르짖을 박

evoke [ivóuk] 유발 이끌어내다 (말소리) 위삑해

〈evoke〉 '위삑해'는 위(e)로 나와 삑(vok=voc), 삐개는 소리. 삑 소리로 불러 상대를 자극한다는 뜻

· 어원) **〈evoke〉** Latin ēvocō ("to call out, summon") from ex ("out") and vocō ("call"). [국어] **삑**: 새, 사람 또는 기적 따위가 갑자기 매우 날카롭게 지르거나 내는 소리. **빽**: 단단한 물건으로 다른 사람이나 사물을 칠 때 나는 탁한 소리. **벅벅**(빽): 여무지게 자꾸 긁거나 문대는 소리. '버럭버럭'의 방언 (강원). [한자] 咱부르짖을 박

advocate [ǽdvəkèit] 옹호하다 주장하다 (말소리) 에다삑하다

〈advocate〉 '에다삑하다'는 ~에다 (ad) 삑, 삐개는 소리. 어떤 것을 위해 삑 소리를 내 변호하며 거들다는 뜻

· 어원) **〈advocate〉** Latin advocāre ("to call for"). **삑**: 새, 사람 또는 기적 따위가 갑자기 매우 날카롭게 지르거나 내는 소리. 단단한 물건으로 다른 사람이나 사물을 칠 때 나는 탁한 소리. [한자] 咱부르짖을 박

vocabulary [voukǽbjulèri] 어휘 단어 (말소리) 삑해불리네

〈vocabulary〉 '삑해불리네'는 삑, 삑(voc) 소리를 불러(bula) 모아둔 것을 뜻함

· 어원) **〈vocabulary〉** voc(ā) ("to name, call, summon")+-bulum. [한자] 咱부르짖을 박

speak [spiːk] 말하다 (말소리) 스삑
speech [spiːʧ] 연설 말하기 스삐지

〈speak/speech〉 삐/삑 (peak= voc) (소리가) 새어나와 말하다 [다른 풀이] 1 '삽하기' 사바사바 삽다(말하다) 2 '씹히기'는 씨부리며 말하는 소리를 뜻함. 씹는 소리, 쩝쩝하는 소리를 나타냄. Bark는 박박 짖는 소리로 말하다의 의미가 있다(To speak sharply). [연관] peak 퍽 올라선

· 어원) **⟨speak⟩** Proto-Germanic *sprekaną ("to speak, make a sound"), from Proto-Indo-European *spreg- ("to make a sound, utter, speak"). Sanskrit: वच् (vac, "to speak") **⟨speech⟩** Old English spǣċ, ("speech, discourse, language"). [국어] **씹다**: 되풀이하여 말하거나 생각하다. **쉷다**: '사뢰다(웃어른에게 말씀을 올리다)'의 방언(경상). **빽**: 새, 사람 또는 기적 따위가 갑자기 매우 날카롭게 지르거나 내는 소리 **삐익**: 새나 사람, 기적 따위가 갑자기 매우 날카롭게 지르거나 내는 소리. **사박거리다**: 가볍게 밟는 소리를 자꾸 내다. 가볍게 씹는 소리를 자꾸 내다. [한자] 咟부르짖을 박 白 흰백, 말하다. 唼쪼아먹을 삽, 헐뜯을 첩, 마실 잡, 말이 많을 접

suffocate [sʌfəkèit] 숨이 막히다 (말소리) 써뻐개다

⟨suffocate⟩ '써뻐개다'는 뻐개(foc=faucet 수도꼭지)는 입구멍이 솝(suf=sub 속)에 씌다. 입구멍이 막히다

· 어원) **⟨suffocate⟩** Latin suffocare ("to choke, stifle"), sub ("under")+faux (a narrow entrance, entry passage, gorge) [국어] 솝: 속의 옛말. 뻐개다: 틈을 벌리다. 기뻐서 입을 벌리다. 빽/박박/벅벅: 여무지게 자꾸 긁거나 문대는 소리. 또는 그 모양.

11 부스스(bus, vas, f_s): 부산함, 부수다, 붓다

buzz **fus**s **fes**tival **bus**tle; de**vas**tate **fis**sure **vic**e; con**fus**e dif**fus**e

벌처럼 부산스럽고 바삐 움직이는 모양을 나타내는 말들 중에 '부스대다'는 말이 있다. '부스~'라는 말 자체가 벌이 날갯짓하며 내는 소리(부우~, 지이이~, 스으으~)를 표현하고 있다고 할 수 있다. 이는 이리저리 움직이며 바쁘게 움직이는 모습을 나타낸 것으로 혼란스럽고 소란스러운 상황을 뜻하기도 한다.

buzz [bʌz] 열광 소문 신호음 (말소리) 부스

⟨buzz⟩ '부스'는 부스대며 어지럽게 움직이는 모습을 뜻함

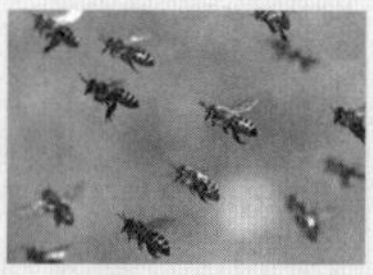

· 어원) Onomatopoeic(의성어). A continuous, humming noise, as of bees [국어] **부스대다**: 가만히 있지 못하고 군짓을 하며 몸을 자꾸 움직이다. **부스스**: 1. 머리카락이나 털 따위가 몹시 어지럽게 일어나거나 흐트러져 있는 모양. 2. 부스러기 따위가 어지럽게 흩어지는 소리. 또는 그 모양.

fuss [fʌs] 소란 야단법석 (말소리) 부스

⟨fuss⟩ '부스'는 부스스 나는 소리. 부술 때 푸석푸석 잘 부스러져 시끄러운 소리가 나고, 열광하다 [연관] fuzzy 보슬보슬 털 pass 푸스스 패는 발걸음

· 어원) **⟨fuss⟩** Low German fussig ("loose; spongy"). [국어] **부스스**: 부스러기 따위가 어지럽게 흩어지는 소리.

festival [féstəvəl] 축제 페스티벌 (말소리) 부스대볼

⟨festival⟩ '부스대볼'은 부스스(fes=fuss) 야단법석, 활발해지는 것으로 즐거워 뛰노는 축제를 뜻함

· 어원) **⟨festival⟩** Latin fēstīvus (lively, festive, joyous).

puzzle [pʌzl] 퍼즐 수수께기 (말소리) 삐질

〈puzzle〉 '삐질'은 삐질삐질 땀이 나도록 당황한다는 뜻

· 어원) **〈puzzle〉** pose ("to perplex, puzzle, interrogate").

bustle [bʌsl] 재촉하다 분주히 돌아다닌다 (말소리) 부슬

〈bustle〉 '부슬'은 부술 때 나는 소리로 부스스 소리 내며 바쁘다(To move busily with fussiness) [다른 풀이] '삐질' 삐질 땀 흘리다 [연관] rustle 으슬

· 어원) **〈bustle〉** Middle English busten ("to buffet; pummel; dash; beat")+-le. Icelandic bustla ("to splash; bustle"). **[국어] 부수다**: 단단한 물체를 여러 조각이 나게 두드려 깨뜨리다. **부슬(보슬)**: 가루 따위가 물기가 적어 잘 엉기지 못하고 부스러지기 쉬운 모양. **보채다**: 어떠한 것을 요구하며 성가시게 조르다.

busy [bízi] 바쁜 분주한 (말소리) 부스

〈busy〉 '부스'는 부스대는 벌처럼 바쁘다는 뜻 [연관] business '부산이지

· 어원) **〈busy〉** Old English bisiġ ("busy, occupied, diligent"). **[국어] 부스대다**: 가만히 있지 못하고 군짓을 하며 몸을 자꾸 움직이다.

bush [buʃ] 덤불 숲 (말소리) 부스

〈bush〉 '부스'는 부스스 소리 낸다는 말로 덤불이 바람 등에 부시시 소리 낸다는 뜻. 우수수(wash rush), 으스스대다. ☞ r이 첨가되면 brush가 되고 brush도 으스스 떨림과 관련된다. 또한 grove, scrub는 나부(rove, rub)대며 문지르다는 뜻에서 관목숲 의미로 확장되었다. [연관] fuzzy 보슬보슬 털 push

· 어원) **〈bush〉** Old English busc ("copse, grove, scrub) **[한자] 敷펼 부**

puddle [pʌdl] 웅덩이 (말소리) 부들
bother [bάðər] 성가시게 하다 바들

〈puddle〉 '부들'은 부들부들, 푸드드 떠는 물소리로 웅덩이가 출렁거리며 나는 소리를 나타냄 [연관] battle **〈bother〉** 바들바들 떨게 하여 초조하게 하다

· 어원) **〈puddle〉** German pudeln ("to splash about") **〈bother〉** Scots pother ("to make a stir or commotion, bustle") **[국어] 부들부들**: 몸을 자꾸 크게 부르르 떠는 모양.

부수다(vas, vic)

부스스 소리는 부스러기 소리, 물소리, 날개소리

devastate [dévəstèit] 파괴하다 부수다 (말소리) 떼부셔대다

'떼부셔대다'는 떼(de) 부수다(vast= fissure, waste). 부우 솟아 터지며 한 지역을 초토화시키다[연관] vast 붓으다 붓어 커지다

· 어원) Latin dē-+vastō ("I destroy, I lay waste to", "Wasted by destruction, Vast, immense Empty"). **[국어] 부수다**: 단단한 물체를 여러 조각이 나게 두드려 깨뜨리다.

device [diváis]　　장치 기기　　(말소리) 떼바숴
devise [diváiz]　　고안하다 계획　　떼바숴

〈device〉 떼(de) 부스스(바스스)(vise=vide, bat) 부수며 전개하도록 돕는 도구를 뜻함 **〈devise〉** 떼어 부수면서 전개하다. 벌이다는 펼쳐 놓는다는 의미와 계획을 세운다는 뜻도 있다는 점에서 떼어 부수는 것은 분석하고 계획하는 의미가 된다. Design, plot는 자르고 그리면서 도안을 만들어 계획을 세우는 것이다.

· 어원) **〈device〉** Latin divisus, dividere("to divide"). **〈devise〉** de(down)+vise. Latin dis- ("two, twice, double")+*vidō ("to separate"). **바수다**: 여러 조각이 나게 두드려 잘게 깨뜨리다.

'부수다'는 하나의 물체를 여러 조각으로 나눈다는 뜻이 있다.

vicious [víʃəs]　　악순환 잔인한　　(말소리) 부셔서

〈vicious〉 '부셔서'는 부수다(destructive and cruel)는 말로 잔인한 자를 뜻함

· 어원) **〈vicious〉** Latin vitium ("fault or blemish"). Latin vitiō ("damage, spoil").
[국어] **부수다**: 단단한 물체를 여러 조각이 나게 두드려 깨뜨리다.

vice [vais]　　1악 2대리의　　(말소리) 바스

〈vice〉 1. 바(부)스스 부수며 해를 끼치는 악 2. 부스스(buzz) 움직이고 차례를 바꾸며 대체하다 [다른 풀이] '부수' 부수적으로 자리에 있는 자. [연관] device

· 어원) **〈vice〉** Latin vitium ("fault or blemish"). Latin vitiō ("damage, spoil") Latin vice ("in place of") Spanish vez ("time, turn"). Latin vicis ("change, turn, succession "). [국어] **바스스**: 바스라기 따위가 어지럽게 흩어지는 소리. **부수적**: 주된 것이나 기본적인 것에 붙어서 따르는. 또는 그런 것.

piece [pi:s]　　조각 부분　　(말소리) 부숴

〈piece〉 '부숴'는 부수어 부분으로 나눈다는 뜻

· 어원) **〈piece〉** Late Latin pettia ("piece, portion"). [국어] **부수다**: 단단한 물체를 여러 조각이 나게 두드려 깨뜨리다.

fissure [fíʃər]　　갈라진 틈　　(말소리) 부셔

〈fissure〉 '부셔'는 부셔서 갈라지고 틈이 생긴다는 뜻. 어원상 붕(fis->fin=bang) 부수다 [연관] fuss

· 어원) **〈fissure〉** findō ("break up, separate, "). [국어] **푸석**: 쉽게 부스러지는 소리가 나다 (연관) confound fusion diffuse

burst [bə:rst]　　터지다　　(말소리) 부수다

〈burst〉 (불어나 퍼지면서) 부서지고 터지다 [연관] bolster

· 어원) **〈burst〉** Proto-Germanic *brestaną (to burst, break, sunder, split, crack) Proto-Indo-European *bʰel- ("to swell, blow, inflate, burst").

푸 붓다(po. fus)

pour [pɔːr] 붓다 뿌리다 (말소리) 부어

〈**pour**〉 '부어'는 (물 같은 것을) 푸 붓는다는 뜻 [연관] buoy [다른 풀이] '푸우'는 세게 입김을 부는 소리와 같다

· 어원) 〈**pour**〉 Celtic *purr ("to jerk, throw (water)"). Proto-Indo-European *pow- ("to blow, drift, billow"). **[국어] 붓다**: 1.액체나 가루 따위를 다른 곳에 담다. 2. 모종을 내기 위하여 씨앗을 많이 뿌리다. **푸**: 다물었던 입술을 내밀고 조금 벌리며 입김을 내뿜는 소리.

마시는 행위는 입에 부어 주는 것이다.

potion [póuʃən] 1회의 분량, 마시는 약 (말소리) 부어진

〈**potion**〉 '부어진'은 푸- 부어 마시다는 뜻

어원) 〈**potion**〉 Latin pōtiō ("a drinking"). [국어] **붓다**: 1. 액체나 가루 따위를 다른 곳에 담다. 2. 모종을 내기 위하여 씨앗을 많이 뿌리다.

poison [pɔ́izn] 중독되다 독약 (말소리) 부어진

〈**poison**〉 '부어진'은 푸- 부어서 마시는 독약을 의미함(독은 액체로 되어 있다)

· 어원) 〈**poison**〉 Latin pōtio ("drink, a draught, a poisonous draught, a potion"), from pōtō ("I drink"). [국어] **붓다**: 1. 액체나 가루 따위를 다른 곳에 담다. 2. 모종을 내기 위하여 씨앗을 많이 뿌리다.

물과 같은 액체를 퍼내서 뿌리거나 서로 혼합해 녹이는 등의 행위는 기본적으로 물을 붓는 것과 관계가 깊다.

fuse [fjuːz] 녹이다 녹다 (말소리) 푸지
confuse [kənfjúːz] 혼란시키다 꼰푸지

〈**fuse**〉 '푸지'는 푸스스 물을 부어(퍼서) 섞다는 뜻 〈**confuse**〉 (물을) 푸, 부스스(fuse) 붓으면서 꼬여(con) 합하다. 물이 섞여 혼란스러워지다는 뜻. [다른 풀이] '꼰붓어' 붓어 섞이다.

☞ 어원상 펑펑(fus->fun=fountain) 쏟아지다

· 어원) 〈**fuse**〉 Latin fundō ("I pour out"). 〈**confuse**〉 Middle English confused ("frustrated, ruined") con- ("with, together")+fundō ("pour") **[국어] 푸다**: 속에 들어 있는 액체, 가루, 낟알 따위를 떠내다.

diffuse [difjúːz] 퍼뜨리다 보급하다 (말소리) 떼푸지

〈**diffuse**〉 '떼푸지'는 물을 푸 퍼내서 뿌린다는 뜻. ☞ 어원상 펑펑(fus->fun=fountain) 쏟아지다

· 어원) 〈**diffuse**〉 diffūsus ("scattered, spread"). dis-+fundere ("pour, scatter") **[국어] 푸다**: 속에 들어 있는 액체, 가루, 낟알 따위를 떠내다.

profuse [prəfjúːs] 1 풍부한 2 낭비하는 (말소리) 펴리푸지

〈profuse〉 '펴리푸지'는 펴내(pro 앞으로) 부스스, 푸우 물 푸는 소리(To pour out). 1 넘쳐 나올 정도로 푸지게 많다. 2 (물을) 앞으로 푸는 것은 버려지는 물만큼 낭비되다는 뜻. 물 쓰듯 돈 쓰다. 어원상 펑펑(fus->fun=fountain) 쏟아지다 [연관] profound

· 어원) Latin profusus. pro- ("forth")+fundō ("pour"). Proto-Indo-European *pug- ("billow, bulge, drift"), from *pew-, *pow- ("to blow, drift, billow"). [국어] **푸지다**: 매우 많아서 넉넉하다.

refuge [réfjuːdʒ] 피난 도피 (말소리) 내푸지
fugitive [fjúːdʒətiv] 도망자 푸지되봐

〈refuge/fugitive〉 푹(fug) 빠져 도망간다는 뜻. '푹'에서 ㄱ발음이 구개음화로 'ㅈ'으로 약화

· 어원) **〈refuge〉** Latin refugium, from re-+fugiō ("to flee, speed, hasten, pass quickly."). Ancient Greek: φεύγω (pheúgō) (to flee, escape, avoid) [국어] **푸다**: 퍼서 밖으로 나오게 하다. **퍽**: 갑자기 아주 힘없이 거꾸러지는 소리. 크고 힘있게 치거나 내지르는 소리를 나타내는 말. [한자] 避피할 피

tribute [tríbjuːt] 공물 찬사 (말소리) 들이붓다
contribute [kəntríbjuːt] 기여하다 공헌하다 끈들이붓다
distribute [distríbjuːt] 나눠주다 배포하다 떼서들이붓다

〈tribute〉 따르르 부어 주다. 나눠 보내지다. [다른 풀이] '떠내뿌다' **〈contribute〉** 끌어(con 끈, 함께) 따르르 부어 주다. 나눠 보내지다. **〈distribute〉** 떼어서(dis) 따르르 부어 갈라지다. 나눠 보내지다.

· 어원) **〈tribute〉** Latin tribuere ("to assign, allot, grant, give, bestow, etc."). Italian ributtare(to throw again), re-+buttare(to throw, toss, fling, to spout, spurt, **pour**, to beat in) **〈contribute〉** Latin contribuō ("I bring together; I unite"), from con- ("together")+tribuō ("I bestow"). Italian ributtare(to throw again) **〈distribute〉** Latin distribuere ("to divide, distribute"), from dis- ("apart")+tribuere ("to give, impart"). [국어] **들이붓다**: 마구 붓다. **푸다**: 속에 들어 있는 액체, 가루, 낟알 따위를 떠내다. **내뿌다**: '내버리다'의 방언 (경북)

attribute [ətríbjuːt] ~의 탓으로 돌리다 (말소리) 에들이붓다

〈attribute〉 ~에(a) 따르르 부어 주다. 나눠 보내지다. 원인을 돌리다

· 어원) **〈attribute〉** ad- ("to or toward")+tribuō ("I grant or bestow ")

12 붓어(vas, bos, fis) 오름, 보시기(주머니):

vast **boo**st **boas**t **bos**om; **vas**e **fis**cal con**fis**cate

'불다, 푸지다, 붓다, 퍼지다' 등은 모두 늘어나 넘친다는 의미를 가지고 있다.

vast [væst] 광대한 (말소리) 붓으다

〈vast〉 '붓으다'는 (부스스) 붓어 푸지게 많다는 뜻. 부어 속이 비었지만 널리 퍼지다. [다른 풀이] '빠지다' 빠져 비운 공간은 우주처럼 광대하다. 이와 유사한 단어는 best [연관] de**vast**ate **vas**e

· 어원) 〈vast〉 Latin vastus ("void, immense, empty"). [국어] **푸지다**: 매우 많아서 넉넉하다.

boost [buːst] 늘리다 증가하다 (말소리) 부치다

〈boost〉 '부치다'는 부우(bouy) 부치는 소리 내며 보내다(A push from behind). '푸', '부'는 불거나 미는 힘, power, boon, boom과 관련이 있다. [연관] push 부쳐 fast bouy

· 어원) 〈boost〉 Scots boost ("to move; drive off; shoo away"). Middle English bus! ("bang!", interjection), Latin boō ("cry aloud, roar, shout", verb), Ancient Greek βοάω (boáō, "shout", verb). [국어] **부치다**: 상대에게로 보내다. 바람 일으키다. **부**: 공장이나 기선 따위에서 내는 굵고 낮은 소리

combust [kəmbʌst] 연료를 태우다 소비하다 (말소리) 낌부치다

〈combust〉 '낌부치다'는 불을 붙여 부스스 타기 시작한다는 뜻. ☞ bust 부스스 부수는 소리(To break)

· 어원) 〈combust〉 Middle English combust ("burnt"). [국어] **붙이다**: '붙다(불이 옮아 타기 시작하다)'의 사동사.

boast [boust] 자랑하다 (말소리) 부어지다

〈boast〉 '부어지다'는 부우(bouy) 부어서 부풀리다는 말로 과다하게 보이도록 하다

· 어원) 〈boast〉 Proto-Germanic *bausuz ("inflated, swollen, puffed up, proud, arrogant, bad").

bosom [búzəm] 가슴 (말소리) 붓음

〈bosom〉 '붓음'은 붓어 봉긋하게 튀어 나온다는 뜻

· 어원) 〈bosom〉 Proto-Indo-European *bʰōw- ("to inflate, swell"). [국어] **붓다**: 살가죽이나 어떤 기관이 부풀어 오르다.

다음에서 눈여겨 볼 단어들은 대개 모양이 불룩하고 다른 무언가를 담아서 사용하는 용도로 쓰이는 물건들이다. 보따리, 보자기, 보시기, 배, 병, 바가지, 주머니, 조개 등 그 모양이 모두 불룩한 것이 특징이라고 할 수 있다. 그 중에서 '배'는 먹는 배, 동물의 배, 타는 배, 잔 배(杯) 등에서 보듯 동음이의어이지만 공통적으로 모두 불룩하게 튀어나온 모양이라는 것을 알 수 있다. 그리고 이런 불룩한 모양은 부풀어서 '붓다'는 단어와도 같은 의미로 쓰인다.

vase [veis] 꽃병 항아리 (말소리) 부어서
vessel [vésəl] 1선박 2그릇 붓을

〈vase〉 '부어서'는 부어 부풀어진 그릇을 뜻함 [다른 풀이] '배(杯잔배)이지'는 배가 볼록한 잔 같은 것을 뜻함
〈vessel〉 '붓을'은 1 부은 것으로서 배처럼 불룩 튀어나와 담을 수 있는 모양(선박)을 나타냄 2 배는 담을 수 있게 볼록하여 잔(杯잔배)이나 용기(vessel =vase+el)와 관련된다. [연관] ship 집으로서 담는 용도

· 어원) 〈vase / vessel〉 Latin vās (vessel, container, dish, vase) [국어] **붓다**: 살가죽이나 어떤 기관이 부풀어 오르다. [한자] 杯잔 배

basket [bǽskit] 바구니 (말소리) 보시기다
basketball [bǽskitbɔ̀ːl] 농구 보시기볼

〈basket/basketball〉 '보시기'는 붓어서(bas=vase) 생긴 사발 모양의 그릇을 뜻함 [다른 풀이] '붓어가다' 붓어 볼록한 주머니

· 어원) **〈basket〉** Late Latin bascauda ("kettle, table-vessel"), Proto-Celtic *baski ("bundle, load"). **〈basketball〉** basket+ball [국어] **보시기**: 김치나 깍두기 따위를 담는 반찬 그릇의 하나. **보자기**: 물건을 싸서 들고 다닐 수 있도록 네모지게 만든 작은 천.

주머니, 보시기는 money bag으로 돈과 연관된다(budget, purse 참조).

fiscal [fískəl] 재정의 수입의 (말소리) 붓어갈

〈fiscal〉 '붓어갈' 붓어서 생긴 사발 모양의 그릇처럼 담는 돈주머니를 나타냄. 보시기(fisc=basket)는 붓어(부어) 부푼 형태의 지갑을 의미함.

· 어원) **〈fiscal〉** Latin fiscus ("treasury"). Latin fiscus ("basket, **money-bag**, public treasury"). [국어] **보자기**: 물건을 싸서 들고 다닐 수 있도록 네모지게 만든 작은 천. **보시기**: 김치나 깍두기 따위를 담는 반찬 그릇.

confiscate [kɑ́nfəskèit] 몰수하다 압수하다 (말소리) 꼰보시기다

〈confiscate〉 '꼰보시기다'는 보시기(fisc=basket)에 꼰(con) 상태로 숨겨 갖는다

· 어원)**〈confiscate〉** Latin confiscare ("to declare property of the fisc"). [국어] **보시기**: 김치나 깍두기 따위를 담는 반찬 그릇의 하나.

pouch [pautʃ] 작은 주머니 (말소리) 부어서

〈pouch〉 '부어서'는 북(pouc=bag) 부어 올라 담을 수 있는 봉지(bunch) [참고] purse bag

· 어원) **〈pouch〉** Old French puche ("purse, small bag"), from Proto-Indo-European *buk-, *bu- ("to blow, swell"). Proto-Indo-European *pug- ("billow, bulge, drift"), from *pew-, *pow- ("to blow, drift, billow"). [국어] **붓다**: 살가죽이나 어떤 기관이 부풀어 오르다.

13 펴서(pos) 배치함, 입장:

pose **pos**ition im**pos**e ex**pos**e de**pos**it de**pos**e **pos**t

put, place는 펴서 늘어놓는다는 것을 의미한다. 펴 놓는 것을 한자어로 표현하면 배치라고 할 수 있다. '배치'는 두는 사람의 의도나 입장을 나타내기도 한다.

pose [pouz] 포즈 자세 (말소리) 펴오지

〈pose〉 '펴오지'는 펴 두는 것으로 배치하다는 뜻 [다른 풀이] '배치' 펴서 놓는 위치, 자세

· 어원) **〈pose〉** Old French poser ("to put, place, settle, lodge"). [국어] **펴다**: 넓게 늘어놓다. **배치(配置)**: 사람이나 물자 따위를 일정한 자리에 알맞게 나누어 둠.

position [pəzíʃən] 위치 입장 (말소리) 펴서진

〈position〉 '펴서진'는 펴 세워 놓다, 배치한다는 뜻. 위치는 입장, 상황을 나타낸다(situate -> situation) [연관] oppose ☞ po(펴)+sit(situate, site 서다)

· 어원) **〈position〉** positus ("to put, place"). [국어] **펴다**: 접히거나 개킨 것을 젖히어 벌리다.

positive [pάzətiv] 긍정적인 적극적인 (말소리) 펴서답

〈positive〉 '펴서답' 펴 세워 놓아 배치하다. (의도를) 펼쳐 어떤 위치나 입장(Stated definitively)이 있다는 것으로 적극적인 사람답다. 위치는 입장, 상황을 나타낸다.(situate -> situation) ☞ po(펴)+sit(situate, site 서다)

· 어원) **〈positive〉** Latin ponere ("to place"). **-답다**: '성질이나 특성이 있음'의 뜻을 더하고 형용사를 만드는 접미사. tive(답다)

impose [impóuz] 부과하다 제한하다 (말소리) 임펴오지

〈impose〉 '임펴오지'는 임(im=in, on 臨임할 임= 隣이웃 인)한 곳에 펴놓는다는 뜻. 즉 부담되는 일을 놓아 (To establish or apply by authority.) 부과한다는 의미가 됨 [다른 풀이] '임배치' (위에) 인 곳에 펴서 놓는 부담

· 어원) **〈impose〉** in ("on, upon")+ponere ("to put place"). [국어] **임하다(臨)**: 어떤 장소의 가까이서 그 곳을 마주 대하다. **임**: 머리 위에 인 물건. 또는 머리에 일 만한 정도의 짐.

impute [impjú:t] 돌리다 전가하다 (말소리) 임푸다

〈impute〉 '임푸다'는 임("in, im, on" 인(隣)=인접, 임하다))한 곳에 푸다(put). ~옆에 펴두어 다른 위치로 전가하다(To attribute or ascribe)는 뜻

· 어원) **〈impute〉** Latin imputare ("to bring into the reckoning, charge, impute"). Old English putian ("to push; thrust; put; place")

compose [kəmpóuz] 구성하다 작곡하다 (말소리) 낌펴오지

〈compose〉 '낌펴오지'는 끼워 (같이) 펴 세우다는 말로 끼워 섞임으로써 구성이 된다는 뜻

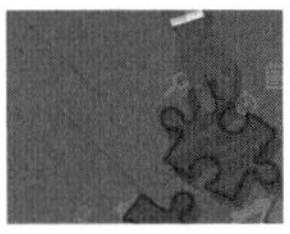

· 어원) **〈compose〉** com- ("together")+ponere ("to put, place").

expose [ikspóuz] 노출하다 보이다 (말소리) 윗서펴오지

oppose [əpóuz] 반대하다 앞펴오지

〈expose〉 '윗서펴오지'는 위에 펴 세우다는 말로 드러나게 위치한다는 뜻 **〈oppose〉** 앞(op 상대편)에 펴오다. 자기 앞에 대치하여 반대하다.

· 어원)**〈expose〉** Middle French exposer ("to lay open, set forth"). **〈oppose〉** Sanskrit अभि(abhí, against on, over, with regard to, by, before) **대치(對峙)**: 서로 맞서서 버팀

deposit [dipázit] 예금 보증금 (말소리) 떼펴지다

〈deposit〉 '떼펴지다'는 떼서 (따로) 펴 세워 놓다(Anything left behind on a surface). 돈을 따로 두어 저장하는 예금을 뜻함 ☞ de(떼)+po(펴)+sit(situate, site 서다)

· 어원) **〈deposit〉** Latin depositus ("put down"). [국어] **배치(配置)**: 사람이나 물자 따위를 일정한 자리에 알맞게 나누어 둠.

depose [dipóuz] 물러나다 (말소리) 떼펴오지

〈depose〉 '떼펴오지'는 떼어 펴 놓다는 말로 떼놓는다는 뜻

· 어원) **〈depose〉** de- ("down")+poser ("to put, place"). [국어] **펴다**: 접히거나 개킨 것을 젖히어 벌리다.

dispose [dispóuz] 폐기하다 처리하다 (말소리) 떼서펴오지

〈dispose〉 '떼서펴오지'는 떼서 (따로) 펴 놓다(To distribute; to put in place.). 떼놓다(get rid of)는 뜻

· 어원) **〈dispose〉** dis-+pōnō ("place, put"). [국어] **펴다**: 접히거나 개킨 것을 젖히어 벌리다.

propose [prəpóuz] 제안하다 제시하다 (말소리) 펴내펴오지

〈propose〉 '펴내펴오지'는 펴내(pro 앞에) 펴 놓다. (생각을) 앞에 펴놓아 제안한다는 뜻

· 어원) **〈propose〉** prō-+pōnō ("put, place").

purpose [pə́ːrpəs] 목적 목표 (말소리) 펄펴오지

〈purpose〉 '펄펴오지'는 펄(pur= pro, fer, port) (쳐내 앞으로) 배치한다는 말로 (생각, 의도를) 앞에 배치하여 어떤 것을 하고자 함을 나타냄

· 어원) **〈purpose〉** Old French purposer ("to propose"), Latin prō ("forth")+pono. [국어] **펴내다**: 담겨 있거나 고여 있는 것을 길어 내거나 떠내다.

pose는 펴서 놓인 상태(To place in an attitude or fixed position)로 하던 일을 멈추는 pause, 놓고 쉬는 repose와 통한다.

pause [pɔːz] 멈춤 휴식 (말소리) 퍼져
repose [ripóuz] 뉘어 쉬다 뉘퍼져

〈pause〉 '퍼져'는 **퍼져 늘어져 있는** 짧은 휴식을 의미함 **〈repose〉** '누퍼져' 뉘어(re) **퍼져**(pose=pause) **늘어지면서 누워** 쉬다 [다른 풀이] '눕혀서' 눕혀 자거나 쉬다

· 어원) **〈pause〉** Latin pausa ("break"). Ancient Greek παύω (paúō, "stop, end") Old French poser ("to put, place, stell, settle, lodge") **〈repose〉** Late Latin repausō ("to lay to rest, quiet; comfort, soothe; lie down, rest"), from re- ("again, back")+pausō ("to halt, cease, pause, rest"), [국어] **파(罷)하다**: 어떤 일을 마치거나 그만두다(罷). 깨지다. **퍼지다**: 힘이 빠져 늘어지다. [한자] 罷마칠 파, 破깨뜨릴 파

spasm [spæzm] 경련 쥐 (말소리) 스뻗침

〈spasm〉 퍼진 상태로 뻗어 버려 쓰러지다.

· 어원) **〈spasm〉** Ancient Greek σπασμός (spasmós, "spasm, convulsion"). **펴지다**: 힘이 빠져 늘어지다. **뻗다**: 오므렸던 것을 펴다. 죽거나, 기진맥진하여 쓰러지다. [한자] 倢빠를 첩

post [poust] 1 기둥 2 구역 3 게시하다, 배치, 우편 (말소리) 펴서다

〈post〉 '펴서다'는 펴서 세운 것으로 1 기둥 2 세워 위치한 장소(position, station)로서 구역. 3 펴서 배치하여 게시하다. 우편물을 펴서 배치하는 역할을 하는 우체국 ☞ po(펴)+st(sit, situate, site 서다)= position

· 어원) **〈post〉** Latin positus(placed) Old English post ("pillar, door-post"). Italian posta ("stopping-place for coaches"), posto ("placed, situated"). [국어] **펴지다**: 끝 쪽으로 가면서 점점 굵거나 넓적하게 벌어지다.

posterior [pastíəriər] 후부 뒤의 (말소리) 부쳐대리오

〈posterior〉 '부쳐대리오'는 부쳐(붙여) 뒤따라가다.

· 어원) **〈posterior〉** Latin posterior("coming after").

postpone [poustpóun] 연기하다 미루다 (말소리) 부치다편

〈postpone〉 '부치다편'은 부쳐(붙여) 뒤따라 펴 놓다

· 어원) **〈postpone〉** Latin post ("after, behind")+pono ("I put; I place"). Proto-Indo-European *pósti, from *pós(afterwards, post, by, at) [국어] **펴지다**: 끝 쪽으로 가면서 점점 굵거나 넓적하게 벌어지다.

14 퍕[p(b, f, v)+p(b, f, v)] 튀다(부풀린, 거품, 사람들, 날숨, 마시기), 비비다(삶)

pop phobia; **pop**ulation re**pub**lic; **puff buff**oonery; **bev**erage; **vib**rate **viv**id sur**viv**e

pop 은 삐삐(beep, peep) 소리. 튀어나오는 모습을 나타낸다. '퍕'하고 튀어나는 것이 '부푸는' 것과 연관이 있다. 사람들은 불어난 (부푼) 군중으로 표현할 수 있다. 그런 의미에서 people popular public 등 사람들 관련 단어가 파생했다. Beep 소리와 버버거리는 말(babble verb)이 연관된다.

또한 비비대는 모습에서 살아 있다는 생생한 의미가 나온다(vivid vital)

pop [pap] 튀어나오다 (말소리) 퍕
favorite [féivərit] 좋아하는 퍕이리다
phobia [fóubiə] 공포증 퍕이여

〈pop〉 '퍕'은 퍕 하고 튀어나오는 소리. 보이도록 형성하다, 부풀다는 뜻도 있다. **〈favorite〉** '퍕이리다'는 팝(팝콘처럼) 놀라 뛰는 것으로 부풀어 즐거운 마음을 나타냄 **〈phobia〉** '퍕이여'는 팝/퍕(phob=pop) 하고 펄쩍 뛰는 소리로 놀라움을 나타냄

· 어원) **〈pop〉** Middle English pop, poppe ("a blow; strike; buffet"). **〈favorite〉** Latin favor ("good will; kindness; partiality"), from faveō ("to be kind to"). **〈phobia〉** Ancient Greek φόβος (phóbos, "fear"). [국어] **퍕**: 참을 수 없어 터져 나오는 웃음소리

vapor [véipər] 증기 증발하다 (말소리) 부풀
bubble [bʌbl] 거품 부풀

〈vapor〉 '부풀'은 부풀어 퍼지는 증기(to boast or bluster. Gas)를 뜻함 [연관] bubble (bub=vap) **〈bubble〉** '부풀'은 보풀처럼 부풀어 오르다는 뜻

· 어원) **〈vapor〉** Latin vapor ("steam, heat"). [국어] **부풀다**: 살가죽이 붓거나 부르터 오르다.

영어에서 '사람들'은 부풀려 많다는 말에서 유래하였다.

popular [pάpjulər] 인기있는 대중의 (말소리) 부풀려
people [píːpl] 사람들 국민 부풀
populate [pάpjulèit] 살다 부풀리다
population [pὰpjuléiʃən] 인구 사람들 부풀려진

〈popular〉 '부풀려'는 (팝콘처럼) 부풀어 많아진 것은 군중을 나타냄. 또는 사람들 사이에 인기있는, 대중적이라는 뜻 **〈people〉** '부풀'은 부풀어 많아진 것으로 군중을 나타냄 **〈populate〉** '부풀리다'는 부풀어 많다는 뜻 **〈population〉** '부풀려진'은 부풀어져 많다는 뜻

· 어원) **〈popular〉** Latin populus ("people"). Proto-Italic *poplos ("army"), Latin pleō (to fill, to fulfill) **〈people / populate / population〉** Latin populus ("a people, nation). Late Latin populatio ("a people, multitude") Ancient Greek πληθῦς (plēthûs, "crowd")) from Latin pleō (to fill, to fulfill)). [국어] **부풀다**: 공기 따위로 부피가 커지다. **보풀**: 종이나 헝겊 따위의 거죽에서 부풀어 일어나는 가느다란 털.

public [pʌblik] 공공의 대중 (말소리) 푸부룩
republic [ripʌblik] 공화국 내푸부룩

〈public〉 '푸부룩'은 푸- 부룩하게 불어나 모인 사람들을 의미함 **〈republic〉** '내푸부룩'은 부룩하게 부푼 사람들을 의미함

· 어원) **〈public〉** Latin pūblicus ("pertaining to the people"). Proto-Italic *poplos ("army") **〈republic〉** rēs ("thing")+pūblica ("public"). [국어] **부룩**: 갑자기 무엇이 움직이거나 솟아오르는 모양.

plebeian [pləbíːən] 평민의 대중의 (말소리) 불려본

〈plebeian〉 '불려본'은 불려서 흔하고 많다는 뜻 [연관] population bubble

· 어원) **〈plebeian〉** Latin plebeius ("a commoner; common") Ancient Greek πληθῦς (plēthûs, "crowd")) from Latin pleō (to fill, to fulfill) [국어] **불리다**: 많아지게 하다.

publish [pʌbliʃ] 출판하다 발표하다 (말소리) 펴불리지

〈publish〉 '펴불리지'는 부풀려 (불어난 사람들에게) 벌려 알린다는 뜻

· 어원) **〈publish〉** Latin publicus ("pertaining to the people, public"). [국어] **벌리다**: 둘 사이를 넓히거나 멀게 하다. [한자] 報알릴 보

부풀게 하여 형성해 가는 것으로 조직(structure)을 만들다.

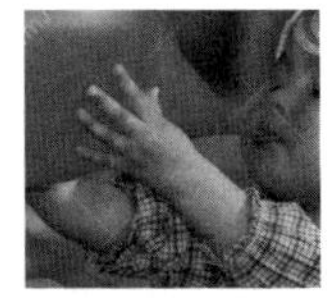

fabricate [fǽbrikèit] 위조하다 제작하다 (말소리) 펴부룩하다
fabric [fǽbrik] 직물 천 펴부룩

〈fabricate〉 '펴부룩하다' 펴 벌려 불룩지게(bric≒block) 하여 조직(structure)을 만들다 **〈fabric〉** '펴부룩'은 (실을 짜서) 펴 불어나는 조직(structure)을 만들다.

· 어원) **〈fabricate〉** Latin fabricō ("build, forge"), from fabrica ("a fabric, building, etc."). **〈fabric〉** Latin fabrica ("a workshop, art, trade, product of art, structure, fabric"), from faber ("artisan, workman"). [국어] **부풀다**: 살가죽이 붓거나 부르터 오르다. **불룩**: 물체의 거죽이 크게 두드러지거나 쑥 내밀린 모양.

푸푸(puff) 숨 쉬기, 마시기

다음은 입을 부풀려 푸 바람을 내뱉거나 뺨이 빠방하게 보이게끔 하는 행동을 나타낸 말들이다.

puff [pʌf] 뻐끔뻐끔, 부풀어 오르다 (말소리) 푸푸

〈puff〉 '푸푸' 푸푸/푭(puff=pop)하고 내쉬며 바람을 일으키는 것을 뜻함

· 어원) **〈puff〉** Old English pyf ("a blast of wind, puff"). Middle French bouffon, from buffare ("to puff out the cheeks"). [국어] **푸푸**: 다물었던 입술을 내밀고 조금 벌리며 잇따라 입김을 내뿜는 소리. 또는 그 모양. **푭**: 참을 수 없어 터져 나오는 웃음소리.

buffoonery [bəfúːnəri] 익살 해학 (말소리) 버벙내리

〈buffoonery〉 '버벙내리'는 뺨을 푭(buff=pop), 빠방하게 부풀려 바보처럼 보이다. 여기서 foon은 fan(풍)을 나타냄 [다른 풀이] '부푼이리' 뺨을 부풀려 푼수처럼 보이다. [연관] puff

· 어원) **〈buffoonery〉** Middle French bouffon, from buffare ("to puff out the cheeks"). [국어] **버벙하다**: 자극에 대한 반응이 무디고 어리벙벙하다. **빠방**: 화약이나 폭탄 따위가 갑자기 요란스럽게 터지는 소리를 나타내는 말. **빠방하다**: 매우 풍만하고 탄력이 있다. 남에게 내세울 만큼 부유하거나 영향력이 크다. 속이 꽉 차 있다. [한자] 風바람 풍

buff [bʌf] **[고급]** 연마 (말소리) 부비
rebuff [ribʌ́f] **[고급]** 퇴짜, ~을 저지하다 누부비

〈buff / rebuff〉 푸푸/푭(buff=puff, pop) 바람 소리로 부딪힐 때 부비는 소리를 나타냄. Tab, jab, bob rap (텁 젭 폽 얍) 치는 소리 [참고] bob 부비는 소리(To strike with a quick, light blow; to tap)

· 어원) **〈rebuff〉** Old French buffe ("blow"). **〈buff〉** Medieval Latin buffa, itself echoic of puffing out cheeks. [국어] **부비다**: 비비다. **부부**: 기선(汽船) 따위에서 연이어 나는 기적 소리. **푭**: 참을 수 없어 터져 나오는 웃음소리.

beverage [bévəridʒ] 음료 마실 것 (말소리) 뻡으리지

〈beverage〉 '뻡으리지'는 비비대며 출렁거리는 소리로 뽑아 마신다는 뜻. 퐙(bev=puff)은 접(sip) 마시다와 같다. [참고] bob 벅 치는 소리(To strike with a quick, light blow; to)

· 어원) **〈beverage〉** Sanskrit पिबति (píbati)(to drink, quaff, suck, sip, swallow, absorb). Latin pōtō ("I drink"). [국어] **뿜다**: 속에 들어 있는 기체나 액체를 밖으로 나오게 하다 **푭**: 참을 수 없어 터져 나오는 웃음소리.

imbibe [imbáib] 마시다 받아들이다 (말소리) 임뻡아

〈imbibe〉 '임뻡아'은 (입에) 임(im, in 위에 이다)하여 대고 비비대며 뽀뽀(bib=puff)하듯 뽑아 마시다.

· 어원) 〈**imbibe**〉 im+bibō ("to drink"). Ancient Greek βιβοώσκω (bibrṓskō, "I eat"). [국어] **뽑다**: 속에 들어 있는 기체나 액체를 밖으로 나오게 하다

imbue [imbjúː] 스며들게 하다 (말소리) 임부

〈**imbue**〉 임(im, in 위에 이다)한 곳에 부우(bue≒bouy) 배어들다

· 어원) Latin imbuō ("wet, moisten"). [국어] **배다**: (물기나 냄새가 어떤 곳에) 스며들거나 스며 나오다.

비비대며(viv) 바쁜, 활기차다

비비(여러 번 꼬이거나 뒤틀린 모양), 비비면서 왔다갔다 하는 것에서 바쁘다가 유래한 것으로 보인다. 부시시대는 것에서 busy가 된 것과 같다.

vibrate [váibreit] 진동하다 흔들리다 (말소리) 비비리다

〈**vibrate**〉 '비비리다'는 비벼 문지르다는 뜻. [연관] bob 부비, 바쁘게 움직이다

· 어원). 〈**vibrate**〉 Latin vibrō ("agitate, set in tremulous motion"). [국어] **비비다**: 두 물체를 맞대어 문지르다.

vivid [vívid] 생생한 발랄한 (말소리) 비비대

〈**vivid**〉 '비비대'는 비비거나 비비대며(꿈틀거리며) 움직이는 모습이 생생하게 보인다는 뜻

· 어원) 〈**vivid**〉 Latin vividus ("animated, spirited"), from vivere ("to live"), akin to vita ("life"). [국어] **비비대다**: 두 물체를 맞대어 잇따라 마구 문지르다. 어려운 상황을 이겨 내기 위하여 억척스럽게 자꾸 버티다. **비비다**: 많은 사람 틈에서 부대끼며 살아가다.

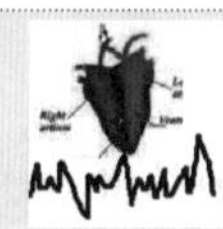

survive [sərváiv] 살아남다 생존하다 (말소리) 쏴비비

〈**survive**〉 '쏴비벼'는 비비대며(vive →vivid 꿈틀거리며) 바쁘게 피어나는 삶에서 쏴(sur→soar) 올라서 오래 산다는 뜻 [연관] surge

· 어원) 〈**survive**〉 Late Latin supervivere ("to outlive"), Latin super ("over")+vivere ("to live"), akin to vita ("life"). [국어] **쏴**: 나뭇가지나 물건의 틈 사이로 바람이 스쳐 부는 소리. **비비대다**: 두 물체를 맞대어 잇따라 마구 문지르다. 어려운 상황을 이겨 내기 위하여 억척스럽게자꾸 버티다.

revive [riváiv] 되살아나다 (말소리) 누비비

〈**revive**〉 '누비비'는 누누이 비비대며 (꿈틀거리며) 피어난다는 뜻

· 어원) 〈**revive**〉 re+vivre ("to live"). [국어] **비비대다**: 두 물체를 맞대어 잇따라 마구 문지르다. 어려운 상황을 이겨 내기 위하여 억척스럽게자꾸 버티다.

15 푸/부 (fess, fa, phe, vo) 펴는 말, 버버(b_b)거림

pro**fess** con**fess** **fa**bulous pro**phe**t **vo**w de**vo**te **barb**arian **bab**ble

'펴다'는 생각이나 감정 또는 기세 따위를 자유롭게 표현하는 것을 뜻한다. 즉 마음속의 생각이나 의견을 밖으로

끄집어내 펴내듯이 표현하는 것이라고 할 수 있다. 산스크리트어 va는 wind, air, speak를 뜻한다(조선고어실담어 주석사전, 강상원, 2016.7.25, p.606). 부우(voice, vow) 또는 푸 소리는 바람 소리이면서 입에서 나는 숨소리, 말소리를 나타낸다.

confess [kənfés] 고백하다 자백하다 (말소리) 끈펴지

〈confess〉 '끈펴지'는 끼인(낀 con) (상대에게) '푸' '부스스(푸시시 fess=voice)' 소리로 표한다는 뜻. [다른 풀이] '끈부스' 부스스(푸시시) 소리 내다.

· 어원) **〈confess〉** con-+fateor ("I admit"). **펴다**: 생각, 감정, 기세 따위를 얽매임 없이 자유롭게 표현하거나 주장하다. [한자] 話말씀 화

profess [prəfés] 고백하다 (말소리) 펴리펴서
professional [prəféʃənl] 전문의 프로의 펴리펴지는

〈profess/professional〉 펴내(pro 앞에) '푸' '부스스(푸시시 fess=voice)' 소리로 표하다. 펴내놓고 (공식으로) 표하는 일을 의미함 [연관] proclaim

· 어원) **〈profess〉** pro-+fatērī ("to confess, acknowledge"). Latin for ("I speak, I say"), latin fateor(I show, indicate. Confess) Ancient Greek φωνή • (phōnḗ)[sound, voice, cry, speech]. sanscrit वाच् • (vā̃c) (speech, voice, talk, language, sound) **〈professional〉** Old French profession("declaration of faith, religious vows, occupation"), Latin professiō ("avowal, public declaration"). [국어] **펴다**: 생각, 감정, 기세 따위를 얽매임 없이 자유롭게 표현하거나 주장하다. **부스스(푸시시)**: 부스러기 따위가 어지럽게 흩어지는 소리. 또는 그 모양. **화**: 한숨을 매우 크고 심하게 내쉬는 소리. [한자] 話말씀 화 表겉 표, 밝히다

prophet [prάfit] 예언자 선구자 (말소리) 펴리펴다
prophecy [prάfəsi] 예언 펴리펴지

〈prophet/prophecy〉 펴내(pro 앞에) '푸' 소리로 표현하다. 앞서 말(prediction)하는 것을 뜻함

· 어원) **〈prophet / prophecy〉** Ancient Greek πορφήτης (prophḗtēs, "one who speaks for a god"), from πoó (pró, "before")+ φημί (phēmí, "I tell"). **펴다**: 생각, 감정, 기세 따위를 얽매임 없이 자유롭게 표현하거나 주장하다.

fame [feim] 명성 명예 (말소리) 펴옴

〈fame〉 '펴옴'은 부우/푸우 (소리로) 말을 펴내어 유명해진 것을 뜻함 [연관] renowned 낭랑 울리는 말이 있어 유명해진

· 어원) **〈fame〉** Latin fāma ("talk, rumor, report, reputation"), Ancient Greek φήμη (phḗmē, "talk"). [국어] **푸**: 다물었던 입술을 내밀고 조금 벌리며 입김을 내뿜는 소리. 또는 그 모양. **펴다**: 생각, 감정, 기세 따위를 얽매임 없이 자유롭게 표현하거나 주장하다. [한자] 播펼 파. 널리 알리다, 노래

fate [feit] 운명 천명 (말소리) 펴다
fatal [féitl] 치명적인 펴댈

〈fate/fatal〉 '푸/파' 소리 내어 펴는(말하는) 것으로 신의 말이 운명을 결정한다는 뜻

· 어원) **〈fate〉** Latin fata ("prediction, declaration "), fātum((of a god) speech). **[국어] 푸**: 다물었던 입술을 내밀고 조금 벌리며 입김을 내뿜는 소리. 또는 그 모양. **펴다**: 생각, 감정, 기세 따위를 얽매임 없이 자유롭게 표현하거나 주장하다. [한자] 話말씀 화

fable [féibl] 동화, 꾸며낸 이야기 (말소리) 푸해볼

〈fable〉 파아/푸우(fa=話 말씀 화, voice) 버버거리며 소리 내어 말한다는 뜻 [다른 풀이] '버벌' 버버거리며 말하다.

· 어원) **〈fable〉** Latin fabula, from fā(rī) ("to speak, say") Proto-Indo-European *pow- ("to blow, drift, billow"). **푸**: 다물었던 입술을 내밀고 조금 벌리며 입김을 내뿜는 소리

fabulous [fǽbjuləs] 멋진 재미있는 (말소리) 푸불어서

〈fabulous〉 '푸불어서'는 파아/푸우(fa=voice) 버버거리며 소리 내어 이야기를 한다. 이야기는 재미있다.

· 어원) **〈fabulous〉** Latin fābulōsus ("celebrated in fable"). [국어] **버버거리다**: '버벅거리다'의 방언 (충남) 행동이나 말 따위를 자연스럽게 하지 못하고 자꾸 틀리거나 머뭇거리다. **푸**: 다물었던 입술을 내밀고 조금 벌리며 입김을 내뿜는 소리. 또는 그 모양.

Vow는 부우/푸우 소리로 voice의 변형이라고 볼 수 있다.

vow [vau] 다짐하다 (말소리) 보(報)
avow [əváu] 공약하다 다짐 에보(報)

〈vow / avow〉 '보'는 (생각을) 부우/푸우 소리로 표현해 통보하듯 알리다는 뜻. ☞ voc→ vow

· 어원) **〈vow〉** Latin vōtum ("a promise, dedication, vow"), from vovēre ("to promise, vow"). Proto-Indo-European *pow- ("to blow, drift, billow"). **〈avow〉** Latin advocare ("to call to, call upon, hence to call as a witness, defender, patron, or advocate"), from ad ("to")+vocare ("to call"). [국어] 표하다(表--): 태도나 의견 따위를 나타내다. **부**: 공장이나 기선 따위에서 내는 굵고 낮은 소리 [한자] 報알릴 보 票걸 표

vowel [váuəl] 모음 (말소리) 보(報)일

〈vowel〉 '보(報)일'은 부우/푸우 (소리로) 울리는 소리를 낸다는 뜻 ☞ voc→ vow

· 어원) **〈vowel〉** Latin vōcālis ("voiced"). [국어] **부**: 공장이나 기선 따위에서 내는 굵고 낮은 소리 [한자] 報알릴 보

말이라는 수단을 통해 생각이나 의견이 겉으로 드러나게 되면 우리는 화자의 의중을 읽고 판단할 수 있게 된다.

vote [vout] 투표 선거 (말소리) 보(報)하다

〈vote〉 '보(報)하다'는 부우/푸우 (소리로) 통보(표)하여 목소리를 내다. 목소리를 내서 입장을 표현하는 것이 투표와 같다. [다른 풀이] '표하다'(表)

· 어원) **〈vote〉** Latin vōtum, a form of voveō ("I vow"). [국어] **표하다**: 태도나 의견 따위를 나타내다. [한자] 標표할 표 報알릴 보

공언하다는 밖으로 드러내 말하는 것이다.

devote [divóut] 헌신하다 바치다 (말소리) 떠보(報)하다

〈devote〉 '떠보(報)하다'는 부우/푸우 (소리로) 띄워(de) 통보(표)하다. 목소리를 내보여 지지하다. [연관] dedicate [de+dic(talk, voice, vote, call)=devote, declare]

· 어원) **〈devote〉** Latin dēvoveō ("dedicate by a vow, sacrifice oneself, promise solemnly"). [국어] **표하다**: 태도나 의견 따위를 나타내다. [한자] 標표할 표 報알릴 보

<표> [드러내 말하는 표현(어휘) 정리]

펴내 (pro 앞으로) 소리내다		띄워(de) 소리내다	
profess	펴내 푸하다	dedicate	띄워 떽떽 거리다
proclaim	펴내 칼칼 소리치다	devow	띄워 부우 소리내다
promise	펴내 미다	declare	띄워 칼칼 소리치다

버버(b_b)거리며 지껄이다

말하는 것은 여러 가지로 표현된다. 부르다, 불다, 버버거리다, 펴다 등등. 그중에서도 '버버리'는 '벙어리'의 방언으로 말을 잘하지 못해 '버버'하고 내는 소리를 표현한 것이라고 할 수 있다. 그리고 '불다'도 입 밖으로 숨을 내불어서 말을 하는 모습을 나타낸 것이라고 할 수 있다.

barbarian [baːrbέəriən] 야만인 오랑캐 (말소리) 버버리인

'버버리인'은 버버리(벙어리)처럼 버버거리며 말을 잘하지 못한다는 것으로 미개인을 뜻함.

· 어원) Sanskrit बर्बर (barbara, "barbarian, non-Aryan, stammering") Ancient Greek βάοβαορς (bárbaros, "foreign, non-Greek, strange"), possibly onomatopoeic (mimicking foreign languages, akin to English blah blah) βαο-βαο (bar-bar) sounds incomprehensible to Ancient Greeks and spoken by foreigners [국어] **버버리**: [방언] '벙어리('언어 장애인'을 낮잡아 이르는 말)'의 방언. 비비 悱悱(하려는 말을 제대로 하지 못하고 우물거림)

babble [bǽbl] 중얼거림 재잘거림 (말소리) 버벌

〈babble〉 '버벌'은 버버거리며 아기가 재잘거리는 것을 나타냄

· 어원) Old English *bæblian, also wæflian ("to talk foolishly"), from Proto-Germanic *babalōną ("to chatter"). [국어] **버버거리다**: '버벅거리다'의 방언 (충남) 행동이나 말 따위를 자연스럽게 하지 못하고 자꾸 틀리거나 머뭇거리다. 비비 悱悱(하려는 말을 제대로 하지 못하고 우물거림)

verb [vəːrb] 동사 (말소리) 버버
proverb [prάvəːrb] 속담 펴내버버

〈verb〉 '버버'는 벌벌 떠는 입술로 버버거리며 말하는 모습을 나타냄. ☞ word의 'wor-'은 왈왈거리다이고, 벌벌대는 'ver-'에서 파생된 것으로 보인다. **〈proverb〉** '펴내버버'는 펴내(pro 앞에) 버버거리는 말로서 앞에 드러내 대표할만한 명언

· 어원) **〈verb〉** Latin verbum ("word, verb"). **〈proverb〉** prō- ("for, on behalf of")+verbum ("word"). [국어] **버버거리다**: '버벅거리다'의 방언 (충남) 행동이나 말 따위를 자연스럽게 하지 못하고 자꾸 틀리거나 머뭇거리다.

16 바드드 베다/패다(bit, bat, p_t(d), vid --)(조각냄, 때리다, 싸움, 논쟁)

bit bite di**vide pat pat**ch **pet**ty a**bate; bat**tle com**bat** de**bate** re**fute**

바드드 두드리는 것은 '패다' '베다'로 표현할 수 있다.

bit [bit] 조금 약간 (말소리) 베다
bite [bait] 물다 한입 베이다
bait [beit] 미끼 괴롭히다 베이다

〈bit〉 '베다'는 베어 나뉜 조각을 뜻함. 바드드(bat pat) 받아치는 소리로 갈라진 조각 [연관] bat pat petty [다른 풀이] '바드' 바드드 패서 나뉘다. **〈bite〉** '베이다'는 이로 음식 따위를 끊거나 자르는 것을 말함 **〈bait〉** '베이다'는 입에 베어 문 것을 뜻함

· 어원) **〈bit〉** Old English bita ("bit; fragment") and bite ("a bite; cut"). **〈bite〉** Sanskrit भिद् (bhid, "to break"). **〈bait〉** Proto-Germanic *baitō ("that which is bitten, bait"). [국어] **베다**: 날이 있는 연장 따위로 무엇을 자르다. 이로 음식 따위를 끊거나 자르다. **비다**: '베다'의 방언. **바드드**(바르르): 가볍게 조금 떠는 소리. 또는 그 모양. **푸드드**: 새가 날개를 천천히 가볍게 치며 날아가는 소리. 또는 그 모양. **부드드**: '부르르'의 방언(함북).

bitter [bítər] 쓴 씁쓸한 (말소리) 베다

〈bitter〉 '베다'는 베이는 듯한 쓰린 느낌을 뜻함

· 어원) **〈bitter〉** Proto-Germanic *bitraz ("bitter"), (equivalent to bite). [국어] **베다**: 날이 있는 연장 따위로 무엇을 끊거나 자르거나 가르다.

divide [diváid] 나누다 분할하다 (말소리) 떼베이다

〈divide〉 '떼베이다'는 떼(de) 바드드 베이다(vide)는 것으로 나눈다는 뜻 [명사] division 떼부순 device

· 어원) **〈divide〉** Latin dīvidō ("divide"), *vidō ("to separate"). **바드드**(바르르): 가볍게 조금 떠는 소리. 또는 그 모양. [한자] 掰쪼갤 배

individual [ìndəvídʒuəl] 개인의 개별의 (말소리) 안떼베둘

〈individual〉 '안떼베둘'은 떼(de)서 베어(vi) 지지 않다. 원자(atom)처럼 나눌 수 없는 개개의 것을 뜻함 [연관] atom 틈이 없는 원자

· 어원) **〈individual〉** Latin individuum ("an indivisible thing"), from in+dividuus ("divisible"), from divido ("divide"). [국어] **베다**: 연장이나 물건으로 끊거나 자르다.

패치는 덧댈 수 있게 잘게 나누어진 것이다.

patch [pætʃ] 패치 헝겊 조각을 대다 (말소리) 패지

〈patch〉 '패지'는 푸드드 퐂(bat pat) 치는 소리. 패서 쪼갠 조각을 뜻함 [다른 풀이] '파지' 파다

· 어원) **〈patch〉** Low German Plakk("spot, piece, patch"). [국어] **퐂**: 갑자기 짧은 웃음을 터뜨리는 소리. **패다**: 도끼로 장작 따위를 쪼개다. 파지(破紙): 찢어진 종이. **푸드드**: 새가 날개를 천천히 가볍게 치며 날아가는 소리. 또는 그 모양. [한자] 猈나눌 패 破깨뜨릴 파

embed [imbéd] 꽂아(끼워) 넣다 장착 (말소리) 임베다
pit [pɪt] 구덩이, (패인) 자국을 남기다 패다

〈embed〉 임(im, in 임하다)한 곳에 베다(bed=pit). 베서 파고 (끼워) 넣는다는 뜻 [en-= in, into, on, covered, caused] [연관] bed '베다' 베고 누워 있는 장소(A foundation or supporting surface). **〈pit〉** 푸드드(퐂) 소리로 패서 구멍이나 자국을 남기다

· 어원) 〈**embed**〉 em-+bed. Proto-Indo-European *bʰedʰ- ("to dig"). 〈**pit**〉 Proto-Indo-European *paw- ("to strike"). [국어] **베다**: 날이 있는 연장이나 물건으로 끊거나 자르다. 눕거나 기댈 때 베개 따위의 다른 물건 위에 놓은 상태가 되게 하다. **푸드드**: 새가 날개를 천천히 가볍게 치며 날아가는 소리.

'패다'는 퐂, 푸드드 두들기는 소리로서 때리는 경우(beat)뿐만 아니라 그냥 가볍게 다독이는 것(pat)에도 쓰인다. 펑 패서 벌한다는 의미의 Punish처럼 아픔(patient pain pathetic) 동병상련(pity sympathy) 등과 관련된다.

pat [pæt] 두드리다 (말소리) 패다

〈**pat**〉 '패다'는 부드득 부딪히는 소리로 부딪히거나 두드리다(The sound of a light slap or tap). 가벼운 발소리로 걷다[뛰다] [연관] patrol bat

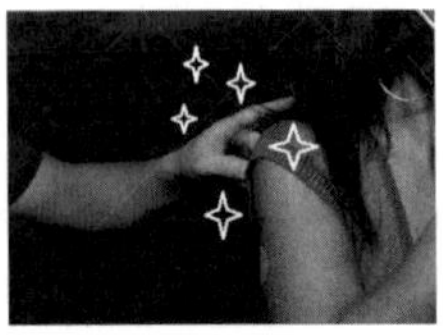

· 어원) 〈**pat**〉 Old English plættan ("to buffet, strike, slap, smack, give a sounding blow"), from Proto-Germanic *plat- ("to strike, beat"). [국어] **패다**: 사정없이 마구 때리다. **푸드드**: 새가 날개를 천천히 가볍게 치며 날아가는 소리. 또는 그 모양.

bat [bæt] 1 몽둥이 2 박쥐 (말소리) 패다

〈**bat**〉 '패다' 부드득 부딪히는 소리로 붓다. 1. 받아치며 때리는 막대 2. (날개를) 푸드드(feather) 패는 소리로 날개를 떠는 박쥐 [연관] butt(Strike. The end of a connecting rod.)

· 어원) 〈**bat**〉 Old English batt ("bat, club, cudgel"). Latin battuō ("beat, pound; fight"), Ancient Greek πέτρμαι(pétomai, "I fly"). Middle English bakke'박' [국어] **부드득**: 되게 문지르거나 마주 갈 때 나는 소리. **푸드드**: 새가 날개를 천천히 가볍게 치며 날아가는 소리. 또는 그 모양. **부드드**: '부르르'의 방언(함북). **받다**: 머리나 뿔 따위로 세차게 부딪치다. **붓다(부수다)**: 단단한 물체를 여러 조각이 나게 두드려 깨뜨리다.

spade [speid] 삽 (말소리) 스패이다
paddle [pǽdl] 노를 젓다, 노 바들

〈**spade**〉 '스패이다'는 바드드 치는 소리로 파서 패이게 하는 막대(pad=bat). ☞ pad는 foot처럼 걷는 소리(To walk softly. Indicating a soft sound, as of bare footsteps)도 뜻한다. 〈**paddle**〉 바드드/바들 치는 소리로 배를 저어 가게 하는 막대

· 어원)〈**spade/paddle**〉 Ancient Greek πηδάλιον (pēdálion, "rudder, steering oar"), derived from πηδός (pēdós, "the blade of an oar; an oar"). Persian راپس (sopār, "plow"). Middle English padell ("small spade") [국어] **패다**: (구덩이나 구멍) 땅이나 돌 따위에 만들어지다. **부들(바들)**: 몸을 자꾸 부르르 떠는 모양.

beat [biːt] 이기다 때리다 (말소리) 패다

〈**beat**〉 바드드 받아 치는 소리로 베이게 한다 [다른 풀이] 1 '붓다' 부드득 부딪히는 소리로 부딪히다, 붓다는 뜻 2 '부드' 부드드 두드리며 패다 3 '베다' 베이게 치다

· 어원)〈**beat**〉 Old English bēatan ("to beat, pound, strike, lash, dash, thrust, hurt, injure"). **부드득**: 되게 문지르거나 마주 갈 때에 나는 소리. **베다**: 날이 있는 연장 따위로 무엇을 끊거나 자르거나 가르다. **받다**: 머리나 뿔 따위로 세차게 부딪치다.

repeat [ripíːt] 반복하다 따라하다 (말소리) 누패다

〈**repeat**〉 '누패다' 누누이 패다(peat=pat, beat). 두드리는 반복(petition → repetition)을 나타냄

· 어원) 〈repeat〉 re- ("again")+peto ("attack, beseech").

바드드 두드리며 패거나 베는 것은 베이는 고통을 나타낸다.

rebate [ríːbeit] 리베이트 환불 (말소리) 누베이다
abate [əbéit] 완화시키다 외베이다

〈rebate〉 '누베이다'는 누누이(re) 부드득 패다/베베다(bat=pat). 누차 부딪혀 원래대로 해주다(Withdraw) [연관] rebut (beat back, deny) **〈abate〉** '외베이다'는 부드득 패다/붓다 (bat=pat, pathetic)는 것에서 외부(ab)로 나가다. 베이는 고통을 없앤다는 뜻 [연관] **bat**tle **pat**hetic 패는 고통을 나타낸다.

· 어원) **〈rebate〉** Old French rabatre. Latin battuere ("to beat, hit"). **〈abate〉** ab- ("away")+batto, Latin battuere ("to beat"). [국어] **빼다**: 전체에서 일부를 제외하거나 덜어 내다. **패다**: 머리 따위가 몹시 아프고 쑤시다. [한자] 掰쪼갤 배

패서 나뉜 조각은 작은 것, 아이를 나타내기도 한다.

petty [péti] 의미없는 사소한 (말소리) 패다
pet [pet] 애완동물 패다

〈petty /pet〉 (푸드드, 풋) 패서 나뉜 작은 조각, 풋내기, 풋것처럼 아직 어린 것. Pet는 풋 때리며 쓰다듬는 pat의 뜻도 있다. [연관] bit

· 어원) **〈petty/pet〉** Old English bita ("bit; fragment") and bite ("a bite; cut") [국어] **풋**: 갑자기 짧은 웃음을 터뜨리는 소리. '처음 나온', 또는 '덜 익은'의 뜻을 더하는 접두사. 일부 명사 앞에 붙어, '정도가 깊지 않은'의 뜻을 더하는 말. **푸드드**: 새가 날개를 천천히 가볍게 치며 날아가는 소리. 또는 그 모양.

spot [spat] 1 자국 2 발견하다 2 장소 (말소리) 스패다

〈spot〉 '스패다'는 1 펏(pot≒pat) 패서 생긴 자국(To cut or chip, A stain or disfiguring mark.) 2 펏 부딪혀 (접해) 보다(forebode). 알게 되다, 현장을 잡다 3 패서 생긴 자국처럼 일정한 구역, 장소.

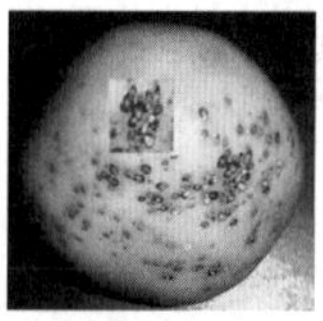

· 어원) **〈spot〉** Middle Dutch spotte ("spot, speck"), Old Norse spotti ("small piece"). Also Old English splott ("spot, plot of land"). Sanskrit: बोध (bódha) (perception, cognition)

'패다'는 때려 조각나는 것으로 나쁘다는 의미로 쓰인다.

putrid [pjúːtrid] **[고급]** 부패한 타락한 (말소리) 패되리다

〈putrid〉 '패되리다'는 푸드드(put=bad, pat) 붓는 등으로 허물어지고 패(敗 부패)하여 썩는다는 뜻. ☞ Put=> bad(go bad 썩다)

· 어원) **〈putrid〉** Latin putridus ("rotten, decayed"), from pūtreō ("I am rotten or putrid"), from puter ("rotten, decaying, putrid"). [국어] **부패**: 유기물이 미생물에 의하여 불완전 분해하여 악취가 나고 유독성 물질이 생기는 과정. [한자] 敗패할 패, 썩다

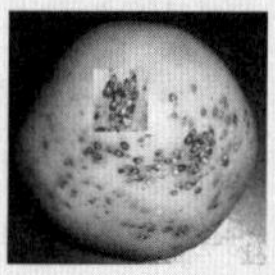

부드드(bat, pet ――) 부딪히며 싸우다

battle [bǽtl] 전투 싸움 (말소리) 패댈

〈battle〉 부드득(부들) 부딪히는 소리로 받아(bat=beat)치다. [다른 풀이] '붙을' 은 퍼덕거리는 소리로 싸움 붙다

· 어원) **〈battle〉** Latin battuō ("to strike, beat"). [국어] **부드득**: 되게 문지르거나 마주 갈 때 나는 소리. **부들**:몸을 자꾸 크게 부르르 떠는 모양. **붙다**: 맞닿아 떨어지지 아니하다. 겨루는 일 따위가 서로 어울려 시작되다. **받다**: 머리나 뿔 따위로 세차게 부딪치다.

combat [kəmbǽt] 전투 싸우다 (말소리) 낌패다

〈combat〉 겸(낌)하여 서로 부드득 부딪히는 소리로 받아치다. 싸움이 붙다. [다른 풀이] '낌부드' 겸하여 부드득 부딪히는 소리로 서로 싸움 붙다

· 어원) **〈combat〉** Latin com- ("with")+battuere ("to beat, strike"). **부드득**: 되게 문지르거나 마주 갈 때에 나는 소리. **붙다**: 맞닿아 떨어지지 아니하다. 겨루는 일 따위가 서로 어울려 시작되다.

compete [kəmpíːt] 경쟁하다 (말소리) 낌패다
petulant [péʧulənt] **[고급]** 까다로운 성마른 패댈련다

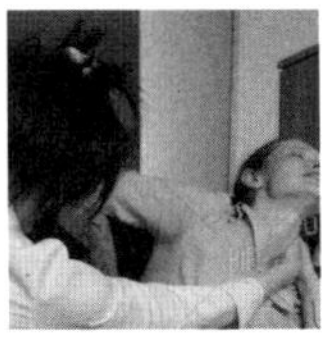

〈compete〉 '낌패다'는 부드득 패대(pete=pat, beat)며 서로 낌(com)으로써 경쟁하다는 뜻 **〈petulant〉** '패댈련다'는 패대며(beat) 자극하는 것으로 부대끼며 흥분하는 것

· 어원) **〈compete〉** Latin competere ("to coincide, to be equal to), petō("I seek, I aim for, I strive for, I attack."). **〈petulant〉** petō("I seek, I aim for, I strive for, I attack.").

booty [búːti] 전리품 (말소리) 붓다
buddy [bʌdi] 친구 붓다

〈booty/buddy〉 부드득 부딪혀 (부수며) 공격하여 빼앗은 전리품. 전리품을 나눠 갖는 동료라는 의미에서 벗(친구)

· 어원) **〈booty〉** Proto-Celtic *boudi ("profit, gains; victory"). Old English bēatan ("to beat, pound, strike, hurt, injure") **〈buddy〉** booty fellow, a partner with whom one shares booty or loot. [국어] **바드드**(바르르): 가볍게 조금 떠는 소리. 또는 그 모양. **부드드**: '부르르'의 방언(함북). **붓다(부수다)**: 단단한 물체를 여러 조각이 나게 두드려 깨뜨리다.

'붓다'는 부딪혀 되받아치는 것으로 거절하다는 뜻으로 쓰인다.

refute [rifjúːt] 반박하다 (말소리) 누붓다
repudiate [ripjúːdièit] **[고급]** 부인하다 거절하다 누부딪히다

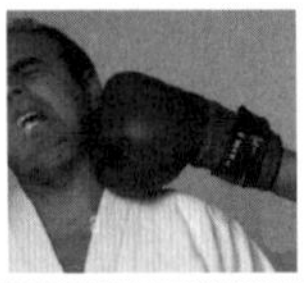

〈refute〉 '누붓다'는 누누이(re) 부드득 (부딪히게) 붓다(fut=bat pat, beat). 다시 퍼덕 쳐 (상대에게) 맞받아친다는 뜻 [참고] butt 받다 (머리[뿔]로 받다) rebut [다른 풀이] '누패다' 누차 패대기 치다. **〈repudiate〉** '누부딪히다'는 누누이(re) 부드득 받아(fut=bat pat)치다. 다시 (상대에게) 맞부딪혀 거절하다는 뜻 [참고] repel

· 어원) **〈refute〉** re+futo ("to beat"). **〈repudiate〉** Latin repudiō ("I cast off, reject"), from repudium ("divorce") Proto-Indo-European *paw-("strike"). [국어] **붓다(부수다)**: 단단한 물체를 여러 조각이 나게 두드려 깨뜨리다. **패다**: 거칠게 사정없이 때리다. **(내)받다**: 머리나 뿔 따위로 세차게 부딪치다. 부당한 일을 한다고 생각되는 사람에게 맞서서 대들다.

refuse [rifjú:z] 1거부하다 2쓰레기 (말소리) 누부숴

〈refuse〉 '누부숴'는 부스스 부숴지게 1 받아쳐 물리치다 2 부숴진 쓰레기 [참고] rubbish

· 어원) **〈refuse〉** re-+*futo ("to beat"). [국어] **붓다(부수다)**: 단단한 물체를 여러 조각이 나게 두드려 깨뜨리다.

부딪히며 받아치는 행위는 논쟁이나 토론으로 상대방과 갑론을박을 벌이는 다툼을 나타낸다. '떼'는 'de-'나 'di-'로 시작되는 단어들에 쓰이며 '떼어내다'의 뜻이라고 할 수 있다.

debate [dibéit] 토론 논쟁 (말소리) 떼베이다

〈debate〉 '떼베이다'는 부드득(bat) (받아 치며) 패(베)는 다툼을 뜻함.

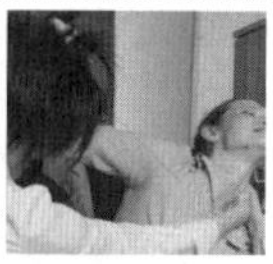

· 어원) **〈debate〉** Romanic desbattere, Latin dis- ("apart, in different directions")+battuere ("to beat, to fence"). [국어] **붓다(부수다)**: 단단한 물체를 여러 조각이 나게 두드려 깨뜨리다.

dispute [dispjú:t] 분쟁 논쟁 (말소리) 떼서붓다

〈dispute〉 '떼서붓다'는 부드득 부딪혀 (받아치며) 서로 떼어 패다/붓다(put=pat, beat)는 것으로 말다툼을 뜻함 [다른 풀이] '떼서패다' 받아치다.

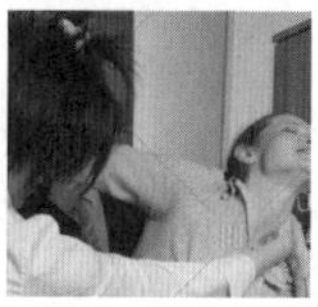

· 어원) **〈dispute〉** dis- ("apart")+putāre ("to reckon, consider, think, originally make clean, clear up"). latin putō(I trim, clean). [국어] **패다**: 사정없이 마구 때리다. **붓다(부수다)**: 단단한 물체를 여러 조각이 나게 두드려 깨뜨리다.

17 부드드 패서 자극, 비다(pet), 패대는(pat, pas) 아픔(동병상련, 열정), 한 패(fid)(믿음)

im**pet**us ap**pet**ite **pet**ition; **pati**ence **path**ology sym**path**y **pass**ion; **fid**elity con**fid**ence_

'패다'는 두드려 자극한다는 뜻으로 쓰인다. 자극은 욕구를 불러 일으키고 요청 따위를 이끌어내는 힘이라고 할 수 있다.

impetus [ímpətəs] 자극 기동력 (말소리) 임패대지

〈impetus〉'임패대지'는 임("in, im, on" 臨임할 임, 인접)한 부분을 패다(pet=pat, beat), 두들겨 자극을 한다는 뜻 [연관] impel

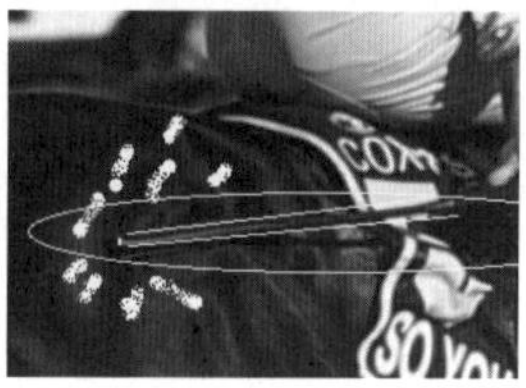

· 어원) **〈impetus〉** Latin impetō ("to rush upon, attack"), from in- ("upon")+petō ("to seek, fall upon"). latin petō("I seek, I aim for, I strive for, I attack."). [국어] **패다**: 사정없이 마구 때리다. [한자] 破깨뜨릴 파

부드득(바드드) 두들겨 패서 (자극하여) 욕구를 표현한다.

bid [bid] 요청하다 입찰 (말소리) 비다
invite [ɪnvaɪt] 요청(초청)하다 인부디

〈bid〉 '비다'는 부드득 (비비면서) 비다(bid=beat, petition). 요구하다(to pray) [다른 풀이] '부디' 부탁하다. '부디'는 부디치다(부딪히다)에서 파생한 것으로 보인다. **〈Invite〉** 인("in, im, on" 인접(隣))한 곳에 (부드드) 비비며 부디 해달라고 함(To ask for the presence)

· 어원) **〈bid〉** Dutch bidden ("to pray"), German **bit**ten(beg). **〈Invite〉** Spanish: envidar(to bid), envite (push, shove) Latin invītō (I challenge). [국어] **빌다**: 바라는 바를 이루게 하여 달라고 신이나 사람, 사물 따위에 간청하다. **부디**: '바라건대', '꼭', '아무쪼록'의 뜻으로, 남에게 청하거나 부탁할 때 바라는 마음이 간절함을 나타내는 말. **비비다**: 사람이 다른 사람의 비위를 맞추거나 아부하는 행동을 하다. 많은 사람 틈에서 부대끼며 살아가다.

appetite [ǽpətàit] 식욕 관심 (말소리) 에패대다

〈appetite〉 '에패대다'는 부드드(바드드 pet=beat) 두들겨 패서 (자극하여) 욕구를 보이다는 뜻 [다른 풀이] '에부대다' 부대껴(나부대면서) 부딪히고 자극하다.

· 어원) **〈appetite〉** appetere ("to strive after, long for"); ad+petere ("to seek"). latin petō("I seek, I aim for, I strive for, I attack.") **부대끼다**: 다른 것에 맞닿거나 자꾸 부딪치며 충돌하다. '보채다'의 방언 (전남)

petition [pətíʃən] 청원 탄원 (말소리) 부디친

〈petition〉 '부디친'은 부드득 부딪히게 패서(beat) (자극하여) 욕구를 보인다는 뜻. 부디 해달라는 부탁. [다른 풀이] '패대진' 두드려 패서 자극하다.

· 어원) **〈petition〉** Latin petitio("a request, solicitation"), from petere ("to require, seek, go forward"). [국어] **패다**: 사정없이 마구 때리다. **부디**: '바라건대', '꼭', '아무쪼록'의 뜻으로, 남에게 청하거나 부탁할 때 바라는 마음이 간절함을 나타내는 말.

부드드(pat. pas) 패는 아픔. 동병상련. 열정

심리적인 고통도 육체적인 고통만큼 아프다는 데서 '패다'가 쓰인다. Pass/path는 땅을 뽀드득 두드리며 패는 소리가 나듯 걸어 나가는 것을 나타내고, Pass-, pat(h)-는 두드려 패서 아프다는 뜻을 갖는다. pat는 두드리는 소리로 가벼운 발소리로 걷다[뛰다]는 의미가 있다.

patient [péiʃənt] 1 환자 2 인내심 (말소리) 패어진다
patience [péiʃəns] 참을성 패어진지

〈patient/patience〉 1 패대(pat=beat)는 아픔을 느끼다 2 패는 고통과 함께하여 참아낸다 (Physically able to suffer or bear)는 뜻

· 어원) **〈patient/patience〉** Latin patior ("to suffer, endure"), pati ("to suffer"). Proto-Indo-European *pe(i)- ("to hurt"). [국어] **패다**: 머리 따위가 아프고 쑤시다. [한자] 破깨뜨릴 파

pathology [pəθάlədʒi] 병상 병리학 (말소리) 패서얘기

〈pathology〉 '패서얘기'는 패대는(path=pat, beat) 아픔(질병)에 대해 웩(logy=>logic 얘기)하는 말소리를 뜻함

· 어원) Ancient Greek πάΘρς (páthos, "disease, pain, passion, any strong feeling") and -λργία (-logía, "study of"). λέγω (légō, "I say"). λόγρς • (lógos)(That which is said, That which is thought: reason, consideration). [국어] **패다**: 머리 따위가 몹시 아프고 쑤시다. [한자] 破깨뜨릴 파

pathetic [pəθétik, -ikəl] 불쌍한 한심한 (말소리) 패지툭

〈pathetic〉 '패지툭'은 패지는 아픔이 있는 상태라는 뜻

· 어원) **〈pathetic〉** Ancient Greek παθητικός (pathētikós, "subject to feeling, capable of feeling, impassioned"), from πάθος (páthos, "feeling, passion, emotion, pain, suffering, death"). pati ("to suffer"). [국어] **패다**: 머리 따위가 몹시 아프고 쑤시다

fatigue [fətíːg] 피로 피곤 (말소리) 패대기

〈fatigue〉 '패대기'는 패대기를 쳐서 아프게 패다는 뜻 [다른 풀이] '퍼덕여' '허덕여' 허덕이며 힘들어하는 상태를 나타냄

· 어원) **〈fatigue〉** Latin fatigare ("to weary, tire, vex, harass"). [국어] **패대기**: 거칠게 사정없이 때려서 내던지는 짓. **허덕이다**: 힘에 부쳐 쩔쩔매거나 괴로워하며 애쓰다.

패는 것은 두드려 아프게 느껴진다. 아픈 느낌은 동정심에서 나타나고, 열정과 인내심에는 고통이 수반된다. 미안함에는 마음이 아프다는 의미가 있다. sorry는 sore, 쓰리는 마음이다.

Pity에는 패서 두드리는 아픔을 느낀다는 의미가 있다. Compassion 은 상대에 대해 맘이 패는 아픔을 느끼는 동병상련, 동정심이다.

pity [píti] 동정 연민 (말소리) 패다

〈pity〉 '패다'는 풋(pit)는 소리로 패는 아픔을 느끼며 동정하다(sympathy at the suffering of someone). [연관] pit 패인 구덩이

· 어원) **〈pity〉** Ancient Greek (páthos) (πᾰ́θυς); pain, suffering, death, any strong feeling, passion) Proto-Indo-European *pe(i)- ("to hurt"). [국어] **패다**: 머리 따위가 아프고 쑤시다.

antipathy [æntípəθi] 반감 혐오 (말소리) 안다패지
sympathy [símpəθi] 동정 쌈패지

〈antipathy〉 '안다패지'는 패지(path=pat, pity)는 것(아픔, 느낌)을 안다/인다(on, in, and, inter→ anti 껴안다). 안고 접하는 상대(반대편)로 느껴 적대적인 상태가 되다는 뜻 **〈sympathy〉** 쌈(sym=sum)하여 (함께) 패지(path=pat, pity)는 것(아픔, 느낌)

· 어원) **〈antipathy〉** Ancient Greek ἀντί (antí, "against")+πάθος (páthos, "feeling, passion, emotion, pain, suffering, death"). **〈sympathy〉** Ancient Greek συμπάθεια (sumpátheia), from σύν (sún, "with, together")+πάθος (páthos, "suffering"). [국어] **패다**: 머리 따위가 몹시 아프고 쑤시다. **안다**: 바람이나 비, 눈, 햇빛 따위를 정면으로 받다. 담이나 산 따위를 곧바로 앞에 맞대다.

impudent [ímpjudnt] 뻔뻔스러운 염치없는 (말소리) 안패댄다

〈impudent〉 '안패댄다'는 푸드드 패대(pud=pat, beat)지 않다(im)는 말로 (잘못한 자신을) 패서 아프게 하지 않는 무가책의 상태를 의미함. im(in)은 인(인접)/임한 상대방, 반대편으로 부정적 의미.

· 어원) **〈impudent〉** Latin impudēns ("shameless"), ultimately from in-+pudere '패다'. Latin pudeō(I am ashamed). Proto-Indo-European *paw- ("strike"). [국어] **패다**: 사정없이 마구 때리다.

passion [pǽʃən] 열정 흥미 (말소리) 패진

〈passion〉 '패진'은 패는 고통이 느껴질 만큼의 열정을 뜻함. 고통을 참는 patience(인내심)과 같다.

· 어원) **〈passion〉** Latin patior ("I suffer"), from Proto-Indo-European *pe(i)- ("to hurt").

compassion [kəmpǽʃən] 동정 연민 (말소리) 낌패진

〈compassion〉 '낌패진'은 패지(pass=pat)는 아픔에 낌(com)으로써 같이 고통을 느끼는 것을 뜻함 [연관] pity 패다

· 어원) **〈compassion〉** Latin com- ("together")+pati ("to suffer").

pessimism [pésəmìzm] 비관론 (말소리) 패짐있음
impair [impέər] 손상시키다 임패어

〈pessimism〉 '패짐있음'은 붓는 소리로 패어 갈라지다. (상태를) 안 좋게 바라보다는 뜻. Bad(베다/패다)의 최상급 형태 **〈impair〉** '임패어'는 임(im=in, on 臨임할 임= 隣이웃 인)한 곳에 패이게 함으로써 망가뜨린다는 뜻[en-= in, into, on, covered, caused 인하다 因].

☞ 부스스(pess=path, pass) 부딪혀 바닥을 찍는 발소리와 유사.

· 어원) **〈pessimism〉** Latin pessimus ("worst"), superlative of malus ("bad"). pēs ("foot") and pessum ("to the bottom; to destruction"). Proto-Indo-European *ped- ("to walk, fall, stumble) **〈impair〉** im-+Late Latin pēiōrō ("to make worse"). [국어] **패다**: 떼어 내서 움푹하고 깊게 만들다. 사정없이 마구 때리다. **삐지다**: 1. 노여움에 마음이 토라지다 2. '비뚤어지다'의 방언. **임하다(臨)**: 어떤 장소의 가까이서 그곳을 마주 대하다. **임**: 머리 위에 인 물건. 또는 머리에 일 만한 정도의 짐

푸드드(fit, fed, fid) 붙어 한 패가 되다

붙다는 풋 받아치는 소리이면서 부딪힐 때 딱 들어맞게 받쳐주다는 의미가 있다. stick는 툭 치는 막대기이면서 달라붙는다는 의미가 있고, attach는 attack과 같은 어원으로 툭 치면서 붙인다는 말이다.

fit [fit] 발작, 꼭 맞는 (말소리) 푸드
fitness [fítnis] 운동 적당함 푸드내지

〈fit〉 푸드드(풋) 부딪혀(beat) 붙다 1 풋 발작하다. 2 딱 들어맞게 붙다(To attach, To adjust). 붙어서 딱 맞다는 뜻. [다른 풀이] '붙어' **〈fitness〉** 푸드드 부딪혀 붙는 마찰을 동반하는 운동 [다른 풀이] '붙으리지' 받아치며 하는 운동, 받쳐주어 어울림

· 어원) **〈fit〉** Old English fitt ("conflict"). **〈fitness〉** fit+-ness [국어] **받다**: 머리나 뿔 따위로 세차게 부딪치다. 부당한 일을 한다고 생각되는 사람에게 맞서서 대들다. 색깔이나 모양이 어떤 것에 어울리다. **푸드드**: 새가 날개를 천천히 가볍게 치며 날아가는 소리(북한어). **바드드**(바르르): **가볍게 떠는 모양을 나타내는 말. 풋**: 갑자기 짧은 웃음을 터뜨리는 소리.

-fed- 형태는 부드득(pat) 부딪혀 붙는 것으로 단체를 이루고, 한 집단으로서 신뢰감을 나타낸다.

federal [fédərəl] 연방의 (말소리) 패되는

〈federal〉 한패가 되다는 뜻. '패'는 조각으로 나뉜다는 뜻이면서 조각 내의 구성원끼리는 무리를 이룬다. 패를 지어 무언가를 한다는 것은 같은 신념하에 있다는 뜻이기도 하다. [다른 풀이] '붙드는' 푸드드(fed=pat) 부딪혀 붙는 것으로 단체가 되다.

· 어원) **〈federal〉** Latin foedus ("covenant, league, treaty, alliance"). [국어] **붙다:** 어떤 놀이나 일, 단체 따위에 참여하다. 좇아서 따르다. **패(牌):** 같이 어울려 다니는 사람의 무리

faith [feiθ] 신앙 믿음 (말소리) 패이지

〈faith〉 부드득(faith=pat) 부딪혀 붙는 것으로 한 패가 되는 믿음. 믿음은 패이는 고통이 수반됨

· 어원) **〈faith〉** Latin fidēs (faith, belief, trust; whence also English fidelity), from fīdō ("trust, confide in"). Ancient Greek πείΘω (peíthō, "I persuade"), πῖστῐς • (pístis)(the state of being persuaded of something: belief, confidence) [국어] **패:** 같이 어울려 다니는 사람의 무리. **붙다:** 어떤 놀이나 일, 단체 따위에 참여하다. 좇아서 따르다.

fidelity [fidéləti] 충실도 엄수 (말소리) 패될리다

〈fidelity〉 푸드드(fid=pat) 부딪혀 붙는 것으로 한 패가 되다 [다른 풀이] '받들리다'는 받들어 따른다는 뜻

· 어원) **〈fidelity〉** Latin fidēs ("faith, rely"). Latin foedus ("covenant, league, treaty, alliance") [국어] **받들다:** 가르침이나 명령, 의도 따위를 소중히 여기고 마음속으로 따르다.

confidence [kάnfədəns] 자신감 신뢰 (말소리) 낀패된지

〈confidence〉 '낀패된지'는 낀(con 같은) 채로 푸드드(fid=pat) 부딪혀 붙는 것으로 따르고 믿는다는 뜻

· 어원) **〈confidence〉** Latin cōnfīdentia from cōnfīdō from con- ("with")+fīdō ("trust"). [국어] **패:** 같이 어울려 다니는 사람의 무리.

defy [difái] 거부하다 (말소리) 떼패

〈defy〉 '떼패'는 패(fy) 되어 따르는 것에서 떼(de)어 따르지 않는다는 뜻

· 어원) **〈defy〉** Latin dis- ("away")+fidus ("faithful"). **패:** 같이 어울려 다니는 사람의 무리. 附붙을 부(맞추다, 따르다, 부쳐 보내다)

pious [páiəs] 독실한 경건한 (말소리) 바쳐

〈pious〉 '바쳐'는 파- 불타듯, (마음을) 바쳐 믿는다는 뜻 [다른 풀이] '파지' 파고 들다

· 어원) **〈pious〉** Latin pīus ("pious, dutiful, blessed, kind, devout"), from Proto-Indo-European *pey- ("to adore"). [국어] **바치다:** 무엇을 지나칠 정도로 바라거나 요구하다. **파다:** 전력을 기울이다. 附붙을 부(맞추다, 따르다, 부쳐 보내다)

veteran [vétərən] 베테랑 중견 (말소리) 삐댈인

〈veteran〉 '삐댈인(人)' (뻗어나 vet=fat, bud) 삐대며 오래 지속하는 인간 [다른 풀이] 1 '버틸인' 버티는 인간 2 '뻗대는' 뻗어 지속되는

· 어원) **〈veteran〉** Latin vetus ("old, aged, ancient, long-standing"). [국어] **삐대다:** 한군데 오래 눌어붙어서 끈덕지게 굴다. '짓밟다'의 방언 (경북)

abide [əbáid] 준수하다 지키다 (말소리) 에삐대
abode [əbóud] 주소 체류 에붙어

〈abide/abode〉 ~에(a) 바드득(bide/bode) (부딪혀) 붙어 버티다(To endure without yielding). 붙어 살다(to dwell, To stay; to continue in a place).

· 어원) **〈abide/ abode〉** Old English ābīdan ("to abide, wait, remain, delay, survive; expect"). a-+bide. Arabic أَبَد ('abad, "eternity, eternal duration"). Proto-Indo-European *bʰōw- (literally "to swell, grow, thrive, be, live, dwell") [국어] 뻔대다: 쉬이 따르지 아니하고 고집스럽게 버티다. 삐대다: 한군데 오래 눌어붙어서 끈덕지게 굴다. '짓밟다'의 방언(경북) 붙다: (어떤 곳에) 몸을 두다. 주인집에 얹혀살다. 좇아서 따르다. 바드득: 단단하고 질기거나 반드러운 물건을 되게 문지를 때 되바라지게 나는 소리.

18 뽀드득(f_t, ped, vad) 뻗다(발걸음, 가다), 푸스스(pas) 펴가다(길, 퍼지다)

foot fetter; **ped**estrian exp**ed**ite per**pet**ual in**vad**e e**vad**e; sur**pass** im**passe**

새는 날개를 푸드드 거리며 날아간다. 걸어갈 때도 발을 퍼덕거리는 소리를 내며 뻗는다. 라틴어 vādō는 바드드 두드리며 걷는 것이면서 물(body of water, stream)도 뜻한다. 이는 우리말 바다와 같은 소리다.푸드드를 한 글자로 하면 '풋'으로 할 수 있다. 여기서 발의 의미가 생겼음을 알 수 있다(foot, pedal, patrol, pedestrian).
또한 풋은 풋내기처럼 어리다는 의미로 싹, 태아, 아기를 뜻한다.
산스크리트어로 'pati'는 푸드드 뻗어 나게 하는 밭, 뿌리, 부모를 뜻한다. 뽀드득 이동하는 발과도 관련된다.

· Sanskrit पति • (páti)(root, lord, master). Sanskrit पतति • (pátati) (to set in motion, set on foot, to pour out, to let fly or cause to fall, to fling, hurl, to fly, soar)

pat는 풋풋/푸드드 두드리는 발걸음 소리(patrol, foot), 싹, 생명을 풋풋하게 퍼뜨리는 밭(fetus, patron)과 관련된다. 경상도 사투리에서 '삐대다'는 말이 있는데 이는 '밟아서 발자국을 남긴다'는 뜻이다

foot [fut] 발 걷다 (말소리) 뽀드
fetter [fétər] 족쇄 속박 뽀드
feather [feðə(r)] 깃털, 날개로 헤쳐 나아가다 푸드

〈foot /fetter〉 뽀드득(foot, fet =pat, bat) 소리로 땅을 치다. 뻗어 나아가는 발걸음 소리에서 발을 뜻함. **fetter**는 foot으로 발에 차는 족쇄를 뜻함 [연관] pat 푸드드 두드리는 소리; boot 풋 차며(A blow with the foot; a kick) 걷는 발을 싸는 신 [다른 풀이] '뻗어' **〈feather〉** 푸드드(feat≒ bat)거리며 날개를 휘젓다.

· 어원) **〈foot /fetter〉** Sanskrit पद् (pád)[foot, step], पद् • (√pad)《to go》 Ancient Greek πέτρμαι(pétomai, "I fly"). latin petō[I ask, beg, I make for (somewhere). attack] Proto-Indo-European *ped- ("foot, step, to walk, fall"). **〈feather〉** Proto-Italic *petnā(feather, wing) Proto-Indo-European *péth₂r ("feather, wing"), Ancient Greek πετᾰ́ννῡμῐ • (petánnūmi) (I spread out, open) [국어] **바드드**(바르르): 가볍게 조금 떠는 소리. 또는 그 모양. **푸드드**: 새가 날개를 천천히 가볍게 치며 날아가는 소리. 또는 그 모양. **풋**: 갑자기 짧은 웃음을 터뜨리는 소리. '처음 나온', 또는 '덜 익은'의 뜻을 더하는 접두사. 일부 명사 앞에 붙어, '정도가 깊지 않은'의 뜻을 더하는 말. **내뻗다**: 뻗어 나가다. [한자] 步걸을 보

paw [pɔː] 발 손 (말소리) 보(步)

〈paw〉 '보(步)'는 푸- (땅을 치면서) 펴 가다.

· 어원) 〈**paw**〉 Proto-Indo-European *paw-("strike"). latin petō[I ask, beg, request. I make for (somewhere). attack] [국어] **보(步)**: 거리의 단위. 1보는 한 걸음 정도의 거리. [한자] 步걸음 보

octopus [άktəpəs] 문어 (말소리) 여덟보(步)지

〈**octopus**〉 '여덟보(步)지'는 여덟(octo= eight 여든) 보[paw 발]를 의미함

· 어원) 〈**octopus**〉 ὀκτώ (oktṓ, "eight")+πρύς (poús 보步, "foot"). [한자] 步걸음 보

푸드드/뽀드득 거림은 발을 뻗다와 관련된다.

pedestrian [pədéstriən] 보행의 도보의 (말소리) 뻗어서따라온

〈**pedestrian**〉 '뻗어서따라온' 푸드드/뽀드득(ped= foot, feather) (발을) 뻗어 또르르 쏘다니다(stri≒stray, stride)

· 어원) 〈**pedestrian**〉 Sanskrit पद् (pád)[foot, step], पद् • (√pad)《to go》. Ancient Greek πέτρμαι(pétomai, "I fly"). Latin petō[I ask, beg, request. I make for (somewhere). attack] [국어] **푸드드**: 새가 날개를 천천히 가볍게 치며 날아가는 소리. 또는 그 모양.

발이 족쇄를 벗어나면 진척되고, 가려지면 지체된다.

expedite [ékspədàit] 촉진시키다 (말소리) 위서뻗어오다

〈**expedite**〉 '위서뻗어오다'는 푸드드/뽀드득 (ped=foot, feather) 뻗어 (나가는) 발이 윗(ex) 서다. 발이 (족쇄 등) 벗어나 진척시키다 [연관] impede

· 어원) 〈**expedite**〉 Latin expediō ("bring forward, free) Latin expedītus ("unimpeded, unfettered"). Latin petō[I ask, beg, request. I make for (somewhere). attack]

impede [impíːd] 방해하다 지체시키다 (말소리) 임뻗어

〈**impede**〉 '임뻗어'는 푸드드/뽀드득 (ped= foot, feather) 퍼덕대며 뻗는 발에 임(im=in, on 臨임할 임= 隣이웃 인)이다. 발 위에 이고 둘러 (묶인 상태로) 못 가게 한다는 뜻 [연관] impasse '임펴서' 부스스 뻗는 곳에 임(im)하여 둘러싸 못 빠져나가게 막다.

· 어원) 〈**impede**〉 Sanskrit पद् (pád)[foot, step], पद् • (√pad)《to go》 Proto-Indo-European *ped-(to walk, to step, to stumble, to fall). Latin impedire ("to shackle"), in- ("into, in")+pēs, pedis ("feet"). **임하다(臨)**: 어떤 장소의 가까이서 그곳을 마주 대하다. **임**: 머리 위에 인 물건. 또는 머리에 일 만한 정도의 짐. **바드드**(바르르): 가볍게 조금 떠는 소리. 또는 그 모양. **푸드드**: 새가 날개를 천천히 가볍게 치며 날아가는 소리. 또는 그 모양.

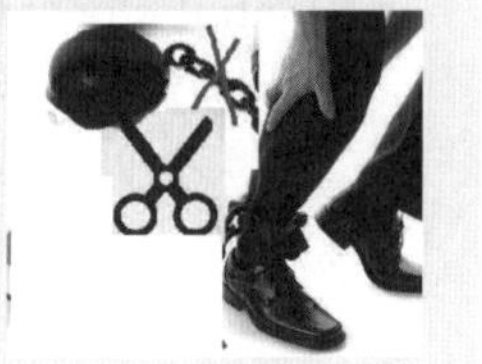

perpetual [pərpétʃuəl] 영구적인 영원한 (말소리) 펄뻗쳐올

〈**perpetual**〉 '펄뻗쳐올'은 펄(per 푹) 푸드드(pet=patrol foot) 뻗어 나가는 것으로 푹 뻗어가는 영속성 의미 [참고] pedestrian feather

· 어원) 〈**perpetual**〉 sanscrit पतति • (pátati)(to fly, to fall down, to cut off, happen, set on foot, pour) [국어] **뻗대다**: 쉬이 따르지 아니하고 고집스럽게 버티다. 넘어지거나 미끄러지지 아니하려고 손이나 발을 받치어 대고 버티다 [한자] 頗자못 파, 매우

patrol [pətróul] 순찰 (말소리) 뻗어놀

fathom [fæðəm] 깊이를 재다 뻗음

〈patrol〉 '뻗어놀'은 푸드드/뽀드득 (pat= foot, feather)거리며 퍼트리고 랄랄(roll) 놀며 돌아다닌다는 뜻 [다른 풀이] '펴다닐'은 뻗대고 돌아다닌다는 뜻 ☞ pat+rol(랄랄 roll, stroll) [연관] pat 푸드드 두드리는 소리 **〈fathom〉** 뻗어 길이를 재다

· 어원) **〈patrol〉** Proto-Germanic *paþjaną("to walk, tread, go, step, pace"), possibly from Proto-Indo-European *(s)pent-, *(s)pat- ("path; to walk"). Proto-Indo-European *pete- ("to spread, stretch out"). **〈fathom〉** Ancient Greek πετᾰ́ννῡμῐ • (petánnūmi) (I spread out, open) [국어] **바드드**(바르르): 가볍게 조금 떠는 소리. 또는 그 모양. **푸드드**: 새가 날개를 천천히 가볍게 치며 날아가는 소리. 또는 그 모양.

invade [invéid] 침략하다 (말소리) 안뻗어

pervade [pərvéid] 스며[배어]들다 펄뻗어

〈invade〉 '안뻗어'는 안(in)으로 뽀드득 소리로 걸다(vad=foot, pass). 안으로 들어가는 것은 영역에 침입하는 것이다 [다른 풀이] '안삐대' 경상도 사투리에서 '삐대다'는 말이 있는데 이는 '밟아서 발자국을 남긴다'는 뜻이다 **〈pervade〉** 펄(per=far)(푹 지나) 뽀드득 소리로 걸다(vad=foot, pass). 푹 뻗어 들어가다. [다른 풀이] '펄부다' 부우(voyage) 바람 따라 가다 [참고] perpetual (pet ≒ vad); wade(to walk through water); embed

· 어원) **〈invade〉** latin in- ("in, into")+vādō ("I go, rush"). vadum **'바다'**("A body of water; sea, stream, The bottom of a body of water.") **〈pervade〉** per- (through, "intensive or completive")+vādō ("go, walk"), and so pervādō ("I go completely throughout") **바드드**(바르르): 가볍게 조금 떠는 소리. 또는 그 모양. **뽀드득**: 쌓인 눈 따위를 약간 세게 밟을 때 야무지게 나는 소리.

evade [ivéid] 회피하다 (말소리) 외뻗어

〈evade〉 '외뻗어'는 외(e)로 바드드/뽀드득 소리로 걸다(vad=foot, pass). 외로 뻗어가다 [다른 풀이] '외부다' 외로 부우(via) 떠서 비워가다

· 어원) **〈evade〉** Latin ēvādō ("I pass or go over; flee"), from ē ("out of, from")+vādō ("I go; walk") **바드드**(바르르): 가볍게 조금 떠는 소리. 또는 그 모양. **뽀드득**: 쌓인 눈 따위를 약간 세게 밟을 때 야무지게 나는 소리.

arbitrator [ɑ́ːrbətrèitər] 중재인 조정자 (말소리) 에뻗으리다

〈arbitrator〉 '에뻗으리다'는 ~에 바드드/뽀드득(bit=pat, foot, patrol) 소리로 걸어 가서 구경꾼으로 보게 되고 목격자로서 중재하는 것을 뜻함

· 어원) **〈arbitrator〉** Latin arbiter **〈ad- and bētō(go)〉** "one that goes to something in order to see or hear it". [국어] **바드드**(바르르): 가볍게 조금 떠는 소리. 또는 그 모양. **뽀드득**: 쌓인 눈 따위를 약간 세게 밟을 때 야무지게 나는 소리.

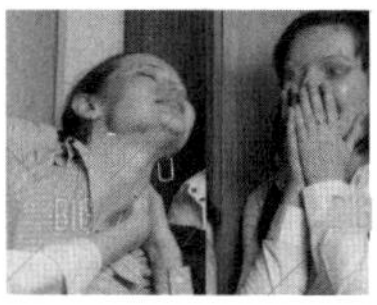

arbitrary [ɑ́ːrbətrèri] 임의의 독단적인 (말소리) 에뻗으리라

〈arbitrary〉 '에뻗으리라'는 ~에 바드드/뽀드득(bit=pat, foot, patrol) 소리로 걸어가서 보는 구경꾼으로서 보는 사람에 따라 달라진다는 뜻

· 어원) **〈arbitrary〉** Latin arbiter **〈ad- and bētō(go)〉** ("witness, on-looker, listener, judge, overseer"). [국어] **바드드**(바르르): 가볍게 조금 떠는 소리. 또는 그 모양. **뽀드득**: 쌓인 눈 따위를 약간 세게 밟을 때 야무지게 나는 소리.

푸스스/부스스(pas) 거리며 펴가다

pat는 패는 두드림이다. patient, pathetic, passion에는 패는 아픔으로 나타난다. 여기서 볼 때 pat, pass는 푸드드

거리며 걷는 발걸음 소리로 펴 나가는 것을 나타낸다.

pass [pæs] 통과하다 지나가다 (말소리) 펴서
path [pæθ] 경로 길 펴서

〈pass /path〉 '펴서'는 푸드드/푸스스(path=pat) (땅을 두들겨) 패는 발걸음 소리로 뻗어간다는 뜻 [연관] beat 바드드 받아치는 진동으로 걸어가는 길(The route patrolled by a police officer)의 뜻이 있다. [다른 풀이] '푸스' 푸스스 발걸음 소리

· 어원) **〈pass /path 〉** Proto-Indo-European *pete- ("to spread, stretch out"). **[국어] 푸스스**: (북한어) 물건이 부스러져 허물어지거나 헤어지는 모양. **빠지다**: 일정한 곳에서 다른 데로 벗어나다. [한자] 避피할 피, 떠나다

surpass [sərpǽs] 넘어서다 앞서다 (말소리) 쏴펴서

〈surpass〉 '쏴펴서'는 쏴(sur=over) 올라 푸스스(pass /path=pat) (땅을 두들겨) 패는 발걸음 소리로 가다. 위로 빠져 넘어서다는 뜻

· 어원) **〈surpass〉** Middle French surpasser ("to pass beyond"). sur-+pass.

compass [kʌmpəs] 나침반 (말소리) 낌펴서

〈compass〉 '낌펴서'는 푸스스(pass /path=pat) (땅을 두들겨) 패는 발걸음 소리로 가는 (범위가) 낌(con 낀)이다. 끼어진 상태는 묶여 있어 빼는 길이가 하나 된 듯이 같아지다(같은 반지름이나 원). 겸해서 (한결같이) 퍼지는 것으로 중심에서 거리가 같다

· 어원) **〈compass〉** Medieval Latin compassus ("a circle, a circuit") Latin com- ("together")+passus ("a pace, step, later a pass, way, route").

impasse [ímpæs] 교착 난국 (말소리) 임펴서
impeach [impíːʧ] 비난하다 임피지

〈impasse/impeach〉 푸드드/푸스스(pass/path=pat) (땅을 두들겨) 패는 발걸음 소리로 가는 길을 임(im, in=en)하다. 임하여 접해 (주변을 둘러) 빠져나갈 곳이 없다. 곤경에 처하게 비난하다 [연관] impede 뻗는 발에 임하여 둘러막다; surpass

· 어원) **〈impasse〉** French in-+passer. Latin passus, past participle of pandō ("I stretch, I spread out"). **〈impeach〉** Latin impedicāre (I fetter, entangle). in-+pedica (shackle, fetter)

pace [peis] 속도 페이스 (말소리) 펴서
space [speis] 공간 우주 스퍼져

〈pace〉 '펴서'는 푸스스(pace=pass /path, pat) (땅을 두들겨) 패는 발걸음 소리로 가는 것을 뜻함 **〈space〉** '스퍼져'는 푸스스 퍼져(pace 걸음) 벌어진 공간을 뜻함 [연관] pace, pass

· 어원) **〈pace〉** Latin passus ("spread out") **〈space〉** Ancient Greek σπῶ (spô)/σπάω (spáō) (break) Proto-Indo-European *speh$_1$- ("to stretch, to pull") [한자] 步걸을 보, 보(거리의 한 단위)

영어에서 나간다는 말은 바람처럼 물처럼 흐름, 진동으로 퍼져 나가는 것이고, 길과 관련된다.

<표> ['가다'/'길' 어휘 정리]

어근	의미	관련 단어	관련 어휘
Via, -voy-, -vey	부우 바람 따라 떠다니다	Voyage convoy convey via	Way
vag	벅벅대며 걸어가다	Vagrant vagabond vague	
wag	웩웩거리며 흔들어 가다	Walk wagon swagger	
-ven	붕 떠 다니다	Advent convene convenient intervene avenue	Wander
Pat- -vad pas-	푸드드(부스스) 거리며 나가다	Path Patrol invade evade pass pace	
Por fer	펄펄 벌려가다	Port transport offer transfer ferry	
grad, gress	구르다, 걸다	degrade congress progress gradually	
tr-	또르르 흘러가다	traffic stride trade stray stroll street trail	
cede	-(해)지다. 之 (갈 지)	cede procede accede concede	

19 부우(voy, via, vio) 떠다니다, 비우다/푸다(void, vit, vac --)(박하다, 약함, 사라짐)

voyage con**voy** de**via**te ob**vio**us; **void** a**void** eva**cu**ate **vac**ant; **fade** **fut**ile

voyage 물 따라 바람 따라 흘러가는 의미다. 유랑, 방랑처럼 흐름은 어원상 길, 이동과 밀접하게 관련되어 있는 것을 확인할 수 있다. bouy(浮)는 부유하듯 바람 따라 움직이거나 부우 위로 뜨는 것을 나타낸다. 부풀어 커지는 bowl, boon, bud와 관련된다.

buoy [búːi bɔ́i] 부표 뜨다 (말소리) 부(浮)

〈buoy〉 '부'는 부-우 (바람 따라) 부유하며, 떠다닌다는 뜻(To keep afloat or aloft. maintain at a high level)

· 어원) **〈buoy〉** Middle Dutch boeye ("float, buoy"). [한자] 浮뜰 부. (물에)뜨다. 은혜 입다

voyage [vɔ́iidʒ] 항해 여행 (말소리) 부우지

〈voyage〉 부우(voy=via) 바람 따라 부유하며, 항해(A long journey, especially by ship), 보행하다

· 어원) **〈voyage〉** Latin viāticus ("pertaining to a journey or traveling"), from via("road"). 부유(浮遊): 행선지를 정하지 아니하고 이리저리 떠돌아다님. 물 위나 물속, 또는 공기 중에 떠다님.

convoy [kɑ́nvɔi] 호송하다 (말소리) 끈보(步)
envoy [énvɔi] 사절 외교관 인보(步)

〈convoy〉 낀(con) 채로 부우(voy=via, paw) 보행하다. 같이(끼여) 가게 하다는 뜻 **〈envoy〉** 부우 (voy=via, paw) 보행하는 것을 인(en 因 인할 인)하다. 가도록 인하여(하게 하여) 사절로 보내다[en-= in, into, em, on, covered, caused]

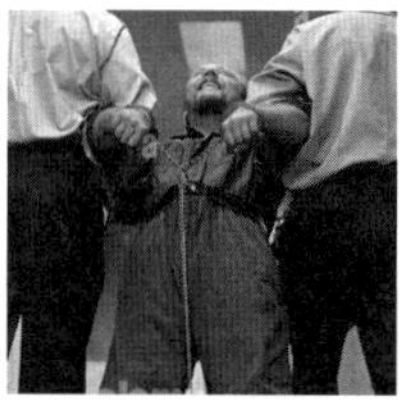

· 어원) **〈convoy〉** Medieval Latin convio ("to accompany on the way"), Latin com- ("together")+via ("way"). **〈envoy〉** French envoyé ("envoy, messenger"), from envoyer ("send"). 步걸음 보, 걸어가다

via [víːə] 통하여 거쳐 (말소리) 비어

〈via〉 (비행하듯) 부-우 부유하며, 비어(빼어) 가다(via, by에서 way로 변화) [연관] vehicle vein

· 어원) **〈via〉** Latin via ("road"). Doublet of way. Sanskrit (váhati))(to carry, convey, draw, bear, blow) Sanskrit वि(vi)'飛'(bird, apart) **비어(삐어)지다**: 속에서 겉 또는 밖으로 밀려 나오다. 飛날 비, 빨리 가다 步걸음 보, 걸어가다

convey [kənvéi] 전달하다 (말소리) 꼰비어

〈convey〉 부우 비어(빼어) (vey=via) 가는 길로 꼬인다(con). 꼬여 함께 가서 서로 소통되고 전달(To communicate, carry from one place to another)된다는 뜻

· 어원) **〈convey〉** Classical Latin via ("way"). 步걸음 보, 걸어가다

deviate [díːvièit] 벗어나다 (말소리) 떠비우다

〈deviate〉 '떠비우다'는 부우 비어(via, pass)져 가는 길에서 떠(de) 벗어나다.

· 어원) **〈deviate〉** dē viā ("off the road") Sanskrit वि(vi)'飛'(bird, apart)

previous [príːviəs] 이전의 앞선 (말소리) 빠르비어서

〈previous〉 '빠르비어서'는 빨리(pre) 비어/삐어(vio=via, pass)져 나오다. 앞서간 것을 의미함

· 어원) **〈previous〉** prae+via ("road; way"). **비어(삐어)지다**: 속에서 겉 또는 밖으로 밀려 나오다. 飛날 비, 빨리 가다

obvious [άbviəs] 분명한 명백한 (말소리) 앞비어져

〈obvious〉 '앞비어져'는 앞(ob)으로 부우 (뜨며) 비어/삐어(vio=via, pass, view)지다. 앞길에 있어 볼 수 있고 접근이 가능하다는 뜻 [연관] evident 위 보여 명백

· 어원) **〈obvious〉** Latin obvius ("being in the way so as to meet, meeting, easy to access, at hand, ready, obvious"), from ob- ("before")+via ("way"). **비어(삐어)지다**: 속에서 겉 또는 밖으로 밀려 나오다. 飛날 비, 빨리 가다

aviary [éivièri] **[고급]** 새장 조류사육장 (말소리) 에비우리
aviation [èiviéiʃən] **[고급]** 비행 항공 에비이선
apiary [éipièri] **[고급]** 양봉장 벌통 에벌이

〈aviary〉 '에비우리'는 부우(via=via, bee 飛), 부웅 부는 소리를 내며 비행하는 새 [연관] bird 불다 **〈aviation〉** '위비이선'은 부우(vi 飛), 부웅 부는 소리를 내며 나는 새와 같다 **〈apiary〉** '에벌이'는 부우(pia=via, bee 飛), 부웅, 벌벌 떠는 소리를 내며 나는 벌을 나타냄

· 어원) **〈aviary/aviation〉** Latin avis ("bird"). Sanskrit वि(vi)(bird, apart) Sanskrit अवति॰ (ávati) (to drive, impel. to be pleased, like. to guard, defend). Latin aveō.(desire, wish). **〈apiary〉** latin apis (bee). Sanskrit वि(vi)'飛'(bird, apart) **부**: 공장이나 기선 따위에서 내는 굵고 낮은 소리 [한자] 飛날 비

부/푸우 푸다/비우다(void, vit, fad, fut, vac ‒‒)

부우 바람 따라간다는 말은 떠나가 비우는 행위와 같다.

void [vɔid] 빈 공허한 (말소리) 비우다
avoid [əvɔ́id] 피하다 에비우다

〈void/avoid〉 (부우 부는 바람에) 비워 빼낸다는 뜻 [연관] evade fade

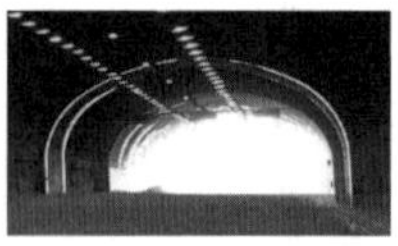

· 어원) **〈void〉** Latin vacuus ("empty"). **〈avoid〉** Old French esvuidier ("to empty out"). **[국어] 비우다**: 용기에서 없애거나 속에 든 것이 없게 하다.

inevitable [inévətəbl] 불가피한 필연적인 (말소리) 안외비다볼

〈inevitable〉 '안외비다볼'은 '외(e)로 빼다/비다(vit=void)'가 않(in) 되다. 빼두거나 비울 수 없다

· 어원) **〈inevitable〉** Latin inevitabilis ("unavoidable"), from in+evitabilis ("avoidable"), from evitare ("to avoid"), from e ("out")+vitare ("to avoid, evade"). **[국어] 외(外)**: 일정한 범위나 한계를 벗어남을 나타내는 말. **빼다**: 속에 들어 있거나 끼여 있거나, 박혀 있는 것을 밖으로 나오게 하다.

fade [feid] 사라지다 흐려지다 (말소리) 비우다

〈fade〉 '비우다'는 푸 (김빠지듯) 비우다(void). 비워져 (힘이나 색상이) 약해진다는 뜻. [연관] evade void futile faint [다른 풀이] '뿌예다' 푸 떠다니며 뿌예지다.

· 어원) **〈fade〉** Latin fatuus ("insipid"). Middle Dutch vade ("weak, faint, limp") **푸**: '푸하다(속이 꽉 차지 아니하고 불룩하게 부풀어 있다)'의 어근. 다물었던 입술을 내밀고 조금 벌리며 입김을 내뿜는 소리. **뿌예지다(부예지다)**: 연기나 안개가 낀 것처럼 선명하지 못하고 좀 허옇게 되다. '부예지다'보다 센 느낌을 준다.

vacuum [vǽkjuəm] 진공 공백 (말소리) 박함

〈vacuum〉 '박함'은 박해서 희미하고 없어진 상태를 의미함. [다른 풀이] '빼금'은 구멍으로 속이 빈 것을 나타냄.

· 어원) **〈vacuum〉** Latin vacuum ("an empty space, void"), vacuus ("empty"), related to vacare ("be empty"). **[국어] 빼금**: 큰 구멍이나 틈 따위가 깊고 뚜렷하게 나 있는 모양. **박(薄)하다**: 이익이나 소득이 보잘것없이 적다. 두께가 매우 얇다. [한자] 薄얇을 박 白 (흰 백, 비다)

evacuate [ivǽkjuèit] 비우다 피난시키다 (말소리) 외빼가다
vacant [véikənt] 빈 비어간다

〈evacuate〉 '외빼가다'는 빼내(비어) 박해지는 것을 뜻함 [다른 풀이] '외밖이다'는 밖으로 빠지다 [연관] vacation **〈vacant〉** 비워 박해지다 [연관] vagrant 벅벅 흔들리며 벗어나다 vain vanish

· 어원) **〈evacuate / vacant〉** Latin ēvacuō ("I empty out; I evacuate"). vacō ("I am empty, void") **박(薄)하다**: 이익이나 소득이 보잘것없이 적다. 두께가 매우 얇다.

푸 부는 바람에 휘날리며 사라진다는 말은 뿌예지거나 비워지는 것이라 할 수 있다. 색이 바래거나 연해지는 것도 색이 비어 있다고 할 수 있다. 그리고 그것이 신체적 능력이나 힘을 나타내는 경우에는 약해져 쓸모없게 된 것을 의미하기도 한다.

few [fju:] 몇몇의 거의 없는 (말소리) 푸

〈few〉 '푸'는 푸 부어(buoy) 떠다니며 옅어지다. 뿌예져 희미하게 보일 정도로 적은 것을 의미함 [다른 풀이] '비어'는 비워지고 거의 없다는 뜻

· 어원) **〈few〉** Proto-Indo-European *peh$_2$w- ("few, small"), *pew-, *pow- ("to blow, drift, billow") [국어] **푸**: '푸하다(속이 꽉 차지 아니하고 불룩하게 부풀어 있다)'의 어근. **뿌예지다**: 연기나 안개가 낀 것처럼 선명하지 못하고 조금 허옇다. [한자] 浮뜰 부

poor [puər] 가난한 (말소리) 푸어
pure [pjuər] 순수한 순전한 푸어

〈poor〉 '푸어'는 푸 퍼내 속이 빈. 뿌예져 희미하고 가볍게 보인다는 뜻. Purr은 풀풀, 부르릉 하는 소리를 내는 것과 유사하다. **〈pure〉** '푸어' 푸- 풀어(free)져 속이 비어 순수한. (더러움이나 때 등을) 퍼내(free from flaws) 깨끗해진 상태

· 어원) **〈poor〉** Proto-Indo-European *peh$_2$w- ("few, small"). Proto-Indo-European *pu- ("to cleanse, purify"). **〈pure〉** Latin pūrus ("clean, free from dirt or filth, unmixed, plain"). Putō(I clean, I trim, prune, lop). Proto-Indo-European *pu- ("to cleanse, purify"). [국어] **푸다**: 속에 들어 있는 액체, 가루, 낟알 따위를 떠내다. **뿌예지다/뿌옇다/부옇다**: 연기나 안개가 낀 것처럼 선명하지 못하고 조금 허옇다. **푸**: '푸하다(속이 꽉 차지 아니하고 불룩하게 부풀어 있다)'의 어근 [한자] 浮뜰 부, 貧가난할 빈

poverty [pάvərti] 빈곤 가난 (말소리) 푭이다

〈poverty〉 '푭이다'는 푭(pop, bubble) 튀어 (거품, 뻥튀기처럼 부어) 뿌옇고 가볍다는 뜻 [다른 풀이] '빼빼다'는 빼빼하게 야윌 정도로 가난하다는 뜻

· 어원) **〈poverty〉** pauper ("poor") Proto-Indo-European *peh$_2$w- ("few, small"). [국어] **빼빼하다**: 살가죽이 쪼그라져 붙을 만큼 야윈 상태에 있다. **푭**: 참을 수 없어 터져 나오는 웃음소리. [한자] 浮뜰 부, 가볍다

futile [fjú:tl] 헛된 헛수고 (말소리) 푸될

〈futile〉 '푸될'은 푸(pour) 퍼내 (쏟아져) 비워지는 물처럼 새어나가 헛되다

· 어원) **〈futile〉** Latin fūtilis (that easily pours out. vain). **푸**: '푸하다(속이 꽉 차지 아니하고 불룩하게 부풀어 있다)'의 어근.

feeble [fí:bl] 약한 부진한 (말소리) 푸우불

〈feeble〉 '푸우불'은 푸우(fee≒few, bouy), 푭(feeb=pop, puff, weep) 울음을 터트리며 약해져 있다는 뜻 [참고] foible : A quirk; unusual habit or way

· 어원) **〈feeble〉** Anglo-Norman feble ("weak, feeble"). Latin fleō ("I weep, cry"). **푭**: 참을 수 없어 터져 나오는 웃음소리. **푸**: '푸하다(속이 꽉 차지 아니하고 불룩하게 부풀어 있다)'의 어근.

pupil [pjú:pl] 학생 (말소리) 푸불

〈pupil〉 '푸불'은 푸우(pu≒few), 푭(pop, puff) 부는 바람에 날아가는 풍선처럼 가벼운 아이들을 뜻함 [연관] boy 부우 떠 가벼운 baby

· 어원) **〈pupil〉** Latin pūpulus ("little boy"), from pūpus ("child, boy"). Proto-Indo-European root *peh$_2$w- ("few, little") [국어] **푸**: '푸하다(속이 꽉 차지 아니하고 불룩하게 부풀어 있다)'의 어근. **부풀다**: 살가죽이 붓거나 부르터 오르다.

20 뻗어[b(p, f) _t, ped, bud] 펴다[아이, 부(父), 힘], 붙다[그릇, 밭(가장자리)]

botany **fet**us **ped**iatrician; **pat**ron des**pot** **pot**ent; **pot**tery **pod** **bot**tom

p/b_t 어근은 푸드드/부드드 부딪히는 소리다[pat, beat, bat(battle, combat), bid]. 여기서 발걸음 소리(patrol, foot, pedal), 싹, 생명을 풋풋하게 퍼뜨리는 밭(bud, fetus, patron)을 뜻하게 된다

* [Sanscrit 'pada' (be issued forth, born, step, path)] (조선고어실담어 주석사전, 강상원, 2016.7.25, p.1321)

· Latin fētus (fruitful, birth, bringing forth). Sanskrit पति• (páti)(root, lord, master), पात्र • (pātra) (a drinking vessel, bowl, cup, pot)

botany [bátəni] 식물 식물학 (말소리) 뻗으니

〈botany〉 '뻗으니'는 뻗어(bot=bud) 나가며 자라다는 뜻. 푸드드 뻗는 발(foot, ped)과 같다.

· 어원) Proto-Indo-European *bʰōw- (literally "to swell, grow, thrive, be, live, dwell"), *pete- ("to spread, stretch out"). Ancient Greek βρτάνη (botánē, "herb, pasture"). [국어] **뻗다**: 어떤 것에 미치게 길게 내밀다. **벋다**: 가지나 덩굴, 뿌리 따위가 길게 자라나다.

vital [váitl] 중요한 필수적인 (말소리) 뻗을

〈vital〉 바드드/바들바들 대며 (뻗어)(vit=bud) 나오는 생명의 밭이 되다. 풋 튀어나오다 [다른 풀이] '바들' 바들대며 싹이 커가는 밭

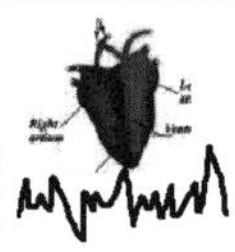

· 어원) **〈vital〉** Ancient Greek βίρτρς (bíotos, "life").

fetus [fíːtəs] 태아 (말소리) 뻗어서

〈fetus〉 '뻗어서'는 뻗어(fet=ped-, bud)나 크는 싹으로 아기를 의미 [다른 풀이] '패두지' 이삭이 패서 자라는 곳으로 생명이 난다. [연관] pedagogy

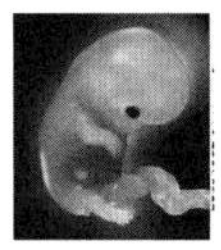

· 어원) **〈fetus〉** Latin fētus (fruitful, birth, bringing forth). Latin fertilis ("fruitful, fertile"), from ferō ("I bear, carry"). [국어] **패다**: 곡식의 이삭 따위가 나오다. 도끼로 장작 따위를 쪼개다.

pediatrician [pìːdiətríʃən] 소아과의사 (말소리) 뻗어다뤄진

〈pediatrician〉 뻗어[ped= bud, petty] 나는, 어린 풋 것을 다루(tri)는 의사 [참고] boy 푸(few) 부어 가벼운. petty(A little schoolboy) [다른 풀이] '풋이어다뤄진' 어린 풋 것을 다루(tri)는 의사

· 어원) **〈pediatrician〉** Ancient Greek παῖς (paîs, "child"). [국어] **풋**: 갑자기 짧은 웃음을 터뜨리는 소리. '처음 나온', 또는 '덜 익은'의 뜻을 더하는 접두사. 일부 명사 앞에 붙어, '정도가 깊지 않은'의 뜻을 더하는 말.

pedagogy [pédəgòudʒi] 교육 (말소리) 뻗어가기

〈pedagogy〉 뻗어[ped= bud, petty] 나는, 어린 풋 것을 욱/휙(ag=wag, tug, educate) (끌어) 가다 [다른 풀이] 1 '패다가기'는 패다(ped= pet)는 패 나오는 싹, 아이(boy)로서 휙 가게 인도하다 2 '풋욱하기' 풋(ped= pet) 것을 욱 끌고 가다.

· 어원) **〈pedagogy〉** παιδαγωγός (paidagōgós, "teacher, leader"), from παῖς (paîs, "child, son")+ἄγω (ágō, "I lead"). Latin puer ("boy"), English few. Latin agō '욱'("make, do, move, guide, stir up, pass") [국어] **풋**: 갑자기 짧은 웃음을 터뜨리는 소리. '처음 나온', 또는 '덜 익은'의 뜻을 더하는 접두사. 일부 명사 앞에 붙어, '정도가 깊지 않은'의 뜻. **패다**: 도끼로 장작 따위를 쪼개다. 곡식의 이삭 따위가 나오다.

pat는 푸드드 두드리는 소리로 발걸음 소리(patrol, foot), 싹, 생명을 풋풋하게 퍼뜨리는 밭(bud, spot)과 관련된다. 아버지는 자손을 퍼뜨리는 씨앗과 같은 존재이다. 부(父)는 papa(파파), father(爸아버지 파=(父))로 표현할 수 있다. father는 패다(곡식이 패다, 조각내다)로서 피어나게 하는 존재이며, 생명력, 힘이 있다.

그리스 등에서는 아버지, 아빠로도 쓰였다[Ancient Greek ἀββα (abba)(father) Aramaic אבא('abbā, "father"). Latin avus ("grandfather")] 아버지는 가족의 맨 상위로서 우두머리가 된다. Father(patri)를 우리말로 표현하면 '퍼뜨리다', 한 글자로는 '밭'이라 할 수 있다. 또한 '펴다'는 영역을 확장한다는 의미에서 힘을 뜻한다.

patriarch [péitriὰːrk] 족장 가장 **(말소리) 퍼뜨려일켜**

〈patriarch〉 '퍼뜨려일켜'는 (씨를) 푸드드 퍼뜨리는(patri=bud, father, fetus) 밭으로서 아버지(파爸= 부父)가 일켜(arch=work) 세우다. 아버지가 일으켜 통제한다는 의미. ☞ Patr=>fath(e)r (Latin pater) [연관] **arch**iangel [다른 풀이] '밭으로일켜' 씨를 퍼뜨리는 밭(pat=bud)으로서 아버지가 일으키다.

· 어원) Ancient Greek πατριά (patriá, "generation, ancestry, descent, tribe, family")+-ἄρχης (-árkhēs, "-arch"), from πατήρ (patḗr, "father").

patron [péitrən] 후원자 고객 **(말소리) 퍼뜨린**

〈patron〉 '퍼뜨린'은 (씨를) 푸드드 (뻗어) 퍼뜨리는(pat= father, bud, fetus) 아버지(파爸= 부父)를 나타내는 말로 부모가 되어 도와준다는 뜻. [다른 풀이] '밭으론' 밭(pat=bud)으로서 씨를 퍼뜨리는 아버지가 되어 주다.

· 어원) **〈patron〉** Latin patrōnus, derived from pater ("father"). Sanskrit पति (páti)(root, lord, master). Sanskrit पतति (pátati) (to set in motion, set on foot, to pour out , cause to fall, to fling, hurl, to fly, soar) **[국어] 펴뜨리다**: 널리 퍼지게 하다. [한자] 爸아버지 파=(父)

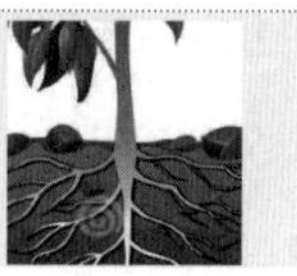

patriot [péitriət] 애국자 **(말소리) 퍼뜨리다**

〈patriot〉 '퍼뜨리다'는 (씨를) 퍼뜨리는(patri=father bud) 아버지(파爸= 부父)를 뜻하며 이는 부(父)의 나라를 생각한다는 의미.

· 어원) **〈patriot〉** the Ancient Greek πατριώτης (patriṓtēs, "of the same country"), from πατρίς (patrís, "father land", "country"), from πατήρ (patḗr, "father").

abbot [ǽbət] **[고급]** 대수도원장 (말소리) 아빠다
despot [déspət] 전제군주 폭군 떠서밭

〈abbot〉 '아빠다'는 아버지로서 윗사람을 뜻함. 성경에서는 하나님 아버지리고 부른다. Bot=밭, 뻗어 **〈despot〉** '떠서밭'는 (생명을) 뻗어나게 하는 밭(pot=bud, potent, father), 바탕으로서 집에서는 부(父)이고, 대외적으로 우두머리 뜻함. [연관] pot/bottle 뻗어 불룩하게 부은 그릇 spot 패서 생긴 자국 [다른 풀이] '떠서뻗어' 뻗어나게 하는 힘이 있는 존재

· 어원) **〈abbot〉** Latin abbās ("father"). Ancient Greek ἀββᾶς (abbâs)**〈abba '아빠': Father; religious superior〉 〈despot〉** Latin potis(able) and Sanskrit पति(pati) (master, owner, ruler, husband, **root**). Pre-Germanic *budnós ("a kind of vessel, swelled-out shape"), from Proto-Indo-European *bewd- ("to swell") **밭: 어떤 사물의 바탕이나 토대를 비유적으로 이르는 말. 그 식물이나 자연물, 수산물 따위가 많이 있거나 나는 곳. '바깥'의 뜻을 더하는 접두사. [한자] 覇으뜸 패/두목 패**

산스크리트어로 'pati'는 뻗어나게 하는 밭, 뿌리, 부모, 주인이라는 말로 여기서 힘의 의미로 발전한 것으로 보인다.

potential [pəténʃəl] 잠재적인 (말소리) 뻗은줄
potent [póutnt] 유력한 강력한 뻗댄다
patent [pǽtnt] 특허 펴든다

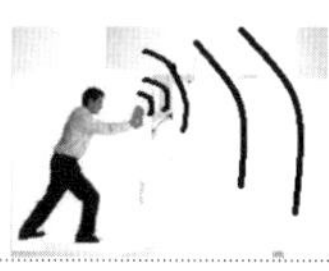

〈potential/potent〉 밭(바탕)으로서 식물 뿌리가 뻗어가게 하는 등 영향을 주는 힘을 뜻함 **〈patent〉** '펴든다'는 펴서 드러내 권리가 있음을 (공표해) 알리다는 뜻

· 어원) **〈potential / potent〉** Latin potentia ("power"). Sanskrit पति (páti)(root, lord, master). Sanskrit पतति (pátati) (to set in motion, set on foot, to pour out , to cause to fall, to fling, hurl, to fly, soar) Proto-Indo-European *pótis ("owner, master, host, husband"). Proto-Indo-European *paw-("strike"). **〈patent〉** Latin patēns ("open, lying open"). Latin pateō(I am open. I **increase or extend**). **바탕**: 타고난 성질이나 재질. 사물이나 현상의 근본을 이루는 것 [한자] 波 물결 파 破 깨뜨릴 파

possible [pάsəbl] 가능한 (말소리) 뻗쳐볼

〈possible〉 '뻗쳐볼'은 풋- 요동치며 뻗쳐가게 영향을 주는 힘을 뜻함

· 어원) **〈possible〉** Latin posse ("to be able").

뻗어나(bot/pot/bud ——) 부풀다

bottom [bɑ:təm] 바닥, [안/끝]쪽에 (말소리) 바탕

〈bottom〉 푸드드(풋) 뻗어(붇다)(bot/pot) 바깥(밭), 변두리(boundary)로 가다. 밭은 식물을 뻗어나게 키우고, 사물의 바탕이 된다. 그래서 밭은 바깥, 끝을 의미한다. 밭(bot)+임(om)-> 바탕

· 어원) **〈bottom〉** Old English botm, bodan ("bottom, foundation; ground, abyss") [국어] **밭**: 어떤 사물의 **바탕**이나 토대를 비유적으로 이르는 말. 그 식물이나 자연물, 수산물 따위가 많이 있거나 나는 곳. '바깥'의 뜻을 더하는 접두사. **밭다**: 길이가 매우 짧다. 시간이나 공간이 다붙어 몹시 가깝다. '밷다'의 방언(경남, 함북). 어떤 사물에 열중하거나 즐기는 정도가 너무 심하다.

bottle [bάtl] 병 (말소리) 뻗을
pot [pat] 냄비 화분 뻗어
pottery [pάtəri] 도자기 보따리

〈bottle/pot/pottery〉 푸드드(풋) 바깥(밭)으로 뻗다(붇다)(bot/pot). 뻗어나 붇고 부푼 모양으로 뭔가를 담는 병, 싸개를 의미함. [다른 풀이] 1 '포대'는 포대 자루를 뜻함 2 '푸다'는 푸하다(속이 꽉 차지 아니하고 불룩하게 부풀어 있다)는 뜻. [연관] bud

· 어원) **〈bottle/pot/pottery〉** Middle English *pod ("seed-pod, husk, shell") Proto-Indo-European *bʰōw- (literally "to swell, grow, thrive, be, live, dwell"). Pre-Germanic *budnós **'뻗어나'** ("a kind of vessel, swelled-out shape") Sanskrit पति (páti)(root, lord, master), पात्र (pātra) (a drinking vessel, bowl, cup, pot) [국어] **뻗다**: 가지나 덩굴, 뿌리 따위가 길게 자라나다. 오므렸던 것을 펴다. **붇다**: 물에 불어서 부피가 커지다. 살이 찌다. **포대**: 베나 가죽, 종이 따위로 만든 큰 자루. [한자] 包쌀 포

bud [bʌd] 싹 봉오리 (말소리) 뻗어
pod [pad] 꼬투리 깍지 밭
but [bət] 1하지만 2제외하다 밭

〈bud〉 푸드드 뻗(붇)다(pod). 부푼 봉우리를 뜻하며 이것이 벌어져 새싹이 난다. [다른 풀이] '풋' 풋내기처럼 아직 어린 풋 것. 풋 튀어나오다 **〈pod〉** 뻗어난 바깥을 의미하는 밭, 우리말 '팥'도 덮개에 싸여 있다는 점에서 같은 어원이라 할 수 있다. 붇다는 의미(To swell or fill)가 있다. **〈but〉** 밭은 바깥을 의미하며, 푸드드(풋) 받아쳐(beat) 냄으로써 바깥으로 뻗다. 1 벗어나 반대로, 그러나 2 벗어나 제외하다(except) [연관] rebut (beat back, deny) refute [다른 풀이] '벋' 벋어 바깥으로 향함

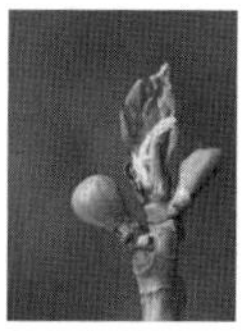

· 어원) **〈bud〉** Middle English budde ("bud, seed pod"). Pre-Germanic *budnós **'뻗어나'** ("a kind of vessel, swelled-out shape") from Proto-Indo-European *bewd- ("to swell") **〈pod〉** Old English pād ("an outer garment, covering, coat, cloak"). **〈but〉** Old English būtan ("out of, outside of, off, round about, except, without, besides, in addition to, in spite of, save, but, only, unless"). [국어] **밭**: '바깥'의 뜻을 더하는 접두사. **팥**: 가늘고 둥근 통 모양의 긴 꼬투리에 4~15개의 씨가 들어 있다. **붇다**: 분량이나 수효가 많아지다. 살찌다. **밭다**: 길이가 매우 짧다. 시간이나 공간이 다붙어 몹시 가깝다. '뱉다'의 방언(경남, 함북). 어떤 사물에 열중하거나 즐기는 정도가 너무 심하다 **벋다**: 끝이 바깥쪽으로 향하여 있다. [한자] 包쌀 포

budget [bʌdʒit] 예산 (말소리) 뻗치다

〈budget〉 '뻗치다'는 푸드드 받아쳐 냄으로써 뻗다(bud=pod, bud). 뻗어나와 부풀은 주머니. 돈을 담는 주머니가 어원으로 예산과 관련이 있다. 이는 fiscal이 돈주머니(보시기)인 것과 같다. [연관] bud

· 어원) **〈budget〉** Old French bougette, of bouge ("leather bag, wallet"). [국어] **보(褓)**: 물건을 싸거나 씌우기 위하여 네모지게 만든 천. **보(洑)**: 둑을 쌓아 흐르는 냇물을 막고 그 물을 담아 두는 곳

fat [fæt] 살찐 비옥한 (말소리) 붇
better [bétər] 더 나은 뻗어

〈fat〉 '붇' 불어나다는 의미로 pot처럼 담을 수 있게 퍼져 있다는 뜻 [다른 풀이] '푸다'는 '푸' 부어 늘어난 상태를 의미함 **〈better〉** 뻗어나 앞서는 것으로 한결 더 낫다는 뜻

· 어원) **〈fat〉** Proto-Germanic *fatą ("vessel") German feist ("fatted, plump, obese"). **〈better〉** Related to best and battle ("getting better, improving, fruitful, fertile"). [국어] **붇다**: 물에 불어서 부피가 커지다. 살이 찌다. **붓다**: 살가죽이나 어떤 기관이 부풀어 오르다. **푸하다**(속이 꽉 차지 아니하고 불룩하게 부풀어 있다) **붙다**: 어떤 것이 더해지거나 생겨나다. **보다**: 어떤 수준에 비하여 한층 더.

21 펴/벌여(ve, vir) 나와 보이다(사실, 증명)

view sur**ve**y **ver**ify **vir**tue; pro**ve** appro**ve**

view [vjuː] 보기 견해 (말소리) 뵈

〈view〉 '뵈'는 펴 나와 보이다는 뜻

· 어원) **〈view〉** latin veoir ("to see"). [국어] **뵈다**: 눈으로 대상의 존재나 형태적 특징을 알게 하다.

spy [spai] 스파이 감시하다 (말소리) 스봐

〈spy〉 '스봐'는 스윽 피어나 드러남으로써 보이게 되다. 살펴본다는 뜻

· 어원) **〈spy〉** Proto-Germanic *spehōną ("to see, look"). **[국어] 짚다: 여럿 중에 하나를 꼭 집어 가리키다. 상황을 헤아려 어떠할 것으로 짐작하다.**

보는 것이 시각이나 관점이라면 보이는 것은 장소나 시야, 사물 등을 가리킨다고 볼 수 있다.

survey [sərvéi] 조사하다 연구하다 (말소리) 살펴

〈survey〉 '살펴'는 살펴서 본다는 뜻 ☞ sur(쌀, 위를 싸다)+vey(봐, peer)

· 어원) **〈survey〉** Old French surveer, from sur- ("over")+veeir ("to see"). **[국어] 살피다: 두루두루 주의하여 자세히 보다.**

verify [vérəfài] 검증하다 확인하다 (말소리) 바로피어

〈verify〉 '바로피어'는 벌여(ver) 나와 피어 보이다(prove the truth of something). 앞에 펴 드러나는 것은 일어난 사실이고 바르다는 뜻.

· 어원) **〈verify〉** Latin vērificō ("make true"), vērus ("true")+faciō ("do, make"). Proto-Indo-European *per(h_2)- ("to go over, cross")

virtue [vəːrʧuː] 미덕 덕목 (말소리) 벌지
virtual [vəːrʧuəl] 사실상의 가상의 벌어질

〈virtue〉 '벌지'는 벌벌(vir=vortex, value 發필 발) 떨어 팔팔하다는 말로 활력 있고 가치가 있는 것을 뜻함. Worth와 같은 어원으로 v에서 w로 발음이 변함 [연관] virgin virus **〈virtual〉** '벌어질'은 벌어져 눈앞에 펼쳐지다(vir=發필 발). 드러나 보이는 것은 사실로 보이게 된다. [비교] fact 팍 떠 눈앞에 드러난 것은 사실이다.

· 어원) **〈virtue〉** Latin virtus ("manliness, bravery, worth, moral excellence"), from vir ("man, male"). Proto-Indo-European *wert-(to turn, to rotate) **〈virtual〉** Latin vērāx ("truthful"), from vērus ("true"). **스페인어** verdad (사실) **[국어] 벌벌: 몹시 바쁘게 여기저기 돌아다니는 모양. 몸이나 몸의 일부분을 크게 자꾸 떠는 모양. 벌이다: 일을 계획하여 시작하거나 펼쳐 놓다. 發필 발, 베풀다, 밝히다**

Fact는 실제 팍 피어나 형성된 것이고, 벌여 나와 눈앞에 보이는지 확인하는 것이 증명(prove)하는 일이다.

prove [pruːv] 증명하다 (말소리) 바로뵈
probe [proub] 조사하다 바로뵈

〈prove / probe〉 '바로뵈'는 부르르 바로(pro 앞) 나와 피어(ve/be) 보이다. (바로 앞에) 보이는지 확인하다는 뜻. 바로 드러나 있는 것이 사실이고 바르다.

· 어원) **〈prove〉** probus ("good, worthy, excellent"). Latin vērus ("true"). Proto-Indo-European *pro-, *per- ("toward")+*b^huH- ("to be, to become, grow, appear") **〈probe〉** probare ("to test, examine, prove"). **[국어] 바로: 비뚤어지거나 굽은 데가 없이 곧게.**

proof [pruːf] 1증거 2 견디는 (말소리) 바로펴

〈proof〉 '바로펴'는 부르르 바로(pro 앞) 나와 피어(f) 보이다. 1. (바로 앞에) 보이는 것. 증거는 위에 보이는 것으로 evidence ('위뵈던지')와 같은 논리다. 2. 바른 것은 강하고 확고하다

· 어원) **〈proof〉** Latin probare ("to prove"). Probus(good, serviceable, excellent, superior, able) Sanskrit (prabhu, "excellent, foremost, potent") **[국어] 바로: 비뚤어지거나 굽은 데가 없이 곧게.**

approve [əprúːv] 승인하다 찬성하다 (말소리) 에바로뵈

〈approve〉 '에바로뵈'는 ~에(a) 대해 부르르 바로(pro 앞) 나와 피어(ve) 보이다. (바로 앞에) 보여 확인할 수 있다. 증명할 수 있어 바르다고 (prove=profit, valuable) 인정하다.

· 어원) **〈approve〉** ad+probō ("to esteem as good, approve, prove").

reprove [riprúːv] 꾸짖다 비난하다 (말소리) 누바로뵈

〈reprove〉 '누바로뵈'는 누누이(re) 부르르 바로(pro 앞) 나와 피어(ve) 보이다. (바로 앞에) 보여 바르다는 것을 누누이(re) 원점으로 돌리면서 무시하고 비난하다 [연관] reproach reprimand

· 어원) **〈reprove〉** Latin reprobatus ("disapproved, rejected, condemned"). re-+probō

22 비치다, 보이다(vis, face, vid): 생김새/면, 알려줌

vision re**vise** sur**face** de**face** e**vid**ence pro**vid**ent impro**vise**

물리학에서는 빛은 어둠이 없는 상태이다. 어둠에서 빛이 나와 우리 눈에 비치면 그때 사물이 빼어나와 생기는 것이라고 할 수 있다. 빛이 비치면 모습이 생겨나고, 생김새를 알 수 있다 [Ancient Greek φάσις(phásis, "an appearance"), from φάειν(pháein, "to shine, appear, give light")]. 그리고 '보다'란 말 자체가 앎이나 지식, 이치와도 관련이 있는데 보는 것은 곧 깨닫는 것이기 때문이다. 다음은 '보다'와 관련된 단어들이 쓰인 예들이다.

vision [víʒən] 비전 시야 (말소리) 비친
visible [vízəbl] 보이는 비쳐볼
visit [vɪzɪt] 방문하다 비치다

〈vision / visible〉 삐져나와 비치어 보이는 것을 뜻함 **〈visit〉** 삐져나와 비치다. 방문은 얼굴을 비쳐 보이는 것이다.

· 어원) **〈vision / visible〉** Old French vision, Latin vīsiō ("vision, seeing"), visus ("that which is seen"), from videō ("I see"). **〈visit〉** Latin vīsitō, of vīsō ("behold, survey"), from videō ("see"). [국어] **비치다**: 물체의 그림자나 영상이 나타나 보이다. **삐지다**: 속에서 겉 또는 밖으로 밀려 나오다. 진상이 드러난다.

advise [ædváiz] 조언하다 알리다 (말소리) 에다비쳐

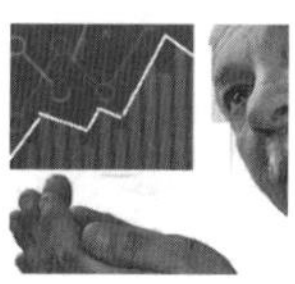

〈advise〉 '에다비쳐'는 ~에다(ad) 비춰(vise=vision, face) 보여주고 알려주다

· 어원) **〈advise〉** ad+visō, Latin videō ("to see"). [국어] **비추다**: 어떤 것과 관련하여 견주어 보다. 모습이 나타나게 하다.

revise [riváiz] 개정하다 수정하다 (말소리) 누비쳐

〈revise〉 '누비쳐'는 누누이(re) 비춰(vise=face), 다시 보이게 겉을 고친다는 뜻

· 어원) **〈revise〉** re-+vīsere ("examine"), of vidēre ("see"). [국어] **비추다**: 어떤 것과 관련하여 견주어 보다. 모습이 나타나게 하다.

'빛다'는 모습을 갖추어 보인다는 점에서 '삐져 나오다', '비치다'와 같은 의미를 지닌다고 볼 수 있다.

physical [fízikəl] 신체의 물리의 (말소리) 빚어갈

〈physical〉 '빚어갈'은 빚어 만들어진 형체를 뜻함. 빚어진 형상 [다른 풀이] 1 '삐죽할' 삐져나와 모양이 빚어진다는 뜻. 삐죽 갈라져 나오다 2 '비쳐갈' [연관] phase face

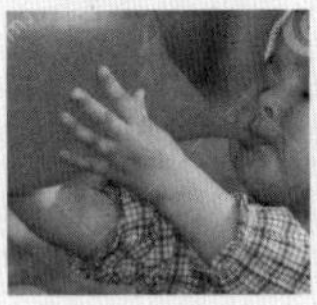

· 어원) **〈physical〉** Ancient Greek φῦσῐς (phúsis)(origin, birth, **form**, nature, creature). φυσικός (fysikós, "natural"). [국어] **빚다**: 흙 따위의 재료를 이겨서 어떤 형태를 만들다. **삐지다**: 속에서 겉 또는 밖으로 밀려 나오다. 진상이 드러나다. 빚다의 제주 방언. **삐죽**: 얼굴이나 물건의 모습만 한번 슬쩍 내밀거나 나타내는 모양.

피어(삐져) 나와 형체를 이루는 것은 빛에 의해 눈에 비쳐 보인다고 할 수 있다. face는 비쳐 보이는 겉면으로 쓰인다.

face [feis] 1얼굴 면 2직면하다 (말소리) 비쳐
facade [fəsɑːd] **[고급]** 정면 비치다
phase [feɪz] 면, 단계, (달의) 상(相) 비쳐

〈face/facade〉 피어(삐져) 나오는 것으로 비쳐 보이는 표면(surface), 얼굴을 뜻함. 2 삐져 나온 표면에 대어 직면하다 **〈phase〉** 피어(삐져) 나오는 것으로 비쳐 보이는 표면. 비치는 면에 따라 다른 면이 보인다.

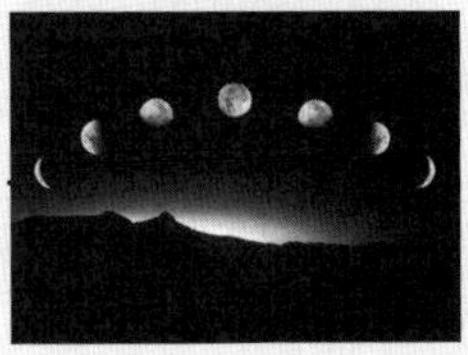

· 어원) **〈face/facade〉** Latin faciēs ("form, appearance"), from facere ("to make, do"). Latin visus ("a look, vision"), from vidēre ("to see") Latin faciēs(face, visage, shape, figure) **〈phase〉** Ancient Greek φάσις(phásis, "an appearance"), from φάειν**(pháein, "to shine, appear, give light")** [국어] **삐지다**: 속에서 겉 또는 밖으로 밀려 나오다. 진상이 드러나다. 빚다의 제주 방언. **비치다**: 물체의 그림자나 영상이 나타나 보이다. **피우다**: 나타내어 **보이다**. 꽃 벌어지게 하다.

emphasis [émfəsis] 강조 중요 (말소리) 임비치지

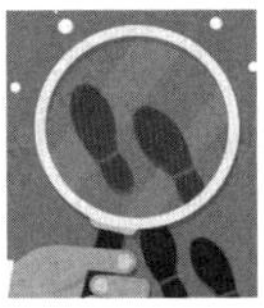

〈emphasis〉 '임비치지'는 임(im=in, on 臨임할 임= 隣이웃 인)한 곳에 비쳐(phasis=phase, face) 보이게 (나타나게) 하는 것을 뜻함. 조명하여(비쳐) 강조하다 [en-= in, into, em, on, covered, caused]

· 어원) **〈emphasis〉** ἐμφαίνω (emphaínō, "I present, I indicate"), from ἐν- (en-, "in")+φαίνω (phaínō, "I show"). [국어] **비치다**: 물체의 그림자나 영상이 나타나 보이다. **비추다**: 어떤 것과 관련하여 견주어 보다. 모습이 나타나게 하다. **임하다(臨)**: 어떤 장소의 가까이서 그곳을 마주 대하다. **임**: 머리 위에 인 물건. 또는 머리에 일 만한 정도의 짐. **피우다**: 나타내어 **보이다**. 꽃 벌어지게 하다.

visage [vízidʒ] 얼굴 용모 (말소리) 비치지

〈visage〉 '비치지'는 비치(vis= face)는 것으로 겉에 보이는 얼굴을 뜻함.

· 어원) **〈visage〉** Latin visus ("a look, vision"), from vidēre ("to see"). [국어] **비치다**: 물체의 그림자나 영상이 나타나 보이다.

surface [sə́ːrfis] 표면, 겉으로 드러나다 (말소리) 써비쳐

〈surface〉 '써비쳐'는 씌어(sur) (위에 써) 비치(face)는 면. 펴서 나와 비쳐 보이는 겉을 뜻함

· 어원) **〈surface〉** sur-+face [국어] **비치다**: 물체의 그림자나 영상이 나타나 보이다.

efface [iféis] 지우다 삭제하다 (말소리) 외비쳐

〈efface〉 '외비쳐'는 비춰 (face) 보이는 면이 외(e)로 가다. 겉면이 안 보이게 지우다.

· 어원) **〈efface〉** Middle French effacer ("erase"), from Old French esfacier ("remove the face"). [국어] **외(外)**: 일정한 범위나 한계를 벗어남을 나타내는 말. **비치다**: 물체의 그림자나 영상이 나타나 보이다.

deface [diféis] ~의 외관을 손상하다 (말소리) 떼비쳐

〈deface〉 '떼비쳐'는 비치(face)는 모습을 떼(de) 낸다는 뜻

· 어원) **〈deface〉** Old French desfacier ("mutilate, destroy, disfigure"), from des- ("away from") (dis-)+Vulgar Latin *facia [국어] **비치다**: 물체의 그림자나 영상이 나타나 보이다.

밖으로 나와 시야에 잡혀 보이게 한다(latin videor ("to appear, seem"))

evidence [évədəns] 증거 근거 (말소리) 위뵈던지

〈evidence〉 '위뵈던지'는 위에 빼어(나타나) 보이다(vide =video). 드러나 확인되는 것

· 어원) **〈evidence〉** latin videor ("to appear, seem"). [국어] **뵈다**: 눈으로 대상의 존재나 형태적 특징을 알게 하다. **빼다**: 속에 들어 있거나 끼여 있거나, 박혀 있는 것을 밖으로 나오게 하다.

provide [prəváid] 제공하다 공급하다 (말소리) 퍼내보이다
provident [prάvədənt] 선견지명이 있는 펴내뵈둔다
forebode [fɔrboud] 예감이 들다 펄보다

〈provide〉 '퍼내보이다'는 펴내 (pro 앞으로) 빼 보이다(vide= video). 빼어 보내준다는 뜻 **〈provident〉** '펴내뵈둔다'는 펴내 (pro 앞으로) 보이게(vide= video) 하다. 앞을 내다본다는 뜻 **〈forebode〉** 펄(fore=forth) 펴내 앞을 보다(bode) [연관] bode(To indicate by signs, as future events; foretell) spot 발견하다.

· 어원) **〈provide〉** Latin prōvideō ("I foresee, I act with foresight"). **〈provident〉** prō-+videō ("I see"). **〈forebode〉** fore-+bode. Proto-Germanic *budô ("messenger"). Sanskrit: बोध (bódha) (perception, cognition) [국어] **보이다**: 그 존재나 모습 따위가 눈으로 인식되다. **펴내다**: 개킨 것을 넓게 하여 내놓다.

improvise [ímprəvàiz] 임시변통으로 마련하다 (말소리) 임펴내봐오지

〈improvise〉 '임펴내봐오지'는 펴내(pro 앞) 보지(vis=vision, view) 않다(im). 앞을 내다보지 않고 닥쳐서 한다는 뜻. im(in)은 임(인접)한 상대방, 반대편으로 부정 의미.

· 어원) **〈improvise〉** latin prōvīsus(foreseen, provided). Latin improvisus ("unforeseen, unexpected ") [국어] **펴내다**: 개킨 것을 넓게 하여 내놓다. **비치다**: 물체의 그림자나 영상이 나타나 보이다.

prudent [prú:dnt] 신중한 (말소리) 펴내든다

〈prudent〉 '펴내든다'는 펴내(pru=pro 앞) 두다는 말로 펴내어 보여주고 내다볼 줄 알아 신중하다는 뜻

· 어원) **〈prudent〉** latin prōvideō ("I forsee"). [국어] **펴내다**: 개킨 것을 넓게 하여 내놓다.

23 퍽(f_c, fig) 펴나와 빚어짐(생기다, 생김새, 특징), 보이다(spec)[살펴보다, 관점]

ex**pec**t su**spec**t **spec**ific; **spec**ulate a**spec**t; de**fec**t in**fec**t **fac**tor **fig**ure ef**fic**ient

Pec-는 퍽 튀어 나타나서 보이게 됨을 뜻한다. 이는 appear가 피어나 보이게 되는 것과 같다. 보이는 모습인 figure, 겉모습인 superficial에서 fig-, fic-, 퍽 드러나게 만들어지는 factory, effect에서 fac-, fec- 등과 같은 어원이다. -spect-는 살펴보는 것으로 예상, 검사, 의심, 구경, 추측, 보는 관점을 나타낸다.

expect [ikspékt] 예상하다 기대하다 (말소리) 윗서봤다

〈expect〉 윗(ex) 쪽 (앞)에 퍽 나타나 봤다(pect). 내다본다는 뜻

· 어원) **〈expect〉** Latin exspectō ("look out for, await, expect"), from ex ("out")+spectō ("look at"), frequentative of speciō ("see"). [국어] **짚다**: 여럿 중에 하나를 꼭 집어 가리키다. 상황을 헤아려 어떠할 것으로 짐작하다.

inspect [inspékt] 검사하다 (말소리) 안서봤다

〈inspect〉 안(in)이 퍽 드러나, 봤다(pect). 안을 살펴본다는 뜻 [다른 풀이] '안짚었다'

· 어원) **〈inspect〉** Latin inspicere ("to look into"), from in ("in")+spicere ("to look at").

suspect [səspékt] 의심하다 용의자 (말소리) 싸서봤다

〈suspect〉 싸인 (속이) 퍽 드러나게, 보고자 한다 [연관] spectacle [다른 풀이] '싸짚었다' 씌어[sus] 짚다(spect)

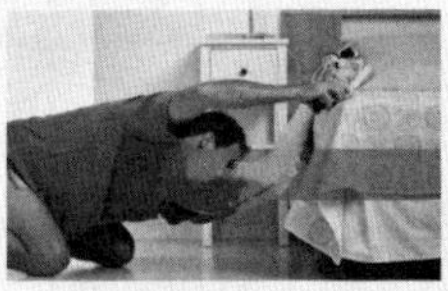

· 어원) **〈suspect〉** Latin suspiciō ("mistrust, suspect"), from sus-, combining form of sub ("under"), +speciō ("watch, look at"). [국어] **짚다**: 여럿 중에 하나를 꼭 집어 가리키다. 상황을 헤아려 어떠할 것으로 짐작하다.

spectrum [spéktrəm] 스펙트럼 범위 (말소리) 서뵈두렴

〈spectrum〉 퍽 드러나 봤다(pect)는 말로 보이는 범위

· 어원) **〈spectrum〉** Latin spectrum ("appearance, image, apparition"), from speciō ("look at, view").

spectator [spékteitər] 관중 관객 (말소리) 서봤더이다
spectacle [spéktəkl] 안경 장관 서봤다길

〈spectator/ spectacle〉 퍽 (튀어나) 봤다(pect). 보는 사람들, 보이는 것.

· 어원) **〈spectator〉** Latin spectō ("watch"), from speciō ("look at"). **〈spectacle〉** Latin spectāculum ("a show, spectacle"), from spectō ("to see, behold"), speciō ("to see"). [국어] **짚다**: 여럿 중에 하나를 꼭 집어 가리키다. 상황을 헤아려 어떠할 것으로 짐작하다.

speculate [spékjulèit] 추측하다 분석하다 (말소리) 서봐끌려오다

〈speculate〉 퍽 (튀어나) 봤다(pect). (살핌으로써) 판단하는 것이다

· 어원) **〈speculate〉** speculor ("look out"), from specula ("watchtower"), from speciō ("look at").

보이는 곳마다 다르게 되는 관점을 살펴보자. 어떻게 보느냐에 따라 관점이 바뀐다. 한가지 사건에 대해 사람들마다 평가가 다르다. 나에 대한 평가도 극과 극일 수 있다. 남이 나를 어떻게 보는지 신경 쓰는 것은 스트레스다. 자기 참모습은 거울 보는 것처럼 간단하지 않다. 여러 사람이 보는 관점과 자기 자신이 바라보는 관점을 서로 비교하면서 자기의 참모습을 정립해 나갈 필요가 있다.

aspect [ǽspekt] 양상 측면 (말소리) 에서봤다

〈aspect〉 '에서봤다'는 ~에서 퍽 튀어나, 본다는 것으로 -에서 한쪽 면만 보다는 뜻.

· 어원) **〈aspect〉** Latin aspectus ("look, sight; appearance"), from aspiciō ("see; catch sight of; inspect"), from ad- ("to, towards, at")+speciō ("look, behold; observe").

perspective [pərspéktiv] 관점 전망 (말소리) 펄서봤다부

〈perspective〉 펄(per 푹) 봤다(pect). 푹(거리를 두고) 짚어 보다는 뜻. 보이는 각 면은 관점(aspect)이 된다.

· 어원) **〈perspective〉** Latin perspectus, perspicere ("to inspect, look through"), itself from per- ("through")+specere ("to look at"). [국어] **짚다**: 여럿 중에 하나를 꼭 집어 가리키다. 상황을 헤아려 어떠할 것으로 짐작하다.

보는 관점에 따라 다른 면이 보인다. 사람 양쪽 눈은 6cm정도 차이가 난다. 오른 눈과 왼 눈의 보는 면이 다르다. 양 눈의 다른 정보로 거리, 입체감을 느낀다.

respect [rispékt] 1 관점 2 존중하다 (말소리) 누서봤다

〈respect〉 누누이(re) 봤다(pect). 1 짚어보는, 보이는 면으로서 관점(觀볼 관) 2 누차 볼 정도로 존중한다는 뜻

· 어원) **〈respect〉** Old French respit ("respect, regard, consideration"; respite), Latin respectus ("a looking at, regard, respect"), respiciō ("look at, look back upon, respect"), from re- ("back")+speciō ("to see")

우리는 눈에 비쳐 상에 맺히는 것을 통해 그것을 인식하고 다른 것들과 구분해낼 수 있게 된다. 그것만이 가진 고유한 특성을 시각을 통해 구분해내는 것이다. 속에 들어 있는 참모습은 볼 수 없다. Pec-는 퍽 튀어 보이게 됨을 나타낸다. 퍽(pec) 다음에 i가 와서 ㄱ발음이 약화된 사례이다.

species [spíːʃiːz] 종 종류 (말소리) 서비치지

〈species〉 퍽 (튀어나), 비치(peci=face, phase)는 방향에 따라 달리 보이는 관점(respect, aspect), 면과 같이 서로 다른 특성을 갖는 종. [참고] phase

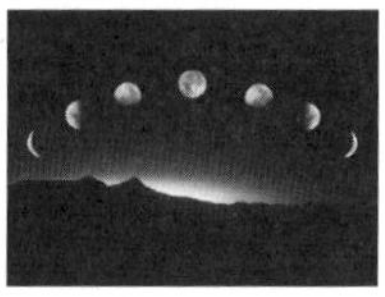

· 어원) **〈species〉** Latin speciēs ("appearance; quality"), from speciō ("see"). Latin faciēs("form, appearance"), from facere("to make, do"). [국어] **비치다**: 빛을 받아 모양이 나타나 보이다.

special [spéʃəl] 특별한 (말소리) 서비칠
specific [spisífik] 특정한 구체적인 서비쳐픽

〈special〉 퍽, 비쳐 보이는 방향에 따라 고유한 특성을 의미함 **〈specific〉** '서비쳐픽'은 비쳐 보이는 방향에 따라 지닌 고유한 겉보기에서 의미가 발전됨

· 어원) **〈special〉** speciō ("see") species(a seeing, view, look a spectacle, appearance (figuratively) honor, reputation). **〈specific〉** Late Latin specificus ("specific, particular"), Latin speciēs ("kind")+faciō ("make"). **[국어] 비치다: 빛을 받아 모양이 나타나 보이다.**

auspicious [ɔːspíʃəs] 길조의 상서로운 (말소리) 위서비쳐서

〈auspicious〉 '위서비쳐서'는 위(au=air, aviation) (나는 새)를 본다(spi=spy). 위에 나는 새를 보고 예측하다는 뜻. 길조를 기다리며 하늘을 본다

· 어원) Latin *avi-spex ("who examines (the flight of) the birds"). Latin avis "bird;" Greek aietos "eagle" **[국어] 비추다: 어떤 것과 관련하여 견주어 보다. 모습이 나타나게 하다. 길조(吉鳥): 관습적으로 좋은 일을 가져온다고 여기는 새**

퍽(f_c, fig, pic) 피어나 빛어지다(생기다, 생김새, 조작하다)

'피다'는 펑, 픽, 펄 등 여러 소리로 나타난다. '피다'는 드러나 보이다/비치다[face, evident, vision], 형성되다(feat feasible, deface)로 쓰이며, 퍽/빚다(-fect, -fic, -pec)[fact, inspect, affect], 펑[function, phenomenon] 솟다, 펄(appear, peer) 피다 등 여러 형태로 나타난다.

'빚다'는 모양 측면에서 퍽(fac) 떠서 드러나 생기는 행위다. 또한 생김새를 나타낸다. 소리 측면에서 퍽은 pick, peck에서와 같이 퍽퍽 치는 소리다. 볼 수 있게 드러나는 것은 곧 빚어진 일(fact, feat), 행위가 된다. 빚는다는 삐져나온 것(빚어->삐져)으로 표현할 수 있다.

defect [díːfekt] 결함 장애 (말소리) 데빚다
affect [əfékt] 영향을 주다 에빚다
infect [infékt] 감염시키다 인빚다

〈defect〉 '데빚다'는 퍽 떠서 빚다(fect=factor, feat)에 '데('불완전하게' 뜻을 더하는 접두사.)'(de)가 붙어 빚지 못하다는 뜻 [연관] defeat deficient **〈affect〉** -에 빚다. -에게 퍽 떠서 빚어지는 일을 만들다. **〈infect〉** 인(in, im, en, on 인(隣)=인접)한 곳에 빚다. 인접한 부위에 빚게 하여 영향을 미치다.

· 어원) **〈defect〉** deficere ("to fail, lack, literally 'undo'"), from defectus, from de- ("priv.")+facere ("to do"). **〈affect〉** ad-+facere ("to make, do"). **〈infect〉** in- ("in, at, on")+faciō ("to perform, do"). **[국어] 빚다: 흙 따위의 재료를 이겨서 어떤 형태를 만들다. 어떤 결과나 현상을 만들다.**

fact [fækt] 사실 일 (말소리) 빚다
factor [fǽktər] 요인 원인 빚다

〈fact〉 '빚다'는 퍽 떠서 나타나, 빚어지다. 형상이나 행위(act)가 벌어져 나타난다는 뜻. 빚음은 사건이나 사실을 표현하는데 사실은 일어났다는 것을 겉으로 보여 줄 뿐 진실이 아닐 수 있다. 사람에 의해 개입되면 인위적으로 조작되고 속이 빈 껍데기에 불과한 사실이 된다(fact->fiction). **〈factor〉** '빚다'는 퍽 떠서 나타나, 빚어지다. 형상이나 행위(act)가 벌어져 나타나는 것으로 일을 빚어낸다는 뜻.

☞ fact=f+act [연관] Factory 빚다니 빚어 만드는 곳

· 어원) **〈fact〉** Latin factus ("done or made") faciō ("do, make"). **〈factor〉** Latin factor ("a doer, maker, performer"), from factus ("done or made"). [국어] **빚다**: 흙 따위의 재료를 이겨서 어떤 형태를 만들다. 어떤 결과나 현상을 만들다.

fact는 픽 솟아 드러나는 행위, 모습이며, fig- 또한 픽 뜨는 모습을 나타낸다.

figure [fígjər] 1 형체(인물, 그림, 수치) 2 알다 (말소리) 픽이어
disfigure [disfígjər] ~의 외관을 손상시키다 떼서픽이어

〈figure〉 '픽이어' 픽(fig=fact, peck) (피어나) 보이게 된 형체(to make an image of, either palpable or ideal). 형체를 나타내다(drawing, picture) 2 픽 일어나 (피어나) 형체가 드러남으로써 알게 되다 [연관] feign **〈disfigure〉** '떼서픽이어' 픽(fig) (피어나) 보이게 된 형체를 떼(dis)내 망가뜨리다

· 어원) **〈figure〉** Latin figūra ("form, shape, form of a word, a figure of speech, Late Latin a sketch, drawing"). [국어] **픽**: 물건을 갑자기 휙 던질 때 나는 소리. 또는 그 모양.

가짜든 진짜든 둘 다 만들어 내야 생기는 것이지만 차이는 조작자의 의도에 있다. 사기죄는 상대를 속이려는 의도를 범인의 행위를 통해 밝혀야 성립된다.

fiction [fíkʃən] 소설 허구 (말소리) 빚은
fake [feik] 가짜 픽

〈fiction〉 '빚은' 픽 떠서 나타나(불룩 솟아) 형태를 빚다(fict=fact). 사람이 만들거나 꾸미게 되면 본질과 달라지는 것을 나타냄. 소설은 꾸며낸 허구다. [연관] function depict feign **〈fake〉** 픽 떠서 나타나 생기다. 불순한 의도로 빚어 만들다

· 어원) **〈fiction〉** Latin fictio ("a making, fashioning, a feigning"), from fingere ("to form, mold, shape, devise, feign"). **〈fake〉** feague ("to give a better appearance through artificial means") German fegen ("to sweep, to polish"). [국어] **픽**: 막혔던 공기가 힘없이 터져 나올 때 나는 소리. 모양.

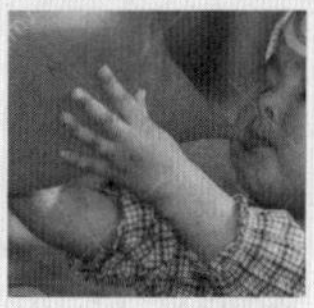

꽃을 피우듯 피어남은 나타나 보이는 것이며, 이는 드러나 보이도록 만드는 행위와 관련된다.

feat [fiːt] 위업 공적 (말소리) 피다
defeat [difíːt] 패배시키다 떼피다

〈feat〉 '피다'는 피어나 볼 수 있는 형태를 이룸으로써 만들어진 것을 뜻함 [연관] fit 핏 일어나는 발작 **〈defeat〉** '떼피다'는 피다(feat=feasible)와 떼다(또는 불완전 의미의 '데')의 합성어로 피어 나타나는 것을 떼어 부수다는 뜻 [연관] defect deface

· 어원) **〈feat〉** Anglo-Norman fet ("action, deed"). **〈defeat〉** de(down)+ feat/ Vulgar Latin disfaciō, disfacere ("unmake"), Latin dis-+faciō. [국어] **데-**: '불완전하게' 또는 '불충분하게'의 뜻을 더하는 접두사. **피우다**: 나타내어 보이다. 꽃 벌어지게 하다.

feature [fíːtʃər] 특징 (말소리) 비쳐

〈feature〉 피다(feat)는 말로 피워(To appear) 형성되는 모양을 나타냄. 형상은 비쳐(phase face) 보이는 방향(관점)에 따라 각각의 특징을 비춰준다. [참고] feat phase face special [다른 풀이] '삐져' 삐져(빚어)(feat=feasible) 나타나는 모양

· 어원) **〈feature〉** Latin faciō ("do, make") [국어] **피우다**: 나타내어 보이다. 꽃 벌어지게 하다.

feasible [fíːzəbl] 실행할 수 있는 (말소리) 빚어볼

〈feasible〉 '빚어볼'은 빚어(feas=face, fashion, feat) 지다. 삐져나와 비치face)게 되고 형체가 드러난다. 빚는 것은 만드는 행위로서 행한다는 뜻도 된다. [연관] visible 삐져나와 비치는

· 어원) **〈feasible〉** Old French fesable ("doable"), from fere, faire ("to do")+-able. latin faciō(do, make, fashion, erect) **[국어] 빚다: 흙 따위의 재료를 이겨서 어떤 형태를 만들다. 어떤 결과나 현상을 만들다. 삐지다: 속에서 겉 또는 밖으로 밀려 나오다. 진상이 드러나다. 빚다의 제주방언**

deficient [difíʃənt] 부족한 불충분한 (말소리) 데빚은다

〈deficient〉 '데빚은다'는 퍽 빚어(fici=feasible) 지다는 것에 '데('불완전하게'의 뜻을 더하는 접두사)(de)'가 붙어 빚지 못하다는 뜻. '데' 대신에 '디'(디다: 지다, 떨어지다)로 쓸 수 있다. ☞ 퍽(fic) 뒤에 모음이 와서 ㄱ발음이 ㅈ으로 약화(구개음화)되었다. [연관] deface

· 어원) **〈deficient〉** latin deficere ("to lack, fail, be wanting"). Faciō(do, make, fashion, erect) **[국어] 빚다: 흙 따위의 재료를 이겨서 어떤 형태를 만들다. 어떤 결과나 현상을 만들다.**

efficient [ifíʃənt] 효율적인 (말소리) 위빚은다

〈efficient〉 '위빚은다'는 위(e)로 퍽 빚어(fici=feasible) 지다는 말로 잘 빚어서 이루어지게 하다는 뜻 [연관] efface

· 어원) **〈efficient〉** efficere ("work out, accomplish"). Faciō(do, make, fashion, erect) **[국어] 빚다: 흙 따위의 재료를 이겨서 어떤 형태를 만들다. 어떤 결과나 현상을 만들다.**

fashion [fæʃən] 패션 옷 (말소리) 빚은

〈fashion〉 '빚은' 삐져나와 빚어서(fas=feat, face) 생긴 모양. 비쳐 보인다

· 어원) **〈fashion〉** Old French faceon ("fashion, form, make, outward appearance"), Latin factiō ("a making"). **[국어] 빚다: 흙 따위의 재료를 이겨서 어떤 형태를 만들다. 어떤 결과나 현상을 만들다.**

poet [póuit] 시인 (말소리) 펴오다
poem [póuəm] 시 폼

〈poet〉 '펴오다'는 피어나 볼 수 있게 형태를 짓다. 시를 짓는 것을 뜻함. 창작, 작품, 작가 등에서 '작(作)'은 짓는 것으로 만드는 과정이라고 할 수 있다. feat의 다른 형태다. **〈poem〉** '폼'은 피워 만드는 폼(poem≒form)으로서 짓는 행위다. 글을 짓는 작가의 작업을 뜻함

· 어원) **〈poet / poem〉** πριέω (poiéō, "I make, compose"). **[국어] 피우다: 나타내어 보이다. 꽃 벌어지게 하다. 짓다: 만들다. 글을 쓰다. 거짓 꾸미다.**

피어 뻗어나 자라다

생명은 피어나는 것이다. 가지에서 움이 돋고 새순이 나오듯이 피어 뻗어나가는 것이 생명의 속성이다.

bio [báiou] 생물학 (말소리) 피어

〈bio〉 부우 피어나 일어나는 생명 [다른 풀이] '배(胚)' 발생 초기의 어린 생명을 뜻함.

· 어원) **〈bio〉** Ancient Greek βίος (bíos)(life) Proto-Indo-European *bu- ("to swell"). *bew- (low-pitch humming noise) [국어] **배(胚)**: 난세포가 수정하여 어느 정도 자랄 때까지의 개체. **피다**: 꽃봉오리 따위가 벌어지다. [한자] 胚아이밸 배

피어나도록(자라나도록) 먹이고 키우는 것은 먹이나 음식과 주로 관련되어 있다. 이는 뻗어나게 하는 부모(patron), 싹(bud)과 같은 어원이라 할 수 있다.

feed [fiːd] 먹이 사료 (말소리) 피다

〈feed〉 피둥피둥 살찌도록 먹이고 뻗치도록 한다. [연관] bud patron

· 어원) **〈feed〉** Sanskrit (pāti) (to watch, keep, to protect from) Danish føde ("to bring **forth**, feed"). Latin pāscō("feed, nourish" [국어] **피다**: 사람이 살이 오르고 혈색이 좋아지다. **보다**: 맡아서 보살피거나 지키다. 대상의 내용이나 상태를 알기 위하여 살피다

foster [fɔ́ːstər] 육성하다 포스터 (말소리) 펴주다

〈foster〉 '펴주다'는 피어나게 먹이를 펴주고 뻗쳐 커지도록 한다. [다른 풀이] '봐주다' 돌보다

· 어원) **〈foster〉** Sanskrit पाति (pāti) (to watch, keep, to protect from). Old English fōstor ("food, sustenance"), from Proto-Germanic *fōstrą ("nurishment, food"). [국어] **피다**: 사람이 살이 오르고 혈색이 좋아지다. **봐주다**: '보아주다(1. 남의 입장을 살펴 이해하거나 잘못을 덮어 주다 2. 일이 잘되도록 도와주거나 힘이 되어 주다)'의 준말.

pastor [pǽstər] 목사 (말소리) 펴주다

〈pastor〉 '펴주다'는 피어나게 먹이를 펴주고 뻗쳐 커지도록 하는 사람을 뜻함 [다른 풀이] '뻗치다' 뻗치도록 돕다

· 어원) **〈pastor〉** Latin pāscō ("to feed, maintain, pasture, graze"), Sanskrit (pāti) (to watch, keep, to protect from) [국어] **피다**: 사람이 살이 오르고 혈색이 좋아지다.

pasture [pǽstʃər] 목초지 방목하다 (말소리) 펴서지

〈pasture〉 '펴서지' 피어나 자라는 풀 등이 있어 먹일 수 있는 곳을 뜻함 [다른 풀이] '뻗쳐' 뻗쳐 자라다

· 어원) **〈pasture〉** the stem of pascere ("to feed, graze"). [국어] **피다**: 꽃봉오리 따위가 벌어지다. 사람이 살이 오르고 혈색이 좋아지다.

<표> [부드득 부딪히는 소리 또는 뻗어 나가는 표현(어휘) 정리]

어근: 푸드드(부드득), 풋, 패다, 뻗다			관련 어휘
○ bit- bat-		베서(패서) 자르다, 파다	Bit bitter bite bait
	-vide -vise		divide devise
	pat bed		patch pit embed
	Pet	조각나 작은(풋) 것	Petty pet
Pat bat pet		부드득 패서 두드리다, 붓다	Pat bat beat battle combat compete repeat booty rebate abate
fut(fus) -pud -bat put		부드득 치다. 부딪혀 반박하다	refute refuse repudiate debate dispute
Pet bid		부드득 두드리며 자극하다, 비다, 부디	impetus appetite petition petulant bid invite
Pat(pas) 패이는 고통으로 느끼는 연민, 동병상련		패이는 고통	patient patience pathetic pathology
		pity antipathy passion compassion antipathy sympathy	
Ped Pat(pas) fet pat vade bit		뽀드득 (발을 쿵쿵) 두드리며 걷다. 뻗어 가다 path pass surpass compass impasse pace	foot fetter feather pedestrian expedite impede invade evade arbitrary perpetual patrol
Bid fed fid		(부딪혀) 붙어, 한 패가 되어 따르다	abide federal fidelity confidence faith
Bot fet ped		뻗어 나가는 생명, 씨	botany fetus vital pediatrician pedagogy
Pat pot		뻗어 (퍼뜨리는) 부모	patriarch patron patriot despot
Bot pot pod bud		뻗어 부푼 공간	bottle pot pottery pod bud budget fat

8 장

8장. 펄(벌) [f(b/v/p)+l/r] 발하다(發) 어근[ㅂ, ㅍ]

br pr fr vr bn bl pl fl vl 형태는 기본적으로 펄펄 뛰거나 치면서 부딪히는 소리를 나타낸다.

이처럼 펄(bl-, fl-, pl- 등)은 발사하듯 터지는 것으로 한자로 발(發)하다는 의미이다. 모두 공기의 흐름을 매개로 하고 있는 물소리, 바람 소리, 불타는 소리, 날아가는 소리, 부르는 소리, 부딪히는 소리를 표현할 수 있다.

1 펄펄(par, per)(發) 피어 보이다(생기다, 벌여 놓다), 폼(form, firm)[생김새, 명확히 보임]

ap**par**ition trans**par**ent re**pair** pre**pare** im**per**ial; per**form** af**firm** con**firm**

비쳐 보이는 vision, visible, 퍽 드러나 생기는 fiction, factor의 연장선으로 펄 드러나 보이다, 생긴다는 의미의 어근을 살펴본다. 빛이 비치면 모습이 펑 생겨나고, 생김새를 알 수 있다 [Ancient Greek φάσις(phásis, "an appearance"), from φάειν(pháein, "to shine, appear, give light")].

'벌이다', '피다'는 영어 표현으로 펄 튀어 밖으로 나와 보이는 것을 나타낸다.

appear [əpíər] 생기다 나타난다, …인 것 같다 (말소리) 에피어

apparition [æpəríʃən] 유령 에벌어진

〈appear〉 '에피어' -에 펄(發) 피어/빼어/벌여(pear=forth, bear) 보여지다. 눈에 피어나 비치는 것으로 생김새(appearance) 구별이 안 돼 -같아 보인다. [다른 풀이] '에벌' 벌여 나와 보이게 되다. **〈apparition〉** 펄(發) 벌어져 나와 비치다. 희미하게 비치는 유령의 특징

· 어원) **〈appear / apparition〉** Latin apparēre ("to appear"), from ad ("to")+parēre ("come forth, to be visible"). Proto-Indo-European *per- ("produce, procure, bring forward, bring forth"). Latin pariō (I bear, I give birth to, I procure, acquire). [국어] **피우다**: 나타내어 보이다. 꽃 벌어지게 하다. **벌다**: 자손이 번성하다 일을 하여 돈 따위를 얻거나 모으다. 식물의 가지 따위가 옆으로 벋다. 늘어서다. [한자] 發필 발

apparent [əpǽrənt, əpέər-] 분명한 명백한 (말소리) 에벌인다

〈apparent〉 '에벌인다'는 -에 펄(發) 피어/벌여(par=forth, bear) 보이다는 뜻 [연관] parent (애를) 벌여 나오게 한다 evident 위빼든다 빼어나와 보이게 명백하다[latin videor ("to appear, seem")] [다른 풀이] '에피어난다' 피어 나와 보이다

· 어원) **〈apparent〉** ad- ("towards")+parēre ("come forth, to be visible"). [국어] **피우다**: 나타내어 보이다. 꽃 벌어지게 하다. [한자] 發필 발

transparent [trænspέərənt] 투명한 속보이는 (말소리) 따른지벌인다

〈transparent〉 '따른지벌인다'는 펄(發) 벌여(par=forth, appear) 나와 따른(tran≒ trench, drain)다. 따라 쭉 벌려 냄으로써 통과해 보이게 되다

· 어원) **〈transparent〉** trāns- ("across, through")+parēre ("come forth, to be visible").

peer [piər] 응시하다 동료 (말소리) 피어

〈peer〉 1. 펄(發)(peer=appear) 튀어 (눈앞에) 피어(벌어)지다. 벌여 나타나 보이다(To come in sight; to appear). appear와 같은 어원 2. 펄 펴져 고루 평등한 관계 (something of equal level)를 나타냄. [연관] pair [다른 풀이] '펄' 펄(發) 튀어 보이다 [연관] pier 피어나 길게 뻗은 것

· 어원) **〈peer〉** Dutch pieren ("to look closely at, examine"). Latin parēre ("come forth, to be visible"). Latin pār. possibly from a shortening of appear. [국어] **피다**: 꽃봉오리 따위가 벌어지다. (행동이나 태도를) 나타내어 보이다. 일어나게 하거나 부풀리다. [한자] 發필 발

펄펄(par. per) 피어나 생기다

-pair, -fair 형태는 펄 피어나다, 벌어져 나타난다는 의미에서 '만들다, 이루어지게 하다'로 쓰인다

repair [ripέər] 수리 치료하다 (말소리) 누피워

〈repair〉 '누피워' 누누이(re) 펄(pair=bear) 피어나다. 벌여 (나타나) 형성해 주는 것으로 다시 손봐주다는 뜻

· 어원) **〈repair〉** latin parō ("prepare, provide"). Proto-Indo-European *per-("produce, procure, bring forward, bring forth"). [국어] **벌이다**: 여러 가지 물건을 늘어놓다. 일을 계획하여 시작하거나 펼쳐 놓다. **피다**: 꽃봉오리 따위가 벌어지다. 행동이나 태도를) 나타내어 보이다. 일어나게 하거나 부풀리다.

prepare [pripέər] 준비하다 (말소리) 빠르피워

〈prepare〉 '빠르피워' 빠르게(pre) (사전에) 펄(pare) 피어나다. 벌여 일어나게 하다는 말로 빨리 일을 벌인다는 뜻 [다른 풀이] '빠르벌' 빨리 벌여 생기게 하다

· 어원) **〈prepare〉** Classical Latin praeparāre ("make ready in advance"), from prae- ("pre-")+parāre ("make ready"). Proto-Indo-European *per- ("produce, procure, bring forward, bring forth"). [국어] **벌이다**: 여러 가지 물건을 늘어놓다. 일을 계획하여 시작하거나 펼쳐 놓다.

imperial [impíəriəl] 제국의 황제의 (말소리) 임벌여올
emperor [émpərər] 황제 천황 임부려

〈imperial〉 '임벌여올' 임(im=in, on 臨임할 임= 隣이웃 인)하여 벌여(per≒ file, order) (줄로) 세워 통제하다. **〈emperor〉** '임부려'는 임(im, in, on 임하다)하여 벌여 (줄로) 세워 일 부리는 이

· 어원) **〈imperial〉** imperō ("command, order"), im- ("in, on")+parō ("prepare, arrange; intend"). parare ("to make ready, order"). **〈emperor〉** imperāre ("to command"). [국어] **임하다(臨)**: 어떤 장소의 가까이서 그곳을 마주 대하다. **임**: 머리 위에 인 물건. 또는 머리에 일 만한 정도의 짐. **부리다**: 마소나 다른 사람을 시켜 일을 하게 하다. **벌이다**: 한자리에 죽 늘어놓다. 공개적으로 드러내 놓고 추진해 나가다.

imperative [impérətiv] 필수의 ~해야 하는 (말소리) 임벌여답해

〈imperative〉 '임벌여답해'는 임(im=in, on 臨임할 임= 隣이웃 인)한 곳에 벌여(per≒file, order) (줄로) 세워 통제하다. 줄에 따라야 하는 의무를 나타냄. tive(답다)

· 어원) **〈imperative〉** imperō ("to command, order") parō(prepare, arrange, provide) [국어] **임하다**: 어떤 장소에 도달하다. **부리다**: 마소나 다른 사람을 시켜 일을 하게 하다. **벌이다**: 한자리에 죽 늘어놓다. 공개적으로 드러내 놓고 추진해 나가다. **-답다**: '성질이나 특성이 있음'의 뜻을 더하고 형용사를 만드는 접미사.

affair [əfέər] 문제 일 (말소리) 에피워

〈affair〉 '에피워' ~에(a) 펄(fair) 피어나다. 벌이는 일을 뜻함 [연관] appear -에 펄 피어 나타난다

· 어원) **〈affair〉** a-+faire ("to do"). [국어] **벌이다**: 여러 가지 물건을 늘어놓다 일을 계획하여 시작하거나 펼쳐 놓다. **피다**: 꽃봉오리 따위가 벌어지다. 행동이나 태도를) 나타내어 보이다. 일어나게 하거나 부풀리다.

불어나 폼(form, firm)이 되다

'폼'은 껍질(outside appearance)로 외부에 비치는 형상을 이룬다. 폼은 불려져 형태를 갖춘 것으로 '불음', '붊'으로 표현할 수 있다. 퍽 드러남은 형체(figure), 빚음(factory), 겉에 비침(superficial)을 나타낸다. 빚는 것은 조작, 허상을 나타내기도 한다. 모양이나 형상도 껍데기 허상이다. 어떤 것이 피어나 형상을 이루고 우리는 그것의 형태를 통해 존재와 모습을 파악하게 된다.

form [fɔːrm] 형태 형성하다 (말소리) 폼
formal [fɔ́ːrməl] 공식적인 형식적인 폼일

〈form〉 '폼'은 불어 나타난 형상을 뜻함. To assume (a certain shape or visible structure). [다른 풀이] '붊' 불어 형태를 이루다. ☞ 펄/불(for)+임(m)=form **〈formal〉** '폼일'은 폼(형식)을 따르다(Being in accord with established forms)는 뜻

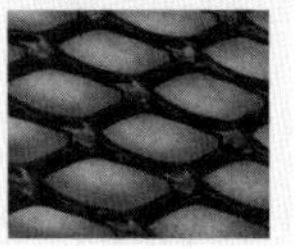

· 어원) **〈form〉** Middle English forme ("shape, figure, manner, bench, frame, seat, condition, agreement, etc."). [국어] **폼**: 사람이 어떤 동작을 할 때에 취하는 몸의 형태. '자세'로 순화. **폼**: 행동이나 말씨에서 드러나는 태도나 됨됨이. ≒품새. [한자] 品물건 품

inform [infɔ́ːrm] 알리다 통보하다 (말소리) 인폼
information [ìnfərméiʃən] 정보 자료 인폼이어진

〈inform/information〉 -에 폼(형태)이 (형성되게) 인(in on 인접)하다. 폼이 되게 하도록(=인하도록) 미치는 것(To give form or character to; to inspire; to affect)은 일종의 알리는 행위이고 정보의 역할이다 ☞ 인하다(en=因(인할 인, 잇닿다)=隣이웃 인) [en-= in, into, on, covered, caused]

· 어원) **〈inform〉** Latin informare ("to shape, form, instruct, educate"). **〈information〉** Latin īnfōrmātiō ("formation, conception; education"). [국어] **폼**: 사람이 어떤 동작을 할 때에 취하는 몸의 형태. '자세'로 순화 **인하다**: 어떤 사실로 말미암다. 이웃하다. [한자] 品물건 품

perform [pərfɔ́ːrm] 공연하다 수행하다 (말소리) 펄폼

〈perform〉 '펄폼'은 펄(per=full 푹, 벌어져 상당히), 폼(form 형체)을 만들다. 형태를 푹 이뤄지게 하다는 뜻 [연관] perfect (form≒fect)

· 어원) **〈perform〉** par-+furnir ("to accomplish, furnish"). Latin per(very) **피다**: 꽃봉오리 따위가 벌어지다. (행동이나 태도를) 나타내어 보이다. 일어나게 하거나 부풀리다 [한자] 品물건 품

frame [freim] 구조 틀 (말소리) 펴내옴

〈frame〉 '펴내옴'은 펴내 만들어지는 폼(form=frame), 모양 (To put into form)을 뜻함 [다른 풀이] '벌려옴' [연관] from 펴냄 pro

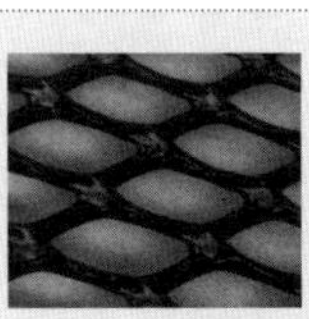

· 어원) **〈frame〉** Proto-Germanic *framjaną ("to perform, promote") Proto-Indo-European *promo- ("front, forward") Old French forgier, from Latin fabrico ("to frame, construct, build"). [국어] **벌이다**: 여러 가지 물건을 늘어놓다. 일을 계획하여 시작하거나 펼쳐 놓다. **펴내다**: 널리 퍼뜨리다.

firm은 form과 비슷한 의미를 지닌다. 벌이거나 폄으로써 형상을 갖추게 된다. 또한 펴서 세우면 곧고 확실하게 보인다. apparent는 피어나 보여서 명백한 것이다. 불리는 것은 채워 완수하는 것이다(full=fill, complete). for-는 팔팔하게 힘이 솟는다는 말로 요새 등을 나타낸다(fortify, fortress)

firm [fə:rm] 1 확고한 2 회사 (말소리) 폄

〈firm〉 '폄'은 1. 펄(fir=virtual) 벌여(벌임=폄) (폼의 형태로) 확고하다는 의미가 됨 2. 벌여 펴 세운 회사

· 어원) **〈firm〉** Latin firmus ("strong, steady"). Latin ferē(quite, entirely, fully). **벌다**: 벌여 있다. 늘어서다. **벌이다**: 일을 계획하여 시작하거나 펼쳐 놓다. [한자] 發필 발

confirm [kənfə́:rm] 확인하다 확정하다 (말소리) 꼰폄

〈confirm〉 '꼰폄'은 꼬여(con 꼰) 벌임(firm 벌임=폄). 폄으로 (폼의 형태로) 확고해진다는 뜻

· 어원) **〈confirm〉** Latin confirmāre ("to make firm, strenghten, establish"), from com- ("together")+firmare ("to make firm"). [국어] **펴다**: 젖히어 벌리다. [한자] 發필 발

affirmative [əfə́:rmətiv] 긍정적인 (말소리) 에폄이되봐

〈affirmative〉 '에폄이되봐'는 ~에게(a) 벌여(firm 벌임=폄) 세운다. (폼의 형태로) 세움으로써 확고한 입장으로 긍정하다는 뜻

· 어원) **〈affirmative〉** firmare ("to make firm"). [한자] 發필 발

2 펄(發)[f(b, v, p)_r] 불려 기르다(열매, 자식)

breed **br**ood **fr**ugal **fer**tile **bur**geon em**br**yo

다음은 펼쳐서 널리 퍼지거나 늘어나는 것과 관련된 단어들이다. 번식과 관련된 단어들이 '피다, 펴다, 불리다' 등으로 쓰이는 것을 알 수 있다.

벌이다, 불리다는 '펄' 튀어 늘리는 것과 관계 있다. 자손을 불리는 것은 낳고 기르는 행위가 있어야 한다(breed, bear). 자식(filial, offspring)이나 열매(fruit)는 부모(parent)에서 벌어져 나온다.

breed [bri:d] 1 사육하다, 불러오다 2 품종 (말소리) 부르다

〈breed〉 '부르다'는 1 불러 일으키다, 낳다(To yield or result in, To give birth to)는 뜻으로 불어나 (자라게) 기르다(to bring up)는 의미 2 불러일으키는, 자라는 씨, 종자. 자라다, 크다를 뜻하는 단어는 같은 종이나 종류를 뜻한다.(1. generate → genre. 2. Kin, kindle → kind) [다른 풀이] '벌이다' 벌여 일으키다.

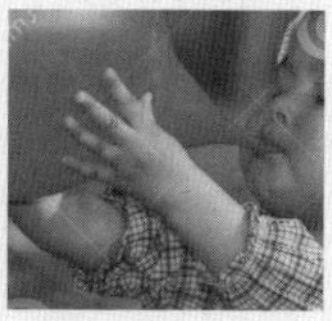

· 어원) **〈breed〉** Proto-Germanic *brōdijaną ("to brood"), Proto-Indo-European *b^hreh$_1$- ("warm"). Ancient Greek βρύω (brúō, "I grow, swell"). [국어] **부르다**: 불룩하게 부풀어 있다. 상황을 초래하다. 어떤 방향으로 따라오거나 동참하도록 유도하다. **벌이다**: 일을 계획하여 시작하거나 펼쳐 놓다. **벌다**: 식물의 가지 따위가 옆으로 벋다. 늘어서다. [한자] 發필 발

brood [bru:d]　　품다 종족　　(말소리) 부르다

⟨brood⟩ '부르다' 부르르 타는 불(br=fire)로 따뜻하게 하여 알을 품고 기르다(to foster). 불러일으키는 것은 번식하게 하는 것과 통한다.

· 어원) **⟨brood⟩** Proto-Germanic *brōduz ("heat, breeding). Proto-Indo-European *$b^{h}reh_{1}$- ("breath, mist, vapour, steam"). Ancient Greek πῦο(pûr, "fire"). [국어] **부르다**: 불룩하게 부풀어 있다. 상황을 초래하다. 어떤 방향으로 따라오거나 동참하도록 유도하다. [한자] 發필 발

embryo [émbriòu]　　배아 수정란　　(말소리) 임부르어

⟨embryo⟩ '임부르어'는 임(im=in, on 臨임할 임)한 곳에 불리다. 자라며 불어나는 씨나 자식을 의미함

☞ bryo=breed, sprout, brow

· 어원) **⟨embryo⟩** Ancient Greek ἔμβουρν (émbruon, "fetus"), from ἐν (en, "in-")+βούω (brúō, "I grow, swell"). [국어] **부르다**: 불룩하게 부풀어 있다.

fruit [fru:t]　　열매　　(말소리) 부르다

⟨fruit⟩ '부르다'는 부룩 불어나 과실을 맺는다는 뜻. 봉오리가 벌어지며 꽃이나 열매, 싹이 튼다. [연관] breed sprout flower

· 어원) **⟨fruit⟩** Latin fructus ("enjoyment, proceeds, profits, produce, income") and frūx ("crop, produce, fruit") Ancient Greek βούω (brúō, "I grow, swell"). [국어] **푸르다**: 곡식이나 열매 따위가 아직 덜 익은 상태에 있다 **벌다**: 자손이 번성하다 일을 하여 돈 따위를 얻거나 모으다. 식물의 가지 따위가 옆으로 벋다. 늘어서다. [한자] 發필 발

frugal [frú:gəl]　　검소한 절약하는　　(말소리) 불룩일

⟨frugal⟩ '불룩일'은 (열매, 자식을) 불룩(frug=fruit) 벌게 하다. 불룩 불어나고 열매 맺기 위해 (소모를 줄여) 검소함이 필요하다는 것을 나타냄. Thrift (검소)의 어원이 thrive (번창하다)와 같은 논리이다.

· 어원) **⟨frugal⟩** Latin frugalis ("virtuous, thrifty"). latin frūx ("fruits of the earth, produce"). [국어] **불룩**: 물체의 거죽이 크게 두드러지거나 쑥 내밀린 모양. **부룩**: 배동(곡식의 이삭이 나오려고 대가 불룩하여지는 현상)의 제주 방언. **벌다**: 자손이 번성하다 일을 하여 돈 따위를 얻거나 모으다. 식물의 가지 따위가 옆으로 벋다. 늘어서다. [한자] 發필 발

fertile [fə́:rtl]　　비옥한 다산의　　(말소리) 벌될

⟨fertile⟩ '벌될' (열매, 자식을) 펄(發) 벌려(fert=fruit) 퍼뜨릴 수 있는 번식력이 있다

· 어원) **⟨fertile⟩** latin fētus (fruitful, productive). Latin fertilis ("fruitful, fertile"), from ferō ("I bear, carry"). [국어] **벌다**: 자손이 번성하다 일을 하여 돈 따위를 얻거나 모으다. 식물의 가지 따위가 옆으로 벋다. 늘어서다. [한자] 發필 발

affiliate [əfílièit]　　계열사 자회사　　(말소리) 에벌려오다
filial [fíliəl]　　자식의　　벌려올

⟨affiliate⟩ '에벌려오다'는 ~에(a) 불려/벌려(fili=fruit 發) 키우다. 불어난 것은 벌어들인 자식을 의미. 자식을 불리듯 조직을 불린다는 뜻 **⟨filial⟩** '벌려올'은 불려(fili=fruit) 자라게 하는 것으로 자식을 의미함

· 어원) **⟨affiliate⟩** Late Latin affiliare ("to adopt as son"); ad+filius ("son"). **⟨filial⟩** Latin filius ("son") / filia ("daughter"). [국어] **벌다**: 자손이 번성하다. 일을 하여 돈 따위를 얻거나 모으다. 식물의 가지 따위가 옆으로 벋다. 늘어서다.

virgin [vəːrdʒin] 처녀 순수한 (말소리) 벌어진

〈virgin〉 '벌어진'는 펄(發) 벌여 피어나는 어린 가지나 새순을 뜻함(어원상 virga '삘기') [다른 풀이] '발진(發進)' 발진하여 피어나게 하다

· 어원) **〈virgin〉** latin virga **'삘기'**("young shoot"). [국어] **삘기**: **〈식물〉** 띠의 어린 꽃이삭. **벌다**: 자손이 번성하다. 일을 하여 돈 따위를 얻거나 모으다. 식물의 가지 따위가 옆으로 벋다. 늘어서다. [한자] 發필 발

burgeon [bəːrdʒən] 싹트다 (말소리) 벌어진

〈burgeon〉 '벌어진'은 펄(發) 벌어져(불어나) 터트리는 씨(To swell to the point of bursting) [연관] bourgeois burst bulk volcano

· 어원) **〈burgeon〉** Old Frankish *burjo ("sprout, offshoot, descendant"), from Proto-Germanic *burjaną ("to raise up"). Old High German burjan("to push up, raise"), Old English byrian("to come up, occur"), Old English byre("child, son, descendant") [국어] **붇다**: 분량이나 수효가 많아지다. [한자] 發필 발

parent [pέərənt] 부모 (말소리) 벌린다

〈parent〉 '벌린다'는 펄(發) 벌여(par=bear, forth, burgeon 發) (애를 나타나게) 하는 씨, 부모를 의미함 [다른 풀이] '피어낸다' 피어나게 하는 씨

· 어원) **〈parent〉** latin parere ("to breed, bring forth"). [국어] **벌다**: 자손이 번성하다 일을 하여 돈 따위를 얻거나 모으다. 식물의 가지 따위가 옆으로 벋다. 늘어서다.

ever [évər] 언제나 항상 (말소리) 위벌

〈ever〉 '위벌'은 벌어(ver= virgin, virile) (피어나는) 것(생명, 존재)의 위(e)에 있다. 삶을 초월하다

· 어원) **〈ever〉** Old English ā ("ever, always")+in ("in")+from feorh ("life, existence"). [국어] **벌다**: 틈이 나서 사이가 뜨다.

3 펄(for)(發) 나와 앞에, 벗어나다(제외)

forth **for**ward **for**mer af**ford**; **for**bear **for**bid **for**go **fore**ign

'벌이다'는 '펄' 빼서(拔뽑을 발, 빠르다) 앞으로 삐져 나온 것을 의미한다. '벌-'은 '일정한 테두리를 벗어난'의 뜻한다.

시간상으로나 공간상으로 벌어지거나 빼내 배치하는 것은 다른 것보다 앞서 있게 된다. For- 형태는 '펄' 빼서 앞서 간다는 의미도 있고, 벌어져서 떠나간다는 뜻도 있다(forego, forsake) [Proto-Indo-European *pres-, *per- ("forward, forth, over, beyond, around")]. Fore는 'pro, pre, per'과 유사한 형태다. 벌어져 이동하다는 뜻의 '-fer'(offer, ferry) 'port'(import, support) 와도 관련된다.

before [bifɔ́ːr] 이전에 앞에 (말소리) 비펄

〈before〉 '비펄' 펄 벌여(fore=far, pre 빼어, 앞에) 나가 비치한다는 말로 앞선 때를 나타냄

· 어원) **〈before〉** Proto-Indo-European *per- ("before, in front, first"). **펄펄**: 크고 힘차게 날거나 뛰는 모양. **'벌-'**: '일정한 테두리를 벗어난'의 뜻을 더하는 접두사.

'For-'는 펄 빼서 시공간적으로 앞으로 나간다는 의미가 있다. 〈for: toward, because, Throughout, Over a period of time.〉

forth [fɔːrθ] 앞으로 밖으로 (말소리) 벌써
first [fəːrst] 처음의 최초 벌써다

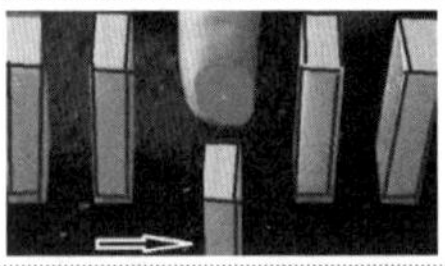

〈forth〉 '벌써'는 (펄 빼서) 벌써 앞서 있다. [다른 풀이] '빼어서'는 불쑥 빼서 앞으로 낸다는 뜻 (Beyond a boundary; away) **〈first〉** '벌써다'는 (펄 빼서) 벌써 나타나 앞서(Before anything else) 있다는 뜻. 펄(fir=far) 튀어나와 앞서다

· 어원) **〈forth〉** Proto-Germanic *fr- ("for, forward") Proto-Germanic *fur("before") **〈first〉** Proto-Germanic *fur("before"), from Proto-Indo-European *per-, *pero- ("forward, beyond, around") [국어] **벌써**: 예상보다 빠르게. **펄펄**: 크고 힘차게 날거나 뛰는 모양. **'벌-'**: '일정한 테두리를 벗어난'의 뜻을 더하는 접두사. [한자] 拔뽑을 발, 빠르다

forward [fɔ́ːrwərd] 앞으로 (말소리) 펄울다

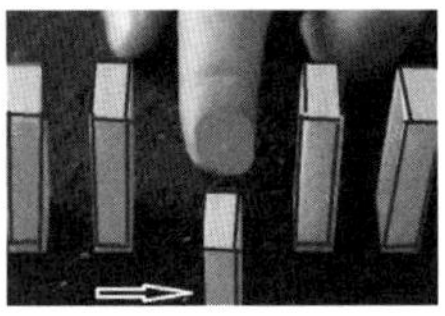

〈forward〉 '펄울다'는 펄, 벌여(for=far pro)서 울다(ward 기울다). 벌여 (앞에) 기울여 향하다.

· 어원) **〈forward〉** Old English foreweard ("forward, inclined to the front, fore, early, former"). [국어] **벌리다**: 펴서 뻗치다. **펄펄**: 크고 힘차게 날거나 뛰는 모양. **'벌-'**: '일정한 테두리를 벗어난'의 뜻을 더하는 접두사.

forefather [fɔrfaðər] 조상 선조 (말소리) 펄패다

〈forefather〉 펄, 벌여서(fore=far, pro 拔뽑을 발, 빠르다) 앞서 있고, 싹이 패도록(father=patron; fa= 父, 爸) 하는 부(父). 앞선 조상을 나타냄

· 어원) **〈forefather〉** Equivalent to fore-+father. [국어] **패다**: 도끼로 장작 따위를 쪼개다. 곡식의 이삭 따위가 나오다. **벌리다**: 펴서 뻗치다. [한자] 爸아버지 파(父) 拔뽑을 발, 빠르다

former [fɔ́ːrmər] 전의 과거의 (말소리) 펌에

〈former〉 '펌에' 펄 퍼내 앞으로 나온 때 [연관] form= 벌(for=far 拔뽑을 발, 빠르다)+임(m)=벌임으로써 형태를 만들다.

· 어원) **〈former〉** Proto-Germanic *fr- ("for, forward")+*-umô ("최상급") **'벌-'**: '일정한 테두리를 벗어난'의 뜻을 더하는 접두사.

afford [əfɔ́ːrd] 여유가 있다 (말소리) 에퍼오다

〈afford〉 '에퍼오다'는 ~에(a) 펄 벌여(ford=forth, port, fort) 퍼내는(To give forth; to supply, or produce as the natural result, fruit) 힘이 있다 [연관] port, offer fortify force 펄 펴내는 힘

· 어원) **〈afford〉** Proto-Germanic forþ ("forth, forward"), equivalent to a-+forth. [국어] **벌리다**: 펴서 뻗치다.

벌려 주어 제공하는 것에서 '가구'나 '공급'의 의미로 파생되었다고 볼 수 있다.

furniture [fəːrnitʃər] 가구 (말소리) 퍼내지
furnish [fəːrniʃ] 제공하다 퍼내지

〈furniture〉 '퍼내지'는 펄, 벌여(fur=bear, port, porter) 보내준다는 말에서 공급하는 제품을 의미함 **〈furnish〉** '퍼내지'는 펄, 벌여(fur=bear, port, porter) 보내준다는 말에서 제공하다, 비치한다는 뜻

· 어원) **〈furniture〉** Middle French fourniture ("a supply, or the act of furnishing"), from fournir ("to furnish"). **〈furnish〉** Proto-Germanic *frumjaną ("to further, promote"), from Proto-Indo-European *promo- ("front, forward"). [국어] **퍼내다**: 떠서 밖으로 나오게 하다. **벌리다**: 펴서 뻗치다.

prone [proun] ~하기 쉬운, 엎어져 있는 (말소리) 펄렁

〈prone〉'펄렁 펄렁 휘날려 구부러지다. 펴나와(pro) 앞으로 구부려 향하다.(front) 방향은 성향과 같다 ☞ pro+ron(ring 낭랑 구부린 사슬) [연관] incline 꿀렁 기울여 향하다

· 어원) **〈prone〉** Latin prōnus ("turned forward, bent or inclined"). prō ("forward").

펄(far/for) 벌어져 벗어나다

벌어진 것은 정도에서 벗어나 '훨' '펄' 등으로 상당하다를 나타낸다.

far [faːr] 먼 훨씬 (말소리) 벌
further [fəːrðər] 더 그 이상의 벌다

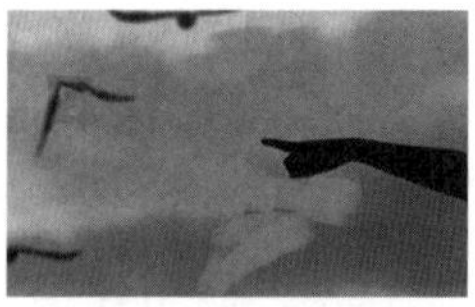

〈far / further〉 벌어져 멀리 있다. 펄펄 뛰어 훨(well) 떠나가다. [연관] fall [다른 풀이] 1'훨' 훨씬 심하다. 2 '펄' 펄쩍 뛰어 넘어 상당하다

· 어원) **〈far〉** Proto-Indo-European *per- ("to go over"). [국어] **벌**: '일정한 테두리를 벗어난'의 뜻을 더하는 접두사. **벌다**: 틈이 나서 사이가 뜨다. [한자] 拔뽑을 발, 빠르다 頗자못 파, 매우

fair [fɛər] 1 흰, 미인 2 공정한 (말소리) 펄

〈fair〉 펄(훨 well) 낫다 1 훨씬 빼어나다. (더러운 것이) 빠지고(clean and pure) 순수하고, 하얗다. 2 빼어난 상태로 훌륭하고, 공정하다. ☞ well, very와 같은 유래

· 어원) **〈fair〉** Old English fæġer ("fair, lovely, beautiful; pleasant, agreeable; attractive") [국어] **'벌-'**: '일정한 테두리를 벗어난'의 뜻을 더하는 접두사. **빼어나다**: 여럿 가운데서 두드러지게 뛰어나다 [한자] 拔뽑을 발, 빠르다 頗자못 파, 매우

'For-'는 forward, before에서 펄(쩍) 빼서 앞으로 나간다는 의미가 있다. 이는 'fer' (ferry, offer)와 같은 쓰임이다. 또한 'For-'는 펄 빼서 벗어나는 것으로 풀이할 수 있다[Latin forās ("outside, outdoors")]. '벌-'은 '일정한 테두리를 벗어난'의 뜻을 더하는 접두사이다. '벌-'의 한자로는 '別나눌 별(떠나다)' '拔뽑을 발' 등이 있다.

forbear [fɔːrbέər] 억제하다 (말소리) 벌빼어

〈forbear〉 '벌빼어'는 펄, 벌어(for=far)져 (거리를 두고), 빼어 늘이면서 버티다(bear= To carry or hold in the mind). 벌리어 (거리를 둔 채) 배고 있어 참다는 뜻 [연관] abstain 없이 한 상태에서 탱탱하게 유지하다. 거리를 두다.

· 어원) 〈**forbear**〉 Old English forberan ("to abstain from; restrain; do without"), from Proto-Germanic *fraberaną ("to hold back, endure"), equivalent to for-+bear. Middle High German verbërn("to have not) Middle English beren("carry, bring forth") [국어] **벌**: '일정한 테두리를 벗어난'의 뜻을 더하는 접두사. **빼다**: 두렵거나 싫어서 하지 아니하려고 하다. **배다**: 느낌, 생각 따위가 깊이 느껴지거나 오래 남아 있다. [한자] 拔뽑을 발 破깨뜨릴 파, 망치다. 別나눌 별

forbid [fərbíd] 금지하다 (말소리) 벌비다

〈**forbid**〉 '벌비다'는 벌어(for=far)져 벗어나도록 '부디'하며 비다(bid 빌다). 배제하도록 빌다(요청하다)는 뜻 [연관] bid 부디

· 어원) 〈**forbid**〉 for- ("from, away")+bid ("to offer, proclaim"). [국어] **벌**: '일정한 테두리를 벗어난'의 뜻을 더하는 접두사. **부디**: '바라건대', '아무쪼록'의 뜻으로, 남에게 청하거나 부탁할 때 바라는 마음이 간절함을 나타내는 말 [한자] 拔뽑을 발, 빠지다 發필 발 破깨뜨릴 파, 망치다

'벌다'는 경로에서 벗어나다.

forgo [fɔːrgóu] ~없이 지내다 (말소리) 포기
forgive [fərgív] 용서하다 포기부

〈**forgo**〉 '포기'는 벌여(for=far) (벗어나) 가(go) 버린 것으로 포기 상태를 뜻함(to let go.) [다른 풀이] '벌기' [연관] forsake '벌찍' 쩍(sake=seek) 붙는 것에서 벌려(for) 포기 〈**forgive**〉 '포기부'는 벌여(for) 벗어나 가버리게(give) 두다는 뜻으로 포기의 상태를 의미

· 어원) 〈**forgo**〉 Middle English forgon ("to go by, pass up"), from Old English forgān ("to go away, forgo"). More at for-+go. 〈**forgive**〉 Proto-Germanic *fragebaną ("to give away; give up; release; forgive"), equivalent to for-+give. [국어] **벌-**: '일정한 테두리를 벗어난'의 뜻을 더하는 접두사.

pardon [páːrdn] 사면 특사 (말소리) 벌댄

〈**pardon**〉 '벌댄'은 벌어져(par=far) (벗어나게) 댄(don=donate)다. 벌려 대줌으로써 가도록 놔주고 포기한다는 뜻 [연관] forgive

· 어원) 〈**pardon**〉 Vulgar Latin *perdonare, from per-+donare(give) →forgive (give up completely) [국어] **벌-**: '일정한 테두리를 벗어난'의 뜻을 더하는 접두사. **대다**: 돈이나 물건 따위를 마련하여 주다. [한자] 拔뽑을 발, 빠지다

forfeit [fɔ́ːrfit] 몰수 벌금 (말소리) 벌피다

〈**forfeit**〉 '벌피다'는 피워(feit =feat, affair) 만듦에서 벌어(for=far)진 것으로 빗나가게 만들어 위반한다는 뜻 [연관] feat

· 어원) 〈**forfeit**〉 Old French forfait ("crime"), originally of forfaire ("to transgress"). [국어] **벌-**: '일정한 테두리를 벗어난'의 뜻을 더하는 접두사. [한자] 拔뽑을 발, 빠지다

perish [périʃ] 사라지다 죽다 (말소리) 벌이지

〈**perish**〉 '벌이지'는 벌/펄(per=far 푹) 예다(ish). 펄펄 날아가 버린다는 뜻. 버리다는 벌이다의 다른 형태 [연관] exit (ex+it 예다)

· 어원) 〈**perish**〉 per ("through")+eō ("to go"). [국어] **예다**: '가다'를 예스럽게 이르는 말. [한자] 破깨뜨릴 파

forum [fɔ́:rəm] 포럼 회의 토론회 (말소리) 벌임
foreign [fɔ:rən] 외국의 벌린
pilgrim [pílgrim] 순례자 벌걸음

〈forum〉 '벌임'은 벌여진 곳(광장)에서 이야기를 나눈다는 뜻. '벌(땅)'은 벌리다(place, plain, flat)에서 유래 **〈foreign〉** 엮여(eig=acre) 뭉친 덩어리인 땅에서 벌어(for=far)지다. 지역에서 벌어져 벗어난 곳 ☞ foreign=alien [for (al 越 넘을 월)+eign(ien)] **〈pilgrim〉** 벌여(pil=for) 걸(grim ≒ ground)다. 그렁그렁 걸쭉하게 굳은 땅을 벌려 가는 자 [연관] grim(rigid and unrelenting)

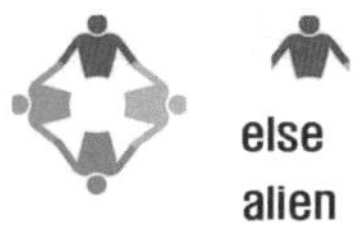

· 어원) **〈forum〉** Latin forum ("public market place, forum"). **〈foreign/pilgrim〉** Vulgar Latin *forānus ("outsider, outlander"), Latin forās ("outside, outdoors") Latin peregrīnus ("foreign"). Proto-Italic *pere-agro ("that is beyond the surrounding land"), per+ager(acre, land). Proto-Indo-European *gʰrem- ("to resound, thunder, grumble, roar") [국어] **벌**: 넓고 평평하게 생긴 땅. **벌리다**: 우므러진 것을 펴지거나 열리게 하다. **걸걸하다**: 좀 갈라진 듯하면서도 우렁차고 힘차다. **걸다**: 묽지 않고 되직한 상태에 있다.

4 벌여(fro, per, par, br)서 앞(옆)에 두름(가장자리)

front con**fro**nt **per**imeter **per**ipheral **br**ink **br**ow

front [frʌnt] 앞 (말소리) 펴낸다

〈front〉 '펴낸다'는 버렁 벌여(fro=pro, fore) (펴나와) 있다는 뜻. 앞에 끼여 가장자리를 나타낸다. [다른 풀이] '버렁대' 버렁/둘레가 끝에 위치한다. [연관] environment brink

* Brim, brink, front, prime 은 b/f/pr 다음에 어미가 in/im/on(인/임하다)으로 모두 맨 앞에 인접한 것이다.

· 어원) **〈front〉** Latin frons("forehead, foremost part of anything"). Old English bringan("to bring, lead, bring forth) Proto-Indo-European *bʰren-("project"). [국어] **벌이다**: '벌리다'의 방언 (전남). **벌리다**: 펴서 뻗치다. **버렁**: 물건이 차지한 둘레. [한자] 拔뽑을 발, 빠르다

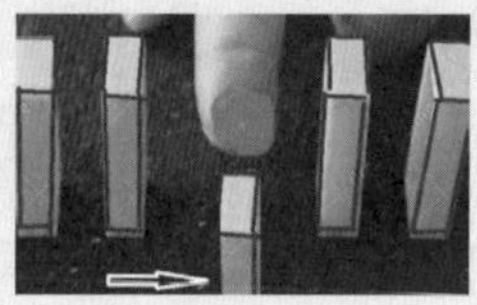

벌려 나온 것은 얼굴, 이마, 앞면을 나타낸다. 맞대는 것은 얼굴을 마주하다(face to face)로 표현한다.

confront [kənfrʌnt] 직면하다 맞서다 (말소리) 끈펴낸다

〈confront〉 '끈펴낸다'는 벌여(fro=pro 빼내) 나온 앞면들이 끈(con 끌리다)다. 펴낸 면이 서로 끌려 맞서 있다는 뜻 [연관] convert

· 어원) **〈confront〉** con-+frons ("forehead, foremost part of anything", "front"). [국어] **'벌-'**: '일정한 테두리를 벗어난'의 뜻을 더하는 접두사. **벌리다**: 펴서 뻗치다. [한자] 拔뽑을 발, 빠르다

敵(적)은 맞서다는 뜻으로 부딪치는 상대를 말한다.

affront [əfrʌnt] ~을 모욕하다 (말소리) 에펴낸다

〈affront〉 '에펴낸다'는 ~에게 벌려 펴낸다(front=brink). 벌려 튀어나온 앞면이 맞닿게 함(To encounter face to face)으로써 적대적이다는 뜻 [연관] encounter 인하여 끼운다.

· 어원) **〈affront〉** Vulgar Latin *affrontare ("to hit in the face"), Latin ad ("to")+frōns ("forehead"). [국어] **벌이다**: '벌리다'의 방언 (전남). **벌리다**: 펴서 뻗치다.

boundary는 붕 떠서 미치는 영역을 의미한다. 이와 같은 논리로 벌어져 나가 가장자리를 만드는 것이다. 그 가장자리는 벼랑도 있다.

frontier [frʌntíər] 국경 개척자 (말소리) 펴낸터에

〈frontier〉 '펴낸터에' 펄, 벌여(fro=pro, fore 앞에) (펴나와) 가장자리를 이루다는 뜻 [다른 풀이] '버렁트여'는 벼랑처럼 벌렁 튀어나와 가장자리(버렁)에 있다는 뜻

· 어원) **〈frontier〉** Latin frons ("forehead, foremost part of anything"). Proto-Indo-European *per-, *pero- ("forward, beyond, around"). [국어] **버렁**: 물건이 차지한 둘레. **'벌-'**: '일정한 테두리를 벗어난'의 뜻을 더하는 접두사. **벌이다**: '벌리다'의 방언 (전남). **벌리다**: 펴서 뻔치다.

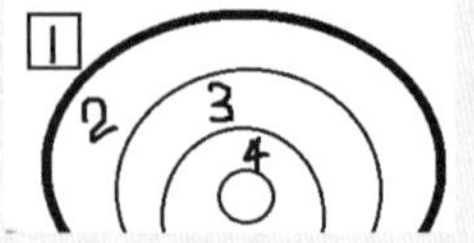

environment [inváiərənmənt] 환경 상황 (말소리) 인버렁민다

〈environment〉 '인버렁민다'는 벌렁 돌면서 생기는 가장자리. 버렁(viron=brink, front, balloon)을 인 (on, in 인접) 하다는 말로 주위를 둘러싼 공간을 뜻함. [연관] front brink

· 어원) **〈environment〉** Old French environner ("to surround"), from environ ("around"), from en ("in")+viron ("a turn"), from virer ("to turn, veer '벌벌'"). [국어] **버렁**: 물건이 차지한 둘레.

brink [briŋk] (벼랑의) 끝 위기 (말소리) 벼랑가
fringe [frindʒ] 가장자리 벼랑져

〈brink〉 '벼랑가'는 벼랑(버렁)처럼 벌렁(bring, spring) 튀어나와 모서리(버렁)에 엉켜 있다는 뜻. 소매의 가장자리인 부렁구와 관련. ☞ Bring에서 g가 k로 변함. 벌(br)+rink(link, angle 엉기다) 엉겨 붙은 뿌렁구, 가장자리 [연관] brain 벌렁 튀어 나온 머리 front brim envirionment

〈fringe〉 벼랑(버렁)처럼 벌렁(spring) 튀어나온 모서리(버렁) [연관] fringe benefit 부가 급여. infringe 벌렁(plunge) 튀어 부딪히고 침범하다

· 어원) **〈brink〉** Icelandic brekka **'벼락'** ("slope")), from Proto-Indo-European *b^h^ren- ("project") (Irish braine ("prow")). [국어] **벼랑**: 깎아지른 듯 높이 서 있는 가파른 지형. **버렁**: 물건이 차지한 둘레. **부렁구**: '소맷부리'의 방언 (전남) **뿌렁구**: '뿌리'의 방언(경남, 전라, 평안, 함경). **벌다**: 식물의 가지 따위가 옆으로 번다. 틈이나서 사이가 뜨다.

Peri는 벌벌/바리바리 떨며 도는 sphere, spiral, border 처럼 둘레를 의미한다.

perimeter [pərímitər] 경계 주변 (말소리) 벌여매다

〈perimeter〉 '벌여매다'는 벌벌(per= sphere, ball) 떨어 도는 (주위를) 매다(meter). 주위로 벌여가며 재다는 뜻. Peri는 펄(for, far) 튀어나온 가장자리로 front, frontier로 볼 수 있다.

· 어원) **〈perimeter〉** peri-(around or surrounding) Ancient Greek περί • (perí)(around (both in the circular sense and close proximity sense), near, about) Proto-Indo-European *per-, *pero- ("forward, beyond, around"). [국어] **벌다**: 몸피가 가로 퍼지다. 식물의 가지 따위가 옆으로 번다. 볼: 좁고 기름한 물건의 너비. **매다**: 어떤 기준에 따라 평가하여 정하다. **바리**: 놋쇠로 만든 여자의 밥그릇. **바리바리**(거푸거푸'의 방언 (경남)) **바라다니다**: [북한어] 이리저리 마구 돌아다니거나 싸다니다. [한자] 鈸방울 발

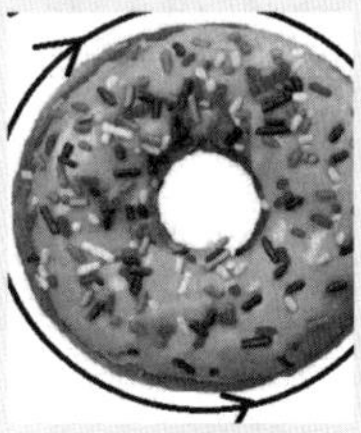

peripheral [pəríf(ə)rəl]　　주위의 주변장치　　(말소리) 벌여펴낼

〈peripheral〉 '벌여펴낼'은 벌벌(per= sphere, ball) 떨어 도는 (주위를) 펴내(phery=ferry, bear)다. 주위를 따라 펴내 간다는 뜻

· 어원) **〈peripheral〉** Ancient Greek περιφέρεια (periphéreia, "the line around the circle, circumference, part of a circle, an arc, the outer surface"), from περιφερής (peripherḗs, "moving around, round, circular"). φέρω (phérō, "I bear, carry"). Proto-Indo-European *per-, *pero- ("forward, beyond, around"). [국어] **벌다**: 몸피가 가로 퍼지다. 식물의 가지 따위가 옆으로 벋다. [한자] 鈸방울 발

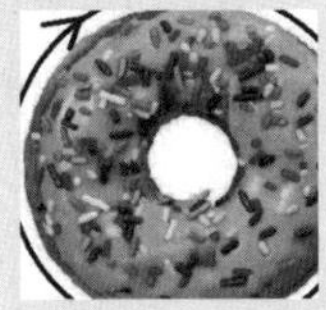

period [pí:əriəd]　　기간 시대　　(말소리) 벌여오다
periodical [pìəriά́dikəl]　　정기간행물 잡지　　벌여오다길

〈period/periodical〉 벌벌(per= sphere, ball) 떨어 돌면서 돌아오는 데 걸리는 시간(A length of time). 간격을 두고 (정기적으로) 나오는 매체 [다른 풀이] '바리오다'는 바리바리(원)로 와서 간격이 일정한 주기를 뜻함

· 어원) **〈period〉** Ancient Greek περίοδος (períodos, "circuit, period of time, path around"), from περί- (perí-, "around")+ὁδός (hodós, "way"). [국어] **벌다**: 몸피가 가로 퍼지다. 식물의 가지 따위가 옆으로 벋다. **바리**: 놋쇠로 만든 여자의 밥그릇. **바리바리**(거푸거푸'의 방언 (경남)) **바라다니다**: [북한어] 이리저리 마구 돌아다니거나 싸다니다.

paradise [pǽrədàis]　　천국　　(말소리) 벌여띠지

〈paradise〉 '벌여띠지'는 벌벌 돌면서 벌려(para=peri, bar, wall) 주변을 띠(di)로 두른다는 뜻. 벽으로 둘러 성곽처럼 안전한 곳으로 천국

· 어원) **〈paradise〉** Proto-Iranian *paridaiĵah(*pari- ("around")+*dáyĵah ("wall"). [국어] **띠**: 너비가 좁고 기다랗게 생긴 물건을 통틀어 이르는 말. [한자] 臺대 대

border [bɔ́:rdər]　　국경 경계　　(말소리) 벌다
board [bɔ:rd]　　판　　벌다

〈border/board〉 '벌다'는 벌어(bor=for)져 공간이 생기게 하는 것으로 펼쳐진 범위이면서, 두른 경계를 이룬다. ☞ 펴(bo)+얼다 ard/order(yard, ward, cord, garden, earth, hard). 여기서 -ard는 어르어 뭉친 덩어리로 범위, border에서 -order는 올에 얽혀 두른 줄 부분을 강조해 가장자리를 나타낸다.

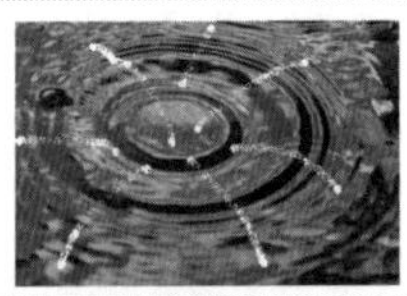

· 어원) **〈border〉** french 'bord' (border, edge, limit ; boundary) German Borte ("ribbon, trimming"). Proto-Indo-European *per-, *pero- ("forward, beyond, around"). [국어] **벌다**: 식물의 가지 따위가 옆으로 벋다. 틈이나서 사이가 뜨다. **발**: 실이나 국수 따위의 가늘고 긴 물체의 가락 사람이나 동물의 다리 맨 끝부분.

벌여/불어(br) 나온 신체

Br-/fr- 형태는 벌어져 나온다는 의미로서 몸에서 쓰이기도 한다. 이마나 눈썹, 가슴 등도 평평한 몸통에서 불룩 나온 부분이라고 할 수 있다.

brain [brein]　　뇌 머리　　(말소리) 부른

〈brain〉 '부른'은 불러 불룩하게 튀어나온 부분으로 머리, 이마를 나타냄 [다른 풀이] '버렁'은 벌렁, 내민 부분을 뜻함 [연관] brink

· 어원) **〈brain〉** Ancient Greekβρεχμός(brekhmós, "front part of the skull, top of the head"). **버렁**: 물건이 차지한 둘레.

forehead [fɔ́:rid] 이마 (말소리) 벌이다

〈**forehead**〉 '벌이다'는 이다(head 몸 위에 이다)와 펄(fore=far) 벌어져/빼어 나오다의 합성어. 머리에서 튀어나온 부분을 뜻함

· 어원) 〈**forehead**〉 corresponding to fore-+head. [국어] **이다**: 물건을 머리 위에 얹다. 둘 이상의 사물을 같은 자격으로 이어 주는 접속 조사. 씌우거나 이어 놓다. 얹어서 잇다

brow [brau] 이마 눈썹 (말소리) 부르어
browse [brauz] 훑어보다 부르어서

〈**brow**〉 (얼굴에서) 불려/벌려(bro=pro) 부룩 내민 부분(The projecting upper edge of a steep place such as a hill.)을 뜻함 [연관] prow 돌출부, 뱃머리, 용감한 〈**browse**〉 불려/벌려(br=pro; sprout) 나온 싹으로서, 동물이 싹을 먹으러 찾아다닌다는 의미에서 유래

· 어원) 〈**brow /browse**〉 Old Irish brū ("edge, shore"). Old French brost ("a sprout, shoot, bud") Proto-Indo-European *b^{h}rews- ("to swell, sprout"). [국어] **부르르**: 많은 양의 액체가 거볍게 끓을 때 나는 소리. 크고 거볍게 떠는 모양. 불이 붙어 거볍게 타오르는 모양.

breast [brest] 유방 가슴 (말소리) 부르서다

〈**breast**〉 '부르서다'는 부르르 불려/벌려(br=pro 빼나와) 불룩하다는 의미

· 어원) 〈**breast**〉 Proto-Indo-European *b^{h}rews- ("to swell"). **부르르**: 많은 양의 액체가 거볍게 끓을 때 나는 소리. 크고 거볍게 떠는 모양. 불이 붙어 거볍게 타오르는 모양.

5 벌여 빼다, 파(派)로 나누다(bar, par, por)

bare **spar**e **spars**e de**par**t **par**ticle **por**tion **par**take

다음의 단어들은 벌어져 벗어나다, '빼다'와 관련된 단어들로 거의 없는 상태를 의미한다.

bare [bɛər] 1 노출된 2 극소량의 (말소리) 벌
barely [bɛ́ərli] 겨우~않다 간신히 벌려

〈**bare**〉 '벌'은 1. 벌어지게 벗기다. 벌거벗다. 拔뽑을 발 2. 벌어져 (멀리 떨어져) 안 보일 정도로 작다는 뜻 [다른 풀이] '빼어' 빼서 비우다. 〈**barely**〉 '벌려'는 벌어져 (멀리 떨어져) 안 보일 정도로 드물고 희미하다는 뜻

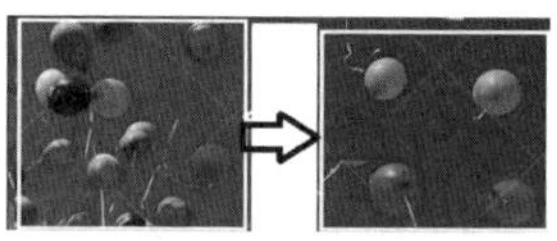

· 어원) 〈**bare**〉 Old English bær ("bare, naked, open"). 〈**barely**〉 bare+-ly [국어] **벌리다**: 펴서 뻗치다. **벌**: '일정한 테두리를 벗어난'의 뜻을 더하는 접두사. **벌다**: 틈이 나서 사이가 뜨다.

barren [bǽrən] 메마른 불모의 (말소리) 버린

〈**barren**〉 '버린'은 벌어져 멀어진다. 동식물이 없이 벌거벗은(bare) 벌거숭이 땅. 버리어(벌이다→버리다) 텅 비고 쓸모없다

· 어원) 〈**barren**〉 P'roto-Germanic *bazaz ("bare, naked"). [국어] **벌거숭이**: 흙이 드러나 보일 정도로 나무나 풀이 없는 산, 잎이 다 떨어져 가지가 다 드러나 보이는 나무. **벌**: '일정한 테두리를 벗어난'의 뜻을 더하는 접두사. **벌다**: 틈이 나서 사이가 뜨다.

spare [spɛər] 1 여분의 2 아끼다 (말소리) 스벌
sparse [spa:rs] 희박한 스벌지

〈spare〉 '스벌'은 쉬 펄, 벌어(pare=bare, bear, fare)지다는 뜻. 간격이 벌어져 적정 범위를 넘게 되면(Being over and above what is necessary; superfluous) 여분이 된다. 그리고 벌어져 드물게 되면 희박하게 된다(Scanty; not abundant). 2 벌여서 드물게 쓰이도록 하여 아끼다. [연관] pare: To remove the outer covering. **〈sparse〉** '스벌지'는 쉬 펄, 벌어(par=bare, sparkle)져 사이가 뜨고 드물다는 뜻(Having widely spaced intervals)

· 어원) **〈spare〉** Ancient Greek σπανός (sparnós)(sparse, rare, scarce) σπείω(speírō, "I sow"). German sparen("to save, conserve, economise"). **〈sparse〉** Latin spargō (I scatter, strew, sprinkle). [국어] **벌**: '일정한 테두리를 벗어난'의 뜻을 더하는 접두사. **벌다**: 틈이 나서 사이가 뜨다.

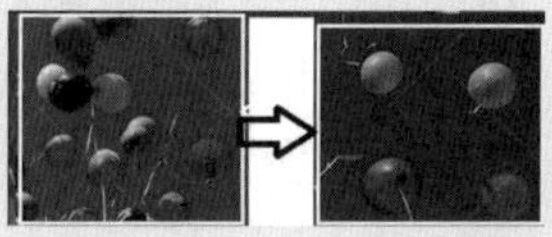

펄(par. por) 벌여 나누다: 파(派)

'part'는 펄쩍하고 벌이다, 벼르다에서 나왔다. 다만, 발음상 깨뜨려 조각난다는 의미의 파하다(破깨뜨릴파)를 쓰기로 한다. 'part'가 들어간 단어들은 쪼개고 나눈다는 의미와 연관이 있다.

part [pa:rt] 부분 일부 (말소리) 파다

〈part〉 '파다'는 펄(發) 벌여(par=bore, vary)져 파하다, 벼르다(別)에서 'r'이 약화되어 발음상 파(破)하다로 기록함, 깨뜨린다는 뜻. [다른 풀이] 1 '벌다' 벌어져 분리되다. 2 '벼르다'

· 어원) **〈part〉** Latin pars ("piece, portion, share, side, party) Proto-Indo-European *par-, *per- ("to cut, bore"). [국어] **파다**: 천이나 종이 따위의 한 부분을 도려내다. 구멍이나 구덩이를 만들다. **벼르다**: 일정한 비례에 맞추어서 여러 몫으로 나누다. [한자] 破깨뜨릴파 派갈래파 別 (나눌 별, 다를 별) 發필 발, 떠나다

depart [dipá:rt] 떠나다 (말소리) 떠파다
department [dipá:rtmənt] 부서 학과 떠파다민다

〈depart〉 '떠파다'는 떠(de)나 펄 벌여(par=bore, vary) 벼르다(別), 파하다 [다른 풀이] '떠벌다' **〈department〉** '떠파다민다'는 떠(de) 벌여(par=bore, vary 別) 파하다. 파편, 부분들로 나누어져 있다는 뜻

· 어원) **〈depart〉** Late Latin departiō ("to divide"). **〈department〉** Late Latin departiō ("to divide"). [국어] **파다**: 천이나 종이 따위의 한 부분을 도려내다. 구멍이나 구덩이를 만들다. **벼르다**: 일정한 비례에 맞추어서 여러 몫으로 나누다. **파하다**: 어떤 일을 마치거나 그만두다. 어떤 용무로 사람을 보내다. 무찔러 부수다 [국어] 別 (나눌 별, 다를 별) 破깨뜨릴 파 派갈래 파 部떼 부, 나누다 剖쪼갤 부

particle [pá:rtikl] 입자 먼지 (말소리) 파(波)되길

〈particle〉 '파되길'은 펄 벌여(par=bore, vary 別) 파(破)하다. 이는 파(破)하여 나누어져 있다는 뜻

· 어원) **〈particle〉** Latin particula ("small part, particle"), diminutive of pars ("part, piece"). [국어] **파(派)**: 주의, 사상, 또는 행동 따위의 차이에 따라 갈라진 사람의 집단. [한자] 破깨뜨릴 파 派갈래 파

particular [pərtíkjulər] 특정한 특별한 (말소리) 파(波)되걸려

〈particular〉 '파되걸려'는 펄 벌여(par=bore, vary 別)져 파(破)하다, 파(派, part 갈래)로 나뉘어 구별되는 특성을 말함 [다른 풀이] '별도갈래' 별도로 갈라진

· 어원) **〈particular〉** Late Latin particularis ("partial; separate, individual"), Latin particula ("(small) part"). [국어] **파다**: 천이나 종이 따위의 한 부분을 도려내다. 구멍이나 구덩이를 만들다. **파하다(破—)**: 적을 쳐부수어 이기다. **파(派)**: 주의, 사상, 또는 행동 따위의 차이에 따라 갈라진 사람의 집단. [한자] 破깨뜨릴 파 派갈래 파 별 (나눌 별, 다를 별)

participate [pa:rtísəpèit] 참여하다 참가하다 (말소리) 파(波)다집히다

partake [pa:rtéik] 참가하다 함께하다 파(派)택해

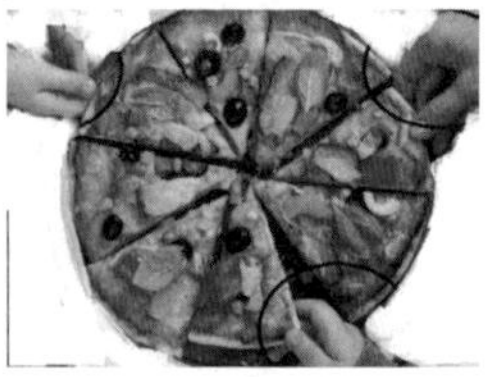

〈participate〉 '파다집히다'는 파(波, part) (갈래)를 집다(cip=intercept 集). 파편을 집어 공동체의 일원으로 참가한다. **〈partake〉** '파택해'는 파(波, part) (갈래)를 뚝(take) 택한다. 사람마다 각자 파편을 택함으로써 자기 역할에 참가하다는 뜻. Participate와 같은 어근 조합이다(take 대신 cip)

· 어원) **〈participate〉** Latin participare ("to take part in, share in, give part in, impart"), from particeps ("taking part in, sharing in"), from pars ("part")+capiō ("to take"). **〈partake〉** Middle English part-takinge ("a sharing; partaking"), Latin particeps ("participating"). [국어] **파하다(破—)**: 적을 쳐부수어 이기다. **파(派)**: 주의, 사상, 또는 행동 따위의 차이에 따라 갈라진 사람의 집단. [한자] 別 (나눌 별, 다를 별) 執잡을 집 集모을 집

'부수다'는 '파(破)다'와 같은 의미로 깨뜨리다는 뜻이다.

portion [pɔ́:rʃən] 부분 일부 (말소리) 부순

〈portion〉 '부순'은 펄 벌여(por=bore, pore, vary, part)져 부수다, 파하다. 부수어 나눈다는 뜻 [다른 풀이] '파진' 파서 갈래로 나뉜다

· 어원) **〈portion〉** Latin portio ("a share, part, portion, relation, proportion"). 發필 발, 떠나다

proportion [prəpɔ́:rʃən] 비율 비례 (말소리) 펴내부순

〈proportion〉 '펴내부순'은 펄 벌여(por=bore, pore, vary, part)져 부수다, 파하다. 펴내(pro 앞에) (늘어져 있는) 부순 것(부분)들의 비중을 뜻함

· 어원) **〈proportion〉** pro ("for, before")+portio ("share, part"). 部떼부, 나누다. 剖쪼갤 부

partial [pá:rʃəl] 부분적인 (말소리) 부술

impartial [impá:rʃəl] 공정한 안부술

〈partial〉 '부술'은 펄 벌여(par=bore, pore, vary, part)져 부수다, 파하다. 부수어 잘게 나눈다는 뜻 **〈impartial〉** '안부술' 벌여 부수지 않아 편파적이 아니라는 뜻 [다른 풀이] '안파질'은 파(派)로 나누어지지 않다는 뜻

· 어원) **〈partial〉** Late Latin partiālis ("of or pertaining to a part"). 部떼부, 나누다. 剖쪼갤 부

parcel [pá:rsəl] 소포, 한 구획 (말소리) 부술

〈parcel〉 '부술'은 벌여(par=bore, pore, vary, part)져 부수다, 파하다. 부수어 각각 한 꾸러미로 나눈다는 뜻(A portion of anything taken separately)

· 어원) **〈parcel〉** Old French parcelle ("a small piece or part, a parcel, a particle"). [국어] **부수다**: 단단한 물체를 여러 조각이 나게 두드려 깨뜨리다. [한자] 部떼부, 나누다. 剖쪼갤 부

sever [sévər] ~을 절단하다 분리하다 (말소리) 새벌
separate [sépərèit] 분리하다 개별적인 새벌이다

〈sever/separate〉 새어(se) 벌려(ver/par≒ part) 놓다. 새어 가른다는 뜻 [연관] several 새버릴 새어 분리되는

· 어원) **〈sever〉** Latin separāre (“to separate”), from se- (“apart”)+parāre (“provide, arrange”). **〈separate〉** Latin separare (“to separate”), Latin sē- (“apart”)+parō (“prepare”). [국어] **새다**: 기체, 액체 따위가 틈이나 구멍으로 조금씩 빠져 나가거나 나오다.

6 벌여(var, ver) 나뉨(전환, 거꾸로)

vary **ver**satile **ver**tigo di**vor**ce di**ver**se; in**vert** re**vert** con**vert** ad**vert**

[var/ver-] ‘벼르다, 벌이다’ 등은 여러 가지로 나누어 넓게 펼친다는 의미로 쓰인다. 벌벌 떨며 퍼지는 파동에서 나타난다. var-는 part, sparse의 par-, bare의 bar-과 유사하게 벌어지는 것을 나타낸다.

variety [vəráiəti] 다양 여러종류 (말소리) 벌여오다

〈variety〉 ‘벌여오다’는 벌여 갈라지다는 뜻. [다른 풀이] ‘벼르다’는 별러 여럿으로 나눈다는 뜻 [연관] part

· 어원) **〈variety〉** Latin varietās (“difference, diversity”). [국어] **벌이다**: 일을 계획하여 시작하거나 펼쳐 놓다. **벼르다**: 일정한 비례에 맞추어서 여러 몫으로 나누다. **벌다**: 틈이 나서 사이가 뜨다. 몸피가 가로 퍼지다. 벌여 있다. 늘어서다. [한자] 別나눌 별다를 별

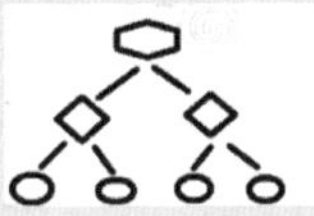

vary [vέəri] 다양하다 달라지다 (말소리) 벌여

〈vary〉 ‘벌여’는 벌이거나 별러 나눈다는 뜻 [다른 풀이] ‘별러’

· 어원) **〈vary〉** Latin variō (“to change, alter, make different”). [국어] **벌이다**: 일을 계획하여 시작하거나 펼쳐 놓다. [한자] 別나눌 별, 다를 별.

versus [vəːrsəs] ~대해 (말소리) 벌어서지

〈versus〉 ‘벌어서지’는 벌벌 (돌리고) 벌여서 있다는 말로 등지거나 마주 대한다는 뜻

· 어원) **〈versus〉** Latin versus (“against, turned”). Sanskrit वर्तते (vártate, “he turns”). [국어] **벌다**: 갈라지거나 틈이 생겨 공간적으로 뜬 상태가 되다. [한자] 發필 발

version [vəːrʒən] 버전 판 (말소리) 벌어진

〈version〉 ‘벌어진’은 펼쳐(벌어져) 바뀌다. 벌어져 (기존 것과) 간격이 생겨 변화가 일어나 새판이 되다는 뜻. [다른 풀이] ‘펼친’

· 어원) **〈version〉** Latin vertō (“I turn”). [국어] **펼치다**: 펴서 드러내다.

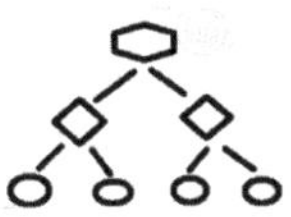

versatile [vəːrsətl] 다재다능한 다용도의 (말소리) 벌지될

〈versatile〉 벌벌 떨며 회전하여 다방면에 벌어지다 [다른 풀이] '펼쳐댈'은 벌어져 방향을 튼다는 말로 펼쳐(벌어져) 다방면에 걸친다는 뜻

· 어원) **〈versatile〉** Latin versātilis ("turning easily"), from versō ("I turn, change"). [국어] **벌벌**: 몹시 바쁘게 여기저기 돌아다니는 모양. **펼치다**: 접히거나 개킨 것 따위를 널찍하게 펴다.

verge [vəːrdʒ] 가장자리 막대 (말소리) 발치

〈verge〉 '발치'는 불거(verg)져 나온 뿔, 산 같은 꼭지라는 뜻. 줄기(rod), 싹 등이 벌어져 튀어나온 것으로 발치(가장자리)에 있다는 뜻. [다른 풀이] (어원상) '벌지' 벌어져 뻗은 가장자리 [연관] virgin vertex boundary 붕떠 변두리에 있다

· 어원) **〈verge〉** Latin virga ("shoot, rod stick"), Middle French verge (rod). [국어] **발**: 사람이나 동물의 다리 맨 끝부분. 실이나 국수 따위의 가늘고 긴 물체의 가락. **발치**: 발이 있는 쪽. 사물의 꼬리나 아래쪽이 되는 끝부분.

converge [kənvəːrdʒ] 집중하다 모이다 (말소리) 끈벌지

〈converge〉 '끈벌지'는 벌어져(verge) 가는 것들을 끈(con 끈다)다는 말로 끌어서 같은 방향으로 벌어져 모이게 한다는 뜻

· 어원) **〈converge〉** con- ("together")+vergere ("to bend").

'벌떡'은 갑자기 몸을 일으켜 세우는 모양을 말하는데 갑작스러운 바람이나 소용돌이를 뜻하기도 한다.

vertical [vəːrtikəl] 수직의 (말소리) 벌떡할

〈vertical〉 '벌떡할'은 벌떡하고 솟는다는 뜻.

· 어원) **〈vertical〉** Latin vertex("top, peak"), from vertere("to turn"), vertex ("vortex"; "crown of the head")+-ālis [국어] **벌떡**: 눕거나 앉아 있다가 조금 큰 동작으로 갑자기 일어나는 모양. **벌떡이다**; 맥박이나 심장이 조금 거칠고 크게 뛰다. 액체를 거침없이 빠르게 들이켜다.

vertigo [vəːrtigòu] 어지러움 (말소리) 벌떡여

〈vertigo〉 '벌떡여'는 벌벌(ver=whirl 휠) 펄떡 돌아가는 회오리를 가리킴 [연관] vortex 벌떡대는 소용돌이 whirl

· 어원) **〈vertigo〉** vertex ("whirlwind, top"), vertō ("to spin")+-īgō. [국어] **벌떡**: 눕거나 앉아 있다가 조금 큰 동작으로 갑자기 일어나는 모양. **벌떡이다**; 맥박이나 심장이 조금 거칠고 크게 뛰다. 액체를 거침없이 빠르게 들이켜다.

vertebra [vəːrtəbrə] 척추골 (말소리) 벌떠부르

〈vertebra〉 '벌떠부르'는 벌벌(ver=whirl 휠) 떠는 것으로 벌벌 꼬여 이어지는 뼈들의 집합, 척추 [연관] rib 잎의 가는 줄기 모양으로 펼친 것

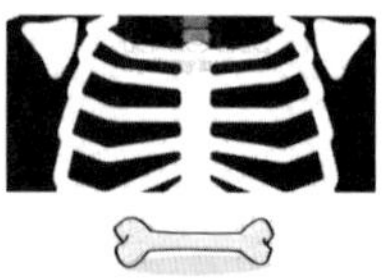

· 어원) **〈vertebra〉** Latin vertebra ("joint"), from vertere ("to turn"). [국어] **벌떡이다**; 맥박이나 심장이 조금 거칠고 크게 뛰다. 액체를 거침없이 빠르게 들이켜다.

벌다(vert, vers, vors 등)는 벌벌 떨며 사이가 벌어지는 것으로 di-와 결합하여 '떠벌이다'(벌어져 갈라지다)로 나타난다. 여기서의 '떼-'는 분리되는 것을 의미한다. 원래의 모습에서 떼어 벌어져 여러 가지로 퍼져 나가는 것이다.

different [dífərənt] 다른 여러 가지의 (말소리) 떠벌인다

〈different〉 '떠벌인다'는 떠(di=de) 벌인다(fer=ferry, vary, part). 떠서 벌어져 (보내며) 기존 것과 달라지다는 뜻

· 어원) **〈different〉** dis- ("apart")+ferō ("carry, bear"). [국어] **떠벌리다**: 이야기를 과장하여 늘어놓다. **떠벌이다**: 굉장한 규모로 차리다.

diverse [divə́ːrs] 다양한 여러 가지의 (말소리) 떠벌지

〈diverse〉 '떠벌지'는 떠(di=de) 벌어(ver= vary, part)지다. 떠서 벌어지다(갈라지다)는 뜻 [참고] veer (To change direction)

· 어원) **〈diverse〉** divortere ("to turn or go different ways, part, separate, divert"). [국어] **떠벌리다**: 이야기를 과장하여 늘어놓다. **떠벌이다**: 굉장한 규모로 차리다.

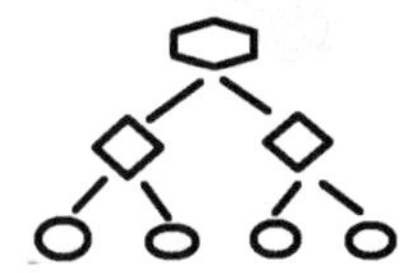

divorce [divɔ́ːrs] 이혼 분리 (말소리) 떠벌지

〈divorce〉 '떠벌지'는 떠(di=de) 벌어(vor=vary, part) 지다. 부부가 떠서 갈라진다는 뜻 [연관] voracious 빨빨거리며 빨아 먹다. 목구멍에 소용돌이치듯 빨다

· 어원) **〈divorce〉** dī- ("apart")+vertere ("to turn).

divert [divə́ːrt] 전용하다 (말소리) 떠벌다

〈divert〉 '떠벌다'는 떠(di=de) 벌어(ver=vary, part) 지다. 떨어져 다른 곳으로 돌아가는 것

· 어원) **〈divert〉** Latin di- ("apart")+vertere ("to turn"). [국어] **떠벌리다**: 이야기를 과장하여 늘어놓다. **떠벌이다**: 굉장한 규모로 차리다.

diverge [daivə́ːrdʒ] 분기하다 갈라져 나오다 (말소리) 떠벌지

〈diverge〉 '떠벌지'는 떠(di=de) 벌어(ver=ferry, bear, part)진다는 말로 떨어져 나와 벌어지는 것을 뜻함 [연관] converge

· 어원) **〈diverge〉** Medieval Latin dīvergeō ("bend away from, go in a different direction"). [국어] **떠벌리다**: 이야기를 과장하여 늘어놓다. **떠벌이다**: 굉장한 규모로 차리다.

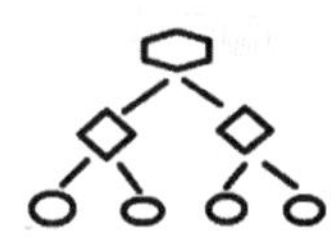

divulge [divʌldʒ] 누설하다 폭로하다 (말소리) 떠벌지

〈divulge〉 '떠벌지'는 떠(di=de) 불거(vulg=volcano, spark)져 나오다. 말을 떠벌여 많이 늘어놓는 것을 말함

· 어원) **〈divulge〉** Latin divulgare, from di- ("widely")+vulgare ("publish"). [국어] **떠벌리다**: 이야기를 과장하여 늘어놓다. **떠벌이다**: 굉장한 규모로 차리다.

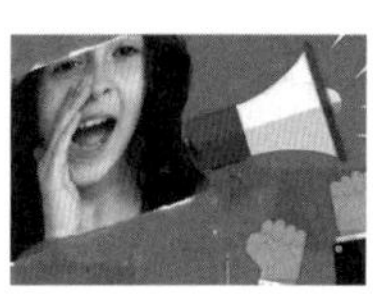

disperse [dispə́ːrs] 흩어지게 하다 퍼뜨리다 (말소리) 떠서벌지

〈disperse〉 떼서 펄 벌어져(pers=verse) 흩어지다 [연관] diverse sparse

· 어원) Latin dispersus, of dispergō ("to scatter abroad, disperse"), from dis- ("apart")+spargō ("to scatter") [국어] **벌다**: 틈이 나서 사이가 뜨다.

벌어져(verse/vert) 돌아 나가다(거꾸로)

벌다(vert)는 벌벌 떨며 사이가 벌어지는 것으로 여기서는 상대에 대해서 벌어져 (갈라져) 반대 방향으로 가는 것을 다룬다. 그 상대는 영어에서 in(on 접촉), re(원래대로 다시), con(contra), ad 와 결합하여 나타난다.

inverse [invə́ːrs] 반대의 역의 (말소리) 인벌지
invert [invə́ːrt] 거꾸로 하다 뒤집다 인벌다

〈inverse/invert〉 인(in, im, on 인(隣)=인접, 잇다)한 상태에서 벌어져(vert) 돌리는 것으로 뒤집히다는 뜻. in은 인접한 상대, 반대편으로 un-, anti 와 같은 의미이며, indirect, indifferent 등에서 쓰임과 같다.

· 어원) **〈inverse/invert〉** Latin inversus, invertere("to invert"), in-("in, on")+vertere("to turn"). Sanskrit वर्तते (vártate, "he turns"). **인하다**(隣하다): 나란히 또는 가까이 있어 경계가 서로 붙어 있다.

reverse [rivə́ːrs] 반대의 뒤집다 (말소리) 누벌지

〈reverse〉 '누벌지'는 누누이(re) 벌이다(vert)는 말로 다시(원래 왔던 쪽으로) 벌려간다는 뜻 [연관] retreat 're'는 다시 돌아간다는 의미

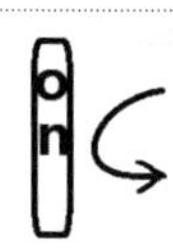

· 어원) **〈reverse〉** re-+vertō ("turn").

convert [kənvə́ːrt] 전환하다 바꾸다 (말소리) 꼰벌다

〈convert〉 '꼰벌다'는 끼여(con 꼰) 마주한 상대에게 벌다(vert=vary)는 말로 방향을 바꾸다(To cause to turn. To induce to adopt a particular religion)는 뜻

· 어원) **〈convert〉** Latin converto ("turn around"). [국어] **벌다**: 틈이 나서 사이가 뜨다. 식물의 가지 따위가 옆으로 번다.

converse [kənvəːrs] 대화하다 (말소리) 꼰벌지
controvert [kántrəvəːrt] 논쟁하다 꼰대로벌다

〈converse〉 '꼰벌지'는 낀(con) 채 마주한 상대에게 벌다(vert)는 것으로 마주 보고 대화한다는 뜻
〈controvert〉 '꼰대로벌다'는 낀대로(contro) 마주한 상대에 대해 벌다(vert)는 것으로 마주 보고 방향을 틀어 부딪힌다는 뜻

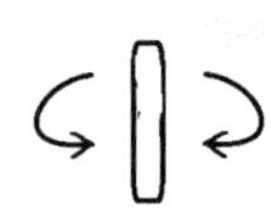

· 어원) **〈converse〉** Latin conversus ("turned around"). **〈controvert〉** contro- ("against")+vertere ("to turn"). [국어] **벌다**: 틈이 나서 사이가 뜨다. 식물의 가지 따위가 옆으로 번다.

advertise [ǽdvərtàiz] 광고하다 알리다 (말소리) 엣벌다지

〈advertise〉 '엣벌다지'는 ~에 대해(ad) 벌다(vert)는 것으로 (제품 등)을 벌려 알린다는 뜻

· 어원) **〈advertise〉** Middle French advertir, avertir ("to warn, give notice to"). [국어] **벌다**: 식물의 가지 따위가 옆으로 번다.

advert [ædvəːrt] 언급하다 주의를 돌리다 (말소리) 에다벌다
avert [əvəːrt] 피하다 에벌다

⟨advert/avert⟩ ~에 대해(ad) 벌다(vert)는 것으로 ~에게서 벌어져 돌린다는 뜻

· 어원) **⟨advert⟩** Latin advertere ("to turn toward"). **⟨avert⟩** ab+vertō ("to turn"). [국어] **벌다**: 틈이 나서 사이가 뜨다. 식물의 가지 따위가 옆으로 벋다.

7 펄펄(fal, fil, vil pol) 날려 떨어짐: 뻘짓, 악, 오염

fall falter **fau**lt; de**vil vil**e; **fil**th de**fil**e

펄 날아가 떨어지는 것으로 실패, 허점 등을 나타낸다.

fall [fɔːl]	떨어지다	(말소리) 펄
fail [feil]	실패하다	패일
falter [fɔ́ːltər]	비틀거리다	풀다

⟨fall/fail⟩ 펄(폴짝) 날아가 떨어지고 패이다 **⟨falter⟩** '풀다'는 펄펄 허우적대며 (다리가)풀려 버려 힘이 없다. [다른 풀이] '펄다' 벌벌/펄(fal=fall) 날리듯 비틀거린다는 뜻

· 어원) **⟨fall⟩** Old English feallan ("to fall, fail, decay, die, attack"). Ancient Greek βάλλω (bállō, "to throw, let fall, to hurl"). **⟨fail⟩ German fehlen** ("to fail, miss, lack"), **Latin** fallere ("to deceive, disappoint"). Latin fallere ("to deceive, disappoint"). **⟨falter⟩** Middle English falteren ("to stagger"). [국어] **풀리다**: 힘이 빠져 기운이 없다. [한자] 拔뽑을 발, 빠지다

허위나 허점은 스스로를 무너뜨리거나 헐게 만든다. '벌다'는 펄(far) 날아가 벗어남으로써 정상에서 벗어나 거짓이나 더러움을 표현한다. frail은 풀려 나약한 상태로 정상에서 벗어나 잘못된 길로 빠지다(Liable to fall from virtue or be led into sin)는 의미가 있다. 반면 right, order은 낚이거나 어르어 잘 짜여짐을 나타낸다.

false [fɔːls]	거짓의 틀린	(말소리) 벌지
fault [fɔːlt]	결점	벌다
default [difɔ́ːlt]	부도 불이행	떠벌다
flaw [flɔː]	흠 결함	풀려

⟨False/ fault⟩ '벌-'(fal, for-= far, fall)은 정상에서 벌어져 (벗어난) 가짜/흠, 뻘짓이 된다. 잘못에 대해 벌을 받게 된다. **⟨default⟩** 떠(de) 벌다(fault). 펄 떨어지는 소리. 벌어져 무너지고, 부도 상태가 됨 **⟨flaw⟩** 풀풀, 날리는 조각. 깨져 펄럭 날리는 부스러기 [연관] frail flake

· 어원) **⟨false⟩** Old English fals ("false; counterfeit; fraudulent; wrong; mistaken"). **⟨fault⟩** Spanish falta ("lack, absence"). **⟨default⟩** Latin de- ("away")+fallo ("deceive, cheat, escape notice of"). **⟨flaw⟩** Old English flōh ("a frament, piece"). Old Norse flaga ("a flag or slab of stone, flake") [국어] **펄펄**: 크고 힘차게 날거나 뛰는 모양. **헐다**: 헐어서 내려앉게 하거나 흩뜨리다. **벌**: 일정한 테두리를 벗어난'의 뜻을 더하는 접두사. 잘못하거나 죄를 지은 사람에게 주는 고통[벌(罰)]. **뻘**: '허튼'의 방언(전남). **뻘짓**: 아무런 쓸모없이 헛되게 하는 짓. [한자] 罰 벌할 벌, 죄

악마나 귀신 등은 떼어 내버려야 할 존재이다. 그래서 사악하고 나쁜 것을 나타낼 때 '펄(發)/벌' 쳐내는 표현을 쓴다.

diabolic [dàiəbάlik] 악마의 (말소리) 떼어벌럭
devil [dévl] 악마 떼뺄

〈diabolic〉 '떼어벌럭'은 벌럭(bolic=flag, break) 떼(dia) 보내다. 벌럭 쳐내는 영혼 **〈devil〉** '떼뺄'은 떼(de)서 펄(vil=pel《expel, repel》, fall 拔 뽑을 발) 날리다. 빨아서 던져버릴 존재를 의미함. ☞ de+evil

· 어원) **〈diabolic〉** Ancient Greek διαβάλλω (diabállō, "to slander"), literally "to throw across", from διά (diá, "through, across")+βάλλω (bállō, "throw"). French diable ("devil"). **〈devil〉** διά (diá, "through, across")+βάλλω (bállō, "throw"). **빨다**: 강제로 짜내어 빼앗다.

evil [íːvəl] 사악한 (말소리) 위벌

〈evil〉 '위벌'은 외(e)로 펄(vil=peel, repel 拔 뽑을 발) 벌려 비우다. 비워(vi=via) 빼야 할 존재를 의미함

· 어원) **〈evil〉** Hittite *upélos("evil", literally "going over").

vile [vail] 비열한 (말소리) 빨

〈vile〉 '빨'은 빨빨(vil=fly, flaw 發 필 발)거리며 날아다닐 정도로 가볍고 가치가 없다. 빨아 먹는 나쁜 놈 [연관] Flutter에는 펄러덩거려 하찮다(To be frivolous)는 뜻이 있다. [다른 풀이] '비열'

· 어원) **〈vile〉** latin vīlis (worthless, cheap) **빨빨거리다**: 바쁘게 여기저기 돌아다닌다. **빨다**: 강제로 짜내어 빼앗다. **발발**: 추위, 두려움, 흥분 따위로 몸이나 몸의 일부분을 가늘게 자꾸 떠는 모양 [한자] 拔 뽑을 발

엔트로피 증가 법칙에 의거 질서 있는 상태에서 항상 더러운 상태로 벌어져 간다. 풀풀거리며 뒤섞여 더러워진다. '펄'은 '썩다'나 '망치다' '더럽다' 등으로 주로 부정적인 단어들과 관계가 있다.

pollute [pəlúːt] 타락한 오염된 (말소리) 펄누다

〈pollute〉 '펄누다'는 펄펄/풀풀(pol=fall) 흩날리며 뒤섞이게 누다(lute 流 흐를 류). 물이 펄(갯벌)처럼 지저분하다는 뜻

· 어원) **〈pollute〉** Latin por-+luō ("wash"). polluō ("soil", "defile", "dishonor"). Ancient Greek πηλός (pēlós, "mud, earth, clay"). Proto-Indo-European *lew- ("dirt, mud") [국어] **누다**: 배설물을 몸 밖으로 내보내다. **펄**: 갯가의 개흙이 깔린 벌. 아주 넓고 평평한 땅. **풀풀**: 냄새 따위가 심하게 자꾸 나는 모양. 눈이나 먼지, 연기 따위가 몹시 흩날리는 모양 [한자] 拔 뽑을 발, 빠지다 流 흐를 류

foul [faul] 나쁜 반칙 (말소리) 뻘

〈foul〉 '뻘'은 팔팔 대며 파이는 등 어지러지고 썩어 있다는 뜻. 뻘 짓을 하다. [연관] false vile

· 어원) **〈foul〉** Old English fūl ("foul, unclean, impure, vile, corrupt, rotten, guilty"), from Proto-Germanic *fūlaz ("foul, rotten"), from Proto-Indo-European *puH- ("to rot"). Ancient Greek πηλός (pēlós, "mud, earth, clay"). [국어] **풀풀**: 냄새 따위가 심하게 자꾸 나는 모양. 눈이나 먼지, 연기 따위가 몹시 흩날리는 모양. **펄**: 갯벌. **뻘**: 1. '[방언] '개흙(갯바닥이나 늪 바닥에 있는 거무스름하고 미끈미끈한 고운 흙)'의 방언(경남, 전남). 2. 허튼(쓸데없이 헤프거나 막된)'의 방언(전남) **뻘짓**: 아무런 쓸모없이 헛되게 하는 짓. [한자] 敗 패할 패, 썩다

filth [fɪlθ] 오물 쓰레기 (말소리) 뻘져
defile [difáil] ~을 더럽히다 떼뻘

〈filth / defile〉 팔팔/펄펄(file=foul) 대며 흘러내리는 등 펄(갯벌)처럼 오염되다(Dirt; foul matter; that which soils or defiles.)

· 어원) **〈filth〉** Proto-West Germanic *fūliþu, equivalent to foul+-th. **〈defile〉** Middle English defilen ("to make dirty"). [국어] **펄**: 갯가의 개흙. **뻘**: '허튼'의 방언(전남).

spoil [spɔil] 망치다 (말소리) 스패일
despoil [dispɔ́il] 약탈하다 빼앗다 떼서패일

〈spoil/despoil〉 펄펄(poil= fall, fail) 쳐 패이다. fell은 펄 치며 무너지는 소리이면서 피부, 머리털을 의미한다. 이처럼 펄럭거리는 천, 가죽과 같은 어원이다. [연관] spill split

· 어원) **〈spoil /despoil〉** Latin spoliō ("pillage, ruin, spoil"). spolium ("skin, hide, fell") [국어] **벌-**: '일정한 테두리를 벗어난'의 뜻을 더하는 접두사. [한자] 抜뽑을 발, 빠지다

8 펄펄(por, per, fer)(發) 퍼 나르다(통로, 주다, 지나온 일)

porch op**por**tune **por**table im**port** **fer**ry of**fer** con**fer** ex**per**iment

bore [bɔːr] 1 구멍을 뚫다 2 지루하다 2 낳다 (말소리) 벌
pore [pɔːr] 구멍 팔
pierce [piərs] 뚫다 파여서

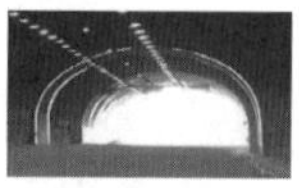

〈bore〉 '벌'은 펄 (치며) 벌여 1 구멍을 파다. 2 벌벌떠는 물처럼(A rapid flow of tide) 반복되는 지루함 3 bear의 과거 bore(벌어) '벌' 벌어져 나오다. 낳다. **〈pore〉** '팔'은 파서 구멍을 벌인다는 뜻 [다른 풀이] '벌'은 벌이어 구멍 파다 **〈pierce〉** '파여서'는 펄(치며) 파서 구멍을 내다

· 어원) **〈bore〉** Latin forō ("to bore, to pierce"), Latin feriō ("strike, cut"). **〈pore〉** Ancient Greek πόρος (póros, "passage"). **〈pierce〉** Latin pertūsus ("thrust or bore through"). [국어] **벌다**: 틈이 나서 사이가 뜨다. [한자] 拔뽑을 발

항구나 문은 펄펄 퍼 나르는 통로, 통하는 입구와 관련된다.

porch [pɔːrʧ] 현관 문간 (말소리) 퍼쥐
portal [pɔ́ːrtl] 대문 통로 퍼댈

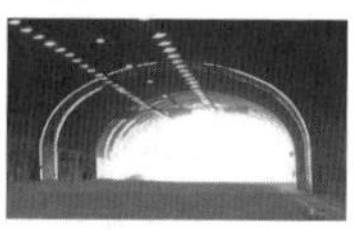

〈porch / portal〉 펄 (벌여) 퍼 나르는 통로, 입구를 가리킴

· 어원) **〈porch〉** Latin porticus ("portico"). Proto-Indo-European *per- ("to pass through"). **〈portal〉** Proto-Indo-European root *per- ("to pass through"). [국어] **벌다**: 틈이 나서 사이가 뜨다. [한자] 拔뽑을 발

port [pɔːrt] 항만 항구 (말소리) 푸다

〈port〉 '푸다' 펄펄(por=fer) 퍼 나르는 입구, 항구(ㅁ입 구) [다른 풀이] '벌다'는 벌여(port=portal) (짐 등을) 퍼내는 입구로서 항구를 뜻함

· 어원) **〈port〉** Latin porta ("passage, gate"), Latin portāre ("carry"). Proto-Indo-European root *per- ("to pass through/over"), Ancient Greekπόρος (póros, "means of passage"). [국어] **벌다**: 틈이 나서 사이가 뜨다. [한자] 拔뽑을 발

opportune [ὰpərtjúːn] 적절한 시의에 맞는 (말소리) 앞퍼둔

〈opportune〉 '앞퍼둔'은 펄펄(por=fer) 퍼 나르는 입구의 앞(op)에 있다. 입구(문) 앞에 딱 갖다 대어 기회가 왔다는 의미

· 어원) **〈opportune〉** Latin opportunus, from the phrase: ob portum veniens ("coming towards a port 문 앞에 온"). [국어] **벌다**: 틈이 나서 사이가 뜨다. [한자] 拔뽑을 발

펄펄(por, per, fer) 퍼 나르다: 주다, 뒤로 보내다, 생각에 이르다, 지나온 일

import 등에서 '-port'는 펄펄 퍼 나르는 '푸다' '나르다'의 의미가 있다.

export [ikspɔ́ːrt] 수출 (말소리) 윗서푸다
portable [pɔ́ːrtəbl] 들고 다닐 수 있는 퍼대볼

〈export〉 '윗서푸다'는 윗(ex) 쪽(외로) 펄펄(發) (por=fer, ferry) 퍼 나른다는 뜻 [참고] ferry [다른 풀이] '윗서벌다' 벌여 나르다 **〈portable〉** 펄펄(發) (por=fer, ferry) 퍼 나를 수 있다.

· 어원) **〈export〉** Latin ex- ("out")+portō ("carry"). **〈portable〉** Latin portō ("to carry, convey") [국어] **벌다**: 틈이 나서 사이가 뜨다. [한자] 發필 발 癶등질발.걷다.가다.벌어지다 發필 발, 떠나다

import [impɔ́ːrt] 수입하다 (말소리) 임푸다
important [impɔ́ːrtənt] 중요한 임퍼댄다

〈import〉 '임푸다'는 임("in, im, on"이다, 인(隣)=인접, 臨임할 임))한 곳에 펄펄(port=ferry) 퍼 나르다. 임하여 오게 함으로써 들여오다 [다른 풀이] '임벌다' 벌여 나르다 **〈important〉** '임퍼댄다'는 임("in, im, on")한 곳에 펄(發)(port=ferry) 퍼 나르다. 퍼 '날라오다'(import)의 1차적 의미에서 2차적 의미를 초래하다, 영향력이 있다(bring about, cause), 중요하다는 뜻이 되었다. [연관] infer 퍼 날라 이르게 하다

· 어원) **〈import〉** Latin importō (I bring in from abroad, carry, bring about, **cause**), in- ("in, at, on; into")+portō ("carry, bear; convey"). [국어] **벌이다**: 일을 계획하여 시작하거나 펼쳐 놓다. **벌리다**: 둘 사이를 넓히거나 멀게 하다. **벌다**: 틈이 나서 사이가 뜨다. [한자] 發필 발, 떠나다 癶등질 발.걷다.가다.벌어지다

report [ripɔ́ːrt] 보고 (말소리) 누푸다
rapport [ræpɔ́ːr] **[고급]** 관계 협조 누퍼

〈report〉 '누푸다'는 누누이(re 또) 펄펄(port=ferry) 퍼 나르다. 이야기를 누차 퍼날라 알리게 된다는 뜻 [연관] refer(fer= port) **〈rapport〉** '누퍼'는 누누이(ra=re) 펄펄(port=ferry) 퍼 나르다. 이야기를 퍼서 전달해(To repeat (something one has heard), to retell) 관계를 이어준다는 뜻. 프랑스어로 report와 같다.

· 어원) **〈report〉** Latin reportāre ("to carry back, **return**, remit, **refer**"), from re-+portāre. **〈rapport〉** French rapport(report, relationship). [국어] **벌이다**: 일을 계획하여 시작하거나 펼쳐 놓다. **벌리다**: 둘 사이를 넓히거나 멀게 하다. **벌다**: 틈이 나서 사이가 뜨다.

fortune [fɔ́ːrʧən] 1 행운 2 재산 (말소리) 펄뜬

〈fortune〉 '펄뜬'은 1 펄(fort=port) 퍼 날라진 운(The arrival of something in a sudden manner) [운(運)은 운행하듯 움직이는 것으로 갑자기 나타난다.] 2 로또처럼 행운으로 번 부(富)와 큰 재산을 나타낸다

· 어원) **〈fortune〉** Latin fortuna ("fate, luck"). Latin ferō ("bring, carry"). **運 옮길 운, 운수, 가다, 보내다**

펄 펄(發) (per) 벌여 간다. 지나가며 경험한다.

experience [ikspíəriəns] 경험 체험 (말소리) 윗서벌여온지
experiment [ikspérəmənt] 실험 시험 윗서벌여민다

〈experience〉 '윗서벌여온지'는 위(ex 외)쪽으로 펄 벌여(peri=ferry) 감으로써 겪는 것을 뜻함. peri는 perimeter, peripheral과 같은 어원으로 사이가 벌어진다는 뜻. [연관] undergo는 들어가서 겪는다. **〈experiment〉** '윗서벌여민다'는 위(ex 외)쪽으로 벌여(peri=ferry) 감으로써 넘어가 일을 벌인다는 뜻

· 어원) **〈experience / experiment〉** Latin experiri ("to try, put to the test, undertake, undergo"), from ex ("out")+peritus ("experienced, expert"), of *periri ("to go through"). [국어] **벌이다**: 일을 계획하여 시작하거나 펼쳐 놓다. **벌리다**: 둘 사이를 넓히거나 멀게 하다. **벌다**: 자손이 번성하다. 일을 하여 돈 따위를 얻거나 모으다. 식물의 가지 따위가 옆으로 벋다. 늘어서다.

expert [ékspəːrt] 전문가 숙련된 (말소리) 윗서벌다

〈expert〉 '윗서벌다'는 펄(發) 벌여(per=port, ferry) 하는 일이 윗(ex) 서다는 말로 경험이 풍부해 빼어나다는 뜻

· 어원) **〈expert〉** Latin experior ("test, attempt, experience"). Indo-European *per- ("a going, passage, beyond"). [국어] **벌다**: 자손이 번성하다. 일을 하여 돈 따위를 얻거나 모으다. 식물의 가지 따위가 옆으로 벋다. 늘어서다.

peril [pérəl] 위험 위기 (말소리) 벌일

〈peril〉 '벌일'은 펄(per= pulse, experience) 벌이는 일. 시도하거나 경험하면서 겪는 위험

· 어원) **〈peril〉** Proto-Germanic *fērō ("danger"), from Proto-Indo-European *per- ("to try, dare, to attempt, research, risk"). **벌이다**: 일을 계획하여 시작하거나 펼쳐 놓다 [한자] 勃노할발. 갑자기

배는 사람이나 물건을 싣고 나르는 운송 수단이다. 펄(發) 벌여가는 far와 관련이 있다.

ferry [féri] 여객선 (말소리) 퍼내
fare [fεər] 운임 요금 퍼

〈ferry〉 펄 벌여(fer=far 보내어) 이동하거나 옮기는 것을 뜻함 [다른 풀이] '보내' **〈fare〉** 벌여(far=ferry 發)가며 퍼 나르는 배, 배의 삯을 뜻함 [연관] farewell welfare far [다른 풀이] '벌'

· 어원) **〈ferry〉** German fahren ("to travel"), Proto-Indo-European *per- ("to carry over, transfer, pass through"). **〈fare〉** Proto-Germanic *farō ("journey, fare"). Proto-Indo-European *per- ("a going, passage"). [한자] 發필 발, 떠나다 癶등질 발.걷다.가다.벌어지다

freight [freit] 화물 수송 (말소리) 퍼내오다

〈freight〉 '퍼내오다'는 펄(發) 벌여(퍼내어) 보낸다는 뜻 [다른 풀이] '보내오다', '벌여오다'

· 어원) **〈freight〉** Middle Low German vrecht ("cost of transport"). [국어] **퍼내다**: 담겨 있거나 고여 있는 것을 길어 내거나 떠내다.

bear [bεər] 1 낳다 2 나르다 3 지니다 참다 (말소리) 빼어

〈bear〉 1 펄(發) 빼 (몸 밖으로 이동시켜) 가다. 나타나게 낳다 2 벌이어(ferry) 가다 [연관] ferry fare bare pore fair fear 3 빼어 늘이면서 버티다(forbear) [연관] durable 띄어 늘릴 수 있어 지속가능한

· 어원) **〈bear〉** latin ferō(I bear, carry, I endure, I bring forth; I put in motion; I move forward I support, hold up) [국어] **빼다**: 속에 들어 있거나 끼여 있거나, 박혀 있는 것을 밖으로 나오게 하다. 두렵거나 싫어서 하지 아니하려고 하다. **벌다**: 자손이 번성하다. 일을 하여 돈 따위를 얻거나 모으다. 식물의 가지 따위가 옆으로 벋다. 늘어서다.

'-fer' 형태의 단어는 펄펄(發) 날려 나르다, 벌여 가다라고 나타낼 수 있다. 그런데 'r'발음이 약화되어 '푸다', '퍼내다'로 표현할 수 있다. '푸다'는 안에 있는 내용물을 밖으로 꺼내 놓는다는 뜻이 있다. '푸다'라는 말속에는 이동이란 의미가 포함되어 있다고 할 수 있다. '나르다'는 (펄펄) 날다에서 나온 말이고, '퍼 나르다'는 말처럼 푸다와 나르다는 같이 쓰인다.

offer [ɔ́ːfər] 제공하다 제안하다 (말소리) 앞퍼

〈offer〉 '앞퍼'는 앞(of)으로 펄 벌여(fer=ferry, bear) 퍼 나른다는 뜻

· 어원) **〈offer〉** Latin offerō ("to present, bring before"). [국어] **푸다**: 속에 들어 있는 액체, 가루, 낟알 따위를 떠내다. 나르다: 물건을 한 곳에서 다른 곳으로 옮기다. 날다.

confer [kənfə́ːr] 수여하다 협의하다 (말소리) 끈퍼
conference [kɑ́nfərəns] 회의 끈퍼낸지

〈confer〉 '끈퍼'는 끈(con 끼어 같이) 펄(fer=ferry, bear) 퍼 나르는 것으로 같이 나르거나 교류한다는 의미 [연관] convoy **〈conference〉** '끈퍼낸지'는 끈(con 끼어 같이) 펄(fer) 퍼내다. 같이 이동하여 모인다는 뜻

· 어원) **〈confer〉** Latin cōnferō(I bring together, oppose, compress, consider). con- ("together")+ferō ("I bear"). **〈conference〉** Latin cōnferēns(join). [국어] **벌리다**: 펴서 뻗치다. **퍼내다**: 담겨 있거나 고여 있는 것을 길어 내거나 떠내다.

defer [difə́ːr] 연기하다 (말소리) 떠퍼

〈defer〉 '떠퍼'는 띄워(de) 펄(fer=ferry, bear) 퍼 나른다는 뜻. 떠 나름으로써 늦춘다 [다른 풀이] '뒤퍼'는 뒤에 푸다는 말로 퍼내서 미룬다는 뜻 [연관] delay

· 어원) **〈defer〉** Middle English differren ("to postpone"). [국어] **퍼내다**: 담겨 있거나 고여 있는 것을 길어 내거나 떠내다.

refer [rifə́ːr] 1 참조하다 2 말하다 (말소리) 누퍼

〈refer〉 '누퍼'는 누누이(re) 펄(fer=ferry, bear) 퍼 나르다. ~에게 퍼 날라 준다는 의미(submit to someone) 1 퍼서 찾아내 참조하게 하다 2 퍼내어 알리다. 언급하다 [참조] report 누차 벌여(퍼내) 알리는 보고

· 어원) **〈refer〉** Latin referō(give back, give up, return, I repeat, report). [국어] **퍼내다**: 담겨 있거나 고여 있는 것을 길어 내거나 떠내다. [한자] 發필 발

infer [infə́ːr] 추론하다 추측하다 (말소리) 인퍼

〈infer〉 '인퍼'는 펄(fer=ferry) 퍼 날라서 인(in, on 인접)하다. 생각을 퍼내 한 곳에 인다(였다), 결론에 이르게 하다(To lead to (something) as a consequence) ☞ 인하다(in=因(인할 인, 잇닿다)=隣이웃 인) [en-=in, into, on, covered, caused]

· 어원) **〈infer〉** Latin in- ("in, at, on; into")+Latin ferō ("bear, carry; suffer"). Latin īnferō(put or throw into, insert. Cause).

9 펄펄[p_l(r)] 뛰다, 치다: 파동, 자극(강요), 쫓다, 패다(발라내다)

pulse **pal**pable ap**pl**aud dis**pel** im**pel** re**pel** **pl**ow **pill**iage

펄(bl-, fl-, pl- 등)은 모두 공기의 흐름을 매개로 하고 있는 물소리, 바람 소리, 불타는 소리, 날아가는 소리, 부르는 소리, 부딪히는 소리를 표현할 수 있다.

예로 펄 치며 당기는 소리(pull, pluck), 펄펄 흐르는 소리(flow, float, flood), 펄펄(부르르) 끓는 소리(boil, brew, broil), 펄펄 불타는 소리(flare, flame, fire, burn) 펄펄 나는 소리(fly, fling, flea), 펄펄 울부짖는 소리(plea, deplore, complain), 펄럭 부딪히는 소리(flag, friction, conflict), 버럭 놀람(perplex, fright) 등은 모두 pl, fl, fr, br 등으로 이루어져 펄펄(벌벌)거리는 소리를 나타낸다.

심장박동이나 맥박 등에서 느껴지는 파동을 '펄펄' '벌벌' 떨다로 표현할 수 있다. Pul-은 펄 치면서 bell 울리는 소리를 낸다.

pulse [pʌls] 맥박 파동 (말소리) 펄쳐
pulsate [pΛlseit] 뛰다 떨리다 펄치다

〈pulse / pulsate〉 펄펄(bell)치며 떠는 움직임을 나타냄 [참고] repel

· 어원) **〈pulse〉** Latin pulsus ("beat"), from pellere ("to drive"). Ancient Greek πάλλω (pállō, "swing, shake"), Old English fēlan ("to feel"). **〈pulsate〉** Latin pulsātus, from pulsō ("I strike repeatedly"), from pellō ("I strike"). [국어] **펄펄**: 크고 힘차게 날거나 뛰는 모양. 물이 끓는 소리 [한자] 汃물결치는 소리 팔

palpitation [pælpitéiʃən] **[고급]** 고동, 가슴이 떨림 (말소리) 펄패대어진
palpable [pǽlpəbl] 감지할 수 있는 펄패볼

〈palpitation〉 펄펄 패며 치는 움직임을 뜻함 **〈palpable〉** 펄 쳐서 툭(tag) 닿는 느낌 [연관] feel 펄 쳐서 툭(tag) 닿는 느낌 (to use the sense of touch on)

· 어원) **〈palpitation〉** palpitō ("throb, pulsate, palpitate"), palpō ("touch softly, stroke, pat"). Old English fēlan ("to feel, perceive, touch") palpāre, **〈palpable〉** palpō ("I touch softly") Ancient Greek πάλλω (pállō, swing, shake) [국어] **펄펄**: 크고 힘차게 날거나 뛰는 모양. 물이 끓는 소리 [한자] 汃물결치는 소리 팔

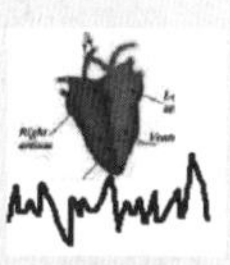

'펄레'(pla) 펄럭대며 치다.

applaud [əplɔ́:d] 박수치다 (말소리) 에펄레다
plausible [plɔ́:zəbl] 그럴듯한 정말 같은 펄레쳐볼

〈applaud〉 '에펄레다'는 ~에(a) 펄러덕(plaud=flutter, flap, clap) 치다. 펄럭 박수를 친다는 뜻 [연관] flap vulnerable **〈plausible〉** '펄레쳐볼'은 펄레(pla= flap) 치다. 펄럭 박수를 칠 정도로 칭찬받을 일이다는 뜻(박수칠만한→ 바람직한)

· 어원) **〈applaud〉** Latin applaudere ("to clap the hands together, applaud"), from ad ("to")+plaudere ("to strike, clap"). **〈plausible〉** Latin plausibilis ("deserving applause, praiseworthy, acceptable, pleasing") [국어] **펄럭**: 바람에 빠르고 힘차게 나부끼는 소리. 또는 그 모양. **펄레펄레**: '펄럭펄럭'의 방언(전남). 박수(拍手): 기쁨, 찬성, 환영을 나타내거나 장단을 맞추려고 두 손뼉을 마주침. 拚손뼉 칠 변, 날 반.(손으로)때리다

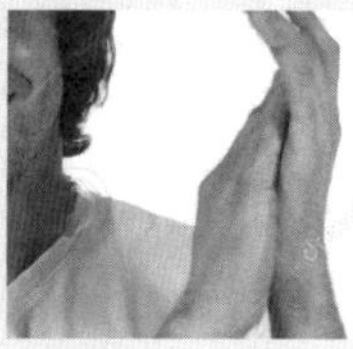

Pull은 펄 치며 잡아당기는 소리에서 나왔다.

pull [pul] 당기다 뽑다 (말소리) 펄

펄(拔뽑을 발) 치며 잡아당기는 소리. 당기면서 떼어지기도 한다(To draw apart; to tear).

· 어원) **〈pull〉** Old English pullian ("to pull, draw, tug, pluck off"). Low German pulen ("to pick, pluck, pull, tear") **펄펄:** 불길이 세게 일어나는 모양. 많은 양의 물이나 기름 따위가 계속해서 몹시 끓는 모양. **빨다:** 강제로 짜내어 빼앗다. [한자] 拔뽑을 발

-pel 형태로 '펄'은 쳐서 자극하여 움직이게 하는 것을 가리킨다.

dispel [dispél] 떨쳐버리다 불식 (말소리) 떼서펄

〈dispel〉 '떼서펄'은 떼서(dis) 펄(pel=pull, peel) 쳐내다. 떠서 흩어지게 하다는 뜻 [연관] disperse spill spur

· 어원) **〈dispel〉** Latin dispellere ("to disperse; to dispel"). 潑물 뿌릴 발. 솟다. 새다. 활발. 사납다. 악한

propel [prəpél] 추진하다 (말소리) 펴내펄

〈propel〉 '펴내펄'은 퍼내서(pro 앞으로) 펄(pel=pull, peel) 쳐내 움직인다는 뜻

· 어원) **〈propel〉** pro- ("forward") and pellō ("I push, I move").

-pel 형태는 '펄' 쳐서 자극하는 것으로 주체가 자신이 원하는 대로 이끌어간다는 뜻이 포함되어 있다.

impel [impél] 재촉하다 억지로 시키다 (말소리) 임펄

〈impel〉 '임펄'은 임(im=in, on 臨임할 임= 隣이웃 인)한 곳에 펄(pel=pull, peel) (밀쳐서) 움직이게 자극한다는 뜻 [연관] pull peel

· 어원) **〈impel〉** in-+pellō ("push, drive"). Old English pullian ("to pull, draw, tug, pluck off"). Low German pulen ("to pick, pluck, pull, tear")

compel [kəmpél] 매력적인 강요하다 (말소리) 낌펄

compulsory [kəmpʌlsəri] 의무적인 강제적인 낌펄치리

〈compel/compulsory〉 펄(pel=pull, pulse) (당겨서) 낌(com 끼다)이다. 끼운 상태로 (껴잡고) 펄 쳐서 자극하거나 통제한다는 뜻

· 어원) **〈compel〉** Latin compellere, itself from com- ("together")+pellere ("to drive"). **〈compulsory〉** con- ("together")+pellō ("drive"). **펄펄(크고 힘차게 날거나 뛰는 모양)**

repel [ripél] 쫓아버리다 (말소리) 내뺄

〈repel〉 '내뺄'은 누누이(re) 펄(pel=pull, pulse, peel) 쳐내서 도로 몰아낸다는 뜻 [연관] evil [다른 풀이] '누펄' 누누이 펄펄 대며 펄(pel=pull) 쳐내다

· 어원) **〈repel〉** Latin repellere ("to drive back"), from re- ("back")+pellere ("to drive").

repulsive [ripʌlsiv] 혐오감을 일으키는 (말소리) 누펄쳐봐

〈repulsive〉 '누펄쳐봐'는 누누이(re) 펼쳐(pulse)내서 도로 몰아낸다는 뜻

· 어원) **〈repulsive〉** re-+pellō ("push, drive").

rebel [rıbél] 반군 반란 (말소리) 내뺄

〈rebel〉 '내뺄'은 누누이(re) 펄(bel=pulse, pull) 쳐낸다는 말로 쫓아내 내빼도록 저항한다는 뜻. [연관] revolt 누차 불어치는 반격 bell 펄 치는 종소리.

· 어원) **〈rebel〉** latin rebellō ("I wage war again, fight back"), from re- ("again, back")+bellō ("I wage war"). Proto-Germanic *bellaną ("to sound; roar; bark"), Old English pullian ("to pull, draw, tug, pluck off").

vulnerable [vʌlnərəbl] 취약한 영향받기 쉬운 (말소리) 빨려내볼

〈vulnerable〉 '빨려내볼'은 빨려 들어가, 상처를 입히다. 쉽게 영향이나 상처를 받는다는 의미

· 어원) Latin vulnerō ("I wound"). Latin vellō(I pluck out, I pull or tear down). **펄레펄레**: '펄럭펄럭'의 방언(전남).

problem [prάbləm] 문제 과제 (말소리) 펴내벌렁

〈problem〉 '펴내벌렁'은 펴내(pro 앞에) 벌렁(blem=pulse) 솟아 방해가 된다는 뜻 [참고] interfere 안에 펄 떠서 방해하다 [연관] ballistc missile 탄도(彈道)미사일

· 어원) **〈problem〉** πορ- (pro-, "in front of")+βάλλω (bállō, "to throw, let fall, to hurl"). [국어] **벌렁**: '벌러덩(발이나 팔을 활짝 벌린 상태로 맥없이 굼뜨게 뒤로 자빠지거나 눕는 모양)'의 준말.

spur [spəːr] 박차 자극 (말소리) 스펄

〈spur〉 '스펄' 펄(pur= pel: impel, expel) (치며) 자극한다는 뜻. 신발에 차고 말의 배 부위를 찔러 자극하여 말이 뛰게 하다는 의미

· 어원) **〈spur〉** Proto-Indo-European *sper-, *sperw- ("to twitch, push, be quick"). [국어] **펴다**: 굽은 것을 곧게 하다. 또는 움츠리거나 구부리거나 오므라든 것을 벌리다. **펄펄**: 불길이 세게 일어나는 모양. 많은 양의 물이나 기름 따위가 계속해서 몹시 끓는 모양.

prosper [prάspər] 번영하다 발전하다 (말소리) 펴내스펄

〈prosper〉 '펴내스펄'는 펴내(pro 앞으로) 펄(sper=spur, disperse) 쳐 뻗으려 하다. [연관] flourish 펄 날아 번창하다

· 어원) **〈prosper〉** Latin prosperō ("I render happy") Latin spēs ("hope, expectation"). Proto-Germanic *spōdiz (hurry, rush, prosperity, success) Proto-Indo-European *speh$_1$- ("to prosper, to turn out well")

절망은 하고 싶은 마음을 떼버린 상태라고 할 수 있다. 싶다는 말은 스펄(sper) 펼치는 것에서 비롯된 것으로 보인다.

desperate [déspərət] 절망적인 (말소리) 떼싶으리다
despair [dispέər] 절망 좌절 떼싶어

〈desperate/despair〉 쉬 펄 (sper= spur, disperse) (뻗고) 싶어 하는 것을 떼(de)다는 뜻 [연관] aspire

· 어원) **〈desperate/despair〉** Latin dēspērō ("to be without hope"). from des- ("dis-")+esperer ("hope"). Latin spēs ("hope, expectation"), spērō ("hope")

펄 치며 발라내다(pl. pr)

펄 치며 (강제로) 찢거나 살을 발라 내용물을 빼낸다. 머리카락을 뽑거나 과일 씨를 발라내는 것에서 약탈의 의미로 확장된다.

plough [plau]	쟁기 갈다	(말소리) 팔리오
plow [plau]	쟁기 갈다	팔리오

〈plough/plow〉 '팔리오'는 펄 소리 나게 땅 속을 발라내(벌려) 갈아 판다는 뜻

· 어원) **〈plough〉** Proto-Indo-European *perḱ- ("to dig"). [국어] **바르다**: 껍질을 벗기어 속에 들어 있는 알맹이를 집어내다. [한자] 垡일굴 벌

pillage [pílidʒ]	약탈하다	(말소리) 팰리지
peel [piːl]	벗기다. 껍질	팰

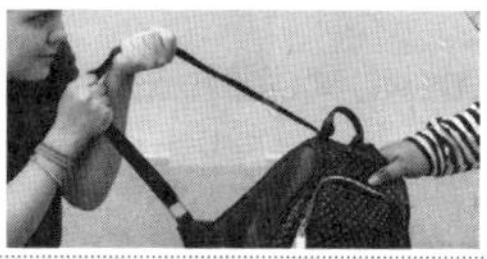

〈pillage〉 '팰리지'는 펄(pill=peel, 拔뽑을 발) 패이게 발라내 빼낸다는 뜻 [연관] peel plunder **〈peel〉** 펄펄(拔뽑을 발, pull) 패이게 발라내다. 벌벌 떠는 털인 발(髮)을 벗기는 것이다.

· 어원) **〈pillage / peel〉** Latin pilō, pilāre ("to remove hair from, depilate"), from pilus ("hair"). latin virer ("to turn, veer"). **패다**: 도끼로 쪼개다. 곡식의 이삭 따위가 나오다. **펄펄**: 불길이 세게 일어나는 모양. 많은 양의 물이나 기름 따위가 계속해서 몹시 끓는 모양. **펄**: 일하는 솜씨가 아주 능하여 빨리 해치우는 모양 (북한어). **바르다**: 껍질을 벗기어 속에 들어 있는 알맹이를 집어내다 [한자] 髮터럭 발 拔뽑을 발

predator [prédətər]	포식자 약탈자	(말소리) 바르대다
prey [prei]	먹이 사냥	바르어

〈predator〉 '바르대다'는 펄(拔뽑을 발, 別나눌 별 pre=peel) 치며 (강제로) 발라내 (끄집어내) 파먹는 자를 뜻함 **〈prey〉** '바르어'는 펄 치며 (강제로) 발라서 (뜯으며) 포획한 것을 뜻함. [참고] spoil (Plunder taken from an enemy or victim, Material removed in the course of an excavation)

· 어원) **〈predator/prey〉** latin praedor ("loot, pillage"), from praeda ("booty, spoils, prey"). [국어] **벼르다**: 여러 몫으로 나누다(別나눌 별). **바르다**: 껍질을 벗기어 속에 들어 있는 알맹이를 집어내다. 뼈다귀에 붙은 살을 걷거나 가시 따위를 추려 내다. [한자] 拔뽑을 발

10 벌렁/펄렁[pl(bl, fl)_n] 거리다: 버둥대다, 물튀다, 깜박임(빛바랜), 휘말림, 흐릿함

planet **floun**der **fli**n**g** **blun**der; s**prin**kle **blin**k s**plen**did **blan**k; **blen**d **blan**d **blin**d

펄렁 휘날린다는 표현. 펄(pl/bl)과 낭랑(run)거리는 소리 lan/lun/lin의 결합으로 구성된다.

planet [plǽnit]	행성 유성	(말소리) 펄렁이다
plunge [plʌndʒ]	던지다 잠기다	펄렁져

〈planet〉 '펄렁이다'는 펄렁(plan=airplane) 대며 날아다닌다는 뜻. 유성(流星)은 유유히 흘러가는 별. [연관] airplane 일어(air)나는 공기 속에 펄렁대며 난다 **〈plunge〉** '펄렁져'는 펄렁(fling) 날아 떨어지는 것을 나타냄 ☞ lunge는 낭랑거리며 날아간다는 의미(A sudden forward movement). p+lung(능청능청 늘어진 주머니 囊 주머니 낭)

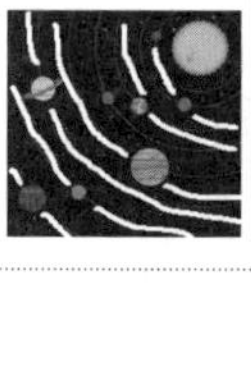

· 어원) **〈planet〉** Ancient Greek πλανάω (planáō, "wander about, stray"). **〈plunge〉** French plonger (to dive) **펄렁**; 바람에 계속 크고 힘차게 나부끼는 모양.

펄렁 휘날리며 허둥지둥하는 소리

flounder [fláundər] 몸부림치다 (말소리) 팔랑대
fling [fliŋ] 내던지다 흔들다 펄렁

〈flounder〉 '팔랑대'는 펄렁대며 몸을 이리저리 굴리는 것을 말함 [연관] Fluctuate flutter **〈fling〉** '펄렁(벌렁)'은 내던지거나 흔들어 움직이며 펄렁대는 것을 나타냄(To throw with violence or quick movement; to hurl.)

· 어원) **〈flounder〉** a blend of Latin fundo ("pour, melt, cast")+blunder **〈fling〉** Proto-Germanic *flangijaną ("to beat, whip"). [국어] **펄렁**: 바람에 크고 힘차게 나부끼는 모양. **벌렁**: 팔이나 다리를 활짝 벌리고 뒤로 눕거나 자빠지는 모양을 나타내는 말. **벌러덩**: 발이나 팔을 활짝 벌린 상태로 맥없이 굼뜨게 뒤로 자빠지거나 눕는 모양. [한자] 翩빨리 날 편

fling은 펄렁 내던진다는 뜻이 있어 -frain/fring와 통한다.

refrain [rifréin] 자제하다 삼가다 (말소리) 누펄렁
infringe [infríndʒ] 위반하다 인펄렁져

〈refrain〉 누누이(re) 팔랑(frain=plunder, fling) 깨지는 소리로 (내던지고) 삼간다는 뜻(To stop oneself from some action) **〈infringe〉** 인(in, im, on 인(隣)=인접)한 곳에 팔랑(fring=fling) 부딪혀 침범하다. [연관] fling (An act of throwing, often violently).

· 어원) **〈refrain〉** Latin re- ("back, again")+frangō ("break"). **〈infringe〉** Latin infringere ("to break off, break, bruise, weaken, destroy"), from in ("in")+frangere ("to break"). [국어] **버리다**: 가지거나 지니고 있을 필요가 없는 물건을 내던지거나 쏟거나 하다. **팔랑**: 바람에 가볍고 힘차게 나부끼는 모양.

blunder [blʌndər] 실수하다 (말소리) 벌렁대

〈blunder〉 '벌렁대'는 펄렁(벌렁) 자빠지거나 허둥거려 생기는 실수(To move blindly)

· 어원) **〈blunder〉** Middle English blunden ("to stagger; stumble"), Middle English blunder, blonder ("disturbance, strife"), Danish blunde("to blink"). [국어] **벌렁**: 팔이나 다리를 활짝 벌리고 뒤로 눕거나 자빠지는 모양을 나타내는 말. **벌렁대다**: 약간 무겁지만 재빠르게 자꾸 움직이다. **바르다**: 차지게 이긴 흙 따위를 다른 물체의 표면에 고르게 덧붙이다.

'펄' 바람 소리로 치다.

plunder [plʌndər] 약탈하다 (말소리) 펄렁대

〈plunder〉 '펄렁대'는 팔랑(plun=fling) 흔들리며 부딪히는 소리. 펄(pull) 치며 강제로 빼낸다. 빼앗은 물건(prey) [연관] plunge 펄렁 뛰어들다.

· 어원) German plündern ("to rob"). [한자] 拔뽑을 발

violent [váiələnt] 폭력적인 (말소리) 발랑대

〈violent〉 '발랑대'는 파-, 팔랑(벌렁)대는 바람에 부딪힌다. 불어(blow 때리다)치는 바람처럼 과격하다는 뜻 [연관] fling (An act of throwing, often violently)

· 어원) **〈violent〉** Latin violare ("treat with violence, whether bodily or mental"), from vis ("strength, power, force, violence"). **빨랑**(팔랑, 발랑): 아주 가볍고도 재빠르게 잇따라 행동하는 모양 [한자] 汃물결치는 소리 팔

violate [váiəlèit] 위반하다 (말소리) 파울내다

〈violate〉 '파울내다'는 파-, 팔팔 (viol=foul, blow) 울어대는 바람에 부딪혀 벗어나게 하다. 밀어붙여 파울 낸다는 뜻

· 어원) **〈violate〉** Latin violare ("treat with violence, whether bodily or mental"), from vis ("strength, power, force, violence"). **부**: 공장이나 기선 따위에서 내는 굵고 낮은 소리 [한자] 汃물결치는 소리 팔

벌렁 튀어나오다.

bring [briŋ] 가져오다 데려오다 (말소리) 벌린
spring [spriŋ] 봄 샘 스펄렁

〈bring〉 벌렁 튀어나와 원하는 쪽으로 가도록 하다 [연관] brink **〈spring〉** 벌렁(pring=bring 펄렁) 나오는 물, 싹에 비유된다 [연관] sprinkle

· 어원) **〈bring〉** Old English bringan("to bring, lead, bring forth, produce"). **〈spring〉** Middle English springen ("to burst or flow forth, to sprout, to emerge, to happen, to become known, to sprinkle"), Ancient Greek σπείρω (speírō, "I sow"). **벌렁**: 아주 가볍고도 재빠르고 크게 행동하다. **펄렁**: 바람에 크고 힘차게 나부끼는 모양.

sprinkle [spríŋkl] 뿌리다 물을 주다 (말소리) 스펄렁클
sprint [sprint] 전력 질주 스펄렁대

〈sprinkle〉 펄렁(prin=fling 潑 물 뿌릴 발) 뿌려 흩어지게 하다는 뜻 ☞ 엉클어지게(inkle≒wink, wrinkle; prink≒ blink; sprink=spring) 뿌리다. [연관] sprawl **〈sprint〉** 펄렁(prin=fling) 대며 뛰어다닌다.

· 어원) **〈sprinkle〉** Old English *sprencan("to cause to spring; scatter"). **〈sprint〉** Proto-Germanic *sprintaną ("to jump up; bounce") [국어] **펄펄**: 불길이 세게 일어나는 모양. 많은 양의 물이나 기름 따위가 계속해서 몹시 끓는 모양.

plant [plænt] 1 공장 2 식물 (말소리) 풀린다

〈plant〉 1. '풀린다'는 펄렁 풀려 (퍼지게) 만드는 곳 2. 피어나 (풀리는) 풀이 자라거나, 열매를 맺어 생산을 한다는 뜻. 식물도 공장이다.

· 어원) **〈plant〉** Old English plante ("young tree or shrub, herb newly planted"), Latin planta ("sprout, shoot, cutting"). Ancient Greek φῦλλον·(phúl lon)(plant, foliage) [국어] **피다**: 꽃봉오리 따위가 벌어지다.

벌렁 깜박이는 빛

벌렁거리며 펄럭대는 움직임을 표현한다.

blink [bliŋk] 깜박이다 (말소리) 벌렁크
flicker [flíkər] 깜박이게 하다 펄럭여

〈blink〉 '벌렁크'는 펄렁(벌렁)대며 깜박인다는 뜻. -link는 wink와 같이 깜박이다 [연관] clank drink 드렁거리며 들이킴 ring 낭랑소리 **〈flicker〉** '펄럭여'는 빛이 펄럭(flag) 깜박이는 것을 나타냄 [연관] bleak flick click

· 어원) **〈blink〉** German blinken ("to flash, blink"). B+ link(wink, wing) **〈flicker〉** German flackern("to flicker, flutter"). [국어] **펄렁**; 바람에 계속 크고 힘차게 나부끼는 모양. **벌렁대다**: 약간 무겁지만 재빠르게 자꾸 움직이다. **켜다**: 등이나 초 따위에 붙게 하다. **펄럭**: 바람에 빠르고 힘차게 나부끼는 소리. 또는 그 모양.

벌렁거리며 깜박이는 것은 불빛이 반짝이는 것과 같다.

splendid [spléndid] 화려한 멋진 (말소리) 쉬펄렁대다

〈splendid〉 '쉬펄렁대다'는 펄렁(plen=blink)대는 불꽃처럼 깜박인다.

· 어원) **〈splendid〉** latin splendere ("to shine") **펄펄**: 불길이 세게 일어나는 모양. 많은 양의 물이나 기름 따위가 계속해서 몹시 끓는 모양. **펄렁**: 바람에 크고 힘차게 나부끼는 모양.

blond [bland] 금발의 (말소리) 벌렁대

〈blond〉 '벌렁대'는 벌렁벌렁(펄렁) (blon=blink) 깜박이며 불이 난 것 같은 색이 된다.

· 어원) **〈blond〉** Sanskrit ब्रध्न (bradhná, "ruddy, pale red, yellowish"). **펄렁**: 바람에 크고 힘차게 나부끼는 모양.

빛은 여러 색을 지닌다. 불타는 빛으로 인해 붉은색을 나타내기도 한다(blush, blond, florid). 이와 달리 벌렁거리며 깜박이는 빛이 비치는 곳은 하얗고 창백하게 된다.

blank [blæŋk] 비어있는 백지의 (말소리) 벌렁켜
blanch [blæntʃ] 희게하다 벌렁져

〈blank/blanch〉 펄렁(벌렁) (blank=blink) (깜박이는) 불빛. 불빛에 의해 하얘지다는 뜻. blank에서 k가 ch로 변화. [참고] pale 펄 부딪히는 충격으로 퍼래진 [다른 풀이] '바랜거'는 바래어(뿌예져) 하얘지다 (white or pale; without colour)

· 어원) **〈blank / blanch〉** Proto-Germanic *blankaz ("bright, shining, blinding, white"). Frankish *blank ("gleaming, white, blinding"). [국어] **펄렁**; 바람에 계속 크고 힘차게 나부끼는 모양. **불내다**: 불이 쉽게 끄기 어려운 상태로 일어나게 하다.

bleach [bliːtʃ] 표백 탈색 (말소리) 바래지
bleak [bliːk] 황량한 암담한 벌럭

〈bleach〉 '바래지'는 펄럭(flicker)/펄레 (깜박이는 빛에) 바래서 하얗게 된 것을 의미함(An act of bleaching; exposure to the sun.). bleak에서 k가 ch로 변화. [다른 풀이] '불내지' 불이 환해 하얘진 **〈bleak〉** '벌럭' 펄럭(flicker)/벌럭 (깜박이는 빛에) 바래진(하얘진) 것으로 핏기가 없이 파리하다는 뜻. 아무것도 없어 사막처럼 하얀 땅 [연관] flicker 펄럭 빛나다 pale '펄'

· 어원) **〈bleach / bleak〉** Old English blāc ("bright, shining, glittering, flashing; bleak, pale, pallid, wan, livid"). Proto-Indo-European *bʰel- ("to shine"). Old English blāc ("pale"). latin flagrō("to blaze") German flackern ("to flicker, flutter"), Old English flēogan ("to fly"). [국어] **바래다**: 볕에 쬐거나 약물을 써서 빛깔을 희게 하다. **벌럭대다**: 벌렁대다.

벌렁(펄렁) 불어치며 섞이다. 흐릿하다

여기서의 '벌렁(펄렁)'은 불어치는 회오리에 섞이고 부딪히는 상태를 가리킨다.

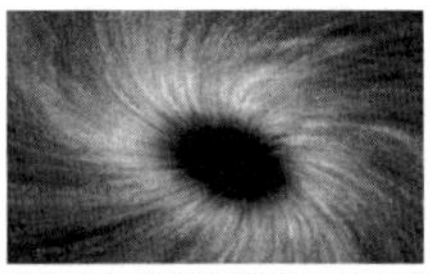

blend [blend]	혼합	(말소리) 벌렁대
bland [blænd]	풍미없는 단조로운	벌렁대
blunt [blʌnt]	무딘	벌렁대

〈blend〉 벌렁벌렁(펄렁) 불어치며 (회오리에 휘말려) 섞인다는 뜻 [연관] bond bind **〈bland〉** 벌렁벌렁(펄렁) 불어치며 (회오리에 휘말려) 섞여서 진하지 않다는 뜻 **〈blunt〉** 벌렁벌렁(펄렁) 부딪혀 날카로운 것이 둔해지다(To dull the edge or point of, by making it thicker). 날카로운 것이 불리어져 부푼 풍선처럼 부드럽게 된다.

· 어원) **〈blend / bland〉** Proto-Germanic *blandaną ("to blend; mix; combine"). **〈blunt〉** Middle English blunden ("to stagger; stumble"), Middle English blonden, blanden ("to mix; mix up"); Danish blunde ("to blink") [국어] **펄렁**: 바람에 크고 힘차게 나부끼는 모양. **불리다**: 많아지게 하다. 물에 젖게 해서 부피를 커지게 하다('붇다'의 사동사). 소리가 나도록 불어지다. 바람에 의해 어느 방향으로 움직여진다.

blanket [blǽŋkit]	담요 뒤덮다	(말소리) 벌렁깃

〈blanket〉 '벌렁깃'은 벌렁(펄렁) 휘날리는 천(covering). 빛이 벌렁대는 blank와 관련된다.

· 어원) Proto-Germanic *blinkaną(to blink, wink to shine, glitter, twinkle) Modern French blanchet), of blanc ("white"). [국어] **벌렁대다**: 아주 가볍고도 재빠르고 크게 행동하다. **펄렁**: 바람에 크고 힘차게 나부끼는 모양. **깃**: 때가 잘 타는 이불의 위쪽이나 베개의 겉에 덧대는 천.

막거나 가리거나 차단된 것은 보이지 않고 어둡거나 흐릿하다. 벌렁벌렁 불어치는 바람에 섞임으로써 앞이 혼탁해지고, 보이지 않게 되는 것이다. 이는 발을 쳐 (가려져) 보이지 않는 것과 같다. 때로는 벌렁거리며 깜박이는 빛에 의해 앞을 볼 수 없게 된다.

blind [blaind]	시각장애의	(말소리) 발랑대

〈blind〉 벌렁대는 천(blanket), 발(veil 천)을 쳐서 안 보이다(A covering for a window to keep out light) 또는 발랑발랑(펄렁) 깜박이는 빛에 눈 부셔 앞이 혼탁해지고, 보이지 않게 되는 것이다.

· 어원) **〈blind〉** Pre-Germanic *blandaną ("to blend, make murky; to mix"). Proto-Germanic *blankaz ("bright, shining, blinding, white"). [국어] **펄렁**: 바람에 크고 힘차게 나부끼는 모양. **바르다**: 차지게 이긴 흙 따위를 다른 물체의 표면에 고르게 덧붙이다.

blur [bləːr]	흐릿해지다	(말소리) 발라

〈blur〉 '발라'는 벌렁벌렁(펄렁) 불어치는 천이 앞에 발을 치듯 발라지다: 가리다

· 어원) **〈blur〉** Scots blore ("to blur, cover with blots"). [국어] **펄렁**: 바람에 크고 힘차게 나부끼는 모양. **바르다**: 차지게 이긴 흙 따위를 다른 물체의 표면에 고르게 덧붙이다.

bury [béri]	묻다 가리다	(말소리) 발라

〈bury〉 '발라'는 발라서 덮어버린다는 뜻. 펄레펄레 천으로 덮이다 [연관] veil

· 어원) **〈bury〉** Proto-Germanic *berganą ("to protect, shelter"). Old Norse byrgja ("to close") [국어] **바르다**: 차지게 이긴 흙 따위를 다른 물체의 표면에 고르게 덧붙이다.

11 펄펄(flu, flo, blo, pl --) 날다(가루, 공기, 번성), 흘림/풀림(물, 피, 쏟다, 꽃 피다)

flight **flu**tter **flo**ur **flo**urish; **bloo**m; **flo**at **flu**id in**flu**ence **bloo**d

흔들리거나 날기, 흐르기, 빠른 동작을 훨, 휘릭, 펄럭, 펄러덩 등으로 표현할 수 있다[Proto-Indo-European *plew- ("to fly, flow, run")]. 날기는 물이 흘러가는 것처럼 공기의 진동을 이용해 흐른다. 고대시조 황조가에서는 펄펄 나는 꾀꼬리 모습을 편편황조 翩翩黃鳥 라고 하여 '펄펄'이 한자로 翩翩(편편)으로 표현됨을 알 수 있다.

fly [flai] 날다 (말소리) 펄레어
flight [flait] 비행기 펄레이다
fowl [faul] 닭 퍼얼

〈fly/flight〉 팔팔/훨훨 펄럭 나는 모습을 나타냄. 여기서 fl-는 flash, splash처럼 빛이 튀기거나 물이 튀는 것처럼 펄펄 소리를 나타낸다. ☞ 펄(fl)+럭(light 빛처럼 가볍게 휙)=> 펄레 [참고] delight flight fright **〈fowl〉** '퍼얼'은 팔팔(펄럭, 훨훨)하게 나는 새를 나타냄 ☞ f+owl(아울); 파아 울어대는 올빼미 소리와 유사 [연관] growl 그렁 울어 불평하다

· 어원) **〈fly/flight〉** Proto-Indo-European *plewk-'펄럭', *plew-("to fly, flow, run"). Proto-Indo-European *leyg- ("jump, whirl") **〈fowl〉** Proto-Germanic *fleuganą 'to fly'. [국어] **펄레펄레**: '펄럭펄럭'의 방언(전남). **팔팔**: 작은 것이 힘차게 날거나 뛰는 모양. 용솟음치며 몹시 끓는 모양. [한자] 翩나부낄 편

flutter [flΛtər] 날다 펄럭이다 (말소리) 펄너털

〈flutter〉 '펄너털'은 펄렁펄렁 너털(lutter≒rattle)거리며 날아다닌다는 뜻. 펄펄 흐르는 float와 연관된다.

· 어원) Old English floterian("to float about, flutter"). French lutter(to struggle, to fight) [국어] **펄렁**: 바람에 크고 힘차게 나부끼는 모양. **너털거리다**: 여러 가닥이 어지럽게 늘어져 자꾸 흔들리다. '너덜거리다'. **벌러덩**: 발이나 팔을 활짝 벌린 상태로 맥없이 굼뜨게 뒤로 자빠지거나 눕는 모양. [한자] 翩빨리날 편

flee [fli:] 도망치다 피하다 (말소리) 펄레
flea [fli:] 벼룩 벌레

〈flee〉 '펄레'는 펄펄(펄레) 날아가 버리는 것을 나타냄 [연관] free **〈flea〉** '벌레'는 헐레벌레 벼룩이 휘리릭 뛰는 모습을 나타냄 [다른 풀이] '펄레' 펄레 뛰다

· 어원) **〈flee〉** Proto-Indo-European *plew- ("to fly, flow, run"). **〈flea〉** Proto-Indo-European root *plewk- (to fly, flow, run), under the influence of Proto-Germanic *fleuhaną ("to flee"). [국어] **펄레펄레**: '펄럭펄럭'의 방언(전남).

pulmonary [pΛlmənèri] 폐의 (말소리) 펄몬이리

〈pulmonary〉 '펄몬이리'는 펄펄(pul=fly) 날리는 공기를 몰아간다는 뜻

· 어원) **〈pulmonary〉** Latin pulmōnārius ("of the lungs"). Proto-Indo-European *pléwmō(floater), *plew- (to fly, flow, run) [국어] **펄펄**: 크고 힘차게 날거나 뛰는 모양.

pillow [pílou] 베개 방석 (말소리) 풀려와

〈pillow〉 '풀려와'는 펄펄 풀려 나는 먼지(flour)처럼 불다 [연관] bolster 불어 부푼

· 어원) ⟨**pillow**⟩ latin pulvis ("dust, powder"). [국어] **펄펄(풀풀): 눈이나 먼지, 연기 따위가 몹시 흩날리는 모양. 물이 끓다. 크고 힘차게 날거나 뛰는 모양 [한자] 汃물결치는 소리 팔**

play [plei] 게임하다 역할을 하다 (말소리) 풀리어

⟨**play**⟩ '풀리어'는 펄레펄레 뛰어 다니며 놀다, (놀이, 경기, 악기, 일 등)을 벌여 하다.

· 어원) ⟨**play**⟩ Scots play ("to act or move briskly, cause to move, stir") [국어] **펄펄(풀풀): 눈이나 먼지, 연기 따위가 몹시 흩날리는 모양. 물이 끓다. 크고 힘차게 날거나 뛰는 모양**

다음은 꽃이 피면서 벌어지는 것을 '벌리다' 등으로 표현한 것들이다. 한자로는 發(필 발)이 쓰인다. 인도유럽어에서 벌어짐은 활짝 벌어지는 꽃, 번창함을 나타낸다.

bloom [blu:m] 꽃이 피다, 번영하다 (말소리) 벌림
blossom [blάsəm] 꽃 피다 벌려섬

⟨**bloom/ blossom**⟩ 벌렁(bl=發) 꽃이 벌어진다는 뜻. 발화(發花) [연관] flame 펄 일어나는 불꽃[발화 (發火)]

· 어원) ⟨**bloom/ blossom**⟩ Proto-Germanic *blōmô ("flower"), *blōaną ("flower, bloom"). [국어] **벌리다**: **우므러진 것을 펴지거나 열리게 하다. [한자] 發필 발**

flower [fláuər] 꽃 (말소리) 풀나와

⟨**flower**⟩ '풀나와'는 (풀처럼) 풀풀(fl=發), 활짝 피어나 벌어지는 모습을 나타냄 [연관] flour

· 어원) ⟨**flower**⟩ Ancient Greek φῦλλρν•(phúl lon)(plant, foliage) Proto-Indo-European *bʰleh₃- ("to thrive, bloom"). [국어] **펄펄(풀풀): 눈이나 먼지, 연기 따위가 몹시 흩날리는 모양. 물이 끓다. 크고 힘차게 날거나 뛰는 모양 [한자] 發필 발**

flour [fláuər] 밀가루 가루 (말소리) 풀나와
flourish [flʌriʃ] 번창하다 풀날아서

⟨**flour**⟩ '풀나와'는 풀풀/펄펄 가루가 날리는 모습을 나타냄 [연관] flurry 휘리리 강풍 blur ⟨**flourish**⟩ 풀풀/펄펄 날리며 퍼지다 (To make sweeping, fanciful movements)에서 번창한다. [연관] prosper 펄(sper=spur, disperse) 쳐 뻗으려한다.

· 어원) ⟨**flour**⟩ meaning flower in the sense of flour being the "finest portion of ground grain" ⟨**flourish**⟩ flower+-ish. Latin flōreō ("I bloom, I abound with; I am filled with") [국어] **펄펄(풀풀): 눈이나 먼지, 연기 따위가 몹시 흩날리는 모양. 물이 끓다. 크고 힘차게 날거나 뛰는 모양. [한자] 汃물결치는 소리 팔 潑물 뿌릴 발.솟다.새다.활발.사납다.악한**

'펄펄'(汃물결치는 소리 팔)은 끓는 소리이면서 흐르는 소리, 나는 소리, 바람 소리, 부딪히는 소리를 표현한다. Proto-Indo-European *pol- ("to pour, flow, swim, fly").

float [flout] 떠다니다 떠오르다 (말소리) 흘러오다
flow [flou] 유동 흐름 흘러
fluid [flú:id] 액체 유동성의 흘리다

⟨**float**⟩ '흘러오다'는 펄펄 흐르는 물소리를 나타냄 [다른 풀이] '펄나오다'. '풀려오다' 펄펄 흐르다 ⟨**flow**⟩ '흘러'는 펄펄 흐르는 물소리를 나타냄 ⟨**fluid**⟩ '흘리다'는 펄펄 물과 같이 흐르는 액체를 뜻함 [참고] flux 흘렀지

· 어원) **〈float / flow〉** Proto-Indo-European *plew- ("to float, swim, fly"). **〈fluid〉** Latin fluidus ("flowing; fluid"), Latin fluō ("to flow"). 汃물결 치는 소리 팔

influence [ínfluəns] 영향을 주다 (말소리) 안흘러온지
fluent [flúːənt] 유창한 흘러온다

〈influence〉 '안흘러온지'는 안으로 물이 펄렁(fluen) 흘러들듯이 어떤 것에 영향을 준다 **〈fluent〉** '흘러온다'는 펄렁(fluen) 물 흐르듯이 유창(流暢)한 말솜씨를 나타냄. 동서양 모두 말솜씨가 뛰어남을 물 흐르는 것에 비유(**청산유수**)

· 어원) **〈influence〉** Latin īnfluēns ("flowing in"). **〈fluent〉** Latin fluens("flowing"). **청산유수(靑山流水)**: 푸른 산에 흐르는 맑은 물이라는 뜻으로, 막힘없이 썩 잘하는 말을 비유. **유창(流暢)**: 말을 하거나 글을 읽는 것이 물 흐르듯이 거침이 없다

flood [flʌd] 범람하다 홍수 (말소리) 펄레다

〈flood〉 펄펄/펄레펄레 물이 불어나거나 흘러들어서 홍수가 나는 것을 나타냄 [다른 풀이] '불리다' 불어나는 물

· 어원) **〈flood〉** Proto-Indo-European *plōtus("to flow").

bless [bles] 축복하다 (말소리) 뻘내지
blood [blʌd] 피 혈연 뻘내다

〈bless〉 '뻘내지'는 (뻘뻘 흐르는) 피를 뿔뿔이 뿌려 신성하게 하다. (재산 건강 등이) 펄펄 불어나게 하다는 뜻 [연관] flood **〈blood〉** '뻘내다' 펄펄(뻘뻘) 흐르는 물처럼 피 흘린다는 뜻.

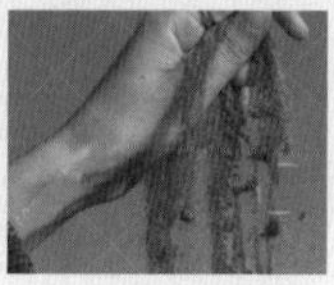

· 어원) **〈bless〉** Proto-West Germanic *blōdisōn ("to sprinkle, mark or hallow with blood") Old English bletsian ("to consecrate (with blood)") **〈blood〉** Sanskrit (vār, "water"). [국어]] **뻘뻘**: 땀을 매우 많이 흘리는 모양 **뿔뿔이:** 제각기 따로따로 흩어지는 모양. **벌벌**: 몹시 바쁘게 여기저기 돌아다니는 모양. 몸이나 몸의 일부분을 크게 자꾸 떠는 모양. **불리다**: '붇다(분량이나 수효가 많아지다)'의 사동사.

bliss [blis] 행복 환희 (말소리) 불리지

〈bliss〉 '불리지'는 펄펄(벌벌) 뛰며 부푼 마음으로 (좋은 일로) 기뻐함을 나타냄

· 어원) **〈bliss〉** Old English bliss("joy, gladness"). Latin fēlīx(happy, lucky, blessed, fertile, fruitful, prosperous) **부풀다**: 희망이나 기대 따위가 마음에 가득하게 되다. **벌벌**: 몹시 바쁘게 여기저기 돌아다니는 모양. 몸이나 몸의 일부분을 크게 자꾸 떠는 모양.

spill [spil] 유출 쏟다 (말소리) 쉬풀

〈spill〉 '쉬풀'은 펄펄/풀풀(pill=fall, pool) 풀리다 (To spread out or fall out) [연관] spoil

· 어원) **〈spill〉** Old English spillan ("to kill, destroy, waste"), from Proto-Indo-European *(s)pel- ("to sunder, split, rend, tear"). [국어] **풀다**: 갇힌 상태에서 자유롭게 놓아주다.

split [split] 분할 나누다 (말소리) 쉬풀리다

〈split〉 '쉬풀리다'는 펄 부딪는 소리로서 (to be dashed to pieces.) 풀려져 나눈다는 뜻 [다른 풀이] '스분리다'

· 어원) 〈split〉 Proto-Indo-European *(s)pley- ("to split, splice") [국어] **풀리다**: '풀다(묶이거나 감기거나 얽히거나 합쳐진 것 따위를 그렇지 아니한 상태로 되게 하다)'의 피동사.

'빨다'는 음식을 빨아들여서 배 속에 채우는 과정이라는 점에서 먹는 행위라고 볼 수 있다.

voracious [vɔːréiʃəs] 식욕이 왕성한 (말소리) 빨아져서

〈**voracious**〉 '빨아져서'는 빨빨(벌벌 vor=vortex, swirl) 거리며 소용돌이치듯 빨아 먹어대는 것을 뜻함. ☞ vor: 빨빨거리는 소리로 왈왈대는 wallow, swallow와 같다. 빨래는 물에 주무르면서 때를 빼는 반복 동작이다 [연관] carni**vor**ous di**vor**ce 빨빨/벌벌 떨며 벌어지다

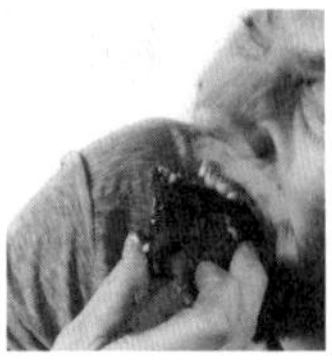

· 어원) 〈voracious〉 Latin vorō ("I devour, I swallow up"), fellō("suck"). [국어] **빨다**: 입을 대고 입 속으로 당겨 들어오게 하다. 옷 따위의 물건을 물에 넣고 주물러서 때를 없애다. 끝이 차차 가늘어져 뾰족하다. **빨빨**: 바쁘게 여기저기 돌아다니는 모양. '발발'보다 센 느낌을 준다.

devour [diváuər] 먹어치우다 (말소리) 다빨

〈**devour**〉 '다빨'은 (음식을) 다 빨아 먹다는 뜻. vor-은 골골거리며 먹는 소리인 gorge(골짜기, 게걸스럽게 먹다)와 같다.

· 어원) 〈devour〉 dē-+vorō. **빨다**: 입을 대고 입 속으로 당겨 들어오게 하다. 옷 따위의 물건을 물에 넣고 주물러서 때를 없애다. 끝이 차차 가늘어져 뾰족하다

12 펄럭/펄레 파동[fl_c(g, x)](휘다), 휘말리다[plic-, plex-, ply, ploy](복잡, 겹침)

fluctuate **flag flex**ible re**flec**t; com**plic**ate per**plex** im**ply** de**ploy**

펄럭대는 흔들림은 파도나 깃발이 펄럭하는 것으로 버럭 치거나 뛰는 것, 벼락, 벼룩과 같은 의미이다. 벌렁대는 blink와 같은 의미다.

archipelago [ɑ̀ːrkəpéləgòu] **[고급]** 다도해 군도 (말소리) 일켜펄럭여
fluctuate [flʌktʃuèit] 흔들리다 펄럭춰오다

〈**archipelago**〉 펄럭(pelag=flag)이는 바다에서 일으켜 (활성화된) 곳. 주변보다 섬이 많아 사람들이 많이 찾고 주된 지역이 된다. 〈**fluctuate**〉 '펄럭춰오다'는 파도가 펄럭 치며 흔들린다는 뜻 [연관] flounder

· 어원) 〈archipelago〉 ἀρχι- (arkhi-, "main")+πέλαγος (pélagos, "sea"). ἄρχω(árkhō, "begin, rule") or ἀρχός(arkhós, "leader"). 〈fluctuate〉 latin fluctus("wave"), fluō ("flow")

flag [flæg] 국기 깃발 (말소리) 펄럭
frog [frɔːg, frag] 개구리 버럭

〈**flag**〉 '펄럭'은 펄럭거리며 휘날리다는 뜻. [연관] flexible plug flutter 〈**frog**〉 '버럭'은 펄럭 뛰는 개구리를 나타냄. 벼룩과 같다.

· 어원) 〈flag〉 Middle English flacken("to flutter, palpitate") German flackern ("to flicker, flutter"), Old English flēoġan ("to fly"). 〈frog〉 Proto-Indo-European *prew- ("to jump, hop"). Russian прыгнуть (prýgnutʹ, "to leap"). [국어] **펄럭**: 바람에 빠르고 힘차게 나부끼는 소리. 또는 그 모양. **버럭**: 성이 나서 갑자기 기를 쓰거나 소리를 냅다 지르는 모양. [한자] 翩빨리날 편

'펄'은 새의 날갯짓을 연상시키는데 바람에 따라 멀리 향이 피어나간다는 의미를 가지고 있다.

fragrance [fréigrəns] 향기 (말소리) 펄럭이련지

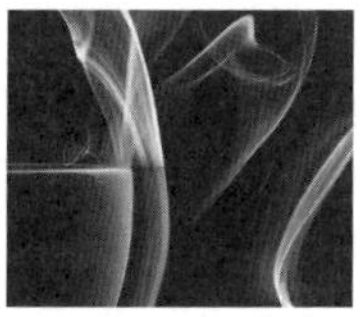

⟨fragrance⟩ '펄럭이련지'는 풀풀, 펄럭(frag≒flag, fluctuate) 피우는 냄새

· 어원) **⟨fragrance⟩** latin frāgrāns(Emitting a smell). Ancient Greek φλέγω(phlégō, "I burn") [국어] **풀풀**: 냄새 따위가 심하게 자꾸 나는 모양. [한자] 翩나부낄 편

flavor [fléivər] 맛 향 (말소리) 풀나부

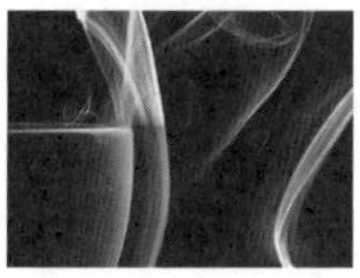

⟨flavor⟩ '풀나부'는 펄펄/풀풀 피는 냄새가 나부(lavor=riffle) 대다. 펄럭 퍼지는 냄새로 맛을 느낀다는 뜻 [연관] flap flop

· 어원) **⟨flavor⟩** Old French flaour ("smell, odour"). [국어] **풀풀**: 냄새 따위가 심하게 자꾸 나는 모양. **나부대다**: 얌전히 있지 못하고 철없이 촐랑거리다. [한자] 翩나부낄 편

펄럭 휘날리며 휘어지는 파동을 표현한다.

flexible [fléksəbl] 유연한 신축성있는 (말소리) 펄럭져볼

⟨flexible⟩ '펄럭져볼'은 펄럭(flex=flag) 날리며 구부러진다는 뜻 [다른 풀이] '풀렸어볼' 펄럭 휘어지며 날리는

· 어원) **⟨flexible⟩** latin flectō ("I bend, curve"). [국어] **펄럭**: 바람에 빠르고 힘차게 나부끼는 소리. 또는 그 모양. **풀리다**: 제거되어 그렇지 않은 상태로 되다.

reflect [riflékt] 반사하다 (말소리) 누펄럭대

⟨reflect⟩ '누펄럭대'는 누누이(re) (빛이) 펄럭(flex=flag) 굽이쳐 구부러지는 것으로 다시 원래로 돌아가는 빛을 말하며 반사한다는 뜻

· 어원) **⟨reflect⟩** Old French reflecter ("to bend back, turn back"), from re- ("again")+flectō ("I bend, I curve").

펄럭/펄레[plic–. plex–. ply. ploy] 부는 회오리에 휘말리다

ply는 꼬인 실, 구부려 뭉친 것을 의미하는 단어다. -plic, plex-은 fold와 같은 의미로서 펄펄 거리며 겹쳐지는 모습을 나타낸다.

펄럭대는 회오리 등으로 북적대고, 복잡한 상태가 된다. Full은 터질 정도로 복잡하다는 뜻도 있다(Having the mind filled with ideas, full to bursting). 회오리바람이 불어치거나 소용돌이가 빨아들이며 뒤엉키는 복잡해진 관계를 의미한다.

complicate [kάmpləkèit] 복잡한 (말소리) 낌펄럭하다
complex [kəmpléks] 복잡한 낌벌럭서
perplex [pərpléks] 당혹하게 하다 펄벌럭서

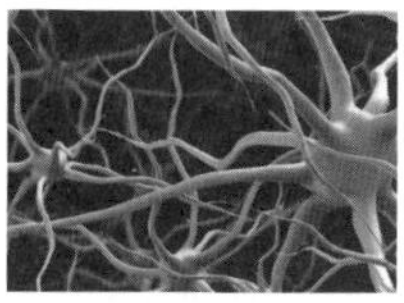

⟨complicate/complex⟩ 펄럭/벌럭(plic= fluctuate, blend) 대는 회오리 등에 빨려가듯 낌(com)으로 복잡하게 얽혀있다는 뜻 [연관] fold multiplex duplex **⟨perplex⟩** '펄벌럭서'는 펄/벌(per=full 푹) (파고들어) 펄럭(plic=fluctuate) 대며 날뛰고 얽힌다는 뜻.

· 어원) **〈complicate〉** com- (“together”)+plicare (“to fold, weave, knit”). **〈complex〉** com- (“together”) and plectere (“to weave, braid”). **〈perplex〉** Latin perplexus (“entangled, confused”), from per (“through”)+plexus. [국어] **불리다**: 분량이나 수효를 많아지게 하다. ‘붇다’의 사동사. **벌럭**: 벌렁벌렁

implicate [ímplikèit] 연루시키다 관련되다 (말소리) 임펄럭하다

〈implicate〉 ‘임펄럭하다’는 펄럭(plic= fluctuate, blend) 대는 회오리 등에 임(em=in, im 臨임할 임)하여 섞이다. 안에 빨려 들어가 서로 복잡하게 꼬이다.

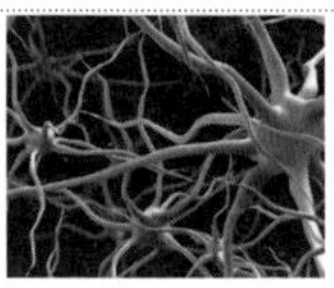

· 어원) **〈implicate〉** Latin implico (“entangle, involve”), from plico (“fold”).

imply [implái] 암시하다 함축하다 (말소리) 임펄레

〈imply〉 ‘임펄레’는 임(em=in, im 臨임할 임)하여 펄레펄레(ply=full) 회오리에 불려지다. 안에 빨려 들어가 복잡해지고 안보인다는 뜻 [다른 풀이] ‘임불리어’ 펄럭이며 꼬이다.

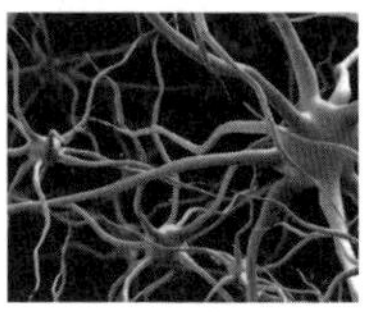

· 어원) **〈imply〉** Latin implicare (“to infold, involve”), from in (“in”)+plicare (“to fold, roll up, bend”). [국어] **불리다**: 많아지게 하다. **펄레펄레**: ‘펄럭펄럭’의 방언(전남).

explicit [iksplísit] 명백한 노골적인 (말소리) 윗서펄레지다

〈explicit〉 ‘윗서펄레지다’는 펄럭(plic= flag, blend)대는 회오리 등에 빨려 들어가 꼬인 것이 윗(ex) 쪽으로 나오다. 복잡한 것에서 밖으로 나와 보일 수 있게 하다는 뜻. ☞ 펄럭(plic)에서 c발음이 ‘ㄱ’에서 ‘ㅈ’으로 변화

· 어원) **〈explicit〉** ex- (“out”)+plicō (“to fold”).

exploit [iksplɔ́it] 1 활용하다 2 착취하다 (말소리) 윗서펄레다

〈exploit〉 ‘윗서펄레다’는 펄레펄레(ploy=fold) 휘말리며 섞인 것이 위로 드러나다. 펼쳐져 사용할 수 있게 되다. 펄펄 치며 빼앗다는 뜻도 있다. [참고] deploy 불려진 것을 떼어 쓰다(To unfold, open, or otherwise become ready for use.)

· 어원) **〈exploit〉** ex-+plicō (“I fold”).

deploy [diplɔ́i] 배치하다 전개하다 (말소리) 떠펄레어
display [displéi] 전시하다 보여주다 떼서펄레어

〈deploy/display〉 펄레펄레(ploy=fold, full) 벌벌 떨어 (휘말리며) 겹친 것을 떼어(de)내다. 벌려 늘여 놓는다는 뜻 [다른 풀이] ‘떠벌리어’

· 어원) **〈deploy〉** French déployer (“to unroll, unfold”). **〈display〉** Latin displicare (“to unfold, display”). [국어] **펄레펄레**: ‘펄럭펄럭’의 방언(전남).

reply [riplái] 대답하다 (말소리) 누펄레
replication [rèpləkéiʃən] 1 응답 2 복제 누펄럭해진

〈reply/replication〉 ‘누펄레’는 누누이(re) 펄레펄레(ply=fold)/펄럭(plic=flag) 회오리치며 겹쳐지다. 빛, 소리가 반사하여 반응하고, 되풀이됨을 의미 [연관] reflection

· 어원) **〈reply / replication〉** Latin replicō (“I fold back”). Old French replicacion (“reply, answer”). [국어] **불리다**: 분량이나 수효를 많아지게 하다. ‘붇다’의 사동사. 이름이나 명단이 소리 내어 읽히며 대상이 확인되다. 말이나 행동 따위에 주의가 끌리거나 가게 되다. ‘부르다’의 피동사.

어떤 일에 종사(從事)하다는 것은 특정한 일에 빨려 들어가 속하는 것이다.

employ [implɔ́i] 고용하다 (말소리) 임펄레
employee [implɔ́iiː, èmplɔiíː] 직원 임펄레이

〈employ/employee〉 임(臨)(em=im, in, on)한 주위에 펄레펄레(ploy=fold) 휘말리며 겹치다. 달라붙어 종속, 종사(從事, 從좇을 종)하는 것. 종업원은 engage처럼 딸려 다니는 이(ee)를 나타냄.

· 어원) **〈employ〉** Latin implicare ("to infold, involve, engage '안끼우지'), from in ("in")+plicare ("to fold"). **〈employee〉** employ+-ee(이). [국어] **이**: '사람'의 뜻을 나타내는 말. **임하다(臨)**: 어떤 장소의 가까이서 그곳을 마주 대하다. **임**: 머리 위에 인 물건. 또는 머리에 일 만한 정도의 짐. **펄레펄레**: '펄럭펄럭'의 방언(전남).

apply [əplái] 적용하다 (말소리) 에펄레

〈apply〉 ~에(a) 펄레펄레(ply=fold) (회오리에) 휘말리며 섞이거나 달라붙어 그에 따라 적용되다는 뜻. [연관] Application 에펄럭해진

· 어원) **〈apply〉** Latin applicō ("join, fix, or attach to"). ad+plicō ("fold, twist together"). [국어] **펄레펄레**: '펄럭펄럭'의 방언(전남).

fold [fould] 접다 (말소리) 펄다

〈fold〉 펄펄(veil, fur) 날리는 천처럼 구부려지고 겹쳐지다(To bend over). [참고] bold 불다, 펄펄 날려 불려진 마음으로 대담하다 bend '분다' 회오리처럼 굽이치다.

· 어원) Latin pellis ("pelt, hide"), plicō (I fold, bend or flex; I roll up)

13 펄럭 [flic; p(b, f)+ric, luc 등] 부딪힘: 치다, 부러짐, 손상

prick pluck fragment **fract**ure **freak fric**tion con**flic**t af**flic**t

'벼락, 버럭, 벼룩'은 갑작스럽게 일어나는 일을 의미한다. 벼룩이 어디로 튈지 모르는 것처럼 말이다. 버럭하고 내지르는 소리나 하늘을 가르며 내리 떨어지는 벼락도 펄럭대는 현상들이라고 할 수 있다. Flick는 펄럭 휘릭, 치는 움직임 (To move or hit with a short, quick motion)으로 prick, conflict 등과 같은 어원이라 할 수 있다. pr/pl(펄)에 락(rick/reak/luck) 소리가 더해져 구성된다.

prick [prik] 주사 찌르다 (말소리) 버럭

〈prick〉 '버럭'은 버럭 부딪히며 찌르는 소리를 뜻함 ☞ pr(펄)+rick(lick/rock/luck 落떨어질 락) [참고] flick conflict poke peg 퍽

· 어원) **〈prick〉** Middle English friken ("to move briskly or nimbly"). Proto-Indo-European *breyǵ- ("to scrape, scratch, rub, prickle, chap"). [국어] **버럭**: 성이 나서 갑자기 기를 쓰거나 소리를 냅다 지르는 모양.

pluck [plʌk] 뽑다 (말소리) 펄럭
plug [plʌg] 꽂다 펄럭

〈pluck〉 '펄럭'은 펄럭하고 펄(pull) 낚아(luck) 빼는 소리를 나타냄. 〈plug〉 '펄럭'은 무언가를 꽂거나 막을 때 펄럭거리는 마찰 소리를 나타냄

☞ pl(펄)+lug(rake/luck 낚이다) [연관] luggage drag

· 어원) 〈pluck〉 Old English pluccian("to pluck, pull away, tear"). 〈plug〉 Middle English friken ("to move briskly or nimbly"). [국어] **펄럭**: 바람에 빠르고 힘차게 나부끼는 소리. 또는 그 모양.

plague [pleig] 전염병 괴롭히다 (말소리) 펄럭

〈plague〉 '펄럭'은 펄럭(plag=prick, plug) 퍽쳐 (때려) 병이 나게 하다. 바람(blow wound 운다)은 타격을 의미함 ☞ pl(펄)+lag(lick/rock/luck 落떨어질 락)

· 어원) 〈plague〉 Latin plāga ("blow, wound"), from plangō ("to strike"). [국어] **펄럭**: 바람에 빠르고 힘차게 나부끼는 소리. 또는 그 모양.

'버럭'은 부러질 때 나는 소리를 나타낸 것으로 삐거나 다치는 등의 상처나 파편을 의미한다.

break [breik] 깨다 휴식 (말소리) 버럭

〈break〉 '버럭'은 버럭하고 갈라지는 소리를 나타냄 ☞ br(펄)+reak(lick/leak/luck 웩 솟다. 落떨어질 락) [연관] pluck prick plague

· 어원) 〈break〉 Latin plāga ("blow, wound"), from plangō ("to strike") [국어] **버럭**: 성이 나서 갑자기 기를 쓰거나 소리를 냅다 지르는 모양.

fragment [frǽgmənt] 파편 분열하다 (말소리) 버럭민다
fracture [frǽktʃər] 골절 파괴 버럭쳐
flake [fleik] 파편 펄럭

〈fragment〉 '버럭민다'는 버럭 치며 깨지는 소리를 뜻함. ☞ frag=break 〈fracture〉 '버럭쳐'는 버럭하고 쪼개지는 소리를 뜻함 〈flake〉 펄럭 치며 깨지는 조각 [연관] flaw

· 어원) 〈fragment / fracture〉 Latin fractūra ("a breach, fracture, cleft"), from frangere ("to break"). 〈flake〉 Old Norse flak ("loose or torn piece")

'부러지다'는 것은 버럭 치다의 다른 말로 심리적인 좌절이나 물리적 유연성을 나타내기도 한다.

frail [freil] 약한 (말소리) 풀려올
fragile [frǽdʒəl] 부서지기 쉬운 부러질

〈frail〉 '풀려올' 펄 풀려 부러지는(liable to fail and perish) 것을 나타냄. 펄럭(frag=flag, break) 부러지는 소리에서 유래. 정상에서 벗어나다(Liable to fall from virtue or be led into sin) [다른 풀이] '흐릴' 흐려 흐물흐물하다

〈fragile〉 '부러질'은 펄럭(frag=flag, break) 쳐서 부러지기 쉽다는 뜻. Frag의 g 발음이 'ㄱ'에서 'ㅈ'으로 구개음화 [다른 풀이] '풀어질'

· 어원) 〈frail〉 Latin frangō("break, shatter"), frūstrō—deceive, trick, cheat. 〈fragile〉 Latin fragilis, formed on frag-, the root of frangere ("to break"). [국어] **풀리다**: 제거되어 그렇지 않은 상태로 되다. **부러지다**: 꺾여서 둘로 겹쳐지거나 잘라져서 동강이 나다.

breach [briːtʃ] 위반 어기다 (말소리) 부러져
bruise [bruːz] 멍 상처 부러져
debris [dəbríː] 파편 떼부러져

〈breach / bruise〉 '부러져'는 부러져 깨지다(A gap or opening made by breaking)는 뜻. 어원상 버럭 부러지는 소리[break → breach, bruise (k→ch, s)] **〈debris〉** 떼(de)서 부러져(bris) 있는 조각

· 어원) **〈breach〉** Old English briċe("breach, fracture, breaking, infringement; fragment"). **〈bruise〉** Proto-Germanic *brūsijaną ("to break; crumble; crack"). Irish bris ("to break") **〈debris〉** Old French debrisier, from de-+brisier ("to break apart, shatter, bust") Proto-Germanic *brestaną ("to break, burst"), [국어] **부러지다**: 꺾여서 둘로 겹쳐지거나 잘라져서 동강이 나다.

frustrate [frʌstreit] 좌절시키다 (말소리) 부러져뜨리다

'부러져뜨리다'는 펄 부러져(풀어져) 넘어지게 하다는 뜻

· 어원) latin fraus ("harm, injury").

brochure [brouʃúər] 안내서 (말소리) 부러지어

〈brochure〉 '부러지어' 펄 부러지게 파서 꿰맨 책을 뜻함. [연관] breach broach(to pierce. a wooden rod or pin)

· 어원) **〈brochure〉** French brochure ("stitched work"), from brocher ("to stitch"). Old French brochier("to pierce"). [국어] **벌어지다**: 갈라져서 틈이 생기다.

reproach [ripróutʃ] 비난하다 나무라다 (말소리) 누버럭쳐

〈reproach〉 누누이(re) 버럭(proach= broach, prick) 찔러대며 나무라다. [참고] broach(to pierce. a wooden rod or pin) 꼬챙이, **〈이야기를〉** 내다 upbraid

· 어원) latin broccus (having projecting teeth) Vulgar Latin *repropiāre, from prope ("nearby"). French rapprocher(blame) **바라지다**: 갈라져서 사이가 뜨다. 식물이 잎이나 가지 따위가 넓게 펴져서 활짝 열리다. 도량이 좁고 포용력이 적다.

'버럭하고 화를 내다'에서 보듯이 '버럭'은 갑자기 소리를 지르거나 화를 내는 등의 다소 과장되고 격앙된 모습을 말한다.

freak [fri:k] 열광자 별난 (말소리) 버럭

〈freak〉 '버럭'은 버럭/펄럭하고 발악하다. 이리저리 움직이며 날뛴다는 뜻 [연관] flag [다른 풀이] '발악'

· 어원) **〈freak〉** Middle English friken ("to move briskly or nimbly"). [국어] **버럭**: 성이 나서 갑자기 기를 쓰거나 소리를 냅다 지르는 모양.

brag [bræg] 자랑하다 허풍 (말소리) 버럭

〈brag〉 '버럭'은 버럭, 부스럭하고 큰 소리치며 자랑하다는 뜻(to talk with excessive pride)

· 어원) Middle English braggen ("to make a **loud noise**; to speak boastfully"). [국어] **버럭**: 성이 나서 갑자기 기를 쓰거나 소리를 냅다 지르는 모양.

[fric, flic] 버럭/펄럭

싸움이나 갈등이 있으면 잡음이 나기 마련이다. 충돌과정에서의 부딪힘이나 폭력 등은 '펄럭'으로 표현할 수 있다. 부딪치면서 나는 소리인 삐릭, 버럭. 그러한 마찰로 손상을 가하거나 영향을 미친다는 의미

flick [flik] 가볍게 치기 (말소리) 펄럭

〈flick〉 '펄럭'은 펄럭 휘릭, 휙[재빨리] 치는 움직임(To move or hit with a short, quick motion)을 나타냄 [연관] flicker '펄럭여' 빛이 펄럭 깜박이는 것을 나타냄 friction 퍼럭 마찰 소리 ☞ fl(펄)+lick(lick/rock/luck 落떨어질 락) [연관]

· 어원) **〈flick〉** German flackern("to flicker, flutter"). [국어] **펄럭**: 바람에 빠르고 힘차게 나부끼는 소리. 또는 그 모양. **버럭**: 성이 나서 갑자기 기를 쓰거나 소리를 냅다 지르는 모양. [한자] 翩빨리날 편

friction [fríkʃən] 마찰 불화 (말소리) 버럭친

〈friction〉 '버럭친'은 버럭(flic=prick, pluck) 치는 소리로 문질러지다는 뜻

· 어원) **〈friction〉** Latin frictio ("a rubbing").

conflict [kənflíkt] 갈등 분쟁 (말소리) 꼰펄럭대

〈conflict〉 '꼰펄럭대'는 꼰(con) 상태로 펄럭(flic=prick, pluck) 치는 소리로 서로 부딪히는 소리를나타냄

· 어원) **〈conflict〉** com- ("together") (con-)+fligere ("to strike"). [국어] **펄럭**: 바람에 빠르고 힘차게 나부끼는 소리. 또는 그 모양.

afflict [əflíkt] 괴롭히다 (말소리) 에펄럭대

〈afflict〉 '에펄럭대'는 ~에(a) 펄럭(flic=prick, pluck) 쳐서 고통이나 손해 등을 입힌다는 뜻 [연관] affect -에 퍽 빚어지다.

· 어원) **〈afflict〉** Latin afflictare ("to damage, harass, torment"). [국어] **입히다**: '입다(받거나 당하다)'의 사동사.

inflict [inflíkt] 해를 가하다 (말소리) 인펄럭대

〈inflict〉 '인펄럭대'는 위에 인("in, im, on" 인(隣)=인접)한 곳에 펄럭(flic=prick, pluck) 때려서 상처를 준다는 뜻

· 어원) **〈inflict〉** Latin infligere, from in-+fligere ("to strike"). [국어] **펄럭**: 바람에 빠르고 힘차게 나부끼는 소리. 또는 그 모양.

14 불려(ple, pli, ply) 많다(채움, 완수), 불거짐[p(v, b)_g(k)][많음, 부푼 것(배 ,산, 밝힘)]

plenty com**ple**ment accom**pli**sh com**pli**ant sup**ply; vulg**ar ice**berg** s**park** em**bark**

풍선에 바람을 불어 넣으면 점점 커져 빵빵하게 부풀어 올라 가득 차게 된다. 이때 '불다'란 단어가 갖는 의미는 바람을 불어넣는다는 뜻과 함께 부피가 커져서 가득 찬다는 뜻도 있다. 부어 늘어난 상태 등을 가리킨다.

plenty [plénti] 많은 (말소리) 불린다

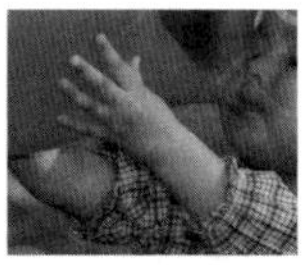

〈plenty〉 '불린다'는 불려서 꽉 채운다는 뜻

· 어원) **〈plenty〉** Latin plenitas ("fullness"), from plenus ("complete, full"). [국어] **불리다**: 많아지게 하다.

inflate [infléit] 부풀리다 바람넣은 (말소리) 안불리다

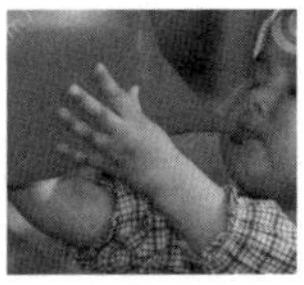

〈**inflate**〉 '안불리다'는 안으로 (바람을) 불어(fla=blow) 부풀린다는 뜻

· 어원) 〈**inflate**〉 Latin īnflō ("inflate, blow into"). [국어] **불다**: 입을 오므리고 날숨을 내어보내어, 입김을 내거나 바람을 일으키다.

fill [fil] 채우다 가득하다 (말소리) 필(畢)
full [ful] 가득한 완전한 불
fulfill [fulfíl] 이루다 이행하다 불필(畢)

〈**fill** 〉 불려 (채워져) 완성되고 필(畢)해지다 〈**full**〉 불려서 꽉 차다. 〈**fulfill**〉 '불필'은 불(ful=full 푹)어 필(畢)해지다. 불려 (채워져) 완성되고, 이루어지게 된다 [연관] im**ple**ment

· 어원) 〈**fill**〉 Old English fyllan ("to fill, fill up, replenish, satisfy; complete, fulfill"). 〈**full**〉 Old English fyllu("fullness, fill, plenty"). 〈**fulfill**〉 Old English fullfyllan ("to fill full"). Latin impleō ("I fill up", make pregnant, make fat). [국어] **필하다**(畢하다): 일정한 의무나 과정을 마치다. 畢 마칠 필, 완성하다

surplus [sə́ːrplʌs] 흑자 잉여 (말소리) 싸불려서
plus [plʌs] 게다가 불려서

〈**surplus**〉 '싸불려서'는 불어서(plus) 싸(sur)고 (위에) 있다는 뜻 〈**plus**〉 '불려서'는 불려 더 늘리다는 뜻

· 어원) 〈**surplus**〉 sur-+plus 〈**plus**〉 Latin plus ("more"). [국어] **불리다**: 많아지게 하다.

'불다'는 '붇다'의 방언으로 불어나 몸집이 커지다는 뜻이다. 따라서 건물 등을 짓거나 크게 만드는 것에 '불다'를 사용한다.

build [bild] 건축하다 만들다 (말소리) 불다
vault [vɔːlt] **[고급]** 둥근 천장이 있는 회랑. 뛰다 벌다

〈**build**〉 '불다'는 부우- 불려(buil=pile) 크게 만들다(To increase by adding gradually to)는 뜻 [연관] fold '불다' 불어나게 겹쳐지다. bull 불린 몸집 〈**vault**〉 벌벌 떨어 볼(ball)처럼 불룩하게 튀어나온 천장이 있는 구조물. 벌쩍(vaul=pulse) 뛰어오르다. 벌벌 떠는 회전으로 볼록하고 동그란 모양을 형성한다. [연관] cata**pult**

· 어원) 〈**build**〉 Proto-Indo-European *b^huH- ("to become, grow, thrive, be, live, dwell"). 〈**vault**〉 Spanish vuelta ("turn") [국어] **불다**: '붇다'의 방언(함경).

[pli-, ple-] '펄펄' : 펄펄 끓거나, 뛰다, 벌벌 떨다, 불어치는 회오리.

여기서 [pli-, ple-]는 펄펄 끓어 넘쳐 불어나다. (가득 채워) 부족한 것을 메운다는 의미에서 일의 완성을 뜻하기도 한다. 또한 이렇게 채워진 것들은 서로 복잡하게 연결되어, 관계를 맺고 있다.

complete [kəmplíːt] 완성된 (말소리) 낌불리다

〈**complete**〉 '낌불리다'는 불려서(ple=plenty, fill 畢마칠 필) 낌(com, con)이다. 끼워 넣어 불어나게 채운다는 뜻. '불리다'는 꽉 채워져 필하다는 의미를 지닌다

· 어원) 〈**complete**〉 com-+pleō ("I fill, I fulfill"). [국어] **필하다(畢-)**: 일정한 의무나 과정을 마치다. [한자] 畢마칠 필, 완성하다

complement [kάmpləmənt] 보완하다 전량 (말소리) 낌불려민다

〈complement〉 '낌불려민다'는 불려서(ple==plenty, fill) 낌(com, con)이다. 끼워 넣어 불어나게 채운다는 뜻. 채워 보충하다.

· 어원) **〈complement〉** compleō ("I fill up, I complete"). [국어] **불리다**: 분량이나 수효를 많아지게 하다. '붇다'의 사동사. [한자] 畢마칠 필, 완성하다

deplete [diplíːt] 고갈시키다 (말소리) 떼불리다

〈deplete〉 '떼불리다'는 불려(ple=fill) 있는 것을 떼(de: 디다-떨어지다)다. 비우다 [연관] deflate

· 어원) **〈deplete〉** Latin dēplētus ("empty").

[pli-, ple-, ply] 펄펄 (끓어 넘쳐) 불어나다. 가득 채워 완수한다.

accomplish [əkάmpliʃ] 성취하다 (말소리) 에낌불리지

〈accomplish〉 '에낌불리지'는 불려서(pli==plenty, fill, 畢마칠 필) 낌(com, con)이다. 끼워 넣어 불어나게 채운다는 뜻. 가득 채워 주는 것은 일이 완수되고, 이행한다는 의미를 지닌다.

· 어원) **〈accomplish〉** Latin ad+complere ("to fill up, to complete"). [국어] **불리다**: 분량이나 수효를 많아지게 하다. '붇다'의 사동사. **필하다(畢—)**: 일정한 의무나 과정을 마치다. [한자] 畢마칠 필

implement [ímpləmənt] 시행하다 (말소리) 임불려민다

〈implement〉 '임불려민다'는 임(em=in, im 臨임할 임)한 것에 불려(ple=fill, 畢마칠 필) 채우다. 가득 채워 주는 것은 일이 완수되고, 이행한다는 의미 [다른 풀이] '임필해민다'는 필하도록 한다

· 어원) **〈implement〉** Latin impleō ("I fill up"). [국어] **필하다(畢)**: 일정한 과정을 마치다. [한자] 畢마칠 필

[pli-, ple-, ply] 펄펄 휘날리며 주변과 섞여져 딸리게 된다.

comply [kəmplái] 따르다 응하다 (말소리) 낌불리어
compliant [kəmpláiənt] 순응하는 낌불려온다
compliment [kάmpləmənt] 칭찬하다 낌불려민다

〈comply / compliant〉 펄레펄레 (회오리에) 불려(ply=fill, follow) 낌(com)이다. 불어나 끼워지므로 섞인다는 뜻. 또는 벌려 늘어서 주변과 결합하여 따르게 된다는 뜻. **〈compliment〉** 펄레펄레 (회오리에) 불려(ply=fill) 낌(com)이다. 불어나 끼워지므로 따르게 되고, 이는 주변과 어울려 적합하게 된다. 이런 딱 맞는다는 말에서 칭찬이 된다.

· 어원) **〈comply〉** Spanish cumplir ("to complete, fulfil"), Proto-Indo-European *ḱóm ("beside, near; by, with"))+pleō ("to fill; to fulfil") **〈compliant〉** comply+-ant **〈compliment〉** Spanish cumplimiento, from cumplir ("to comply, complete, do what is proper") [국어] **벌리다**: 사이를 떼어서 넓히다. **펄레펄레**: '펄럭펄럭'의 방언(전남).

follow [fάlou] 따르다 (말소리) 불려와
fellow [félou] 동료 불려와

⟨follow⟩ '불려와'는 불려(foll=full) 뭉치듯 쭉 이어진다는 뜻. 기준에 가득 채워 충족함으로써 따르다. Fulfill에는 comply의 뜻이 있다. ⟨fellow⟩ '불려와'는 불어 가치 있는 것(재산)을 함께 하는 공동체를 의미함(To suit with; to pair with) ☞ 부(fe=fee, full)를 같이 놔(low=lie)두다.

· 어원) ⟨follow⟩ Proto-West Germanic *folgēn, *fullaz ("full") and *gāną ("to go"), with a sense of "full-going". This could have shifted to a meaning of "to serve, go with as an attendant" (compare also fulfill). ⟨fellow⟩ Old Norse félagi ("colleague")("a laying together of property"). [국어] **불리다**: 분량이나 수효를 많아지게 하다. '붇다'의 사동사.

supply [səplái] 공급하다 (말소리) 써불리어

⟨supply⟩ '써불리어'는 씌워(su=sur, up 위로) 펄펄 넘쳐 불려(ply=fill) 주다. 위까지 불어나게 채워주다에서 '제공하다'로 의미가 파생됨(To fill up, make up a deficiency of, to make (something) available for use.)

· 어원) ⟨supply⟩ Latin supplere ("to fill up, complete).

불거져[p(v. b)__g(k)] 퍼지다: 많음. 대중. 부푼 공간(배. 산. 껍질). 밝히는 불꽃

양이나 수가 많은 것은 불어난 것이라고 표현할 수 있다. 사람들은 불어난 것이다. 또는 불거져 튀어나와 보이는 것이나 봉우리처럼 두둑하게 솟아오른 것은 배, 산, 나무껍질, 공원으로 나타난다.

Berg는 불거진 산맥을 뜻한다. 불다(bl, pr, pl 등)에 울컥/울긋불긋 일으켜 나오는 뜻의 어미[-arg, -ulg, -ulk, -ark]가 결합해 벌컥, 불거지다라는 말을 형성한다. 이런 어미는 large, ark(볼록한 배), park(불거진 영역), spark(벌컥 켜지다)에서도 발견된다.

vulgar [vʌlgər] 저속한 서민의 (말소리) 불거
bulk [bʌlk] 대량의 많은 불거

⟨vulgar⟩ '불거'는 불어나 수가 많다는 뜻으로 대중은 주로 백성이나 서민을 가리키는데 천박하게 취급된다. 사람들은 불린 것으로 표현(people 부풀)되며, 불어나 많은 사람들은 저속한 것으로 간주된다. ⟨bulk⟩ '불거'는 불어나 수가 많다는 뜻 [연관] bunch bulge barge park bank

· 어원) ⟨vulgar⟩ latin vulgus ("mob; common folk"). ⟨bulk⟩ Middle English bulk ("a heap, cargo, hold; heap; bulge"). Proto-Germanic *bunkō '봉기' ("heap, crowd") [국어] **불거지다**: 물체의 거죽으로 둥글게 툭 비어져 나오다.

folk [fouk] 민속의 민간의 (말소리) 불거

⟨folk⟩ '불거'는 불거져(vulgar) 볼록하게 불어나다, 많다는 뜻으로 대중을 나타냄

· 어원) ⟨folk⟩ latin vulgus ("mob; common folk"). Proto-Indo-European *pleh₁- ("to fill"). [국어] **불거지다**: 물체의 거죽으로 둥글게 툭 비어져 나오다.

forge [fɔːrdʒ] 구축하다 위조하다 (말소리) 불지
bulge [bʌldʒ] 불거지다 부풀리다 불지

⟨forge⟩ '불지'는 불어(for=full, pile)나 부풀게 짓는다는 뜻. 실제보다 과장되게 부풀다. 지어내 (조작하여) 만듦. 짓다=>지어내다 [연관] burgeon build ⟨bulge⟩ 불거(bulg=bulk)져 불어나다. 불로 끓여 불어난 거품 모양

· 어원) ⟨forge⟩ Latin fabrico ("to frame, construct, build"). ⟨bulge⟩ Proto-Celtic *bolgos ("sack, bag, stomach"). Vulgar Latin *bullicāre ("to bubble; seethe; move; stir"), from Latin bullīre ("to boil; seethe; roil"). [국어] **붇다**: 분량이나 수효가 많아지다. **부풀다**: 어떤 일이 실제보다 과장되다. **지어내다**: 없는 사실을 만들거나 꾸며서 내다.

iceberg [áisbə:rg] 빙산 (말소리) 아이셔불거

⟨iceberg⟩ '아이셔불거'의 '아이셔'는 '아이 시다'(acid), 불거져(berg=bulk, peak, big) 솟아 높은 것을 의미함. ice는 acre 같은 덩어리 [연관] vulgar bulk berg 산맥

· 어원) **⟨iceberg⟩** Dutch ijsberg, compound of ijs ("ice")+berg ("mountain, high"). **[국어] 시다: 맛이 식초나 설익은 살구와 같다. 불거지다: 물체의 거죽으로 둥글게 툭 비어져 나오다.**

park [pa:rk] 1 공원 2 정박하다 (말소리) 발커

⟨park⟩ 1. 발(par=bar, barrier)이 쳐진 공간이라는 말로 볼록한 부분으로 공처럼 둘러싼 벌(par=field), 공원 2. 발이 쳐진 공간에 가두어지게 놓다(둘러진 나무껍질 bark와 같다) [다른 풀이] '박' 정박하다 泊머무를박, 배댈 박 [연관] spark 불거져 나오는 빛

· 어원) **⟨park⟩** Proto-Germanic *parrukaz ("enclosure, fence"). Ancient Greek φάορς (pharos 벌, "piece of land) Proto-Indo-European *perk^{w}- ("to encompass, surround; world; body; tree"). **[국어] 불거지다: 물체의 거죽으로 둥글게 툭 비어져 나오다. 벌: 넓고 평평하게 생긴 땅. [한자] 泊머무를 박, 배댈 박**

박씨는 park라고 쓰는데 어원대로 하면 bark가 더 낫다.
한자로 박(朴)은 나무껍질, 팽나무를 뜻하고 bark는 나무껍질이므로 어원에 더 가깝다고 할 수 있다.

book [buk] 책 (말소리) 박
bark [ba:rk] 1 나무껍질 2 짖다 불거

⟨book⟩ '박'은 나무껍질(朴나무껍질 박)로 만든 책이라는 뜻 **⟨bark⟩** '불거' 1 불거져 불룩하게 나무에 낀 껍질 2 벌컥 짖는 소리 [연관] spark [다른 풀이] '박'은 1. 불거져 겉을 싸는 나무껍질(朴)이라는 뜻 2. 박박하고 짖는다는 뜻

· 어원) **⟨book⟩** Proto-Germanic *bōks ("beech 너도밤나무, book"). **⟨bark⟩** Proto-Germanic *berkaną ("to bark, rumble") Proto-Germanic *parrukaz ("enclosure, fence"). Proto-Indo-European *b^{h}ólǵ^{h}-o-s ("skin bag, bolster"), from *b^{h}elǵ^{h}- ("to swell"). **[국어] 박박: 야무지게 자꾸 긁거나 문대는 소리. 또는 그 모양. [한자] 朴나무껍질 박, 때릴 복**

embark [imbá:rk] 탑승하다 (말소리) 임불거
barge [ba:rdʒ] 배 불지

⟨embark⟩ '임불거' 불거진 박(bark=barge, 舶배 박)(바가지)에 임(em=in, im, 臨임할 임)하다, 들어온다는 뜻. ☞ Bark, barge는 어원상 불거진 사발이고, 용기나 집은 배를 뜻한다(ship, vessel). ☞ Bark는 b+ark(배)로 구성되어 ark는 울긋 솟은 배, 방주를 뜻한다. [다른 풀이] '임박' 불거진 사발 모양(배, 舶배 박)에 임하다. **⟨barge⟩** '불지'는 불어나 불거진 사발 모양을 나타냄. 몸의 배, 잔 배, 타는 배가 있는데 모두 볼록해서 담는 기능을 한다. vessel은 배, 그릇 의미. 거룻배에서 '거룻'은 그릇을 나타낸다. [연관] Park bulk bulge ark barrel(container)

☞ bar-은 발을 쳐 두르는 barricade처럼 가를 둘러친 배다. bark에서 barg로 변화됨

· 어원) **⟨embark⟩** latin em-+barque ("small ship"). Ancient Greek βᾶοϊς · (bâris)(boat) **⟨barge⟩** Proto-Germanic *barilaz ("barrel, jug, container"). **[국어] 박: 박과의 한해살이 덩굴풀. '바가지'의 준말 [한자] 泊머무를 박, 배댈 박**

밝다, 붉다는 불거지다와 관련된다. *park, bark, bake 와 관련된다. 白(흰 백)의 은나라 갑골문 시대의 원래 발음은 bark(밝) (최춘태, 갑골음으로 잡는 식민사학 동북공정, 2017).

volcano [valkéinou] 화산 (말소리) 불켜오네

⟨volcano⟩ '불켜오네'는 불거지다, 벌컥 쏟아져 밝혀지다. 벌컥 나오는 용암이 불을 뿜는다는 뜻

· 어원) **⟨volcano⟩** Latin Vulcanus ("Vulcan, the Roman god of fire). Proto-Indo-European *b^{h}erHǵ- ("to shine"). **[국어] 불거지다: 물체의 거죽으로 둥글게 툭 비어져 나오다.**

spark [spa:rk] 불꽃 (말소리) 쉬밝혀

sparkle [spɑ́:rkl] 반짝이다 빛나다 쉬밝힐

〈spark/sparkle〉 벌컥 불거(park=bulk)져 퍼지다. 불거진 불빛이 주위를 밝히며 퍼진다는 뜻. 펄펄 휘날리는 불의 특성을 나타냄 [연관] park bark

· 어원) **〈spark / sparkle〉** Latin spargō ("to scatter, spread"), Ancient Greek σπαογάω (spargáō, "to swell"). Proto-Indo-European *b^herHǵ- ("to shine"). [국어] **밝히다**: '밝다'의 사동사.

15 벌벌/부르르(br) 떨며 발(bar)을 엮다[가림막(v_l)], 모발(髮)

bar **bar**rister em**bar**rass; **bar**ber **br**istle; **veil** re**veal**

무언가를 가리는 용도로 쓰이는 발은 경계를 구분하는 바리케이드와 같다고 할 수 있다. 발을 쳐서 그 안에 있는 것을 보호하거나 외부로부터 뭔가가 들어오지 못하게 막는 장애물이 되기도 한다. '바르다'는 말도 발을 쳐서 가리거나 외부와 분리시킨다는 의미가 있다.

bar [ba:r] 1 막대기 2 방해하다 3 술집 (말소리) 발

〈bar〉 '발'은 1 면발처럼 긴 가닥의 봉 [다른 풀이] '뿔' 2 발(bar=wall)을 엮어 친 것으로 가로막다 (barrier). 울타리는 가로막아 장애물이 된다(wall: An impediment to free movement, A barrier) 3 발이 쳐진 카운터가 있는 집으로서 여기서 술을 판다(A counter from which alcoholic drinks are served). ☞ 울(우리)인 wall과 어원이 유사(b → w)

· 어원) **〈bar〉** Proto-Germanic *barō ("beam, bar, barrier") [국어] **발**: 가늘고 긴 대를 줄로 엮거나, 줄 따위를 여러 개 나란히 늘어뜨려 만든 물건. 주로 무엇을 가리는 데 쓴다. 실이나 국수 따위의 가늘고 긴 물체의 가락. 사람이나 동물의 다리 맨 끝부분.

barricade [bǽrəkèid] 장애물 (말소리) 발에끼이다

barrier [bǽriər] 장벽 장애물 발이어

barrister [bǽrəstər] 법정변호사 발에서다

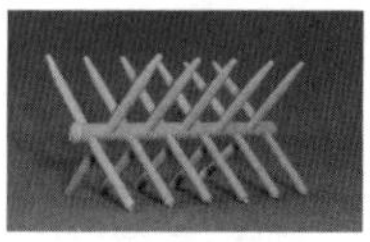

〈barricade〉 '발에끼이다'는 발(bar)로 끼어 막는다는 뜻 **〈barrier〉** '발이어'는 발을 이어 주위를 두르다 **〈barrister〉** '발에서다'는 발을 쳐서 두른 곳에 있다는 말로 법정에서 발(bar) 안쪽에 변호사 판사 등이 있음(bar= the barrier surrounding the part of a court room in which the judges, lawyers, defendants stay) [연관] barista 발이 쳐진 탁자가 있는 다방에서 커피 타는 자 bartender 발이 쳐진 탁자가 있는 술집의 일꾼

· 어원) **〈barricade〉** Vulgar Latin *barrica ("barrel, cask"). **〈barrier〉** Old French barre ("bar"). **〈barrister〉** Frankish *bara ("bar, beam, barrier, fence"). [국어] **발**: 가늘고 긴 대를 줄로 엮거나, 줄 따위를 여러 개 나란히 늘어뜨려 만든 물건. 주로 무엇을 가리는 데 쓴다.

parachute [pǽrəʃù:t] 낙하산 (말소리) 발에추다

〈parachute〉 '발에추다'는 추락에 발(par=bar)을 쳐 막다는 뜻

· 어원) **〈parachute〉** French parachute , from para- ("protection against "). Ancient Greek παοά- (pará-, "beside"). Latin parō ("to shield"). French chute (" fall"). [국어] **바르다**: 흙 따위를 다른 물체의 표면에 고르게 덧붙이다. **발**: 가늘게 쪼갠 대오리나 갈대 같은 것을 실 따위로 엮어서 만든 가리개. [한자] 墜 떨어질 추

embarrass [imbǽrəs] 당황하다 (말소리) 임발에서

〈embarrass〉 '임발에서'는 발(bar=wall)에 임(em=in, im 臨임할 임)하다. 발(울)에 (인접하여) 있어 막히고, 방해가 된다는 뜻.

· 어원) **〈embarrass〉** French embarracer ("to block, to obstruct"). Portuguese embaraçar, from em- ("in") (from Latin im-)+baraço ("noose, rope" 발로 엮은 노끈). [국어] **발**: 가늘고 긴 대를 줄로 엮거나, 줄 따위를 여러 개 나란히 늘어뜨려 만든 물건. 주로 무엇을 가리는 데 쓴다.

벌벌(bar) 날리는 모발

턱수염이나 모발을 포함한 털은 바르르(벌벌 barb=volve) 떨며 휘날리는 특성이 있다. hair는 훨훨 날리며 꼬인다.

barber [bάːrbər] 이발사 (말소리) 발부

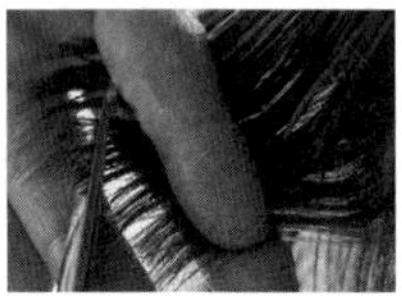

〈barber〉 '발부' 바르르(벌벌 barb=volve; bar≒beard, file) 떠는 (모)발(髮터럭 발)을 다듬는 이발사를 뜻함.

· 어원) **〈barber〉** Latin pilus ("hair"). barbe ("beard"). latin virer ("to turn, veer"). **벌벌/발발**: 추위, 두려움, 흥분 따위로 몸이나 몸의 일부분을 크게 자꾸 떠는 모양. [한자] 髮터럭 발, 줄기

barbed [baːrbd] 신랄한 가시가 있는 (말소리) 발빼다

〈barbed〉 '발빼다'는 바르르(벌벌 barb=volve; bar=beard) 떠는 (모)발(髮터럭 발) 같이 가시가 있다는 뜻. 발은 뾜과 유사하다. 뾜(Anything which stands out with a sharp point obliquely) 모양으로 가시가 돋치다

· 어원) **〈barbed〉** Old French barbe ("beard, beard-like element") Latin pilus ("hair") [국어] **발**: 실이나 국수 따위의 가늘고 긴 물체의 가락.

beard [biərd] 턱수염 (말소리) 빨다

〈beard〉 '빨다'는 바르르, 빨빨(벌벌)거리며 떠는 (모)발(髮터럭 발)

· 어원) **〈beard〉** Latin pilus ("hair"). [국어] **빨다**: 끝이 차차 가늘어져 **뾰족하다**. 물에 넣고 주물러서 때를 없애다. 입을 대고 입 속으로 당겨 들어오게 하다. **빨빨**: 바쁘게 여기저기 돌아다니는 모양. **벌다**: 몸피가 가로 퍼지다. 식물의 가지 따위가 옆으로 벋다. **발**: 실이나 국수 따위의 가늘고 긴 물체의 가락. [한자] 髮터럭 발

bristle [brísl] 1 곤두서다 2 거센 털 (말소리) 부르설

〈bristle〉 '부르설'은 1. 바르르(벌벌) 떨며 일어나다. ☞ 부르르(br 髮터럭 발)+으슬으슬 ristle(rustle, rush) 우뚝 선다는 뜻 2. 바르르(벌벌) 떠는 (모)발 [연관] brush

· 어원) **〈bristle〉** Latin pilus ("hair") Proto-Indo-European *pil- ("one string of hair") Sanskrit भृष्टि (bhṛṣṭí, "point, top"). latin virer ("to turn, veer"). [국어] **발**: 실이나 국수 따위의 가늘고 긴 물체의 가락. **부르르**: 많은 양의 액체가 거볍게 끓을 때 나는 소리. 떠는 모양. 불이 붙어 거볍게 타오르는 모양. [한자] 髮터럭 발

brush [brʌʃ] 닦다 빗다 (말소리) 부르스

〈brush〉 '부르스'는 부르르(br) 벌여 나와 으스스(rush) 흔들다. 관목 같은 나무 (Wild vegetation, larger than grass)로서 바닥을 쓸기 좋다. [연관] bristle

· 어원) **〈brush〉** Proto-Indo-European *bʰrews- ("to swell, sprout"). German Brüsch ("broom, brushwood")). [국어] **부르르**: 많은 양의 액체가 거볍게 끓을 때 나는 소리. 크고 거볍게 떠는 모양. 불이 붙어 거볍게 타오르는 모양.

펄펄(v_l) 펄럭거리는 천. 가림막

펄펄/훨훨 휘날리는 털, 천은 주로 가리는 데 쓰인다. 발을 쳐 가로막는 bar과 유사하다.

fur [fəːr] 털 모피 (말소리) 발

〈fur〉 '발'은 펄펄 휘날리는 모발, 털로 짠 발(bar)을 엮어 두르다. [연관] veil, fell

· 어원) **〈fur〉** Anglo-Norman fuerre("a case; sheath"). Latin palus ("stake; enclosure"). [국어] **발**: 실이나 국수 따위의 가늘고 긴 물체의 가락. 가늘고 긴 대를 줄로 엮거나, 줄 따위를 여러 개 나란히 늘어뜨려 만든 물건. 주로 무엇을 가리는 데 쓴다. 髮터럭 발

film [fılm] 영화 (말소리) 발임

〈film〉 '발임'은 펄펄(veil, fell) 날리는 발(髮터럭 발)을 위에 쳐 덮는 것으로 얇은 거죽이 필름과 유사하다.

· 어원) Proto-Germanic *filminją ("thin skin, membrane"), from *pel- ("to cover, skin"). German Fell ("skin, hide, fur"), [국어] **발**: 가늘고 긴 대를 줄로 엮거나, 줄 따위를 여러 개 나란히 늘어뜨려 만든 물건. 주로 무엇을 가리는 데 쓴다. 髮터럭 발

veil [veil] 베일 가리다 (말소리) 발

〈veil〉 '발'은 벌벌 떠는 깃발처럼 실로 만든 천. 발(bar, 髮터럭 발)을 둘러 가린다는 뜻.

· 어원) **〈veil〉** Old Northern French veil ("sail, veil, shroud"). Latin vexillum("flag, banner"), vēlum (a cloth, curtain, veil) [국어] **발**: 가늘고 긴 대를 줄로 엮거나, 줄 따위를 여러 개 나란히 늘어뜨려 만든 물건. 주로 무엇을 가리는 데 쓴다.

reveal [riviːl] 보여주다 드러내다 (말소리) 누발

〈reveal〉 '누발'은 발(veal=veil)을 (쳐 가리는 것을) 누누이(re 원래대로) 한다. 발을 친 것을 거꾸로 걷어 낸다는 뜻

· 어원) **〈reveal〉** Latin revelare ("to reveal, uncover"), from re- ("back, again")+velare ("to cover"). [국어] **발**: 가늘고 긴 대를 줄로 엮거나, 줄 따위를 여러 개 나란히 늘어뜨려 만든 물건. 주로 무엇을 가리는 데 쓴다.

interval [íntərvəl] 간격 (말소리) 안다발

〈interval〉 '안다발'은 안다(inter=and)와 발(val=veil, wall)의 합성어로 안은 상대들 사이에 발을 친다는 것으로 발과 발 사이 간격을 뜻함

· 어원) **〈interval〉** inter ("between")+vallum ("palisade, wall"). [국어] **안다**: 두 팔로 두르거나 당겨 가슴에 대거나 품다.

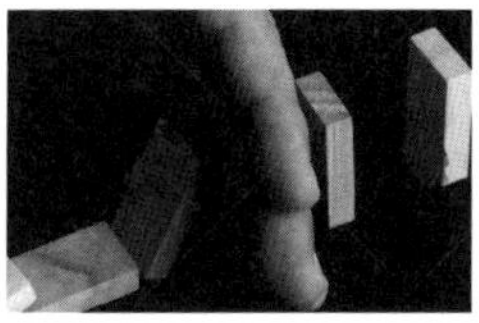

valley [vǽli] 계곡 골짜기 (말소리) 발에

〈valley〉 '발에'는 벌벌/왈왈(val=wall, warp) 떠는 파동으로 펄럭이다. 발이 쳐지듯 생긴 골짜기. 안쪽은 움푹 패인 골짜기가 된다. [연관] wall 왈왈 울렁거리며 울(타리) 파동을 형성하다. [다른 풀이] '빨래' 펄레펄레 빨래하듯 소용돌이치는 계곡

· 어원) **〈valley〉** German Wall ("rampart, mound, embankment"), Latin vallum ("wall, rampart, entrenchment, palisade"), Proto-Indo-European *wel- ("to turn, wind, roll") [국어] **발**: 실이나 국수 따위의 가늘고 긴 물체의 가락. **발**: 가늘고 긴 대를 줄로 엮거나, 줄 따위를 여러 개 나란히 늘어뜨려 만든 물건. 주로 무엇을 가리는 데 쓴다. **펄레**: '펄럭펄럭'의 방언 (전남, 강원)

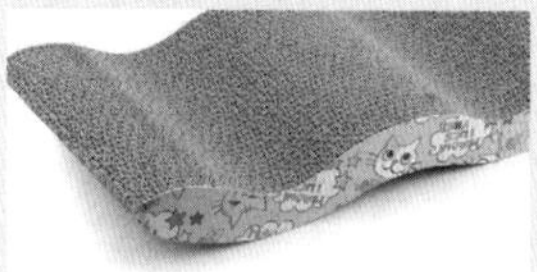

16 펄펄(pil, par, fil) 피어 뻗은 뿔, 발: 막대, 발을 엮다, 한 쌍

pillar s**pear** **pil**e pro**fil**e **par**ity com**par**e **par**allel

뿔이나 발은 모발처럼 펄펄 휘날리며 꼬이는 특징을 갖는다(hair, wire, beard, barbed). 또한 하나씩 비춰보면 막대기 모양으로 bar와 관련된다.

pole [poul] 봉 (말소리) 뿔

〈pole〉 '뿔'은 펄 찌르는 봉(棒 pin)이나 막대기로 뿔처럼 불룩 피어나온다. [연관] pale [다른 풀이] 1 '팔' 팔처럼 뻗다 2 '발' 국수발 모양

· 어원) **〈pole〉** Old English pāl ("a pole, stake, post"). [국어] **뿔**: 소, 염소, 사슴 따위의 머리에 솟은 단단하고 뾰족한 구조. **발**: 1. 실이나 국수 따위의 가늘고 긴 물체의 가락. 2. 두 팔을 펴서 벌린 길이를 재는 단위 [한자] 髮터럭 발, 줄기 棒 막대 봉, 때리다

pillar [pílər] 기둥 지주 (말소리) 뿔나

pier [piər] 부두 피어

〈pillar〉 '뿔나'는 뿔/발((pil=file, bar)이 나와 뻗어난 것. 펄펄 휘날리는 모발 모양 [연관] pill 펄펄 회오리치는 알 pillow 펄 불은 베개 **〈pier〉** '피어'는 뿔/발(pil=file)처럼 펴 나와 물위로 지나다니게 하는 시설(A raised platform built from the shore out over water)을 뜻함

· 어원) **〈pillar〉** Vulgar Latin *pilāre ("a pillar"), Latin pila ("a pillar, pier, mole"). Old French fil ("thread") **〈pier〉** Middle English pere ("bridge, pillar"). [국어] **뿔**: 소, 염소, 사슴 따위의 머리에 솟은 단단하고 뾰족한 구조. **발**: 1. 실이나 국수 따위의 가늘고 긴 물체의 가락. 2. 두 팔을 펴서 벌린 길이를 재는 단위. **펴다**: 굽은 것을 곧게 하다. 또는 움츠리거나 구부리거나 오므라든 것을 벌리다. [한자] 髮터럭 발, 줄기

spear [spiər] 창, 찌르는 (말소리) 스피어

〈spear〉 '스피어'는 펄(pear=bar) 피어나 솟다. 뿔처럼 길고 뾰족해 펴져 있다. 피어난 싹(A shoot, as of grass; spire)의 뜻이 있다.

· 어원) **〈spear〉** Albanian ferrë ("thorn, thornbush"). [국어] **벌다**: 틈이 나서 사이가 뜨다. **펴다**: 굽은 것을 곧게 하다. 또는 움츠리거나 구부리거나 오므라든 것을 벌리다. 發필 발, 쏘다

벌려 늘리는 것은 발을 길게 이어준다는 말과 통한다.

pile [pail] 쌓다 더미 (말소리) 발
compile [kəmpáil] 수집하다 낌발

〈**pile**〉 '발'은 발을 엮어 쌓다는 뜻. 불려(벌여) 늘리다 [연관] pillar 기둥 모양의 것; 불기둥, 물기둥, 회오리바람 〈**compile**〉 '낌발'은 낌(com 껴서)으로 발(pile=file, bar)을 엮다. 끼워 불어나게 쌓는다는 뜻

· 어원) 〈**pile**〉 Latin pīla ("pillar, pier"). 〈**compile**〉 Latin compīlō ("heap, plunder", verb). [국어] **발**: 1. 실이나 국수 따위의 가늘고 긴 물체의 가락. 2. 두 팔을 펴서 벌린 길이를 재는 단위. **벌다**: 몸피가 가로 퍼지다. 식물의 가지 따위가 옆으로 벋다. [한자] 髮터럭 발, 줄기

file [fail] 서류 기록 (말소리) 발
profile [próufail] 분석표 프로필 펴내발

〈**file**〉 '발'은 벌려 늘리다. 올/실가닥(wire, hair)이 훨훨(whirl) 휘감기며 꼬인 것처럼 벌벌 떨며, 엮이고 발을 치듯 길게 벌려진다 [벌 file→ 올 wire, hair]. 〈**profile**〉 '펴내발'은 펴내(pro 앞에) (불려/벌여) 발(file)을 이루는 선을 말하며 전면에 나오는 목록을 의미

· 어원) 〈**file**〉 Old French fil ("thread"), Latin filum ("thread"). 〈**profile**〉 Latin pro ("before")+filo ("a line, stroke, thread"). Latin pilus ("hair") [국어] **발**: 1. 실이나 국수 따위의 가늘고 긴 물체의 가락. 2. 두 팔을 펴서 벌린 길이를 재는 단위

발은 실 등 긴 물체를 가리킨다. 시는 File, pillar 처럼 줄로 되어 있다.

verse [vəːrs] 시 절 (말소리) 벌지

〈**verse**〉 '벌지'는 쭉 벌어진 여러 행(줄)의 시를 의미함. 시는 운율을 지닌 문학 장르로 함축적인 언어를 이용하여 짓는데 형식면에서 행으로 구성된다. [연관] file pillar bar

· 어원) 〈**verse**〉 Latin versus ("a line in writing, and in poetry a verse; (originally) row, furrow"). [국어] **벌다**: 식물의 가지 따위가 옆으로 벋다. [한자] 發필 발 髮터럭 발, 줄기

equal은 '엮일' 이란 말로 엮이어 하나가 되고 같아진다는 뜻이 된다. 발을 엮어 한 줄로 이어진 것도 서로 같다고 할 수 있다. 벌여 늘어놓음으로써 나란하다, 같은 짝을 의미하기도 한다.

par [paːr] 동등 (말소리) 발
pair [pɛər] 짝지어주다 벌
parity [pǽrəti] 동등 발이다

〈**par/pair/parity**〉 펄펄 휘날리며 섞여 발(file)처럼 한 줄기/쌍으로 이어져 같아지다. 한 벌의 짝이 되다 [연관] parallel

· 어원) 〈**par / parity**〉 Latin pār(equal, like, suitable), Spanish par ("pair"). 〈**pair**〉 Latin paria ("equals"). [국어] 벌: 옷이나 그릇 따위가 두 개 또는 여러 개 모여 갖추는 덩어리를 세는 단위. [한자] 配나눌 배, 짝 배

compare [kəmpέər] 비교하다 비유하다 (말소리) 낌발

〈**compare**〉 '낌발'은 발(pare=pair, file)을 펼쳐 나란히 낌(com)으로써 서로의 크기를 판단한다는 뜻 [연관] compile

· 어원) 〈**compare**〉 Latin compar ("like or equal to another"), from com-+par ("equal"). [국어] **펴다**: 접히거나 개킨 것을 젖히어 벌리다.

parade [pəréid] 퍼레이드 행진 (말소리) 벌리우다

〈**parade**〉 '벌리우다'는 벌려 넓게 펼쳐 (국수발처럼) 일렬로 늘이다는 뜻

· 어원) **〈parade〉** Latin parō ("I prepare, arrange; I provide, furnish; I resolve, purpose") Latin parare ("to prepare) **[국어] 벌리다**: 둘 사이를 넓히거나 멀게 하다.

parallel [pǽrəlèl] 평행 유사 (말소리) 벌어월

〈parallel〉 '벌어월'은 월/훨(alle=ultra, 越 넘을 월) (넘어선 것과) 벌여(para=file) 옆에 두다. 벌여 서로 늘어서서 평행한 선을 의미함

· 어원) **〈parallel〉** παρά (pará, "beside", "by", "near")+ἄλληλος (állēlos, "one another") Greek αλλιώς (alliós, "otherwise, else"). [국어] **벌다**: 늘어서다. **얼다**: 어르다('어우르다'의 준말).

parasite [pǽrəsàit] 기생충 (말소리) 버러지다

〈parasite〉 '버러지다'는 벌어져(para) (벗어나 옆자리에) 처먹는다는 말로 버러지처럼 기생하는 벌레를 뜻함. 벌여 늘어져 벌레가 됨

· 어원) **〈parasite〉** Ancient Greek παράσιτος (parásitos, "person who eats at the table of another"), from "feeding beside", from παρά (pará, "beside")+σῖτος (sîtos, "food" 食먹이 사, 밥 식). [국어] **버러지**: [같은 말] 벌레(곤충을 비롯하여 기생충과 같은 하등 동물을 통틀어 이르는 말). **벌어지다**: 갈라져서 사이가 뜨다.

17 불어(bl, br, vol) 치다(바람, 바램), 펄(spir) 불어 쉬는 숨(호흡, 숨 불어 넣다)

blow **bl**ast **br**eathe **vol**atile; **spir**it con**spir**acy re**spir**e in**spir**e

불다는 바람이 부웅 불다, 불어나다, 숨을 불어 넣다 등 여러 뜻이 있다. 영어에도 같은 쓰임새다(Old English blāwan ("to blow, breathe, inflate, sound")). 윙, 붕, 푸(다물었던 입술을 내밀고 조금 벌리며 입김을 내뿜는 소리)와 같은 소리로 바람을 나타낼 수 있다.

blow [blou] 1 불다 2 타격하다 (말소리) 불어와

〈blow〉 '불어와'는 1 불어치는 바람 2 불어치는 강풍처럼 뭔가를 때리는 소리를 나타냄. 고어에서는 불어대는 말소리(To talk loudly; to boast). 부풀리다(To inflate)를 뜻했다. [추가적 의미] 불어나 피는 것(To blossom) 불어 쉬는 숨(To breathe hard. pant).

· 어원) **〈blow〉** Latin flare ("to blow") Old English blāwan ("to blow, breathe, inflate, sound"), from Proto-Germanic *blewwaną ("to beat"), Latin florēre ("to bloom"). Latin ventus '분다'("wind") [국어] **불다**: 바람이 일어나서 어느 방향으로 움직이다. 모두 털어놓고 말하다.

flute [fluːt] 플루트 피리 (말소리) 불리다

〈flute〉 '불리다'는 펄 불어 소리를 낸다는 뜻

· 어원) **〈flute〉** Latin flātus ("blowing"), from flāre ("to blow"). [국어] **불다**: 입을 오므리고 날숨을 내어보내어, 입김을 내거나 바람을 일으키다.

breathe [briːð] 숨쉬다 불어넣다 (말소리) 불리다

〈breathe〉 '불리다'는 부우 불어 쉬는 숨소리를 나타냄

· 어원) **〈breathe〉** Middle English brethen ("to breathe, blow, exhale, odour"). [국어] **불다**: 입을 오므리고 날숨을 내어보내어, 입김을 내거나 바람을 일으키다.

blast [blæst] 폭발 (말소리) 불어치다

〈blast〉 '불어치다'는 불어치는 강풍에 터지는 소리를 나타냄(To make a loud noise. A violent gust of wind.)

· 어원) **〈blast〉** obsolete German Blast ("wind, blowing"). [국어] **불어치다**: 바람 따위가 세차게 불다.

울부짖는 소리는 바람 소리, 부르짖는 말소리와 관련된다.

bellow [bélou] **[고급]** 큰소리로 말하다. 울부짖다 (말소리) 불어
bellows [bélouz] 풀무 송풍기 불어오지

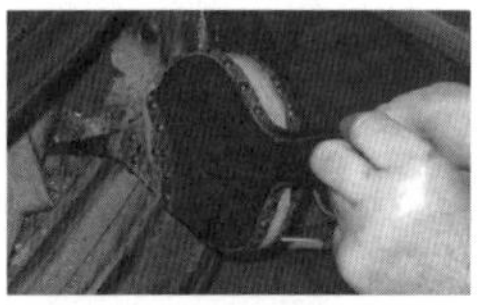

〈bellow/ bellows〉 불어(blow)치는 바람 소리 내면서 울부짖다. 바람을 넣어 불어주는 풀무. 불어치는 소리와 부르는 소리가 같다. [연관] bell 벌벌 떠는 소리

· 어원) **〈bellow/ bellows〉** German bellen ("to bark") Proto-Indo-European *bʰel- (to sound; to speak, roar, bark) [국어] **부르다**: 말이나 행동 따위로 다른 사람의 주의를 끌거나 오라고 하다. [한자] 發필 발, 나타내다

volatile [vάlətil] 휘발성의 불안정한 (말소리) 불어틜

〈volatile〉 불어(vola=blow) 치는 바람처럼 날리는 [연관] vapor 부풀

· 어원) Latin volātilis ("flying; swift; temporary; volatile").

aspire는 바람을 불어 넣는다는 의미로서 하고 싶은 욕망을 나타낸다. 우리말 '바람'은 wind와 wish 두 가지 의미가 있다. 바람이 불어쳐 벌렁대는 마음이 하고자 하는 욕구를 의미한다는 점에서 wind=wish가 된다.

voluntary [vάləntèri] 자발적인 (말소리) 바란대로
volition [voulíʃən] **[고급]** 의욕 불어진

〈voluntary〉 벌렁 뛰면서 바라는 대로 움직이는 의지를 뜻함. Volun-은 어원상 독일어 wollen, 영어 will('일' 일렁이다)과 같다(v→w). [다른 풀이] '벌렁대리' 벌렁대는 가슴처럼 하고싶은 마음 **〈volition〉** 불어치며 일어나는 마음

· 어원) **〈voluntary / volition〉** Latin voluntārius ("willing, of free will"), from voluntās ("will, choice, desire"). volō (to fly, wish)) [국어] **바람**: 일어나는 공기의 움직임. 어떤 일이 이루어지기를 기다리는 간절한 마음. **벌렁거리다**: 아주 가볍고도 재빠르고 크게 행동하다.

펄(pire) 불어 쉬는 숨

'펄'은 바람 부는 소리로 숨을 내뱉는 것도 해당된다. 숨을 내쉬는 것은 살아있는 것을 의미한다. 그리고 숨을 불어 넣어준다는 것은 상대에게 생명을 주는 행위라고 할 수 있다. 숨을 불어 넣어 영혼을 깨우다'라는 것도 같은 맥락의 표현이라고 할 수 있다.

spire는 펄펄 끓어 회오리치는 모습과 spear처럼 펄 튀어나온 것, 회오리(A young shoot of a plant; a spear. spiral, turn)를 나타낸다. -spire [inspire, aspire 등]는 spill처럼 물이 펄 쏟아지는 소리나, spiral처럼 회전하는 소용돌이로 불어치는 숨소리를 나타낸다.

spirit [spírit] 정신 영혼 (말소리) 쉬부리다

〈spirit〉 '쉬부리다'는 (숨을) 펄/푸우 불어넣는다는 뜻. '목숨', '숨이 붙다', '숨이 끊어지다'처럼 '숨'은 생명을 뜻한다. [다른 풀이] '쉬불리다' [참고] soul 쏴- 울어 대는 숨소리

· 어원) 〈spirit〉 Latin spīrō ("I breathe, blow, respire"). Proto-Indo-European *(s)peys- ("to blow, breathe"). Proto-Indo-European *pow- ("to blow, drift, billow"). [국어] **푸**: 다물었던 입술을 내밀고 조금 벌리며 입김을 내뿜는 소리. **불다**: 입을 오므리고 날숨을 내어보내어, 입김을 내거나 바람을 일으키다. **불어넣다**: 어떤 생각이나 느낌을 가질 수 있도록 영향이나 자극을 주다. **숨이 붙다**: 생명의 기운이 유지되어서 삶을 살다.

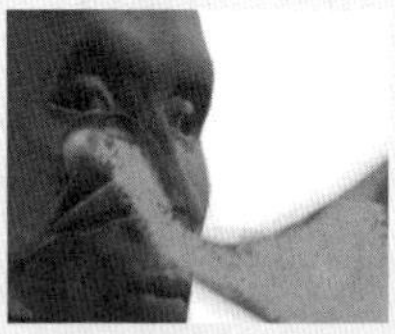

conspiracy [kənspírəsi] 음모 공모 (말소리) 꼰쉬불어서

〈conspiracy〉 '꼰쉬불어서'는 꼰(con 꼬여 함께) 채 쉬 불어(spire) 주다는 말로 껴서 같이 숨을 불어 넣으며 서로 공유한다는 뜻

· 어원) 〈conspiracy〉 cum("with")+spīrō("breathe"). [국어] **불다**: 입을 오므리고 날숨을 내어 보내어, 입김을 내거나 바람을 일으키다.

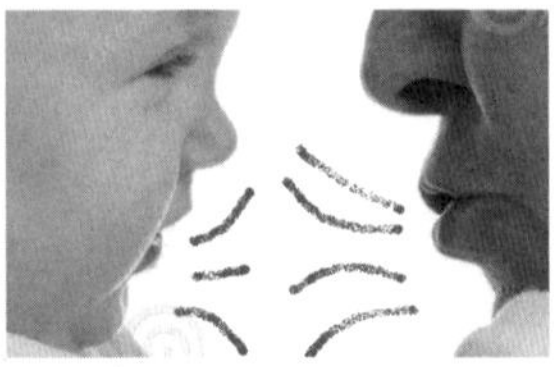

respiratory [réspərətɔ̀ːri] 호흡의 (말소리) 누쉬불어대리
respire [rispáiər] 호흡하다 누쉬파아

〈respiratory〉 '누쉬불어대리'는 누누이(re) '펄/푸우' 하고 불어(spire) 주다. 숨 쉬는 모습을 나타냄 **〈respire〉** '누쉬파아'는 누누이(re) '팔팔/파아'(pire) 불어주다. 누차 숨 쉬는 모습을 나타냄 [다른 풀이] '누쉬불어'

· 어원) 〈respiratory〉 re- ("back; again")+spīrō ("breathe"). 〈respire〉 re- ("back; again")+spīrō ("breathe"). [국어] **불다**: 입을 오므리고 날숨을 내어보내어, 입김을 내거나 바람을 일으키다. **푸**: 다물었던 입술을 내밀고 조금 벌리며 입김을 내뿜는 소리.

inspire [inspáiər] 영감을 주다 고무하다 (말소리) 안쉬파아
aspire [əspáiər] 열망하다 갈망하다 에쉬파아

〈inspire〉 '안쉬파아' 안으로 '팔팔/푸우'(pire) 불어주다. 숨을 불어넣는다는 뜻 [다른 풀이] '안쉬불어' **〈aspire〉** '에쉬파아' ~에(a) "팔팔/푸우"(pire) 불어주다. 숨을 불어넣어 활기차게 하다 [참고] athletes 에쉴리다 desperate [다른 풀이] '에쉬불어'

· 어원) 〈inspire〉 Ancient Greek πνέω (pnéō, "breathe") in the Bible, from in+spīrō ("breathe"). 〈aspire〉 ad-+spīrō ("breathe"). [국어] **팔팔**: 적은 양의 물이나 기름 따위가 용솟음치며 몹시 끓는 모양. 작은 것이 힘차게 날거나 뛰는 모양. **푸**: 다물었던 입술을 내밀고 조금 벌리며 입김을 내뿜는 소리.

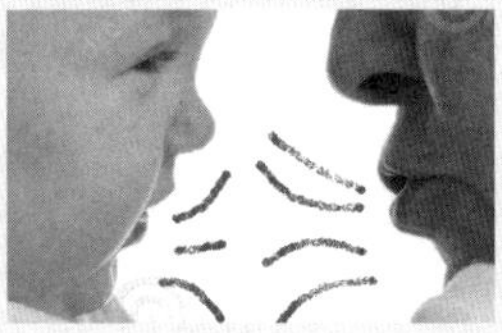

expire [ikspáiər] 만료되다 사망 (말소리) 윗서파아

〈expire〉 '윗서파아' '팔팔/푸우'(pire) 불어주는 숨이 윗(ex 없어) (쪽으로) 지다. 숨 쉬지 못하여 죽다. [연관] extinct 안 튕기다 [다른 풀이] '없이불어'

· 어원) 〈expire〉 ex- ("out")+spīrō ("breathe, be alive"). [국어] **팔팔**: 적은 양의 물이나 기름 따위가 용솟음치며 몹시 끓는 모양. 작은 것이 힘차게 날거나 뛰는 모양. **푸**: 다물었던 입술을 내밀고 조금 벌리며 입김을 내뿜는 소리.

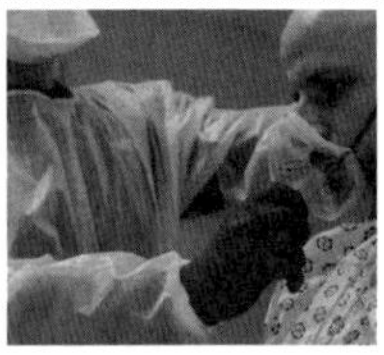

18 펄펄 빌다(ple, peal), 부름(par, pel)(말), 펄렁[plain, plore, fr_n] 불러 외침

plea **ple**ad ap**peal; par**liament ap**pell**ation s**pell**; com**plain plain**tiff **fren**zy im**plore** de**plore**

바라는 것, 원하는 것, 비는 것 등은 모두 간절히 원하는 어떤 것에 대해 갖는 열망이나 요구라고 할 수 있다. 부르르, 팔랑거리며 몸부림치는 것은 -plore, -plain 어근과 마찬가지로 부르짖거나 불러서 요구한다는 뜻이 있다. 이

는 바드드 두드리며 비는 bid, petition과 유사하다.

pray [prei]	기도하다 기원하다	(말소리) 바래어

〈pray〉 '바래어'는 부르르 부르짖는 것으로 바란다는 뜻 [다른 풀이] '빌어' 빌빌 (떨며) 빌다.

· 어원) **〈pray〉** Proto-Indo-European *prek̑- ("to ask, woo"). [국어] **바라다**: 생각이나 바람대로 어떤 일이나 상태가 이루어지거나 그렇게 되었으면 하고 생각하다. **빌빌**: 힘없이 느릿느릿 자꾸 움직이다. **〈북한어〉** 철없는 아이가 못나게 질질 울고 다니는 모양.

펄펄 치면서 빌빌대고, 비는 모습을 나타내는 Please와 plea, plead는 같은 유래이다.

plea [pliː]	탄원 호소	(말소리) 빌어
plead [pliːd]	애원하다	빌리다
please [pliːz]	부디, 기분을 맞추다	빌어서

〈plea〉 '빌어'는 빌빌 (펄레펄레 떨며) 간곡하게 요청하다는 뜻 [다른 풀이] '불러' 부르며 하소연하다 [연관] flea 펄레펄레 뛰는 벼룩 **〈plead〉** '빌리다'는 빌빌대며 빌면서 호소한다는 뜻 [다른 풀이] '불러대' **〈please〉** (펄레펄레 치며) 빌어대며 요청하거나, 상대방 기분을 맞추다

· 어원) **〈plea〉** Medieval Latin placere ("to please"). **〈plead〉** Medieval Latin placeō ("to please"). Ancient Greek πλήσσω (plḗssō) (to strike) Latin plangō (to strike, to bewail, lament for) [국어] **빌다**: 바라는 바를 이루게 하여 달라고 신이나 사람, 사물 따위에 간청하다. **빌빌**: 힘없이 느릿느릿 자꾸 움직이다. **〈북한어〉** 철없는 아이가 질질 울고 다니는 모양.

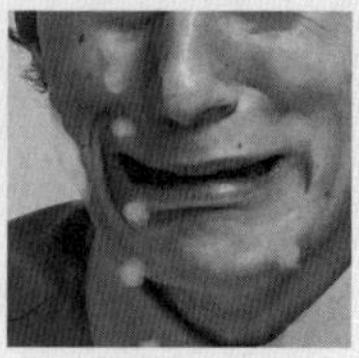

repeal [ripíːl]	폐지하다	(말소리) 누빌

〈repeal〉 '누빌'은 누누이(re) 펄펄/빌빌(peal= pulse, bell)대며 치거나 부르는 소리. 다시 원래대로 하도록 불러대며 취소한다는 뜻 [연관] revoke/recall 누누이 빽빽/콸콸 소리치며 원래대로 하도록 불러대며 취소하다 repel 펄 쳐내다

· 어원) **〈repeal〉** Old French rapeler ("to call back, revoke"). Latin repellō ("drive or thrust back"), from re- and pellō ("push or strike"). [국어] **펄펄**: 크고 힘차게 날거나 뛰는 모양. **빌빌**: 철없는 아이가 못나게 질질 울고 다니는 모양.

appeal [əpíːl]	호소	(말소리) 에빌

〈appeal〉 '에빌'은 ~에게 펄펄(peal= plea, pulse, bell) 부르는 소리. 빌빌거리며 빌다. 요청하기 위해 부르짖다는 뜻. [참고] beg 벅벅 긁으며 애원한다

· 어원) **〈appeal〉** ad- ("to, towards")+pellō ("push; impress") Old English pullian ("to pull, draw, tug, pluck off"). [국어] **빌다**: 바라는 바를 이루게 하여 달라고 신이나 사람, 사물 따위에 간청하다. **빌빌**: 철없는 아이가 못나게 질질 울고 다니는 모양. **펄펄**: 힘차게 날거나 뛰는 모양.

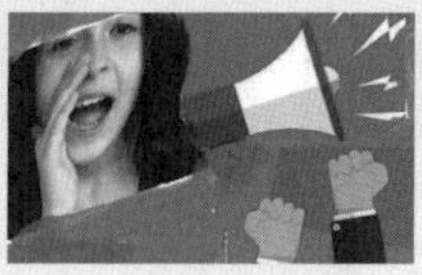

펄(par. pel)(發) 부르짖다(phrase). 부르다(pret)

부르다'는 '불다'처럼 입으로 바람 소리 내며 '부르짖다', '말하다'와 같은 의미로 쓰인다. 펄(pel)은 내치다(repel)는 의미도 있지만 발(發)하는 말소리도 될 수 있다.

phrase [freiz]	말 구절	(말소리) 부르지

〈phrase〉 '부르지'는 불러(phra=pray) 짖어대는 것으로 말한다는 뜻(발화 發話)

· 어원) 〈phrase〉 Ancient Greek φράζω (phrázō, "I tell, express"). [국어] **부르다**: 말이나 행동 따위로 다른 사람의 주의를 끌거나 오라고 하다. [한자] 叭입 벌릴 팔, 나팔 팔. 發필 발, 나타내다

paraphrase [pǽrəfrèiz] 바꾸어 말하기 (말소리) 벌여부르지

〈**paraphrase**〉 '벌여부르지'는 불러(phra= pray) 짖어대는 말을 벌여(para=parallel) (벌어져 옆으로) 다르게 하다는 뜻

· 어원) Ancient Greek φράζω (phrázō, "I tell, express"). [국어] **부르다**: 말이나 행동 따위로 다른 사람의 주의를 끌거나 오라고 하다. [한자] 叭입 벌릴 팔, 나팔 팔

interpret [intə́ːrprit] 해석하다 통역하다 (말소리) 안다부르다

'안다부르다'는 안다/인다(inter=and)와 부르다(pret=phrase)가 합해서 안고 있어 양쪽 사이에서 (불러주며) 풀이해준다는 뜻

· 어원) Ancient Greek φράζειν (phrázein, "to point out, show, explain, declare, speak"), from which φραδή (phradḗ, "understanding"), φράσις (phrásis, "speech"); see phrase. [국어] **풀다**: 생각이나 이야기 따위를 말하다. 일어난 감정 따위를 누그러뜨리다. 금지되거나 제한된 것을 할 수 있도록 터놓다. 마음에 맺혀 있는 것을 해결하여 없애거나 품고 있는 것을 이루다. 어려운 것을 알기 쉽게 바꾸다.

parliament [pɑ́ːrləmənt] 국회 의회 (말소리) 불리어민다

〈**parliament**〉 '불리어민다'는 부르는(parlia= parole 發) 말이 오가는 회의장을 의미

· 어원) 〈parliament〉 parler ("to speak")+-ment ("-ment" (indicating an action or state)). Old French parlement ("discussion, meeting, ; assembly") [국어] **부르다**: 말이나 행동 따위로 다른 사람의 주의를 끌거나 오라고 하다. [한자] 發필 발, 나타내다

parole [pəróul] 말, 가석방 (말소리) 부를

〈**parole**〉 '부를'은 불어(par 發) 입 밖에 내는 말(발화 發話). 가석방 의미는 (풀어주는 대가로) 충실해지겠다는 공적인 말(one's oath or word of honour, given as a condition of release)에서 나옴

· 어원) 〈parole〉 Old French parole ("word, **formal promise**"), from Late Latin parabola ("speech"). [국어] **불다**: 입을 오므리고 날숨을 내어보내어, 입김을 내거나 바람을 일으키다. **부르다**: 말이나 행동 따위로 다른 사람의 주의를 끌거나 오라고 하다. 불다 [한자] 叭입 벌릴 팔, 나팔 팔. 發필 발, 나타내다

appellation [æpəléiʃən] 명칭 호칭 (말소리) 에불리어진

〈**appellation**〉 '에불리어진'은 (팔랑거리며) 펄펄(pell=bell) 불러대는 소리로 불린 이름을 뜻함 [연관] appeal

· 어원) 〈appellation〉 the Latin appellātiō ("a naming, appeal"). [국어] **불리다**: 지목하여 말하여지거나 이름이 붙여지다.

spell [spel] 1 철자하다 주문 2 기간 (말소리) 씨불

〈**spell**〉 '씨불'은 1. 씨부리며(spel) 말하다. 펄펄 불러(pell=bell, bellow) 대며 말하다. 2 벌벌 떠는 방울(pell=bell, pill, period) 소리처럼 지껄임이 파동처럼 반복되고, 주기, 간격을 의미 [연관] Jabber 쩝해 쩝쩝대며 씨불이다 gibberish 씨불이지 bell (To utter loudly; to thunder forth. To bellow)

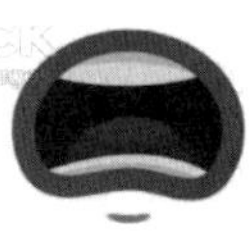

· 어원) 〈**spell**〉 Proto-Germanic *spellą ("speech, account, tale"), from Proto-Indo-European *spel- ("to tell"). Proto-Indo-European *b^{h}el- (to sound; to speak, roar, bark) [국어] **씨불이다**: 쓸데없는 말을 주책없이 함부로 자꾸 지껄이다. **씹다**: 다른 사람이 한 말의 뜻을 곰곰이 여러 번 생각하다. 되풀이하여 말하거나 생각하다 [한자] 喋재재거릴 첩, 쪼아먹을 잡. 㗱수다스러울 집 唼쪼아먹을 삽, 헐뜯을 첩, 마실 잡, 말이 많을 접. 첩첩(喋喋):말을 거침없이 잘하여 수다스러울 때 나는 소리. 또는 그 모양)

whisper [hwíspər] 속삭이다 (말소리) 휘씨불

〈**whisper**〉 '휘씨불'은 휘이(whi) 씨불(sper=spell)이는 소리로 속삭인다는 뜻

· 어원) 〈**whisper**〉 Proto-Germanic *hwisprōną ("to hiss, whistle, whisper").

펄렁/펄레[plain. plore. fr_n] 불러 외침

펄렁거림은 바람이 부딪히며 때리거나 버둥거리는 소리와 같다(plunder, plunge, blunder).

call, claim은 칼칼대는 외침이면서 부르짖으며 요청하는 것이다. 팔랑거리며 부르짖는 소리에서 빌고 애원한다는 의미가 되었다.

implore [implɔ́:r] 간청하다 애원하다 (말소리) 임불러

〈**implore**〉 '임불러'는 (팔랑거리며) 불러(plore=plea) 임(im=in, on 臨임할 임= 隣이웃 인)하다는 뜻. 불러 외치다

· 어원) 〈**implore**〉 Latin implōrō ("I beseech, I implore"). [국어] **부르다**: 말이나 행동 따위로 다른 사람의 주의를 끌거나 오라고 하다. **팔랑거리다**: 바람에 가볍고 힘차게 계속 나부끼다. [한자] 發필 발, 나타내다 **임하다(臨)**: 어떤 장소의 가까이서 그곳을 마주 대하다. **임**: 머리 위에 인 물건. 또는 머리에 일 만한 정도의 짐.

deplore [diplɔ́:r] 한탄하다 (말소리) 떠벌려

〈**deplore**〉 '떠벌려'는 (팔랑거리며) 떠벌리어 부르짖는다는 뜻

· 어원) 〈**deplore**〉 Latin dēplōrāre ("to lament over, bewail"), from dē-+plōrāre ("to wail, weep aloud"). [국어] **부르다**: 말이나 행동 따위로 다른 사람의 주의를 끌거나 오라고 하다. **팔랑거리다**: 바람에 가볍고 힘차게 계속 나부끼다. **떠벌리다**: 이야기를 과장하여 늘어놓다.

explore [iksplɔ́:r] 탐구하다 탐험하다 (말소리) 윗서불러

〈**explore**〉 '윗서불러'는 윗(ex) 쪽으로 팔랑거리며 불러(plore=plea) 대다, 광야에서 외치며 찾는다는 뜻

· 어원) 〈**explore**〉 ex- ("out")+plorare ("to cry"). [국어] **부르다**: 말이나 행동 따위로 다른 사람의 주의를 끌거나 오라고 하다.

-plain은 펄렁 치는 소리(plunder, blunder)와 관련된다.

complain [kəmpléin] 불평하다 호소하다 (말소리) 낌펄렁

〈**complain**〉 '낌펄렁'은 끼인(com) 상대에게 펄렁(plain=plea, airplane)대며 부르짖어 불평한다는 뜻

· 어원) 〈**complain**〉 Latin com-("together")+plangere("to strike, bewail"). [국어] **펄렁**: 바람에 크고 힘차게 나부끼는 모양.

plaintiff [pléintif] 원고 고소인 (말소리) 펄렁텁해

〈plaintiff〉 '펄렁텁해'는 펄렁(plain=com**plain**, air**plane**)대며 부르짖어 울부짖거나 하소연하는 입장으로 소송을 건 원고를 의미함. 원고는 억울한 일을 당해 법원에 고소하여 소원을 풀고자 한다.

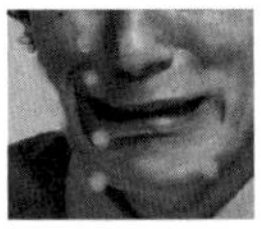

· 어원) **〈plaintiff〉** Old French plaintif ("complaining; one who complains, a plaintiff").

complain은 펄렁대는 마음, 불만, 불같이 흥분함을 나타낸다. 다음 fren- 형태는 붕 뜬 마음 상태를 나타내는 fancy와 관련된다. frenzy, frenetic 은 fancy, fanatic에 r이 더 첨가된 형태다.

frenzy [frénzi] 광란 열광 (말소리) 펄렁져
frantic [fræntik] 제정신이 아닌 펄렁툭
frenetic [frənétik] **[고급]** 열광적인 펄렁이툭

〈frenzy/frantic/frenetic〉 펄렁(fren=blame/flame, -plain) 퍼덕이며 (뇌에 불이 나듯) 흥분한 상태로 화가 나 있는 상태와 비슷하다. 맘이 벌렁벌렁하다 [연관] fancy fanatic

· 어원) **〈frenzy/frantic/frenetic〉** Ancient Greek φρενῖτις (phrenîtis, "inflammation of the brain") φρήν • (phrḗn) (will, purpose, The seat of emotions, heart). [국어] **팔랑:** 바람에 날려 가볍고 부드럽게 계속 나부끼다. **벌렁벌렁하다:** 성격이나 행동 따위가 아주 가볍고 재빠르다. **불:** 불이 타는 듯이 열렬하고 거세게 타오르는 정열이나 감정을 비유적으로 이르는 말.

flaunt [flɔ:nt] 자랑하다 (말소리) 펄렁대
prank [præŋk] 농담 부른거

〈flaunt〉 펄렁 흔들거리며(To wave or flutter) 과장하여 말하다 [연관] fling splint **〈prank〉** 펄렁 (불리어) 과장하는 농담 ☞ rank는 ring과 같은 유래로서 낭랑 울리며 퍼지는 소리.

· 어원) **〈flaunt〉** French flâner ("to wander around, loiter"). Middle English flacken ("to move to and fro, flutter, palpitate"). **〈prank〉** German prunken ("to flaunt") **불리다:** 실제보다 더 과장하다. 많아지게 하다.

19 풀어(fra, fla, pla)진 마음, 풀려(pla) 펼쳐지다(벌판, 평면)

frank **fla**tter **pla**cebo **pla**cid; re**pla**ce **fla**t **pla**teau **pla**te **plai**n

여기서의 '풀다'는 규제나 억압으로부터 벗어나(풀려나) 자유롭게 행동이나 말을 하는 경우를 의미한다.

free [fri:] 자유의 무료의 (말소리) 풀어

〈free〉 '풀어'는 풀어서 속박에서 벗어난다는 뜻 [연관] flee 펄레펄레 풀려 도망가다.

· 어원) **〈free〉** Proto-Germanic *frijaz ("beloved, not in bondage"). [국어] **풀다:** 매듭지어지지 않은 상태가 되게 하다.

afraid [əfréid] 두려운 무서워하여 (말소리) 외(外)펄레이다

〈afraid〉 '외풀리다'는 (마음이) 풀리다(fraid=flat, free)의 외(a 外)에 있다는 말로 맘이 안 풀려 불편하다는 뜻

· 어원) **〈afraid〉** es- ("out")+freer ("to secure, secure the peace").

frank [fræŋk]　　솔직한　　(말소리) 풀린거

⟨frank⟩ '풀린거'는 펄렁 풀린(fran=plain) 것으로서 풀어내서 속에 담아두지 아니함을 뜻함 [연관] plank 풀려 펴진 널판지 prank 펄렁 (불리어) 과장하는 농담

· 어원) **⟨frank⟩** Old French franc ("free"). [국어] **풀다**: 생각이나 이야기 따위를 말하다. 일어난 감정 따위를 누그러뜨리다. 금지되거나 제한된 것을 할 수 있도록 터놓다. 마음에 맺혀 있는 것을 해결하여 없애거나 품고 있는 것을 이루다. 어려운 것을 알기 쉽게 바꾸다.

franchise [frǽntʃaiz]　　프랜차이즈 가맹점　　(말소리) 풀린자이지

⟨franchise⟩ '풀린자이지'는 (규제 등을) 풀어 치워 (일을) 하게끔 허락한 자. Franch= frank

· 어원) **⟨franchise⟩** Old French franchise ("freedom"), franc ("free"). [국어] **풀다**: 금지되거나 제한된 것을 할 수 있도록 터놓다.

'풀리다'는 '편하다'와 의미상 유사하게 쓰인다. 심신의 안정으로 풀어진 몸상태는 편한 상태라고 할 수 있다.

placebo [pləsibou]　　위약 아첨　　(말소리) 풀려서보

⟨placebo⟩ '풀려서보'는 (마음이) 풀어져(place=please, plain) (편하게) 기꺼이 하는 것을 뜻함. 약의 효능이 없더라도 약으로 착각해 마음이 풀어지는 효과를 가진다. [연관] please

· 어원) **⟨placebo⟩** Latin placēbō ("I will please"). [국어] **풀다**: 생각이나 이야기 따위를 말하다. 일어난 감정 따위를 누그러뜨리다. 금지되거나 제한된 것을 할 수 있도록 터놓다. 마음에 맺혀 있는 것을 해결하여 없애거나 품고 있는 것을 이루다. 어려운 것을 알기 쉽게 바꾸다.

explain [ikspléin]　　설명하다　　(말소리) 윗서풀린

⟨explain⟩ '윗서풀린'은 외로 풀린다는 말로 말을 풀어낸다는 뜻 [다른 풀이] '윗서펄렁' 외부로 불러(plain: complain) 주는 말

· 어원) **⟨explain⟩** Latin explanō ("I flatten, spread out, make plain), planō ("I flatten, make level"). [국어] **풀다**: 생각이나 이야기 따위를 말하다.

placid [plǽsid]　　평온한 차분한　　(말소리) 풀려지다

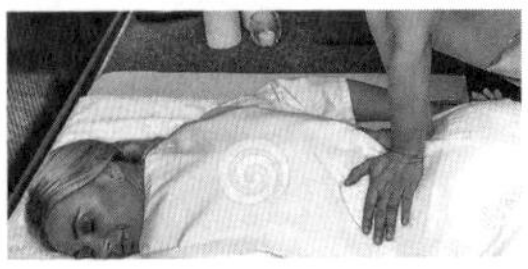

⟨placid⟩ '풀려지다'는 (마음이) 풀려서 평온하다는 뜻 [연관] flaccid 풀려지다 (근육이) 풀어져 축 늘어진

· 어원) **⟨placid⟩** latin placeō ("please, satisfy").

placate [pléikeit]　　달래다 위로하다　　(말소리) 풀려가다

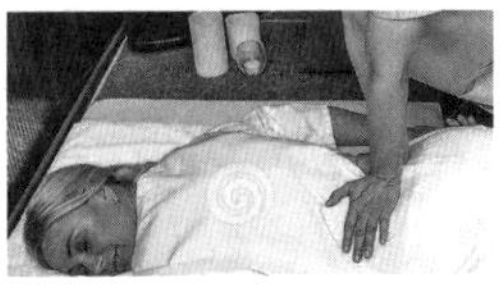

⟨placate⟩ '풀려가다'는 (마음이) 풀리게 두드리며 안정시킨다는 뜻 [연관] please 풀어져

· 어원) **⟨placate⟩** plācō ("appease, placate", literally "smooth, smoothen").

frolic [frάlik]　　유쾌한 소동, 까불대는　　(말소리) 부르륵

⟨frolic⟩ '부르륵'은 버럭/후르륵 성급하게 움직이는 것을 뜻함 [다른 풀이] 삐리릭

· 어원) **⟨frolic⟩** Middle English frow ("hasty"). [국어] **후루룩**: 날개를 치며 갑자기 날아가는 소리. 또는 그 모양. **부르륵**: ⟨**북한어**⟩ 얇은 종이나 나뭇가지 따위가 빠르게 타 버리는 모양. '드르륵'의 방언 (제주)

풀려(pla) 펼쳐지다: 벌판, 평면

'펴다'는 펼쳐서 넓고 평평하게 만드는 것으로 벌려진 땅, '벌'과 통한다. 따라서 드넓은 장소, 접시나 마루 등을 의미한다.

place [pleis] 곳 장소 (말소리) 풀리어서
replace [ripléis] 대체하다 교체하다 누풀리어서

⟨place⟩ '풀리어서'는 풀려 펼쳐진 벌(판)을 의미함. '벌'은 벌리다에서 유래. ☞ p+lace(곧, track, local) [다른 풀이] '벌리어서' 풀려 펼쳐진 벌 **⟨replace⟩** '누풀리어서'는 누누이(re) 풀려진(place) 벌(장소)에 둔다는 말로 (기존 것 위에) 다시 (원 상태로) 벌려 놓음으로써 새 것이 쓰인다는 뜻

· 어원) **⟨place⟩** Old English plæse ("place, an open space, street"). **⟨replace⟩** re-+place [국어] **벌**: 넓고 평평하게 생긴 땅. **벌다**: 사이가 뜨다, 늘어서다. **벌리다**: 우므러진 것을 펴지거나 열리게 하다.

floor [flɔːr] 바닥 마루 (말소리) 풀리어

⟨floor⟩ '풀리어'는 벌판과 같이 풀려 펼쳐진 곳을 의미함

· 어원) **⟨floor⟩** Proto-Germanic *flōrō ("flat surface, floor, plain"). [국어] **풀다**: 열어 펼치다. **벌다**: 사이가 뜨다, 늘어서다. 벌리다: 우므러진 것을 펴지거나 열리게 하다. **벌**: 넓고 평평하게 생긴 땅.

palm [paːm] 손바닥 (말소리) 뼘

⟨palm⟩ '뼘'은 손을 폄(펴다)이다. 손의 폭, 뼘을 나타냄. Palm= 펼(pal) +m (임)→ 뼘

· 어원) **⟨palm⟩** Latin palma ("hand-breadth"). [국어] **뼘**: 엄지손가락과 다른 손가락을 완전히 펴서 벌렸을 때에 두 끝 사이의 거리.

field [fiːld] 분야 들판 (말소리) 풀다

⟨field⟩ '풀다'는 풀려 펼쳐진 벌을 의미함 [다른 풀이] '벌다' 풀어(벌여) 펼쳐진 벌, 벌판

· 어원) **⟨field⟩** Old English feld ("field; open or cultivated land, plain; battlefield"). [국어] **풀다**: **열어 펼치다**. **벌다**: 사이가 뜨다, 늘어서다. **벌리다**: 우므러진 것을 펴지거나 열리게 하다. **벌**: 넓고 평평하게 생긴 땅.

'풀다'는 묶인 것을 펼쳐서 넓게 풀어 놓는다는 뜻이 있다.

plain [plein] 1 단순한 2 평원 (말소리) 풀려온

⟨plain⟩ '풀려온' 1. 겹친 것이 풀려 평탄한다(simple)는 뜻 2. 평평한 벌(An expanse of land) [다른 풀이] '벌려온' [연관] explain

· 어원) **⟨plain⟩** Latin plānus ("flat, even, level, plain"). [국어] **벌**: 넓고 평평하게 생긴 땅. **벌리다**: 우므러진 것을 펴지거나 열리게 하다. **풀다**: 열어 펼치다..

plane [plein] 1 평면 2 비행기 (말소리) 풀려온

⟨plane⟩ '풀려온' 펄렁대며 1. 풀려 펼쳐진 벌판(flat) 2. 펄펄, 펄렁 날으는 비행기(airplane)

· 어원) **⟨plane⟩** Latin planum ("flat surface"), planus ("plain").

벌이다는 늘어놓아 일을 벌이다는 의미로 쓰이고, 할 일을 나열해 계획한다의 뜻도 있다.

plan [plæn] 계획하다, 도면 (말소리) 벌린

〈plan〉 '벌린'은 벌여 늘어놓고(A set of intended actions) 일을 계획한다는 뜻. 도면은 건축하기 위한 계획 [연관] plane plain

· 어원) **〈plan〉** Latin planus ("flat, plane"). [국어] **벌이다**: 일을 계획하여 시작하거나 펼쳐 놓다.

펄 퍼져 나뜨다[p(f)+lat. r_d(t)]: 벌판. 퍼지다

다음은 p/b/f 와 -lat/read/road/roud로 이뤄져 있는데 -lat, -read, -road 등은 ride, road처럼 나다니거나 나떠 옆으로 퍼지는 것을 나타낸다(참조: lateral, latitude, radius).

flat [flæt] 납작한 평면 (말소리) 풀리다

plateau [plætóu] 고원(높고 편평한 땅) 풀리다

〈flat/plateau〉 '풀리다'는 펼쳐서 평평하게 풀어진 벌(판)을 뜻함. ☞ f/p+lat (lateral: 옆으로 나뜨는)

· 어원) **〈flat〉** Sanskrit प्रथस् (prathas, "extension"). Proto-Germanic *lattō ("board; plank; ledge") **〈plateau〉** plat+-eau [국어] **펴다**: 구김이나 주름 따위를 없애 반반하게 하다. **풀다**: 열어 펼치다.

flatter [flǽtər] 아첨하다 납작해지다 (말소리) 풀리다

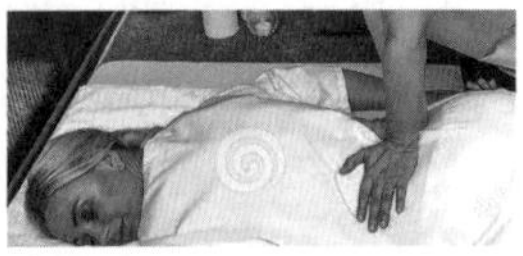

〈flatter〉 '풀리다'는 (마음이) 풀려서(flat=plate, free, please) 부드러워진다는 말로 듣기 좋은 이야기로 상대의 기분을 좋게 하다는 뜻 ☞ fl(풀)+lat(lateral, dilate) 펄 나떠 퍼지다 [연관] flat

· 어원) **〈flatter〉** flat+-er. Saterland Frisian flot ("smooth"). [국어] **풀다**: 생각이나 이야기 따위를 말하다. 일어난 감정 따위를 누그러뜨리다. 금지되거나 제한된 것을 할 수 있도록 터놓다. 마음에 맺혀 있는 것을 해결하여 없애거나 품고 있는 것을 이루다. 어려운 것을 알기 쉽게 바꾸다.

plate [pleit] 판 접시 (말소리) 풀리다

〈plate〉 '풀리다'는 펼쳐 (풀려) 있어 평평하다는 뜻. 벌(판)처럼 넓다. ☞ f/p+lat (lateral: 옆으로 나뜨는) [연관] place flat

· 어원) **〈plate〉** Ancient Greek πλατύς (platús, "broad, flat, wide"). Proto-Germanic *lattō ("board; plank; ledge") **풀다**: 열어 펼치다..

platform [plǽtfɔ:rm] 플랫폼 기반 (말소리) 풀리다폼

〈platform〉 '풀리다폼'은 펼쳐 (풀려) 있어 평평한 폼(form 品 물건 품)을 나타냄. Plat=flat

· 어원) **〈platform〉** Ancient Greek πλατύς (platús, "flat"))+forme ("form"). [국어] **품**: 윗옷의 겨드랑이 밑의 가슴과 등을 두르는 부분의 넓이. **품**: 사람이 어떤 동작을 할 때에 취하는 몸의 형태. '자세'로 순화. **품**: 행동이나 말씨에서 드러나는 태도나 됨됨이. ≒품새. [한자] 品 물건 품

펴는 것은 범위를 확장하는 것을 의미한다. 펼 쳐 내는 것을 뜻한다.

spread [spred] 퍼지다 확산되다 (말소리) 스펴내다

〈**spread**〉 '스펴내다'는 쓱 펄(pr=發) 내다(read≒ road), 뿌려지는 것을 뜻함. Sp는 주로 쉬 퍼져 나가는 것을 나타낸다. [연관] broad proud 펄 불어나 퍼지다

· 어원) 〈**spread**〉 Old English sprǣdan ("to spread, expand"), from Proto-Indo-European *(s)per- ("to strew, sow, sprinkle").

벌리는 것은 펼쳐져 넓고 광활한 것을 의미하며 확장되고 열린 공간을 말한다.

abroad [əbrɔ́:d] 해외에 외국에 (말소리) 에벌여오다
broad [brɔ:d] 넓은 벌여오다

〈**abroad**〉 '에벌여오다'는 -에(a) 벌리다(broad=flat, spread). 벌려 멀어진 공간 〈**broad**〉 '벌여오다'는 벌리다(broad=flat, spread)는 말로 펼쳐 (뿌려져) 넓다

☞ br(벌여)+road(나오다) [연관] prod '펴내다' 펴서 나온 막대로 찌르다 breed 불어나게 낳다

· 어원) 〈**abroad**〉 Middle English abrood ("broadly widely scattered"). a-("on, in")+brood("broad"). Equivalent to a-+broad. 〈**broad**〉 Old English brād ("broad, flat, open, extended, spacious, wide, ample, copious"). [국어] **벌이다**: 여러 가지 물건을 늘어놓다. **벌리다**: 우므러진 것을 펴지거나 열리게 하다.

proud [praud] 자랑스러운 (말소리) 부러우다

〈**proud**〉 '부러우다'는 부르르(pro) 펴내며 불어난 마음에 자신감이 있다(Standing out or raised; swollen). 부러워할 정도라는 뜻. [다른 풀이] '펴나오다' 펼쳐 부풀린 마음 ☞ p(펴)+roud(나오다)

· 어원) 〈**proud**〉 Old French prod("brave, gallant"). Latin prōdesse ("to be of value") Proto-Germanic *bausuz '붓어' ("inflated, swollen, puffed up, proud , arrogant"), [국어] **부러워하다**: 남이 잘되는 것이나 좋은 것을 보고 자기도 그렇게 되고 싶어 하다. **부러**: 실없이 거짓으로.

뿌리는 것은 펴내는 것을 뜻한다. 씨나 물을 뿌리다는 표현이 많다.

sporadic [spərǽdik, -ikəl] 산발적인 드문 (말소리) 스뿌려댄

〈**sporadic**〉 '스뿌려댄'은 (씨 등을) 펄펄 흩뿌리는 것으로 주기가 산발적인 것을 나타냄 [다른 풀이] '스벌여댄'

· 어원) 〈**sporadic**〉 Ancient Greek σπροαδικός (sporadikós), from σπροάς (sporás, "scattered, dispersed"), from σπόορς (spóros, "a sowing [of seed]"). [국어] **뿌리다**: 곳곳에 흩어지도록 던지거나 떨어지게 하다.

봄은 모든 생명이 피어나는 계절이다. 샘물이 흩뿌리며 솟아나오듯 새싹이 사방에서 펴나온다.

sprout [spraut] 새싹 (말소리) 스펴나오다

〈**sprout**〉 '스펴나오다'는 쓱 펄(pr=發, 발아 (發芽)) 나오는 것(To emerge from the ground)으로 싹이 곳곳에서 피는 모습이 씨가 뿌려져 흩어진 것처럼 보인다.

· 어원) 〈**sprout**〉 Ancient Greek σπέοχω (spérkhō, "I hasten"), Proto-Indo-European *sper- ("to sow, scatter").

20 펴내(Pro) 앞으로, 빠르게(pre-, pri, pr_m) (먼저), 바로(appro) 대다

proffer **pre**fer **pri**ncipal **pri**nciple **prim**e **prim**itive **promp**t; **appro**ach

'Pro-', 'pre-'는 펄펄/부르르 떨림으로 펴 나가는 표현으로 모두 앞과 관련이 있다. 'Pro-'는 '벌여' 앞으로 펴낸다는 말이다. 그리고 'pre-'는 주로 '빨리'로 표현되는데 시공간적으로 앞에 있음을 나타낸다.

prefer [prifə́ːr] 선호하다 좋아하다 (말소리) 빠르퍼
proffer [prɑ́fər] 내밀다[권하다] 펴내퍼

〈prefer〉 '빠르퍼'는 펄 빠르(pre)게 앞에 벌여(fer=port) 퍼내다. 앞에 퍼낸 것은 다른 것에 우선(于先, 先 앞 선)한다는 뜻 **〈proffer〉** 펴내(pro) 앞으로 벌여(fer=port) 퍼주다. [연관] propose

· 어원) **〈prefer〉** prae- ("before", in front")+ferō ("I carry", "I bear"). **〈proffer〉** Latin proferre ("to bring forth, produce, utter"). From prō- ("in front of")+ferō ("carry, bear")

prodigal [prɑ́digəl] **[고급]** 낭비하는 방탕한 (말소리) 펴내뚝일

〈prodigal〉 '퍼내뚝일' 펄 펴내(prodi= pro) 앞에 뚝/욱(ig) 끌다. 앞으로 뚝 떠내 써버리는 것을 의미함. ☞ Pro+ ig(욱 이끌다 **ag**ent, **act**, ped**agog**y)

· 어원) prodigere("to consume, squander, **drive forth**"), from pro("before, forward")+agere ("to drive").

빠르게 (pri. pr_m. proto) 앞선

pri-는 pre-/pro-처럼 부르르 벌여 내미는 것으로 앞서다, 빠르다는 의미가 된다. '빠르다'는 것은 '첫째'나 '앞'을 의미하는 단어로 많이 쓰인다.

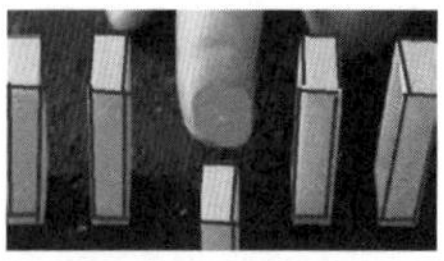

prior [práiər] 전의 앞서 (말소리) 빠르오
priority [praiɔ́ːrəti] 우선권 빨라오리다

〈prior/ priority〉 펄 벌려(pri=pre, pro 펴내) 나가 빠르게 되고, 앞서다는 뜻

· 어원) **〈prior〉** Old Latin *pri ("before"), from Proto-Indo-European *per- ("beyond"), *pro ("before"). Ancient Greek παλαιός (palaiós, "old"). [국어] **빠르다**: 어떤 것이 기준이나 비교 대상보다 시간 순서상으로 앞선 상태에 있다. [한자] 拔뽑을 발, 빠르다

priest [priːst] 신부 사제 (말소리) 빠르서다

〈priest〉 '빠르서다'는 빨리 앞선 사람을 의미함. 앞서 소 떼를 이끄는 자

· 어원) **〈priest〉** Ancient Greek πρέσβυς (présbus, "elder, older"). "one who leads cattle" [국어] **빠르다**: 이루어지는 데 걸리는 시간이 짧다.

principal [prínsəpəl] 1 주요한 2 교장 (말소리) 빠른집을
principle [prínsəpl] 원리 원칙 빠른짚을

⟨principal⟩ '빠른짚을' 펄 빠른(prin) 상태로 잡다(cipt=capture, accept)는 말로서 1 맨 먼저 잡아야 할 정도로 주요 사항이다. 2. 빨리 앞선 상태에서 (일, 권한을) 잡은(cip=ceive=cept) 자 **⟨principle⟩** 빠른(prin) 상태로 잡다/짚다(cip= capture, accept)는 말로서 먼저 짚어 인식할 기본적 개념(A fundamental assumption). 여기서 '짚다'는 '개념을 잡다'는 의미다 [연관] concept prince 빨리 나온 우두머리(장남)

· 어원) **⟨principal⟩** prīmus ("first")+-ceps ("catcher"). **⟨principle⟩** Latin prīncipium ("beginning, foundation"), from prīnceps ("first"). [국어] **짚다**: 여럿 중에 하나를 꼭 집어 가리키다. 상황을 헤아려 어떠할 것으로 짐작하다.

prime [praim] 주요한 가장 (말소리) 빨라옴
primary [práimeri] 주요한 빨라매리

⟨prime/primary⟩ 펄 (솟아) 빨리 앞서 나온다는 뜻'

· 어원) **⟨prime⟩** Latin primus ("first"). Proto-Indo-European *promo- ("front, forward"). **⟨primary⟩** Latin prīmārius ("of the first (rank); chief, principal; excellent").

primitive [prímətiv] 원시의 (말소리) 빠름이답

⟨primitive⟩ '빠름이답'는 빠른 것으로 첫 번째답다.

· 어원) **⟨primitive⟩** Latin prīmitīvus ("first or earliest of its kind"), from prīmus ("first"). **-답다**: '성질이나 특성이 있음'의 뜻을 더하고 형용사를 만드는 접미사. tive(답다)

premier [príːmiər] 총리 최고의 (말소리) 빠름이어

⟨premier⟩ '빠름이어' 빠른 것으로 앞선 자를 나타냄

· 어원) **⟨premier⟩** Latin prīmus ("first").

prompt [prampt] 촉발하다 신속한 (말소리) 빠름피다

⟨prompt⟩ '빠름피다'는 부르르 펴내(pro) (앞으로=> 빠르게) 임(im, in)해 잡다. 앞서 (먼저) 임한다는 뜻 [참고] preempt

· 어원) **⟨prompt⟩** Latin prō ("forth, forward")+emō ("to take, acquire, buy"). Latin primus ("first") Proto-Indo-European *promo- ("front, forward").

velocity [vəlάsəti] 속도 (말소리) 빨라지다

⟨velocity⟩ '빨라지다'는 (빨빨거려) 빠르게 되다는 뜻

· 어원) **⟨velocity⟩** Latin vēlōcitās ("speed"), from vēlōx ("fast"). **빨빨거리다**: 바쁘게 여기저기 돌아다닌다. '발발거리다'보다 센 느낌을 준다.

protocol [[proʊtəkɔːl] **[고급]** 초안, 외교의례 (말소리) 빠르다걸
prototype [proutətaip] 원형(原型) 빠르다톱

⟨protocol⟩ 부르르 (앞으로) 빠르다(proto)와 걸(col=cord, glue)다의 합성어. 빨리 걸어 맺은 것으로 초안, 계약 **⟨prototype⟩** 빠르다(proto)와 타이핑하듯 치는 톱(type≒stab)의 합성어. 빨리 이뤄진 톱질의 흔적. sign, mark를 새겨(typing) 정형적인(typical) 상징이 된다.

· 어원) ⟨**protocol**⟩ Byzantine Greek πρωτόκρλλρν(prōtókollon, "first sheet glued onto a manuscript"), πρῶτρς (prôtos, "first")+κόλλα (kólla, "glue"). ⟨**prototype**⟩ Ancient Greek πρωτότυπρς (prōtótupos, "original; (from πρῶτρς (prôtos, "first; earliest"))+τῦπρς (túpos, "blow, pressing; sort, type") (from τύπτω (túptō, "to beat, strike") **걸다**: 돈 따위를 계약이나 내기의 담보로 삼다.

바로[appro] 다가서다

'바로(appro, prop, brev)'는 근처나 옆에 있다는 의미가 있다. 그러므로 '바로'는 거리상 가깝기 때문에 '적절하다, 올바르다'는 뜻으로 그 의미가 확장되었다고 볼 수 있다.

approach [əpróuʧ] 접근하다 다가오다 (말소리) 에바로지

⟨**approach**⟩ '에바로지'는 -에 펴내(pro) 내밀어서 바로 다가간다는 뜻 [다른 풀이] '앞으로지'

· 어원) ⟨**approach**⟩ Latin ad+propiō ("I draw near"), from prope ("near"). **[국어] 바로**: 일정한 방향이나 곳, 또는 부근을 이르는 말.

approximate [əprάksəmət] 가까운 대강의 (말소리) 에바로섬이다

⟨**approximate**⟩ '에바로섬이다'는 -에 펴내(pro) 내밀어서 바로 다가간다는 뜻 [다른 풀이] '앞으로섬이다'

· 어원) ⟨**approximate**⟩ Latin approximare ("to approach"); ad+proximare ("to come near"). **[국어] 바로**: 일정한 방향이나 곳, 또는 부근을 이르는 말.

prose [prouz] 산문 (말소리) 바로오지

⟨**prose**⟩ '바로오지'는 똑바로 (우회하지 않고) 그대로 표현한다는 뜻. 비유와 함축 등 기교를 부려 피워 만드는 시(poem: form)와 구별된다. [연관] brief

· 어원) ⟨**prose**⟩ Latin prōsa ("straightforward"), brevis ("short; brief") **바로**: 시간적인 간격을 두지 아니하고 곧. 비뚤어지거나 굽은 데가 없이 곧게. 거짓이나 꾸밈없이 있는 그대로. 바루⟨**'세로(위에서 아래로 나 있는 방향)'의 방언(평북).**⟩

21 불은 가치(prec, prais), 불려 밀다(press)

precious ap**prec**iate **prais**e ap**prais**e op**press** de**press**

Pri-는 pro-와 같은 말로 부르르 별여 나간다는 1차적 의미에서 불러 올라(가치, 재산, 바름, 용기, 남자)를 상징한다. 라틴어로 가치는 불어나다, 펴 오른다는 말과 관련이 있다. 영어에서는 펄펄 휘날리게 밀어내는 힘(press)으로서 force는 불어나 퍼지는 것과 통한다. 불어나고, 올라가는 것은 가치(value, worth, price, virtue) 있는 것으로 여겨진다.

price [prais] 가격 가치 (말소리) 부르어서

⟨**price**⟩ '부르어서'는 부르르(pri=pro) 불어 오르거나 펴나가는 것으로서 가치가 있다는 뜻. [연관] pretty value (불려)

· 어원) 〈**price**〉 Latin pretium ("worth, price, money spent, wages, reward"). Ancient Greek πoός • (prós) (forward to, toward) [국어] **부르다**: 불룩하게 부풀어 있다. **부르르**: 많은 양의 액체가 거볍게 끓을 때 나는 소리. 크고 거볍게 떠는 모양. 불이 붙어 거볍게 타오르는 모양.

precious [préʃəs] 소중한 귀중한 (말소리) 부르서지

〈**precious**〉 '부르서지'는 부르르(pre=pro) 불어 오르거나 펴나가는 가치가 있다. ☞ prec=price

· 어원) 〈**precious**〉 Latin pretiōsus ("of great value, costly, dear, precious"). [국어] **부르다**: 불룩하게 부풀어 있다. **부르르**: 많은 양의 액체가 거볍게 끓을 때 나는 소리. 크고 거볍게 떠는 모양. 불이 붙어 거볍게 타오르는 모양.

appreciate [əpríːʃièit] 알아주다 감사하다 (말소리) 에부르서오다

〈**appreciate**〉 '에부르서오다'는 부르르(pre=pro) 불어 오르거나 펴나가는 가치를 ~에(a) 부여하고(To view as valuable), 감사하게 생각한다는 뜻 ☞ prec=price

· 어원) 〈**appreciate**〉 ap- (ad- ("towards"))+Latin preti(um) ("price") (English precious). [국어] **부르다**: 불룩하게 부풀어 있다. **부르르**: 많은 양의 액체가 거볍게 끓을 때 나는 소리. 크고 거볍게 떠는 모양. 불이 붙어 거볍게 타오르는 모양.

depreciate [dipríːʃièit] 가치가 떨어지다 (말소리) 디부르서오다

〈**depreciate**〉 '디부르서오다'는 부르르(pre=pro) 불어 오르거나 펴나가는 가치를 디(de=down)다. 가치를 덜어 버린다는 뜻

· 어원) 〈**depreciate**〉 de-+pretium ("price"). [국어] **디다**: 지다. 이울다. '떨어지다'의 옛말. **데**: '불완전하게' (옛말) 데면데면히. 건성으로.

praise [preiz] 칭찬하다 높이 평가하다 (말소리) 부르어서

〈**praise**〉 '부르어서'는 부르르(pr=pro) 불어 오르거나 펴나가는 가치(favourable representation in words)를 부여한다는 뜻.

· 어원) 〈**praise**〉 Late Latin pretiō ("to value, prize"). p+raise [국어] **부르다**: 불룩하게 부풀어 있다. 말이나 행동 따위로 다른 사람의 주의를 끌거나 오라고 하다. **부르르**: 많은 양의 액체가 거볍게 끓을 때 나는 소리. 크고 거볍게 떠는 모양. 불이 붙어 거볍게 타오르는 모양.

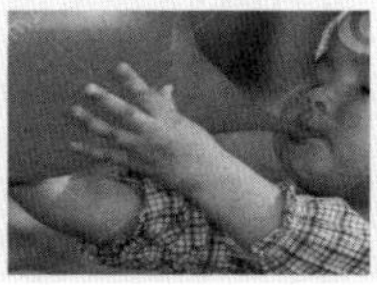

appraise [əpréiz] 평가하다 값을 매기다 (말소리) 에부르어서

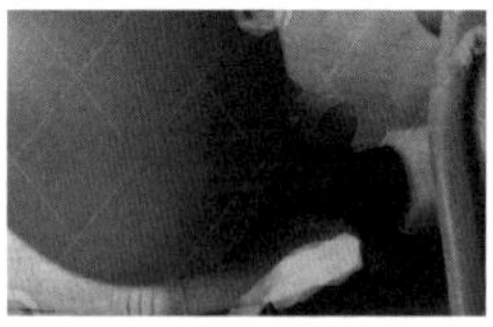

〈**appraise**〉 '에부르지'는 부르르(pr=pro) 불어 오르거나 펴나가는 가치를 ~에(a) 부여하는 것. [연관] appreciate

· 어원) 〈**appraise**〉 ad-+Latin pretium ("price, value"). [국어] **부르다**: 불룩하게 부풀어 있다.

pretty [príti] 꽤 예쁜 (말소리) 부르다

〈**pretty**〉 '부르다'는 펄펄 불려 커 지다. 큰 것은 더 낫게 보인다.

· 어원) 〈**pretty**〉 Proto-Germanic *prattuz ("idle or boastful talk, deceit"). Dutch prettig ("nice, pleasant").

부르르(press) 불어난 힘에 눌리다

press에서 pre는 pro와 같은 말로 부르르 별여 나간다는 1차적 의미에서 펄(force) 밀어내는 힘의 의미가 되었다. '부르다'는 불리다, 초래하다의 뜻이 있다. Press는 부르르 떨어 대면서 밀어내는 힘으로 무게감이 있다.

press [pres] 1 ~을 누르다 2 출판사, 인쇄 (말소리) 부르지

〈press〉 '부르지'는 펄(force, pulse), 부르르(pre=pro) 불어나면서 밀어내는 힘(무게)으로 1 누르다. 2 눌러 찍는 출판

· 어원) latin ferō(I bear, I bring forth; I put in motion; I move forward, I support, hold up) Greek βαούς (barús)-heavy cruel strong. [국어] **부르다**: '불리다'의 옛말. 퍼뜨리다. 펼치다. 말이나 행동 따위로 다른 사람의 주의를 끌거나 오라고 하다. 어떤 방향으로 따라오거나 동참하도록 유도하다.다른 일이나 상황을 초래하다. **부르르**: 많은 양의 액체가 거볍게 끓을 때 나는 소리. 크고 거볍게 떠는 모양. 불이 붙어 거볍게 타오르는 모양.

oppress [əprés] 억압하다 탄압하다 (말소리) 업부르지

〈oppress〉 '업부르지'는 펄 부르르 불어나면서 미는 힘(무게) (press=burden)이 업혀(op=up) (위에) 무겁게 짓누른다는 뜻

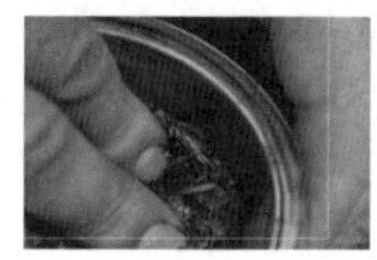

· 어원) **〈oppress〉** Middle English presse ("throng, crowd"). From ob-+premō ("press"). [국어] **부르다**: '불리다'의 옛말. 퍼뜨리다. 펼치다. 말이나 행동 따위로 다른 사람의 주의를 끌거나 오라고 하다. 어떤 방향으로 따라오거나 동참하도록 유도하다. 다른 일이나 상황을 초래하다.

suppress [səprés] 억제하다 억압하다 (말소리) 솝부르지

〈suppress〉 '솝부르지'는 솝(sup=sub 속)으로 부르르(press=burden) 불어나면서 밀다. 씌운 채 (아래로) 펄 미는 힘이 무겁게 억누른다는 뜻

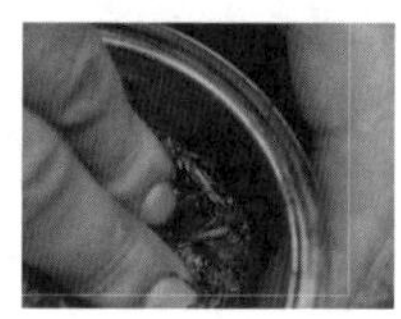

· 어원) **〈suppress〉** sub ("under")+premō ("press"). [국어] **솝**: '속'의 옛말. **섶**: 저고리나 두루마기 따위의 깃 아래쪽에 달린 길쭉한 헝겊. **부르다**: 불룩하게 부푼 상태에 있다.

compress [kəmprés] 압축하다 습포 (말소리) 낌부르지

〈compress〉 '낌부르지'는 낌(com 끼우다)으로 (밀착되게) 부르르(press=burden) 불어나면서 밀다. 압박되게 누르다는 뜻. 압력은 퍼져 있던 분자들이 공간 축소로 분자들간 거리가 감소됨에 따라 서로 밀치게 되면서 발생한다.

· 어원) **〈compress〉** com- ("together")+premō ("press"). [국어] **부르다**: 불룩하게 부푼 상태에 있다.

depress [diprés] 우울하다 침체된 (말소리) 디부르지

〈depress〉 '디부리지'는 부르르(press=burden) 불어나면서 미는 힘(무게)에 디다(de=down)는 말로 떨어져 아래로 짓눌린 마음을 나타냄

· 어원) **〈depress〉** dēprimō ("to press down"), de ("down")+premere ("to press"). [국어] **디다**: 지다. 이울다. '떨어지다'의 옛말.

express [iksprés] 1표현하다 2고속의 (말소리) 윗서부르지

〈express〉 '윗서부르지'는 윗(ex) 쪽으로 부르르(press=burden) 불어나면서 미는 힘(무게)으로 인해 1. 위로 드러나 보이다 2. 위까지 밀려 힘이 세 빠르다는 의미

· 어원) **〈express〉** ex- ("out of, from")+premō ("press"). [국어] **부르다**: 불룩하게 부푼 상태에 있다.

impress [imprés] 인상을 주다, 찍다 (말소리) 임부르지

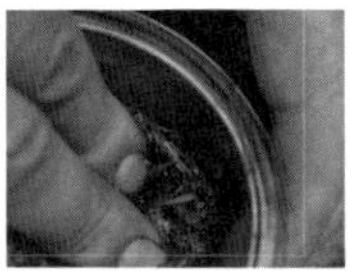

〈impress〉 '임부르지'는 임(im=in, on 臨임할 임= 隣이웃 인)한 곳에 부르르(press=burden) 불어나면서 미는 힘(무게)이 눌러(찍어) 흔적이 생기고(To mark or stamp), 인상을 남기다(To affect strongly). Press로 찍어 맘에 인쇄한다.

· 어원) latin imprimere ("to press into or upon, stick, stamp, or dig into"). [국어] **부르다**: 불룩하게 부푼 상태에 있다. 초래하다

repress [riprés] 억누르다 (말소리) 누부르지

〈repress〉 '누부르지'는 누누이(re) 부르르(press=burden) 불어나면서 미는 힘(무게)이 위에서 내리누른다(To forcefully prevent an upheaval from developing further)는 뜻 [연관] reprimand

· 어원) latin reprimō ("I repress, check, prevent or restrain"). [국어] **부르다**: 불룩하게 부푼 상태에 있다.

reprimand [réprəmænd] 꾸짖다 (말소리) 누부르민다

〈reprimand〉 '누부르민다'는 누누이 부르르(press=burden) 불어나면서 미는 힘(무게)에 눌려지게(repress) 하는 것으로 비난하는 것을 나타냄

· 어원) **〈reprimand〉** reprimō ("I **repress**, check, prevent or restrain"). [국어] **부르다**: 불룩하게 부푼 상태에 있다.

불다는 무게가 늘어나 중력에 의해 아래로 누르다, 압박을 한다는 의미로 쓰이기도 한다.

burden [bə́ːrdn] 부담 짐 (말소리) 부어든

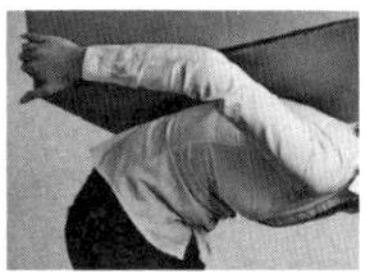

〈burden〉 '부어든'은 불어나(bur=press) 눌리게 하는 부담감을 뜻함

· 어원) **〈burden〉** Old English byrden ("burden, load, weight; charge, duty"), German Bürde ("burden, weight"). Ancient Greek βᾰ́ρος • (báros)(influence, power, plenty, weight, load) [국어] **붓다**: 부풀어올라 두둑이 솟다.

barometer [bərάmitər] 지수 기압계 (말소리) 부르매다

〈barometer〉 '부르매다'는 부르르 불어(baro=press)나 밀치거나 압박하는 정도를 매다(meter 평가하다)는 뜻 [연관] price value

· 어원) **〈barometer〉** baro-+-meter. Ancient Greek βάρος (báros, "heavy, burdensome, weight, strong, **oppressive**"). Latin valeō ("be able or powerful") [국어] **붓다**: 부풀어올라 두둑이 솟다. **매다**: 어떤 기준에 따라 평가하여 정하다. (=매기다)

brutal [brúːtl] 잔인한 무자비한 (말소리) 부르틀

〈brutal〉 '부르틀'은 부르르 불어나 무겁고, 무디다는 뜻 [연관] blunt

· 어원) **〈brutal〉** Latin brūtus ("heavy, dull, stupid"). [국어] **부르트다**: 살가죽이 겉으로 두둑하게 되고 터지다.

22 팔팔(fort, fer)한 힘(요새, 거친), 불어(val) 힘찬 마음, 가치

effort fortify fortress fierce ferocious; valiant valid prevail

힘은 '팔팔하다' '펄펄대다'로 표현한다. 팔팔함은 펄(forth) 앞으로 밀어 강해진다는 의미로 사용된다.

effort [éfərt] 노력 (말소리) 위펄다

〈effort〉 '위펄다'는 위(e)로 팔팔(fort=force)하게 세게 한다는 뜻

· 어원) **〈effort〉** Vulgar Latin *exfortiō, Latin ex+fortis ("strong"). Proto-Indo-European *bʰerǵʰ- ("to rise, high, hill"). [국어] 팔팔: 작은 것이 힘차게 날거나 뛰는 모양.

comfort [kʌmfərt] 위로 편안함 (말소리) 낌펄다

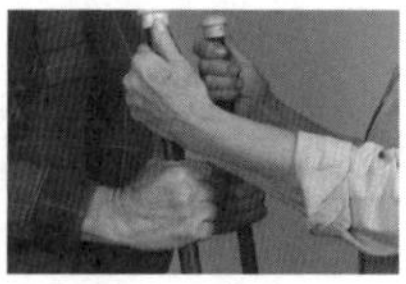

〈comfort〉 '낌펄다'는 팔팔(fort=force)하게 낌(com 함께)이 되다. 같이 팔팔해지도록 북돋는다는 뜻

· 어원) **〈comfort〉** Late Latin confortō ("strengthen greatly"), con- ("together")+fortis ("strong"). [국어] **팔팔하다**: 날 듯이 활발하고 생기가 있다. [한자] 發필 발

force [fɔːrs] 강요하다 군대 (말소리) 펄서

〈force〉 '펄서'는 팔팔(for=pull, pulse)하게 일어나 영향을 준다는 뜻

· 어원) Latin fortis ("strong"). Proto-Indo-European *bʰerǵʰ- ("to rise, high, hill").

reinforce [rìːinfɔ́ːrs] 보강하다 강화하다 (말소리) 누인펄서

〈reinforce〉 '누인펄서'는 누누이(re) 팔팔(for= pull, pulse)하도록 인하다(en=因(인할 인, 잇닿다)=隣이웃 인) [en-= in, into, on, covered, caused]. 다시 팔팔한 힘을 얻다는 뜻

· 어원) **〈reinforce〉** re-+inforce **인하다**: 어떤 사실로 말미암다. 이웃하다.

forte [fɔːrt] 장점 강음의 (말소리) 펄다

〈forte〉 '펄다'는 팔팔(for= pull, pulse)하게 되어 강하다는 뜻

· 어원) **〈forte〉** French fort ("strong").

다음은 성이나 요새와 관련된 단어들로 불어나 강해진다는 뜻을 가지고 있다. 도시도 성벽과 같은 강화된 요새에서 시작되어 지금의 모습이 되었다고 할 수 있다.

fort [fɔːrt] 요새 (말소리) 펄다

fortify [fɔ́ːrtəfài] 강화하다 요새화하다 펄되피어

〈fort〉 '펄다'는 팔팔하게 강하고 견고한 곳, 요새를 뜻함 **〈fortify〉** '펄되피어'는 팔팔(fort) 피어(fy)나다. 팔팔하게 강해지다는 뜻. 강하다는 튼튼하게 지은 요새(stronghold)를 나타낸다.

· 어원) **〈fort〉** Middle French fort ("strong"). **〈fortify〉** fortis ("strong")+ficō ("make").

fortress [fɔ́ːrtris] 요새 견고한 곳 (말소리) 펄트리지

〈fortress〉 '펄트리지'는 팔팔하게 되다는 말로 튼튼하게 세우다(built to withstand assaults). 강하다는 튼튼하게 지은 요새(stronghold)를 나타낸다.

· 어원) **〈fortress〉** Old French forteresce ("strong place, fortification").

borough [bə́ːrou, bʌrou] 자치구 (말소리) 보루(堡壘)

〈borough〉 '보루'는 불리어 튼튼하게 만든 곳으로 성. 둘러싼 도시, 성시(城市)(A fortified town)를 뜻함 [다른 풀이] '부르어' 불리어 형성된 곳

· 어원) **〈borough〉** Proto-Germanic *burgz ("stronghold, city"). [국어] **보루(堡壘)**: **〈군사〉** 적의 침입을 막기 위하여 돌이나 콘크리트 따위로 튼튼하게 쌓은 구축물. **성시(城市)**: 성으로 둘러싸인 시가.

푸. 펄펄(fer, fe) 불어치는 야생, 소

야생은 팔팔하게 생동감이 있다. 펄펄(fer)은 활활 불어치는 wild와 같은 어원이다. forum은 벌린 공간에서 하는 토론이다.

fierce [fiərs] 치열한 거센 (말소리) 펄서

〈fierce〉 '펄서'는 팔팔해서(fier=fire, force) 날뛰는 야생동물처럼 기운이 넘치다

· 어원) **〈fierce〉** Latin ferus ("wild", "untamed"). [국어] **팔팔**: 사람이나 물고기, 새 따위가 기운차게 뛰거나 나는 모양을 나타내는 말. **펄펄**: 성질이 몹시 거세고 급하다.

ferocious [fəróuʃəs] 사나운 포악한 (말소리) 바라져서

〈ferocious〉 '바라져서'는 (팔팔해 fer=fire) 바라져 거칠고 사납다는 뜻. Fer-이 wild로 변화됨(펄->왈왈) [다른 풀이] '펄해져서' 팔팔해서 기운이 넘치는

· 어원) **〈ferocious〉** Taken Latin ferox ("wild, bold, savage, fierce"). [국어] **바라지다**: 갈라져서 사이가 뜨다. 나이에 비하여 지나치게 야무지다.

동물들은 위험한 상황이 오면 몸을 부풀려 자신의 힘을 과시하고, 빨빨거리며 뛰어다녀 야생성을 보인다. 짐승이나 거칠고 사나운 대상에 '불다'란 표현을 쓴다.

bull [bul] 황소 거짓말 (말소리) 불

boar [bɔː(r)] 야생돼지 부어

〈bull / boar〉 불리어져 대담하다, 빨빨거리며 뛰어다녀 야생적이다는 뜻. Wild (왈왈대다)와 어원이 비슷하다 (b에서 w 로 변화). boar bear 등 몸집이 불은 동물의 영어 단어는 비슷하다 [연관] bold bear

· 어원) **〈bull〉** Proto-Indo-European *bʰel- ("to blow , to swell up"). [국어] **불리다**: '붇다(분량이나 수효가 많아지다)'의 사동사.

buffalo [bʌfəlòu] 버팔로 들소 (말소리) 부풀려

〈buffalo〉 '부풀려'는 퍕 부풀리며 거품(bubble)이 일 듯 방방 뛰어다니는 등 야생성이 있다

· 어원) **〈buffalo〉** Ancient Greek βρύβαλρς (boúbalos, "antelope, wild ox"). [국어] **부풀다**: 살가죽이 붓거나 부르터 오르다.

푸- 피어나 뻗어나가는 생명처럼 부(富) 역시 소와 연관된다. 예전에 소는 집안의 중요한 재산이다.

fee [fiː] 요금 (말소리) 부(富)

〈fee〉 '부(富)'는 '푸' 불어나다는 의미에서 빵빵하게 몸이 불은(bull) 소를 뜻한다. 소는 옛날 집안에서 밭을 갈기도 하고, 큰 재산을 나타낸다. [연관] capital 갑(모자) -> 소머리 -> 값

· 어원) **〈fee〉** Old English feoh ("**cattle, wealth**, money, payment, fee"). German Vieh ("cattle, livestock") Latin bōs (bull) Proto-Indo-European *b^{h}el- ("to blow , to swell up"). [국어] **푸**: '푸하다(속이 꽉 차지 아니하고 불룩하게 부풀어 있다)'의 어근 [한자] 富부유할 부 賠물어줄 배

feudal [fjúːdl] 봉건적인 (말소리) 부(富)될

〈feudal〉 '부(富)될'은 몸이 푸 부어/불은 소(bull)에서 유래하며 소는 집안의 큰 재산이며, 부를 뜻한다. 일한 대가로 받는 부(feu=fee 富)에 기초한 주종관계를 가리킴.

· 어원) **〈feudal〉** German Vieh ("cattle, livestock") Latin bōs (bull) Frankish *fehu ("cattle, owndom, property, fee"). Old French feu("fire") [국어] **부(富)**: 넉넉한 생활. 또는 넉넉한 재산. **봉건 제도**: 중세 유럽에서, 영주가 가신(家臣)에게 봉토를 주고, 그 대신에 군역의 의무를 부과하는 주종 관계를 기본으로 한 통치 제도 [한자] **富부유할 부**

불어(val) 팔팔하게 힘찬 마음, 가치

펄펄 휘날리게 밀어내는 힘으로서 force는 불어나 퍼지는 것과 통한다. 대담함이나 가치를 표현할 때 '불다'는 불려져 커짐을 나타낸다.

'붇다'는 그 수나 양이 불어나 많아지는 것을 의미하는데 심리상태나 가치를 나타내는 데에도 쓰인다. 대담함이나 용기는 마음을 크게 먹고 부풀리는 것을 의미한다고 할 수 있다. 한발 더 나아가 과시하거나 으스대는 것에도 '부풀리다'를 쓸 수 있다.

valor [vǽlər] 용기 용맹 (말소리) 불러

〈valor〉 '불러'는 (펄펄) 불어나 대담한 마음을 뜻함. 또는 불어나 가치가 있다는 뜻. 펄 튀는 힘인 force와 관련된다. [연관] bold

· 어원) **〈valor〉** Latin valeō ("I am strong"). [국어] **불리다**: '붇다(분량이나 수효가 많아지다)

valiant [vǽljənt] 용감한 씩씩한 (말소리) 불려온다

〈valiant〉 '불려온다'는 (펄펄) (val=force, bold) 불어나 대담한 마음을 뜻함

· 어원) **〈valiant〉** Latin valere ("to be strong, be of worth"). [국어] **불리다**: '붇다(분량이나 수효가 많아지다)'의 사동사. 쇠를 불에 달구어 단단하게 하다. 몸이나 마음을 굳세게 하다. 많아지게 하다. 실제보다 더 과장하다

어떤 것이 부풀려지다는 것은 본래 가치보다 더 위상이 높아지거나 능력치가 더 향상되었음을 의미한다고 볼 수 있다.

prevail [privéil] 만연하다 이기다 (말소리) 빠르부을

〈prevail〉 '빠르부을'은 (펄펄) (vail=force) 불어 난 힘이 빠르게(pre 앞에) 더 앞선다는 말로 불어난 세력이 사방에 퍼지면서 압도한다는 의미

· 어원) **〈prevail〉** Latin praevaleō ("be very able, be superior, prevail"). prae ("before")+valeō ("be able or powerful"). [국어] **붇다**: 늘거나 많아지다.

value [vǽljuː] 가치 (말소리) 불러

〈value〉 '불러'는 불어나 오른 정도인 가치를 나타낸다. [연관] volume 불어나 오른 정도, 크기.

· 어원) **〈value〉** Latin valēre ("be strong, be worth"). [국어] **불리다**: '붇다(분량이나 수효가 많아지다)'의 사동사. 쇠를 불에 달구어 단단하게 하다. 몸이나 마음을 굳세게 하다. **發필 발, 베풀다, 밝히다**

evaluation [ivæljuéiʃən] 평가 분석 (말소리) 에불리어진

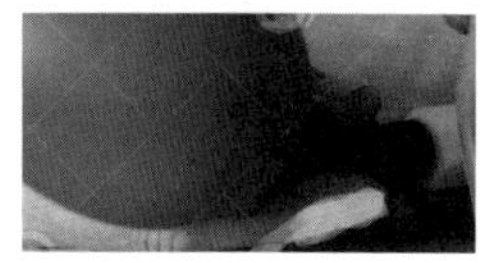

〈evaluation〉 '에불리어진'은 ~에 대해 불리워진 정도를 보다. 불어난 크기나 가치를 보다는 뜻

· 어원) **〈evaluation〉** Latin valēre ("be strong, be worth"). [국어] **불리다**: 많아지게 하다.

valid [vǽlid] 유효한 타당한 (말소리) 불리다

〈valid〉 '불리다'는 불어(val=value)나 크고 가치가 있다는 뜻 [연관] equivalent

· 어원) **〈valid〉** Latin valeō ("I am strong, I am healthy, I am worth"). [국어] **불리다**: '붇다(분량이나 수효가 많아지다)'의 사동사. 쇠를 불에 달구어 단단하게 하다. 몸이나 마음을 굳세게 하다. 실제보다 더 과장하다.

available [əvéiləbl] 가능한 이용할 수 있는 (말소리) 에불려볼

〈available〉 '에불려볼'은 ~에(a) 펄(vail=value) 불어나다. 불어나 활력이 넘칠 수 있고, 활용(活用 :活 **살 활**, 콸콸 흐를 괄) 할 가치가 있다는 뜻 ☞ value(펄펄 붇다)는 well, worth(활활 뜨다)와 유사한 어원(v↔w)

· 어원) **〈available〉** avail+-able, from valoir ("to be worth"), Latin valeō ("I am worth"), from Proto-Indo-European *wal (**活 살 활** "be strong"). [국어] **붇다**: 늘거나 많아지다. **불리다**: '붇다(분량이나 수효가 많아지다)'의 사동사. 쇠를 불에 달구어 단단하게 하다. 몸이나 마음을 굳세게 하다. 실제보다 더 과장하다.

bold [bould] 힘있는 과감한 (말소리) 불다

〈bold〉 '불다'는 불어나 부푼 마음(대담함, 건방짐)을 나타냄

· 어원) **〈bold〉** Proto-Indo-European *bew- ("to grow, wax, swell"). Proto-Indo-European *b^{h}el- ("to bloat, swell, bubble").

23 펄펄(br, bl, fl, fr) 불이 타다, 끓다

burn **boil** **br**ew **bl**aze **fir**e **fur**nace **fer**vor **fl**are **fl**ame

불은 탈 때 펄펄(훠얼훠얼) 파도같은 공기의 흐름을 탄다. 펄펄 끓는 물소리와 같다. '펄'에서 지금의 '불'로 변화했다고 할 수 있다. 펄(pr, fr/fl, br/bl, vr 등)은 한자로 發이며, 불이 나는 것(fire, burn), 꽃이 피는 것(bloom, flower), 말하는 것(phrase, verb) 등 펄펄 벌어지는 행위를 나타낸다(發火, 發話, 發花)

burn [bəːrn] 불타다 (말소리) 불
fire [faiər] 화재 불 파아

〈burn〉 '불'은 부르르(펄펄) 타는 불꽃을 의미함. '부르르'에서 불로 변화. 펄펄 끓는 물의 파동과 비슷해 boil과 연관 **〈fire〉** (파도의 파동처럼) '파아' 팔팔 타는 불이 피어난다는 뜻. 펄펄(훨)에서 불로 변화함 [다른 풀이] 1 '피어' 불 피우다 2 '활' 활활(펄펄) 타다

· 어원) **〈burn〉** Latin fervēre("to be hot; to burn; to **boil**"), Sanskrit भुर्वन्(bhurván, "motion of water"). Old English burne ("spring, fountain") **〈fire〉** Ancient Greek πῦρ (pûr, "fire"). [국어] **부르르**: 많은 양의 액체가 거볍게 끓을 때 나는 소리. 크고 거볍게 떠는 모양. 불이 붙어 거볍게 타오르는 모양. **활활**: 불길이 세고 시원스럽게 타오르는 모양. **펄펄**: 불길이 세게 일어나는 모양. **피다**: 연탄이나 숯 따위에 불이 일어나 스스로 타다 [한자] 燔불사를 번 焚불사를 분

fuel [fjúːəl] 연료 (말소리) 불

〈fuel〉 '불'은 펄펄 피우게 하는 것을 의미함 [다른 풀이] '피울'

· 어원) **〈fuel〉** Old French fouaille, from feu("fire") [국어] **피우다**: 일어나 번지게 하다. **피다**: 연탄이나 숯 따위에 불이 일어나 스스로 타다. **펄펄**: 불길이 세게 일어나는 모양. 많은 양의 물이나 기름 따위가 계속해서 몹시 끓는 모양.

flame [fleim] 불꽃 타오르다 (말소리) 불내옴
blaze [bleiz] 불 불타다 불내어서
flare [flɛər] 확 타오르다 불내어

〈flame〉 '불내옴'은 불을 내서 펄펄 타오른다는 뜻. ☞ -lam: 남실대는 파동으로 lamp, glimmer, luminous 등에서 빛을 의미한다. [연관] inflammation **〈blaze〉** '불내어서'는 펄펄 우수수 타오르는 불. ☞ 펄펄(bl)과 으스스거리는 ash/lash 합성어. **〈flare〉** '불내어'는 펄펄 끓며 타는 불꽃을 뜻함. 펄레펄레 펄럭이는 불꽃

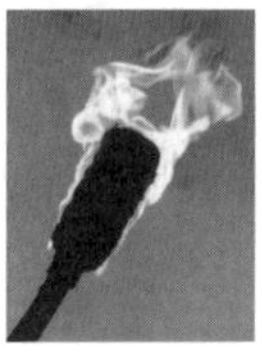

· 어원) **〈flame〉** Proto-Indo-European *bʰlē- ("to shimmer, gleam, shine"). **〈blaze〉** Old English blase ("firebrand, torch, lamp, flame"). **〈flare〉** Middle High German vlederen("to flutter") [국어] **불내다**: '불나다(불이 쉽게 끄기 어려운 상태로 일어나다)'의 사동사. [한자] 燔불사를 번 焚불사를 분

furnace [fəːrnis] 용광로 난방로 (말소리) 불내서

〈furnace〉 '불나서'는 펄나오는, 불(furn=burn)이 나는 뜨거운 곳을 의미함

· 어원) **〈furnace〉** Latin furnus("oven, bakery").

fervor [fəːrvər] 열기 열풍 (말소리) 펄불

〈fervor〉 '펄불'은 펄펄 끓어 방출하는 열을 나타냄

· 어원) **〈fervor〉** Latin fervor ("a boiling or raging heat, heat, vehemence, passion"). [국어] **펄펄**: 펄펄: 크고 힘차게 날거나 뛰는 모양.

화나는 것은 펄펄 뛰며 불나듯이 열이 나는 것이다.
[flare는 불꽃 이외에 벌컥 화나다(To suddenly erupt in anger)는 의미가 있다.]

fury [fjúəri] 분노 (말소리) 불이
furious [fjúəriəs] 성난 불이어서

〈fury/furious〉 펄펄(勃노할 발) 뛰며 불같이 화가 나있는 상태를 뜻함. Blaze는 불내는 것으로 화난다는 뜻도 있다(To be furiously angry) [다른 풀이] '펄나'

· 어원) Latin furia ("rage"). [국어] **불: 불이 타는 듯이 열렬하고 거세게 타오르는 정열이나 감정을 비유적으로 이르는 말. 勃노할 발, 갑자기**

불이 타오를 때 내는 색은 주로 붉은색이다. 그리고 불빛은 주위를 환하게 밝히며 반짝인다. 따라서 '불'은 '화려하다', '번쩍이다'라는 뜻도 함께 지니고 있다. '붉다'와 '불'은 서로 같은 단어라고 할 수 있다. 이와 달리 펄렁거리는 불빛은 blanch, bleach, blank 처럼 하얗게 빛남을 나타내기도 한다.

blush [blʌʃ] 얼굴이 붉어지다 (말소리) 불내지
florid [flɔ́:rid] 화려한 불그레한 불나리다

〈blush〉 '불내지'는 불난 것처럼 붉게 으스스 쏜다는 뜻. ☞ 불(bl=burn)과 으스스(lush=rush)의 합성어. [연관] blaze

· 어원) **〈blush〉** Proto-Germanic *blasǫ ("burning candle; torch"). Ancient Greek πυooός (purrhós, "flame colored"), from π ῦo (pûr, "fire"). [국어] **불나다: 불이 쉽게 끄기 어려운 상태로 일어나다.**

polish [pάliʃ] 닦다 광택 (말소리) 펄내지

〈polish〉 '펄내지'는 펄(pol=pulse) 부딪혀 (마찰로 끓어올라) 불이 반짝거리게 만든다는 뜻

· 어원) **〈polish〉** Latin polīre ("to polish, make smooth"). Proto-Indo-European *$pelh_2$-("to drive, strike, thrust"), **펄펄: 불길이 세게 일어나는 모양. 많은 양의 물이나 기름 따위가 계속해서 몹시 끓는 모양.**

물은 끓어오르면서 보글보글 기포가 생기고 부풀어 오른다. '뻘'이나 '펄'도 끓는 모습을 나타내는데 끓어 넘치면서 물이 흐르는 모습을 표현한 것이라고 볼 수 있다.

boil [bɔil] 끓이다 (말소리) 불

〈boil〉 '불'은 펄펄 끓어 오르면서 (또는 불어나 기포가 생겨) 부글대는 모습을 뜻함. [다른 풀이] '뻘' 땀을 뻘뻘 흘리는 것처럼 흘러나오는 모양 [연관] broil ☞ boil에 r이 첨가된 형태. 부르르(br)와 너울/놀/여울(roil=roll) 또는 oil(whirl 여울)의 합성어. embroil 부르르 너울(roil=roll)

· 어원) **〈boil〉** latin bulliō ("I bubble, boil"), from bulla ("bubble"). [국어] **펄펄: 불길이 세게 일어나는 모양. 많은 양의 물이나 기름 따위가 계속해서 몹시 끓는 모양. 부르르: 종이나 털 따위에 불이 붙어 거볍게 타오르는 모양. 많은 양의 액체가 거볍게 끓을 때 나는 소리. 또는 그 모양. 갑자기 거볍게 성을 내는 모양.**

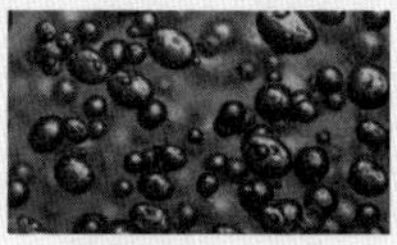

brew [bru:] 끓이다 (말소리) 부르
broth [brɔ:θ] 죽 부르지

〈brew〉 '부르'는 불에 부르르 끓이는 소리. 바람 불 듯 끓는 물이 요동치는 모습. 유유(rew≒row 流 흐를 류)히 회오리친다. ☞ rew는 row처럼 파동을 나타낸다. screw, strew, throw, crow **〈broth〉** '부르지' 부르르 끓으며 섞이는 수프(Water in which food has been boiled) ☞ -rot: rotary 나도는 물의 회전

· 어원) **〈brew〉** Welsh berw ("boiling"). latin virer ("to turn, veer"). **〈broth〉** Late Latin brodium ("broth, stew, mixture") Proto-Indo-European *b^hrewh_1- ("to seethe, roil, brew"). Akin to Old English breowan ("to brew"). **놀**: '너울, 노을'의 준말. **부르르: 많은 양의 액체가 거볍게 끓을 때 나는 소리. 크고 거볍게 떠는 모양. 불이 붙어 거볍게 타오르는 모양.**

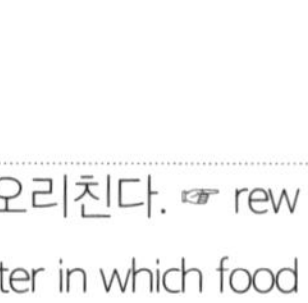

brilliant [bríljənt]	훌륭한 뛰어난	(말소리) 불낼련다
bright [brait]	밝은 빛나는	불나있다

⟨brilliant⟩ '불낼련다'는 불이 일어난 것 같은 보석으로 빛이 환하다는 뜻 **⟨bright⟩** '불나있다'는 버럭(brig≒ bleak, flicker) 불이 일어난 것처럼 빛이 환하다는 뜻. ☞ 락/웩(right=light 빛처럼 가볍게 휙) [연관] light flight slight delight [다른 풀이] '바래오다' 빛에 바래 하얗게 된다.

· 어원) **⟨brilliant⟩** Latin berillus("gem, beryl"). 인도 남부 Belur 지방에서 beryl(녹주석)이 나온 것에서 유래 **⟨bright⟩** Proto-Indo-European *b^{h}ereg- ("to gleam, whiten"). latin flagrō("to blaze") [국어] **불내다**: 불이 쉽게 끄기 어려운 상태로 일어나게 하다.

24 벌벌 떨다[두려움(f_r, pal --), 회전(vol)]

fear fright **pal**lid ap**pall**; re**vol**ve re**vol**t e**vol**ve

fear [fıər]	공포	(말소리) 퍼얼
revere [rivíər]	존경하다	누벌

⟨fear⟩ '퍼얼'은 벌벌 (펄펄 pale) 떨며 위험이나 공격을 피하기 위해 느끼는 감정을 나타냄. 펄펄 타는 불(fire)과 유사하다. [연관] pale pallid appall **⟨revere⟩** '누벌'은 누누이(re) 벌벌(ver=fear) 떠는 것으로 무서울 정도로 경외감에 몸을 떨 정도가 되다는 뜻

· 어원) **⟨fear⟩** Old English fǣr ("sudden danger, sudden attack, terrible sight"). Ancient Greek φόβρς (phóbos, "fear"). **⟨revere⟩** French révérer, from Latin re-+vereor("to fear"). latin virer ("to turn, veer"). [국어] **벌벌**: 추위, 두려움, 흥분 따위로 몸이나 몸의 일부분을 크게 자꾸 떠는 모양. [한자] 怖두려워할 포

frizz는 파르르 떨어 곱슬곱슬함을 뜻한다.

fright [frait]	두려움 놀람	(말소리) 펄나오다
freeze [fri:z]	얼다	파르지
fret [fret]	초조	파르다

⟨fright⟩ '펄나오다'는 펄펄(fr=fear, pale), 휘릭하며 파르르 (몸을 떠는) 두려움을 나타냄. Fright 와 flight는 펄펄 뛰는 점에서 같은 어원. 공포는 날갯짓처럼 몸을 펄렁이며 떠는 행위 [다른 풀이] '파리하다' **⟨freeze⟩** '파르지'는 파르르(부르르) 떨며 파래질 정도로 너무 추워 핏기가 없어지거나, 벌벌 떨다는 뜻 [다른 풀이] '파래져' [연관] frigid **⟨fret⟩** '파르다'는 후르르 쩝쩝 먹는 소리처럼 부르르 감정이 흔들려 초조하다(rippling on the surface of water).

· 어원) **⟨fright⟩** Old English fryhtu ("fright, fear, dread, trembling"). latin virer ("to turn, veer"). **⟨freeze⟩** frizz(To fry, cook, or sear with a sizzling noise; to sizzle. To curl) latin friō (I crumble, rub, or break into pieces). **⟨fret⟩** German fressen ("to devour, gobble up, guzzle"), Proto-Indo-European *pro- ("forward, toward"))+*etaną ("to eat"). [국어] **파르르**: 가볍게 조금 떠는 소리. 또는 그 모양. '바르르'보다 거센 느낌을 준다. **부르르**: 크고 거볍게 떠는 모양. **부르대다**: 거친 말로 야단스럽게 떠들어 대다. **벌벌**: 추위, 두려움, 흥분 따위로 몸이나 몸의 일부분을 크게 자꾸 떠는 모양. **펄펄**: 크고 힘차게 날거나 뛰는 모양. **파래다**: '파리하다(몸이 마르고 낯빛이나 살색이 핏기가 전혀 없다)'의 방언(평북). [한자] 勃노할발. 갑자기

pale [peil]	창백해지다 연한	(말소리) 퍼얼
pallid [pǽlid]	창백한	파리다

〈pale〉 '퍼얼'은 펄펄(pal=fire) 타는 불빛이 비친 것처럼 놀라 하얘진, 핏기가 없어지다. 펄 찌르는 창의 의미도 있다. **〈pallid〉** '파리다' 펄펄(pal=fire) 타는 불빛이 비친 것처럼 놀라 하얘진, 파리해지다. 파래져 창백하다 (蒼白) (蒼은 푸르다, 허둥지둥하다는 의미) [다른 풀이] '펄내다' [연관] apall polish

· 어원) **〈pale〉** Latin pallidus ("pale, pallid"). from *pel- ("gray"). latin palleō(fearful) **〈pallid〉** Ancient Greek πρλῐός • (poliós)(**bright, clear, grey**) [국어] **펄펄**: 불길이 세게 일어나는 모양. 많은 양의 물이나 기름 따위가 계속해서 몹시 끓는 모양. **펄적**: 갑자기 크고 힘있게 뛰어오르거나 날아오르는 모양을 나타내는 말. **파래다**: '파리하다(몸이 마르고 낯빛이나 살색이 핏기가 전혀 없다)'의 방언(평북). **파래지다**: 파랗게 되다.

appall [əpɔ́ːl] ~을 오싹하게 하다 (말소리) 아뿔

〈appall〉 '아뿔'은 ~에(a) 펄펄(pal=pulse, pale) 치며 (펄쩍 뛰어) 아프게 하는 모습. **'아뿔싸'** 놀라다 [연관] pale appeal 펄펄 치며 아프게 빌다

· 어원) **〈appall〉** Old French apalir ("to grow pale, make pale"); a (Latin ad)+palir ("to grow pale, to make pale"), Latin pālus ("stake, prop"). [한자] 勃노할발.갑자기

벌벌(vol) 떨다(회전)

[vol-] 펄펄/벌벌 피어나는 불 모양, 바람 불어 회오리치는 것처럼 회전하는 것을 나타낸다.

revolve [rivάlv] 돌다 (말소리) 누불부

〈revolve〉 '누불부'는 누누이(re) 벌벌(vol=blow, ball) 떠는 모양, 바람 불어 회오리치는 것처럼 돈다는 뜻

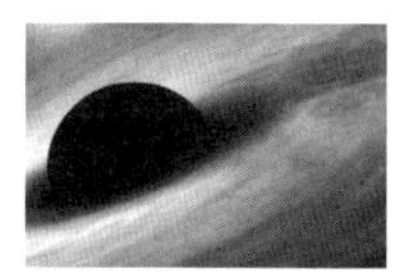

· 어원) **〈revolve〉** Latin revolvō ("turn over, roll back, reflect upon"), from re- ("back")+volvō ("roll"). [국어] **벌벌**: 추위, 두려움, 흥분 따위로 몸이나 몸의 일부분을 크게 자꾸 떠는 모양.

revolt [rivóult] 반란 저항 (말소리) 누불다
revolution [rèvəlúːʃən] 혁명 혁신 누불어진

〈revolt/revolution〉 누누이(re) 불어(vol=blow, fold) 친다는 말로 다시 (상대 향해) (벌벌 떠는 회오리) 불게 하다는 뜻. 새로운 바람이 역으로 불다. [연관] spiral

· 어원) **〈revolt〉** Latin revolvō ("roll back"). re- ("back, again")+volvō ("roll"). Proto-Indo-European *welH- ("to turn, **wind**, round"). Latin ventus(wind). **〈revolution〉** Late Latin revolūtiō ("the act of revolving; revolution"). [국어] **불다**: 바람이 일어나서 어느 방향으로 움직이다. 유행, 풍조, 변화 따위가 일어나 휩쓸다. **바람**: 사회적으로 일어나는 일시적인 유행이나 분위기 또는 사상적인 경향.

involve [invάlv] 관련되다 포함하다 (말소리) 인불부

〈involve〉 '인불부'는 인(in, im, on" 인(隣)=인접, 잇다)하여 불어(vol=blow, fold, whirl) 치다. 회오리바람 안에 빨려들어 섞인다는 뜻

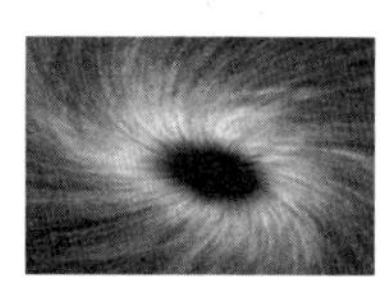

· 어원) **〈involve〉** in- ("in, at, on")+volvō ("roll, fold"). [국어] **불다**: 바람이 일어나서 어느 방향으로 움직이다. **벌벌**: 추위, 두려움, 흥분 따위로 몸이나 몸의 일부분을 크게 자꾸 떠는 모양.

evolve [ivάlv] 진화하다 발전하다 (말소리) 위불부

〈evolve〉 '위불부'는 불어(vol=blow, fold) 치는 회오리의 위(e)로 펴가다. 펄펄 회오리(다람쥐 쳇바퀴)에 섞여 있다가 밖으로 나감으로써 진보한다는 뜻

· 어원) **〈evolve〉** Latin ēvolvō ("unroll, unfold"), from ē- ("out of") (short form of ex)+volvō ("roll, fold"). [국어] **불다**: 바람이 일어나서 어느 방향으로 움직이다. 유행, 풍조, 변화 따위가 일어나 휩쓸다. **벌벌**: 추위, 두려움, 흥분 따위로 몸이나 몸의 일부분을 크게 자꾸 떠는 모양.

volume [vάljuːm] 양 권 부피 (말소리) 불림

〈volume〉 '불림'은 불어치는 회오리 모양의 두루마리(서류뭉치)에서 나온 말로 서류의 볼(vol=blow, ball)이 나온 정도를 의미함 [다른 풀이] '분량' 볼이 나온 길이

· 어원) **〈volume〉** Latin volūmen ("book, roll"), from volvō ("roll, turn about"). [국어] **볼**: 좁고 기름한 물건의 너비. **발**: 나무 나이테의 굵기. 길이의 단위. 한 발은 두 팔을 양옆으로 펴서 벌렸을 때 한쪽 손끝에서 다른 쪽 손끝까지의 길이이다. **두루마리**: 가로로 길게 이어 돌돌 둥글게 만 종이. 편지나 그 밖의 글을 쓸 때 쓴다

sphere [sfiər] 영역 구 (말소리) 스퍼얼
spiral [spáiərəl] 나선형의 소용돌이 스팔일

〈sphere〉 '스퍼얼' 펄펄/벌벌 (phere=blow, ball pill) 떨며 불어치는 회오리 모양. 펄펄(汃물결치는 소리 팔) 소용돌이치고 볼처럼 불어나 있다는 의미. ☞ 어원적으로 변형된 형태가 swirl(왈왈거리는 물, well)이 된다. 또한 휠 회오리인 whirl/wheel과 펄펄(phere)이 관련된 것처럼 p가 w로 변함. [다른 풀이] '사발'은 볼, 사발처럼 둥글다는 뜻. 회전하면서 먼지가 달라붙어 덩어리가 커져 별이 된다. **〈spiral〉** '스팔일'은 쉬이 팔팔 불어치는 회오리 바람처럼 회전하는 모양을 나타냄(swirl**〈=〉**spiral). '자바라' 모양. Sphere+al [연관] respire 팔팔/펄펄 불어치는 숨소리 spin

· 어원) **〈sphere〉** Latin sphaera ("ball, globe, celestial sphere"). Proto-Indo-European *sper- (" to twist ") German schwirren(to whirl around). Latin spīrō("to breathe"). **〈spiral〉** Ancient Greek σπεῖρα (speíra, "wreath, coil, twist"). [국어] **사발**: 사기로 만든 국그릇이나 밥그릇. 위는 넓고 아래는 좁으며 굽이 있다. **자바라**(啫哱囉): 두 개의 원형 판을 서로 부딪쳐 연주하는 금속 타악기. **벌벌**: 추위, 두려움, 흥분 따위로 몸이나 몸의 일부분을 크게 자꾸 떠는 모양. **왈왈**: 물이 급하게 많이 흐르는 모양. 汃물결치는 소리 팔

atmosphere [ǽtməsfiər] 대기 분위기 (말소리) 에튐이스퍼얼

〈atmosphere〉 -에 튐(atmo=steam) 공기가 펄펄/벌벌 도는 사발(sphere) 모양의 둥그런 하늘을 덮다는 뜻

· 어원) **〈atmosphere〉** Ancient Greek ἀτμός (atmós, "steam")+Ancient Greek σφαῖρα (sphaîra, "sphere").

barter [bάːrtər] 교환 팔다 (말소리) 팔다

〈barter〉 '팔다'는 빨빨/팔팔거리며 (벌벌 떠는) 회오리치듯 회전하는 거래를 나타냄(어원에 따른 소리가 명확하지 않다). [연관] revert vortex

· 어원) Old French barater(to trick; to swindle). [국어] **팔다**: 값을 받고 물건이나 권리 따위를 남에게 넘기거나 노력 따위를 제공하다.

vendor [véndər] **[고급]** 판매자 노점 (말소리) 판다
vending(machine) [véndiŋ] 자동판매기 판된

〈vendor〉 '팔다'는 빨빨/팔팔거리며 왔다 갔다 하는 거래, 파는 행위를 뜻함. **〈vending〉** '판된'은 파는 기계를 뜻함(어원에 따른 소리가 명확하지 않다)

· 어원) **〈vendor〉** Latin venditor ("seller"), from venum ("sale, price")+dare ("to give"). [국어] **팔다**: 값을 받고 넘기다.

25 볼록하게 불다(b_l, p_r)(볼 모양):

ball bullet **bul**b **bowl pearl por**celain

신체 부위 중 볼은 뺨의 중간에 있는 둥글고 살집이 있는 부분이다. '볼'과 'ball'은 발음이 유사하고 둥글다는 점에서 의미 또한 유사하다. Ball은 불어 볼록하다는 말로 방울을 나타내는 한자인 '발(鈸)'과도 비교해 볼 수 있는데 사발(bowl)도 볼록해 동그란 것을 알 수 있다. 펄펄 끓어 생기는 거품 방울(bubble) 모양이나 벌벌 떨며 도는 공 모양으로 보면 우리말에서 '볼'로 표현할 수 있다.

ball [bɔːl] 공 (말소리) 볼
bullet [búlit] 총알 총탄 볼이다
bulb [bʌlb] 공 모양의 물건 볼부

〈ball〉 볼록하게 튀어나와 뺨의 볼처럼 동그란 모양. 벌렁(balloon) 불어나 풍선 모양 [다른 풀이] '발(鈸 방울)'은 벌벌 떨며 회오리치는 방울 [연관] bowl belly **〈bullet〉** 벌벌 떨며 도는 방울(鈸 발) 모양. 볼록하게 튀어나와 볼(ball) 모양. [다른 풀이] '불리다' 불려져 불룩해진 거품 모양 **〈bulb〉** 벌벌 떨며 회오리치는 방울 모양

· 어원) **〈ball〉** Old English *beall ("round object, ball"). **〈bullet〉** Latin bulla ("a swollen or bubble-shaped object"), from Old Frankish *bolla ("ball, bun, bowl, cup"). **〈bulb〉** Ancient Greek βολβός (bolbós, "plant with round swelling on underground stem"). [국어] **볼**: 뺨의 가운데를 이루고 있는 살집. 좁고 기름한 물건의 너비. **벌벌**: 추위, 두려움, 흥분 따위로 몸이나 몸의 일부분을 크게 자꾸 떠는 모양. [한자] 鈸방울 발

pill [pil] 약 (말소리) 볼

〈pill〉 '볼'은 펄펄 회오리치며 생기는 거품방울. 부푼 공, 뺨의 볼 모양을 뜻함 [연관] spill 펄 벌어져 퍼지다(spread out). bill 볼 모양 도장이 찍힌 계산서

· 어원) **〈pill〉** Latin pila ("ball"). [한자] 鈸방울 발

bill [bil] 1 부리 2 계산서 (말소리) 볼
bulletin [búlitən] 게시 보고 볼이된

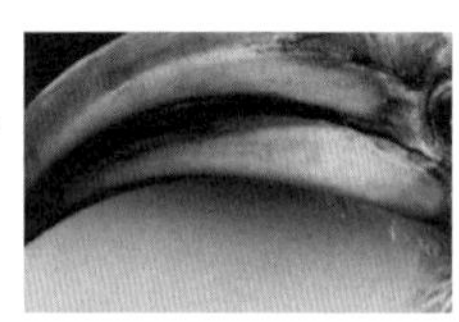

〈bill〉 '볼'은 불룩하게 구부러진 것으로 1 끝이 뺨의 볼처럼 볼록한 부리 2. 불룩한 볼(ball) 모양을 문서에 찍어 증명한다는 말에서 계산서가 됨**〈bulletin〉** '볼이된'은 불룩한 볼(ball) 모양을 찍은 문서를 게시 [연관] bullet

· 어원) **〈bill〉** 1. Old English bil ("a hooked point; curved weapon") 2. latin bulla (a swollen or bubble-shaped object, a round metallic seal certifying official medieval documents) **〈bulletin〉** Latin bulla(bubble, a swollen object). Medieval Latin bullō ("I stamp") [국어] **볼**: 뺨의 가운데를 이루고 있는 살집. 좁고 기름한 물건의 너비. **벌벌**: 추위, 두려움, 흥분 따위로 몸이나 몸의 일부분을 크게 자꾸 떠는 모양. [한자] 鈸방울 발

belly [béli] 배 부풀다 (말소리) 불러

〈belly〉 '불러'는 불어나 볼록한 배. 볼(ball, bell)처럼 불어나 있다. ☞ 우리말 '배'는 잔(bowl 부을. 杯 잔 배), 과일(pear 부을), 함선(barge 불지)을 뜻하지만 모두 불룩 튀어나왔다는 점에서 같다고 할 수 있다. [참고] em**bell**ish 불려 크게 하여 더 낫게 하다 bellows 불어주는 송풍기

· 어원) **〈belly〉** Proto-Indo-European *b^{h}elǵ^h- ("to swell, blow up"). [국어] **불다**: '붇다'의 방언(함경).

bowl [boul] 그릇 볼링 (말소리) 볼
bowel [báuəl] 장 창자 부을

〈bowl〉 벌벌 떨며 도는 방울, 뺨의 볼(ball)처럼 둥근 형태. 부어, 부풀린 것으로 담는 것을 뜻함. ☞ B+owl(아울: 올빼미 소리가 울려 퍼지듯 울퉁불퉁 불어나다) [연관] fowl 파울 f+owl(울리는 날갯짓 소리) [다른 풀이] '발(鉢)' 사발(沙鉢)(鉢 바리때 발) **〈bowel〉** '부을' 부어 (부풀어) 담는 사발(bowl) 같은 용기를 나타냄. 창자는 속이 비어 운반하는 통로로 쓰인다. Bo+wel(wl)=bowl

· 어원) **〈bowl〉** Proto-Germanic *bullǭ ("ball, round vessel, bowl"). **〈bowel〉** Latin botulus ("sausage"). Proto-Indo-European *bew-("swelling, puff"). [국어] **볼**: 뺨의 가운데를 이루고 있는 살집. 좁고 기름한 물건의 너비. **바리**: 놋쇠로 만든 여자의 밥그릇. 바리바리(거푸거푸'의 방언 (경남)) **바리때**: 절에서 쓰는 승려의 공양 그릇. 나무나 놋쇠 따위로 대접. **붇다**: 늘거나 많아지다. 鈸방울 발 鉢 바리때 발

balloon [bəlúːn] 풍선 늘어나다 (말소리) 불린

〈balloon〉 '불린'은 바람을 불어(blow) 넣어 불린 모양으로 벌렁(팔랑) 떠오른다.

· 어원) **〈balloon〉** Proto-Indo-European *bholn- ("bubble"), from *bhel- ("to blow, swell, inflate"). [국어] **벌렁대다**: [같은 말] 벌렁거리다(아주 가볍고도 재빠르고 크게 행동한다).

bald [bɔːld] 대머리의 (말소리) 불다

〈bald〉 '불다'는 볼록한 것으로 (털이 없어) 뺨의 볼 (ball 공)처럼 생긴다는 뜻

· 어원) **〈bald〉** Middle English bal("ball, round object, knoll, head"), equivalent to ball+-ed. [국어] **볼**: 뺨의 가운데를 이루고 있는 살집.

Bowl은 볼록하게 불어난 것으로 담는 용도이다. 가방이나 도자기도 불어난다는 표현을 사용하고 있다.
또한 병, 화분, 배, 주머니(예산) 등 영어 표현도 '붇다, 뻔다' 처럼 부푼 공간을 나타낸다(참조: bottle, pot, budget, fiscal, vase, vessel, barge, embark)

purse [pəːrs] 지갑 가방 (말소리) 불지

〈purse〉 '불지'는 (뺨의) 볼(pur=ball bowl)처럼 불려 있어 담는 지갑을 뜻함 [연관] pulse 펄 튀다 bunch '봉지' 붕 뜬 주머니 barge 불어서 담는 배

· 어원) **〈purse〉** Proto-Indo-European *būs- ("to swell, stuff"). Spanish bolso (지갑)

reimburse [rìːimbə́ːrs] 상환하다 배상하다 (말소리) 누임불지

〈reimburse〉 '누임불지'는 불어서(burse= purse) 볼록한 돈주머니에 누누이(re) 임(im=in, on)하다. 누차 (다시) 지갑 (안에) 넣어 줌으로써 갚는다는 뜻

· 어원) **〈reimburse〉** re- ("back")+imburse ("pay") (imburse (literally "put in a purse"), from Old French en- ("in")+borse ("purse")

pearl [pə:rl] 진주 (말소리) 볼

〈pearl〉 '볼'은 펄펄거리며 불어난 뺨의 볼 모양 조개 (볼록한 그릇 모양 껍데기) 안에 든 것. [연관] Bowl ball (불, 볼)도 공 모양으로 불룩 [다른 풀이] '부을' 볼록 부어 담는 조개

· 어원) **〈pearl〉** Latin perula ("little bag"). [국어] **볼**: 좁고 기름한 물건의 너비. 뺨의 가운데를 이루고 있는 살집. **조개볼**: 조가비 모양으로 가운데가 도도록하게 내민 두 볼. [한자] 蠙진주조개 빈

porcelain [pɔ́:rsəlin] 자기 (말소리) 볼실린

〈porcelain〉 '볼실린'은 펄 불어난 것으로서 볼록한 조개, 뺨의 볼(por= Purse, ball, bowl) 모양으로 만든 통을 뜻함. 벌벌 떨게 돌리며 만든다.

· 어원) **〈porcelain〉** Latin pēra ("a bag", "a wallet").

<표> [펄 벌여(發) 나가는 표현(어휘) 정리]

- 펄펄(벌벌) 소리와 관련된다.

소리	의미	단어	연관
펄펄 날리다			
펄(發) 파다	벌여 나누다	part depart particle particular participate partake	
	사이가 벌어지다	bare barely barren spare sparse separate	
	벌여 파다	bore pore	hole
	벌여 부수다	portion parcel	
펄(發) 벌다	(벌벌 떨며) 갈라지다	vary version versatile converge vertical different diverse divorce divert diverge divulge disperse	
	(벌벌 떨며) 방향을돌려가다	inverse invert reverse convert converse controvert advert avert	-ward
	(벌벌 떨며) 날리는 털, 모발	barber barbed beard bristle brush	wire hair
	벌벌 파르르 떨다	fear revere fright freeze fret pale pallid appall	horror
	펄 피운 뿔/발	pillar pier pile compile file verse spear	
	발을 치다	bar barricate embarrass barrister	wall
	휘말려 꼬인 발처럼 정렬하다	repair prepare compare par pair emperor imperial	
펄(發) 불다	(벌벌 떨어) 도는 볼(구형)	ball pill bill bulletin bowl belly balloon sphere atmosphere spiral pearl porcelain	wheel
	(벌벌 떨며) 돌다	revolve involve evolve revolution revolt	whirl
	불어 쉬다	respire inspire aspire expire spirit	exhale
	바람 불다	blow bellows breathe pulmonary	
	불러 외치다	implore deplore explore complain plaintiff bellow frenzy frantic	
	빌어 대다	pray plea plead please repeal appeal	
	부르며 말하다	phrase paraphrase interpret parliament parole spell	

펄(發) 풀다	풀어 펼치다, 기분을 풀어주다	free frank franchise palm explain placebo flatter placid placate	
	풀어 펼친 벌판	place replace flat plateau plate platform broad abroad floor field plain plane plan plot	
펄(發) 불타다	펄펄 타는 불	burn fire flame flare blaze fuel furnace fervor polish bright brilliant	
	부르르(뻘뻘) 끓다	boil brew broth broil embroil	
펄(發) 흐르다		flow float fluid flood blood influence influenza fluent pool spill	well
펄(發) 날다		fly flea fowl flutter flee pillow	
펄(發) 피다	활짝 벌어지다	flower flour flourish bloom blossom	
펄(發) 치다		pulse pulsate spur applaud plausible impel compel compulsory dispel propel repel repulsive rebel vulnerable split	
	발라내 찢다, 빨다	plough plow pillage peel predator prey	
	벌렁(펄렁)거리는 움 직임	blink planet plunge blanket flounder fling	
	벌렁(펄렁) 치다	blunder plunder refrain infringe	
	벌렁(펄렁/펄럭)거리는 반짝임(하얘짐)	blank blanch bleach flicker bleak	
	펄럭대는 파동	flag fluctuate archipelago fragrance flexible reflect	
	펄럭대며 겹쳐지다	complicate complex perplex implicate imply explicit exploit deploy display replication employ apply fold	
	부르르 떨어 엉키다	braid embroider bride bridle embrace fraternal	
	버럭 치며 부딪히다. 부러지다	prick pluck plug plague flick break fragment fracture frail fragile breach bruise frustrate friction conflict afflict inflict freak	
펄(發) 푸다	퍼 나르는 통로	port portal porch opportune	
	퍼나르다	import important export report	
		ferry fare freight offer confer defer refer infer bear	
	펄펄 날아 (벌여) 가다 (경험)	experience experiment expert peril	
펄(發) 벌다	벌여(피어) 나타난다	appear apparent apparition transparent peer affair	
	펄펄 날아 앞(끝)으로 펴내다	before forth former forefather first front confront affront frontier brink border verge brim protocol	
	벌여 나온 신체	forehead brain brow breast	
	펄펄 날아 간격을 벌이다(주변)	far further perimeter peripheral	well
	펄펄 날아 벗어남(빼다)	forbear forbid forgo forgive pardon forfeit foreign	
	펄펄 날아 (벌여) 벗어나다. 벌 받을 짓	false fault flaw foul filth defile spoil diabolic devil evil vile	worse

펄(發) 부르다	(펄) 펴내 앞으로	proceed produce protect proffer	
	빠르게 앞에	prefer predict previous	
	빨리(앞에) 나오다 바로 짧게	primitive premier primary prince principal brief abbreviate	
	(펄) 부르릉 미는 압력	press impress compress depress repress barometer	
	불어나다 채우다(완수, 이행) 불거져 많이 쌓이다	plenty inflate fill full fulfill surplus build complete complement deplete accomplish implement compliant comply vulgar bulk folk	
	불어난 가치	price praise appraise appreciate depreciate precious value valid available	
	(팔팔하게) 불어나 힘찬	bold valiant prevail ferocious fierce bull	
	팔팔한 힘, 요새	force reinforce forte fort fortify fortress borough effort comfort	
	벌여 퍼뜨리다(자손)	breed brood fruit fertile affiliate embryo virgin burgeon parent	

참고문헌

- 강상원(2016.7.25), 조선고어실담어 주석사전, 조선명륜관학술원
- 최춘태(2017), 갑골음으로 잡는 식민사학, 동북공정, 북랩
- C. J. Ball(2018), Chinese and Sumerian, Franklin Classics
- David W. Anthony(2007) the Horse, the Wheel, and Languages, Princeton University Press
- Wiktionary, the free dictionary https://en.wiktionary.org/wiki/Wiktionary

저자 약력

김인선

고려대학교 서어서문과
한국자산관리공사 근무
미국공인회계사(AICPA)

정용순

동국대학교 대학원(영어교육) 석사
초·중등학교 영어회화 전문 강사